古文字與中華文明傳承發展工程
國家圖書館藏古文字學與古史研究稿本叢刊

董作賓《甲骨叢編（第一集）》校讀

上册

胡輝平◎著

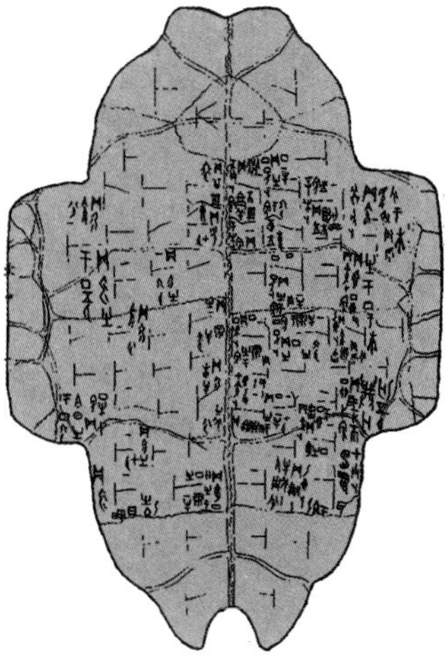

北京大學出版社
PEKING UNIVERSITY PRESS

圖書在版編目(CIP)數據

董作賓《甲骨叢編（第一集）》校讀：全二册 / 胡輝平著；國家圖書館編. -- 北京：北京大學出版社，2025.6. --（國家圖書館藏古文字學與古史研究稿本叢刊）. -- ISBN 978-7-301-35524-4

Ⅰ. K877.14

中國國家版本館CIP數據核字第202429FN10號

書　　名	董作賓《甲骨叢編（第一集）》校讀 DONGZUOBIN《JIAGU CONGBIAN（DI-YI JI）》JIAODU
著作責任者	胡輝平 著 國家圖書館 編
策劃統籌	馬辛民
責任編輯	魏奕元
標準書號	ISBN 978-7-301-35524-4
出版發行	北京大學出版社
地　　址	北京市海淀區成府路205號　100871
網　　址	http://www.pup.cn　　新浪微博：@北京大學出版社
電子郵箱	編輯部 dj@pup.cn　總編室 zpup@pup.cn
電　　話	郵購部 010-62752015　發行部 010-62750672 編輯部 010-62756694
印 刷 者	三河市北燕印裝有限公司
經 銷 者	新華書店
	787毫米×1092毫米　16開本　55.25印張　620千字 2025年6月第1版　2025年6月第1次印刷
定　　價	240.00元（全二册）

目録

上册

上編 《甲骨叢編(第一集)》校讀

下　册

下編 《甲骨叢編(第一集)》所收材料整理研究

前　言

董作賓（1895—1963），原名作仁，字彦堂，又作雁堂，號平廬；河南省南陽市人，爲"甲骨四堂"之一。他曾於1928—1934年間多次主持並參加中國考古學史上偉大的殷墟科學發掘。在殷墟甲骨文的考古發掘和斷代研究中，逐漸奠定了极高的學術地位。董作賓對甲骨學與殷商史的貢獻體現在多方面，主要有：貞人的發現，十項斷代標準的提出，殷曆的建構，甲骨文字的考釋與解讀，殷代禮制的研究，周祭制度的重建，殷代地理的推測及制度的研究等。他一生著作頗豐，除甲骨學外，研究範圍還涉及商代歷史的許多領域，學術論文約有200篇，重要代表作有：《大龜四版考釋》《甲骨文斷代研究例》《殷虚文字甲編》《殷曆譜》《殷虚文字乙編》《中國年曆總譜》《中國上古史年代》等。董作賓主要學術論著可見於《董作賓學術論著》[①]和《平廬文存》[②]，其書法及篆刻作品可見於《平廬印存》（一册，臺灣出版）；另有1978年藝文印書館出版的《董作賓先生全集》甲、乙編，共12册。然而，董作賓於20世紀40年代初曾編撰過一部《甲骨叢編》，因故終未付梓。此未刊稿現藏於國家圖書館，鮮爲人知。

《甲骨叢編》爲紙撚毛裝的稿本，共四大册。首册書衣内扉頁篆書題簽："甲骨叢編第一集"；書名頁右側楷書題"國立北平圖書館考古學叢刊第五種"，中間篆書大字題"甲骨叢編"，左側楷書題"第一集坿考釋"。首册正文前依次爲作者民國三十年（1941）三月一日"自序""編輯凡例""甲骨叢編第一集目""殷虚書契菁華與全書版片甲骨叢編號數對照表"。第三册扉頁篆書題簽"甲骨叢編第一集考釋"，正文前有"考釋凡例""甲骨叢編採録材料簡名對照表"。圖版正文每葉中縫以大寫漢字數字記五期之分，其下記甲類或骨類，再下記本葉所收甲骨片之號數起訖。書稿的簡要目次如下：

《甲骨叢編》第一集附考釋

第一、二册

---

① 董作賓：《董作賓學術論著》，世界書局，1967年二版。

② 董作賓：《平廬文存》，藝文印書館，1963年初版。

一、自序

二、編輯凡例

三、《甲骨叢編》第一集目

四、《殷虛書契菁華》全書版片與《甲骨叢編》號數對照表

五、摹寫本

第三、四册

一、考釋凡例

二、《甲骨叢編》採録材料簡名對照表

三、考釋正文

第一、二册爲甲骨文摹寫圖版，摹寫於硫酸紙上，然後貼附於宣紙書葉上。按五期編排，各期再按甲骨材質分“甲”“骨”二類。各類下以“專題”編排。一個專題下收甲骨若干片，然後針對具有重要史料及考證價值的典型甲骨片，或逐片或同類分組，進行詳細的考釋。專題内容主要涉及有：“大龜四版”與龜版復原及曆譜排譜，羅振玉藏大肩胛骨與骨版復原及卜辭前後順序等文例，同文異版，何遂雲南所得甲骨拓本3張，牛胛骨文例，卜王卜辭，總述三期、四期卜辭特徵，日祭卜辭，征人方卜辭，五種祀典，卜夕卜旬卜辭等方面。書稿用毛筆楷書，小字清晰流暢；1090幅（1005號）甲骨摹本製作工整精良，各期甲骨文字形變化及甲骨上的鑽鑿、卜兆等細節特徵均得以淋漓盡致地展現。

在書稿“自序”中，董作賓詳細地闡述了編著該書的意圖和過程。甲骨採掘自清光緒二十五年（1899）至民國三十年（1941）已有43年了，甲骨資料出土量達十萬版，學術研究興盛，但回顧過去30餘年的研究成果，他認爲仍是東鱗西爪之見，縱横擘合之作，其時甲骨學研究還尚未進入正軌；他的《甲骨文斷代研究例》發表已逾十載，可還是無人採用“十項標準”對甲骨文字進行過全面徹底的整理。在書稿中，董作賓以世系、稱謂爲例詳細地闡述分期斷代的方法，將各王各期的卜辭，都分類集合，各歸其檔；儘可能地把每一版卜辭都還原其在甲或骨上的本來部位，由此甲骨碎片的拼合整理就顯得尤爲重要。序文中他還用手繪的龜骨示意圖及其刻辭文例圖，總結出一般刻辭的公式，以便讀者參照使用，並可依此觸類旁通。此書稿的編撰目的及所依據的研究方法是：“積之既久，乃發明斷代研究之法。斷代研究法，固此新園地之鎖鑰也。乃發表以來，又經十載，而採用此法以澈（徹）底全部整理甲骨文字者，猶無其人。今此編之作，乃導君入其門徑，至一新境，以探甲骨文字之秘”。將甲骨文材料分組比對，斷代研究，這就是董

作賓編著本書的最主要目的,即運用《甲骨文斷代研究例》中五個時期和十項標準來對那些缺乏地層依據的甲骨刻辭進行分析和研究。爲了進一步闡發甲骨文斷代研究方法,董作賓在書稿中用實例推演,意在示範運用十項斷代標準來研究那些非科學發掘的甲骨材料也能實際操作,進一步檢驗五個時期和十項斷代標準的可行性。正如“自序”所言:“古詩云:‘鴛鴦繡手從君看,不把金針度與人。’余則不然,本編所揭斷代研究各例,余之鴛鴦繡手;而斷代之標準,甲骨之公式,實爲余之金針。材料豐盈,方法具在,讀者其有意乎?”實際上在董作賓的甲骨分類與斷代研究中,《甲骨叢編》是一部利用成熟的方法和手段進行研究的著作。誠然,董作賓的五期説仍有需要修正和討論之處,但是五期斷代法的提出對推動甲骨學的形成和發展確實發揮了重要的作用,直到今日,其所確立的分期方法大部分仍爲學者沿用。

在“編輯凡例”中,董作賓爲《甲骨叢編》定下宏偉編輯計劃:每集輯録甲骨卜辭影寫本百葉、釋文百葉、考證文字若干葉;寫本將每片的標準輪廓繪圖,以示殘片部位所在;凡甲骨有可見的甲縫、盾紋、邊緣、卜兆等,均摹繪出來。爲了方便後人進行甲骨拼合、檢索研究等,他設想等全書編成後還要繼續製作分類、字詞、人名、地名等各種索引。尤爲稱讚的是,書稿中所有的甲骨摹本,都是出自作者“十年來隨時影摹之片,書寫工具及興致不同,故前後如出兩人之手”。在“編輯凡例”第二條有説明:“因拓本付印不易,成書價昂,且未著録者多無拓本,已著録之寫本亦須全收,故決用寫本,以求一致。又拓本有模糊不清晰者,有無字處被剪裁者,有但拓有字部分不及全形者,有甲縫、盾紋、邊緣、卜兆不可辨者,寫本能免此諸弊。”《甲骨叢編》全十集的編纂目標是囊括所有存世的私家所藏甲骨材料,從第一集中選用的甲骨文材料看就已相當廣泛,總共摹録甲骨 1005 片(個別號爲多個殘片綴合);書稿擬採録範圍幾乎遍及當時已知的公私收藏的甲骨材料,從書稿第三册考釋中的附表“甲骨叢編採録材料簡明對照表”就可以一目了然。在“甲骨叢編採録材料簡明對照表”中列舉有:《鐵雲藏龜》《殷虚書契前編》《殷虚書契菁華》《鐵雲藏龜之餘》《殷虚書契後編》《殷虚古器物圖録》……《殷虚文字外編》(董作賓采輯拓本,待刊)、《北京大學藏甲骨刻辭》(劉復藏拓本)、《凡將齋藏甲骨文字》(馬衡,劉復藏拓本)、《雲南圖書館藏骨》(何敘甫采輯拓本)等,共有 37 部甲骨拓本資料,其中包括 33 部已出版和 4 部未刊拓本資料。第一集的收録已涉及 31 種。根據“編輯凡例”,某一著録書選録完畢,“即附以此書之索引,以便對證原書”。因《殷虚書契菁華》已全部收録,故第一集首册附有《殷虚書契菁華》收入本書的對照表。

第三、四册爲釋文及考釋,先鈎摹甲骨片輪廓,然後在原字對應位置寫出釋文。對殘片或綴合片補出完整骨形，“以見其部位所在及文例關係者”。釋文則用箭頭和編號標出各辭左行右行方向及先後順序。書稿在考釋部分除作釋文外，還有考證：“本編考證部分，或因一片有特殊價值者；或因一字有沿革變化者；或成組之卜辭關係一時之重要史實者；或全部之卜辭，關係一期之分劃鑒别者；或舉禮制；或述曆法；隨時隨處，提示研究之例，初無定格。”作者“自序”中也提到：“考證部分，多爲余最近研究之所得”，具體包括五事：一爲曆法之探討；二爲祀典之説明；三爲史實之聯貫；四爲時期之分劃；五爲坑位之考求。

考釋部分可看到董作賓在甲骨學上的多項開創性研究，譬如，董作賓的殷曆研究是根據甲骨卜辭記日、旬、月、年的資料排譜編纂，依卜辭中有關天文曆法的紀録解決殷商年代的問題。這項研究始於 1930 年，至 1945 年而集其大成——《殷曆譜》是他用時最長、費力最多、苦心經營的一部著作。而本書稿中也隨處可見董作賓運用新材料推算殷曆的探討。在書稿中，董作賓提到在殷代祀典中，以祖甲及帝乙帝辛，即二、五兩期最爲嚴肅，其中翌、祭、壴、䝭、彡五種祀典，具有系統和組織性，先祖妣依日祭祀，井然有序。這就是董作賓發現的殷商最重要的祭祀制度，即周祭制度。

商代地理對於商代社會歷史、文化的研究至關重要。在殷墟甲骨文發現以前，文獻有關方面的記載寥寥可數，因此殷墟卜辭中出現的地名便格外引人注意。王國維在 1915 年撰寫的《殷墟卜辭中所見地名考》中，考釋了 8 個見於文獻的地名的地望。而郭沫若則於 1933 年出版的《卜辭通纂》中創立了一種行之有效而又科學的方法，通過同版卜辭的干支繫聯法，結合文獻記載，建立殷代地理區域的構架。在 20 世紀 40 年代，董作賓則是商代地理研究中成績最顯著的學者之一，他對黄組卜辭的征人方地理進行系統整理，將地名排比，按干支繫聯，考釋其地望，並繪出路線圖。在本書稿中，董作賓關於商代地理的研究已初現端倪。如“壹骨五至一七”的材料分散於劉鐵雲、王襄、中央研究院、大英博物館、河井荃廬、三井源右衛門等共八處。董作賓對這些有關武丁日譜的史料先進行殷曆朔閏的推算，再按事類分組分析。其中關於程途推算的有如：“一、在𦎫一組，此武丁中葉，東巡狩之一段史蹟。其時間爲廿九年，五月六月，王皆在𦎫也。𦎫當今何地，尚待考。然知其爲在殷都東南之田獵區域以内，一、四、五期皆曾田游之地也。此田獵區約在山東南部群山中，爲殷人歷代田獵之地。是時武丁方在𦎫駐蹕，忽有自北來覲報邊患者，則六月庚申也。報告者爲武丁之子名㛸者。今假定子㛸之行，在戊申以後，（土方第一次𢀛（當讀圍）蚁爲甲辰，俘十五人；第二次𢀛蚁爲戊申，俘十六人，必戊申以後或在其次日，子㛸乃赴行在覲告）。至庚申乃達，是由蚁至𦎫，疾行亦須十二日，兩地相距在千里内外也。”另有，如“伍骨一、二、三、四：右四版，全文曾發表於《方法斂博士對於甲骨文字之貢獻》一文中，此其左右胛骨各二版之全形也。二四爲右胛骨，皆王親視卜貞者，卜之次序爲第一卜。一與三當史官所貞，一④有立[1]，乃史之書名者，餘史爲誰，不可知矣。王乃帝辛，是四版其正人方時行程中一組重要卜辭也。……以上（五骨）爲帝辛正人方時兩閲月行程中關於卜行止之版。尚有卜夕，卜旬可資印證之版，别詳日譜。以卜夕，卜旬之版参證之，知帝辛於十一祀正月己酉（十三日）至攸，二月戊寅（十二日）離去，前後在攸駐蹕一月之久，即他辭王卜貞所謂‘余從攸侯喜正人方’也。”

甲骨的用料取材，主要是龜甲和牛骨，但也有少量的鹿、象等其他動物骨。關於甲骨用材中的象骨問題，董作賓很早就開始關注。書稿在“壹骨一——四”中寫道：“二、大胛骨之復原。此中三大胛骨，余據《殷虚古器物圖録》（1916年出版）及中村不折氏大骨等，参訂復原。初余疑是象胛骨（羅氏亦云然），詢之古生物學者楊鍾健氏，則决其爲大水牛之肩胛。第四版，則常見之普通牛胛骨也。”我們知道，董作賓於1961年發表了《大肩胛骨絶非象骨之證》一文，根據臺灣大學動物學系所藏象骨標本，對象肩胛骨和牛肩胛骨的形狀作了對比，指出象肩胛骨全角略成三角形，牛肩胛骨則近於長方形。殊不知在此20年前，董作賓就對甲骨中用象骨的問題早有關注。

書稿“自序”落款爲：“民國三十年三月一日，董作賓自序於西川之板栗坳寄廬”。由此知，書稿是董作賓於1941年在四川省宜賓市郊李莊鎮的板栗坳時期完成的。抗日戰爭爆發後，國民政府以重慶爲陪都，四川成爲抗戰大後方。外國駐華使館及世界知名新聞機構、團體都紛紛隨國民政府一起西遷，中央研究院作爲國民政府最高的學術研究機構，也跟隨陸續遷徙。經過長途奔波後，史語所最終落脚到了偏遠的四川李莊。在距離李莊鎮十多里外的山上，有地名爲“板栗坳”。史語所租用了板栗坳張姓大地主的一大片房子，前院作辦公室，其餘當同事們的住所。傅斯年住在桂花院，董作賓住牌坊頭。[2] 在李莊，史語所駐紮時間最長。董作賓當時在史語所德高望重，1940年首批到達李莊後，就受命全權代理所務。時逢國難，條件異常艱苦。正如書序云：“國難以來，流離再四，此類材料，珍藏行篋，時有散佚毁滅之虞。”可貴的是，在躲避戰火硝煙的縫隙中仍有一大批學者在孜孜不倦地鑽研學問。《歷史語言研究所集刊》創辦於1928年，以刊載研究所内學術成果爲主，至1949年共出版20集，其中自第10集開始就陸續刊載了

---

①④ 即“乙酉卜，在滅，立貞：王步于淮，亡災”。即合集41762（英藏2564、金574），見伍骨一。

② 岱峻：《發現李莊》，四川文藝出版社，2004年。

諸學者在李莊時期的研究成果。石印綫裝的《六同别録》可見完成於李莊的論文有27篇，分裝3册，均可作爲在李莊的紀念。① 由於《六同别録》印數極少，流傳不廣，後又在《歷史語言研究所集刊》陸續重新刊出。這些成就於李莊的研究論著以文獻與歷史考證方面的國學研究論文居多，不少作者在文尾均附記有類似董作賓書序落款的文字，註明寫作的時間與地點，譬如全漢昇的《中古自然經濟》有"中華民國卅年十一月廿四日四川南溪李莊板栗坳"；陳槃的《讖緯溯原（上）》有"民國三十一年十月六日脱稿，時流寓西川南溪李莊之栗峰"；張政烺的《奭字説》有"中華民國三十一年春作，三十三年歲杪手録上石。研凍指僵，目瞑意倦，幾不成字，視月書合校訖記"等等；這些充滿時代感的簡短記録，讓後人真切感受到了作者們當年李莊時期的現實境況。從1940年冬到1946年冬，在李莊那簡陋農舍裏，摇曳昏暗的煤油燈下，誕生的一部部不朽的學術著作中，還有我們熟知的《唐代政治史述論稿》（陳寅恪著），《殷曆譜》（董作賓著），《湖北方言調查報告》（趙元任著），《居延漢簡考釋》（勞榦著），《麽些象形文字字典》（李霖燦著），《中國建築史》（梁思成著）等。②

隨着衆多中央科研機構和高等學府内遷，李莊成爲抗戰時期中國學術中心的避難所，時任國立北平圖書館館長的袁同禮也率部分館員攜館藏前往川滇躲避戰火。袁同禮的兄長袁復禮是"中國人中參加史前考古發掘第一人"，袁同禮也曾任中央古物保管委員會監察委員，因而對中國的考古事業多有關注。避居西南時，袁同禮一直竭力爲西南聯大及科研機構提供書籍，以便大家繼續研究，同時策劃了"國立北平圖書館考古學叢刊"，旨在收集並出版中國考古學家在戰時的研究成果。《甲骨叢編》有封題爲："國立北平圖書館考古學叢刊第五種"，表明董作賓這部書稿即屬此課題策劃中。除此外，現藏於國家圖書館的題有"國立北平圖書館考古學叢刊"字樣的書稿，還有石璋如所著《古墓發現與發掘》③，題"國立北平圖書館考古學叢刊第六種"；郭寶鈞所著《中國古器物學大綱——銅器篇本論》（1942年2月郭寶鈞避居四川南溪衡廬，應北平圖書館編制考古學叢刊之請，原擬作爲《國立北平圖書館考古學叢刊第六種》行世，因故未果）④。但受戰爭爆發影響，"國立北平圖書館考古學叢刊"策劃的這批稿本最終都未能如期出版。由《甲骨叢編》稿本扉頁的墨筆書所記載："全書照原大石印（原摺疊之葉，亦勿縮小）"，

① 謝桃坊：《四川國學運動述評》，《西華大學學報（哲學社會科學版）》，2008年6期，1—10頁。

② 郭勝强：《董作賓傳》，江蘇文藝出版社，2010年。

③ 曹菁菁：《新發現石璋如未刊書稿》，《文津學志》第3輯，2010年。

④ 《郭寶鈞傳略》，《中國現代社會科學家傳略》第8輯，山西人民出版社，1987年。

可知當時此叢書即將步入刊印軌道，離正式出版僅一步之遥。

如《董作賓年表》中所記：1941 年，董作賓四十七歲時曾著有“甲骨叢刊第一輯附考釋二册”，此處“甲骨叢刊”與《甲骨叢編》的書名僅一字不同，按時間推算大概應指稱該書稿①。另有 1954 年，董作賓在《殷曆譜的自我檢討》文中寫道：“我在民國三十年曾計劃把甲骨文字分期分類編纂起來，名爲《甲骨彙編》，全部由我摹寫，照原大小付石印，以供整理時拼合復原之用。北平圖書館長袁同禮先生願意替我刊印。當時我曾先作了一本，共一百頁，外有釋文考證一本，已送上海付印。以後停頓了，原稿一去不返，渺如黄鶴了。許多經我摹寫過的孤本，也都跟着犧牲掉。”②書稿寫成十多年後，董作賓自認爲原稿不見了。在此《甲骨彙編》與《甲骨叢編》的書名亦有一字之差，抑或時隔多年董先生筆誤了。總之，《甲骨叢編》（第一集）的書稿完成於 1941 年，因故未能正式出版，公衆一直也無緣得見它的真容貌。

從當年的一些資料記録中，我們仍能感受到當時書稿備受學界關注的程度。在《中國國家圖書館館史資料長編》中，就有關於《甲骨叢編》的記録。據檔案資料載：“1940 年 9 月 24 日，袁同禮致平館上海辦事處通知書，指示處理館務。……二、本館委託董作賓先生編《甲骨叢編》共十集，需自購紙，照附上之樣子約需二百萬葉。請詳細估計約需紙若干，並請各種不同之紙樣各撿一份寄下，以便定奪。”③從檔案資料看，《甲骨叢編》原本全書預計著述的規模爲十集，確是堪稱一部巨著，書稿中製作甲骨文摹本的紙張要求品質精細，而且需求量龐大，需二百萬葉紙。袁同禮館長十分重視，特別在館務指示中對照樣選紙等諸多細節予以詳細囑託。另見《圖書季刊》在 1944 年的“學術界消息”中報道“國立中央研究院董作賓氏之甲骨學研究工作”云：“該所研究員董作賓氏從事甲骨文字之研究有年，最有心得。兹探得其最近年度工作，撮要如次。……（甲）

---

① 參見陳致平：《中華通史》第 1 册第 1 篇，黎明文化事業公司，1974 年。“第二章附録 – 殷墟的發現 – 附參考資料”：“㈥研究殷墟甲骨之重要著述有：⑨董作賓先生爲當代甲骨學權威，著作極多，其著者有：甲骨文斷代研究例、五等爵在殷商、殷曆中幾個重要問題、殷曆譜四册、殷虚文字甲編、乙編上中下三輯、殷虚文字外編、殷曆譜後記、五十年來考訂殷代世系的檢討、甲骨學五十年、殷代月食考、中國古代文化的認識、中國文字的起源、殷代禮制中的新舊兩派、甲骨叢編第一輯附考釋二册及年曆總譜等。”

② 董作賓：《殷曆譜的自我檢討》，《大陸雜誌》，第九卷第四期，1954 年。後收入《大陸雜誌・史學叢書》第一輯第二册“先秦史研究論集”（上）；又入《董作賓先生全集》乙編第 5 册，藝文印書館，1977 年。選入劉夢溪主編：《中國現代學術經典・董作賓卷》，河北教育出版社，1996 年，第 393 頁。

③ 李致忠主編：《中國國家圖書館館史資料長編》，國家圖書館出版社，2009 年，第 340 頁。

研究工作：……（三）甲骨叢編，此題爲甲骨文字材料之總結集。擬就現已出土之甲骨文字，無論已否著録，凡董氏所知見者，一一精摹，分别編纂考釋之，以時代爲綱，分爲：第一期盤庚至武丁，第二期祖庚祖甲，第三期廩辛康丁，第四期武乙文丁，第五期帝乙帝辛。每期更分甲骨二目，稱：'一甲''一骨'乃至'五甲''五骨'，共十目。各以數字編爲總號，如'一甲一'，以至若干號。更就卜辭史實，以類相從，分别輯録。擬分集編纂，每集圖版一百葉，釋文考證共百餘葉，預計十集，即可將全部甲骨文之重要材料編録完竣。現已完成第一集二大册，共收甲骨一千餘號。第二集以下，繼續編輯中。"① 從以上二則材料，可見國立北平圖書館的袁同禮館長在非常時期仍在積極主持《考古學叢刊》一事，並且時刻關注各位學者的研究進度。

當時知曉此書稿的還有陳夢家，自序有"客秋偶與陳夢家先生談及此業，出寫本示之，以告袁守和先生（袁同禮，字守和），願爲出資印刷，並力促其成，高誼至爲可感。乃於遷川期間，發憤編此第一集"。1937 年陳夢家曾寫信給董作賓，"彦堂先生賜鑒：日前下鄉親聆教益，至爲快慰。又承尊夫人殷勤款待，尤爲感激。昨日守和先生來談，述及《甲骨叢編》之計劃，彼甚熱心贊成，並先由圖書館自印出版，關於報酬辦法已由館方草擬方案寄來，囑代寄奉於先生，尊意如何？並可提出修改，版税抽百分之十五並預支千元，至分期出版，期限二月似太短促，凡此皆可從長計議者也。《殷虚文字外編》編成後似可續編此書，將來全書告成，實契學空前之大著也。……夢家謹上十月七日"。② 由此可見，陳夢家在《國立北平圖書館考古學叢刊》的組稿及出版方面，曾與袁同禮館長一起協助努力。其後，陳夢家於 1949 年爲曾毅公的《甲骨綴合編》作序文，又一次提到該書稿。"甲骨綴合……於一九三三年在《齊大季刊》第二期，曾發表一部分。此後董作賓氏，在《甲骨叢編》（成稿未印成）、《殷曆譜》更多有所綴合。"③

如上所述，時至 1944 年《圖書季刊》一期報道時，董作賓編著《甲骨叢編》已完成了第一集，總共二大册，收録甲骨一千餘號。而第二集以下，仍在繼續編輯中。所以，陳夢家 1949 年在《甲骨綴合編》序文中提到的"甲骨叢編（成稿未印成）"，説的就是這部二大册的《甲骨叢編》第一集，即現藏於國家圖書館的《甲骨叢編》稿本（後來不知何時被改裝成爲四册）。《甲骨叢編》原本規劃預計是十集，擬將全部甲骨文的重要材料編録完

---

① 參見《圖書季刊》，1944 年新第 5 卷，第 1 期。

② 陳遠：《信劄之美源於自由》，《同舟共進》，2017 年 04 期，第 19—22 頁。

③ 曾毅公：《甲骨綴合編》，1950 年修文堂石印本，見陳夢家序。

竣,這當然是一部巨著,怪不得陳夢家對書稿大加讚賞,推舉爲"契學空前之大著"。然而,由於世事艱難,全編十集最終並未完竣,至今只有此書稿的第一集編著完成。

若以書稿完成時間爲界,1941 年以前的甲骨學研究大致可概括爲兩個方面。首先,自 1899 年甲骨文發現至 1940 年間,殷墟甲骨材料的出土由非科學手段挖掘時期進入到了有組織的科學發掘時期,收穫了一大批有準確坑位和地層信息的刻辭甲骨,但《殷虚文字甲編》等直到 1948 年才陸續出版。此階段甲骨學研究的主要成果,是著録刊布 20 世紀上半葉由私人以非科學手段挖掘出土的甲骨。這些甲骨資料雖具有重要的文字、史料價值,但多數已失去原出土地點與層位,無法用考古學方法對它們作分期和斷代的研究。除首部甲骨文著録,即 1903 年劉鶚的《鐵雲藏龜》之外,這一時期的甲骨著録之作,主要有羅振玉在 20 世紀 20 年代以前刊行的《殷虚書契前編》(1913 年)、《殷虚書契菁華》(1914 年)、《殷虚書契後編》(1916 年)以及《殷虚書契續編》(1933 年),四書收入了羅氏傾其全力收集的 5000 餘片甲骨文拓本,以及王國維編著的《戩壽堂所藏殷虚文字》(1917 年)和王襄的《簠室殷契徵文》(1925 年)等;20 世紀 30 年代後,主要有郭沫若的《卜辭通纂》(1933 年)、《殷契粹編》(1937 年);國外學者的著作有 1917 年加拿大明義士的《殷虚卜辭》、日本林泰輔編纂的《龜甲獸骨文字》(1921 年)兩卷,以及美國方法斂編著的《庫方二氏藏甲骨卜辭》(1935 年)、《甲骨卜辭七集》(1938 年)、《金璋所藏甲骨卜辭》(1939 年)等。其次,在甲骨文研究上,在殷墟甲骨刻辭發現的最初二三十年中,釋字是研究者們的主要工作任務。孫詒讓早在 1904 年就著成了第一部研究甲骨文的專書《契文舉例》,正確地釋讀出甲骨文字 100 多個字;1914 年羅振玉刊行《殷虚書契考釋》,更釋出人、地名之外的甲骨文字 485 個,在文字考釋上超越孫氏;1934 年唐蘭的《古文字學導論》除考釋文字外,還總結了考釋文字的具體方法。文字考釋類的工具書主要有:1920 年王襄編著的《簠室殷契類纂》(1929 年增訂本),1923 年商承祚出版的《殷虚文字類編》及 1934 年孫海波所編纂的《甲骨文編》等。此階段以甲骨文釋字方面的成果居多;而在利用甲骨刻辭進行殷商史研究方面,則是以王國維的《殷卜辭中所見先公先王考》及《續考》和《殷周制度論》《殷禮徵文》等爲主。

受時代的局限,早期的甲骨文研究只能利用私挖而得的零散資料,學者們的研究範圍也因此受到限制。自殷墟科學發掘後,甲骨文的發現與研究工作由此發生了根本改變。繼王國維 1917 年在《殷卜辭中所見先公先王考》中就提出了以稱謂定王世的辦法,並依此法推斷了武丁、祖甲卜辭後,明義士在《殷虚卜辭後編》(1928 年)的序言中也採用稱謂定時代,並且注意到不同時代的字體特徵。1929 年殷墟第三次發掘時,小屯北地“大連坑”出土了四版完整的大龜甲，董作賓即據此明確地指出：“貞”字前一字是“卜問命龜之人”，稱之爲“貞人”，並在 1931 年《大龜四版考釋》中首先提出由“貞人”可推斷甲骨文的時代。1933 年，董作賓完成了甲骨學研究的重要著作——《甲骨文斷代研究例》，將甲骨文的時代劃分爲五個時期，提出了十項斷代標準，隨後又著成《殷曆譜》，建構殷商曆法及禮制體系。董作賓的“十項標準”猶如一把鑰匙，在混沌中爲大家打開了一扇大門，使十幾萬片甲骨的時代各歸其主，有條不紊地劃歸五個時期，隸屬八世十二王的名下。董作賓自發掘之初即赴殷墟，前後八次親歷考古發掘，大批出土的甲骨片都經由他親手摩挲研習。董作賓不僅對甲骨文有了更爲完整的認識，而且對出土情況與出土環境等都瞭然於心，這些都使他的甲骨文的研究獲得了超乎前人的新視角和新高度。《甲骨叢編》在這樣的基礎上編纂，必然有其超乎尋常的卓越貢獻。

如今，隨着甲骨學研究的不斷發展，新材料和新成果不斷湧現，對早期的甲骨文資料的重新整理與研究都在全面推進，並日益深化。《甲骨叢編》所收的甲骨片多數在《合集》和《合集補編》中有收録，但董作賓編輯時所收集到的甲骨資料較爲原始，部分摹寫本保留了甲骨片上更多更全的信息。通過摹本與拓本的對照整理，我們能看到在書稿的摹寫本中有些比《合集》的拓本更優的甲骨資料，如：“壹甲　一七”比《合集》4403 拓本更清晰，“貳甲　四四”摹本比《合集》23814 拓本更全，“壹骨　三三”摹寫本比《合集》20838 更全更清晰，“壹骨　三五”摹寫本比《合集》20838 更全更清晰。當然也有一部分摹寫本存在缺陷，如：有的摹寫本存在遺漏有字的正面或反面，有的摹寫不全形等。比如“壹骨　一八”，僅爲《合集》4041 反面的上部，在《合集》4041 已補全了“壹骨　一八”缺漏的反面全形圖及正面拓本；“壹骨　二〇”，僅爲《合集》6093 反面的一部分，但《合集》6093 已補全正面、反面全形；“壹骨　二九”，爲《合集》1075 正右半，“壹骨　四一”，爲《合集》1075 正左半，且“壹骨　二九”缺《合集》1075 反。由於早期甲骨拓本的時代局限，書稿中出現類似部分甲骨摹本缺陷的問題是不可避免的，不可苛求，經由後來者重新整理均可得以補全。誠然早期資料存在有些許缺漏的問題，但也不應當就此認爲降低了書稿考釋所具有的學術價值；其對於研究董作賓的學術思想，以及推動甲骨學的發展仍有重要的意義。董作賓在編纂《甲骨叢編》時，對甲骨材料進行排比，從中總結了甲骨不同類别的契刻文例及規律；而且他一直很重視對甲骨殘片的復原、補釋和拼綴工作。董作賓在《自序》中强調甲骨文整理研究的最終目的是：“第一目的，各王各期之卜辭，皆分類集合，使其各歸于原存甲骨之檔。第二目的，每一版卜辭，皆使之還其在甲或骨上之本來地位。”董作賓書稿中絕大多數的補釋和拼綴，可以與後來甲骨學者們的綴合研究新成果相印證。書稿中一些關於甲骨學的觀點和結論,經過了 80 餘年的檢驗仍有其價值,其中仍不乏對甲骨學與殷商史研究的卓越見識。

《甲骨叢編》(第一集)書稿編著完成,時逢董作賓隨同史語所一起抗戰避居西南的艱困時期。儘管當時的生活異常艱苦,但董作賓等學者們對研究仍孜孜不倦,他們艱苦奮鬥的鑽研精神,值得後輩敬佩和學習。書稿的學術價值不僅體現在斷代研究的成果上,而且體現在廣泛地採用甲骨材料上,幾乎涵蓋了當時可見到的所有公私收藏的甲骨材料。同時,董作賓在本書稿中運用科學方法開展了許多項開創性的研究,譬如對大量甲骨殘片的復原與拼合,運用殷曆紀年來推算新材料中的曆法問題,商代地理中的程途研究,以及關注甲骨中用象骨等問題。有理由相信,本書稿當年若能得以及時刊行,勢必會對甲骨學研究産生極大的推動作用。由於時局複雜,書稿最終未能刊行。但時隔 80 餘年後的今天,仍可見書稿具有的學術價值及學術史價值。董作賓曾雄心計畫撰寫一部十集的巨著,最終雖未能全竣,但留存的第一集書稿也完全可以獨立成著。書稿在董作賓的甲骨學研究體系中應佔有重要的地位,是研究其學術歷史及甲骨學史的新資料。書稿中關於甲骨學諸多問題的討論,具有不朽的價值,仍能給我們帶來新的啟發,至今仍值得我們繼續深入學習和研究。

校讀説明

1. 對原書稿的序文、凡例、考釋等内容均繁體照録文字。

2. 原書稿爲毛筆手寫的竪排版，爲適應現代讀者的閱讀習慣，録文改爲横排版。

3. 將原書稿中考釋中的部分列舉内容，改制成表格；對於一些不宜用表格形式的列舉段落，則採用截取原版插圖的形式，繼續保持原貌。圖號爲新編。

4. 從《甲骨文合集》《甲骨文合集補編》等大型彙編著録及原著録、原收藏等中，儘可能地查找出書稿中的每版甲骨摹本對應的甲骨拓本或照片。

5. 摹本和釋文摹本均從原書稿中截取，將摹本、釋文摹本、拓本三者的圖版並列展現；若學界對某片甲骨有最新綴合研究，相關的綴合圖版也一並展現。

6. 對書稿中涉及的專有名詞和書名簡稱等内容進行註解，便於讀者更進一步解讀和研究。

7. 按原書稿編號順序整理出每版甲骨與《甲骨文合集》《甲骨文合集補編》等著録書籍的對照表，並註明綴合信息及其來源，備註出摹本與拓本比較後存在的差異，以及綴合校勘等問題，詳見附録一。

8. 凡在甲骨材料著録及綴合對照表中引用文獻的簡繁稱對應，詳見附録二。

上編　《甲骨叢編（第一集）》校讀

自　序

殷虚甲骨文字之出土，自清光緒二十五年（公曆一八九九）迄于今（民國三十年，一九四一），四十三年矣。其發見採掘，約可分爲三期：

一曰偶然發見時期。光緒二十五年以前屬之。此期因耕種而偶然發見甲骨文字，已數十年。村人以爲龍骨，售之藥材店。曇花一現，瞬即毁滅，出土之物，殆無幸存。

二曰土法採挖時期。光緒二十五年至民國十六年（一九二七）屬之。其時村人已知藥材之爲骨董，可得善價而沽也，則群起挖取之，廿餘年間，搜刮幾徧。估客亦麕集相市，重貲購求，以轉售之平滬。私家收藏，海外流布，皆此期出土之甲骨文字也。

三曰科學發掘時期。民國十七年（一九二八）至民國二十六年（一九三七）屬之。此期已知甲骨文字爲重要古物，應歸國有，乃由國立中央研究院遴派考古專家，組織發掘團，從事工作。前後十年，發掘十五次，除十至十二次爲殷代陵墓外，採掘甲骨者十二次，總計所得，大小凡二萬餘版。

以上三期，第一時期無論矣。第二、三期所出土之甲骨文字，中外公私所收藏，見於著録之專書，已有三十三種，並未著録者而統計之，號稱十萬版也。

甲骨文字乃新興學問之一，自孫詒讓作《契文舉例》始（光緒三十年，一九〇四），至民國二十五年止（一九三六），凡三十三年之間，甲骨之編纂論著，三百三十三種，其中三分之二以上，又爲近十年作品，則斯學之昌明，誠如雨後春笋，茁長怒發，日新月異，蔚成大觀也。其有關考釋者：專書、通論、散見，凡六十四種；有關專題研究者：文字、歷史、考古、社會、禮制、曆法之論著，凡一百五十二種；參加研討之中外學者一百三十四人（以上統計，均據《甲骨年表》）。創見傑作，觸目而是，可謂極一時之盛矣。

由此言之，十萬版甲骨文字，固皆經治此學者鑽研摩挲，索隱探賾，發爲宏論，著成專書，似已登峰造極，嘆觀止矣。然吾可以正告讀者：此過去三十餘年之研究，猶不免東鱗西爪之見，縱横擘合之作，乃此學之發軔，非此學之終的，蓋此學研究尚未入於正軌也。山窮水盡，疑已無路，柳暗花明，實別有村，吾今將引君至一嶄新之境界，一觀甲骨學之新園地，可乎？

余之從事發掘工作也，或躬親探檢，實地觀察；或兀坐一室，苦思冥索；積之既久，乃發明斷代研究之法，斷代研究法，固此新園地之鎖鑰也。乃發表以來，又經十載，而採用此法以澈底全部整理甲骨文字者，猶無其人。今此編之作，乃導君入其門徑，至一新境，以探甲骨文字之秘。換言之，亦即深入吾人日夕鑽摩之牛角尖中一角落也。於此，不能不舊事重提，略述斷代研究之法。

在《甲骨文斷代研究例》中，余曾舉十種標準：一、世系，二、稱謂，三、貞人，四、坑位，五、方國，六、人物，七、事類，八、文法，九、字形，十、書體。十標準之主要者爲"稱謂"，其次"貞人"與"坑位"。"世系"則稱謂之所資，餘皆由前三者推演而出者也。今於此舉世系與稱謂。貞人已散見於本編各期卜辭中，坑位關係，限於科學發覺之材料，均從略。

殷人祖妣世系圖（（1）–（33）祖次，㊀–㊃妣次）

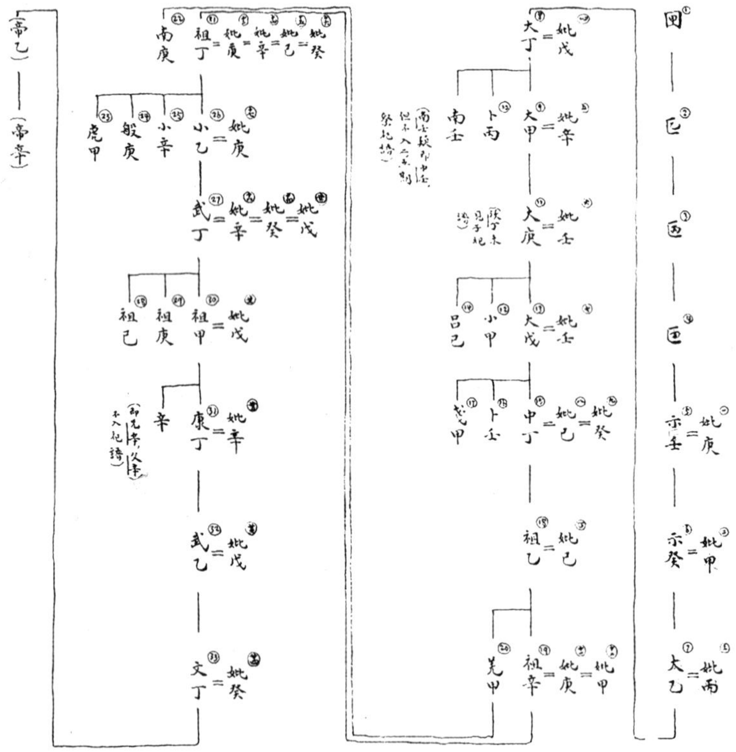

右（上）表乃據第五期帝辛時先祖先妣之五種祀譜中之次第列之，并參以祖甲、帝乙之譜。此譜上甲以上之遠祖不祀，故表未列。且上甲之前，除高祖夒、王亥之外，均當存疑也。

余於斷代例一文中，曾作"自祖乙至文丁九世稱謂圖"，此圖應補充者尚多，每期均有不入五種祀典之人，如父某、母某、兄某、子某，一一詳列，必待各期祭祀卜辭全部理出之後，今尚不能爲之也。僅就習見之稱謂，足以助斷代研究者，增訂原圖如次。

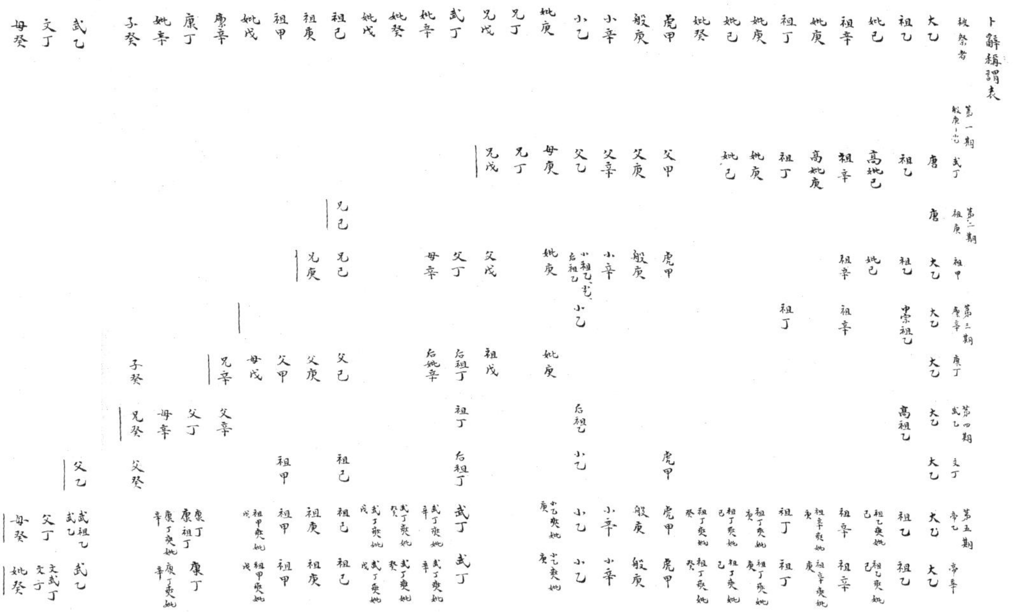

上表所可注意者：大乙之稱，始於祖甲；武丁之稱，始於帝乙；文武丁之名，始於帝辛；由其名稱，可以確定其時代也。其餘每期均有特殊之稱謂，此表雖不完備，而綱要略具，讀者可以隅反矣。

各王卜辭，固有可以細別者，爲研究之便，仍當分五大期也。兹依斷代例所舉，加註今定年數：

<table>
<tr><td rowspan="4">壹</td><td rowspan="4">第一期</td><td>盤庚（自遷殷始）十四年</td><td rowspan="4">（前三期不易分出，今見卜辭以武丁時爲多。）</td></tr>
<tr><td>小辛　廿一年</td></tr>
<tr><td>小乙　廿一年</td></tr>
<tr><td>武丁　五十九年</td></tr>
<tr><td rowspan="2">貳</td><td rowspan="2">第二期</td><td>祖庚　七年</td><td rowspan="2">（此期庚、甲易分，祖甲時卜辭爲多。）</td></tr>
<tr><td>祖甲　三十三年</td></tr>
<tr><td rowspan="2">叁</td><td rowspan="2">第三期</td><td>廩辛　六年</td><td rowspan="2">（此期不易分。）</td></tr>
<tr><td>康丁　八年</td></tr>
<tr><td rowspan="2">肆</td><td rowspan="2">第四期</td><td>武乙　四年</td><td rowspan="2">（此期乙、丁可分。）</td></tr>
<tr><td>文丁　十三年</td></tr>
<tr><td rowspan="2">伍</td><td rowspan="2">第五期</td><td>帝乙　三十五年</td><td rowspan="2">（此期乙、辛尚可分。）</td></tr>
<tr><td>帝辛　五十二年</td></tr>
</table>

本編以大寫數字爲分期記號,故列於上端。各期年數有多寡懸殊者,故卜辭之分量不同。五期雖可更作各王之分,然亦有兩期近似易相混亂者,如二期祖庚時,除貞人外,字形,稱謂,皆易與武丁時不分。又三四期亦有不易分者,至於殘片細小,僅餘貞卜干支之字,亦難斷定時期。但大多數卜辭之時代既定,專題研究,有所取資,隻字片文,附之存疑,蓋已無關宏恉矣。

吾人誠能以斷代研究,爲治甲骨學之第一方法,則進一步之工夫,即爲甲與甲、骨與骨之拼合,使之復其舊觀。則一切問題,自然披陳於目前,且隨時可以解決;而許多意想不到之成果,亦絡繹不絕,應手而來也。夫一甲一骨,猶人之有每一家族也,其在殷代,其在地下,固屬同居共處,精誠團結也,而一旦出現於斯世,有如大難臨頭,分崩離析;父子不相見,兄弟妻子離散矣。今欲使其儘于可能範圍之内,重圓破鏡,一家團聚,寧非幸事?故吾人整理甲骨文字,有最後之目的焉:

第一目的,各王各期之卜辭,皆分類集合,使其各歸于原存甲骨之檔。

第二目的,每一版卜辭,皆使之還其在甲或骨上之本來地位。

如此理董完竣,吾人可以指示於讀者:此武丁時某年某月存牛胛骨之檔也。此又祖甲時某年卜祀之辭之第幾龜腹甲也。如此理董完竣,再有發現一殘片者,吾人可以之接兑於帝辛時卜彡祭先祖之第若干龜背甲右半,曰此第三肋甲中部之殘版也。任何一片,如非贋品者,不應於若干骨若干甲之中,無所歸宿也。此非完全出于理想,倘能集衆力以赴之,兩目的者,未嘗不能計日而達也。

拼合之法,本編第一集有舉例數版,略供參考。於此須注意者:即龜與骨各部分之鑒定識别及甲骨上貞卜刻辭之公例也。先述鑒别之法。

龜腹甲及背甲,各期皆用之。欲别腹背之異,須看其版片上之齒縫與盾紋。生龜於甲外被有角質盾版,猶骨之有皮,盾版相接處,深嵌甲面,雖刮磨之,不能泯滅,吾人謂之“盾紋”。龜既剖分爲腹背兩面,背甲更中分之爲左右兩半,施鑽鑿于反面(即内面)而後灼用之。其破裂也,必在卜兆或“齒縫”處,卜兆易坼,齒縫易散。今試取一片,可見其必有兩甲接處之“齒縫”,否則腹甲中部,四邊皆緣兆坼而破裂之小片也。知“盾紋”與“齒縫”,在腹背甲之不同,更證以左右行之文例,未有不能定其部位者也。

牛胛骨之鑒定部位,較爲單簡,即分别其左右,視其原邊緣之屈曲情形,參以卜兆向背,文例左右,刻辭先後,即得之矣。

今揭龜骨圖及其普通之文例圖,以便對照。

腹甲文例一（壹甲四）

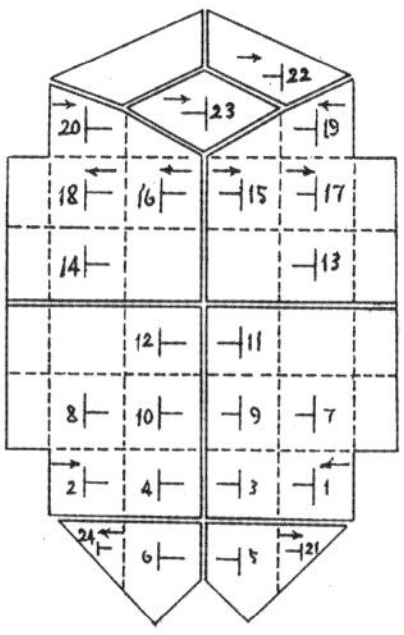

此為腹甲公式圖：四行八段式
虛線，示每卜辭之區域。
數字，示全版卜辭之次序。
矢形，示卜辭左右行。
卜，示卜兆之方向。
以下甲骨公式同。

腹甲文例二（貳甲一）

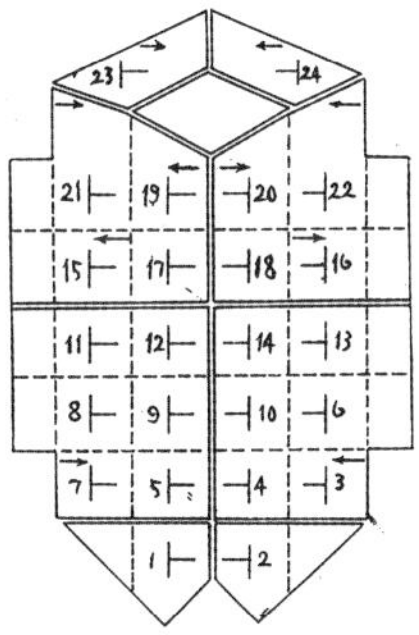

四行七段式一

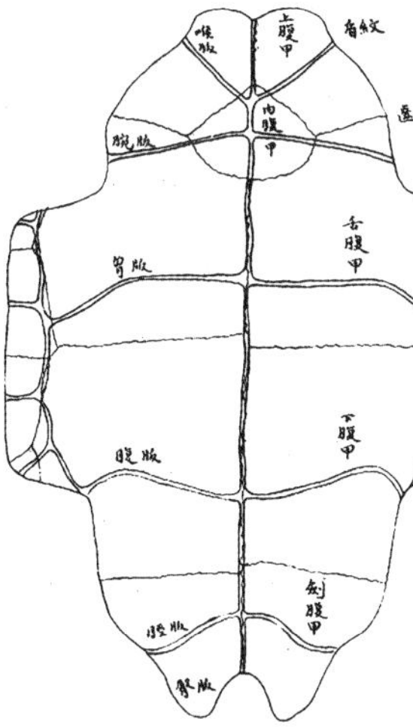

右註腹甲部位
左註甲版名稱

腹甲文例五 伍甲二〇七

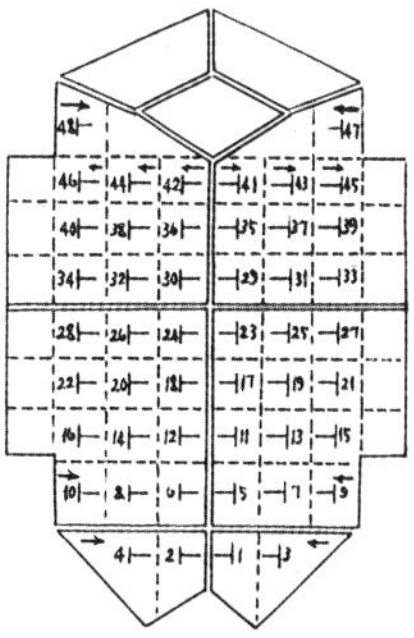

六行九段式

腹甲文例六 伍甲一七四

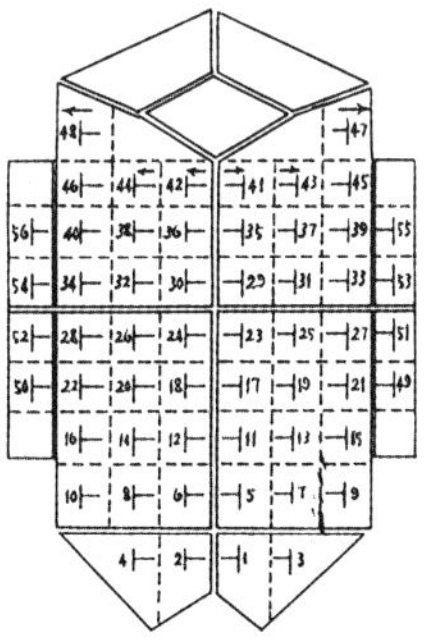

八行九段式

腹甲文例三 貳甲三一至三七 三九 五五

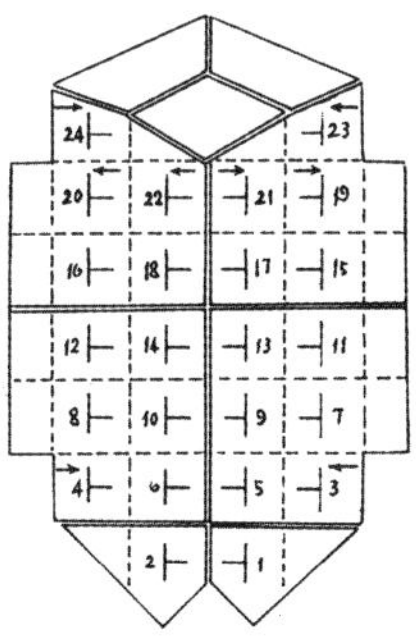

四行七段式二

腹甲文例四 叁甲三

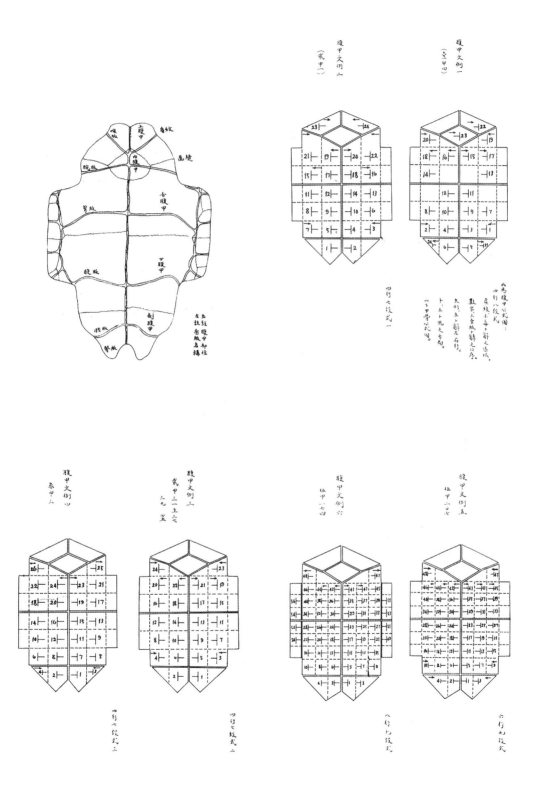

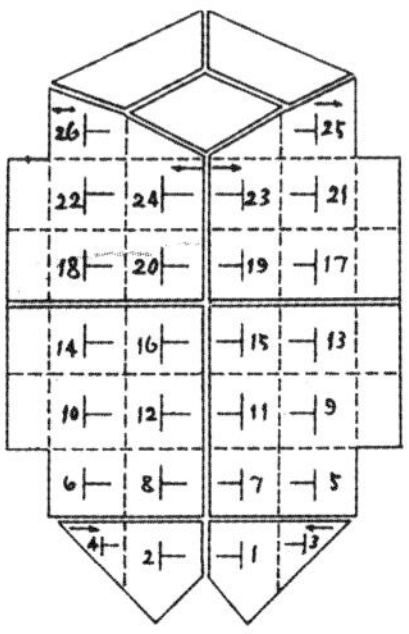

四行七段式三

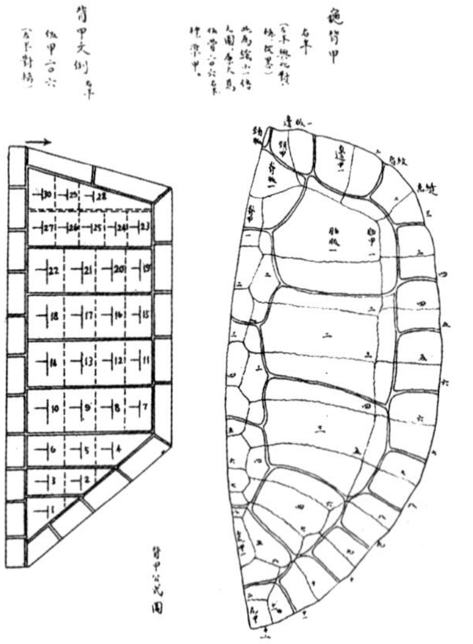

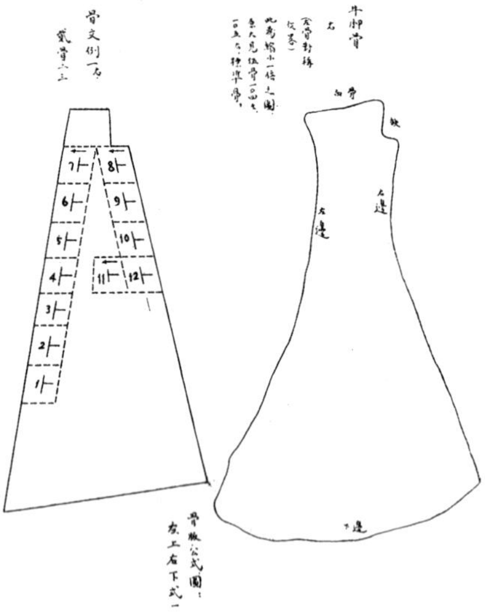

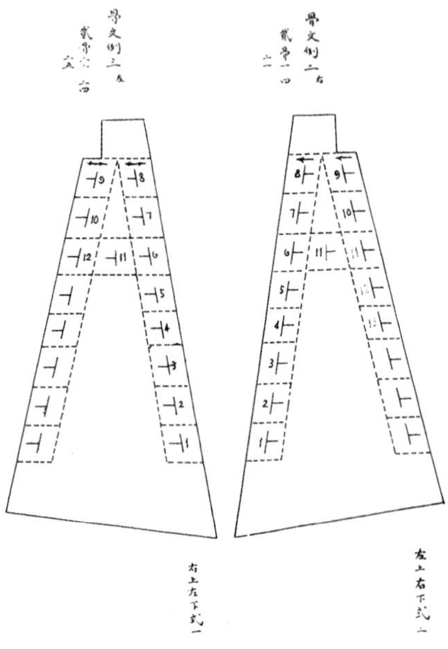

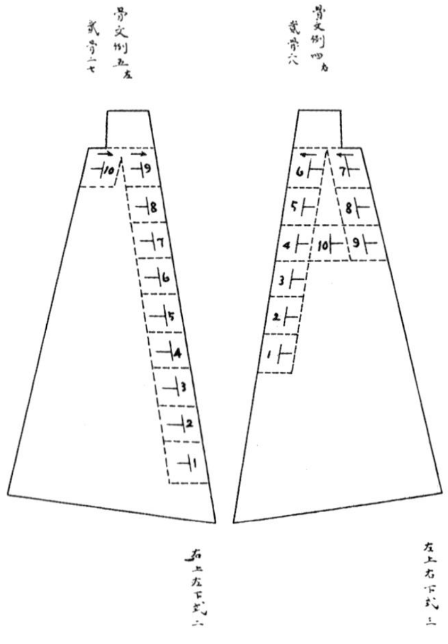

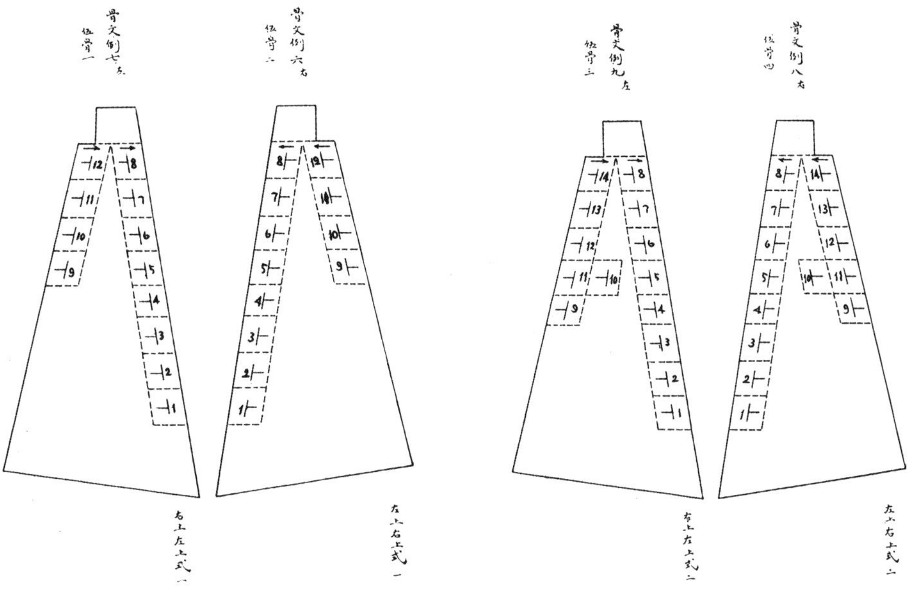

右（上）所揭舉，爲甲骨之一般刻辭公式，大多數卜辭，皆可觸類而旁通者也。此類文例之求得，多出于卜旬、卜夕、卜王之版，向不爲編者所重視，而實則此三者乃治甲骨學者入門之鎖鑰。蓋甲骨之完整者少，殘碎者多，不易見其全版之組織，今據此類有聯系性之卜辭，排其部位，補其干支，審其次第，則甲骨全版文例，可得而知。比較多版，得其公式，拼合殘片，易如反掌矣。

依斷代法，分其時期；依鑒別法，定其部位；更依卜事之種類，使相集合；有干支以排其次序；有詞句以求其貫連；有文例公式以證其在甲若骨上之關係；如是而本屬一版，後經離散，但有著録，尚在人世，而曰不能復其原形，吾不信也。

編中拼合復原之版，僅舉其例，乃余偶一爲之者，全部理董，尚未遑爲之也。古詩云："鴛鴦繡手從君看，不把金針度與人。"余則不然，本編所揭斷代研究各例，余之鴛鴦繡手；而斷代之標準，甲骨之公式，實爲余之金針。材料豐盈，方法具在，讀者其有意乎？

考證部分，多爲余最近研究之所得。約略舉之：

一、爲曆法之探討。近五年來余嘗集中精力，作古曆之研究，成《殷曆譜》一書。其涉及本編材料者，輒舉以爲例。如武丁五十年之旬譜（壹甲四），祖庚七年之夕譜（貳骨四至六），帝辛十年之日譜（伍骨一至四），皆其顯例也。

二、爲祀典之説明。殷代祀典，以祖甲及帝乙帝辛，二、五兩期，最爲嚴肅。如彡、翌、祭、壹、劦五種祀典，皆有系統之組織，而先祖妣之依日祭祀，秩然不紊。如祖甲時之彡祭(貳甲一、二),帝乙時之翌祭(伍骨五、八),乙、辛時之日祭(伍甲一至一六〇),足見一斑。

三、爲史實之聯貫。如壹骨五至一七,所輯各辭,以四事爲綱,更以同版同文,互資接綴,於殘簡斷編,千創百孔之中,各事之線索,猶能一目了然,如讀武丁實録也。

四、爲時期之分劃。第三期卜辭,著録甚少,第四期卜辭,鑒别甚難。今於此兩期,特加注意,述其分劃之標準。此兩期能辨别之,其餘三期,更易爲力也。

五、爲坑位之考求。坑位之紀録,惟科學發掘之材料有之。今據吾人之經驗,以考求前後出土之物,如壹骨一至四,《菁華》之大骨,貳骨四至六,卜夕之全版,皆能得其出土之地。三四期之多出於村中,更可因其存儲之庫,以推求私家收藏之品。

此外,如同文異版之例(壹骨七至一一),正反銜接之文(壹骨一至一七),甲骨部位名稱之標準(伍甲二〇六,二〇七,伍骨一〇四,一〇五)卜辭互相拼合之方法(壹骨五、六,伍骨一至四),演變中之字形(壹骨一八至三〇),程途中之地理(伍骨一至四),小王之名(叁骨一),卜月之辭(伍骨一九至三五),皆一得之見,或涵新義,治甲骨之學者,可供參考研究之資者也。

本編所收寫本,有爲最近影摹者,有爲十年以來隨時積存者,故工有精粗,筆有新舊,紙有厚薄,墨有濃淺,不能齊同。然其出於忠實態度,則始終如一。雖不足與原刻比,讀者作鈔本觀,可也。國難以來,流離再四,此類材料,珍藏行篋,時有散佚毁滅之虞。每擬粘貼成册,又須待全部寫成,分類理董之後,而全部理董,則非短時期内所能爲也。客秋偶與陳夢家先生談及此業,出寫本示之,以告袁守和先生,願爲出貲印刷,并力促其成,高誼至爲可感。乃於遷川期間,發憤編此第一集。杜君士雄,時於工餘相助,於此誌謝。此集考證文字,多屬匆促中一次寫定,未作草稿,但求達意,不暇修詞。有時興致甚好,揮毫直書,瑣瑣不休;有時神思既倦,秉筆兀坐,敷衍了事;或天寒指僵,字畫生澀;或菜油燈昏,行列斜欹;讀者倘責其行文蕪雜,書字草率,所不敢辭。如於研究方法,有所商討,加以是正,跂予望之。

民國三十年三月一日。董作賓自序於西川之板栗坳寄廬。

編輯凡例

一、本編每集輯録甲骨卜辭影寫本百葉。釋文百葉。考證文字若干葉。

二、本編所以採用寫本者：因拓本付印不易，成書價昂；且未著録者多無拓本，已著録之寫本亦須全收，故決用寫本，以求一致。又拓本有模糊不清晰者，有無字處被剪裁者，有但拓有字部分不及全形者，有甲縫、盾紋、邊緣、卜兆不可辨者，寫本能免此諸弊。

三、初擬每集中平均分配五期甲骨，每期甲與骨各佔十葉。及着手編纂，頗感困難，因甲骨之分量，多少有殊；各王之年數，修短各異；版片之遺存，大小不一；整齊排比，勢不可能。如第四期骨多甲少，第三期甲骨皆少，一集縱能勉湊，二集以下，即難爲繼。故決定不計分量多寡，以每集各期甲骨均有爲原則。

四、每葉中縫，以大寫數字，記五期之分；其下記甲類或骨類；再下記本葉所收版片之號數起訖。甲骨版片右上方，不再加註期、類，僅註編號。此號繼續至全部各期甲骨，分類編録完竣爲止。

五、本編問世後，徵引甲骨文字者，每片註其期、類、號，即得。如“壹骨四五”或“1骨 45”，即可知爲《甲骨叢編》第壹期，骨類第四十五片也。有此總號，可免重複。

六、本編輯録卜辭，以全部收入爲最終目的，片字隻詞，不使遺漏。惟每集在不悖期、類之原則下，因材料之便，或以類相從，或以事聯系，或一書全收，初無一定標準。俟全書編就，別作分類、檢字、檢詞、人名、地名、專書之各種索引，以爲剪裁、拼合、檢查研究之便。

七、本編第一集中，已將《殷虚書契菁華》一書，全部收入，附索引示例。以後各集，如某一專書編完，即附以此書之索引，以便對證原書。

八、本編甲骨寫本，均注意圖繪一準確之輪廓。甲類凡腹背甲有齒縫、盾紋可見者，均繪出之。骨版注意其邊緣兆坼。卜兆可知者，甲骨均摹之。間有圖繪全形，以示其部位所在。

九、本編甲骨寫本，乃編者十年來隨時影摹之片，書寫工具及興致不同，故前後如出兩人之手。惟以忠實態度爲之，不敢忽略。如有謬誤，承讀者指正，尤所企盼。

《甲骨叢編》第一集目

本集共編録甲骨文字一〇〇五號①,一百葉。五期甲骨之分配如次:

分期	分類	編號	葉數
壹	甲	一——三三	四
壹	骨	一——四五	一八
貳	甲	一——一〇三	一〇
貳	骨	一——二三一	二〇
叁	甲	一——七	六
叁	骨	一——三三	四
肆	甲	一——五六	二
肆	骨	一——一八三	一七
伍	甲	一——二〇七	一〇
伍	骨	一——一〇五	九

以上第一集採録自專書或未著録者三十一宗,計甲骨文字殘片一〇九〇。除本集所編之一千零五號之外,其餘八十五片,爲各號甲骨之反面或互相拼合之版。

① 依據表中所列五期甲骨編號,相加後總量應爲 1003 號,非 1005 號。

《殷虚書契菁華》全書版片與《甲骨叢編》號數對照表

葉	版	號	版	號	版	號	版	號
一	一	壹骨一						
二	一	壹骨二						
三	一	壹骨三						
四	一	壹骨一反						
五	一	壹骨三反						
六	一	壹骨二反						
七	一	壹骨四						
八	一	壹骨四反						
九	一	壹骨三一	二	貳骨一七	三	伍骨一六	四(九、三合)	伍骨一六
	五	叁骨一三	六	肆骨一七二	七	壹骨三三	八	壹甲一六
	九	伍骨一四	一〇	伍骨一六七	一一	伍甲一六八	一二	伍甲一六九
	一三	伍骨一	一四	伍甲一七〇	一五	伍骨一三	一六	伍骨一一
一〇	一	伍骨二〇	二	伍甲一七一	三	伍骨九	四	伍骨一七
	五	壹骨一八	六	壹骨三二	七	壹骨三四	八	壹骨三五
	九	壹甲三六	一〇	伍骨一二	一一	壹骨三七	一二	壹骨三八
	一三	伍甲一七二	一四	貳骨一八	一五	貳骨一九	一六(九、五合)	叁骨一三
	一七	貳骨二〇	一八	伍骨一〇				
一一	一	壹甲一七	二	壹甲一八	三	壹甲一九	四	壹甲二〇
	五	壹甲二一	六	壹甲二三	七	壹甲二二	八	壹甲二四
	九	壹甲二五	一〇	壹甲二六	一一	壹甲二七	一二	壹甲二八
	一三	肆甲五五	一四	壹甲二九	一五	壹甲三〇	一六	壹甲三一
	一七	肆骨一七三	一八	肆骨一七四	一九	肆骨一四九	二〇	肆骨一七五
	二一	肆甲五六	二二	肆甲五四	二三	肆骨一七一	二四	壹甲三二
	二五	壹甲三三	二六	伍甲一七一				

全書十一葉，著録甲骨六十八版。入第一集，編爲六十二號。

《甲骨叢編》第一集考釋——考釋凡例

一、本編考證部分，或因一片有特殊價值者；或因一字有沿革變化者；或成組之卜辭，關係一時之重要史實者；或全部之卜辭，關係一期之分劃鑑別者；或舉禮制；或述曆法；隨時隨處，提示研究之例，初無定格。

二、本編釋文部分，每版皆繪出原形，譯爲今字，俾同文異版之辭，易於分辨。譯文以"約定俗成"爲原則，不識之字，改書今體，爲便省覽，非關考定，讀者諒之。

三、甲骨殘版，有須繪出全形，以見其部位所在及文例關係者，間或爲之，以示其例。

四、卜辭之左右行，於辭上方以矢形示之。下行者不標記號。

五、卜兆與卜辭之關係及其範圍，以虚線界劃之。辭與辭之區分，可以一目了然。

六、以數字加圈圍之，示卜辭在本版上之先後順序。

七、殘缺之辭，今爲補出者，皆作括弧於上下以識別之。未補者加點號於殘缺處以識別之。

八、本編材料來源，悉註於釋文片下。第一字爲書名或收藏者簡號，第二數字爲分卷，第三數字爲葉數，第四數字爲版片。亦有第二字註其類别或原書甲骨之號數者。

《甲骨叢編》採録材料簡名對照表

簡名	全名	編著或收藏者	出版年月
鐵	鐵雲藏龜	劉鶚	清光緒二十九年
前 *	殷虚書契前編	羅振玉	民國二年十二月
菁 *	殷虚書契菁華	羅振玉	民國三年十月
餘	鐵雲藏龜之餘	羅振玉	民國四年
後 *	殷虚書契後編	羅振玉	民國五年三月
圖	殷虚古器物圖録	羅振玉	民國五年
卜 *	殷虚卜辭	明義士	民國六年三月
戩 *	戩壽堂所藏殷虚文字	姬佛陀	民國六年五月
龜 *	龜甲獸骨文字	林泰輔	民國十年十二月
徵 *	簠室殷契徵文	王襄	民國十四年九月
拾	鐵雲藏龜拾遺	葉玉森	民國十四年
新 *	新獲卜辭寫本	董作賓	民國十七年
真 *（河真）	殷虚文字存真（第一集）	關葆謙	民國二十年六月
福	福氏所藏甲骨文字	商承祚	民國二十二年四月
契 *	殷契卜辭	容庚、瞿潤緡	民國二十二年五月
續 *	殷虚書契續編	羅振玉	民國二十二年九月
佚 *	殷契佚存	商承祚	民國二十二年十月
鄴（二）*	鄴中片羽（第二集）	黄濬	民國二十四年二月（廿六年八月）
柏 *	柏根氏舊藏甲骨文字	明義士	民國二十四年
通（别）*	卜辭通纂（附别録）	郭沫若	民國二十四年五月
庫 *	庫方二氏藏甲骨卜辭	方法斂、白瑞華	民國二十四年十二月
河 *	河南通志館甲骨文録	孫海波	民國二十六年
七 *	甲骨卜辭七集	方法斂、白瑞華	民國二十七年

續表

簡名	全名	編著或收藏者	出版年月
金 *	金璋所藏甲骨卜辭	方法斂、白瑞華	民國二十八年
天	天壤閣甲骨文存	唐蘭	民國二十八年
零 *	鐵雲藏龜零拾	李旦丘	民國二十八年
誠	誠齋殷虛文字	孫海波	民國二十八年
珠 *	殷契遺珠	金祖同	民國二十八年
甲 *	殷虛文字甲編	董作賓	民國二十九年
明 *（甲、乙、丙、丁）	明義士藏甲骨文字	容庚藏拓本	（自此以下，均未出版）①
卜 *（上下）	殷虛卜辭續編（上、下册）	明義士（容庚藏拓本）	
善 *	善齋所藏甲骨文字	劉體智（史語所藏拓本）	
粹 *	殷契粹編	郭沫若	民國二十六年五月
外 *	殷虛文字外編	董作賓（採輯拓本）	待刊
北 *	北京大學藏甲骨刻辭	劉復藏拓本	
凡	凡將齋藏甲骨文字	馬衡（劉復藏拓本）	
滇 *	雲南圖書館藏骨（？）	何敘甫（採輯拓本）	
加 * 號者，第一集已收入。			

① “自此以下，均未出版”，此條用薄紙條覆蓋，視爲删除。

壹　甲①

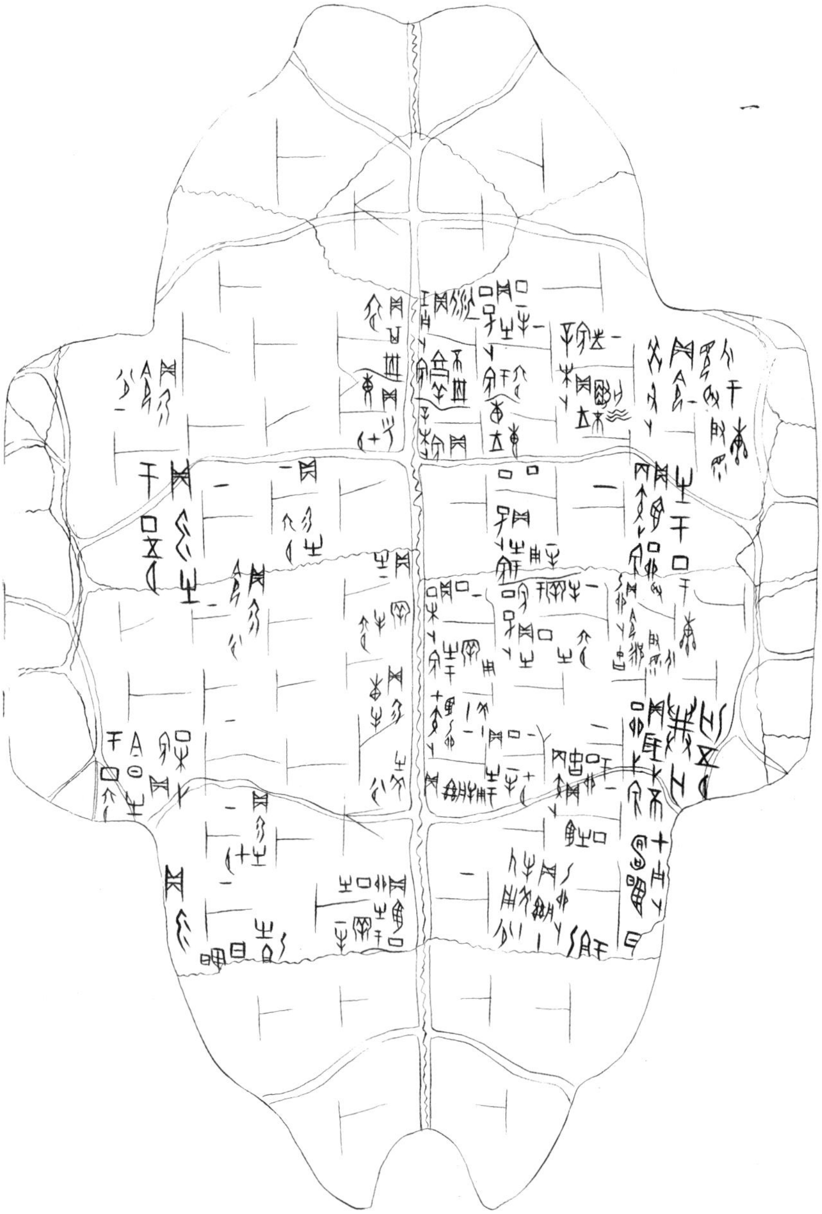

壹甲 1.1

① 在《甲骨叢編》原書稿中，按五期編排，各期再按甲骨材質分“甲”“骨”二類。各類下以“專題”編排；第一、二册爲甲骨的摹寫圖版，第三、四册爲釋文圖版及考釋。爲了便於校讀，在第三、四册的基礎上，現將原屬於第一、二册的甲骨摹寫圖版插入相應編號甲骨處，與校讀甲骨拓片圖或照片，以及相關的綴合圖版一併編排。此“壹甲”爲校讀時自擬章節標題以示分章，下同。

一

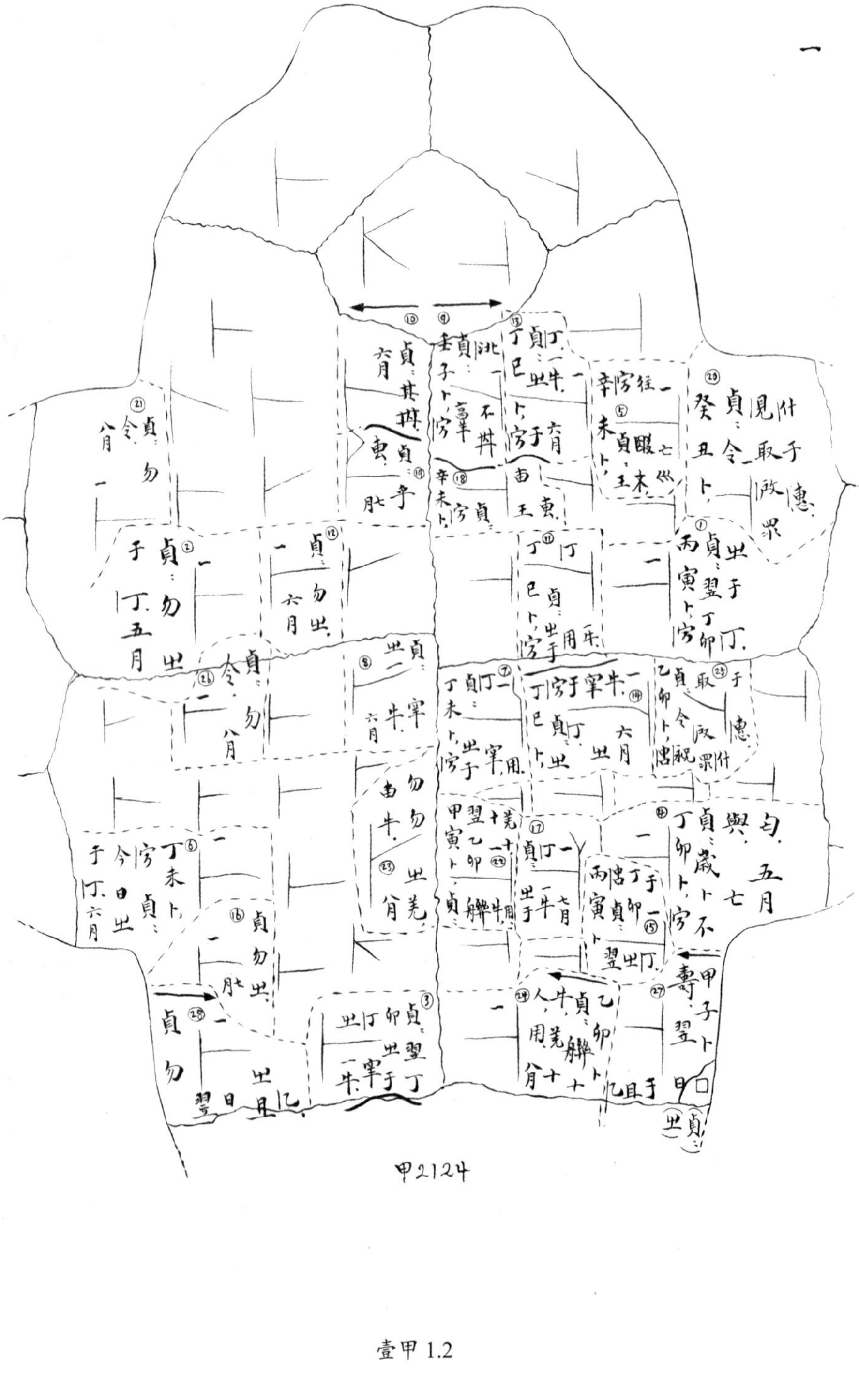

甲2124

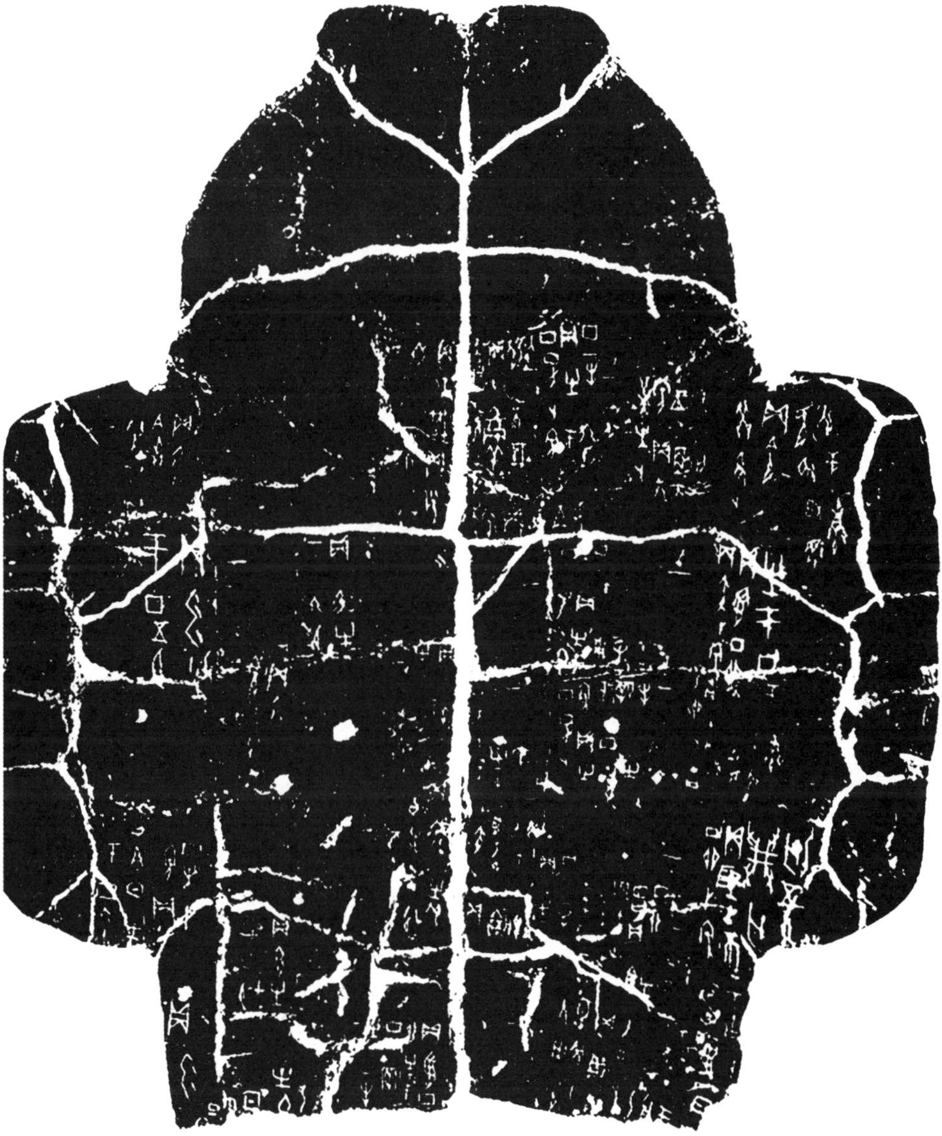

壹甲 1.3 : 合 339

二

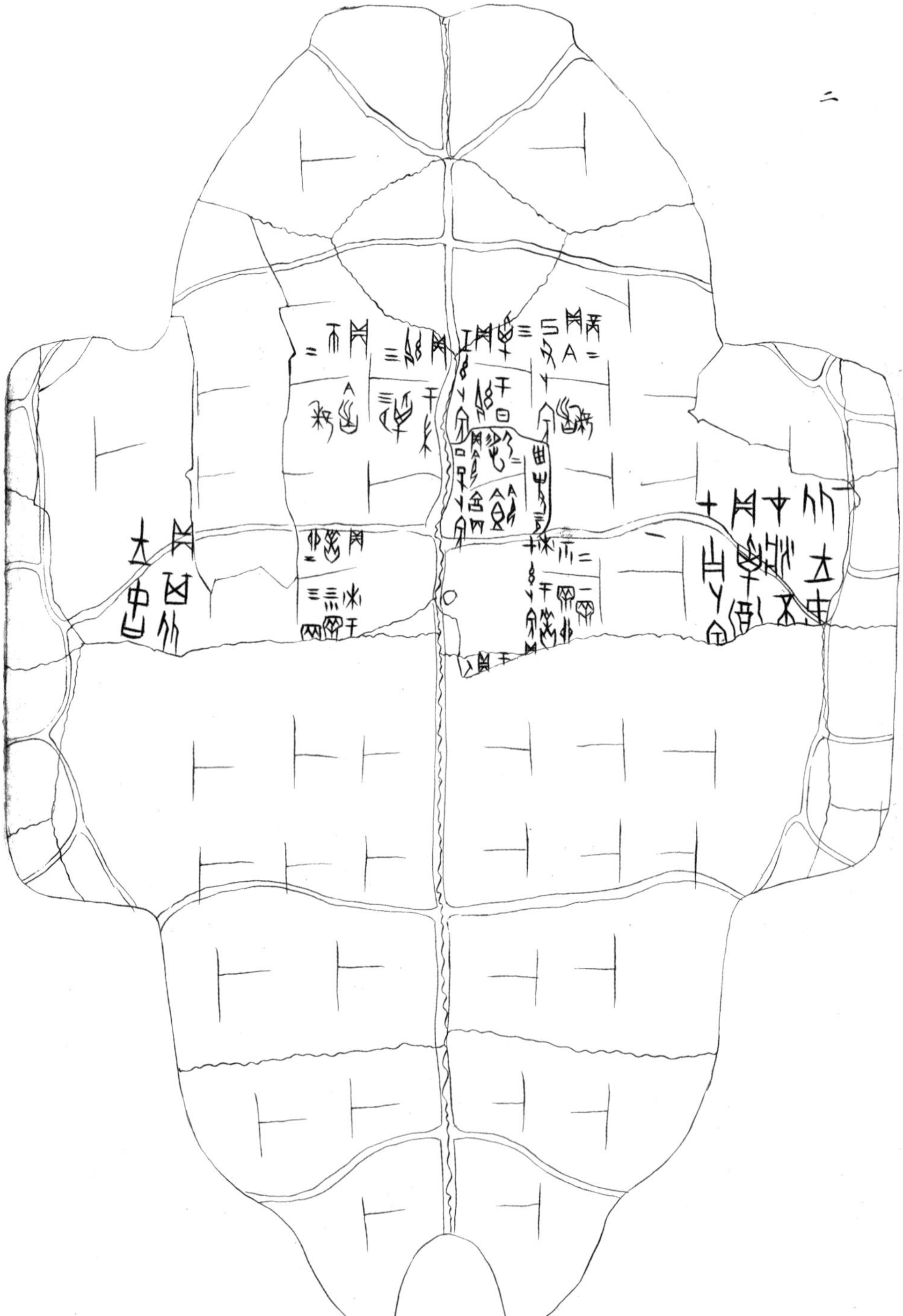

壹甲 2.1

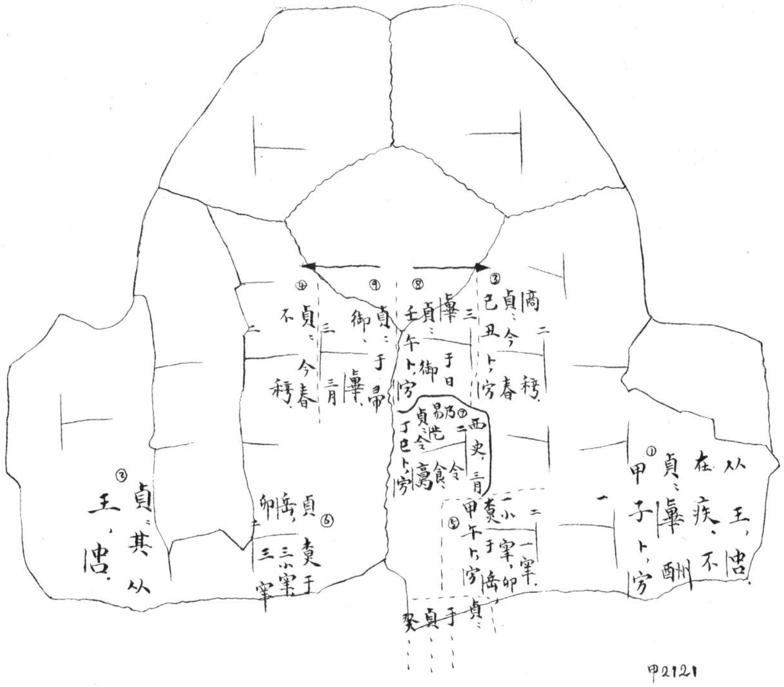

壹甲 2.2

壹甲 2.3：合 9560①

① 壹甲二的綴合組爲：合 9560+ 甲骨文集 3.0.1817+ 甲骨文集 3.0.1823，參見《彙編》第 900 則。

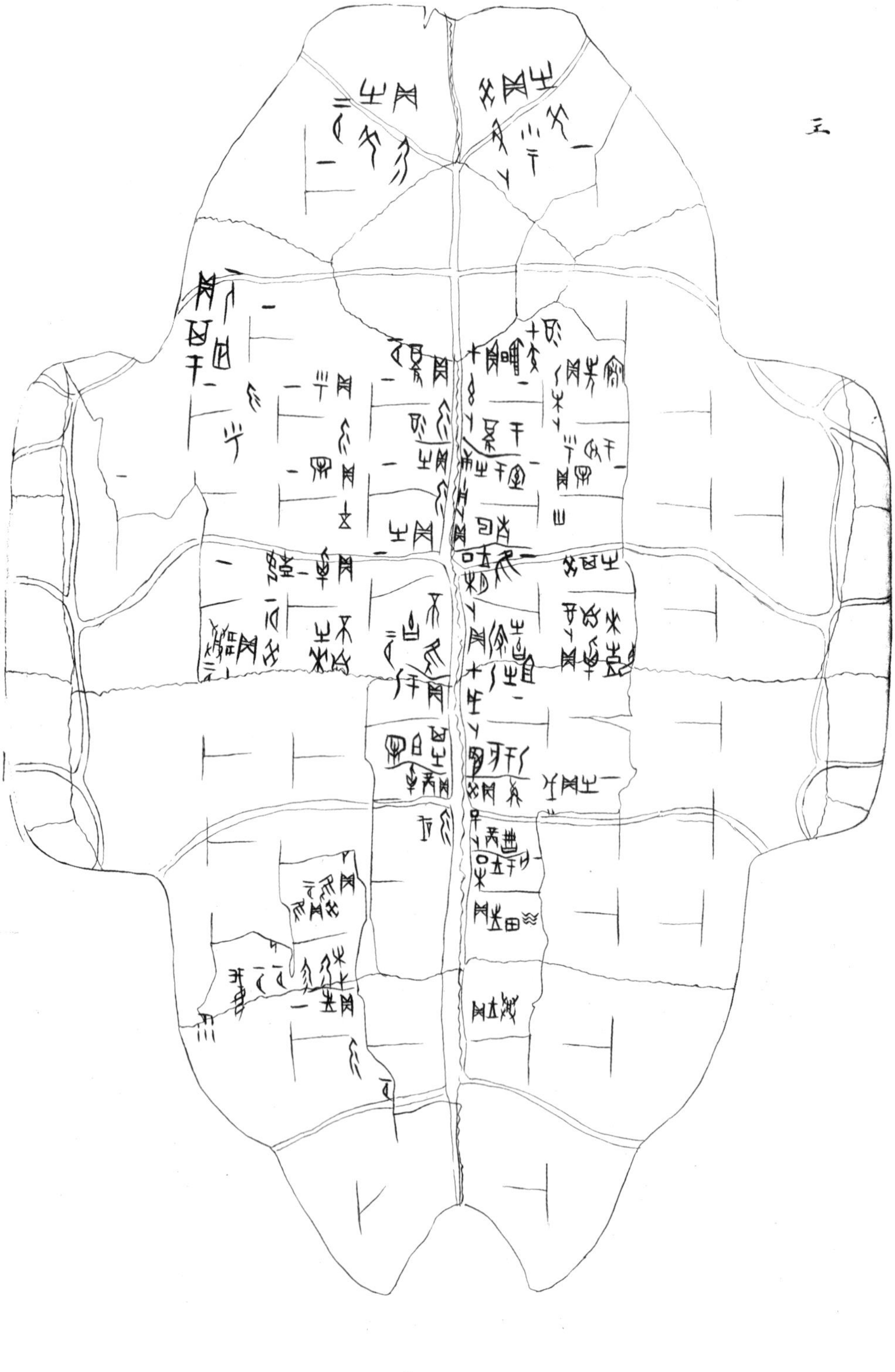

壹甲 3.1

三

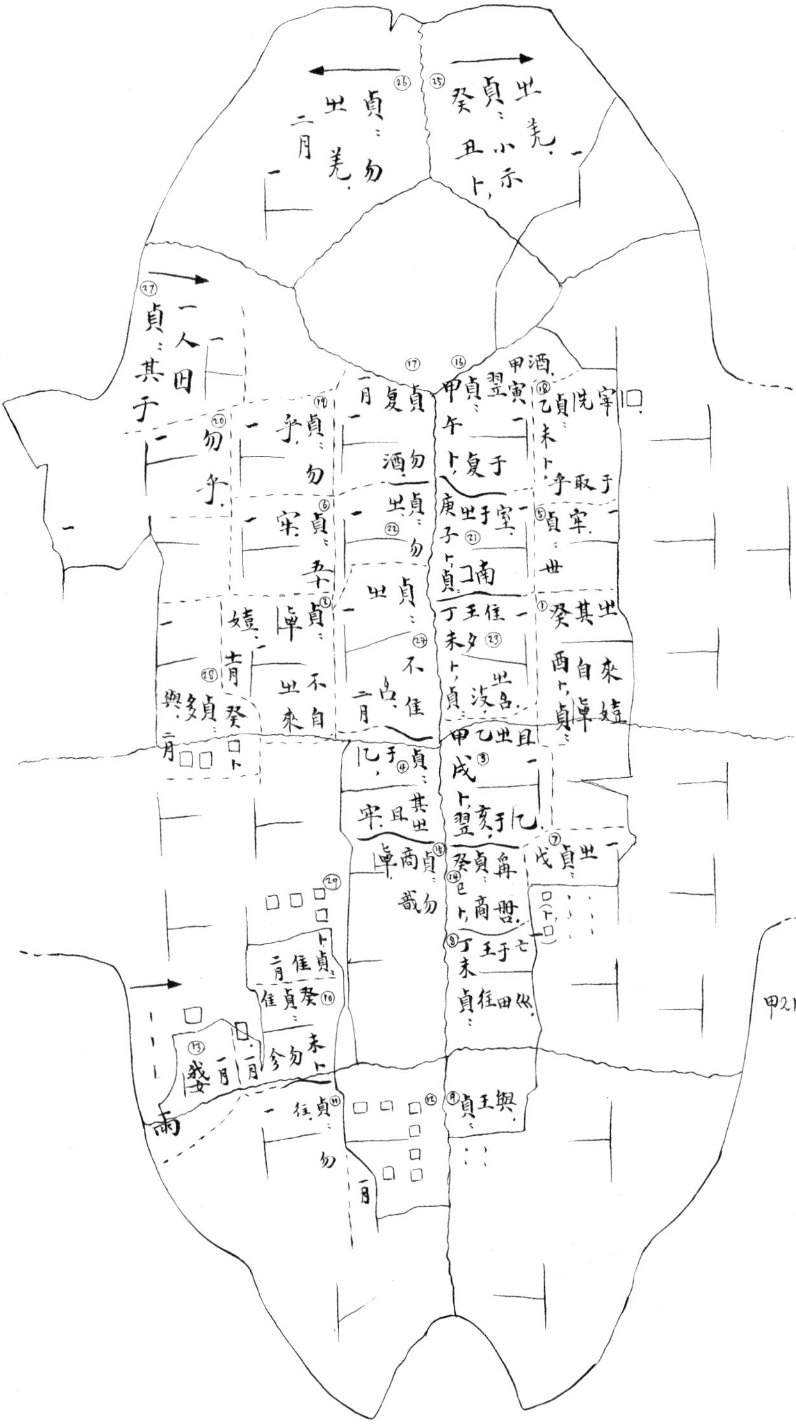

甲2123

壹甲 3.2

壹甲 3.3：合 557①

① 壹甲三：即合 557（上），現藏於清華。（脚註中出現的所有著録與現藏單位均用簡稱，繁簡稱對照見附録表二）

壹甲 3.4：綴合 ①

① 壹甲三的綴合組爲：合 420+ 合 557+ 甲骨文集 3.0.1814+ 合 4184+ 合補 4470（甲 2105）+ 合 16081。在林勝祥、林宏明及李愛輝綴合基礎上，秦鴻雁又加綴合 16081，見《賓組卜辭綴合一則》，先秦史研究室網站，2022.11.13。其中合 420+ 合 4184+ 合 16081，即北圖 19771+ 北圖 28112+ 北圖 24703，經實物驗證綴合成立。

四

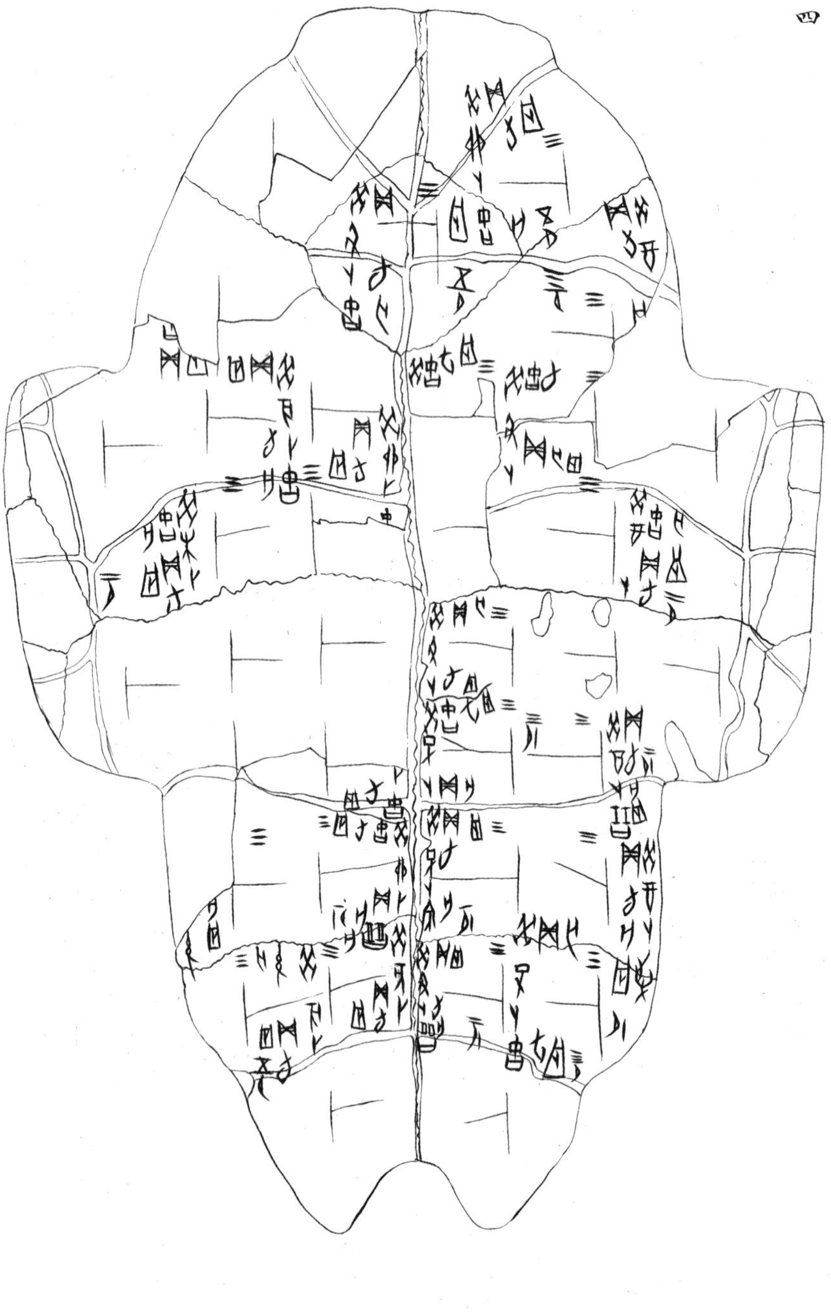

壹甲 4.1

四

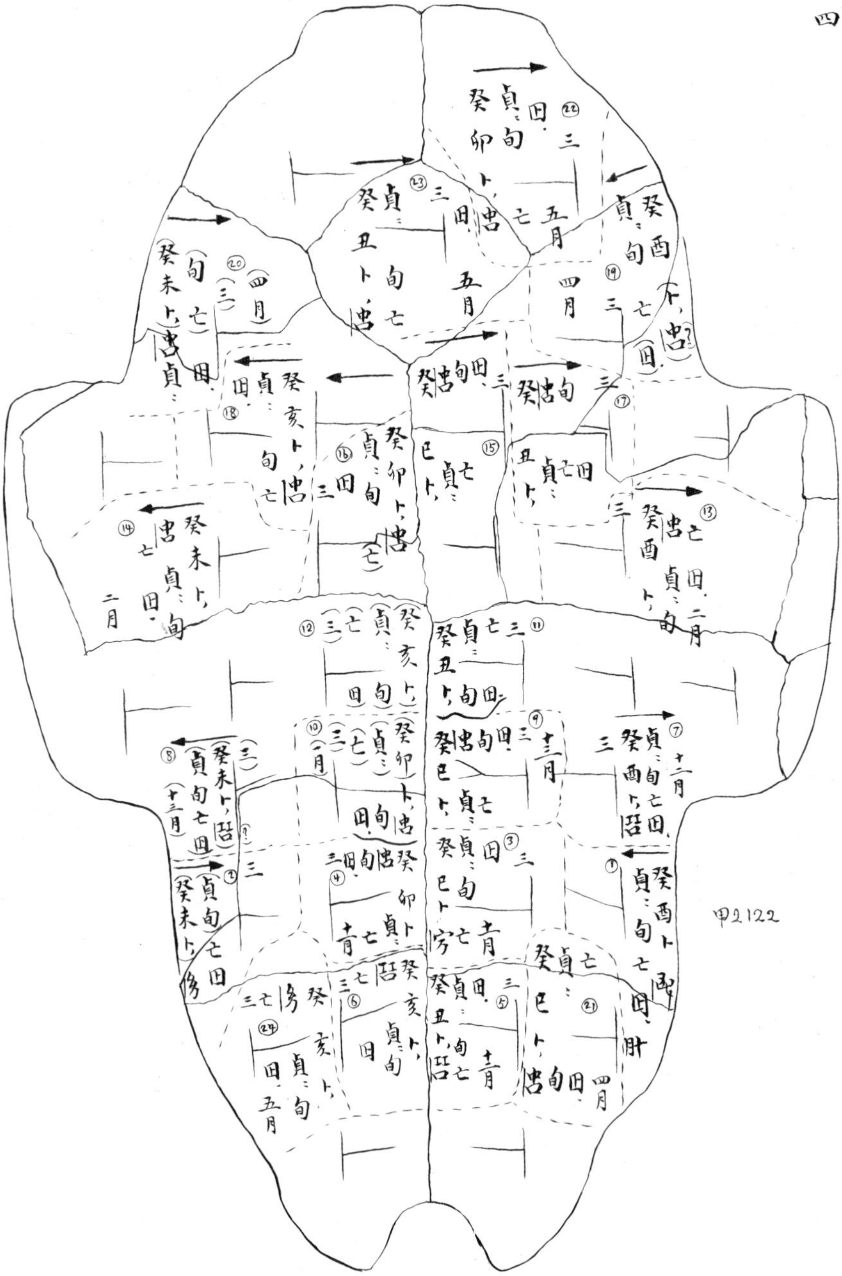

甲2122

壹甲 4.2

壹甲 4.3：合 11546①

① 壹甲四：即合 11546，現藏於史語所。合 11546 在左中甲處的綴合，與董作賓的第⑩、第⑫辭的補釋相吻合。

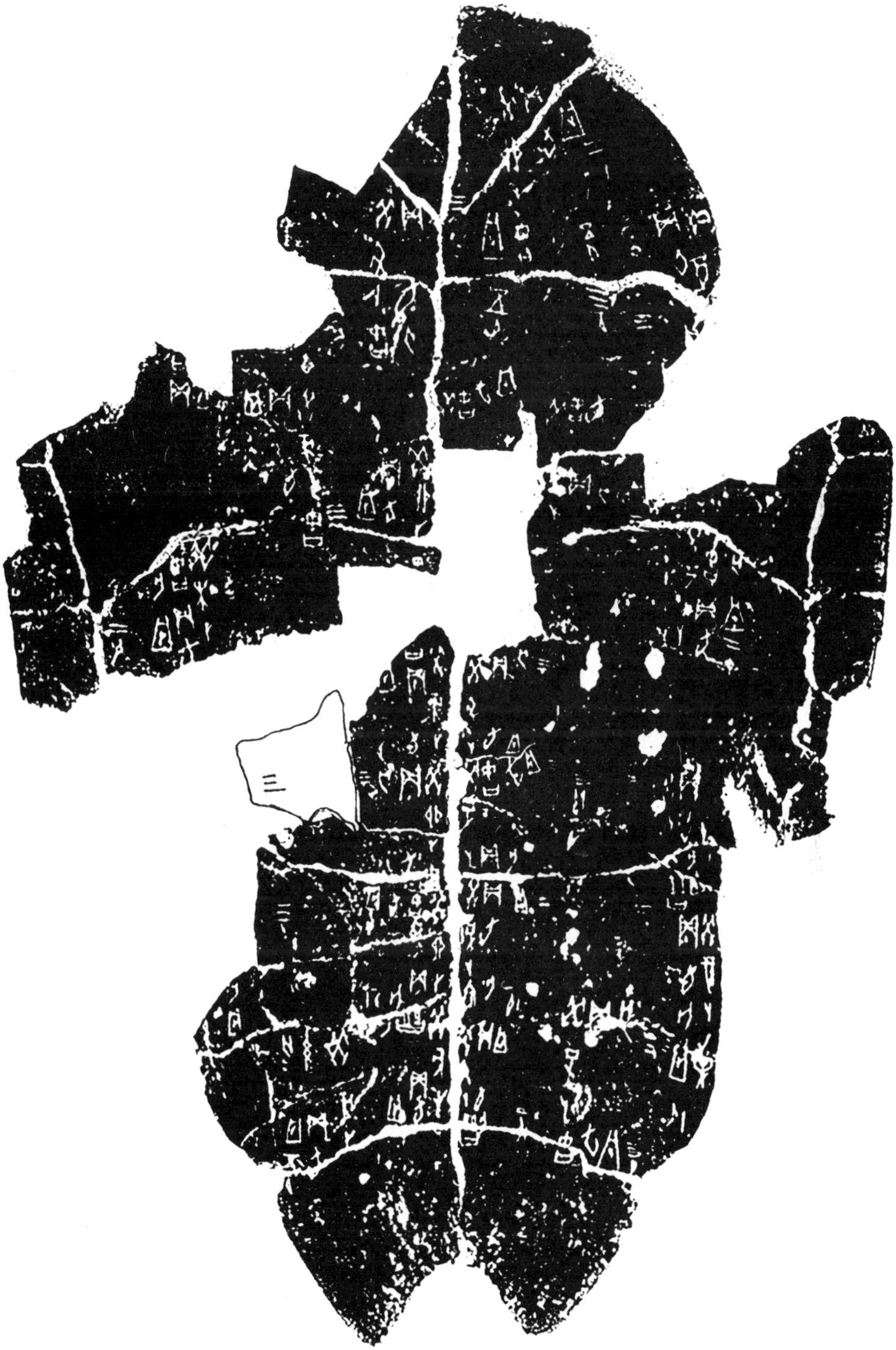

壹甲 4.4：綴合①

① 壹甲四的綴合組爲：合 11546+ 甲骨文集 3.0.1819，參見《彙編》第 904 則。

壹甲四（考釋）

由壹甲一至此，爲殷墟發掘所得之大龜四版，著録於《殷墟文字甲編》① 二一二一至二一二四。《卜辭通纂》② 別录之一。詳細研究，見拙著《大龜四版考釋》③。

兹補述第四版關於年曆之問題。

余作《卜辭中所見之殷曆》④ 一文，曾舉此版爲殷代有小月之證。謂小月必在十三月與一月之間，其分配有兩種可能，一種爲 ⑤

十三月大（甲戌朔）	癸未（十日）	癸巳（廿日）	癸卯（卅日）
一月小（甲辰朔）	癸丑（十日）	癸亥（廿日）	（二十九日壬申）

一種爲

十三月小（甲戌朔）	癸未（十日）	癸巳（廿日）	（二十九日壬寅）
一月大（癸卯朔）	癸卯（一日）	癸丑（十一日）	癸亥（廿一日）

因此版十三月一月卜旬殘缺，而依前後各月推算，此兩月僅有五次卜旬，即五個癸日也。有此五癸之限，則其年必有閏月——十三月，十三月無論大小盡，其朔日必爲甲戌。檢《殷曆譜》，年有閏而十三月甲戌朔者兩見，一在小乙十四年（公元前一三四七），十三月甲戌大，合於第一種可能。一在武丁五十年（公元前一二九〇），十三月甲戌小，合於第二種可能。由貞人爲武丁時史，且出於同坑之他三甲，皆顯然爲武丁時物，故以後者爲是。兹依譜排之。除此之外，武丁五十九年中，無第二"十三月甲戌朔"也。

① 董作賓 :《殷墟文字甲編》，商務印書館，1948 年。

② 郭沫若 :《卜辭通纂》成書於 1933 年。初版爲同年日本東京文求堂石印本（合《別一》《別二》《考釋》《索引》共四册）。另有 1958 年科學出版社《考古學專刊》本、1983 年科學出版社《郭沫若全集》本（收入《考古編》第二卷）。

③ 董作賓 :《大龜四版考釋》，載 1931 年（民國二十年安陽發掘報告》第三期；又，抽印本；收入 1977 年藝文印書館出版的《董作賓先生全集》甲編第二册。

④ 董作賓 :《卜辭中所見之殷曆》，《安陽發掘報告》，國立中央研究院歷史語言研究所自編，1931 年。

⑤ 爲方便讀者閱讀，將文中部分列舉的内容改製成表格（下同）。

武丁五十年（公元前一二九〇年　辛卯）			
十月小 （殷正）	乙巳（一日） （九月十九日） （儒略周日）① （一二五〇五一二）	癸丑（九日）	
		癸亥（十九日）	
		癸酉（廿九日）	癸酉卜，爭貞：旬亡囚。十月。
十一月大	甲戌（一日） （月食） （十月十八日） （一二五〇五四一）	癸未（十日）	
		癸巳（廿日）	癸巳卜，宕貞：旬亡囚。十一月。
		癸卯（卅日）	癸卯卜，㕯貞：旬亡囚。十一月。
十二月大	甲辰（一日） （十一月十七日） （一二五〇五七一）	癸丑（十日）	癸丑卜，㗊貞：旬亡囚。十二月。
		癸亥（廿日）	癸亥卜，㗊貞：旬亡囚。
		癸酉（卅日）	癸酉卜，𠷎貞：旬亡囚。十二月。
十三月小	甲戌（一日） （十二月十七日） （一二五〇六〇一） （十六日乙丑） （一二八九年一月一日）	癸未（十日）	
		癸巳（廿日）	癸巳卜，㕯貞：旬亡囚。十三月。
武丁五十一年（公元前一二八九年　壬辰）			
一月大	癸卯（一日） （一月十五日） （一二五〇六三〇）	癸卯（一日）	
		癸丑（十一日）	癸丑卜貞：旬亡囚。
		癸亥（廿日）	
二月小	癸酉（一日） （二月十四日） （一二五〇六六〇）	癸酉（一日）	癸酉卜，㕯貞：旬亡囚。二月。
		癸未（十一日）	癸未卜，㕯貞：旬亡囚。二月。
		癸巳（廿一日）	

① 儒略周日：由法國史加利澤（Joseph Justus Scaliger）1582 年提出，爲紀念他的父親儒略（Julius）命名爲儒略日。將 19×28×15=7980 年的週期稱爲一個儒略週期，儒略周期始於公元前 4713 年 1 月 1 日，用 JD 表示。儒略日是一種不涉及年、月等概念的長期連續的紀日法，被天文學和年代學廣泛使用，爲研究古史年代最重要的工具。

續表

三月大	壬寅（一日） （三月十四日） （日食） （一二五〇六八九） （十六日丁巳月食）	癸卯（二日）	癸卯卜，吉貞：旬亡𡆥。
		癸丑（十二日）	癸丑卜，吉貞：旬亡𡆥。
		癸亥（廿二日）	癸亥卜，吉貞：旬亡𡆥。
四月小	壬申（一日） （四月十三日） （一二五〇七一九）	癸酉（二日）	癸酉（卜，□）貞：旬亡（𡆥）。四月。
		癸未（十二日）	
		癸巳（廿二日）	癸巳卜，吉貞：旬亡𡆥。四月。
五月大	辛丑（一日） （五月十二日） （一二五〇七四八）	癸卯（三日）	癸卯卜，吉貞：旬亡𡆥。五月。
		癸丑（十三日）	癸丑卜，吉貞：旬亡𡆥。五月。
		癸亥（廿三日）	癸亥卜，彡貞：旬亡𡆥。五月。

右（上）表中十二月之癸酉，二月之癸酉，限制十三月，一月僅有五癸，雖有殘缺，此已爲堅强之證明矣。

曩有對余釋文補苴部分懷疑者，今更補充復原如下葉。其左右對稱，先下後上，先右後左，先中部後四隅或兩邊，爲龜卜常例。全版皆於兆上註"三"，蓋卜旬不止一次，此其第三次，亦即第三版也。

月有大小，大月三十日，小月二十九日，故每月一日不能固定爲甲日，此自然之理。關於一日非甲之確證，除貳骨二——六考釋所舉並此版四證外，尚有祖甲、帝辛時祀譜、日譜等足以證明者，具詳《殷曆譜》，兹不贅及。

四

（補充復原）

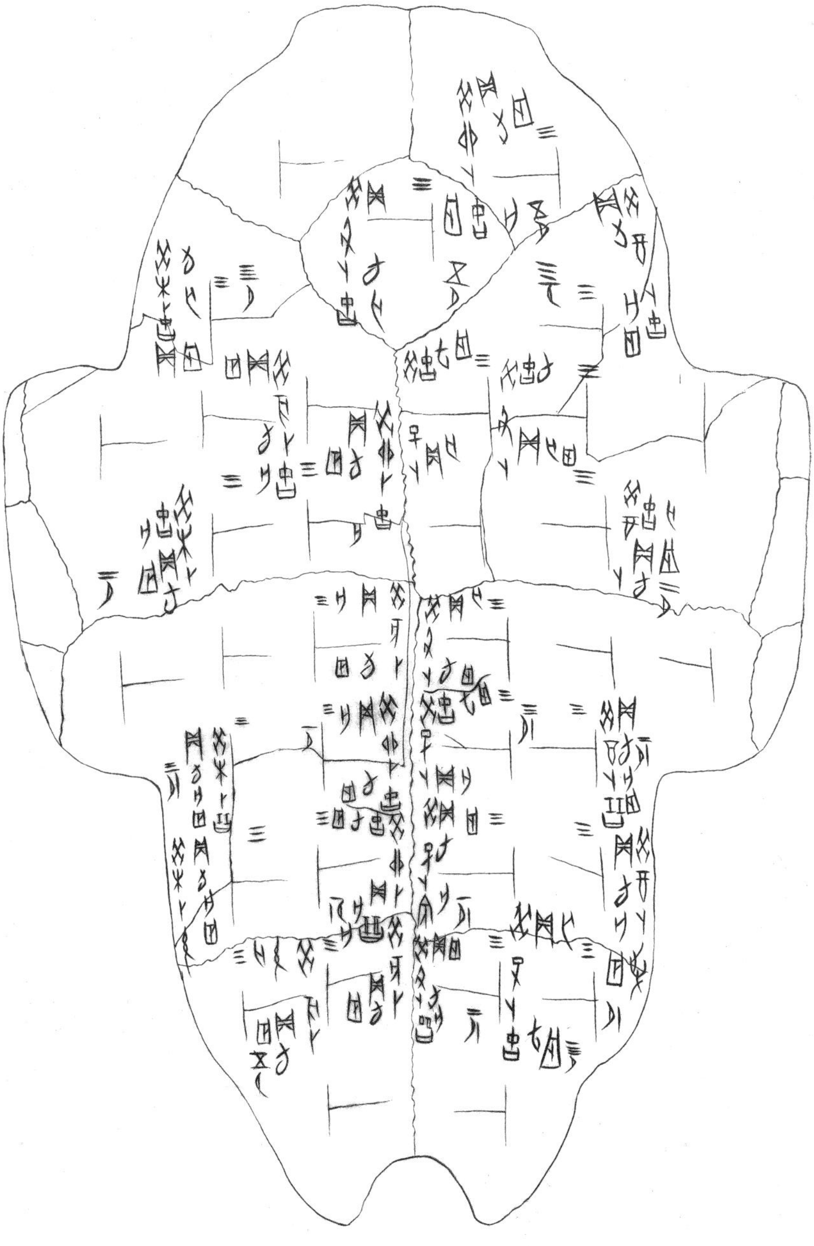

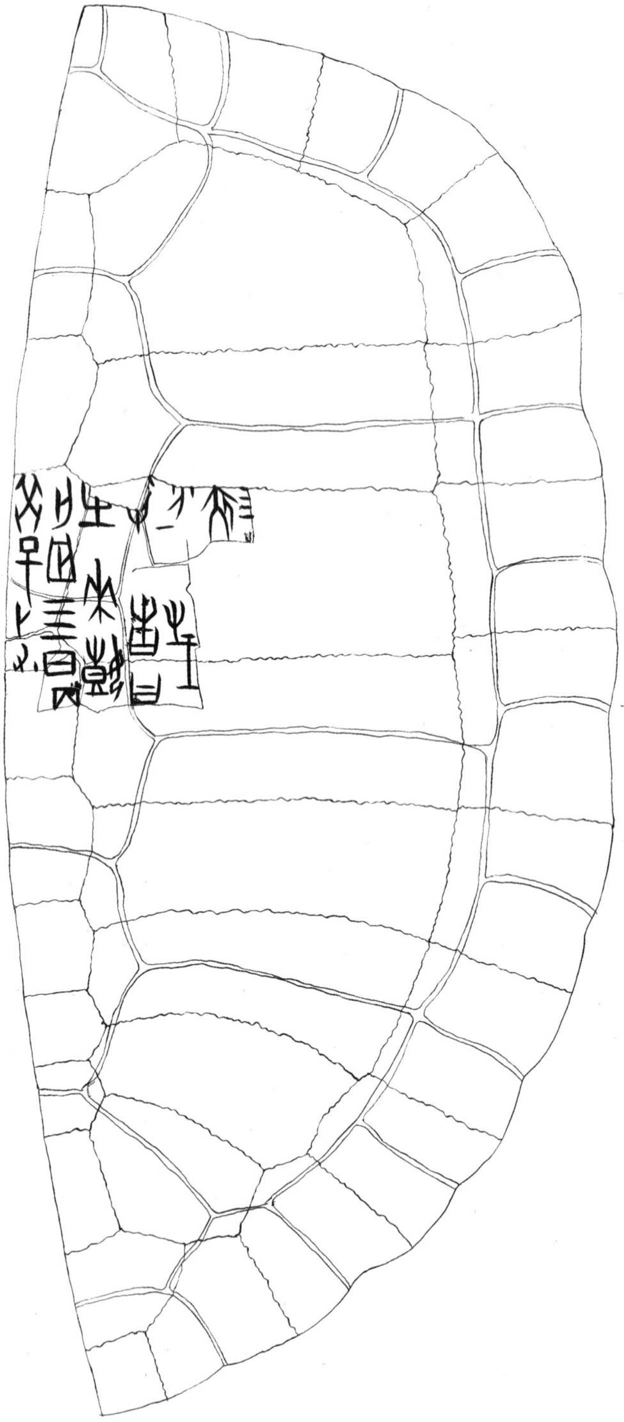

壹甲 5.1

五（背甲）

癸巳卜，𡧊（貞：旬）

七日，四日丙（申，允）

出來婞，（自西）

陷，告曰：呂

方，（果，魅，）

𢦏（戈，魅，）

四邑，（二月）

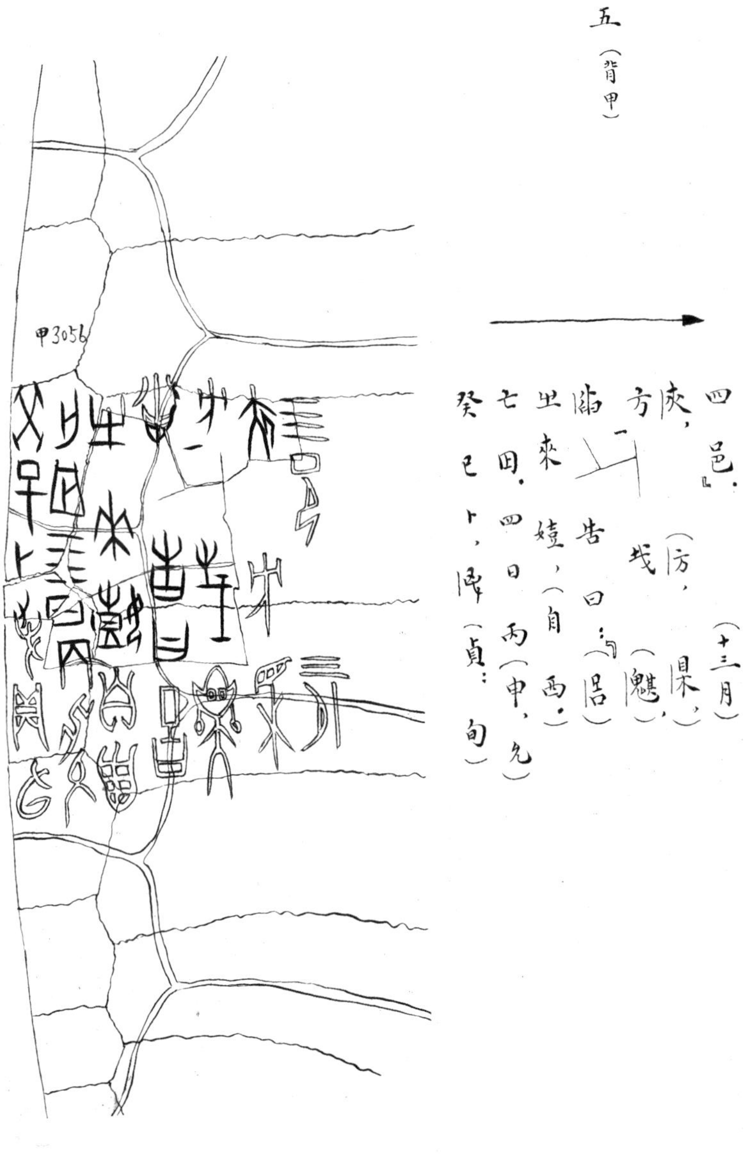

壹甲 5.2

壹甲 5.3.1：合 6064 正

壹甲 5.3.2：合 6064 反①

壹甲 6.1

壹甲 6.2

壹甲 6.5：綴合②

壹甲 6.3：合 11448

壹甲 6.4：合 11447

壹甲 6.6：合補 2811③

① 壹甲五：即合 6064 正，現藏於史語所。合 6064 有正反，摹本缺反面。

② 壹甲六（上）：即合 11448，現藏於歷博。綴合組爲：合 11448+ 合 17031+ 合 8250+ 合 11447+ 京 2489；參見黄天樹：《龜腹甲“王狩敝”綴合一則》，先秦史研究室網站，2017.6.28；又加綴合 11447+ 京 2849，見李愛輝：《甲骨拼合第 434~440 則》，先秦史研究室網站，2018.10.30；又見《拼五》第 1016 則。綴合與董作賓的原摹本拼綴不一致。

③ 壹甲六（下）：即合 11447，爲三井舊藏。合補 2811，即合 11447+ 合 11449，參見《綴》第 346 則。按：若合 11447（見本編壹甲六）爲龜甲，合 11449（見本編壹骨一四）爲牛骨；則合補 2811 綴合不成立。

壹甲 7.1

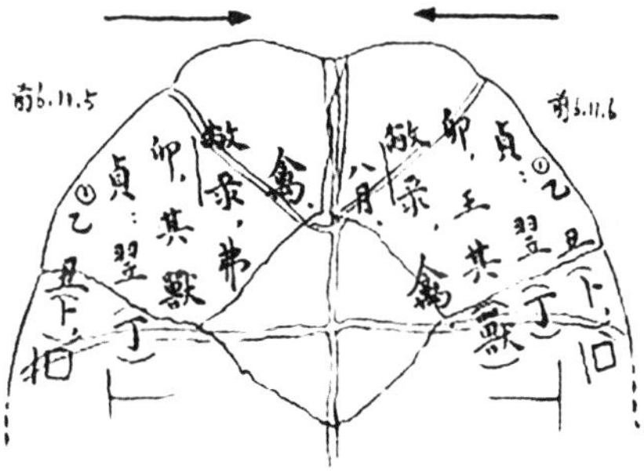

壹甲 7.2

壹甲 7.3.1 :合 10970 正

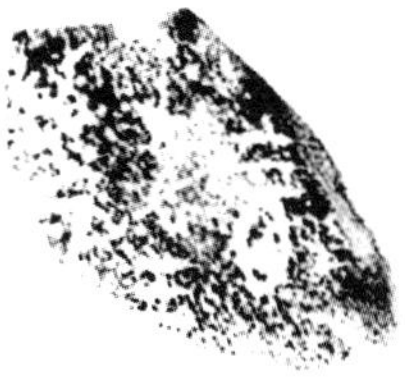

壹甲 7.3.2 :合 10970 反①

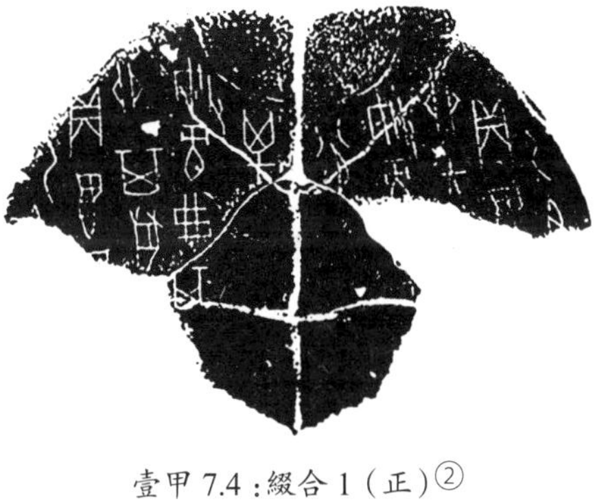

壹甲 7.4 :綴合 1（正）②

壹甲 7.5 :綴合 1（反）

壹甲 7.6 :綴合 2③

---

① 壹甲七:即合 10970 正。合 10970 有正反,摹本缺反面。

② 壹甲七的綴合組爲:合 10970 正左半 + 輯佚 3+ 明後 341a,合 10970 反 + 明後 341b;參見《彙編》第 616 則;又見蔣玉斌:《〈甲骨文合集〉綴合補遺(第七十五—七十八組)》,先秦史研究室網站,2010.10.26。孫亞冰指出《合集》將前 6.11.5 與 6.11.6 綴合不可信,説見孫亞冰:《〈殷墟甲骨輯佚〉綴合第三則——糾正〈合集〉誤綴一版》,先秦史研究室網站,2008.11.26;孫文又見:《紀念王懿榮發現甲骨 110 周年國際學術研討會論文集》,260 頁。

③ 壹甲七的又一綴合組爲:合 10970 正右半 + 合 10620 正。參見林宏明:《甲骨新綴第廿五～廿六例(附校重一則)》,先秦史研究室網站,2009.10.12;又見《契合集》第 26 組。

壹甲 8.1

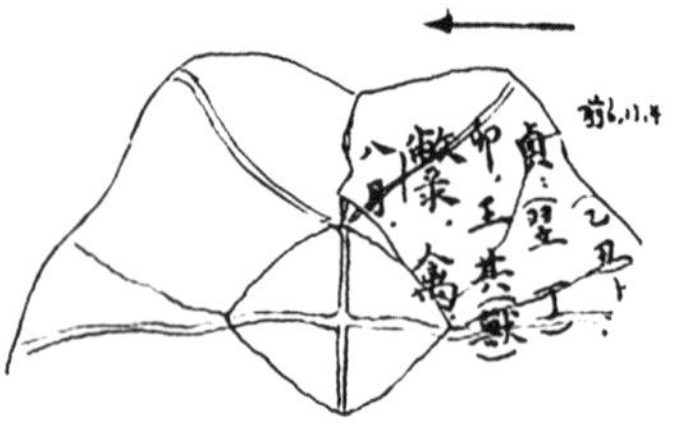

壹甲 8.2

壹甲 8.3：前 6.11.4①

壹甲 9.1

壹甲 9.2

壹甲 9.3：合 10168

壹甲 9.4：綴合②

壹甲 10.1

壹甲 10.3：合 10169

壹甲 10.2

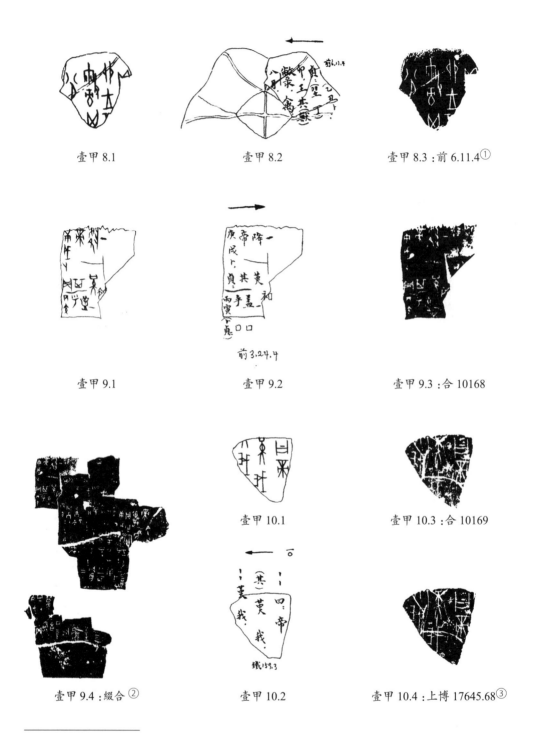

壹甲 10.4：上博 17645.68③

---

① 壹甲八：《合集》《合補》未收録。原即前 6.11.4。

② 壹甲九：即合 10168，現藏不詳。綴合組爲：合 10168+ 合 14157+ 合 14158，見李愛輝：《甲骨拼合第 362 則》，先秦史研究室網站，2016.9.29；又見《拼五》第 1141 則。

③ 壹甲一〇：即合 10169，現藏上博，爲上博 17645.68，比合 10169 更清晰。

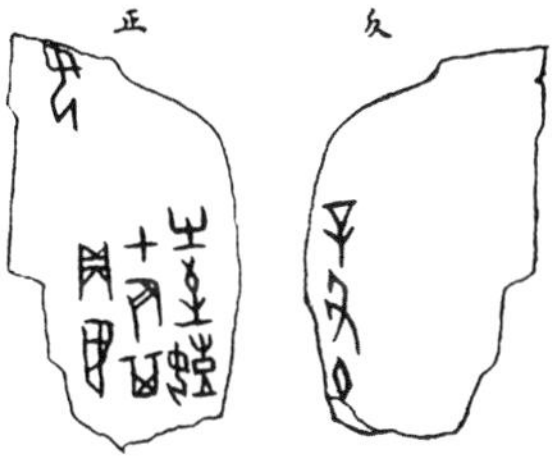

壹甲 11.1

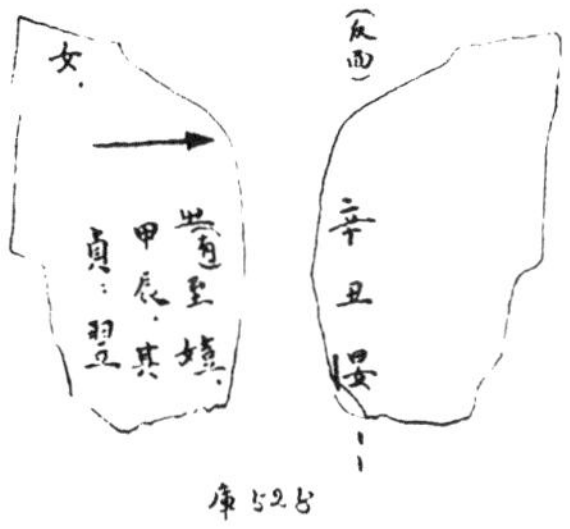

壹甲 11.2

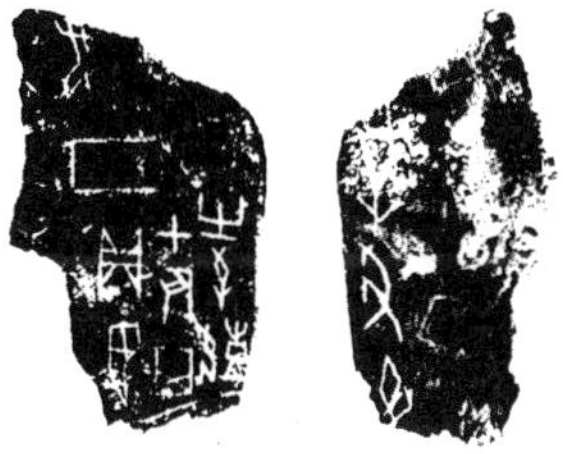

壹甲 11.3：英藏 646 正、反 ①

壹甲 12.1

壹甲 12.2

壹甲 12.3：合 8553

壹甲 12.4：合補 1772②

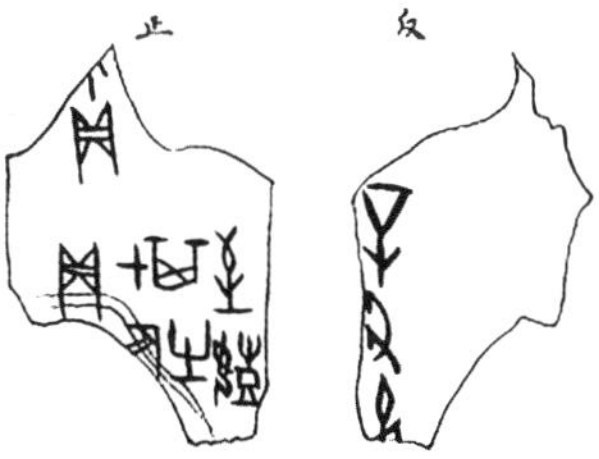

壹甲 13.1

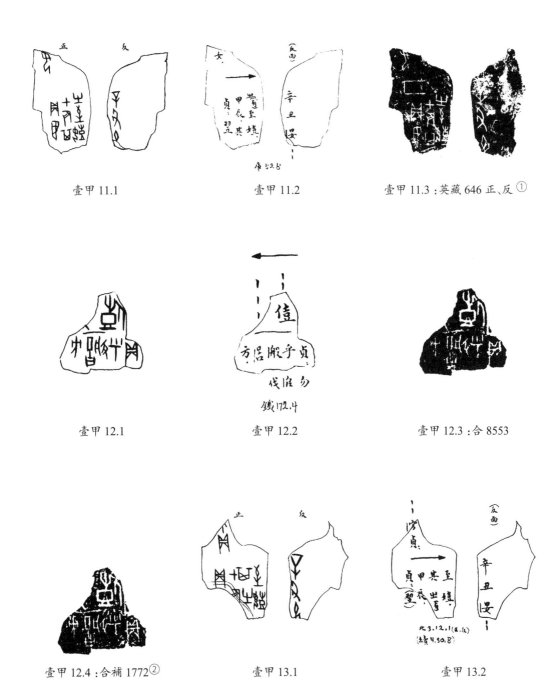

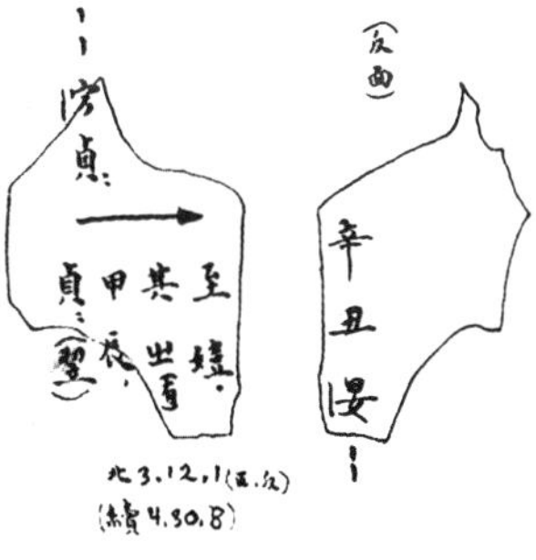

壹甲 13.2

① 壹甲一一：即合 39949，爲摹本。現藏於英蘇博，爲英藏 646 正、反。

② 壹甲一二：即合 8553、合補 1772，現藏不詳。合補 1772 比合 8553 清晰。

壹甲 13.3：合 7187 正

壹甲 13.4：合 7187 反

壹甲 13.5：綴合①

壹甲 14.1

壹甲 14.2

壹甲 14.3：合 7092

壹甲 14.4：合補 5073②

壹甲 14.5：綴合③

---

①壹甲一三：即合 7187 正、反，現藏於北大，爲北珍 2049。綴合組爲：合 7187 正＋合 3037，見《拼二》第 441 則。綴合與董作賓的補釋不一致，董作賓的補釋爲"賓"，綴合後爲"永"。

②壹甲一四：即合 7092、合補 5073（下），現藏於國圖，爲北圖 20978。合補 5073，即北圖 5328+北圖 20978，經實物檢驗綴合成立。

③壹甲一四的綴合組爲：合補 5073（合 7092+ 合 7118）+ 合 16950（契 593），見《蔣玉斌甲骨綴合總表》（192），先秦史研究室網站，2010.3.20。

壹甲 15.1

壹甲 15.2

壹甲 15.3：英藏 1848①

壹甲 16.1

壹甲 16.2

壹甲 16.3：合 6717

壹甲 16.4：綴合②

① 壹甲一五：即合 39948 爲摹本。現藏於英蘇博，爲英藏 1848。

② 壹甲一六：即合 6717、合補 2298（右），現藏不詳。合補 2298，即合 6717+ 前 6.35.4，爲遥綴，又見《彙編》第 407 則。

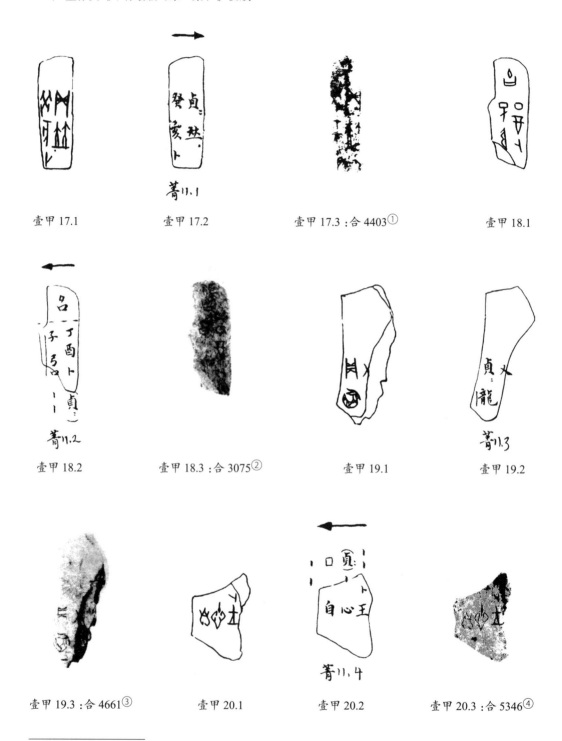

壹甲 17.1

壹甲 17.2

壹甲 17.3：合 4403①

壹甲 18.1

壹甲 18.2

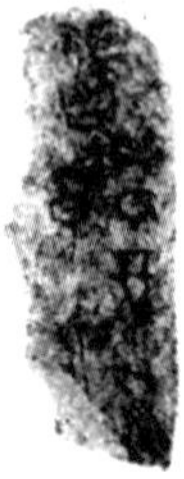

壹甲 18.3：合 3075②

壹甲 19.1

壹甲 19.2

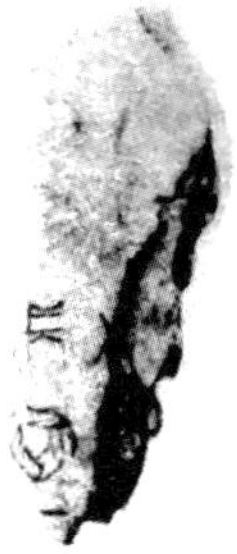

壹甲 19.3：合 4661③

壹甲 20.1

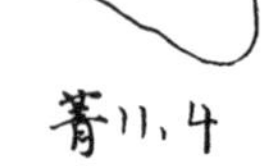

壹甲 20.2

壹甲 20.3：合 5346④

① 壹甲一七：即合 4403，不清晰，非拓本，現藏不詳。
② 壹甲一八：即合 3075，不清晰，非拓本，現藏不詳。
③ 壹甲一九：即合 4661，不清晰，非拓本，現藏不詳。
④ 壹甲二〇：即合 5346，非拓本，現藏不詳。

壹甲 21.1

壹甲 21.2

壹甲 21.3：合 11256①

壹甲 22.1

壹甲 22.2

壹甲 22.3：菁 11.7②

壹甲 23.1

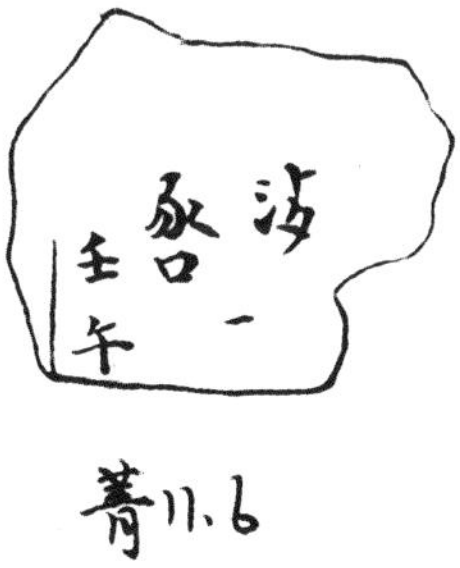

壹甲 23.2

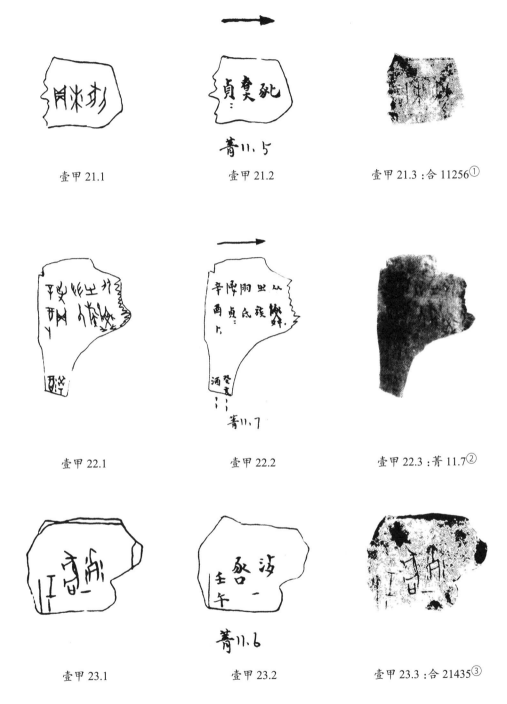

壹甲 23.3：合 21435③

① 壹甲二一：即合 11256，非拓本。現藏不詳。

② 壹甲二二：《合集》《合補》未收，現藏不詳。原菁 11.7，非拓本，不清晰。

③ 壹甲二三：即合 21435，非拓本。現藏不詳。

壹甲 24.1

壹甲 24.2

壹甲 24.3：合 3412①

壹甲 25.1

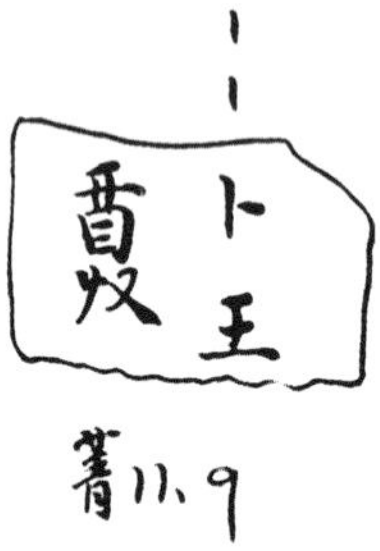

壹甲 25.2

壹甲 25.3：合 25639②

壹甲 26.1

壹甲 26.2

壹甲 26.3：合 20090③

---

① 壹甲二四：即合 3412，非拓本。現藏不詳。摹本文字有缺漏。

② 壹甲二五：即合 25639，非拓本。現藏不詳。

③ 壹甲二六：即合 20090，非拓本。現藏不詳。

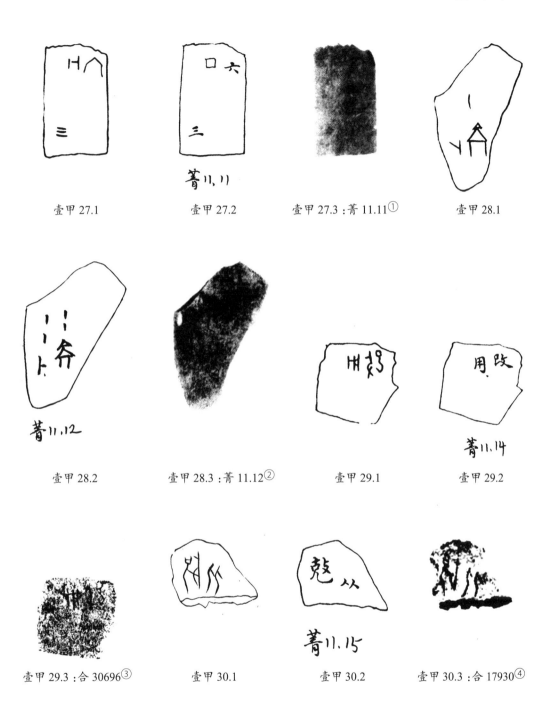

壹甲 27.1

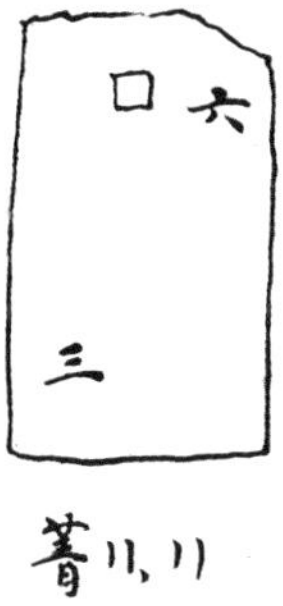

壹甲 27.2

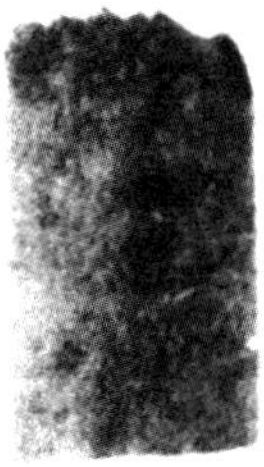

壹甲 27.3：菁 11.11①

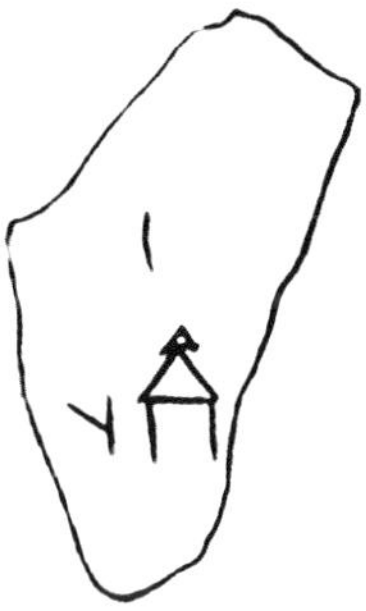

壹甲 28.1

壹甲 28.2

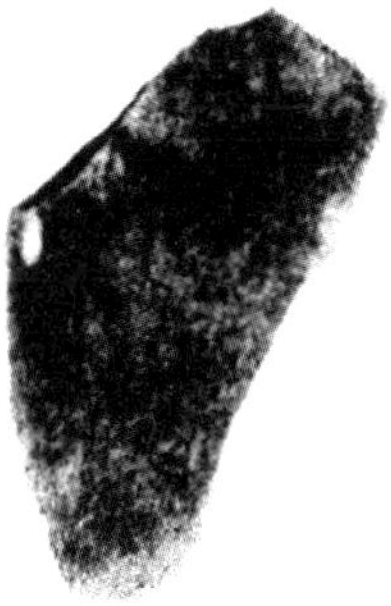

壹甲 28.3：菁 11.12②

壹甲 29.1

壹甲 29.2

壹甲 29.3：合 30696③

壹甲 30.1

壹甲 30.2

壹甲 30.3：合 17930④

① 壹甲二七：《合集》《合補》未收，現藏不詳。原菁 11.11，非拓本，模糊不清。

② 壹甲二八：《合集》《合補》未收，現藏不詳。原菁 11.12，非拓本，模糊不清。

③ 壹甲二九：即合 30696，非拓本。現藏不詳。

④ 壹甲三〇：即合 17930，非拓本。現藏不詳。

壹甲 31.1

壹甲 31.2

壹甲 31.3：菁 11.16①

壹甲 32.1

壹甲 32.2

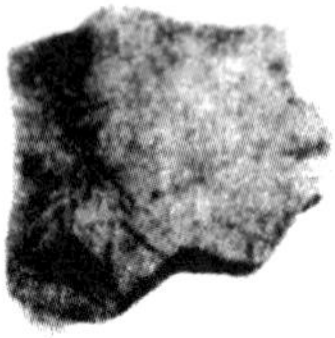

壹甲 32.3：菁 11.24②

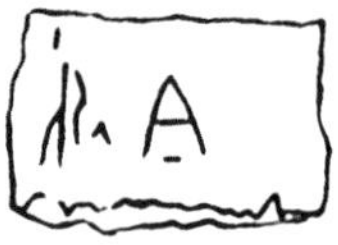

壹甲 33.1

壹甲 33.2

壹甲 33.3：合 3450③

---

① 壹甲三一：《合集》《合補》未收，現藏不詳。原菁 11.16，非拓本，模糊不清。
② 壹甲三二：《合集》《合補》未收，現藏不詳。原菁 11.24，非拓本，模糊不清。
③ 壹甲三三：即合 3450，現藏不詳。《合集》不清晰，非拓本。

壹骨

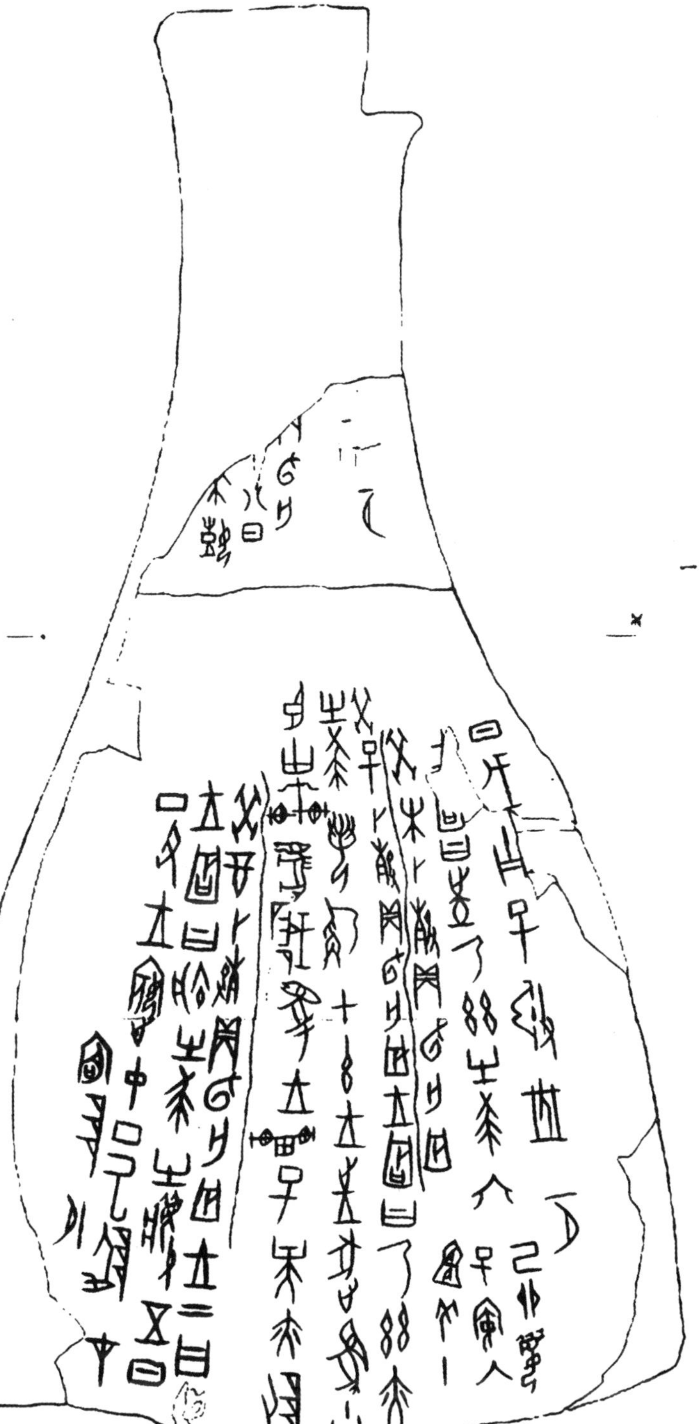

壹骨 1.1 正

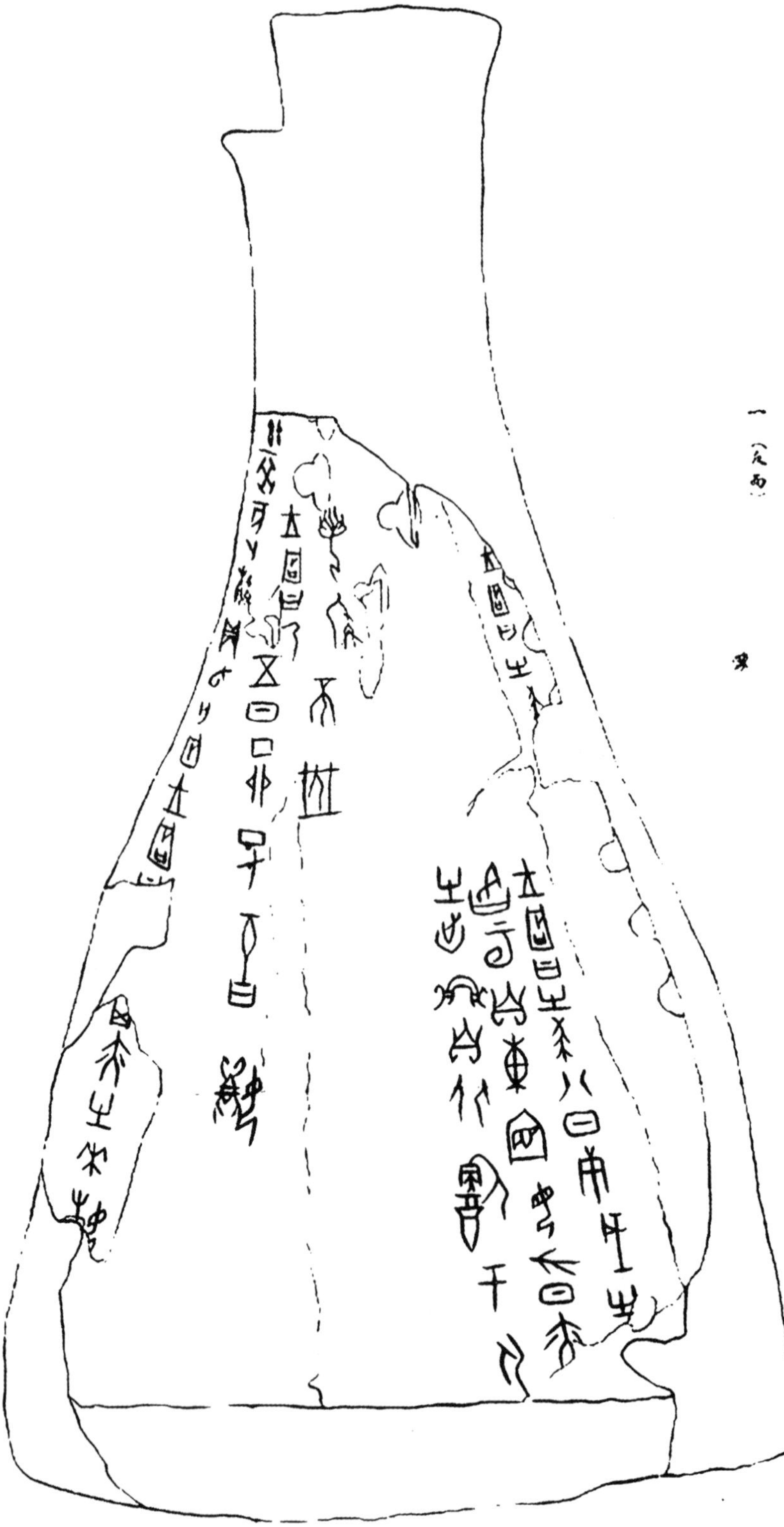

壹骨 1.1 反

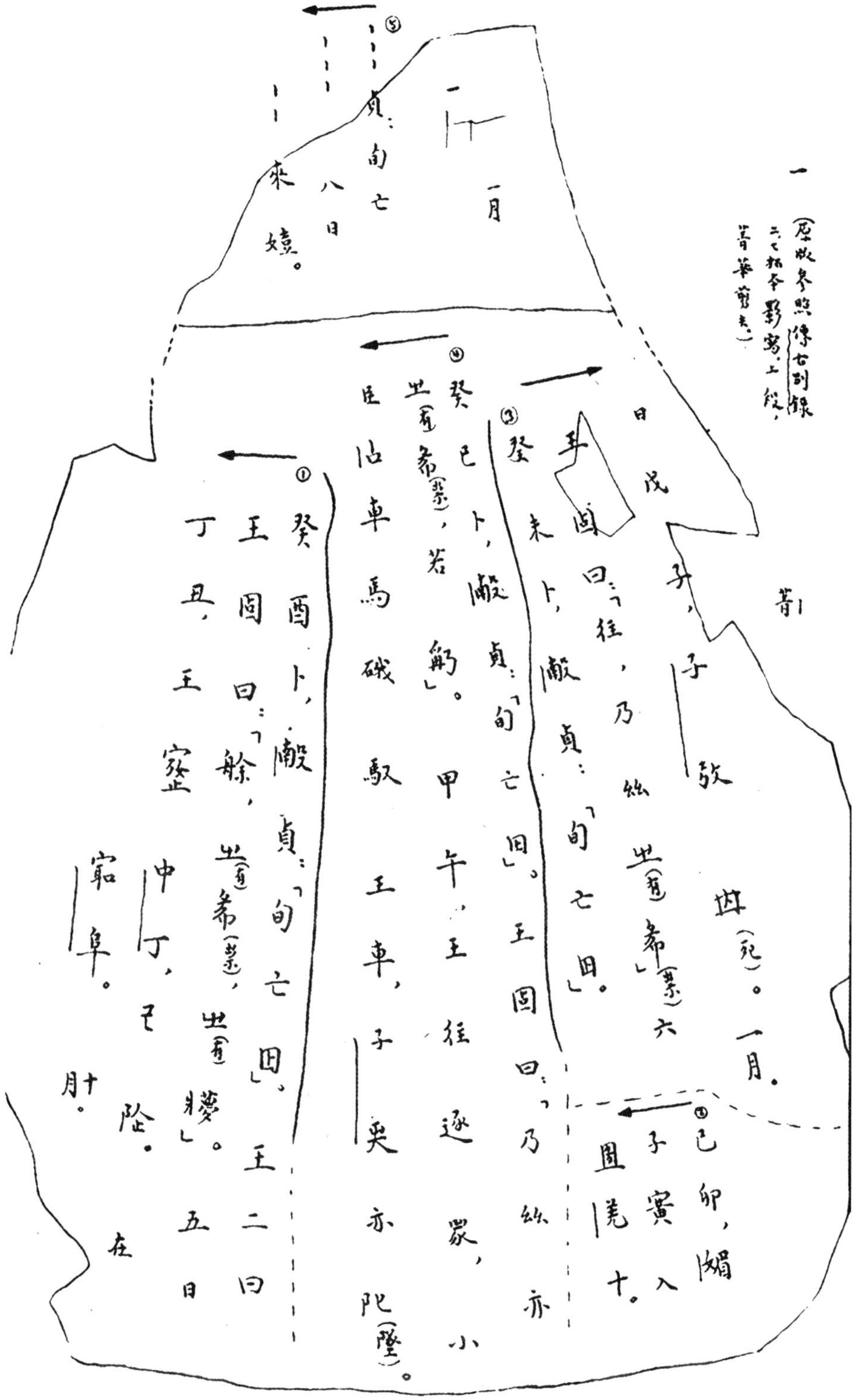

壹骨 1.2 正

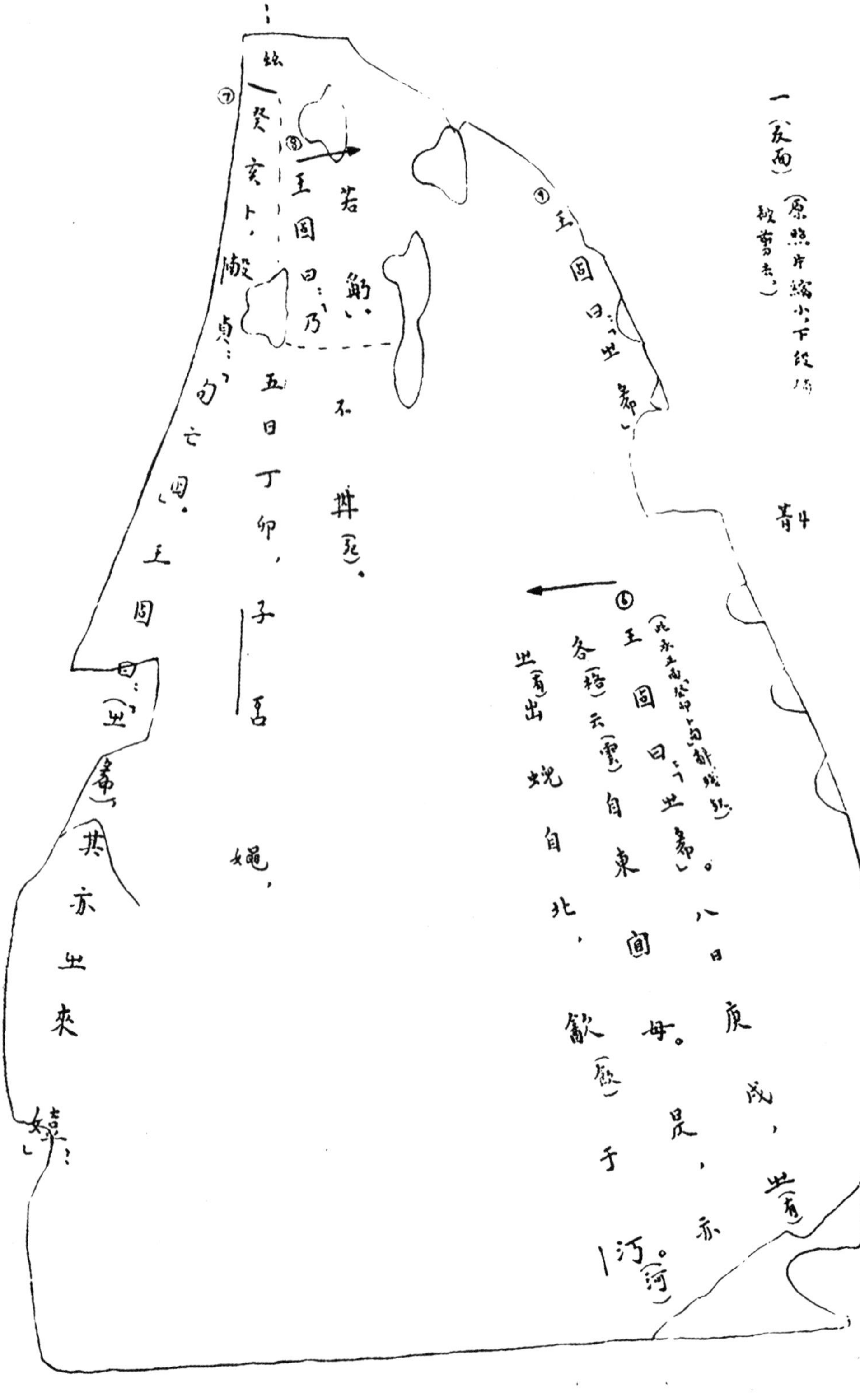

壹骨 1.2 反

壹骨 1.3.1：合 10405 正

壹骨 1.3.2：合 10405 反

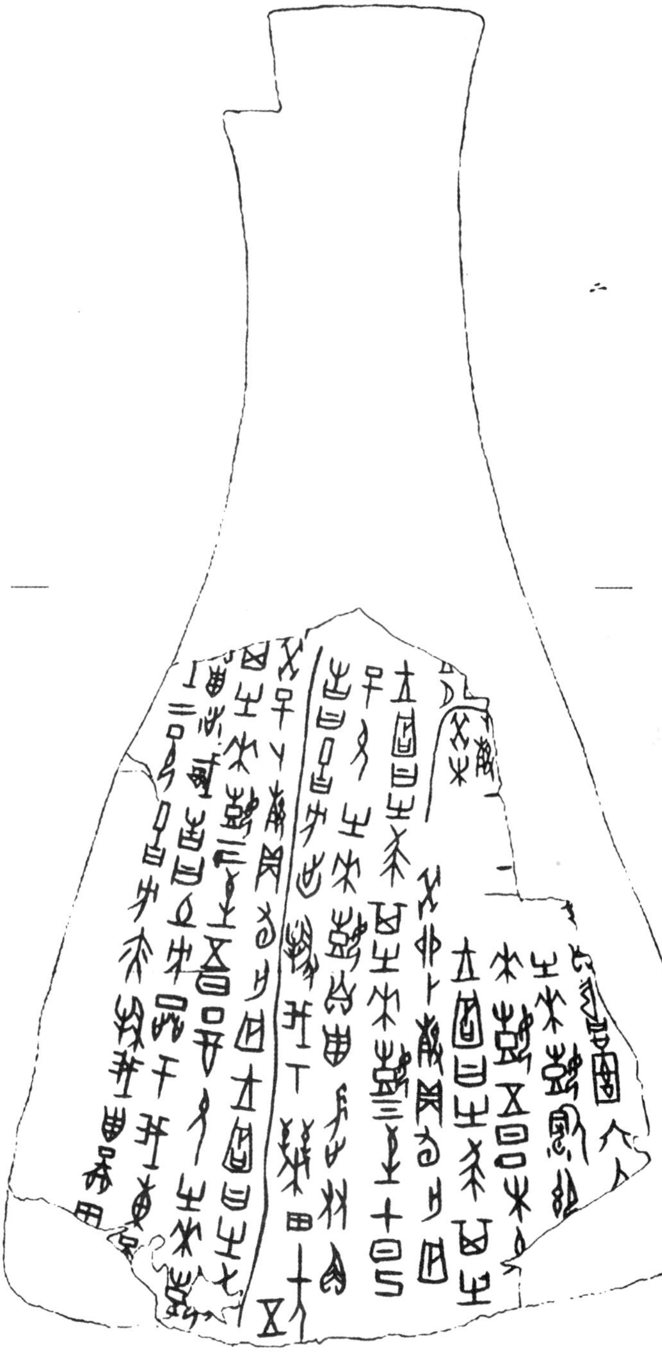

壹骨 2.1 正

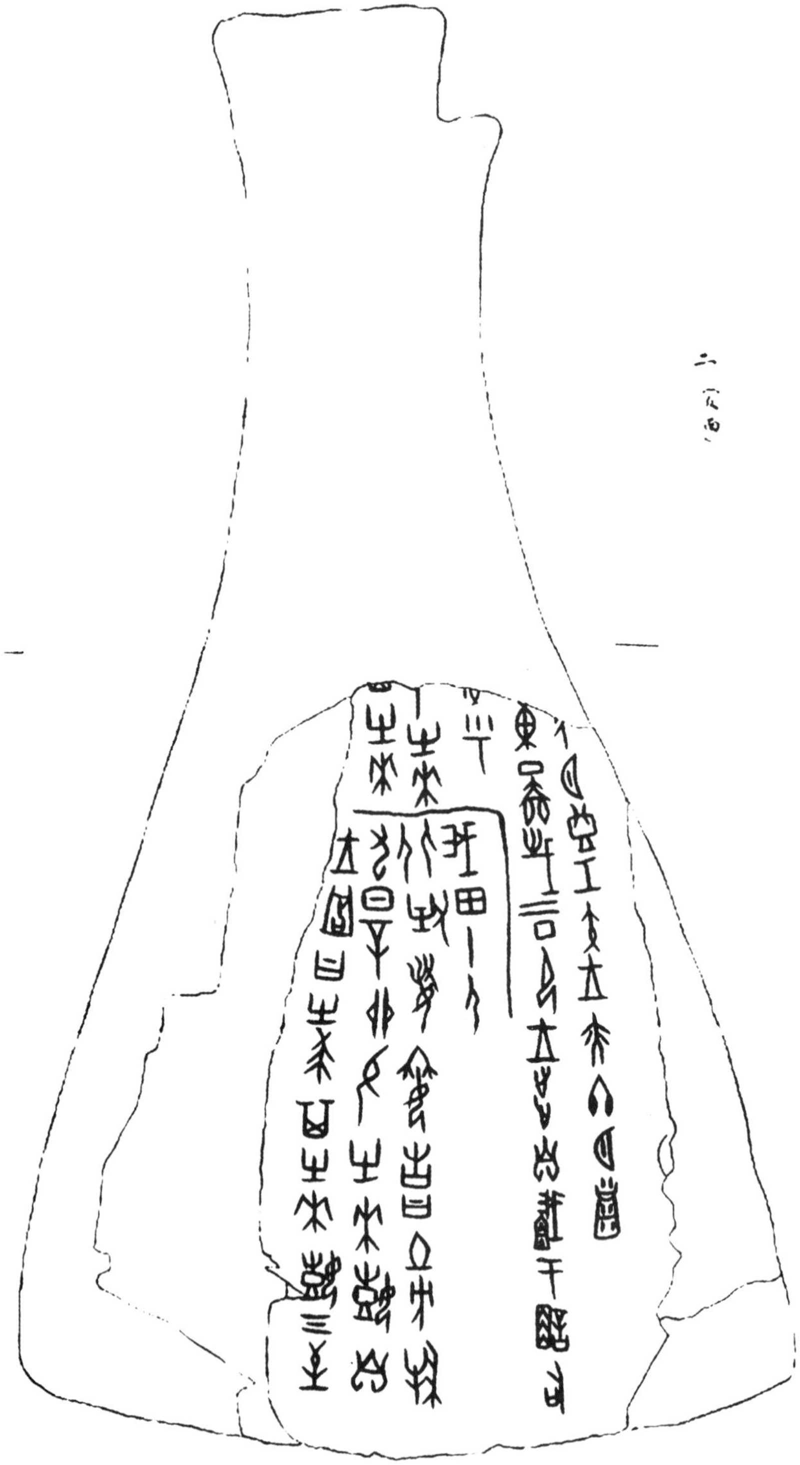

壹骨 2.1 反

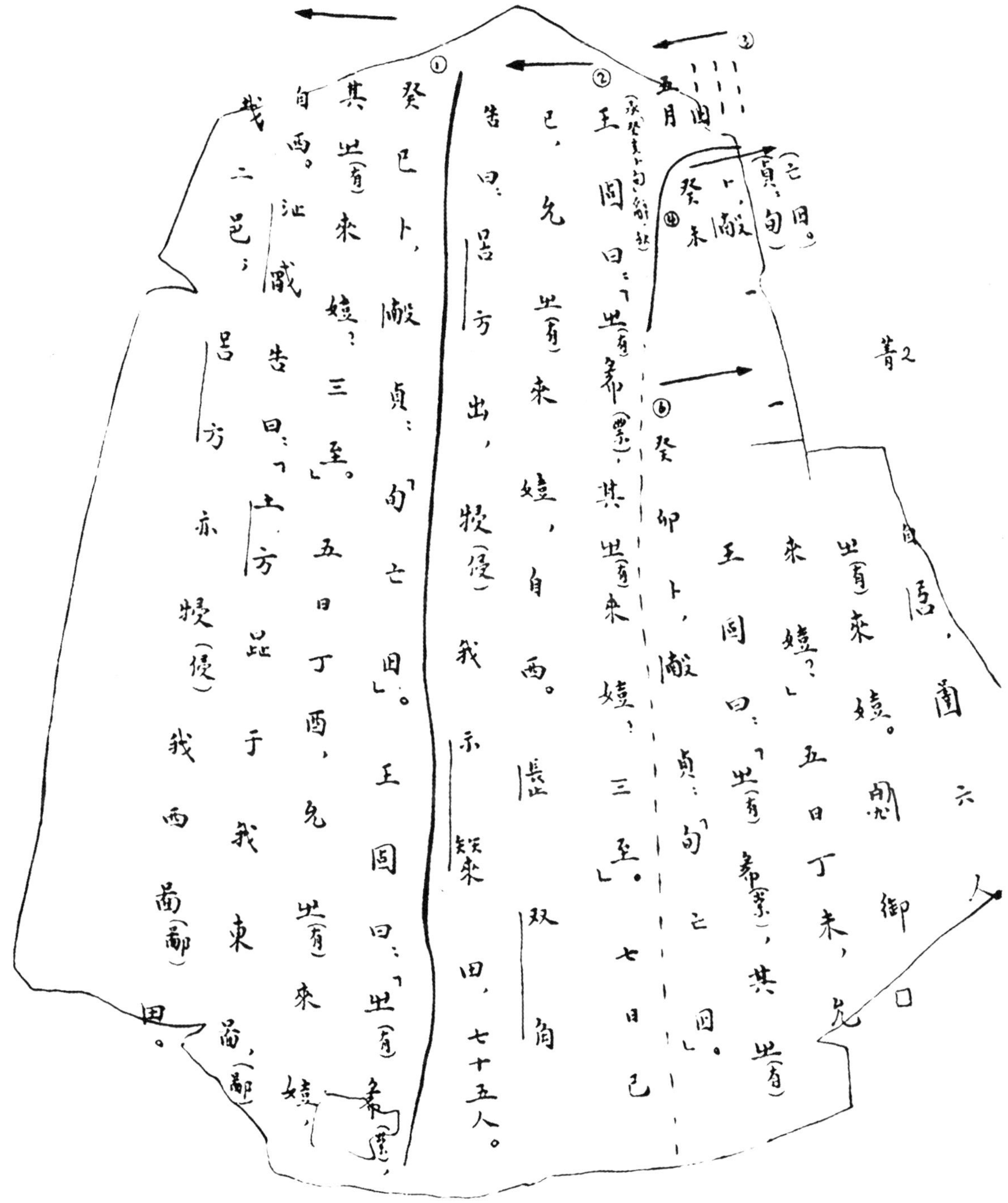
①
癸巳卜，㱿貞：旬亡𡆥。王固曰：「㞢(有)希(祟)，
其㞢(有)來嬉？三至。」五日丁酉，允㞢(有)來嬉，
自西。沚戛告曰：「土方征于我東啚(鄙)，
𢦏二邑；𢀛方亦㑴(侵)我西啚(鄙)田。」
②
(或癸未卜旬辭，缺)
己，允㞢(有)來嬉，自西。長友角
王固曰：「㞢(有)希(祟)，其㞢(有)來嬉？三至。」七日己
告曰：「𢀛方出，㑴(侵)我示𤰔田，七十五人。」
③
五月
④
癸未卜，㱿貞，旬(亡)田。
⑥
癸卯卜，㱿貞：旬亡田。
王固曰：「㞢(有)希(祟)，其田。」
來嬉？」五日丁未，允㞢(有)
㞢(有)來嬉。𠭯御
自𠂤圉六人
菁2

壹骨 2.2 正

二（反面）（原照片在左邊
被剪去）

菁6

□日（辛）丑，夕出
東，戎二邑。王步自蠢，司

壬寅，王亦冬（終）夕爵。

五出來

名出來

子

北。牧妻姐告曰：「土方牧（侵）

我田，十人。

九日辛卯，名出（有）來媲，自

王回曰：「出（有）希（祟），其出（有）來媲？三至。」

⑤

（原照已剪
去塊）

④

（接正面癸未辭）

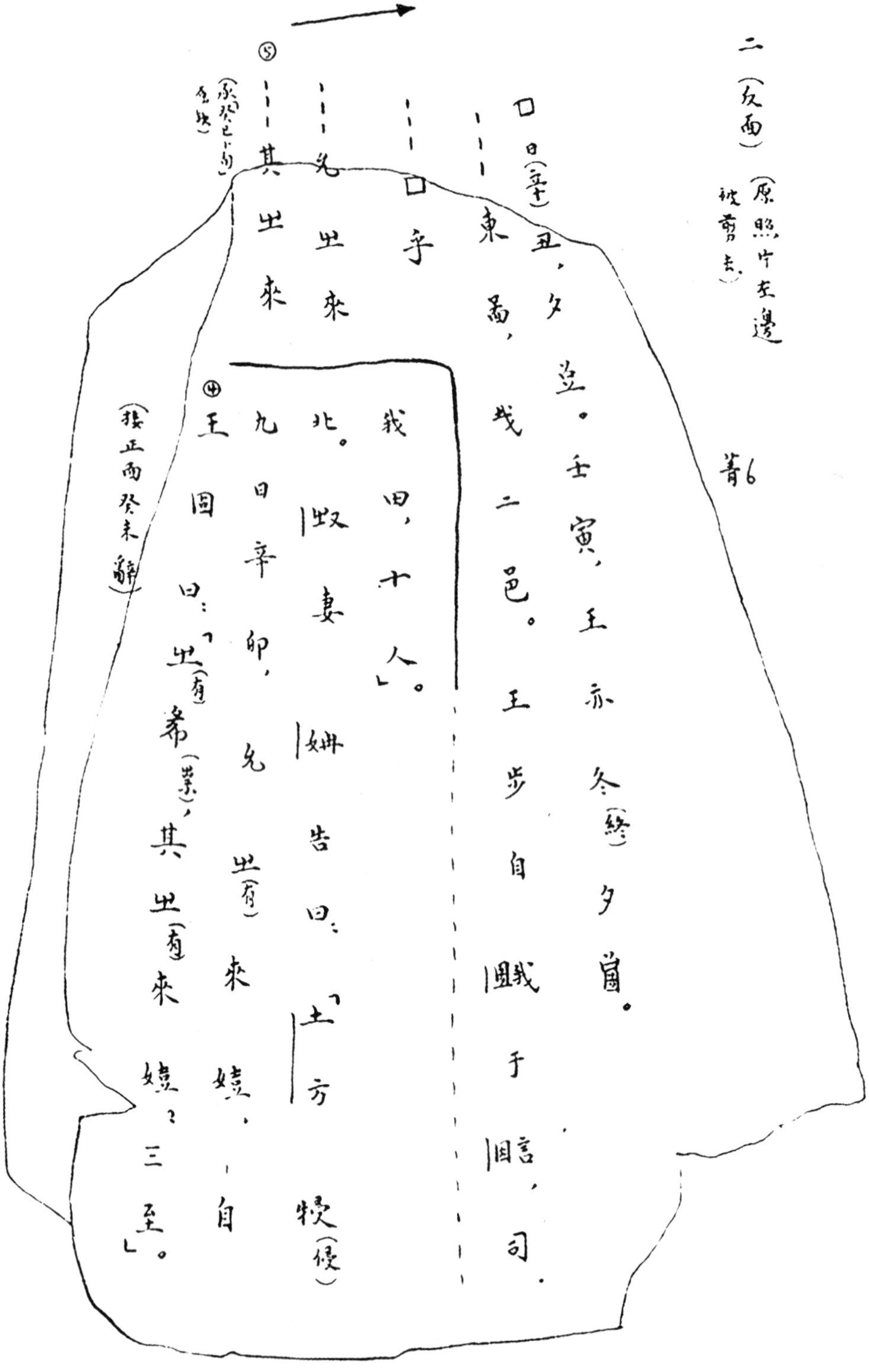

壹骨 2.2 反

壹骨 2.3.1 :合 6057 正

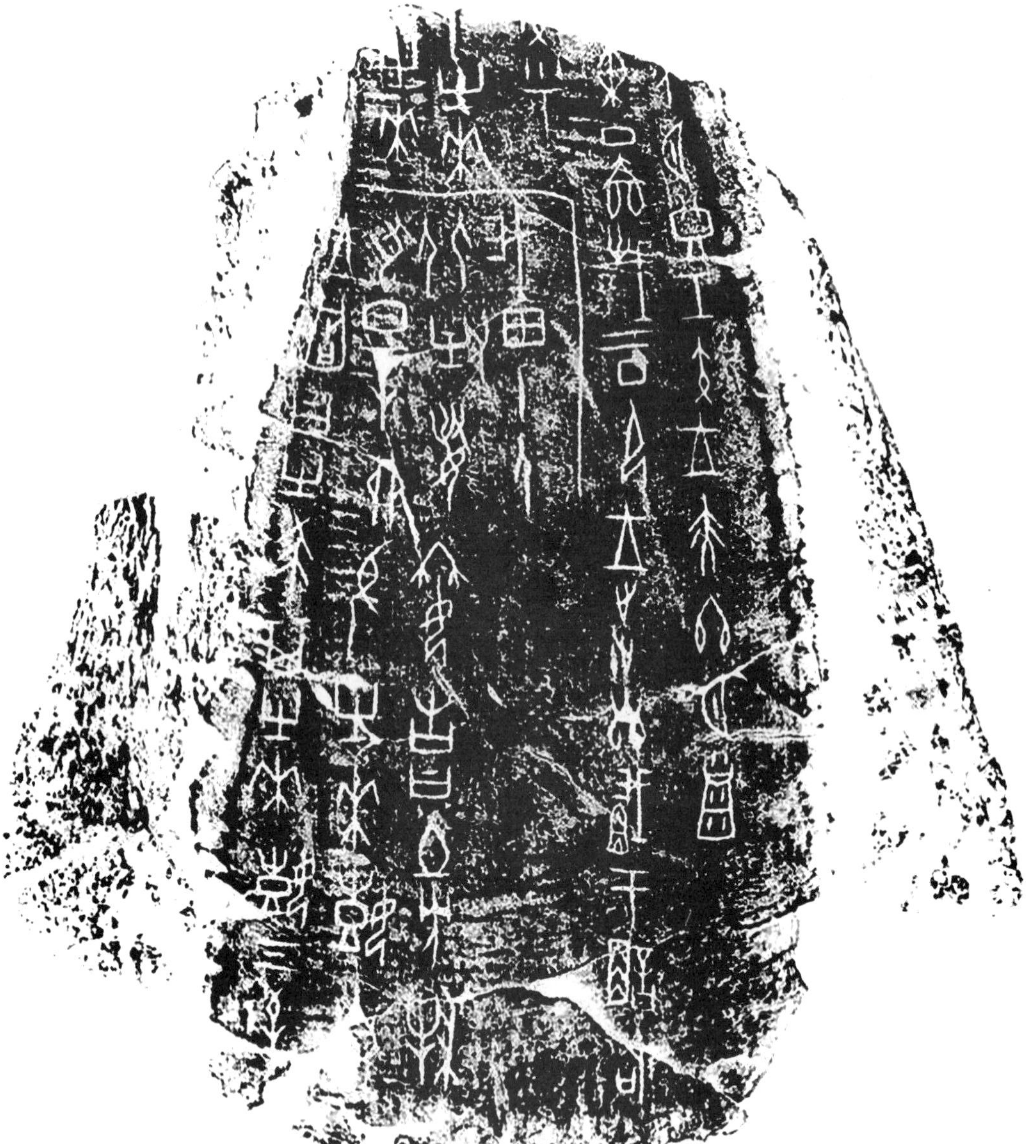

壹骨 2.3. 2；合 6057 反

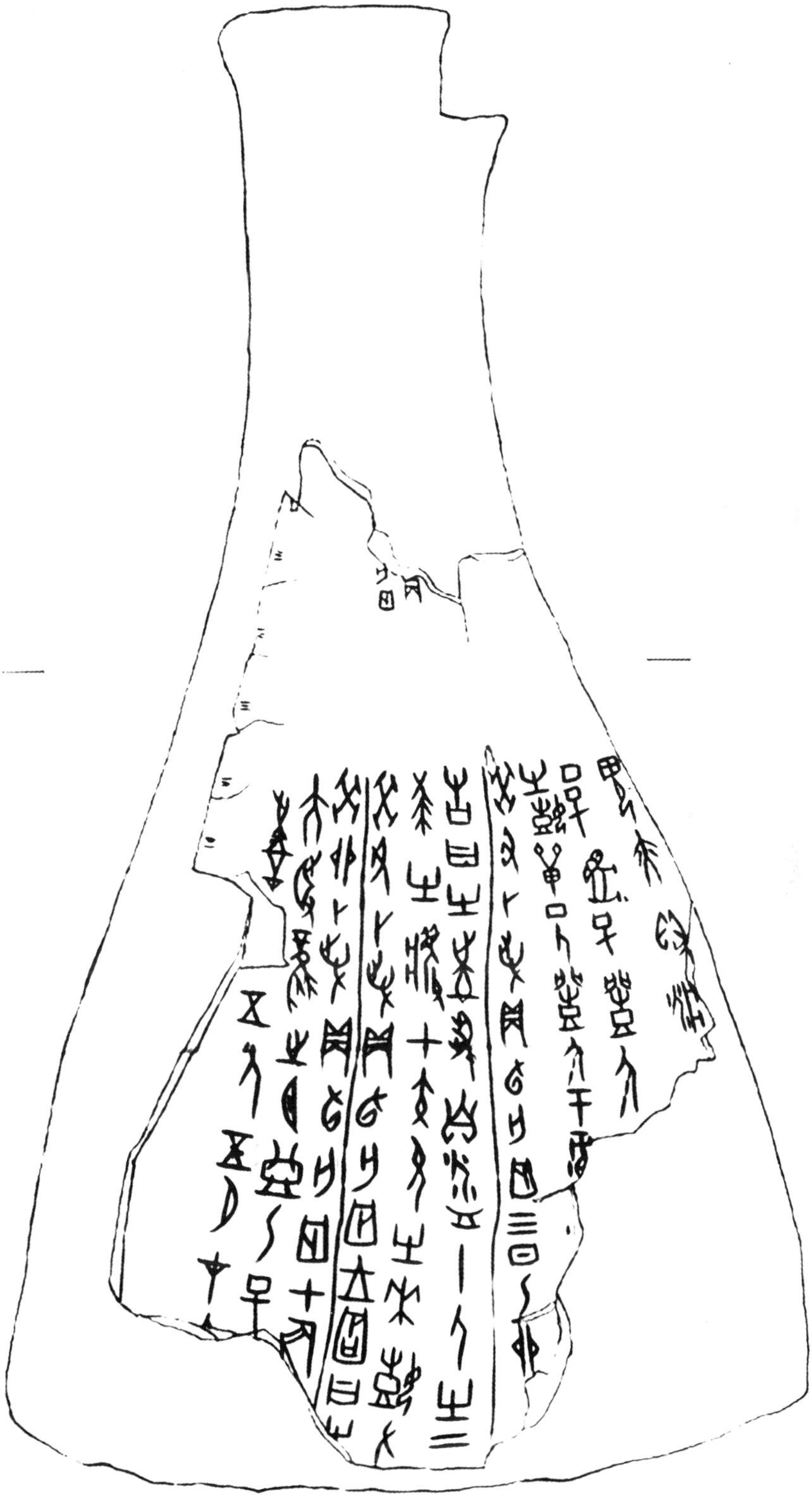

壹骨 3.1 正

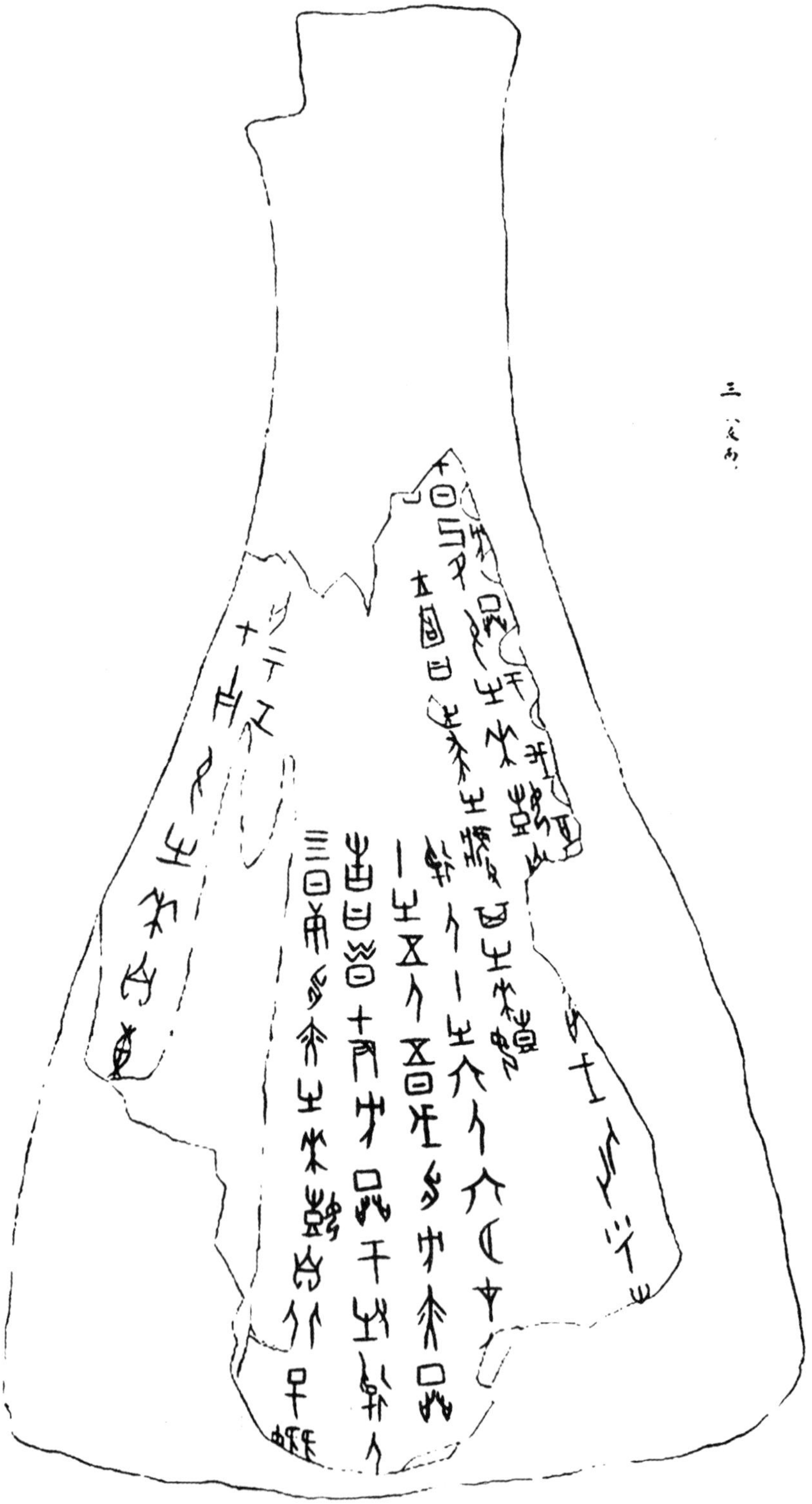

壹骨 3.1 反

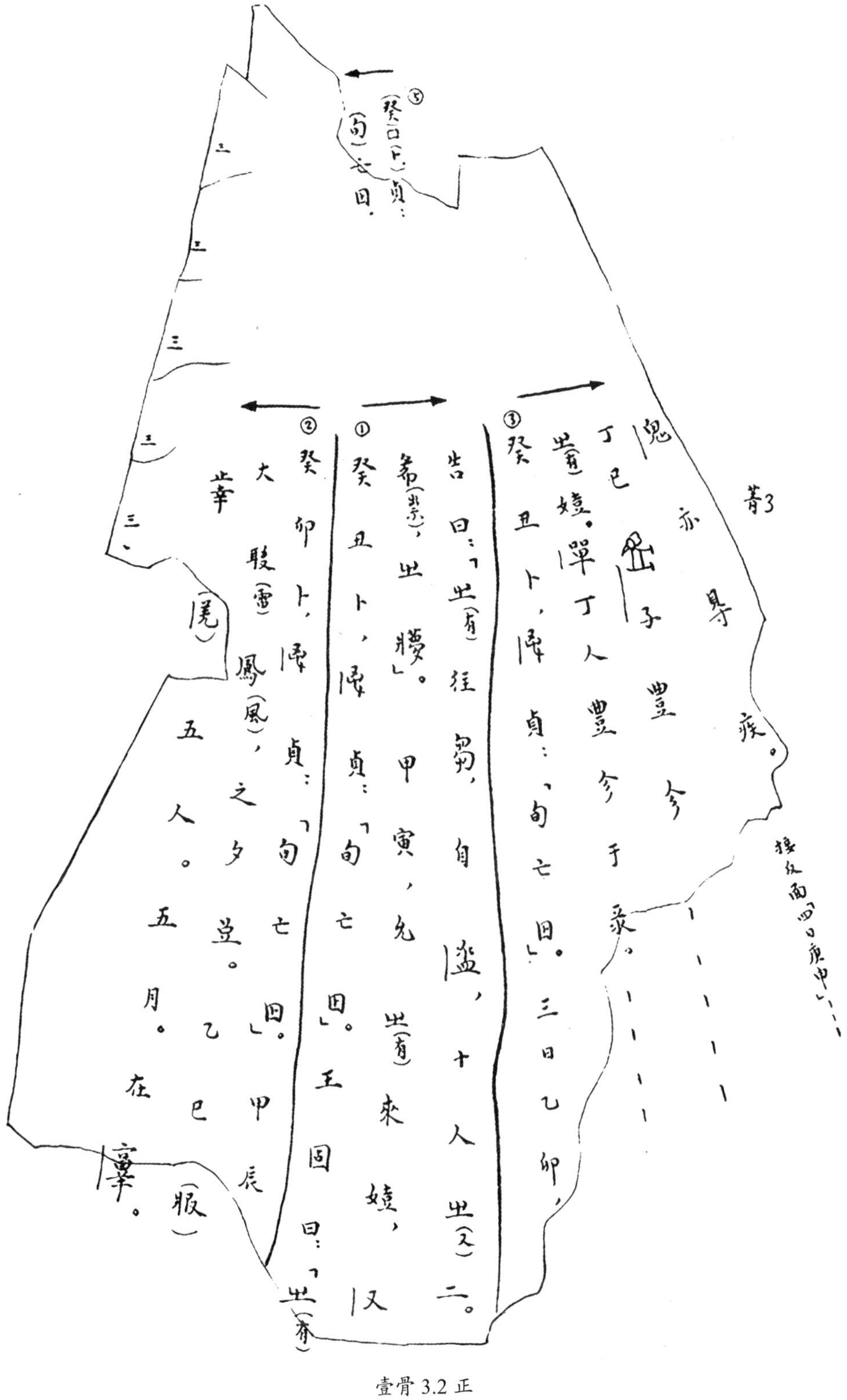

壹骨 3.2 正

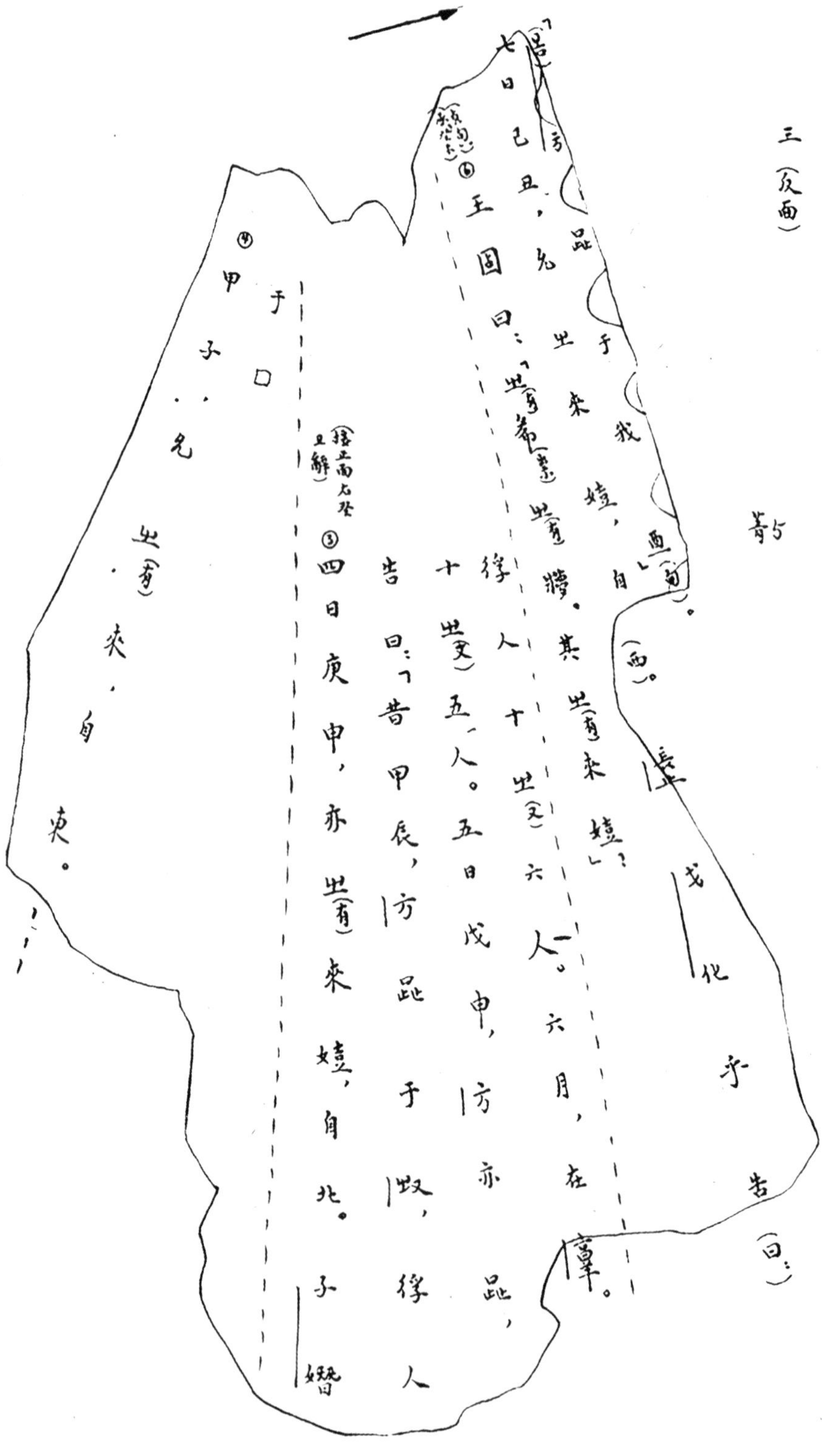

壹骨 3.2 反

壹骨 3.3.1：合 137 正

壹骨 3.3.2：合 137 反

壹骨 3.4.1：綴合(正)①

① 壹骨三正、反：即合 137 正、反，現藏於歷博。綴合組爲：合 137 正 + 合 16890 正 + 合 7990 正，見肖良瓊：《卜辭文例與卜辭的整理與研究》，《甲骨文與殷商史》第二輯，1986 年。

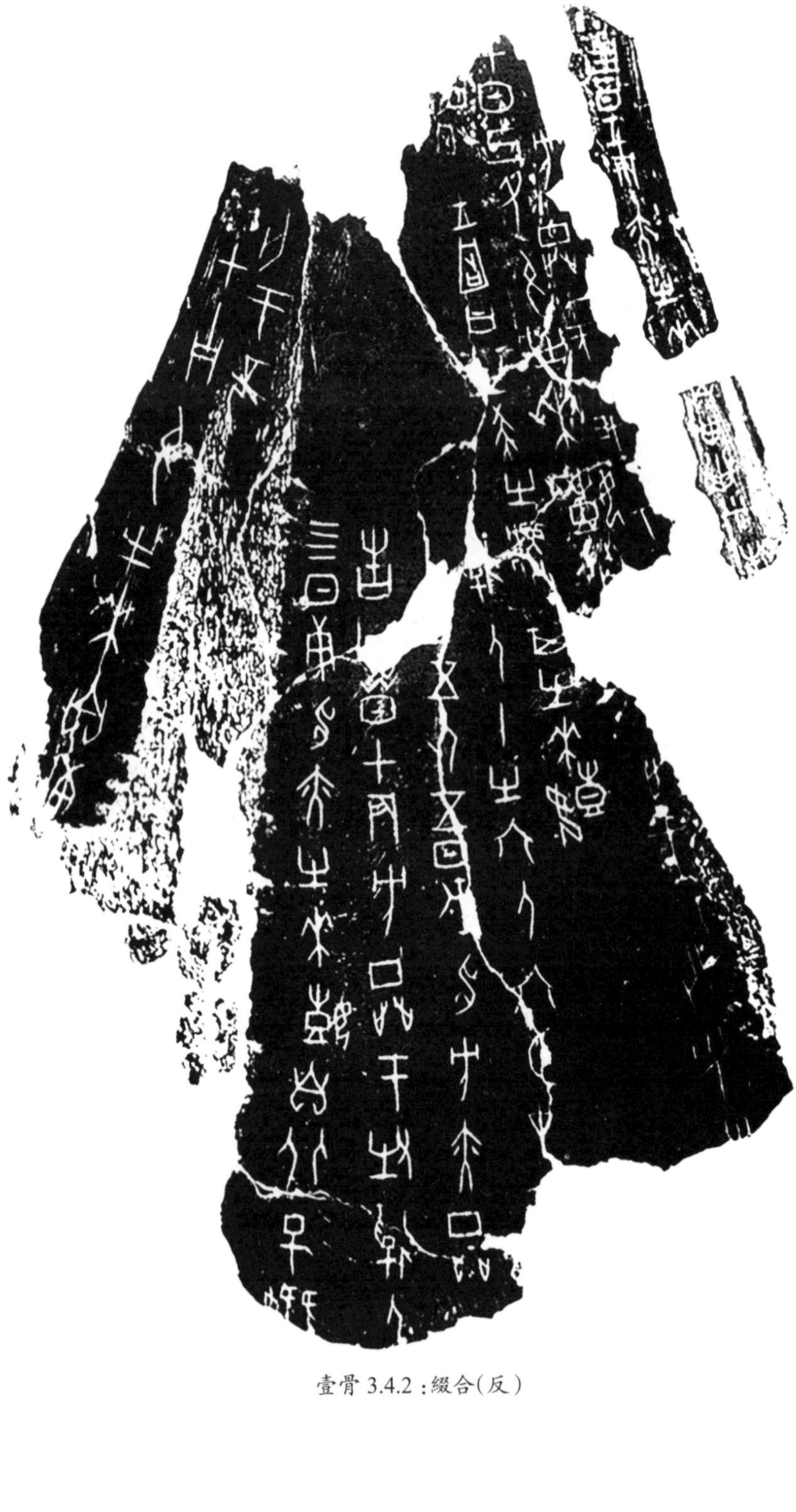

壹骨 3.4.2：綴合(反)

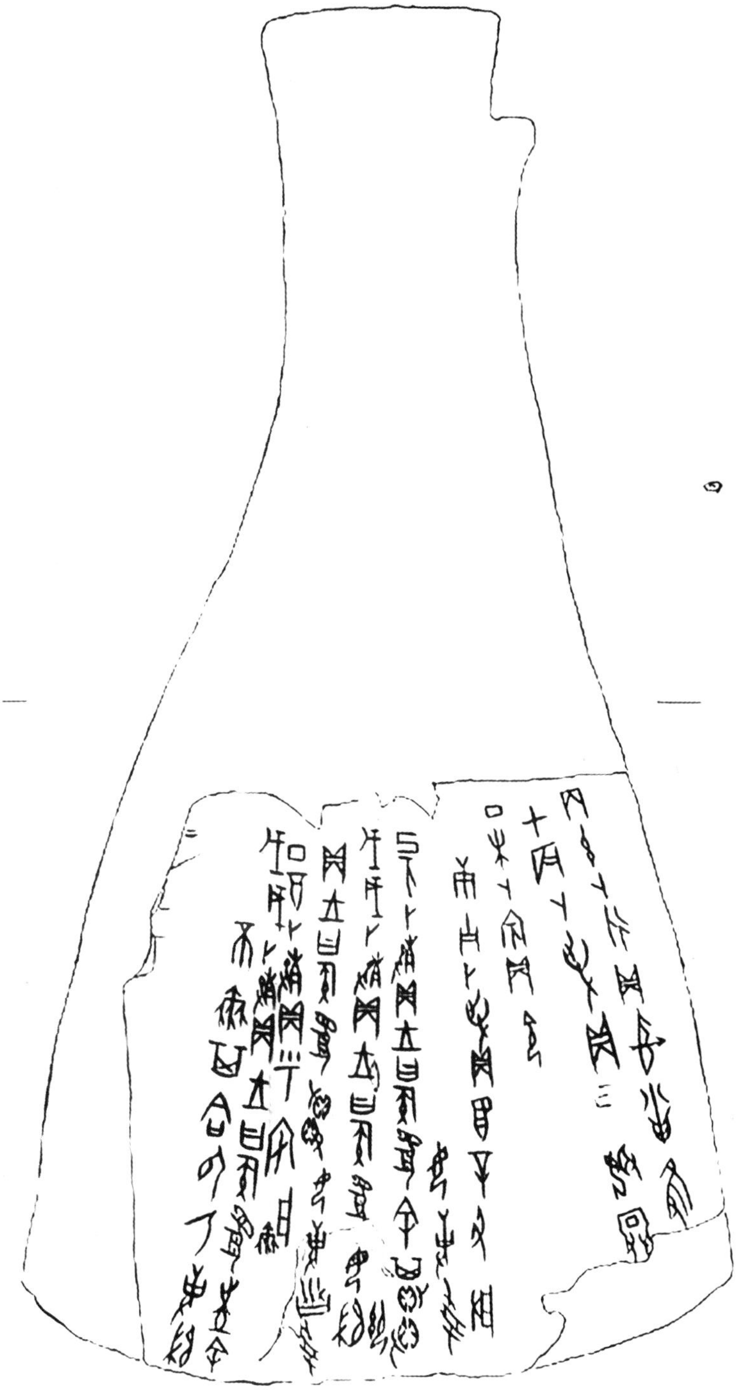

壹骨 4.1 正

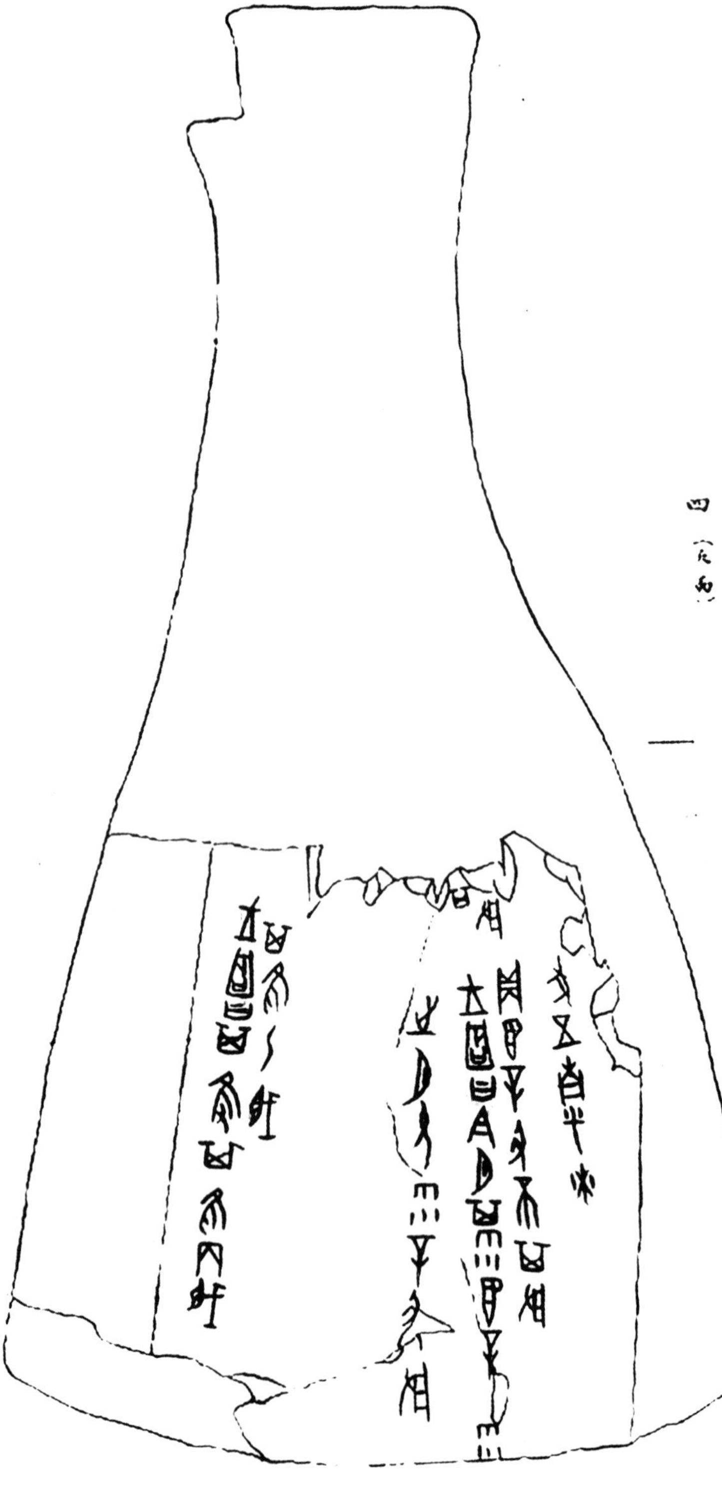

壹骨 4.1 反

壹骨 4.2 正

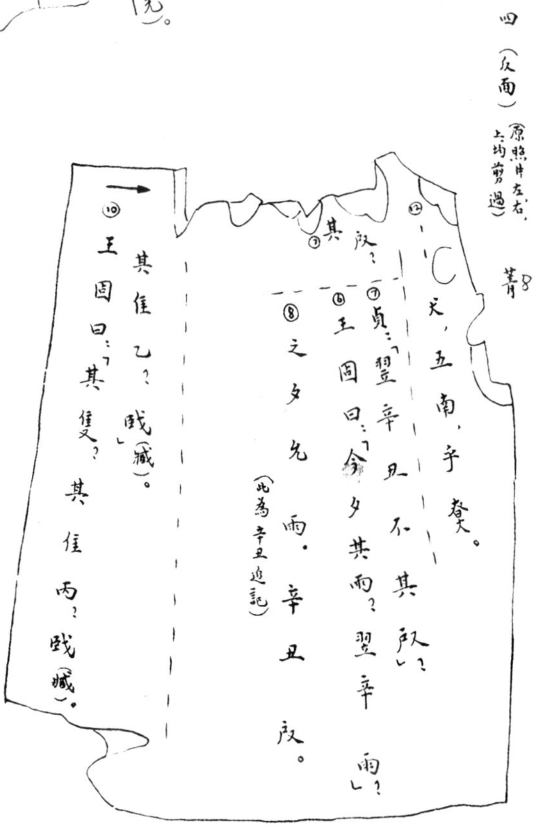

壹骨 4.2 反

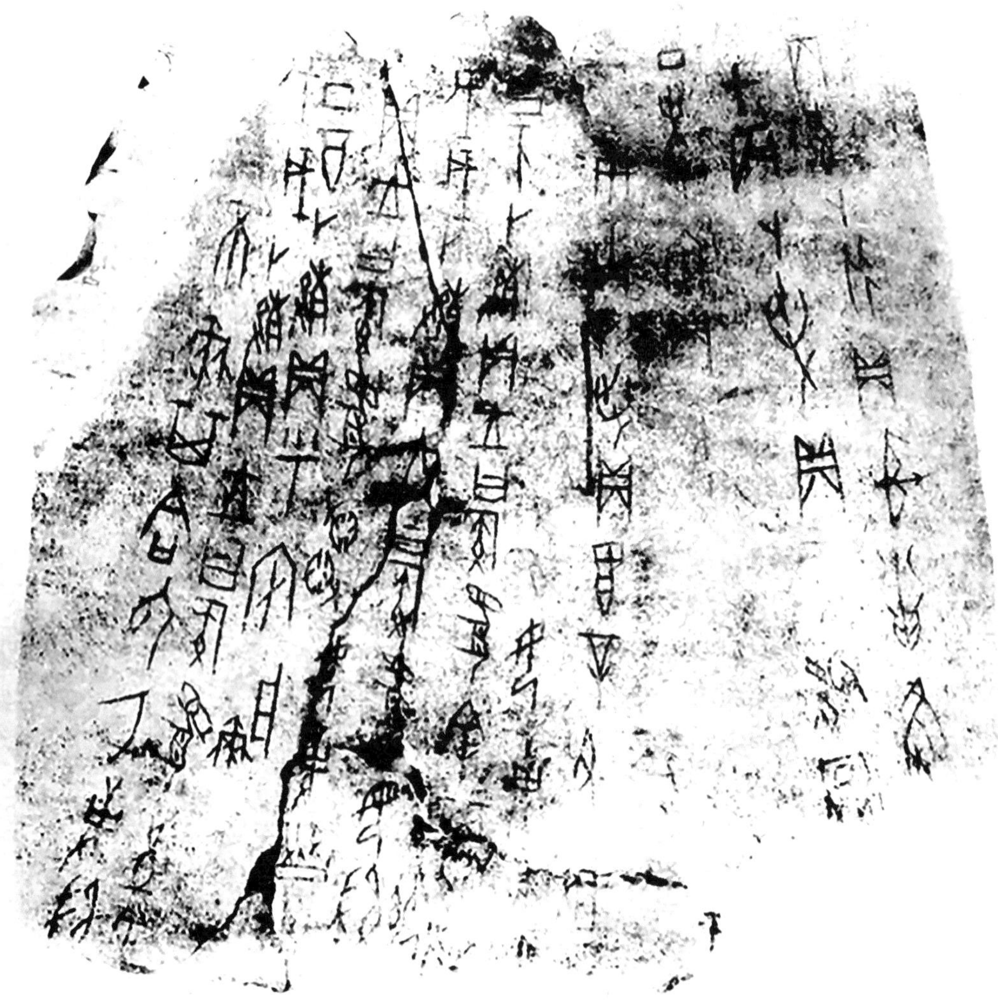

壹骨 4.3：合 3297 正①

① 壹骨四正、反：即合 3297 正、反，非拓本，不清晰。現藏於遼博。

壹骨 4.3 :合 3297 反

壹骨一—四(考釋)

此爲羅振玉氏所藏,著録於《殷虚書契菁華》[1],凡八片。實則大胛骨三,普通胛骨一,共爲四版之正反兩面也。皆爲武丁中業前後兩三年間之卜辭,同文同大之胛骨尚多,散見各書中之大字殘片皆是,惟不如此四版之保存完好耳。今精摹揭之,可注意者六事:

一、武丁時代之偉觀。此武丁中葉之極盛時代,其史臣書法,久經鍛煉,已達爐火純青之候,故能刀筆運用得心應手,行欵起承,自有氣韵,非拘謹者所敢爲,一時之偉大作風也。取原拓影本審視之,可見其筆力之雄厚,爲此後各期所無。余之摹本,僅具皮相而已。余於大連羅氏寓廬曾目覩原物,字畫塗朱猶鮮。可想見三千年前之當日,史、㱿[2]諸人,左操大骨,右執刀筆,書契既竣,潤色有加,骨版光澤,朱墨耀目,有不得意洋洋者乎?

二、大胛骨之復原。此中三大胛骨,余據《殷虚古器物圖録》[3]及中村不折氏大骨等,參訂復原。初,余疑是象胛骨(羅氏亦云然),詢之古生物學者楊鍾健氏,則決其爲大水牛之肩胛。第四版,則常見之普通牛胛骨也。所據影拓本或已縮小,故尺寸不必準確,覽之者,知其約略之輪廓而已。

三、追記占驗之辭。凡辭中"某日某干支"以下,皆爲卜旬之後某日所追記,乃記事辭,非卜辭。亦有全辭記事者,如一版②,不見"卜""貞"字也。追記辭,四版共二十一見。

一、①"五日丁丑"以下;④"甲午,王往"以下;③"六日戊子"以下;⑤"八日"以下;⑥"八日庚戌"以下;⑦"五日丁卯"以下。

二、①"五日丁酉"以下;②"七日己巳"以下;④"九日辛卯"以下;⑤"…乎(告曰)"以下,"辛丑"以下,"壬寅"以下(三次追記);⑥"五日丁未"以下。

三、①"甲寅,允㞢"以下;②"甲辰"以下,"乙巳"以下(二次追記);③"三日乙卯"以下,"(三日)丁巳"以下,"四日庚申"以下(三次追記);⑥"七日己丑"以下。

四、⑧"之夕允雨"以下(此不繫日,當爲辛丑記)。

---

① 羅振玉:《殷虚書契菁華》,1914年影印本。又《殷虚書契五種》,中華書局,2015年。

② 㱿,即㱿,武丁時貞人。

③ 羅振玉撰:《殷虚古器物圖録》,1916年影印本。

追記占驗,乃一期之風習,他期不多見。

四、正反兩面文辭銜接之例。此亦緣追記之事項無定,正面原辭之下,爲部位所限,乃續書於同版之反面也。此例四版皆有,具見釋文。此例之發見,爲治契學者闢一新門徑,若干卜辭,日辰之連貫,月份之補足,事類之穿插、繫屬,皆賴以證明。考釋壹骨一七,即其例也。

五、每版卜辭之次第。各版皆取數字加圈以誌之。細加審辨,可見貞人書契,有恣情書寫,氣魄宏放者;有廻避委婉,將就局勢者;有加之界線,分其畛域者;有正面不足,繼以反面者,皆先後之序有以限之也。

六、同爲前後三年間之物。四版除第三版已見"考釋"壹骨一七年表武丁廿九年之外,其一、二、四版,亦爲武丁二十八年至三十年之物。詳載《殷曆譜》[①]中。玆略舉其年。干支、事類、月份,皆有互資聯絡之關係也。

一、①、②,武丁廿八年;③以下,廿九年("考釋"一七年表未收入)

二、①至⑥,廿九年("考釋"一七年表未收入)

三、①至⑥,廿九年

四、①至⑫卅年

關於四版之出土地,據余所考知者,當在朱家十四畝地中部,殷墟發掘團所開E區之北,余第一次試掘之9坑,其原儲藏之窖穴矣。出土時,在清光緒三十年,據《甲骨年表》[②]:

> 冬,小屯村地主朱坤,率領農佃,大舉挖掘甲骨文字於村北洹河南岸朱氏田中,搭席棚,起爐竈,工作甚久。所得甲骨盈數車。

此四版者,殆"數車"中之菁華矣。後六年,乃爲羅振常所得。

羅振常於宣統三年春,奉乃兄振玉之命,偕范恒軒赴安陽購求甲骨文字。四版即此行所得,見羅著《洹洛訪古游記》[③],記四版來歷甚詳,摘録之,亦可作四版之軼史觀也。

---

① 董作賓:《殷曆譜》,1945年(民國三十四年)4月中研院歷史語言研究所專刊,石印本,綫裝,十四卷四册。又1963年藝文印書館再版;收入1977年11月藝文印書館出版的《董作賓先生全集》乙編第一、二册中。

② 董作賓原曾編《甲骨年表》,於1930年刊於前中央研究院史語所集刊第2本第2分册,後與胡厚宣合編本書,1937年上海商務印書館出版。胡厚宣又作增訂本,於1957年由商務印書館出版。

③ 羅振常:《洹洛訪古游記》,1936年蟫隱廬石印本。又有1987年河南人民出版社版。

壹骨一。此版得於清宣統三年二月廿八日。羅《記》云：

二十八日。　是日計所得龜骨已不少而資斧將竭，其所餘僅可再收一二日。恒軒謂余："此次大塊不多，前僅得大塊一，（原註：）《書契菁華》第四葉（按此註誤，《菁》四爲一之反面，蓋事後追註，誤以爲兩版也。）然骨雖大而字少（按當指《殷虚古器物圖録》所載之大骨）昨得二片，則骨大字多，然有破缺，（當指壹骨三、四兩版，二十七日得。）終不如昨見塗朱之大片。此片如京估至，必以善價將去。殊不能捨。不如以二日之資單購此片。"余亦謂然。餐後，渠獨至小屯，留余在寓，檢點包紮各物。並約："如此片可得，明日即運物北行，再攜資來購買。不成，明日續收一日，後日成行。"匆匆遂去。

恒軒去二三時，欣然歸來，隨一土人，提柳筐，卧大骨於中。恒軒出骨筐中，如捧圭璧，蓋即昨日議價未成者也。（原註）《書契》第一葉（按即壹骨一）土人收資去，恒軒乃言："初雖增價，彼愈堅持。後告以余等將他往，可售則售，不可則已，匆匆欲行。有一老者留其姑坐而與其子及諸人密議，似欲買某姓之地，將以此爲地價者。良久，乃議決售之。"此片有百餘字，數段，皆文字完全，爲骨片中所僅見。此家有此片已久，（按：已六年矣。）小屯人及估客多知之，待價而估，不肯輕售。余等初至小屯時，即向索觀，時並無價，遂無可商。昨日忽出此，且有定價，即因欲購地之故。適逢其會，竟得成議，信乎物各有主也。彼之藏此，飢不可食，寒不可衣，易而爲田，則取之無盡，爲計良得，而我亦得此瓌寶，誠所謂"交易而退，各得其所"矣。恒軒之欣喜，與余得磬字無異。摩挲之久，因謚爲"卜骨之王"。余亦以磬字示之，相與軒渠。

壹骨二。此版得於同年三月十三日。《記》云：

十三日。　……乃提早午餐，邁步出門，至彼（小屯村）後，專議佳品，謂吾輩將他往，今將價加足，不成，則將舍旃。磋議良久，皆就緒。尋常品亦購數宗。最後僅餘二三筐未留，皆棄材也。滿載而歸，兩人均欣躍。

十四日。　早起，檢昨日所得，大小相錯，分别之，則大者中者二百五十五塊，小者一千零三十塊，爲到此收買最多之一日。有數大片，有一片滿字，雖非全文，所缺不多。（原註）《書契菁華》第二葉（按即壹骨二）比骨片之王猶多數字，彼稱王，此亦可稱公也。又一片，字不多，中間亦全文。（原註）《書契菁華》第六葉（按菁六,乃壹骨二之反面。羅氏《記》付印在民國廿五年,寫時參看《菁華》,已不知六葉與二葉原爲一版之正反兩面,故有此誤。)

壹骨三、四。此兩版約得於同年二月廿七日。《記》云:

二十七日。 檢視所得,視前日爲多。因昨夕計議,佳者難成,每日所得太少,不如大小美惡兼收,可期迅速。故所得驟增,前日未成者,亦多議定。計大小一千數百塊,爲到此得骨最多之一日。

二十八日。 昨日所得,以小塊龜甲爲多,中、大者少,然得二大骨。(原註)見《殷虚書契菁華》第三葉、第五葉。(按此亦羅氏之誤,菁三、五,即壹骨三之正反兩面,非二版。疑指《菁華》三與七葉即壹骨三、四之正面也。)尚有一塊全文,滿字而塗朱者,(按指菁一,本編壹骨一)索價過昂,未能購定。

一、二兩版大骨,當爲羅振常氏所能憶及者,其購入之經過,記載不致有誤,三、四兩版之記載則不免附會爲之,蓋前者乃其特別注意之物,其敘述鋪張盡致,爲當時實情。餘則取《菁華》所收,隨意註入。羅爲經手購買之一人,所謂"摩挲久之"者,曾不知一骨之正反兩面有文字,而誤假《菁華》所收之八葉爲八片之大骨也。

羅氏於宣統三年二月二十一日,曾至小屯村調查甲骨出土情形。《記》云:

出(土)龜甲地,在村後田中,有二段。

一、爲舊發掘地。在村(後)北偏東二三百步,掘於三十餘年前,今無骨矣。

一、爲新發掘地。又在舊地北數百步,始掘於十餘年前,骨尚未盡。土人掘一次,取骨後即填平。新地有一穴正掘,云此爲田主僱人發掘,已七八日,尚未得骨。由村後迤邐而北,中間爲一帶高地,較平地高二三尺,龜甲多出此。及近水涘,地漸低削,土人謂出骨最多處,面積約十三畝云。

所謂舊坑,據其附圖,乃余等發掘之A區,爲"劉家二十畝地",《鐵云藏龜》一系所收,出於此,皆一二期物。所謂新坑,乃在E區之北,余第一次發掘之2、6、9、10、16–18各坑所在,爲朱坤之"十四畝地",正如余所調查者。

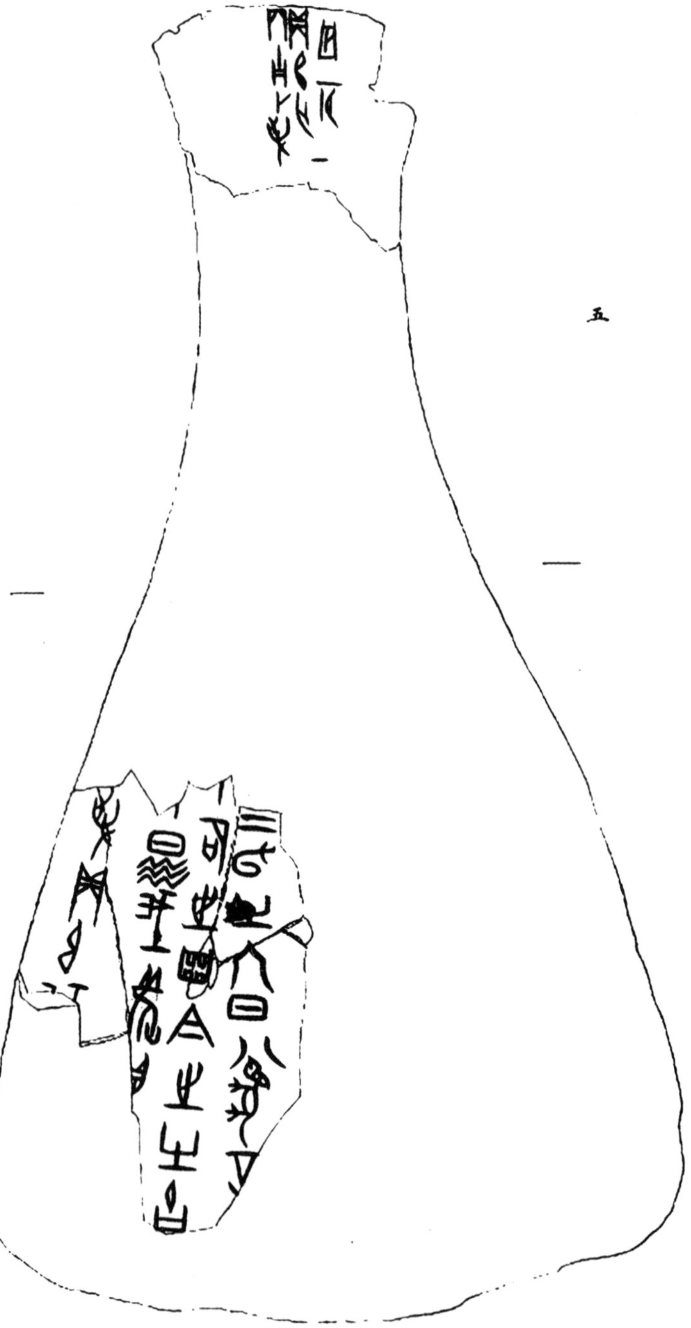

壹骨 5.1

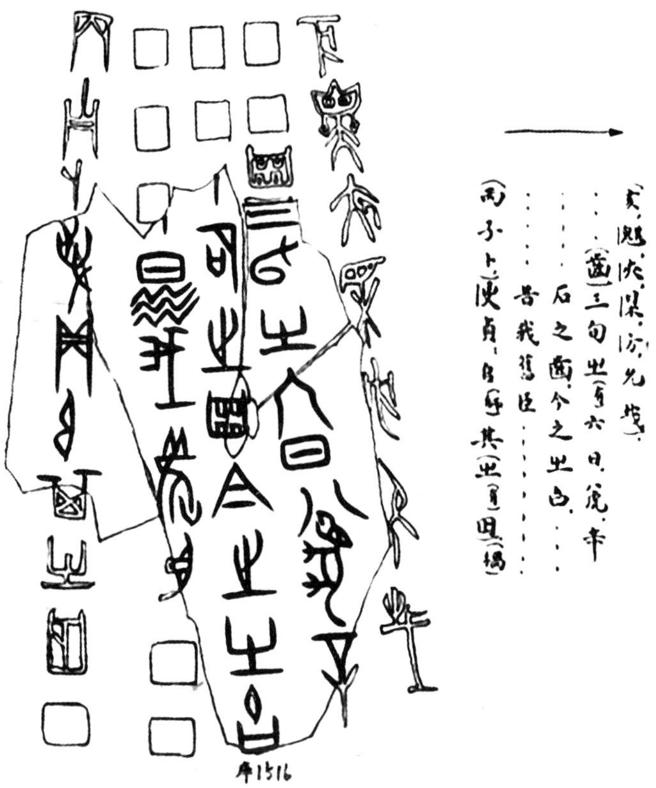

壹骨 5.2.1（局部下）①

壹骨 5.2.2（局部上）

① 壹骨五（下）：重見於《殷曆譜》下編卷 9，日譜一附圖第 35。

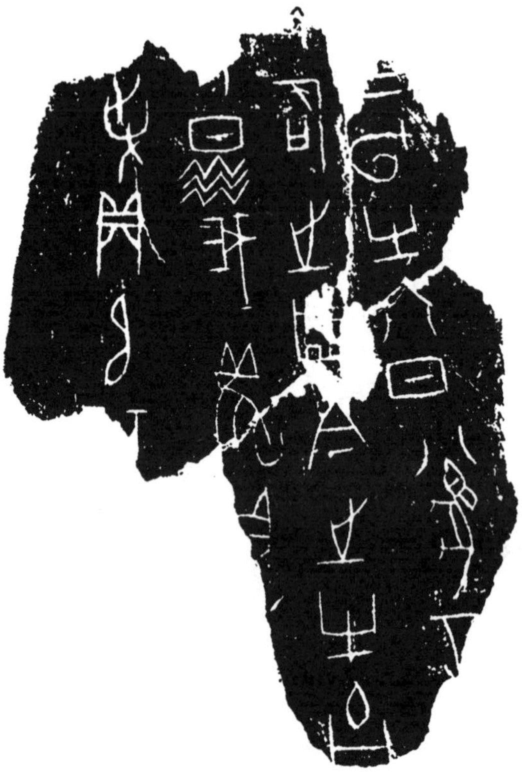

壹骨 5.3.1 :合補 3029 丙①

壹骨 5.3.2 :合 4249

① 壹骨五(下):即合補 3029 丙,合 39720 爲摹本。

壹骨 5.4：綴合 ①

① 壹骨五（上）：即合 4249，壹骨六（左下）即合 3524，現藏於史語所。綴合組爲：合 2763+ 合 3524+ 合 4249+ 合 14288+ 合 18684+ 合 18799，見《醉古集》第 231 則；李愛輝：《宾組胛骨新綴二則》，《故宫博物院院刊》2011 年第 1 期；又見《拼二》第 482 則。

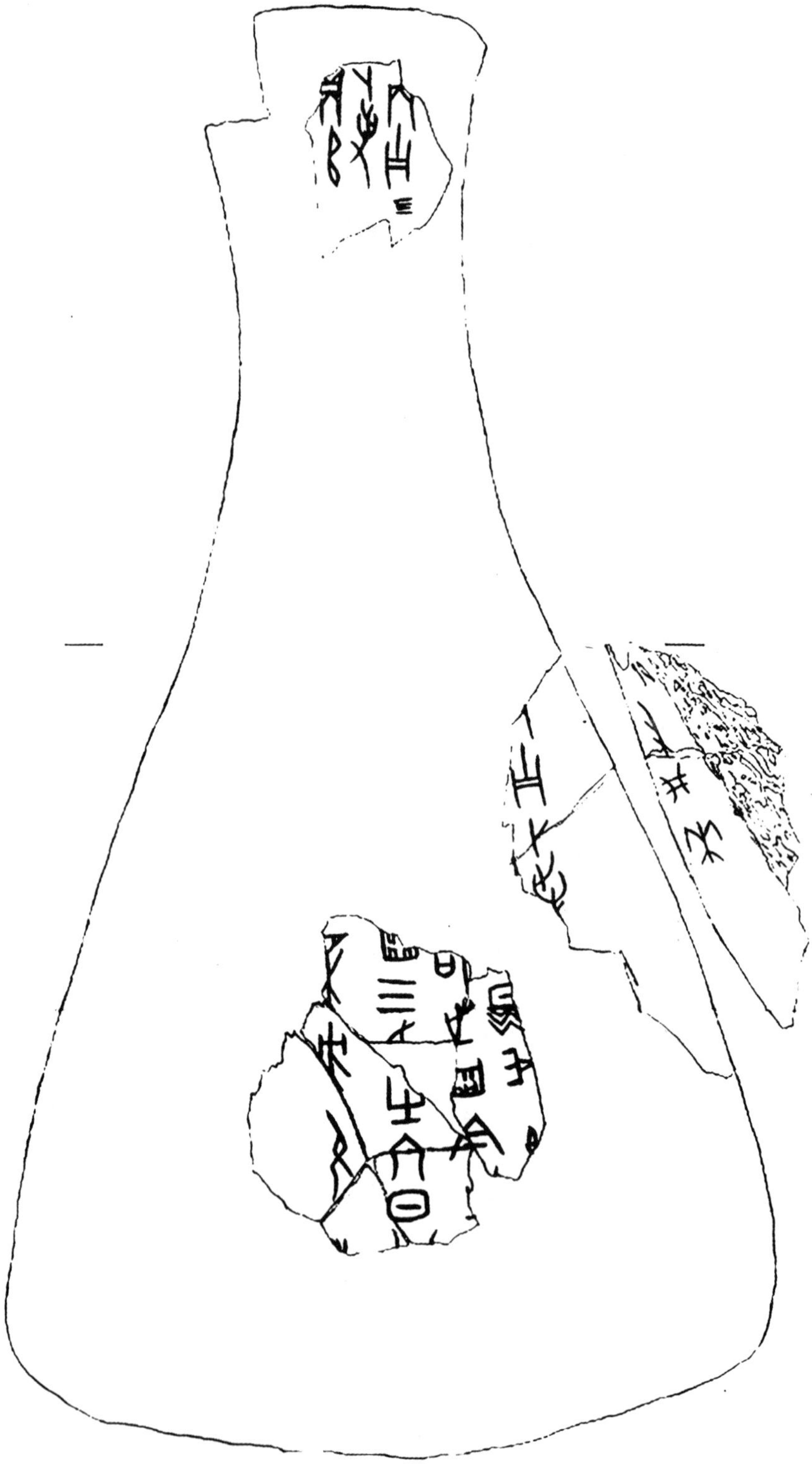

壹骨 6.1

壹骨 6.2.1（局部上）

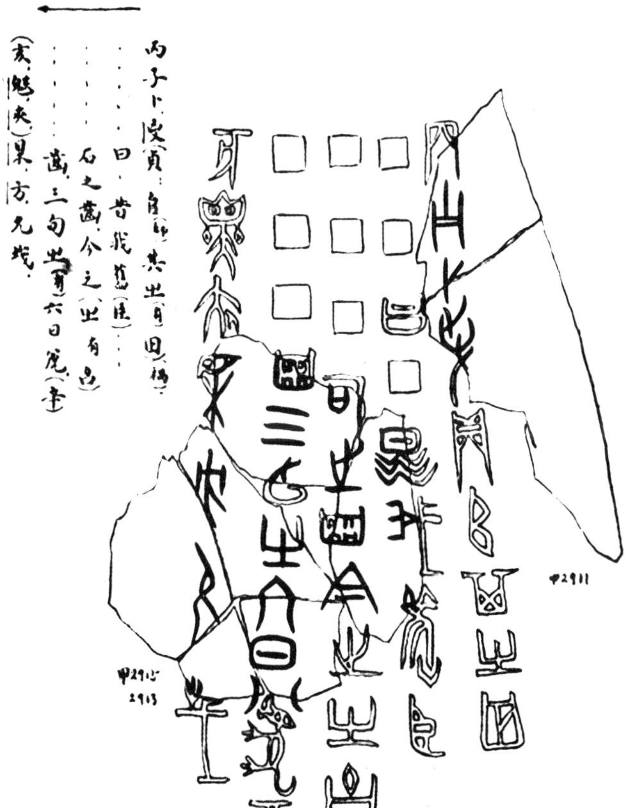

壹骨 6.2.2（局部下）①

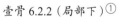

壹骨 6.2.3（局部反）

① 壹骨六（下）：重見於《殷曆譜》下編卷 9，日譜一附圖第 34。

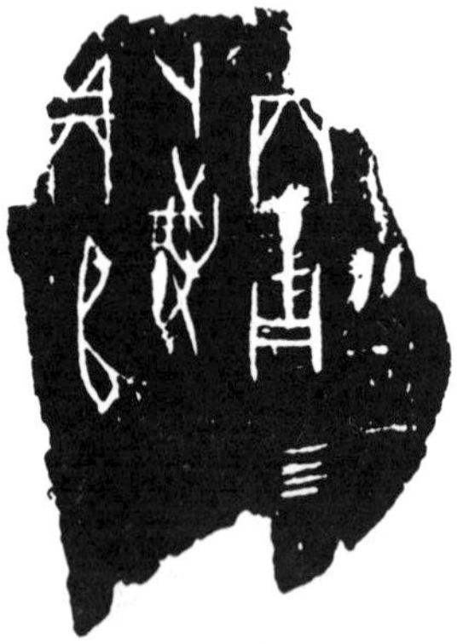

壹骨 6.3.1：合 3723

壹骨 6.3.2：合 3524

壹骨 6.3.3：合 2763 正

壹骨 6.3.4：合 2763 反

壹骨 6.4：綴合 ①

① 壹骨六（左下）：即合 3524。壹骨六（右下）即合 2763 正、反。現藏於史語所。綴合組爲：合 2763+ 合 3524+ 合 4249+ 合 14288+ 合 18684+ 合 18799，見李愛輝：《宾組胛骨新綴二則》，《故宫博物院院刊》2011 年第 1 期；又見《拼二》第 482 則。李愛輝綴合與董作賓摹本的補釋、拼綴吻合。

壹骨五一六（考釋）

此兩版太殘碎，補綴煞費匠心。初，余見壹骨五下段殘片，文有“昔我舊臣”“二旬㞢（有）六日”，甚注意。繼於甲二九一三、二九一五（壹骨六下左），辭相似，合之，知二乃三之缺畫，蓋“三旬㞢（有）六日”也。五版下有辛之殘字，三十六日爲辛，則卜之日必爲丙，乃又發見“丙子卜，𡧊[1]”（六）之一骨邊，而五版亦𡧊貞也。兩版字大，骨大，臼部必大，得甲二九三五，文爲“丙子卜，𡧊貞：”自亡𡆥”，十一月。一”，乃大骨之上部，又得外八七，同部位而爲第四卜，知此類大胛骨同文者至少爲四版。凡骨之正反兩貞，分列上下，上貞“自亡𡆥”，下必貞“自㞢（有）𡆥（禍）”而五版尚存“自其”二字，知下缺“㞢𡆥”二字也。至此，兩骨之組成，已不成問題矣。（兩臼部不必爲下半之同版，然左右行恰爲對稱，姑合繪之，以見全形。）

文辭之擬補，除兩版互足者外，則爲“四邑之𢦏”。（説詳壹骨一七考釋三）六版左邊殘存“杲方允𢦏”四字，“杲”爲邑名，僅武丁時出現，他處不有。以“魌夾方杲”被𢦏事例之，知所缺乃“魌夾”二字。此卜上爲“自亡𡆥”，下爲“自其㞢𡆥”，且有王固之語（昔我舊臣），知史𡧊必於十一月丙子卜後，追記發生之禍事以證其“有禍”也。十一月有丙子，則三十六日辛亥，必在十二月，而四邑被𢦏在十三月來嬉報告，則四邑被𢦏實即十二月之辛亥，故曰“三旬有六日㞕辛亥，魌，夾，杲，方，允𢦏”，而追記於丙子之卜，以證其驗也。以此擬補，字數亦合。餘詳後考。

---

[1] 𡧊，即爭，武丁時貞人。

壹骨 7.1.1 正

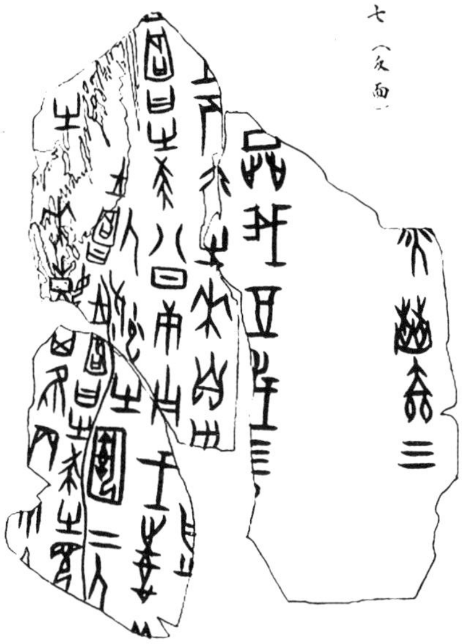

壹骨 7.1.1 反

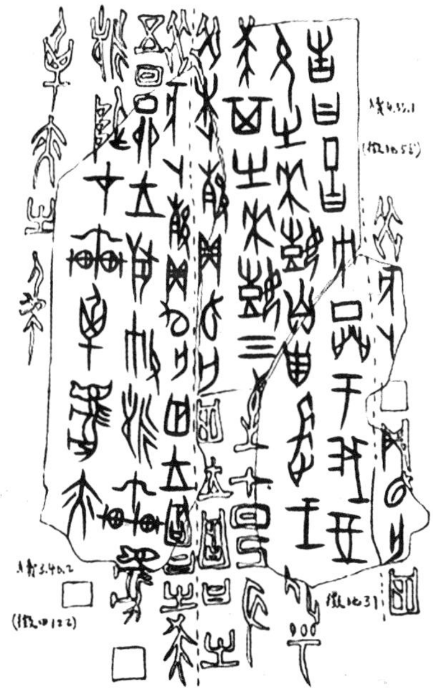

壹骨 7.1.2 正

壹骨 7.1.2 反①

① 壹骨七正、反摹本，重見於《叕》26 正、反，《殷曆譜》下編卷 9，日譜一附圖 26 面、背，但兩者的殘辭擬補略有不同。

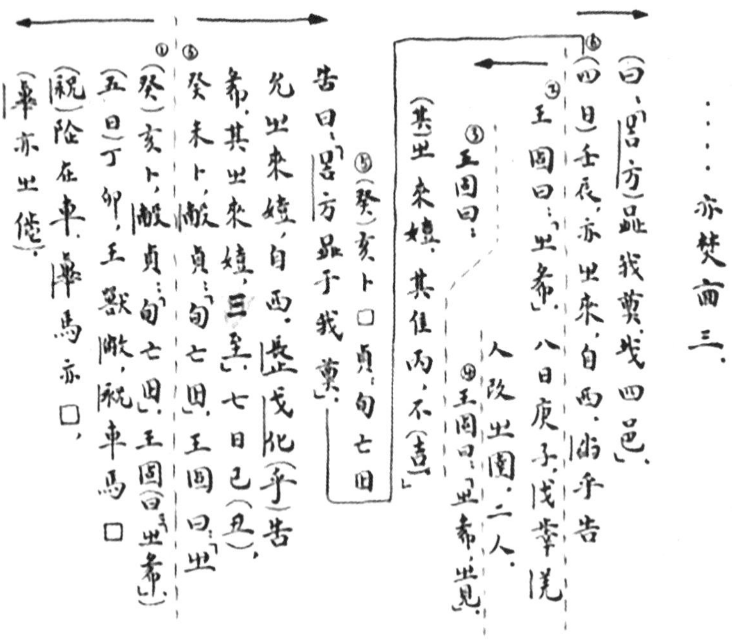

壹骨 7.2

壹骨 7.3.1：合 584 正甲

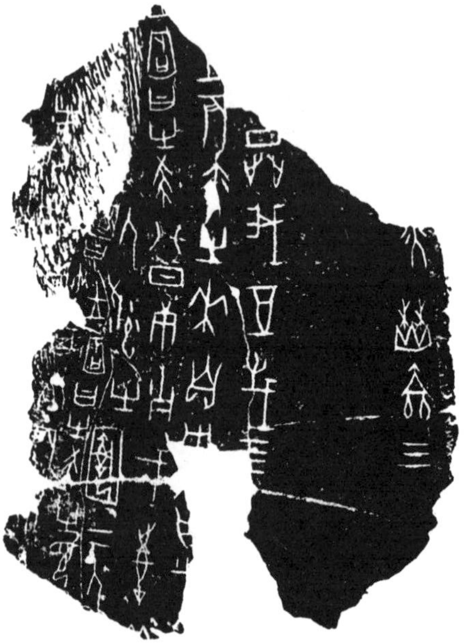

壹骨 7.3.2：合 584 反甲

壹骨 7.4 :綴合(正)①

壹骨 7.5 :綴合(反)

① 壹骨七正、反:即合 584 正甲、反甲,現藏於津博。綴合組爲:合 584 正甲 + 合 9498 正 + 合 7143 正 + 東大 571b+ 合補 5597,合 584 反甲 + 合 9498 反 + 合 7143 反 + 東大 571a,見李愛輝:《賓組胛骨綴合一則》,先秦史研究室網站,2009.11.9;又見《拼一》第 295 則及 290 則。合補 5597 與東大 571b 之間 "王" 字所占空間與其左側 "王" 字空間相比,較小,加綴合補 5597 似可商。綴合與董作賓的補釋吻合。

壹骨七(考釋)

此版正反兩面文辭銜接,如釋文。四日壬辰一段,本當與癸未卜旬辭連屬,追記於下,所以契於反面者,因甲骨刻辭,皆先疏後密,左一癸亥先卜,右一癸亥次之,癸未卜時,中僅四行地位,第一次己丑之追記尚可容,第二次壬辰追記,乃不得不轉移于反面也。日次相貫,文皆下行而右,是其證。

補苴部分,皆有依據,分别如次:

正面	①	"曰㞢希",據壹骨一二同文版	"五日",據壹甲六同文版
		"祝[illegible]",據壹骨一三同文版	"𨸏亦㞢徙",據壹骨一二、一四同文版
	⑥	"𡆥。王固曰:㞢",據常例	"七日己丑",據壹骨三反面同文
		"化乎",據壹骨三反面同文	
反面	⑥	"四日",據己丑至壬辰日數	"𢆶乎告","四邑",據殘餘部分
		"𢀛方",説見考釋一七、(一)2	

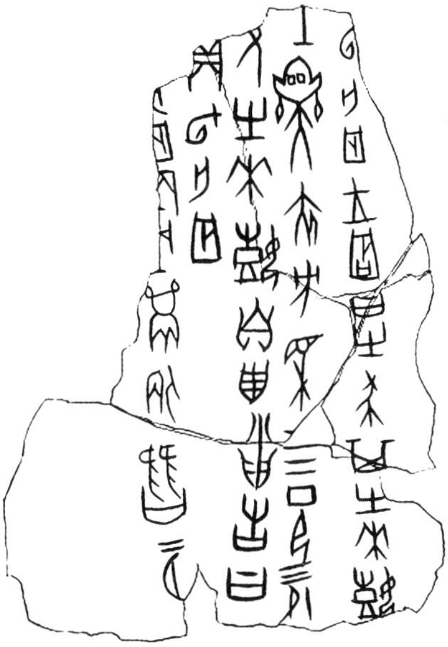

壹骨 8.1 正

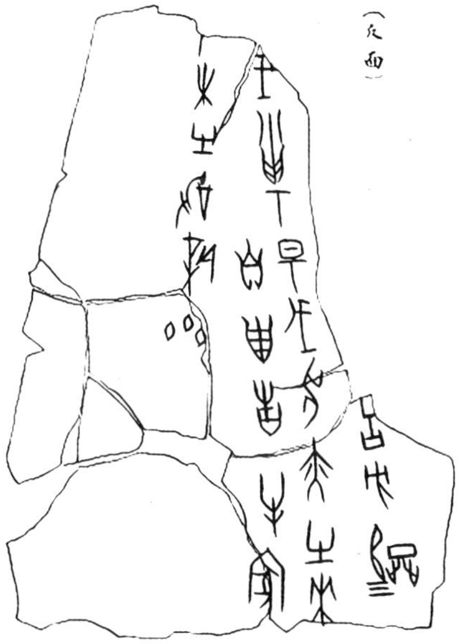

壹骨 8.1 反

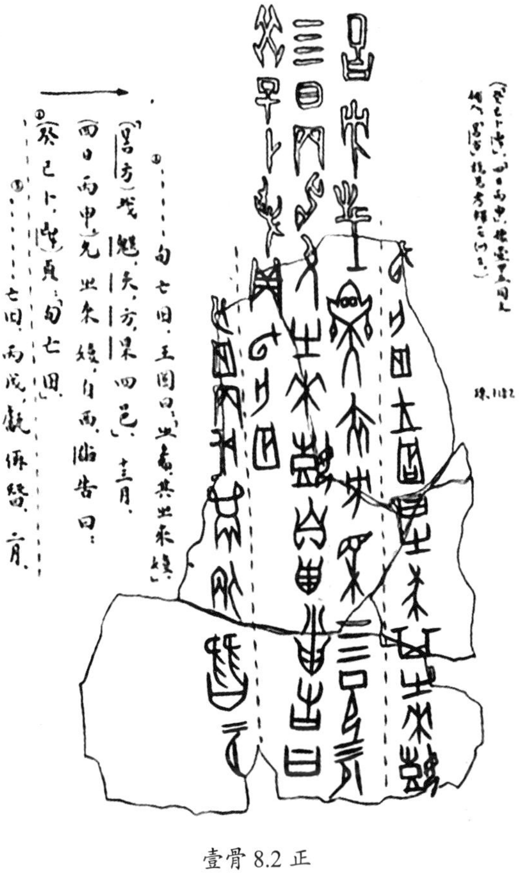

壹骨 8.2 正

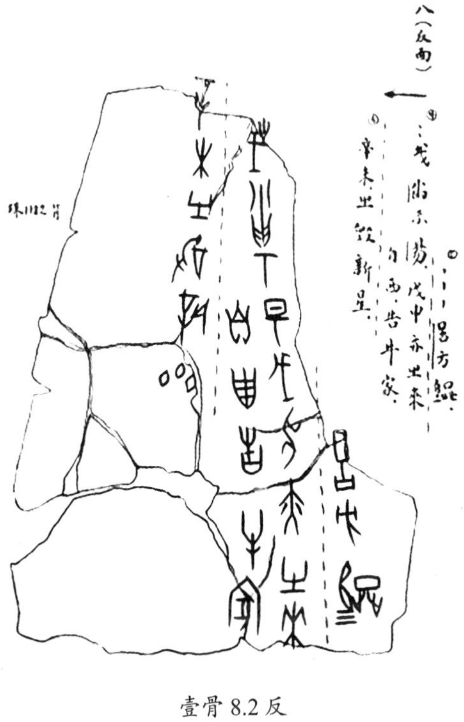

壹骨 8.2 反

壹骨 8.3.1：合 6063 正

壹骨 8.3.2：合 6063 反

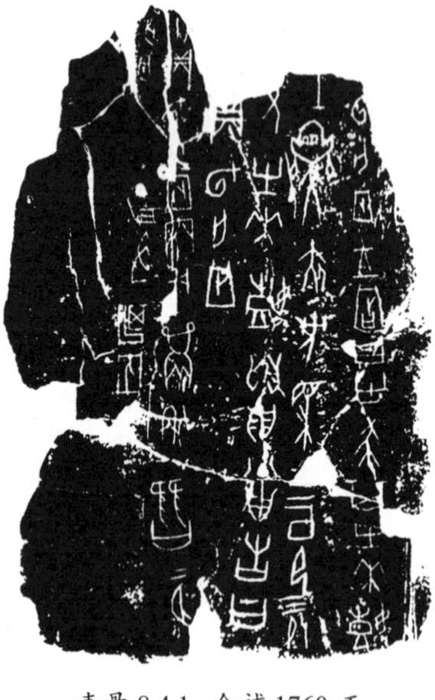

壹骨 8.4.1：合補 1760 正

壹骨 8.4.2：合補 1760 反①

---

① 壹骨八正、反：即合 6063 正、反，合補 1760 正、反。合 6063、合補 1760 對摹本各有綴合，合補 1760 反較合 6063 正反全；合補 1760 反（合 6063+ 東大 388b 上左），見《彙編》第 332 則。

壹骨 8.5：綴合①

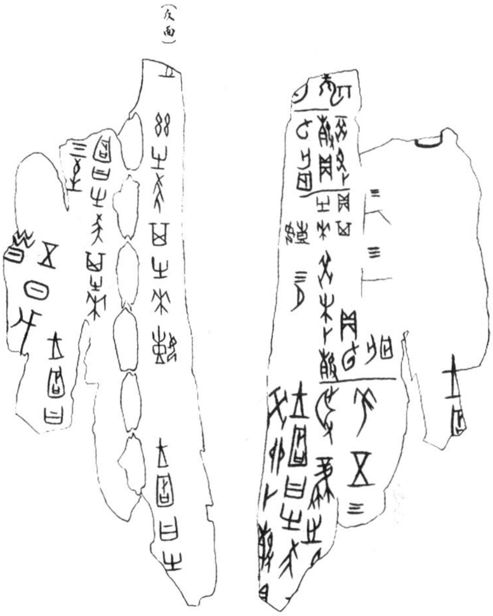

壹骨 9.1

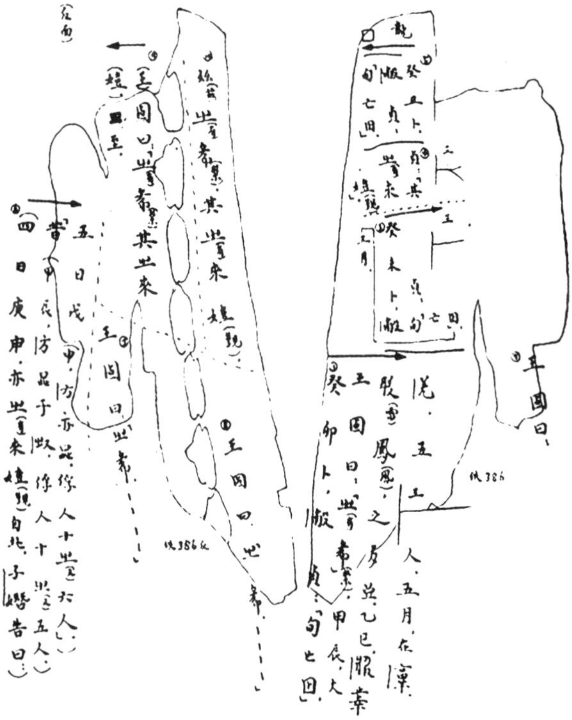

壹骨 9.2

壹骨 9.3：合 367 正

① 壹骨八的綴合組爲：合 3139+ 北珍 1715+ 合補 1760 正（合 6063 正 + 東大 388a 正），李愛輝：《甲骨拼合第 319 則》，先秦史研究室網站，2015.11.1；又見《拼五》第 1098 則。

壹骨 9.4 : 合 367 反

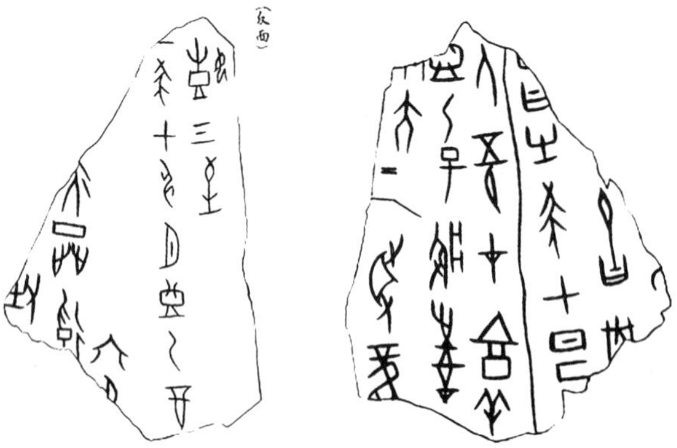

壹骨 10.1

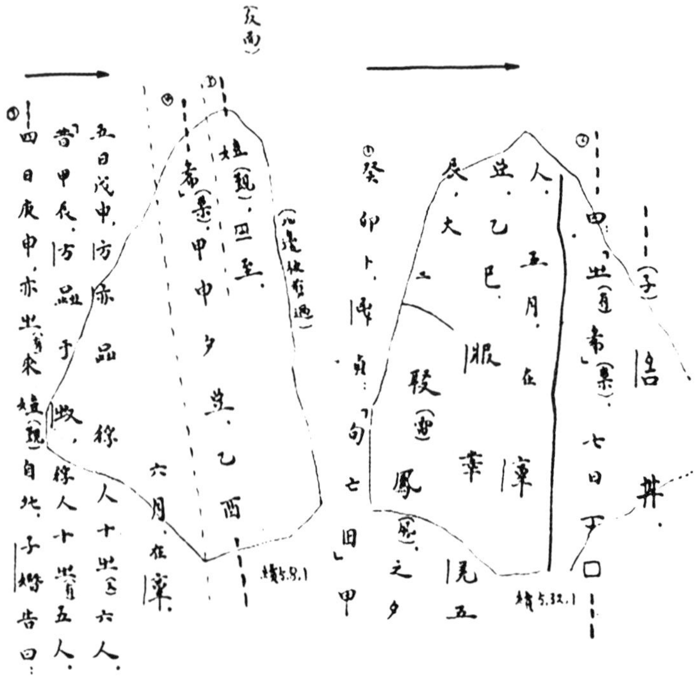

壹骨 10.2

壹骨 10.3.1 :合 13362 正

壹骨 10.3.2 :合 13362 反

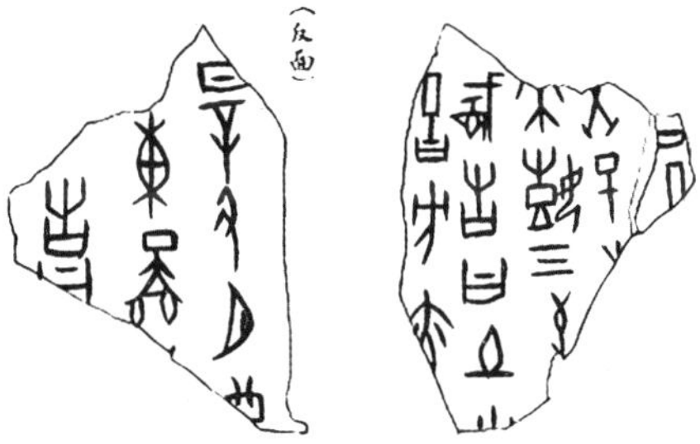
壹骨 11.1

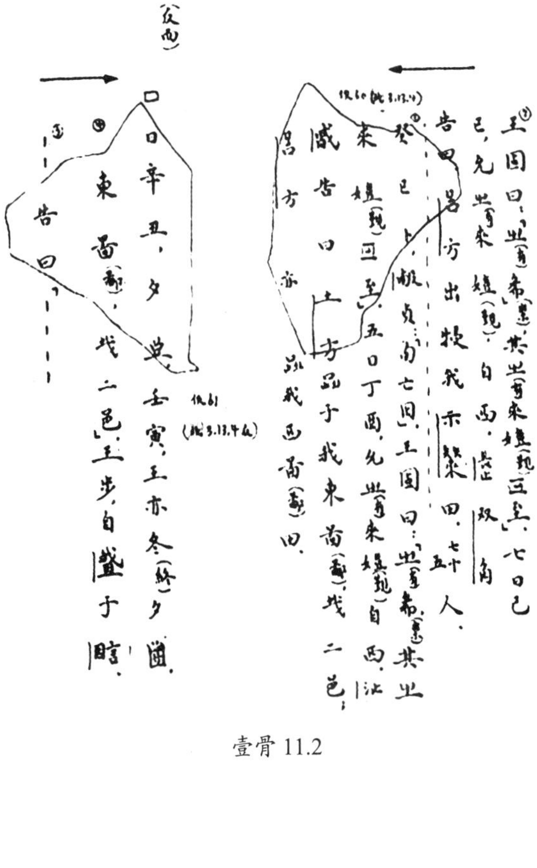
壹骨 11.2

壹骨 11.3.1：合 6060 正

壹骨 11.3.2：合 6060 反①

① 壹骨一一正、反：即合 6060 正、反，現藏於北大，爲北珍 0791。摹本的反面比合 6060 反面拓全、比北珍 0791 的正、反均全。

壹骨七——一一（考釋）

第一期卜辭同文異版者，所在多有，因一事不止一卜，卜若干次，即記卜辭若干次也。骨五、六，即同文之版，骨六上部有卜兆記數四，是同文者至少尚有兩版。又如下葉“狩敝”之辭，見於骨版者三（壹骨一二至一四）龜版者一（壹甲六），皆其例也。武丁時大骨，同文者尚多，惟破裂太甚，不如骨一至三之完整耳。七至一一，有與之同文者，對照如次：

<table>
<tr><th>版號</th><th>辭序</th><th colspan="2">同文版號</th><th>同文版號</th></tr>
<tr><td rowspan="4">壹骨二</td><td>正面①（第①辭）</td><td rowspan="4">壹骨一一</td><td>正①（同文）</td><td rowspan="4"></td></tr>
<tr><td>正面②</td><td>正②</td></tr>
<tr><td>反面④</td><td>反③</td></tr>
<tr><td>反面⑤</td><td>反④</td></tr>
<tr><td rowspan="3">壹骨三</td><td>正面②</td><td colspan="2">壹骨一〇正①</td><td>壹骨九正①</td></tr>
<tr><td>反面⑥</td><td colspan="2">壹骨七正⑥</td><td></td></tr>
<tr><td>反面③</td><td colspan="2">壹骨一〇反③</td><td>壹骨九反⑥</td></tr>
</table>

壹骨 12.1

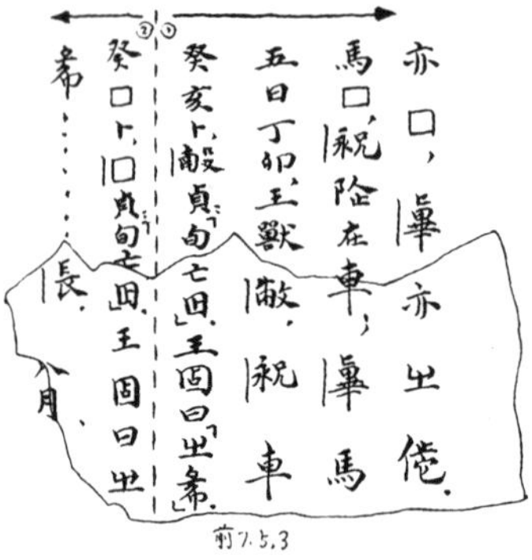

壹骨 12.2

壹骨 12.3：合 11446

壹骨 13.1

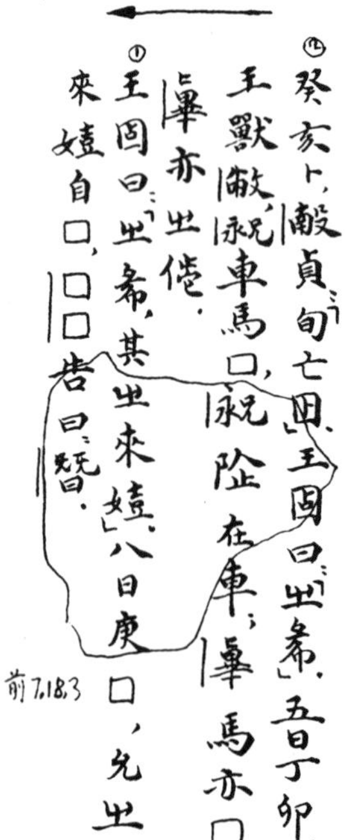

壹骨 13.2

壹骨 13.3.1：合 7153 正①

壹骨 13.3.2：合 7153 反②③

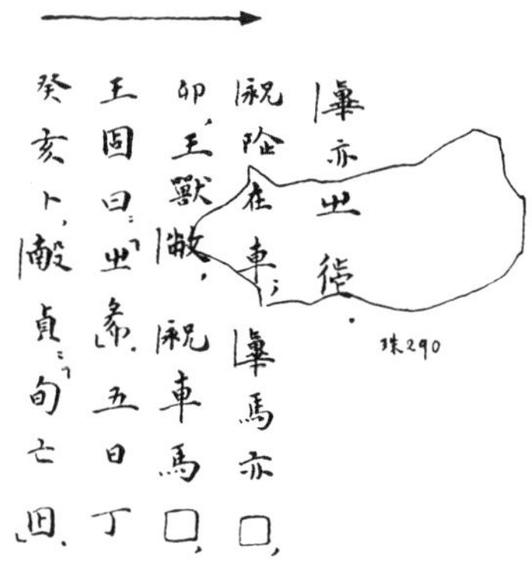

壹骨 14.2

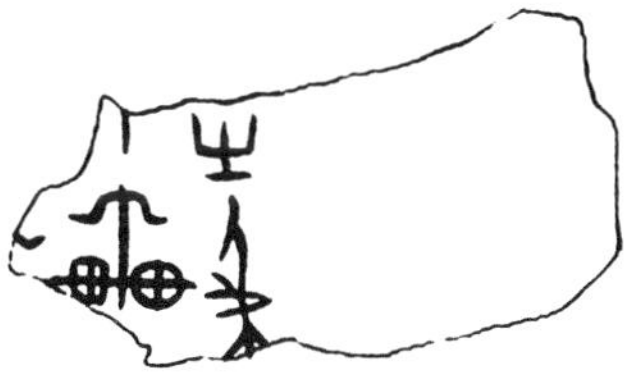

壹骨 14.1

壹骨 14.3：合 11449

壹骨 14.4：合補 2811④

---

① 壹骨一三：即合 7153 正（中部），現藏於山博。7153 已綴合，與董作賓的所補釋文差異較大。

② 合 7153 反有遥綴，參見《綴續》第 512 則，但與此摹文版無關。

③ 壹骨一三的綴合組爲：合 7153 正 + 上博 2426.179，見李愛輝：《〈上博〉綴合二則》，先秦史研究室網站，2023.9.9。

④ 壹骨一四：即合 11449，現藏於東大。綴合組爲：合 11447+ 合 11449，即合補 2811。董作賓將壹甲六（合 11447）分爲龜甲，壹骨一四（合 11449）爲牛骨；則合補 2811 綴合不成立。

壹骨 15.1

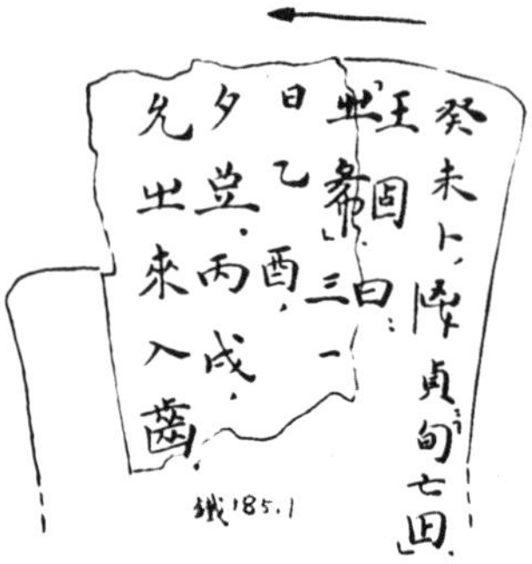

壹骨 15.2

壹骨 15.3：合 17299①

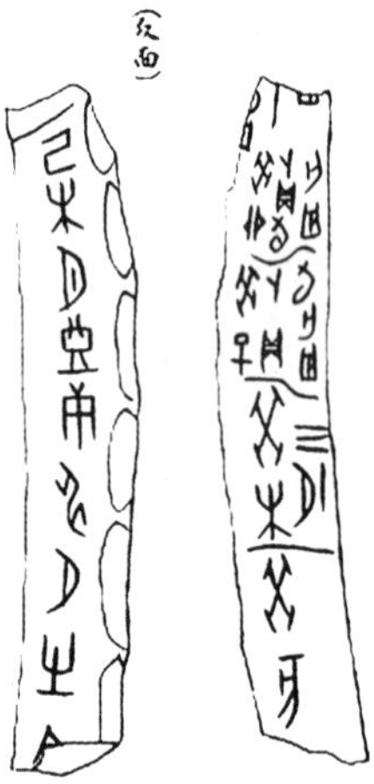

壹骨 16.1

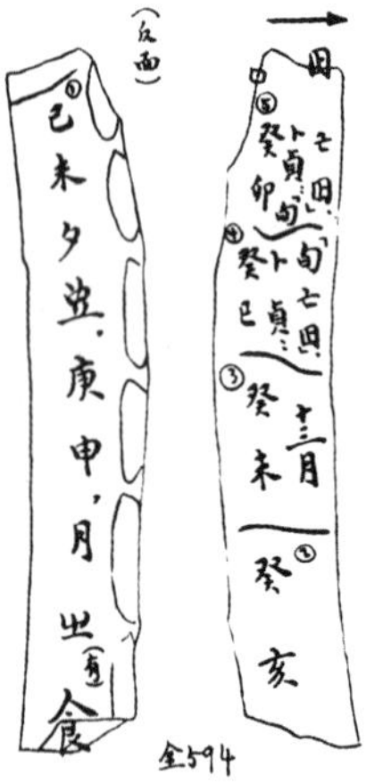

壹骨 16.2

壹骨 16.3：英藏 885 正②

壹骨 16.4：英藏 885 反

① 壹骨一五：即合 17299（左），現藏不詳。合 17299 由鐵 185.1+ 合 17713+ 合補 4829（正）三版綴合而成，合 17299 的綴合與董作賓的所補釋文一致。

② 壹骨一六正、反：即拓片合 40204 正、反，亦爲摹本，現藏英不圖，爲英藏 885 正、反。

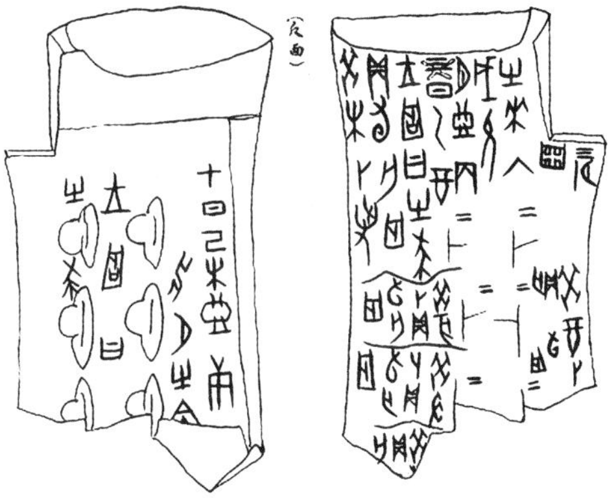

壹骨 17.1

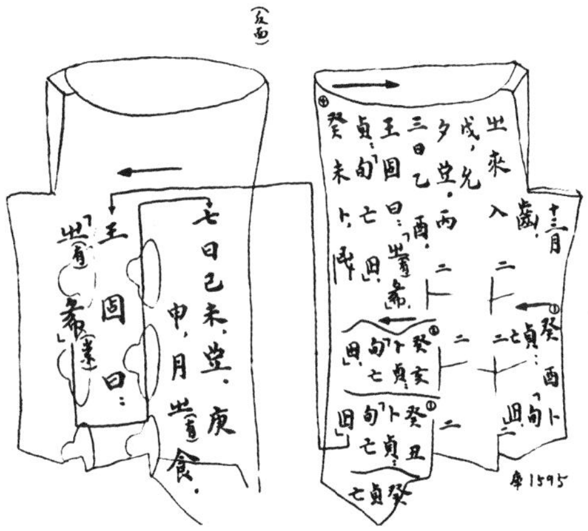

壹骨 17.2

壹骨 17.3：英藏 886 正①

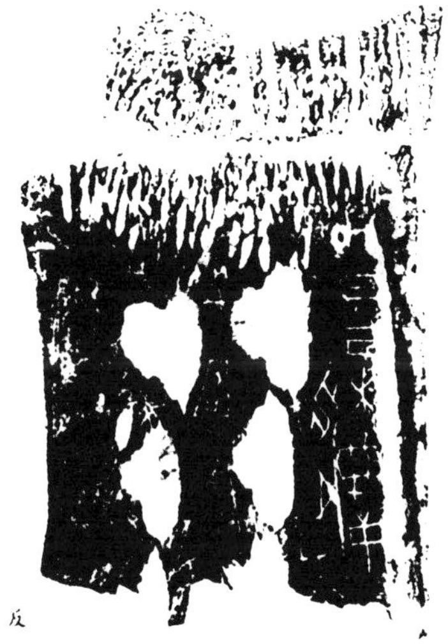

壹骨 17.4：英藏 886 反

① 壹骨一七正、反：即合 40610 正、反，亦爲摹本，現藏於英不圖，爲英藏 886 正、反。

壹骨五——一七（考釋）

此爲一大組卜辭，尚包涵壹甲五——八及壹骨三各版，收藏分散於劉鐵雲、王襄、羅振玉、中央研究院、大英博物院、河井荃廬、三井源右衛門八處，殘破支離，苦爲連綴，乃得武丁時代重要史實之聯絡，今揭之於此，可爲治契學者示一新法例也。原爲武丁日譜之一部分，摘舉如次。其年月日干，皆經推算正確，採自《殷曆朔閏譜》，可以覆按者。

武丁二十九年（公元前一三一一年　庚午）				
		事類聯貫	卜辭	甲骨版號
一月小（殷正）	辛巳一日 （公元前一三一二年十二月十九日 儒略周日一二四二五六八） （二日壬午　日食　十四日甲午　一三一一年一月一日）			
二月大	庚戌一日 （一三一一年一月十七日 周日一二四二五九七）			
三月小	庚辰一日 （二月十六日 周日一二四二六二七）			
四月大	己酉一日 （三月十七日 周日一二四二五五六）			
	癸丑五日		癸丑卜，𡧊貞："旬亡囚。" 王固曰："㞢（有）𥎦（祟）㞢（有）𡆥。"	壹骨三
	甲寅六日		甲寅，允㞢（有）來嬉，又告曰："㞢（有）往芻自盜，十人㞢（又）二。"（以上追記）	壹骨三
五月小	己卯一日 （四月十六日 周日一二四二五八六）			
	癸卯廿五日	在𦎫	癸卯卜，𡧊貞："旬亡囚。"	壹骨三
	甲辰廿六日		甲辰，大[illegible]（雷）鳳（風），之夕[illegible]。（是日，土方𡉈[illegible]，俘十又五人，見下月子嫸報告。）	壹骨三
	乙巳廿七日		乙巳（服）羍（羌）五人。五月，在（𦎫）。（以上乙巳追記）（括號内字據壹骨一〇同文補）	壹骨三

續表

武丁二十九年（公元前一三一一年　庚午）				
		事類聯貫	卜辭	甲骨版號
六月大	戊申一日 （五月十五日 周日一二四二七一五） （二日己酉日食　十七日甲子月食）		（本日土方又显[illegible]，俘十又六人。見本月庚申子嫱報告。）	壹骨三
	癸丑六日		癸丑卜，㱿貞："旬亡囚。"	壹骨三
	乙卯八日		三日（由癸丑至此）乙卯，㞢（有）嬉，單丁人豊𠫭于彔……	壹骨三
	丁巳十日		丁巳，[illegible]子豊𠫭……鬼亦㝵疾。	壹骨三
	庚申十三日	在𦎫	四日（由丁巳至此）庚申，亦有來嬉自北。子嫱告曰：昔甲辰，方显于[illegible]，俘人十㞢（又）五人。（此五月廿六日事）五日（由甲辰至戊申）戊申，方亦显，俘人十㞢（又）六人。（此六月一日事）六月，在𦎫。	壹骨三反面
	甲子十七日		甲子允㞢（有）來自東。	壹骨三反面
七月小	戊寅一日 （六月十四日 周日一二四二七四五）			
八月大	丁未一日 （七月十三日 周日一二四二七七四）			
	癸亥十七日	狩敝	癸亥卜，㱿貞："旬亡囚。"王固曰："㞢[illegible]"。（有祟）（以下丁卯日追記占驗）五日丁卯，王獸（狩）敝。祝車馬□，祝阹在車，𠂤馬亦□，𠂤亦㞢（有）𢓊。（本辭左行，壹骨九右行，壹骨一〇左行，壹骨一一右行，皆對稱。又壹甲五左行。同文凡五見，參互補足之，不備録。）	壹骨七
	乙丑十九日	狩敝	乙丑（卜，□）貞："翌（丁）卯，王其獸（狩）敝彔（麓）𢀛（禽）。八月。"	壹甲六
		狩敝	乙丑（卜，□）貞："翌（丁）卯，其獸敝彔，弗𢀛。	壹甲六
		狩敝	乙丑（卜，□）貞："翌（丁）卯，王其獸敝彔𢀛。"八月。	壹甲七
	丁卯廿一日	狩敝	五日（由癸亥至此）丁卯，王獸（狩）敝。祝車馬□，祝阹在車，𠂤馬亦□，𠂤亦㞢（有）𢓊。	壹骨七

續表

<table>
<tr><th colspan="5">武丁二十九年(公元前一三一一年　庚午)</th></tr>
<tr><th></th><th></th><th>事類聯貫</th><th>卜辭</th><th>甲骨版號</th></tr>
<tr><td>九月小</td><td>丁丑一日
(八月十二日
周日一二四二八〇四)</td><td></td><td></td><td></td></tr>
<tr><td>十月大</td><td>丙午一日
(九月十日
周日一二四二八三三)</td><td></td><td></td><td></td></tr>
<tr><td rowspan="7">十一月大</td><td rowspan="3">丙子一日
(十月十日
周日一二四二八六三)</td><td>四邑</td><td>丙子卜,㱿貞:“𠂤(師)亡囚(禍)。”十一月。一</td><td>壹骨五</td></tr>
<tr><td>四邑</td><td>(丙子卜),㱿貞:“𠂤(師)其(㞢囚)……(此間當有“王固曰”之詞)……昔我舊臣……石之齒,今之㞢(有)[illegible]……(齒)。(以下乃史㱿於十三月丙申,𠂤來告四邑𢦏時追記自㞢(有)囚(禍)之占驗)三旬㞢(又)六日虎辛(亥魖,夾,)杲,方,允(𢦏)。(參壹骨六,同文補苴)</td><td>壹骨五</td></tr>
<tr><td></td><td>帚(婦)井(姘)來。(此在壹骨六反面,記骨版爲婦姘貢來者。)</td><td>壹骨六反面</td></tr>
<tr><td>癸巳十八日</td><td></td><td>(癸巳卜,□貞:旬亡囚。)王固曰:“㞢(有)㣇(祟)。”(下接庚子)</td><td>壹骨七反面</td></tr>
<tr><td>庚子廿五日</td><td></td><td>八日(自癸巳至此)庚子,戈、羍羌人,改㞢(有)圉。二人。(以上追記)</td><td>壹骨七</td></tr>
<tr><td rowspan="2">癸卯廿八日</td><td></td><td>王固曰:“(其)㞢來嬉,其隹丙?不(吉)。”</td><td>壹骨七</td></tr>
<tr><td></td><td>王固曰:“㞢㣇,㞢見。”</td><td>壹骨七</td></tr>
<tr><td rowspan="2">十二月小</td><td>丙午一日
(日食　十一月九日
周日一二四二八九三)
(十五日庚申夕,月食)</td><td></td><td></td><td></td></tr>
<tr><td>辛亥六日</td><td>四邑</td><td>三旬㞢(又)六日(自十一月一日丙子至此日)虎、辛(亥、魖、夾)、杲、方,允𢦏。
(此占驗之追記時日,當猶在辛亥以後,即十三月廿二日丙申也。彼時𠂤報告四邑之𢦏而不記𢦏之日,史㱿乃著于丙子占驗,四邑被𢦏之日,賴以存焉。)</td><td>壹骨五、六</td></tr>
</table>

續表

武丁二十九年（公元前一三一一年　庚午）				
		事類聯貫	卜辭	甲骨版號
十二月小	癸丑八日	月食	癸丑卜貞："旬亡𡆥。"（以下反面）王固曰："㞢㣇。"（以下庚申追記）七日己未豆。庚申，月㞢(有)食。	壹骨一七
十二月小	己未十四日	月食	（同上）	
十二月小	己未十四日	月食	七日(由癸丑至此)己未，豆。	壹骨一七
十二月小	己未十四日	月食	己未夕豆。	壹骨一六
十二月小	庚申十五日	月食	庚申，月㞢(有)食。壹骨一六同文	壹骨一七
十二月小	癸亥十八日	月食	(癸)亥卜，□貞："旬亡𡆥。"	壹骨七
十二月小	癸亥十八日	月食	癸亥卜貞："旬亡𡆥。"二	壹骨一七
十二月小	癸亥十八日	月食	癸亥	壹骨一六
十二月小	癸酉廿八日	月食	癸酉卜貞："旬亡𡆥。"二(此旬不屬于十三月，有同版"癸未十三月"可證。)	壹骨一七
十三月大(閏)	乙亥一日 （十二月八日 周日一二四二九二二） （廿五日乙亥　公元前一三一〇年一月一日）			
十三月大(閏)	癸未九日	月食	癸未卜，亘貞："旬亡𡆥。"王固曰："㞢(有)㣇(祟)。"（以下丙戌追記）三日乙酉，夕豆。丙戌允㞢(有)來入齒。十三月。二(壹骨一五同文，一卜)	壹骨一七
十三月大(閏)	癸未九日	月食	癸未。十三月。	壹骨一六
十三月大(閏)	癸未九日	四邑	癸未卜，㱿貞："旬(亡𡆥)。"王固曰："㞢㣇，其㞢來嬄？乞至。"（以下己丑追記）七日己(丑)，允㞢(有)來嬄自西。髦戈(化乎)告曰："𢀛方征于我啚"。（以下壬辰又追記，在反面）(四日)壬辰，亦㞢(有)來自西。𠂤乎告曰："(𢀛方)征我啚，𢦏四邑。"	壹骨七
十三月大(閏)	癸未九日		王固曰："㞢㣇㞢𦝠，其㞢來嬄。"七日己丑，允㞢來嬄，自(西)。髦戈化乎告(曰："𢀛)方征于我啚"。	壹骨三反面
十三月大(閏)	乙酉十一日		乙酉，夕豆。	壹骨一七
十三月大(閏)	丙戌十二日		丙戌，允㞢來入齒。十三月。	壹骨一七
十三月大(閏)	己丑十五日	四邑	七日(由癸未至此)己丑，允㞢來嬄自西。髦戈化乎告曰："𢀛方征于我啚。"	壹骨七
十三月大(閏)	壬辰十八日	四邑	(四日)壬辰，(由己丑至此四日)亦㞢來自西。𠂤乎告曰："(𢀛)方征我啚，𢦏四邑。"	壹骨七

續表

武丁二十九年（公元前一三一一年　庚午）				
		事類聯貫	卜辭	甲骨版號
十三月大（閏）	癸巳十九日	四邑	癸巳卜，㱿（貞：“旬）亡𡆥。”（以下丙申追記）四日丙（申，允）㞢來嬄，（自西）。𠂤告曰：“（𢀛）方𢦏（䰩）、夾、（方、㫗），四邑。	壹骨五
		四邑	（癸巳卜，㱿）貞：“旬亡𡆥。”（以下丙申追記）（四日丙申），允㞢來嬄，自西。𠂤告曰：“（𢀛方）𢦏䰩、夾、方、㫗，四邑。十三月。	壹骨八
		月食	癸巳卜貞：“旬亡𡆥。”	壹骨一六
	丙申廿二日	四邑	四日（由癸巳至此）丙（申），允㞢（有）來嬄，自西。𠂤告曰：“（𢀛）方𢦏䰩、夾、方、㫗，四邑。十三月。	壹骨八
	癸卯廿九日	四邑	（癸卯卜貞：）“旬亡𡆥。”王固曰：“㞢𠦪，其㞢來嬄。”	壹骨八
		月食	癸卯卜貞：“旬亡𡆥。”	壹骨一六
武丁三十年（公元前一三一〇年　辛未）				
一月小	乙巳一日 （公元前一三一〇年一月七日 周日一二四二九五二）			
	戊申四日	四邑	……𢦏𠂤示易。戊申亦㞢（有）來自西，告牛家。	壹骨八 反面
	辛未廿七日		辛未㞢𣪊新星。	壹骨八
二月大	甲戌一日（二月五日 周日一二四二九八一）			
	丙戌十三日		……亡𡆥。丙戌𤮊偁晉。二月。	壹骨八

右（上）表年月之配置，爲改訂合天之古四分術，上起般庚，下接漢元，在千餘年之大系統中，乃不容更易之一節段。而此有月食及日干月份之一組卜辭，能嚴密嵌入，如天衣無縫，當非偶然也。其活動之範圍，向後僅可移一日（如壹骨一六癸酉可爲十二月廿九日而不能入十三月），向前則一日亦不能移也（如丙子爲十一月一日。壹骨五）。

此十二個月中一大組卜辭，仍可分之爲四小組：第一組爲王在𩫖；第二組爲王狩敝；第三組爲四邑之𢦏；第四組爲庚申月食。再分述之。

一、在𩫖一組。此武丁中葉，東巡狩之一段史蹟，其時間爲廿九年，五月六月，王皆在𩫖也。𩫖當今何地，尚待考，然知其爲在殷都東南之田獵區域以内，一、四、五期皆曾田游之地也。此田獵區約在山東南部群山中,爲殷人歷代田獵之地。是時武丁方在𦎫駐蹕,忽有自北來覲報告邊患者,則六月庚申也。報告者爲武丁之子名婚者。今假定子婚之行,在戊申以後,(土方第一次𢀛(當讀圍)𢦏,爲甲辰,俘十五人;第二次𢀛𢦏爲戊申,俘十六人,必戊申以後或在其次日,子婚乃赴行在覲告)。至庚申乃達,是由𢦏至𦎫,疾行亦須十二日,兩地相距在千里內外也。此版壹骨三,由四月癸丑,用至十三月癸未,如表。癸丑、乙卯、丁巳、庚申,各日記載,一篇卜辭在八十字以上,爲武丁時長文之一,且爲正反二面文字連接之一例。

二、狩敝一組。此爲武丁廿九年八月在敝狩獵之故事。此時王猶在𦎫與否不可知,但仍遊獵在外,未歸殷都,則可以推知。此一節包涵一段軼史,乃田獵時從者兩人,因馬逸車顛而受傷也。殷人每旬必於癸日卜下旬吉凶,此乃例行公事。武丁喜親臨而占之,占每不吉(王固曰㞢希),貞旬之史臣則必拎其旬內所發生不幸事件附會之,以證王占之驗。正因其如此,乃遺吾人三千載下,以片斷之珍貴史料也。此一組主要之記事,乃“丁卯之日,王率侍從至敝彔(麓)狩獵,此行發生之禍事有二:其一,乃祝所乘之車因馬逸而傾覆,祝仆於車中;其二,乃𠂤(武丁子)車之馬亦逸,𠂤亦受傷也。”此辭殘片凡五,郭沫若氏舉其四,以爲同文互足之例,而此故事,如百衲之衣,乃可屬讀。其月份,乃輯自殘甲三片,恰爲此旬乙丑日卜丁卯田獵有所擒獲與否之辭,稱其地曰敝彔(第一期字,第五期則加繁爲等形。即麓字。)知敝爲山阜也。得此,知癸亥卜旬在八月,乃依譜繫于是年。

三、四邑之𢦏一組。此一組之聯系,主要卜辭爲壹骨五至八,壹甲五。壹骨七正反兩面記事銜接,極重要。壹骨八乃郭沫若氏所綴合,揭之《通纂》① 四九八片者,知有反面,則金祖同氏目驗之功也。余於甲三〇五六、本編壹甲五,得四邑被𢦏報告之日;又輯“丙子卜自”大骨,壹骨五、六;而此一段史實,乃從千創百孔中,復現於世,亦奇緣也。此組以“四邑”爲線索,可再分兩部分:

(一)前後五日之兩次報告。

1. 壬辰之報告。此次在甲申旬之第九日,追記於癸未卜旬辭下,所以證王固“其㞢來嬉?三至”者(三,郭釋川,余疑當讀如“南容三復白圭”之三,短其中橫,所以別于

---

①《通纂》,即《卜辭通纂》,郭沫若撰。成書於 1933 年。初版爲同年日本東京文求堂石印本(合《別一》《別二》《考釋》《索引》共四册)。另有 1958 年科學出版社《考古學專刊》本、1983 年科學出版社《郭沫若全集》本(收入《考古編》第二卷)。

數字者。）①，蓋此旬接連來媗有二次，壬辰乃二次，故曰“亦㞢（有）來（省媗字）自西”。是日來者爲𠂤所遣派之代表，故曰“乎告”，代表報告簡略，僅言“𢀛方𢦏四邑”而不舉其名。

先四日，有𩠐戈化之代表來告𢀛方𢀛𠧞之事，𩠐爲國或地，戈化爲其守土者。於此知𩠐之去四邑，在其東或南有三日之程也。邊境被侵，守土有責，在𢀛方當是同時進犯而來報有先後，蓋遠邇之别矣。𩠐之守將尚有雙角，（壹骨二）則其遼廓可知。

2. 丙申之報告。後壬辰四日，𠂤乃親來報告，是爲甲午旬之第三日，追記於癸巳卜旬辭下，故云“四日”也。𠂤本人報告爲詳，且舉𢀛方所𢦏之四邑爲䰠、夾、方、杲。尚有𢦏此四邑之時日，見於壹骨五、六，惜此處未載耳。四邑被𢦏在辛亥（詳下節），距壬辰四十二日，知𠂤之代表至王行在（此時度武丁仍在東南巡狩，若返殷都，不當行如是之久。），旅途經四旬以上也。𠂤又遲之四日，或部署善後，防衛之工作歟？

此類辭，皆缺敵國𢀛方之名。知爲𢀛方者，一沿上辭戈化使者報告；一則他辭有“王曰𠂤？𢀛方其出？”（鐵七一・一），“𠂤乎告𢀛方出”（前五・一七・七），𠂤與𢀛方，固爲比鄰也。

（二）貞人㱿，附會占驗之追記。

貞人每每附會占驗，必追記卜貞以後所發生之事件以證明之，在旬月内猶易辦，若遲之過久，如“百日㞢（又）七旬”以上（鐵五・三），不惟記憶力須强，即甲骨檔案山積，翻檢亦非易事也。

此組中有十一月丙子卜［𠂤其㞢（有）𡆥（禍）］之辭，其貞人爲㱿，其中“王固有𡆥”之辭適殘缺，由“昔我舊臣”一語，知爲王言。此次卜貞之後，㱿乃默記之，注意其後發生之事，至十三月之丙申，𠂤來媗告邊患，云“𢀛方于辛亥入寇，𢀛于邊地（𠧞當爲奠，假爲甸，非地名）。𢦏䰠、夾、方、杲，四邑。”（此次亦㱿貞旬。）乃取丙子一版而追記之曰：“三旬㞢（又）六日（自丙子至此）虎，辛亥，䰠、夾、杲、方、允𢦏。”以證“𠂤㞢𡆥”之驗。丙申去丙子已八十一日，在兩閱月以後，尚能憶及兩月前未記徵驗之一次卜事，其人之精明勤謹，有如此者。

四、庚申月食一組。此爲武丁時月食記録之一，有月份可推者僅此，至可珍也。月

---

① 三：于省吾認爲“迄”字。它與“三”字不同，上下兩筆長，中間一筆短，即“乞”字，後來又演化成“气”。“迄”就是“至”的意思，“迄至”是同義詞聯用，如壹骨七“迄至七日己丑”就是從癸未數到了第七天的己丑。參見于省吾：《釋气》，《甲骨文字釋林》上卷，中華書局，1979年。

食之文，前此所以不注意者，一因誤以“夕皿”當之，一因月夕二字不辨，一因不知一期之𡳿，即二期以後之又（有）。此一月食，見於殘骨二版（壹骨一六、一七），由丑亥酉未之四次卜旬，而癸未註十三月，知丑亥酉之可能爲十二月之三癸，庚申正可爲十二月望也。初余檢《殷曆譜》，得武丁廿九年十二月丙午朔，十五日庚申，乃記此月食於上，繼請陳遵嬀先生推之，果此日有月全食之可能，爲之狂喜。余更據奥泊爾子氏《日月食典》[①]依週期推步，知此一“月全食”，在公元前（史家年）一三一一年，儒略曆十一月廿三日，儒略周日一二四二九〇七，當中國殷武丁廿九年，干支紀年庚午，殷正十二月十五日庚申夜半，食甚爲安陽0時。惟此時武丁若東巡未歸，所見猶當早於安陽，不可考矣。

① 奥伯爾子，又譯作奥伯爾澤，奥地利天文學家；於1887年編著《日月食典》。該書計算出公元前1208年至2161年間的8000次日食的詳細情況，對研究古今中外的日食記録具有重要的參考價值。

壹骨 18.1

壹骨 18.2

壹骨 18.3.1：合 4041 正 ①

壹骨 18.3.2：合 4041 反

壹骨 19.1

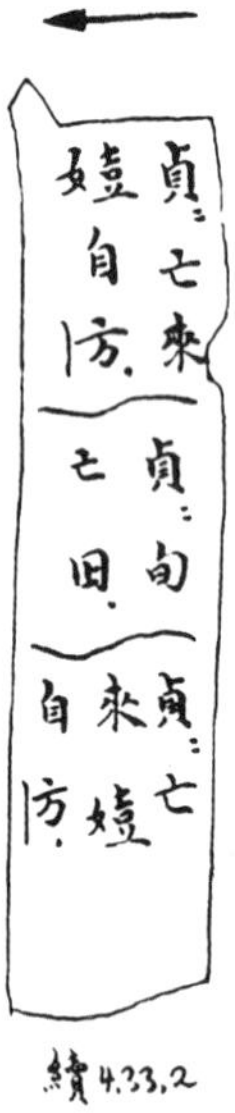

壹骨 19.2

壹骨 19.3：合 6668 正 ②

---

① 壹骨一八：即合 4041 反，現藏於國圖，爲北圖 11956。摹本只有反面，且骨形不全；合 4041 有正、反，均爲全形圖。

② 壹骨一九：即合 6668 正（下），現藏於津博。摹本爲合 6668 下部。合 6668（上）爲中歷 609。

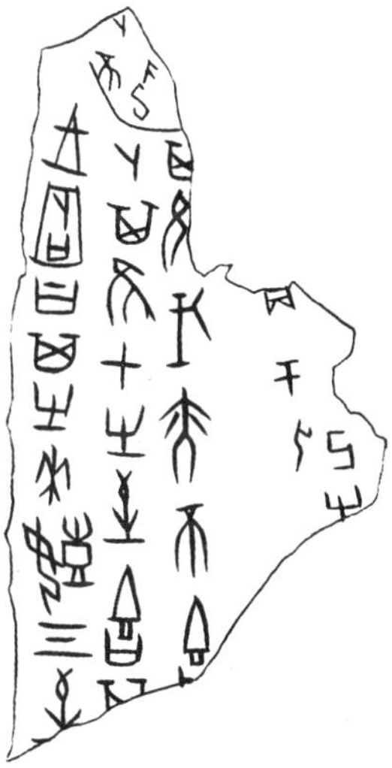

壹骨 20.1

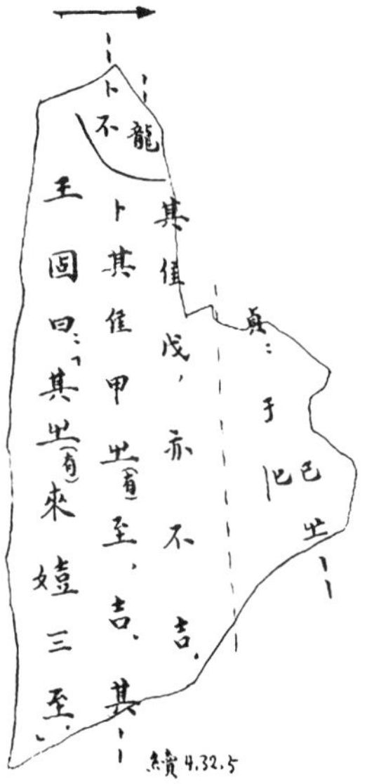

壹骨 20.2

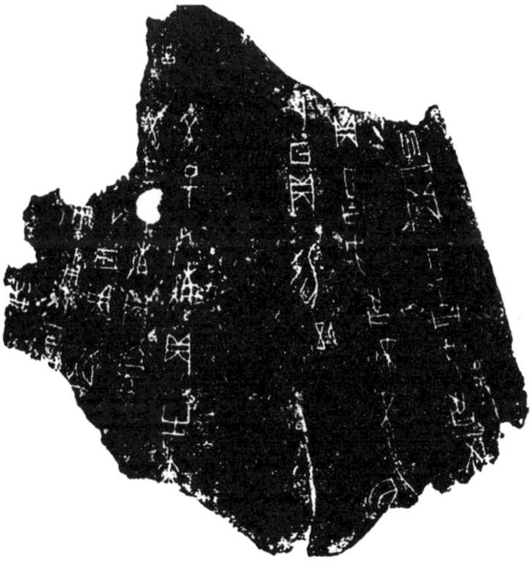

壹骨 20.3.1：合 6093 正①

壹骨 20.3.2：合 6093 反

① 壹骨二〇：即合 6093 反，現藏於津博。摹本缺正面，且骨形不全；《合集》有正、反，均爲全形圖。

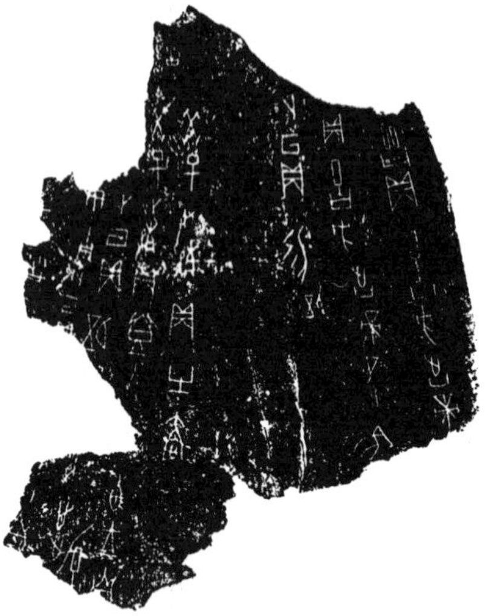

壹骨 20.4：綴合（正）①

壹骨 20.5：綴合（反）

壹骨 21.1

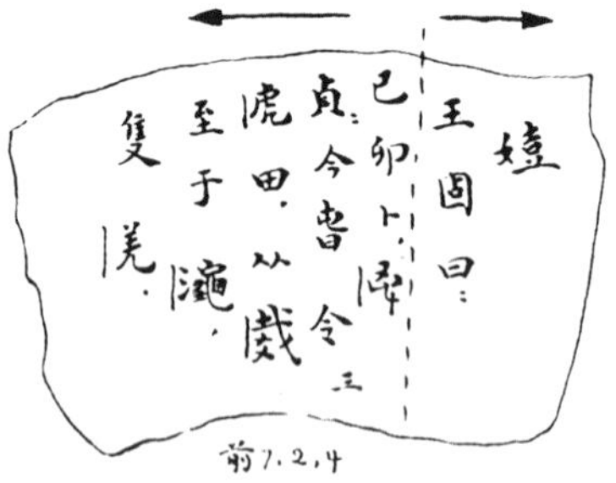

壹骨 21.2

壹骨 21.3：合 199②

---

① 壹骨二〇的綴合組爲：合 6093 正 + 京人 878a（合補 1584 正）+ 京人 898；合 6093 反 + 京人 878b（合補 1584 反），見《契合集》第 300 組。

② 壹骨二一：即合 199，現藏於山博。摹本骨形不全，《合集》爲全形圖。

壹骨 22.1

壹骨 22.2

壹骨 22.3.1：合 7156 反

壹骨 22.3.2：合 7156 正①

壹骨 22.4.1：綴合（正）②

壹骨 22.4.2：綴合（反）

① 壹骨二二：即合 7156 反，現藏於津博。摹本缺正面，合 7156 有正、反。

② 壹骨二二的綴合組爲：合 7156 正＋合 9841＋合 16910 正，合 7156 反＋合 16910 反，見劉影：《試論背面卜辭對胛骨綴合的重要作用》，《中國國家博物館館刊》，2015 年第 1 期；《拼三》第 606 則。

壹骨 23.1

壹骨 23.2

壹骨 23.3：合 7093

壹骨 24.1

壹骨 24.2

壹骨 24.3：英藏 649①

壹骨 25.1

壹骨 25.2

壹骨 25.3：英藏 635 正 ②

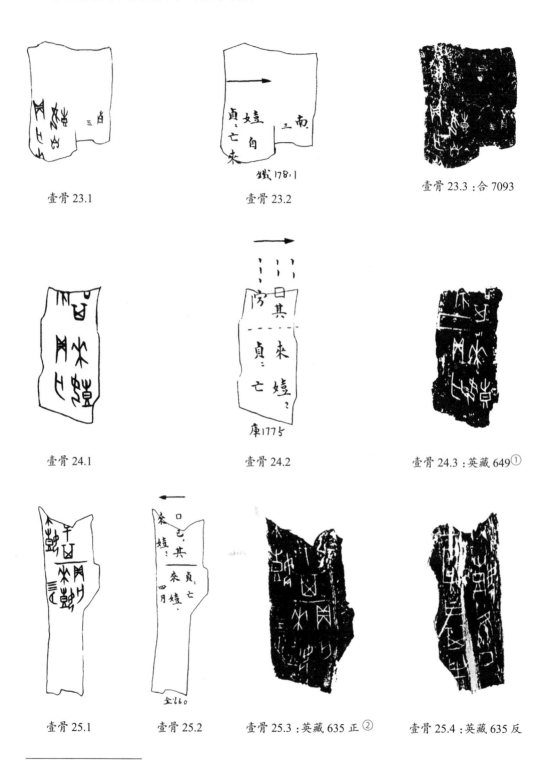

壹骨 25.4：英藏 635 反

① 壹骨二四：即合 39945，爲摹本，現藏於英不圖，爲英藏 649。

② 壹骨二五：即合 39947，現藏於英劍大，爲英藏 635 正、反。摹本缺反面，英藏拓本雖有正、反，但骨形已不如摹本全。

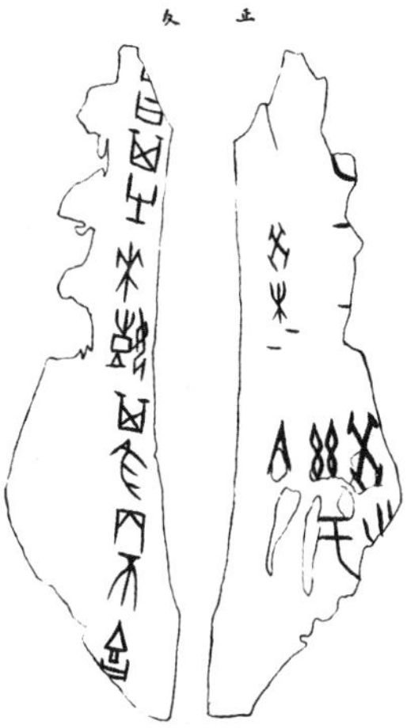

壹骨 26.1

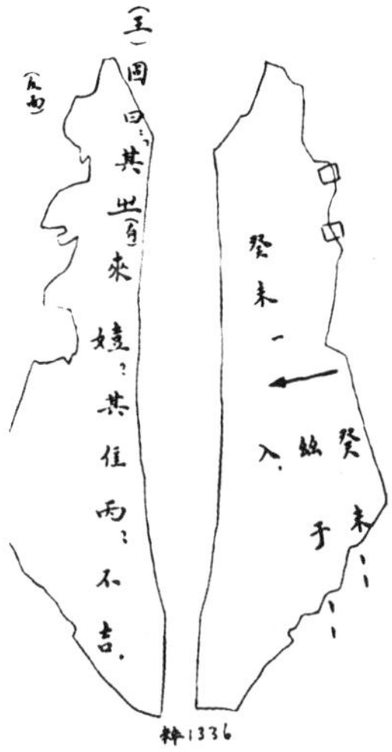

壹骨 26.2

壹骨 26.3.1 :合 7159 正

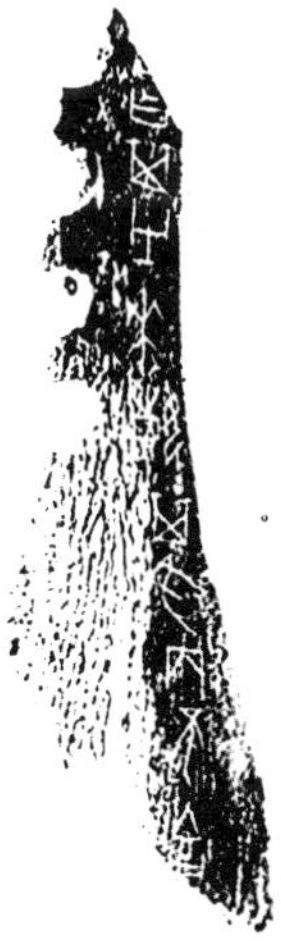

壹骨 26.3.2 :合 7159 反

壹骨 26.4 :綴合(正)①

壹骨 26.5 :綴合(反)

---

①壹骨二六正、反:即合 7159 正、反,現藏於國圖,爲北圖 25283。綴合組爲:合 7159 正、反 + 合 17697 正、反 + 合補 4838 正、反,見蔡哲茂:《〈殷契粹編〉新綴一則》,先秦史研究室網站,2007.5.9;《拼二》第 568 則。合 7159 + 合 17697+ 合補 4838,即北圖 15644+ 北圖 25283+ 北圖 25675,經實物驗證綴合成立。

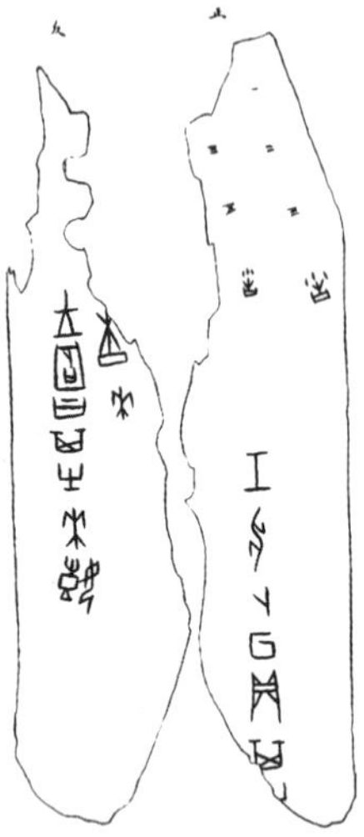

壹骨 27.1

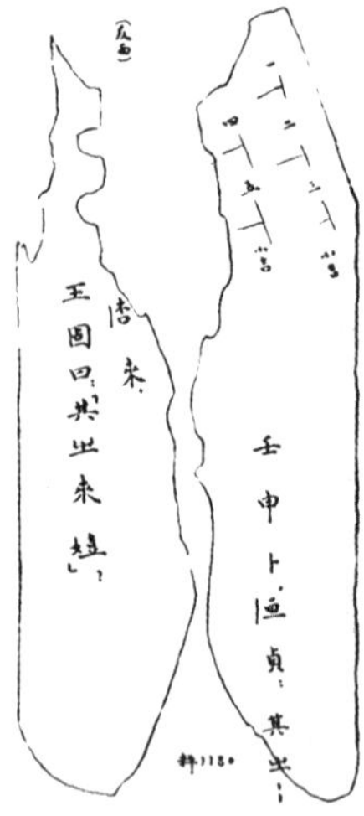

壹骨 27.2

壹骨 27.3：合 4518 正

壹骨 27.4：合 4518 反①

① 壹骨二七正、反：即合 4518 正、反，現藏於國圖，爲北圖 19930。摹本骨形不全，《合集》爲全形圖。

壹骨 28.1

壹骨 28.2

壹骨 28.3.1 :英藏 479 正

壹骨 28.3.2 :英藏 479 反 ①

壹骨 29.1

壹骨 29.2

① 壹骨二八:《合集》《合補》未收,現藏於英不圖,爲英藏 479 反。摹本缺正面。

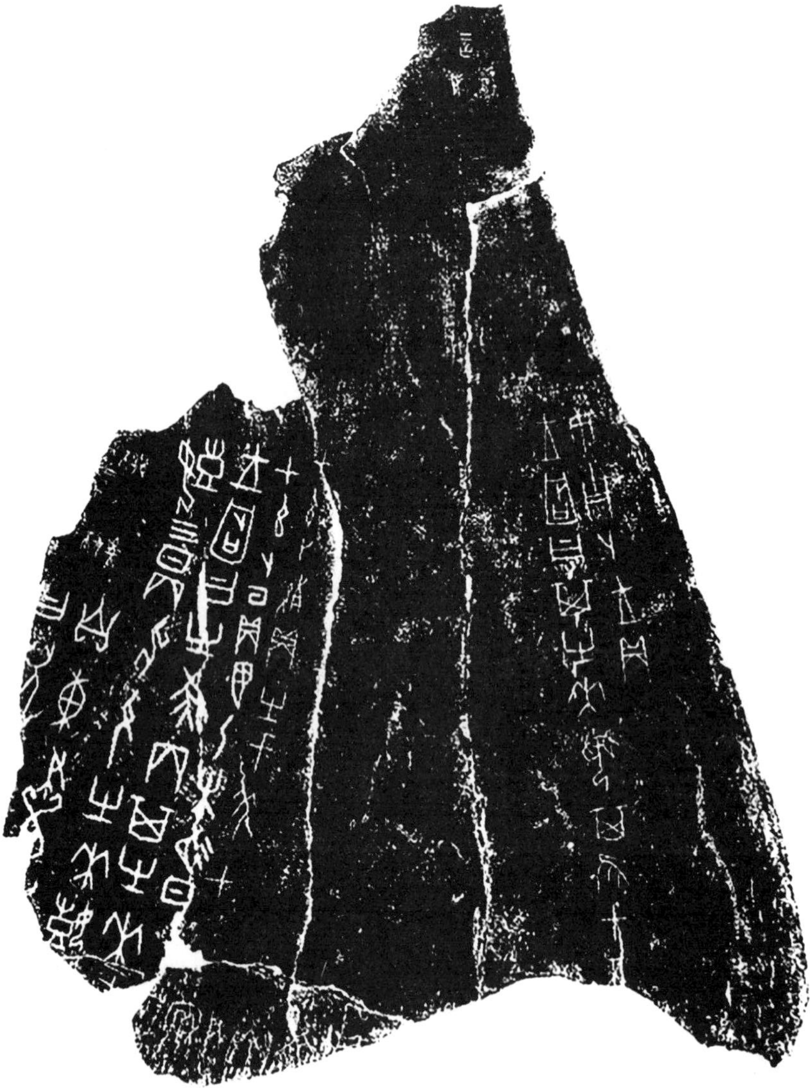

壹骨 29.3.1：合 1075 正①

① 壹骨二九：即合 1075 正（右），現藏於遼博。與壹骨四一可綴合，即合 1075。摹本爲合 1075 正面右半，且僅有字部分、骨形不全；合 1075 有正、反，均爲全形綴合圖。

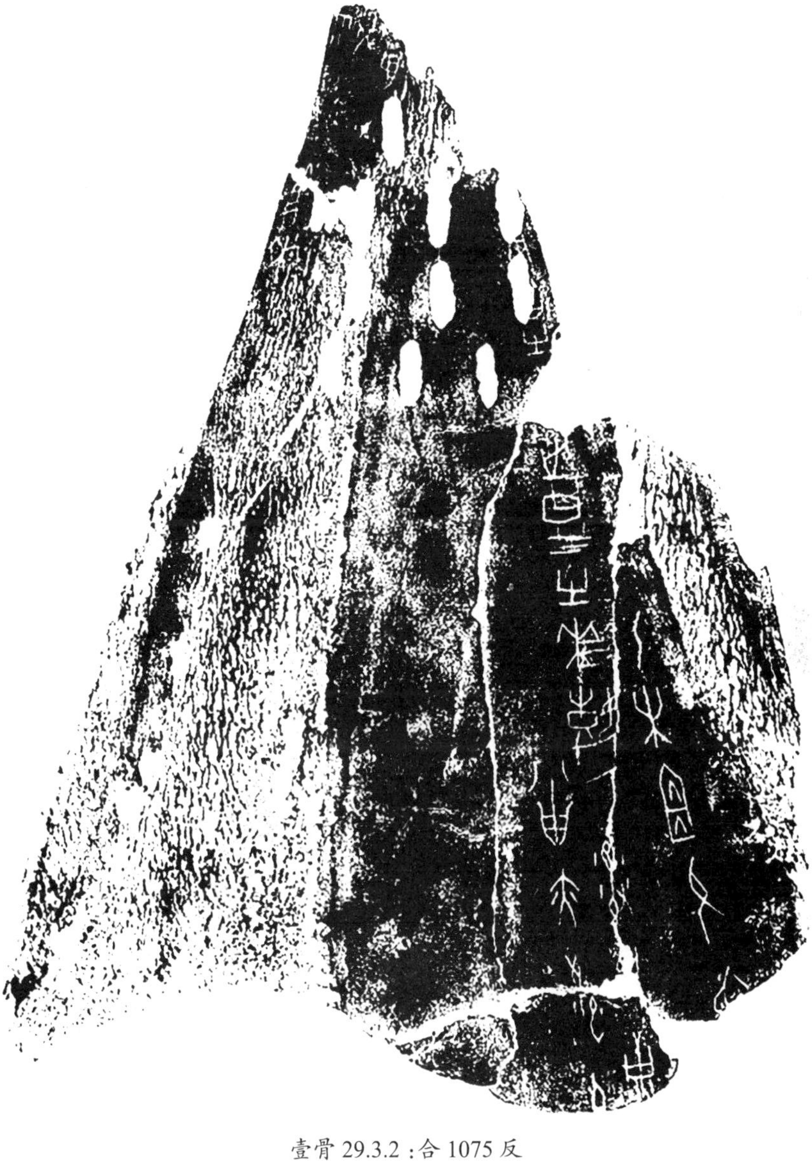

壹骨 29.3.2：合 1075 反

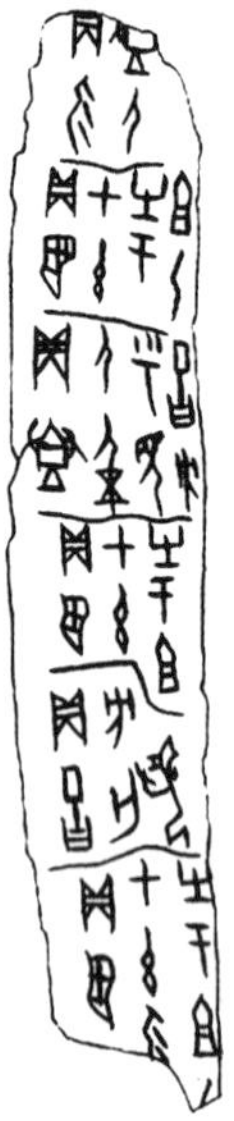

壹骨 30.1

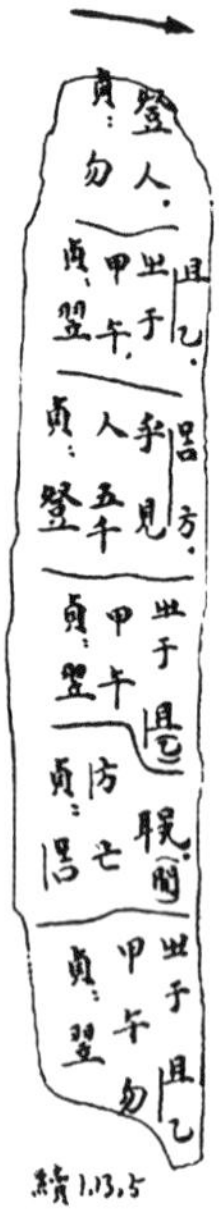

壹骨 30.2

壹骨 30.3：合 6167①

① 壹骨三〇：即合 6167，現藏於故宫。摹本上端有文字漏摹。

壹骨一八至三〇(釋嬉)(考釋)

卜辭中習見“嬉”字,亦作“鼓”,多屬於第一期武丁時。孫詒讓釋“嬉”,歖(喜);羅振玉釋“倠”,謂即豎字;郭沫若釋“蝨”,以爲憂戚字;均不得真解。今由斷代法詳審之,此乃一時期所用之字,祖庚、祖甲時已有沿變,蓋即朝覲字也。具論如次:

郭沫若氏《卜辭通纂》第四二六片(按即本編壹骨一反面)釋“鼓”字云:

> 卜辭用此字有一定之義例,大抵於癸日卜(下)旬之吉凶,而繫之以“王固曰:㞢(有)𥄥(祟)其㞢(有)來鼓”之文,下紀其應,則云“若干日某干某支允㞢(有)來鼓自□”(東西南北字),而繫之以事變,以關於疆理之事爲多。是此鼓字必與𥄥字相貫而含凶咎之意。

所謂“卜辭用此字有一定之義例”,是也。謂此字必含凶咎之意,則未見其然。卜辭中有舉此字而不與“㞢𥄥”相貫者。如:

> 王固曰“嬉”。壹骨二一
>
> 王固曰:其㞢(有)來嬉? 杏來。壹骨二七
>
> 癸丑卜,㱿貞:旬亡囚。三日乙卯㞢(有)嬉。壹骨三

又有卜來嬉之日,吉或不吉者。果“來嬉”即爲“來戚”,義同“有祟”,不必更問其吉若不吉矣。如:

> 王固曰:“其㞢(有)來嬉,三至”。卜其隹甲㞢至? 不吉。其……其隹戊? 亦不吉。壹骨二〇
>
> 其㞢來嬉? 其隹丙? 不吉。壹骨二六

更有稱“來嬉”爲吉者:

> 吉,其㞢來嬉。壹骨二二(此片上段殘,吉字斷句,亦有屬於上句可能。)

至少“來嬉”爲中和性之事件,其本身不含凶咎,因來嬉報告邊境被侵掠事項較多,故似含凶兆,實則其本身無吉凶之可言也。且釋爲“蝨”,爲戚,太覺抽象玄虛。嬉,有所來,有所至之日;有所自來之方向;繼之以所來爲誰,爲本人或所派遣之代表,事實昭然,非抽象之憂戚字所能概括者也。如:

貞：翌甲辰，其㞢(有)至嬉？壹甲一一　　壹甲一三同文

亡來嬉自方。壹骨一九　　其自㝵㞢(有)來嬉。不自㝵㞢(有)來嬉。壹甲三①②

允㞢(有)來嬉，自東。㚔告曰……壹骨四一

允㞢(有)來嬉，自西。沚𢦔告曰……壹骨二

允㞢(有)來嬉，自西。髟雙角告曰……同上片

其㞢(有)嬉，自南。壹甲一四

允㞢(有)來嬉，自北。𢼸妻姌告曰……壹骨二反面

允㞢(有)來嬉，自北。子𡢃告曰……壹骨三反面

以上所舉之𢼸(武丁之子)、沚𢦔、雙角、姌(武丁婦)、𡢃(武丁子)，皆本人自來覲見者，其稱"某某乎告"，則爲其人遣派代表覲見報告也。如：

允㞢(有)來嬉，自西。髟戈化乎(呼)告曰……壹骨七　　參壹骨三反面同文補足

亦㞢(有)來嬉，自西。𠂤乎告曰……壹骨七反面

𠂤則先呼人報告邊患，嗣即親來覲告，其史實別詳骨五至一七考釋。其文曰：

允㞢(有)來嬉，自西。𠂤告曰……壹骨八

凡此皆足見非一"戚"字所能詮解，而來者爲諸侯，爲戍邊將領，爲王之婦子，雖間有代表之使者，亦未可以僕豎論也。

考覲見之覲，在武丁時作嬉(嬉)，鼓(鼓)。至祖庚時仍之，亦或作𡔷(𡔷)，𢓊(𢓊)，或借𡕒(𡕒)爲之。祖甲時則一律改作爲𡔶(𡔶)、𡕜(𡕜)，具見下例。卜辭因時代之不同，用字有異，此爲識字之大問題，尚待治斯學者再下一番工夫也。祖甲爲一英睿之主，經其手改訂閏法，廢"十三月"置閏年終之制，整齊祀典，以彡、翌、祭、壴、𠦪依日次祀其祖妣，稱唐爲大乙，皆其大端。文字之更易，如以又(又有)爲㞢，以叙(叙)爲𡆥，以𡔶爲嬉，皆其特著者也。此字四、五兩期尚未之見。三期則沿用𡕒作，至周金未改，𡔶則引申爲艱矣。其演化之大略如此。

覲之涵義，就字形結構言，確如郭沫若氏所云"象於壴(鼓)旁有人跽而(戍)守之。"其與壴(鼓)之關係尤切，無論其人爲男(𡔷)，爲女(嬉)，爲立，爲跽(𡔷)，爲冠服交拜(𡕜)，除叚借𡕒字外，總不離乎壴(鼓)，是可以深長思者。郭氏所引，有足資參證者：

《説文》"鼜，夜戒守鼓也。从壴蚤聲。《禮》'昏鼓四通爲大鼓，夜半三通爲戒晨，旦

五通爲發明’。讀若戚。”《周禮·地官·鼓人》“凡軍旅夜鼓鼜”,《鄭注》“鼜,夜戒守鼓也。《司馬法》曰‘昏鼓四通爲大鼜,夜半三通爲晨戒,旦明五通爲發眗’”。

曰“夜戒守”,曰“凡軍旅夜鼓鼜”,疑古者王在軍旅,有進見報告邊事,必先鳴鼓而後覲,故覲字從鼓作也。卜辭足證“㞢(有)來婠”而武丁在外者有四:

癸丑……三日乙卯,㞢(有)婠。……丁巳……四日庚申亦㞢來婠自北。……六月在𦎫。

允㞢來婠自西。允㞢來自東。癸丑……甲寅允㞢來婠。癸卯……五月在𦎫。壹骨三

九日辛卯,允㞢來婠自北。允㞢來(婠)……王步,自于。壹骨二

其亦㞢來婠。癸酉……在𡧊阜。壹骨一

此類記“來婠”兼及王田遊所在者,甚爲明晰,其餘多不可考。《尚書·堯典》:

歲二月東巡狩,至於岱宗,……肆覲東后。

更於五月、八月、十一月巡狩南、西、北各地,而隨時覲見群后。可爲武丁時代“來婠”各辭一重要説明也。

祖庚之世,制度文字,一從前朝之舊規,未嘗改易,知爲祖庚者,貞人皆二期也。其時王字作太,又祭作㞢,大乙稱唐,沿用“十三月”置閏法。覲之字,亦沿作婠,如:

辛亥(卜),兄貞:今日亡來婠自□。貳甲五

“兄”與“大”與“出”皆曾仕于祖庚之朝。其稱“今日亡來婠”實開祖甲世“今日亡來婠”之先例,爲婠二字遞變之重要連鎖。其時亦有改婠之偏旁,易女爲男者,則與是也。

癸卯卜,出貞:旬㞢(有)祟。自西來。貳甲三

貞:其自南來。同上

丁未卜,王貞:多鬼(畏)㝱,亡來。貳甲四

象女子跽坐形,此改從,男子跽坐之形也。易女爲男,蓋亦沿自第一期,如壹甲一二,正作形,此羅氏釋所本,不同者立與坐而已。祖庚時更有借爲之者,如:

西土尹（君）𦰩。貳骨七

□□卜，大貞：來丁亥𦰩。貳骨九

丁亥𦰩丁甶𧴪亦……貳骨八

𦰩當同𦰩，𦰩爲饑饉字，本象人正立交臂，衣冠整齊，謹恭敬肅之義，歲歉則人必謹慎節儉，故引申爲饉，加火作熯，似爲乾旱之象，如上引三辭則借爲觀見字矣。（熯字見壹甲九——一〇）

祖甲時，前期觀見字，已有嬉、僖、鼓、𦰩諸形，乃改作爲艱，半存壴（鼓）義，半借𦰩形，兼取其聲。觀於艱字演化爲囏，爲艱，可以上推其音讀之必爲觀也。

嬉之與艱，形音義之聯繫，已如上述，在文法上亦有其相通之點。玆表舉如下：

武丁時	（祖庚時）	祖甲時
亡（無）來嬉（觀）。壹骨一九、二三至二五	（今日亡來嬉。）貳甲五	今日（無）來艱（觀）。貳骨一二、一三、一五、一四
其㞢（有）來嬉（觀）。壹骨二六、二七、九		又（有）來艱（觀）。貳甲一五

由此可見嬉、艱兩字更遞之關係。至三期康丁時，則沿祖庚時借𦰩爲之。

乙酉，小臣𠂤𦰩。叁甲四⑯

即其例也。金文《女𡠦鼎》："女𡠦𦰩（覲）于王"，作熯，猶沿祖庚、康丁之舊。

今列卜辭中觀字一、二、三期之因革，下及金文小篆，以見其孳乳之關係，爲下表：

武丁時（一期）		祖庚時（二期）		祖甲時（二期）	康丁時（三期）		金文	小篆
熯（饉）							（堇）（勤）《宗周鐘》 饉（饉）《曶鼎》	（勤）饉
	（𦰩）	熯（覲）从𦰩从火			熯（覲）		熯（覲）《女𡠦鼎》	覲（堇）
嬉（觀）从壴从女		嬉（觀）从壴从女	（𦰩）	艱（觀）从壴从𦰩		（𦰩）	艱（艱）《不𡢁簋》	囏＝艱
鼓（觀）从壴从卩		鼓（觀）从壴从卩	（壴）					

據右（上）表，由金文上溯，庚、丁時之𦰩爲覲，可謂毫無問題。而祖甲時從𦰩以配壴

旁之𡔷,證以後起之囍,其音爲觀,亦無可疑。而武丁時之娸、𠐳,祖庚時之𨙻,固與𡔷爲同一法式下所製造之文字也。

壹骨二八,辭曰“其㞢(有)來㪊”。二九辭曰“其㞢(有)來䎽(聞)”,與“其㞢(有)來娸(觀)”爲同樣句法,“㪊”“聞”“娸”亦當爲同類事項也。“㪊”或如後世公文款式,爲稟奏之類,“聞”亦當爲文書一種,“娸”則面見奏告之類。如“夕月有食,聞”。直與漢以來日食記載“京師不見,郡國以聞”者全同,足見殷代禮制之繁重。

䎽(聞)之見於卜辭者數則,其字作人跽而以手掩口狀,附以耳,示所以聞也。舉如次:

庚子卜,王貞:其㞢來䎽(聞)? 其隹甲? 不(吉) 壹骨二九

貞:𢀛方亡(無)䎽(聞)。 壹骨三〇 此片有“登人五千見𢀛方”辭,則“無聞”猶絶信使往來歟?

癸巳卜,𡧊貞:旬亡(𡆥)。甲午,㞢(有)䎽曰“戌…吏𢀛复。”七月。在□。續五・二・四

…貞:㞢(有)䎽曰… 前七・七・三

…(貞):允隹我䎽(聞)。 續一・一三・五 “我聞”“余聞”與《盂鼎》句法同。

…貞:䎽(聞)㞢(有)𢀛… 餘五・五

…卜,貞:方叀䎽(聞)。 前六・一七・一 叀、叀,有傳呼之義,此辭“傳聞”尤可證。

貞:余䎽(聞)𢀛… 餘五・三

(癸□卜,貞):旬(亡𡆥)。(夕)月㞢(有)食。䎽(聞)。八月。 甲一二八九

以上皆第一期卜辭。

金文《盂鼎》“我聞殷墜命”,聞作䎽,沿甲文少變。《説文》引古文作䎽,《玉篇》作䎽,《石經》古文作䎽,《玉篇》作䎽,古鉥作䎽。此字本爲會意,其從耳從昏、米、門,則皆後起之形聲矣。

壹骨 31.1

壹骨 31.2

壹骨 31.3：菁 9.1①

壹骨 32.1

壹骨 32.2

壹骨 32.3：合 2710②

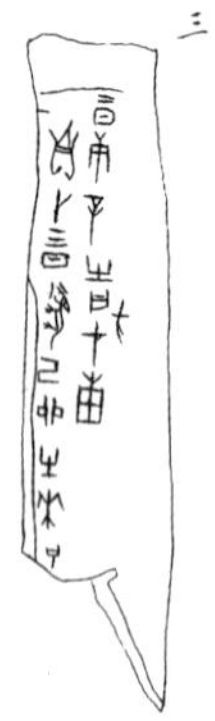

壹骨 33.1

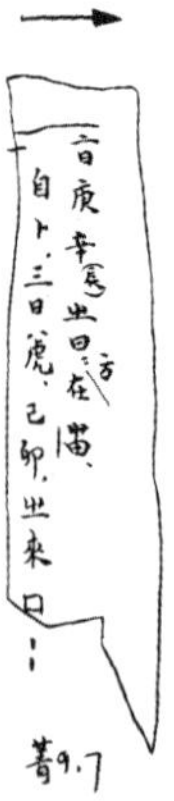

壹骨 33.2

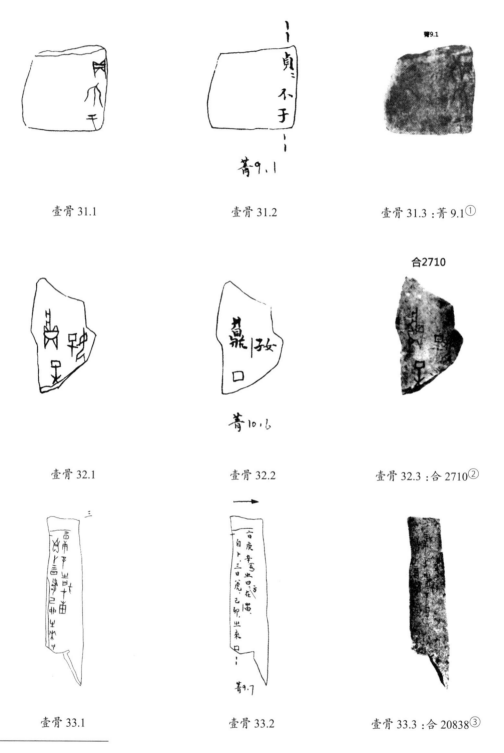

壹骨 33.3：合 20838③

① 壹骨三一：《合集》《合補》未收，現藏不詳，原菁 9.1，非拓本，模糊不清。

② 壹骨三二：即合 2710，現藏不詳，《合集》非拓片，不清晰。

③ 壹骨三三：即合 20838，現藏不詳，《合集》非拓片，不清晰。

壹骨 34.1

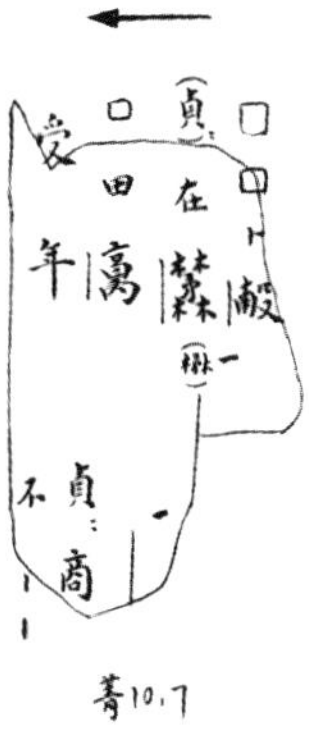

壹骨 34.2

壹骨 34.3：合 9784①

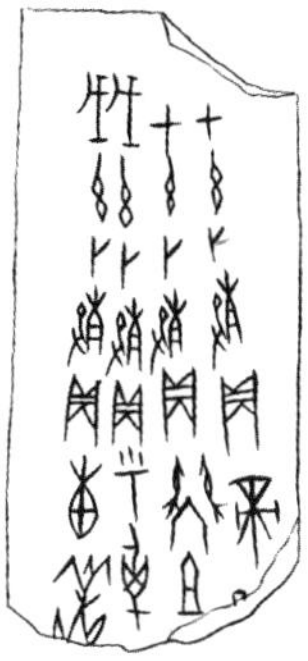

壹骨 35.1

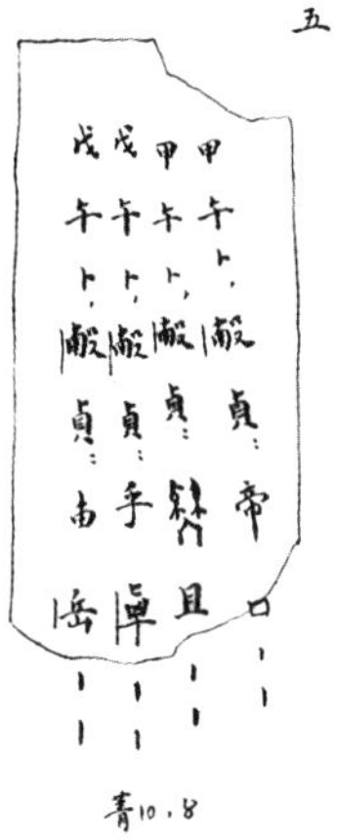

壹骨 35.2

壹骨 35.3：合 14250②

壹骨 36.1

壹骨 36.2

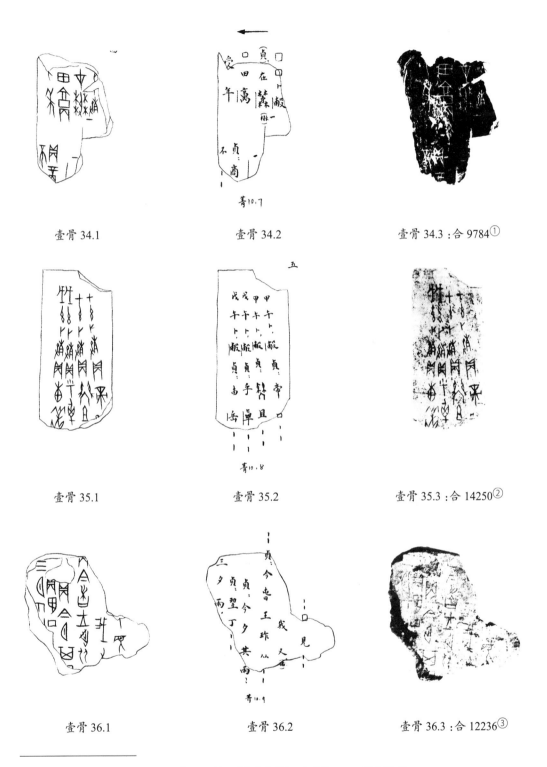

壹骨 36.3：合 12236③

① 壹骨三四：即合 9784，現藏於山博。《合集》著拓號爲菁 10.8，摹本註菁 10.7。
② 壹骨三五：即合 14250，現藏不詳。《合集》非拓片，著拓號爲菁 10.9，摹本註菁 10.8。
③ 壹骨三六：即合 12236，現藏不詳。《合集》非拓片，著拓號爲菁 10.7，摹本註菁 10.9。

壹骨 37.1

壹骨 37.2

壹骨 37.3：合 26870①

壹骨 38.1

壹骨 38.2

壹骨 38.3：合 24965②

壹骨 39.1

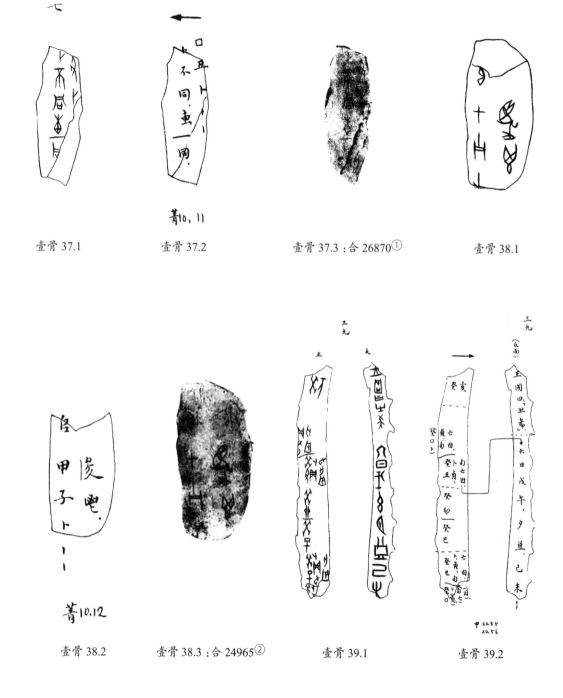

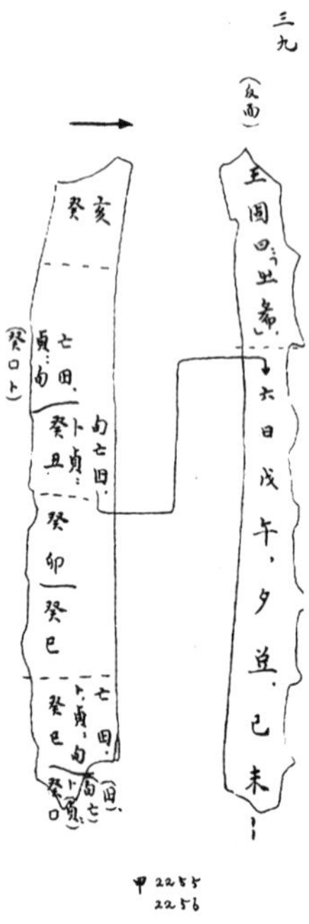

壹骨 39.2

① 壹骨三七：即合 26870，現藏不詳。《合集》非拓片。

② 壹骨三八：即合 24965，現藏不詳。《合集》非拓片，著拓號爲菁 10.13，摹本註菁 10.12。

壹骨 39.3.1 :合 16939 正

壹骨 39.3.2 :合 16939 反

壹骨 40.1

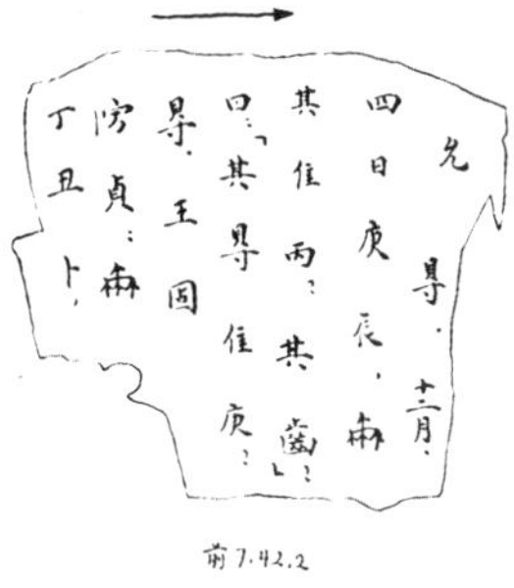

壹骨 40.2

壹骨 40.3 :合 8884

壹骨 41.1

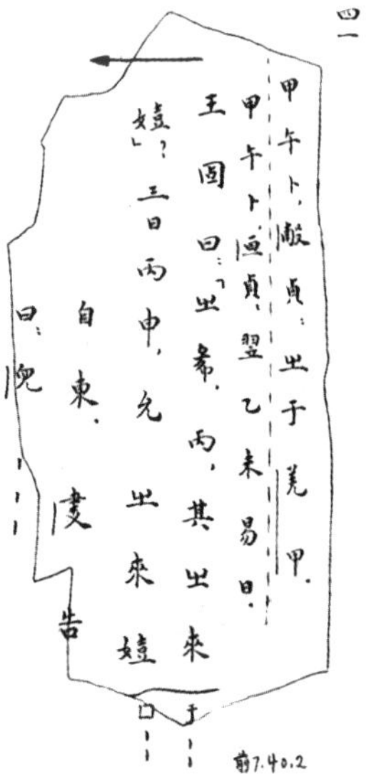

壹骨 41.2

壹骨 41.3.1：合 1075 正①

① 壹骨四一：即合 1075 正（左），現藏於遼博。與壹骨二九可綴合，即合 1075。摹本爲合 1075 正左半，《合集》有正、反，均爲全形圖。

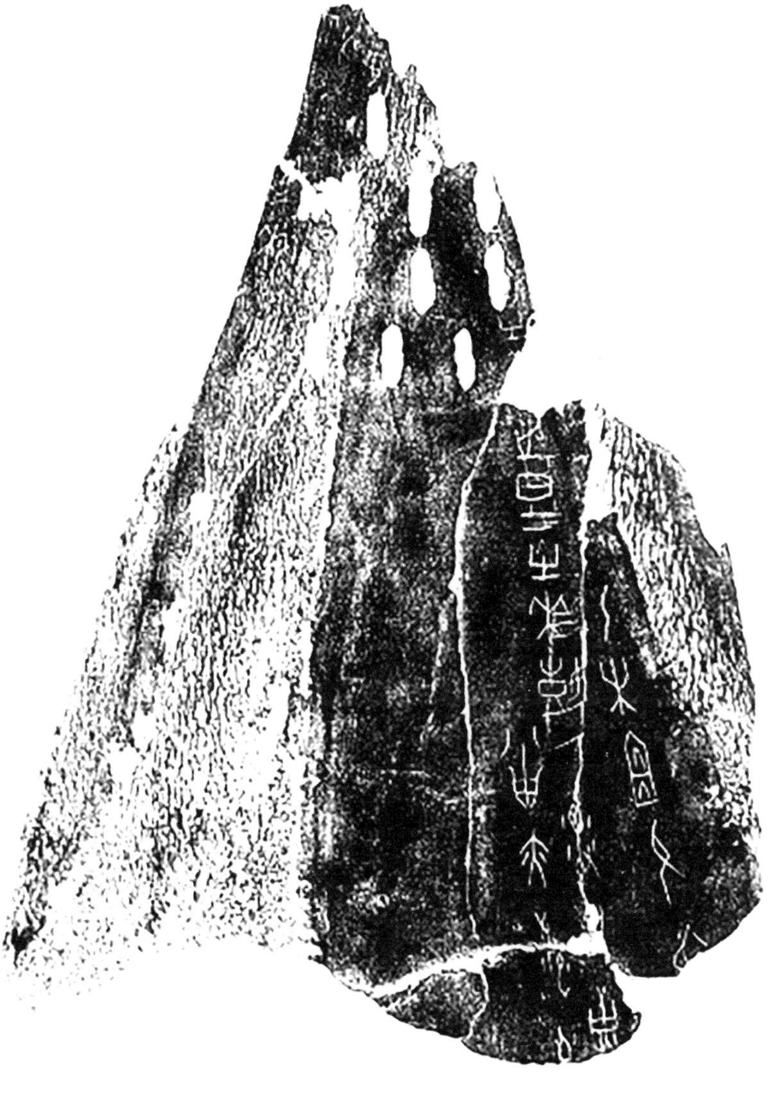

壹骨 41.3.2 :合 1075 反

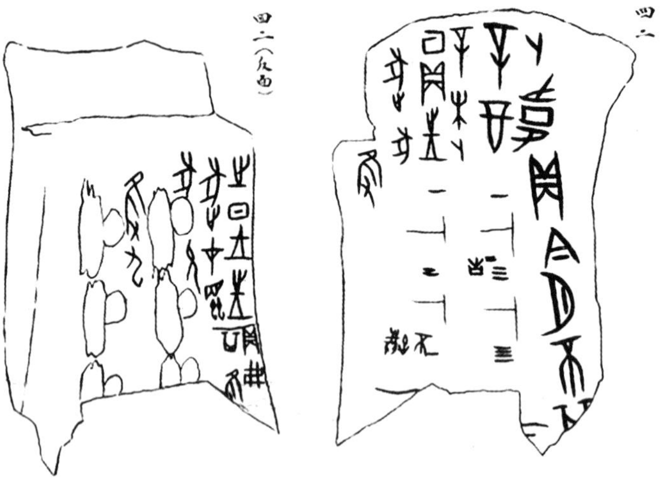

壹骨 42.1

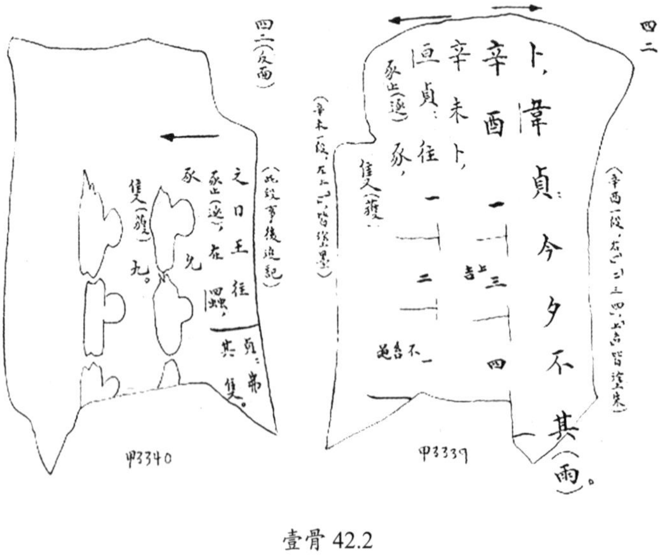

壹骨 42.2

壹骨 42.3.1：合 10229 正

壹骨 42.3.2：合 10229 反①

合17492

壹骨 42.3.3：合 17492 臼②

---

① 壹骨四二正、反：即合 10229 正、反、合 17492（臼），現藏於史語所。

② 合 17492 爲合 10229 的臼面，《合集》誤分，摹本見董作賓：《殷墟出土一塊“武丁逐豕”骨版的研究》，《大陸雜誌》第 8 卷 6 期，1954 年 3 月；又入《甲骨文獻集成》11 册 396 頁。

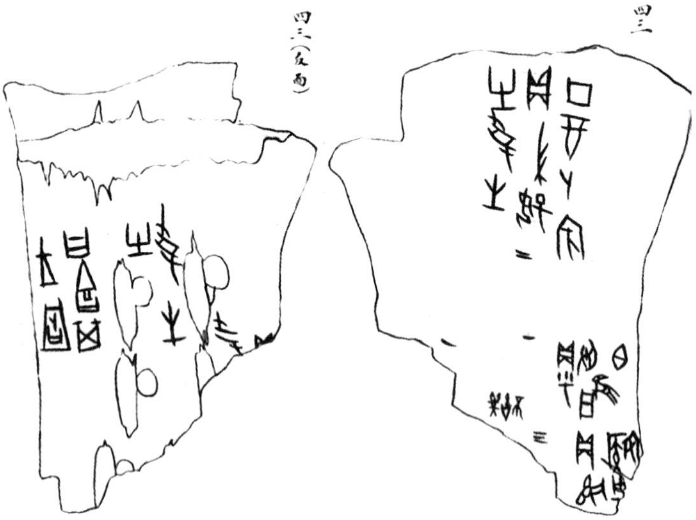

壹骨 43.1

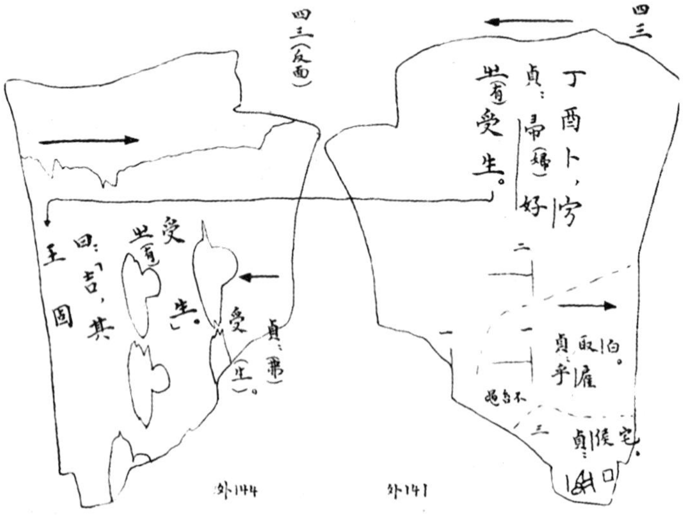

壹骨 43.2

壹骨 43.3.1 :合 13925 正

壹骨 43.3.2 :合 13925 反

壹骨 44.1

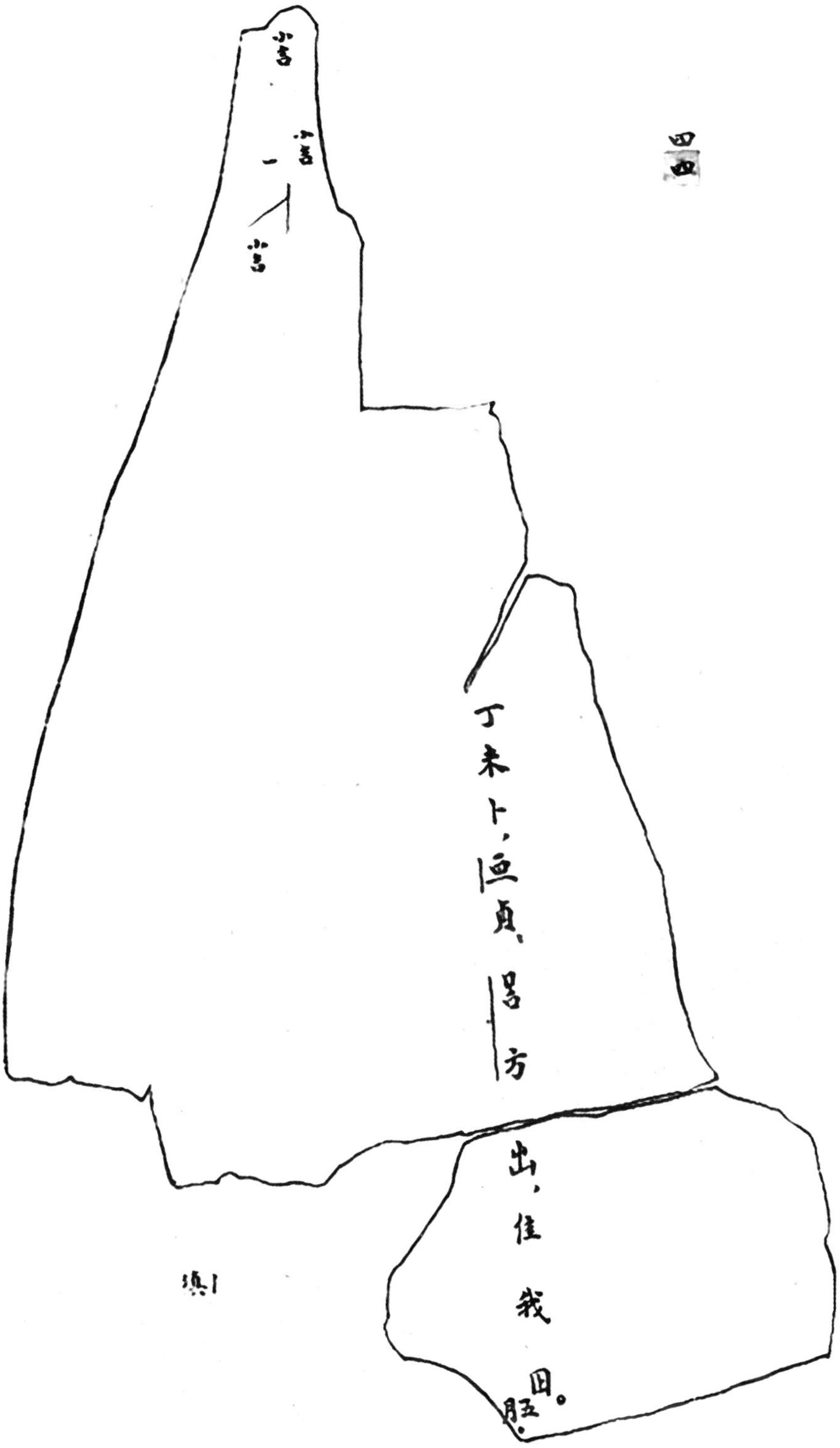

壹骨 44.2

壹骨 44.3 :合 6091

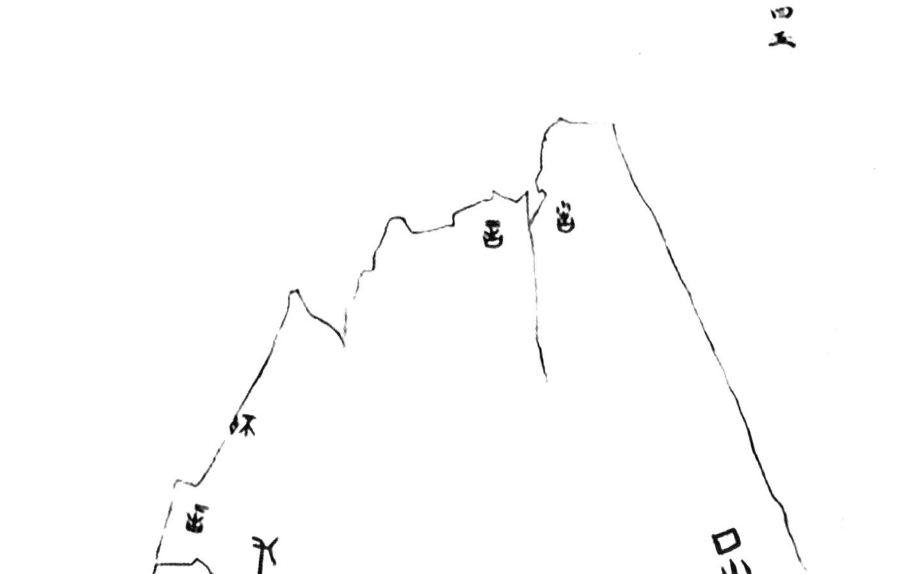

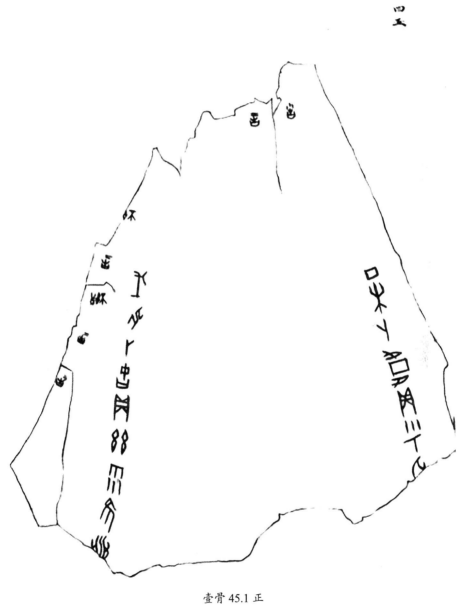

壹骨 45.1 正

四五（反面）

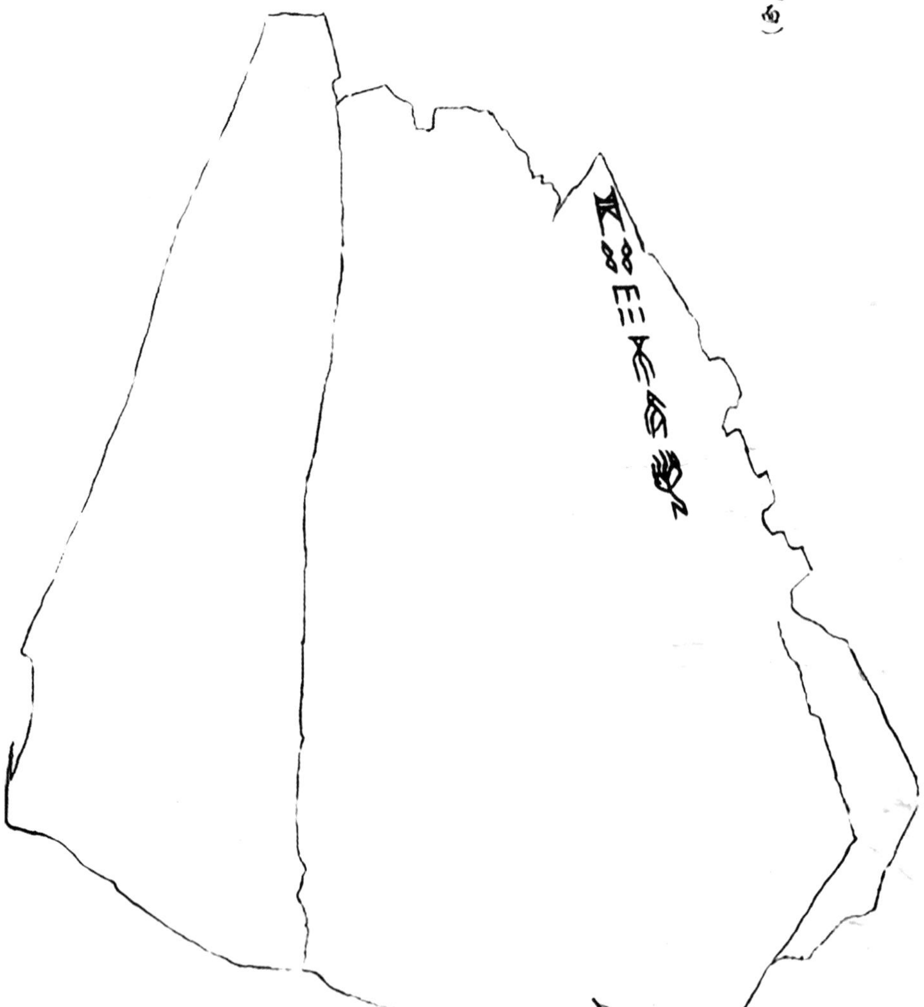

壹骨 45.1 反

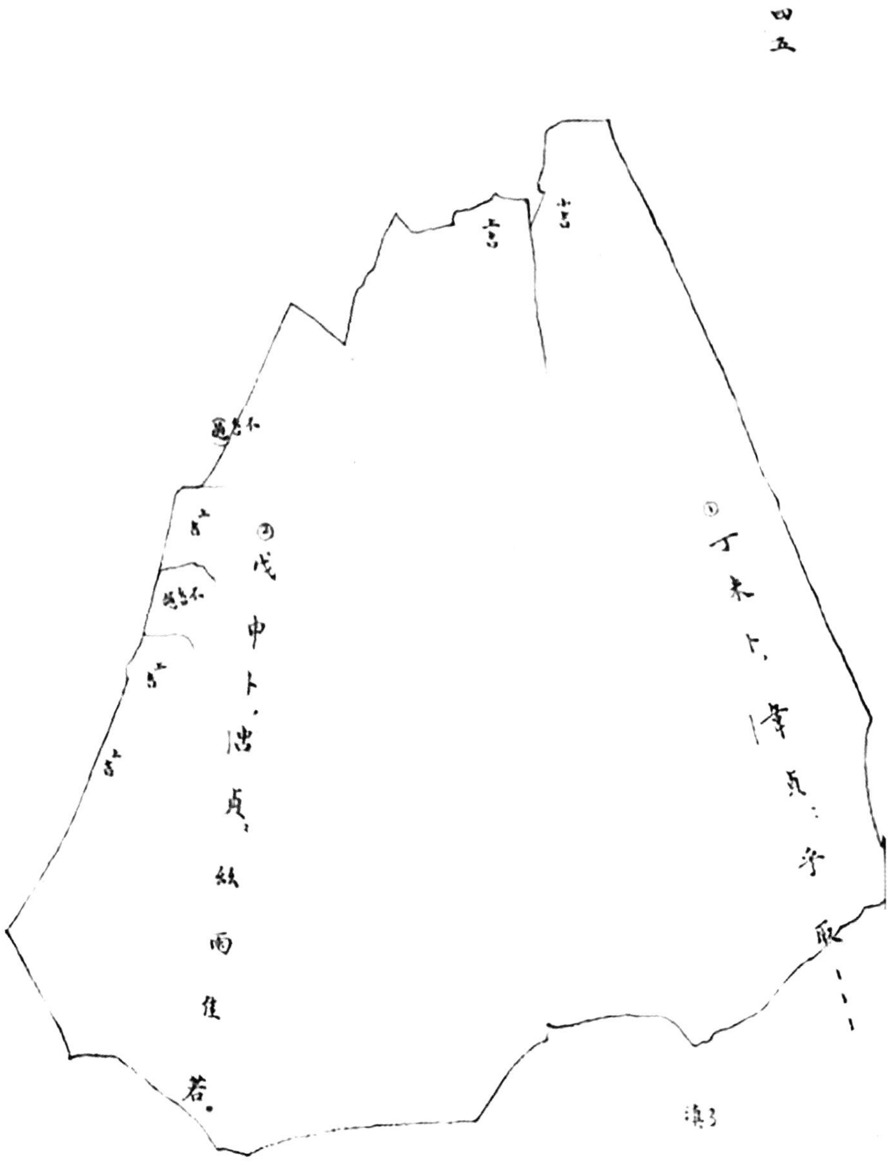

壹骨 45.2 正

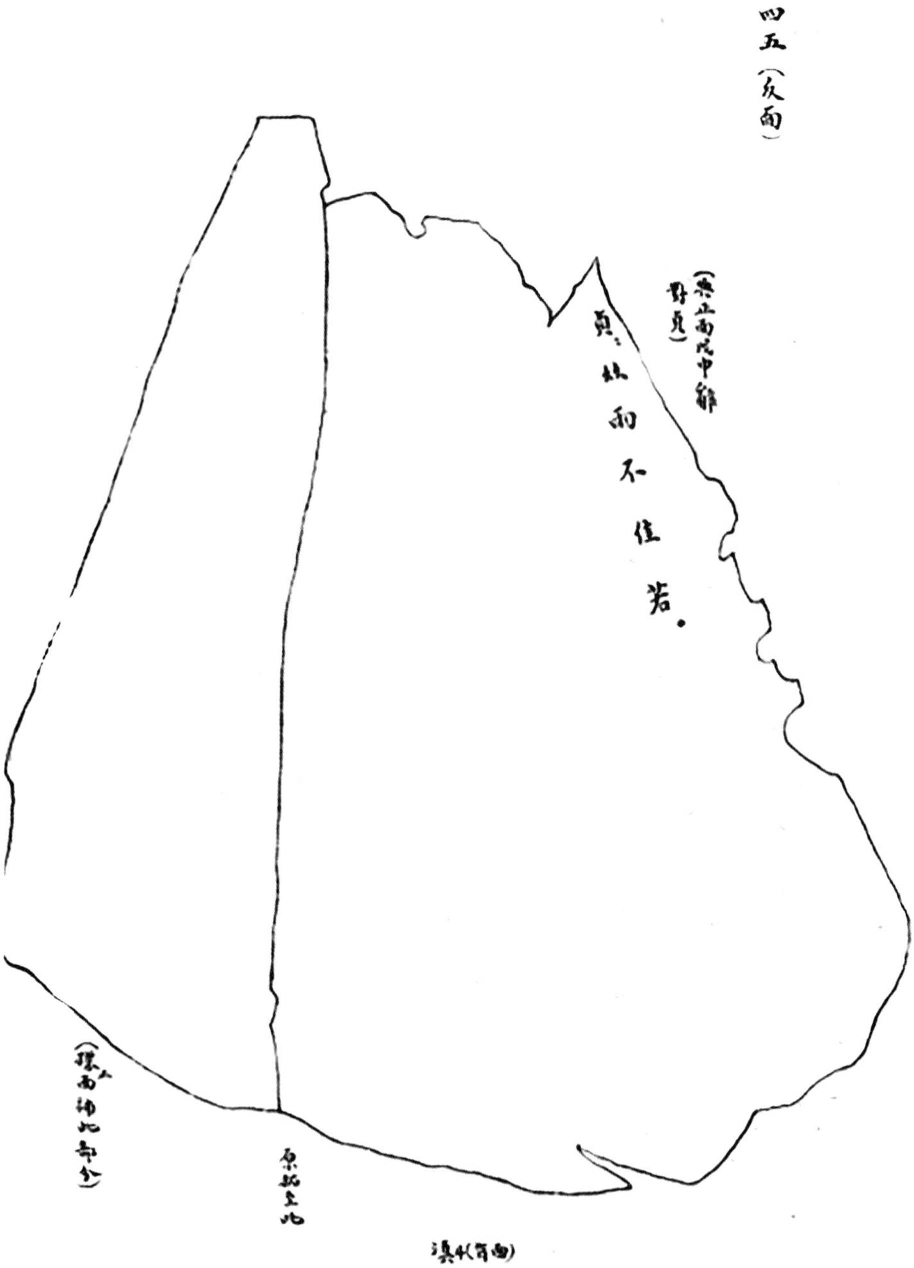

壹骨 45.2 反

合12899正

壹骨 45.3.1 :合 12899 正

合12899反

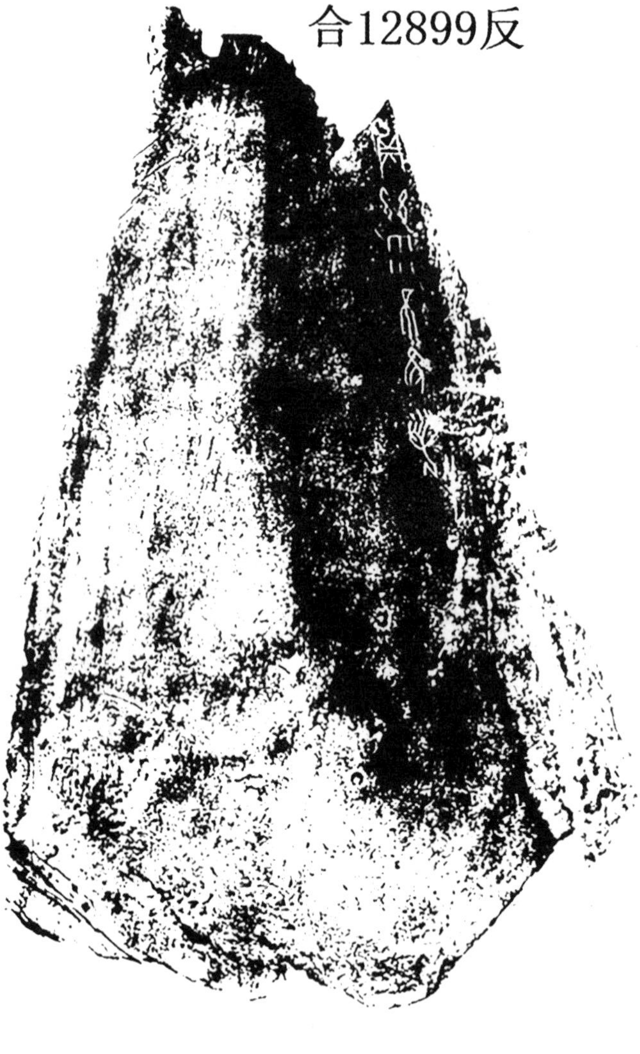

壹骨 45.3.2：合 12899 反

壹骨四五（考釋）

此與四四及肆骨五，共三版，原拓本四片，爲何叙甫氏於民國廿六年游滇所得，尚有僞刻小片十餘，云是雲南圖書館藏物，余影摹之如圖。四四版有月名，乃伐吾方之役，重要材料也。四五版，爲正反兩面對貞之例。肆骨五，則武乙時卜田之大版，戊與辛，皆田獵之日（殷人田獵日爲乙、丁、戊、辛、壬，餘五日爲休息日，余別有考）也。四片，皆廿六年七月十六日摹寫。

廿七年春，余隨研究所遷昆明，詢之圖書館，無此物，徧訪私家收藏，亦不可得。然何氏固自滇得之，豈記憶有誤歟？原拓本壹骨四五反面右下角有“姚湘雲女史手拓金石文字記”① 朱文章一顆，肆骨五一片，右下角有“湘雲”白文印一顆。湘雲，其原收藏者歟？

---

① 姚湘雲，爲天津藏家姚貴昉之女。姚貴昉既是藏家，也是商家，其購藏古物大多是用來作拓出售的。羅振玉《石交録》卷一謂，姚貴昉精於棰拓之道，並傳承有人，“貴昉有女，字湘雲，精拓墨，所藏石皆其所拓，亦藝林中一韵事也。”

貳 甲

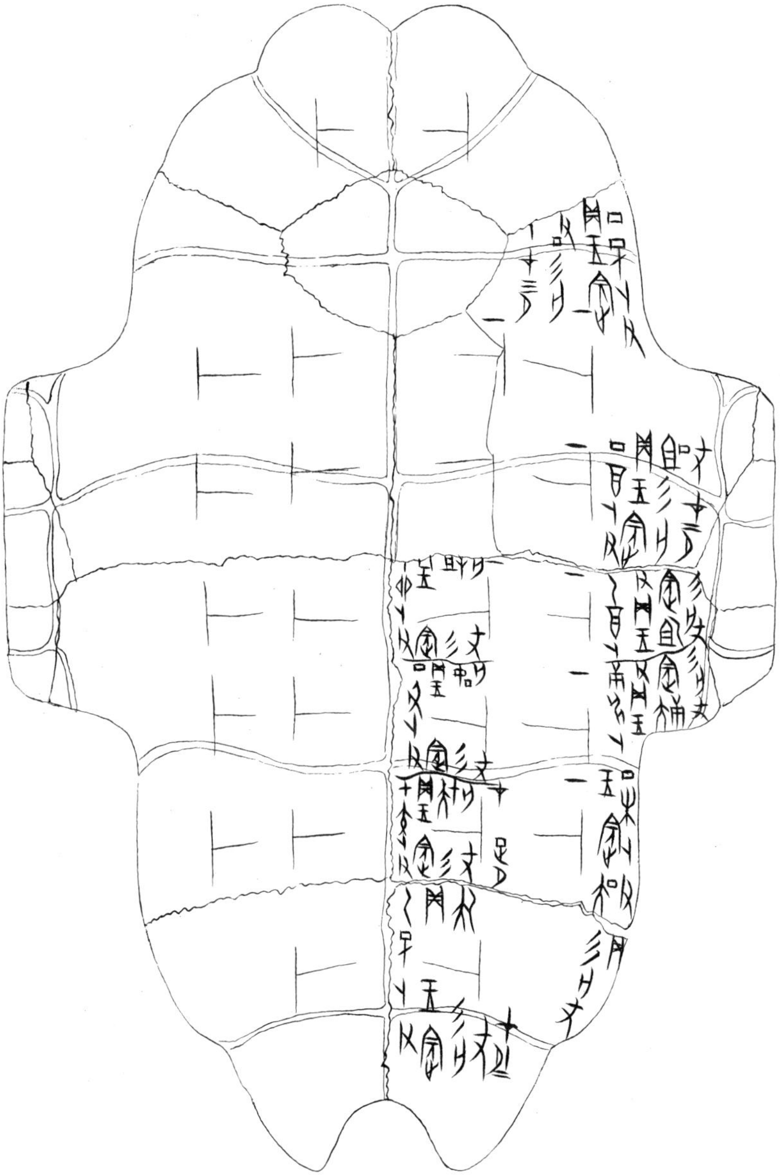

貳甲 1.1

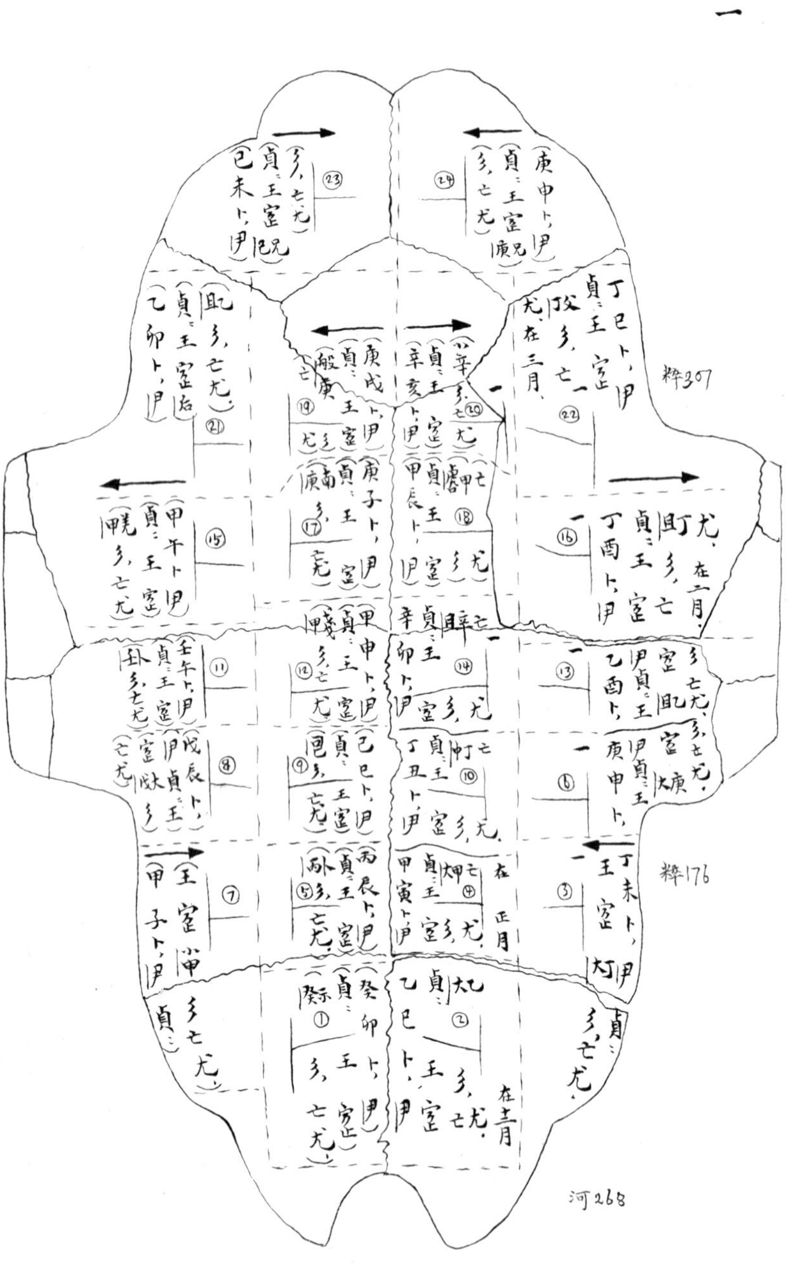

貳甲 1.2①

① 此綴合，又見《叕》6。

合22723

貳甲 1.3：合 22723

貳甲 1.4：合補 6963①

① 貳甲一：即合 22723、合補 6963（右）。綴合組爲合 22723+ 合 25274，即合補 6963，見李學勤、彭裕商：《殷墟甲骨分期研究》第 412 則；《彙編》第 388 則。合補 6963 的綴合與董作賓的補釋不一致。涉及貳甲一的綴合有《叕》6、《綴編》37、《綴新》660，相關討論參見林宏明《董作賓先生在甲骨綴合上的貢獻》（《古文字與古代史》第四輯，2015 年）及李愛輝《讀〈甲骨叕存〉札記》（《甲骨文與殷商史》新十一輯，2021 年）；又新有綴合，如合補 6963（合 22723+ 合 25274）+ 旅藏 1434+ 合補 7796（程爍：《甲骨綴合一則》先秦史研究室網站，2023.8.28）。至於合補 6963 中左前甲的綴合是否成立，還有待繼續探討。

二

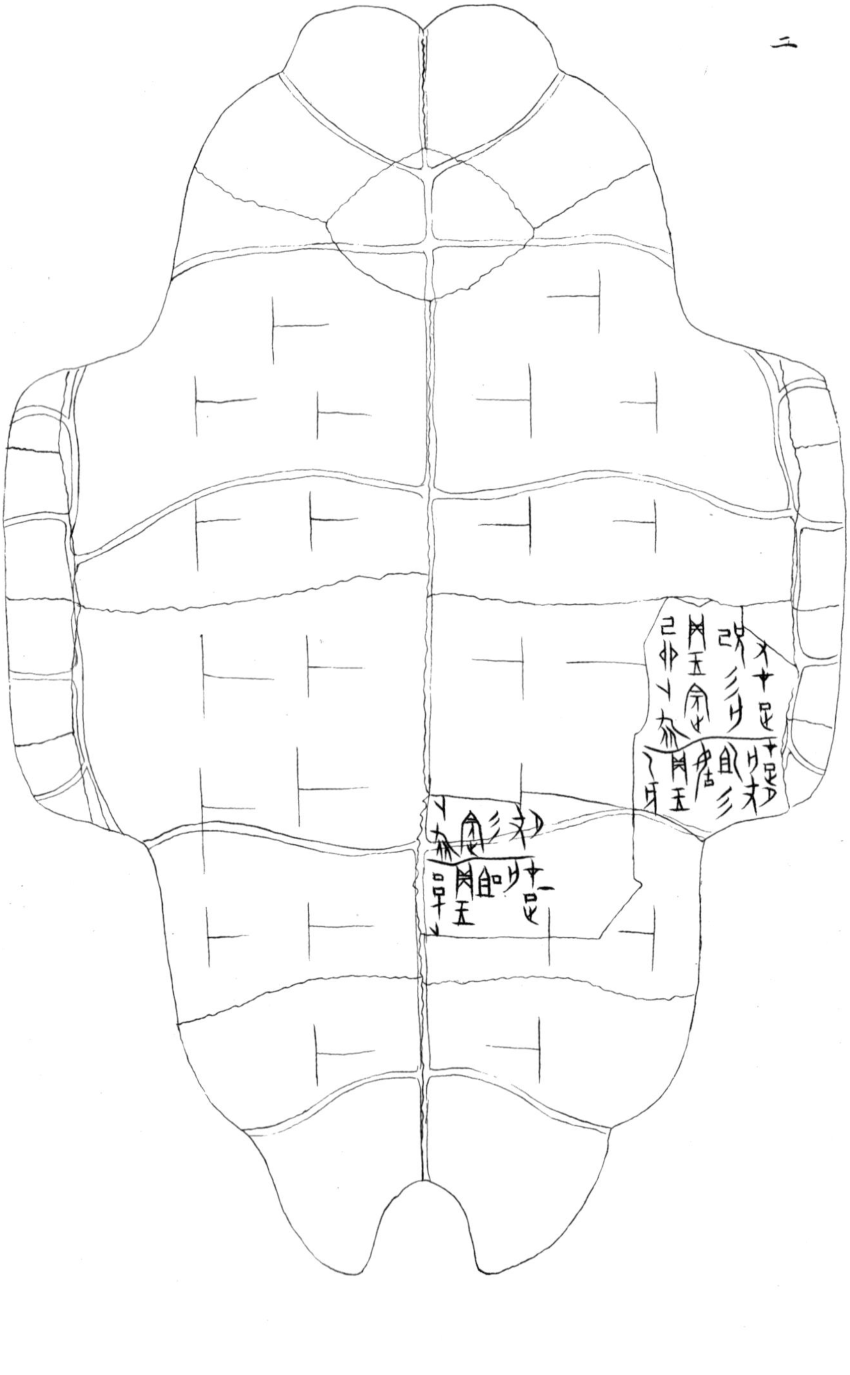

貳甲 2.1

二

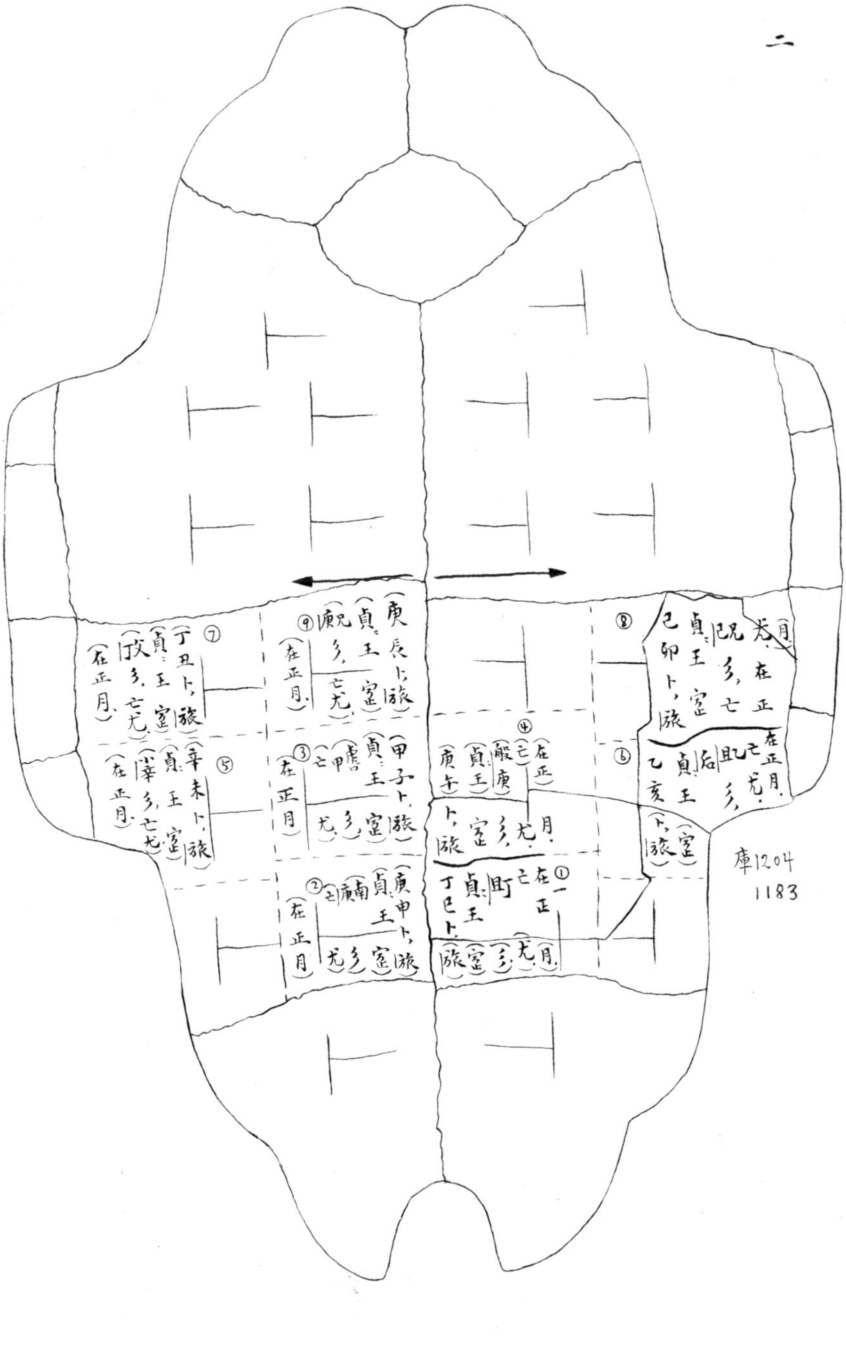

庫1204
1183

贰甲 2.2

貳甲 2.3：合 23141

貳甲 2.4：合 23036

貳甲一—二(考釋)

此龜腹兩版之復原，輯殘辭五片，祖甲時兩組彡祭卜辭也。三年前余理五期祀典，得彡、翌、祭、𡧊、劦五種祀典之關係，因祀典而求其年曆。嗣輯各期祀典，知五期蓋沿二期之舊，特二期彡、翌各佔九旬，祭、𡧊、劦，錯一旬聯合舉行，佔十旬，並“工典”一旬，凡三十旬而五種祭祀一匝。五期則三十六旬而一匝，約相當於一年，故稱年爲祀也。今舉彡祭系統示例。

貳甲一，爲彡祭之甲午系，在祖甲祀譜列入三十至三十一年。對照如左(下)：

	(甲午系)			(卜辭)
祖甲三十年	十二月大 丙子一日	甲午十九日	彡上甲	
		乙未廿日	彡匚乙	
		丙申廿一日	彡匚丙	
		丁酉廿二日	彡匚丁	
		壬寅廿七日	彡示壬	
		癸卯廿八日	彡示癸	
		乙巳卅日	彡大乙	乙巳卜，尹貞：王宾大乙彡，亡尤。在十二月。
祖甲 三十一年	正月大 丙午一日	丁未二日	彡大丁	丁未卜，尹貞：王宾大丁彡，亡尤。
		甲寅九日	彡大甲	甲寅卜，尹貞：王宾大甲彡，亡尤。在正月。
		丙辰十一日	彡卜丙	
		庚申十五日	彡大庚	庚申卜，尹貞：王宾大庚彡，亡尤。
		甲子十九日	彡小甲	
		戊辰二十三日	彡大戊	
		己巳二十四日	彡雍己	
	二月小 丙子一日	丁丑二日	彡中丁	丁丑卜，尹貞：王宾中丁彡，亡尤。
		壬午七日	彡卜壬	
		甲申九日	彡戔甲	
		乙酉十日	彡祖乙	乙酉卜，尹貞：王宾祖乙彡，亡尤。
		辛卯十六日	彡祖辛	辛卯卜，尹貞：王宾祖辛彡，亡尤。
		甲午十九日	彡羌甲	
		丁酉廿二日	彡祖丁	丁酉卜，尹貞：王宾祖丁彡，亡尤。在二月。
		庚子廿五日	彡南庚	
		甲辰廿九日	彡𢈔甲	
	三月大 乙巳一日	庚戌六日	彡般庚	

續表

	（甲午系）			（卜辭）
祖甲三十一年	三月大乙巳一日	辛亥七日	彡小辛	
		乙卯十一日	彡后祖乙(即小乙)	
		丁巳十三日	彡父丁（即武丁）	丁巳卜，尹貞：王窒父丁彡，亡尤。在三月。
		己未十五日	彡兄己（即祖己）	
		庚申十六日	彡兄庚（即祖庚）	

此祖甲時彡祭先王先公之一組系統也。甲午系者，自甲午日開始。五種祀典，皆始於上甲，終於祖庚，此種依忌日之次序，排列規整，自祖甲創之。祖甲以前，祭唐亦以乙日，然無此系統組織，祖甲改稱唐曰大乙，爲便於列入此系統組織者也。祖甲以下，垂爲定制，絶無稱大乙爲唐者矣。

貳甲二，爲甲寅系之彡祭，彡上甲始自年前之十月，祖甲祀譜列入十三、十四年間。

	（甲寅系）			（卜辭）
祖甲十三年	十月大丙戌一日	甲寅廿九日	彡上甲	
		乙卯卅日	彡匚乙	
	十一月小丙辰一日	丙辰一日	彡匚丙	
		丁巳二日	彡匚丁	
		壬戌七日	彡示壬	
		癸亥八日	彡示癸	
		乙丑十日	彡大乙	
		丁卯十二日	彡大丁	
		甲戌十九日	彡大甲	
		丙子廿一日	彡卜丙	
		庚辰廿五日	彡大庚	
		甲申廿九日	彡小甲	
	十二月大乙酉一日	戊子四日	彡大戊	
		己丑五日	彡雍己	
		丁酉十三日	彡中丁	

續表

	(甲寅系)			(卜辭)
祖甲十三年	十二月大 乙酉一日	壬寅十八日	彡卜壬	
		甲辰廿日	彡戔甲	
		乙巳廿一日	彡祖乙	
		辛亥廿七日	彡祖辛	
		甲寅卅日	彡羌甲	
祖甲十四年	正月小 乙卯一日	丁巳三日	彡祖丁	丁巳卜,(旅)貞:王(宊)祖丁(彡),亡(尤)。在正(月)。
		庚申六日	彡南庚	
		甲子十日	彡虘甲	
		庚午十六日	彡般庚	(庚午)卜,旅(貞:王)宊(般庚)彡,(亡)尤。(在正)月。
		辛未十七日	彡小辛	
		乙亥廿一日	彡后祖乙	乙亥(卜,旅)貞:王(宊)后祖乙彡,亡尤。在正月。
		丁丑廿三日	彡父丁	
		己卯廿五日	彡兄己	己卯卜,旅貞:王宊兄己彡,亡尤。在正(月)。
		庚辰廿六日	彡兄庚	

彡祭尚有甲子、甲戌、甲申、甲辰四系。翌、祭、壹、劦皆可以此類推。五種祀典殘辭頗多,讀者試依次推尋排比之,當無往而不暢通也。

三

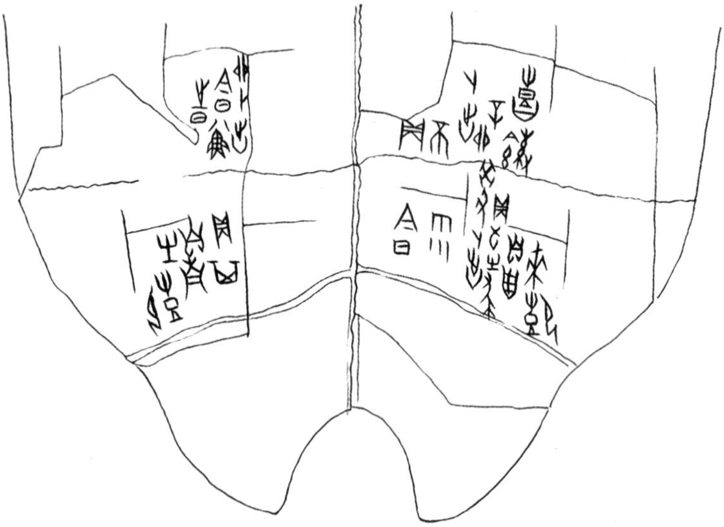

貳甲 3.1

三

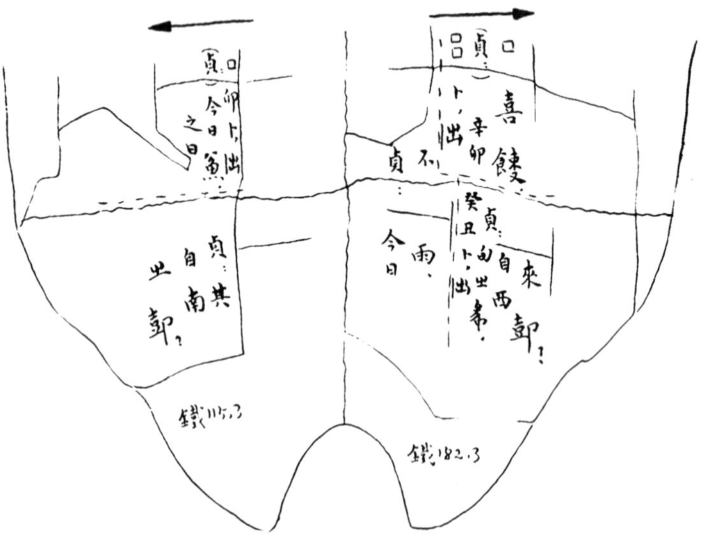

貳甲 3.2

貳甲 3.3 :合 24147①

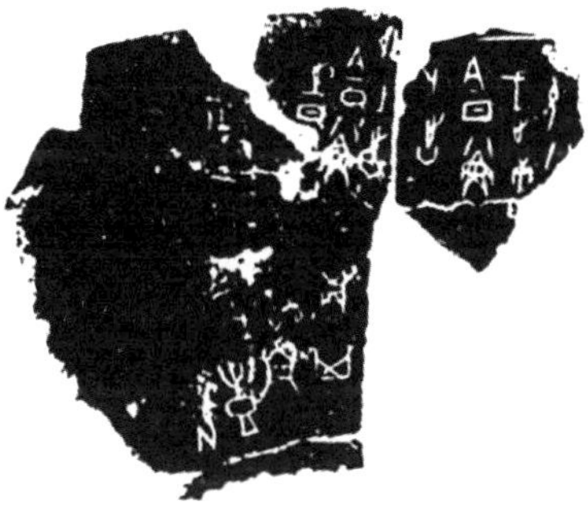

貳甲 3.4 :綴合 ②

貳甲 3.5 :合 24146③

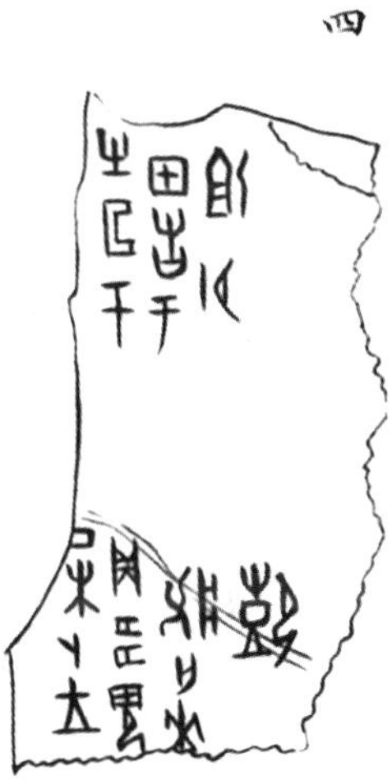

貳甲 4.1

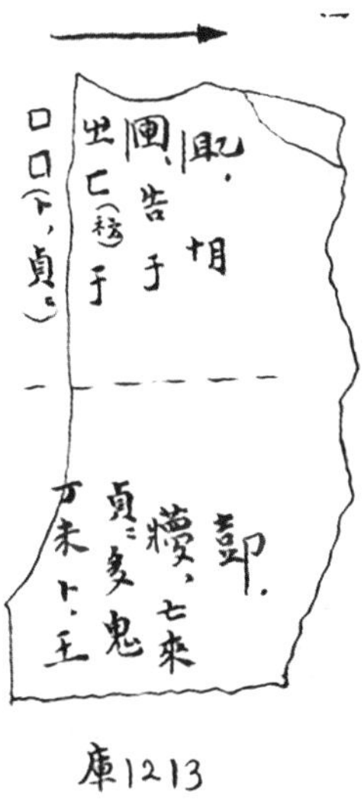

貳甲 4.2

貳甲 4.3 :卡 107④

① 貳甲三(左):即合 24147,現藏不詳。

② 貳甲三的綴合組爲:合 24147+ 合 26770,見《彙編》第 516 則。

③ 貳甲三(右):即合 24146,現藏不詳。合 24146 下端圖版被剪裁,不如摹本全,但合 24146 左上角比摹本全。

④ 貳甲四:《合集》《合補》未收,現藏於美卡博,即卡 107。

貳甲 5.1

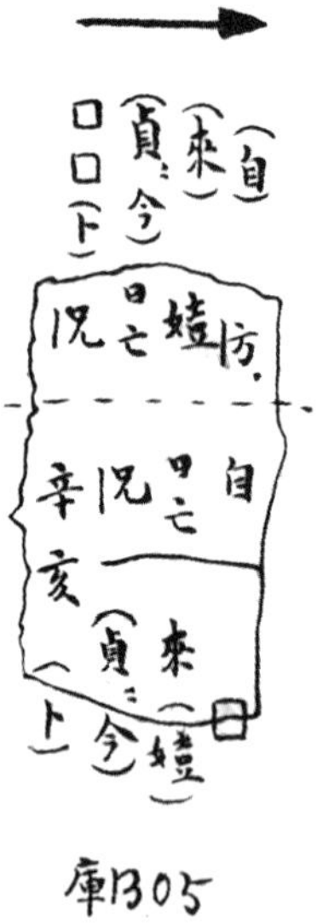

貳甲 5.2

貳甲 5.3 :合 24153①

貳甲 6.1

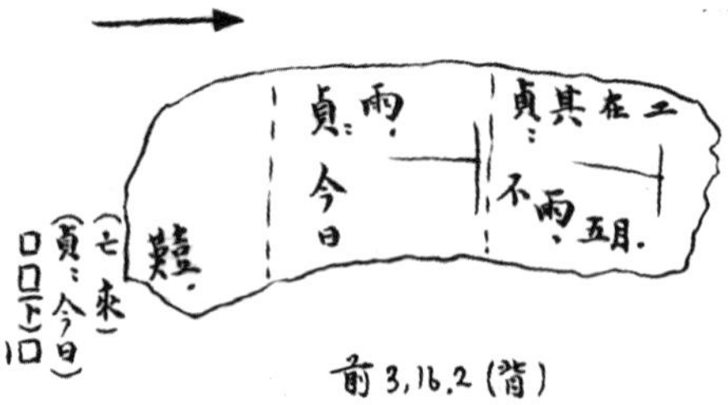

貳甲 6.2

貳甲 6.3 :合 24713

① 貳甲五:即合 24153,現藏於美卡博,爲卡 109。摹本漏摹左上角“丑”字;《合集》拓片較模糊。

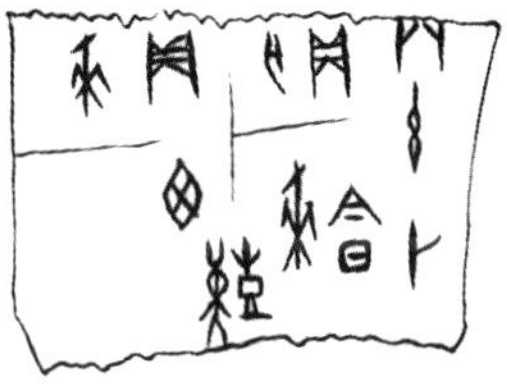

貳甲 7.1

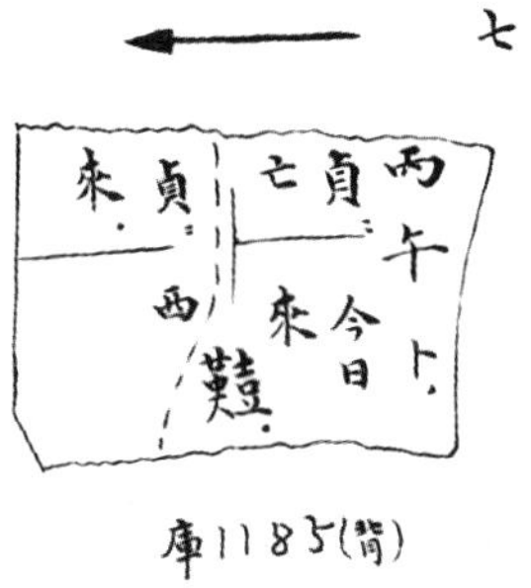

貳甲 7.2

貳甲 7.3：合 24175

貳甲 8.1

貳甲 8.2

貳甲 8.3：英藏 2034[①]

① 貳甲八：《合集》《合補》未收，現藏於英不圖，爲英藏 2034。

九

貳甲 9.1

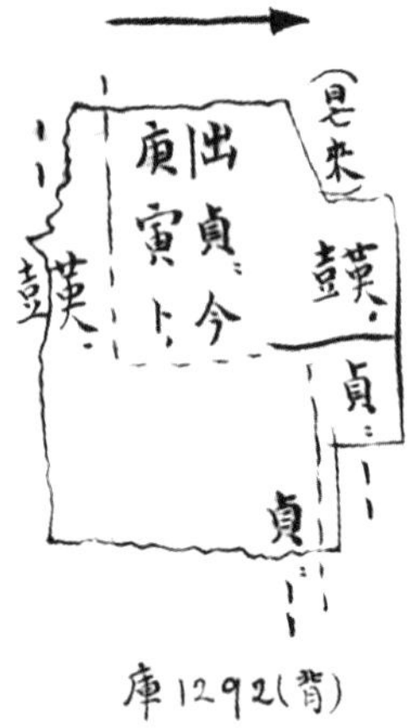

貳甲 9.2

貳甲 9.3：合 24171

貳甲 10.1

貳甲 10.2

貳甲 10.3：合 24168

貳甲 11.1

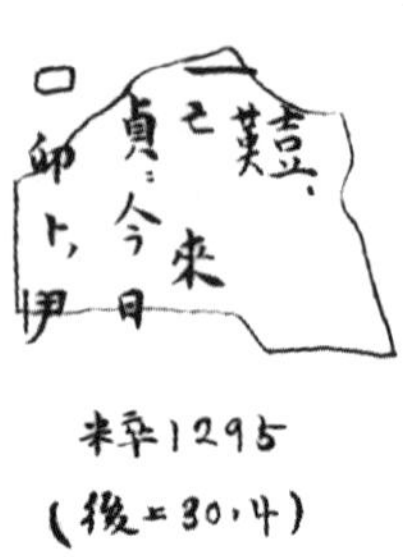

貳甲 11.2

貳甲 11.3：合 24186

貳甲 12.1

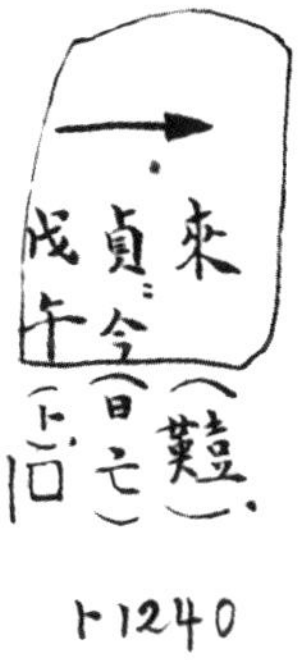

貳甲 12.2

貳甲 12.3 :南博網 76①

貳甲 13.1

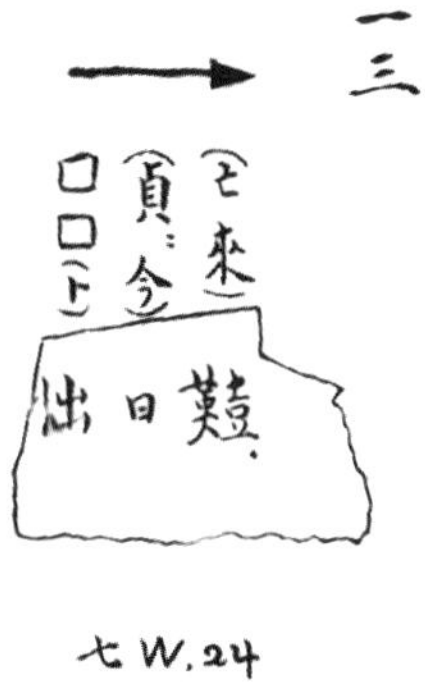

貳甲 13.2

貳甲 14.1

貳甲 14.2

貳甲 14.3 :合 24199

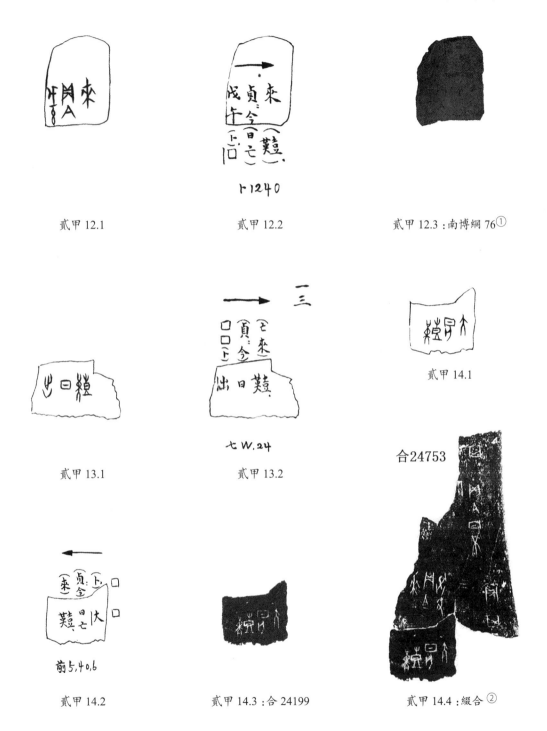

貳甲 14.4 :綴合 ②

① 貳甲一二:《合集》《合補》未收,現藏於南博,實物照片見南博網 76。

② 貳甲一四:即合 24199,現藏不詳。綴合組爲合 24199+ 合 24753,見劉影:《甲骨新綴第 109—110 則》,先秦史研究室網站,2011.12.30;又見《拼三》第 603 則。綴合與董作賓的補釋吻合。若此組綴合成立,則合 24199 應歸爲骨,而非甲。

貳甲 15.1

貳甲 15.2

貳甲 15.3：合 24158

貳甲 16.1

貳甲 16.2

貳甲 16.3：合 24208

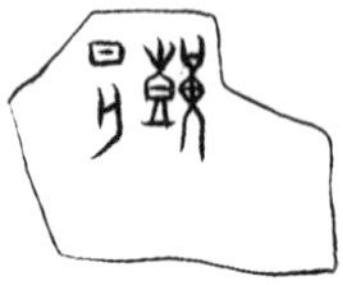

貳甲 17.1

貳甲 17.2

貳甲 17.3：南博網 486[①]

貳甲 18.1

貳甲 18.2

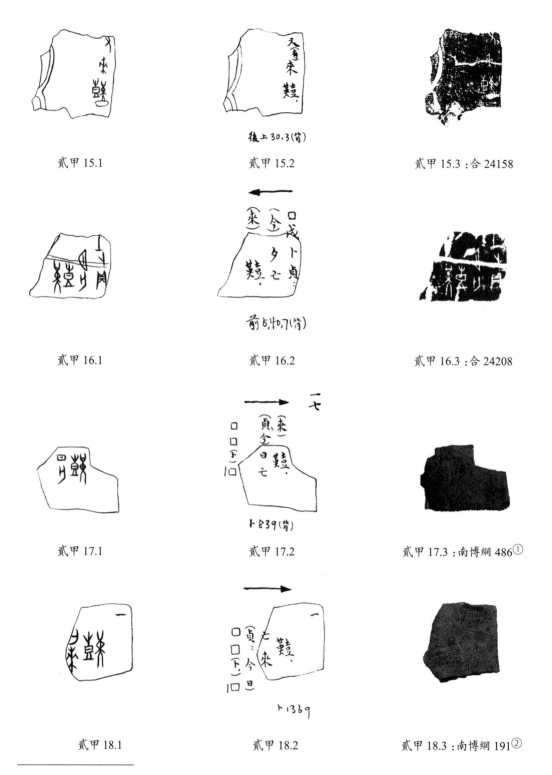

貳甲 18.3：南博網 191[②]

① 貳甲一七：《合集》《合補》未收，現藏於南博，實物照片見南博網 486。

② 貳甲一八：《合集》《合補》未收，現藏於南博，實物照片見南博網 191。

貳甲 19.1

貳甲 19.2

貳甲 20.1

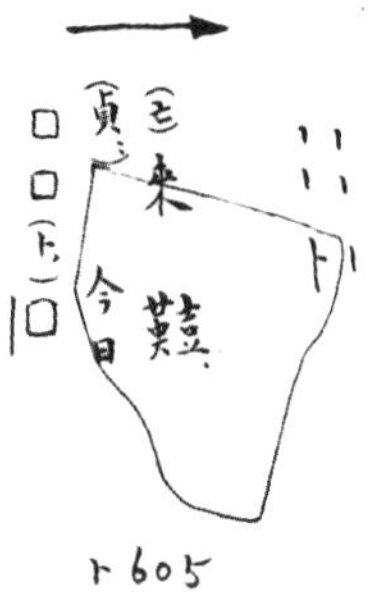

貳甲 20.2

貳甲 20.3 :合 24203

貳甲 21.1

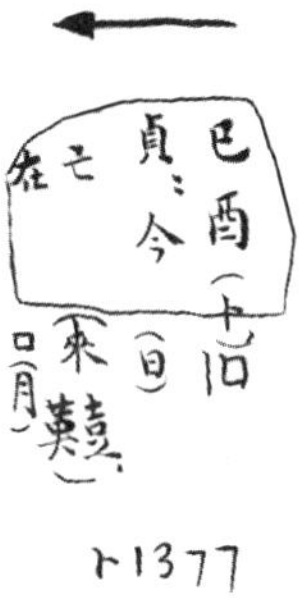

貳甲 21.2

貳甲 21.3 :南博網 198①

貳甲 22.1

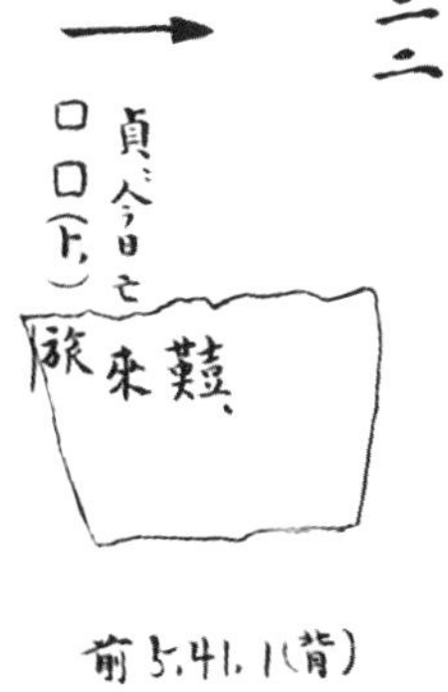

貳甲 22.2

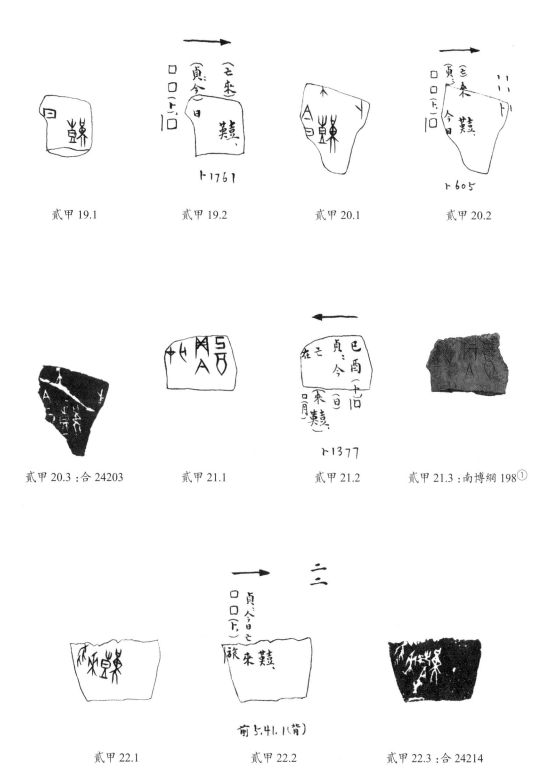

貳甲 22.3 :合 24214

① 貳甲二一:《合集》《合補》未收,現藏於南博,實物照片見南博網 198。

貳甲 23.1

貳甲 23.2

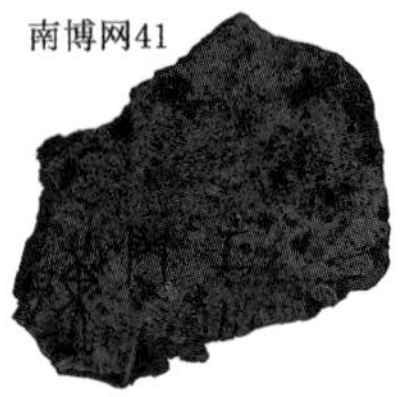

貳甲 23.3：南博網 41①

貳甲 24.1

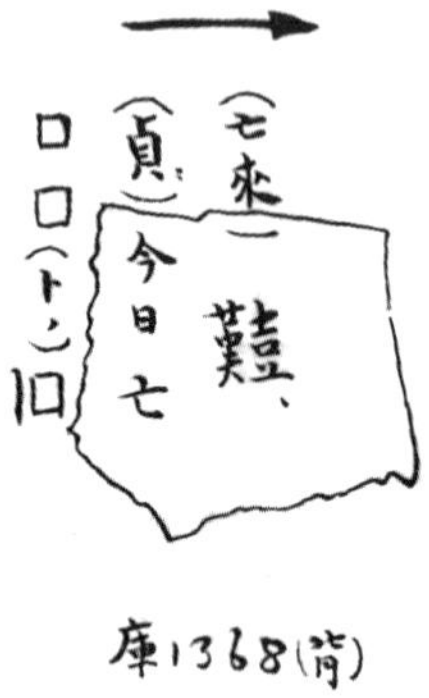

貳甲 24.2

貳甲 24.3：合 24191

貳甲 25.1

貳甲 25.2

貳甲 25.3：合 24212

① 貳甲二三：《合集》《合補》未收，現藏於南博，實物照片見南博網 41。

貳甲 26.1

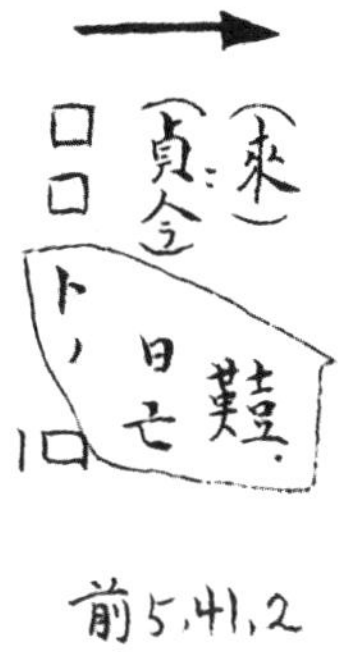

貳甲 26.2

貳甲 26.3：合 24197

貳甲 27.1

貳甲 27.2

貳甲 27.3：合 24210

貳甲 28.1

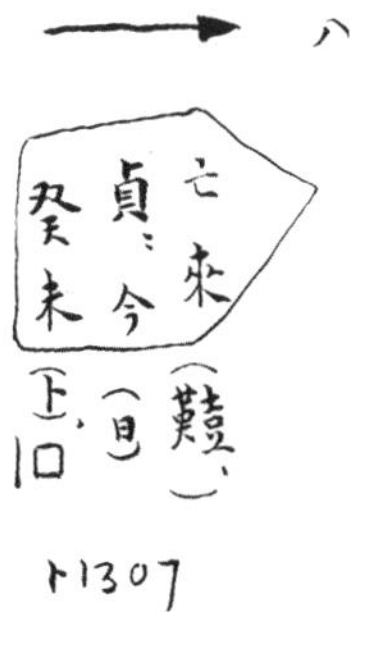

貳甲 28.2

貳甲 28.3：合 24169

二九

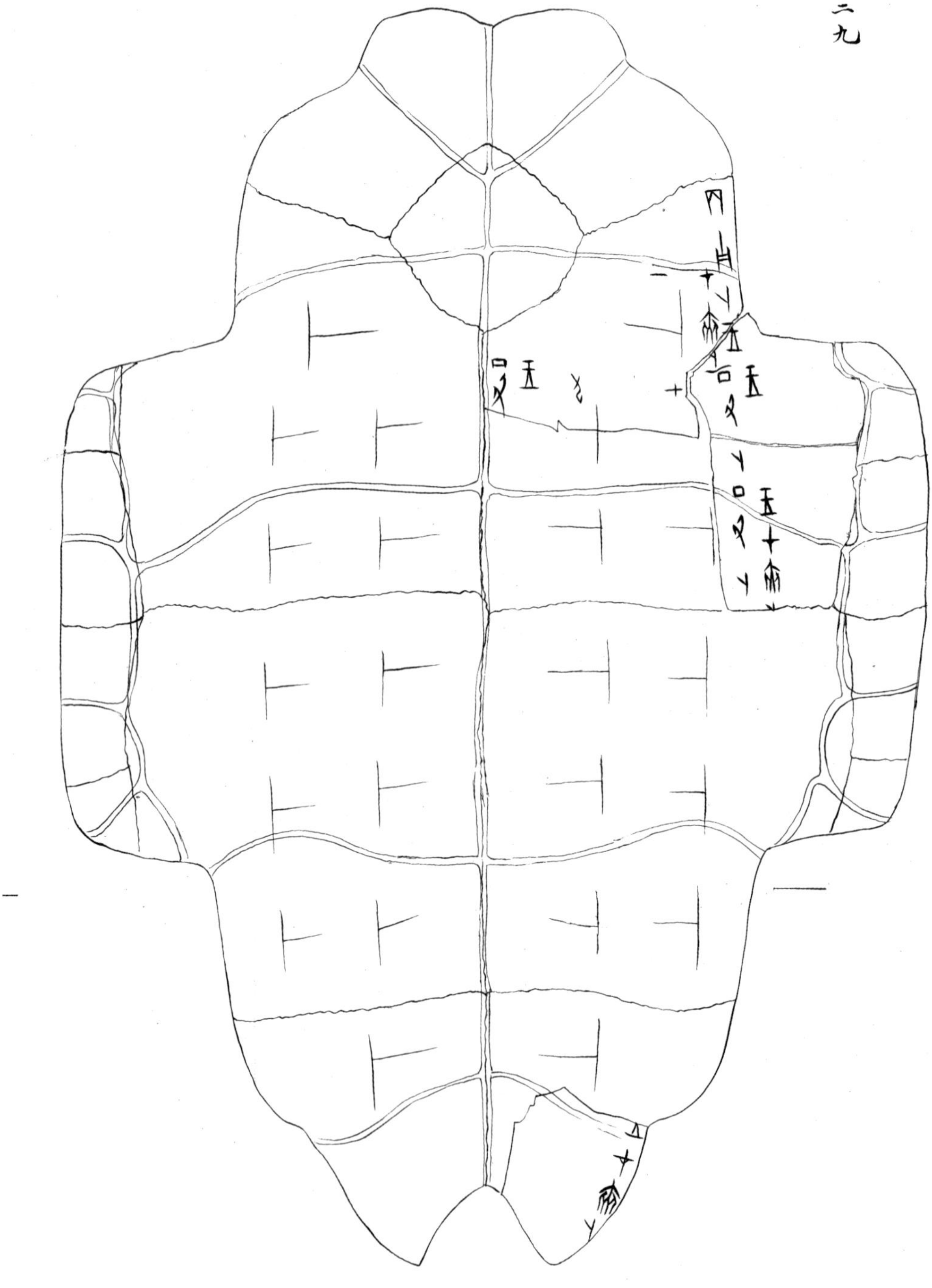

貳甲 29.1

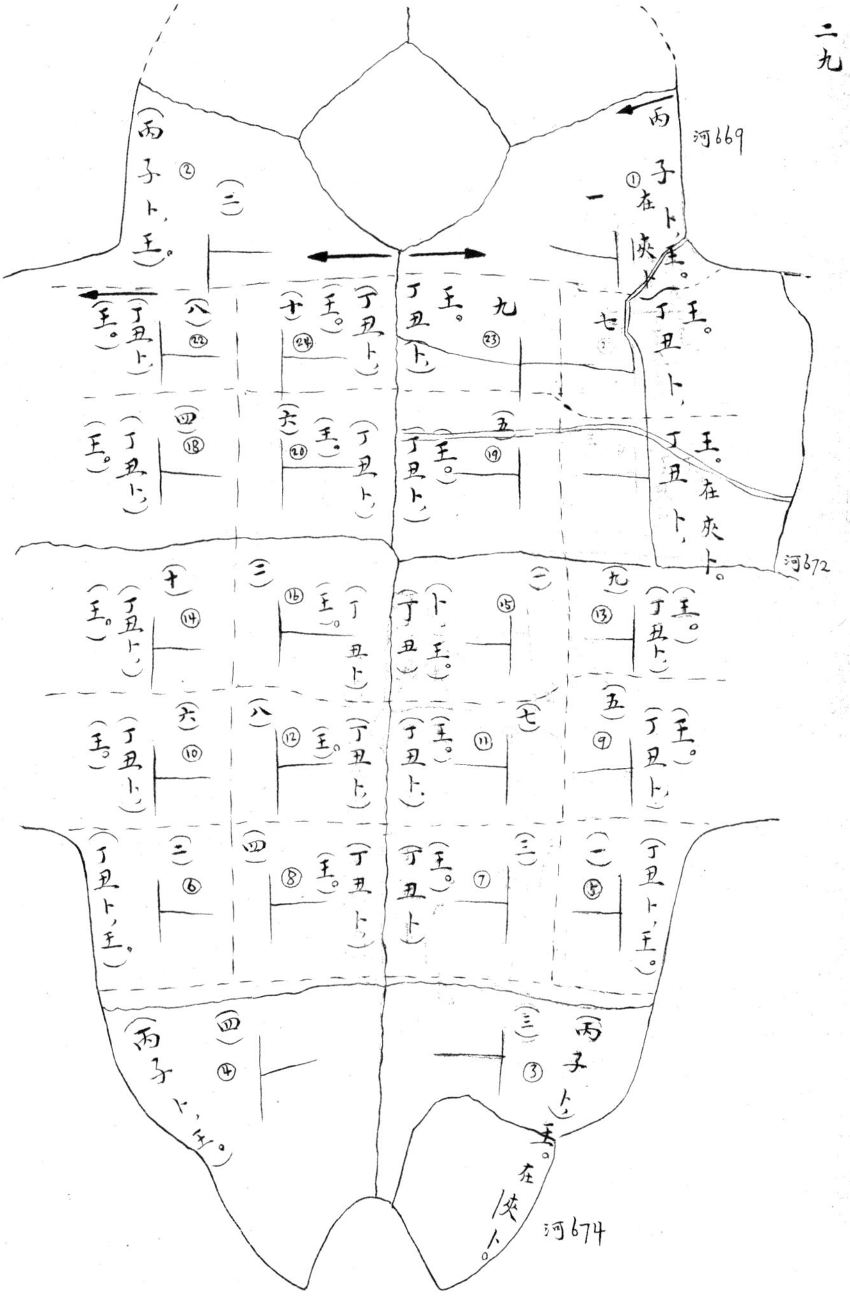

甲 29.2

貳甲 29.3：合 24239

貳甲 29.4：合 24245①

① 貳甲二九(下)：即合 24245，現藏於北大，爲北珍 2252。北珍 2252 下端殘缺，合 24245 更全。

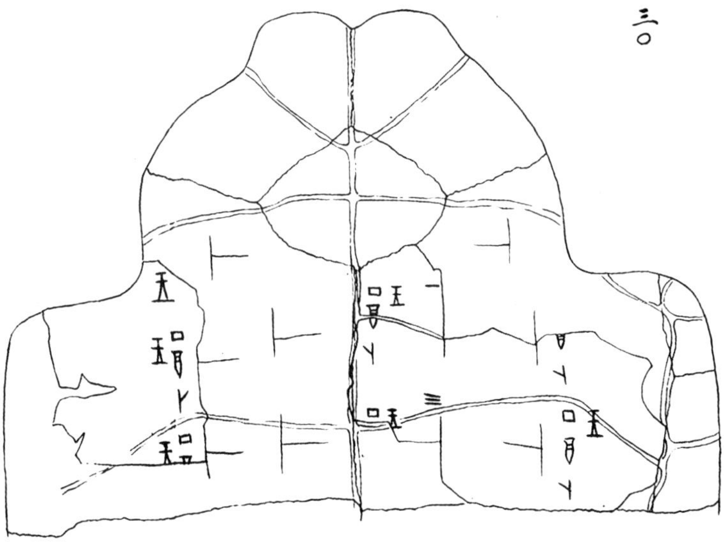

貳甲 30.1

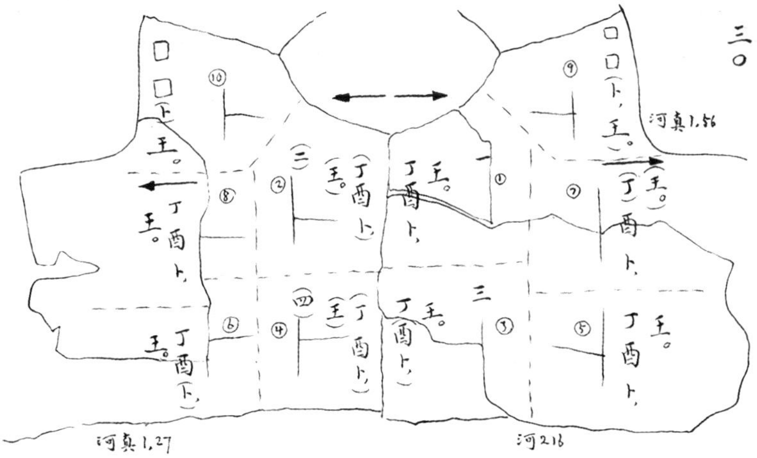

貳甲 30.2

貳甲 30.3：合 23983①

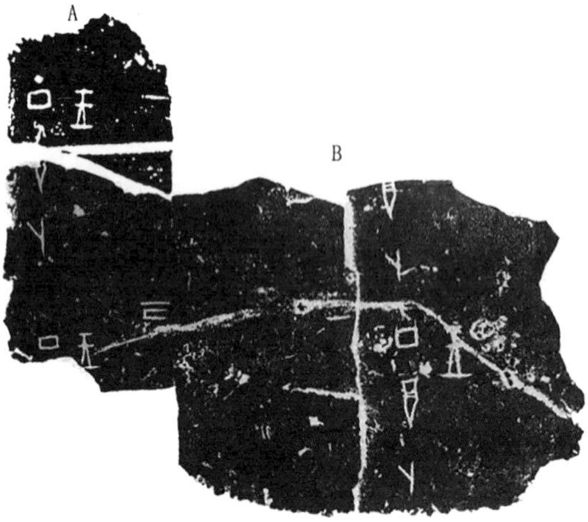

貳甲 30.4：合 23983 綴合②

貳甲 30.5：合 23985

① 貳甲三〇（右）：即合 23983，現藏於臺歷博，爲運臺 1.0519 摹、1.0520 拓。摹本左上角比合 23983 全，合 23983 的“丁”“王”“一”三字已不見。

② 貳甲三〇（右）的綴合組爲：合 23983+ 運臺拓 1.0331，馬尚：《臺灣歷史博物館所藏甲骨綴合五組》，先秦史研究室網站，2020.10.28。綴合與董作賓補釋一致；已實物校驗正確。

三一

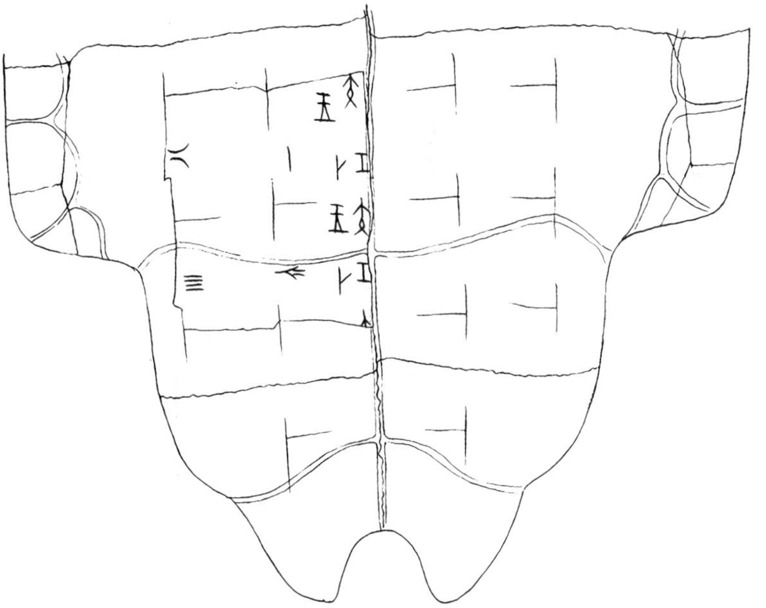

贰甲31.1

三一（與三五可合）

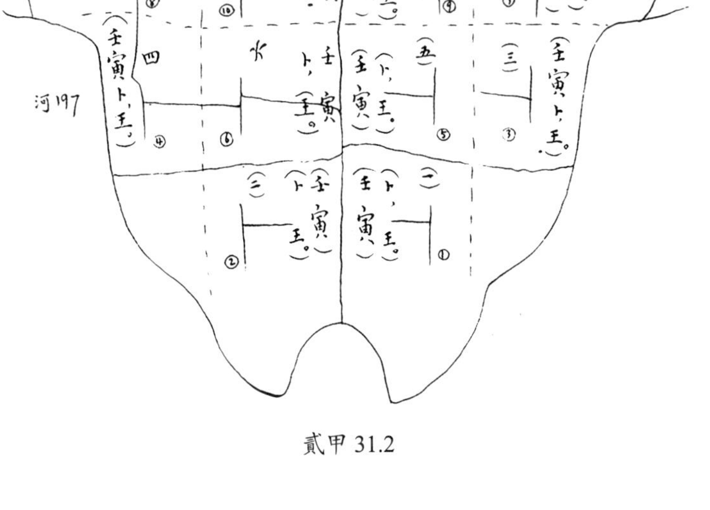

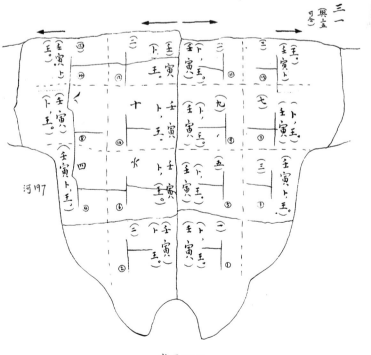

贰甲31.2

貳甲 31.3：合 24014

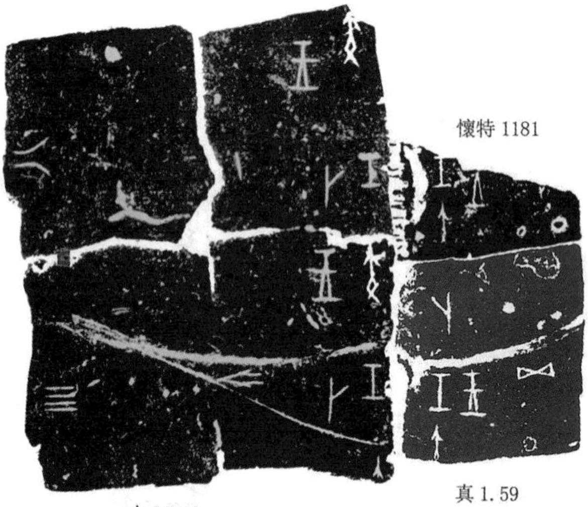

貳甲 31.4：綴合①

① 貳甲三一的綴合組爲：合 24014+ 真 1.59+ 懷特 1181，張軍濤：《殷墟甲骨新綴第 165 則》，先秦史研究室網站，2020.10.5。綴合與董作賓補釋一致。

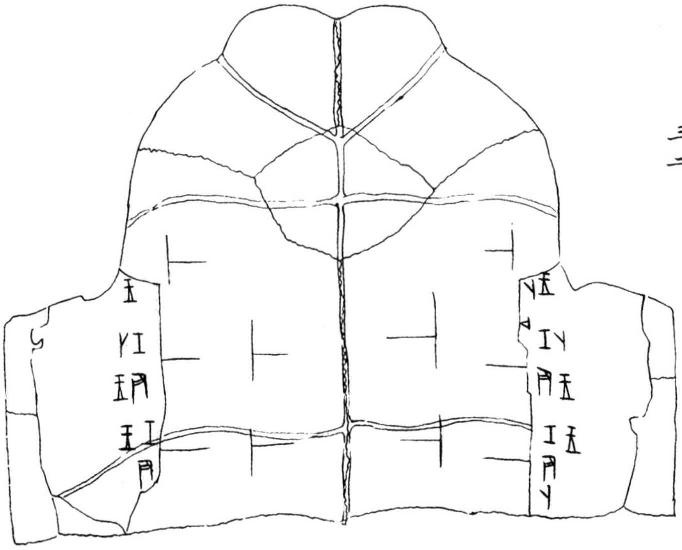

三二

贰甲 32.1

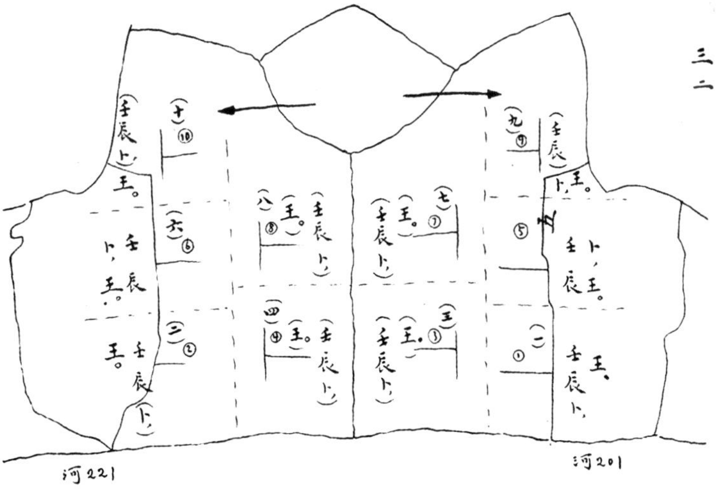

三二

贰甲 32.2

貳甲 32.3 :合 23955[1]

貳甲 32.4 :綴合[2]

貳甲 32.5 :合 23956

---

① 貳甲三二(右):即合 23955 上半,現藏於臺歷博,爲運臺 1.0056（拓、摹）。蔡哲茂指出合 23955 不能綴合,説見蔡哲茂:《〈甲骨綴合續集〉-〈甲骨文合集〉誤綴號碼表》。李宗焜確認誤綴,參《拓片綴合的機會與風險——以河南博物館舊藏甲骨爲中心的檢視》,《甲骨文與殷商史》新十輯。

② 貳甲三二(右)的綴合組爲:合 23955 上半 + 合 24249,嚴一萍綴合,參見《彙編》第 537 則。

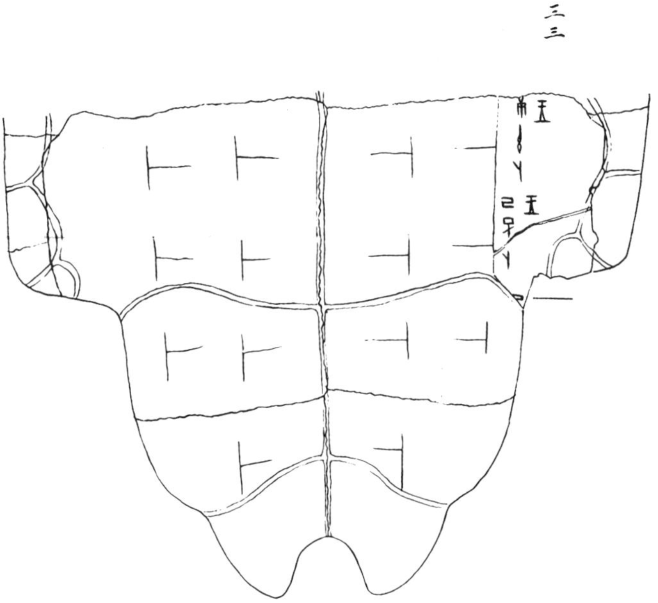

貳甲 33.1

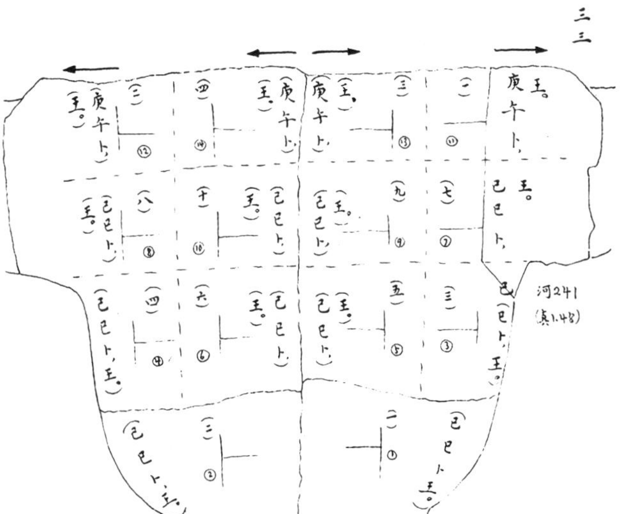

貳甲 33.2

貳甲 33.3：合 23844

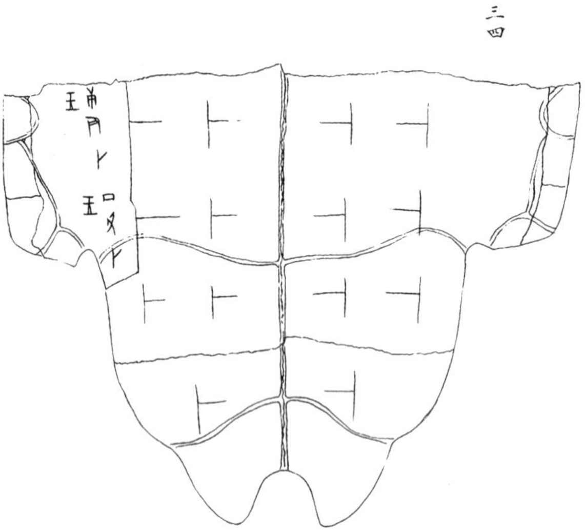

貳甲 34.1

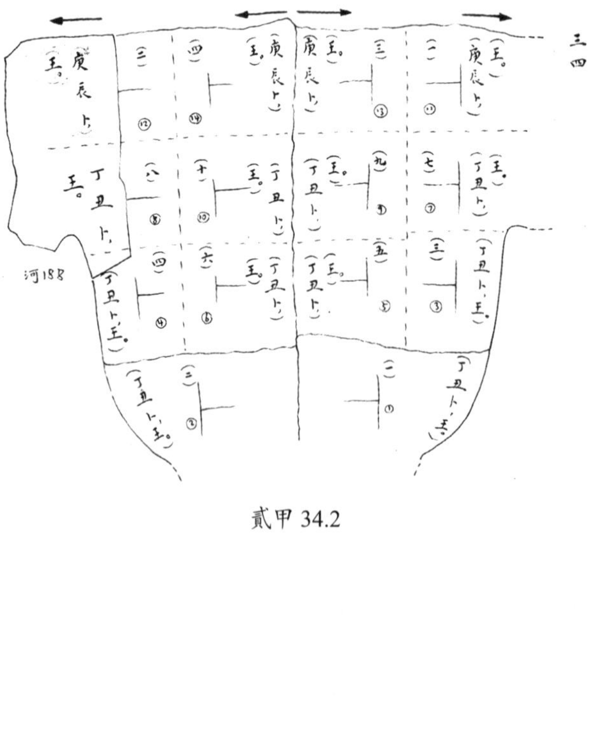

貳甲 34.2

貳甲 34.3：合 23883

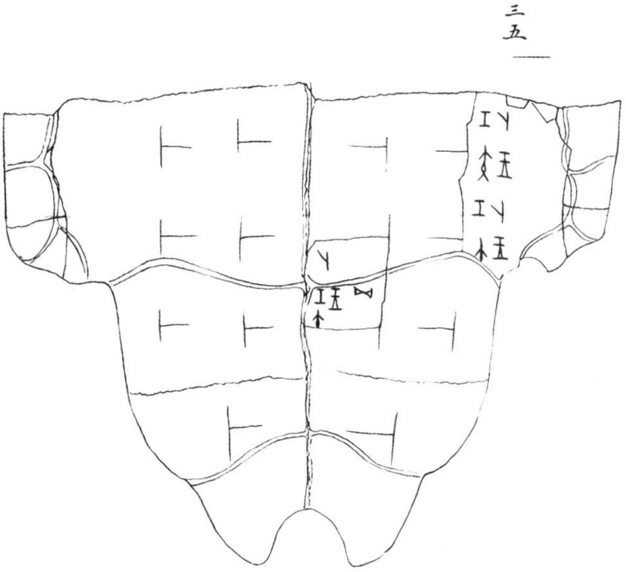

貳甲 35.1

貳甲 35.3：合 24015①

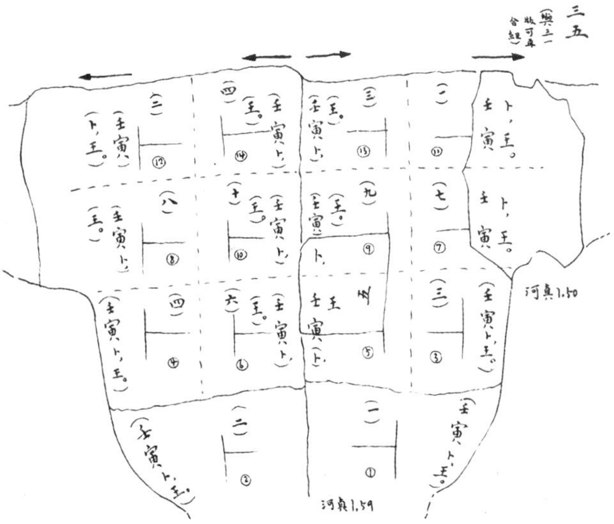

貳甲 35.2

貳甲 35.4：河真 1.59

① 貳甲三五（上）：即合 24015，現藏於臺歷博。河真 1.50 與貳骨一六五重。

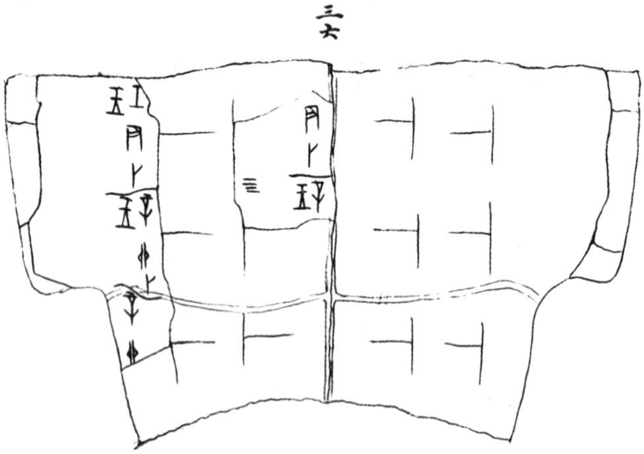

貳甲 36.1

貳甲 36.3：合 23954

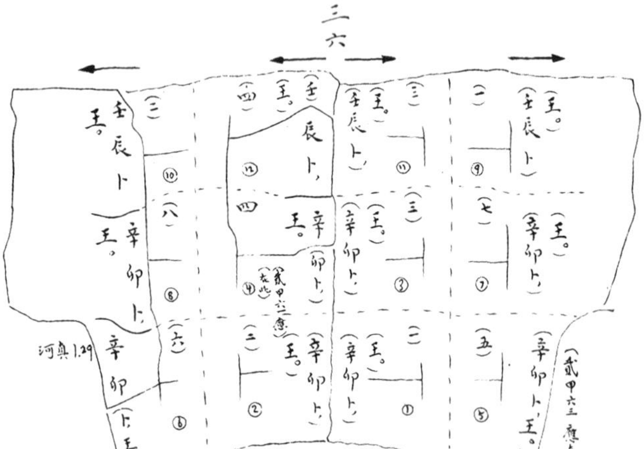

貳甲 36.2

貳甲 36.4：河真 1.37

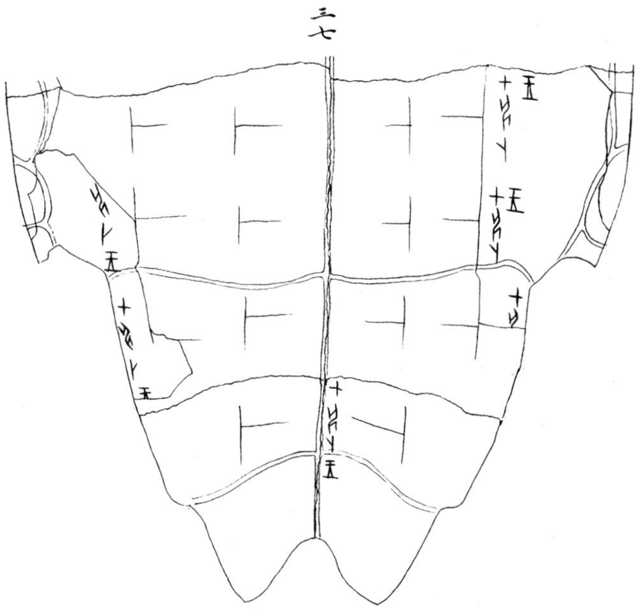

贰甲 37.1

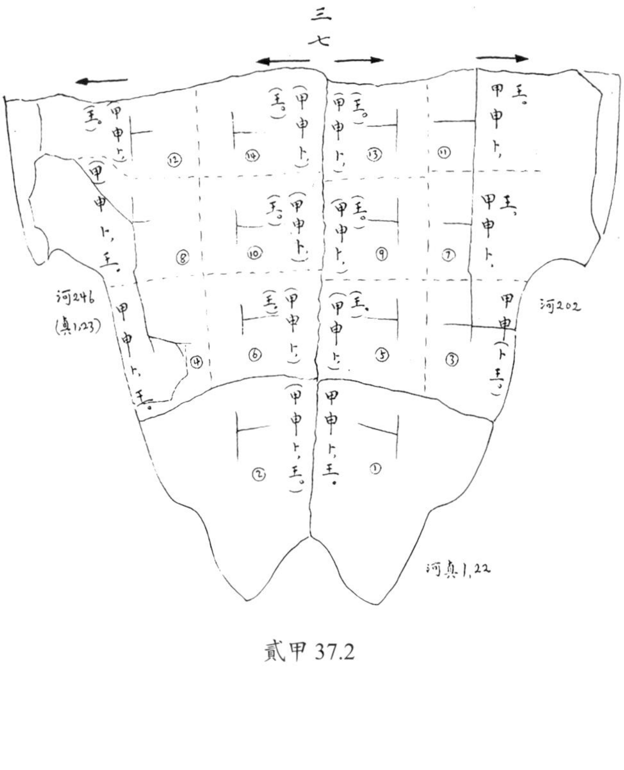

贰甲 37.2

貳甲 37.3：合 23900①

貳甲 37.4：合 23905

貳甲 37.5：合 23910

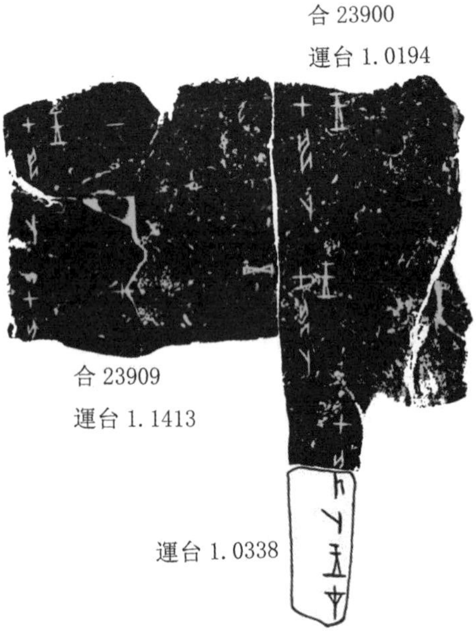

貳甲 37.6：綴合②

① 貳甲三七（右）：即合 23900，現藏於臺歷博，爲運臺 1.0194（拓、摹）。

② 貳甲三七（右）的綴合組爲：合 23900+ 運臺摹 1.338+ 合 23909。又合 23908+ 合 23909，見王紅：《出組卜王卜辭綴合八例》，《故宫博物院院刊》2013 年第 3 期又《拼三》第 754 則；由實物檢驗合 23908 無法綴合，參張軍濤：《殷墟甲骨新綴第 141、142 則》，先秦史研究室網站，2020.6.30。

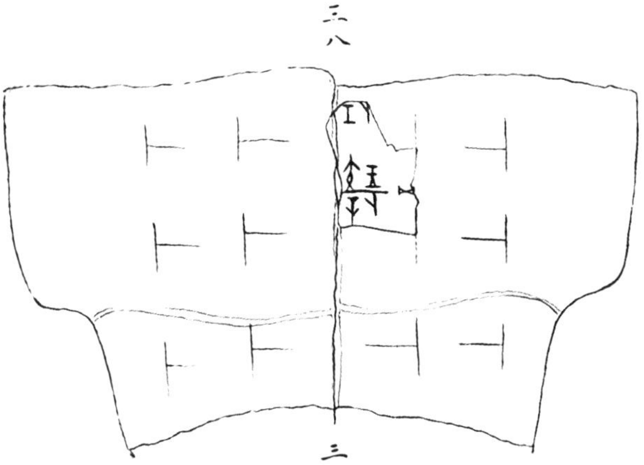

貳甲 38.1

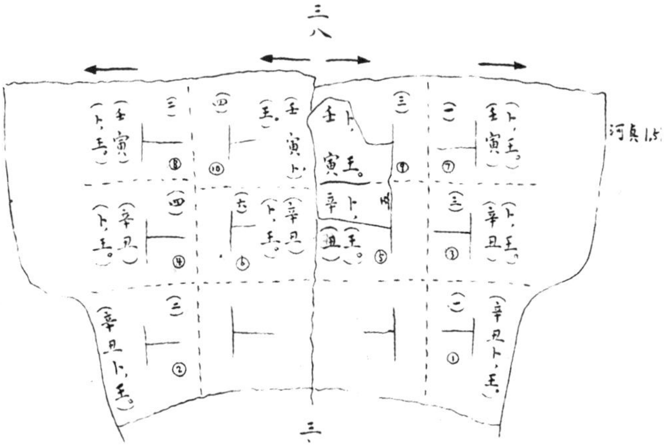

貳甲 38.2

貳甲 38.3 :合 24013

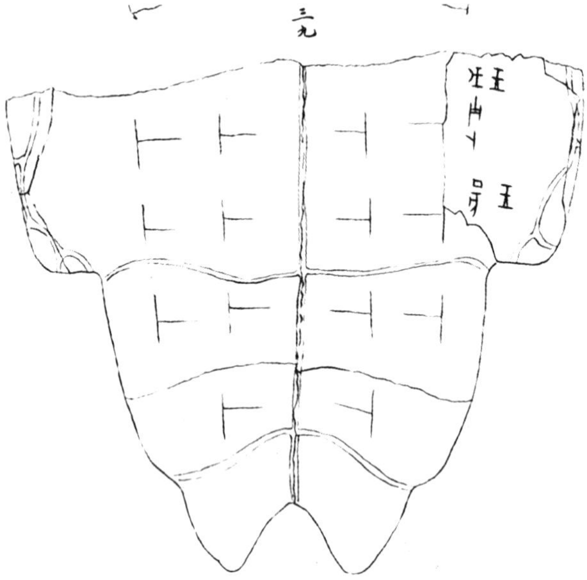

貳甲 39.1

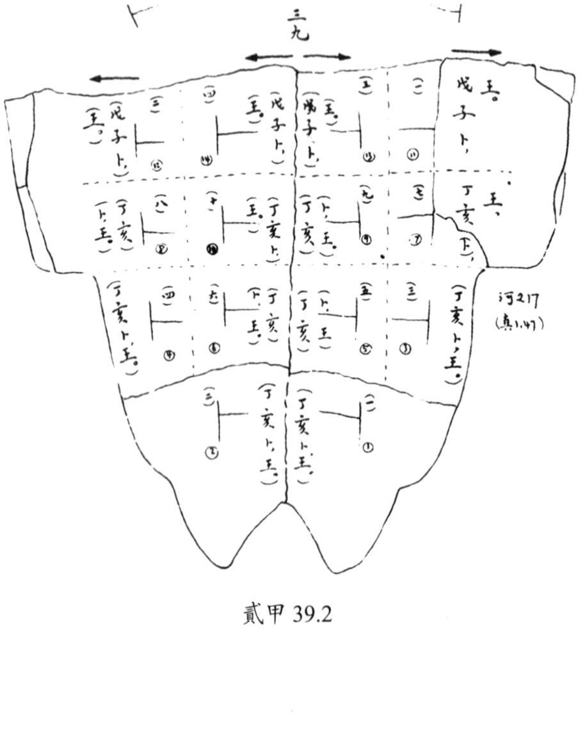

貳甲 39.2

貳甲 39.3：合 23923

貳甲 40.1　　　　　貳甲 40.2　　　　　貳甲 40.3：合 23809

貳甲 41.1　　　　　貳甲 41.2　　　　　貳甲 41.3：河真 1.21

貳甲 42.1　　　　　貳甲 42.2　　　　　貳甲 42.3：河真 1.53

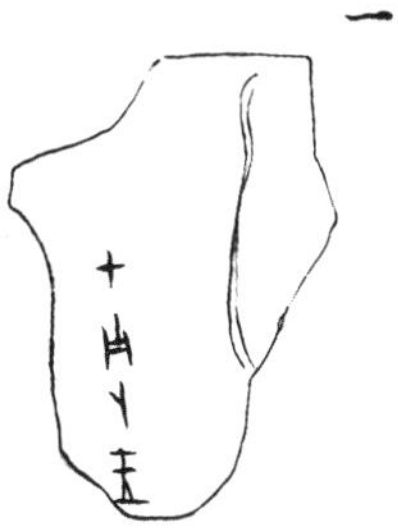

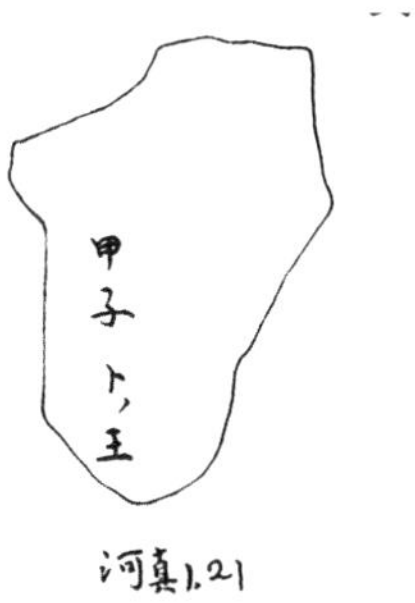

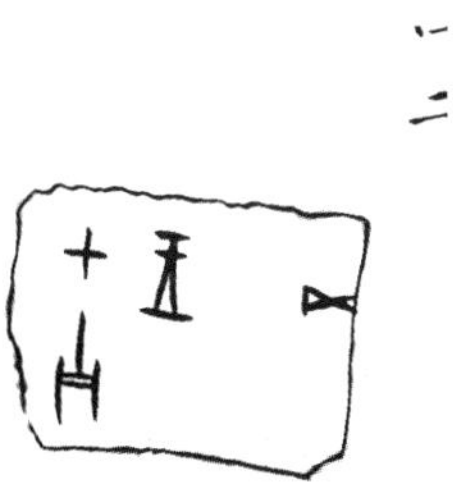

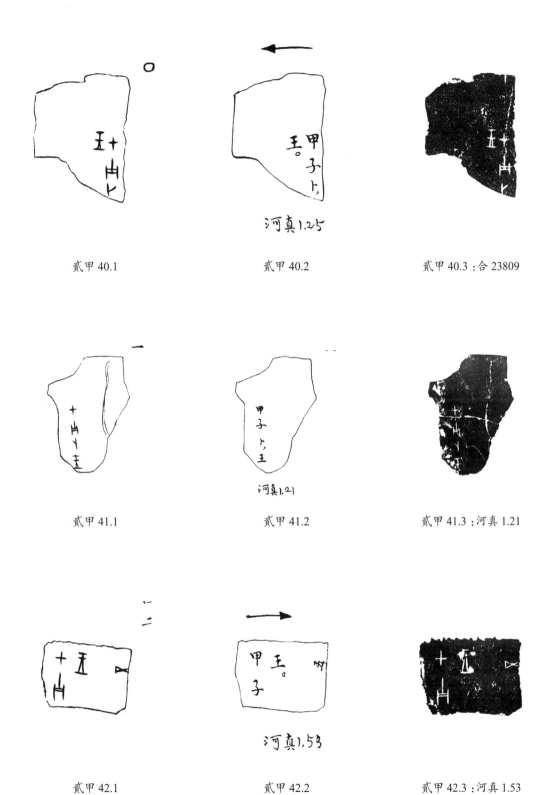

貳甲 43.1

貳甲 43.2

貳甲 43.3：河真 1.54

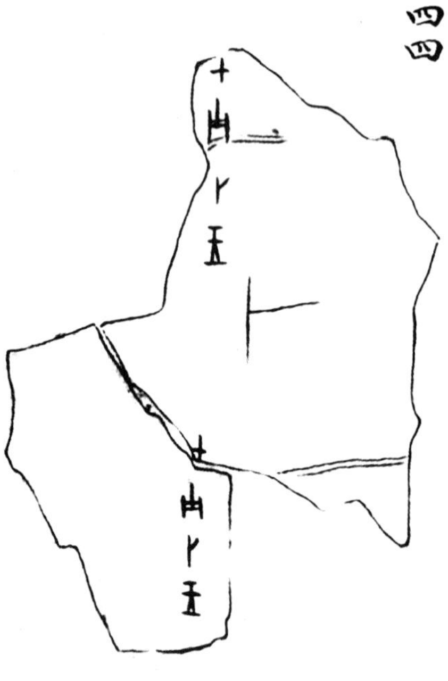

貳甲 44.1

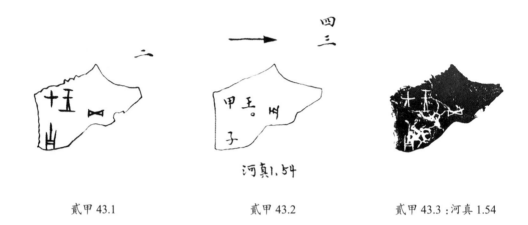

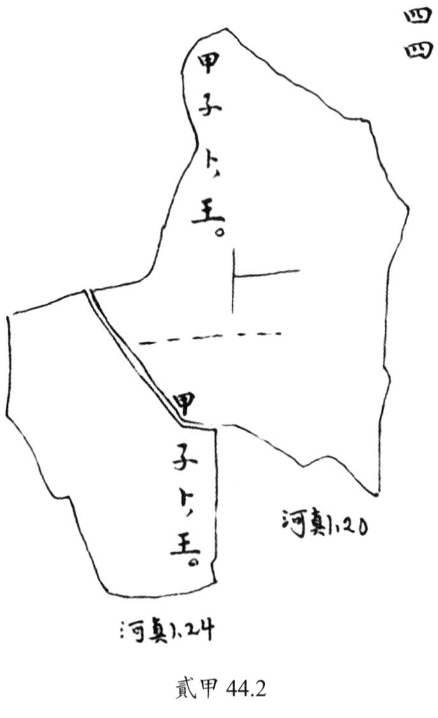

貳甲 44.2

貳甲 44.3：合 23814

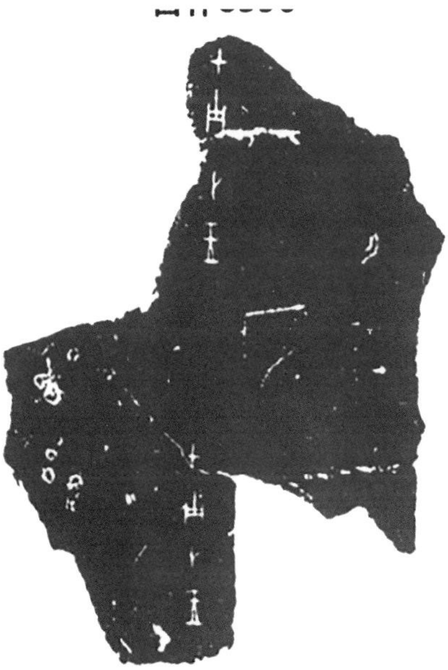

貳甲 44.4：合補 8390①

貳甲 45.1

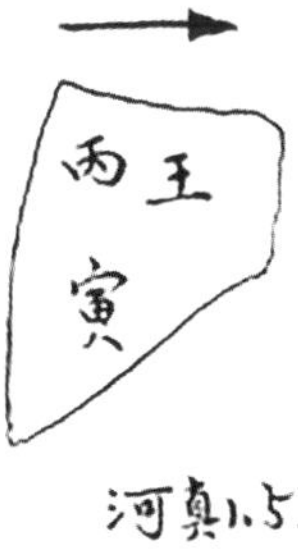

貳甲 45.2

貳甲 45.3：河真 1.55

① 貳甲四四：即合 23814、合補 8390，現藏於臺歷博，爲運臺 1.0515（拓、摹）。綴合組爲合 23814+真 1.24，即合補 8390，見《彙編》第 382 則。合 23814 爲摹本上部。合補 8390 與董作賓的拼綴吻合。

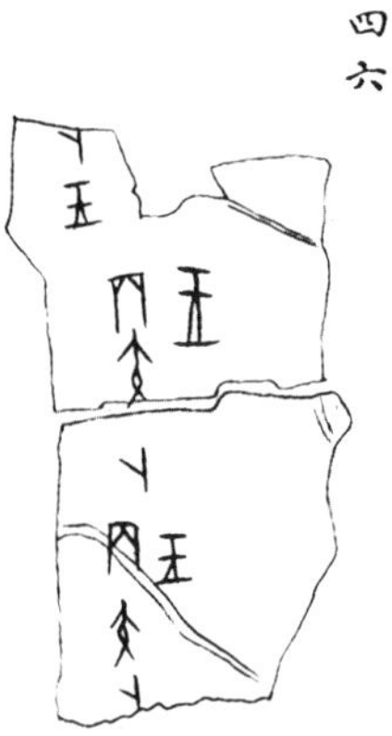

貳甲 46.1

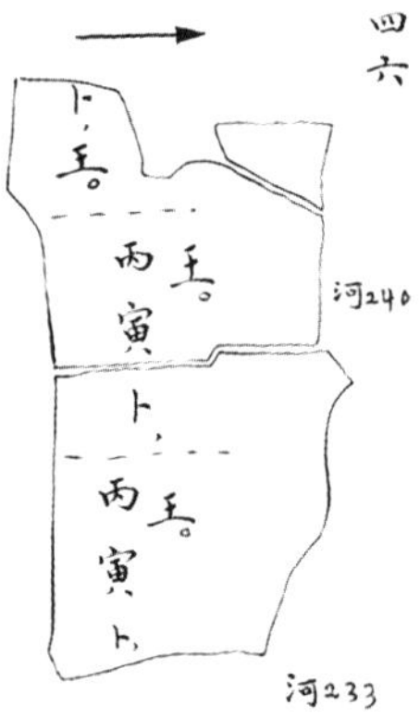

貳甲 46.2

貳甲 46.3：合 23828①

貳甲 47.1

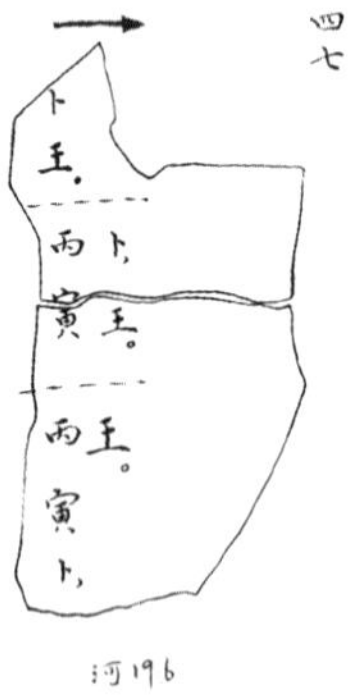

貳甲 47.2

貳甲 47.3：合 23827

貳甲 47.4：綴合②

貳甲 48.1

貳甲 48.2

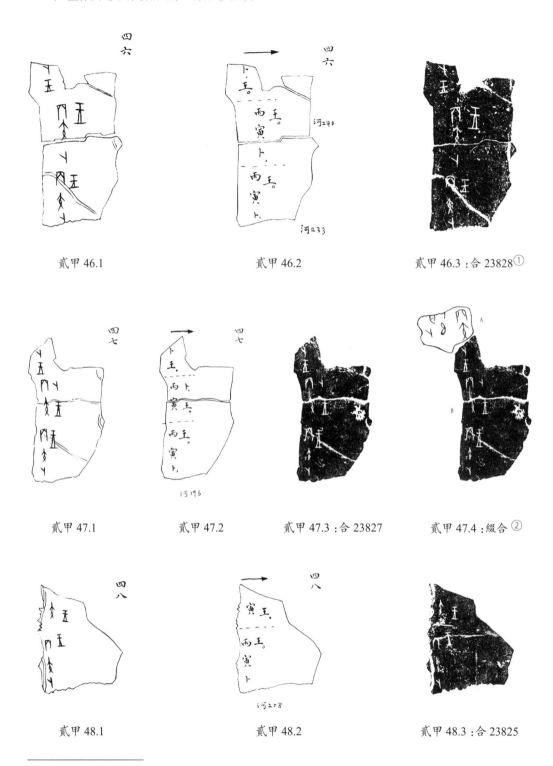

貳甲 48.3：合 23825

① 貳甲四六：即合 23828，現藏於臺歷博，爲運臺 1.0953（拓、摹）。《合集》與董作賓的拼綴吻合。

② 貳甲四七的綴合爲：合 23827+ 運臺摹 1.0517，馬尚：《臺灣歷史博物館所藏甲骨綴合五組》，先秦史研究室網站，2020.10.28。已實物校驗正確（李宗焜）。

貳甲 49.1

貳甲 49.2

貳甲 49.3：合補 8520

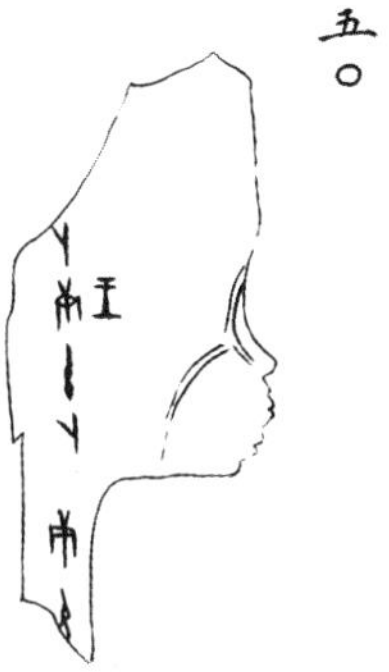

貳甲 50.1

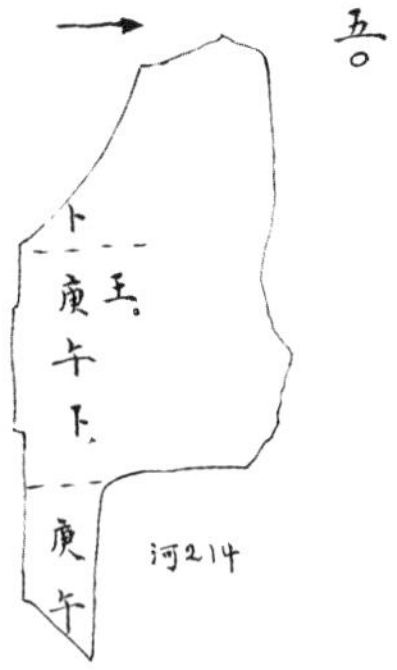

貳甲 50.2

貳甲 50.3：合 23850

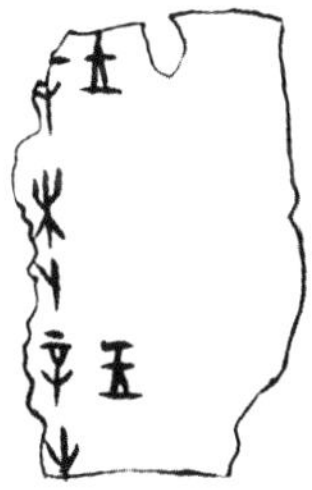

貳甲 51.1

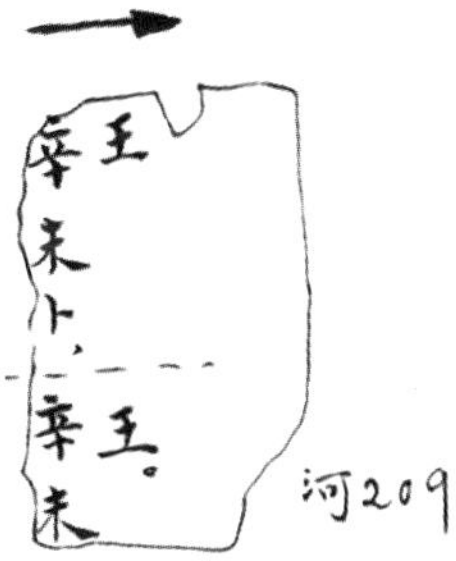

貳甲 51.2

貳甲 51.3：録 209

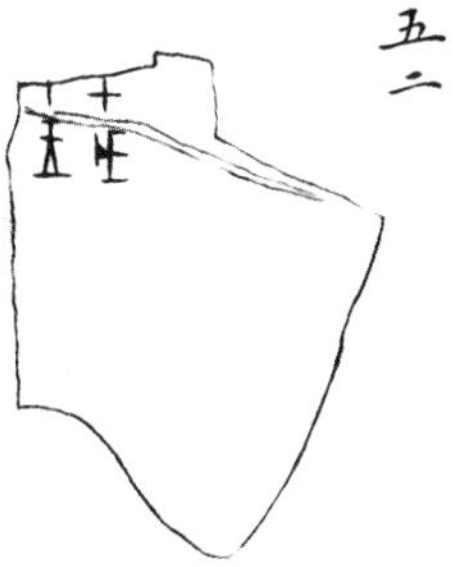

貳甲 52.1

貳甲 52.2

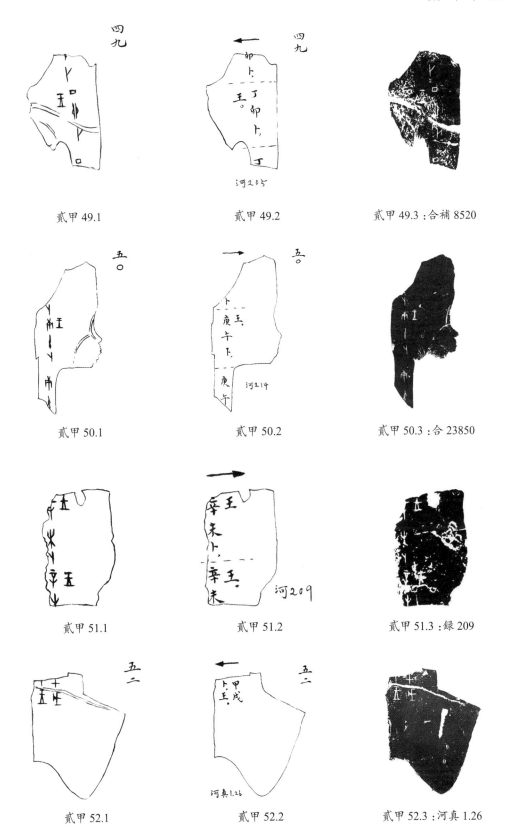

貳甲 52.3：河真 1.26

貳甲 53.1

貳甲 53.2

貳甲 53.3：合補 7239

貳甲 54.1

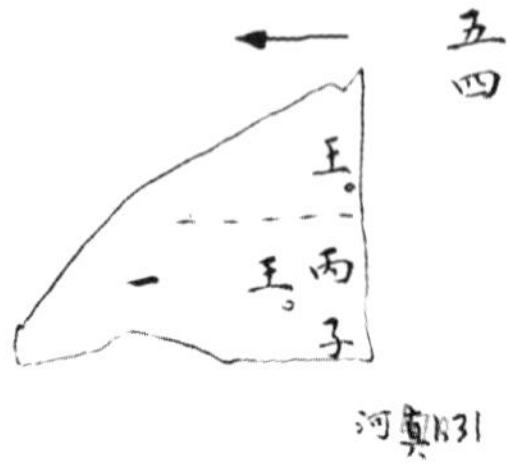

貳甲 54.2

貳甲 54.3：河真 1.31

貳甲 55.1

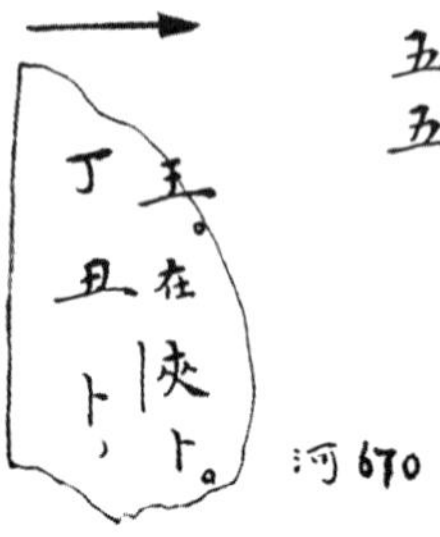

貳甲 55.2

貳甲 55.3：合 24240

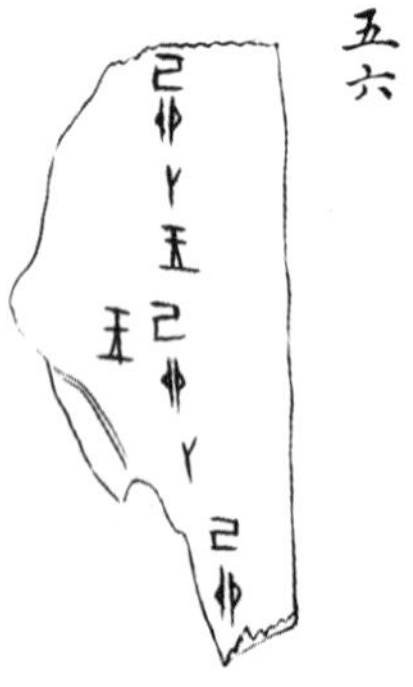

貳甲 56.1

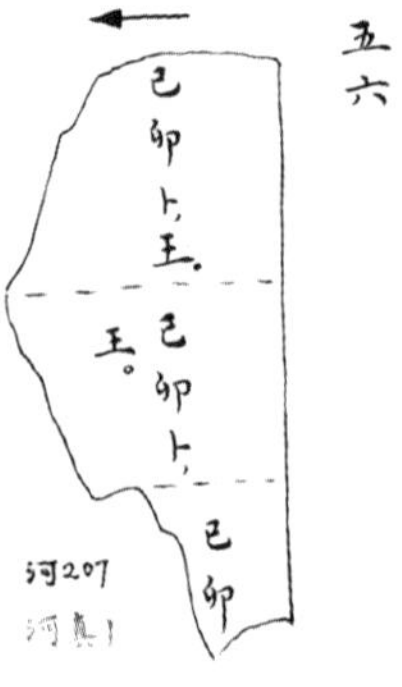

貳甲 56.2

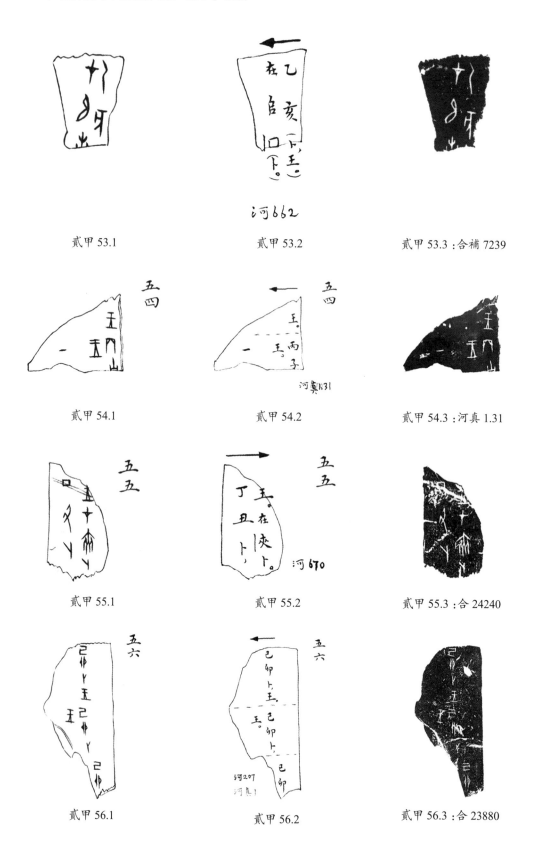

貳甲 56.3：合 23880

貳甲 57.1　　　　貳甲 57.2　　　　貳甲 57.3：合 23889

貳甲 58.1　　　　貳甲 58.2　　　　貳甲 58.3：合 24242

貳甲 59.1　　　　貳甲 59.2　　　　貳甲 59.3：合 23907

貳甲 60.1　　　　貳甲 60.2　　　　貳甲 60.3：戩 49.12

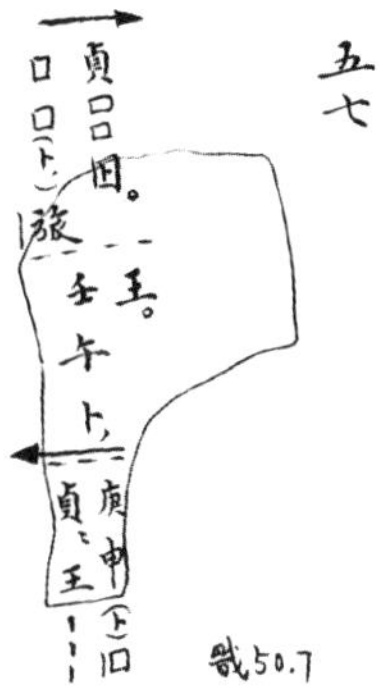

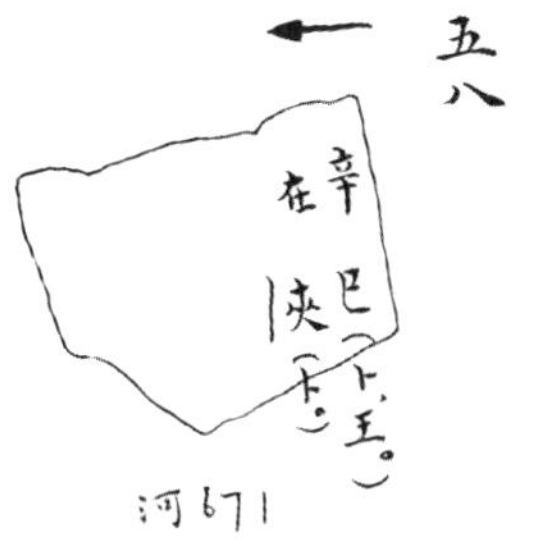

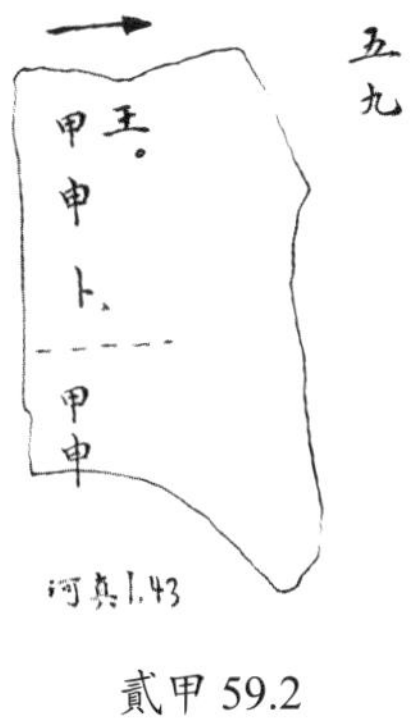

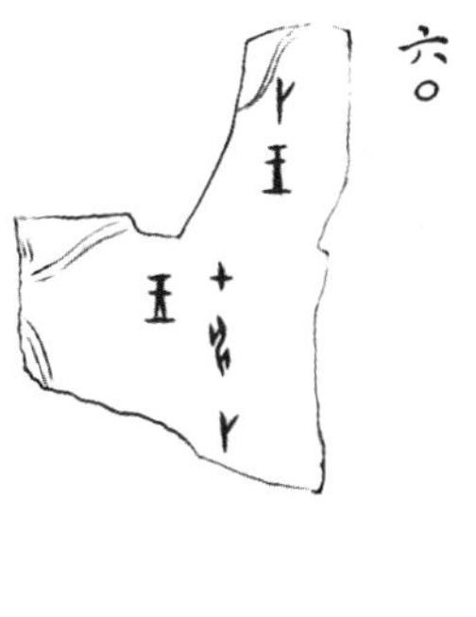

貳甲 61.1

貳甲 61.2

貳甲 61.3：河真 1.36

貳甲 62.1

貳甲 62.2

貳甲 62.3：真 1.58

貳甲 63.1

貳甲 63.2

貳甲 63.3：合 23950

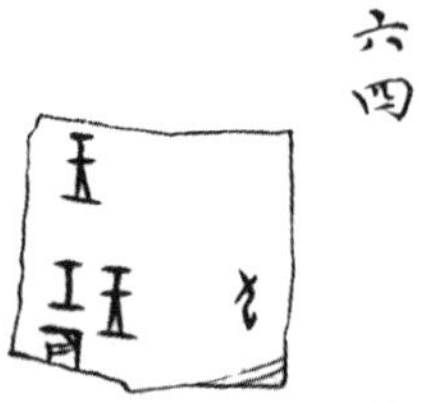

貳甲 64.1

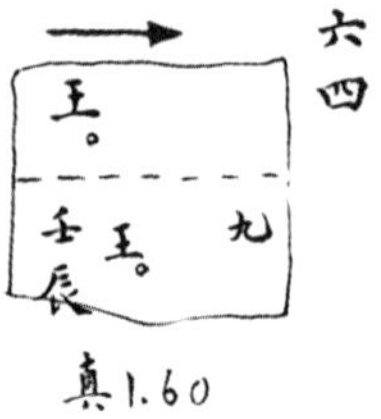

貳甲 64.2

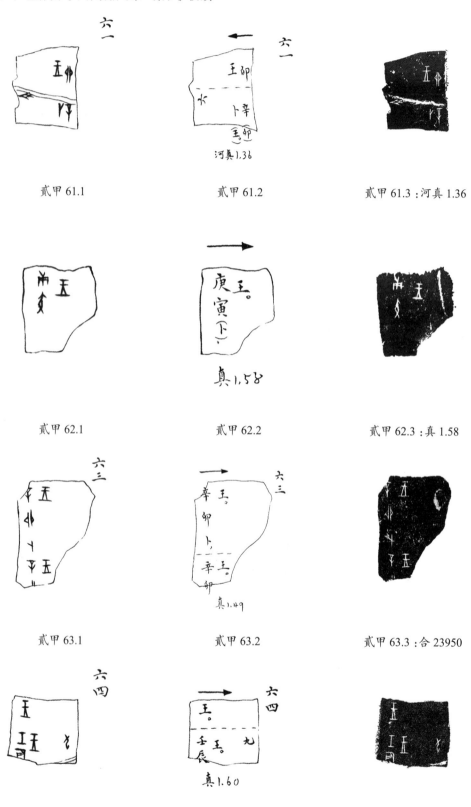

貳甲 64.3：合補 8553

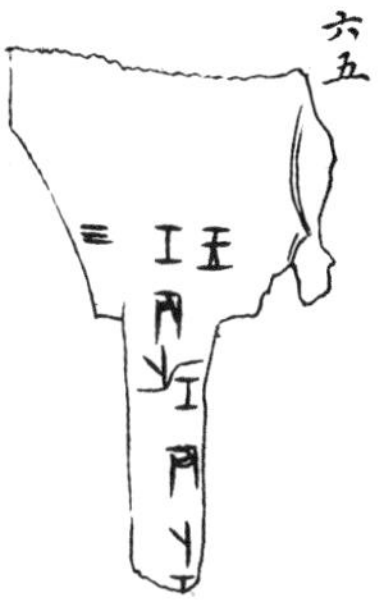

貳甲 65.1

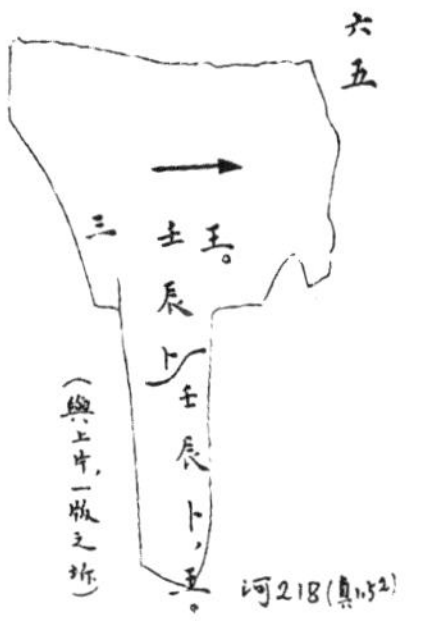

貳甲 65.2

貳甲 65.3 :合 23955①

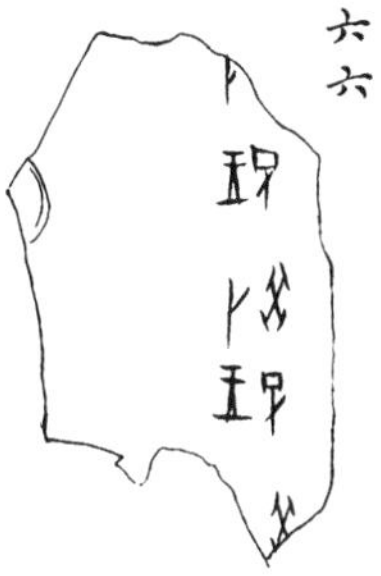

貳甲 66.1

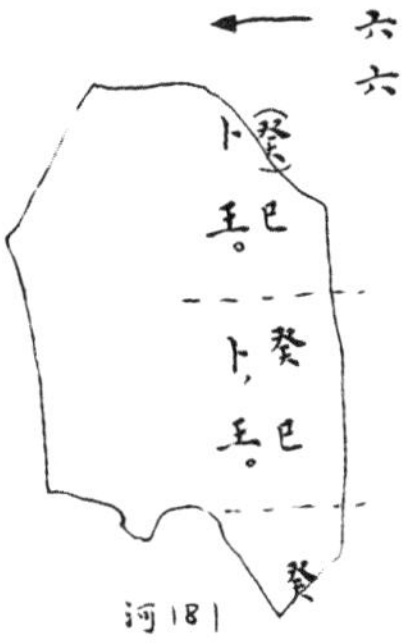

貳甲 66.2

貳甲 66.3 :合 23963

貳甲 67.1

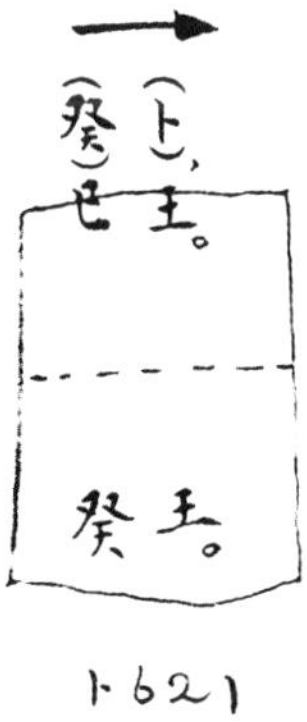

貳甲 67.2

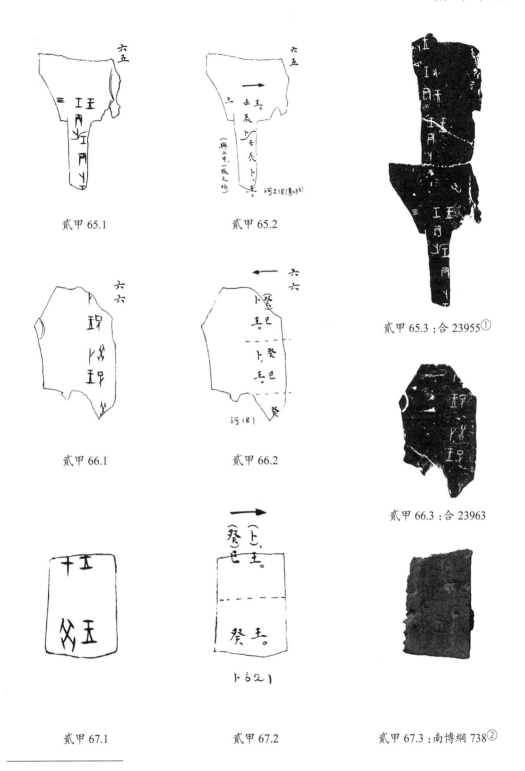

貳甲 67.3 :南博網 738②

① 貳甲六五 :即合 23955 (下),現藏於臺歷博,爲運臺 1.0056 (拓、摹)。蔡哲茂指出合 23955 不能綴合,説見蔡哲茂 :《〈甲骨綴合續集〉–〈甲骨文合集〉誤綴號碼表》。

② 貳甲六七 :《合集》《合補》未收,現藏於南博,實物照片見南博網 738。

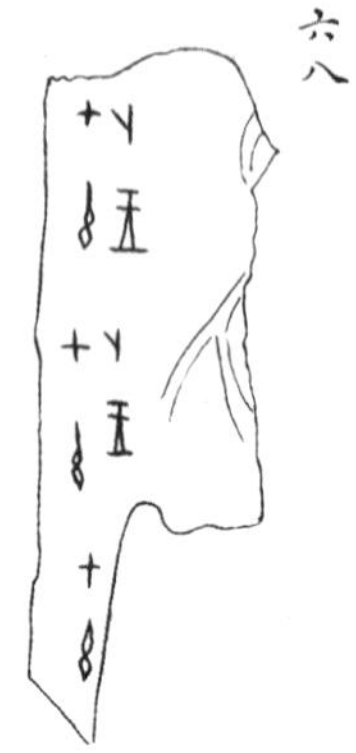

貳甲 68.1

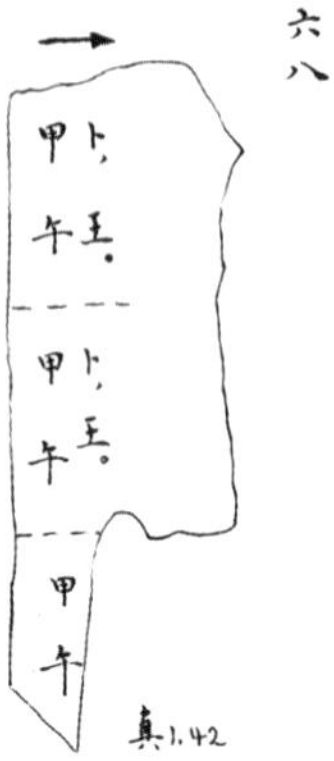

貳甲 68.2

貳甲 68.3：合 23967

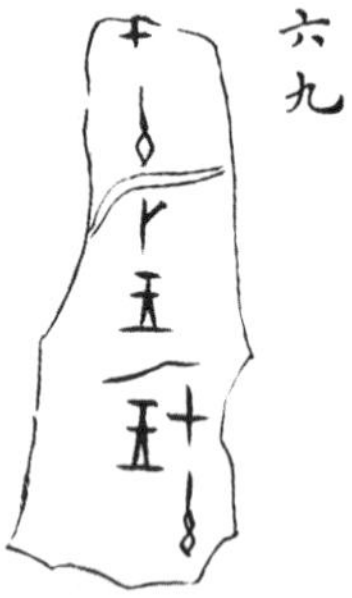

貳甲 69.1

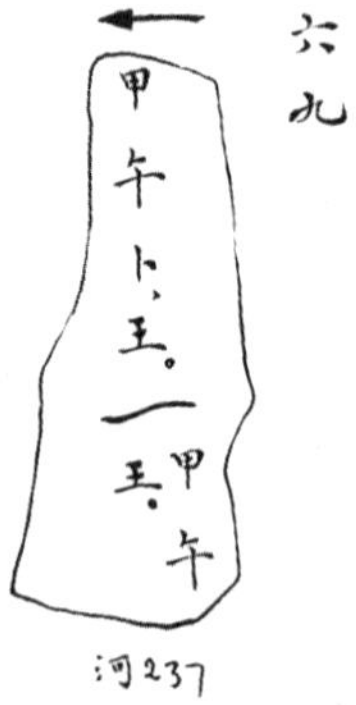

貳甲 69.2

貳甲 69.3：合 23969

貳甲 70.1

貳甲 70.2

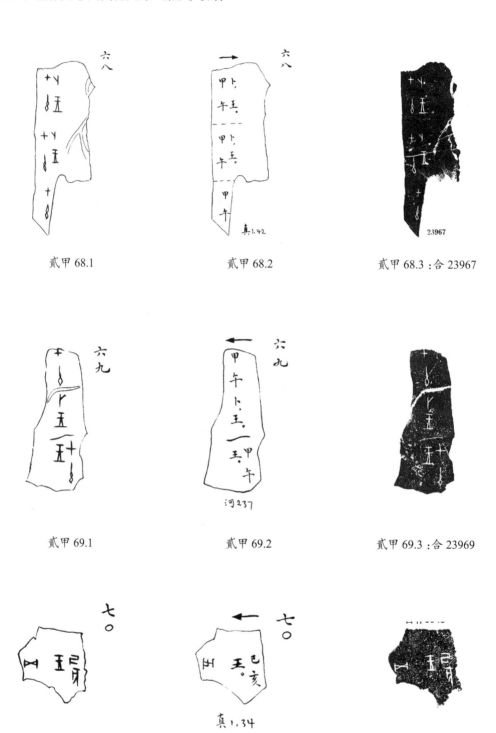

貳甲 70.3：合補 8548

貳甲 71.1

貳甲 71.2

貳甲 71.3：真 1.33

貳甲 72.1

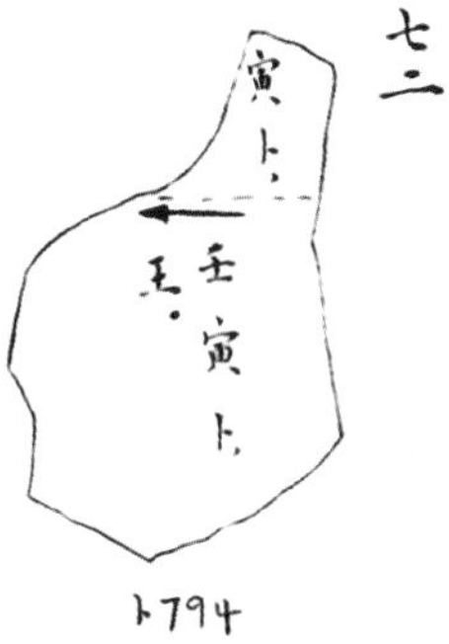

貳甲 72.2

貳甲 72.3：南博網 509[1]

貳甲 73.1

貳甲 73.2

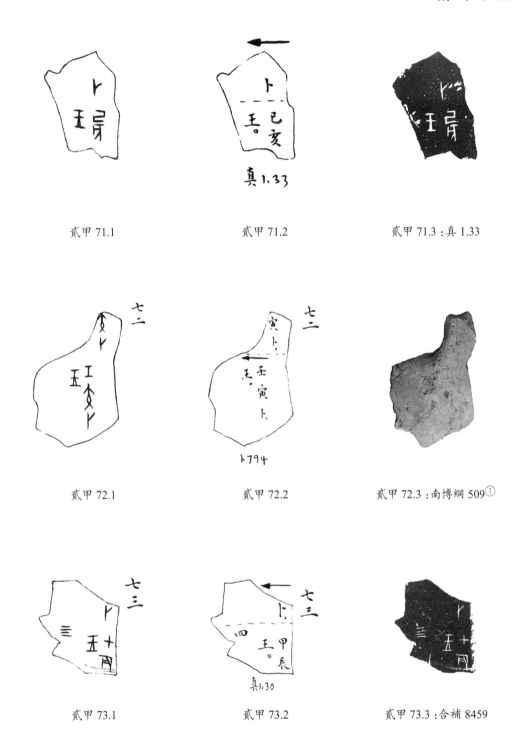

貳甲 73.3：合補 8459

---

① 貳甲七二：《合集》《合補》未收，現藏於南博，實物照片見南博網 509。

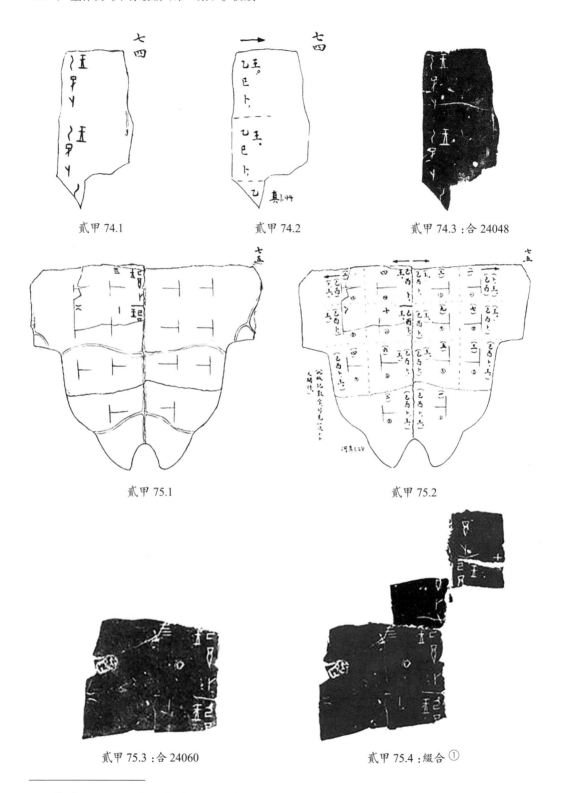

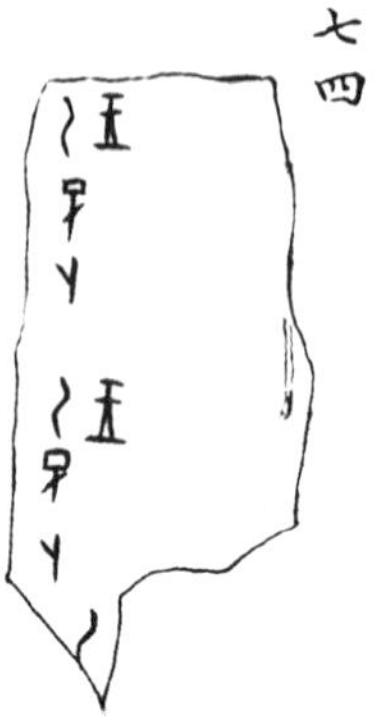

貳甲 74.1

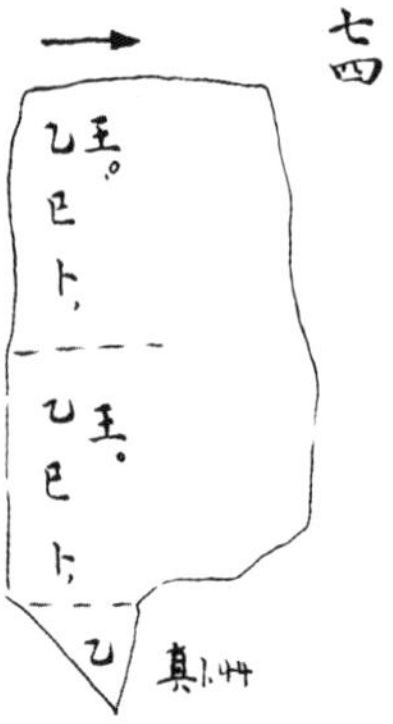

貳甲 74.2

貳甲 74.3：合 24048

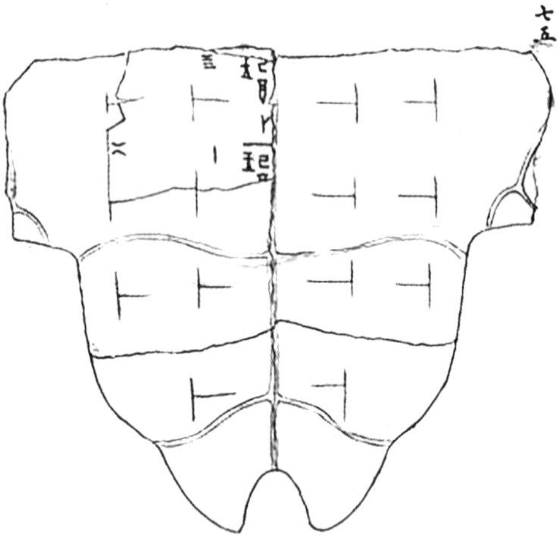

貳甲 75.1

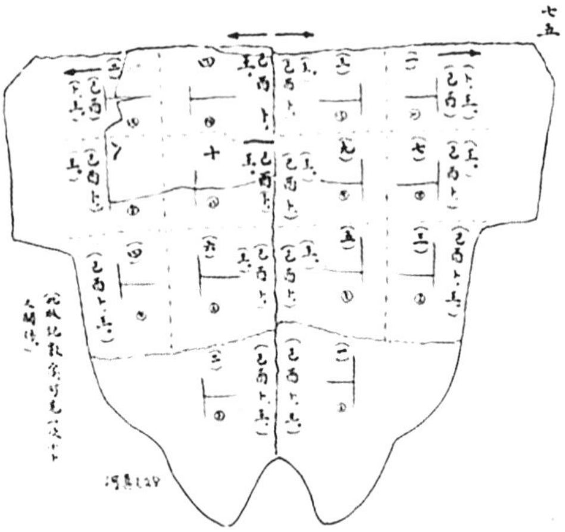

貳甲 75.2

貳甲 75.3：合 24060

貳甲 75.4：綴合①

① 貳甲七五的綴合組爲：合 24060+ 懷特 1193+ 真 1.57，張軍濤在《拼三》第 764 則基礎上加綴真 1.57，見《殷墟甲骨新綴第 158～164 則》，先秦史研究室網站，2020.9.30。

貳甲 76.1

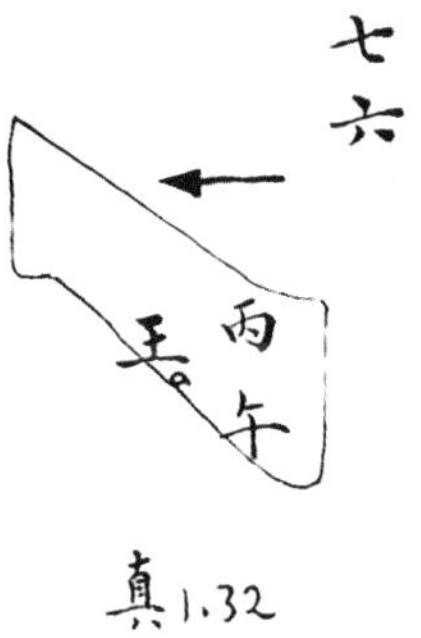

貳甲 76.2

貳甲 76.3：真 1.32

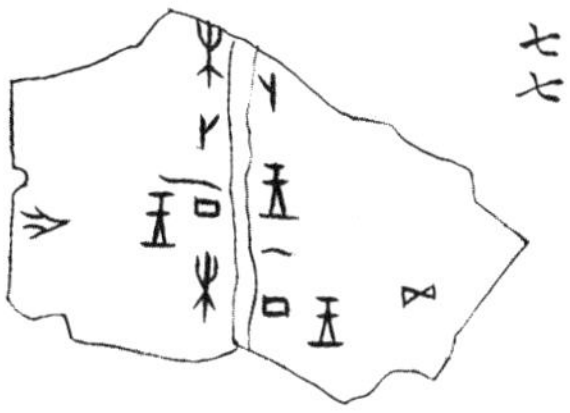

貳甲 77.1

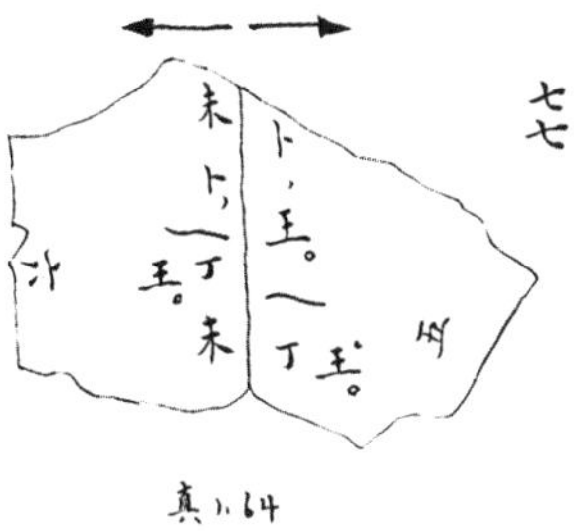

貳甲 77.2

貳甲 77.3：合 24053

貳甲 78.1

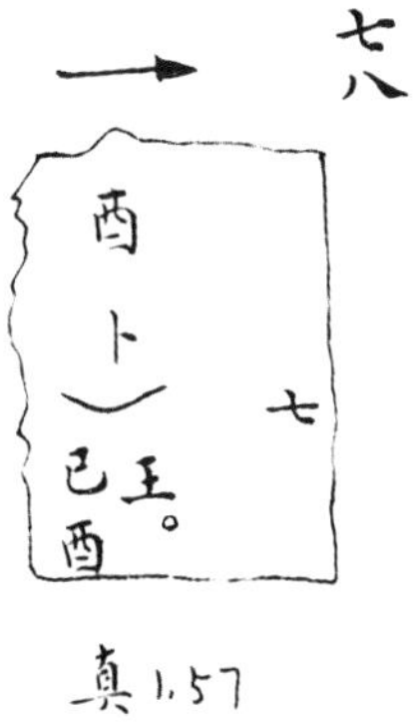

貳甲 78.2

貳甲 78.3：合補 8569

貳甲 79.1

貳甲 79.2

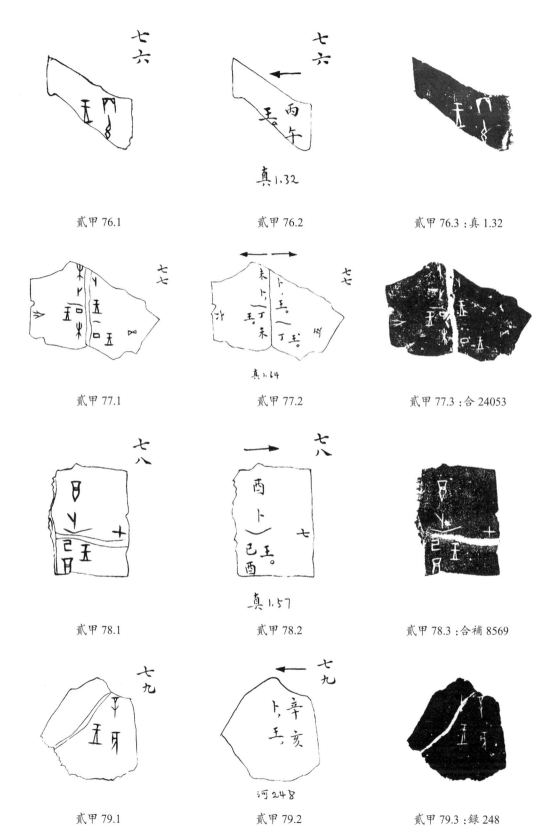

貳甲 79.3：録 248

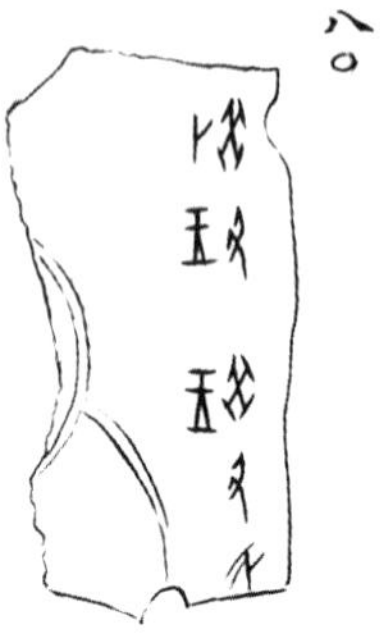

貳甲 80.1

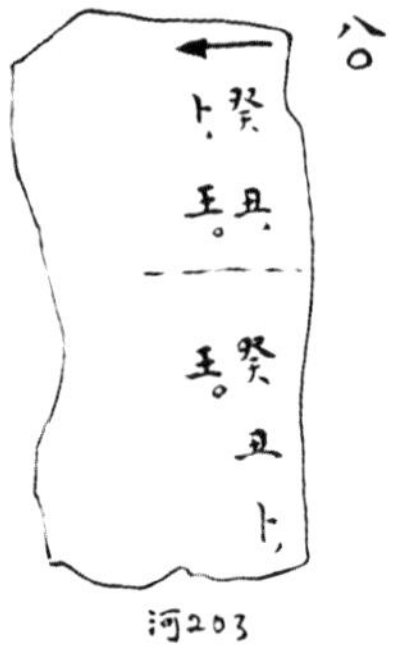

貳甲 80.2

貳甲 80.3 ：合 24068

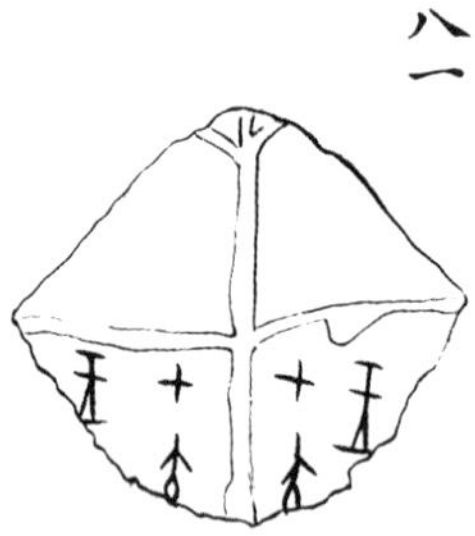

貳甲 81.1

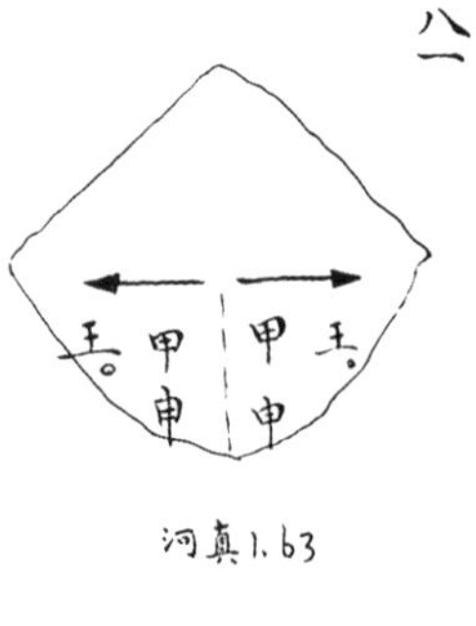

貳甲 81.2

貳甲 81.3 ：合 24069

貳甲 82.1

貳甲 82.2

貳甲 82.3：録 199

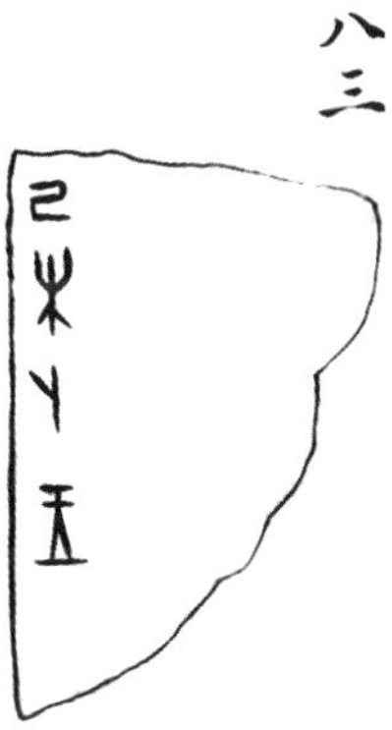

貳甲 83.1

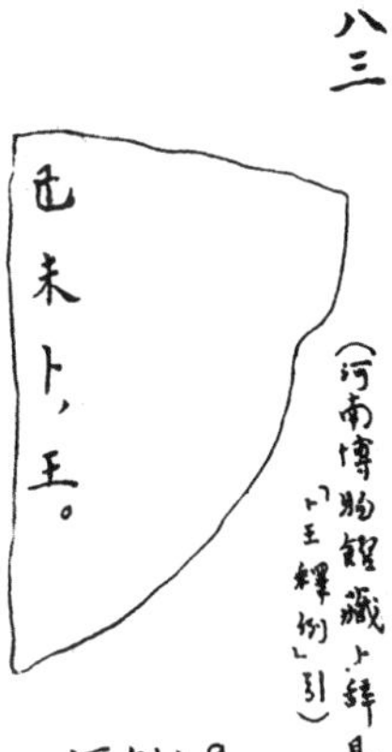

貳甲 83.2

貳甲 83.3：合 24090

貳甲 84.1

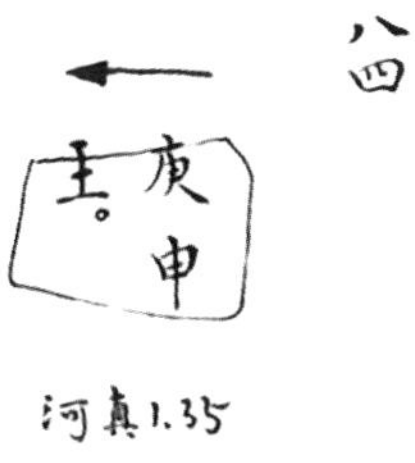

貳甲 84.2

貳甲 84.3：河真 1.35

貳甲 85.1

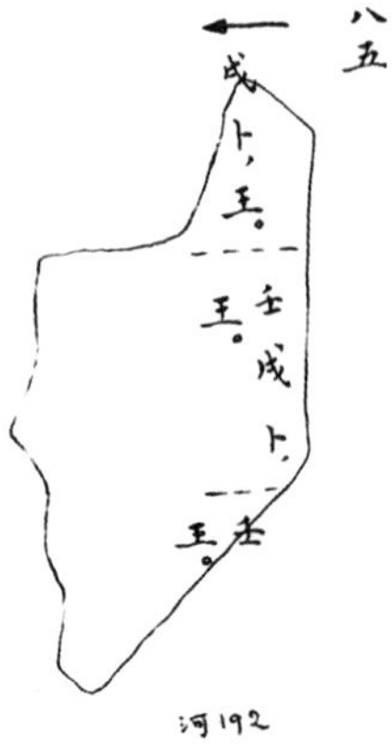

貳甲 85.2

貳甲 85.3：合 24104

貳甲 86.1

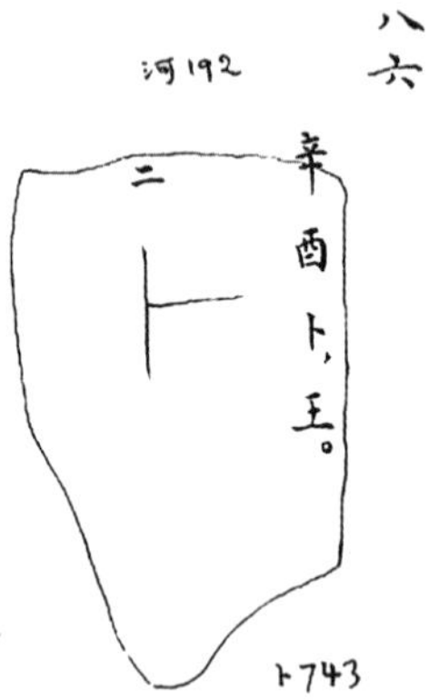

貳甲 86.2

貳甲 86.3：南博網 595①

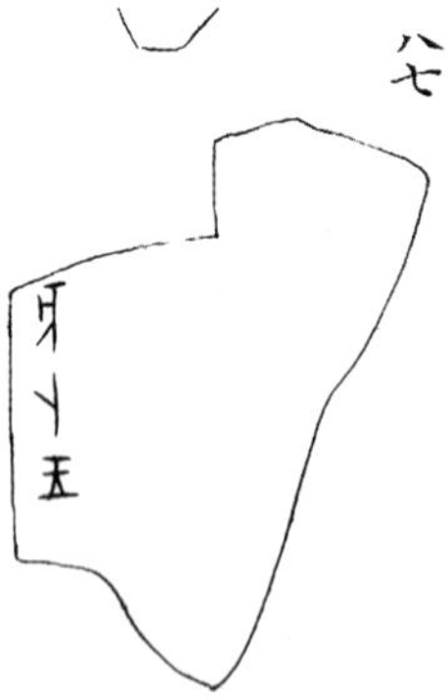

貳甲 87.1

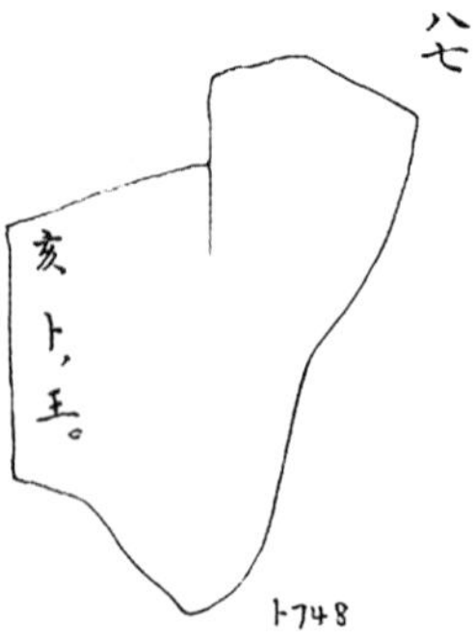

貳甲 87.2

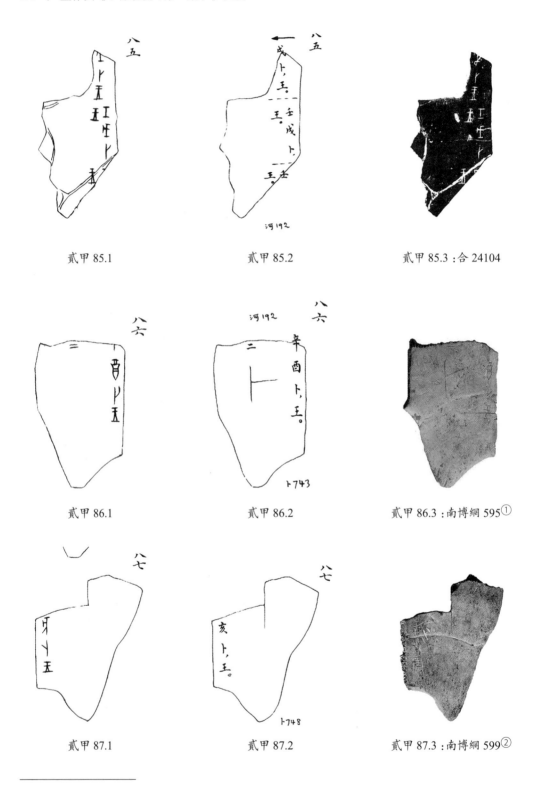

貳甲 87.3：南博網 599②

---

① 貳甲八六：《合集》《合補》未收，現藏於南博，實物照片見南博網 595。

② 貳甲八七：《合集》《合補》未收，現藏於南博，實物照片見南博網 599。

貳甲 88.1

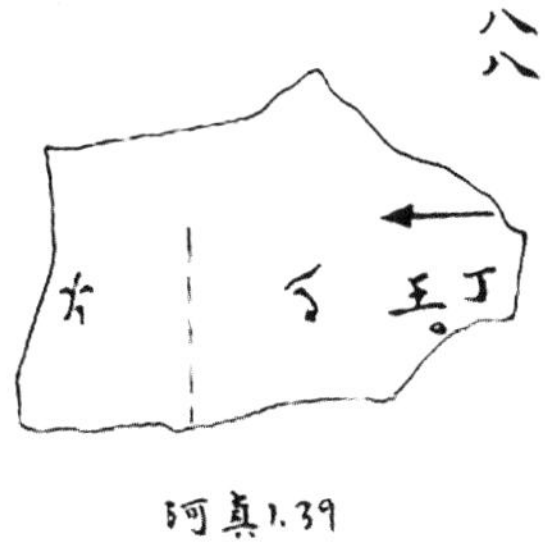

貳甲 88.2

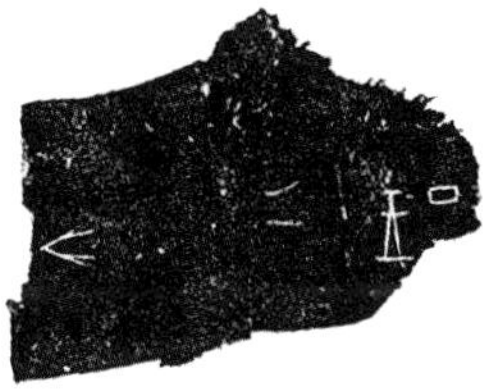

貳甲 88.3：合補 8492

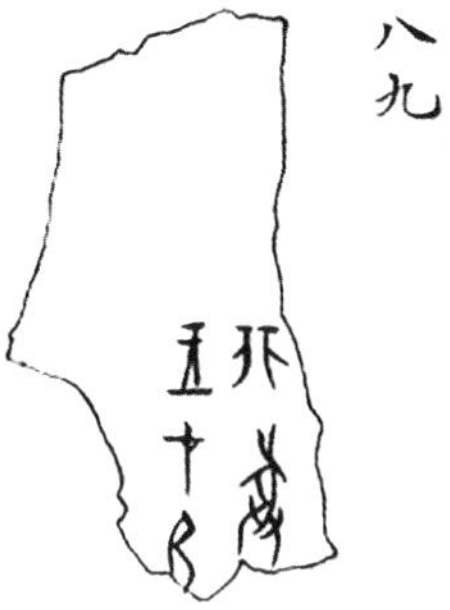

貳甲 89.1

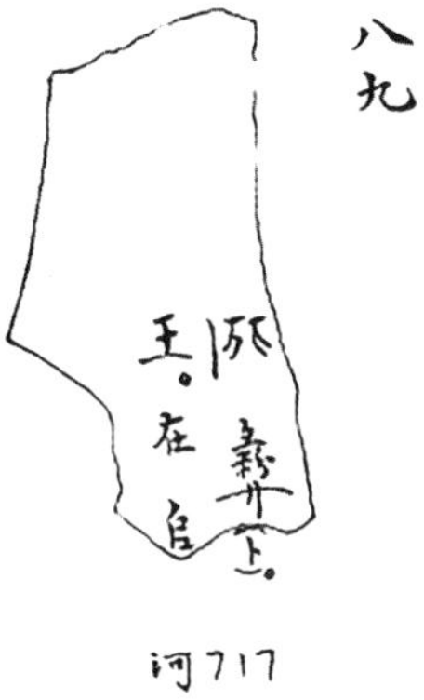

貳甲 89.2

貳甲 89.3：合 24342

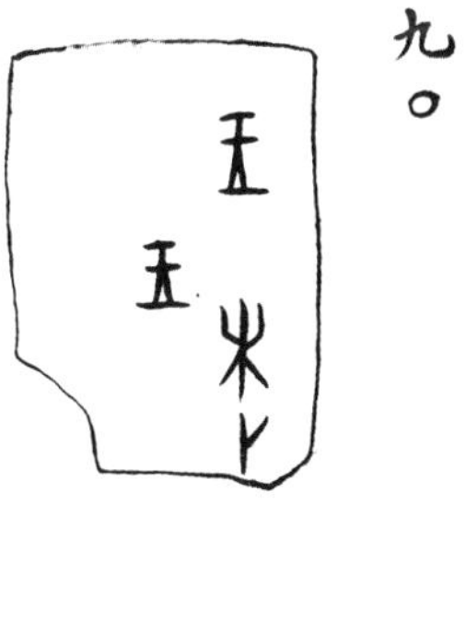

貳甲 90.1

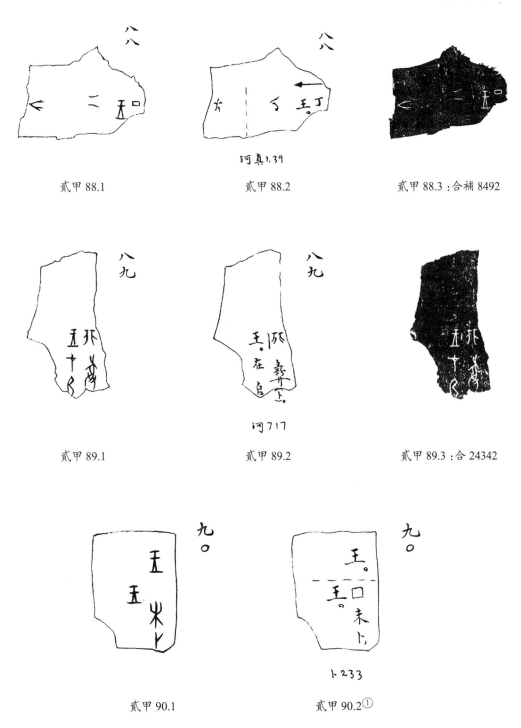

貳甲 90.2①

---

① 貳甲九〇：卜 233,《合集》《合補》未收,現藏不詳。《卜》即《殷虚卜辭》(明義士)的簡稱,亦簡稱《虚》,原著録所收甲骨均爲摹本。

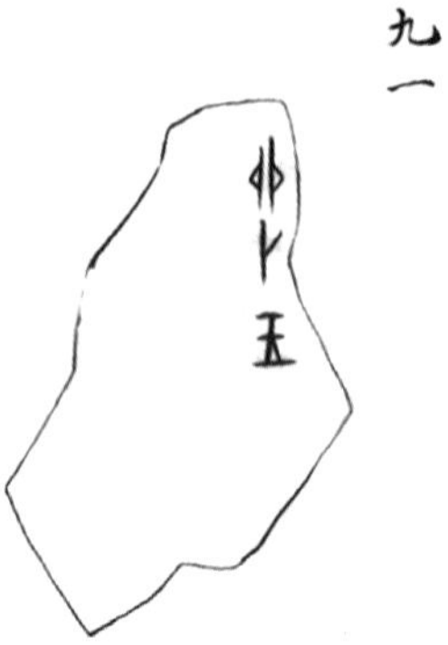

貳甲 91.1

貳甲 91.2①

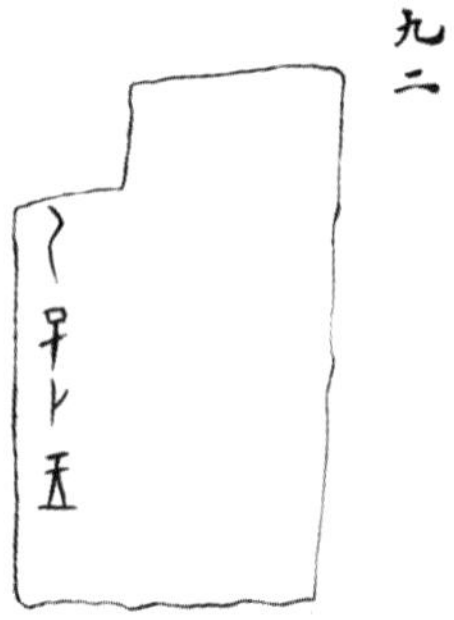

貳甲 92.1

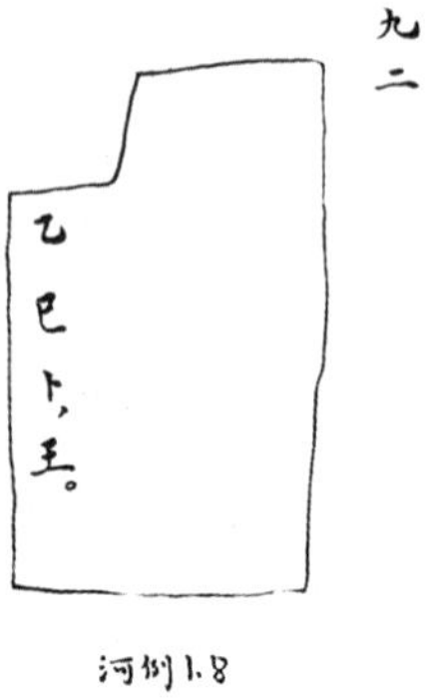

貳甲 92.2②

貳甲 92.3：合 24043

貳甲 93.1

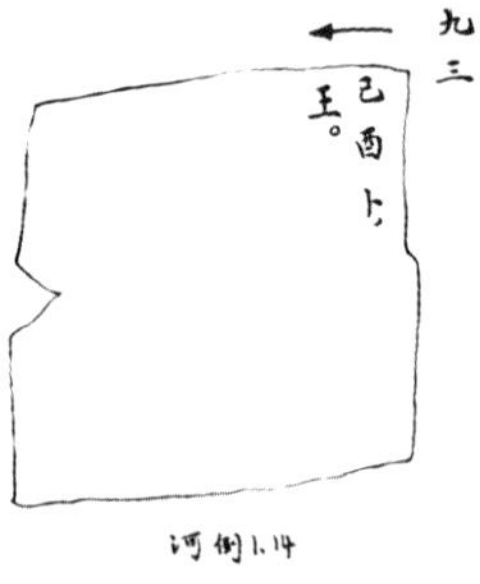

貳甲 93.2③

貳甲 94.1

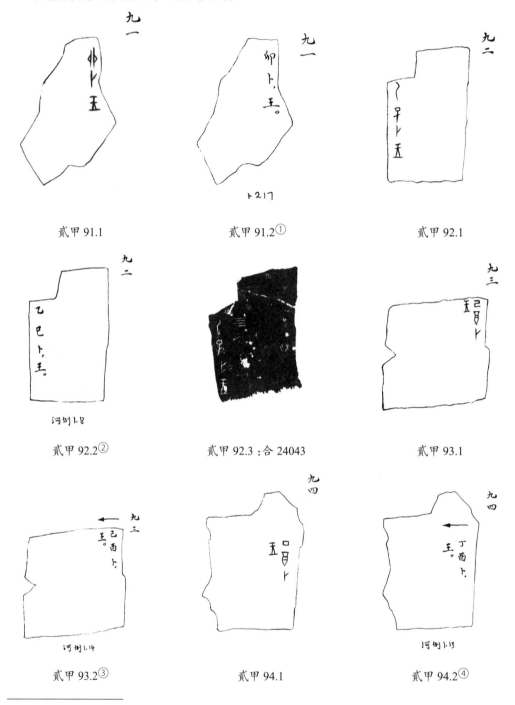

貳甲 94.2④

---

① 貳甲九一：卜 217，《合集》《合補》未收，現藏不詳。原著録亦爲摹本。

② 貳甲九二：即合 24043，現藏於臺歷博。摹本漏“四”字。

③ 貳甲九三：河例 1.14，《合集》《合補》未收，現藏不詳。“河例某號”爲許敬參著《契文卜王釋例》及《續》（刊於《河南博物館館刊》，1936 年第 4、5 期），文中所引甲骨之簡稱編號，皆爲摹本，拓本多數不見於著録。

④ 貳甲九四：河例 1.13，《合集》《合補》未收，現藏不詳。

貳甲 95.1

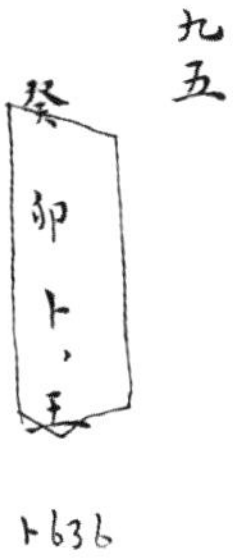

貳甲 95.2

貳甲 95.3：南博網 693①

貳甲 96.1

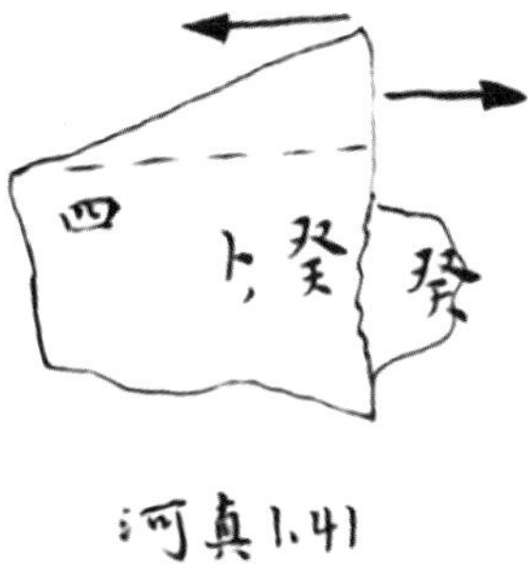

貳甲 96.2

貳甲 96.3：河真 1.41

貳甲 97.1

貳甲 97.2

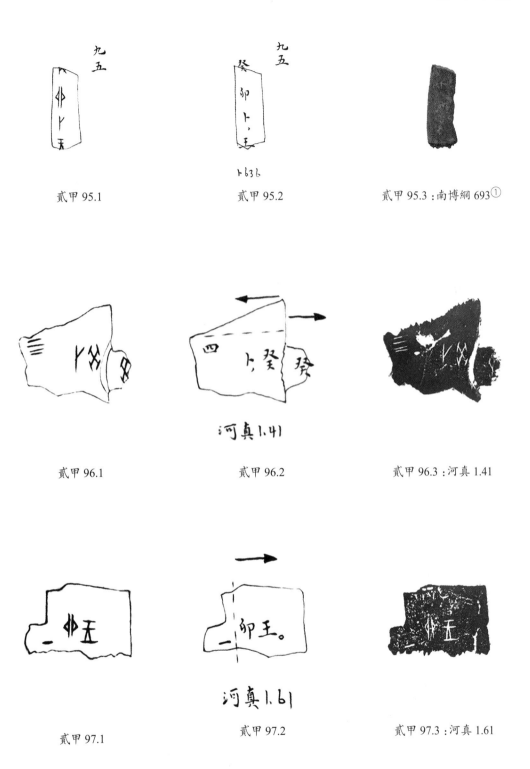

貳甲 97.3：河真 1.61

① 貳甲九五：《合集》《合補》未收，現藏於南博，實物照片見南博網 693。

貳甲 98.1

貳甲 98.2

貳甲 98.3：河真 1.62

貳甲 99.1

貳甲 99.2

貳甲 99.3：河真 1.38

貳甲 100.1

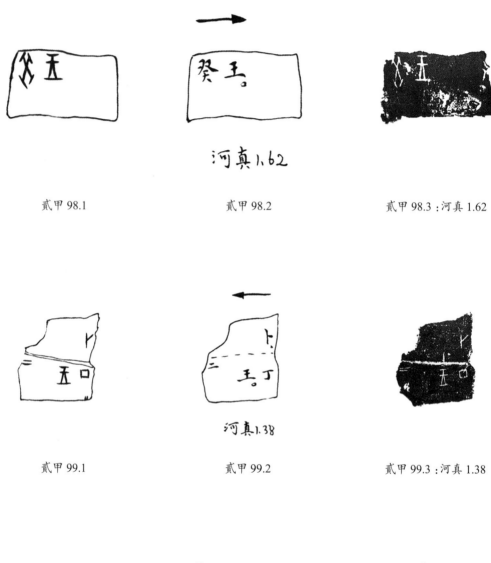

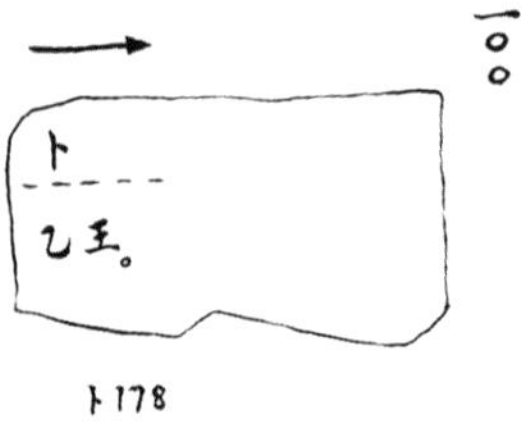

貳甲 100.2

貳甲 101.1

貳甲 101.2

貳甲 102.1

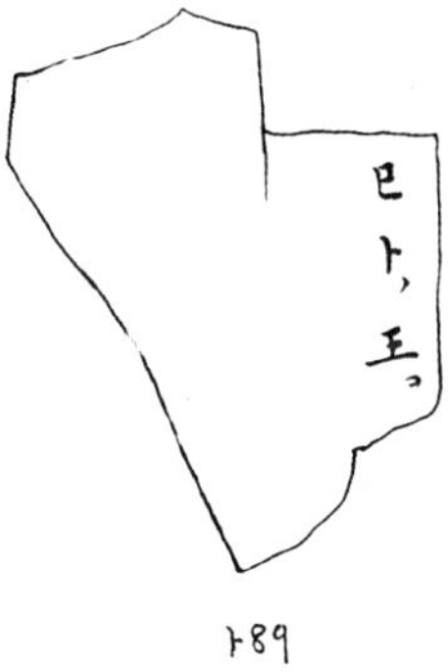

貳甲 102.2

貳甲 103.1

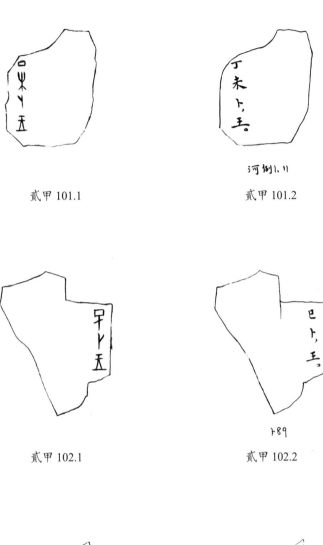

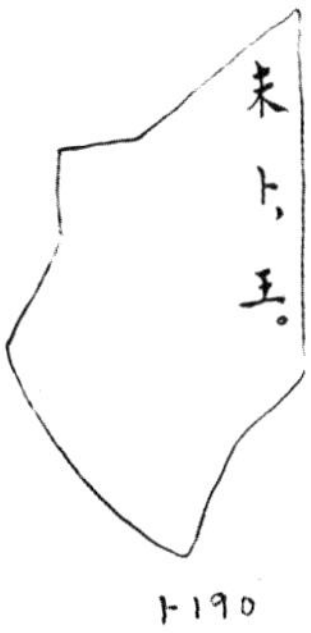

貳甲 103.2

贰骨

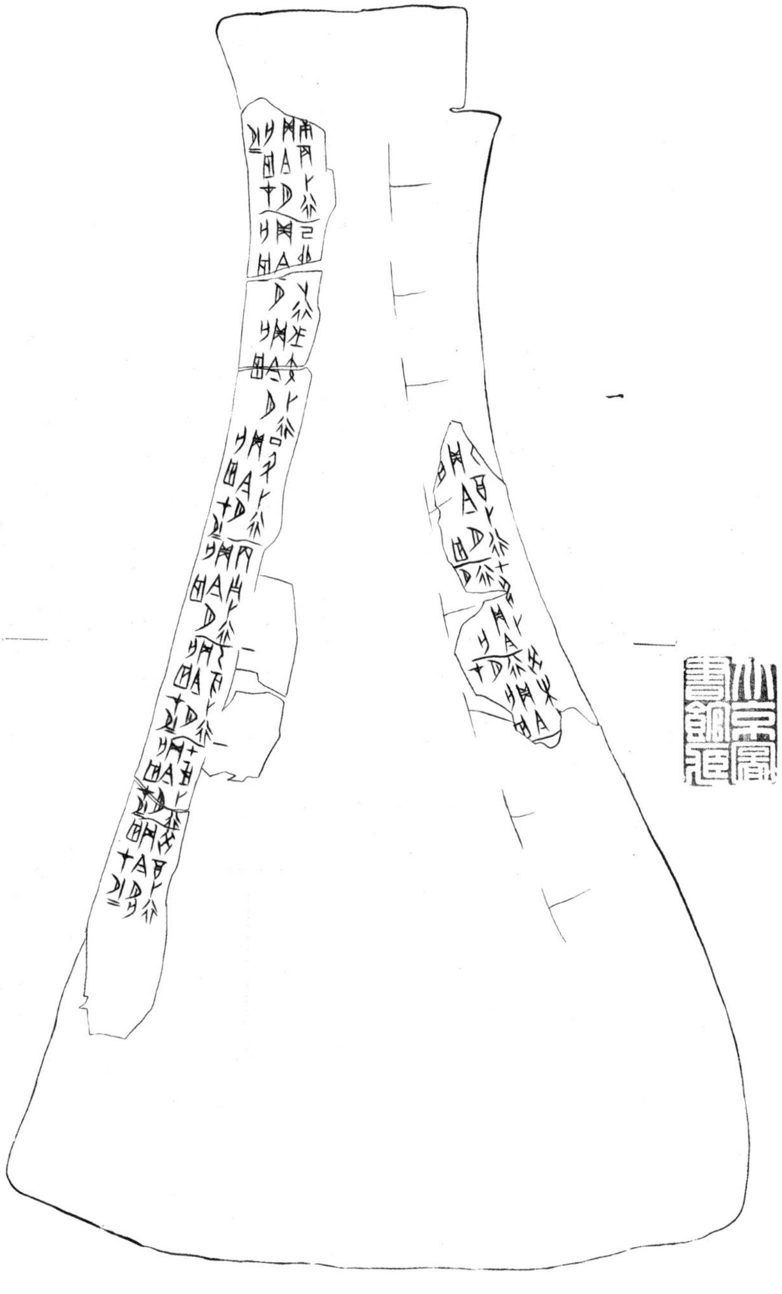

贰骨 1.1

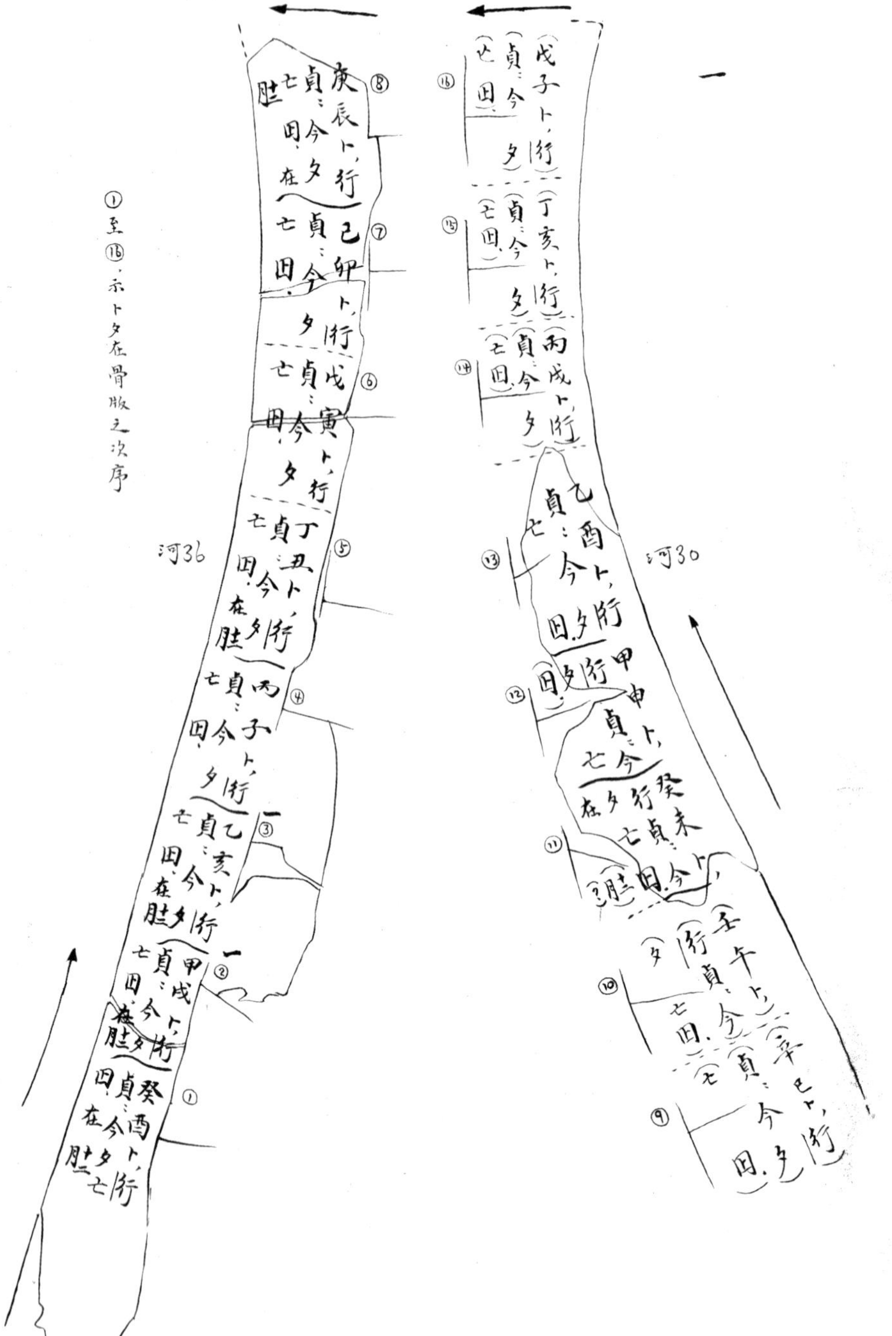

貳骨 1.2

貳骨 1.3：合 26210

貳骨 1.4：合 26233

貳骨一(考釋)

貳骨一,示骨版卜辭文例。此爲牛胛骨之左骨,凡胛骨,視上端鋸缺之部分,在左者爲左骨,在右者爲右骨。文例在卜夕、卜旬,最易分辨,依干支之順序,一望而知。大抵骨版刻辭與龜版同,皆先下後上也。卜旬、卜夕,文辭簡整,骨之每邊可容六段乃至九段,此爲八段。可容卜夕辭十六,如釋文。

河南博物館得大骨版六,此與貳骨四、五、六皆是,惜已多殘缺。卜夕辭無重要意義,但能依骨例輯録粘兑,使復原版,則有月份者於曆法之研究,功用極大。此版所涵十二月之干支,自癸酉至庚辰僅八日(補入者不計),在祖甲之三十三年中,有十年之十二月能容之。即據《殷曆朔閏譜》,爲祖甲三、六、七、十、十一、十八、二十一、二十八、三十一、三十二等年也。兹舉三年示例:

祖甲三年(公元前一二七一),殷正月,小,己未朔。(儒略周日一二八七一八六)(是年閏九月小乙酉朔)

十二月,大,癸丑朔。

癸亥(十一)

①癸酉(廿一)②甲戌(廿二)③乙亥(廿三)④丙子(廿四)⑤丁丑(廿五)⑥戊寅(廿六)⑦己卯(廿七)⑧庚辰(廿八)辛巳(廿九)壬午(卅)

是恰能容此八日也。餘不備舉。

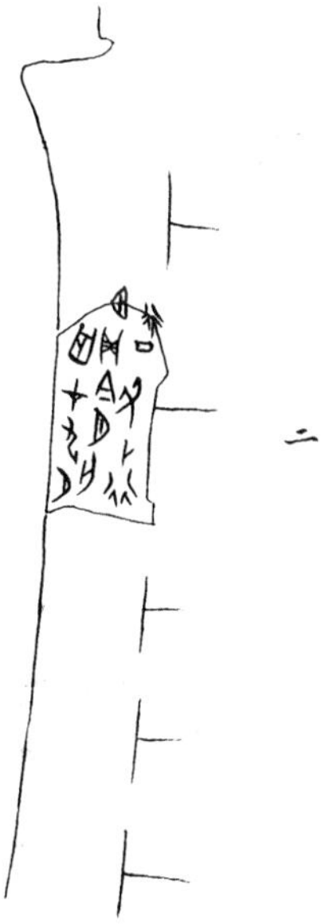

貳骨 2.1

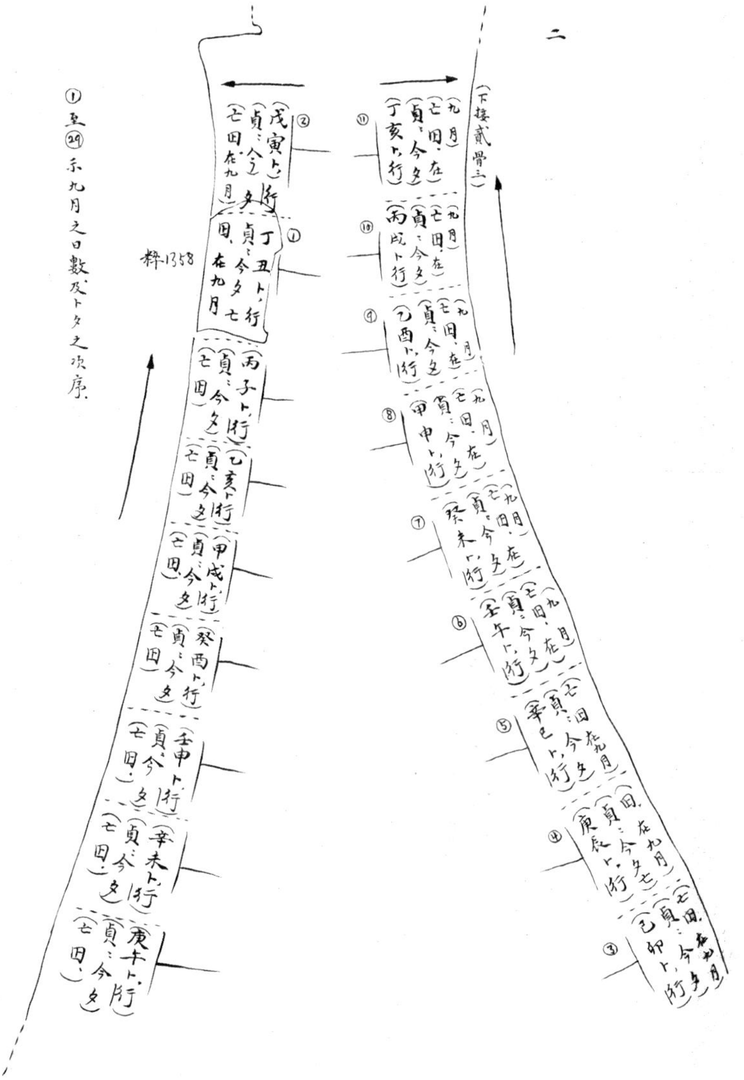

貳骨 2.2

貳骨 2.3：合 26220①

貳骨 2.4：綴合 ②

① 貳骨二：即合 26220，現藏於國圖，爲北圖 14626。

② 貳骨二的綴合組爲：合 41255（愛博 3、艾米塔什 108）+ 合 26220，見《綴續》第 203 頁；又見《綴三》第 629、重 733 組。綴合與董作賓的補釋吻合。

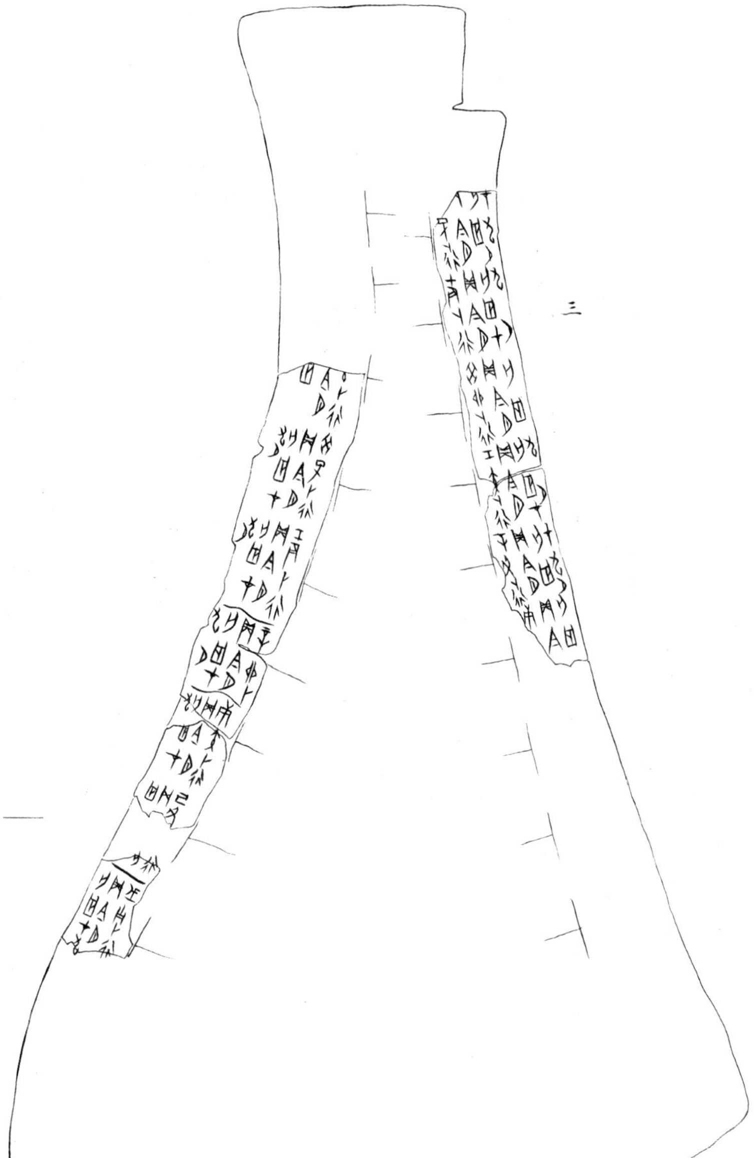

貳骨 3.1

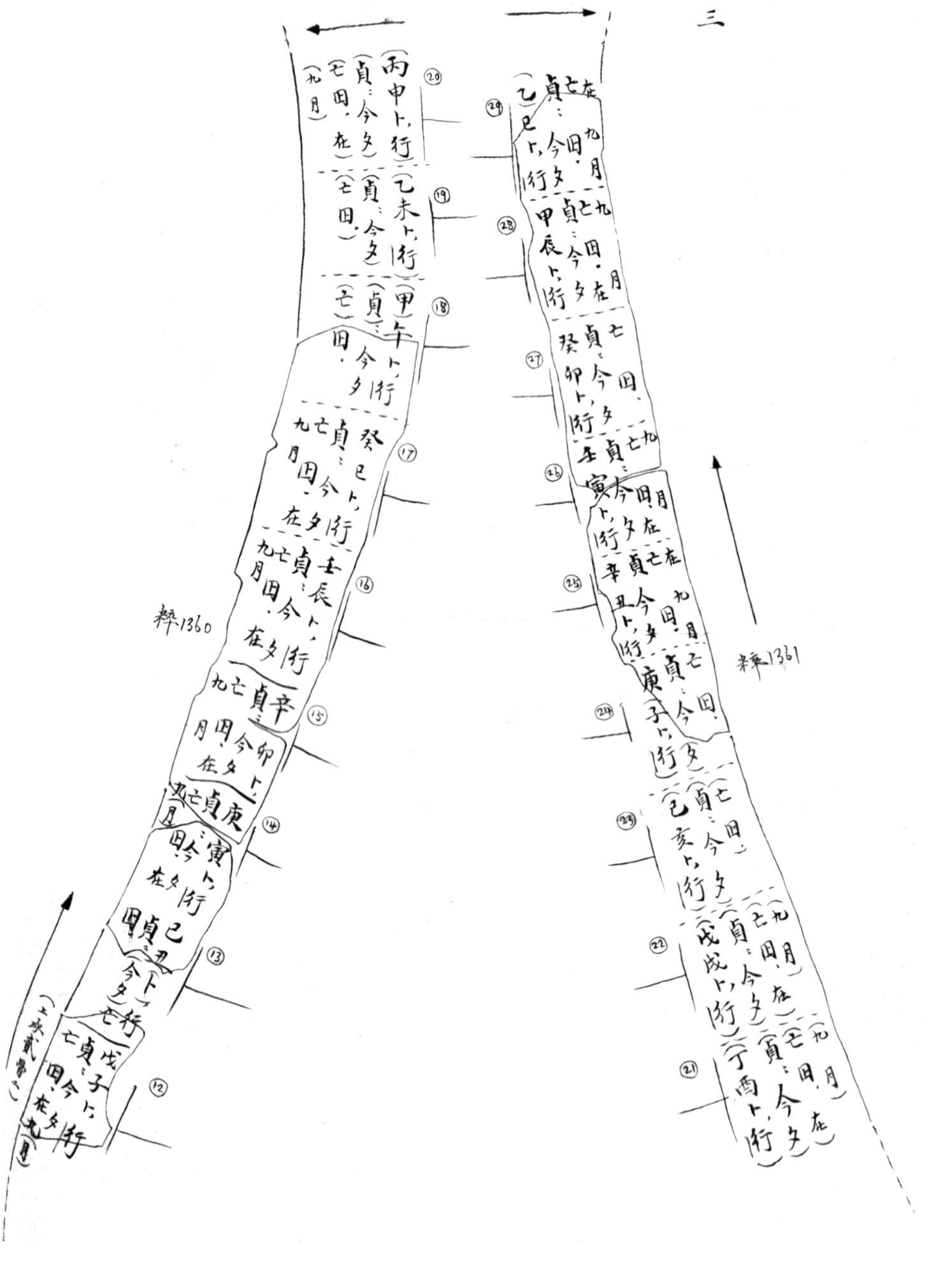

貳骨 3.2

貳骨 3.3：合 26245[1]

貳骨 3.4：合 26242

① 貳骨三(左上)：即合 26245，現藏於國圖，爲北圖 14559+ 北圖 14639，經實物檢驗綴合成立。

貳骨 3.5：合 26252①

貳骨 3.6：綴合 ②

① 貳骨三（右）：即合 26252，現藏於國圖，合 26252（粹 1361 甲．乙），即北圖 14554+ 北圖 14585，經實物檢驗綴合成立。

② 貳骨三（右）的綴合組爲：合 26254（庫 1043）+ 合 26252，見張宇衛：《甲骨綴合第三七～三九則》，先秦史研究室網站，2012.2.21；又見《綴興集》第 27 則。

貳骨二—三（考釋）

此兩骨版之補苴復原，内含殘骨三片，依文例每版可容之段落甚合，知當爲日次相連之兩胛骨也。此種補苴非偶合可比，其嚴格之限制有五：骨版邊緣之部位，左右不可更易，一也；每邊不容九段以上之卜辭，二也；卜夕之干支密接，三也；月名連貫，四也；貞人皆第二期之行，五也。有此五種限制，欲事改動，殊不可能，補苴部分，或在人間，他日將有實物出爲吾説證明者。

今但據殘存之三片，知九月有丁丑更有乙巳，丁丑至乙巳爲二十九日，恰足一小盡月之日數，此一巧合也。檢《殷曆譜》自武丁以來至於帝辛，九月丁丑朔凡五見：（依四分術同月同朔，約三十一年重見）。

武丁二十九年（公元前一三一一）	九月大丁丑朔
祖庚元年（一二八〇）	九月大丁丑朔
祖甲二十五年（一二四九）	九月小丁丑朔
帝乙二十三年（一一八七）	九月大丁丑朔
帝辛十九年（一一五六）	九月小丁丑朔

此版有貞人行，月名有“在”字，決爲祖甲時卜夕之辭，而祖甲適得其一，又恰爲小盡九月，此二巧合也（如此版九月有丙午，是爲大盡，則不合祖甲時之九月）。

玆節録祖甲二十五年曆譜，以資對證。

祖甲二十五年（公元前一二四九年　　壬申）		
（殷正）正月大	辛亥一日	（一二五〇年十二月二十四日　　儒略周日一二六五二一八） （九日己未　　一二四九年一月一日）
二月小	辛巳一日	（一月二十三日　　周日一二六五二四八　　日食） （十五日乙未　　月食）
三月大	庚戌一日	（二月二十一日　　周日一二六五二七七）（二日辛亥　　日食）
四月小	庚辰一日	（三月二十二日　　周日一二六五三〇七）
五月大	己酉一日	（四月二十日　　周日一二六五三三六）
六月小	己卯一日	（五月二十日　　周日一二六五三三六）
七月大	戊申一日	（六月十八日　　周日一二六五三九五）（卅日丁丑　　日食）
七月小（閏）	戊寅一日	（七月十八日　　周日一二六五四二五）（十五日壬辰　　月食）
八月大	丁未一日	（八月十六日　　周日一二六五四五四　　日食）

續表

祖甲二十五年(公元前一二四九年　壬申)		
九月小	①丁丑一日	（九月十五日　周日一二六五四八四）…⑫戊子十二日⑬己丑十三日⑭庚寅十四日⑮辛卯十五日⑯壬辰十六日⑰癸巳十七日⑱甲午十八日……㉔庚子廿四日㉕辛丑廿五日㉖壬寅廿六日㉗癸卯廿七日㉘甲辰廿八日㉙乙巳廿九日
十月大	丙午一日	（十月十四日　周日一二六五五一三）
十一月大	丙子一日	（十一月十三日　周日一二六五五四三）
十二月小	丙午一日	（十二月十三日　周日一二六五五七三） （二十日乙丑　一二四八年一月一日）

本年閏七月，閏法與無中氣置閏不同，蓋無節氣乃置閏也，説詳《殷曆譜》。朔用平朔，故三月日食在二日，七月日食在晦。然二月、八月則皆爲定朔，日食在朔也。故九月一日丁丑，廿九日乙巳，爲最準確。

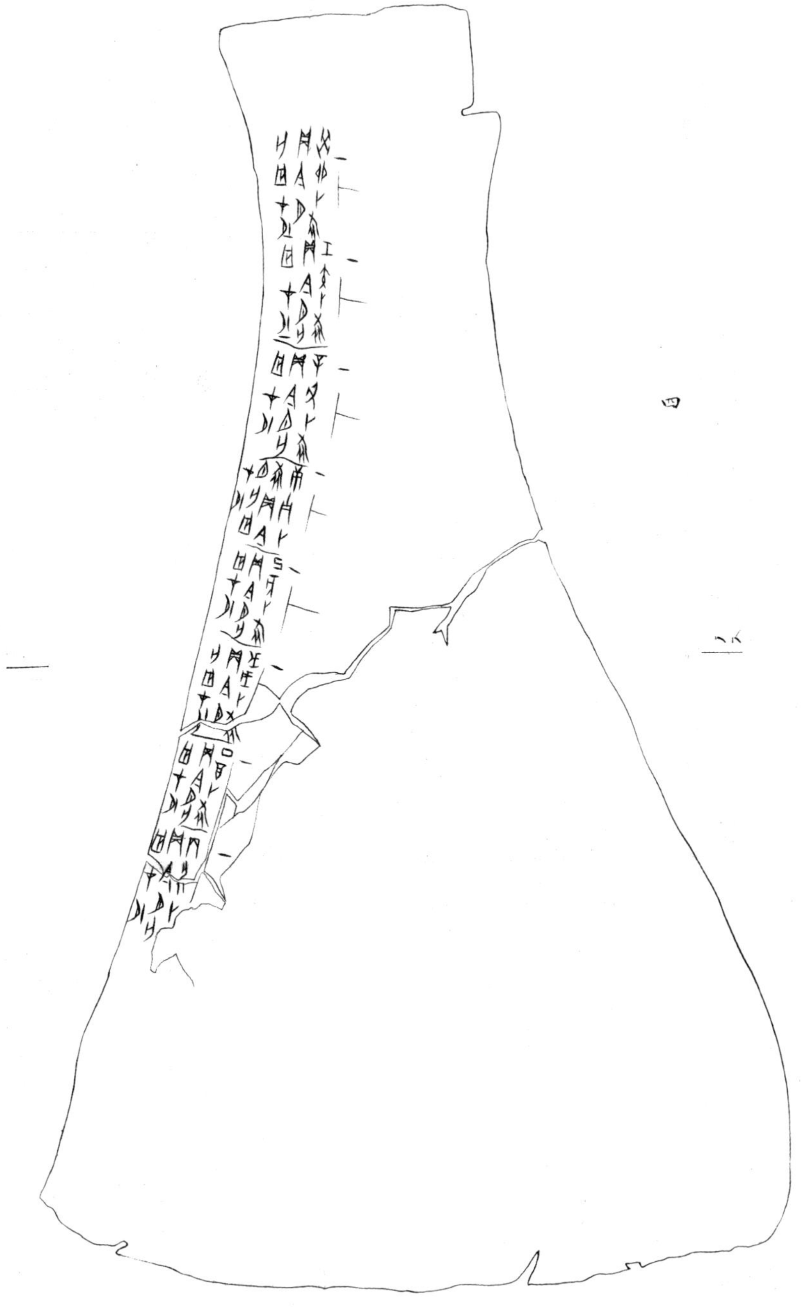

贰骨 4.1

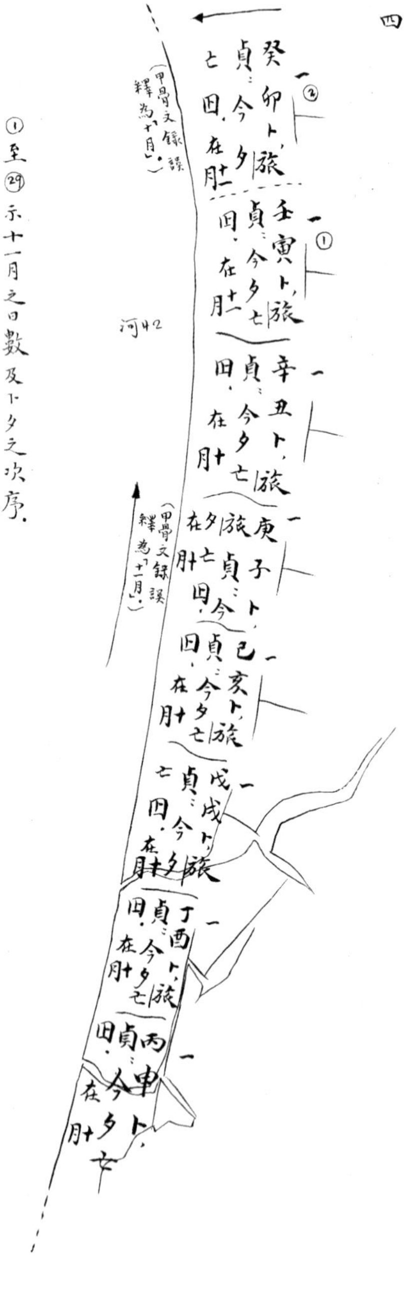

貳骨 4.2

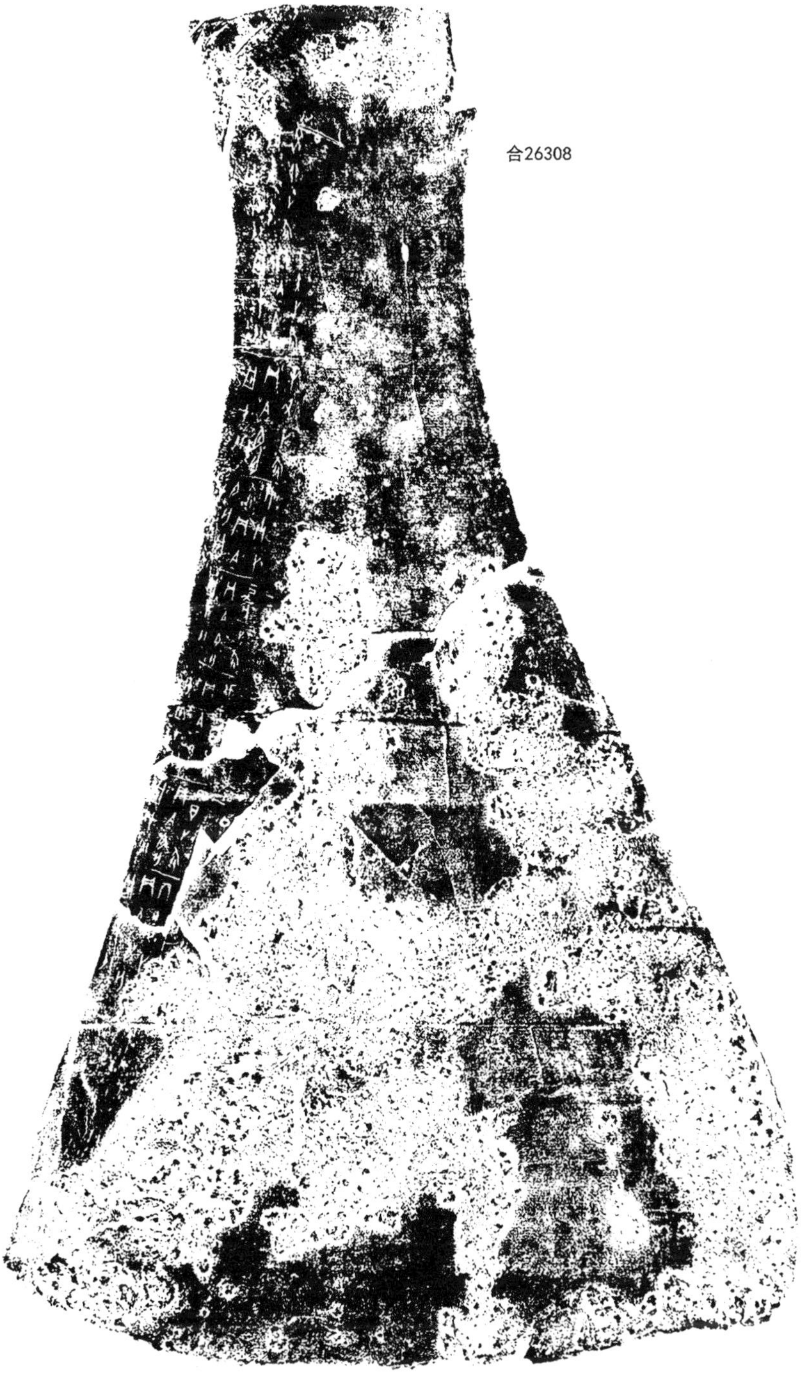

贰骨 4.3：合 26308

貳骨 5.1

貳骨 5.2.1

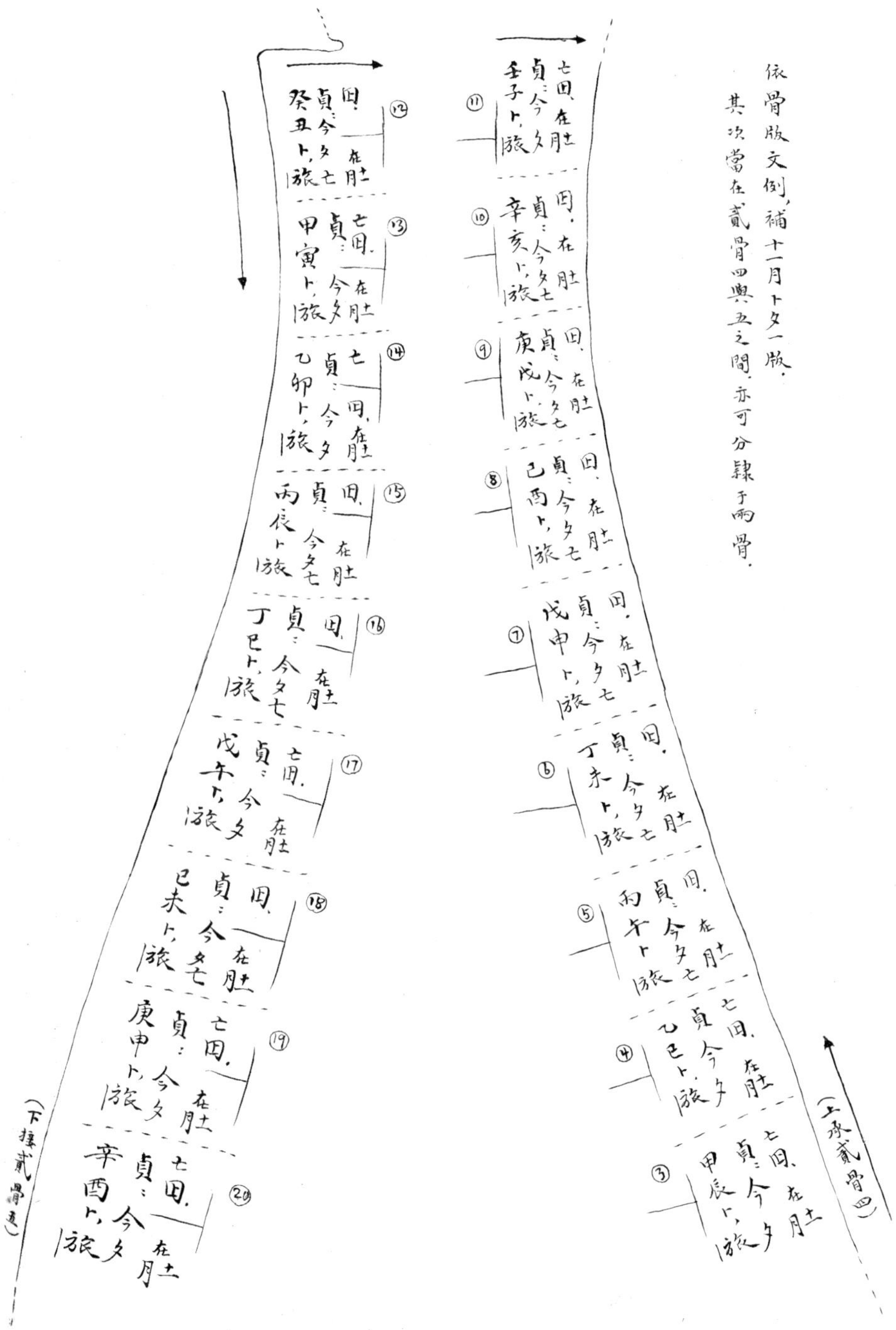
依骨版文例，補十一月卜夕一版。其次當在貳骨四與五之間，亦可分隸于兩骨。
（上承貳骨四）
（下接貳骨六）
③ 甲辰卜，旅貞：今夕亡囚，在肚
④ 乙巳卜，旅貞：今夕亡囚，在肚
⑤ 丙午卜，旅貞：今夕亡囚，在肚
⑥ 丁未卜，旅貞：今夕亡囚，在肚
⑦ 戊申卜，旅貞：今夕亡囚，在肚
⑧ 己酉卜，旅貞：今夕亡囚，在肚
⑨ 庚戌卜，旅貞：今夕亡囚，在肚
⑩ 辛亥卜，旅貞：今夕亡囚，在肚
⑪ 壬子卜，旅貞：今夕亡囚，在肚
⑫ 癸丑卜，旅貞：今夕亡囚，在肚
⑬ 甲寅卜，旅貞：今夕亡囚，在肚
⑭ 乙卯卜，旅貞：今夕亡囚，在肚
⑮ 丙辰卜，旅貞：今夕亡囚，在肚
⑯ 丁巳卜，旅貞：今夕亡囚，在肚
⑰ 戊午卜，旅貞：今夕亡囚，在肚
⑱ 己未卜，旅貞：今夕亡囚，在肚
⑲ 庚申卜，旅貞：今夕亡囚，在肚
⑳ 辛酉卜，旅貞：今夕亡囚，在肚

貳骨 5.2.2（全）

貳骨 5.3：合 26289

貳骨 5.4：合補 8011①

① 貳骨五：即合 26289、合補 8011（上），現藏於臺歷博。綴合組爲合 26286+ 合 26289，即合補 8011，見李學勤、彭裕商：《殷墟甲骨分期研究》第 412 則；又見《綴》第 207 則。合補 8011 與董作賓的補釋吻合。

六

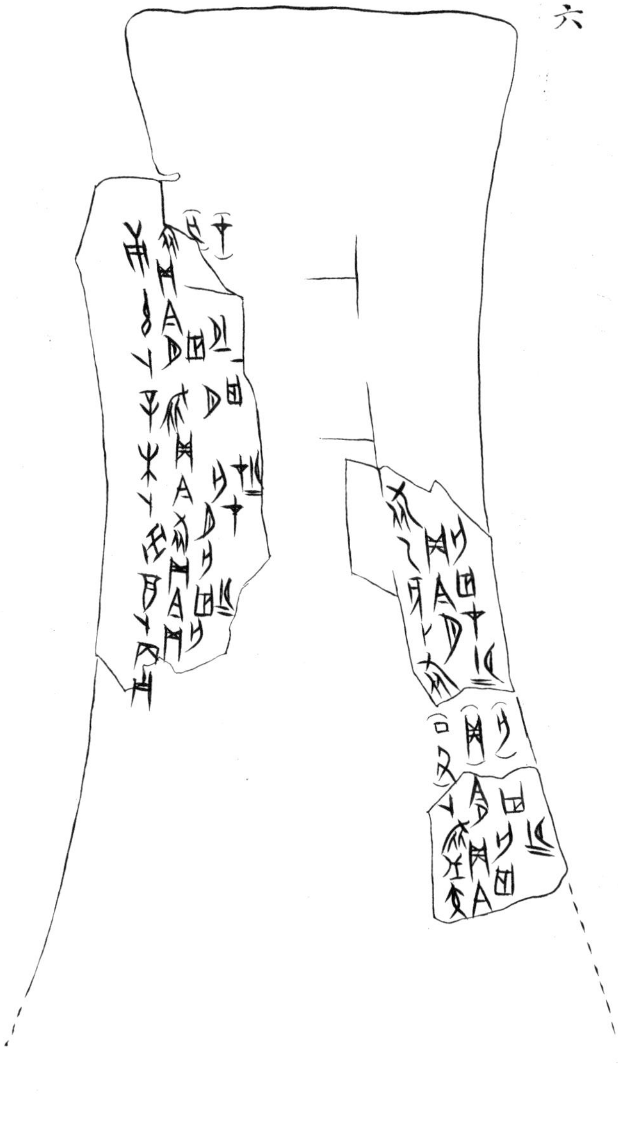

貳骨 6.1

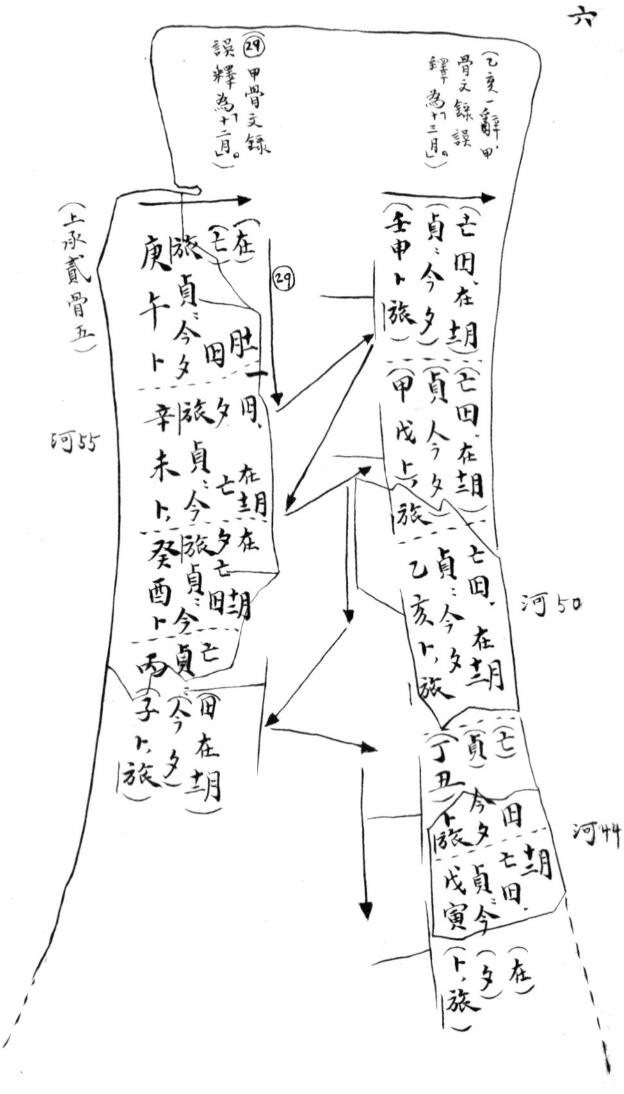

貳骨 6.2①

① 貳骨六：即合 26293、合補 8126 甲、乙，現藏於臺歷博。摹本重見於《殷曆譜》下編卷 6，朔譜三五，圖五。合 26293，即河 55+ 河 44；合補 8126 甲、乙爲遥綴，與董作賓的摹本拼綴基本吻合，區别在於河 44 的位置不同。

貳骨 6.3：合 26293

貳骨 6.4：合補 8126 甲

貳骨 6.5：合補 8126 乙①

---

① 合補 8126 乙爲龜甲。謝濟指出此版不能綴合，參見《對綴合〈甲骨文合集〉的質疑》，《殷都學刊》2001 年第 2 期。

貳骨四—六（考釋）

此與貳骨一，同坑出土。皆河南博物院挖掘所得，此坑共出土全整之牛胛骨六，兹所録一、四、五、六，殘版三，全骨一，皆是也。此爲甲骨文字出土之一段軼史，詳《採㮚雜譚》，録之以供參閲。

軒家“大連坑”

民國十八年秋，中央研究院發掘殷墟第三次工作開始，河南博物院亦派人至小屯挖掘甲骨文字，時李濟博士主持研究院工作，乃劃出B區以北爲彼等挖掘地帶，兩方同時工作。此次研究院得儲存甲骨最多之坑，因多坑連接，名曰“大連坑”，大龜四版（本編壹甲一——四）即出其間。

博物院主持者爲軒某，在村北“二十畝地”内開採。（小屯村人呼吾等發掘區之A區南北一條曰“劉家二十畝地”。地主劉姓，此地發現甲骨最早，皆一二期卜辭，《鐵雲藏龜》所收皆出于是，無五期卜辭，爲其特點。）於地北首亦得一儲積豐富之坑，村人艷稱之，呼曰“軒家大連坑”。

軒之挖掘甲骨也，以得物爲主，每鼓勵工人隨地掘之，得甲骨則檢拾之，不計畫，不測量，不繪圖，不記録，故遺物之出土情形無可考。

民國二十一年殷墟第七次發掘，余開A區各坑，探視地下堆積情狀。A區在“劉家二十畝地”，乃集曾爲博物院挖掘之工人，翻檢所謂“軒家大連坑”者，得其概略如下：

此坑範圍甚大，觀其形，似即儲藏器用之窖穴，窖穴之中又有竇窖，A區一帶之普遍現象也。據熟悉當時情形者言：（坑名參看附圖）

甲坑：“曾出六個馬蹄兒，（村人稱牛胛骨曰‘馬蹄兒’，因其骨臼處形似馬蹄，蓋倒而視之也。）完整的，有字的。六個平排，小的一頭（指骨臼）向西，有兩塊互相擠壓，殘破了。”

按此坑即本編所録貳骨一、四、五、六，出土地點，六版殆皆卜夕之辭，今則所謂“完整的”，只餘貳骨四之一版矣。

乙坑：“是一個東西濠（指發掘之坑，長形者）。長二米，寬一米。博物院邱姓看坑。深二米時候，出象牙器，狠長，如形，一頭有孔。（工人於地上，以指劃此形。）共出十餘條。下邊有花骨。（村人謂有文字之骨曰‘字骨’，雕鏤花紋之骨曰

‘花骨’。)象牙器東西橫排在花骨上,花骨出黄土中。”

丙坑:“有兩丈深,出箭頭(指骨製者),龜版。”

丁坑:“一人深,出有字龜甲。至八圈深,(村人謂轆轤上所繞之繩。一圈約二尺許,八圈約深二丈左右。)出元馬蹄兒(指未經人工鋸製之牛胛骨,蓋卜用骨之原料也。)一層,無火號(指鑽灼處),無文字。又出獸面(村人稱饕餮形曰獸面)白石。”

戊坑:“此坑深一米時出馬蹄兒一層,平排甚整齊。”

所謂“軒家大連坑”者,即此五坑之外圍,連接之而掘成一長方形不規則之大坑也。坑在吾人第七次發掘 A26 與 A29 之間,乃一儲存之穴窖。特經破壞,不能知其原狀耳。附圖於次:

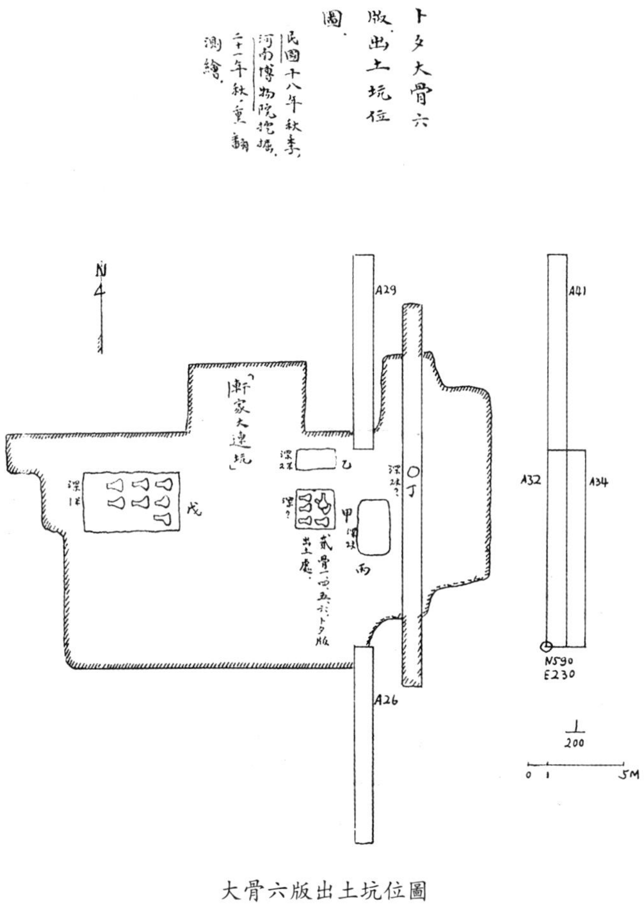

大骨六版出土坑位圖

爲此四版卜夕之辭而不憚煩瑣考其出土之地及出土情形,正所以證明其卜夕月名之聯貫,乃同時存儲,且爲同月所卜,非偶合可比也。

貳骨四，爲一完全之版，可覘文例，其日次自十月丙申至十一月癸卯，兩月之接連處，十月辛丑，十一月壬寅，卜辭不著“朔”，實則壬寅即十一月之朔。貳骨五，殘存丁卯、戊辰、己巳三日，而兩存“十一月”，依其部位，知下段闕壬戌至丙寅五日。自癸卯至壬戌，所闕凡十八日，適爲骨版之兩行，每行九段，如所補之版。一骨本可兩邊用之，或分見于兩版，亦未可知，然其所闕則恰爲兩行能容者，惜尚未能覓得其殘片耳。此種補苴之限制，如前版九月卜夕之辭，皆非可任意附會者。貳骨六有殘版三，文例稍異，乃先上後下，左右兩邊遞卜，其十一月庚午，十二月辛未，兩月分界幸存，則辛未十二月朔矣。十一月壬寅朔至庚午凡二十九日，恰合小盡月之日數，此絕不得謂爲湊合，蓋文例可補，貞人齊一，月份銜接，日次連續，同屬骨版，同出一處，事事巧合，焉能如是乎？

由此四、五、六三版，知其含有“十一月小壬寅朔”之一件曆法上史實，而貞人旅又屬於祖甲之世，則此“十一月小壬寅朔”乃祖甲時之曆日矣。

檢《殷曆譜》自武丁元年（公元前一三三九）至帝辛五十二年（一一二三），僅有一次“十一月小壬寅朔”在祖甲元年之前一年，即祖庚七年（一二七四），余謂祖庚必崩於七年十一月之前，是時祖甲已即位，而次年乃改元也。月名加在，第一期偶亦有之，不自祖甲創作，祖甲時貞人多祖庚之舊，以此卜夕之版屬於祖庚固亦可通。然祖甲時改“一月”爲“正月”，廢“十三月”置閏之法，月名上普遍加“在”字，有時代性之特徵，故以在祖甲即位以後之解說，更爲妥貼也。

茲以《曆譜》對證之。

祖庚七年（公元前一二七四年　丁未）			
（殷正）一月大	丙午一日 （公元前一二七五年十二月三十日 儒略周日一二五六〇九三） （三日戊申　一二七四年一月一日）		
二月小	丙子一日 （一月廿九日　周日一二五六一二三）		
三月大	乙巳一日 （二月廿七日　周日一二五六一五二）		
四月小	乙亥一日 （三月廿九日　周日一二五六一八二）		
五月大	甲辰一日 （四月廿七日　周日一二五六二一一）		
六月小	甲戌一日 （五月廿七日　周日一二五六二四一 日食） （十五日戊子　月食）		

續表

祖庚七年（公元前一二七四年　　丁未）			
七月大	癸卯一日 （六月廿五日　　周日一二五六二七〇）		
八月小	癸酉一日 （七月廿五日　　周日一二五六三〇〇）		
九月大	壬寅一日 （八月廿三日　　周日一二五六三二九		
十月大	壬申一日 （九月廿二日　　周日一二五六三五九）		
	壬午十一日		
	壬辰廿一日		
	丙申廿五日	丙申卜，（旅）貞：今夕亡囚。在十月。	
	丁酉廿六日	丁酉卜，旅貞：今夕亡囚。在十月。	
	戊戌廿七日	戊戌卜，旅貞：今夕亡囚。在十月。	
	己亥廿八日	己亥卜，旅貞：今夕亡囚。在十月。	
	庚子廿九日	庚子卜，旅貞：今夕亡囚。在十月。	
	辛丑卅日	辛丑卜，旅貞：今夕亡囚。在十月。	
十一月小	壬寅一日 （十月廿二日） （周日一二五六三八九）	壬寅卜，旅貞：今夕亡囚。在十一月。	
	癸卯二日	癸卯卜，旅貞：今夕亡囚。在十一月。	以上貳骨四
	壬子十一日	（甲辰至辛酉見補版）	
	壬戌廿一日	（壬戌至丙寅見釋五補）	
	丁卯廿六日	丁卯（卜，旅）貞：（今夕）亡（囚。在十一月。）	以上貳骨五
	戊辰廿七日	戊辰卜，旅貞：今夕亡囚。在十一月。	
	己巳廿八日	（己）巳卜，旅貞：今夕亡囚。在十一月。	
	庚午廿九日	庚午卜，旅貞：今夕亡囚。在十一月。	
十二月大	辛未一日 （十一月廿日　　日食） （周日一二五六四一八）	辛未卜，旅貞：今夕亡囚。在十二月。	

續表

祖庚七年(公元前一二七四年　丁未)			
十二月大	癸酉三日	癸酉卜,旅貞:今夕亡囚。在十二月。	以上貳骨六
	乙亥五日	乙亥卜,旅貞:今夕亡囚。在十二月。	
	戊寅八日	戊寅(卜,旅)貞:今(夕)亡囚。(在)十二月。	
	辛巳十一日 (十六日丙戌　月食　十二月四日 周日一二五六四三四)		
	辛卯廿一日		
十三月小	辛丑一日 (十二月廿日　周日一二五六四四八) (十三日癸丑　一二七三年一月一日)		
祖甲元年(公元前一二七三年　戊申)			
正月大	庚午一日 (一月十八日　周日一二五六四七七)		
(下略)			

祖庚七年六月、十二月,皆有日食,雖中國在夜,亦可證朔日之準確。其年之"十三月",爲最末一次歲終置閏之法,至祖甲三年,則置閏於九月矣。

此一組卜夕之譜,證明十一月一日爲壬寅,十二月一日爲辛未,足破數千年來殷曆"一甲十癸"①之疑案,(卜辭足證一日非甲,固不止此。)其重要之價值在此。

① 以劉朝陽爲代表的學者認爲,殷曆每月的首日爲甲日,即"一甲十癸"說。"紀日的干支和各月各旬的日次都有一種比較固定的關係,就是逢一的日子常爲甲日,逢二的日子常爲乙日,這樣順次類推下去,到逢十的日子常爲癸日"(劉朝陽:《再論殷曆》,《燕京學報》第13期,1933年6月)。胡厚宣最早對"一甲十癸"說予以駁斥,見胡厚宣:《"一甲十癸"辨》,成都齊魯大學國學研究所《責善半月刊》第2卷第19期,1941年12月;又入《甲骨學商史論叢》初集第2冊,1944年。

七

貳骨 7.1

貳骨 7.2

貳骨 7.3：合 10186①

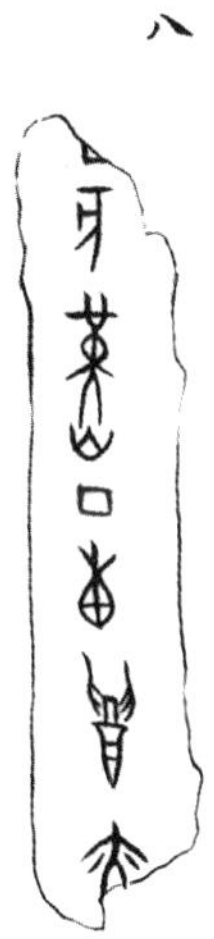

貳骨 8.1

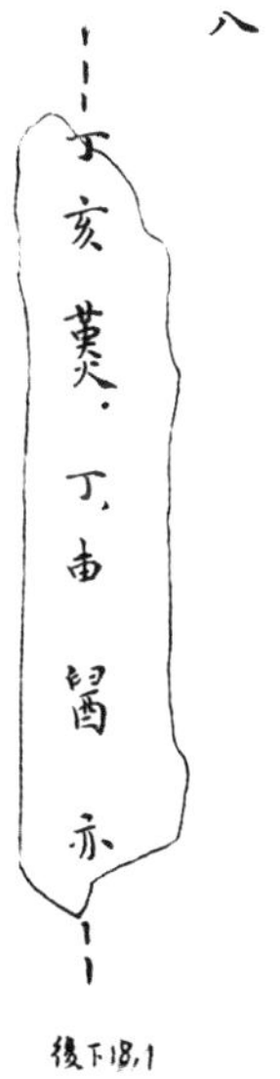

貳骨 8.2

貳骨 8.3：合 10195②

① 貳骨七：即合 10186，現藏不詳。摹本骨形比《合集》更全，《合集》拓片邊緣虚化。

② 貳骨八：即合 10195，現藏於國圖，爲北圖 5751。摹本骨形不全，合 10195 爲全形圖。

貳骨 9.1

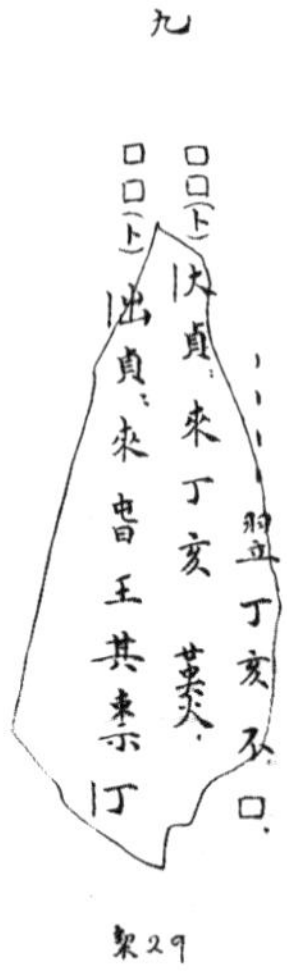

貳骨 9.2

貳骨 9.3：合 25370

貳骨 10.1

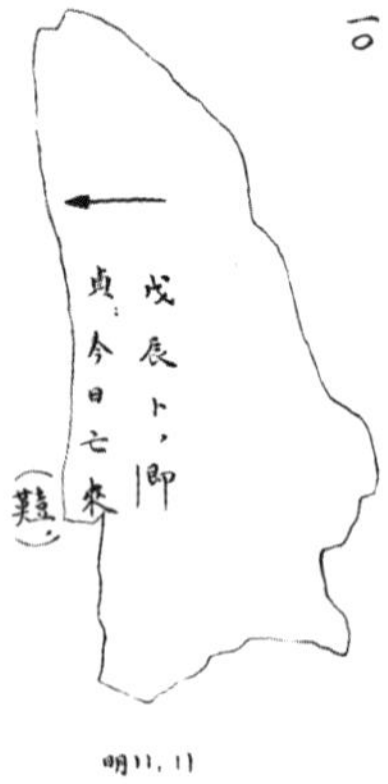

貳骨 10.2①

貳骨 11.1

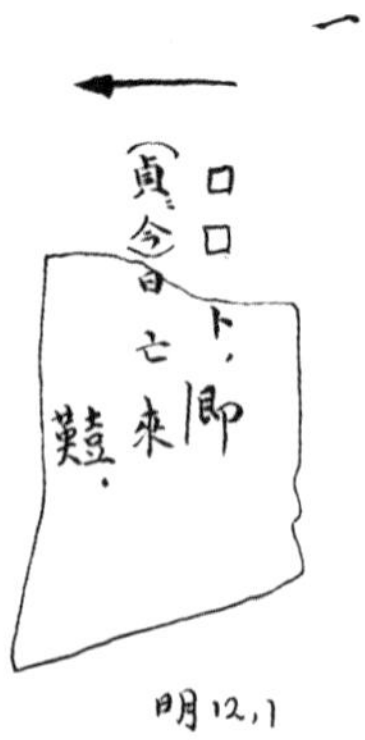

貳骨 11.2

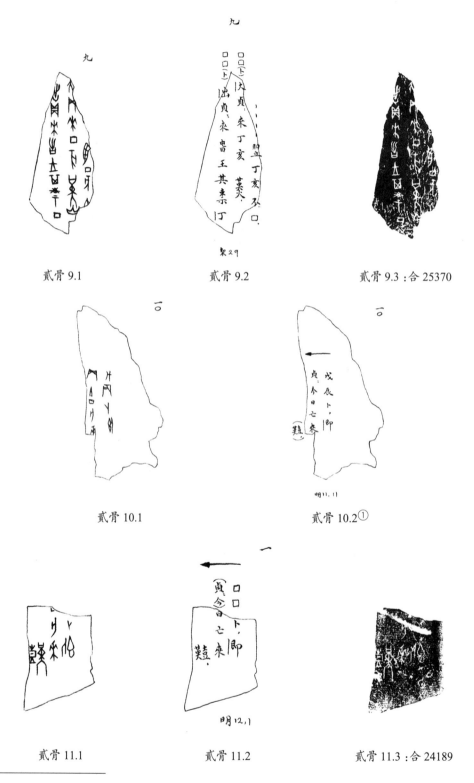

貳骨 11.3：合 24189

① 貳骨一〇：明 11.11《合集》《合補》未收，現藏不詳。

貳骨 12.1

貳骨 12.2

貳骨 12.3：英藏 2035①

貳骨 13.1

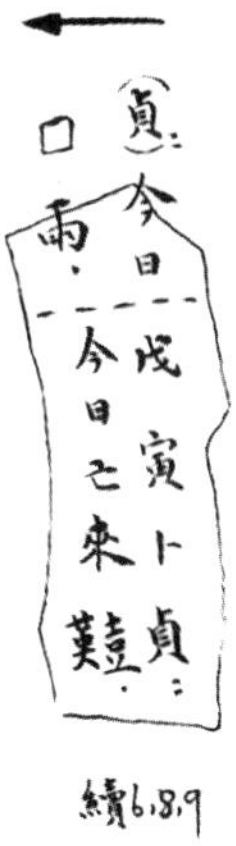

貳骨 13.2

貳骨 13.3：合 24165

貳骨 14.1

貳骨 14.2

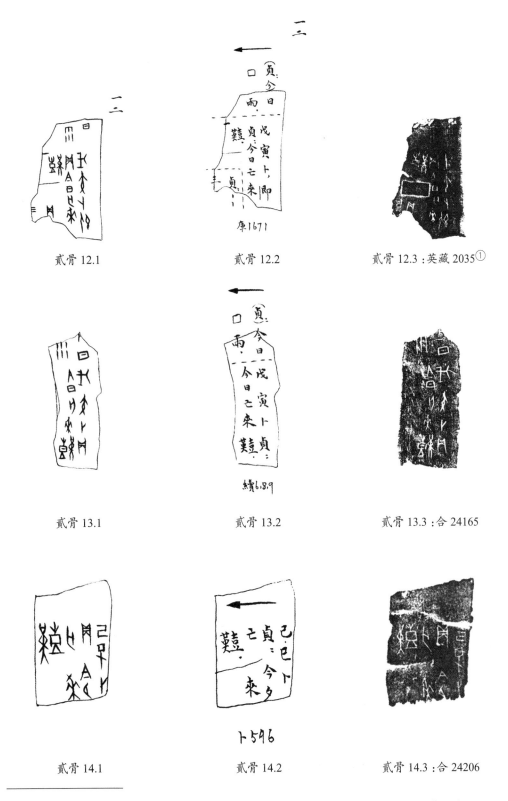

貳骨 14.3：合 24206

① 貳骨一二：即合 41068 爲摹本，現藏於英不圖，爲英藏 2035。《英藏》拓片不及摹本清晰。

貳骨 15.1

續6.8,10

貳骨 15.2

貳骨 15.3 :合 24177①

貳骨 16.1

善107

貳骨 16.2

貳骨 16.3.1 :合 7171 正

貳骨 16.3.2 :合 7171 反 ②

貳骨 17.1

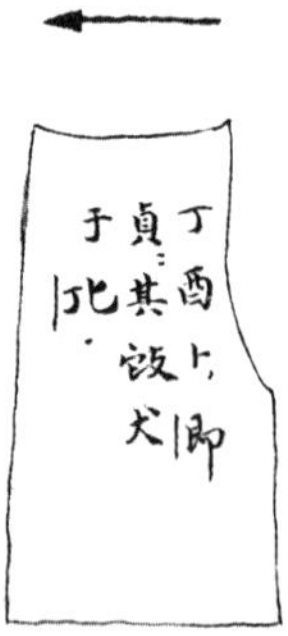

菁9.2

貳骨 17.2

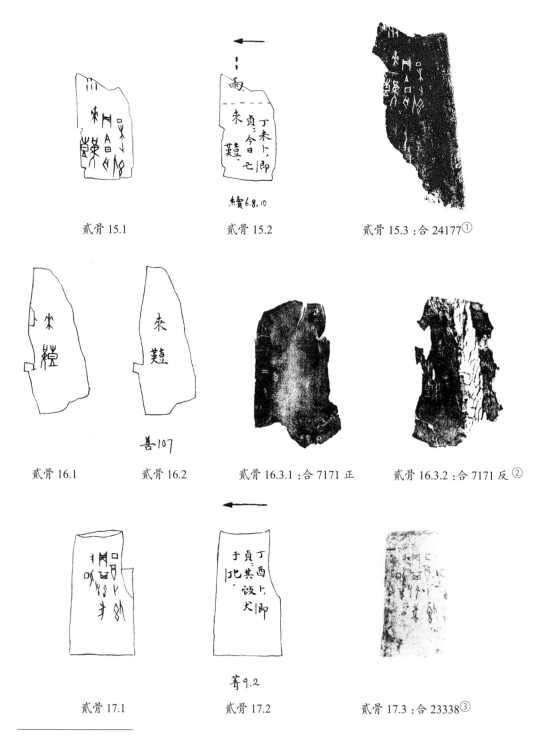

貳骨 17.3 :合 23338③

① 貳骨一五:即合 24177,現藏於上博,爲上博 17647.207。摹本下端骨形不全,《合集》爲全形圖。

② 貳骨一六:即合 7171(反),現藏於國圖,爲北圖 5415。摹本爲合 7171 反,且骨形不全;合 7171 有正、反,均全形圖。原著録善編號與北圖的善編號不同,應爲善齋早期拓本編(下同)。

③ 貳骨一七:即合 23338,現藏不詳,《合集》非拓本。

貳骨 18.1　　貳骨 18.2　　貳骨 18.3：合 3178①

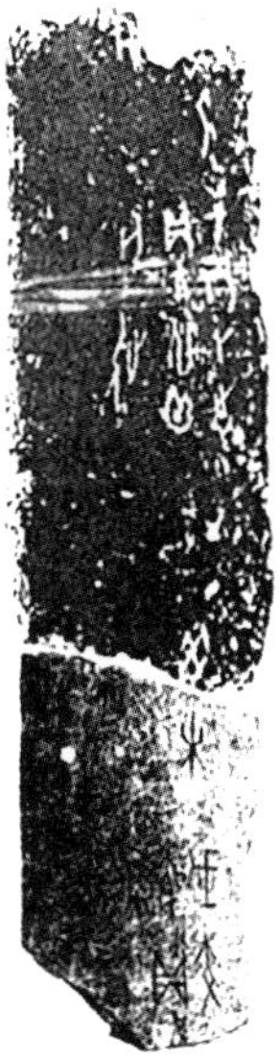

貳骨 19.1　　貳骨 19.2　　貳骨 19.3：合 23571②　　貳骨 19.4：合補 7477

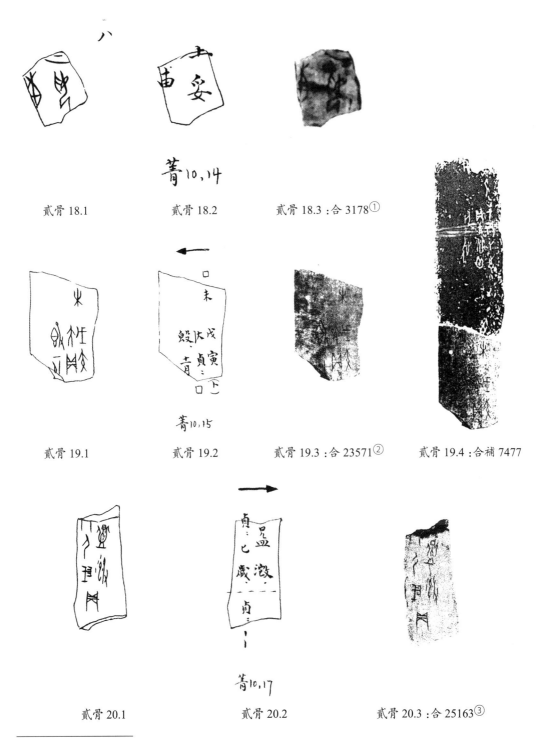

貳骨 20.1　　貳骨 20.2　　貳骨 20.3：合 25163③

① 貳骨一八：即合 3178，現藏不詳，《合集》非拓本。

② 貳骨一九：即合 23571、合補 7477（下），現藏不詳。綴合組爲合 23571+ 合 24957，即合補 7477，見《綴》第 255 則。《合集》非拓本；合補 7477 有綴合。

③ 貳骨二〇：即合 25163，現藏不詳，《合集》非拓本。

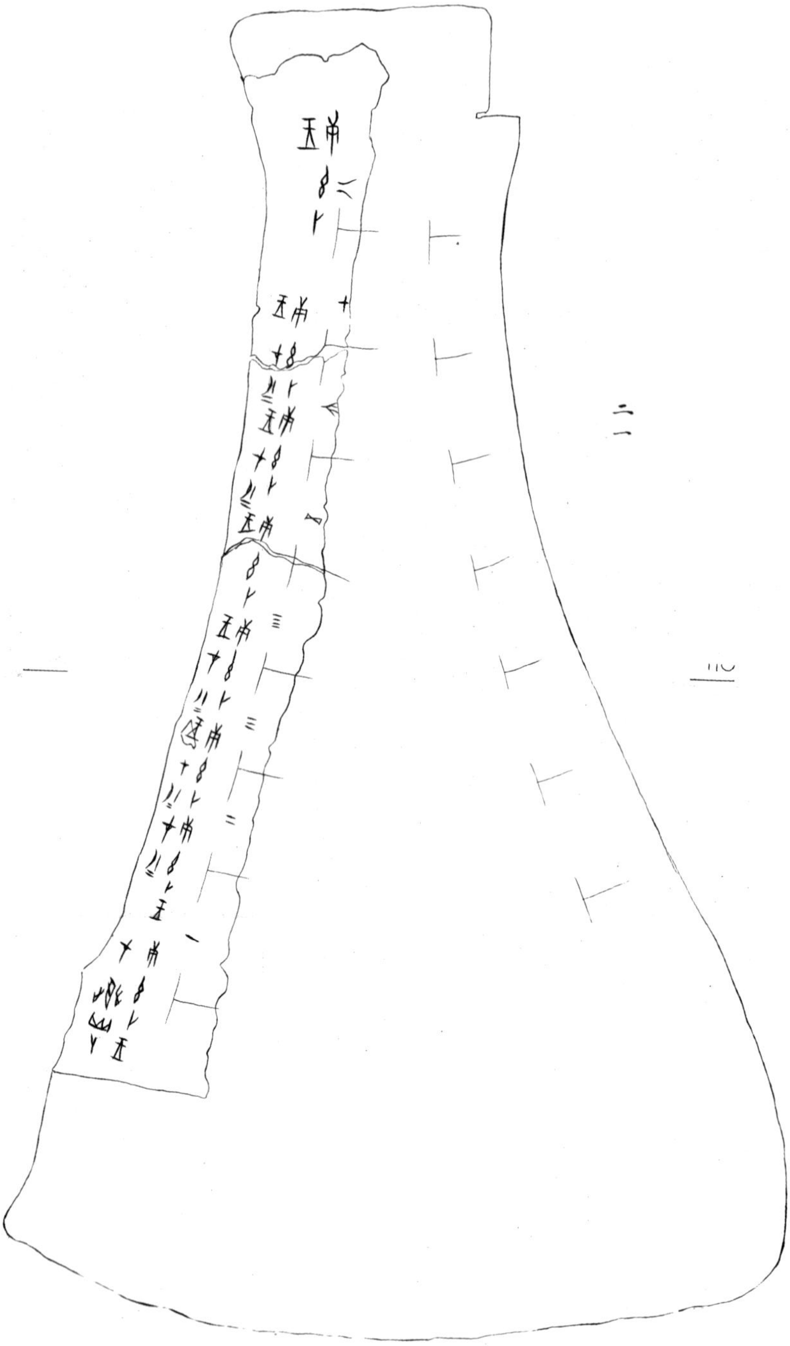

貳骨 21.1

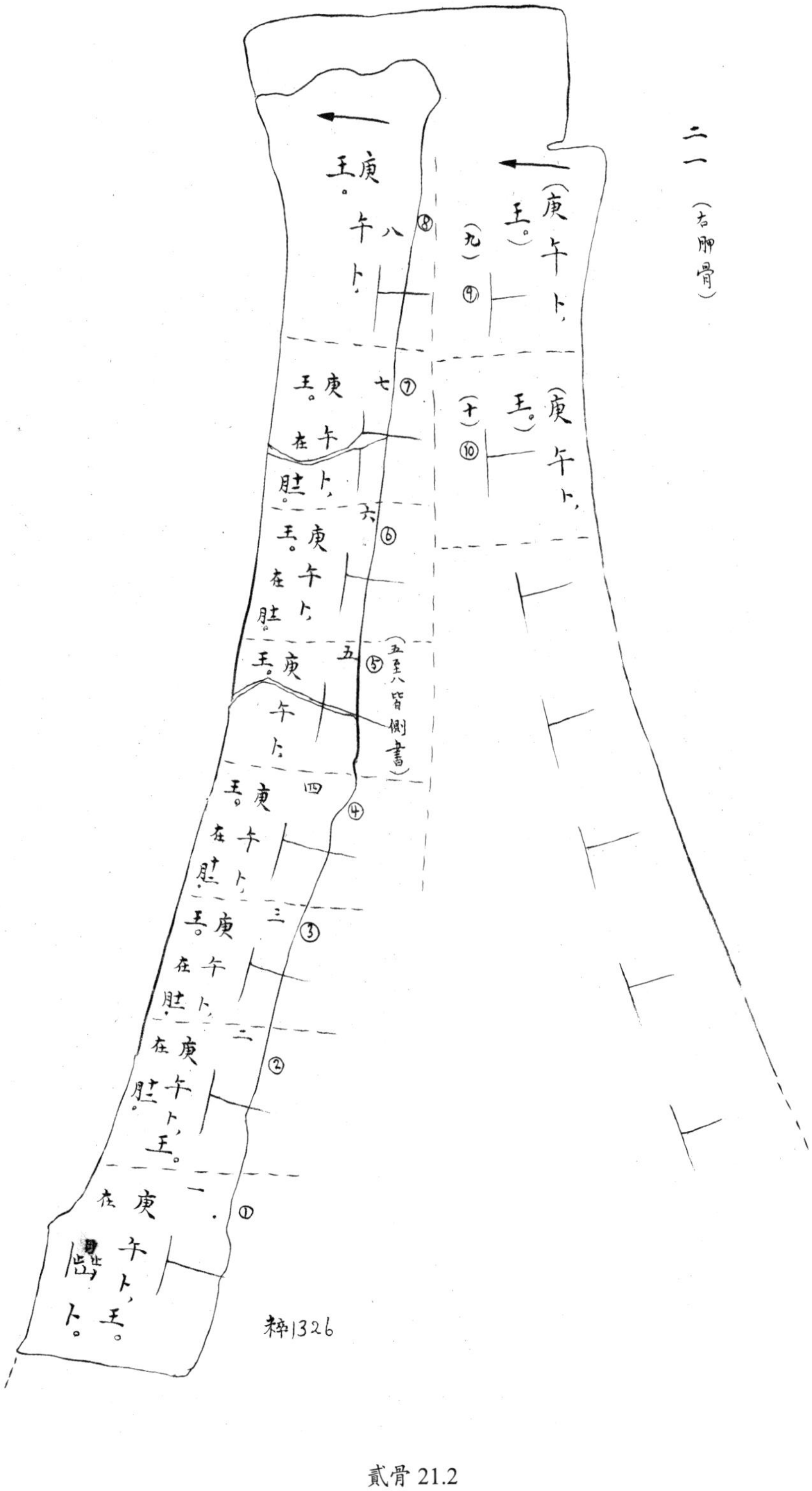
二一
（右胛骨）
庚午卜，王。
（庚午卜，王。）
（九）⑨
（十）⑩
庚午卜，王。在𠂤。
（五至八皆側書）
庚午卜，王。
庚午卜，在𠂤。王。
庚午卜，王。在𠂤卜。
粹1326

贰骨 21.2

貳骨 21.3：合 24352

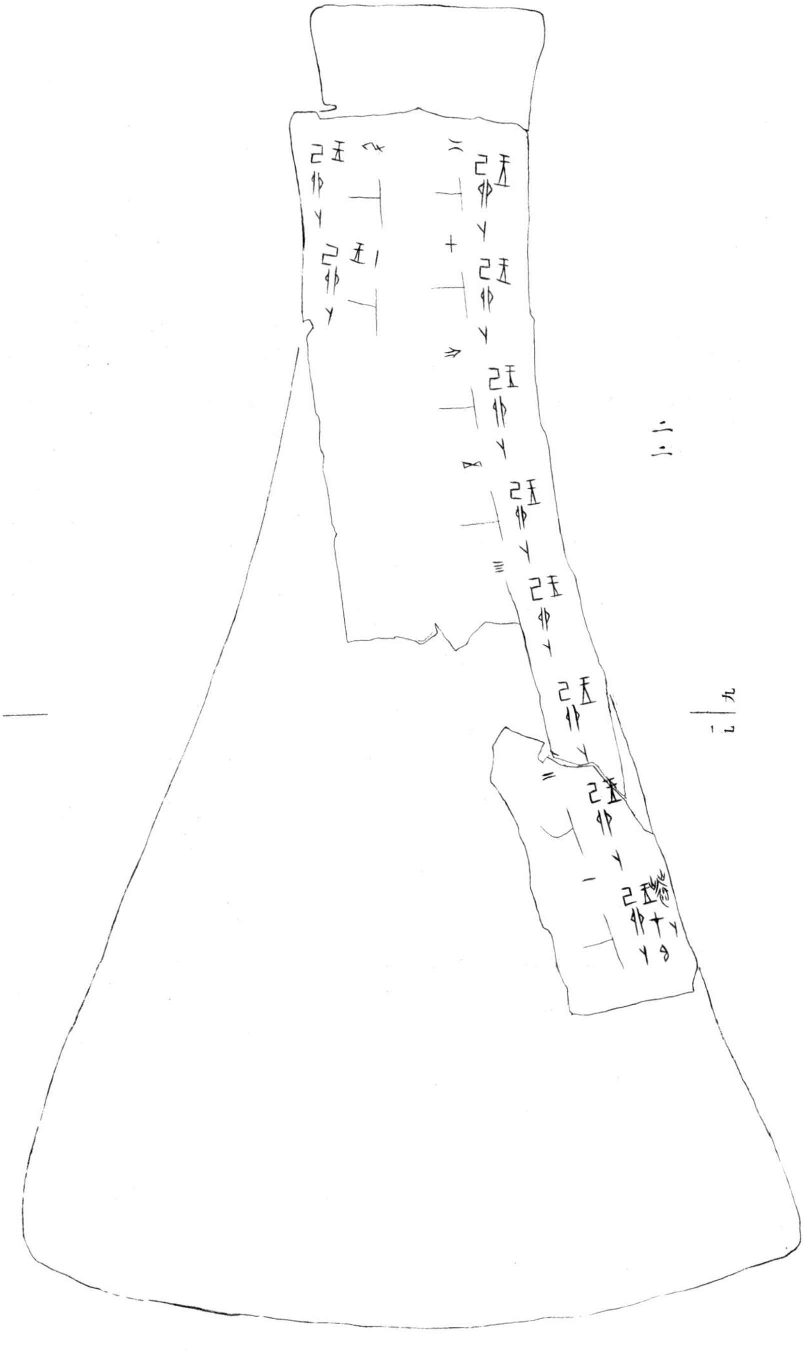

贰骨 22.1

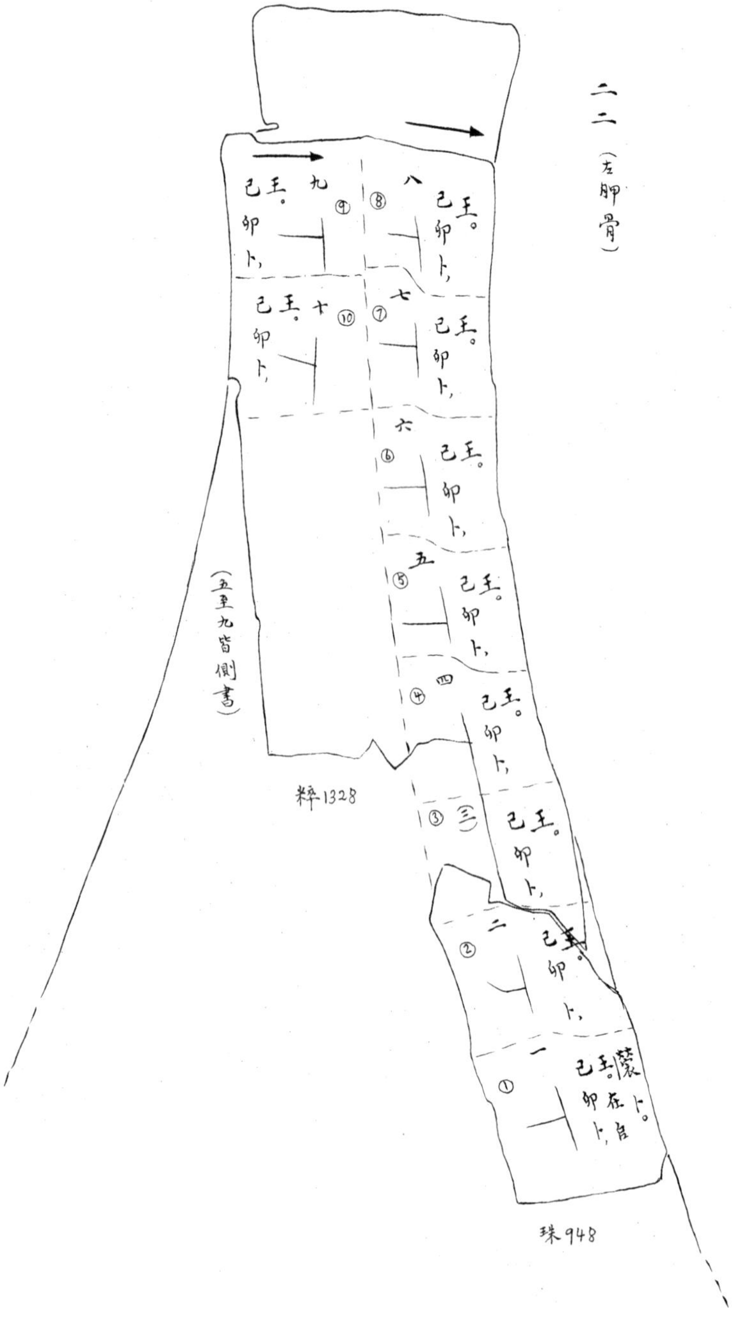

貳骨 22.2①

① 貳骨二二（上）:《合集》《合補》未收，現藏於國圖，爲北圖 19818（粹 1328）。綴合組爲珠 948+粹 1328，見《彙編》第 211 則。

貳骨 22.3 :粹 1328

貳骨 22.4 :珠 948①

① 珠 948 爲全本,包含粹 1328。

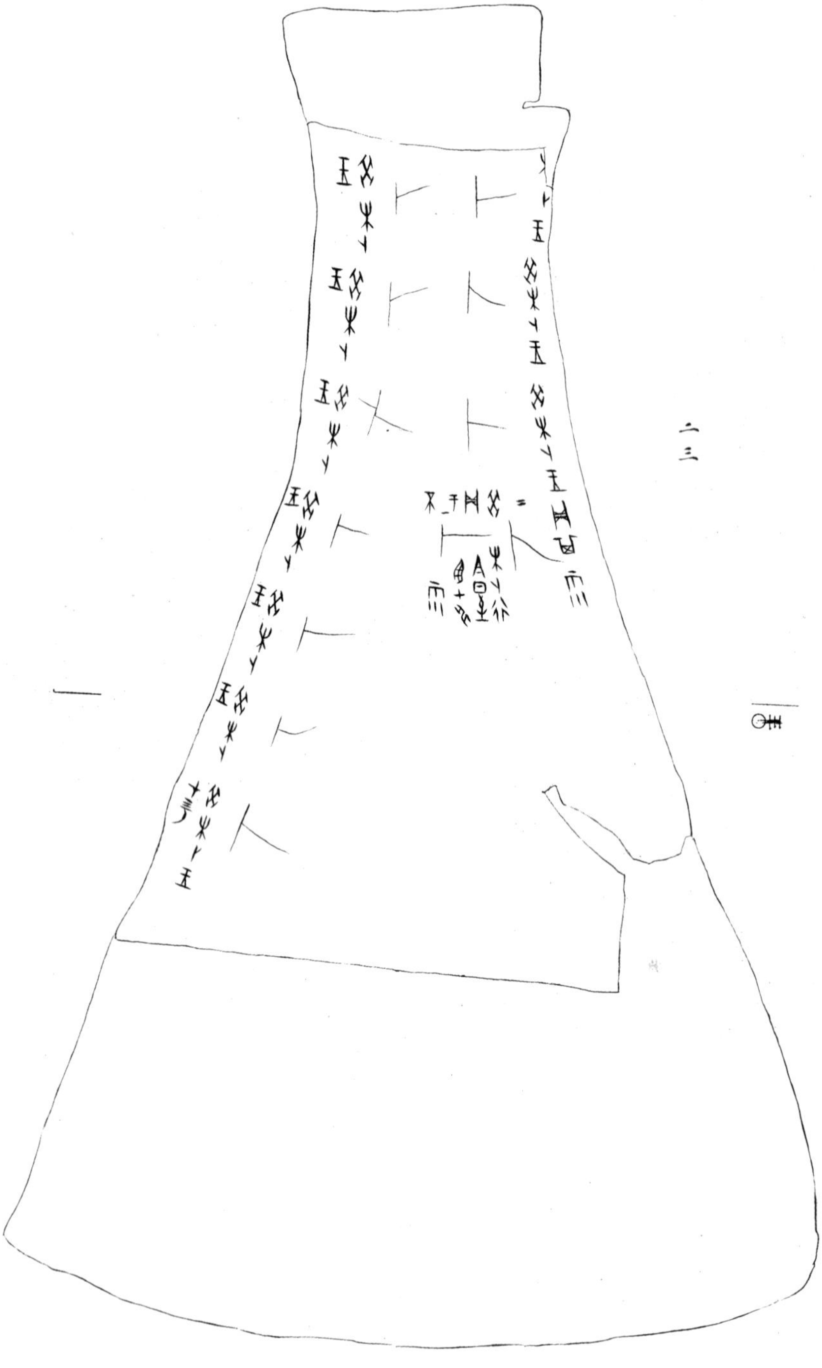

貳骨 23.1

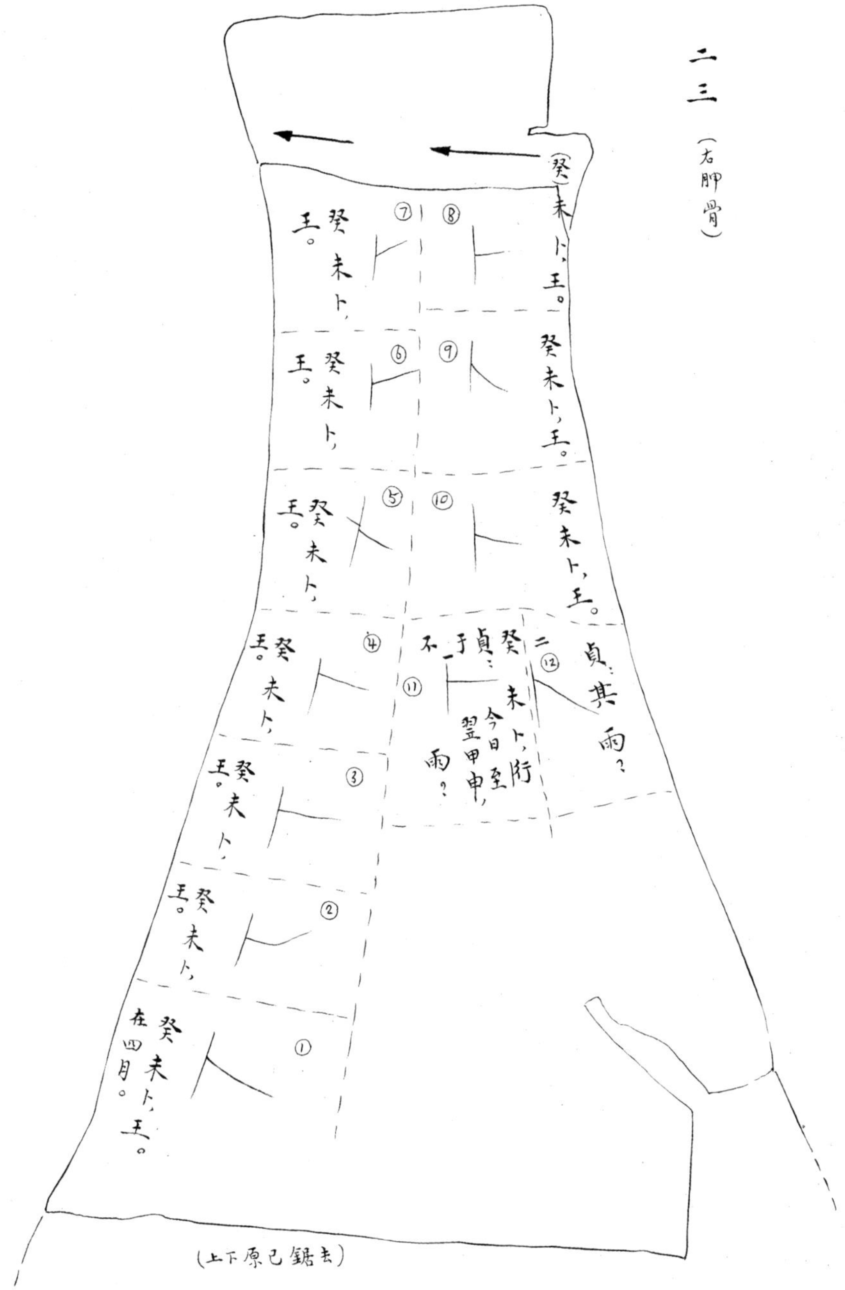
二三
(右胛骨)
(癸)未卜，王。
⑦ 癸未卜，王。
⑧
⑥ 癸未卜，王。
⑨
癸未卜，王。
⑤ 癸未卜，王。
⑩
癸未卜，王。
④ 癸未卜，王。
⑪ 癸未卜，行貞：今日至翌甲申，雨？
不
⑫ 二 貞：其雨？
③ 癸未卜，王。
② 癸未卜，王。
① 癸未卜，王。在四月。
(上下原已鋸去)

河178

貳骨 23.2

合24665

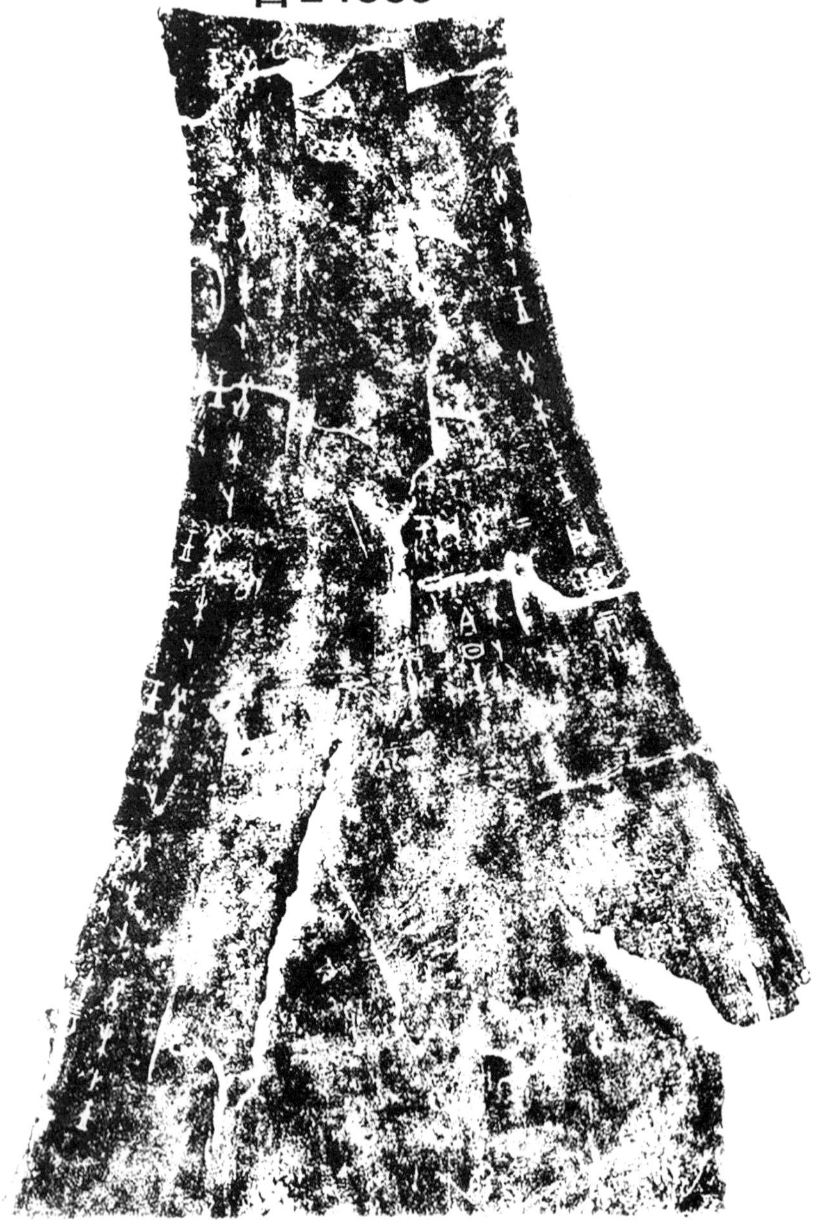

貳骨 23.3 :合 24665

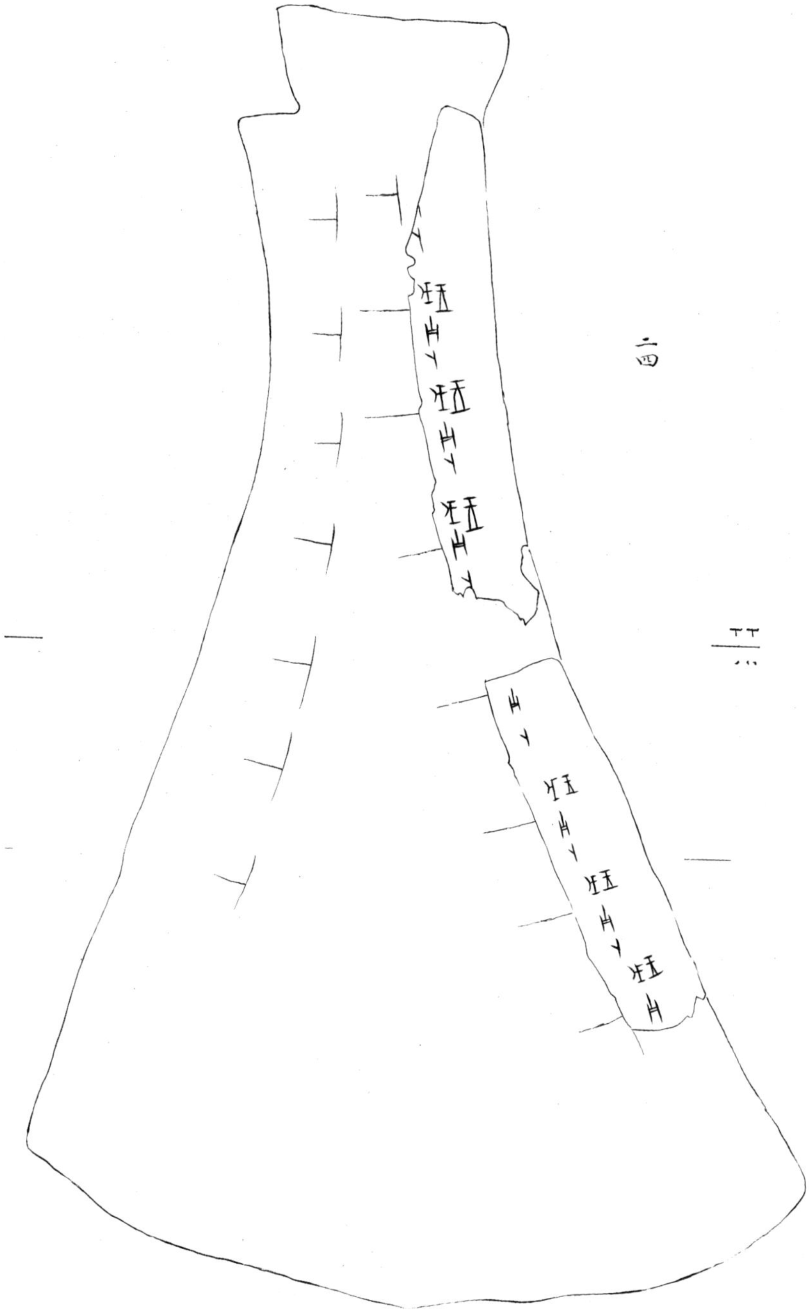

貳骨 24.1

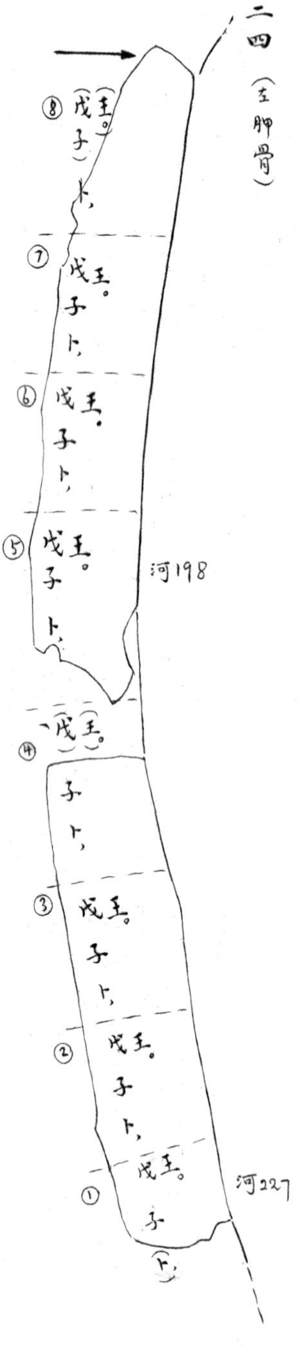
二四
(左胛骨)
⑧ (戊子)卜，(王)。
⑦ 戊子卜，王。
⑥ 戊子卜，王。
⑤ 戊子卜，王。
河198
④ (戊)(王)。
子卜，
③ 戊子卜，王。
② 戊子卜，王。
① 戊子(卜)，王。
河227

貳骨 24.2

貳骨 24.3.1：合 23924①

貳骨 24.4.1：綴合 1③

貳骨 24.3.2：合 23928②

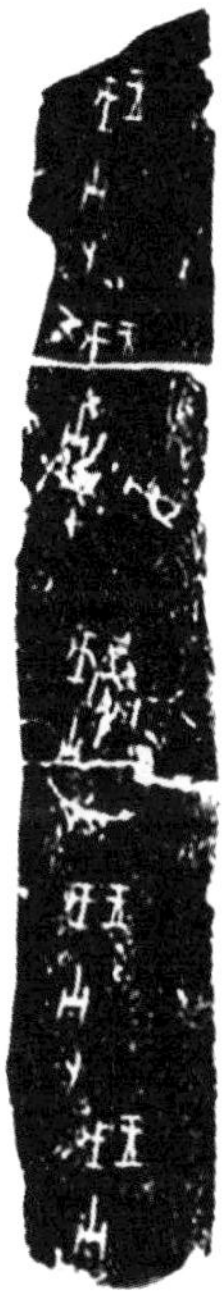

貳骨 24.4.2：綴合 2④

① 貳骨二四（上）：即合 23924，現藏於臺歷博。

② 貳骨二四（下）：即合 23928，現藏於臺歷博。

③ 貳骨二四（上）的綴合組爲合 23924+ 合 23929+ 京 3695，見《彙編》第 445 則。綴合與董作賓的拼綴不一致。

④ 貳骨二四（下）的綴合組爲合 23928+ 合 23933，見李延彥：《殷墟卜骨新綴五則》，《漢字文化》2013 年第 1 期；又見《拼二》第 588 則。綴合與董作賓的拼綴不一致。

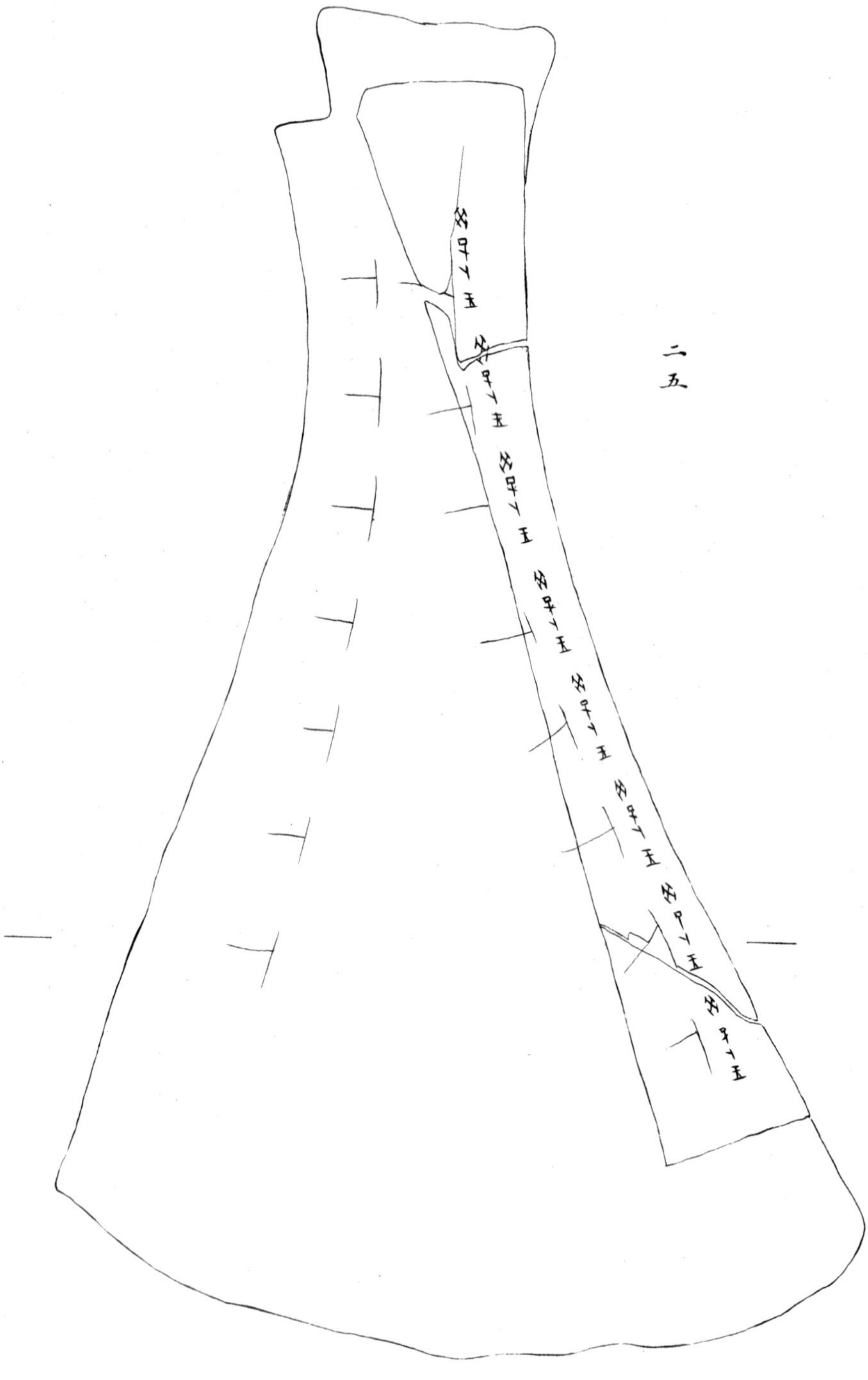

貳骨 25.1

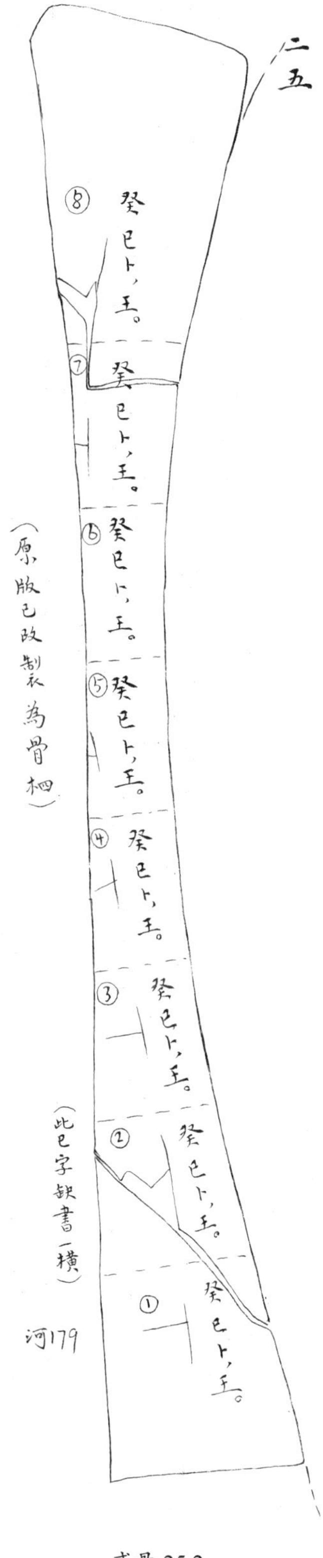

二五
⑧ 癸巳卜，王。
⑦ 癸巳卜，王。
⑥ 癸巳卜，王。
⑤ 癸巳卜，王。
④ 癸巳卜，王。
③ 癸巳卜，王。
② 癸巳卜，王。
① 癸巳卜，王。
（原版已改製成為骨柶）
（此巳字缺書一横）
河179

貳骨 25.2

貳骨 25.3：合 23959

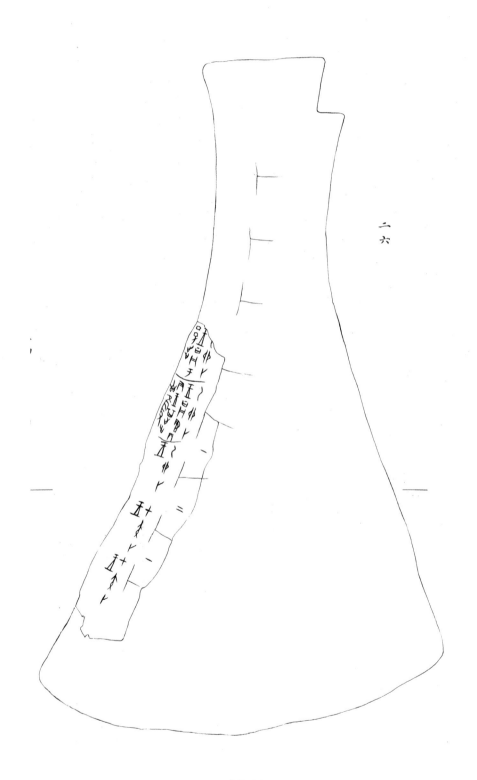

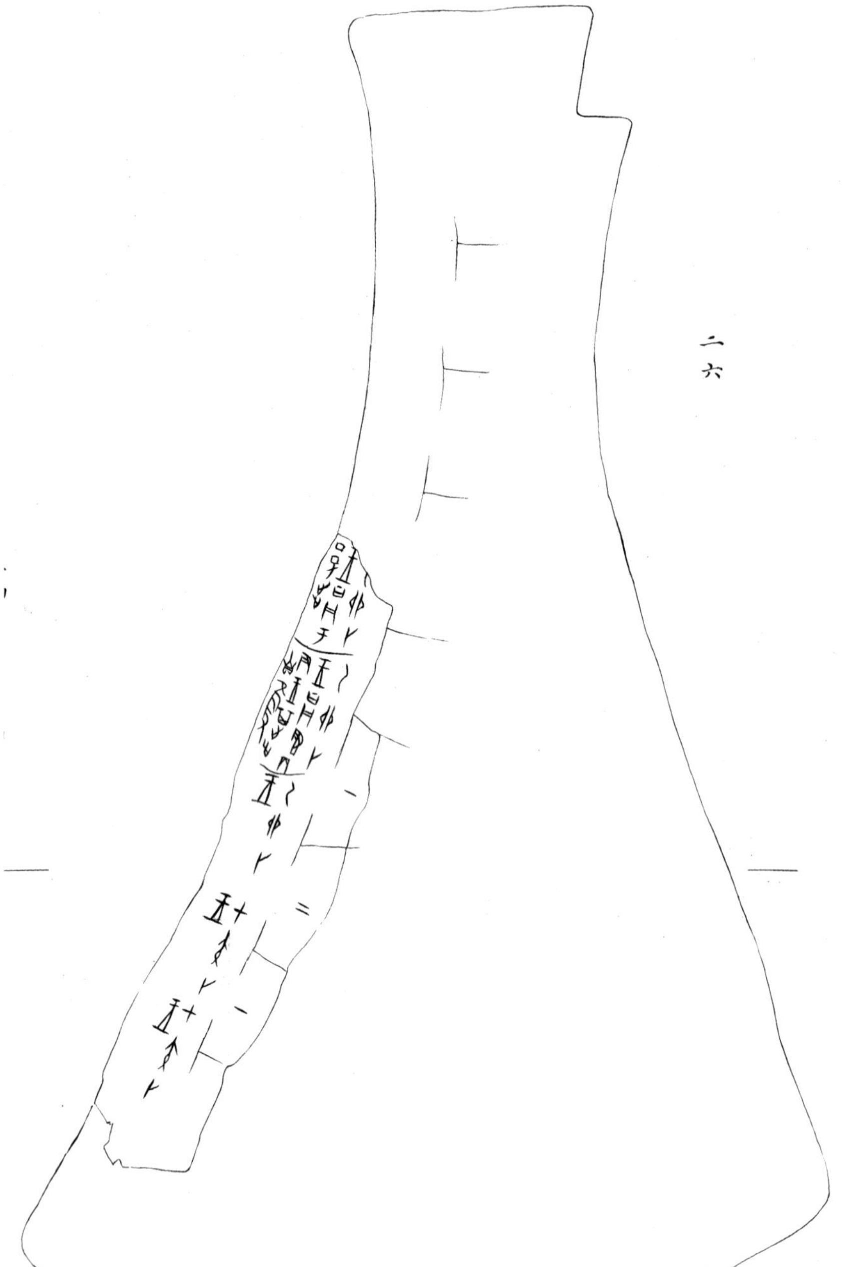

貳骨 26.1

二六（右胛骨）

（三）

⑤ 乙卯卜，
王曰：貞，于
丁巳步。
王。

（二）

④ 乙卯卜，
王曰：貞，翌兩
自辰王其步。
王。
隻。

③ 乙卯卜，
王。

一

② 甲寅卜，
王。

二

① 甲寅卜，
王。

粹1332

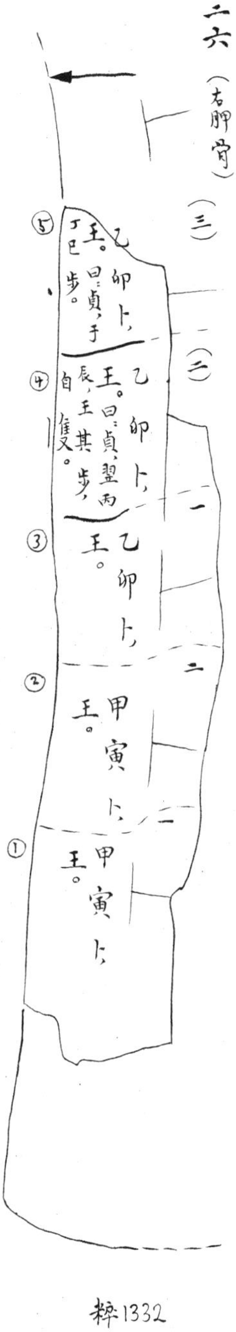

貳骨 26.2

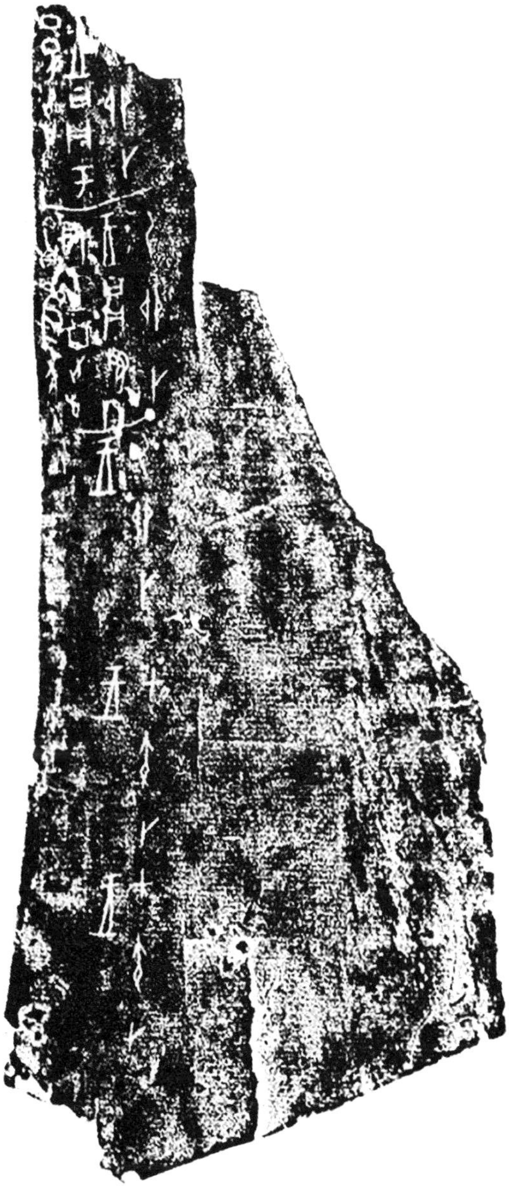

貳骨 26.3：合 24346①

──────────

① 貳骨二六：即合 24346，現藏於國圖，爲北圖 9856。摹本右邊的骨形不全，《合集》爲全形圖。

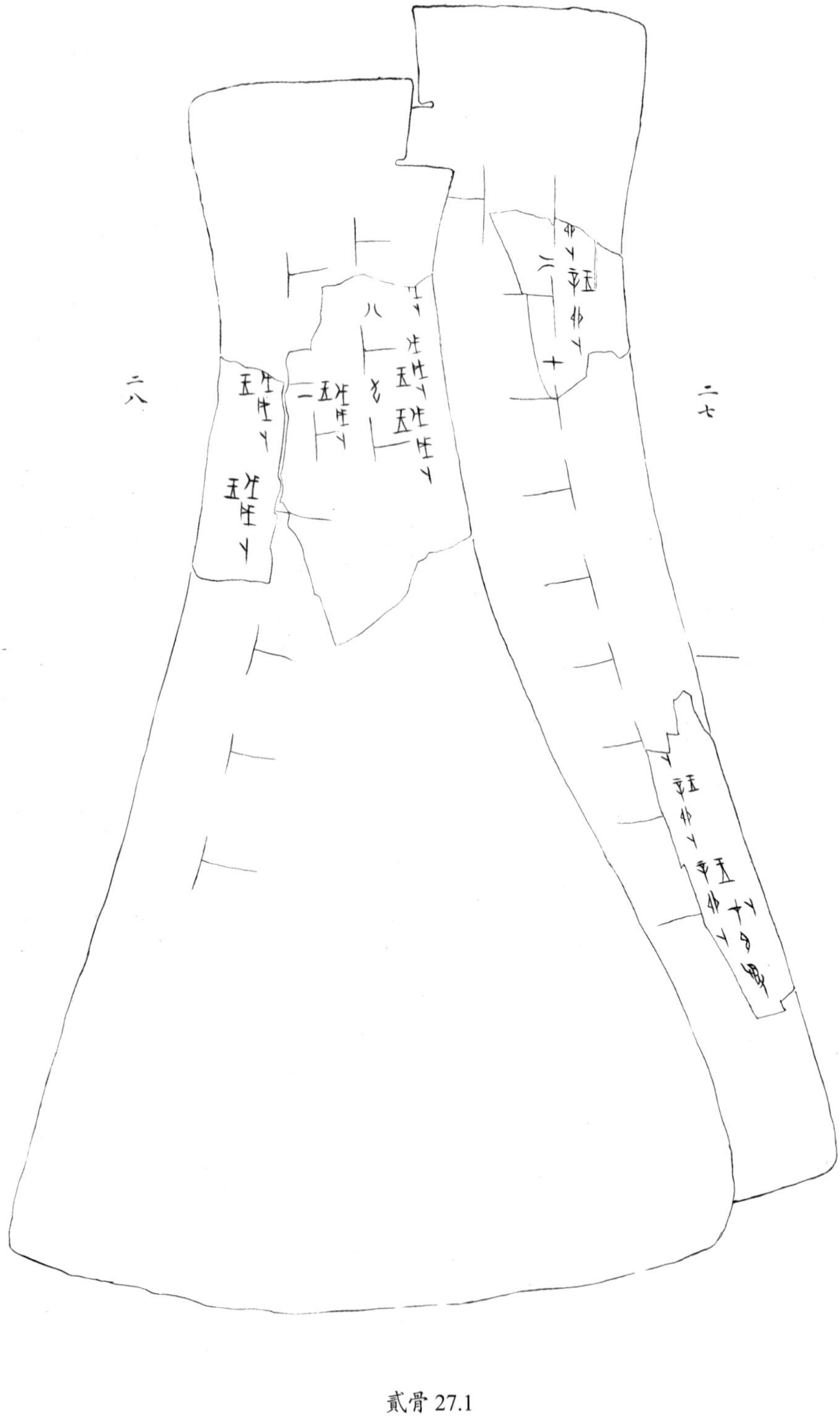

貳骨 27.1

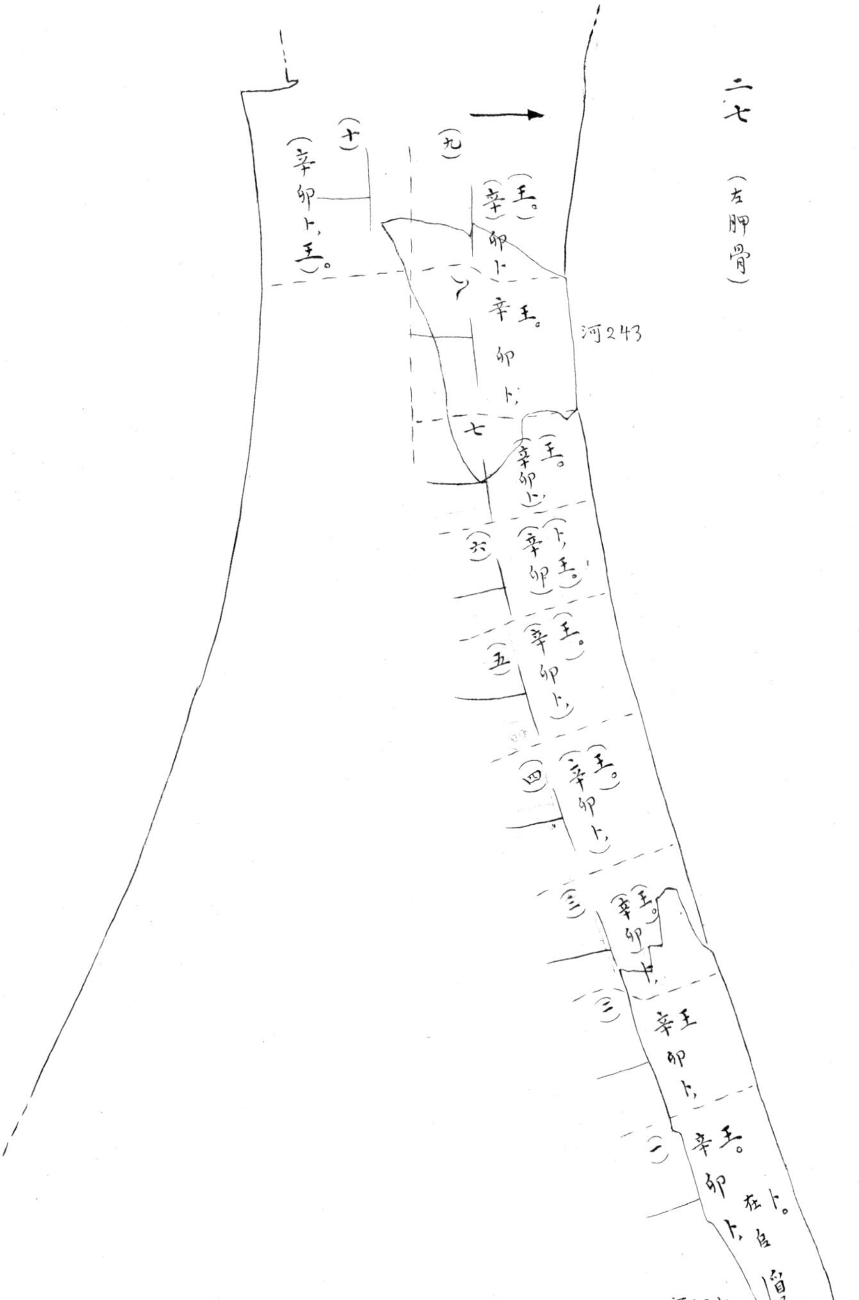
二七
（右胛骨）
河243
河225
（十）（辛卯卜，王。）
（九）（辛卯卜，王。）
（八）辛卯卜，王。
（七）（辛卯卜，王。）
（六）（辛卯卜，王。）
（五）（辛卯卜，王。）
（四）（辛卯卜，王。）
（三）（辛卯卜，王。）
（二）辛卯卜，王。
（一）辛卯卜，王。在自㠯卜。

貳骨 27.2

貳骨 27.3.1：合 23948①

貳骨 27.3.2：合 24261②

貳骨 27.4：綴合③

---

① 貳骨二七（上）：即合 23948、合補 7242 甲。

② 貳骨二七（下）即合 24261、合補 7242 乙。合補 7242 甲，即合 23948；合補 7242 乙，即合 24261。即運臺 3.0078 拓；現藏於臺歷博。

③ 貳骨二七的綴合組爲：合補 7242 甲、乙 + 合補 8366，見王紅：《出組卜王卜辭綴合八例》，《故宫博物院院刊》2013 年第 3 期；又見《拼三》第 760 則。合補 7242 綴合與董作賓的拼綴吻合。

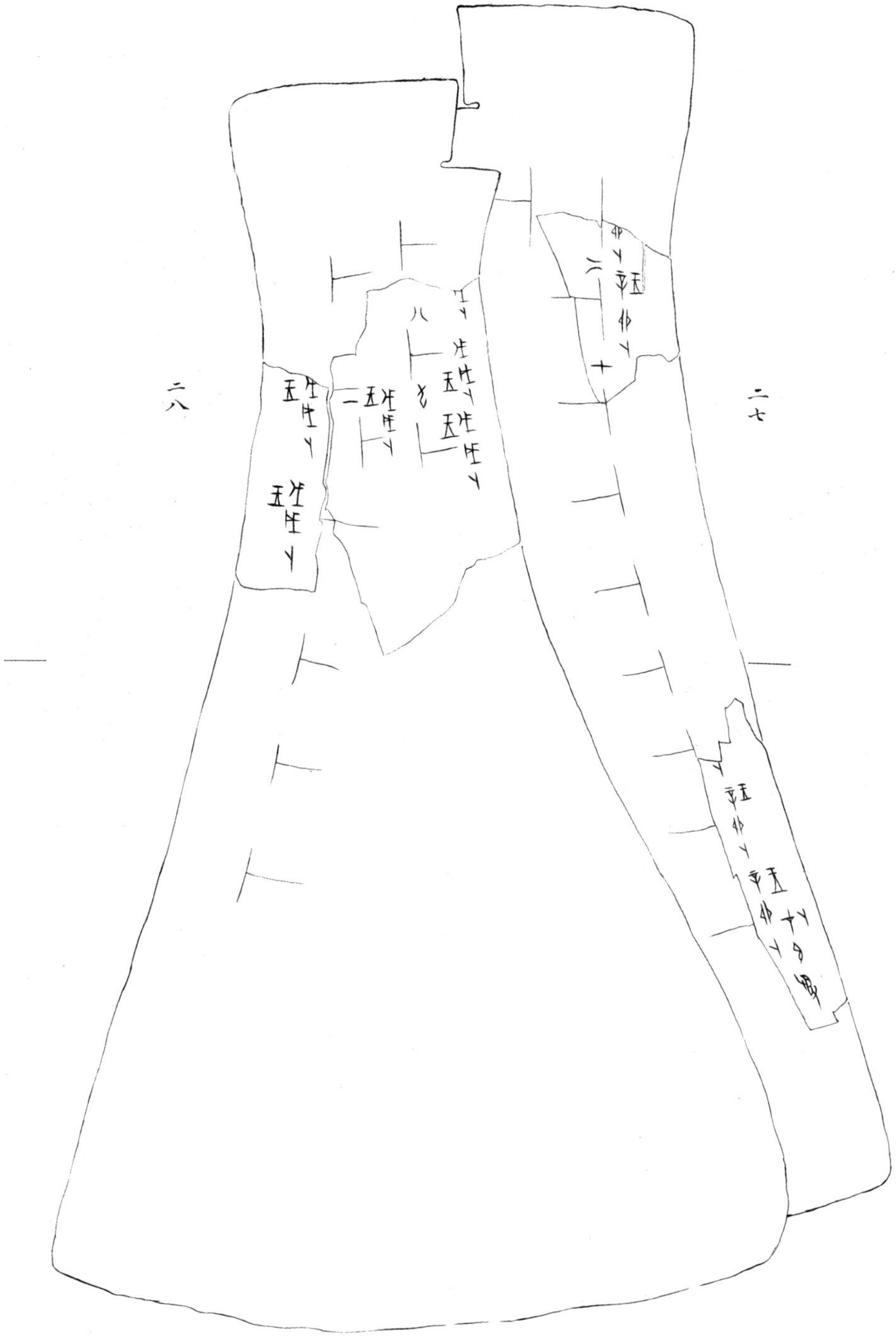

貳骨 28.1

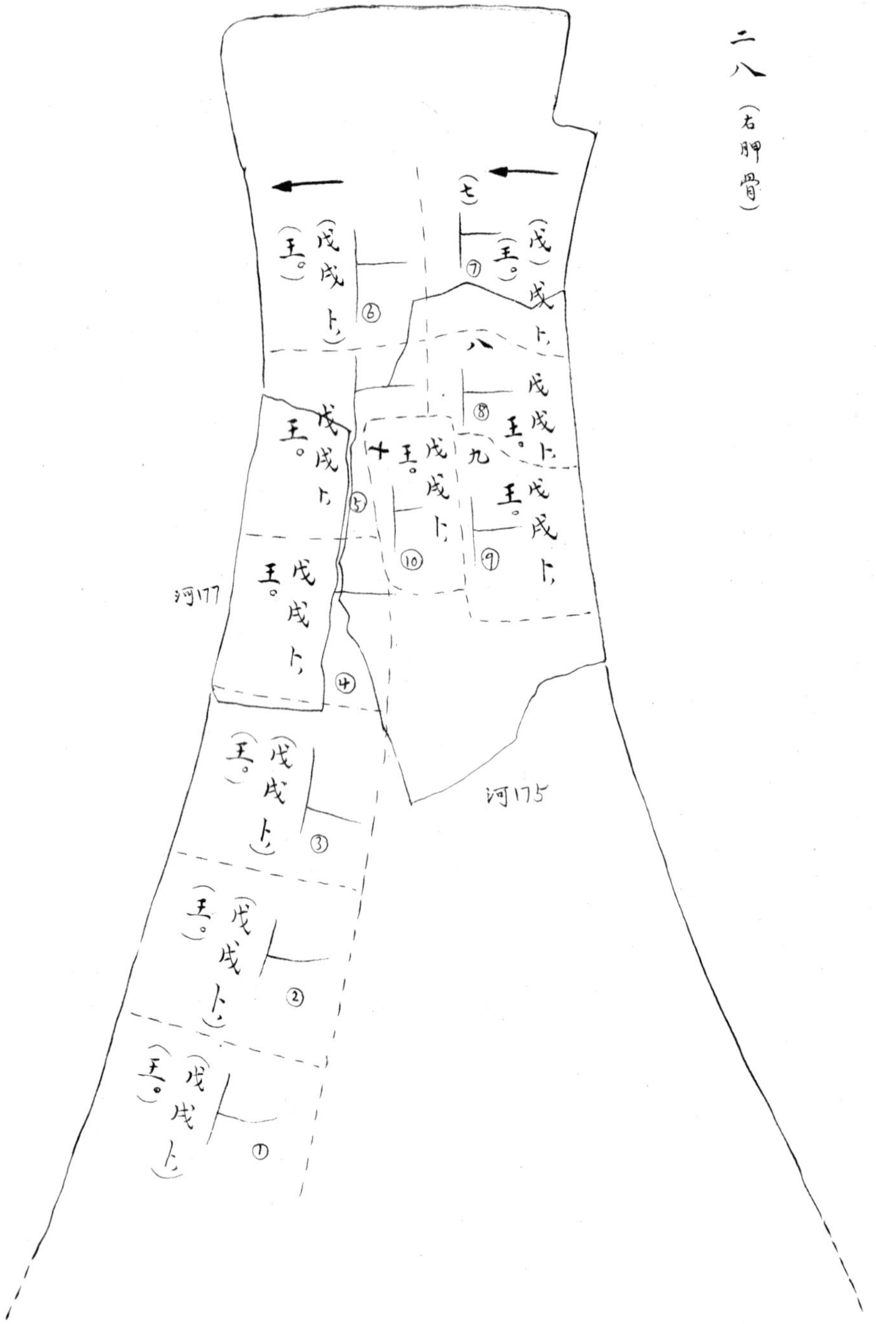

貳骨 28.2

貳骨 28.3.1：合 23990[1]

貳骨 28.3.2：合 23988

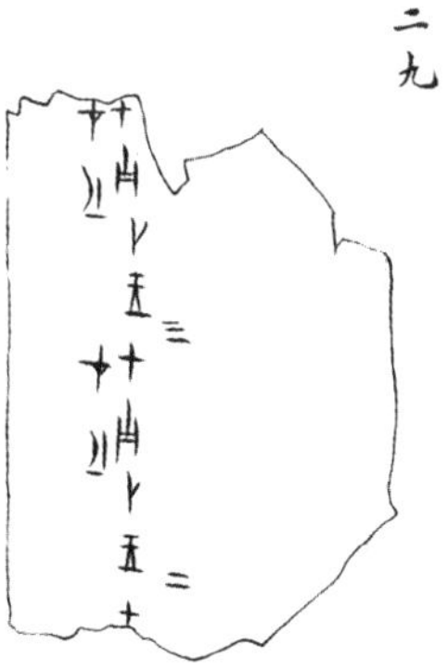

貳骨 29.1

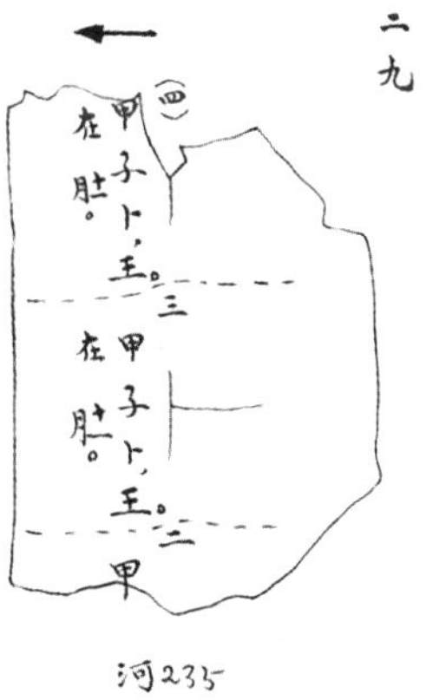

貳骨 29.2

貳骨 29.3：合 23810

① 貳骨二八（右）：即合 23988（下），現藏於臺歷博。合 23988 有綴合，與董作賓的補釋釋文一致。

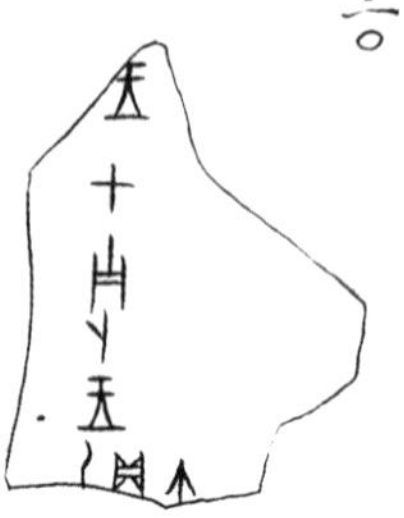

貳骨 30.1

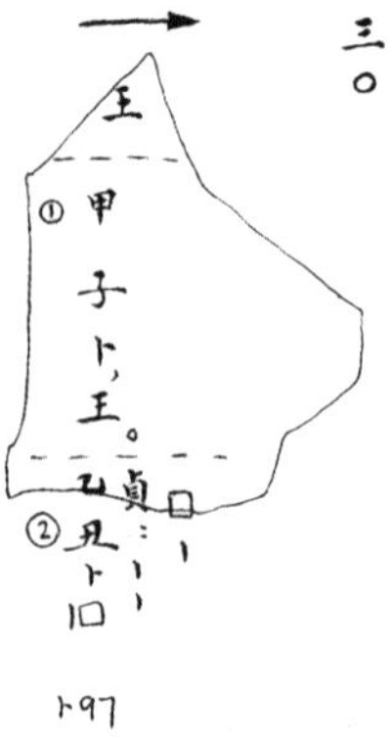

貳骨 30.2

貳骨 30.3：合 23812①

貳骨 31.1

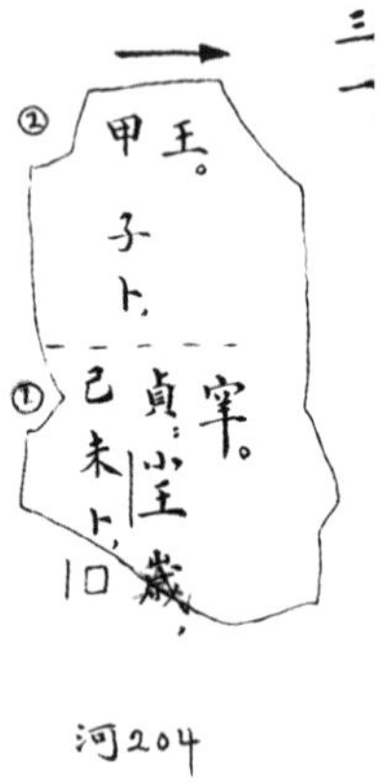

貳骨 31.2

貳骨 31.3：合 23808

貳骨 32.1

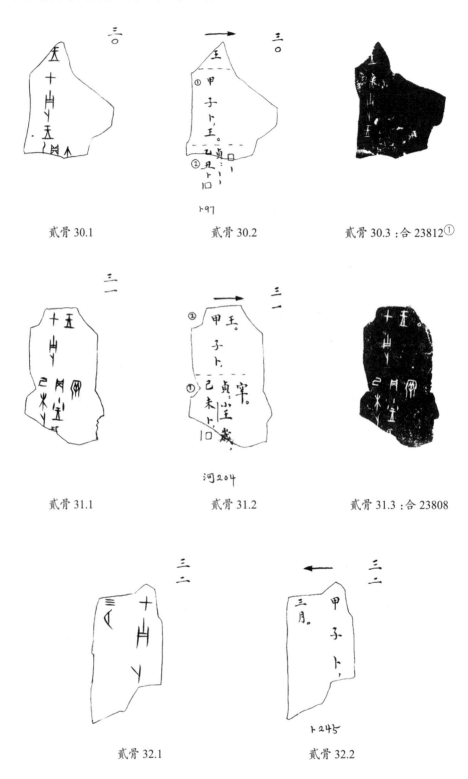

貳骨 32.2

① 貳骨三〇：即合 23812，現藏於南博。摹本優於《合集》，下部"乙""貞"等字拓本不清晰。

貳骨 33.1

貳骨 33.2

貳骨 34.1

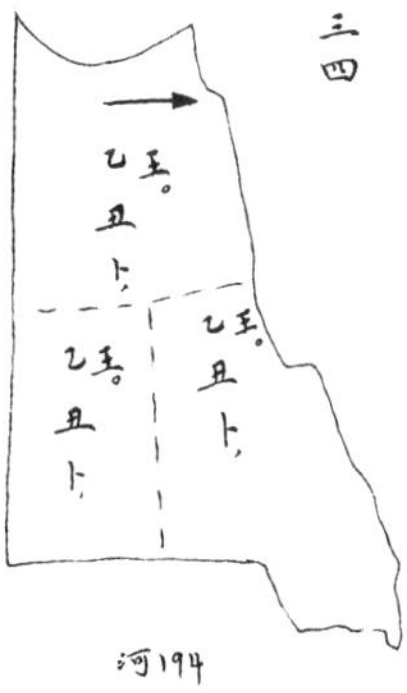

貳骨 34.2

貳骨 34.3：合 23815

貳骨 34.4：綴合①

① 貳骨三四：即合 23815，現藏於臺歷博。綴合組爲合 23815+ 合 24333，見《彙編》第 495 則。摹本漏上端的“卜”字。

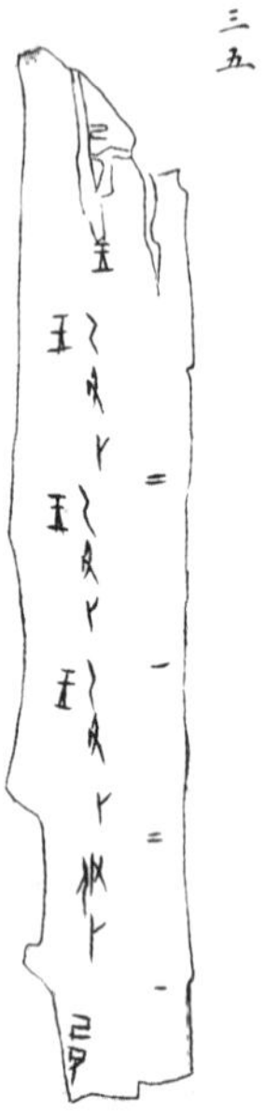

貳骨 35.1

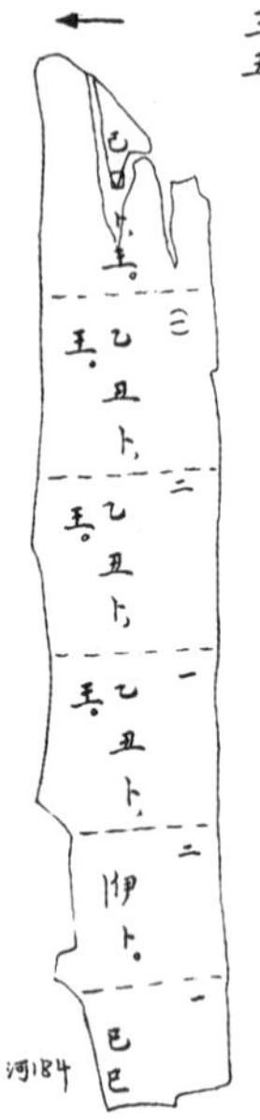

貳骨 35.2

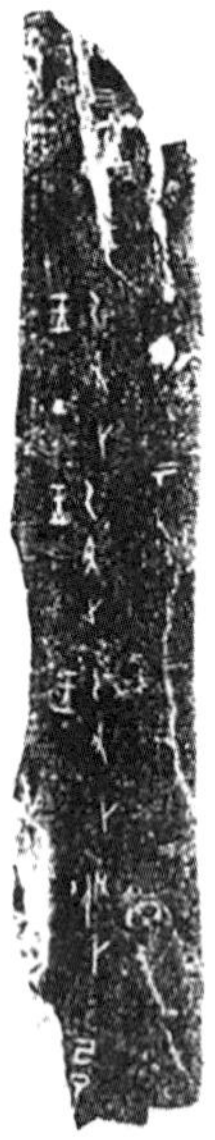

貳骨 35.3：合 23818

貳骨 36.1

貳骨 36.2

貳骨 36.3：合 24303①

貳骨 36.4：綴合②

① 貳骨三六：即合 24303，現藏於國圖，爲北圖 25677。

② 貳骨三六的綴合組爲：合補 8319+ 合 24303，見《彙編》第 880 則。合補 8319+ 合 24303，即北圖 19954+ 北圖 25677，經實物檢驗綴合成立。

貳骨 37.1

貳骨 37.2

貳骨 37.3：合 23819

貳骨 38.1

貳骨 38.2

貳骨 39.1

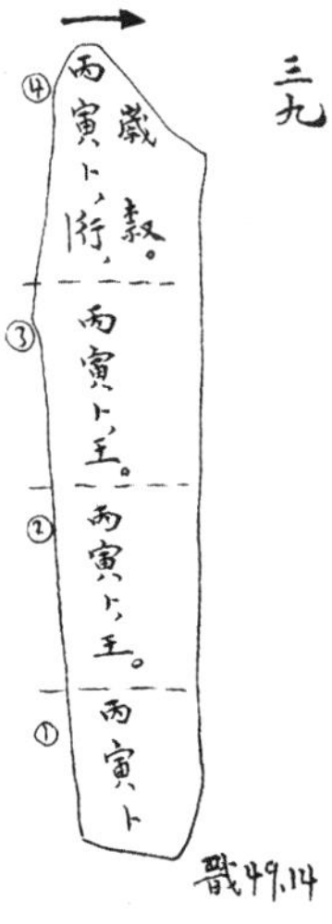

貳骨 39.2

貳骨 39.3：合 23826

貳骨 39.4：合補 8387①

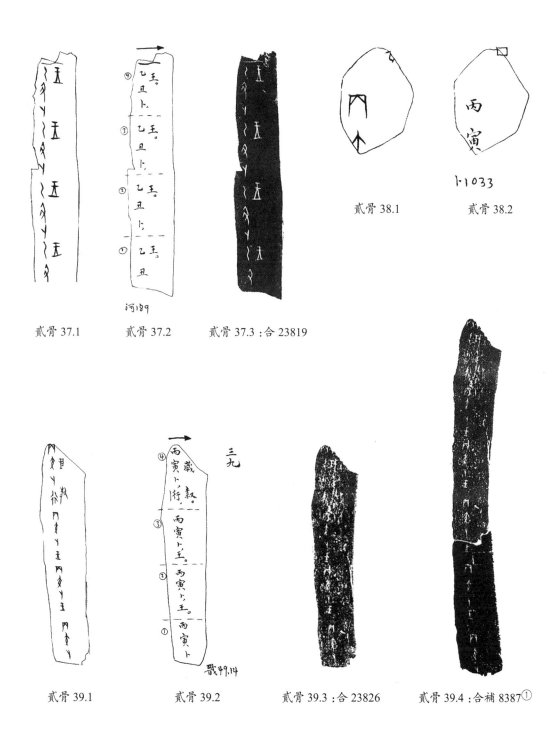

① 貳骨三九：即合 23826、合補 8387（上），現藏於上博，爲上博 17647.370。綴合組爲合 23826+合 23830，即合補 8387，見《綴》第 204 則。

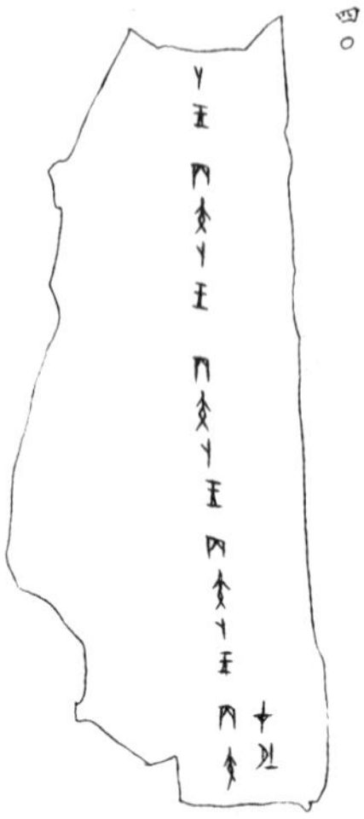

貳骨 40.1

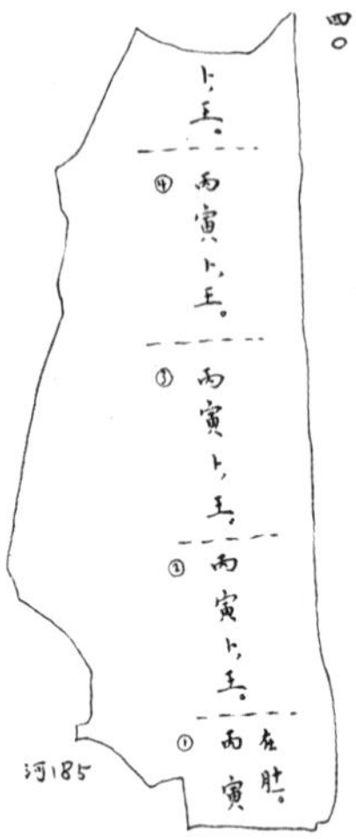

貳骨 40.2

貳骨 40.3：合 23822

貳骨 41.1①

貳骨 41.2

貳骨 42.1

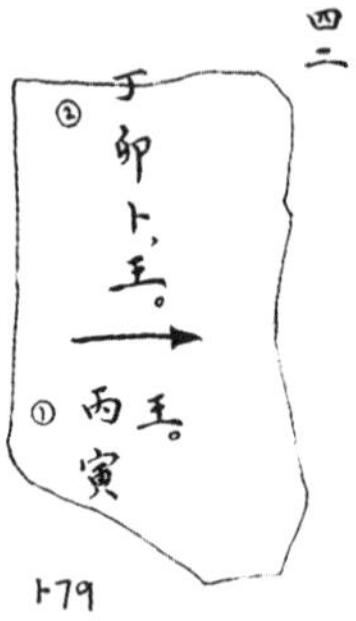

貳骨 42.2

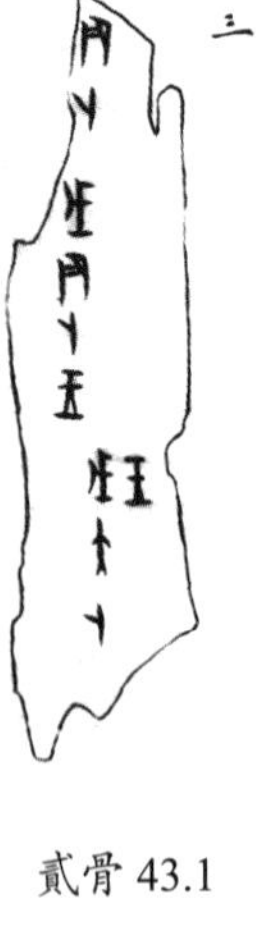

貳骨 43.1

貳骨 43.2

貳骨 43.3：合 23841

① 貳骨四一、貳骨四二：原著録亦爲摹本，現藏不詳。《卜》即明義士著《殷虚卜辭》的簡稱，學界一般亦簡稱《虚》，原著録均爲摹本。

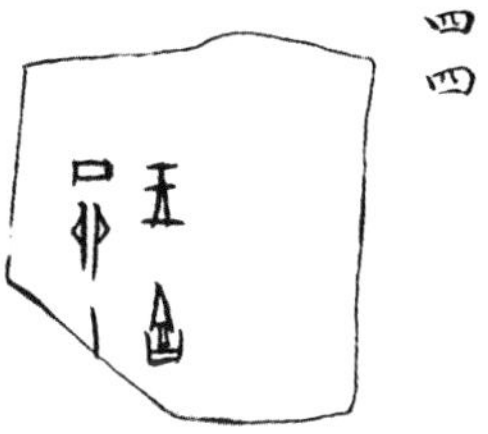

貳骨 44.1

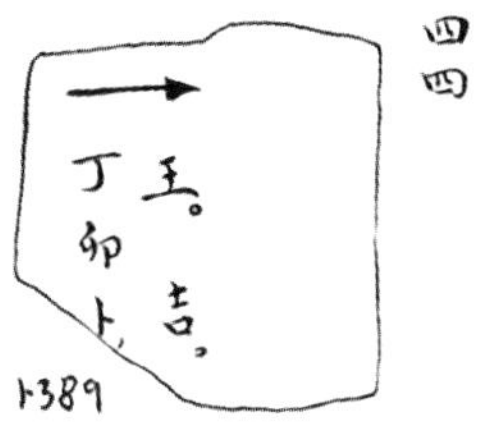

貳骨 44.2

貳骨 44.3：合 26081

貳骨 45.1

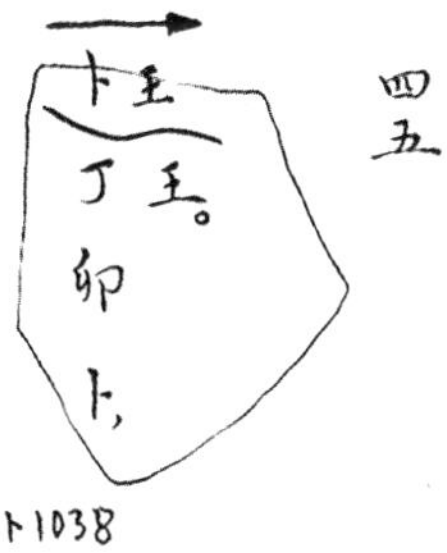

貳骨 45.2①

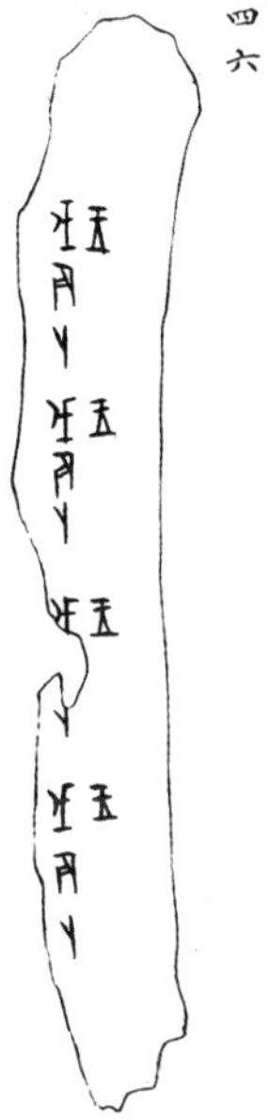

貳骨 46.1

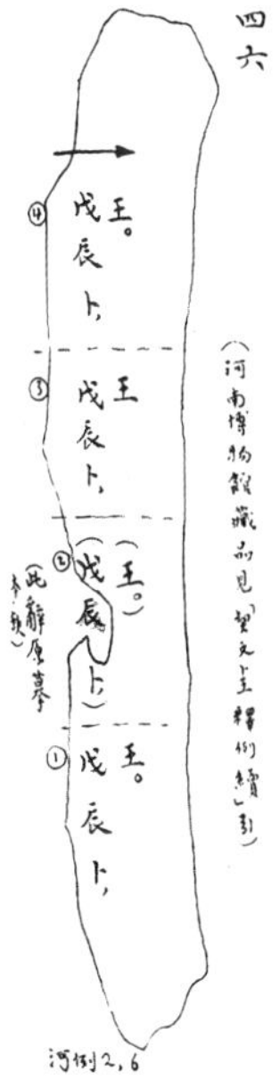

貳骨 46.2

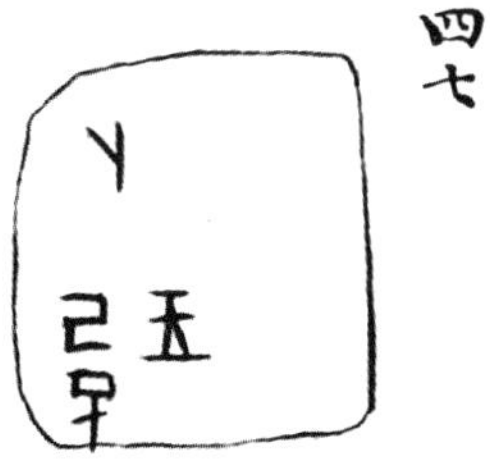

貳骨 47.1

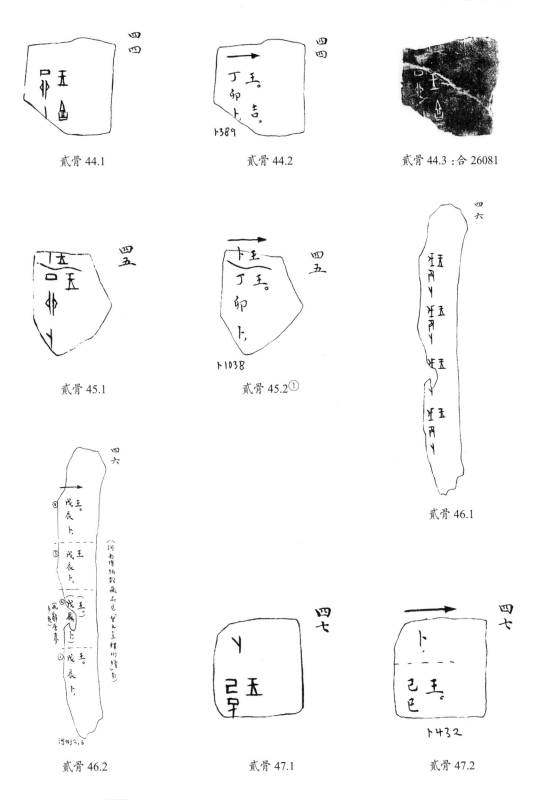

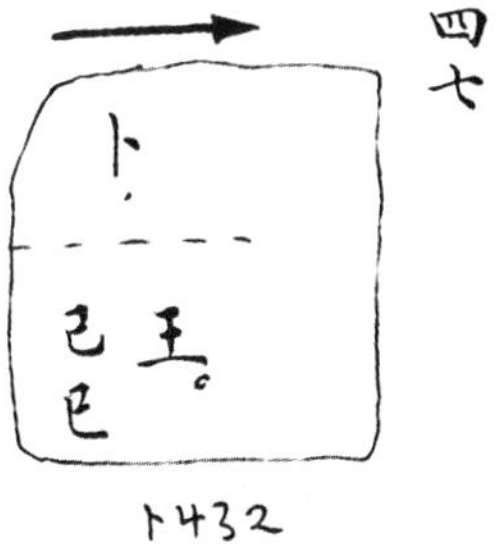

貳骨 47.2

① 貳骨四五至貳骨四九：《合集》《合補》未收，現藏不詳。原著録亦爲摹本。

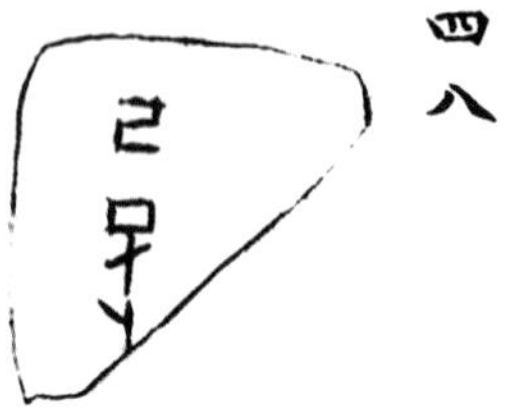

貳骨 48.1

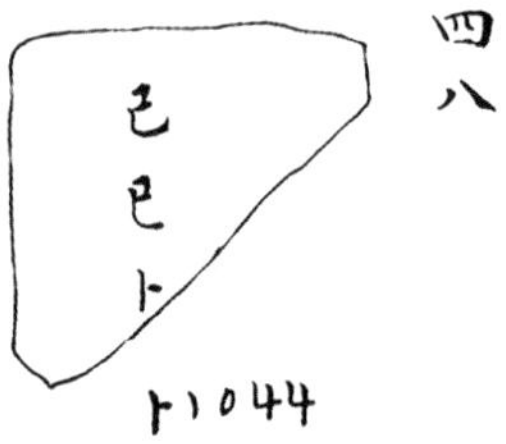

貳骨 48.2

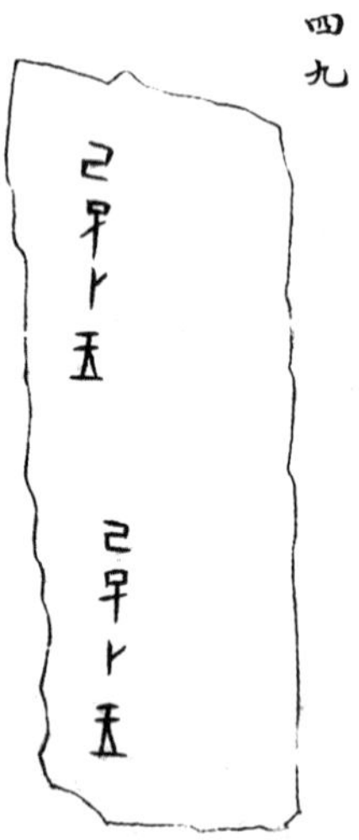

貳骨 49.1

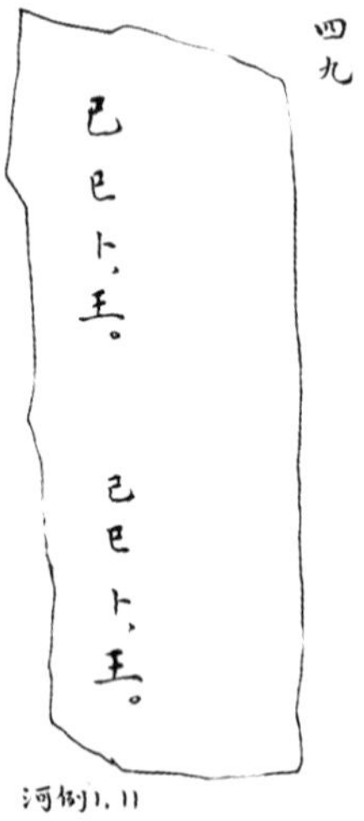

貳骨 49.2

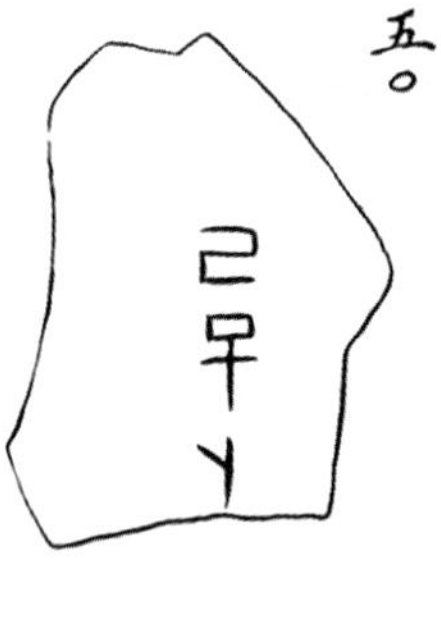

貳骨 50.1

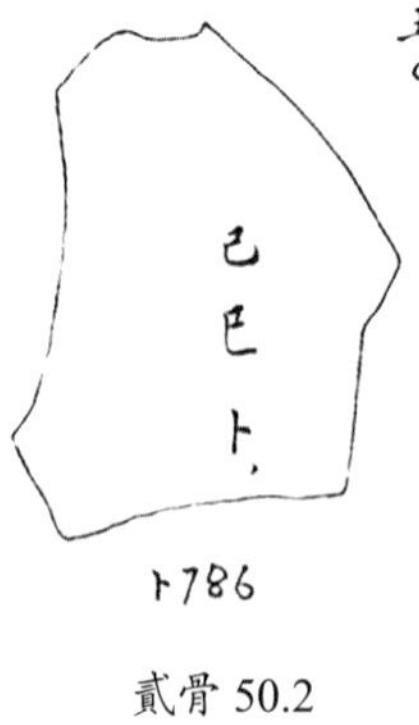

貳骨 50.2

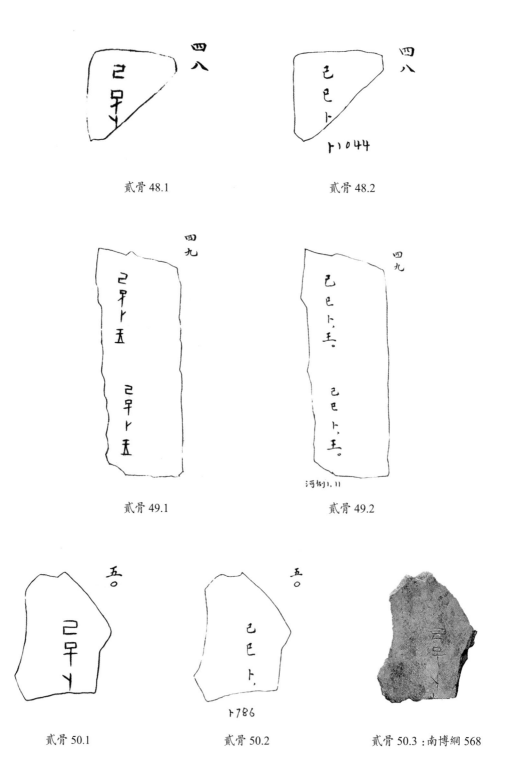

貳骨 50.3：南博網 568

貳骨 51.1

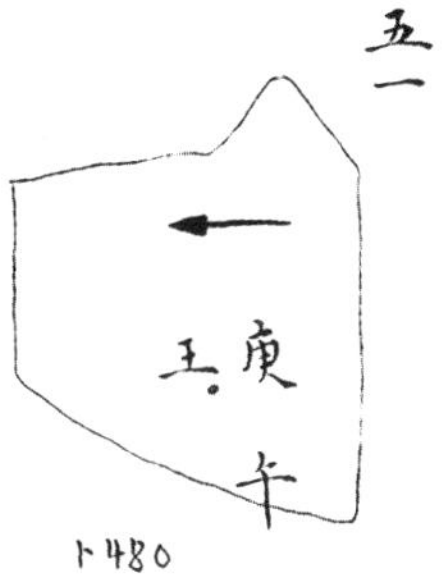

貳骨 51.2

貳骨 51.3：南博網 839[①]

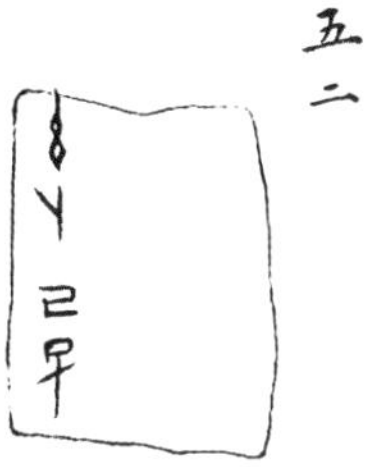

貳骨 52.1

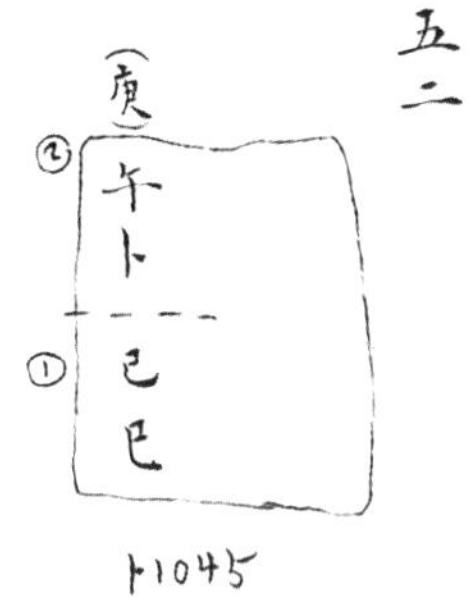

貳骨 52.2

貳骨 53.1

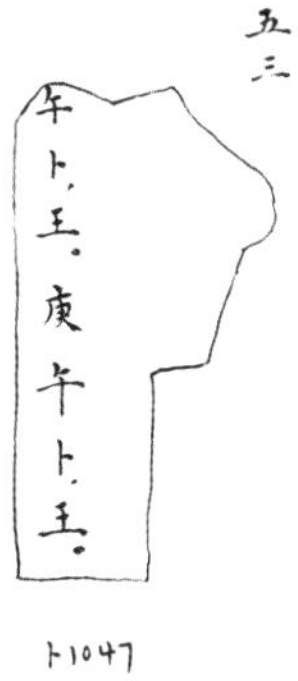

貳骨 53.2

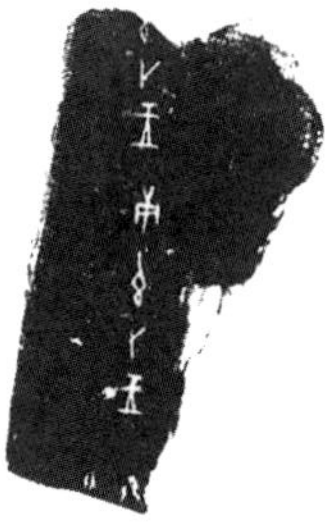

貳骨 53.3：合 23848

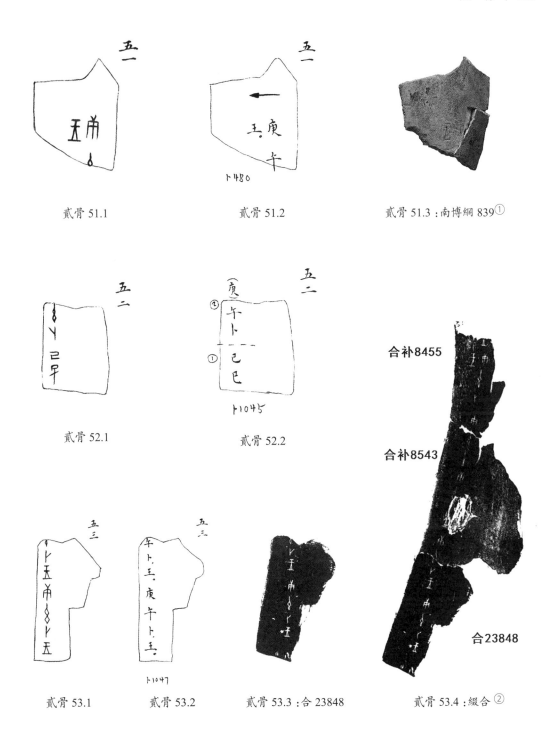

貳骨 53.4：綴合[②]

① 貳骨五一：《合集》《合補》未收，現藏於南博，實物照片見南博網 839，實爲龜甲。

② 貳骨五三：即合 23848，現藏於南博。綴合組爲合 23848+ 合補 8455+ 合補 8543，見《拼二》第 382 則。

貳骨 54.1

貳骨 54.2

貳骨 54.3：合 23853

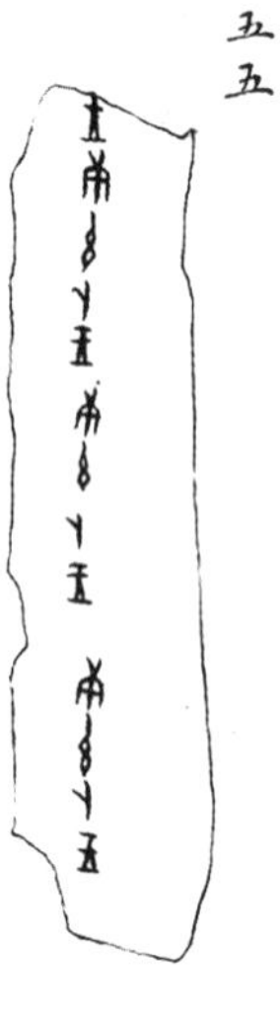

貳骨 55.1

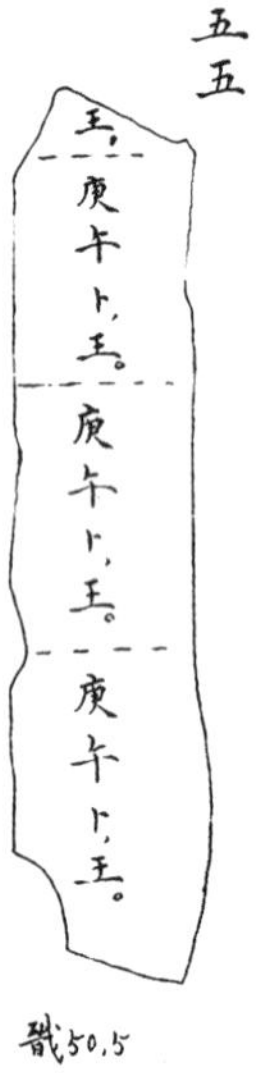

貳骨 55.2

貳骨 55.3：合 23845①

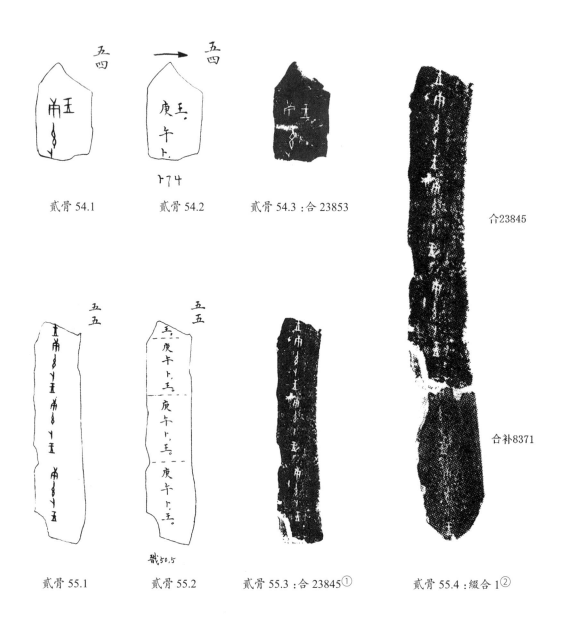

合23845

合补8371

貳骨 55.4：綴合 1②

---

① 貳骨五五：即合 23845，現藏於上博，爲上博 17647.366。

② 貳骨五五的綴合組爲：合 23845+ 合補 8371，見莫伯峰：《故宫博物院院刊》，2012 年第 4 期；又見《拼二》第 381 則。

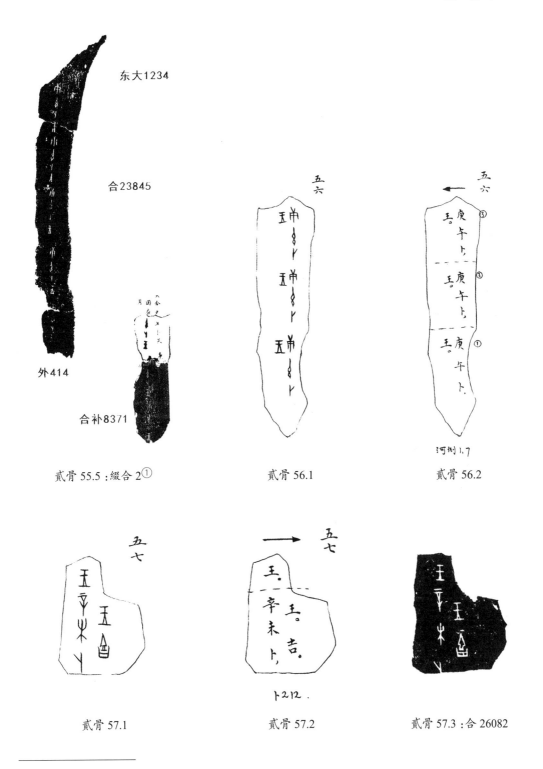

东大1234
合23845
外414
合补8371

貳骨 55.5：綴合 2①

貳骨 56.1

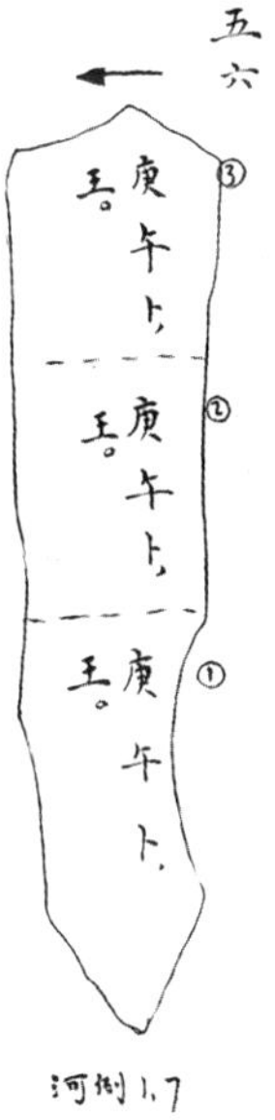

貳骨 56.2

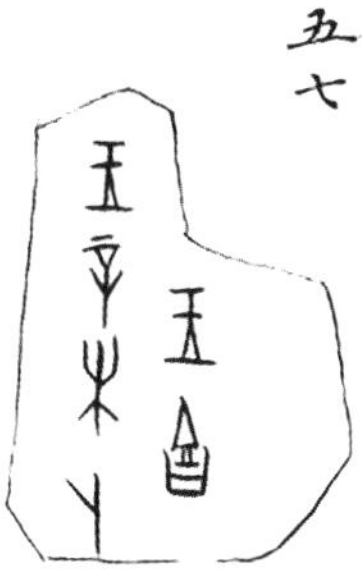

貳骨 57.1

貳骨 57.2

貳骨 57.3：合 26082

① 貳骨五五的另一綴合組爲：合 23845+ 合補 8371+ 外 414+ 東大 1234，見林宏明：《甲骨新綴第 432 例》，先秦史研究室網站，2013.9.16。林宏明根據嚴一萍對外 414 的摹本認爲莫綴的合補 8371 或許可以加綴在本組的下方。

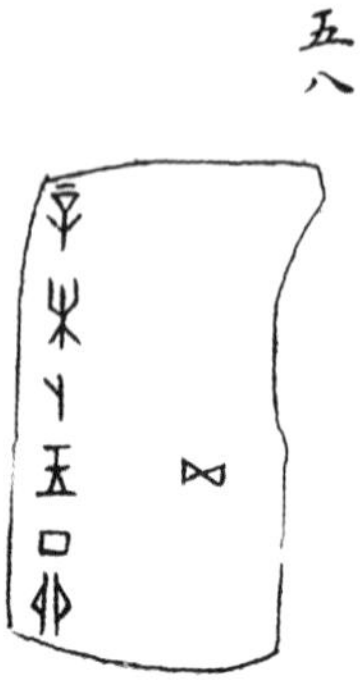

貳骨 58.1

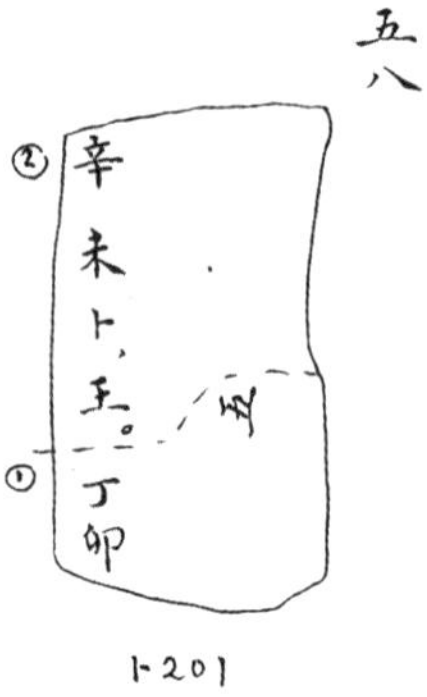

貳骨 58.2

貳骨 58.3：合 23855

貳骨 59.1

貳骨 59.2

貳骨 59.3：南博網 737①

貳骨 60.1

貳骨 60.2

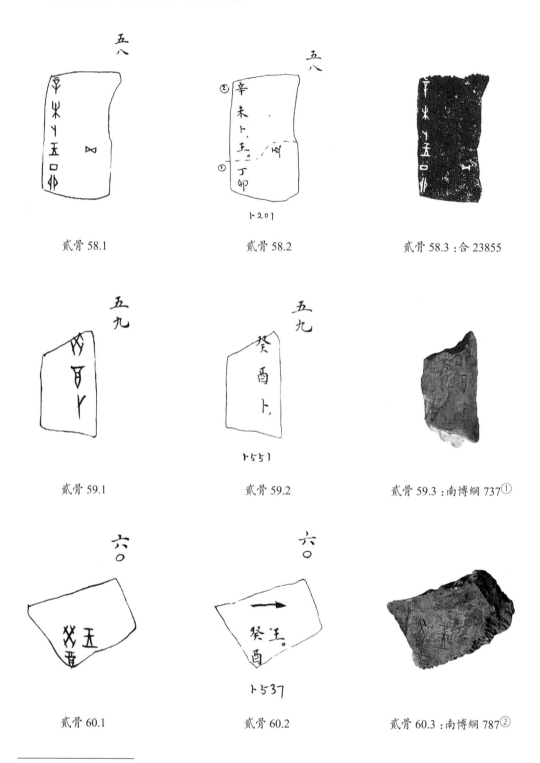

貳骨 60.3：南博網 787②

① 貳骨五九：《合集》《合補》未收，現藏於南博，實物照片見南博網 737。貳骨五九與貳骨六〇的摹本著録標注互相顛倒。

② 貳骨六〇：《合集》《合補》未收，現藏於南博，實物照片見南博網 787，實爲龜甲。

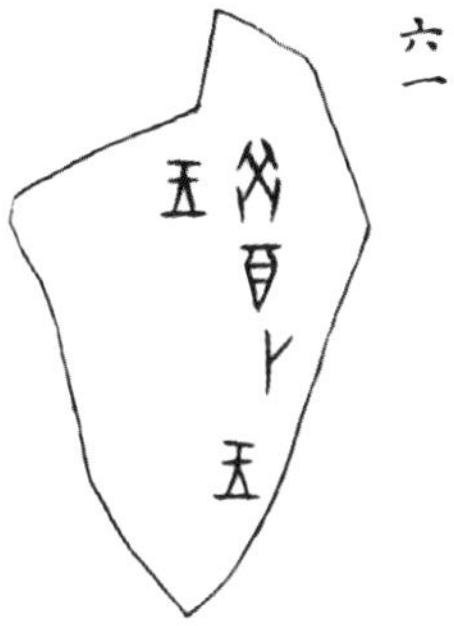

貳骨 61.1

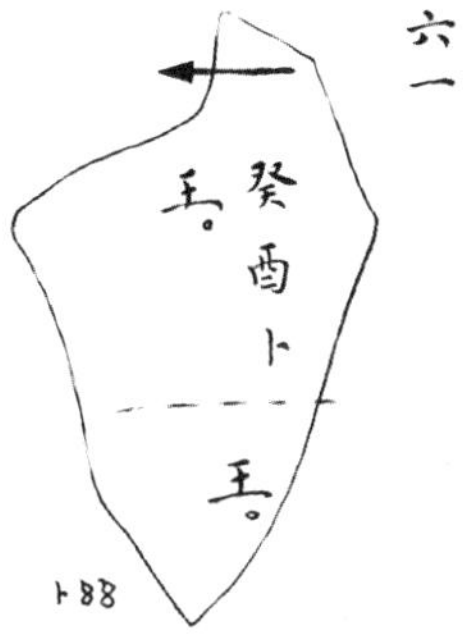

貳骨 61.2

貳骨 61.3：合 23860

貳骨 62.1

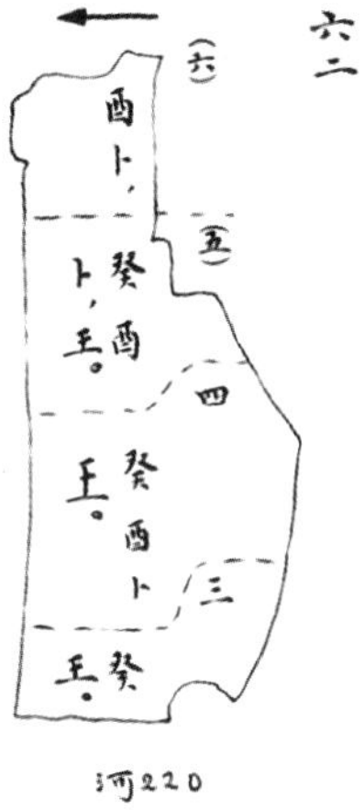

貳骨 62.2

貳骨 62.3：合 23858

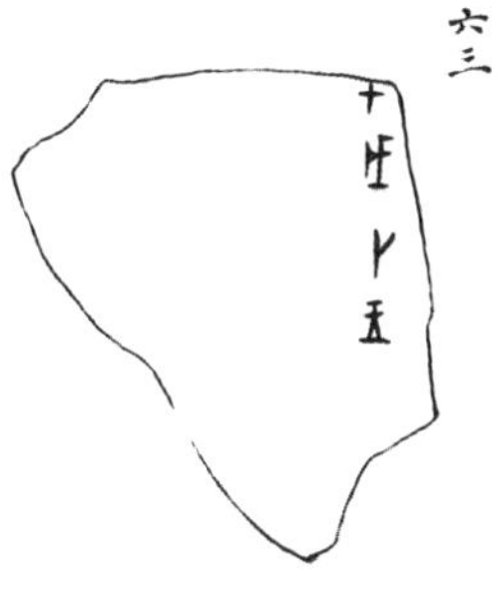

貳骨 63.1

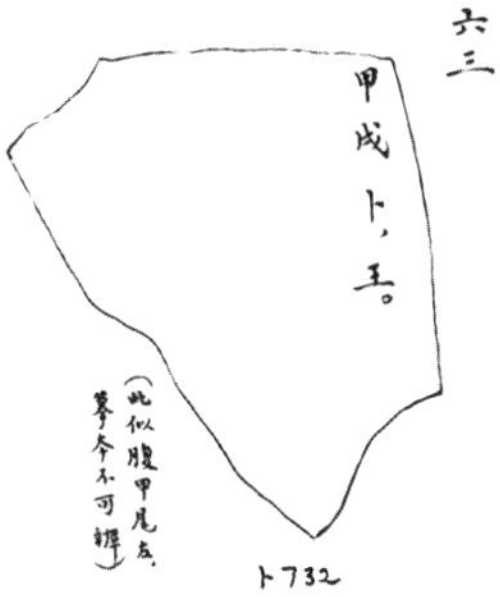

貳骨 63.2

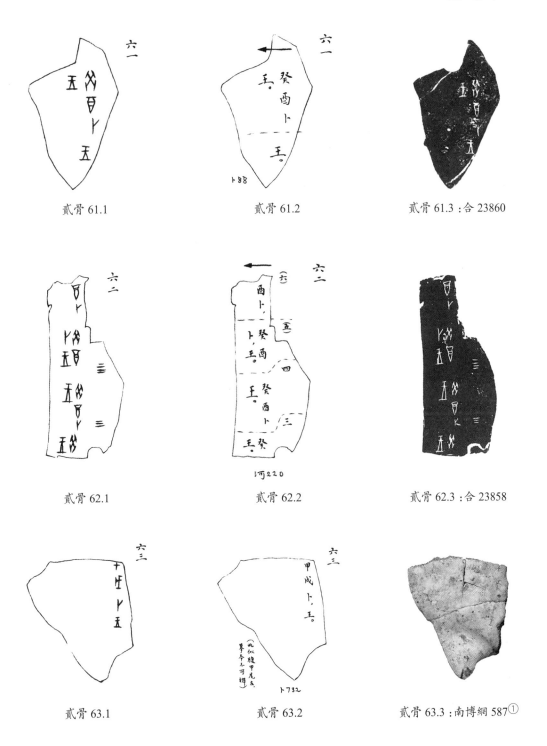

貳骨 63.3：南博網 587[1]

---

① 貳骨六三：《合集》《合補》未收，現藏於南博，實物照片見南博網 587。此版董作賓的疑爲龜甲，有註“此似腹甲尾左，摹本不可辨”。確爲龜甲。

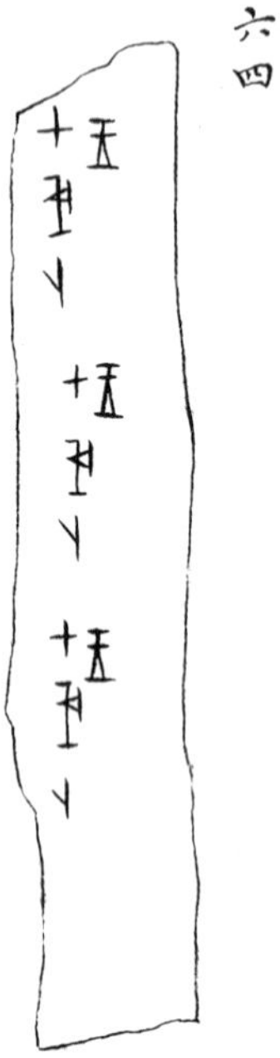

貳骨 64.1

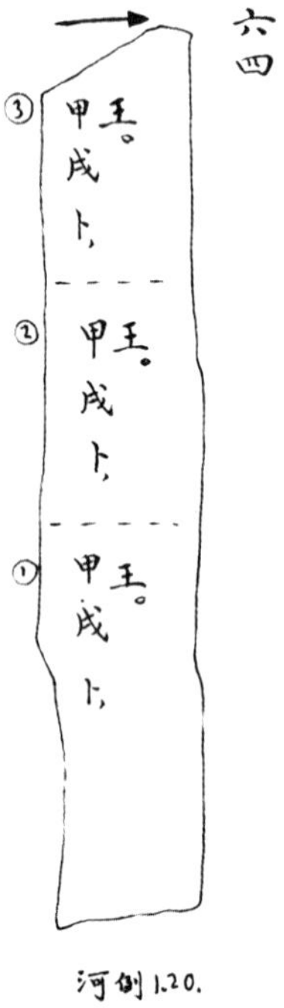

貳骨 64.2

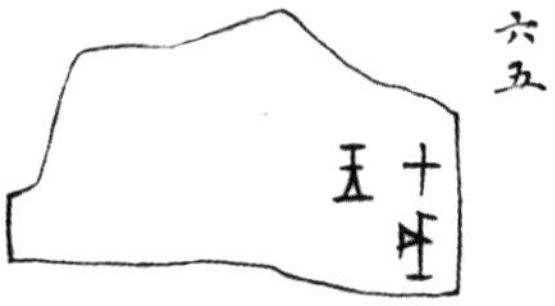

貳骨 65.1

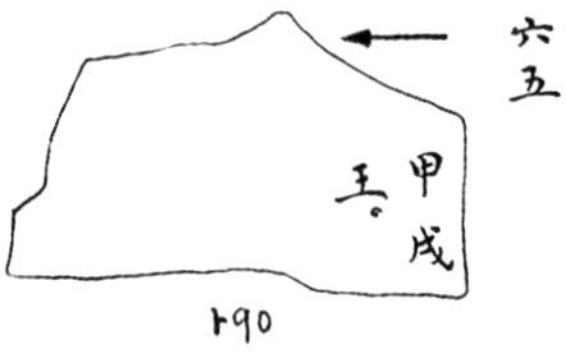

貳骨 65.2

貳骨 66.1

貳骨 66.2

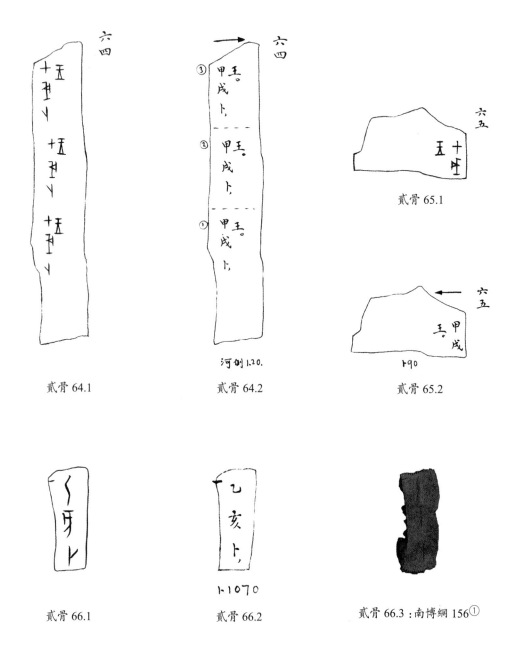

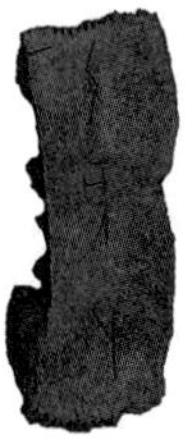

貳骨 66.3：南博網 156①

① 貳骨六六：《合集》《合補》未收，現藏於南博，實物照片見南博網 156，實爲龜甲。

貳骨 67.1

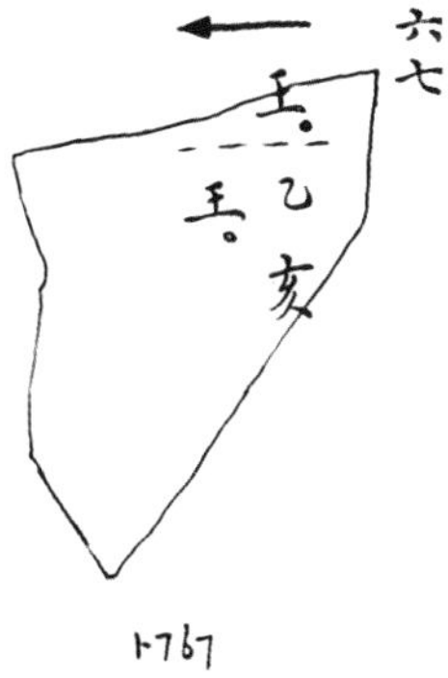

貳骨 67.2

貳骨 67.3 :南博網 549①

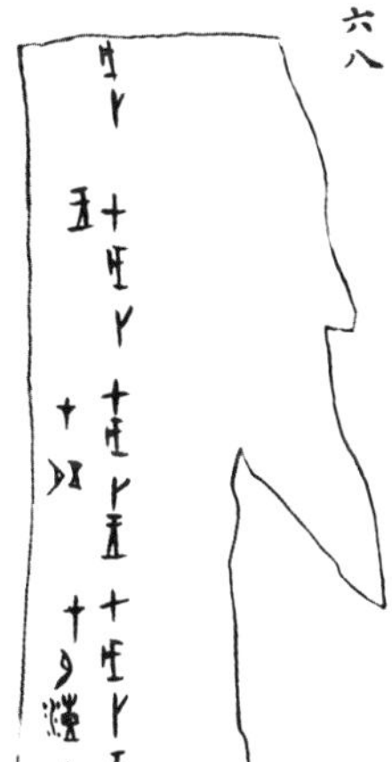

貳骨 68.1

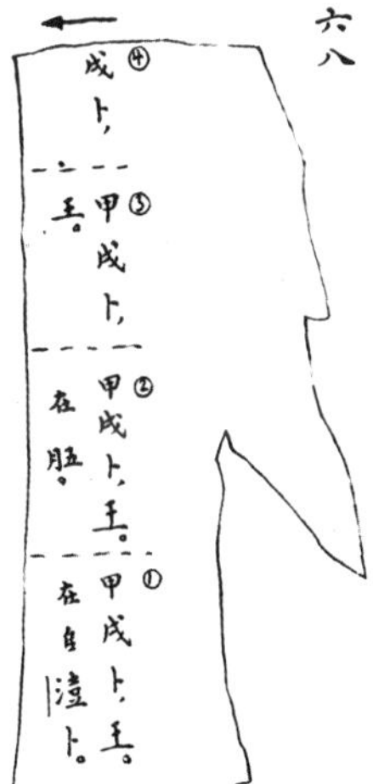

貳骨 68.2

貳骨 68.3 :合 24339

① 貳骨六七 :《合集》《合補》未收,現藏於南博,實物照片見南博網 549,實爲龜甲。

貳骨 68.4：合補 8384 乙 ①

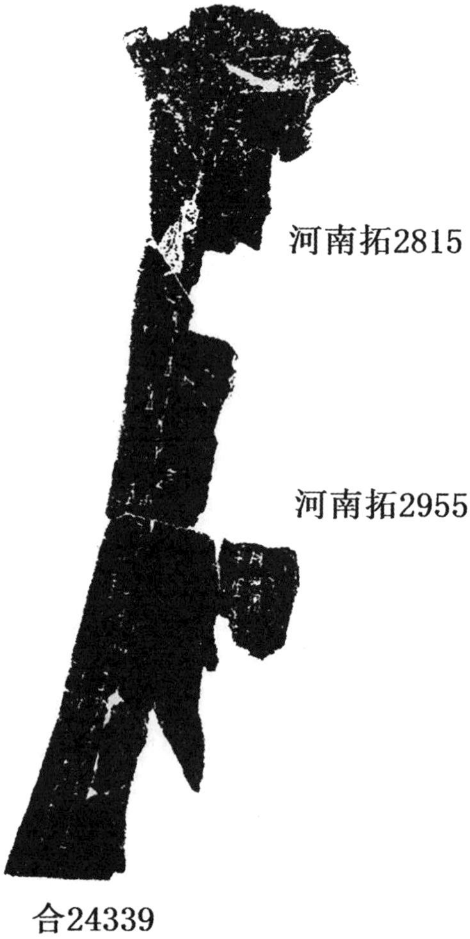

貳骨 68.5：綴合 ②

① 貳骨六八：即合 24339、合補 8384（乙），現藏於臺歷博。合 24339（録 180、真 8.51）+ 合 23861（甲 2900）+ 合 24661（録 116），即合補 8384。李宗焜指出所有綴上甲 2900 的做法都是錯的。參李宗焜：《拓片綴合的機會與風險——以河南博物館舊藏甲骨爲中心的檢視》，《甲骨文與殷商史》新十輯，上海古籍出版社，2020 年，第 430—437 頁。

② 貳骨六八的綴合組爲：合 24339+ 河南拓 2815+ 河南拓 2955，見李宗焜：《出組卜王辭新綴例》，《出土文獻與中國古代史》（第一輯）。

貳骨 69.1

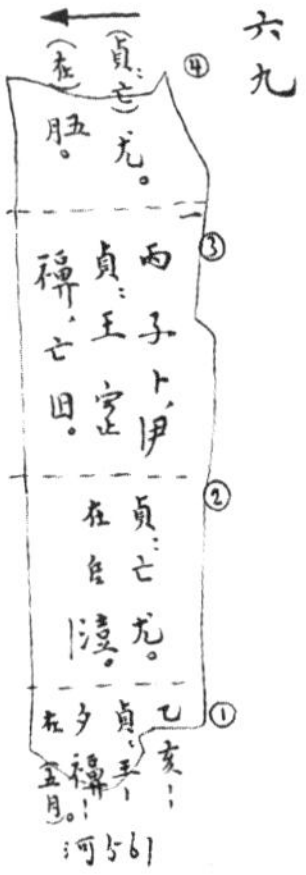

貳骨 69.2

貳骨 69.3：合 24341①

① 貳骨六九：即合 24341 中部，現藏於臺歷博。合 24341 已綴合；蔡哲茂指出録 493 折痕不合，不可綴上，説見蔡哲茂：《〈甲骨綴合續集〉–〈甲骨文合集〉誤綴號碼表》。張宇衛認爲合 24341 有可能非同版，另將合 25799（合 24341 部分）+ 山東 825 綴合，詳見張宇衛：《甲骨綴合第一百四五～一百四六則》，先秦史研究室網站，2014.11.19；又見《綴興集》第 162 則。

貳骨 70.1

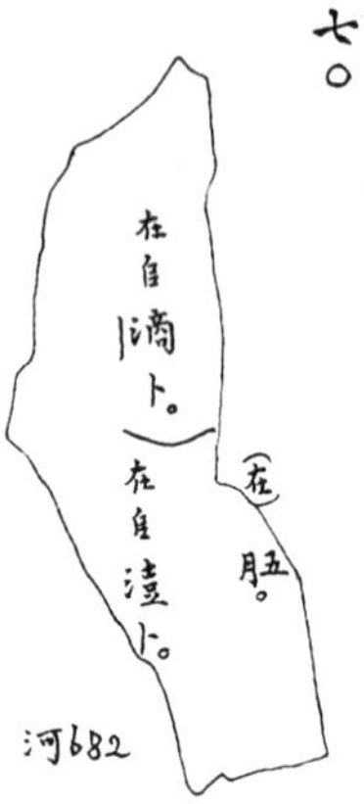

貳骨 70.2

貳骨 70.3 :合 24340

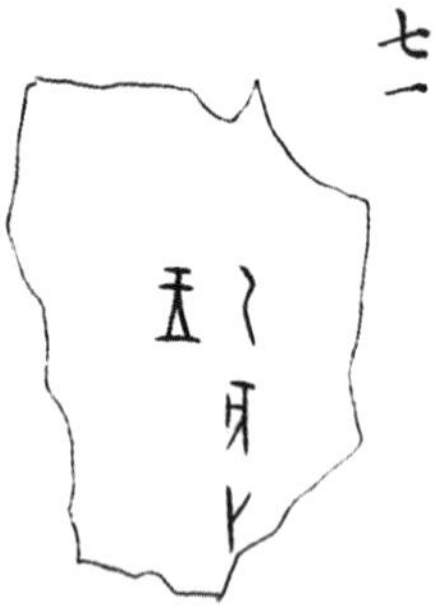

貳骨 71.1

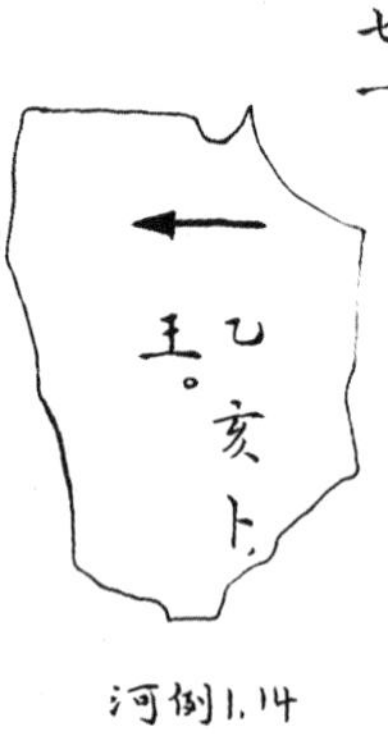

貳骨 71.2

貳骨 71.3 :合 23863

貳骨 72.1

貳骨 72.2

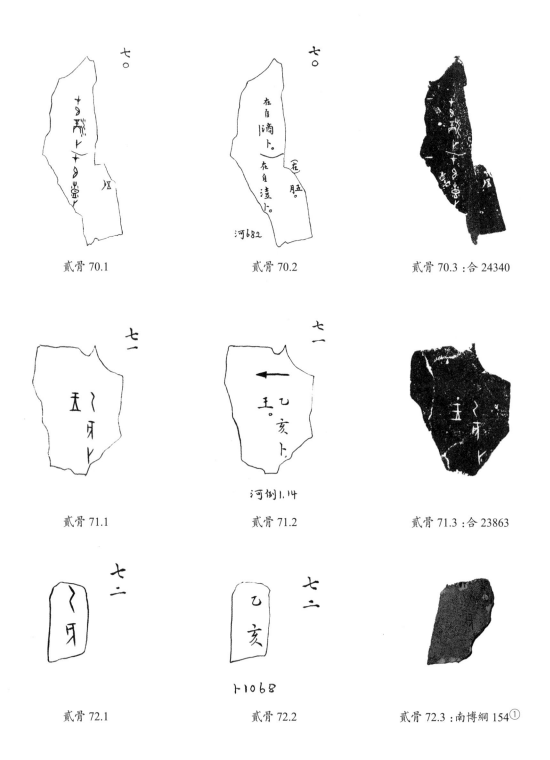

貳骨 72.3 :南博網 154[①]

① 貳骨七二:《合集》《合補》未收,現藏於南博,實物照片見南博網 154,實爲龜甲。

貳骨 73.1

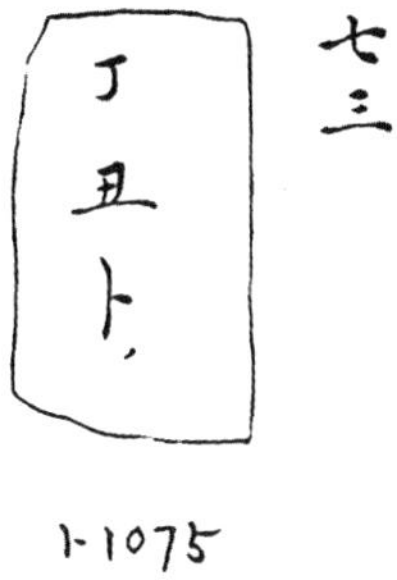

貳骨 73.2

貳骨 73.3：南博網 161①

貳骨 74.1

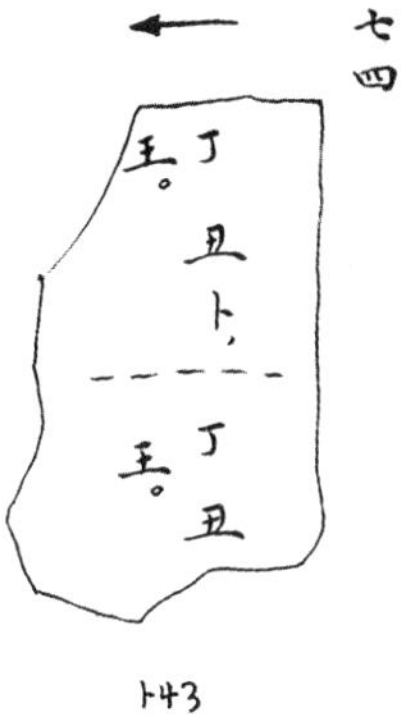

貳骨 74.2

貳骨 74.3：合 23872

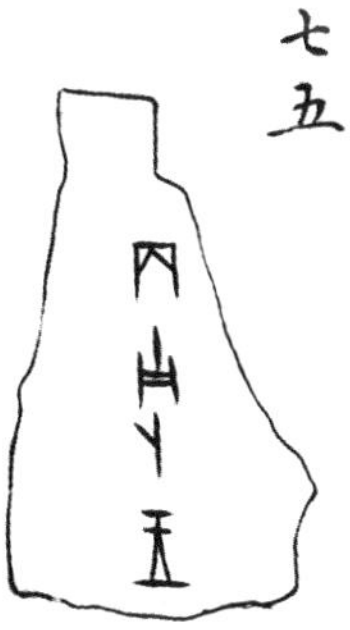

貳骨 75.1

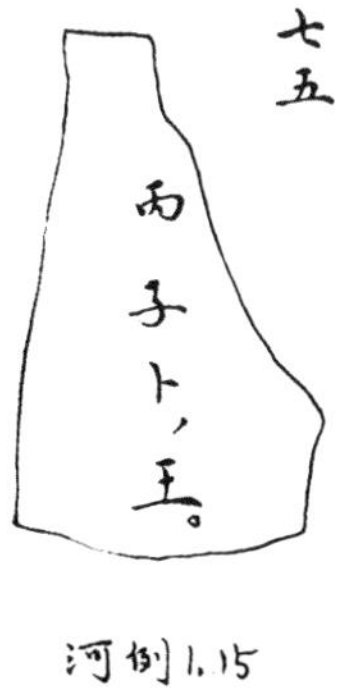

貳骨 75.2

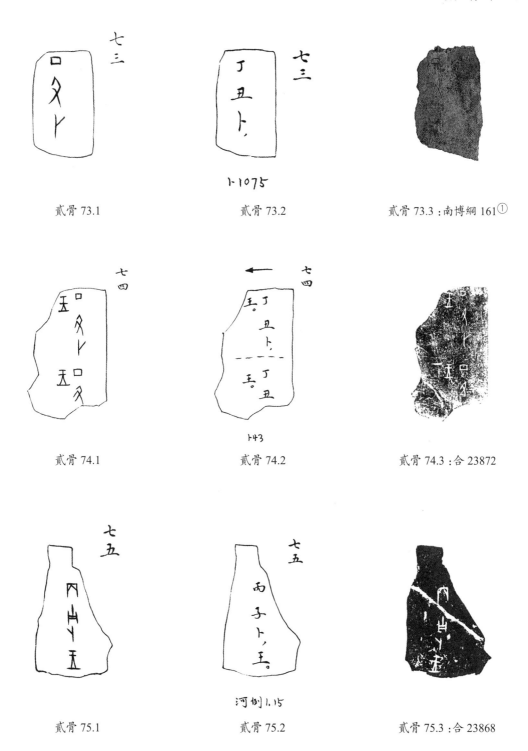

貳骨 75.3：合 23868

① 貳骨七三：《合集》《合補》未收，現藏於南博，實物照片見南博網 161，實爲龜甲。

貳骨 76.1

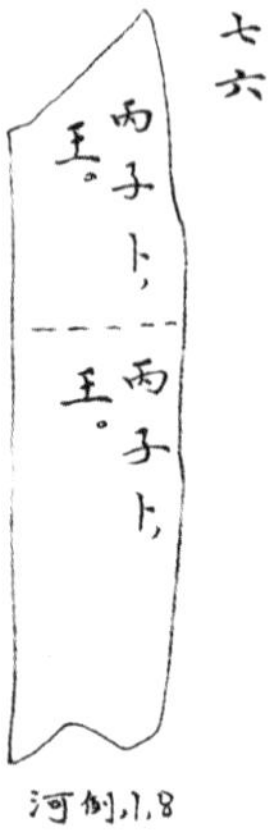

貳骨 76.2

貳骨 77.1

貳骨 77.2

貳骨 77.3：合 24241

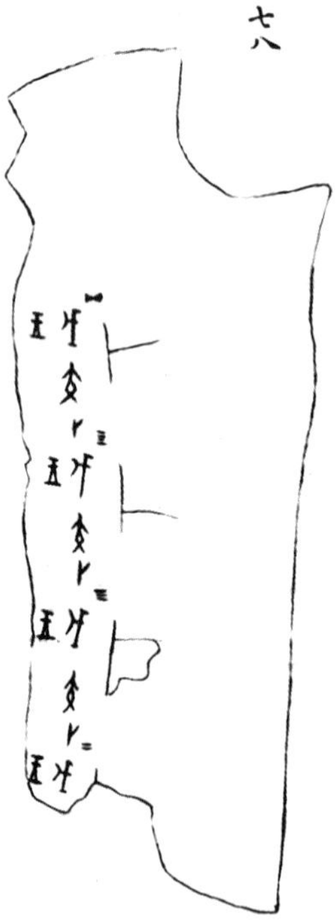

貳骨 78.1

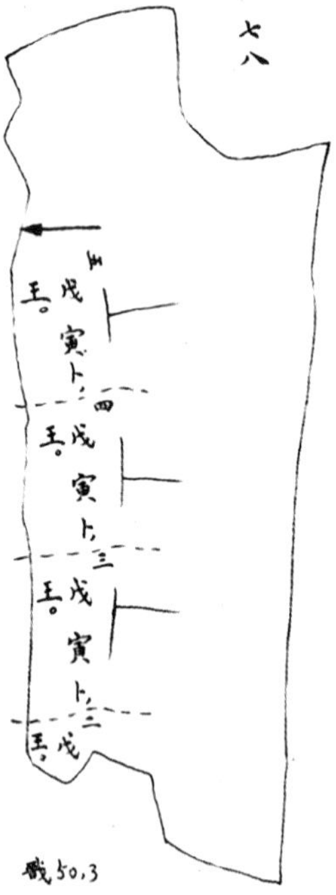

貳骨 78.2

貳骨 78.3：合 23873

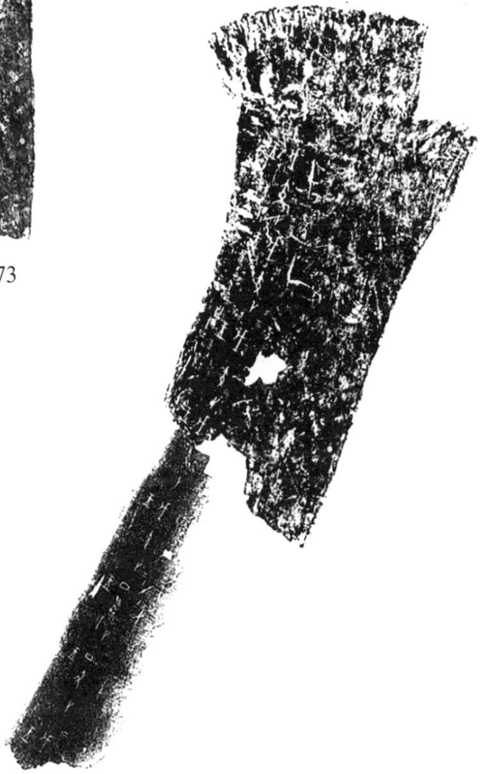

貳骨 78.4：綴合 1①

貳骨 78.5：綴合 2②

① 貳骨七八：即合 23873，現藏於上博，爲上博 17647.739。綴合組爲合 23873+ 合補 8445，見《綴續》第 365 則。合補 8445 邊緣虛化似未拓全，《綴續》第 365 則的圖版不密合。

② 貳骨七八另有綴合組爲：合 23873+ 合 24243。張怡認爲《綴續》第 365 則不妥，綴合應是 23873+ 合 24243（北珍 1211），見《出組卜王卜辭綴合五例》，先秦史研究室網站，2009.8.14；又見《彙編》第 877 則。而合 24243（北珍 1211）與合 23873 拼綴也不密合，故此兩組綴合正確與否均尚待校驗。

貳骨 79.1

貳骨 79.2

貳骨 79.3：合 23874

貳骨 80.1

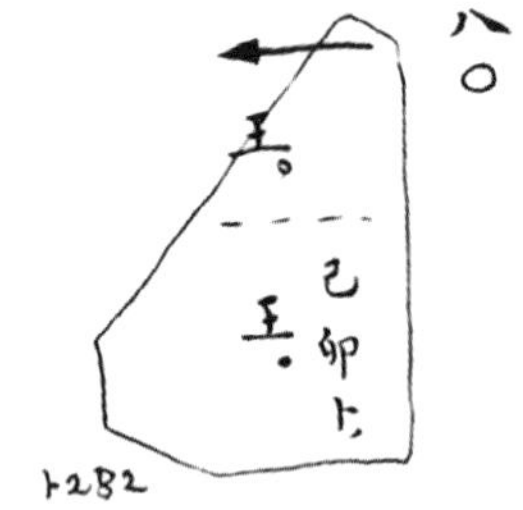

貳骨 80.2

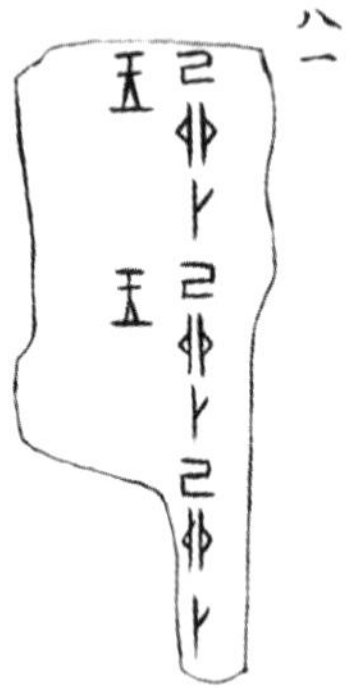

貳骨 81.1

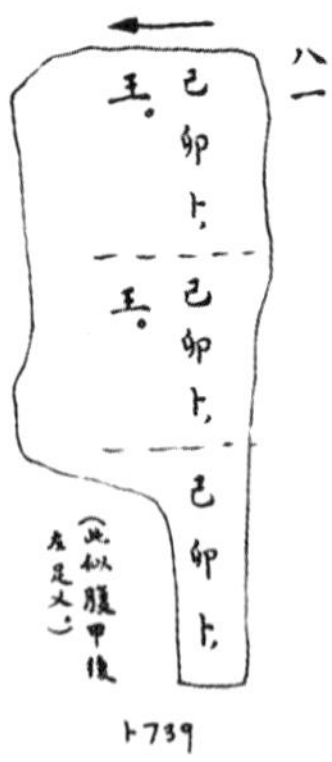

貳骨 81.2

貳骨 81.3：合 23877①

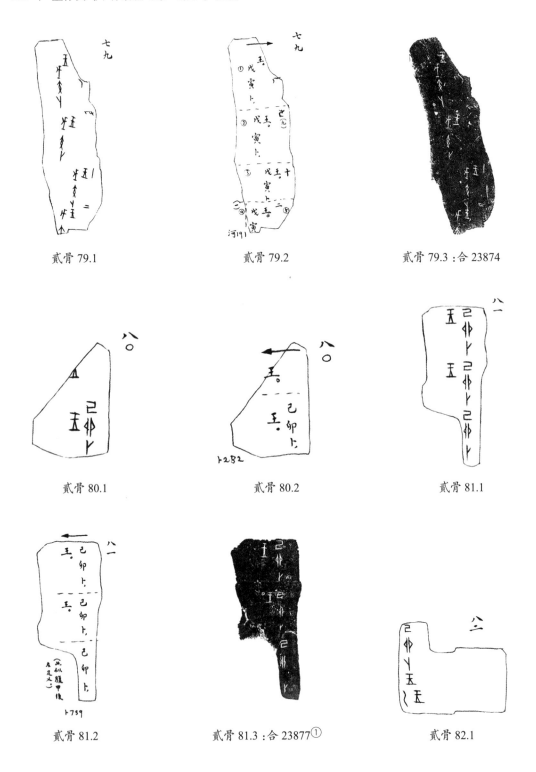

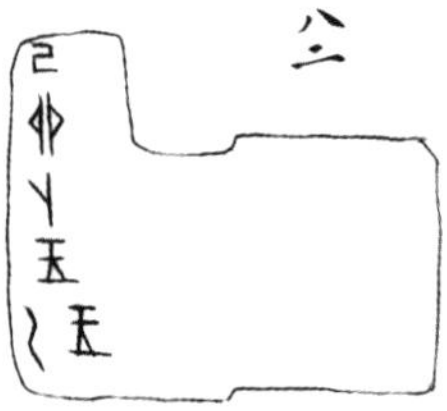

貳骨 82.1

① 貳骨八一：即合 23877，現藏於南博。此版董作賓疑爲龜甲，註“此似腹甲後左足乂”。確爲龜甲。

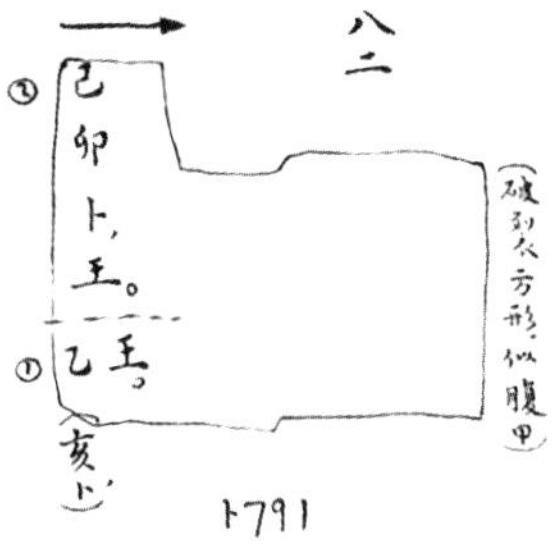

貳骨 82.2

貳骨 82.3：南博網 506①

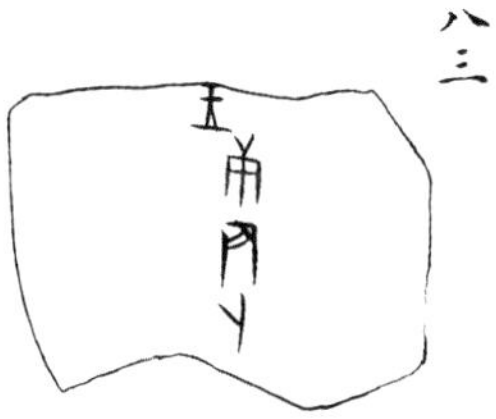

貳骨 83.1②

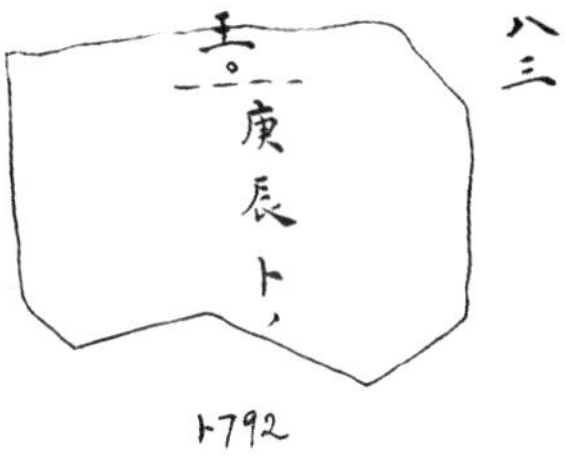

貳骨 83.2

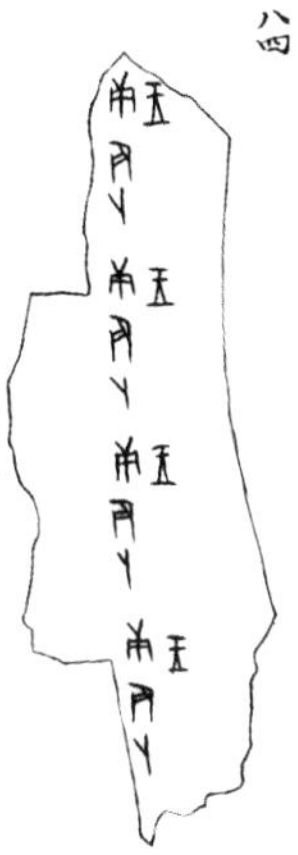

貳骨 84.1

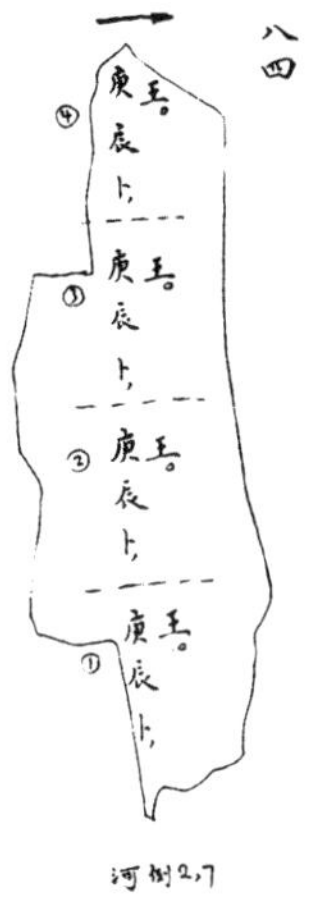

貳骨 84.2

貳骨 85.1

貳骨 85.2

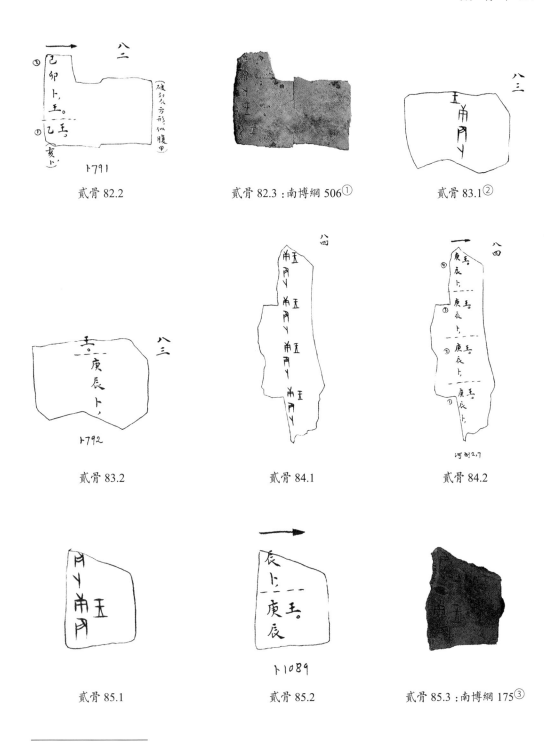

貳骨 85.3：南博網 175③

① 貳骨八二：《合集》《合補》未收，現藏於南博，實物照片見南博網 506。此版董作賓疑爲龜甲，註“破裂方形，似龜甲”。確爲龜甲。

② 貳骨八三、貳骨八四：《合集》《合補》未收，現藏不詳。原著録亦摹本。

③ 貳骨八五：《合集》《合補》未收，現藏於南博，實物照片見南博網 175，實爲龜甲。

貳骨 86.1

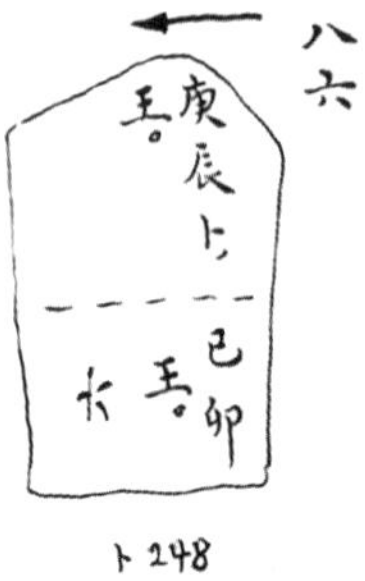

貳骨 86.2

貳骨 86.3 :合 23882

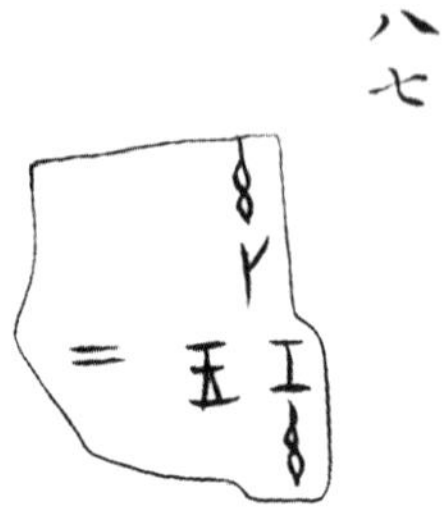

貳骨 87.1

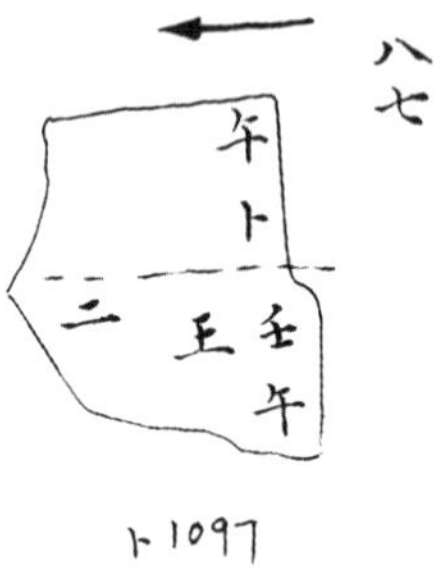

貳骨 87.2

貳骨 87.3 :南博網 119①

貳骨 88.1

貳骨 88.2

貳骨 88.3 :南博網 120②

① 貳骨八七:《合集》《合補》未收,現藏於南博,實物照片見南博網 119,實爲龜甲。

② 貳骨八八:《合集》《合補》未收,現藏於南博,實物照片見南博網 120,實爲龜甲。

貳骨 89.1

貳骨 89.2

貳骨 89.3：南博網 511①

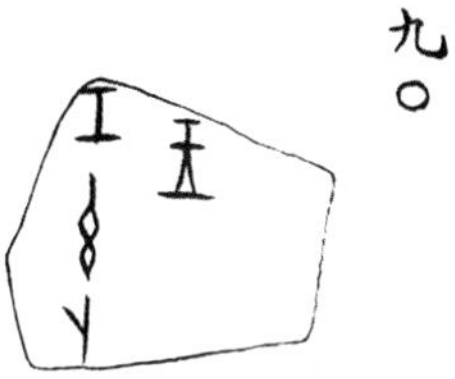

貳骨 90.1

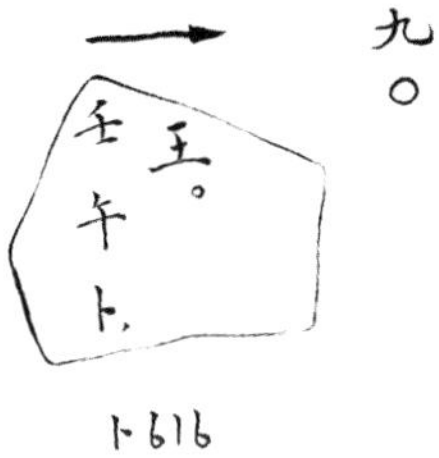

貳骨 90.2

貳骨 90.3：南博網 733②

貳骨 91.1

貳骨 91.2

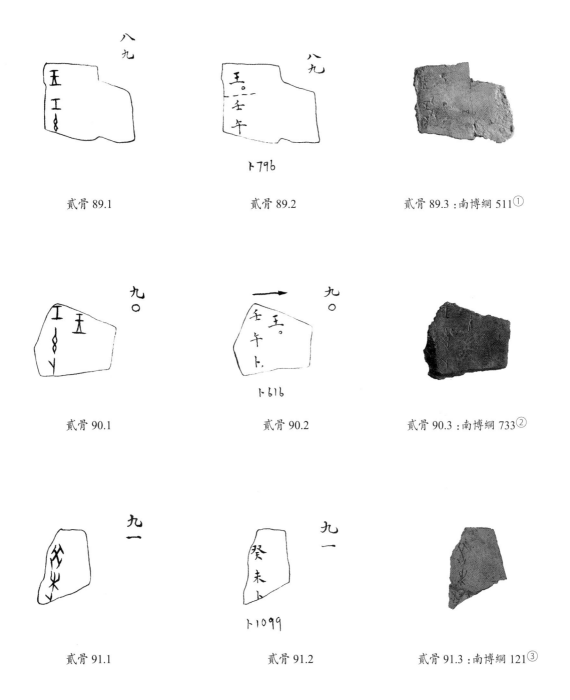

貳骨 91.3：南博網 121③

① 貳骨八九：《合集》《合補》未收，現藏於南博，實物照片見南博網 511，實爲龜甲。

② 貳骨九〇：《合集》《合補》未收，現藏於南博，實物照片見南博網 733，實爲龜甲。

③ 貳骨九一：《合集》《合補》未收，現藏於南博，實物照片見南博網 121。

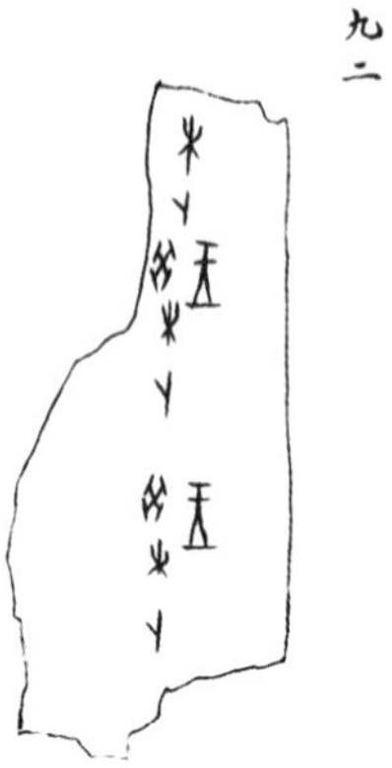

貳骨 92.1

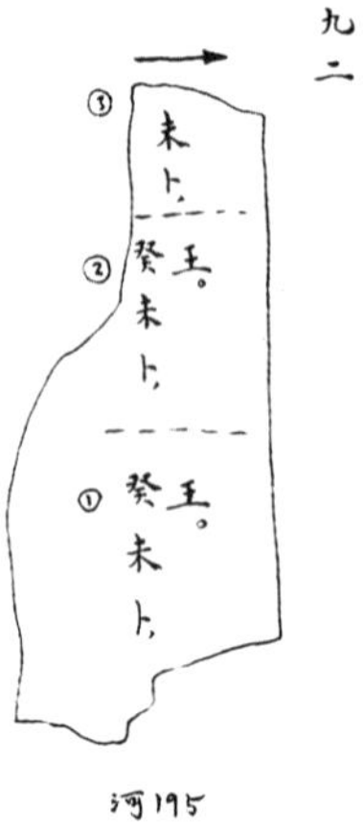

貳骨 92.2

貳骨 92.3：合 23895①

貳骨 93.1

貳骨 93.2

貳骨 93.3：合 23904

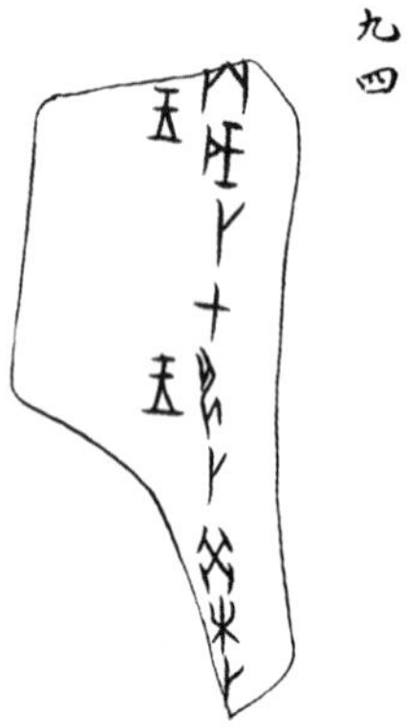

貳骨 94.1

貳骨 94.2

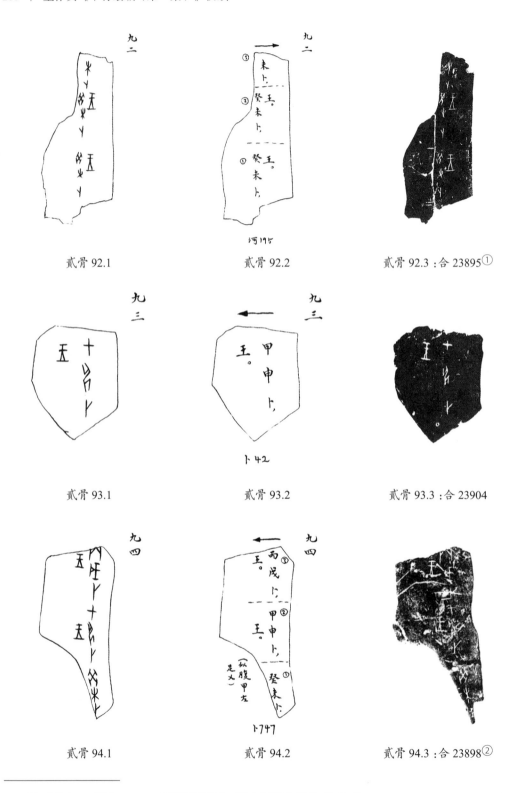

貳骨 94.3：合 23898②

---

① 貳骨九二：即合 23895，現藏於臺歷博。摹本漏摹兆序"一""二"。

② 貳骨九四：即合 23898，現藏於南博。此版董作賓疑爲龜甲，有註"似腹甲左足乂"。確爲龜甲。

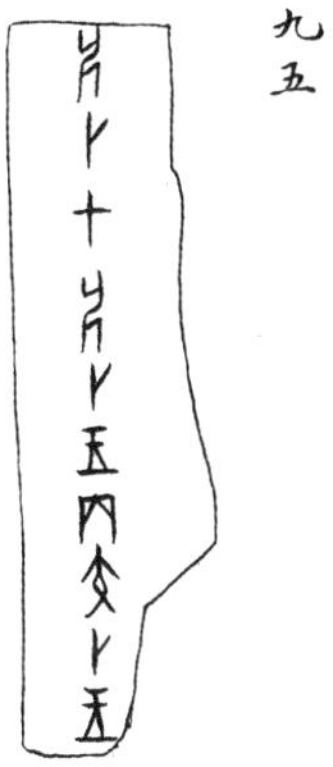

貳骨 95.1

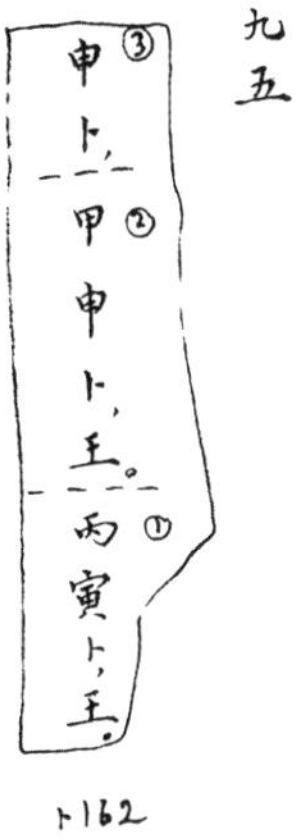

貳骨 95.2

貳骨 95.3：合 23899

貳骨 96.1

貳骨 96.2

貳骨 96.3：合 23901

貳骨 96.4 綴合①

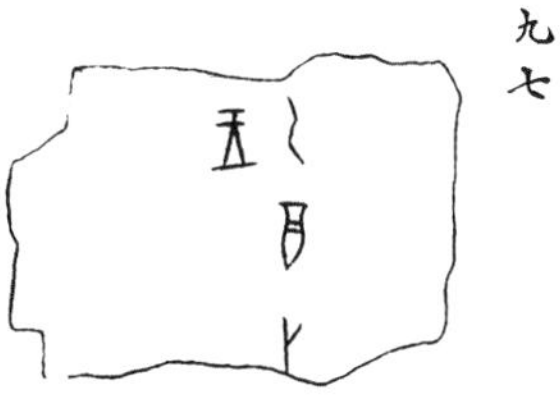

貳骨 97.1

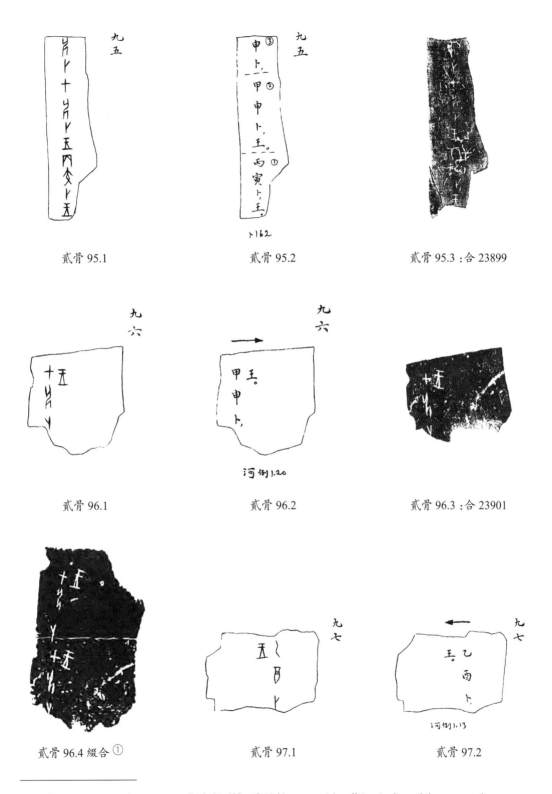

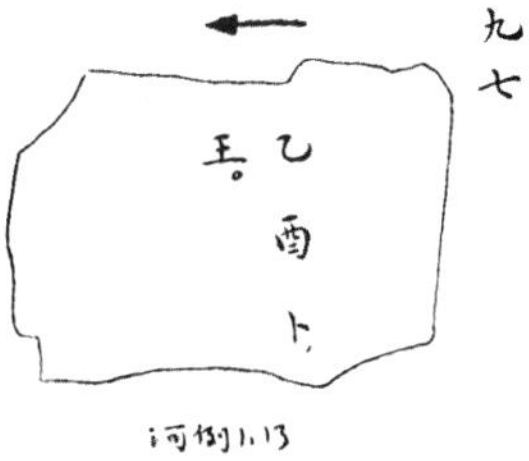

貳骨 97.2

① 貳骨九六：即合 23901，現藏於臺歷博，爲運臺 1.0475（拓、摹）。綴合組爲合 23901+ 合 23902，見《綴》第 282 則。《綴》第 282 則的原綴合圖將合 23901 與合 23902 的標註顛倒。

貳骨 97.3：合 23914

貳骨 98.1

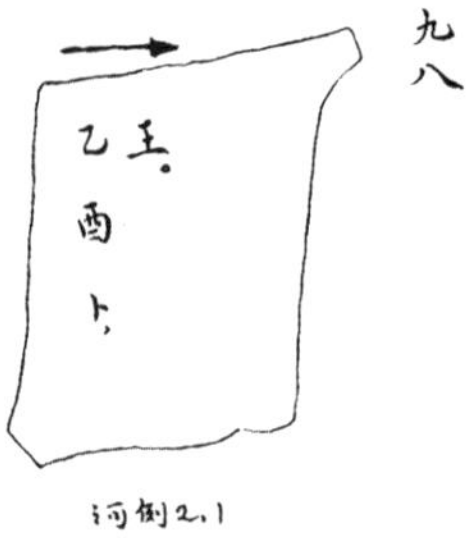

貳骨 98.2

貳骨 98.3：合 23911①

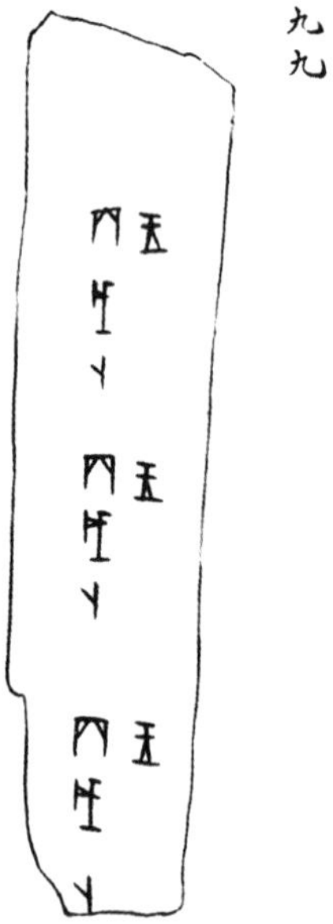

貳骨 99.1

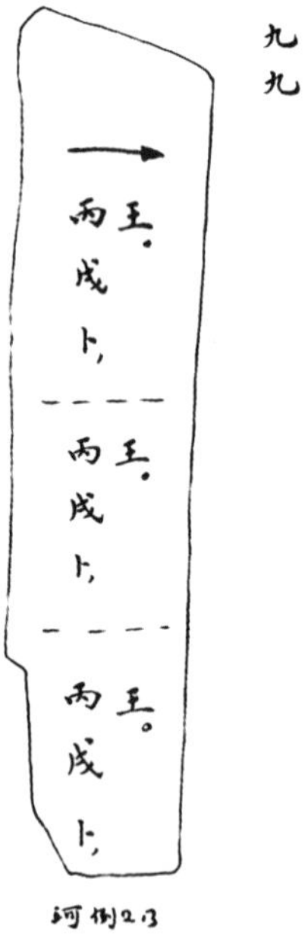

貳骨 99.2

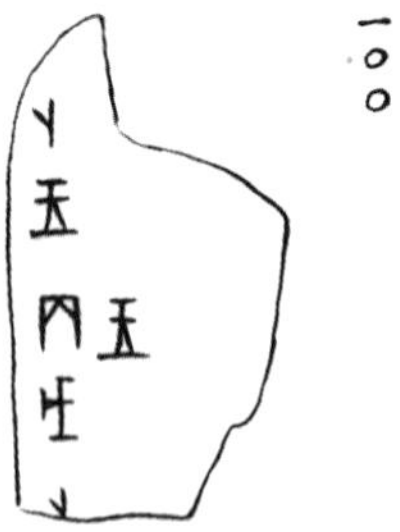

貳骨 100.1

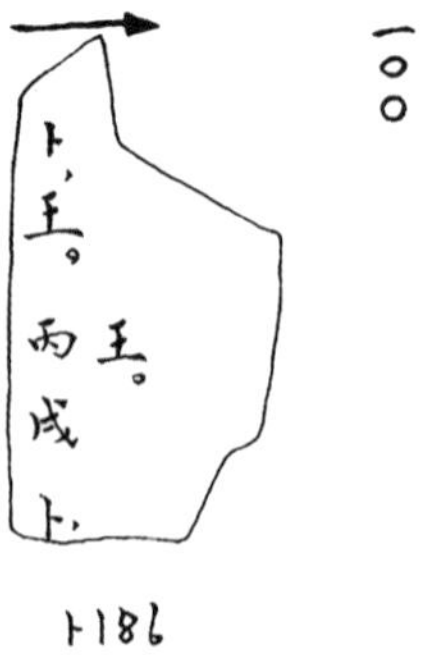

貳骨 100.2

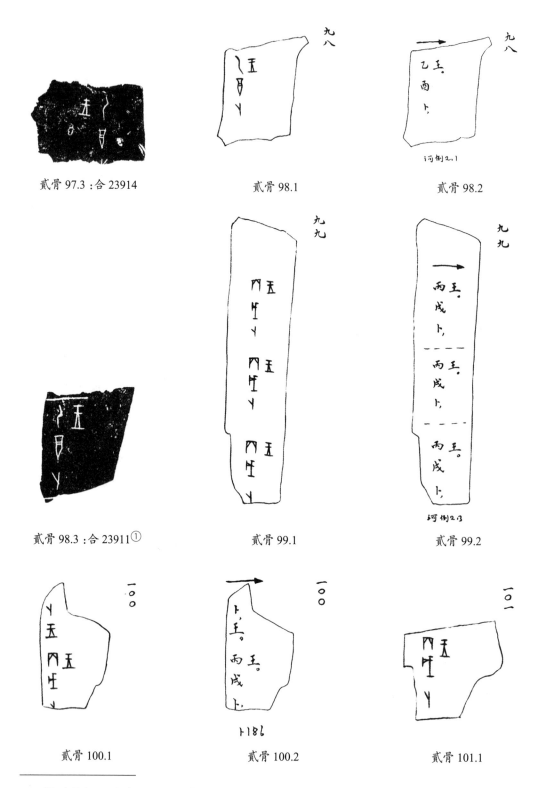

貳骨 101.1

① 貳骨九八：即合 23911，現藏於臺歷博，爲運臺 1.0545（拓、摹）。合 23911 右上角與摹本有差異，或爲同文卜辭。

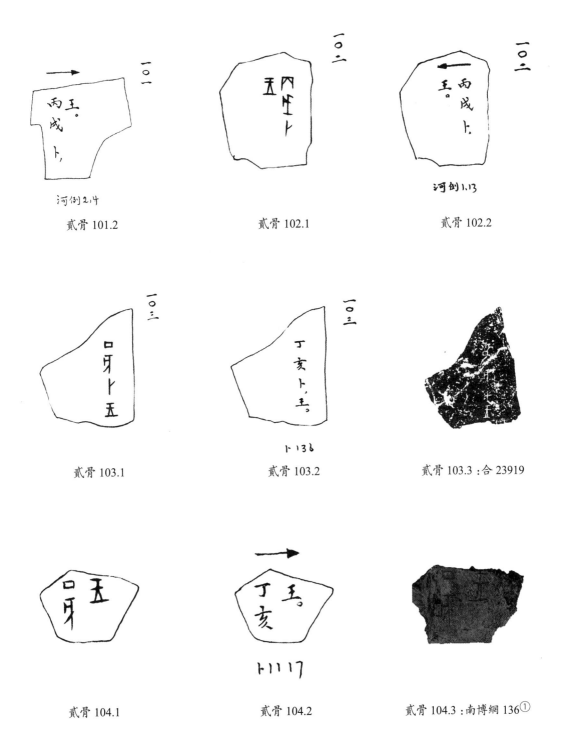

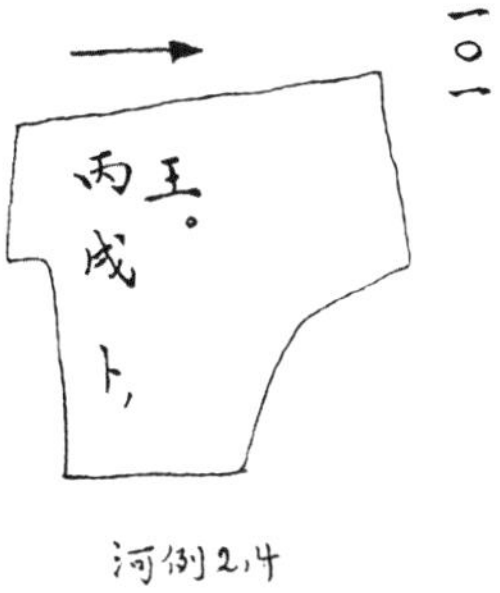

貳骨 101.2

貳骨 102.1

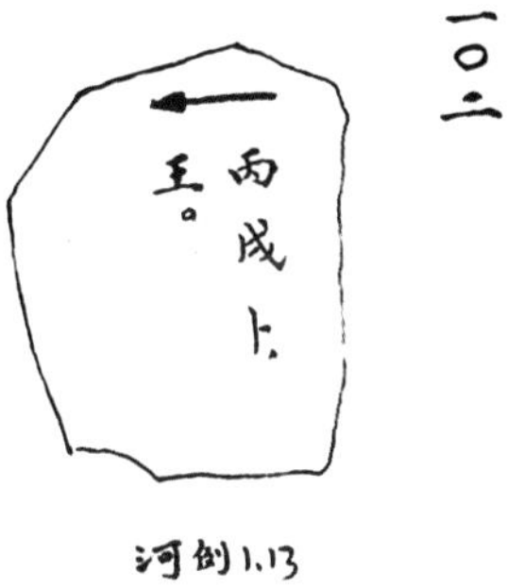

貳骨 102.2

貳骨 103.1

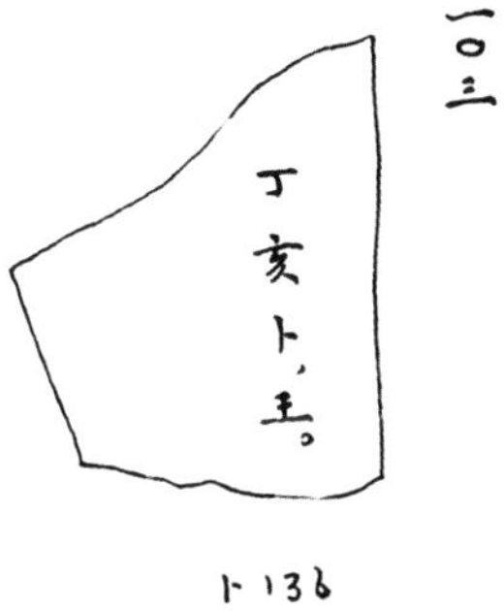

貳骨 103.2

貳骨 103.3 :合 23919

貳骨 104.1

貳骨 104.2

貳骨 104.3 :南博網 136①

① 貳骨一〇四:《合集》《合補》未收,現藏於南博,實物照片見南博網 136,實爲龜甲。

貳骨 105.1

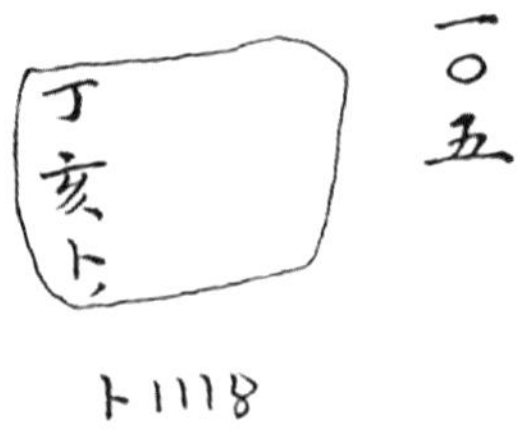

貳骨 105.2

貳骨 105.3：南博網 137[①]

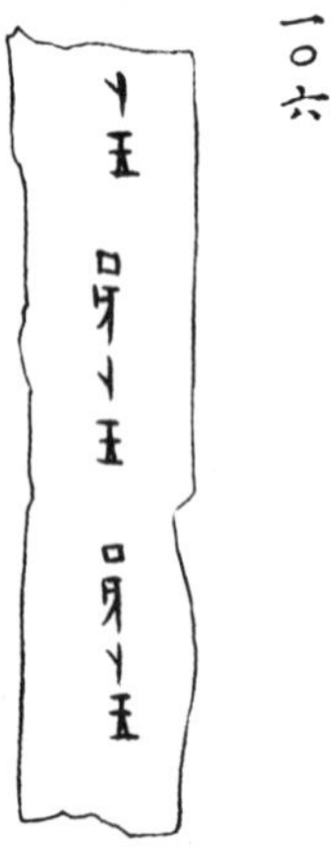

貳骨 106.1

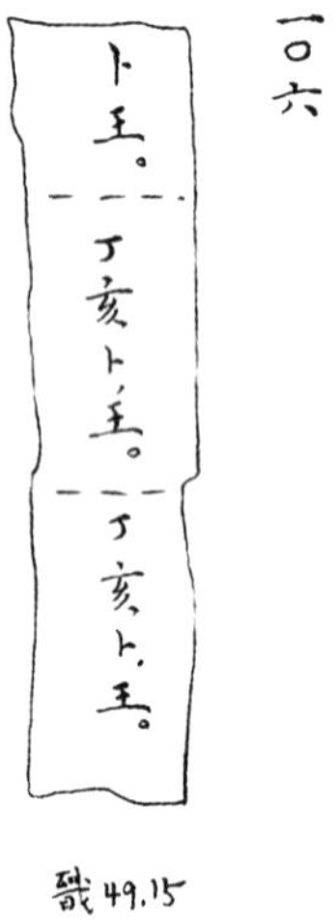

貳骨 106.2

貳骨 106.3：合 23922

貳骨 106.4：綴合[②]

貳骨 107.1

貳骨 107.2

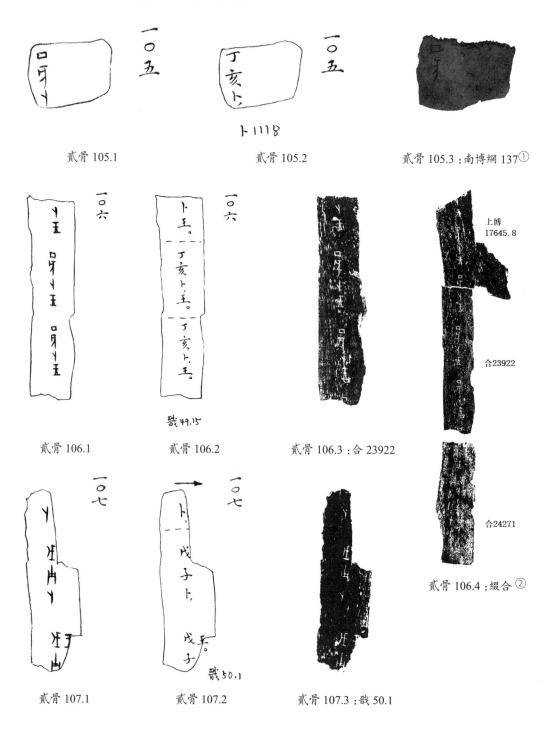

貳骨 107.3：戩 50.1

① 貳骨一〇五：《合集》《合補》未收，現藏於南博，實物照片見南博網 137，實爲龜甲。

② 貳骨一〇六：即合 23922，現藏於上博，爲上博 17647.369。綴合組爲合 24271+ 合 23922+ 上博 17645.8，見《彙編》第 881 則；《綴三》第 706 則。又見王蘊智、張怡：《殷墟出組卜王辭的考察及綴合》，《出土文獻》第一輯，中西書局，2010 年，第 97—105 頁。

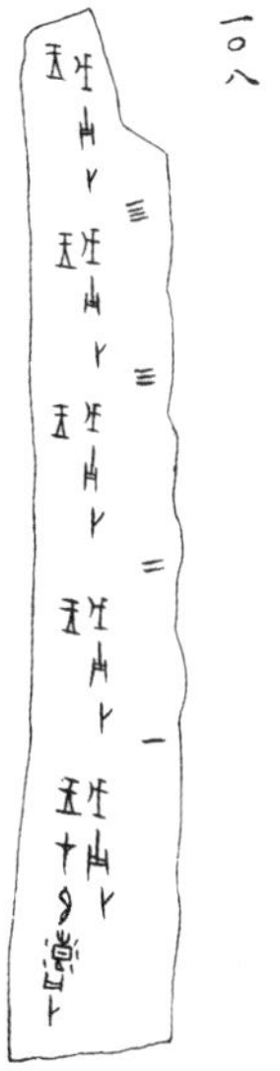

貳骨 108.1

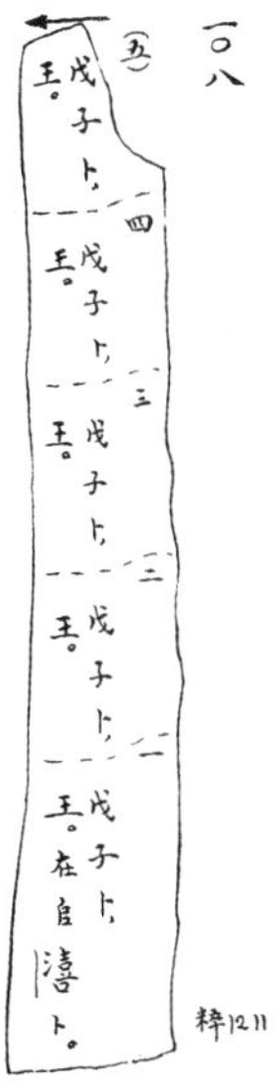

貳骨 108.2

貳骨 108.3：合 24336①

貳骨 109.1

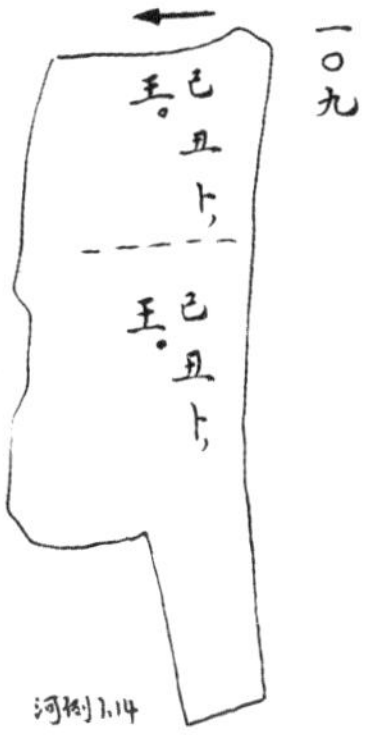

貳骨 109.2

貳骨 109.3：合 23934②

貳骨 110.1

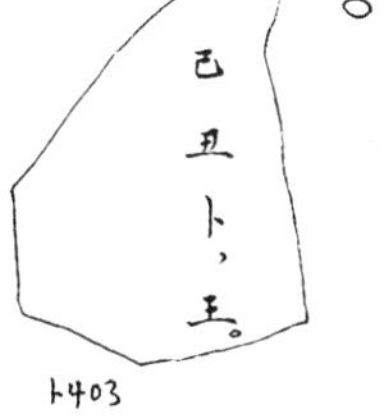

貳骨 110.2③

貳骨 111.1

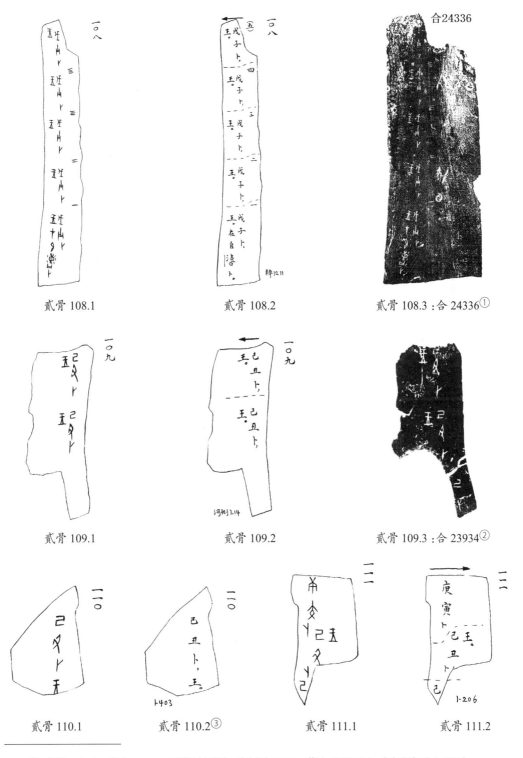

貳骨 111.2

① 貳骨一〇八：即合 24336，現藏於國圖，爲北圖 9826。摹本骨形不全，《合集》爲全形圖。

② 貳骨一〇九：即合 23934，現藏於臺歷博。摹本漏摹下端的 “己丑” 二字。

③ 貳骨一一〇：《合集》《合補》未收，現藏不詳。原著録亦摹本。

貳骨 111.3 ∶合 23938①

貳骨 112.1

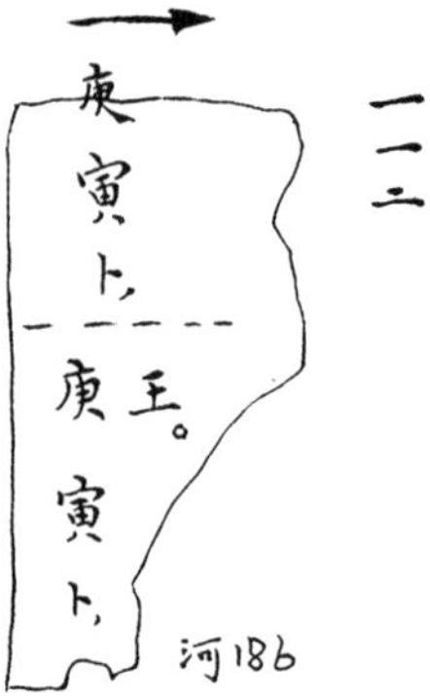

貳骨 112.2

貳骨 112.3 ∶合 23942②

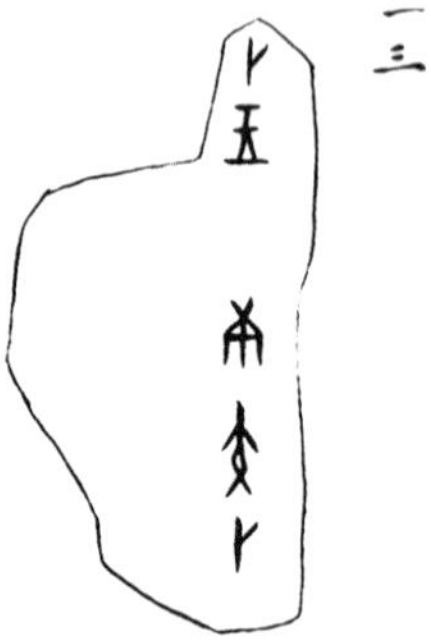

貳骨 113.1

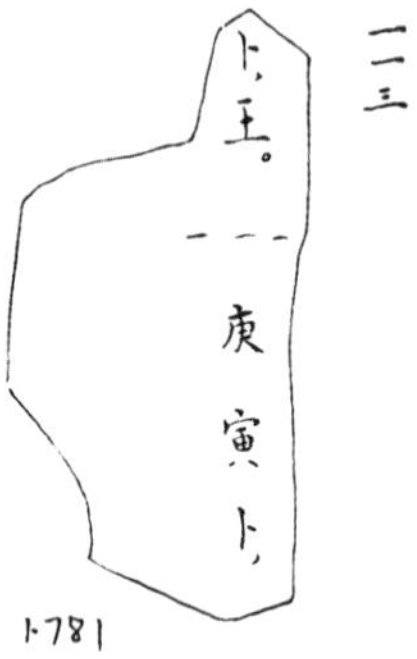

貳骨 113.2

貳骨 113.3 ∶南博網 563③

貳骨 114.1

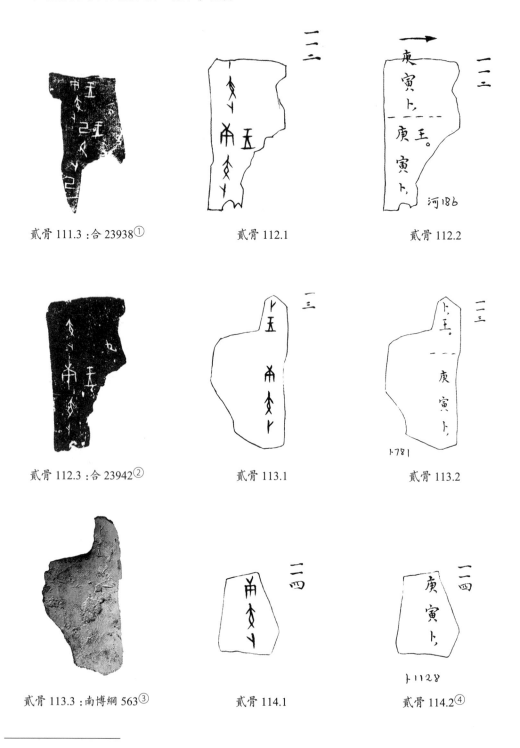

貳骨 114.2④

① 貳骨一一一∶即合 23938，現藏於南博。摹本漏摹上端的“王”字；右下角骨形不全。

② 貳骨一一二∶即合 23942，現藏於臺歷博。摹本漏摹兆序“九”。

③ 貳骨一一三∶《合集》《合補》未收，現藏於南博，實物照片見南博網 563，實爲龜甲。

④ 貳骨一一四至貳骨一一六∶《合集》《合補》未收，現藏不詳。原著録亦摹本。

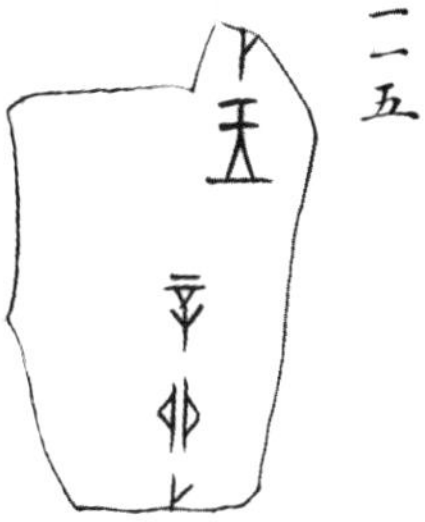

貳骨 115.1

貳骨 115.2

貳骨 116.1

貳骨 116.2

貳骨 117.1

貳骨 117.2

貳骨 117.3：合 23946

貳骨 118.1

貳骨 118.2

貳骨 118.3：合 23951

貳骨 119.1

貳骨 119.2

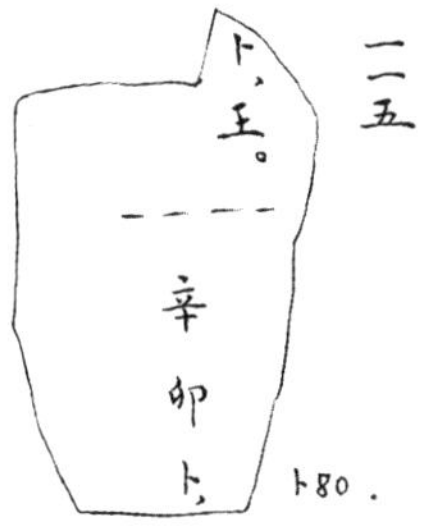

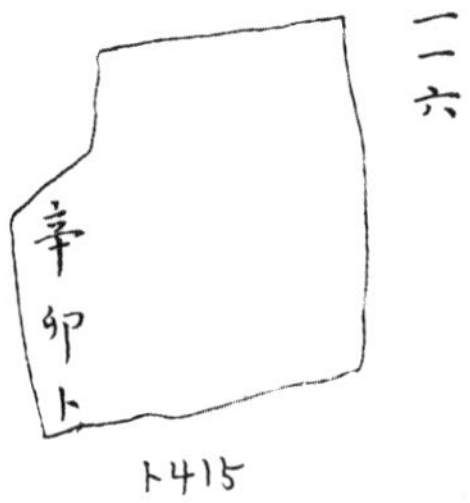

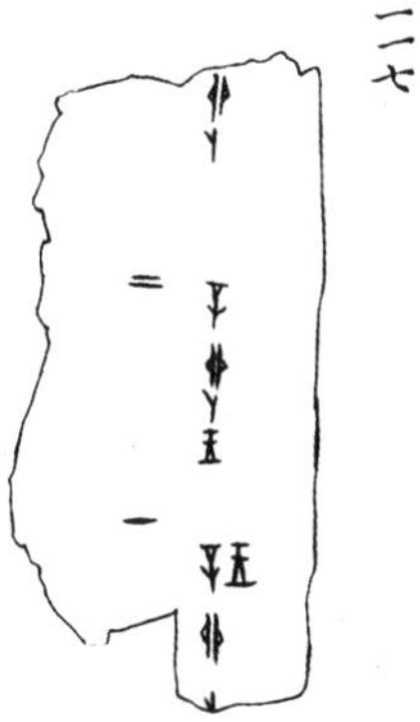

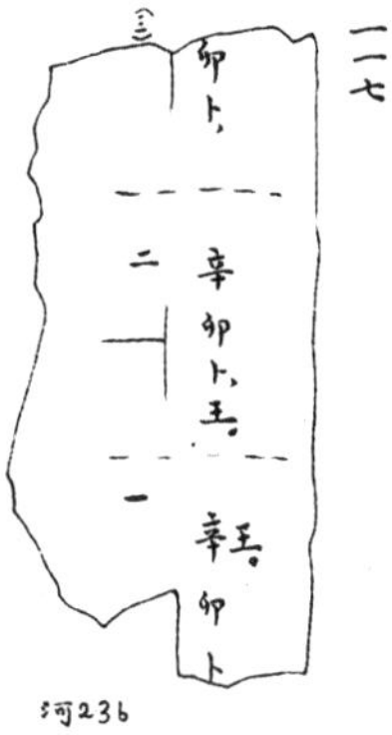

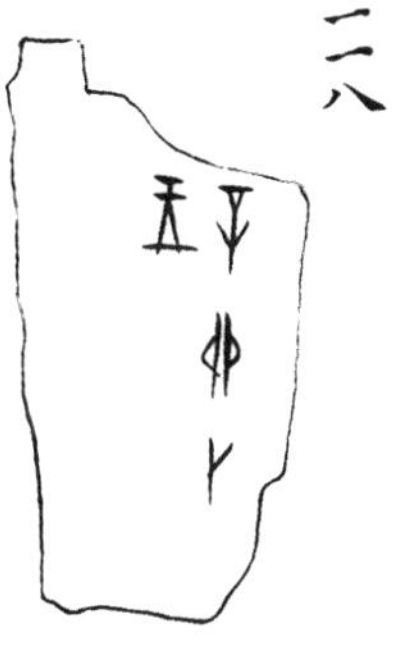

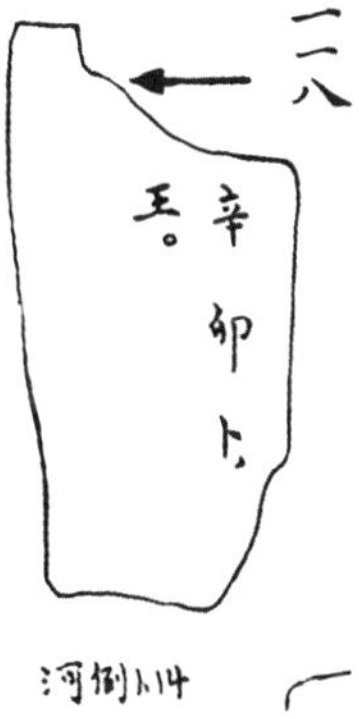

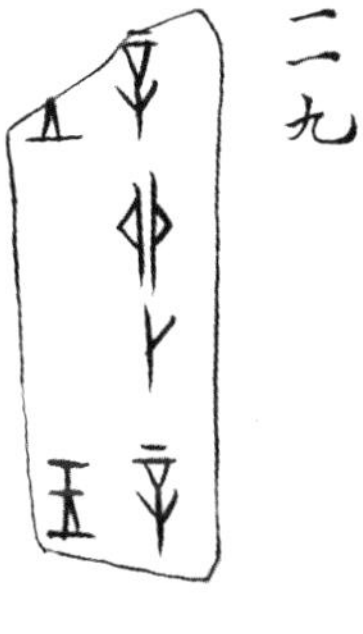

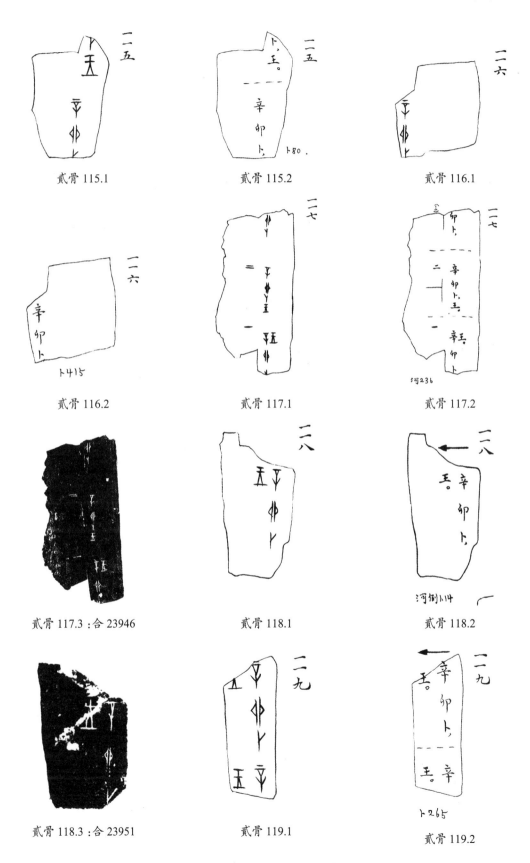

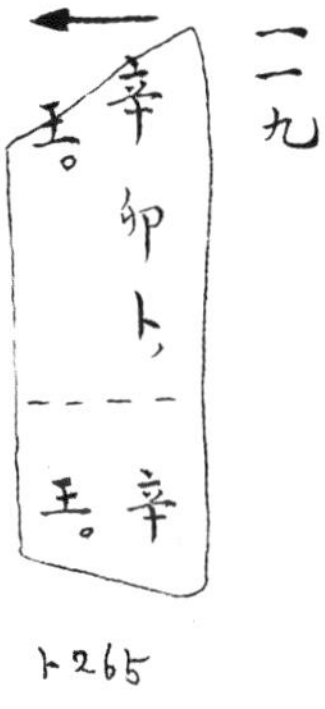

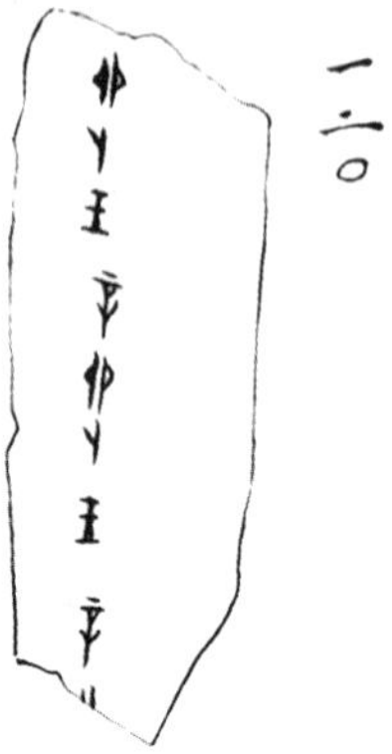

貳骨 120.1

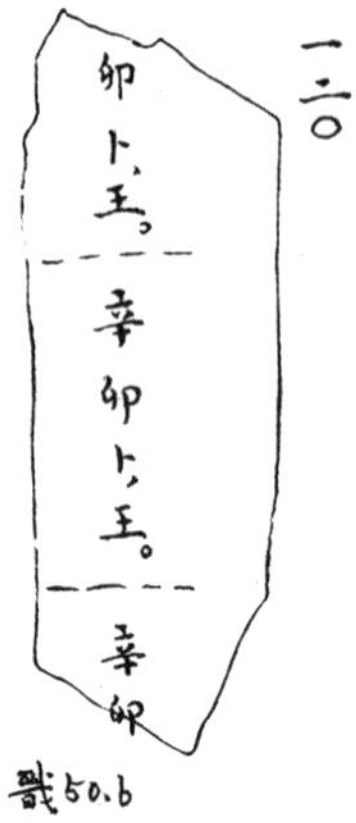

貳骨 120.2

貳骨 120.3 :戩 50.6

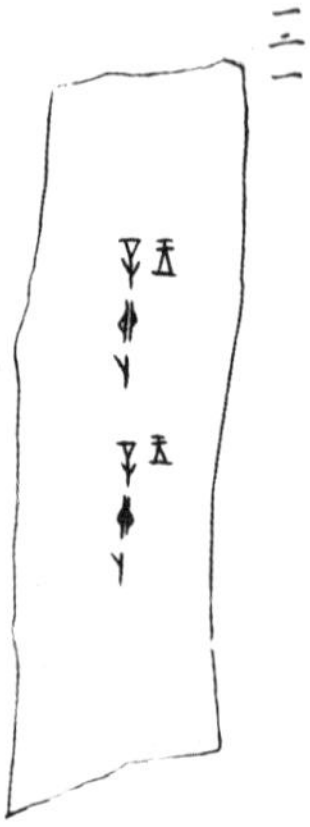

貳骨 121.1

貳骨 121.2①

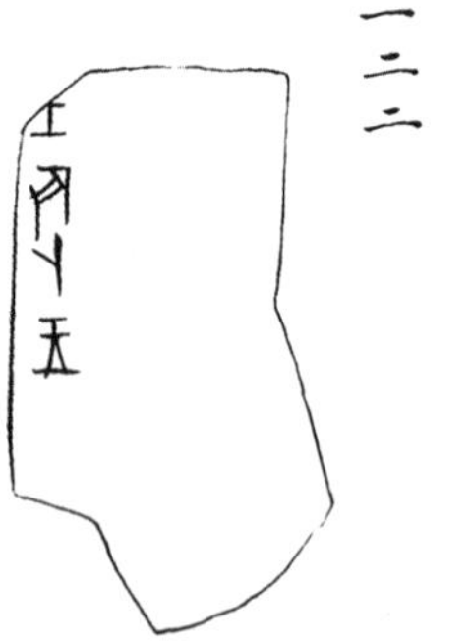

貳骨 122.1

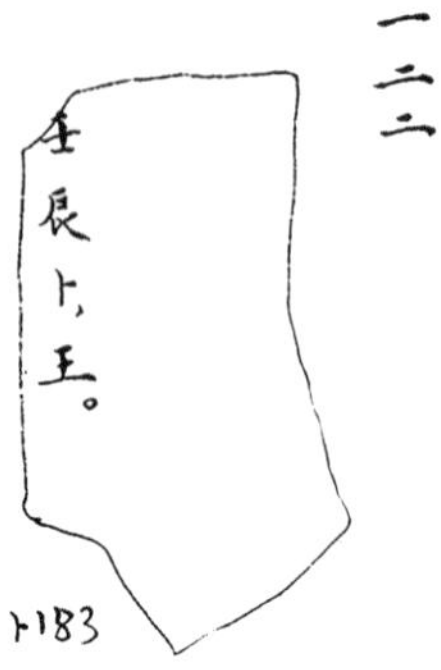

貳骨 122.2

貳骨 123.1

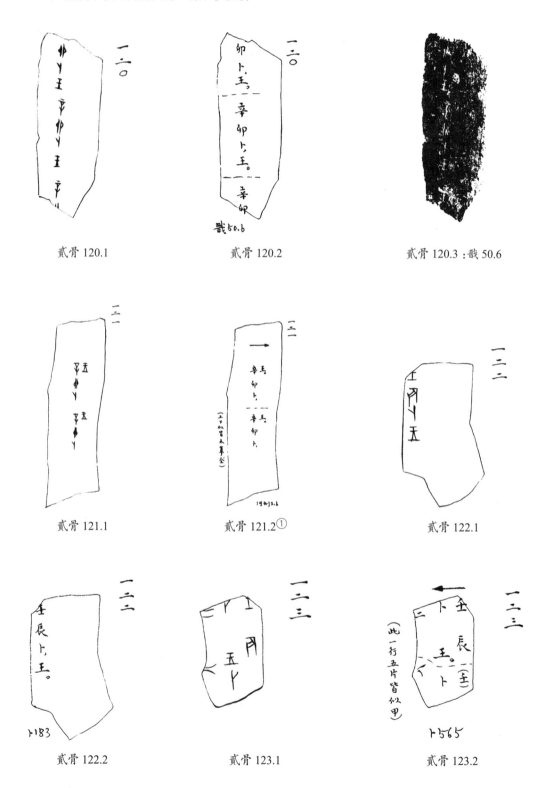

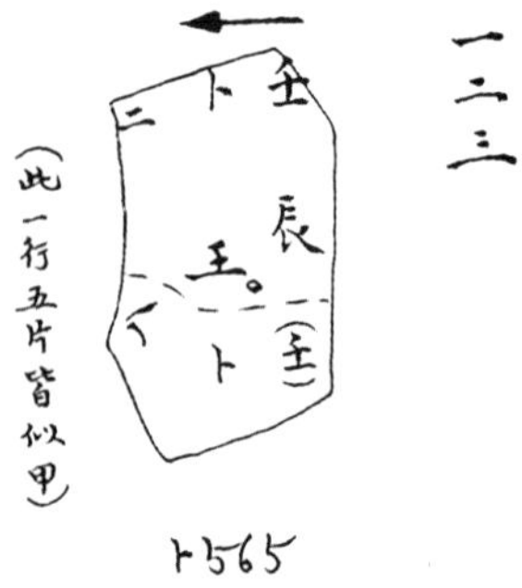

貳骨 123.2

① 貳骨一二一至貳骨一二六 :《合集》《合補》未收,現藏不詳。原著録亦摹本。

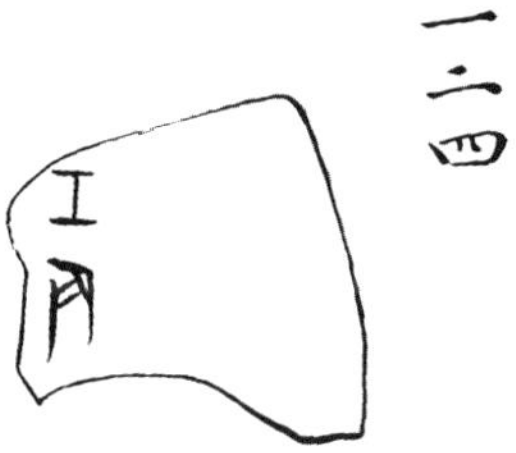
貳骨 124.1

貳骨 124.2

貳骨 125.1

貳骨 125.2

貳骨 126.1

貳骨 126.2

貳骨 127.1

貳骨 127.2

貳骨 127.3：合 23958

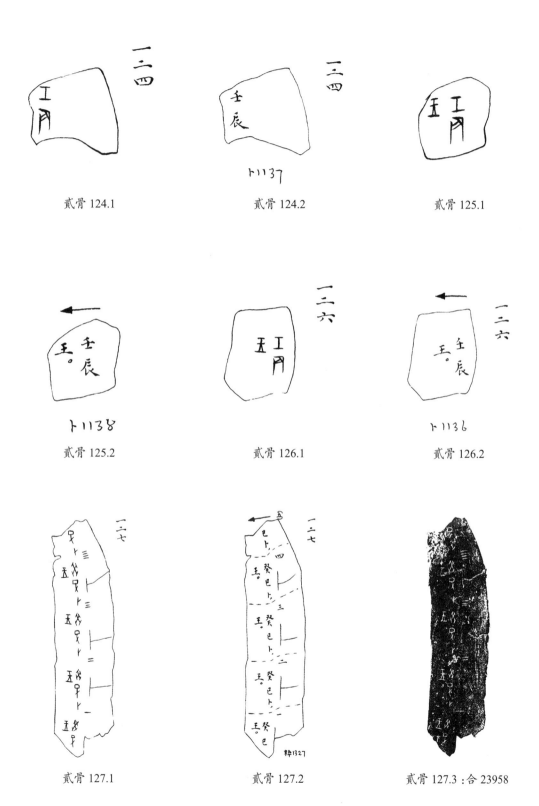

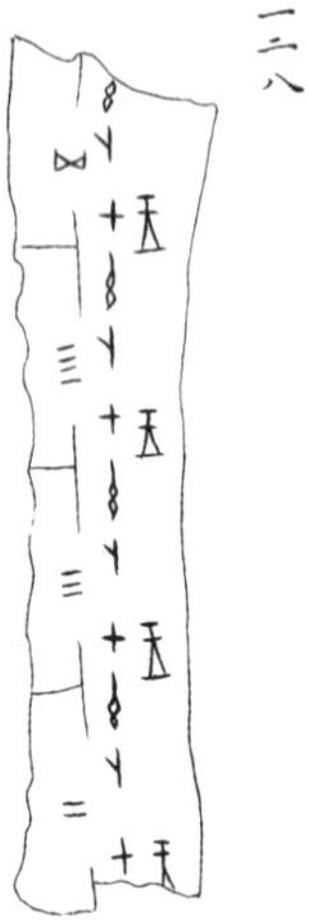

貳骨 128.1

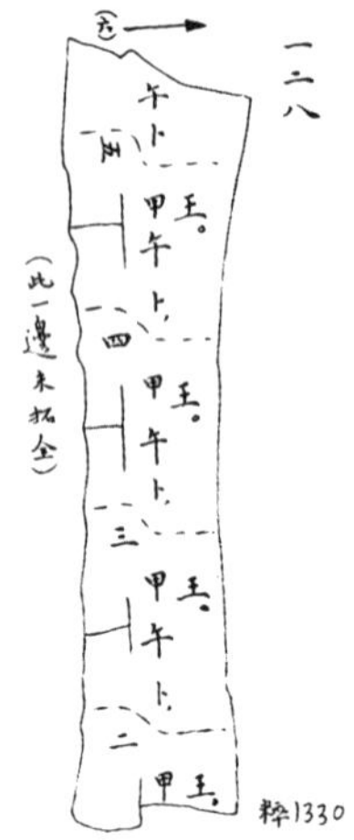

貳骨 128.2

貳骨 128.3：合 24237①

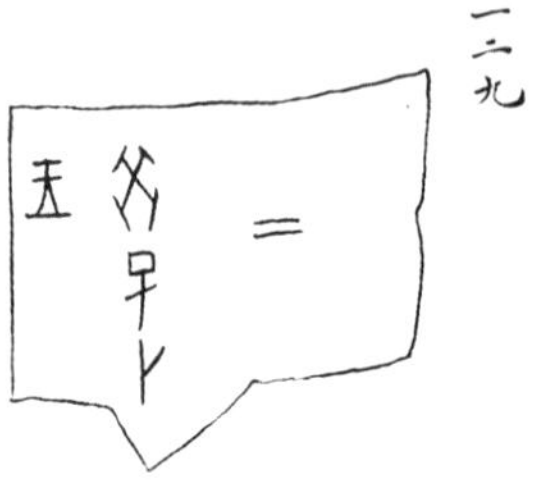

貳骨 129.1

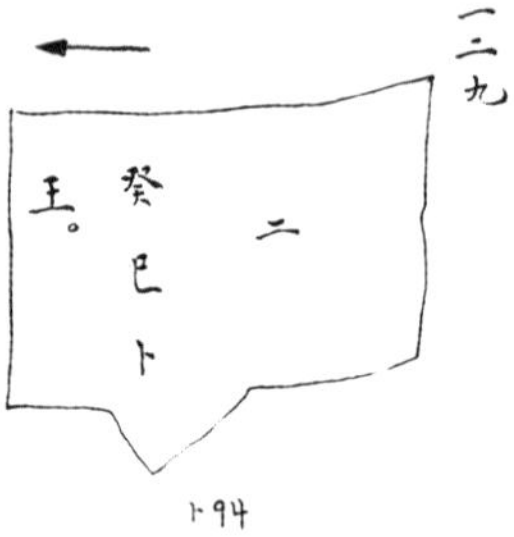

貳骨 129.2②

貳骨 130.1

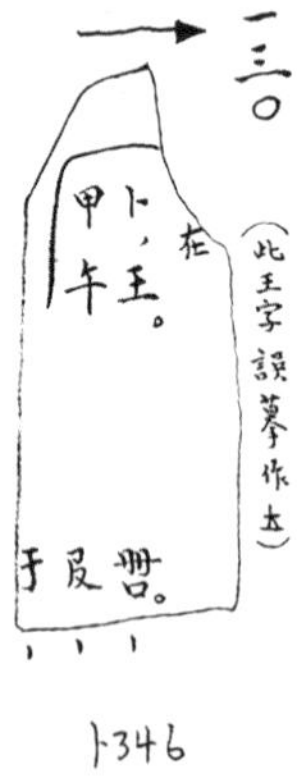

貳骨 130.2

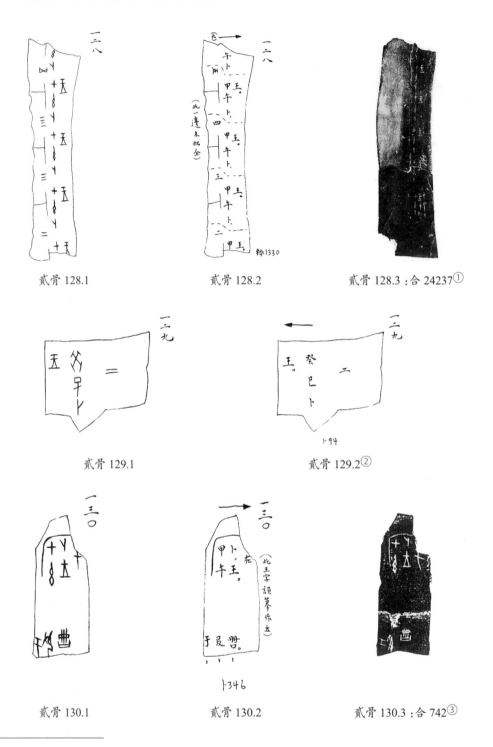

貳骨 130.3：合 742③

---

① 貳骨一二八：即合 24237（上），現藏於國圖，爲北圖 19800。摹本左邊骨形不全；《合集》有綴合，爲全形圖。

② 貳骨一二九：《合集》《合補》未收，現藏不詳。原著録亦摹本。

③ 貳骨一三〇：即合 742，現藏於南博。摹本右上角的“在”應爲“于”。

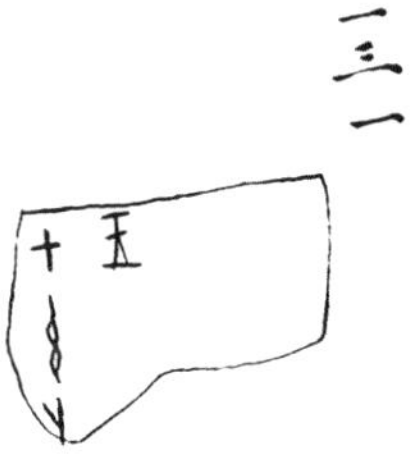

貳骨 131.1

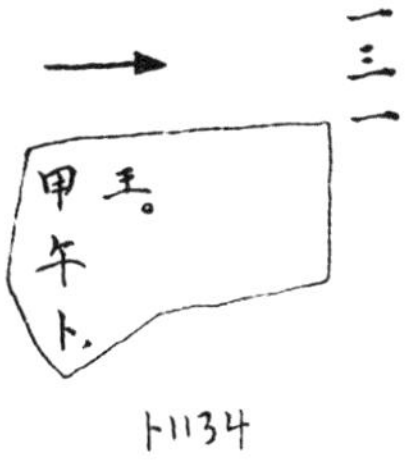

貳骨 131.2①

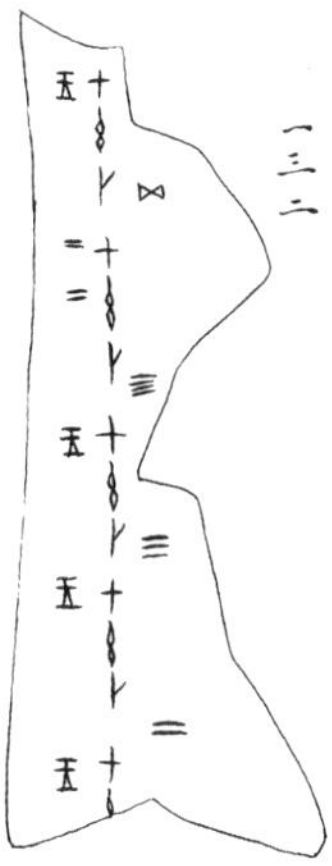

貳骨 132.1

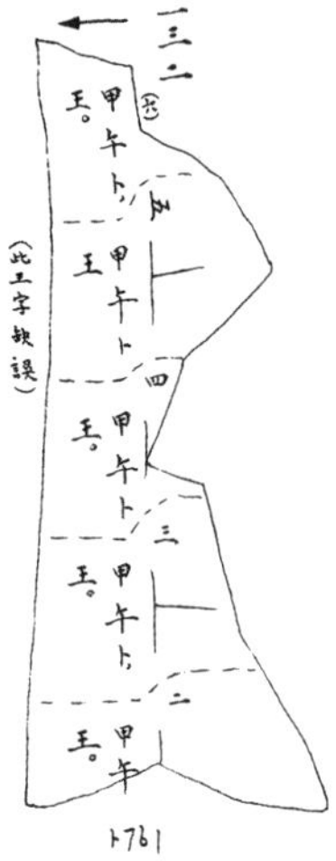

貳骨 132.2

貳骨 132.3：合 23966

貳骨 133.1

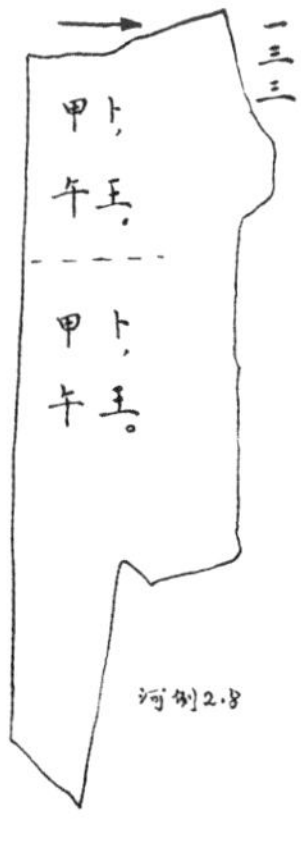

貳骨 133.2

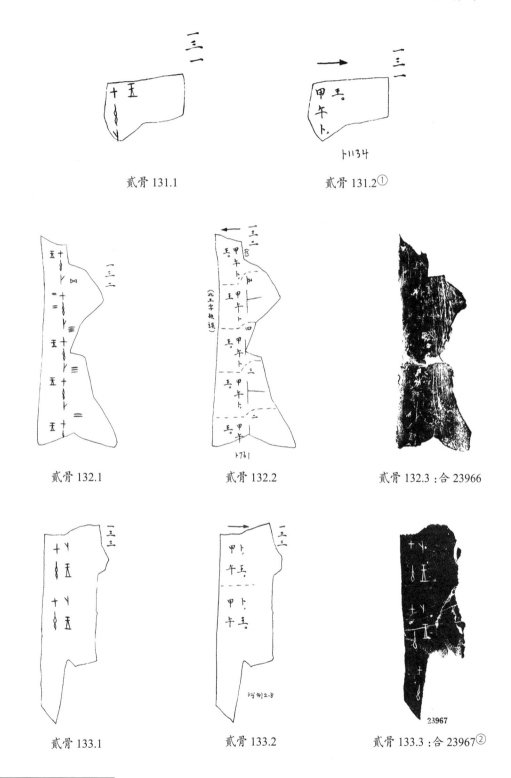

貳骨 133.3：合 23967②

① 貳骨一三一：《合集》《合補》未收，現藏不詳。原著録亦摹本。

② 貳骨一三三：即合 23967，現藏於臺歷博。摹本漏下端"甲午"二字。

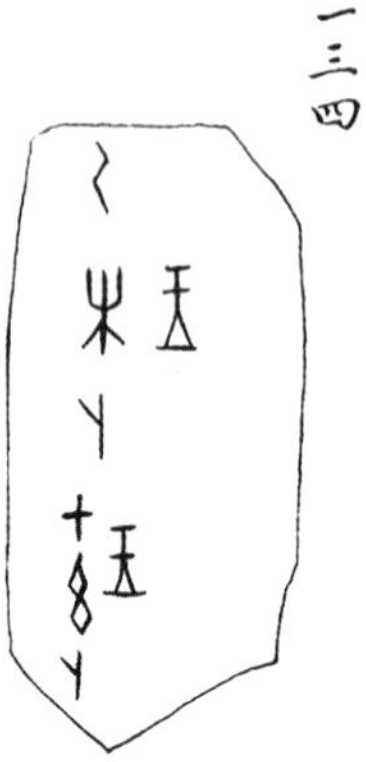

貳骨 134.1

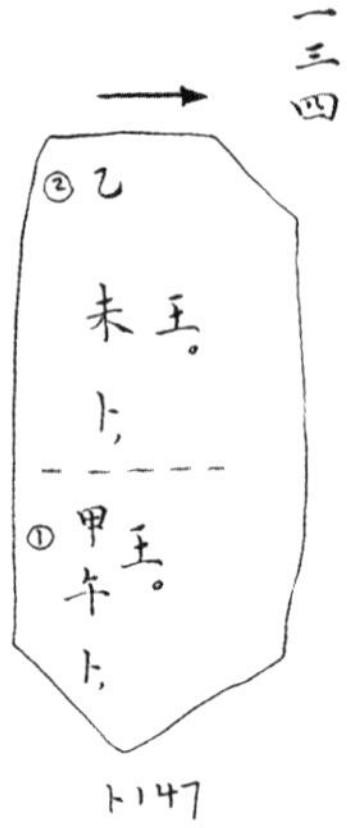

貳骨 134.2

貳骨 134.3 : 合 23973①

貳骨 135.1

貳骨 135.2②

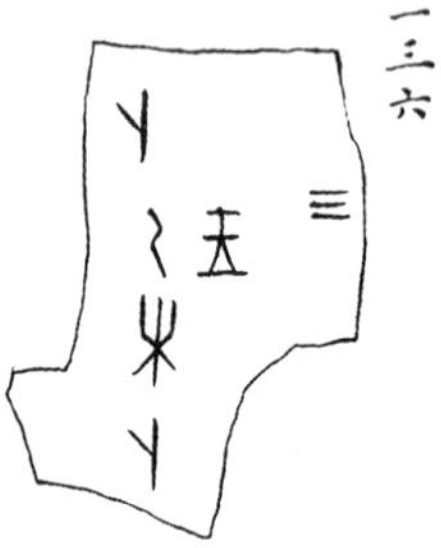

貳骨 136.1

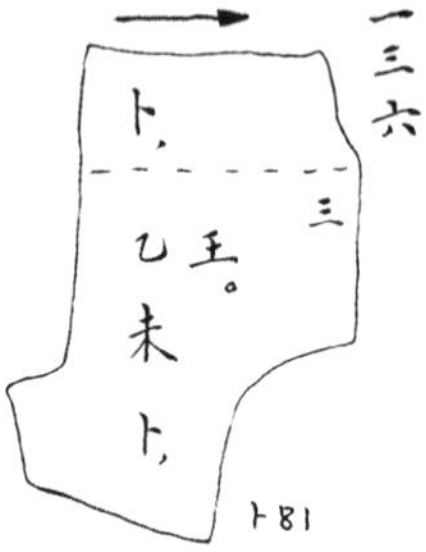

貳骨 136.2

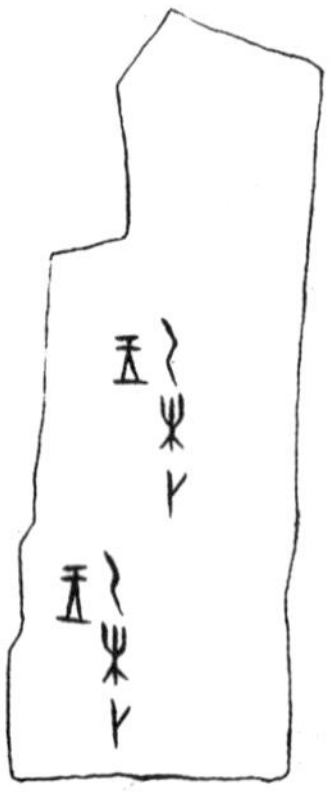

貳骨 137.1

貳骨 137.2

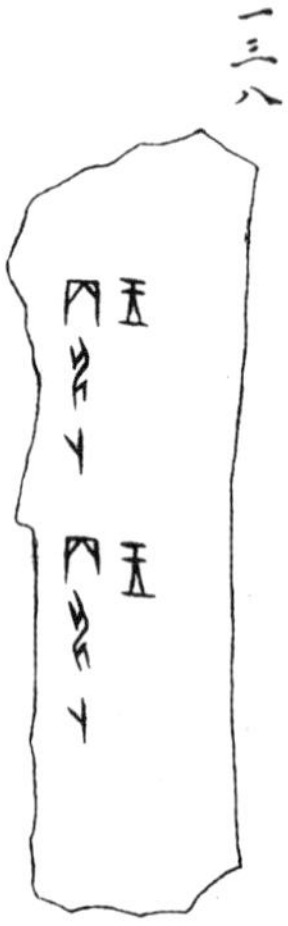

貳骨 138.1

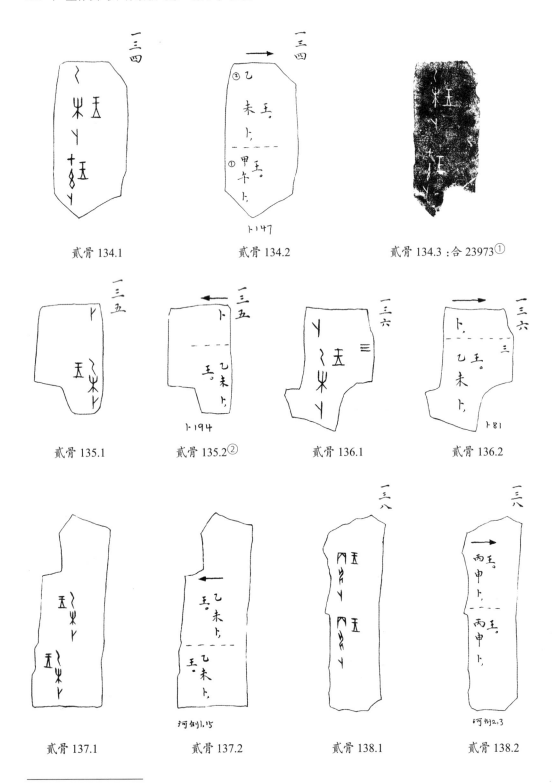

貳骨 138.2

① 貳骨一三四：即合 23973，現藏於南博。合 23973 與摹本的右側上、下角有差異，或爲骨版有殘損。

② 貳骨一三五至貳骨一三八：《合集》《合補》未收，現藏不詳。原著録亦摹本。

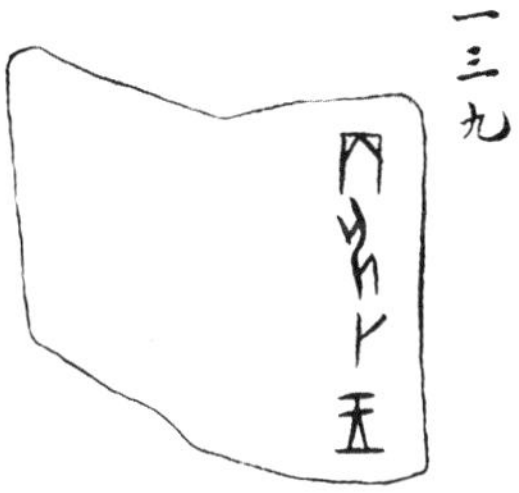

貳骨 139.1

貳骨 139.2

貳骨 139.3：南博網 566①

貳骨 140.1

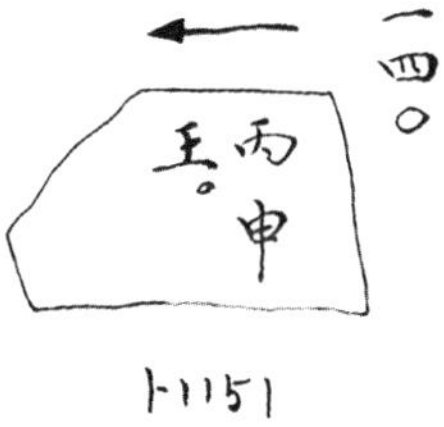

貳骨 140.2②

貳骨 141.1

貳骨 141.2

貳骨 141.3：合 26086

貳骨 142.1

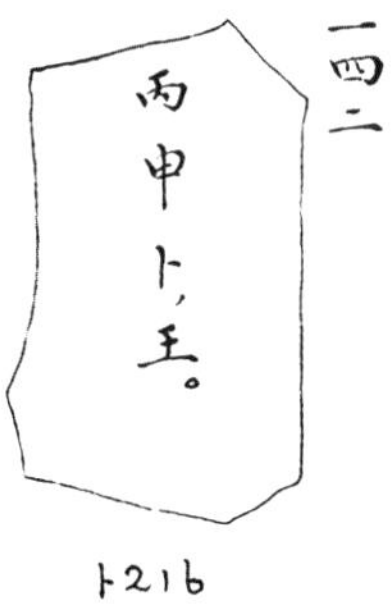

貳骨 142.2

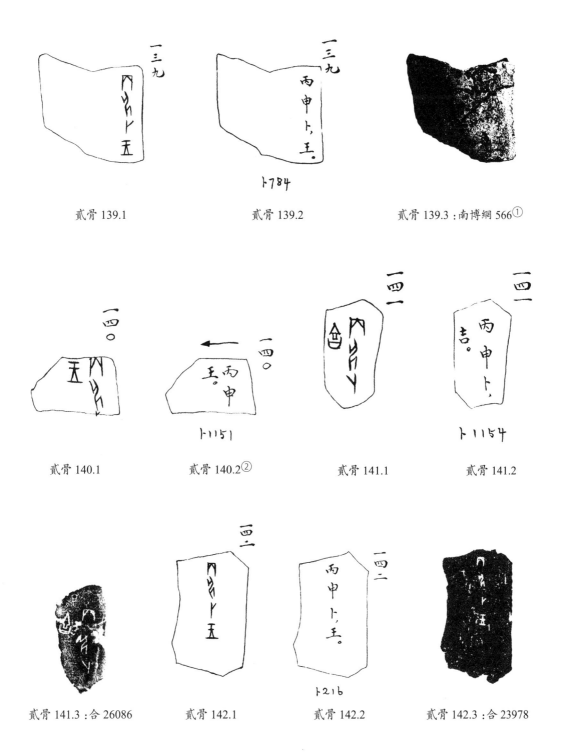

貳骨 142.3：合 23978

---

① 貳骨一三九：《合集》《合補》未收，現藏於南博，實物照片見南博網 566，實爲龜甲。

② 貳骨一四〇：《合集》《合補》未收，現藏不詳。原著録亦摹本。

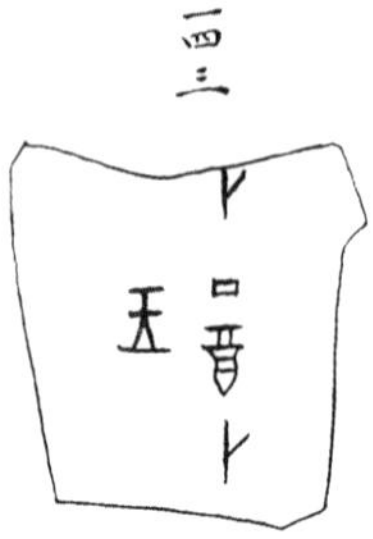

貳骨 143.1

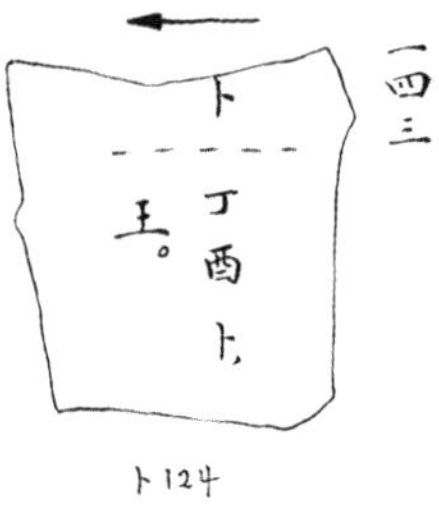

貳骨 143.2①

貳骨 144.1

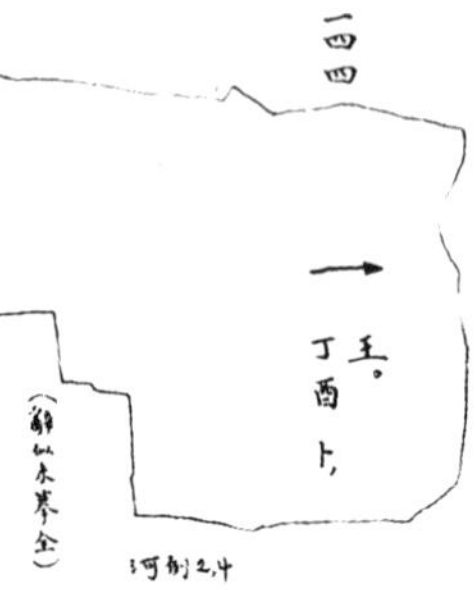

貳骨 144.2

貳骨 145.1

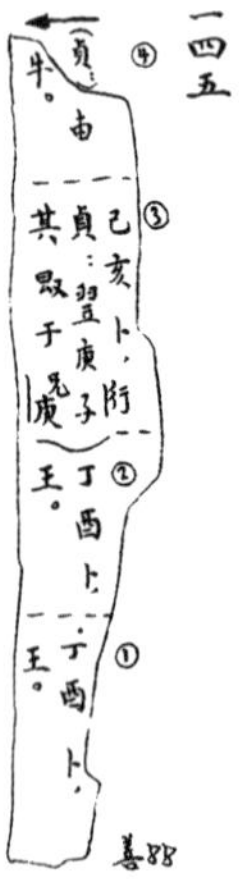

貳骨 145.2

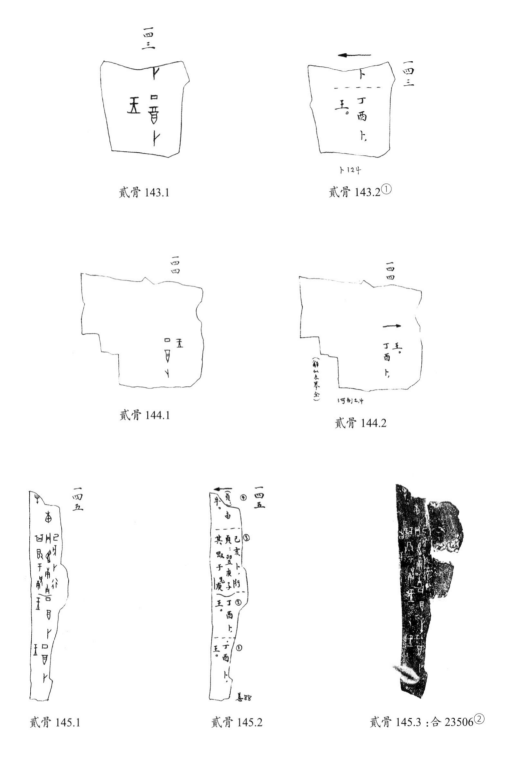

貳骨 145.3：合 23506②

① 貳骨一四三、貳骨一四四：《合集》《合補》未收，現藏不詳。原著録亦摹本。

② 貳骨一四五：即合 23506，現藏於國圖，爲北圖 5781。摹本骨形不全，且左側漏摹“叀牛”二字。

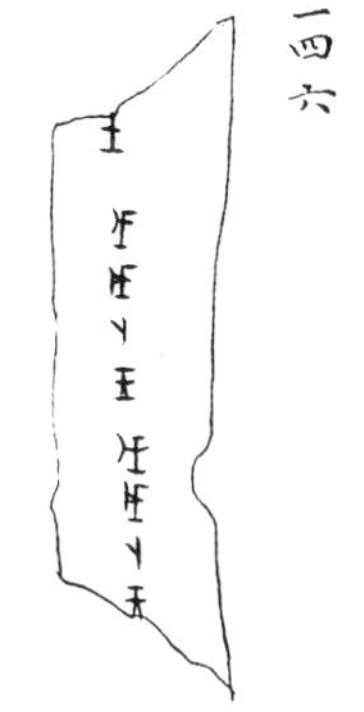

貳骨 146.1

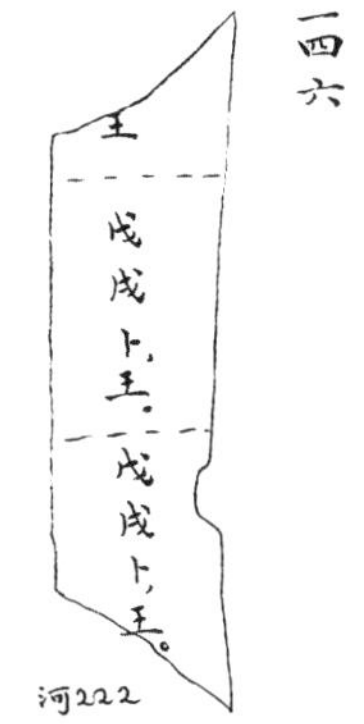

貳骨 146.2

貳骨 146.3：合 23995①

貳骨 147.1

貳骨 147.2

貳骨 147.3：合 23987

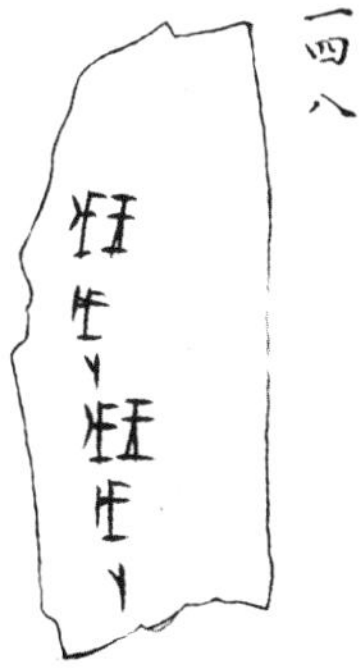

貳骨 148.1

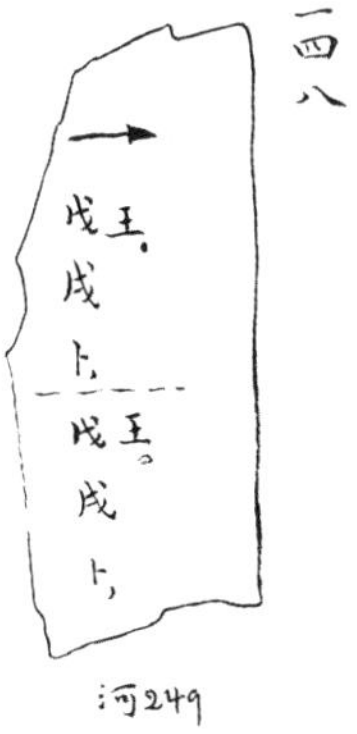

貳骨 148.2

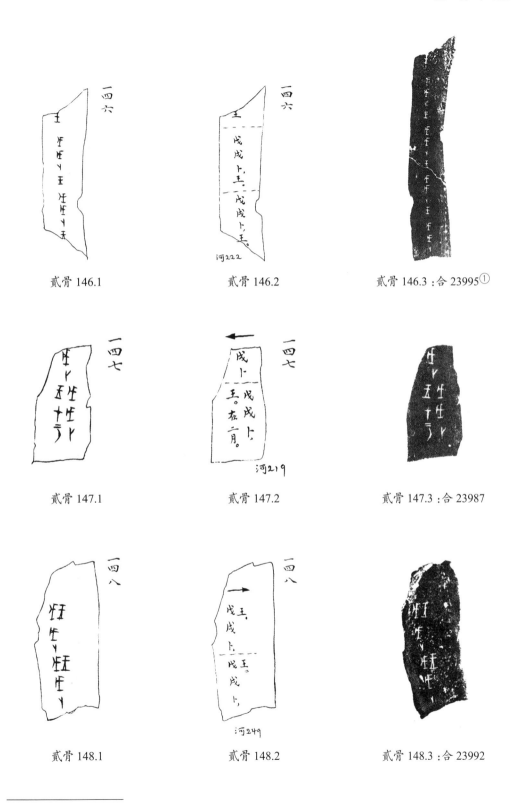

貳骨 148.3：合 23992

① 貳骨一四六：即合 23995（上），現藏於臺歷博。《合集》有綴合。

貳骨 149.1

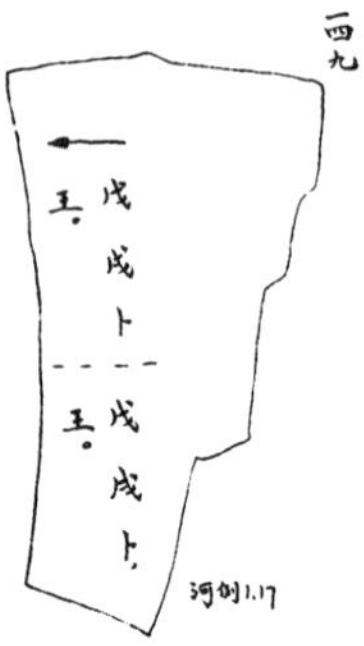

貳骨 149.2①

貳骨 150.1

貳骨 150.2

貳骨 151.1

貳骨 151.2

貳骨 151.3 :南博網 553②

貳骨 152.1

貳骨 152.2

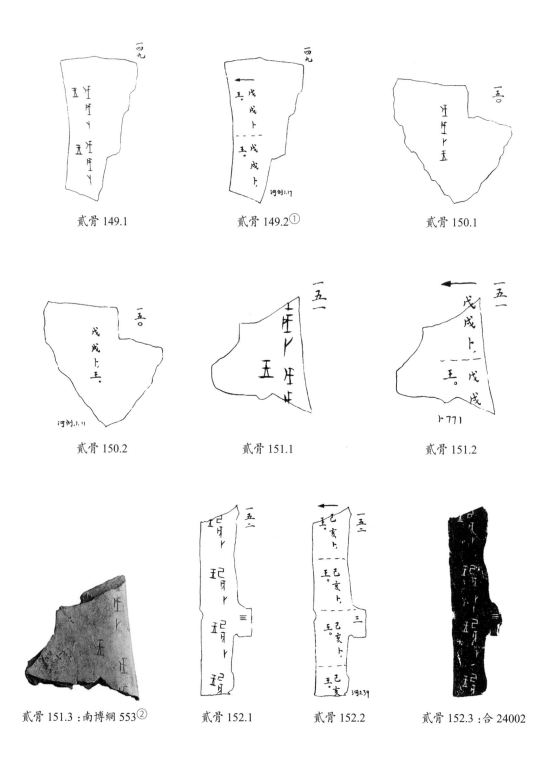

貳骨 152.3 :合 24002

① 貳骨一四九、貳骨一五〇 :《合集》《合補》未收,現藏不詳。原著録亦摹本。

② 貳骨一五一 :《合集》《合補》未收,現藏於南博,實物照片見南博網 553。

貳骨 152.4：綴合①

貳骨 153.1

貳骨 153.2

貳骨 153.3：合 24000②

貳骨 154.1

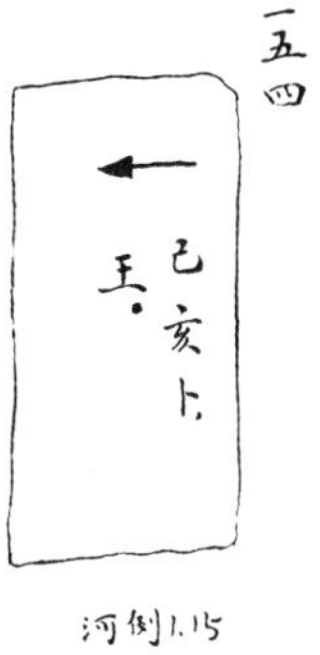

貳骨 154.2③

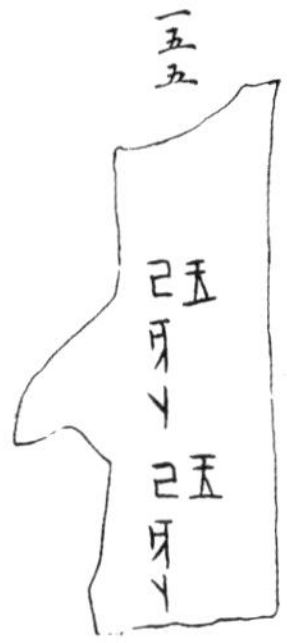

貳骨 155.1

貳骨 155.2

貳骨 156.1

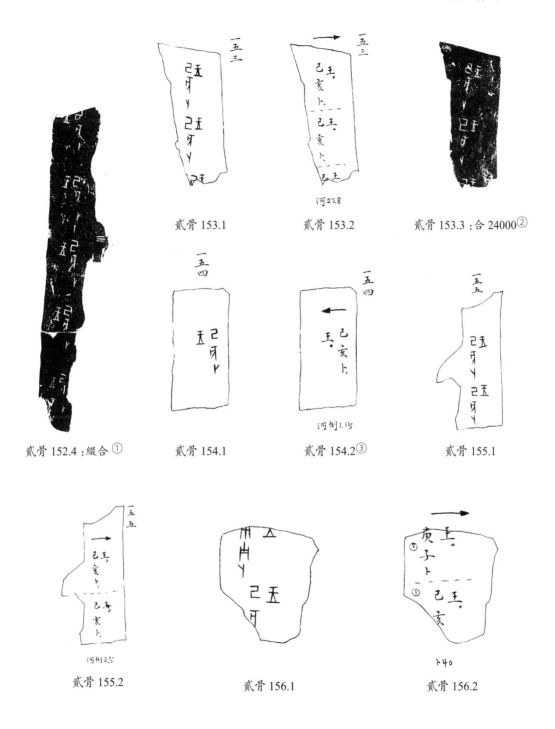

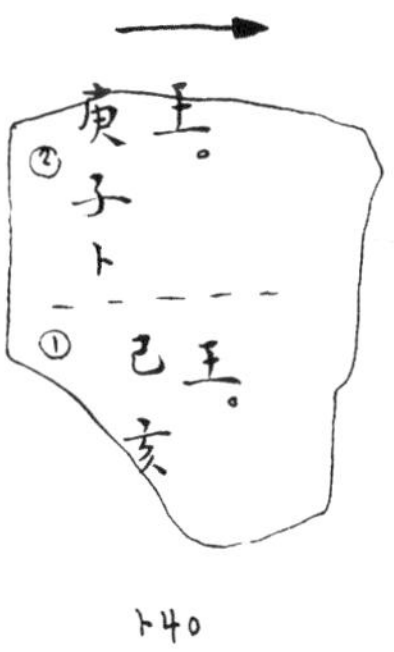

貳骨 156.2

---

① 貳骨一五二：即合 24002，現藏於臺歷博。綴合組爲合 24001+ 合 24002，見《彙編》第 878 則。又見王蘊智、張怡：《殷墟出組卜王辭的考察及綴合》，《出土文獻》第一輯，第 97—105 頁。

② 貳骨一五三：即合 24000，現藏於臺歷博。摹本漏摹左上角“五”字。

③ 貳骨一五四至貳骨一五七：《合集》《合補》未收，現藏不詳。原著録亦摹本。

貳骨 157.1

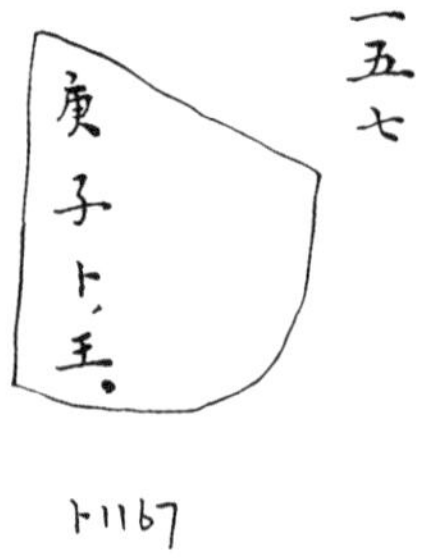

貳骨 157.2

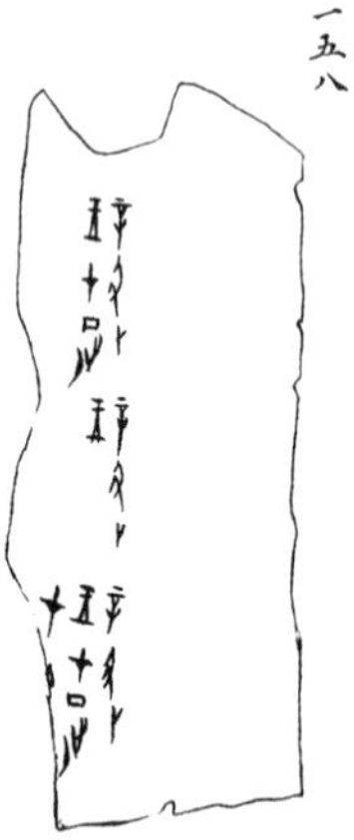

貳骨 158.1

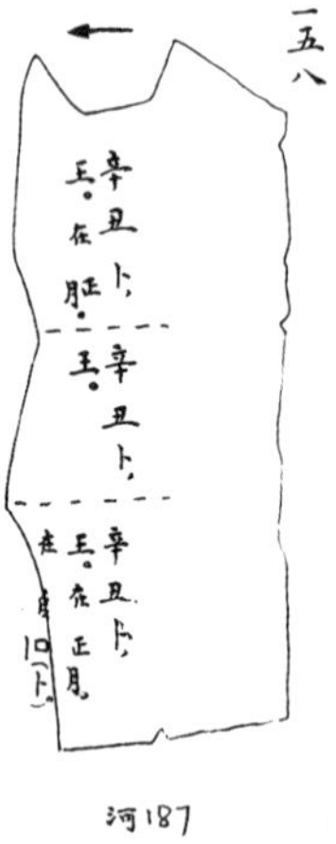

貳骨 158.2

貳骨 158.3：合 24012

貳骨 159.1

貳骨 159.2

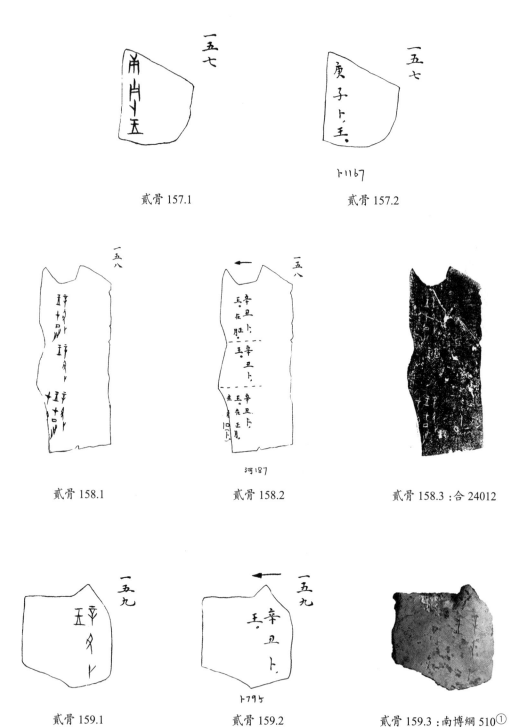

貳骨 159.3：南博網 510①

① 貳骨一五九：《合集》《合補》未收，現藏於南博，實物照片見南博網 510，實爲龜甲。

貳骨 160.1

貳骨 160.2

貳骨 160.3：合 24010

貳骨 160.4：合補 8457

貳骨 161.1

貳骨 161.2

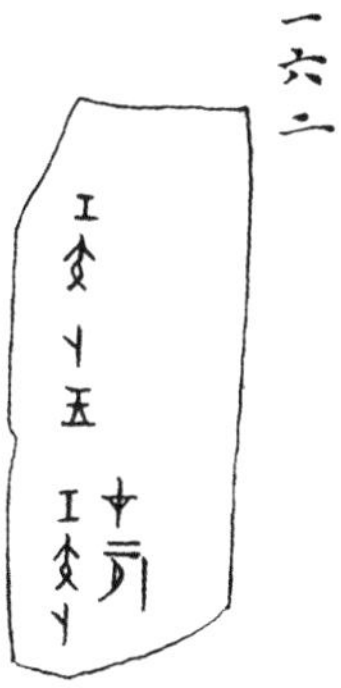

貳骨 162.1

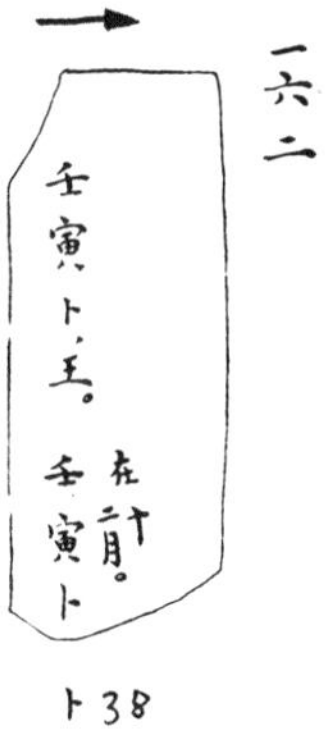

貳骨 162.2

貳骨 162.3：合 24023①

貳骨 163.1

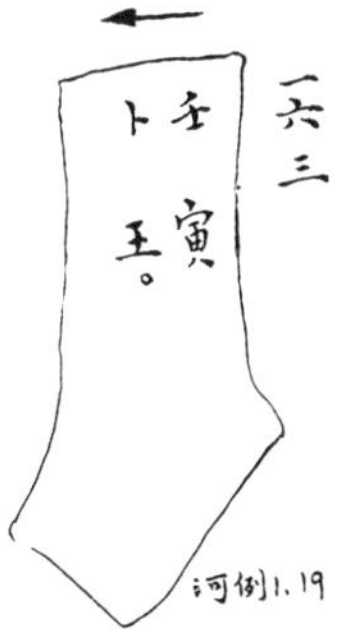

貳骨 163.2

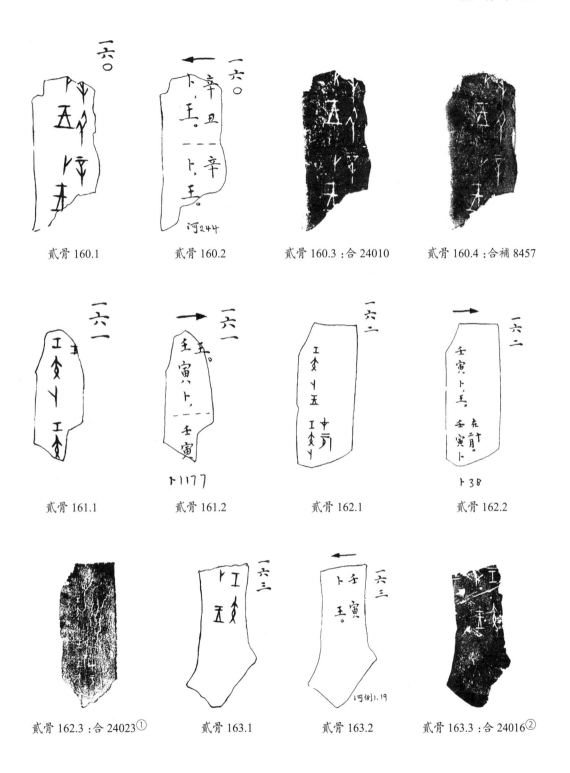

貳骨 163.3：合 24016②

① 貳骨一六二：即合 24023，現藏於南博。摹本“在十二月”的“十”字似衍文。

② 貳骨一六三：即合 24016，現藏於臺歷博。摹本漏摹兆序“二”。

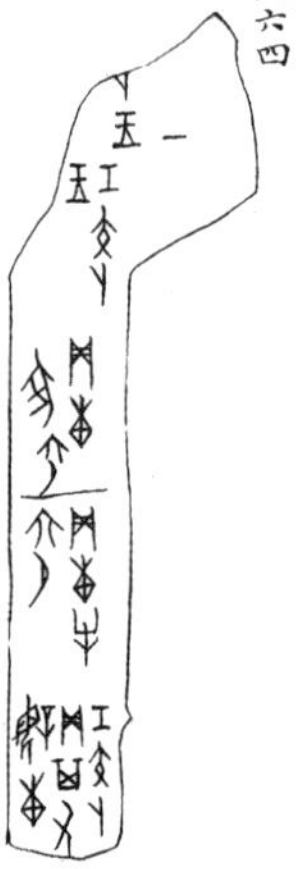

貳骨 164.1

貳骨 164.2

貳骨 164.3：合 23413

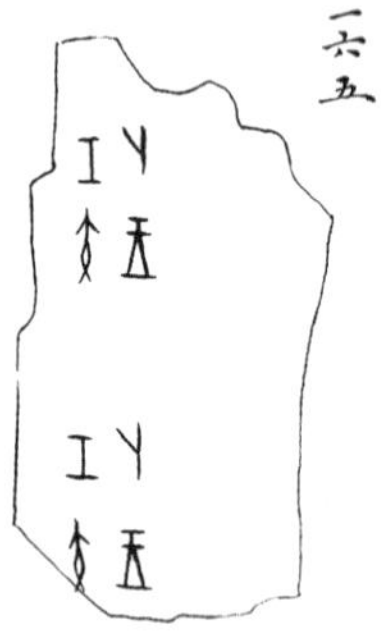

貳骨 165.1

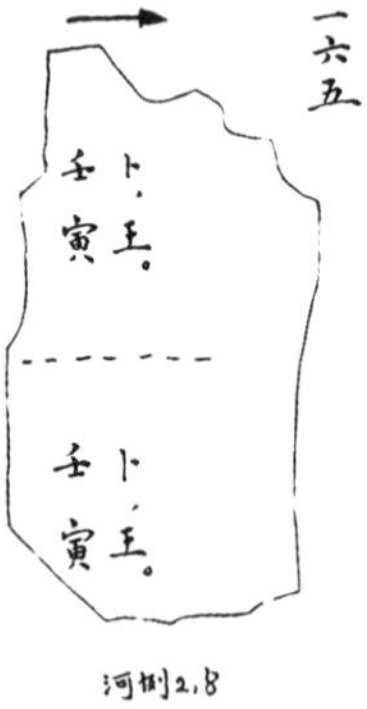

貳骨 165.2

貳骨 165.3：合 24015①

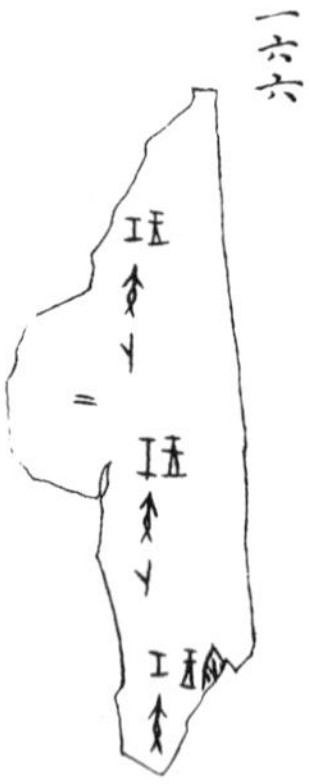

貳骨 166.1

貳骨 166.2

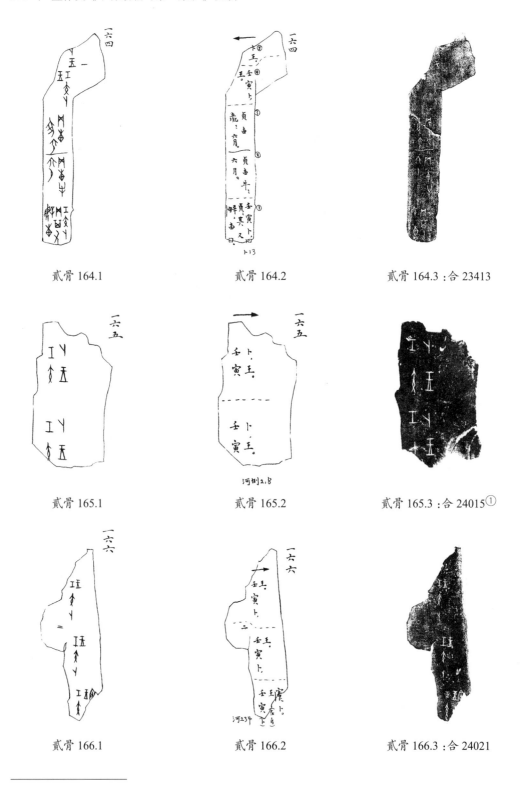

貳骨 166.3：合 24021

① 貳骨一六五：即合 24015，現藏於臺歷博。摹本與《合集》拓本下端略有差異；與貳甲三五中的河真 1.50 重。

貳骨 167.1

貳骨 167.2

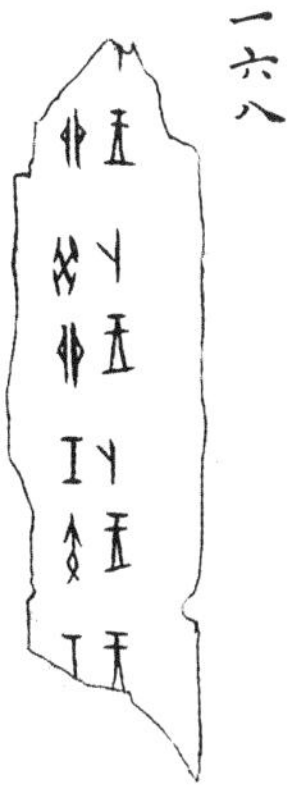

貳骨 168.1

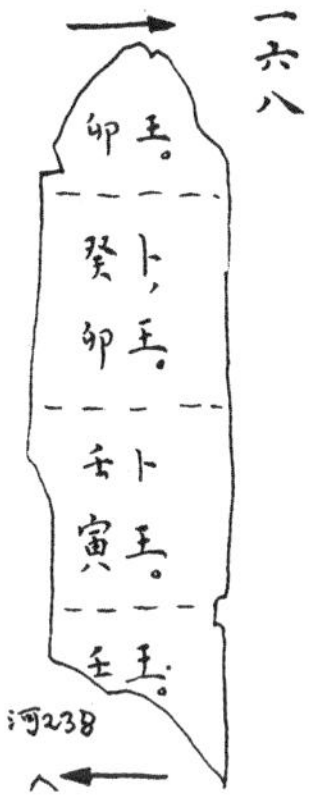

貳骨 168.2

貳骨 168.3：合 24024①

貳骨 168.4：合補 84766

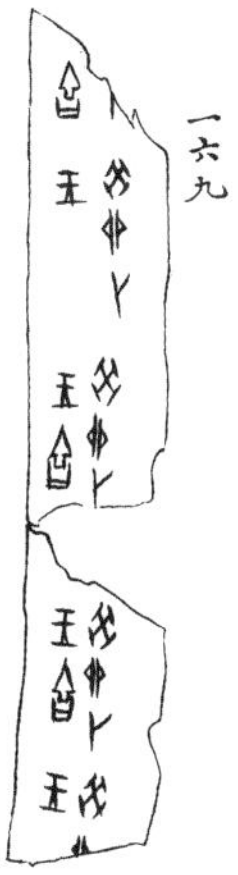

貳骨 169.1

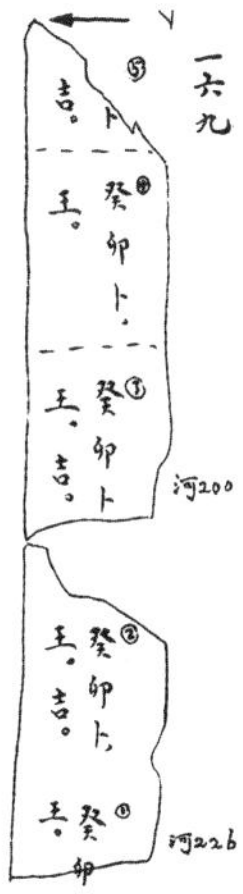

貳骨 169.2

貳骨 169.3：合 24027

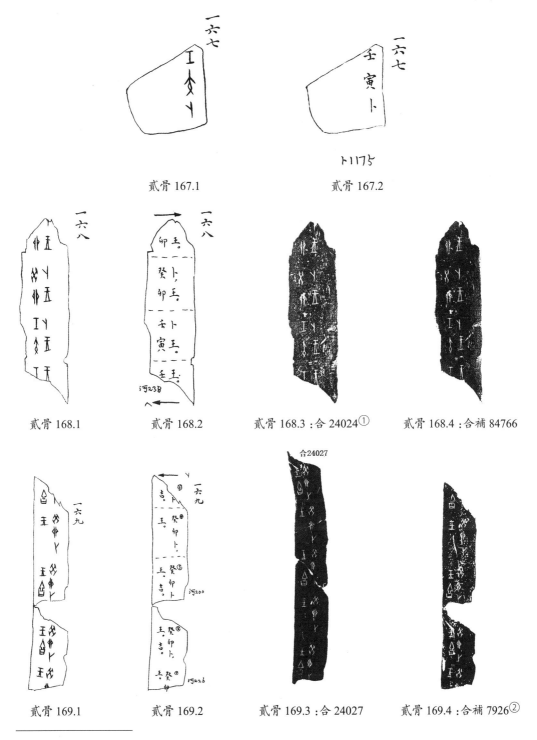

貳骨 169.4：合補 7926②

① 貳骨一六八：即合 24024、合補 8476。綴合組爲合 24024+ 河南 3023+ 河南 3038+ 合 24300，馬尚：《河南博物館舊藏甲骨新綴新見》，《文獻》2024 年第 1 期。

② 貳骨一六九：即合補 7926 、合 24027（上、下），現藏於臺歷博，爲運臺 3.0551。合 24027 有綴合，且與摹本及合補 7926 的上下兩片的拼綴位置不同。合補 7926 誤綴，合 24027 正確；參李宗焜：《拓片綴合的機會與風險——以河南博物館舊藏甲骨爲中心的檢視》，《甲骨文與殷商史》新十輯，第 430—437 頁。

貳骨 170.1

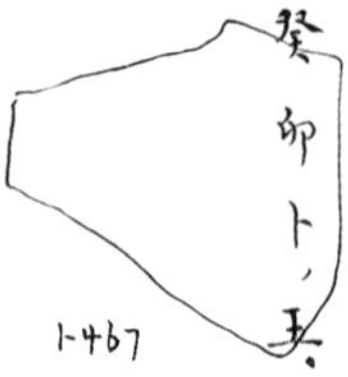

貳骨 170.2

貳骨 170.3：南博網 826①

貳骨 171.1

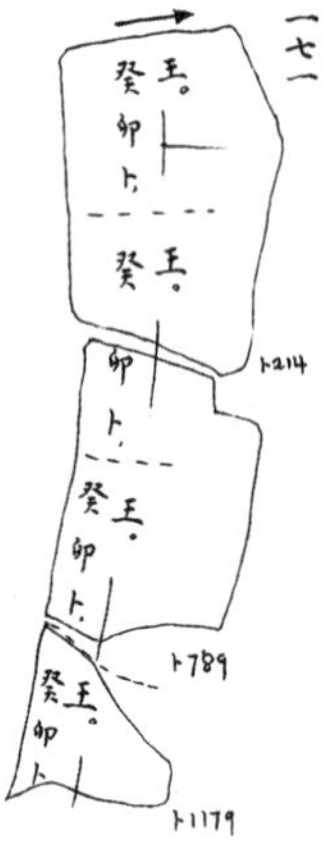

貳骨 171.2②

貳骨 171.3：合 24028

貳骨 172.1

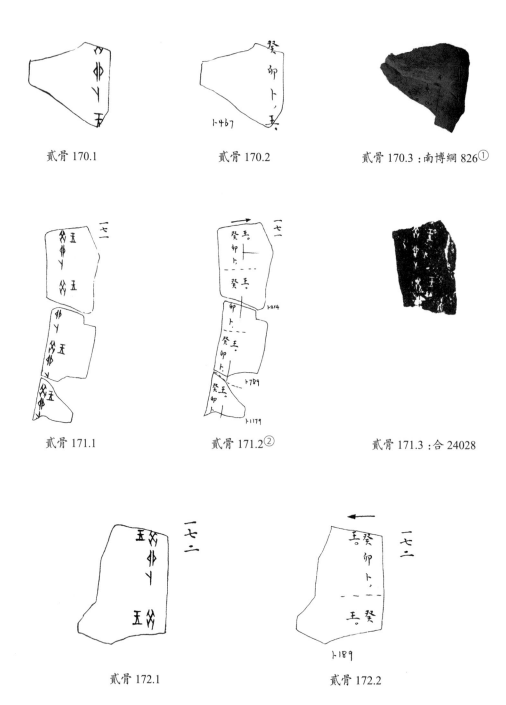

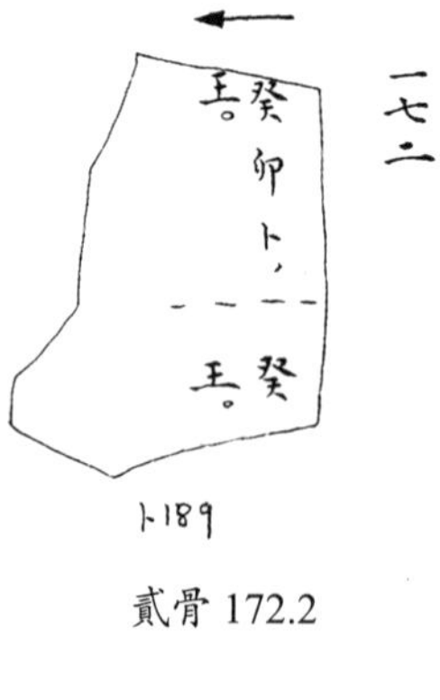

貳骨 172.2

① 貳骨一七〇：《合集》《合補》未收，現藏於南博，實物照片見南博網 826，實爲龜甲。
② 貳骨一七一（中、下）：卜 789、卜 1179《合集》《合補》未收，現藏不詳。

貳骨 173.1

貳骨 173.2

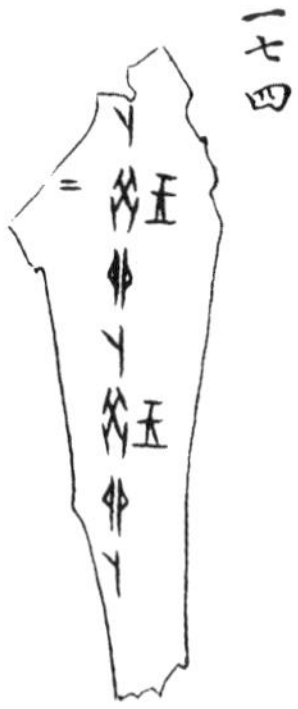

貳骨 174.1

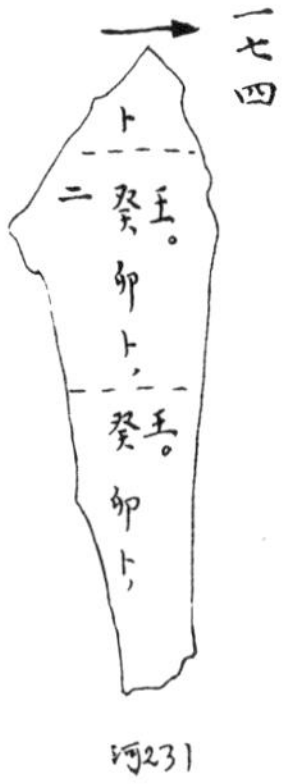

貳骨 174.2

貳骨 174.3 :合 24032

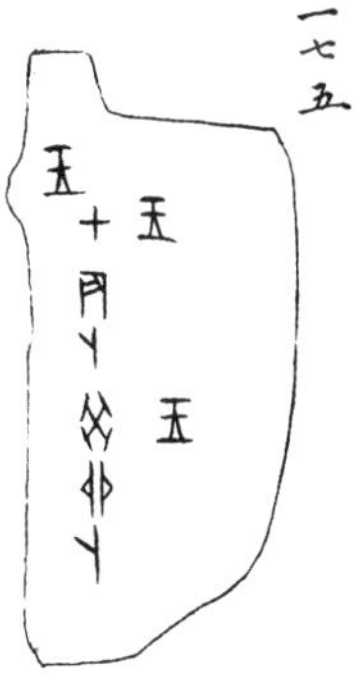

貳骨 175.1

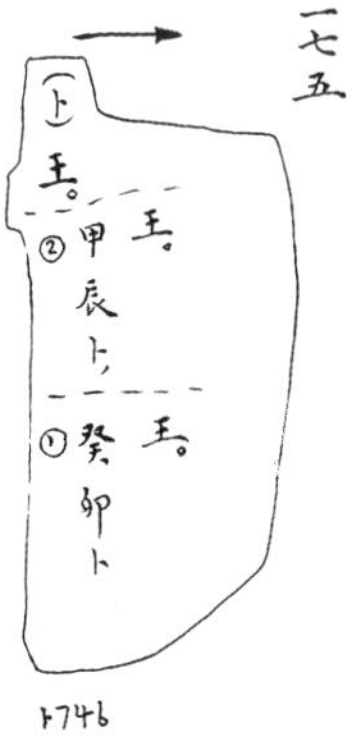

貳骨 175.2

貳骨 175.3 :合 24035[1]

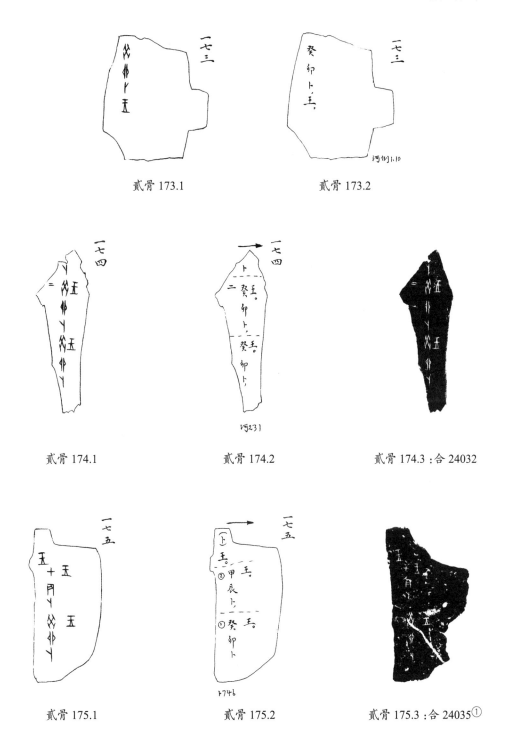

① 貳骨一七五 :即合 24035,現藏於南博。摹本右邊骨形不全,《合集》爲全形圖。

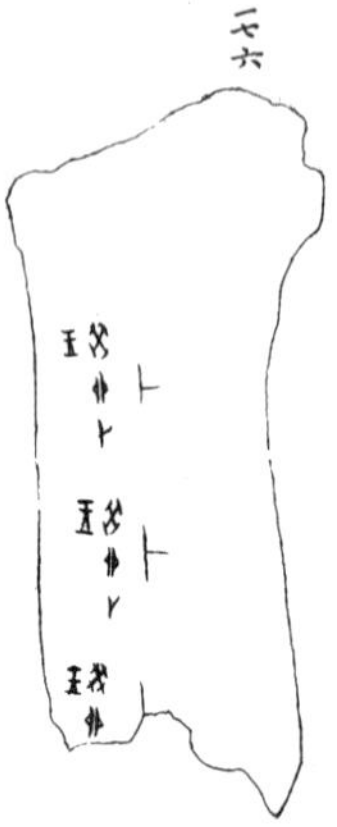

貳骨 176.1

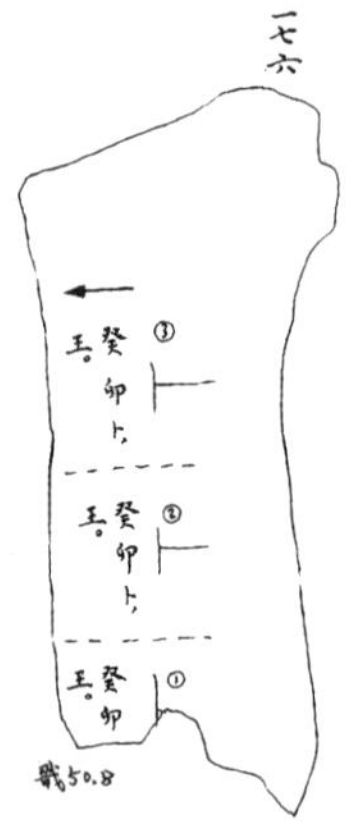

貳骨 176.2

貳骨 176.3：合 24034①

貳骨 177.1

貳骨 177.2

貳骨 177.3：合 24037

貳骨 178.1

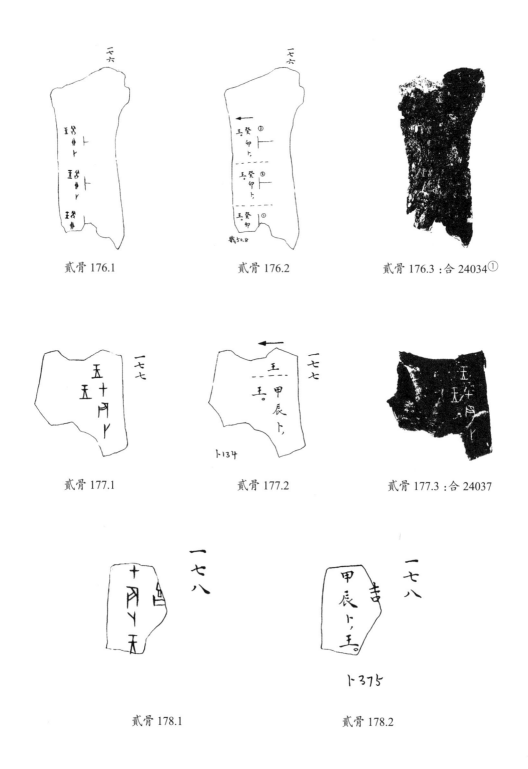

貳骨 178.2

① 貳骨一七六：即合 24034，現藏於上博，重見上博 17647.740。摹本漏摹兆序“二”“二”“三”。

貳骨 179.1

貳骨 179.2

貳骨 179.3：南博網 84[①]

貳骨 180.1

貳骨 180.2

貳骨 180.3：南博網 86[②]

貳骨 181.1

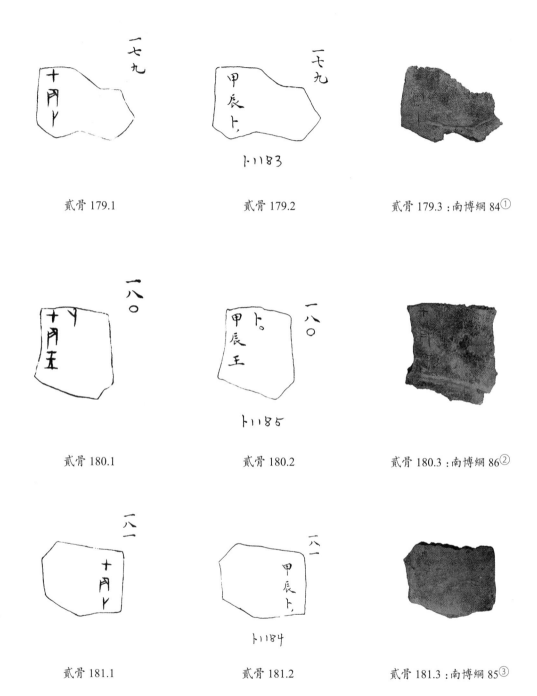

貳骨 181.2

貳骨 181.3：南博網 85[③]

① 貳骨一七九：《合集》《合補》未收，現藏於南博，實物照片見南博網 84，實爲龜甲。
② 貳骨一八〇：《合集》《合補》未收，現藏於南博，實物照片見南博網 86，實爲龜甲。
③ 貳骨一八一：《合集》《合補》未收，現藏於南博，實物照片見南博網 85，實爲龜甲。

貳骨 182.1

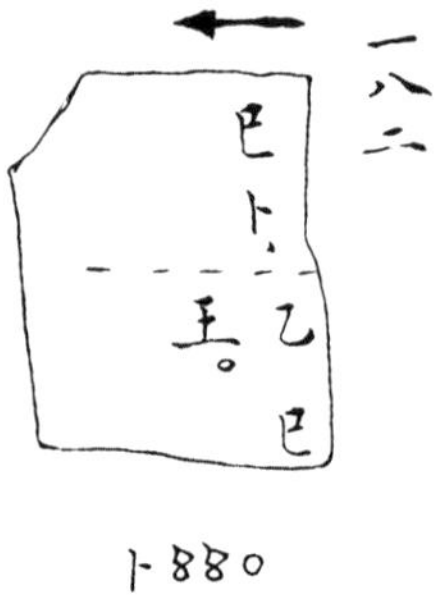

貳骨 182.2

貳骨 183.1

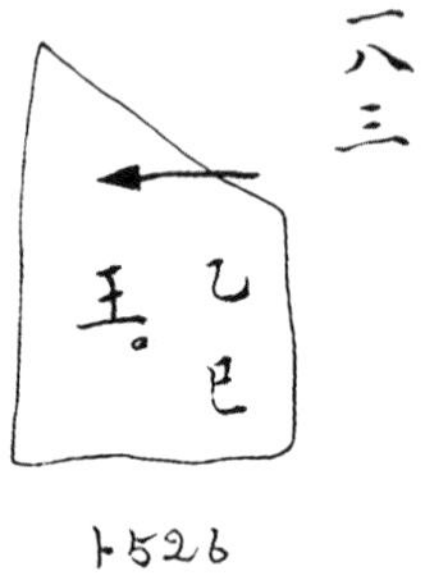

貳骨 183.2

貳骨 183.3：南博網 814①

貳骨 184.1

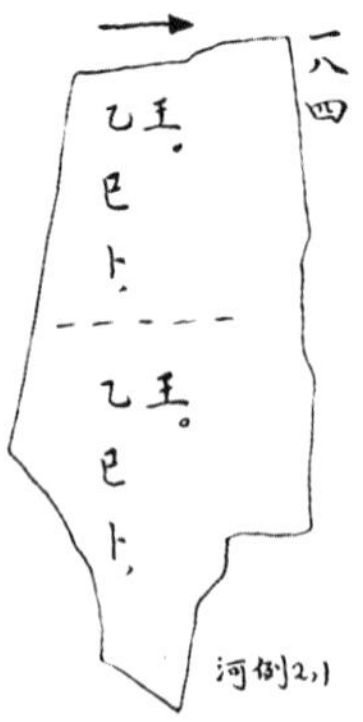

貳骨 184.2

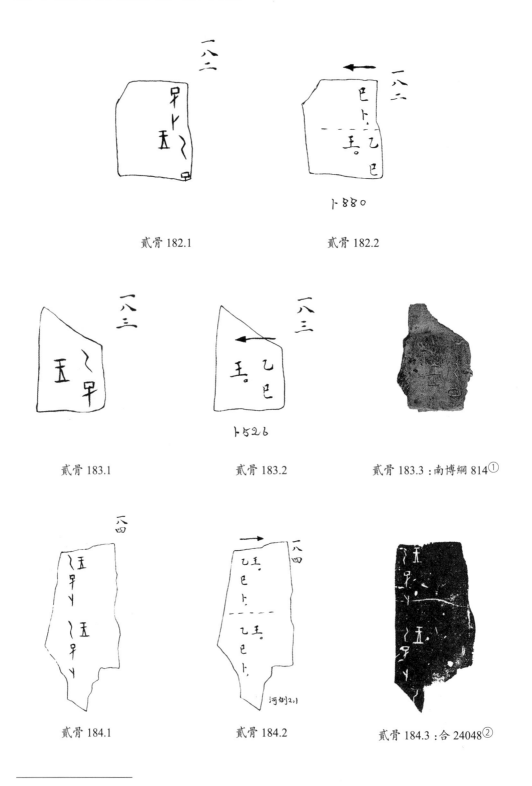

貳骨 184.3：合 24048②

① 貳骨一八三：《合集》《合補》未收，現藏於南博，實物照片見南博網 814，實爲龜甲。

② 貳骨一八四：即合 24048，現藏於臺歷博，爲運臺 1.0199（拓、摹）。摹本漏摹下端的“乙”字。

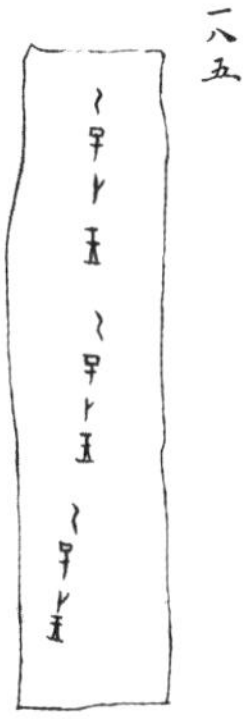

貳骨 185.1

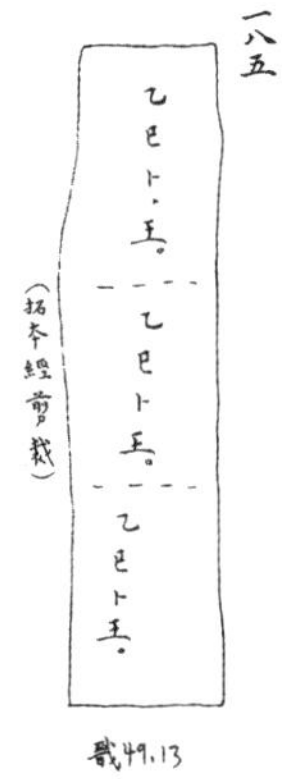

貳骨 185.2

貳骨 185.3：合 24046①

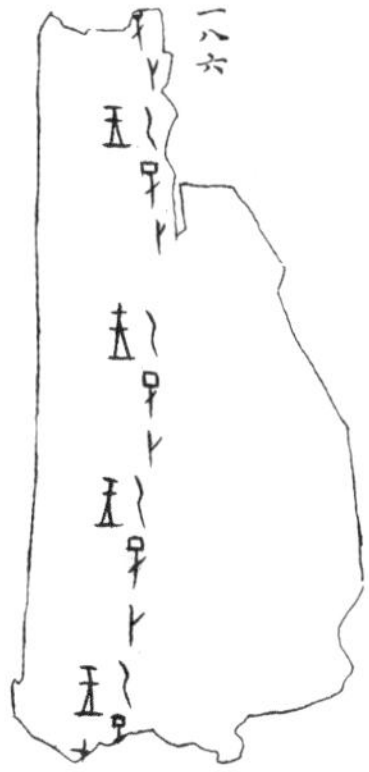

貳骨 186.1

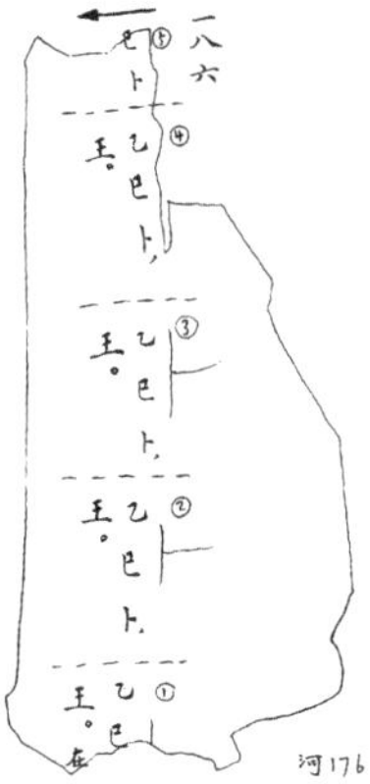

貳骨 186.2

貳骨 186.3：合 24045

貳骨 187.1

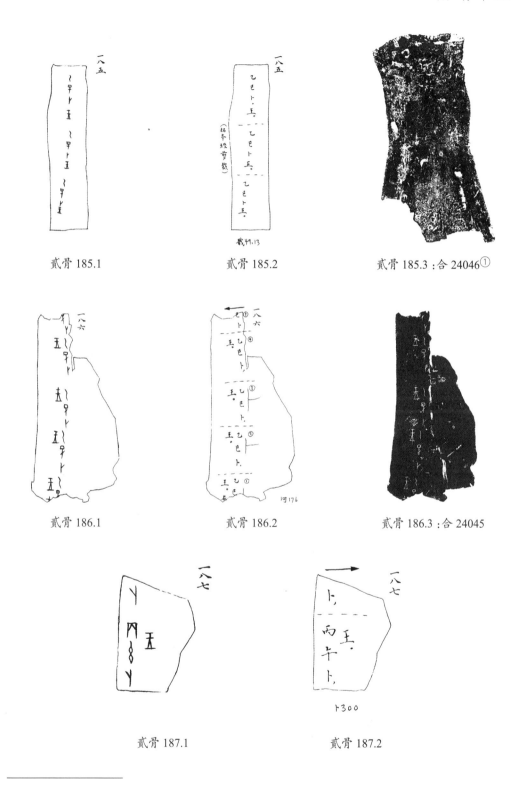

貳骨 187.2

① 貳骨一八五：即合 24046，現藏於上博，爲上博 17647.741。摹本因所據"拓本經剪裁"而骨形不全，合 24046 爲全形圖。

貳骨 188.1

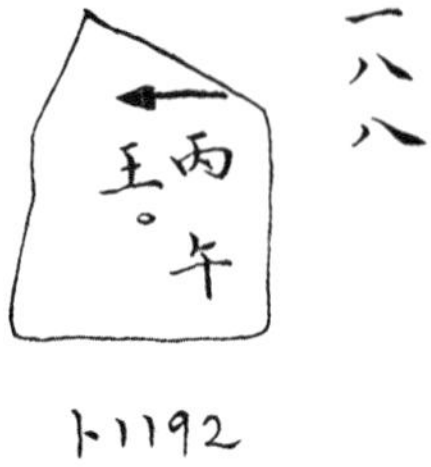
貳骨 188.2

貳骨 188.3：南博網 93①

貳骨 189.1

貳骨 189.2

貳骨 190.1

貳骨 190.2

貳骨 190.3：南博網 103②

貳骨 191.1

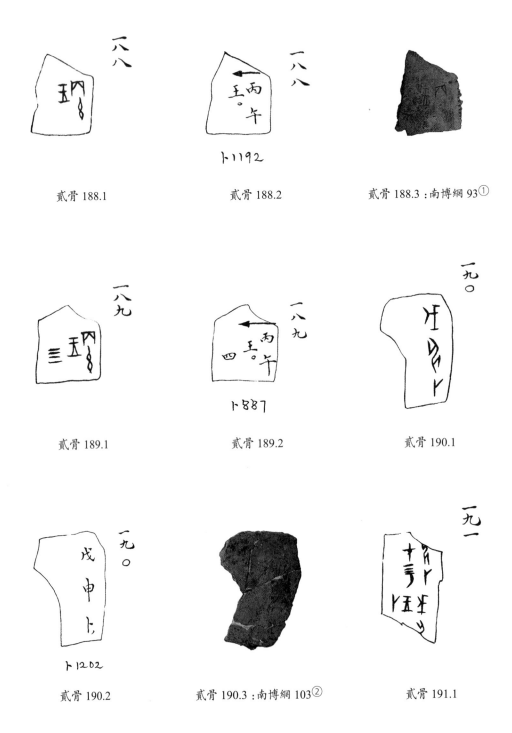

① 貳骨一八八：《合集》《合補》未收，現藏於南博，實物照片見南博網 93，實爲龜甲。
② 貳骨一九〇：《合集》《合補》未收，現藏於南博，實物照片見南博網 103。

貳骨 191.2

貳骨 191.3：合 24057

貳骨 191.4：綴合①

貳骨 192.1

貳骨 192.2

貳骨 192.3：南博網 107②

貳骨 193.1

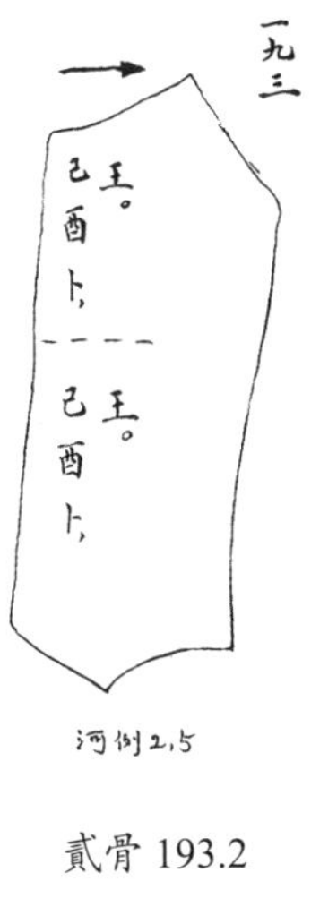

貳骨 193.2

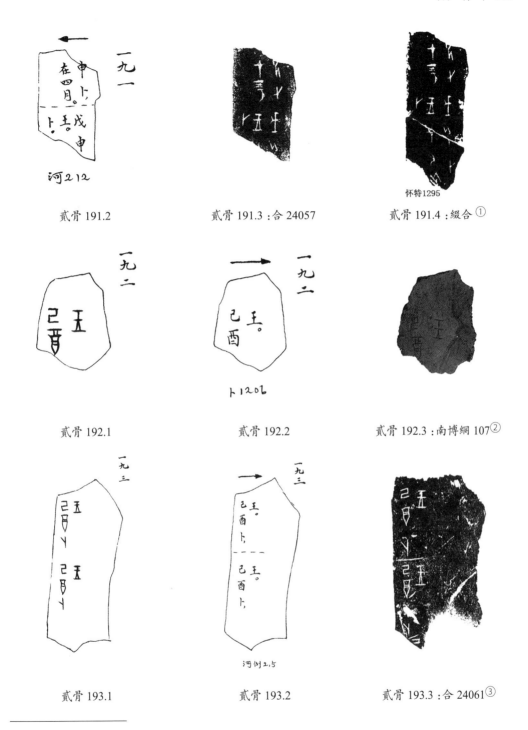

貳骨 193.3：合 24061③

① 貳骨一九一：即合 24057，現藏於臺歷博。綴合組爲合 24057+ 懷特 1295，見王紅：《甲骨綴合一則》，先秦史研究室網站，2012.6.5；又見《拼三》第 756 則。

② 貳骨一九二：《合集》《合補》未收，現藏於南博，實物照片見南博網 107，實爲龜甲。

③ 貳骨一九三：即合 24061，現藏於臺歷博，爲運臺 1.0565（拓、摹）。摹本與合 24061 骨形略有差異，或爲同文例。

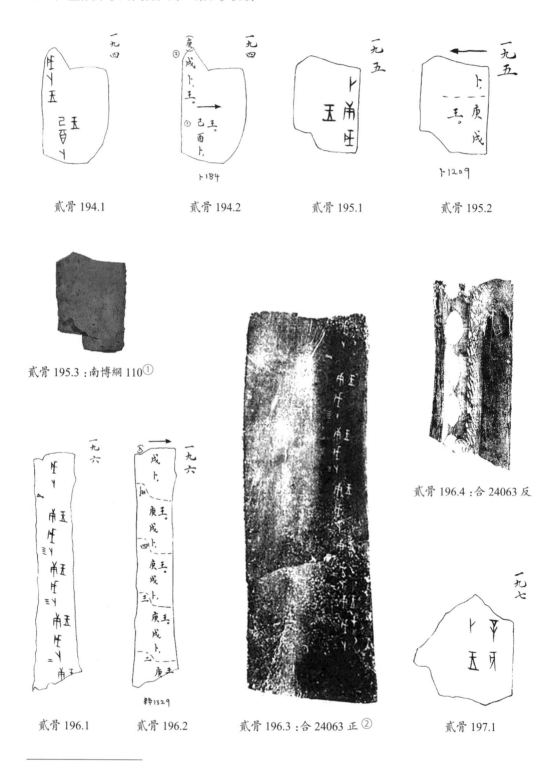

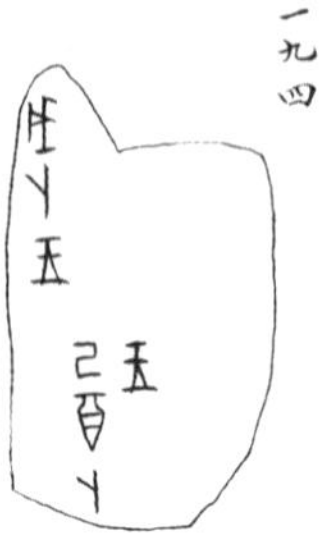

貳骨 194.1

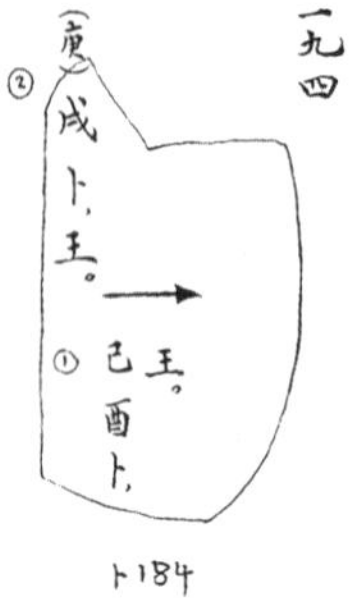

貳骨 194.2

貳骨 195.1

貳骨 195.2

貳骨 195.3：南博網 110①

貳骨 196.4：合 24063 反

貳骨 196.1

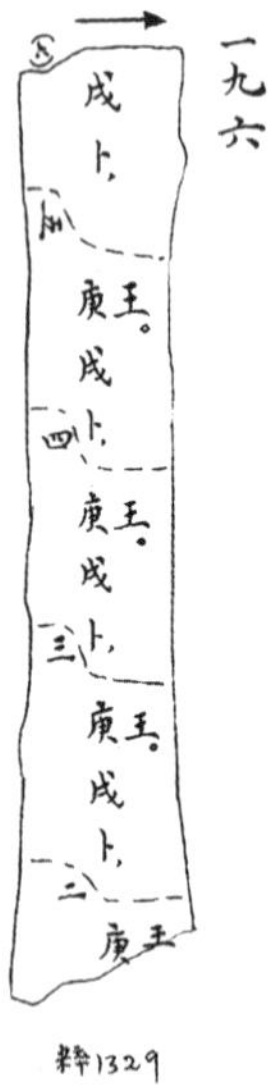

貳骨 196.2

貳骨 196.3：合 24063 正②

貳骨 197.1

---

① 貳骨一九五：《合集》《合補》未收，現藏於南博，實物照片見南博網 110，實爲龜甲。

② 貳骨一九六：即合 24063 正（上），現藏於國圖，爲北圖 19804。摹本骨形不全，僅有字部分；摹本缺反面。《合集》有正、反，且已綴合。合 24063，即北圖 19804+ 北圖 20360。

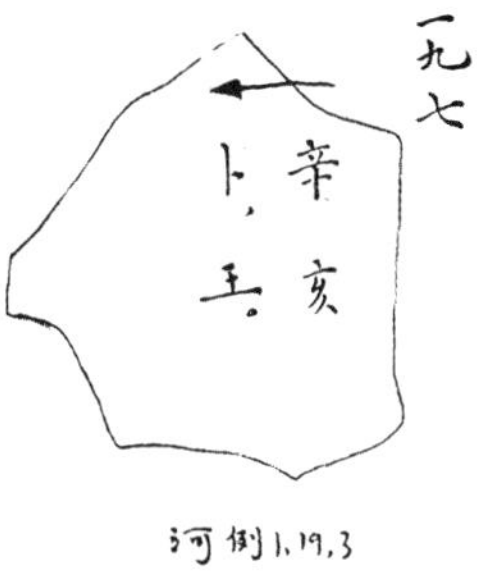

貳骨 197.2

貳骨 198.1

貳骨 198.2

貳骨 199.1

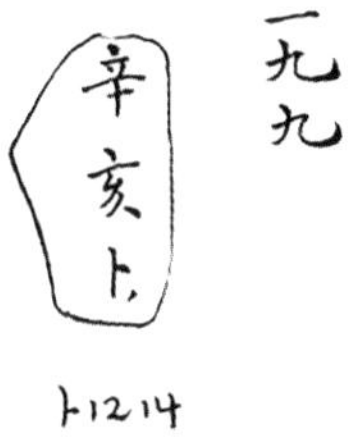

貳骨 199.2

貳骨 199.3：南博網 51[①]

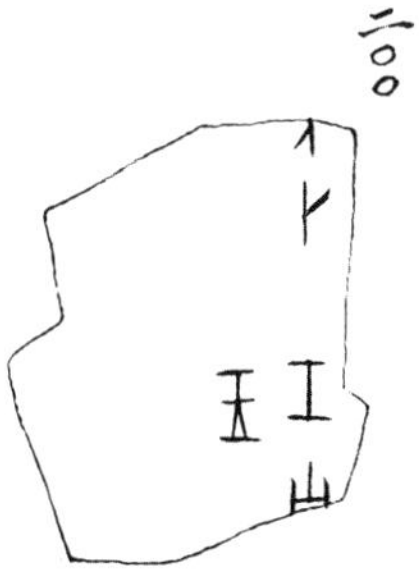

貳骨 200.1

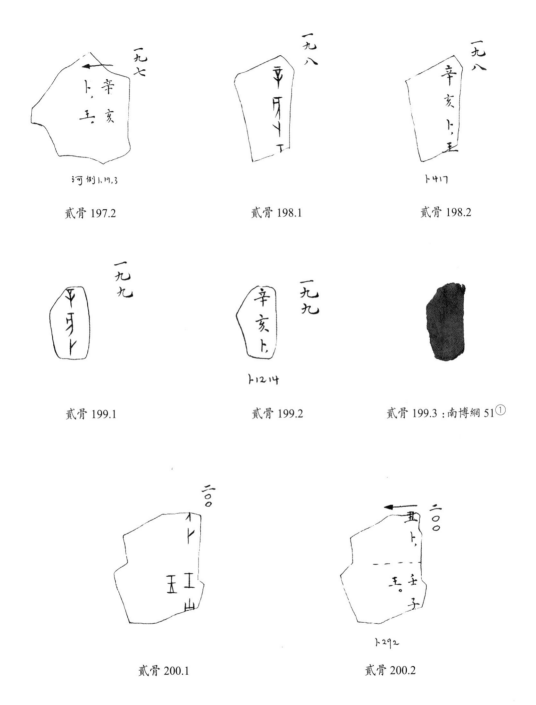

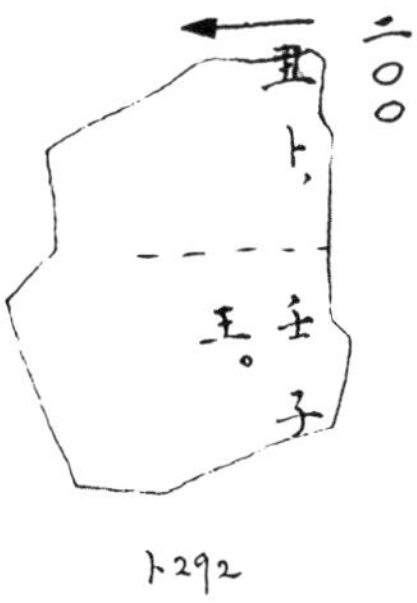

貳骨 200.2

① 貳骨一九九：《合集》《合補》未收，現藏於南博，實物照片見南博網 51。

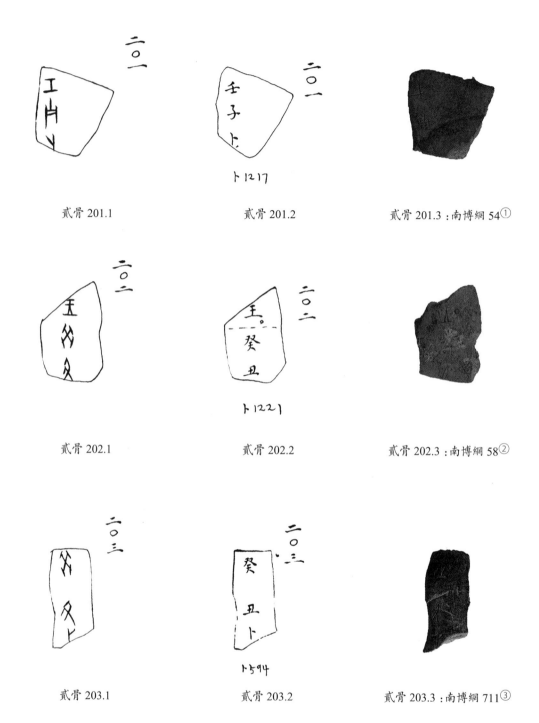

貳骨 201.1

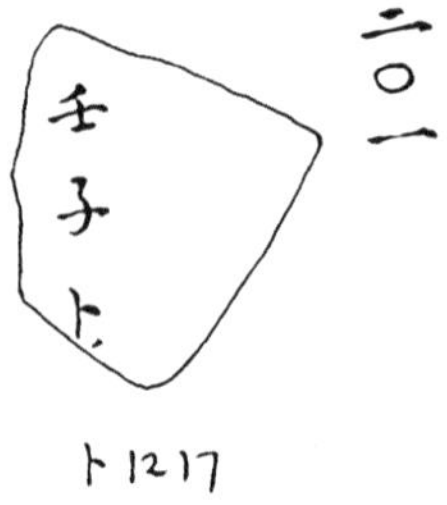

貳骨 201.2

貳骨 201.3：南博網 54①

貳骨 202.1

貳骨 202.2

貳骨 202.3：南博網 58②

貳骨 203.1

貳骨 203.2

貳骨 203.3：南博網 711③

① 貳骨二〇一：《合集》《合補》未收，現藏於南博，實物照片見南博網 54，實爲龜甲。
② 貳骨二〇二：《合集》《合補》未收，現藏於南博，實物照片見南博網 58，實爲龜甲。
③ 貳骨二〇三：《合集》《合補》未收，現藏於南博，實物照片見南博網 711，實爲龜甲。

貳骨 204.1

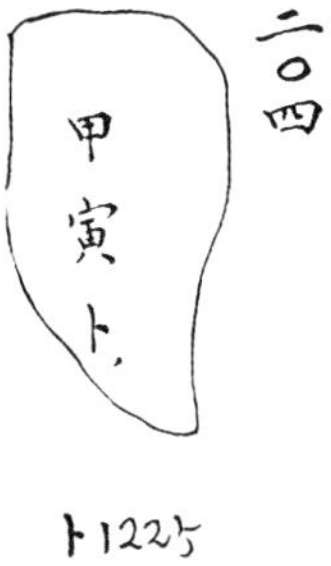

貳骨 204.2

貳骨 204.3：南博網 62[1]

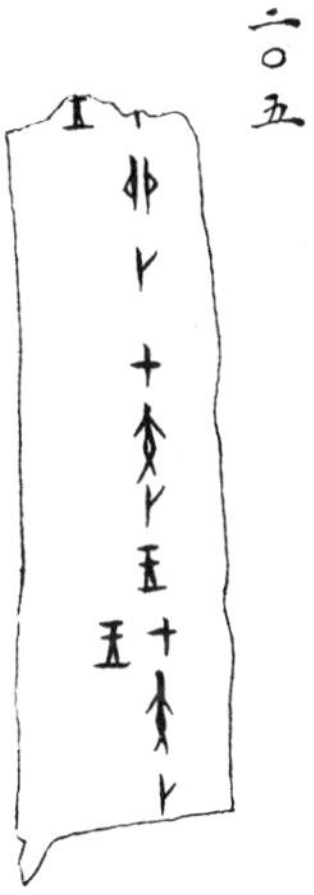

貳骨 205.1

貳骨 205.2

貳骨 205.3：合 24074

貳骨 206.1

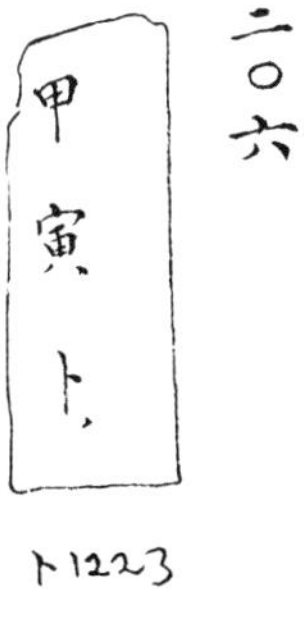

貳骨 206.2

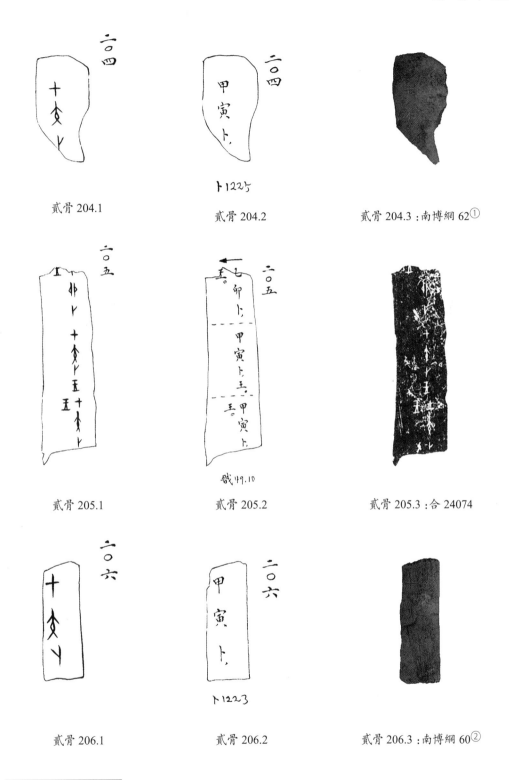

貳骨 206.3：南博網 60[2]

① 貳骨二〇四：《合集》《合補》未收，現藏於南博，實物照片見南博網 62，實爲龜甲。

② 貳骨二〇六：《合集》《合補》未收，現藏於南博，實物照片見南博網 60，實爲龜甲。

貳骨 207.1

貳骨 207.2

貳骨 207.3：南博網 65[①]

貳骨 208.1

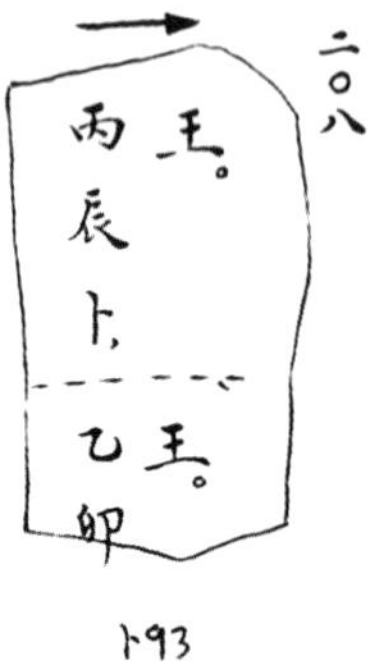

貳骨 208.2

貳骨 208.3：合 24075

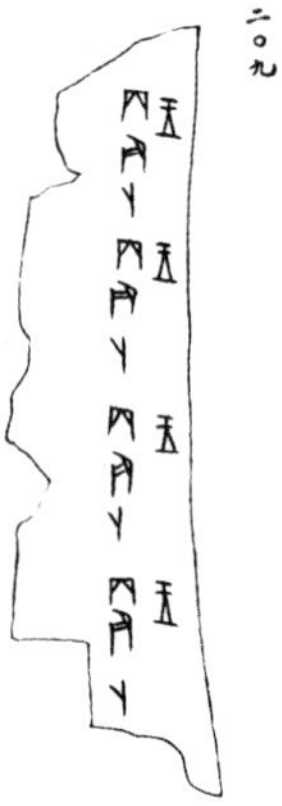

貳骨 209.1

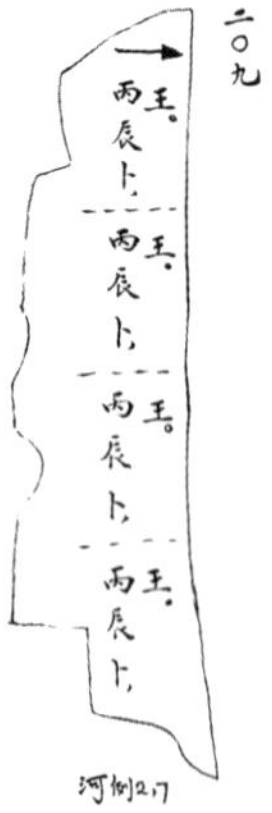

貳骨 209.2

貳骨 210.1

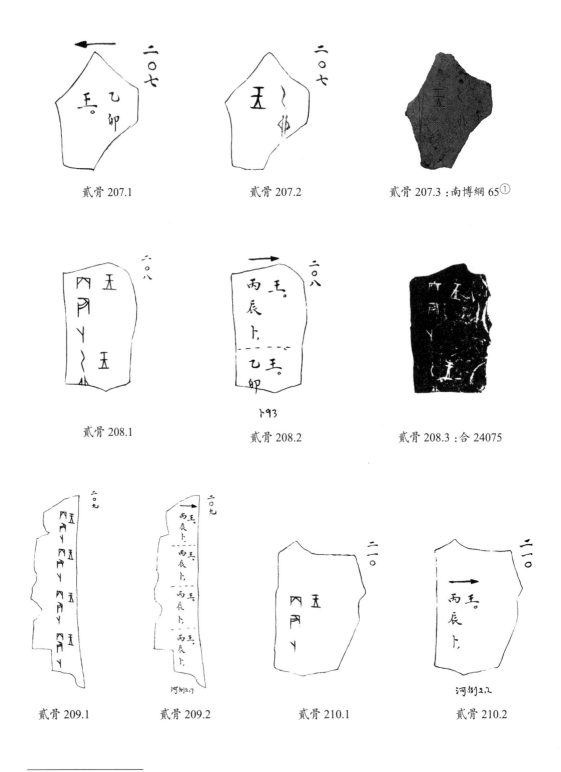

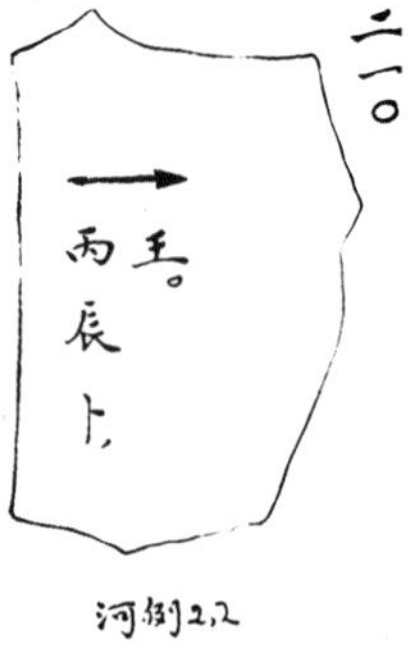

貳骨 210.2

---

① 貳骨二〇七：《合集》《合補》未收，現藏於南博，實物照片見南博網 65，實爲龜甲。

貳骨 211.1

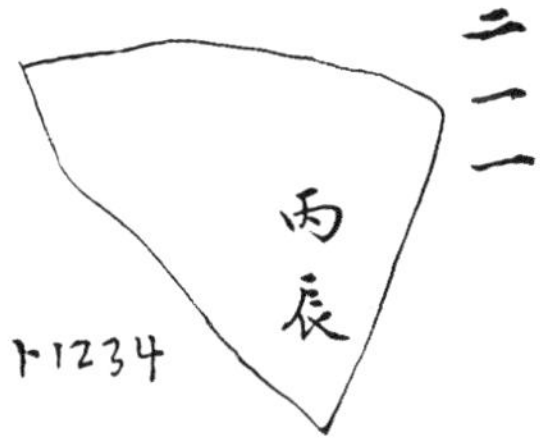

貳骨 211.2

貳骨 212.1

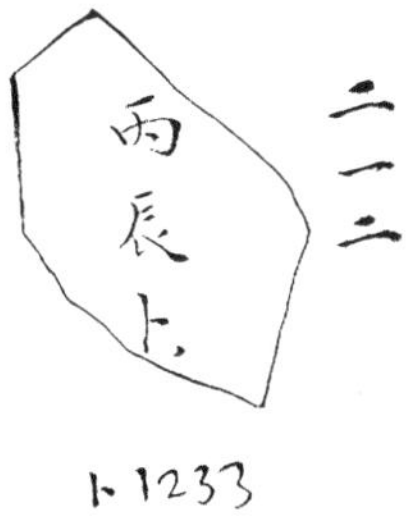

貳骨 212.2

貳骨 212.3：南博網 70①

貳骨 213.1

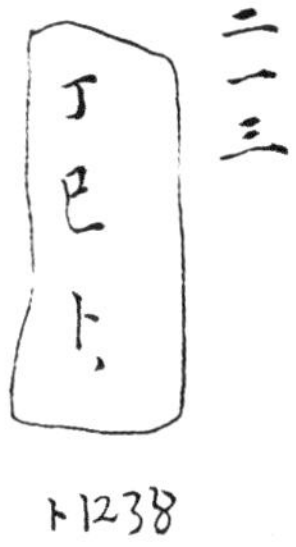

貳骨 213.2

貳骨 213.3：南博網 74②

貳骨 214.1

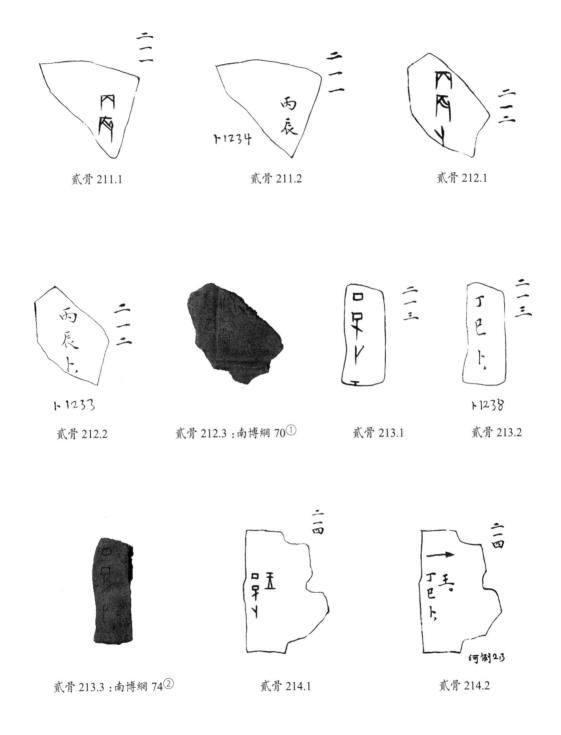

貳骨 214.2

---

① 貳骨二一二：《合集》《合補》未收，現藏於南博，實物照片見南博網 70，實爲龜甲。

② 貳骨二一三：《合集》《合補》未收，現藏於南博，實物照片見南博網 74，實爲龜甲。

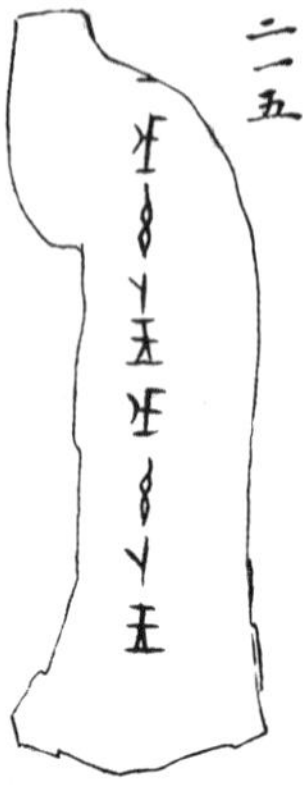

貳骨 215.1

貳骨 215.2

貳骨 215.3：合 24083

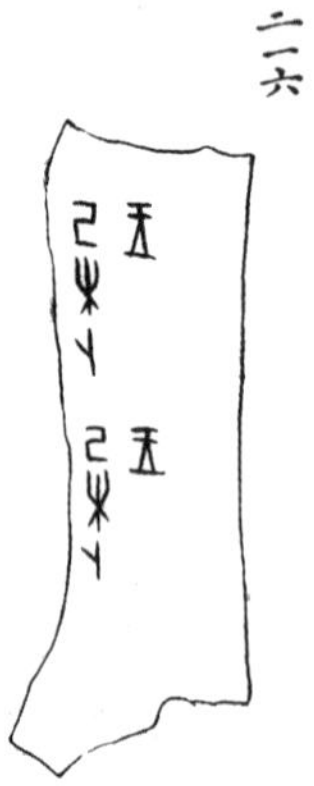

貳骨 216.1

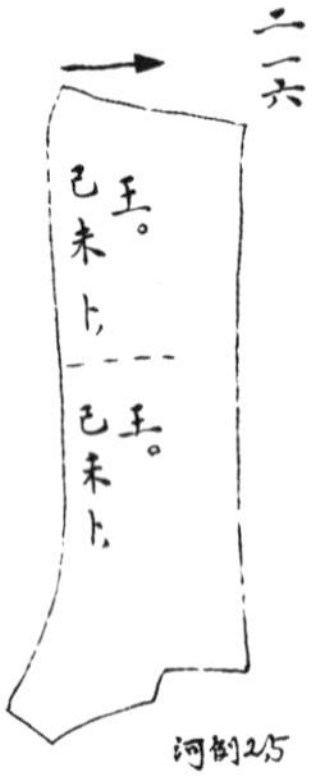

貳骨 216.2

貳骨 217.1

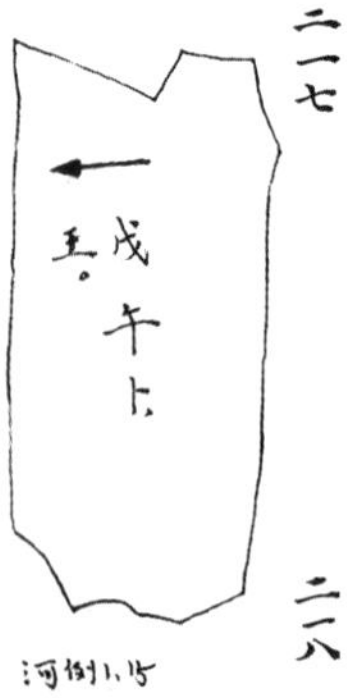

貳骨 217.2

貳骨 218.1

貳骨 218.2

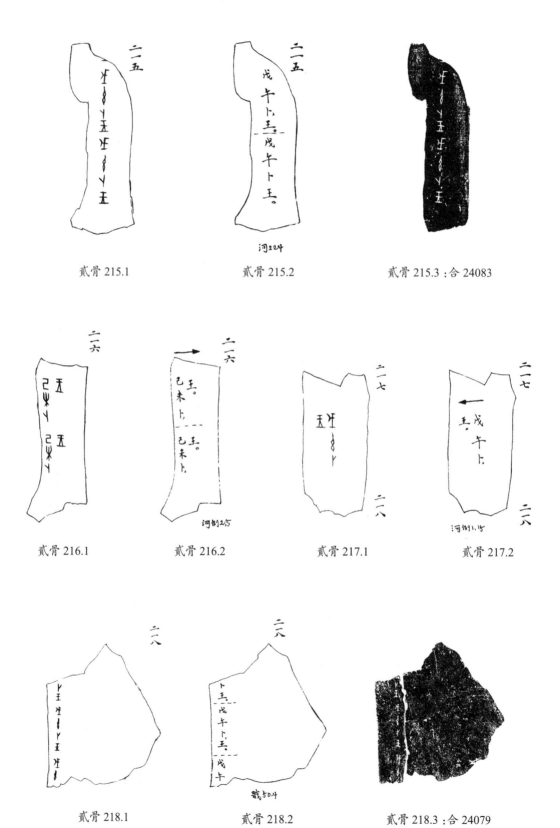

貳骨 218.3：合 24079

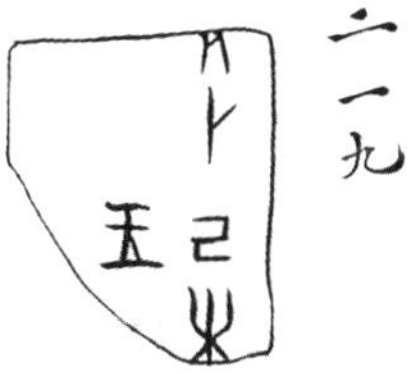

貳骨 219.1

貳骨 219.2

貳骨 219.3：南博網 81①

貳骨 220.1

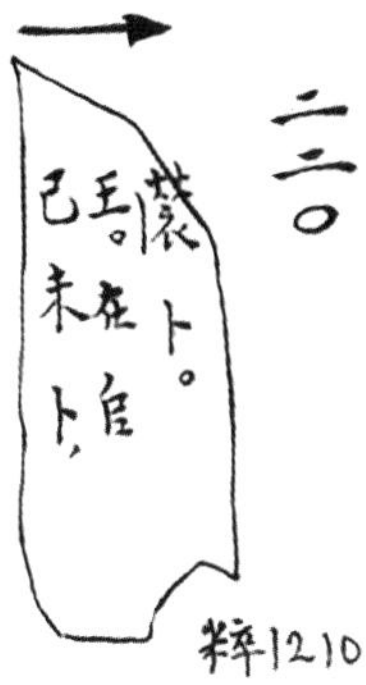

貳骨 220.2

貳骨 220.3：合 24298

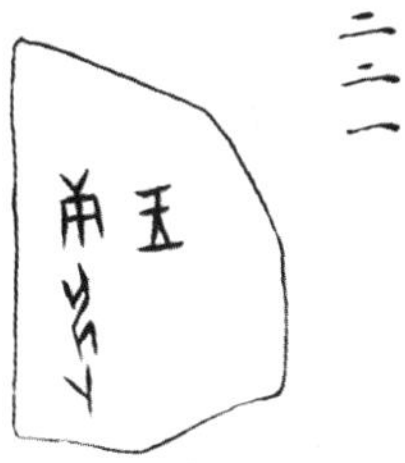

貳骨 221.1

貳骨 221.2

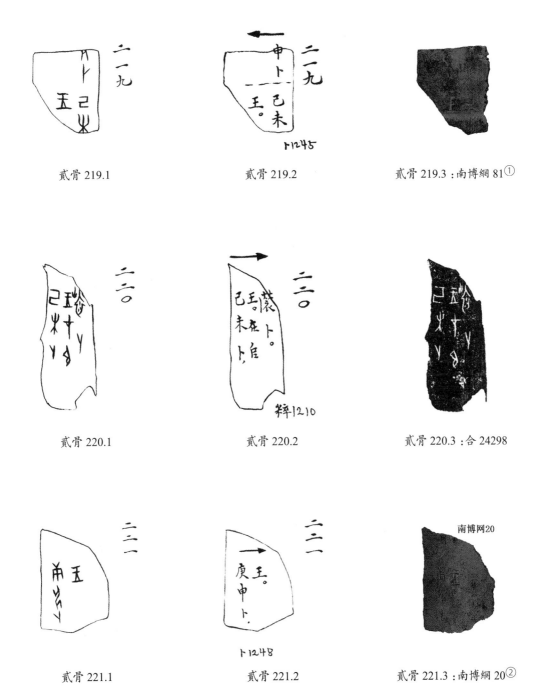

貳骨 221.3：南博網 20②

---

① 貳骨二一九：《合集》《合補》未收，現藏於南博，實物照片見南博網 81，實爲龜甲。

② 貳骨二二一：《合集》《合補》未收，現藏於南博，實物照片見南博網 20，實爲龜甲。

貳骨 222.1

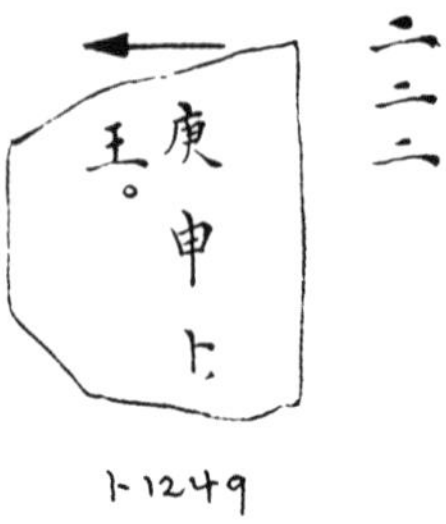

貳骨 222.2

貳骨 222.3：南博網 21①

貳骨 223.1

貳骨 223.2

貳骨 223.3：南博網 19②

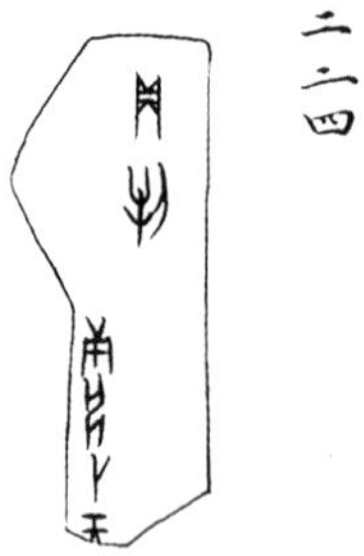

貳骨 224.1

貳骨 224.2

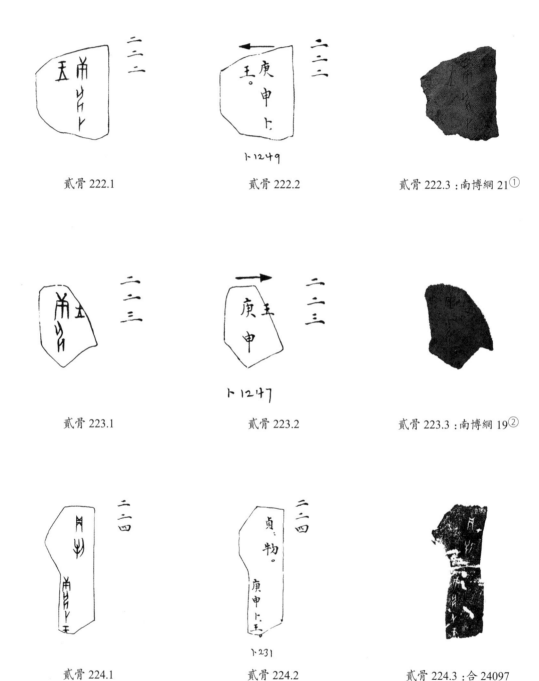

貳骨 224.3：合 24097

① 貳骨二二二：《合集》《合補》未收，現藏於南博，實物照片見南博網 21，實爲龜甲。

② 貳骨二二三：《合集》《合補》未收，現藏於南博，實物照片見南博網 19，實爲龜甲。

貳骨 225.1

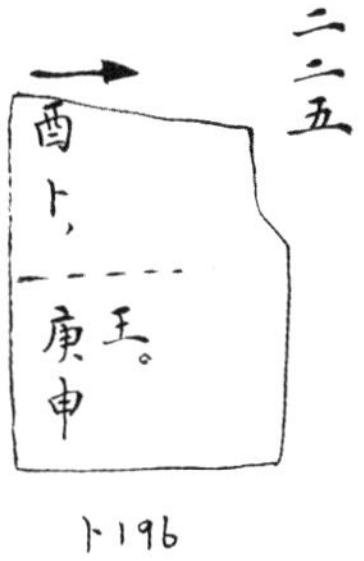

貳骨 225.2

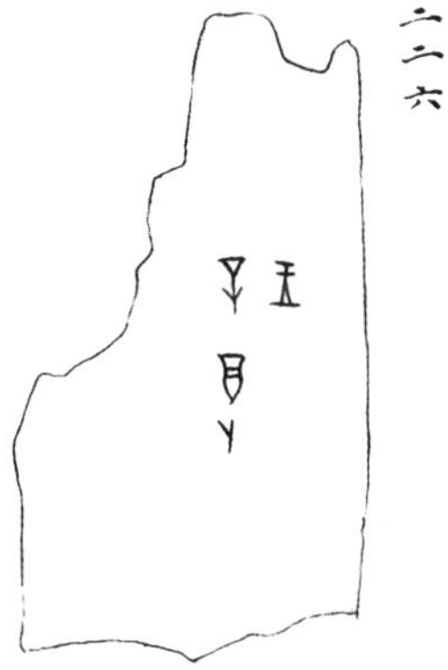
貳骨 226.1

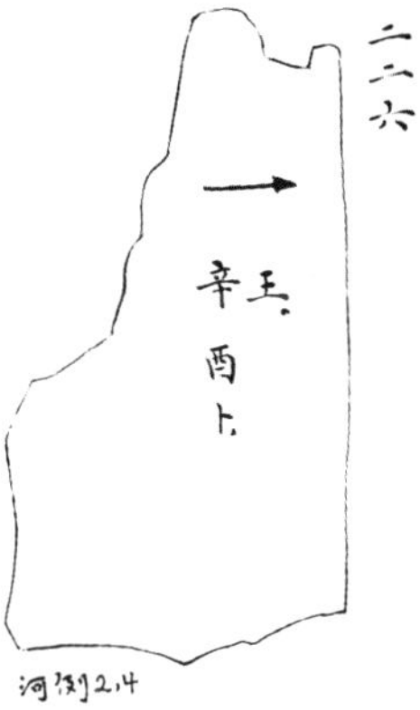
貳骨 226.2

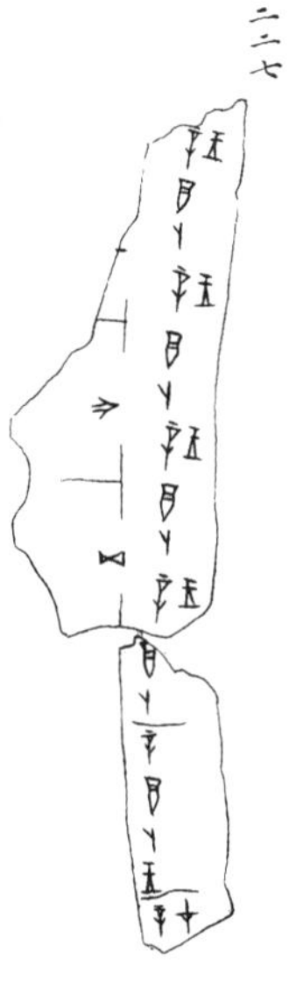
貳骨 227.1

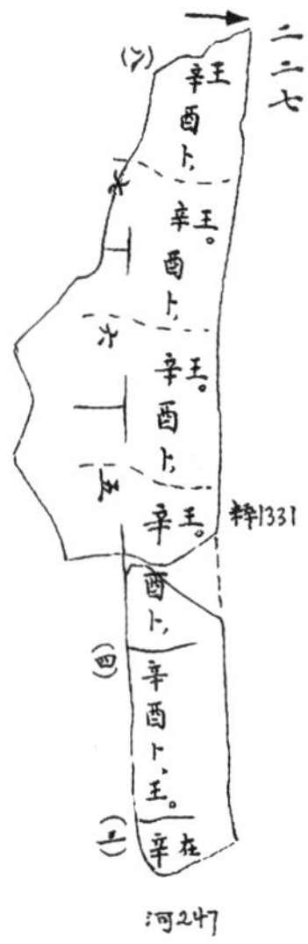

貳骨 227.2

貳骨 227.3 :合 24098

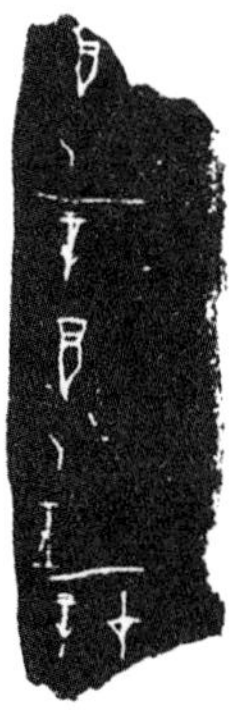
貳骨 227.4 :合 24100

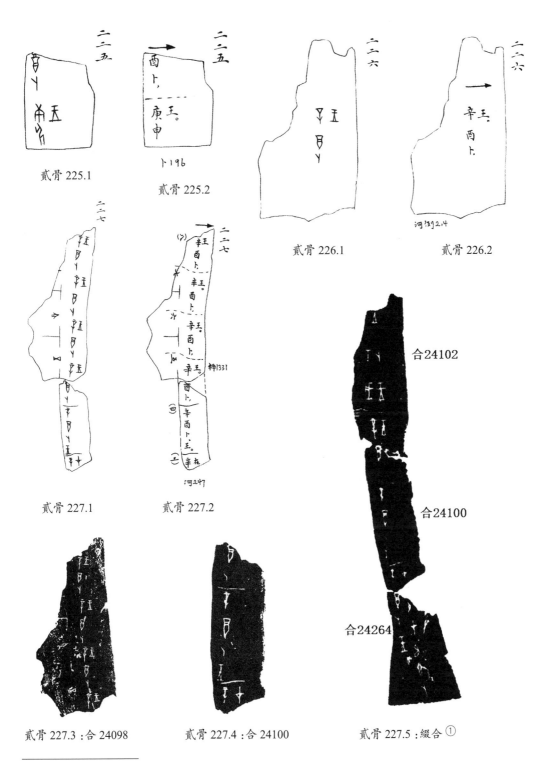

貳骨 227.5 :綴合 ①

① 貳骨二二七(下):即合 24100,現藏於臺歷博。綴合組爲合 24102+ 合 24100+ 合 24264,見王紅:《出組卜王卜辭綴合八例》,《故宫博物院院刊》2013 年第 3 期;又見《拼三》第 759 則。綴合與董作賓的拼綴不一致。

貳骨 228.1

貳骨 228.2

貳骨 228.3：合 24108

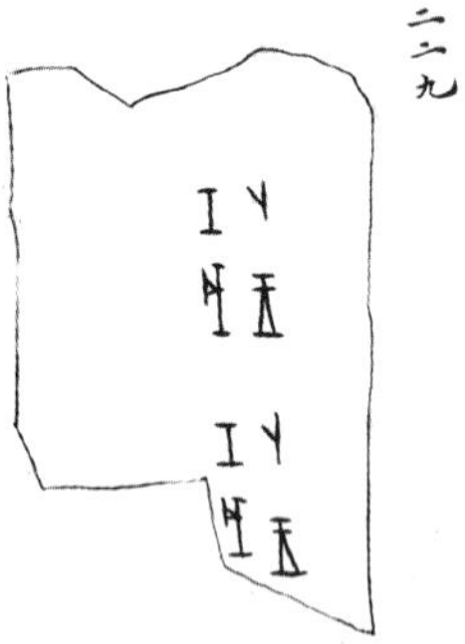

貳骨 229.1

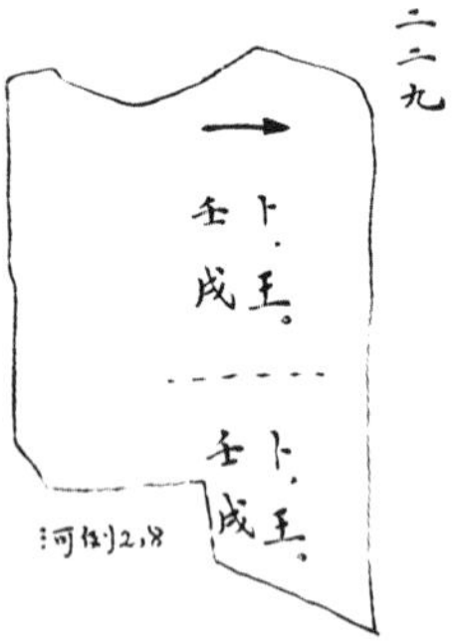

貳骨 229.2

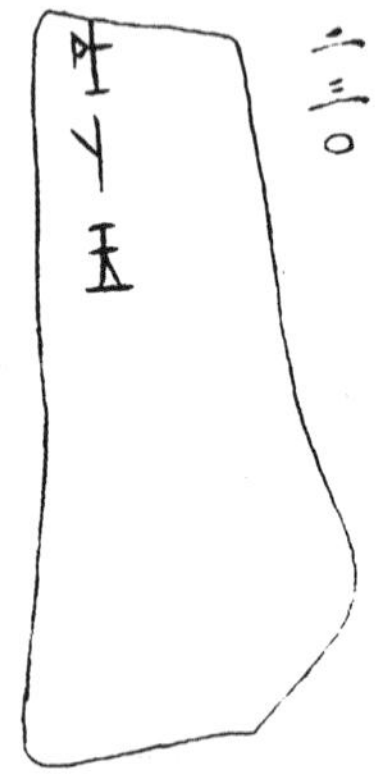

貳骨 230.1

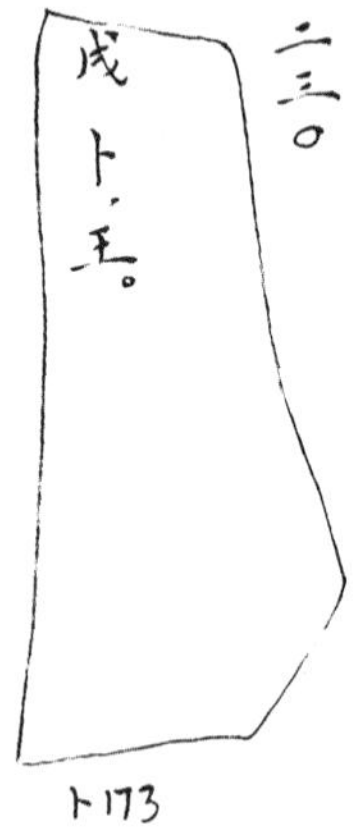

貳骨 230.2

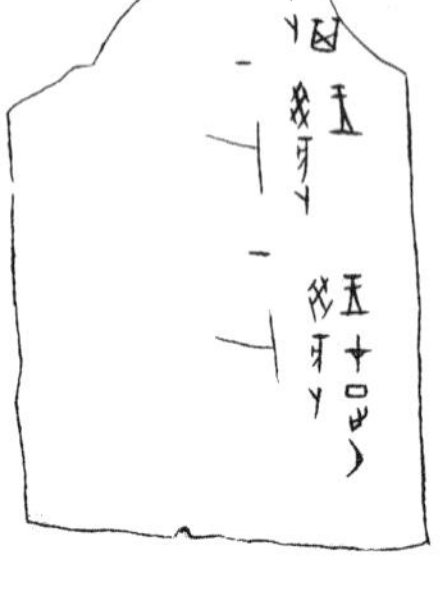

貳骨 231.1

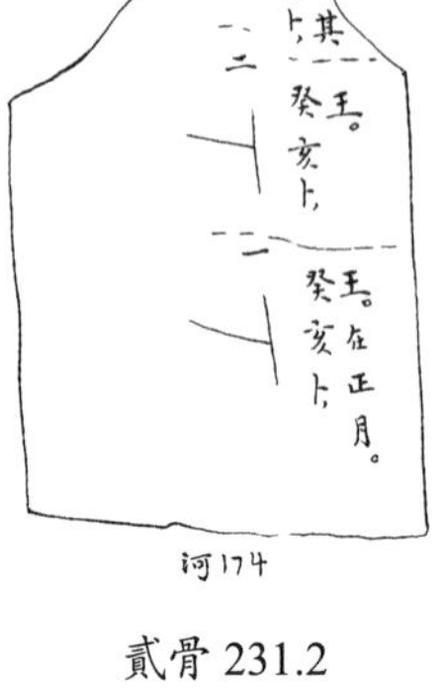

貳骨 231.2

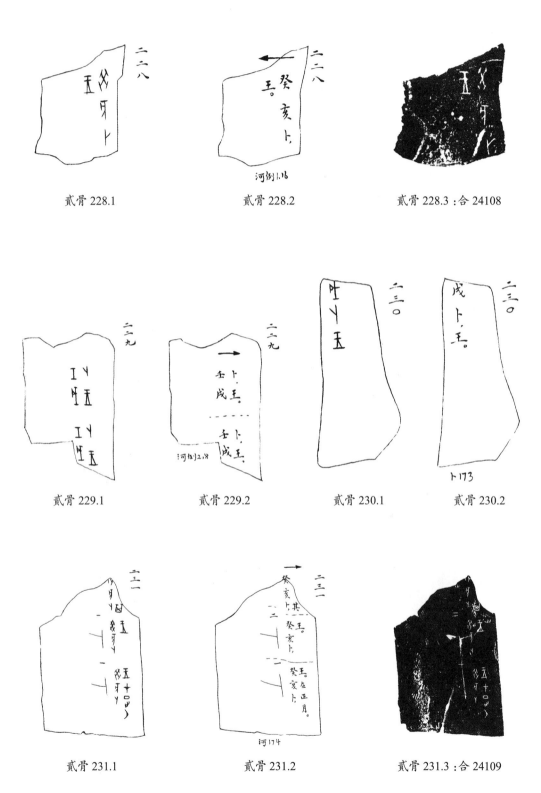

貳骨 231.3：合 24109

貳甲二九一一〇三　　貳骨二一一二三一（考釋）

右（上）甲骨所輯爲“卜王”之辭，尚未完備。計龜腹甲七四號，牛胛骨二一一號。

“卜王”辭甚簡單，向不爲著録者所注意。開封許敬參君曾作《契文卜王釋例》一文，發表一部分於《河南博物館館刊》第四、五集①。今理出已摹寫者，略加分别，論述如次。

一、“卜王”乃王所親貞，而省略貞辭者。

“卜”與“貞”，在卜辭中顯然爲二事，“卜”乃太卜爲之，灼龜骨以見兆，視兆以定凶吉，是也。“貞”乃問事，所貞問之事每記于貞字之下者，是也。每卜必有人，多不記其名。貞字上所記之人，乃貞問其事者，余所稱“貞人”者也。“貞人”，非必有其職掌。自時王以下，方國君侯、史官、小臣，凡參與卜事而問及某事者，其名列于卜之下，貞之上者，皆可謂之貞人。普通卜辭，卜貞二字並用，第二期以下或省卜字。第三期有但用“卜”而省“貞”者，第四期有但用“貞”而省“卜”者，皆特殊之例也。卜人貞人皆記名者，僅第二期祖甲時一見。其辭曰：

> 丙寅卜，[illegible]貞：“卜冉曰：‘其㞢于丁，宰’。王曰：‘从壽（禱）。’翌丁卯，[illegible]若。”八月。河五一九（《甲骨文録》收入）②

[illegible]乃貞人，冉乃卜人，王（祖甲）亦參與其間。是蓋丙寅卜後，太卜冉，王祖甲，次第發言，[illegible]乃並記于貞辭，[illegible]固執筆書契之史也。

“卜王”乃“某日卜，王貞：某事如何云云”，而省去貞字及所貞之事者。此可借用第三期貞人[illegible]③所記之一版證之。影釋於下：

① 許敬參：《契文卜王釋例》，《河南博物館館刊》，1936 年第 4 期；《契文卜王釋例（續）》，《河南博物館館刊》1936 年第 5 期。

② 河五一九，即合 26975（下）。

③ [illegible]：此字今釋作“何”。

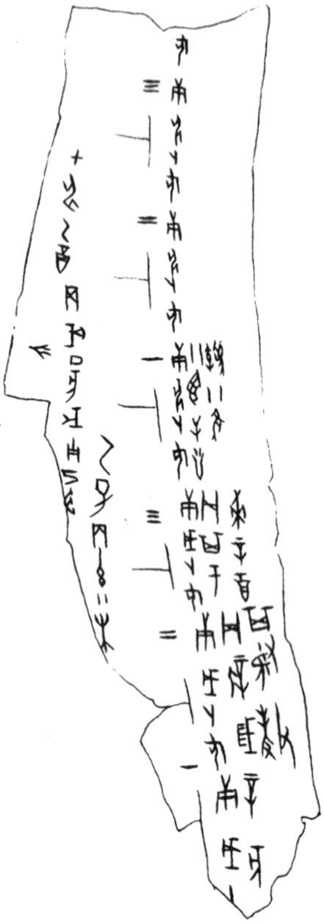

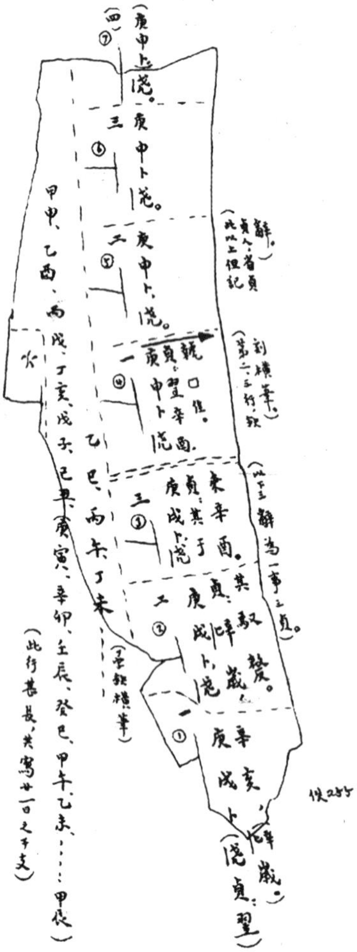

合26975

細審右(上)片文辭,於例至爲明晰。①至③爲卜祭妣辛之事,貞人,[illegible]也。凡三卜。④至⑦爲卜另一事,貞人亦[illegible]也。凡四卜。此四卜,除第一卜外,皆省略貞字及貞問之事,與“卜王”例同。故“庚申卜,[illegible]”者,“庚申卜,[illegible]貞:云云”而省去貞以下之記述辭者也。猶貳甲八四,貳骨二二一——二二五之但記“庚申卜,王”而不記王所貞問之事也。

“卜王”之版,亦有記貞辭者厠其間,如貳骨二六是。此版殘存左邊一行五段卜辭。①②乃甲寅日卜。③至⑤乃乙卯日卜。乙卯三卜,皆先書“乙卯卜,王”四字,細審可辨。蓋三卜皆王所親臨貞問,所問何事,初未宣布,史乃依慣例書之。書“乙卯卜王”者,乙卯日王命太卜卜之(如爲王所自卜,則當似五期“王卜貞”之例而書爲“乙卯王卜”。貳骨三五書“伊卜”可證。)。王自問事而未知所問何事,王不告,史不書耳。三卜既畢,書“卜王”畢,王謂史曰:“今日第二卜,余所問者,擬于明日丙辰,自隻敀行也。”史唯唯,乃秉筆書于“乙卯卜王”第二卜之下曰:“曰貞:翌丙辰,王(有此王字,已爲史官語氣矣。知爲史官轉述王所貞也。)其步,自隻。”王更謂史曰:“余欲再留此間一日,擬後日丁巳行,故有三卜之貞。”史又振筆書于“乙卯卜王”第三卜之下曰:“曰貞:于丁巳步。”至于第一卜所貞何事?王不言,史不敢問,無由書也。此一段王史對話,恍如目覩,非同演義,依理推之,當如是耳。

王何以不以親貞之事,事事命史書之?不外:一、不甚信任卜事;二、愛惜人力物力。二期卜辭,不貞疾病,雜事,僅于祭祀祖妣,恭謹爲之。“卜王”之辭,王既不明言貞事,則可任情反復徵驗,以窺卜事之隱,故“卜王”一日有至二十次者,考驗有得,衹自知之,不肯道破也。至於例行卜夕、卜旬、卜行止、風雨,則命史循例舉行,奉祖宗之成法也。此其一。由二六版有記貞辭者,所貞亦例行事,而不告史命書者必有之。此則愛惜人力與物力,不似第一期之事事張大其辭也。此其二。以此期其他卜辭證之,則祖甲固一英睿仁厚之賢王也。二期卜辭之不甚繁縟者,亦以此。

二、“卜王”皆祖甲時辭之證。

斷定“卜王”屬於第二期祖甲時,余久已有此意見,未嘗寫出而已。最惹人注意者,爲王字作[illegible],月名上有“在”字。而重要之標準,則仍爲同版之“稱謂”與“貞人”。據本册已收之辭:

稱謂:兄庚(即祖甲之兄祖庚)與“丁酉卜王”同版,己亥卜,後丁酉二日。貳骨一四五

母辛(即武丁配妣辛,祖甲之母。)與“壬寅卜王”同版,同日卜。貳骨一六四

貞人:旅。與“壬午卜王”同版。貳甲五七

行。卜雨。與“癸未卜王”同版,同日卜。貳骨二三

行。卜祭。與“丙寅卜王”同版,同日卜。貳骨三九

行。卜祭兄庚。與“丁酉卜王”同版,己亥卜。見第一例

尹。卜祭。與“甲戌卜王”一版貳骨六八同地(在自澅)同月(在五月)卜。丙子卜,後甲戌二日。貳骨六九

即此已足證明“卜王”之辭皆在祖甲時矣。除此之外,無可爲“非祖甲時”之反證卜辭也。

三、“卜王”各例。

1. 次數之多少。

“卜王”之辭,殘缺者多,接對尚需功夫。今就可知者言之。大抵每日卜二次以上,多則十次爲止,同日已卜十次,再卜則仍從一起。(卜兆計數)

次數	甲骨片號	干支卜	備註
二次者	骨二六	甲寅二卜	
三次者	骨一一七	辛卯三卜	上有殘缺,恐不止三次。
五次者	骨五八	丁卯五卜	此確爲五次,其上乃辛未卜。
	骨七八	戊寅五卜	
	骨一〇八	戊子五卜	上有殘缺。
	骨一二七	癸巳五卜	上有殘缺。
六次者	甲三八	辛(丑)五卜	上爲壬寅。以例推之,多則六或八次。
	骨一二八	甲午六卜	上有殘缺。
	骨一三二	甲午六卜	上有殘缺。
	骨一九六	庚戌六卜	上有殘缺。
八次者	甲三六	辛卯八卜	參釋文。
	骨二一	庚午八卜	右有殘缺,如釋文,或十次。
	骨二四	戊子八卜	左有殘缺。
	骨二五	癸巳八卜	
	骨二二七	辛酉八卜	上有殘缺。

續表

次數	甲骨片號	干支卜	備註
十次者	甲三二	壬辰十卜	參釋文。
	骨二二	己卯十卜	有數字,最準確。
	骨七九	戊寅十卜	有數字。
	骨二七	辛卯十卜	缺左行第十辭。
	骨二三	癸未十卜	無數字。
十次以上者	甲二九	丁丑	依部位推之,中部凡丁丑可容二十次,上部殘餘七,九卜兆記數字,知凡十辭者兩組。參看釋文。
	甲三一	壬寅	下十次有記數字,上又有同日卜辭。
	甲三五	壬寅	
	甲三七	甲申	
	甲七五	己酉	此版爲重要之證,證明同版有兩組十次卜辭,卜兆記數滿十數,仍由一起。參看釋文。
	骨七九	戊寅	由上而下,已足十次,另由一起,如上例。

由上諸例,可見"卜王"之辭,在一日之内,有卜二次者,卜五次者,多則有十次者,十次以上,則卜兆記數仍由一起,故可能至二十次,無一定之標準也。

2. 日之距離。

前後兩次"卜王"辭,日之距離,以相接連者爲多,知在祖甲時,王親貞而不記貞辭者爲平常事。亦有兩辭相距二日、三日、四、五日者,十日者,十八日者。例如下:

兩次"卜王"之日干相連者	辛卯–壬辰(甲三六)	辛丑–壬寅(甲三八)	丁亥–戊子(甲三九)	己巳–庚午(甲三三)
	丙寅–丁卯(骨四二)	己巳–(庚)午(骨五二)	癸未–甲申(骨九四)	己丑–庚寅(骨一一一)
	甲午–乙未(骨一三四)	己亥–庚子(骨一五六)	壬寅–癸卯(骨一六八)	癸卯–甲辰(骨一七五)
	壬子–癸丑(骨二〇〇)	甲寅–乙卯(骨二〇五)	己未–庚申(骨二一九)	乙卯–丙辰(骨二〇八)
	己酉–(庚)戌(骨一九四)			
相距二日者	甲申–丙戌(骨九四)	丁酉–己亥(骨一四五)		
相距三日者	丁丑–庚辰(甲三四)			
相距四日者	乙丑–己巳(骨三五)	丁卯–辛未(骨五八)	乙亥–己卯(骨八二)	

續表

相距五日者	己未－甲子(骨三一)			
相距十日者	戊辰－戊寅(骨四三)			
相距十八日者	丙寅－甲申(骨九五)			

此距日之可考者也。

3. 計時者。

"卜王"之辭,每於第一卜下記此日在幾月,亦有記月在二、三卜以上者。例如:

戊戌卜王。在二月。骨一四七

癸未卜王。在四月。骨二三

(戊)申卜(王)。在四月。骨一九一

壬寅卜王。在十二月。骨一六二

甲子卜王。在十一月。骨二九

丙寅(卜王)。在十一月。骨四〇

此類記月之辭,將來輯録多時,可據以求其年代也。

4. 記地者。

記地,亦每於第一卜下書之,此可證"卜王"之辭,多爲祖甲在外時所作。故曰:"在自□卜"也。自即五期之"𠂤朿",師所止之地也。"卜王"辭所記地名甚多,據其月日之聯貫,爲研究殷代地理之重要材料。今就已收者舉之。

在自[氵壴]卜:五月甲戌(骨六八)、戊子(骨一〇八)

在自裘卜:己未(骨二二〇)、乙丑(骨三六)、己卯(骨二二)

在夾卜:丙子、丁丑(甲二九)、辛巳(甲五八)、戊寅(骨七七)

在[凵止]卜:庚午(骨二一)

(在自)賓卜:壬寅(骨一六六)

所記地名及在其地之月日,皆待整理研究,而後知其關係者也。

5. 記吉者。

卜遇吉兆,史每喜記于兆下,第三期爲較多。此記于卜王辭下。如:

辛未(骨五七)、丙申(骨一四一)、癸卯(骨一六九②③⑤)、甲辰(骨一七八)

皆于“卜王”字下,注一“吉”字,是其兆吉也。惜卜兆已不可見,無由知其作何形狀耳。

6. 夾雜他事卜貞之辭者。

龜甲有全版純粹爲“卜王”之辭者,亦有書契其他卜貞事項于其間者。賴有此,乃能由稱謂貞人以定其時代耳。本册已收之辭有:

甲骨片號	卜辭	備註
貳骨三一	①己未卜,□貞:小王歲宰。②甲子卜王。	此於己未後五日有卜王辭也。
貳骨三九	①②③丙寅卜王。④丙寅卜,行(貞):歲𣪘。	此丙寅卜王之同日卜祭也。
貳骨二三	①至⑩癸未卜王。⑪癸未卜,行貞:今日至于翌甲申,不雨。一⑫貞:其雨。二	此癸未卜王,十卜之後,于同日卜雨也。
貳骨一四五	①②丁酉卜王。③己亥卜,行貞:翌庚子,其壴于兄庚。④(貞:)𡆥牛。	此丁酉卜王之後二日,卜祭兄庚也。
貳骨一六四	①壬寅卜,□貞:其又母辛,𡆥(宰)。②貞𡆥牛。六月。③貞叀彘。六月。④壬寅卜王。	此壬寅卜祭母辛之後,同日有卜王之辭也。

此類“卜王”與他辭同版者尚多,因未能一一接對,致殘辭失其聯繫。將來一番整理之後,必更有所發見也。

7. “卜王”之下,補記王之貞辭者。

此例如貳骨二六,已具詳前説。此版殘辭五段,由下而上,①②甲寅卜王。③④⑤乙卯卜王。④⑤皆已先書“乙卯卜王“四字,行式皆與③同,細審可辨。“曰貞云云”,皆補記也。並因補記字多,恐與下辭相混,皆作界劃以區分之。

四、由“卜王”辭,整理所得之甲骨文例。

甲骨文例,吾人當求其全。全龜全骨不易得,就其卜辭之有干支連繫者,推而求之,一斑之窺,如見全豹也。故卜夕、卜旬辭,於文例研究,最爲重要。“卜王”辭多爲同日卜,或前後二日所卜,有卜兆數字,於研究文例亦至便。今就本册所收之甲骨數版,其文例明晰者舉之。得公式二。

1. 凡龜腹甲,分爲四行五段,或四行七段。卜貞刻辭,皆先下段,後上段。自甲之中縫分,先右後左,先外後内。辭在中縫左者左行,兆右向;右者右行,兆左向。四隅刻辭反之。(甲二九—三九、七五)

2、凡牛胛骨，皆近邊兩行刻辭，每行可容八段。右胛骨，從左一行起，先下後上。右一行繼之，先上後下。兩行文皆左行。左胛骨反是。（右骨二一、二三、二六、二八。左骨二七、二四、二二）

此二期甲骨普遍之公例也。五期龜甲有用六行七段式，或八行九段式者，皆見序論文例圖。

叁甲

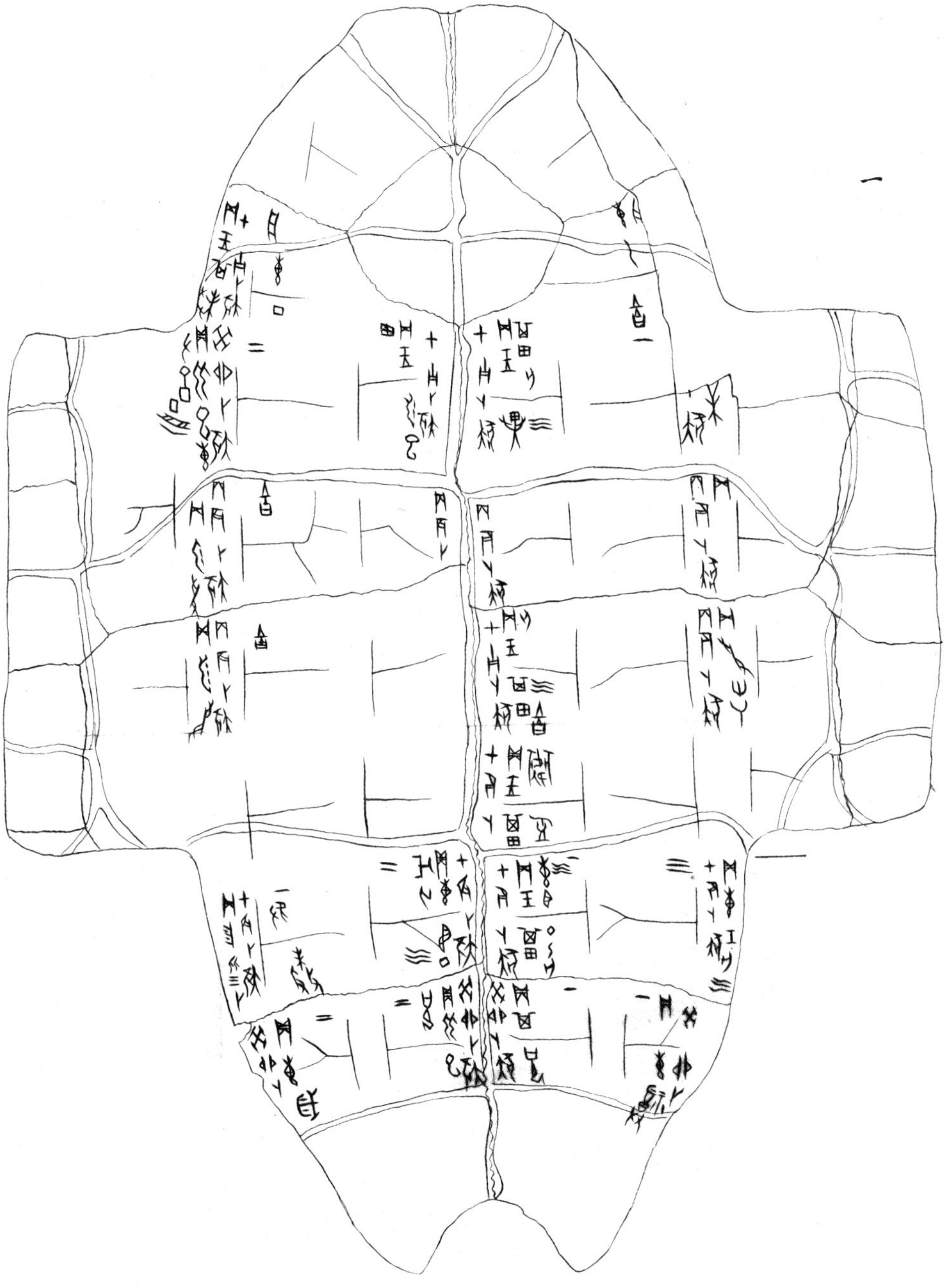

叁甲 1.1

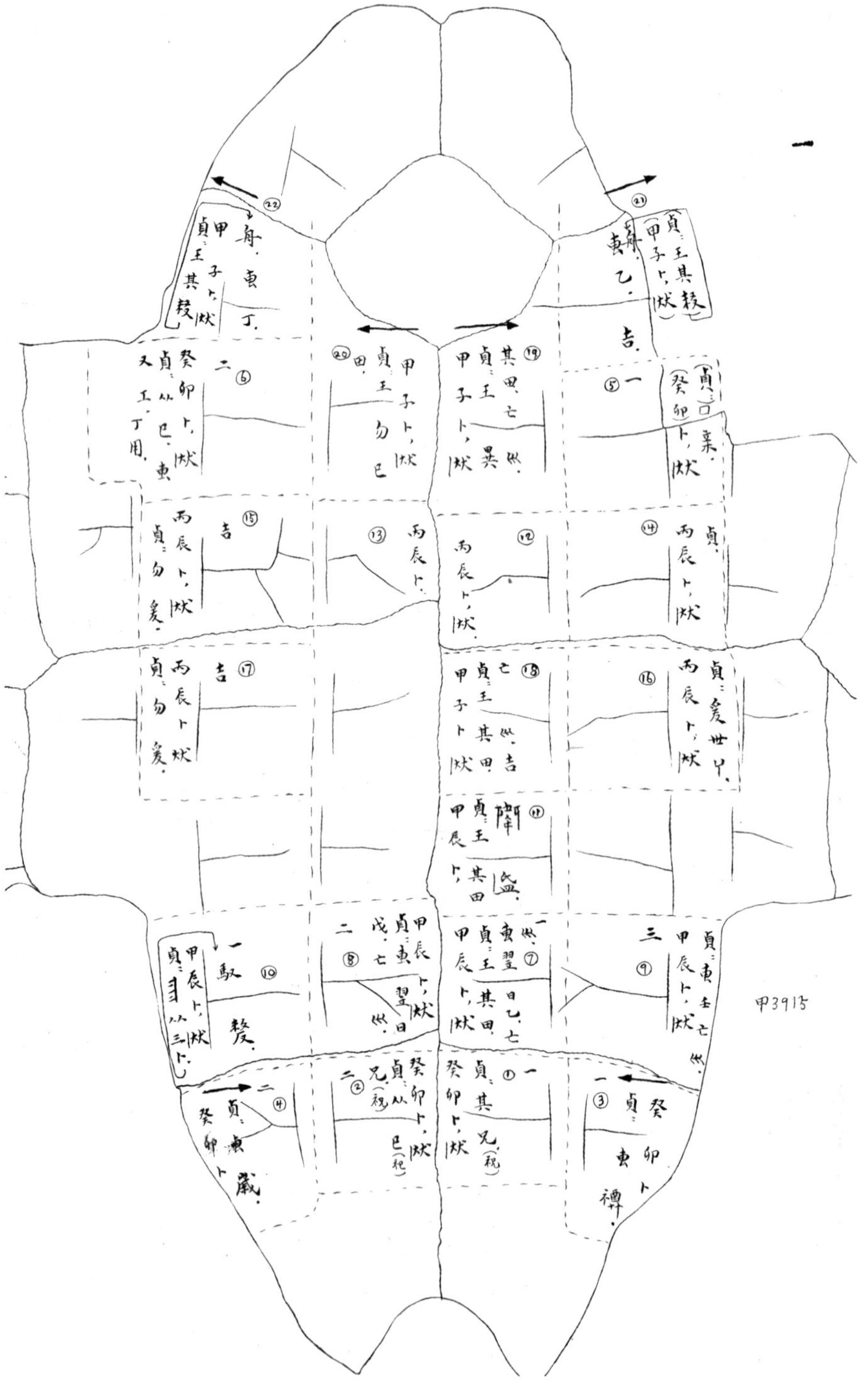

叁甲 1.2

合30757

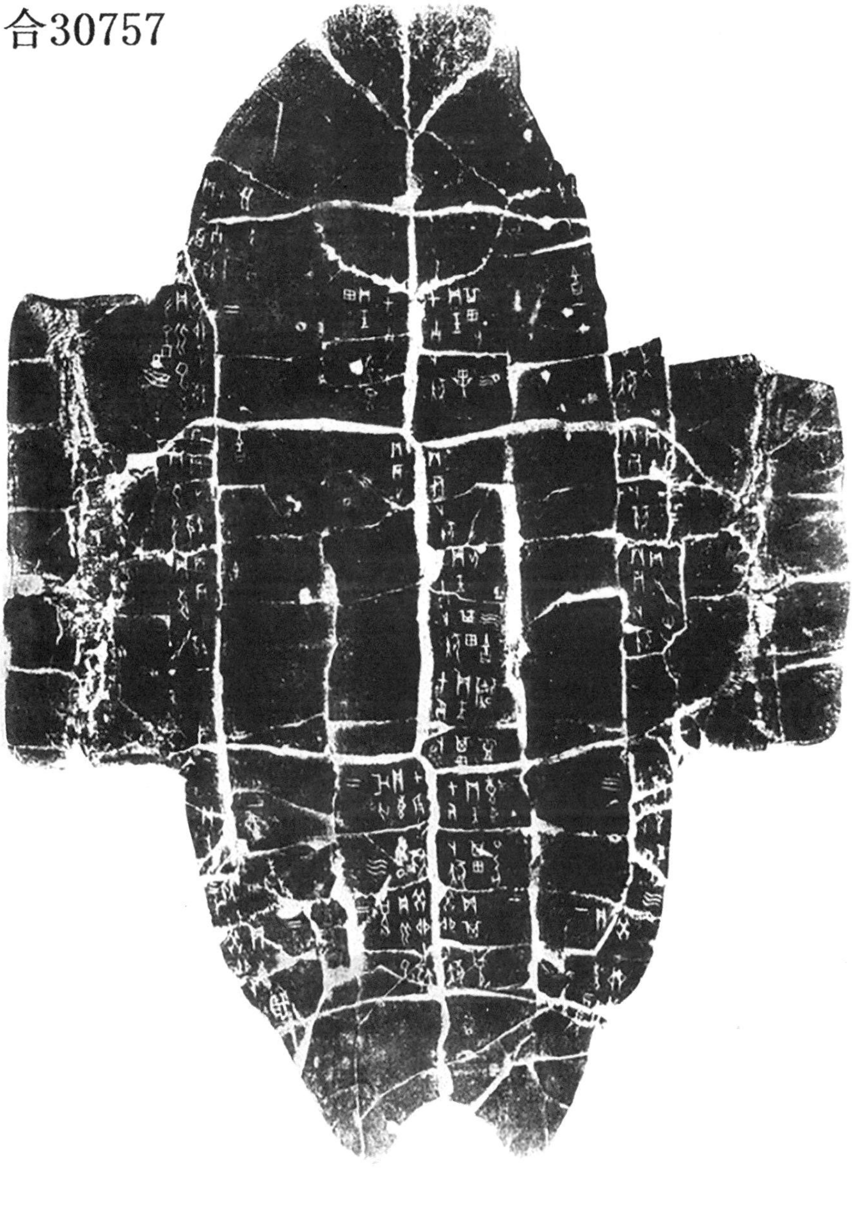

叁甲 1.3：合 30757

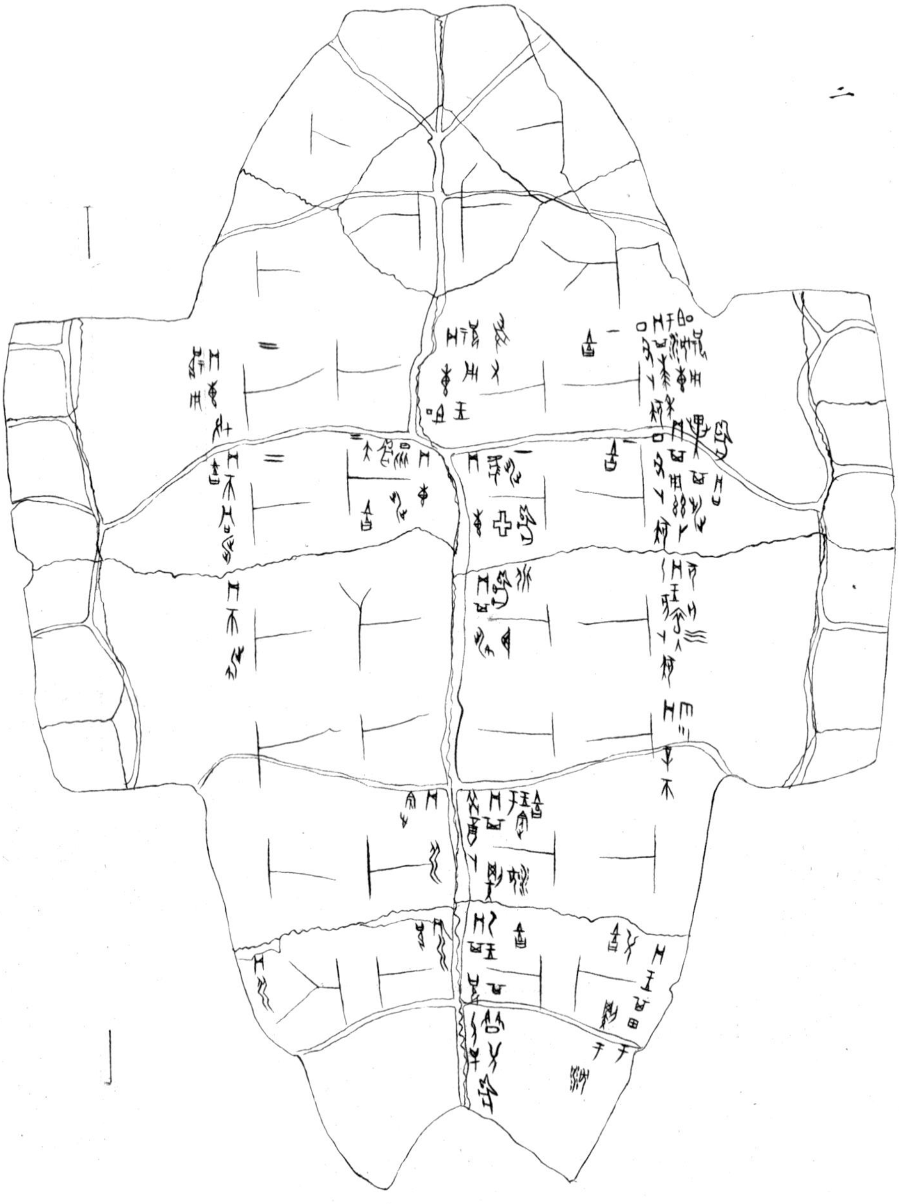

叁甲 2.1

二

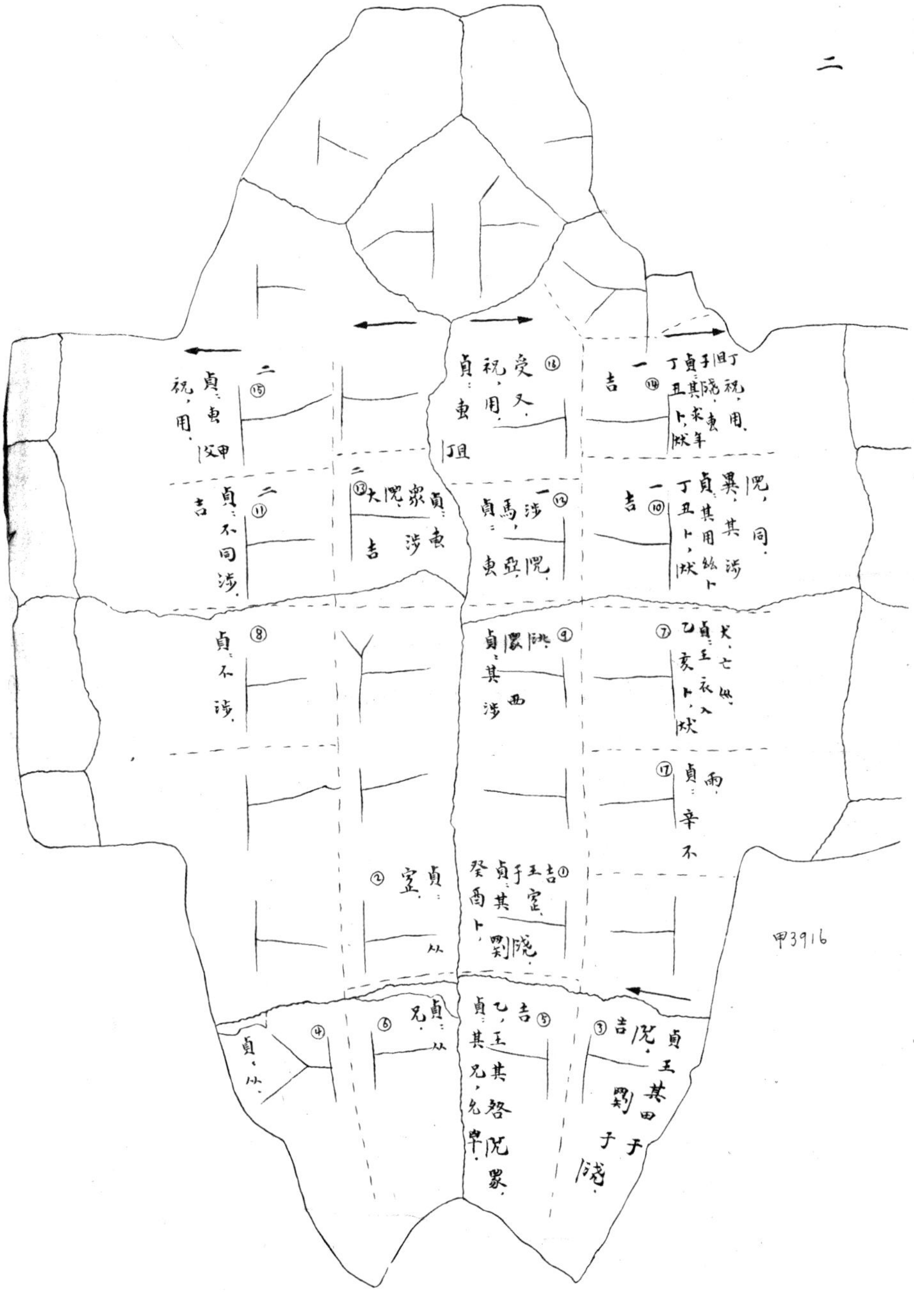

叁甲 2.2

合30439

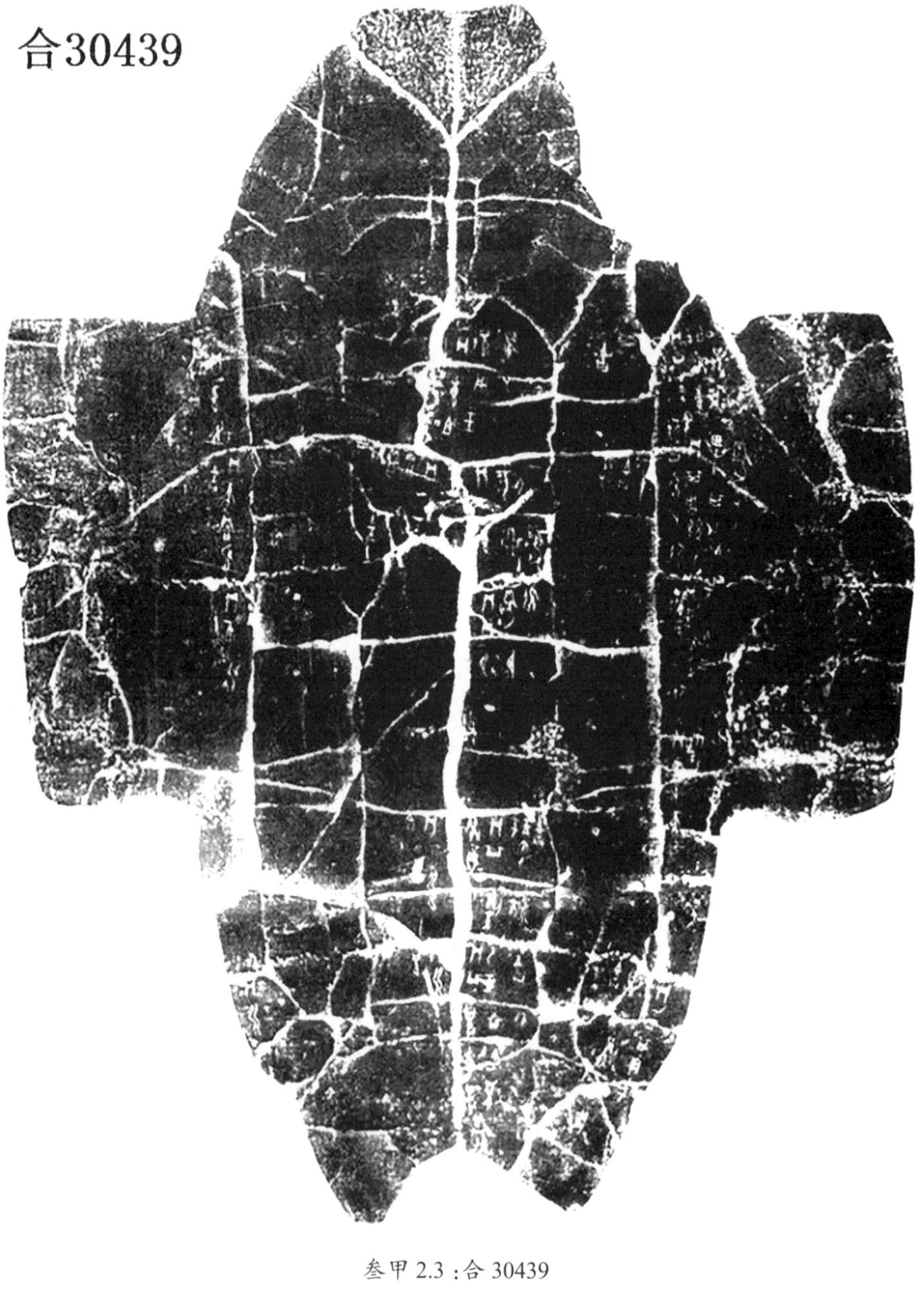

叁甲 2.3：合 30439

三

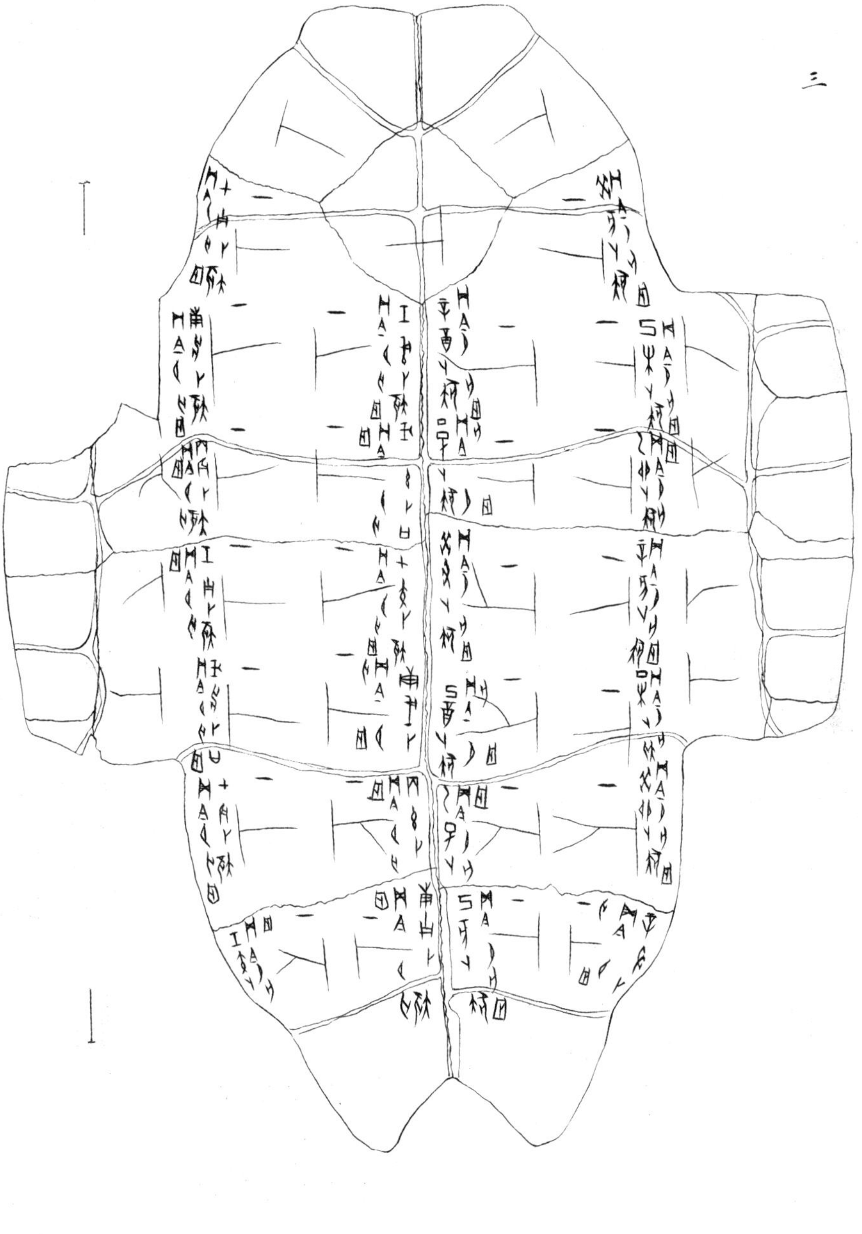

叁甲 3.1

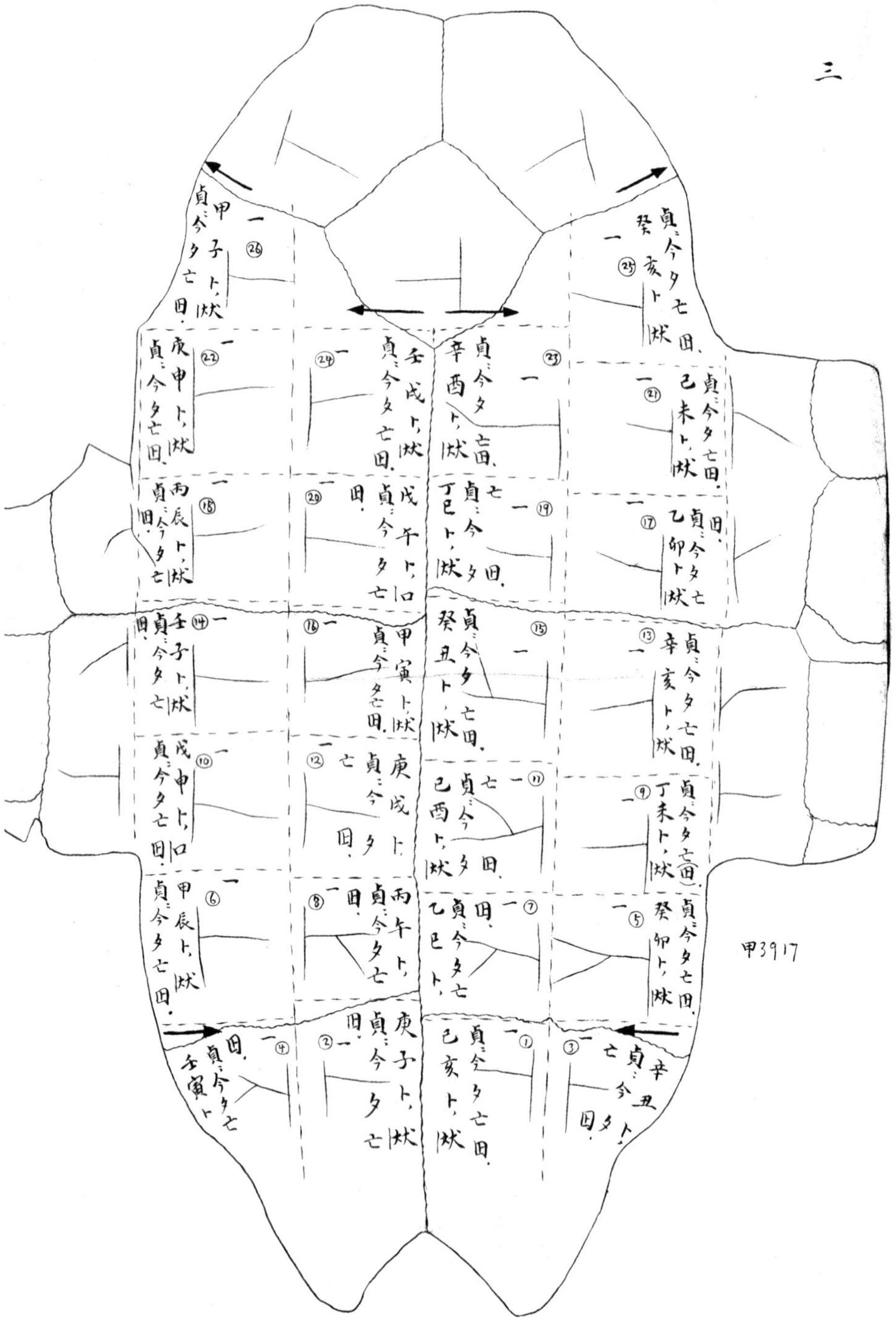

叁甲 3.2

合31549

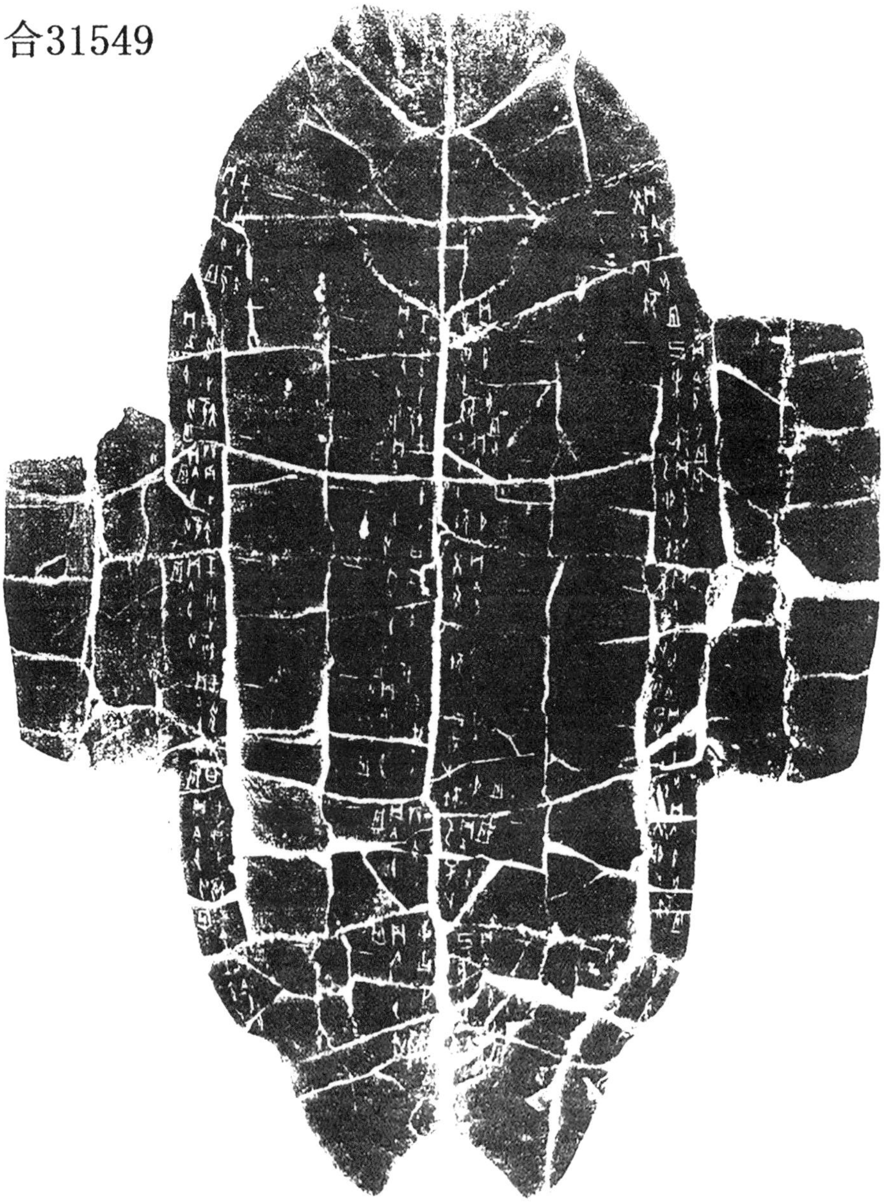

叁甲3.3：合31549

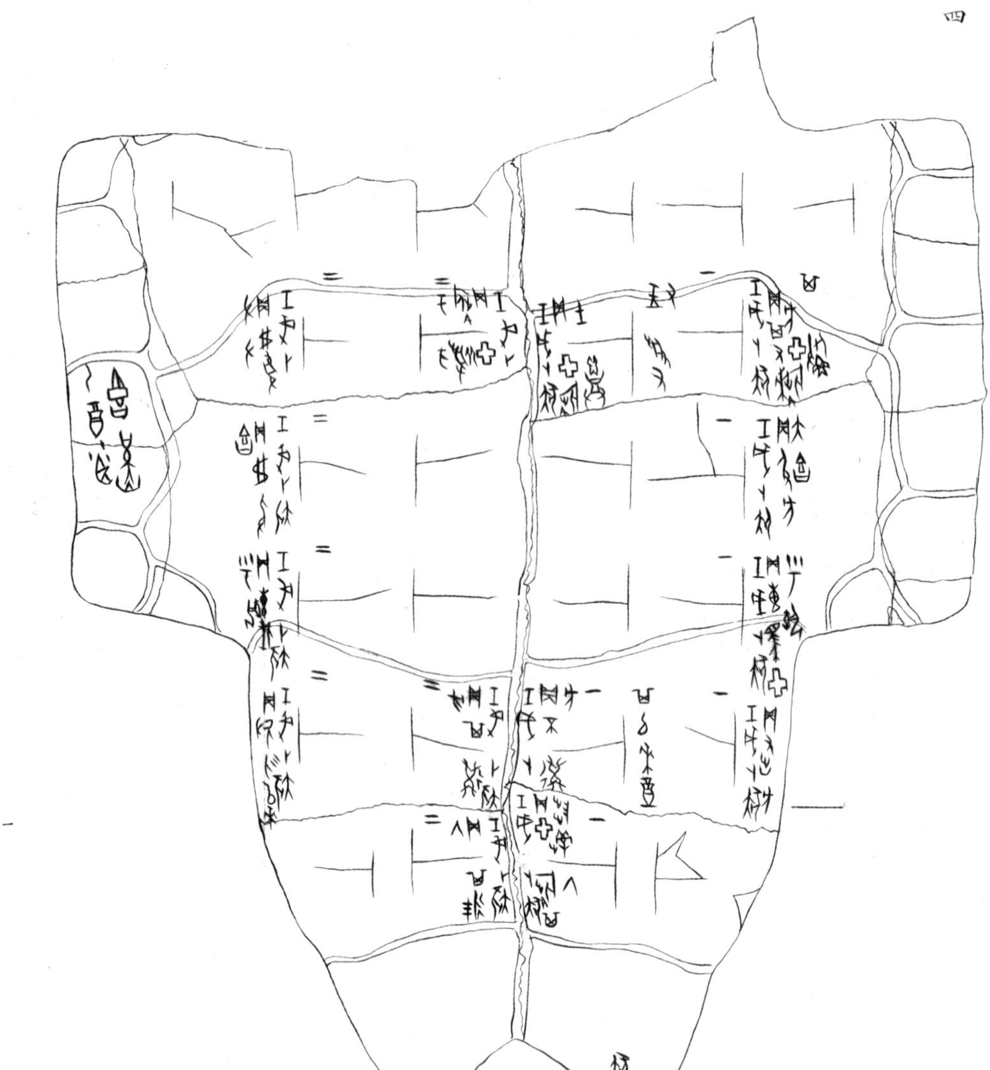

叁甲 4.1

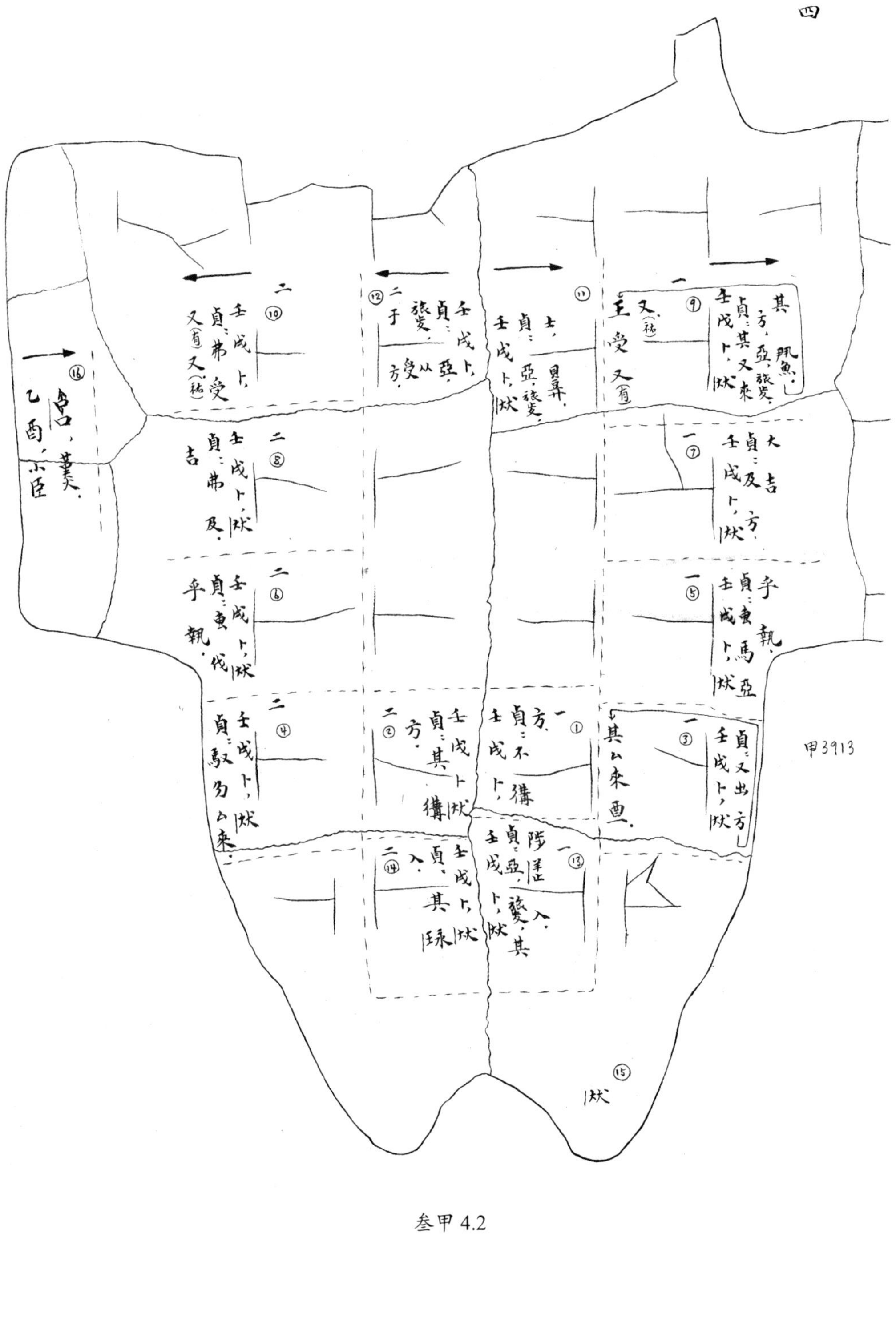

叁甲 4.2

合28011

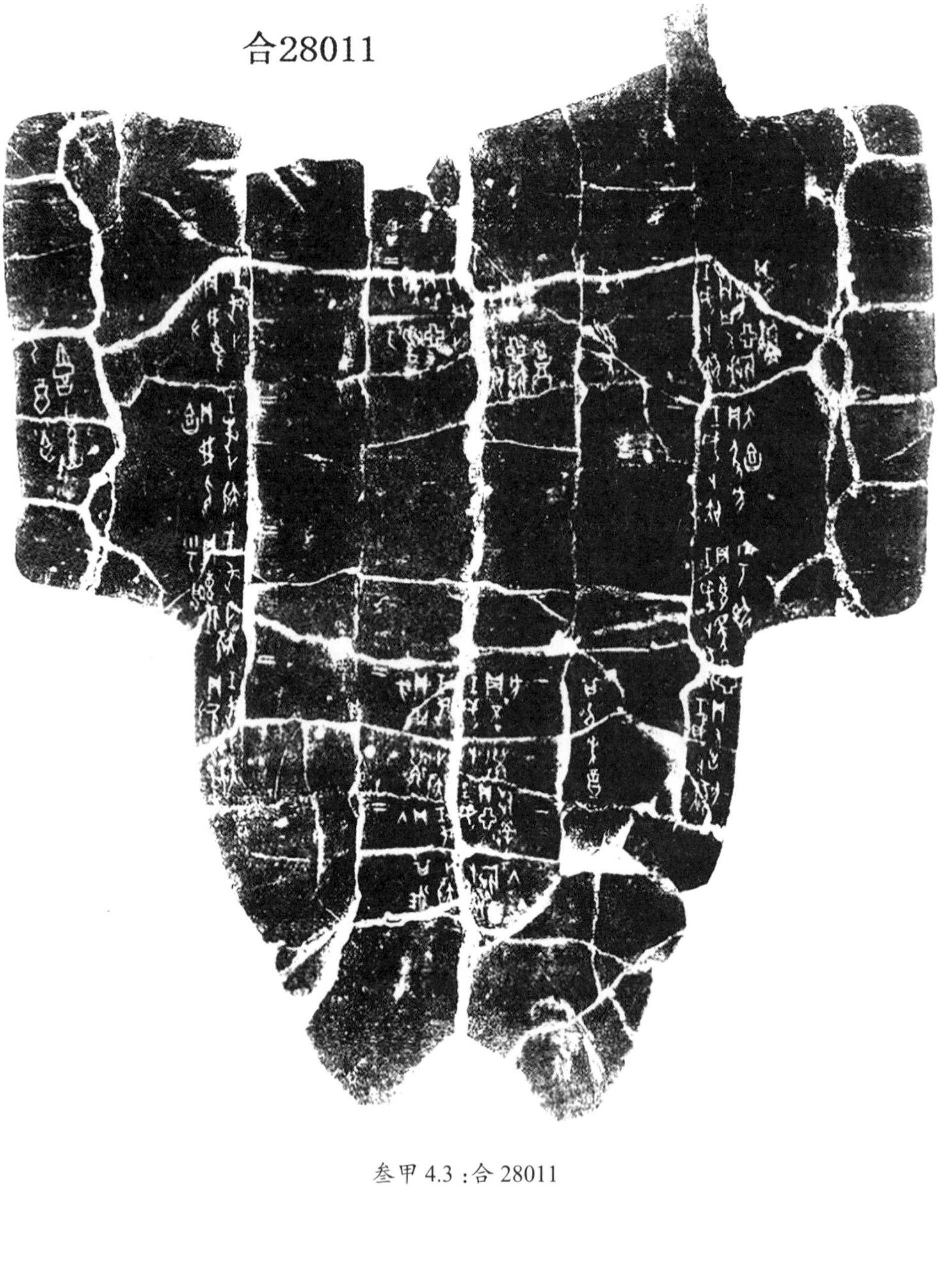

叄甲 4.3 : 合 28011

五

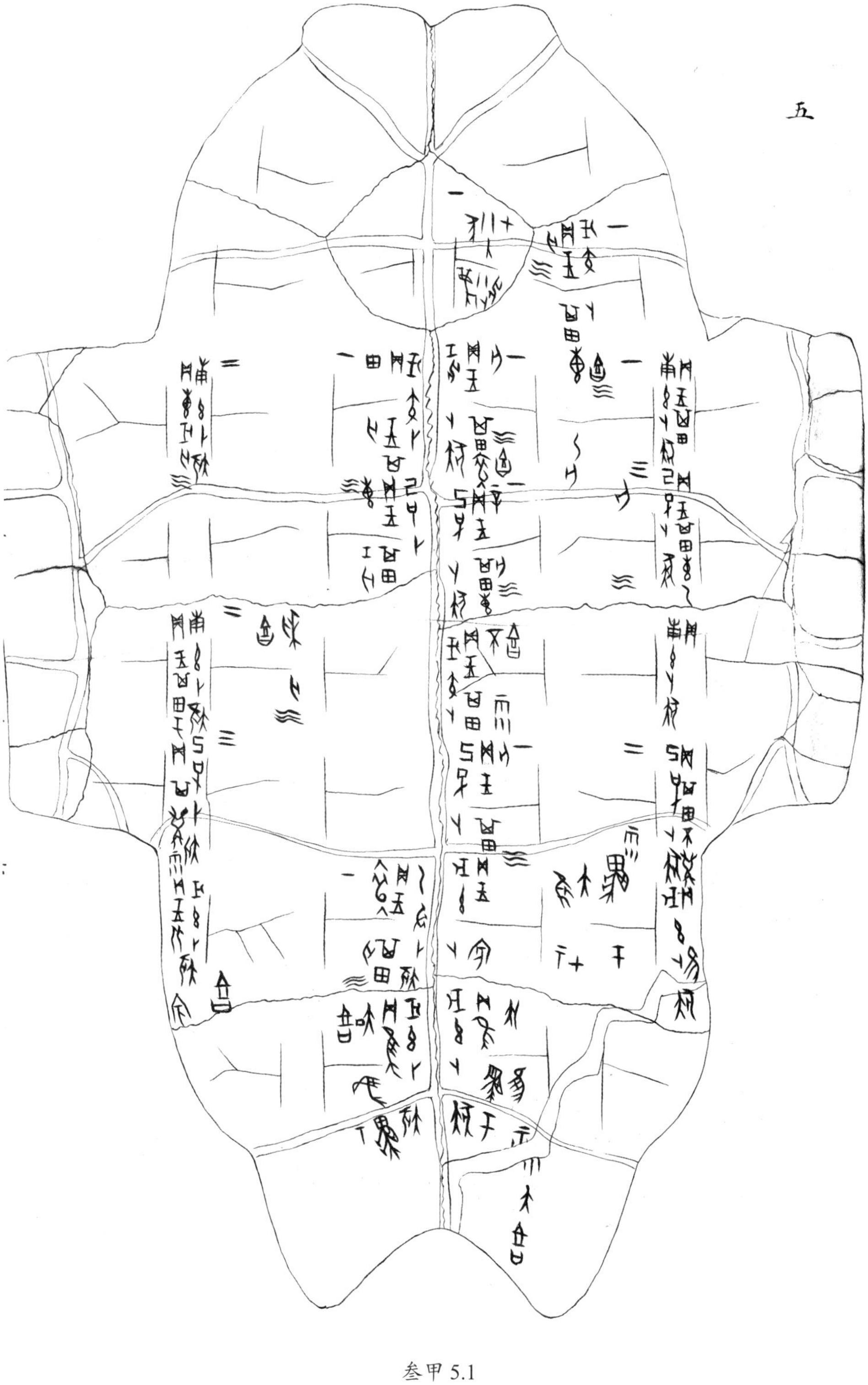

叁甲 5.1

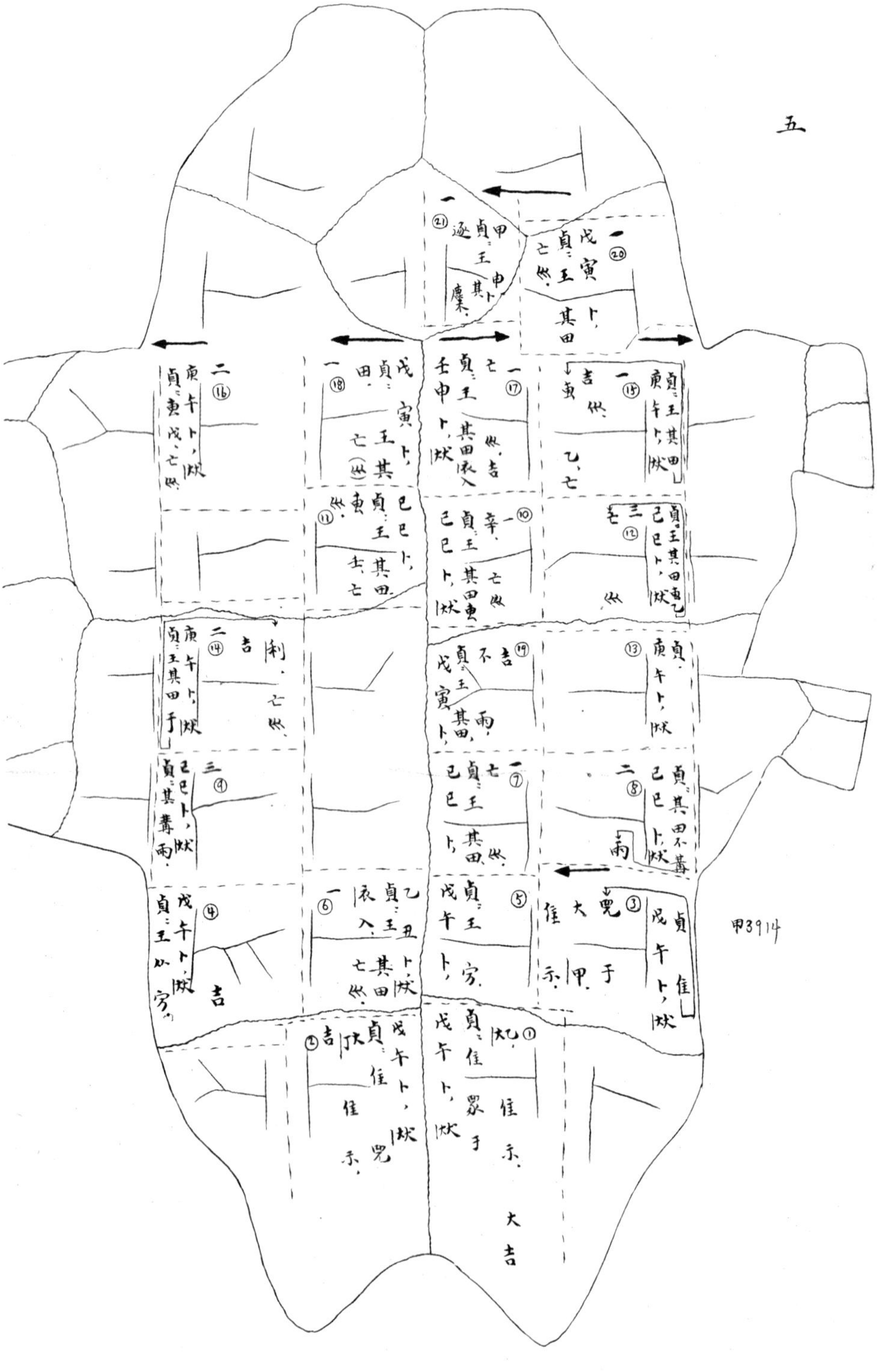

叁甲 5.2

合27146

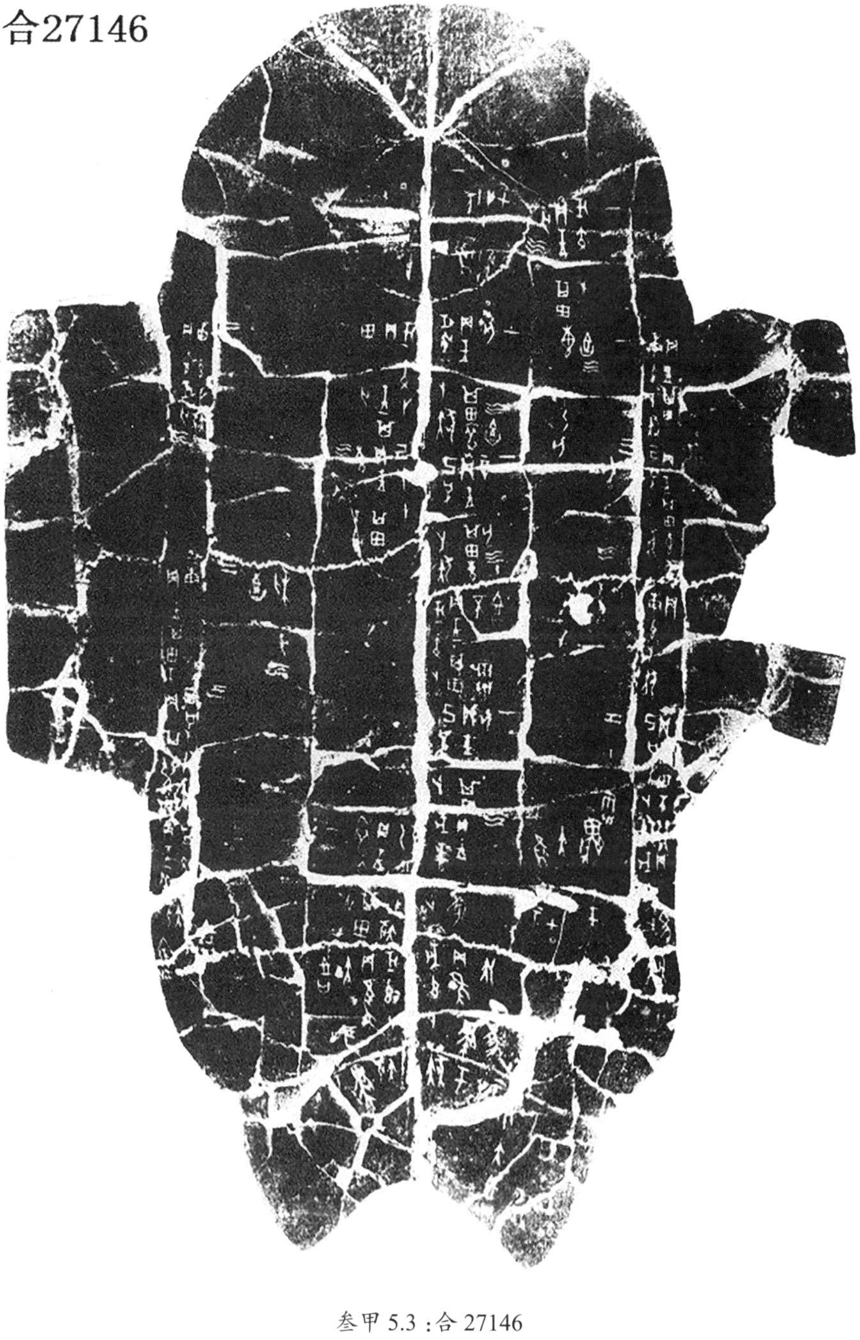

叁甲 5.3 :合 27146

六

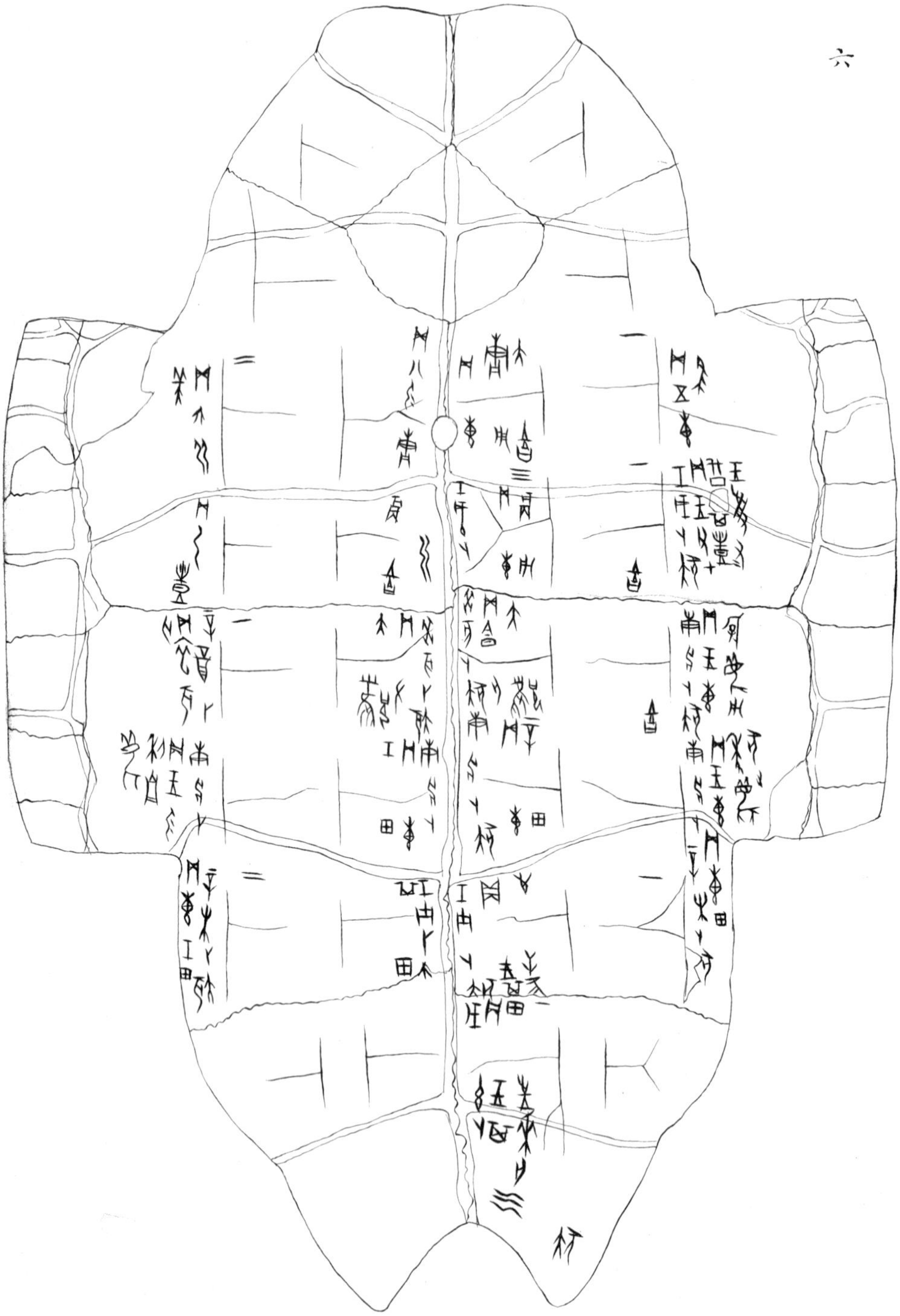

叁甲 6.1

六

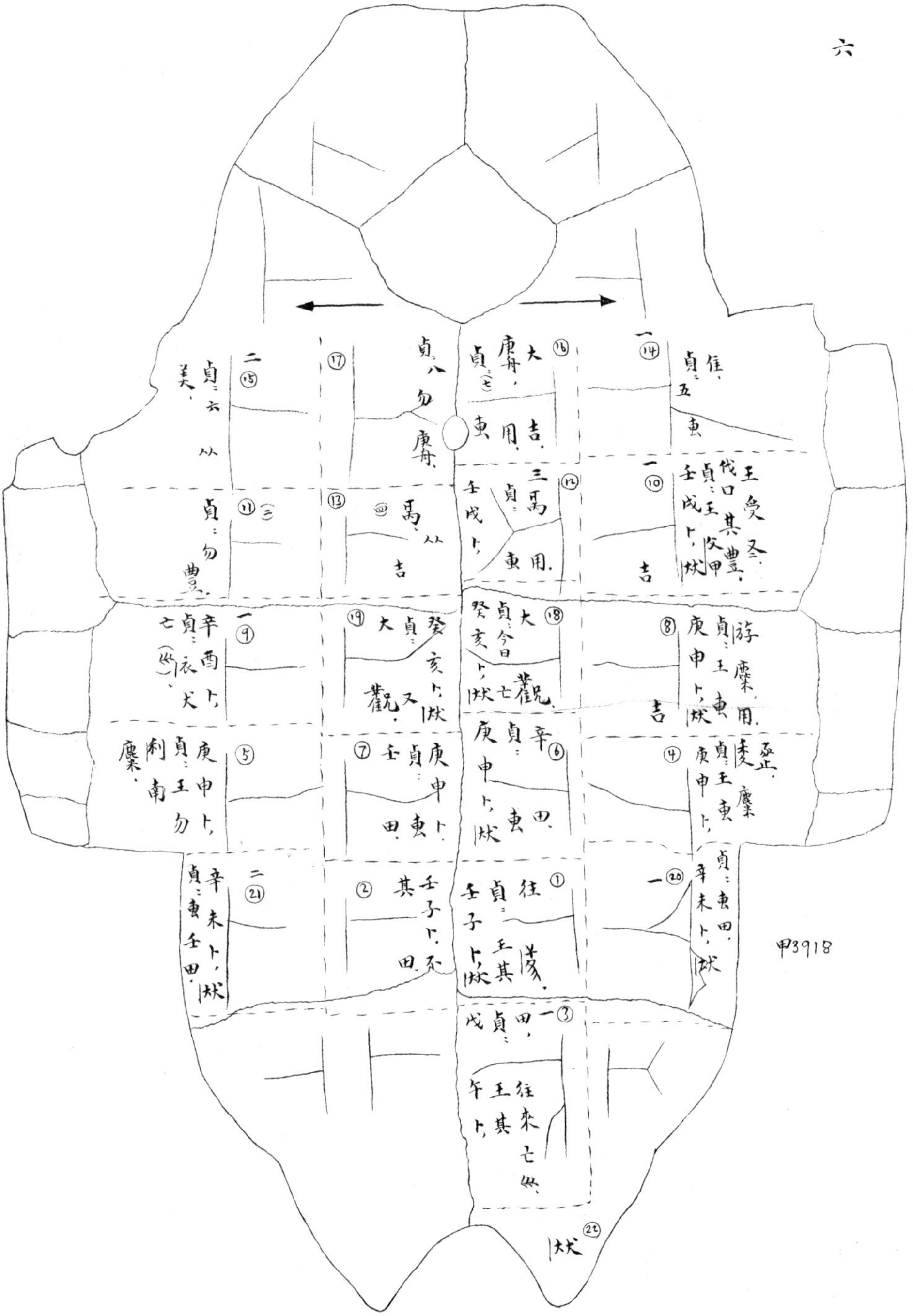

甲3918

叁甲 6.2

合27459

叁甲 6.3：合 27459

七

一

叁甲 7.1

叁甲 7.2

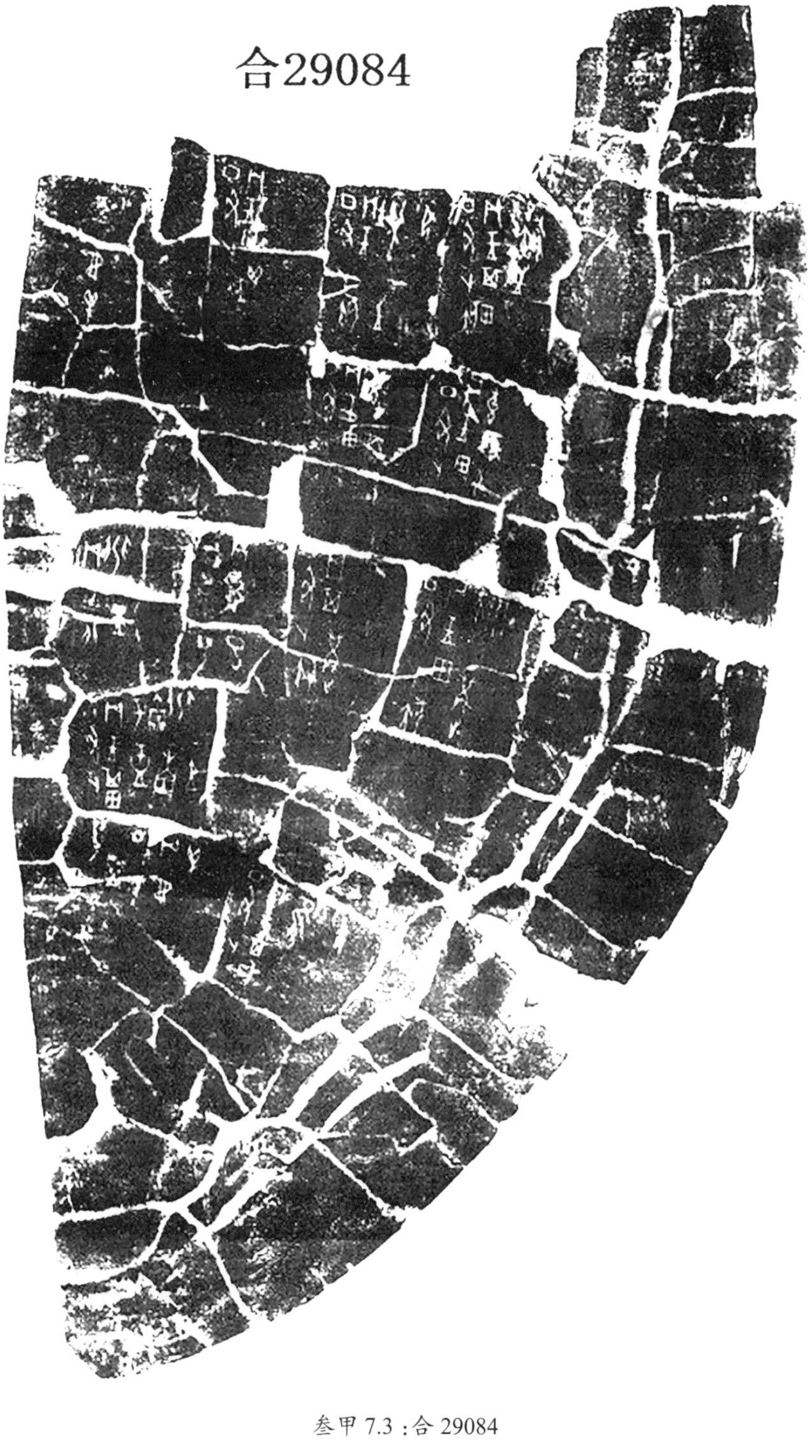

叁甲 7.3 :合 29084

叁甲一—七(考釋)

以上七版,出土於安陽城西北洹河北岸之侯家莊。去小屯西北隔河約五六華里。再北二里許,有地稍高曰西北岡,乃殷代帝王陵墓所在也。此地在其南,有建築遺址,其版築臺基,陶復陶穴①,竇窖之類,一如小屯,爲第三期廩辛康丁以後之離宫别館所在。其出土情形,文字詮考,具詳拙作《安陽侯家莊出土之甲骨文字》② 一篇中,兹不複述。

---

① 陶復陶穴:陶,通"掏",挖土。復,也作"復",土窟,即窯洞。掏窯洞,挖地穴。形容人類祖先居住條件簡陋。語出《詩·大雅·緜》:"緜緜瓜瓞,民之初生,自土沮漆,古公亶父,陶復陶穴,未有家室。"(清)昭槤《嘯亭雜録》卷一〇:"仰見祖宗勤儉之風,譬夫陶復陶穴,可並駕而驅矣。"

② 董作賓:《安陽侯家莊出土之甲骨文字》,載民國二十五年(1936)中研院歷史語言研究所出版的《田野考古報》第一集;又入《董作賓先生全集·甲編》(第二册)第713—716頁,藝文印書館,1977年。

叁　骨

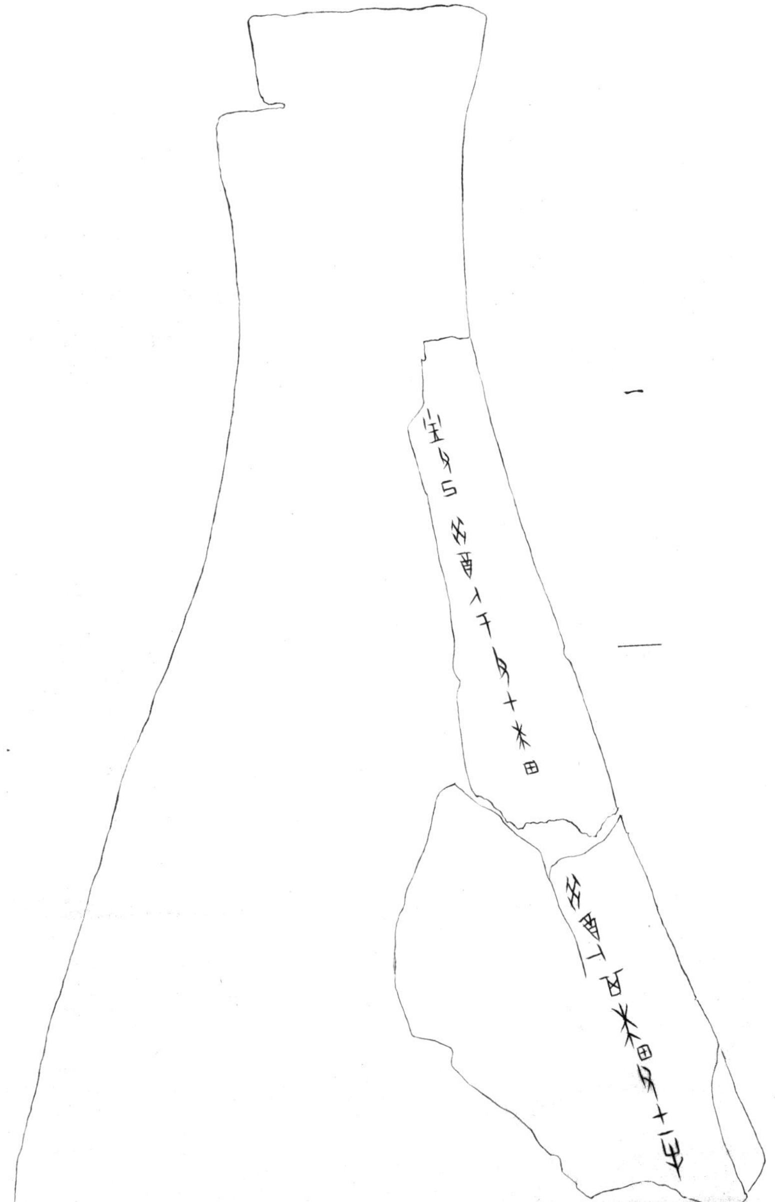

叁骨 1.1

叁骨 1.3 : 合 28278

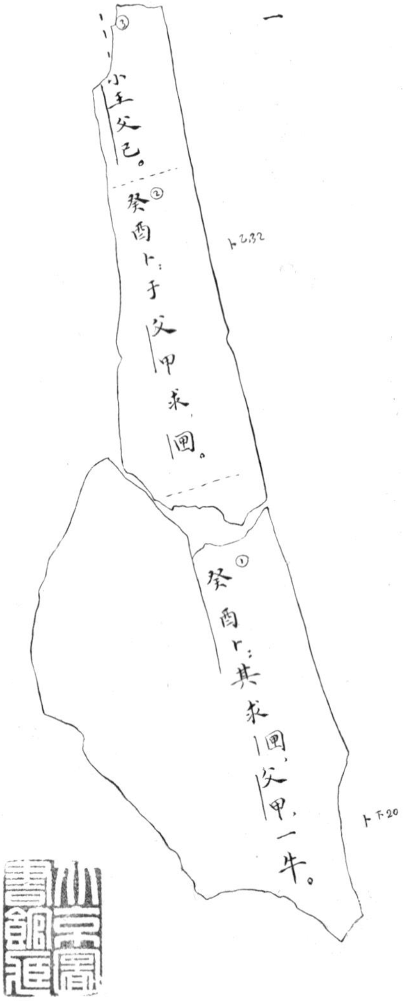

叁骨 1.2

叁骨 1.4 : 合 28276

叁骨 1.5：合補 8748[1]

① 叁骨一（上）：即合 28278、合補 8748（上）；叁骨一（下）即合 28276、合補 8748（下），現藏於故宫。合補 8748，即合 28276+ 合 28278。合補 8748 的綴合與董作賓的拼綴吻合。

叁骨一（考釋）

此爲第三期廩辛康丁時之標準片。有下兩辭“父甲”可證。原破爲二，今合之。在字體上，有可注意者二事，即“酉”與“卜”。酉字在第一期皆作。祖庚仍之，祖甲時加一橫作。第三期乃有此形也。卜字，一二期皆橫坼向上，作或形。此一平列作，一下向作，皆其異也。

最可注意者則爲“小王父己”之稱，辛、丁時之父己，即武丁之子，祖庚祖甲之兄，武乙以下所稱之祖己。祖己而有“小王”之稱，是祖己生時常稱“小王”矣。王爲生稱，殷人死後無稱王之例，故知爲祖己生稱也。

在第二期祖庚祖甲時，祭祖己固稱“兄己”，但亦有僅稱“小王”者，以此版例之，是亦祖己也。二期有兩片，一爲祖庚時：

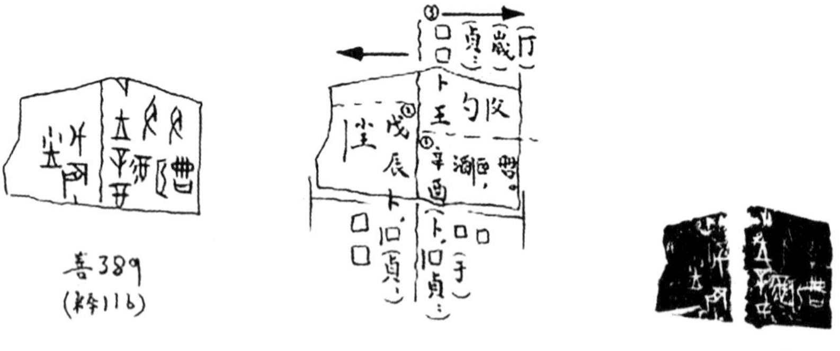

合 5031①

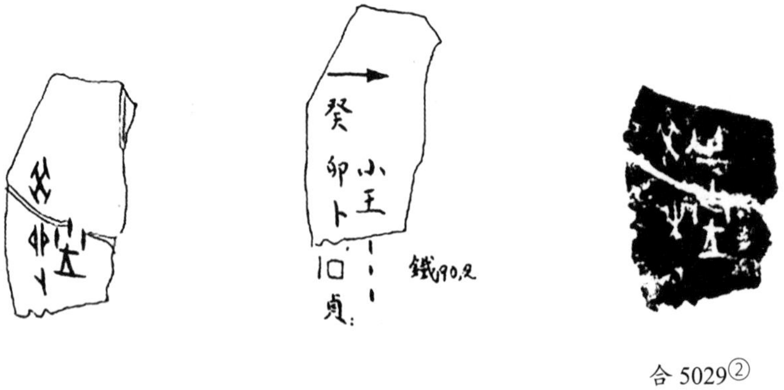

合 5029②

① 粹 116（善 389 爲善齋舊藏的早期編號），即合 5031。現藏國圖，爲北圖 6505（善 1102）。

② 鐵 90.2：即合 5029。摹本漏摹“ 㞢”字，應爲“癸未卜……㞢（侑）小王……”，《合集》爲不全拓本，上部不及摹本（鐵 90.2）全。

【右(上)片疑亦祖庚時卜辭。善齋一片,承張政烺先生見告,已經收入《粹編》一一六號,並由郭氏考釋所示,更得此片。】

此片爲腹甲中部,未經著録,乃劉晦之氏所藏。由字形王字因襲第一期,而辰字較晚,證之,且有下片祖甲時可資參考也。一爲祖甲時:

河204

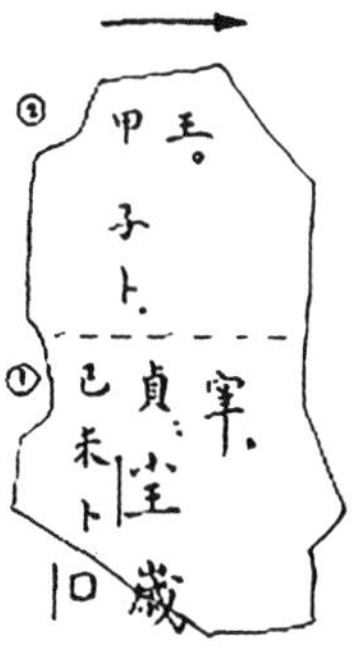

合 23808

見本編貳骨三一,重録于此,可對照庚、甲兄弟卜辭之别,"小王" 二字皆合文,而王字寫法不同。此上有 "卜王",爲祖甲時代之確證。兩辭皆卜祀,一爲己巳前一日卜,一爲己未日卜,可知所祭者爲 "己",有 "小王父己" 之證,則此 "小王" 之爲兄己,無疑問矣。

余於《甲骨文斷代研究例》中,考定祖己爲《漢書·古今人表》所列之孝己,在卜辭中當即子漁。今更列其異名爲下表:

武丁時	祖庚時	祖甲時	廩辛康丁時	武乙至帝辛時	晚周諸子
子漁(?)	兄己	兄己	父己	祖己	孝己
	小王	小王	小王父己		

卜辭 "王" 皆稱 "當今" 之王,即時王。如壹骨一 "王往逐[罒豕]",王即武丁。武丁稱王,王之子(太子)稱小王,(小即少也。)於名爲正,是 "小王" 者乃武丁之子之生稱。武丁之子甚多,而稱 "小王" 者只一人,是小王必其嫡長之子,所謂大子(太子)矣。由此知殷人有立大子之制,父在則稱 "小王",父死即稱 "王" 矣。祖己不幸早死,以 "小王" 終其身,其弟祖庚、祖甲,相繼立爲王,於祭祖己時,自當稱曰兄己,然有時不忍己之獨稱王也,乃舉祖己生時之 "官" 稱曰小王。小王生時有名,或即子漁;死有神主,則爲己;此其别矣。第三期於父己冠以小王之稱,沿二期之制也。

今之通俗劇文，每有“老王晏駕，小王登極”之語，不圖於三千年前之高文典册中見之，亦一饒有趣味之發見也。記載中，見於《後漢書·明德馬皇后紀》者有“小王”之稱：

常與帝旦夕言道政事及教授諸小王，論議經書，述敘平生，雍和終日。

漢時，君王已稱“帝”，諸子之分封者始稱“王”“小王”，非對時王而言，與卜辭之稱祖己不同。所謂“諸小王”，蓋諸王之年少者耳。卜辭埋藏地下者三千餘年，今經分別時期，乃能知祖己爲“太子”時有“小王”之稱，前此不能知也。故周秦以降，記述罕聞，縱有稱説，亦偶同耳。

叁骨 2.1

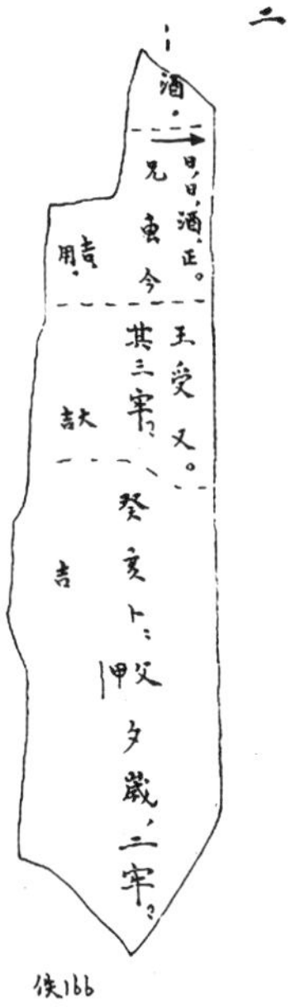

叁骨 2.2

叁骨 2.3 :合 27453[①]

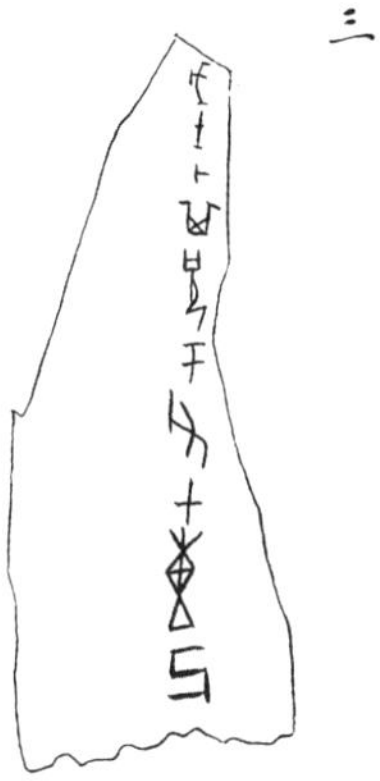

叁骨 3.1

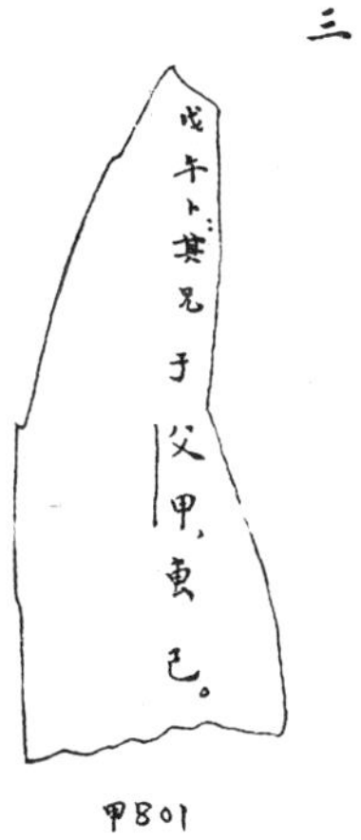

叁骨 3.2

叁骨 3.3 :合 27461

① 叁骨二:即合 27453,現藏於大原。摹本不全形,僅有字部分;合 27453 爲全形圖。

叁骨 4.1

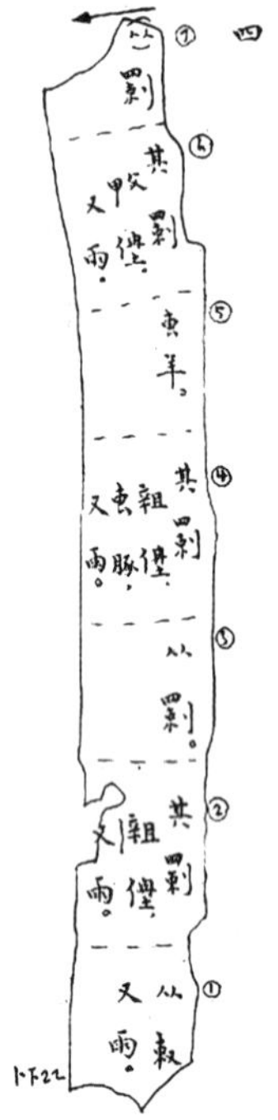

叁骨 4.2

叁骨 4.3：合 27254

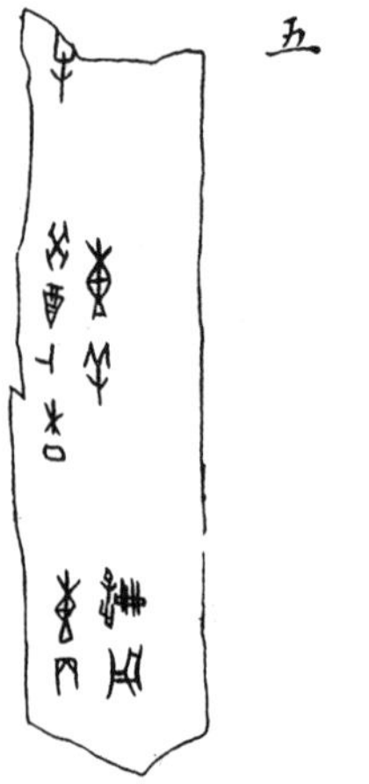

叁骨 5.1

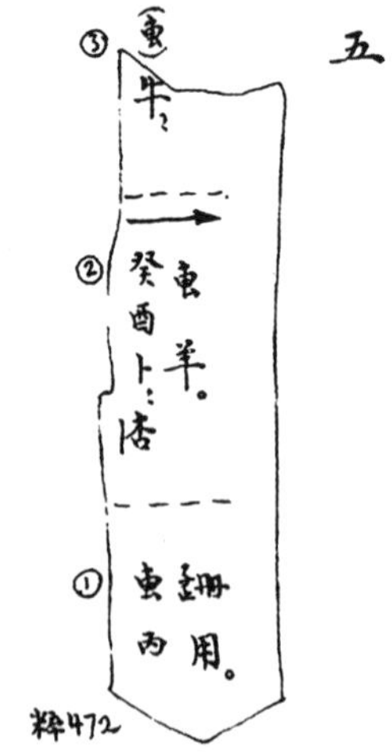

叁骨 5.2

叁骨 5.3：合 30692

叁骨 6.1

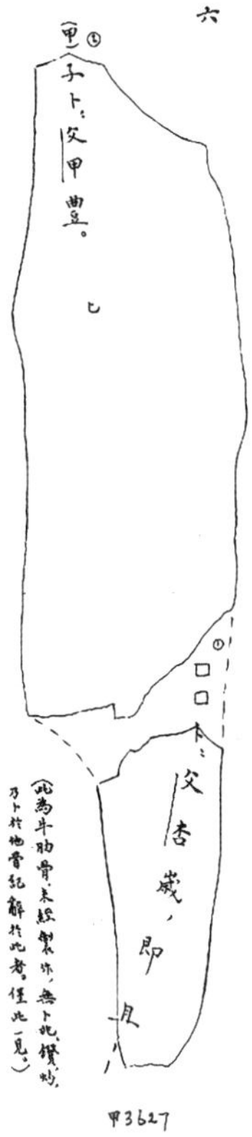

叁骨 6.2

叁骨 6.3 : 合 27460

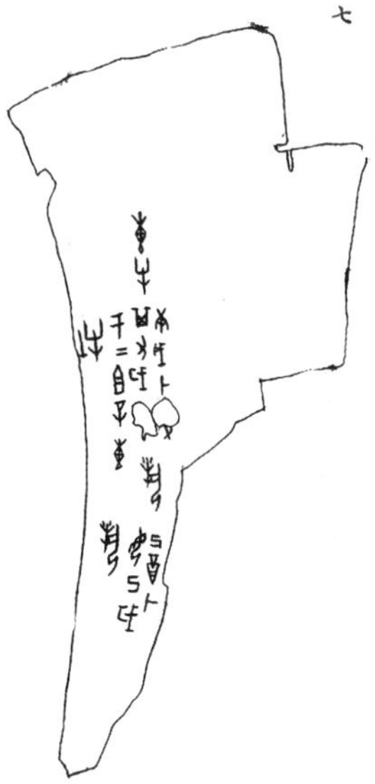

叁骨 7.1

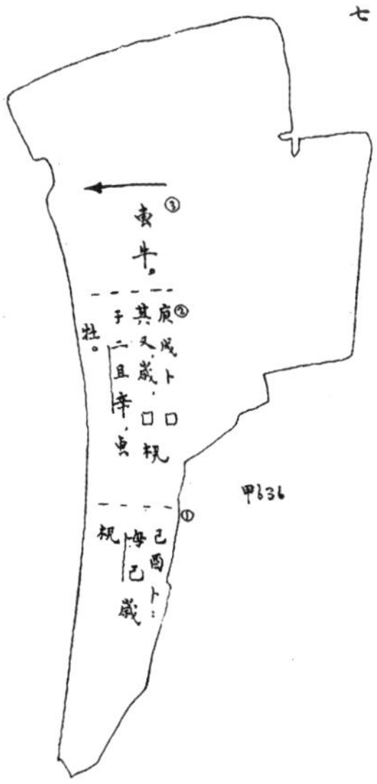

叁骨 7.2

叁骨 7.3 : 合 27340

叄骨 8.1

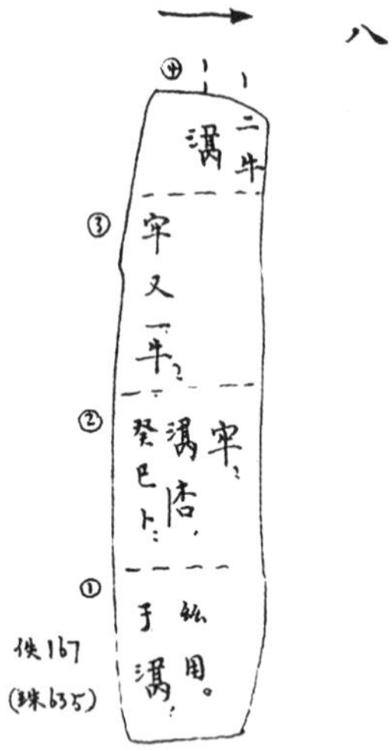

叄骨 8.2

叄骨 8.3：合 30937

叄骨 8.4：合補 10392[①]

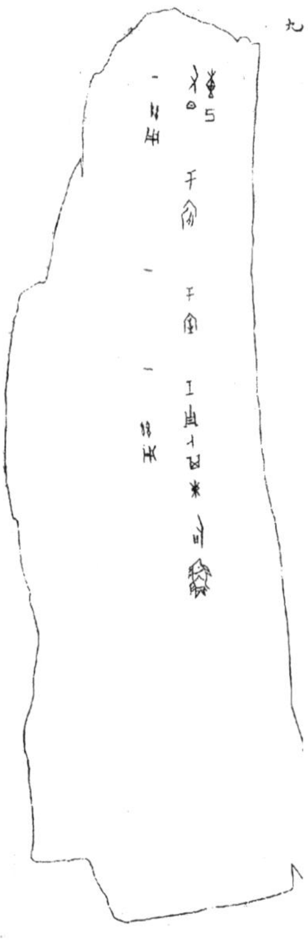

叄骨 9.1

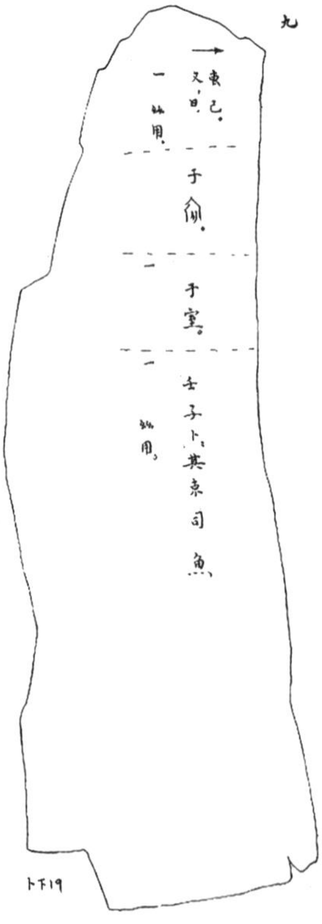

叄骨 9.2

合29700

叄骨 9.3：合 29700

① 叄骨八：即合 30937、合補 10392，現藏於白川。合補 10392 骨形較合 30937 全。

叁骨 10.1

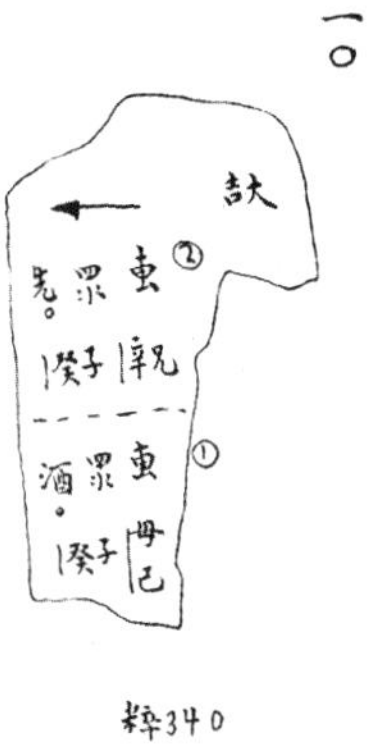

叁骨 10.2

叁骨 10.3：合 27633①

叁骨 11.1

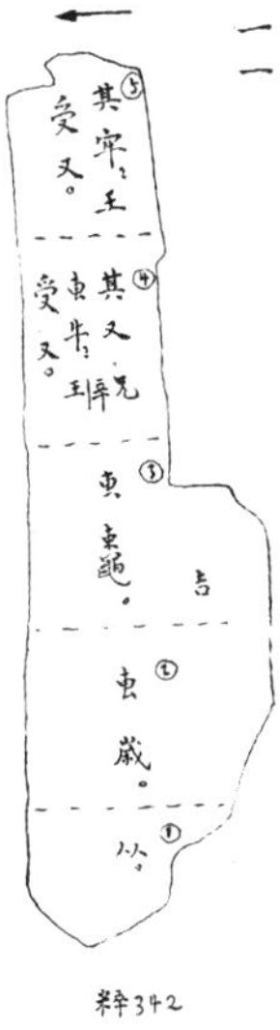

叁骨 11.2

叁骨 11.3：合 27622

① 叁骨一〇：即合 27633，現藏於國圖，爲北圖 5565。摹本骨臼上部骨形不全；合 27633 爲全形圖。

叁骨 12.1

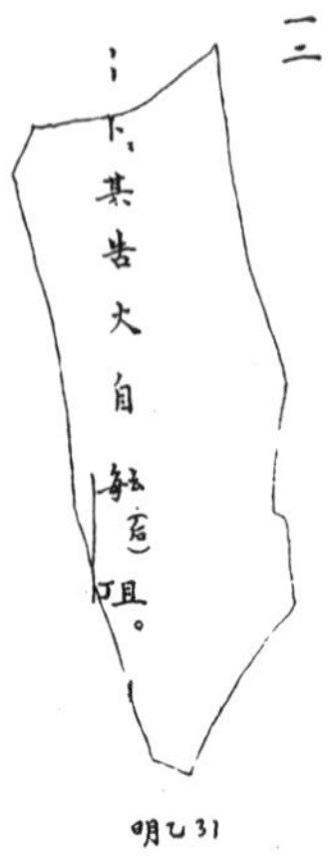

叁骨 12.2

叁骨 12.3：合 27317

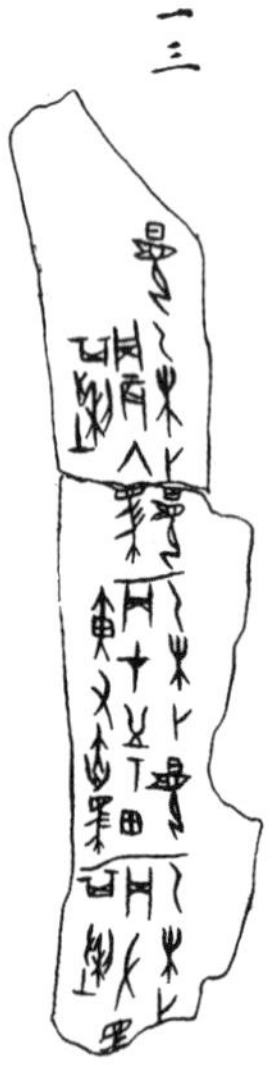

叁骨 13.1

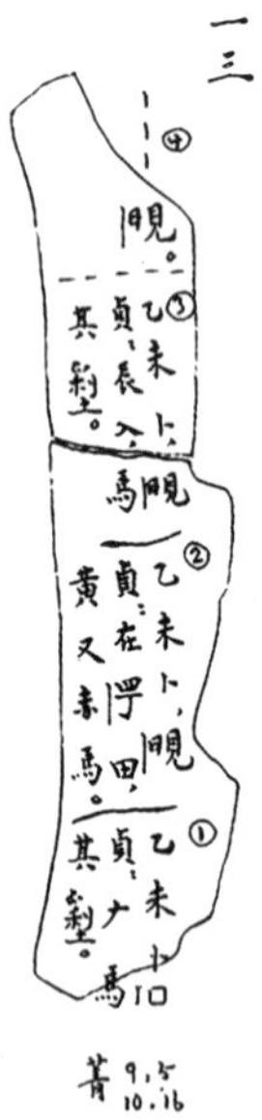

叁骨 13.2

叁骨 13.3：合 28196

叁骨 13.4：合補 9264①

---

①叁骨一三：即合 28196、合補 9264（上），現藏不詳。綴合組爲合 28195+ 合 28196，即合補 9264，見《彙編》第 205 則。綴合與董作賓的拼綴吻合。

叁骨 14.1

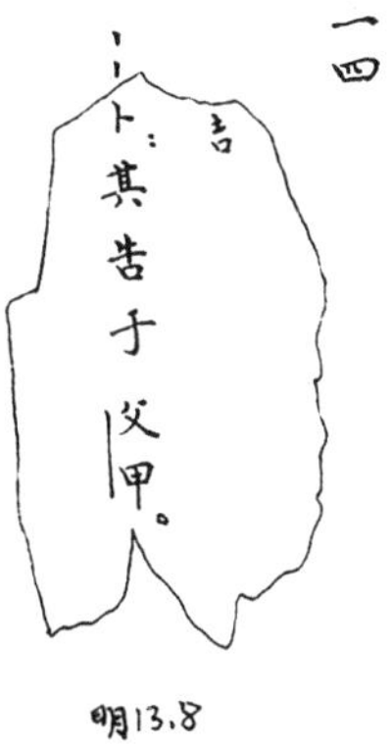

叁骨 14.2

叁骨 14.3：合 27471

叁骨 15.1

叁骨 15.2

叁骨 15.3：合 27529

叁骨 15.4：合補 8742①

① 叁骨一五：即合 27529、合補 8742（右），現藏於故宫。綴合組爲合 27529+合 31157，即合補 8742，見《彙編》第 55 則。

叁骨 16.1

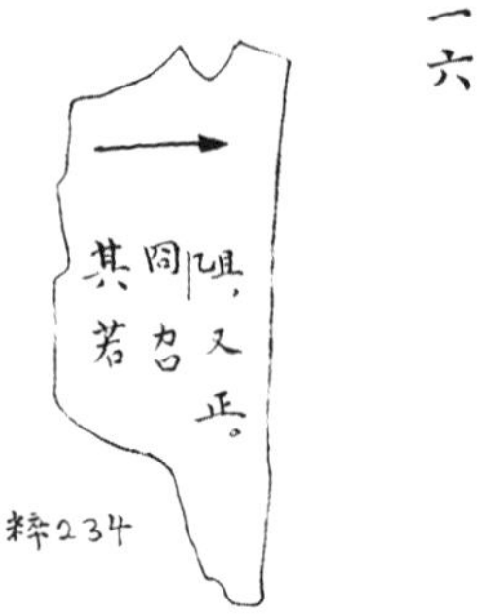

叁骨 16.2

叁骨 16.3 : 合 27200

叁骨 17.1

叁骨 17.2

叁骨 17.3 : 合 27215

叁骨 17.4 : 綴合 ①

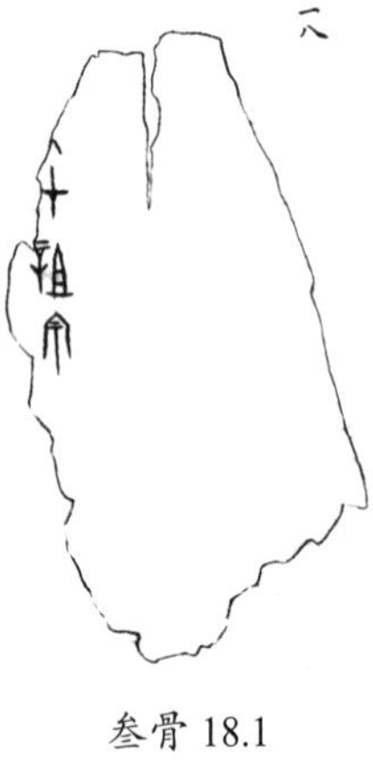

叁骨 18.1

叁骨 18.2

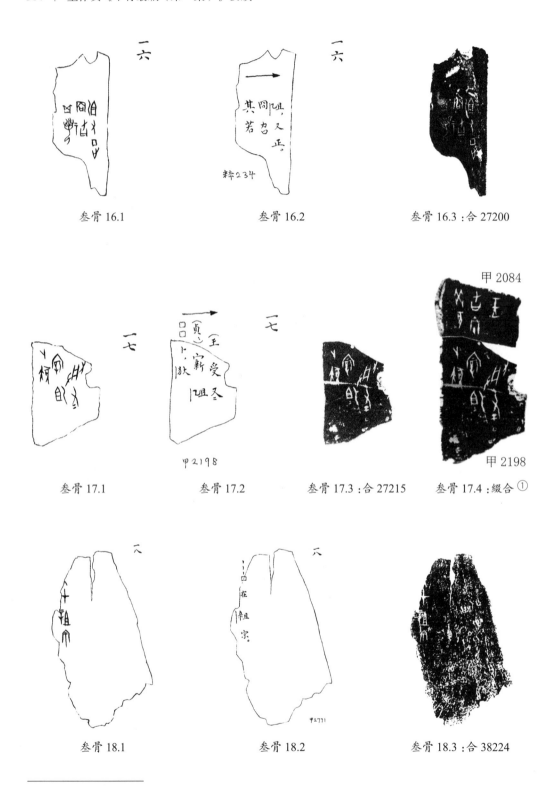

叁骨 18.3 : 合 38224

① 叁骨一七 : 即合 27215，現藏於史語所。綴合組爲 : 甲 2084（合補 9630）+ 甲 2198（合 27215），張軍濤 :《何組甲骨新綴八則》，《紀念甲骨文發現 120 周年國際學術研討會論文集》，2019 年。

叁骨 19.1

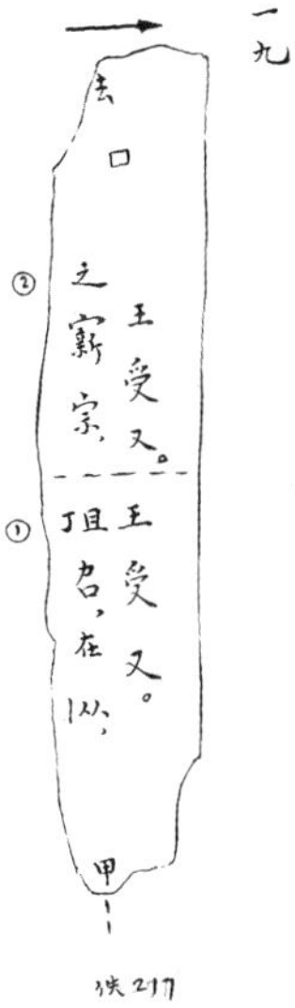

叁骨 19.2

叁骨 19.3：合 30325

叁骨 20.1

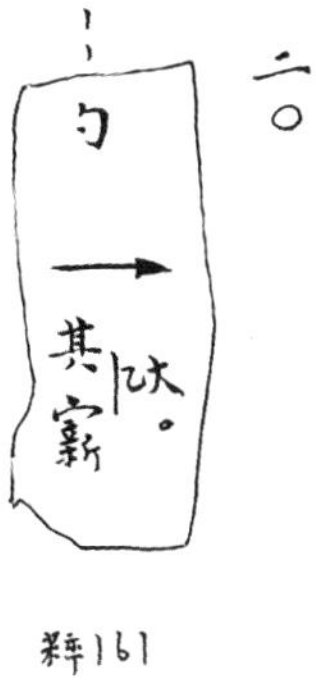

叁骨 20.2

叁骨 20.3：合補 10439

叁骨 21.1

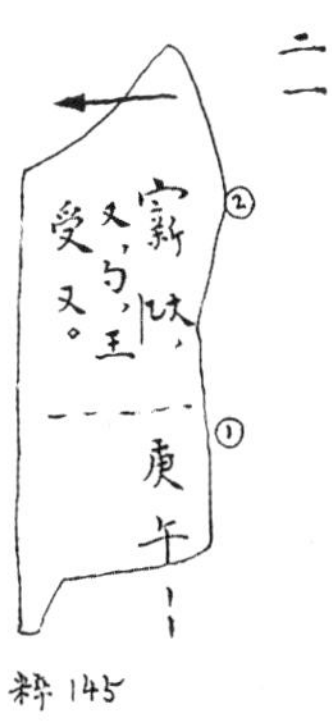

叁骨 21.2

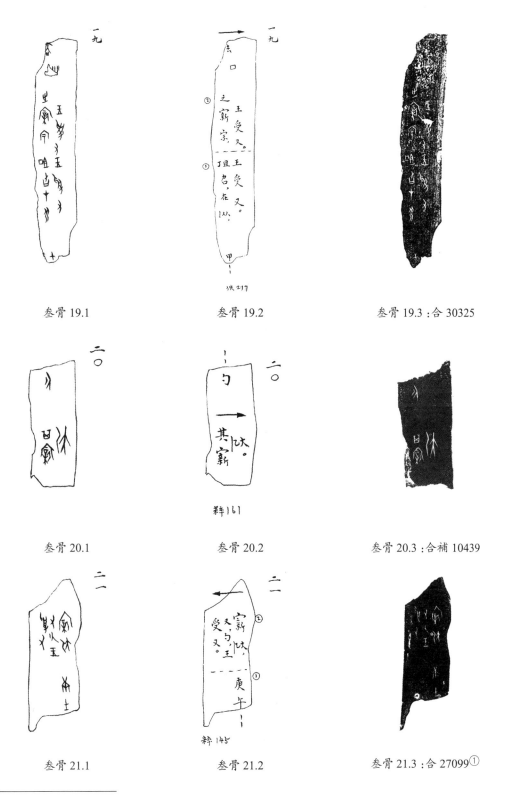

叁骨 21.3：合 27099①

① 叁骨二一：即合 27099，現藏於國圖，爲北圖 5908。摹本下端骨形不全。

叄骨 22.1

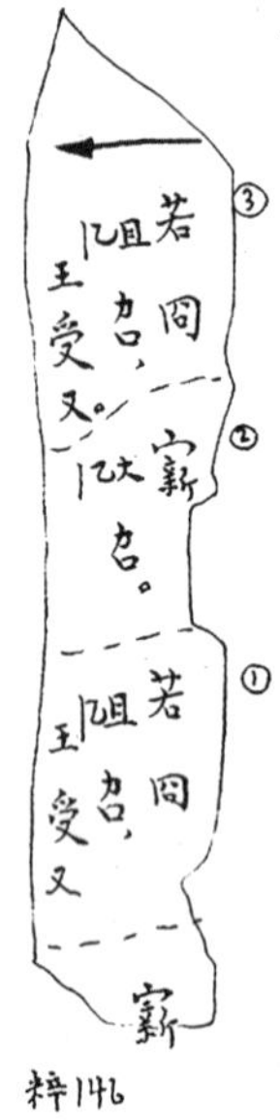

叄骨 22.2

叄骨 22.3：合 27110①

叄骨 23.1

叄骨 23.2

叄骨 23.3：合 38227

---

① 叄骨二二：即合 27110，現藏於國圖，爲北圖 6132。蔡哲茂指出此片爲僞，應抄自合 27111，説見《〈甲骨文合集〉辨僞舉例》，《漢學研究》第 24 卷 1 期；或不僞，説見胡輝平：《國家圖書館藏甲骨整理劄記》，《文獻》2005 年第 4 期，38 頁。

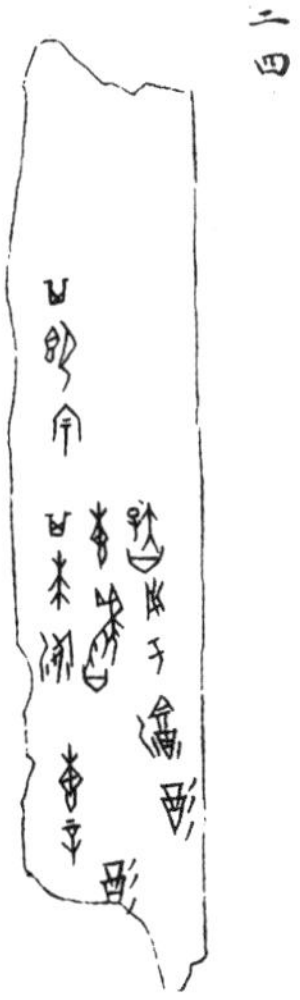

叁骨 24.1

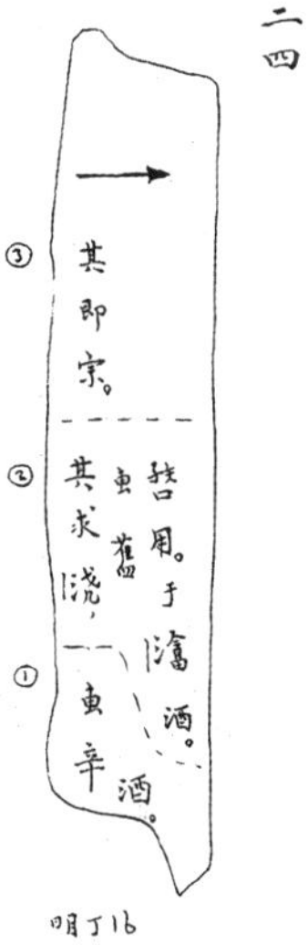

叁骨 24.2

叁骨 24.3：合 30429①

叁骨 24.4：綴合②

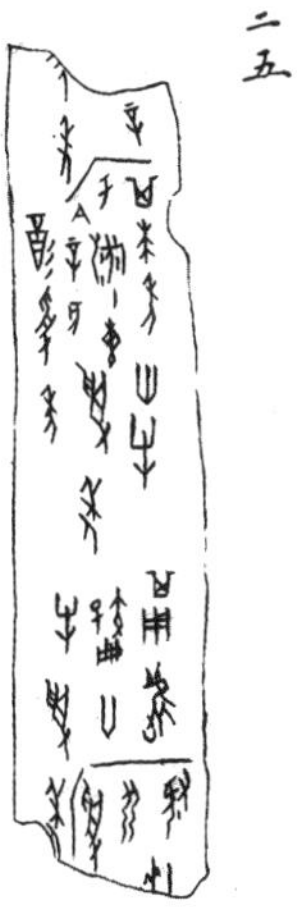

叁骨 25.1

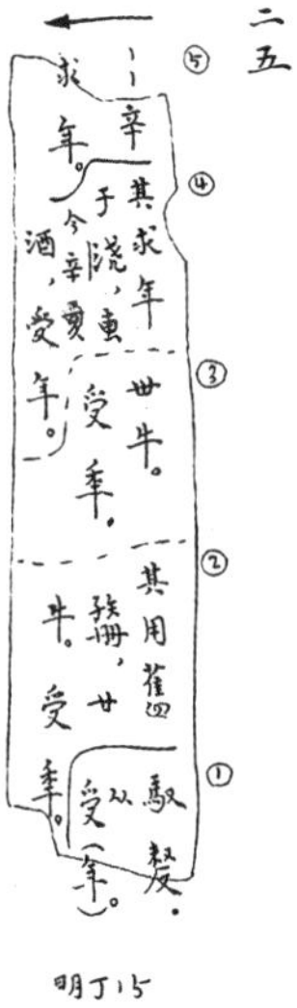

叁骨 25.2

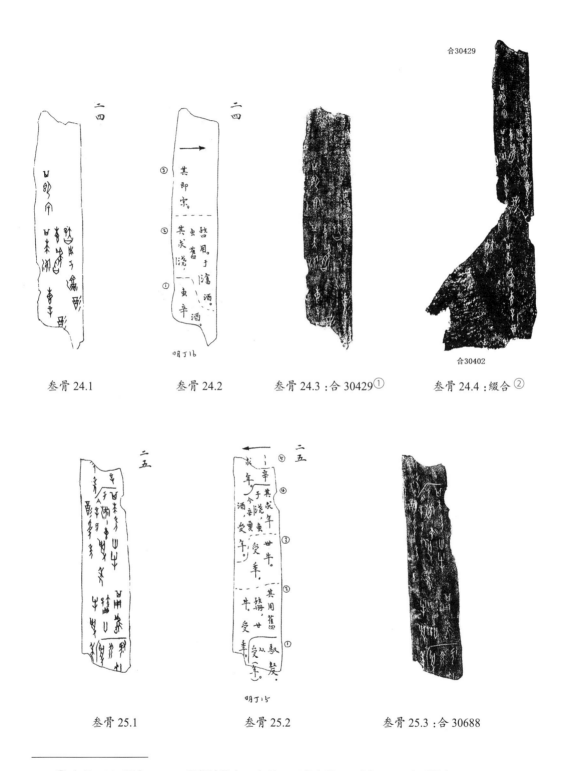

叁骨 25.3：合 30688

① 叁骨二四：即合 30429，現藏於故宫。叁骨二四與叁骨三五（合 30402）可綴合。

② 叁二四的綴合組爲：合 30402+ 合 30429，見林宏明：《殷墟甲骨文字綴合新例》，《古文字研究》第二十六輯，中華書局，2006 年。又見《醉古集》第 244 組。

叁骨 26.1

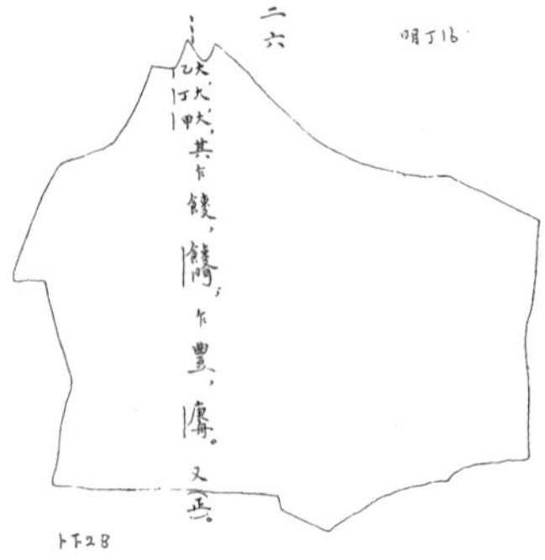

叁骨 26.2

叁骨 26.3：合 27137

叁骨 27.1

叁骨 27.2

叁骨 27.3：合 30685

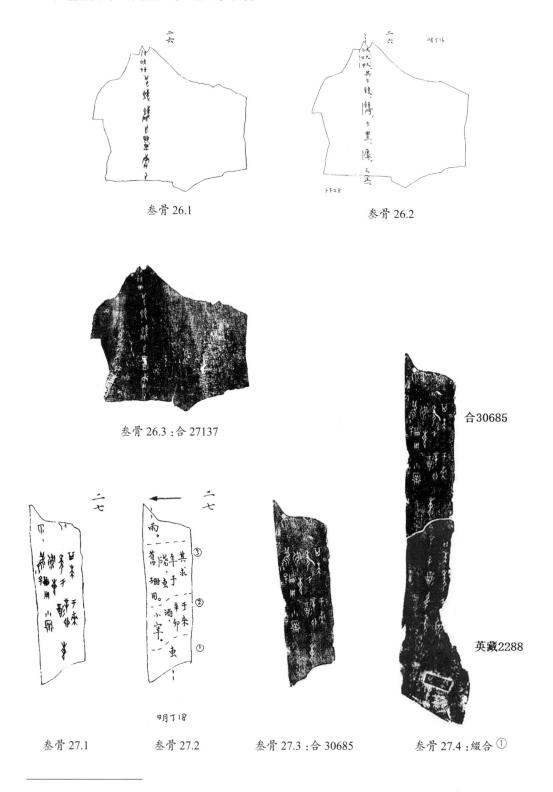

叁骨 27.4：綴合①

① 叁骨二七：即合 30685，現藏於故宫。綴合組爲合 30685+ 合 41535（英藏 2288），見莫伯峰：《無名組甲骨拼合四則》，先秦史研究室網站，2009.12.9；又見《拼一》第 229 則。

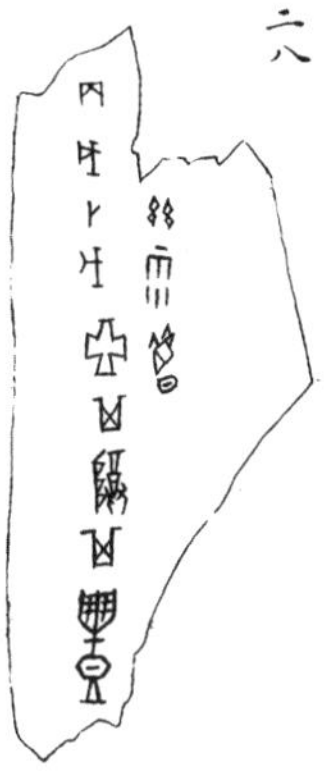

叁骨 28.1

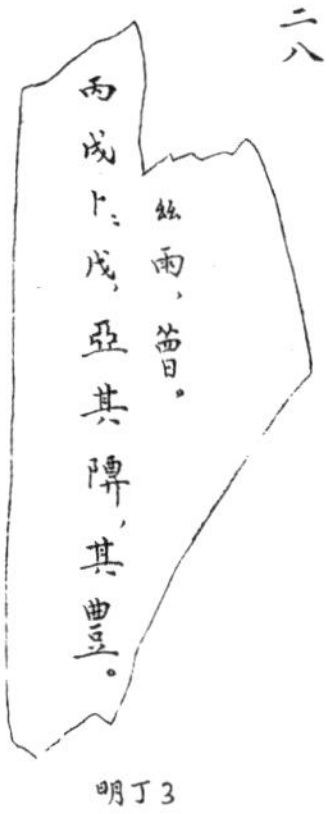

叁骨 28.2

叁骨 28.3 : 合 27931

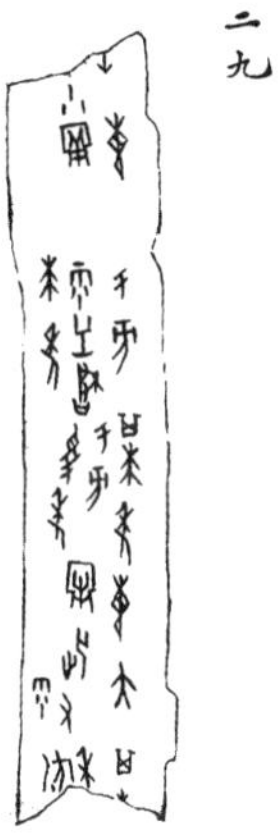

叁骨 29.1

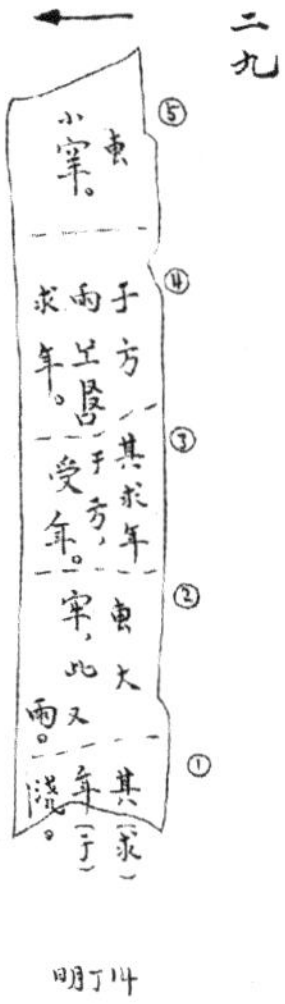

叁骨 29.2

叁骨 29.3 : 合 28244

叁骨 30.1

叁骨 30.2

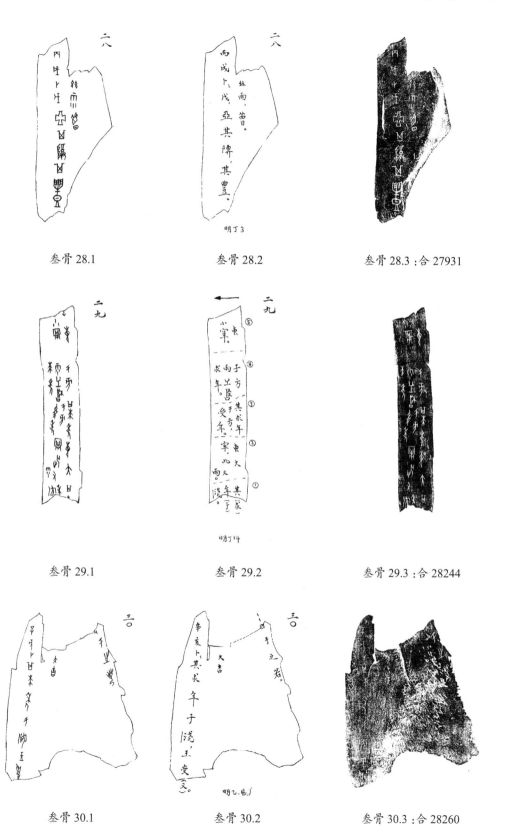

叁骨 30.3 : 合 28260

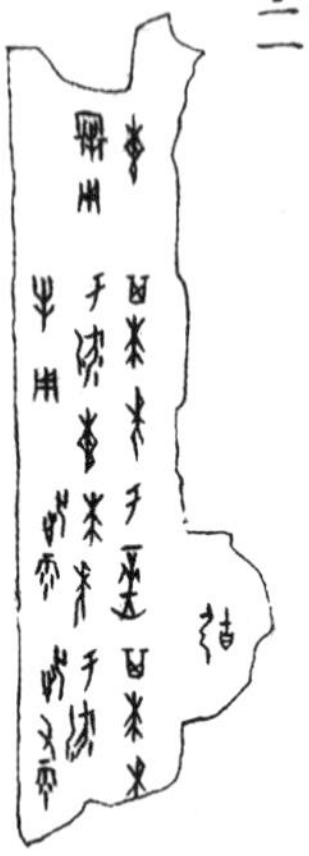

叄骨 31.1

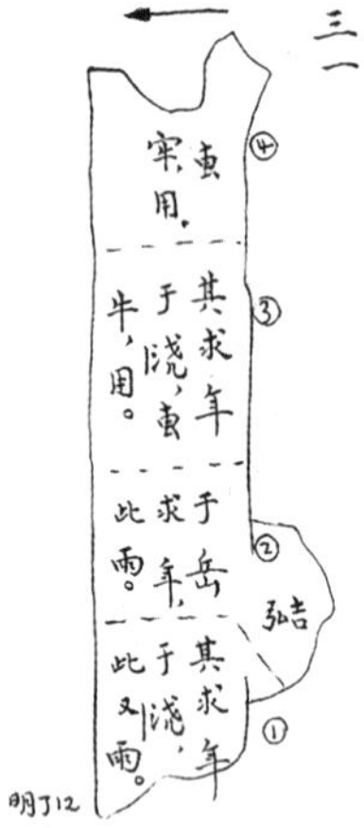

叄骨 31.2

叄骨 31.3 : 合 28258

叄骨 32.1

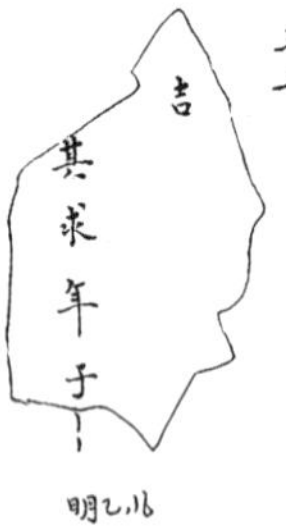

叄骨 32.2

叄骨 32.3 : 合 28289

叄骨 33.1

叄骨 33.2

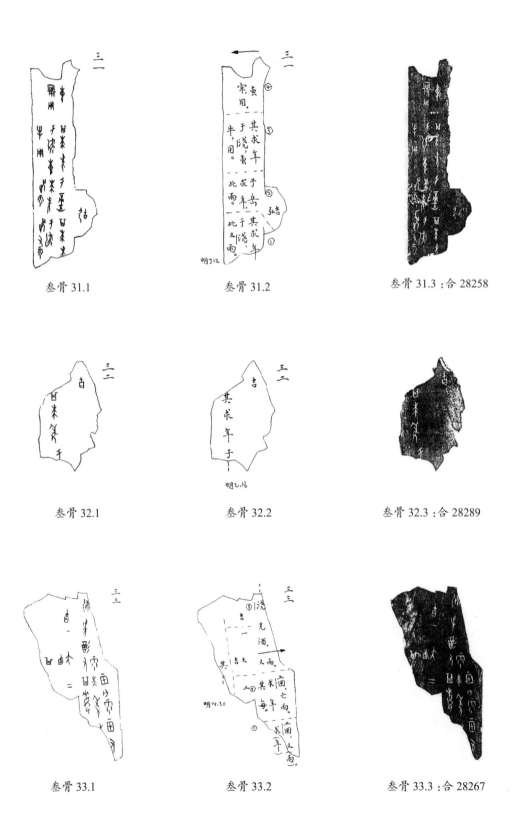

叄骨 33.3 : 合 28267

叁骨 34.1

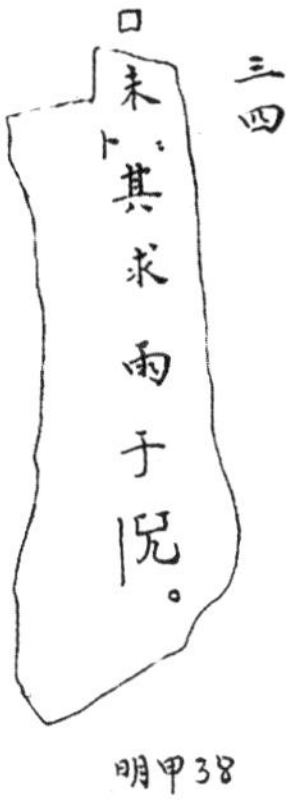

叁骨 34.2

叁骨 34.3 :合 34270

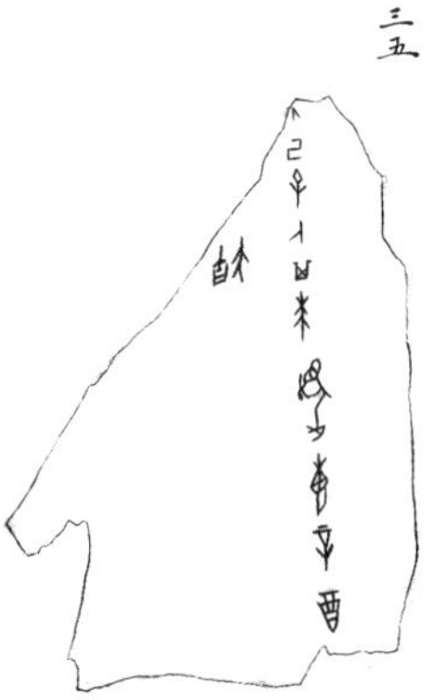

叁骨 35.1

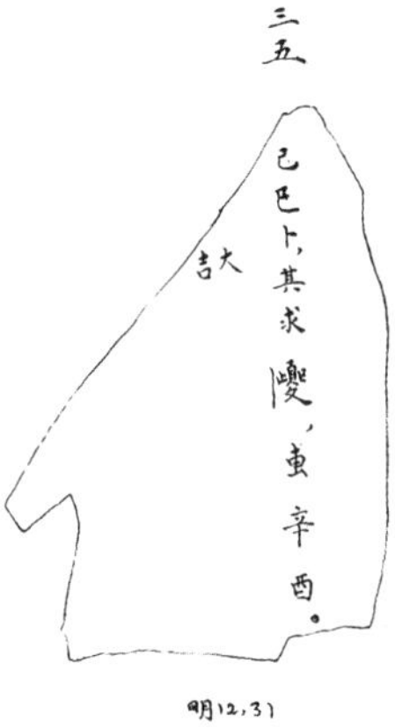

叁骨 35.2

叁骨 35.3 :合 30402①

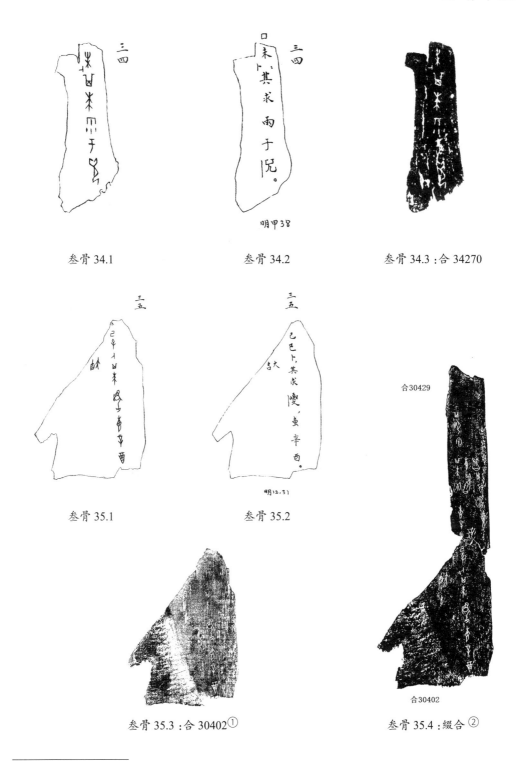

叁骨 35.4 :綴合 ②

① 叁骨三五:即合 30402,現藏於故宫。叁骨三五與叁骨二四(合 30429)可綴合。

② 叁骨三五的綴合組爲:合 30402+ 合 30429,見林宏明:《殷墟甲骨文字綴合新例》,《古文字研究》第二十六輯。又見《醉古集》第 244 組。

叁甲一—七　　叁骨一—三五（考釋）

全部卜辭，以第三期廩辛康丁時之數量爲最少。據余所知，第三期卜辭之出土地帶有三：

一、小屯村之村中及村前。此一帶出土者，在民國十七年以前，多爲明義士及劉晦之購去。明氏一部分有拓本，但未著録。劉氏著録于《殷契粹編》者亦少數。十七年以後，則爲中央研究院發掘得之，全已收入《殷墟文字甲編》中。

二、小屯村北地之“大連坑”。此坑民國十八年秋季中央研究院發掘得其大部分，亦入《殷墟文字甲編》。一小部分流入估人手，爲美國施美士購得，商錫永氏編入《殷契佚存》中（二五五—三一六）。

三、侯家莊村南。此坑民國二十三年春季，中央研究院發掘得之。全部發表於《田野考古報告》第一册 ①。並收入《殷墟文字甲編》。本書叁甲一至七即是。

其餘各家亦間有收藏，爲數寥寥，而出土地大抵皆爲村中也。

三期卜辭辨别之標準，坑位最爲重要，如上所述，其出土有一定區域也。其本身仍以“稱謂”與“貞人”爲斷，能選出稱謂、貞人之片爲三期標準片，然後更進而依據之以求其字形、書體、文法、詞類、禮制與他期之異同，則得之矣。

稱謂之可爲標準者，在三期爲稱祖己、祖庚、祖甲曰父己、父庚、父甲。更因同版之辭以及其他稱謂。如康丁稱廩辛曰兄辛，叁骨一〇有兄辛，則康丁之辭也。其同版有母己，有子癸，則母己、子癸亦標準矣。叁骨七有母己，同版有二且辛（即小辛），是二祖辛亦標準矣。余于《甲骨文斷代研究例》舉何（余舊釋冘，今從郭沫若氏説）爲三期貞人，即據稱謂定之。所舉之辭：

丁未卜，何貞：御于小乙爽 ② 妣庚，其賓鄉。

癸巳卜，何貞：翌甲午登于父甲，鄉。

壬子卜，何貞：翌癸丑其又妣癸，鄉。甲二七九九

丙午卜，何貞：翌丁未，其又勺歲后祖丁（武丁）。

---

①《田野考古報告》（第一期一册），國立中央研究院歷史語言研究所編，民國二十五年（1936）商務印書館鉛字本，係因安陽發掘報告的工作範圍擴大，故改名“田野考古報告”。引自容媛著，莞城圖書館編；羅志歡、李炳球主編：《容媛金石學文集》——《金石學卷》，齊魯書社，2020 年，第 228 頁。

② 爽：即奭。參見張政烺：《字奭説》，《中央研究院歷史語言研究所集刊》第十三本，1948 年。

庚子卜,𢀛貞:翌辛丑,其又妣辛,鄉。甲二五〇二

因父甲之稱,定𢀛爲三期貞人,三期稱武丁爲祖,是后祖丁乃武丁,加“后”字,以别于小乙之父祖丁也。是后祖丁又可爲標準也。與𢀛曾在同版之貞人爲彭(三、二、〇七〇六,佚二七八),爲宁(三、二、〇七〇六,佚二六六);彭之同版有口(三、二、〇五一七),有狄(三、二、〇五〇一、佚二七八);口之同版有逢(佚二六七);狄之同版有卯(三、〇、一七〇三);卯之同版有寸(三、〇、〇七六〇);由此連鎖關係,知寸、卯、狄、口、彭、宁、𢀛、逢皆爲第三期之貞人矣。此八人者所貞之辭,皆三期之標準片也。因其字形,書體等等,以求三期之卜辭,未有不中者矣。

本册所收三期甲七、骨三五,爲例尚少,故略述鑒别之法。《殷墟文字甲編》已出版,讀者依此法求之可也。

肆 甲

肆甲 1.1

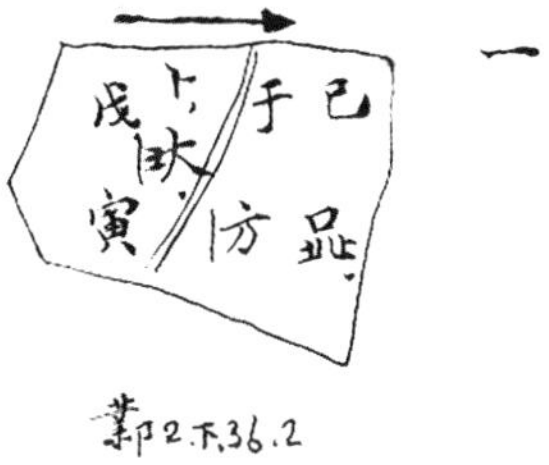

肆甲 1.2

肆甲 1.3：合 20436

肆甲 1.4：綴合①

肆甲 2.1

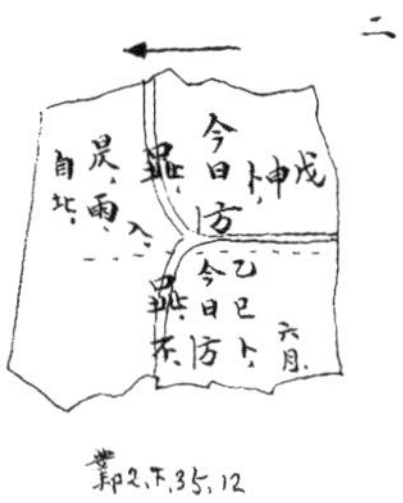

肆甲 2.2

肆甲 2.3：合 20421

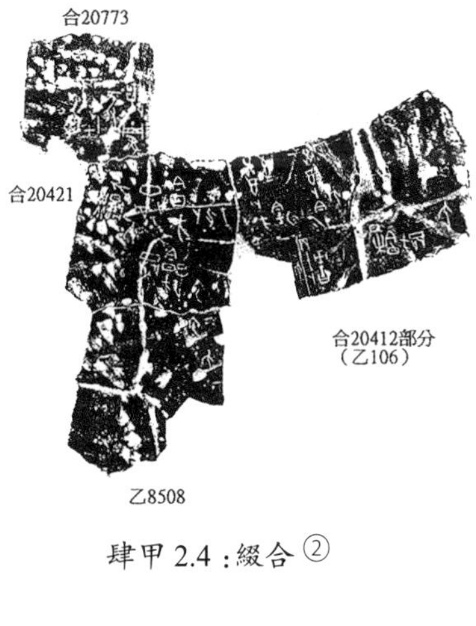

肆甲 2.4：綴合②

---

① 肆甲一：即合 20436，現藏於國圖，爲北圖 2652。綴合組爲合 20436+ 合 20438+ 乙 358，見宋雅萍：《背甲新綴二例》，先秦史研究室網站，2009.11.23；《彙編》第 818 則。

② 肆甲二：即合 20421，現藏於北師大。綴合組爲合 20412（乙 106）+ 合 20421+ 合 20773+ 乙 8508，見宋雅萍：《𠂤組背甲卜辭新綴十二例》第一例，《甲骨文與殷商史》（新四輯）；又見宋雅萍：《背甲新綴第十一～十三則》，先秦史研究室網站，2011.1.11；《彙編》第 817 則。

肆甲 3.1

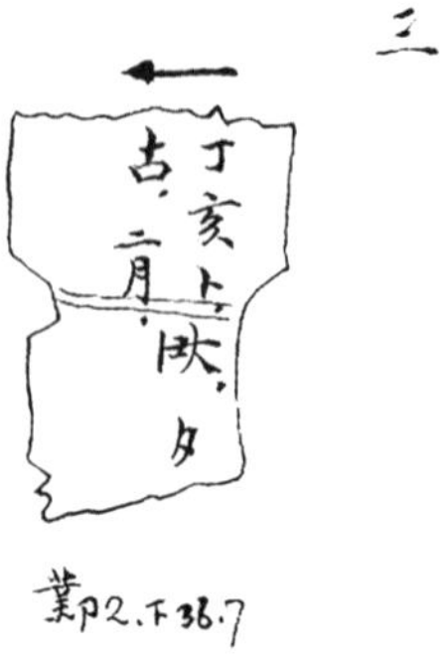

肆甲 3.2

肆甲 3.3：合 20115

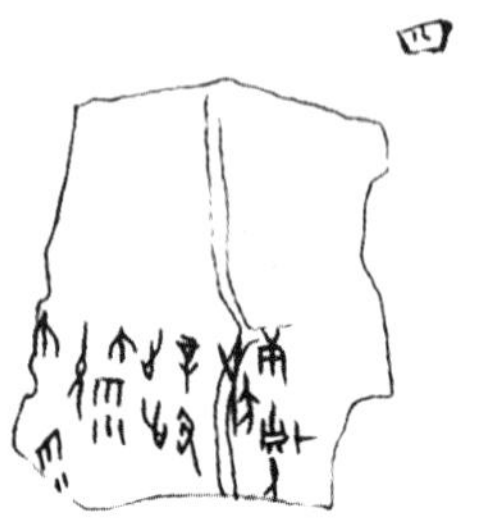

肆甲 4.1

肆甲 4.2

肆甲 4.3：合 20760

肆甲 5.1

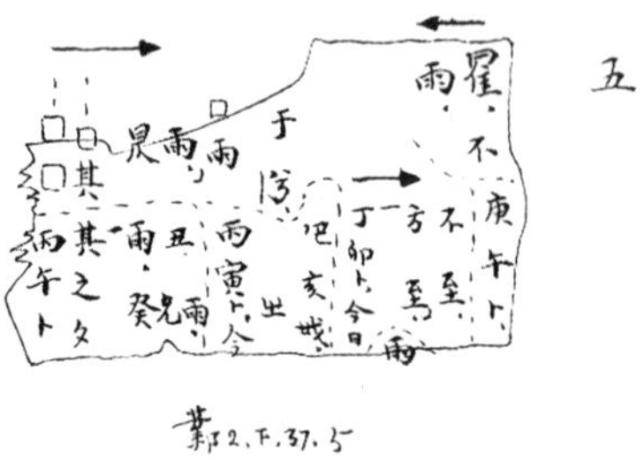

肆甲 5.2

肆甲 5.3：合 20470

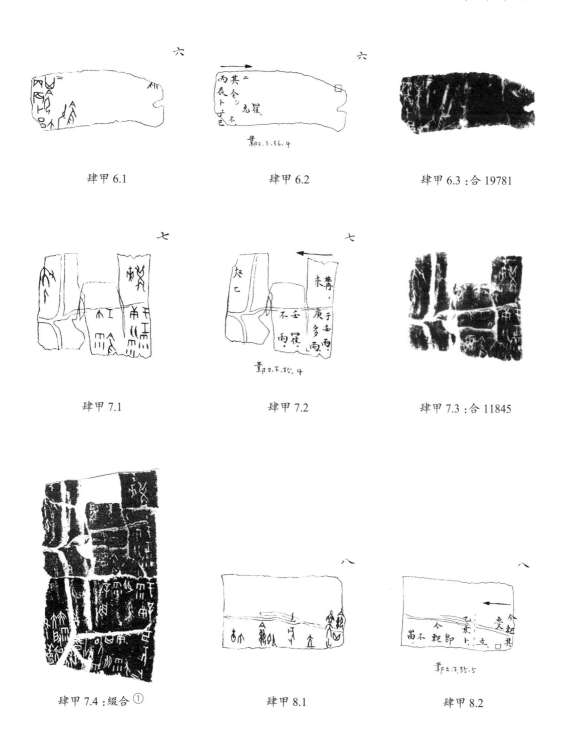

肆甲 6.1

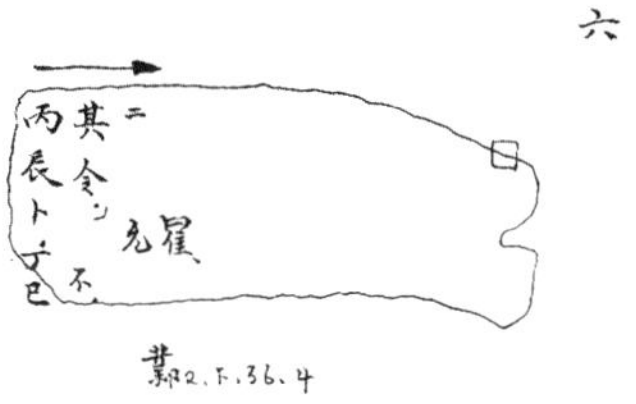

肆甲 6.2

肆甲 6.3：合 19781

肆甲 7.1

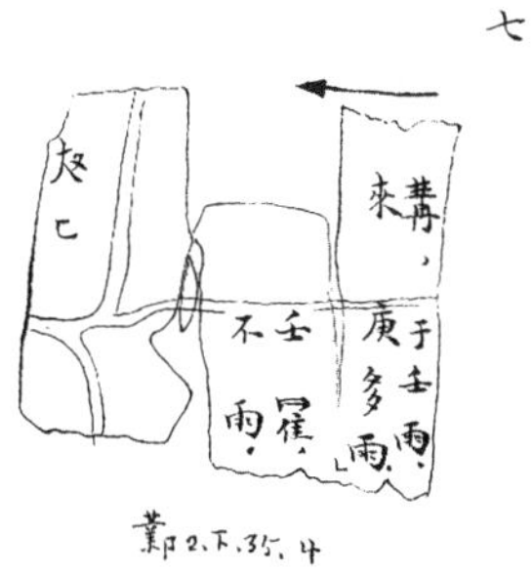

肆甲 7.2

肆甲 7.3：合 11845

肆甲 7.4：綴合①

肆甲 8.1

肆甲 8.2

---

① 肆甲七：即合 11845，現藏不詳。綴合組爲合 11845+ 合 20957，見宋雅萍：《𠂤組背甲卜辭新綴十二例》第十例，《甲骨文與殷商史》（新四輯）；又見：《背甲新綴第二十四則》，先秦史研究室網站，2011.8.25。

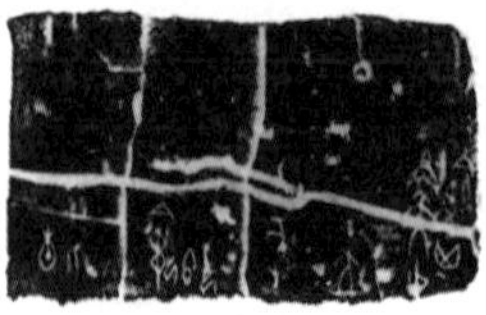

肆甲 8.3：合 21470

肆甲 8.4：綴合 ①

肆甲 9.1

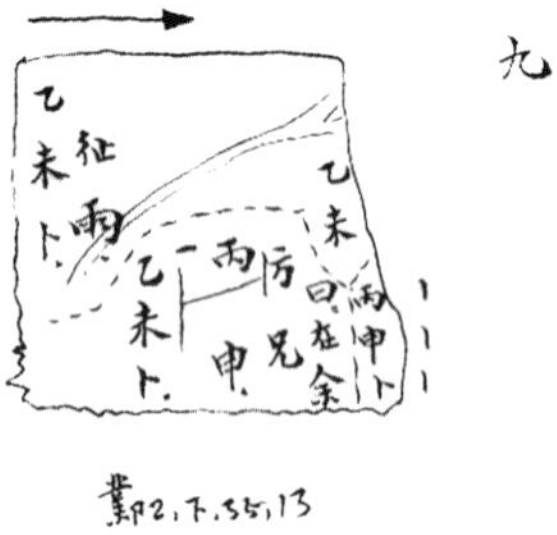

肆甲 9.2

肆甲 9.3：合 20952

肆甲 9.4：綴合 ②

肆甲 10.1

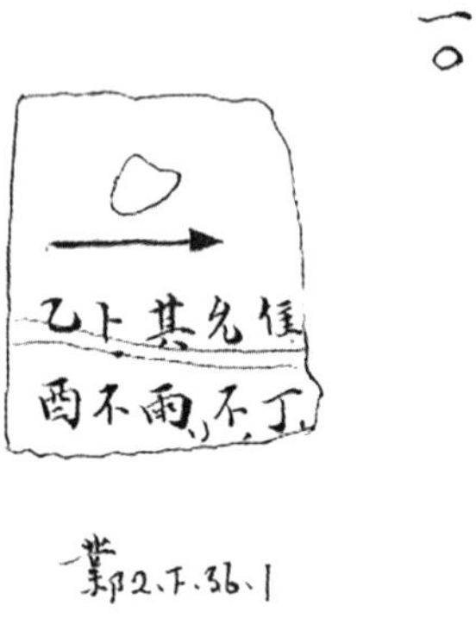

肆甲 10.2

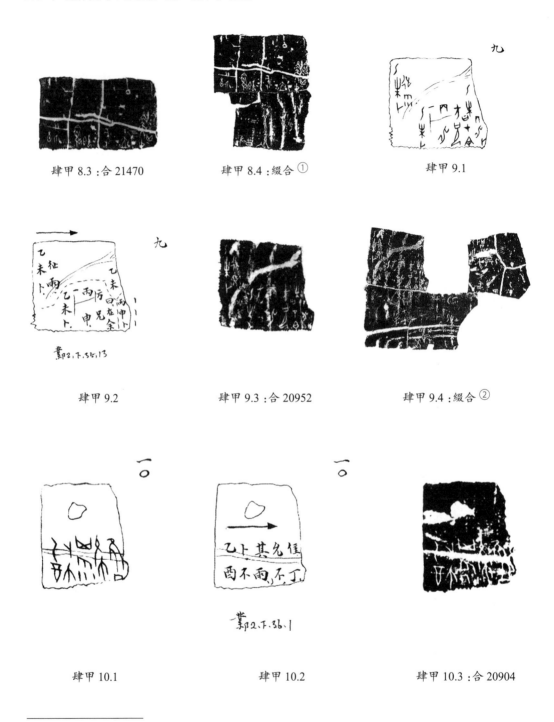

肆甲 10.3：合 20904

① 肆甲八：即合 21470，現藏於北師大。綴合組爲合 21470+ 合 21868，見宋雅萍：《𠂤組背甲卜辭新綴十二例》第三例，《甲骨文與殷商史》（新四輯）；又見宋雅萍：《背甲新綴第八、九例》，先秦史研究室網站，2010.9.17；《彙編》第 806 則。

② 肆甲九：即合 20952，爲北大藏拓。綴合組爲合 20437+ 合 20952+ 合 20918，見宋雅萍：《背甲新綴第四十三、四十四則》（第四十四則），先秦史研究室網站，2012.10.31。

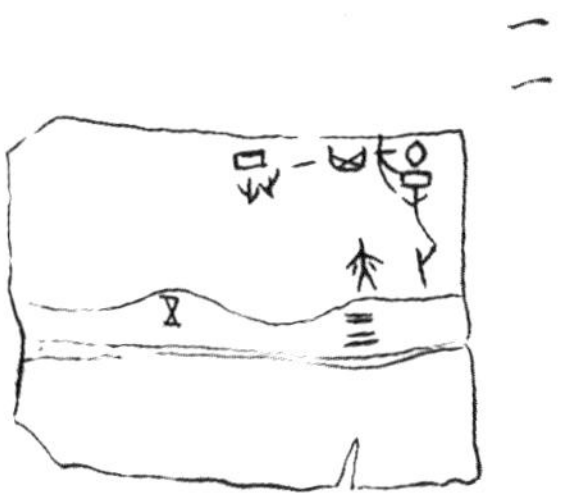

肆甲 11.1

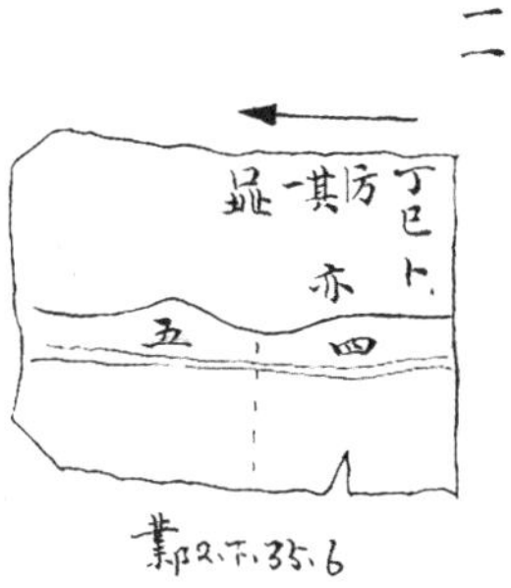

肆甲 11.2

肆甲 11.3：合 20424

肆甲 12.1

肆甲 12.2

肆甲 13.1

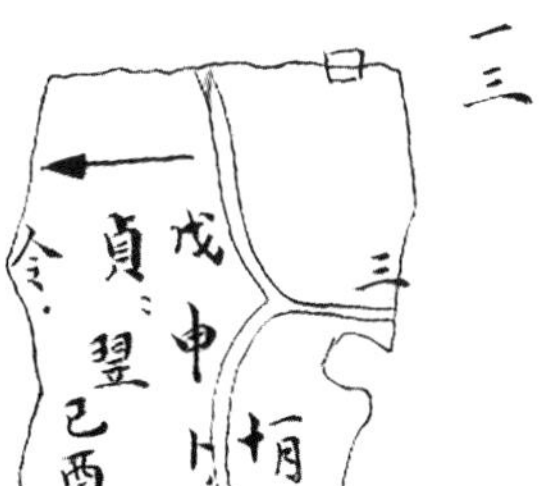

肆甲 13.2

肆甲 13.3：合 20819

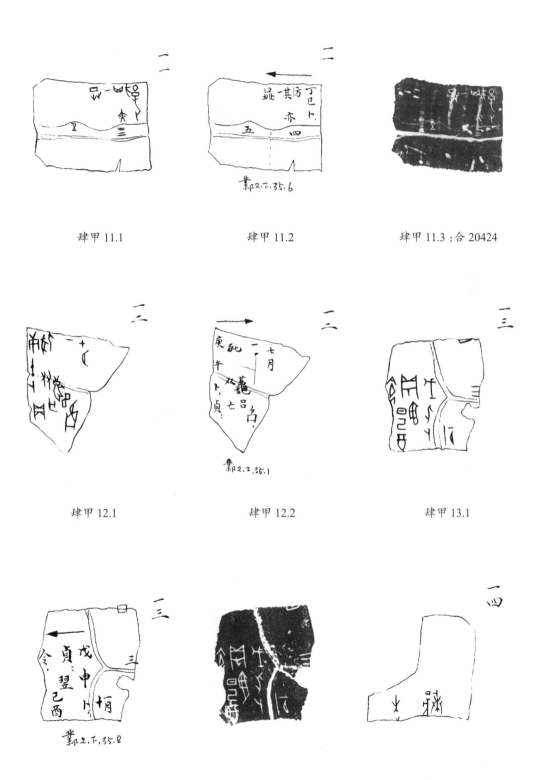

肆甲 14.1

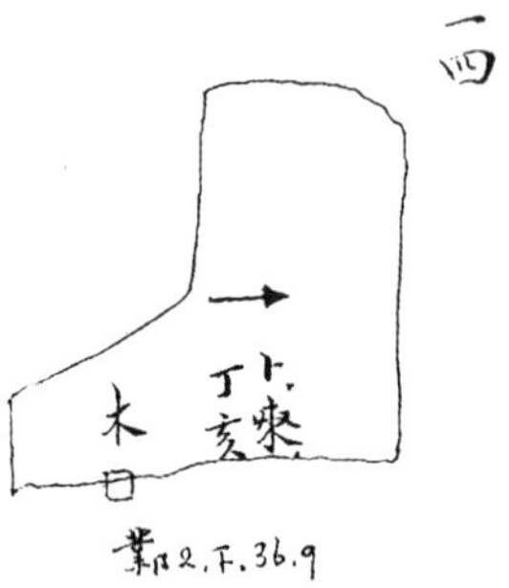

肆甲 14.2

肆甲 14.3：合 20858

肆甲 15.1

肆甲 15.2

肆甲 15.3：合 10980①

合20834

合21043

肆甲 15.4：綴合②

① 肆甲一五：即合 10980、合補 6659（上），現藏於國圖，爲北圖 2948。合補 6659，即北圖 2567+ 北圖 2948，經實物檢驗綴合成立。肆甲一五可與肆甲二二綴合。諸家釋文中“丘”字當爲“其”字之誤。

② 肆甲一五的綴合組爲：合補 6659（合 10980+ 合 21043）+ 合 20834（乙 8531），見蔣玉斌：《自組甲骨文獻的整理與研究》，《古籍整理研究學刊》2003 年第 3 期，第 5—8 頁；《彙編》第 104 則。

肆甲 16.1

肆甲 16.2

肆甲 16.3 :合 21330

肆甲 17.1

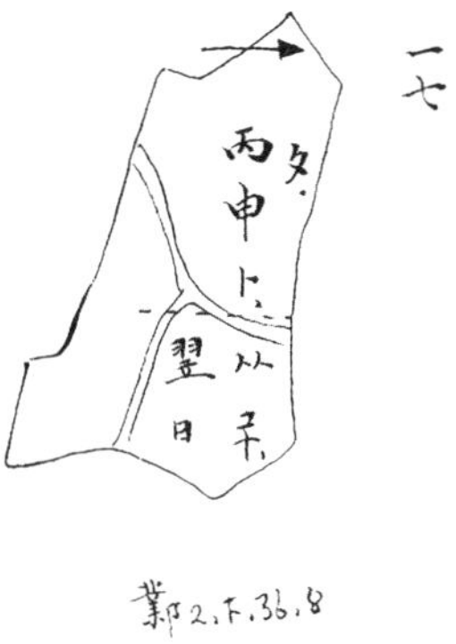

肆甲 17.2

肆甲 17.3 :合 21348①

肆甲 17.4 :綴合 ②

---

① 肆甲一七:即合 21348,現藏於國圖,爲北圖 4531。摹本反向,釋文摹本不反。

② 肆甲一七的綴合組爲:合 20114+ 合 21348+ 合 21350+ 合 21356+ 京 2969,見宋雅萍:《𠂤組背甲卜辭新綴十二例》第八例,《甲骨文與殷商史》(新四輯);又見《背甲新綴第三例補綴》,先秦史研究室網站,2011.2.10。又見《彙編》第 815 則補遺。合 20114+ 合 21348,即北圖 2685+ 北圖 4531,經實物檢驗綴合成立。

肆甲 18.1

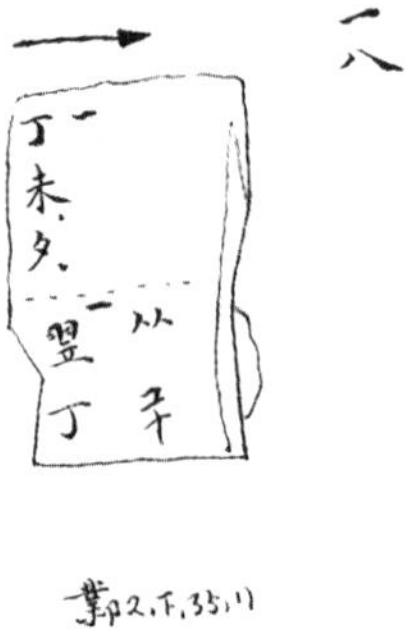

肆甲 18.2

肆甲 18.3：合 21343

京津2968
合21343

肆甲 18.4：綴合①

肆甲 19.1

肆甲 19.2

肆甲 19.3：合 20868

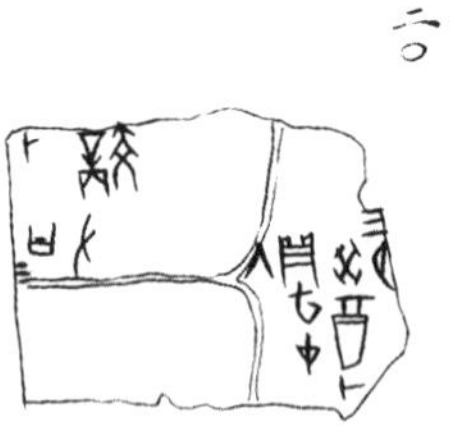

肆甲 20.1

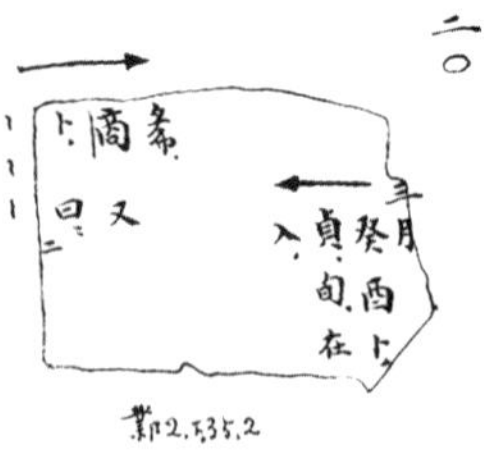

肆甲 20.2

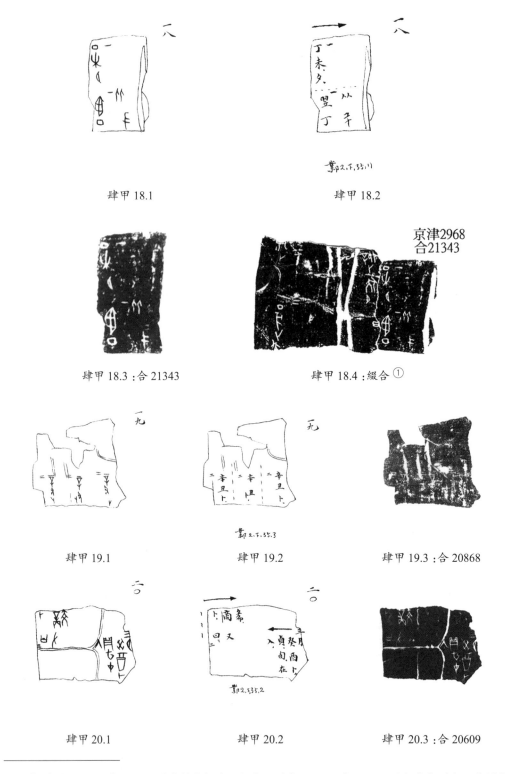

肆甲 20.3：合 20609

① 肆甲一八：即合 21343，現藏於北師大。綴合組爲合 20140+ 合 21343，見宋雅萍：《𠂤組背甲卜辭新綴十二例》第二例，《甲骨文與殷商史》（新四輯）。又見《彙編》第 816 則。

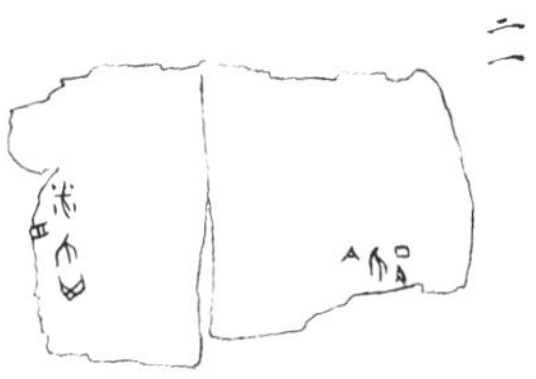

肆甲 21.1

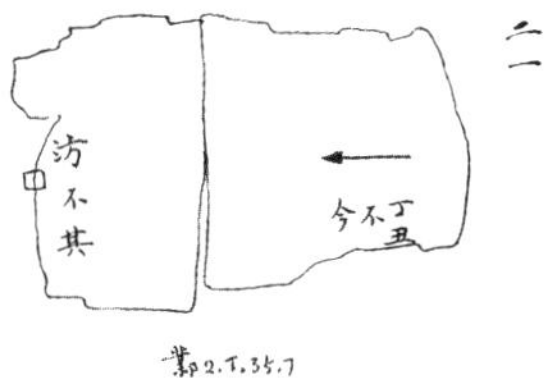

肆甲 21.2

肆甲 21.3：合 20499①

肆甲 21.4 綴合②

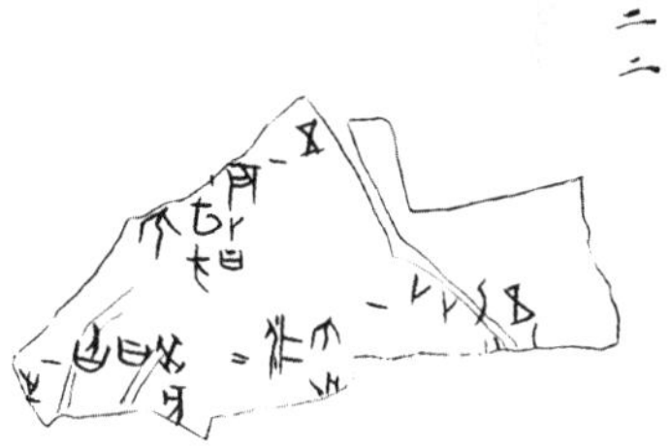

肆甲 22.1

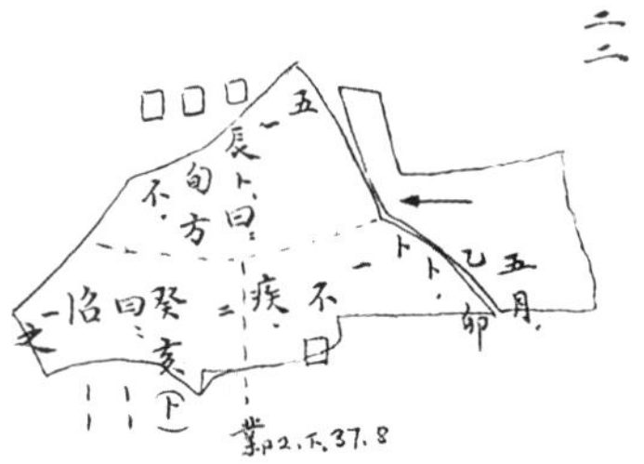

肆甲 22.2

肆甲 22.3：合 21043

---

① 肆甲二一：即合 20499，現藏不詳，《合集》拓片不清晰。

② 肆甲二一的綴合組爲：合 20499+ 合 20474（乙 10）+ 合 20473（乙 398），見紀帥：《師類甲骨資料整理與分類研究》，吉林大學碩士學位論文，2020 年 6 月，第 167—169 頁。

肆甲 22.4：合補 6659①

肆甲 22.5：綴合②

肆甲 23.1

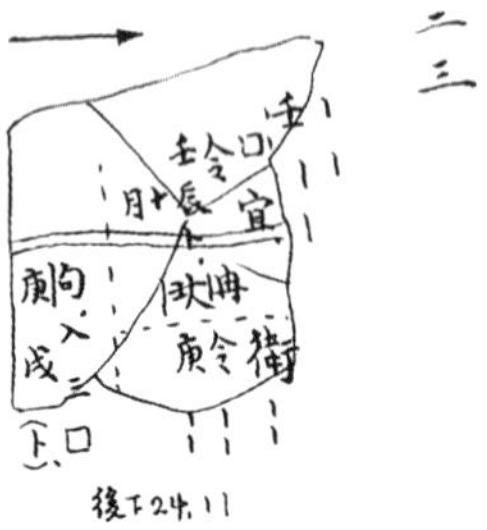

肆甲 23.2

肆甲 23.3：合 20230③

肆甲 24.1

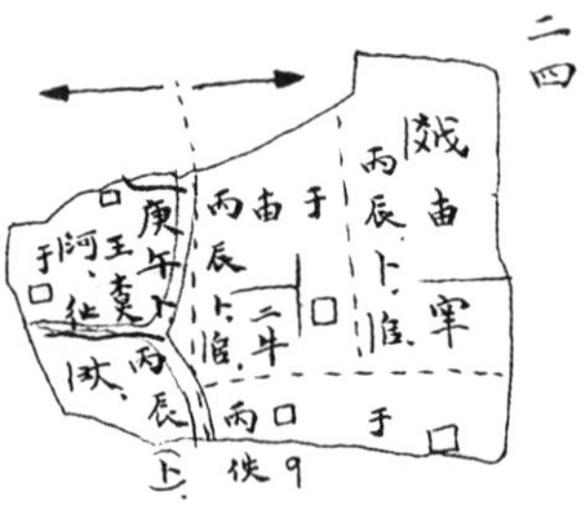

肆甲 24.2

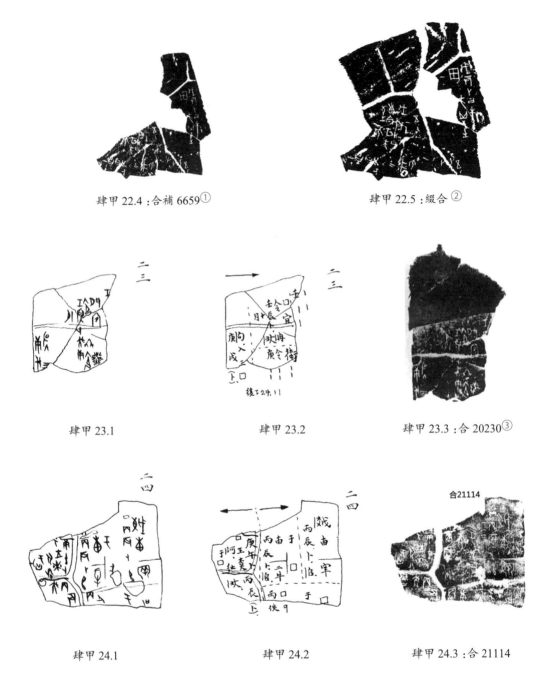

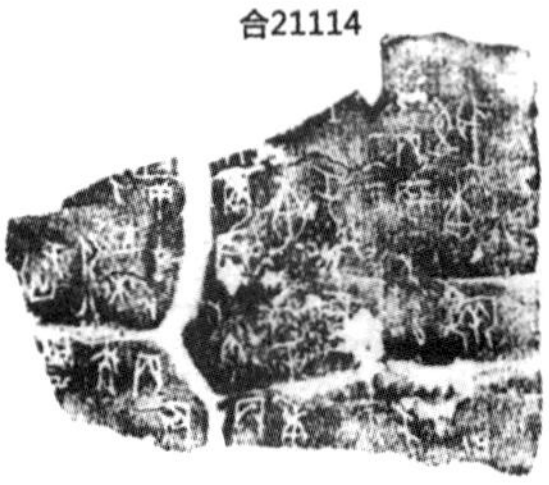

肆甲 24.3：合 21114

---

① 肆甲二二：即合 21043、合補 6659（下），現藏於國圖，爲北圖 2567。合補 6659，即北圖 2567+北圖 2948，經實物檢驗綴合成立。肆甲一五可與肆甲二二綴合。

② 肆甲二二的綴合組：合補 6659（合 10980+ 合 21043）+ 合 20834（乙 8531），見蔣玉斌綴，見《彙編》第 104 則。蔣玉斌：《甲骨文獻整理(兩種)》,《古籍整理研究學刊》2003 年第 3 期，第 5—8 頁。

③ 肆甲二三：即合 20230，現藏不詳。摹本上部骨形不全，《合集》拓片全形。

肆甲 25.1

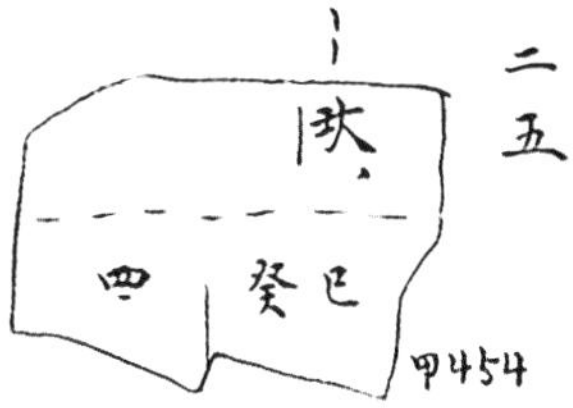

肆甲 25.2

肆甲 25.3 :合 20110

肆甲 26.1

肆甲 26.2

肆甲 26.3 :合 21106

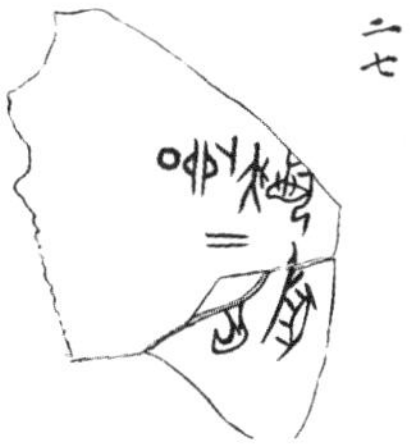

肆甲 27.1

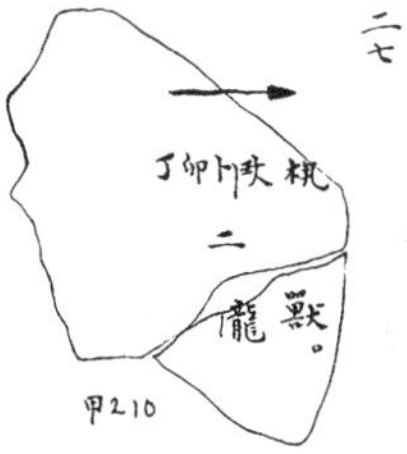

肆甲 27.2

肆甲 27.3 :合 21187

肆甲 27.4 綴合①

肆甲 28.1

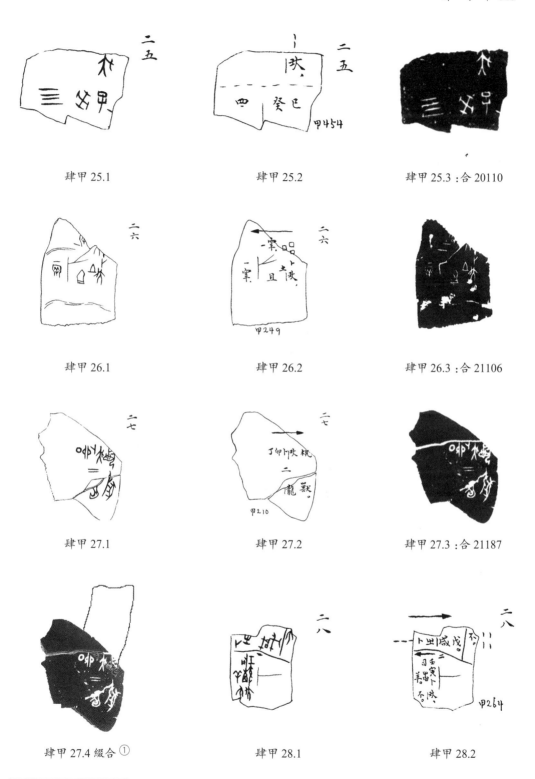

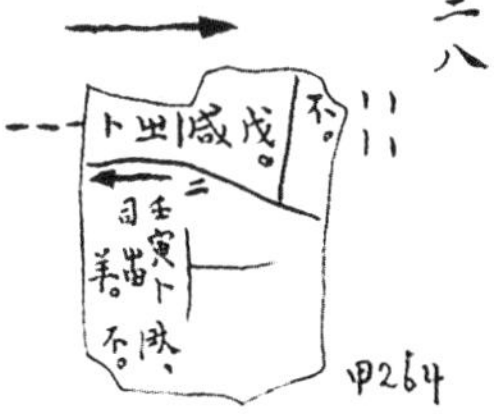

肆甲 28.2

① 肆甲二七:即合 21187,現藏於史語所。綴合組爲合 21187+B.1.0.0520,見陳逸文:《〈甲編〉綴合 26 例》,先秦史研究室網站,2014.3.6。

肆甲 28.3：合 20098①

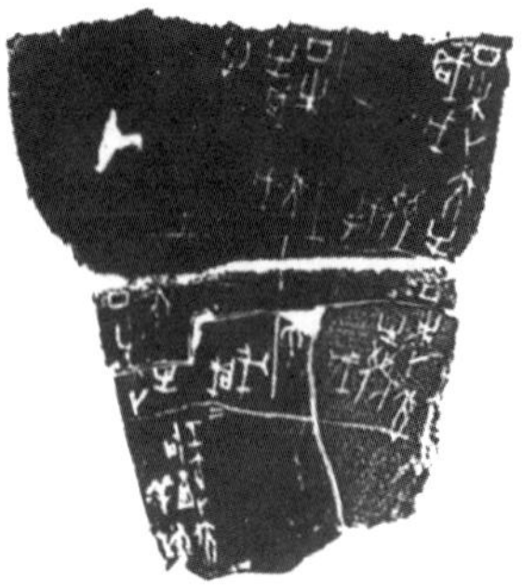

肆甲 28.4：合補 6570②

肆甲 29.1

肆甲 29.2

肆甲 29.3：合 19928

肆甲 30.1

肆甲 30.2

肆甲 30.3：合 20460

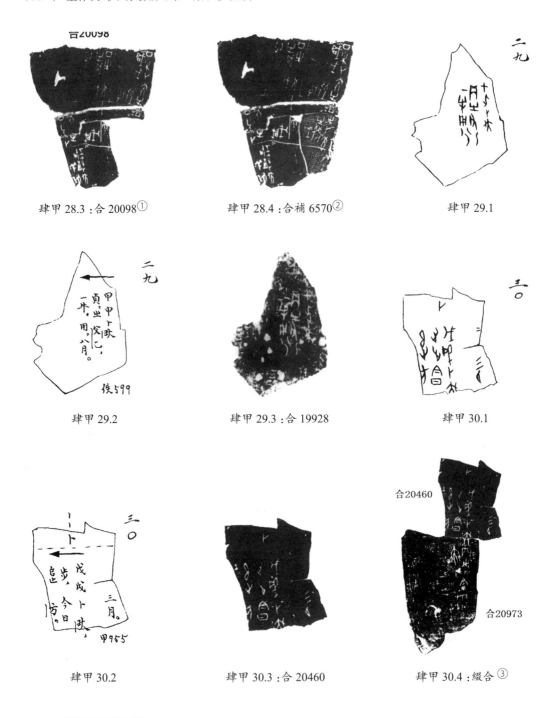

肆甲 30.4：綴合 ③

① 肆甲二八：即合 20098（下）、合補 6570（左下），現藏於史語所。肆甲二八與肆甲三九綴合，即合 20098。

② 肆甲二八的綴合組爲：合 20098（善 14356+ 甲 264）+ 合 20100，即合補 6570。見《綴》第 236 則。

③ 肆甲三〇：即合 20460，現藏於史語所。綴合組爲合 20460+ 合 20973，見劉影：《甲骨新綴第 85—86 組》，先秦史研究室網站，2010.10.26；又見《拼二》第 337 則。

肆甲 31.1

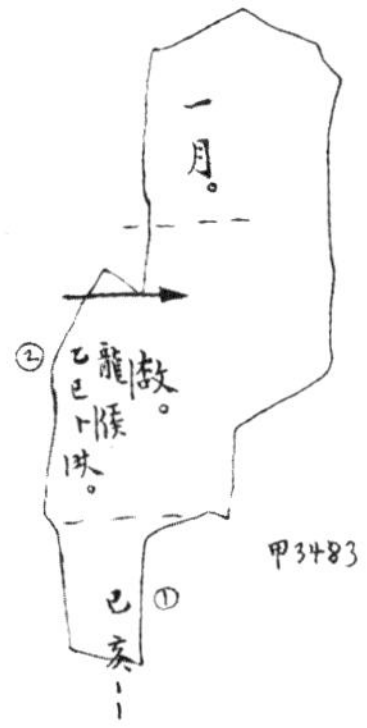

肆甲 31.2

肆甲 31.3：合 20066

肆甲 31.4：合補 6732①

肆甲 32.1

肆甲 32.2

肆甲 32.3：合 20477

肆甲 33.1

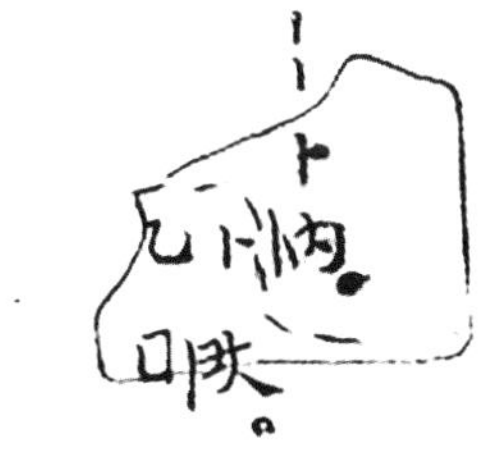

肆甲 33.2

肆甲 33.3：合補 5790

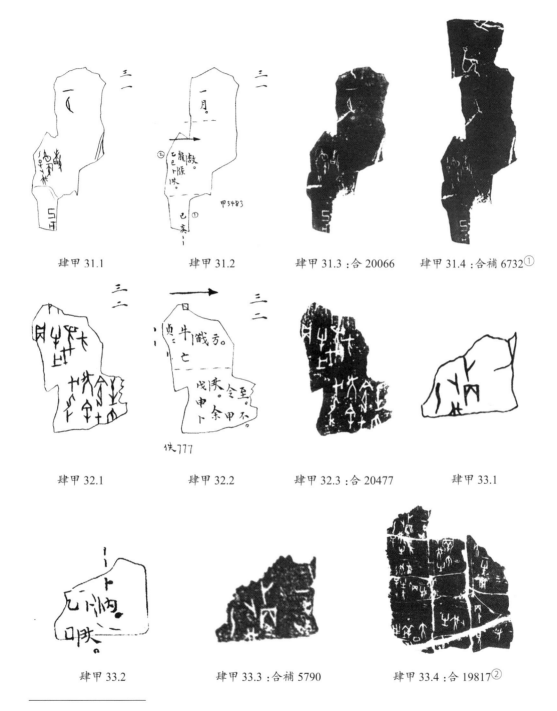

肆甲 33.4：合 19817②

① 肆甲三一：即合 20066、合補 6732（下），現藏於史語所。綴合組爲合 20066+ 合 22456，即合補 6732。見《彙編》第 487 則。

② 肆甲三三：即合補 5790、合 19817（左上），現藏於史語所。肆甲三六與肆甲三七綴合，仍小於合 19817。“此版材料來源爲《甲釋》，可《甲釋》只有四版綴合，且其中有綴合位置需調整。”參見林宏明：《董作賓先生在甲骨綴合上的貢獻》，《古文字與古代史》（第四輯），95 頁註 21。

肆甲 34.1

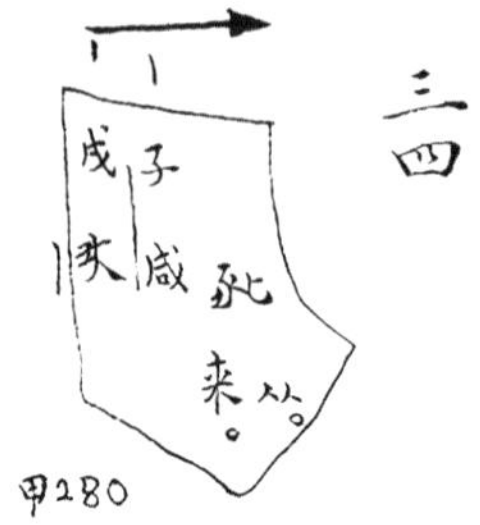

肆甲 34.2

肆甲 34.3：合 20053

肆甲 35.1

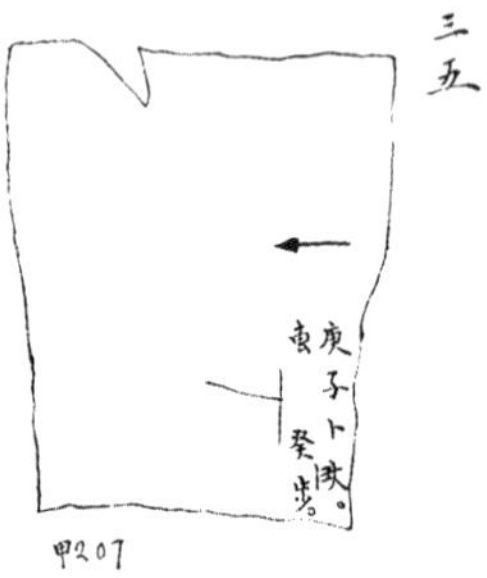

肆甲 35.2

肆甲 35.3：合 20268

肆甲 36.1

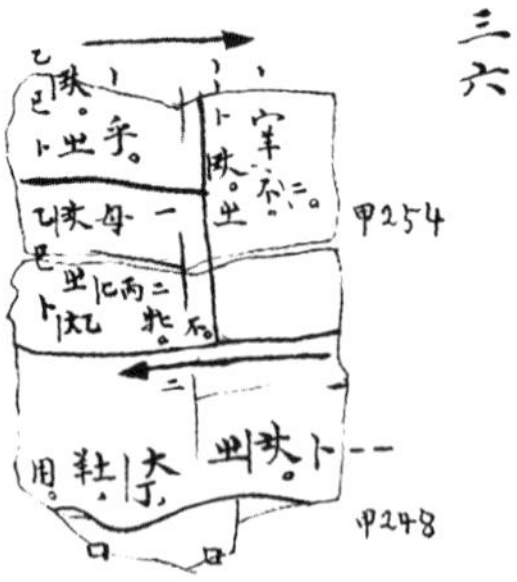

肆甲 36.2

肆甲 36.3：合 19817①

① 肆甲三六：即合 19817（左），現藏於史語所。肆甲三六摹本重見於《新獲卜辭寫本》第 336，與肆甲三三及肆甲三七綴合。（詳見肆甲三三處注釋。）

肆甲 37.1

肆甲 37.2①

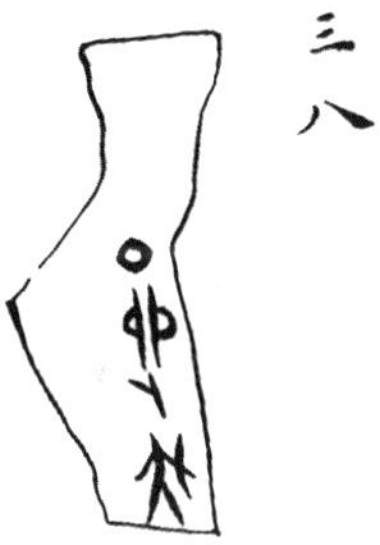

肆甲 38.1

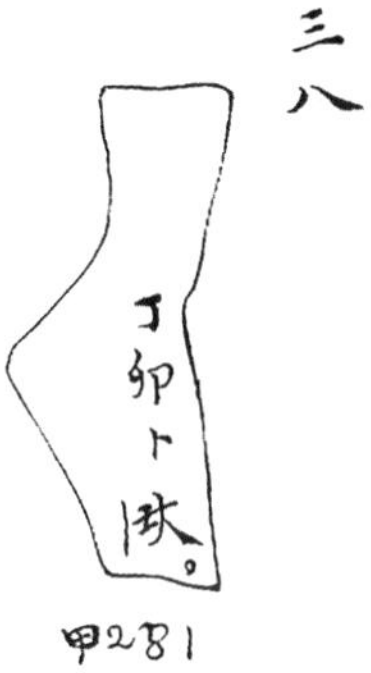

肆甲 38.2

肆甲 38.3 :合 20126

肆甲 39.1

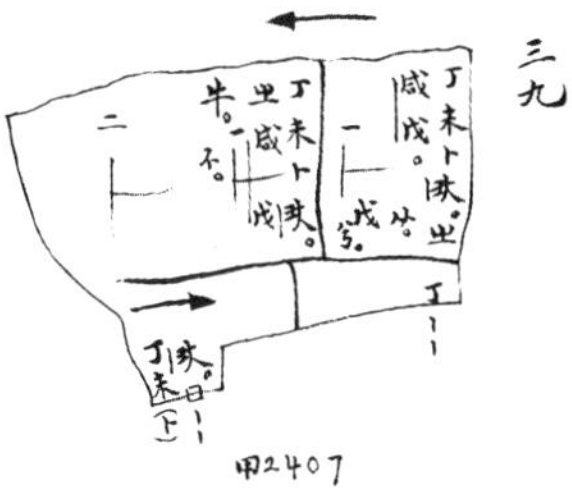

肆甲 39.2②

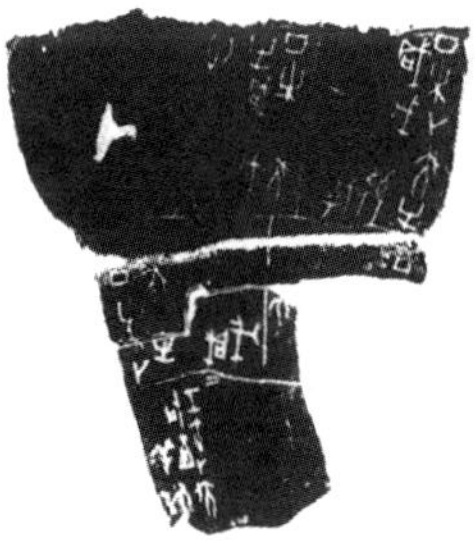

肆甲 39.3 :合 20098③

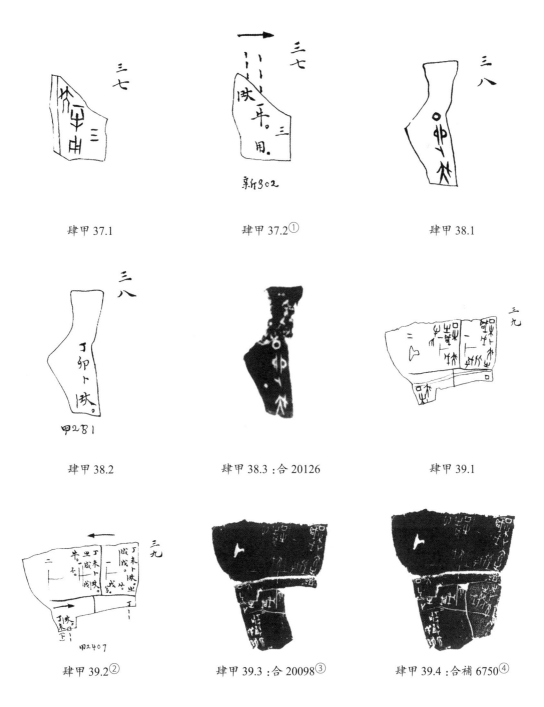

肆甲 39.4 :合補 6750④

---

① 肆甲三七:即合 19817(左上),現藏於史語所。

② 此版標註“甲 2407”有誤,實爲北圖 19756(善 14356)。

③ 肆甲三九:即合 20098(上)、合補 6570(上),現藏於國圖,爲北圖 19756。肆甲二八與肆甲三九綴合,即合 20098。

④ 肆甲三九的綴合組爲:合 20098(善 14356+ 甲 264)+ 合 20100,即合補 6570。見《綴》第 236 則。

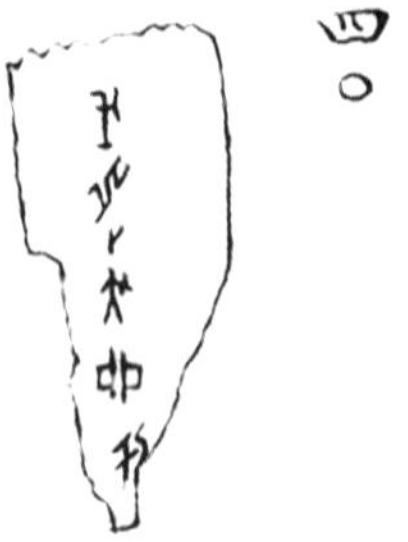

肆甲 40.1

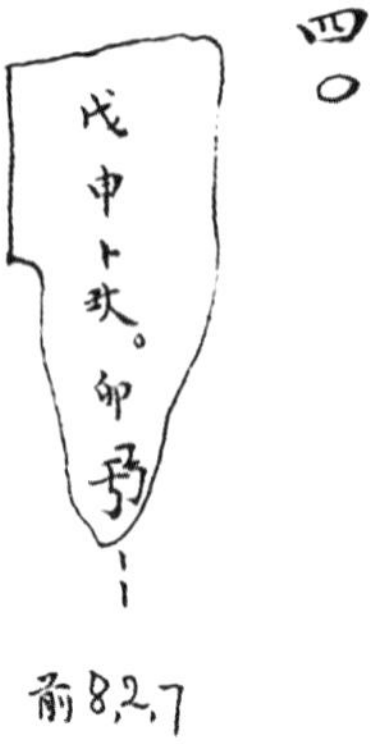

肆甲 40.2

肆甲 40.3：合 20133

肆甲 41.1

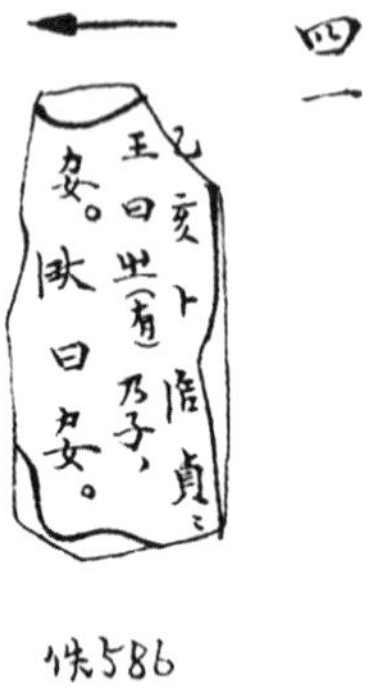

肆甲 41.2

肆甲 41.3：合 21071

肆甲 41.4：綴合①

肆甲 42.1

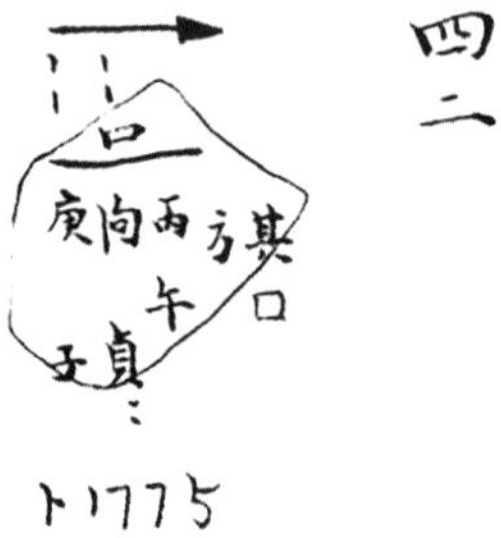

肆甲 42.2

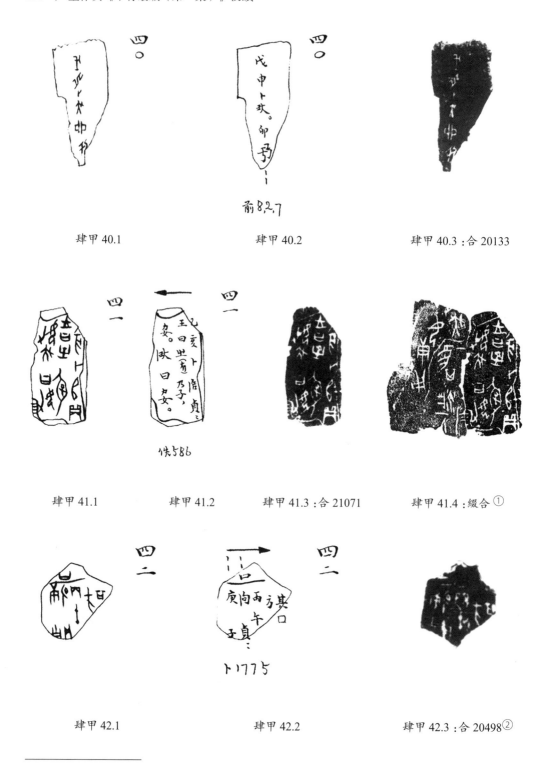

肆甲 42.3：合 20498②

① 肆甲四一：即合 21071，現藏於史語所。綴合組爲合 19965+ 合 21071，見李愛輝：《甲骨拼合第 228、229、230 則》，先秦史研究室網站，2013.6.26；又見《拼四》第 936 則。

② 肆甲四二：即合 20498，現藏於南博。《合集》拓片字口不清晰。

肆甲 43.1

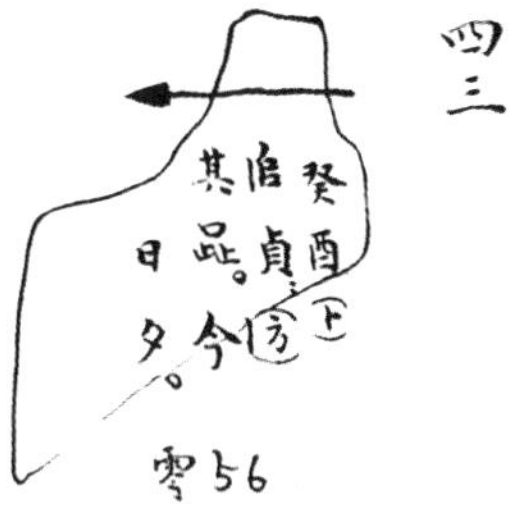

肆甲 43.2

肆甲 43.3：合 20408①

肆甲 43.4：綴合②

肆甲 44.1

肆甲 44.2

肆甲 44.3：合 20428

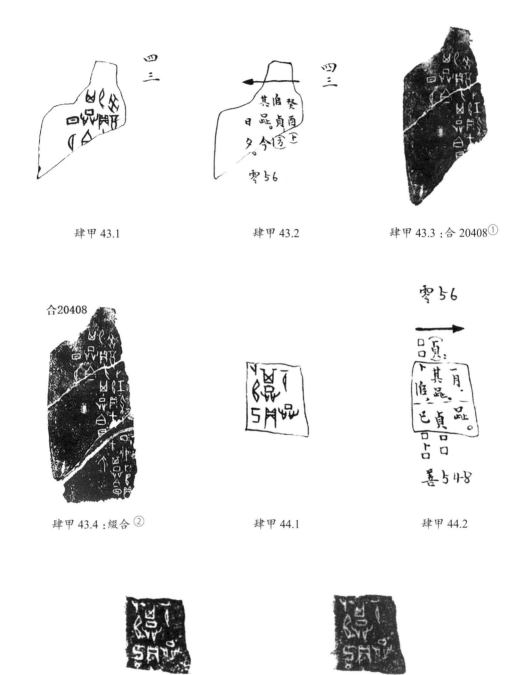

肆甲 44.4：合補 6624

---

① 肆甲四三：即合 20408（上），現藏於浙文會。肆甲四三與肆甲四六綴合，即合 20408。

② 肆甲四三的綴合組爲：合 20408+ 合 20420，見李愛輝：《甲骨拼合第 232、233 則》，先秦史研究室網站，2013.7.10；又見《拼四》第 939 則。

肆甲 45.1

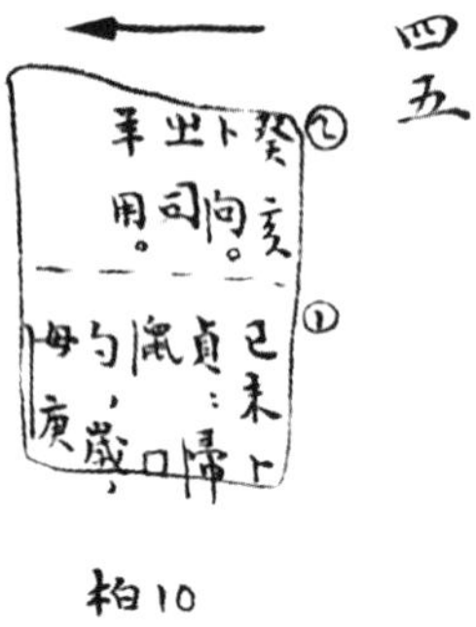

肆甲 45.2

肆甲 45.3：合 19992

肆甲 46.1

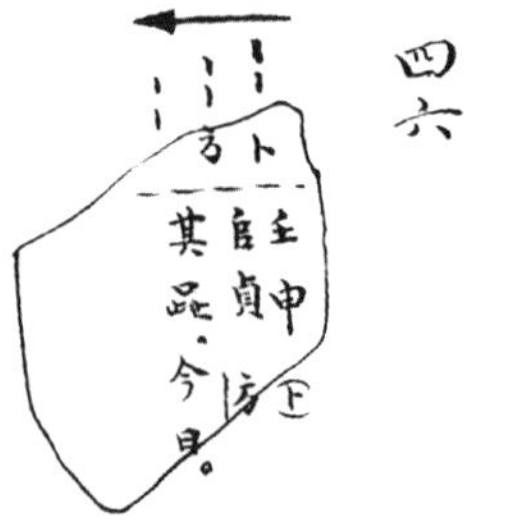

肆甲 46.2

肆甲 46.3：合 20408①

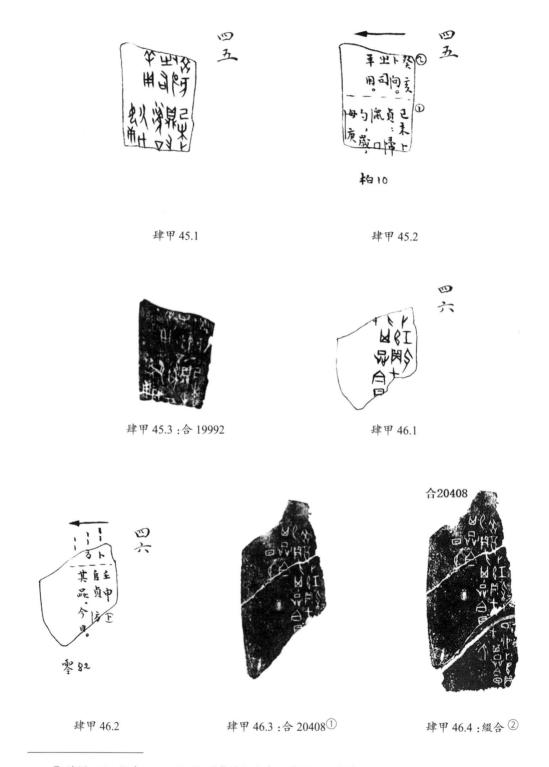

肆甲 46.4：綴合 ②

① 肆甲四六：即合 20408（下），現藏於浙文會。肆甲四六與肆甲四三綴合，即合 20408。

② 肆甲四六的綴合組爲：合 20408+ 合 20420，見李愛輝：《甲骨拼合第 232、233 則》，先秦史研究室網站，2013.7.10；又見《拼四》第 939 則。

肆甲 47.1

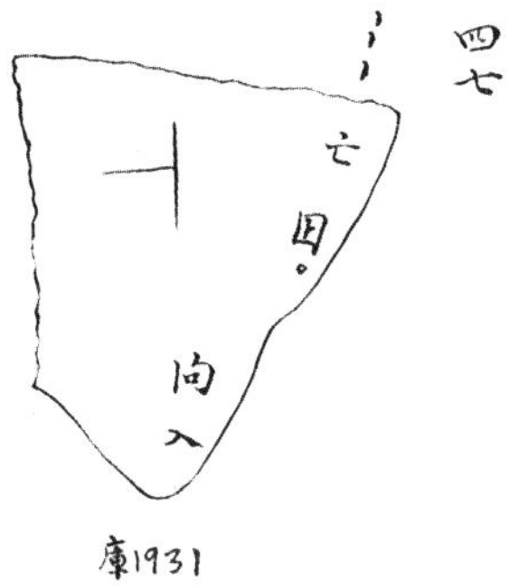

肆甲 47.2

肆甲 47.3 :英藏 1821①

肆甲 48.1

肆甲 48.2

肆甲 48.3 :合 19920

肆甲 49.1

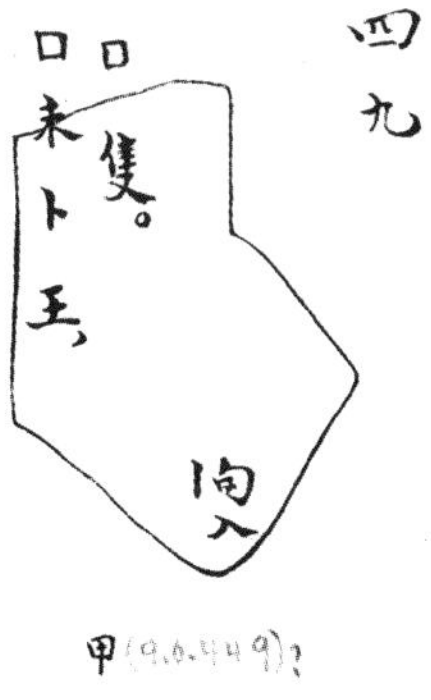

肆甲 49.2

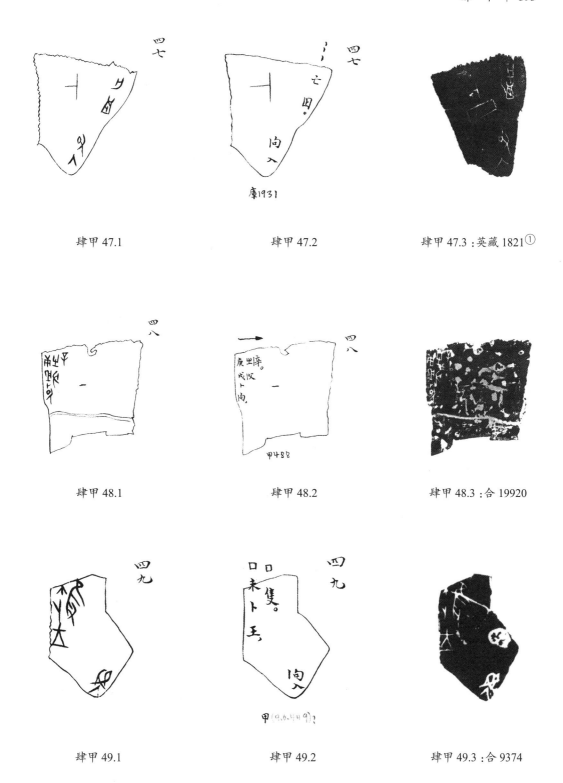

肆甲 49.3 :合 9374

① 肆甲四七:即合 40846,爲摹本,現藏於英不圖,爲英藏 1821。摹本漏摹兆序“一”。

肆甲 50.1

肆甲 50.2

肆甲 50.3 ：合 9367

肆甲 51.1

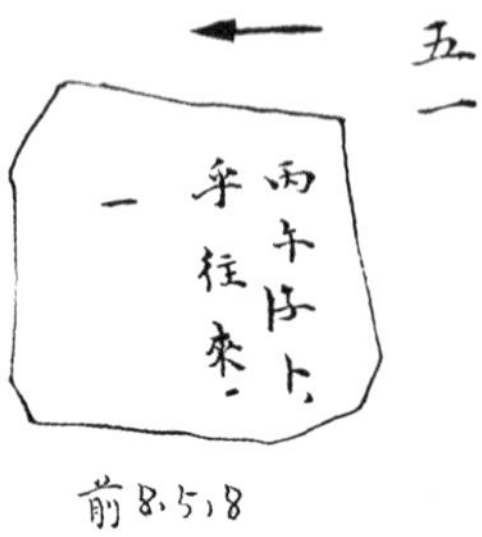

肆甲 51.2

肆甲 51.3 ：合 21587①

肆甲 52.1

肆甲 52.2

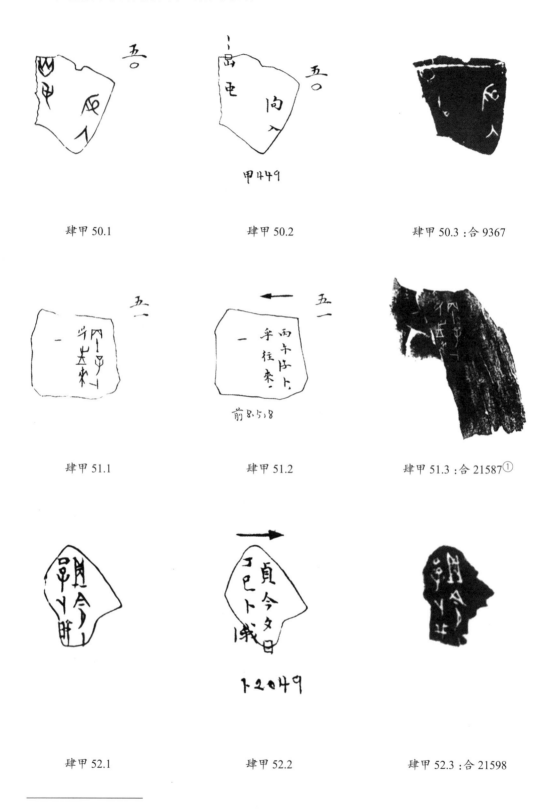

肆甲 52.3 ：合 21598

---

① 肆甲五一：即合 21587，現藏於山博。摹本骨形不全，《合集》爲全形圖。

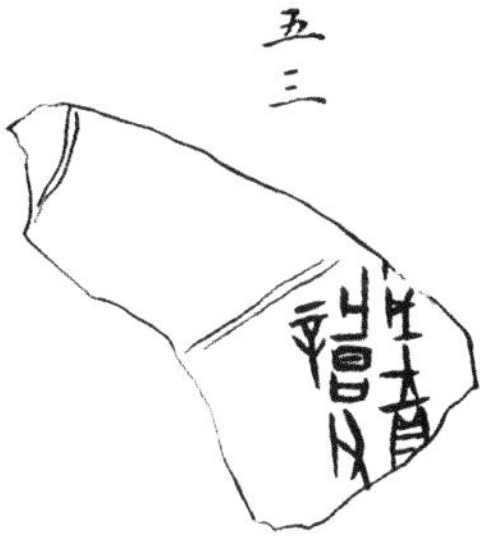

肆甲 53.1

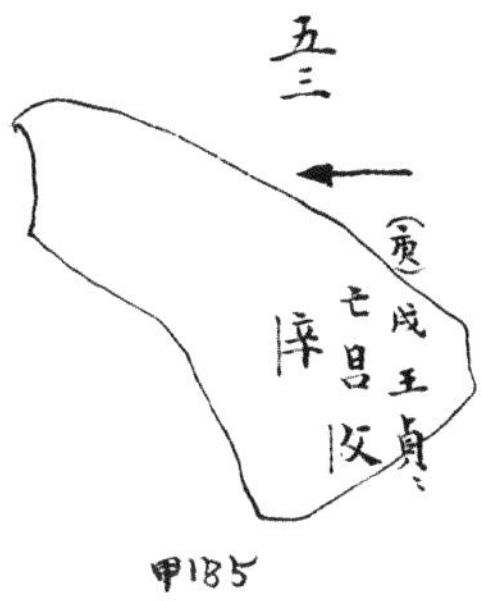

肆甲 53.2

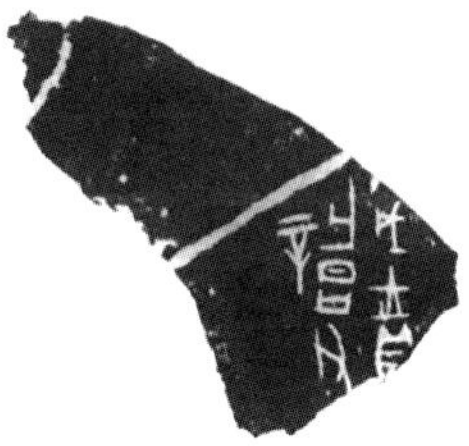

肆甲 53.3 :合 19924

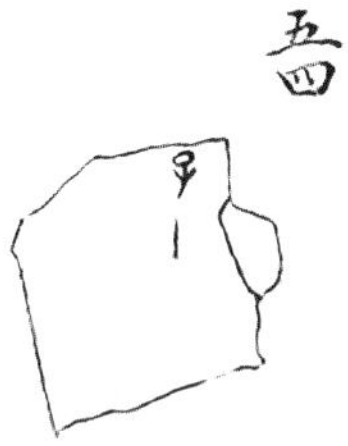

肆甲 54.1

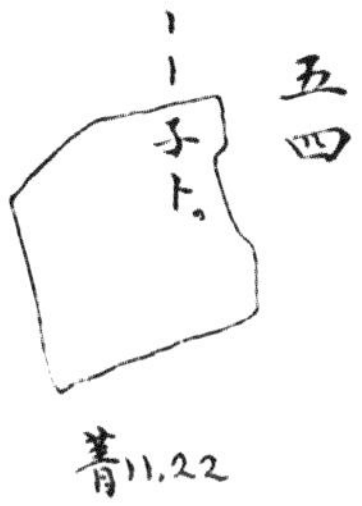

肆甲 54.2

肆甲 54.3 :菁 11.22①

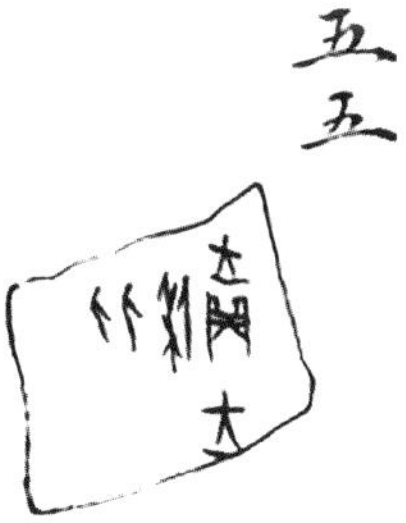

肆甲 55.1

肆甲 55.2

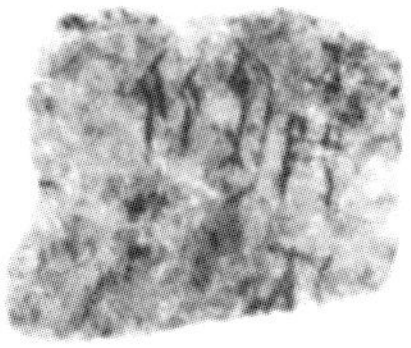

肆甲 55.3 :合 20206②

---

① 肆甲五四 :《合集》《合補》未收,現藏不詳,原菁 11.22,非拓本。

② 肆甲五五 :即合 20206,現藏不詳,《合集》不清晰,非拓本。

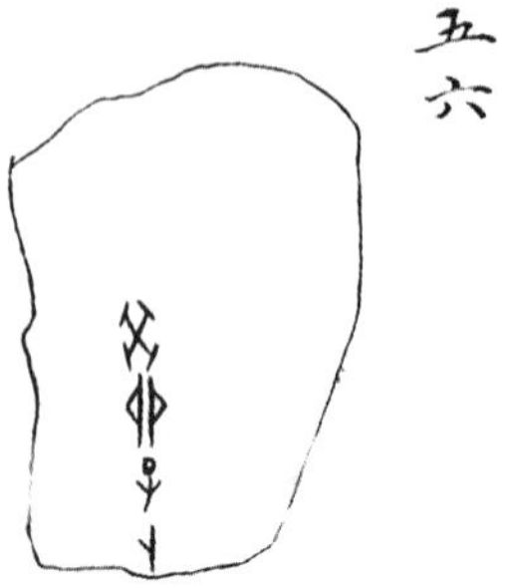

肆甲 56.1

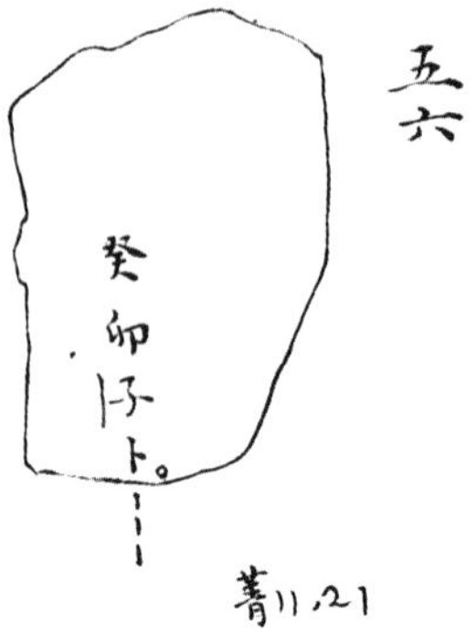

肆甲 56.2

肆甲 56.3 :菁 11.21①

① 肆甲五六:《合集》《合補》未收,現藏不詳,原菁 11.21,非拓本。

古文字與中華文明傳承發展工程
國家圖書館藏古文字學與古史研究稿本叢刊

董作賓《甲骨叢編（第一集）》校讀

下册

胡輝平◎著

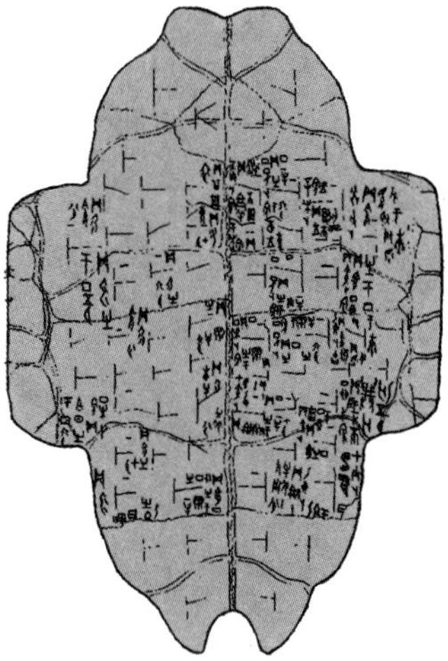

北京大學出版社
PEKING UNIVERSITY PRESS

肆 骨

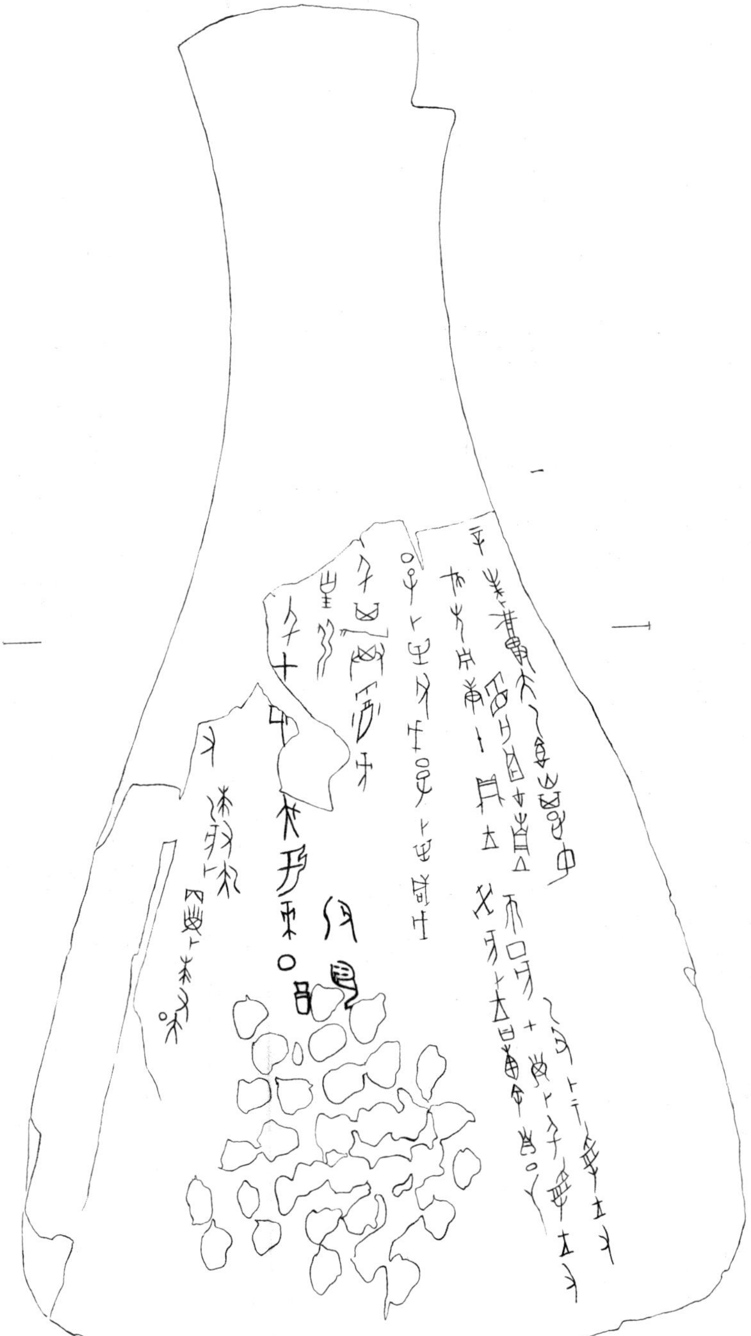

肆骨 1.1 正

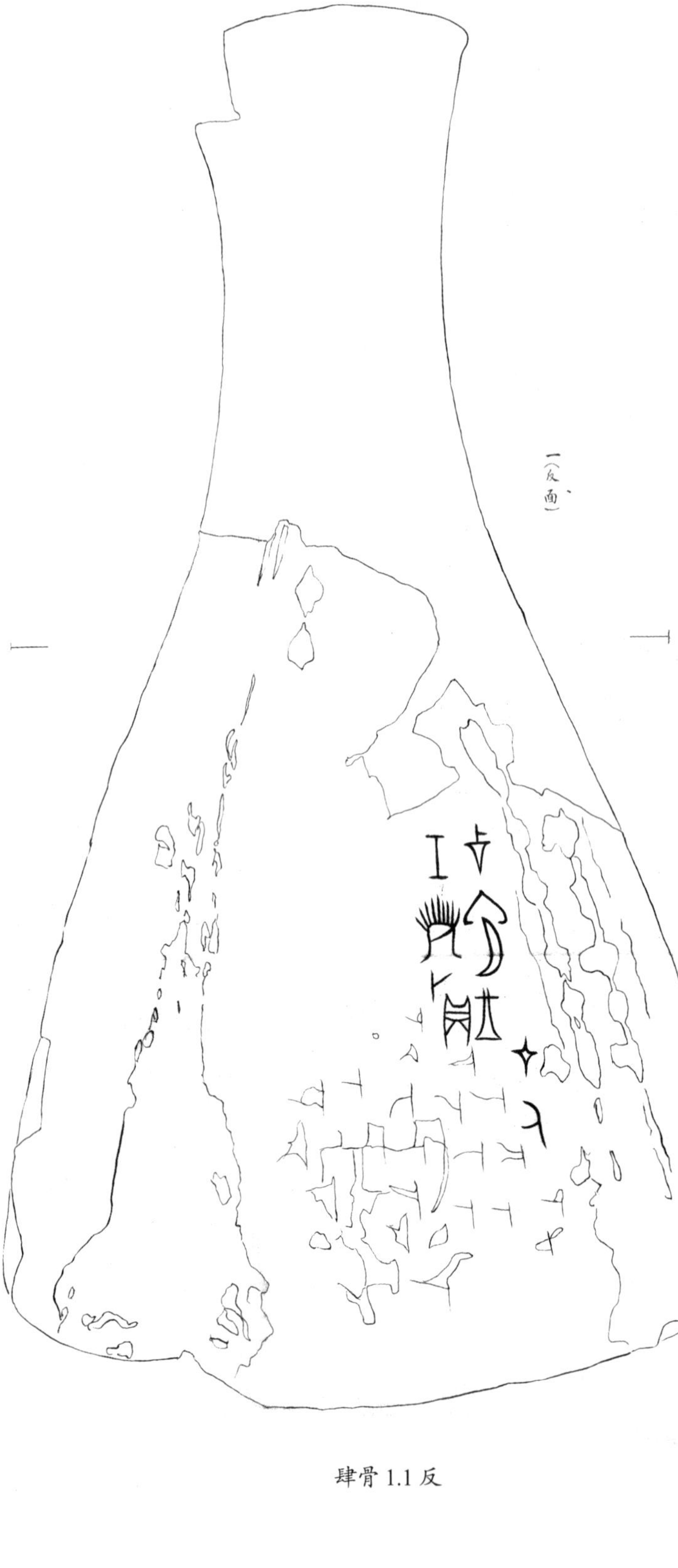

肆骨 1.1 反

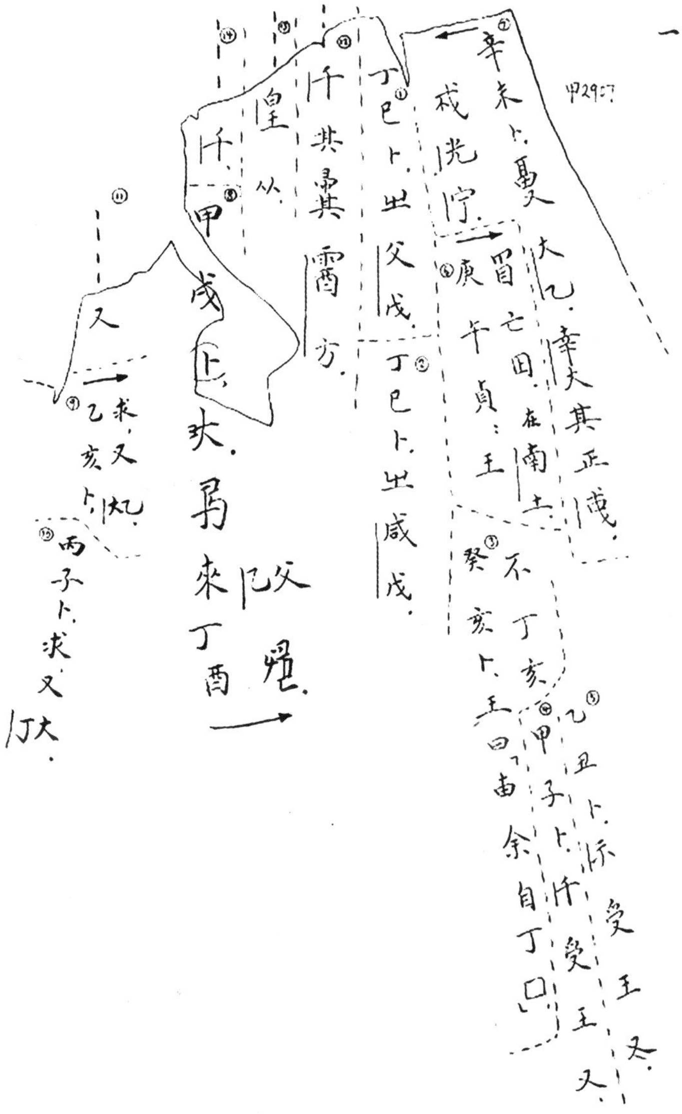

肆骨 1.2 正

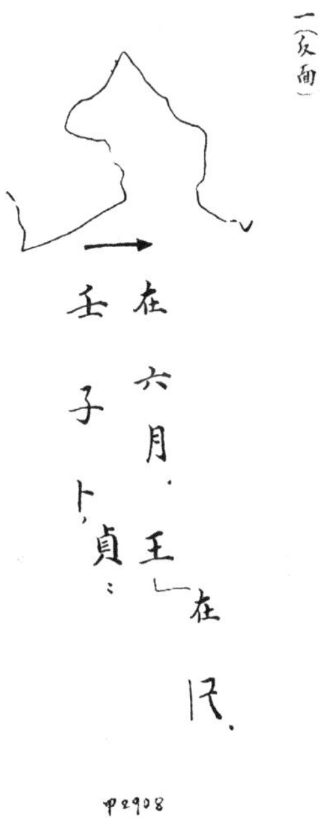

肆骨 1.2 反

肆骨 1.3.1 : 合 19946 正

肆骨 1.3.2 : 合 19946 反

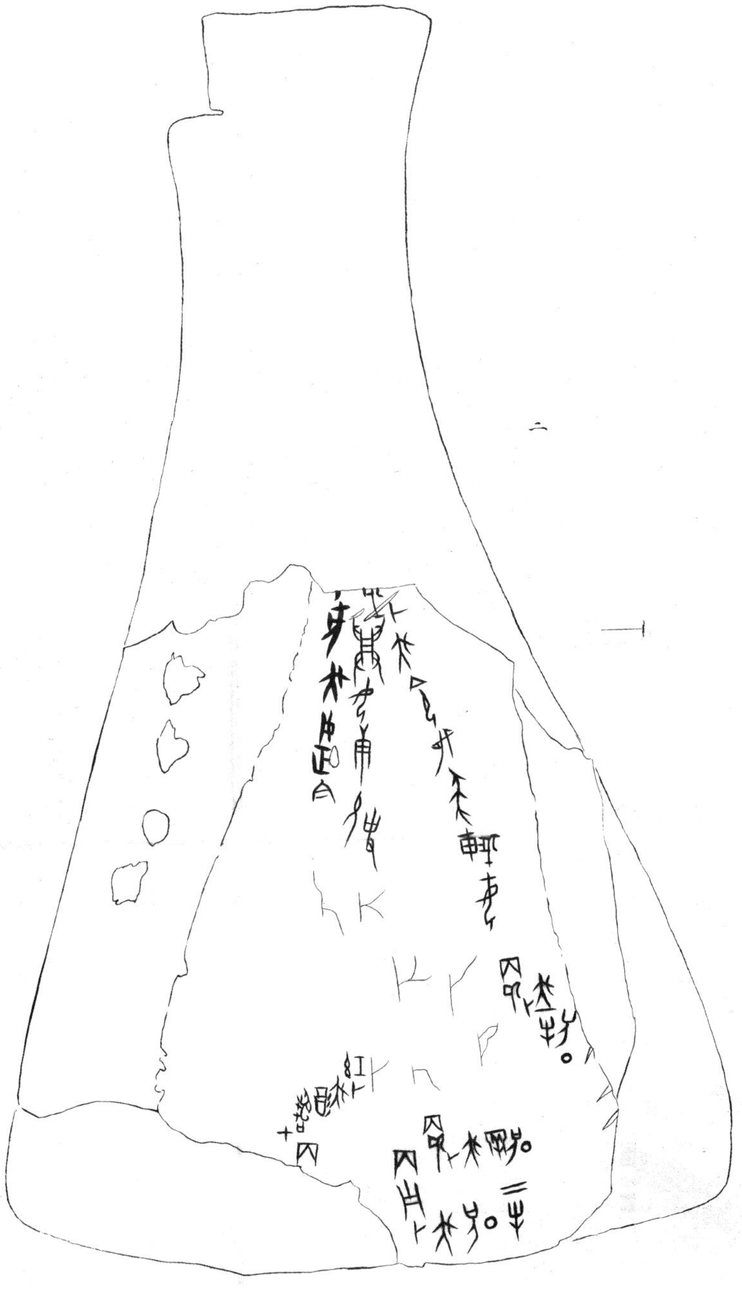

肆骨 2.1

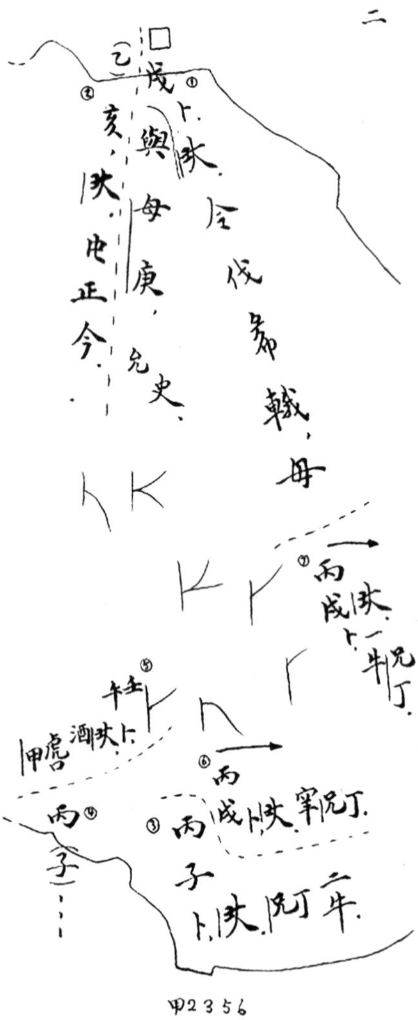

甲2356

肆骨 2.2

合19907

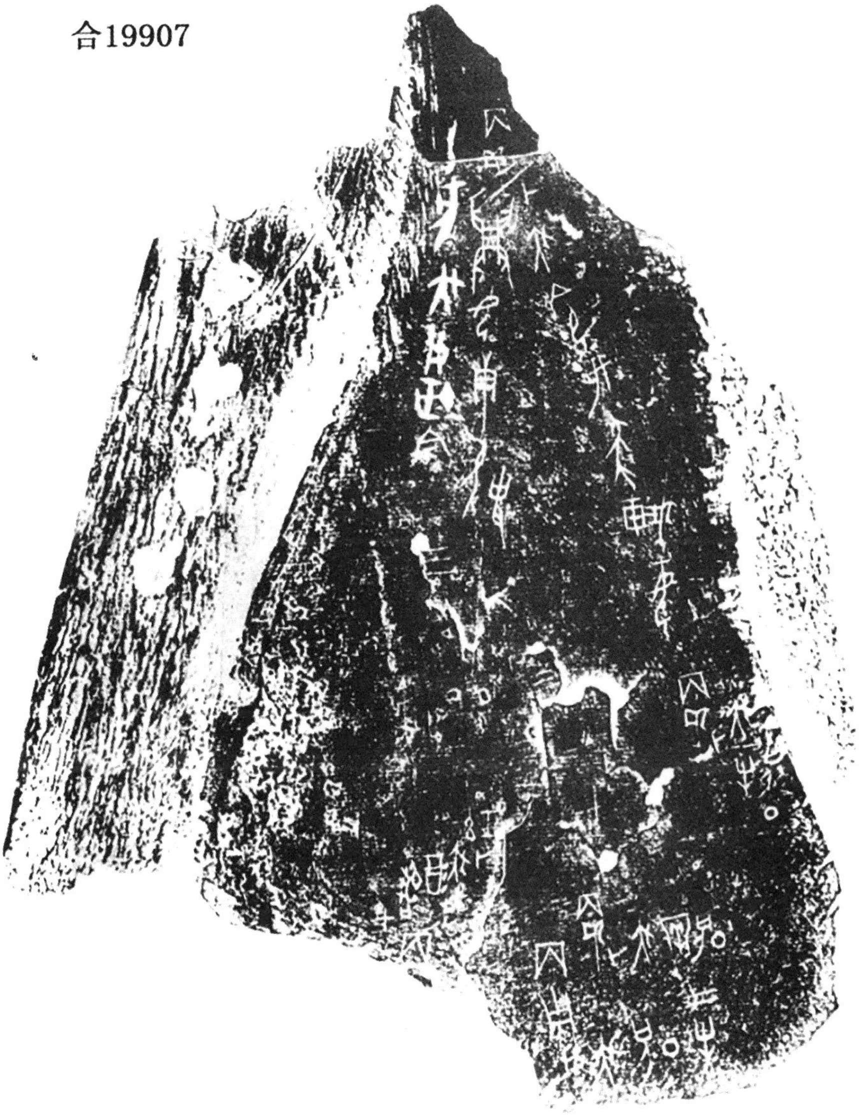

肆骨 2.3：合 19907①

① 肆骨二：即合 19907（下），現藏於史語所。《合集》上部有綴合。

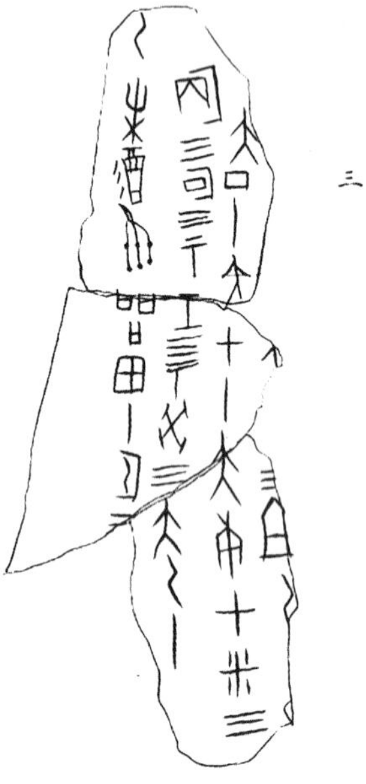

肆骨 3.1

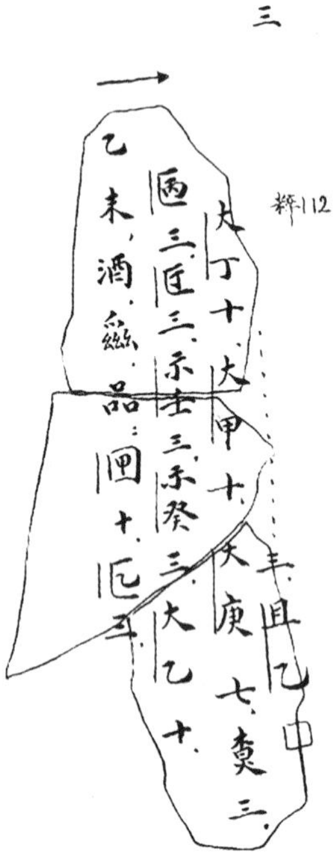

肆骨 3.2

肆骨 3.3：合 32384①

① 肆骨三：即合 32384，其中下部現藏於國圖，爲北圖 6006（粹 112 丙）。

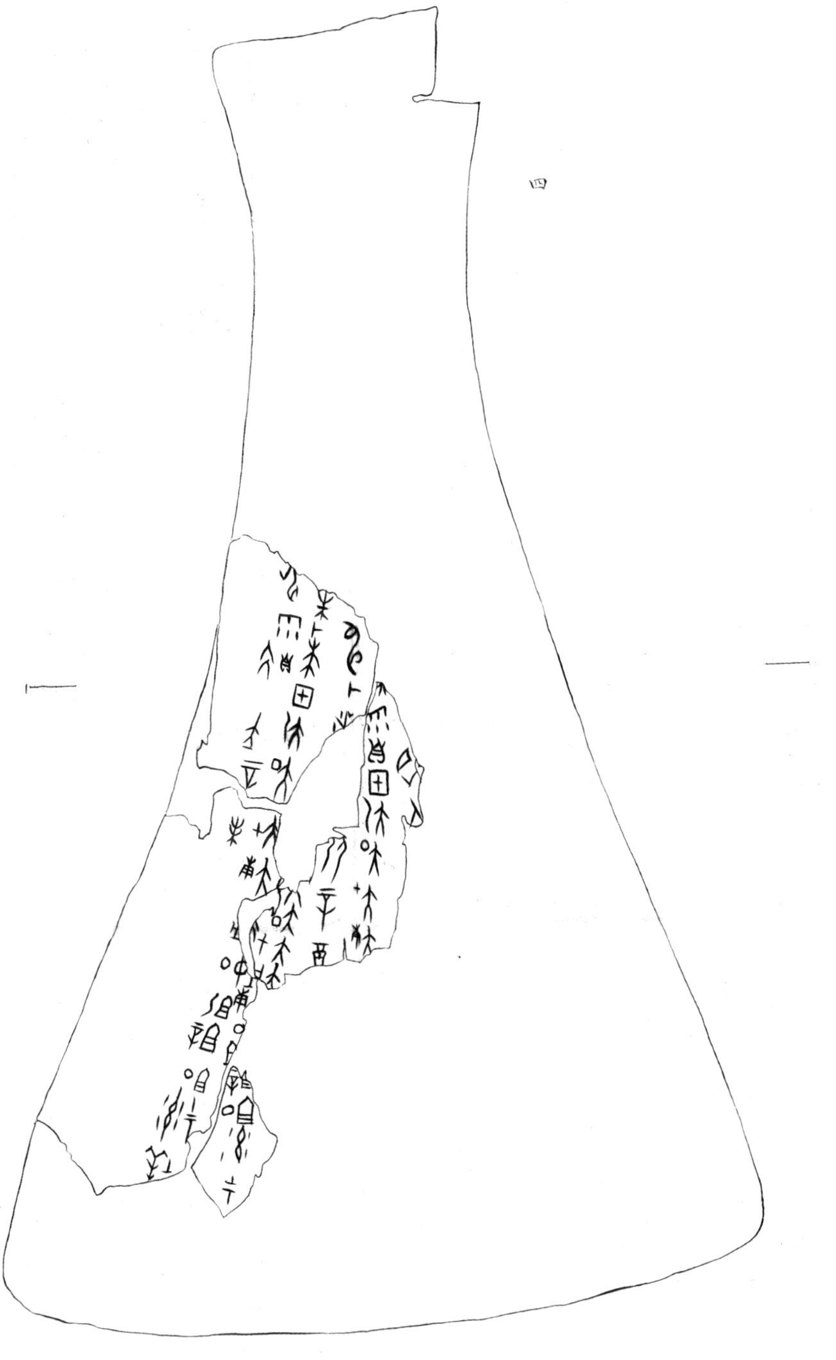

肆骨 4.1

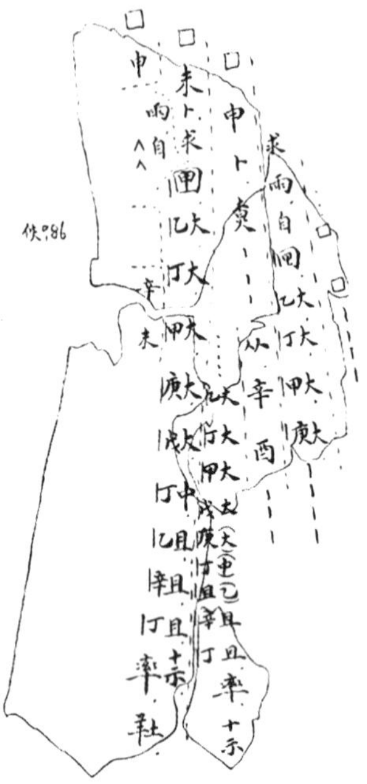

肆骨 4.2

肆骨 4.3：合 32385

肆骨 4.4：合補 10436

肆骨 4.5：綴合①

① 肆骨四的綴合組爲：合補 10436（合 32385+合 35277）+甲 2283+合 22484，見陳逸文：《殷墟文字甲編新綴十二組》，《淡江中文學報》二十九期，2013 年。

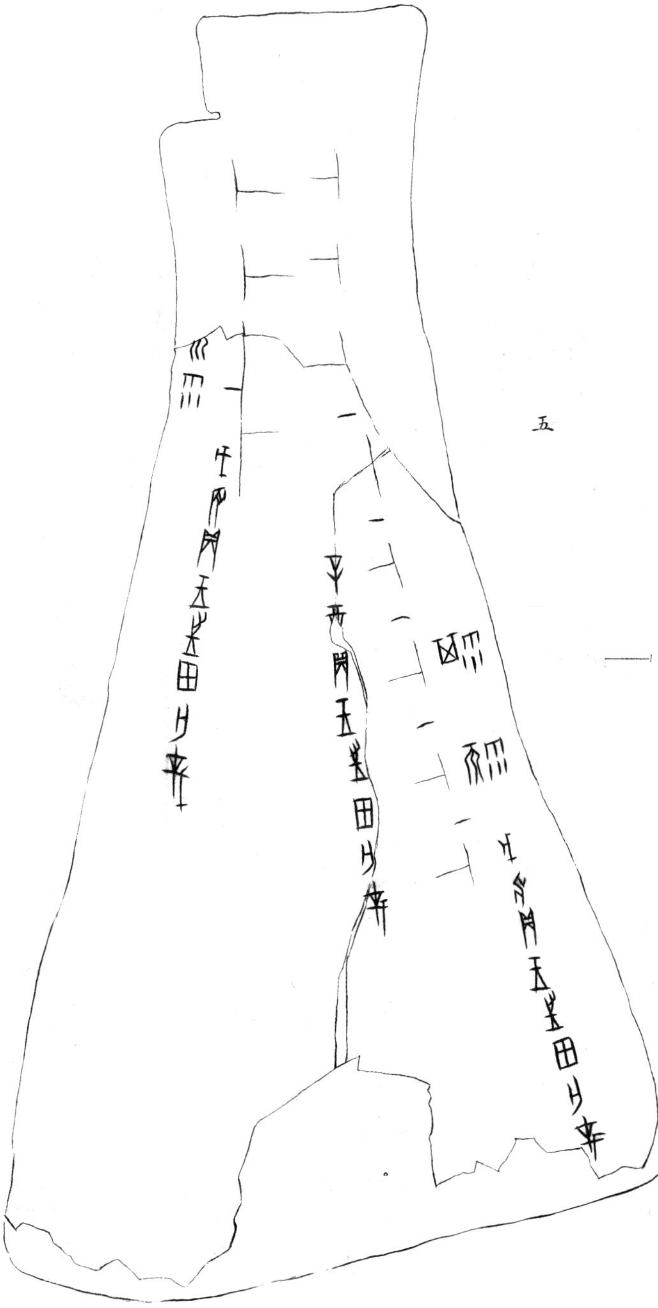

肆骨 5.1

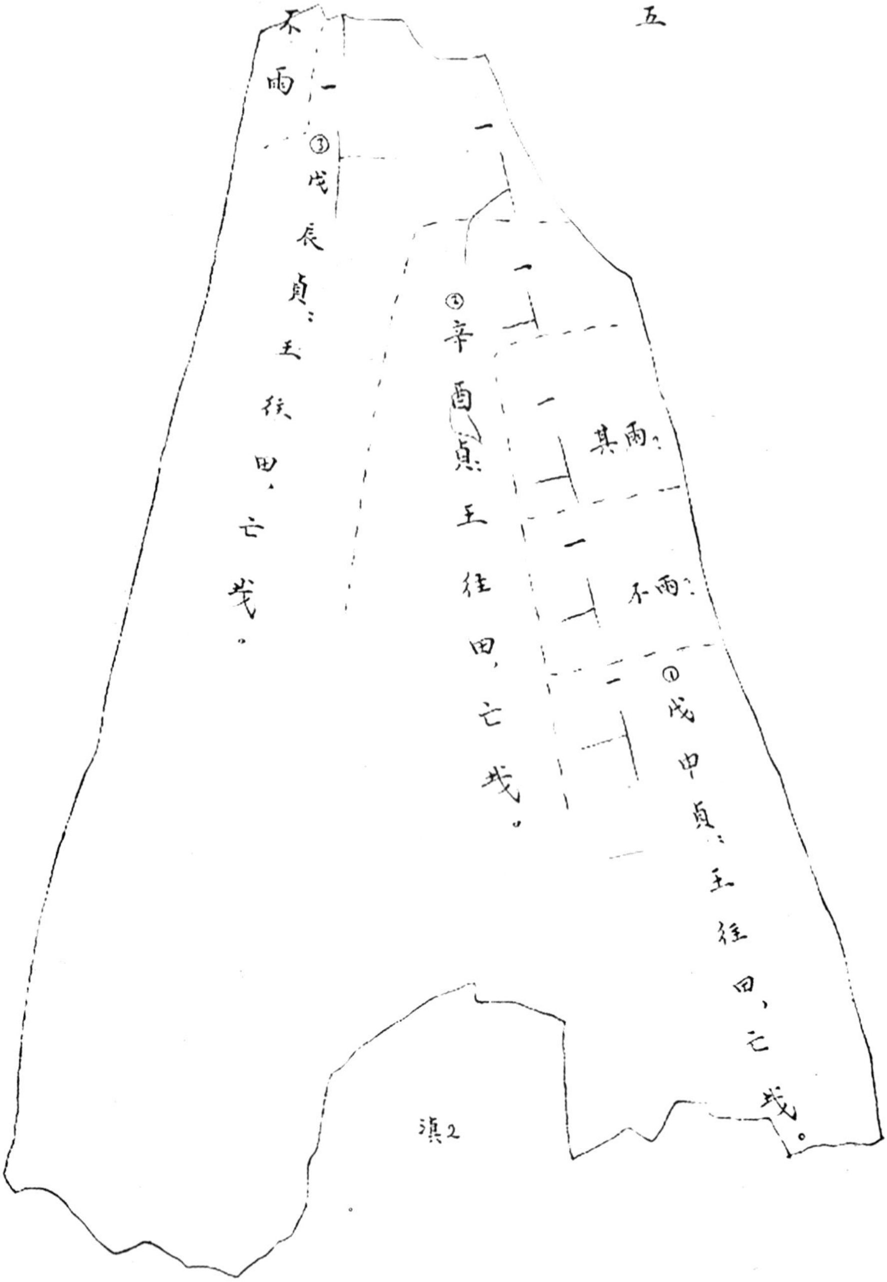

肆骨 5.2

合33417

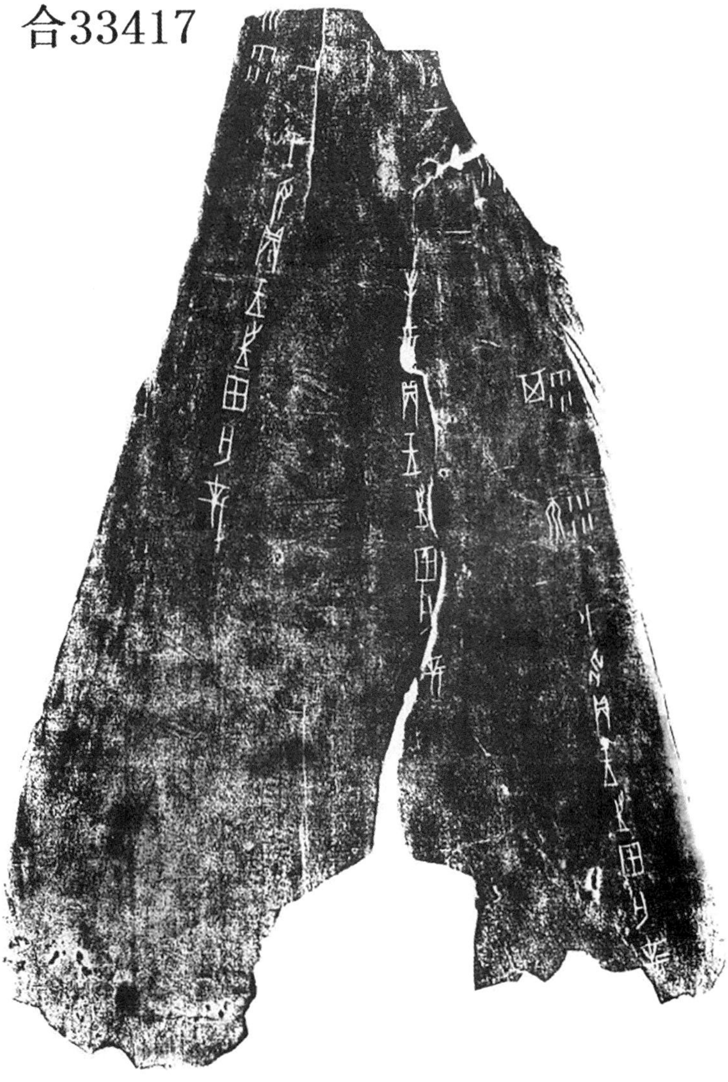

肆骨 5.3 :合 33417

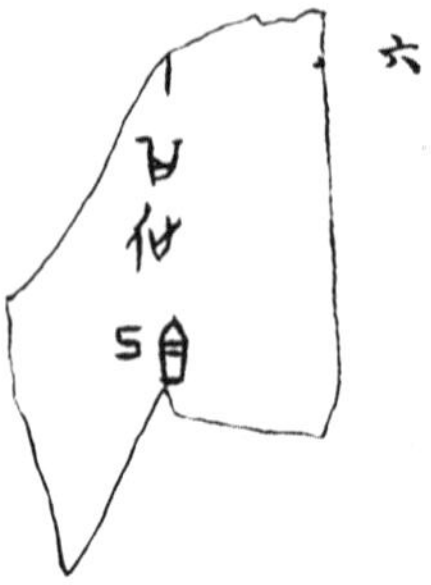

肆骨 6.1

肆骨 6.2

肆骨 6.3：合 32657

肆骨 6.4：合補 10458 正

肆骨 6.5：合補 10458 反

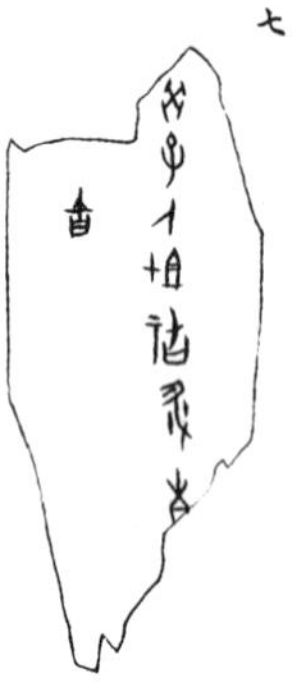

肆骨 7.1

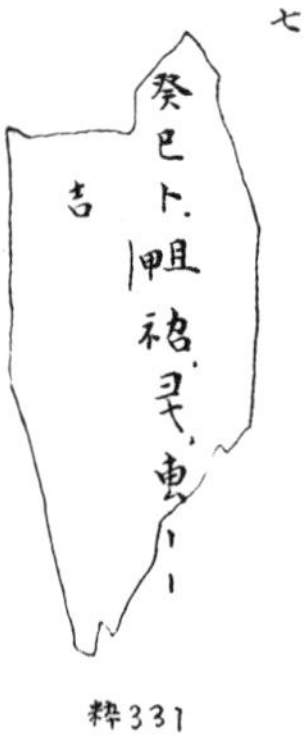

肆骨 7.2

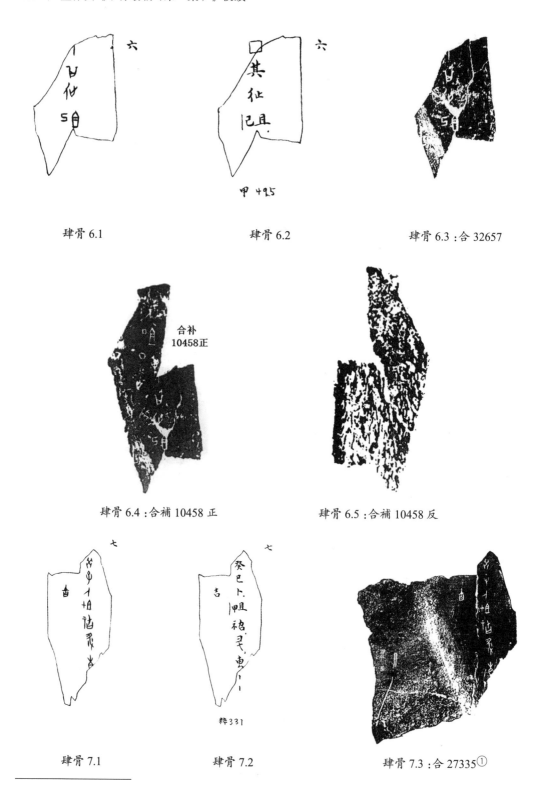

肆骨 7.3：合 27335①

① 肆骨七：即合 27335，現藏於國圖，爲北圖 6165。摹本僅有字部分，左邊骨形不全；合 27335 爲全形圖。

肆骨 8.1

肆骨 8.2

肆骨 8.3：合 32689

肆骨 9.1

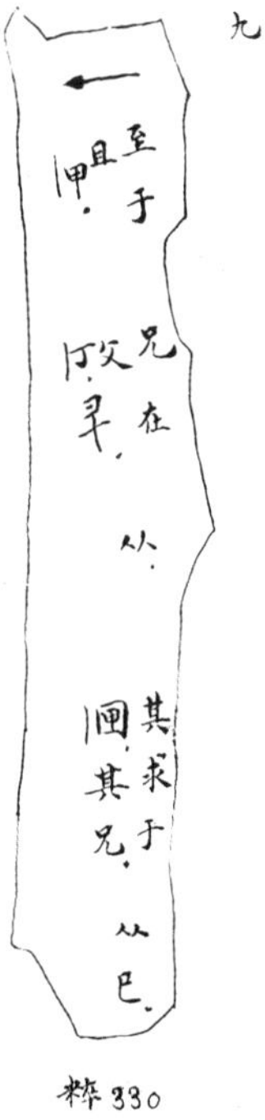

肆骨 9.2

肆骨 9.3：合 32654

肆骨 10.1

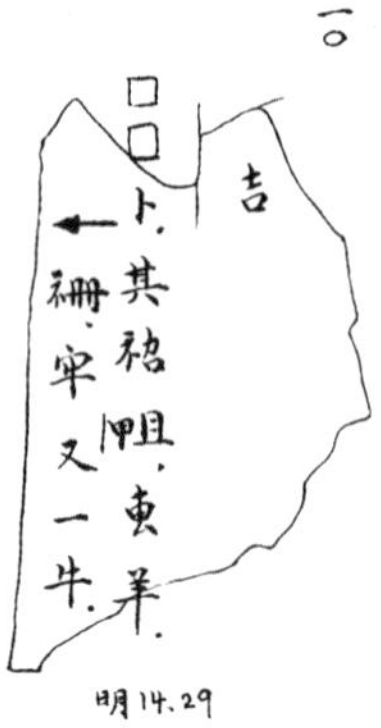

肆骨 10.2

肆骨 10.3：合 27334

肆骨 11.1

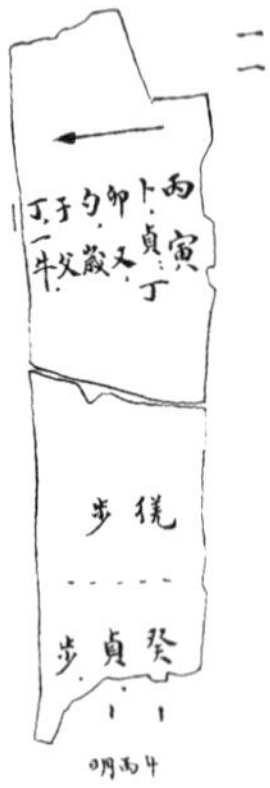

肆骨 11.2

肆骨 11.3：合 32670

肆骨 12.1

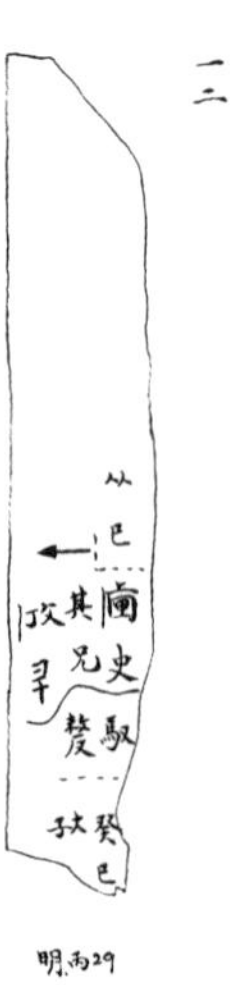

肆骨 12.2

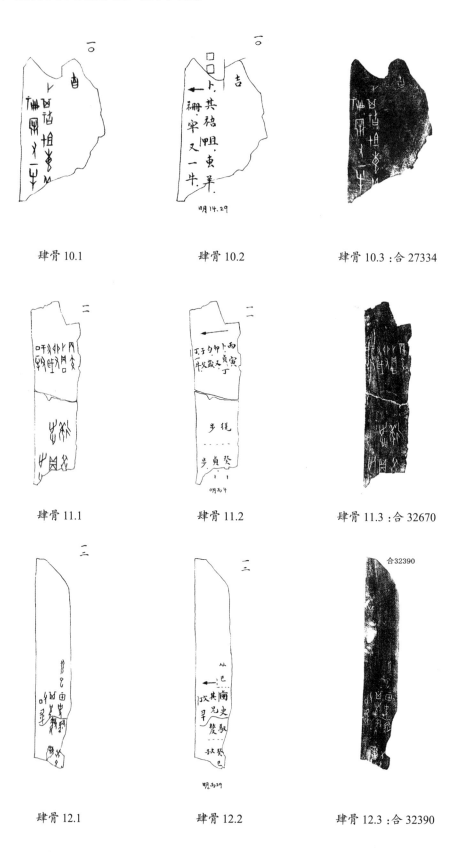

肆骨 12.3：合 32390

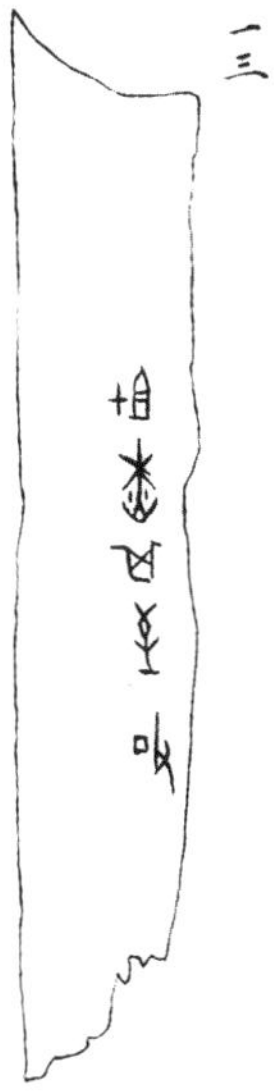

肆骨 13.1

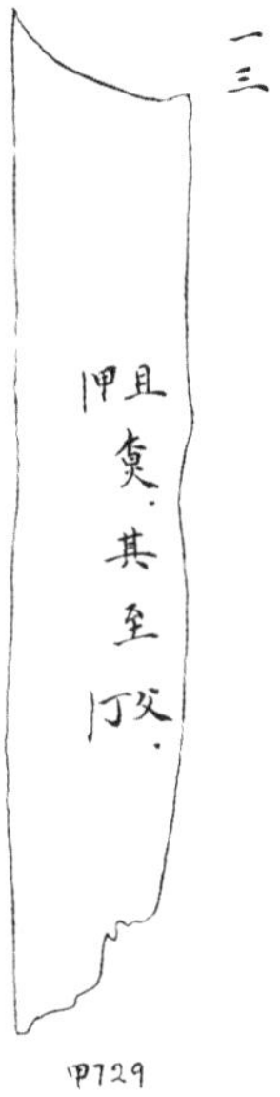

肆骨 13.2

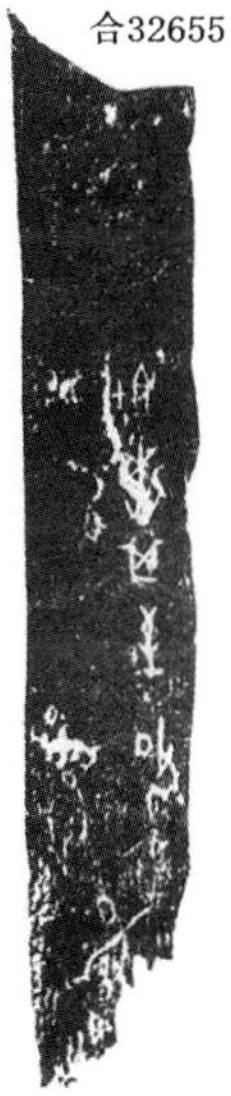

肆骨 13.3 :合 32655

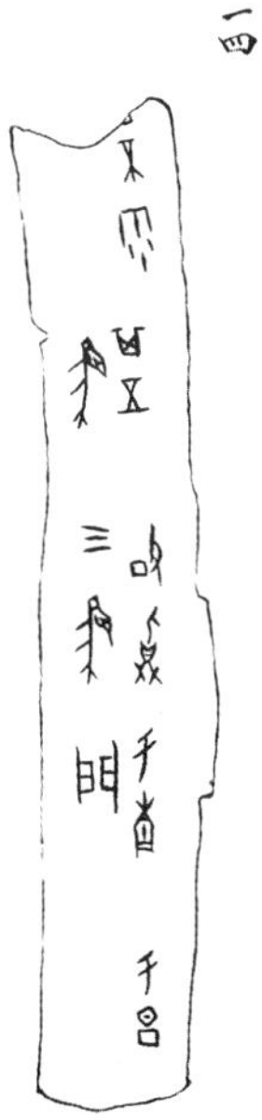

肆骨 14.1

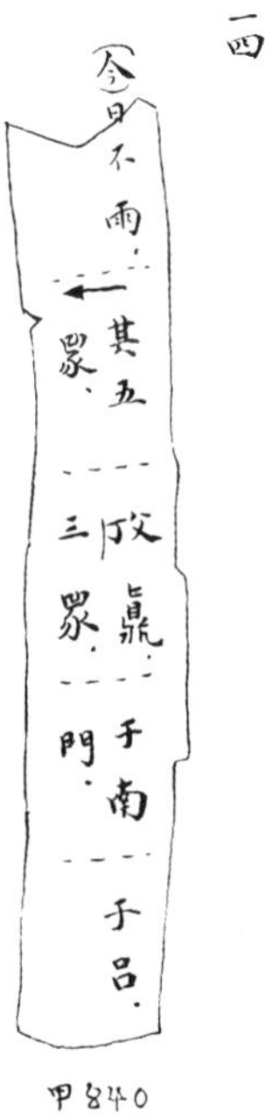

肆骨 14.2

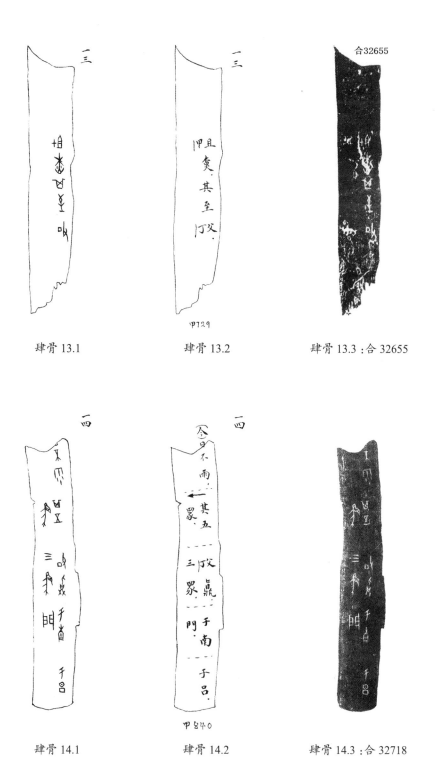

肆骨 14.3 :合 32718

肆骨 15.1

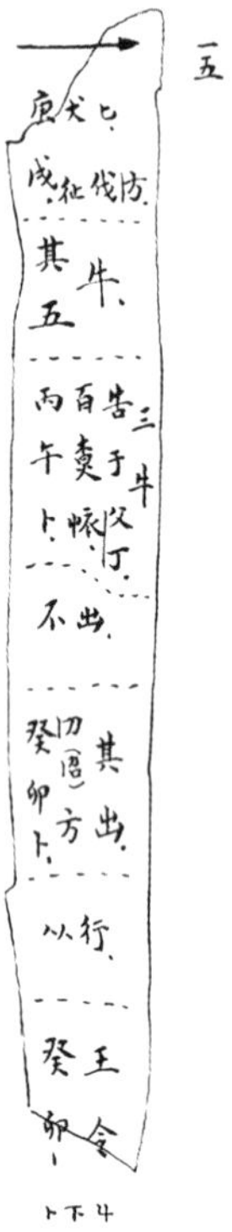

肆骨 15.2

肆骨 15.3：合 33033

肆骨 16.1

肆骨 16.2

肆骨 16.3：合 32683

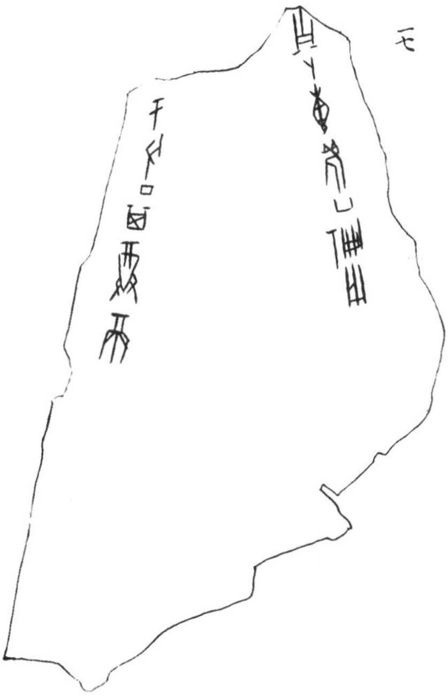

肆骨 17.1

肆骨 17.2①

肆骨 17.3：合 34397

肆骨 17.4：合 32235

① 肆骨一七：即合 34397、合 32235（左）、合補 10682（左）、合補 10417（左），現藏於故宫。

肆骨 17.5：合補 10682①

肆骨 17.6：合補 10417②

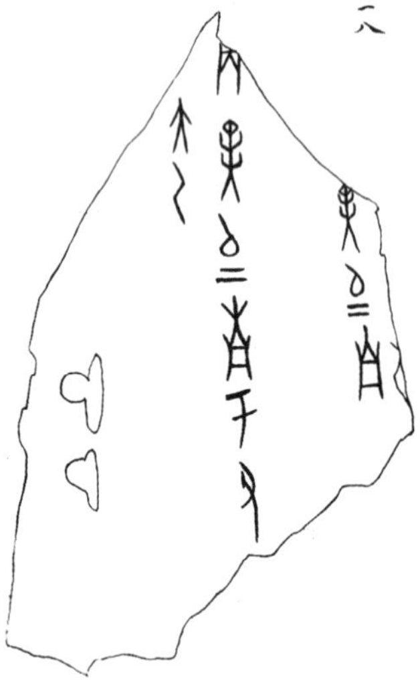

肆骨 18.1

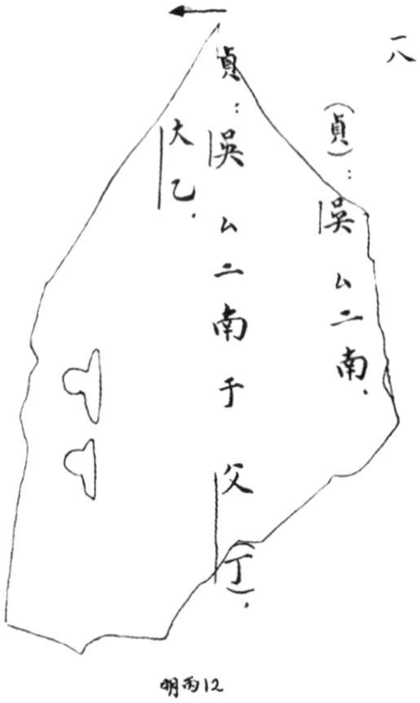

肆骨 18.2

① 合 32235 與合補 10682 重，相對肆骨一七摹本均有綴合。

② 合補 10417 又有加綴，即合 32076+ 合 32235，見李學勤、彭裕商：《殷墟甲骨分期研究》，第 415 頁。

肆骨 18.3 :合 32430

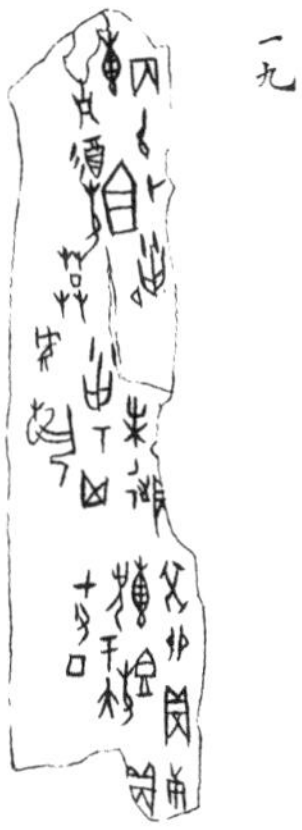

肆骨 19.1

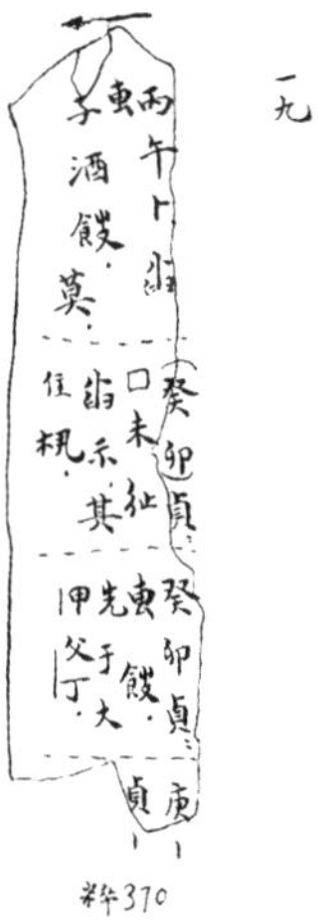

肆骨 19.2

肆骨 19.3 :合 32485

肆骨 20.1

肆骨 20.2

肆骨 20.3：合 32025

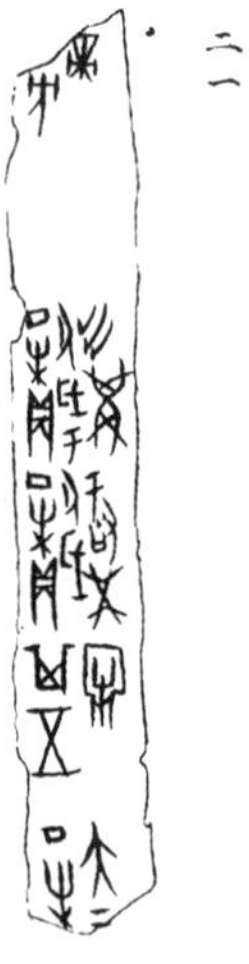

肆骨 21.1

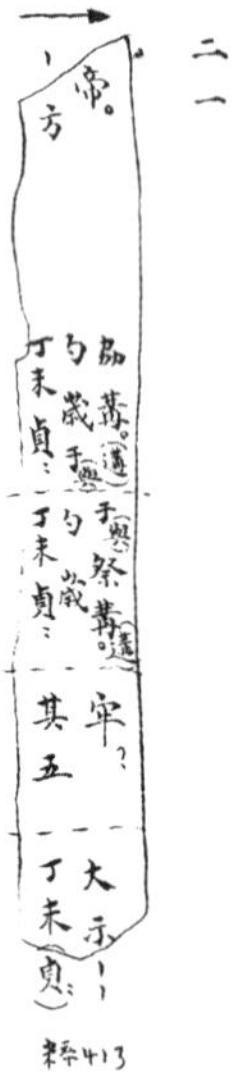

肆骨 21.2

肆骨 21.3：合 34615①

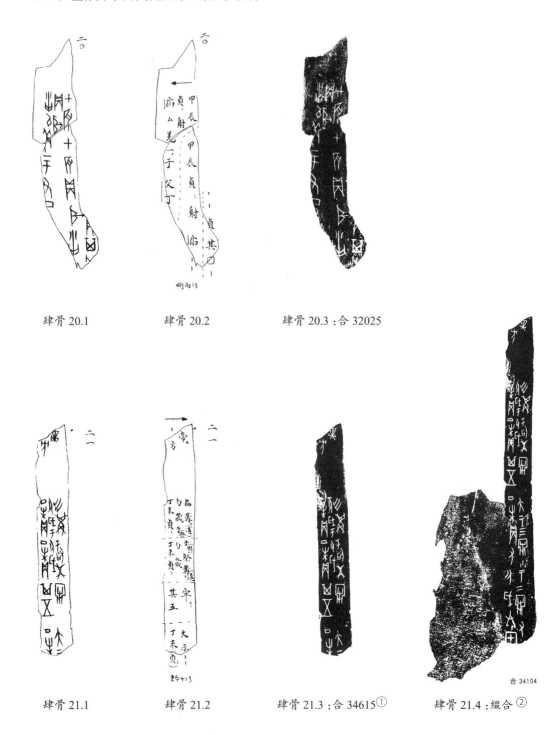

肆骨 21.4：綴合 ②

---

① 肆骨二一：即合 34615，現藏於國圖，爲北圖 6145。原註粹 413 有誤，應爲粹 431。

② 肆骨二一綴合組爲：合 34104+ 合 34615，林宏明：《殷墟甲骨文字綴合新例》，《古文字研究》第二十六輯，中華書局，2006 年，第 135—140 頁。又見《醉古集》第 242 組。合 34104+ 合 34615，即北圖 1382+ 北圖 6145，經實物檢驗綴合成立。

肆骨 22.1

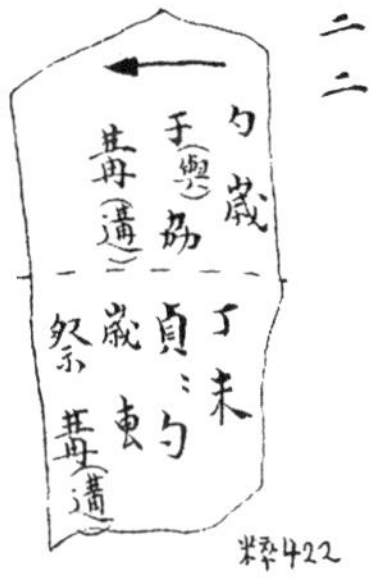

肆骨 22.2

肆骨 22.3：合 34616①

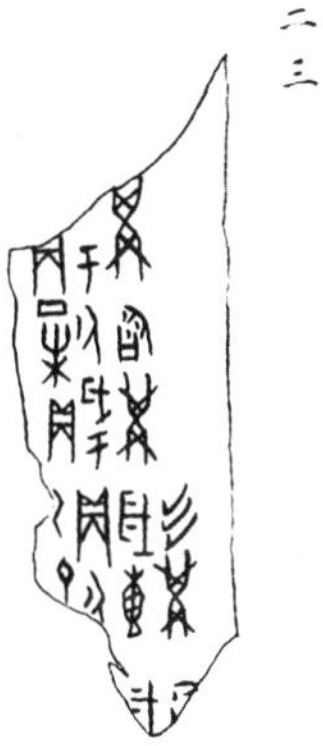

肆骨 23.1

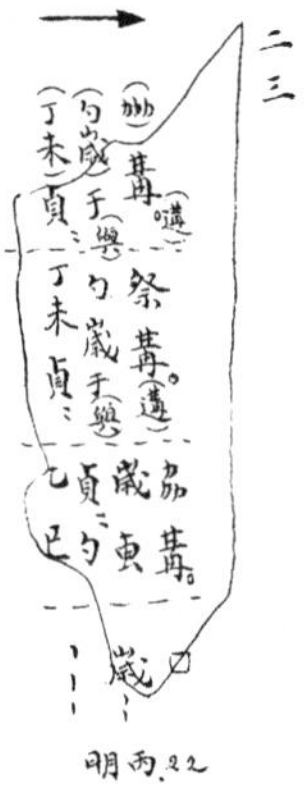

肆骨 23.2

肆骨 23.3：合 34614

肆骨 24.1

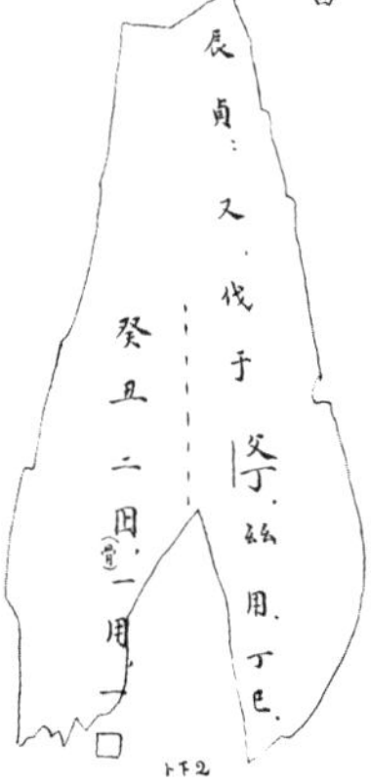

肆骨 24.2

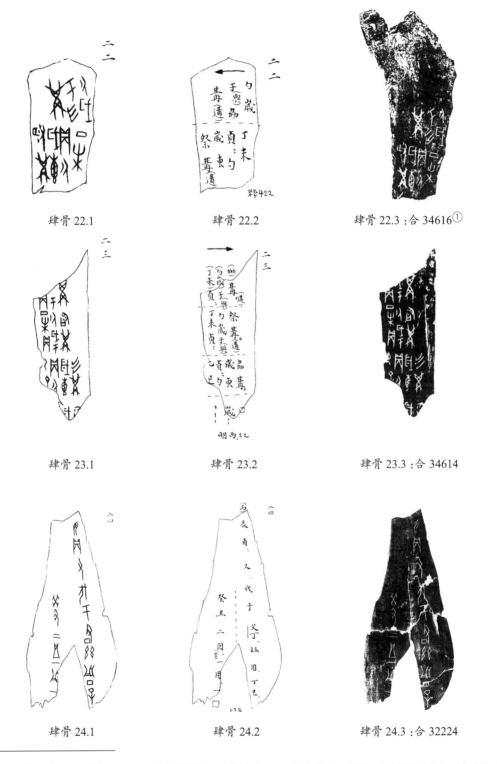

肆骨 24.3：合 32224

① 肆骨二二：即合 34616，現藏於歷拓，爲北圖 5500。摹本僅有字部分，上部骨形不全；《合集》爲全形圖。

肆骨 25.1

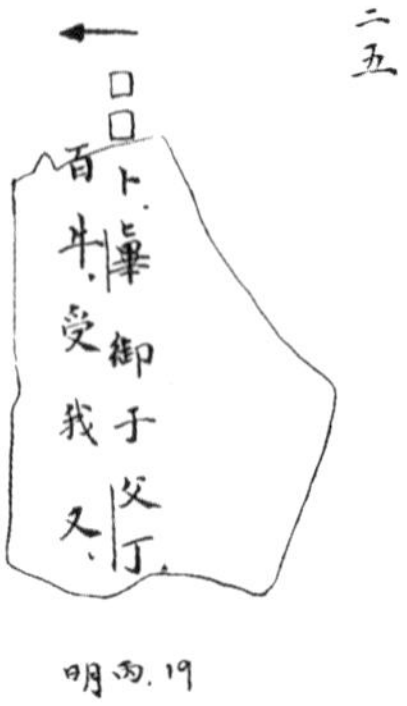

肆骨 25.2

肆骨 25.3：合 32844

肆骨 26.1

肆骨 26.2

肆骨 26.3：合 32672

肆骨 27.1

肆骨 27.2

合32630

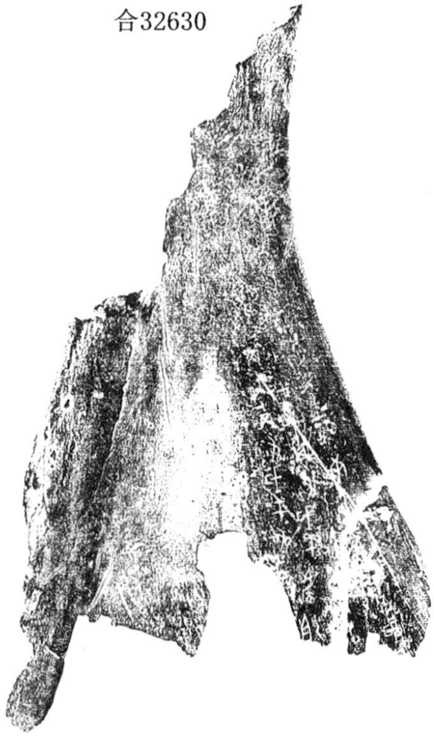

肆骨 27.3：合 32630[①]

---

① 肆骨二七：即合 32630，現藏於國圖，爲北圖 5410。摹本上端和左邊的骨形不全，《合集》爲全形圖。

肆骨 28.1

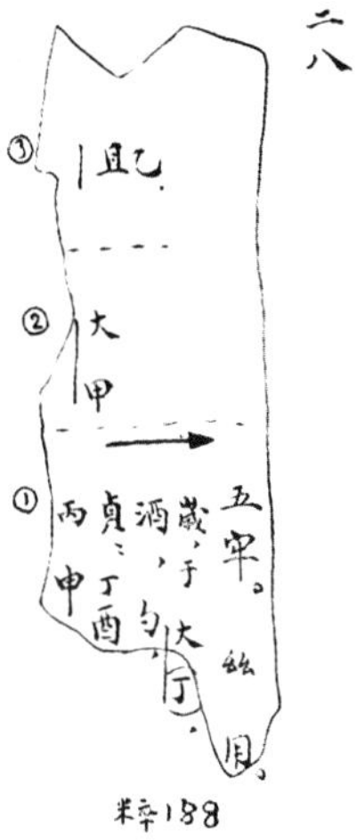

肆骨 28.2

肆骨 28.3：合 32480[1]

肆骨 29.1

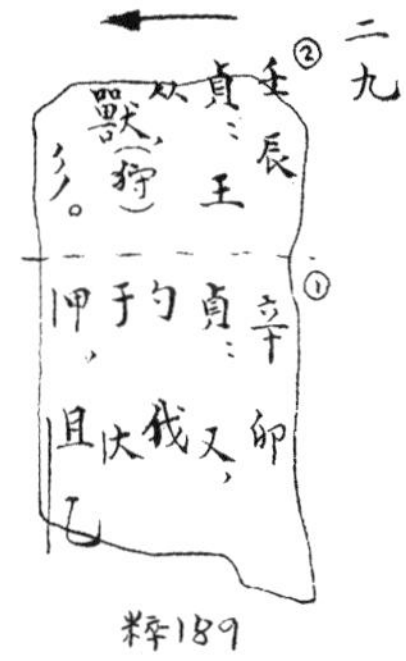

肆骨 29.2

肆骨 29.3：合 32219

肆骨 30.1

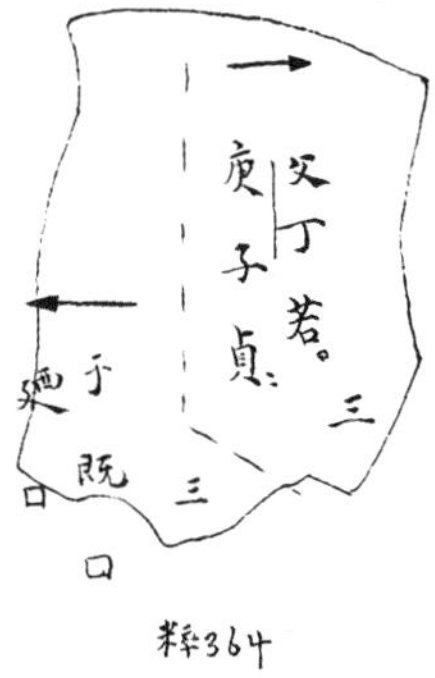

肆骨 30.2

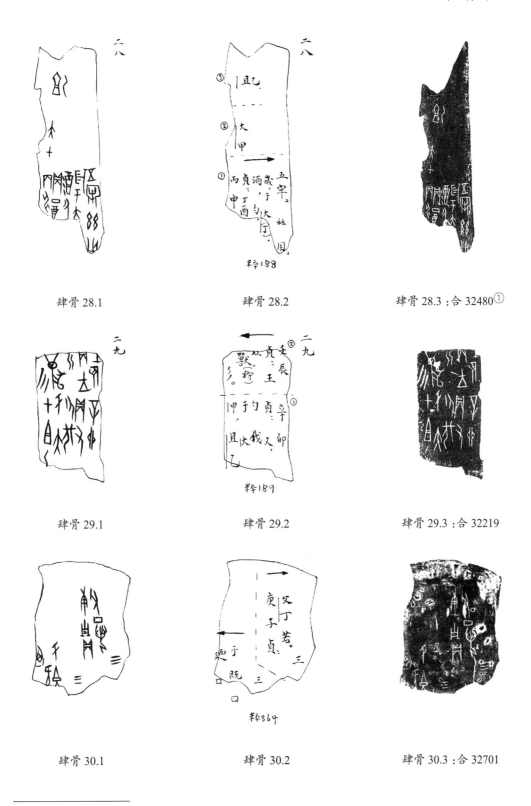

肆骨 30.3：合 32701

① 肆骨二八：即合 32480，現藏於國圖，爲北圖 14291。摹本右上角骨形不全，《合集》爲全形圖。

肆骨 31.1

肆骨 31.2

肆骨 31.3 :合 32115

肆骨 31.4 :綴合 ①

肆骨 32.1

肆骨 32.2

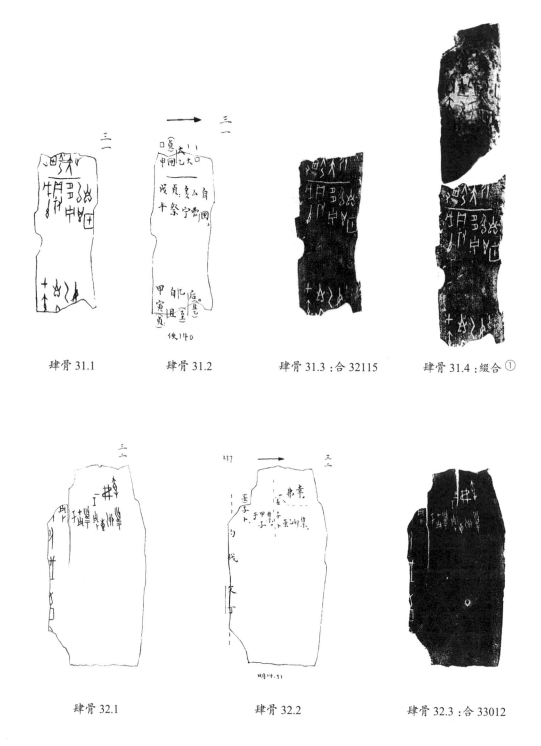

肆骨 32.3 :合 33012

① 肆骨三一的綴合組爲 : 合 32115+ 合 32511,見林宏明 :《甲骨新綴第 324 例》,先秦史研究室網站,2012.3.7。

肆骨 33.1

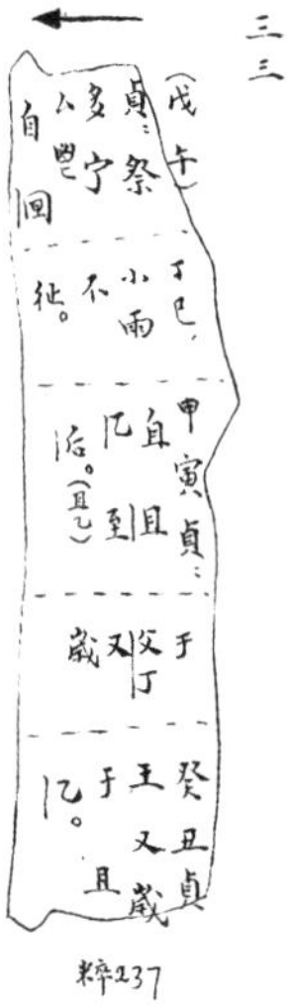

肆骨 33.2

肆骨 33.3：合 32113[1]

肆骨 34.1

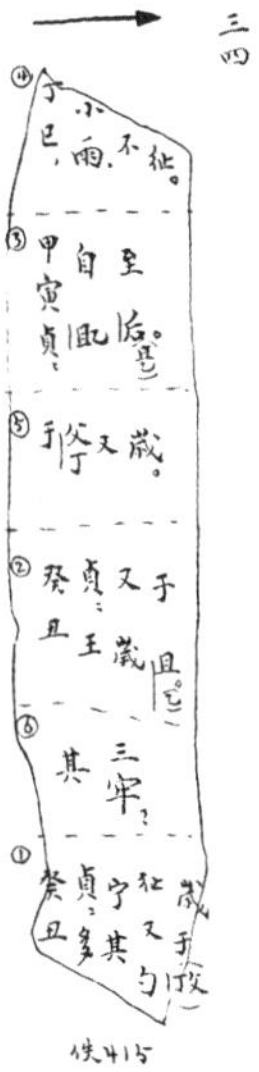

肆骨 34.2

肆骨 34.3：合 32517[2]

---

① 肆骨三三：即合 32113（下），現藏於國圖，爲北圖 5580。《合集》在摹本上部有綴合。

② 肆骨三四：即合 32517，現藏於社科院歷史所，爲中歷藏 1555。摹本漏摹“乙”字。

肆骨 35.1

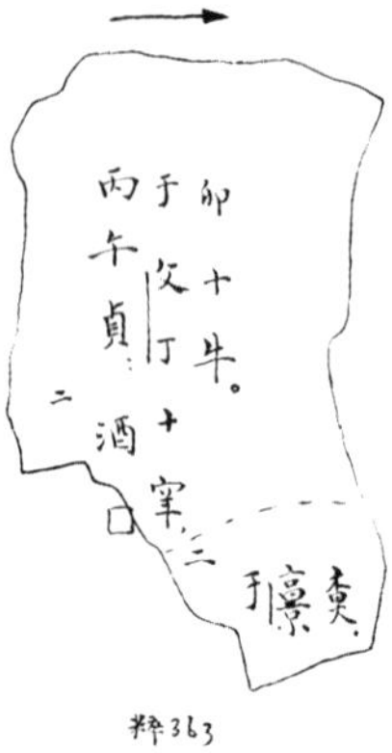

肆骨 35.2

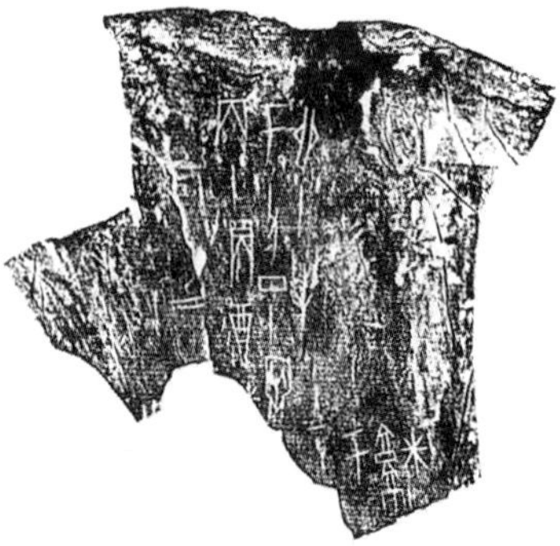

肆骨 35.3：合 32692①

肆骨 36.1

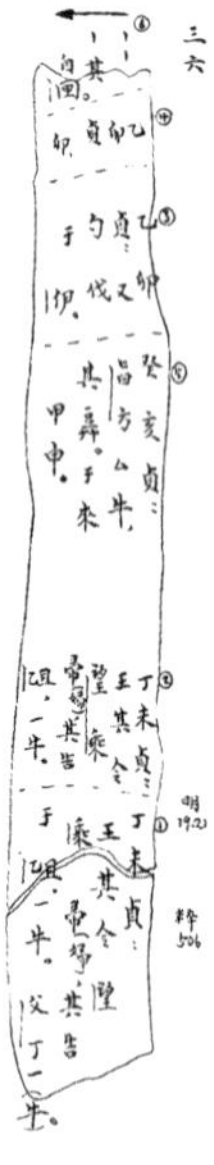

肆骨 36.2②

肆骨 36.3：合 32896

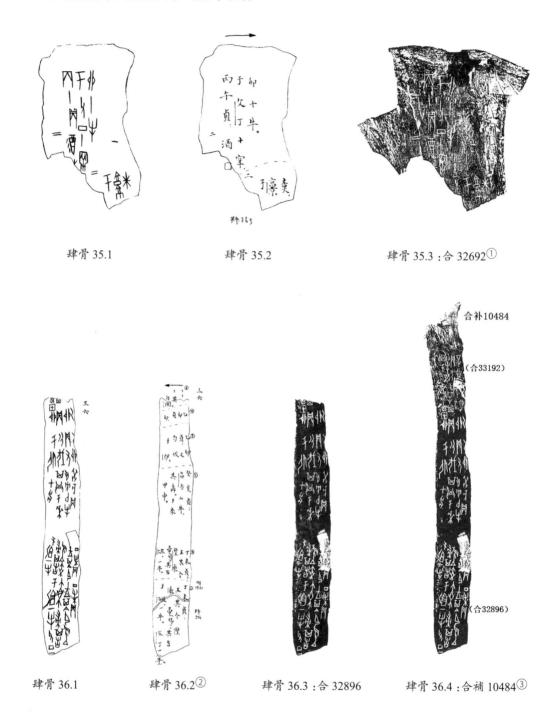

肆骨 36.4：合補 10484③

---

① 肆骨三五：即合 32692，現藏於國圖，爲北圖 5447。摹本左右均骨形不全，《合集》爲全形圖。

② 肆骨三六（上）：即合 32896（上）、合補 10484（中），現藏於故宫。肆骨三六（下）即合 32896（下）、合補 10484（下），現藏於國圖，爲北圖 6780。合 32896、合補 10484 的綴合與董作賓的拼綴吻合。

③ 肆骨三六的綴合組爲：合 32896+ 合 33192，即合補 10484，見《綴》第 88 則。

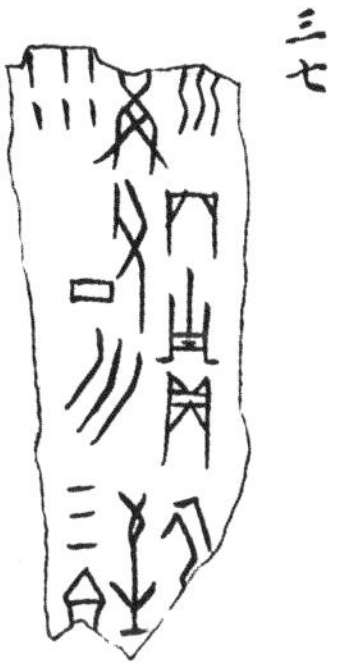

肆骨 37.1

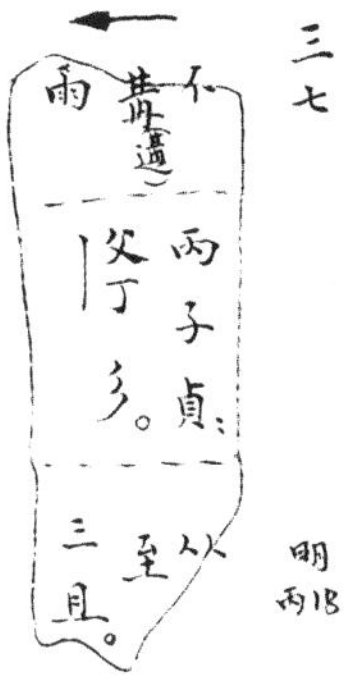

肆骨 37.2

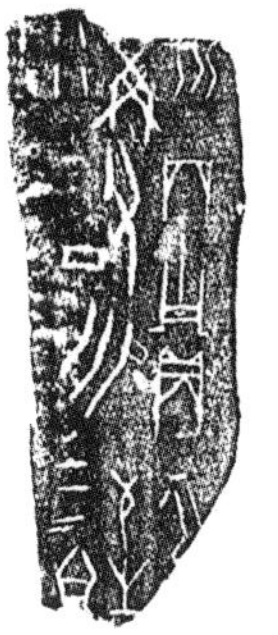

肆骨 37.3：合 32690

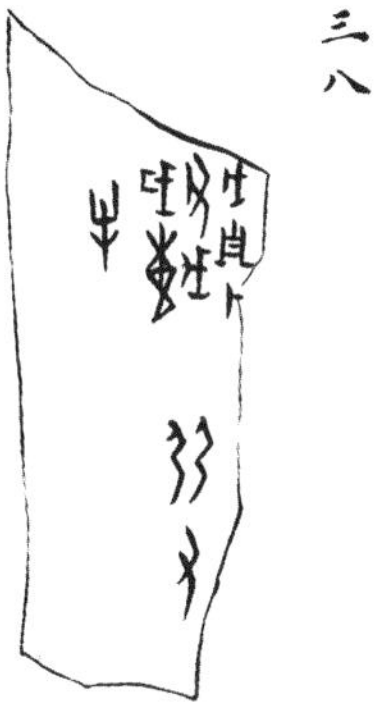

肆骨 38.1

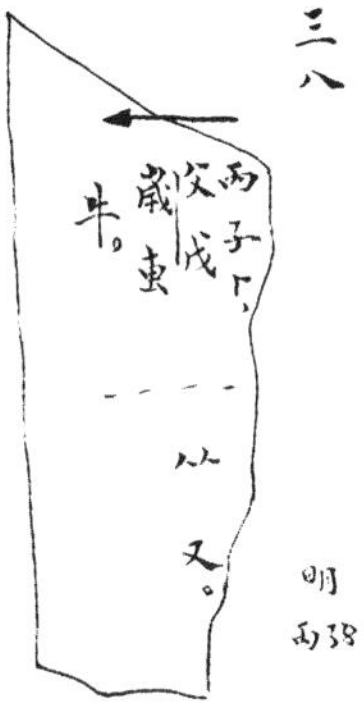

肆骨 38.2

肆骨 38.3：合 27485

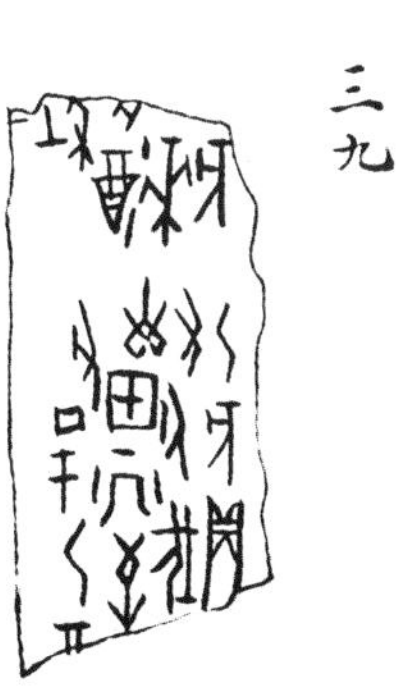

肆骨 39.1

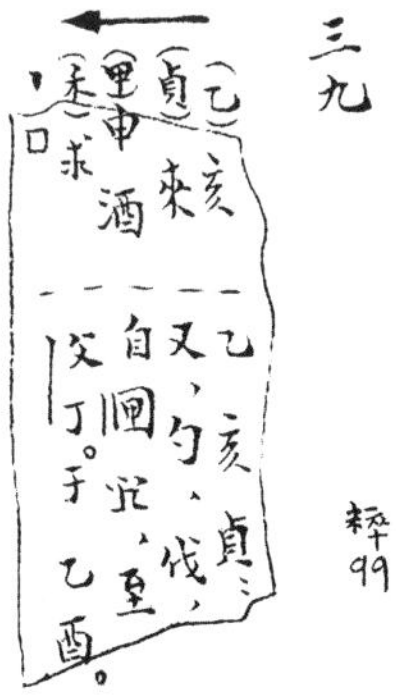

肆骨 39.2

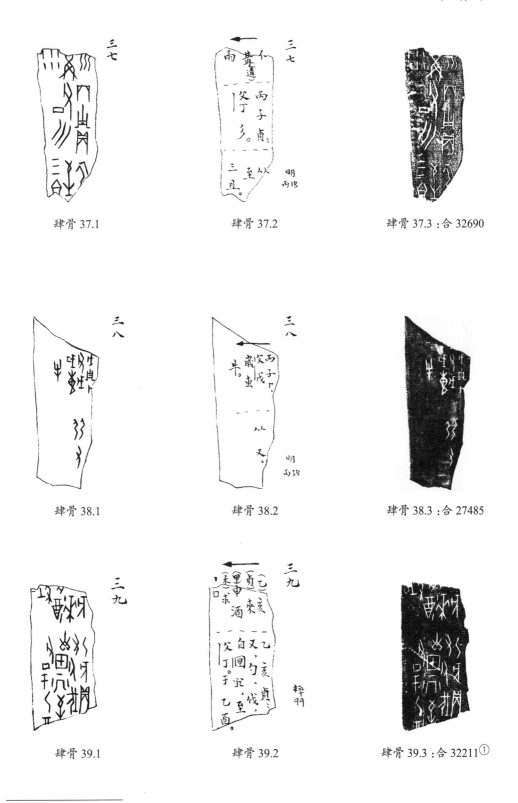

肆骨 39.3：合 32211①

① 肆骨三九：即合 32211，現藏於國圖，爲北圖 6339。

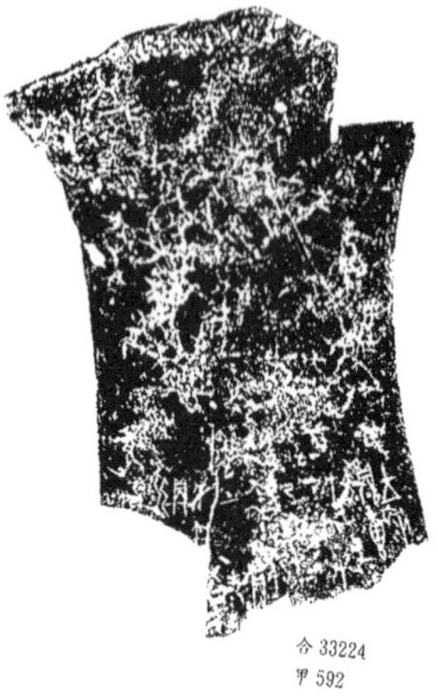

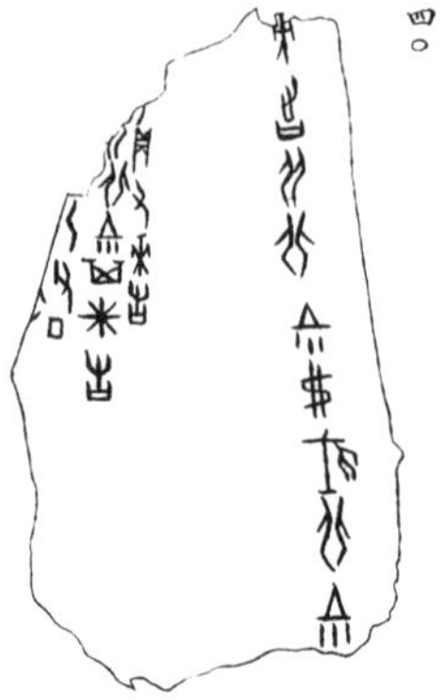

肆骨 40.1

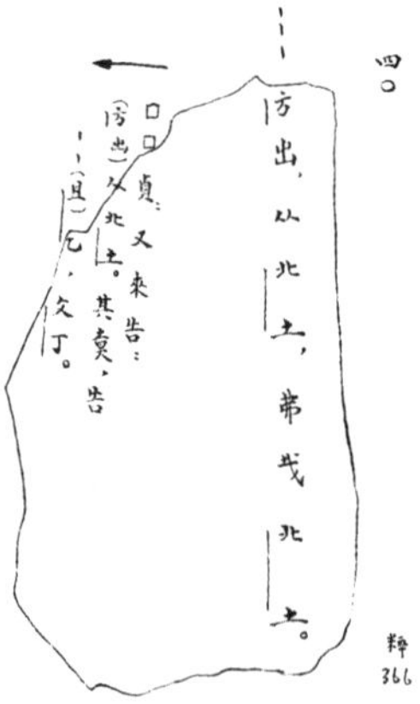

肆骨 40.2

肆骨 39.4：綴合①

肆骨 40.3：合 33050②

肆骨 40.4：綴合③

肆骨 41.1

---

① 肆骨三九的綴合組爲：合 32211+ 合 33224 遥綴，見林宏明：《甲骨新綴第 122—123 例》，先秦史研究室網站，2010.9.23。

② 肆骨四○：即合 33050，現藏於國圖，爲北圖 5615。摹本骨形不全，《合集》爲全形圖。此片有字郭沫若釋爲“沙”，金祥恒釋爲“土”，具體參《甲骨文字詁林》1187—1188 頁。

③ 肆骨四○的綴合組爲：合 33095（合補 10526）+ 合 33050，見周忠兵：《歷組卜辭新綴三十例》16 組，《古文字研究》第 26 輯；胡輝平：《對國圖藏甲骨綴合成果的校理》，《文獻》2022 年第 1 期。合 33095（合補 10526）+ 合 33050，即北圖 5615+ 北圖 9986，經實物檢驗綴合成立。

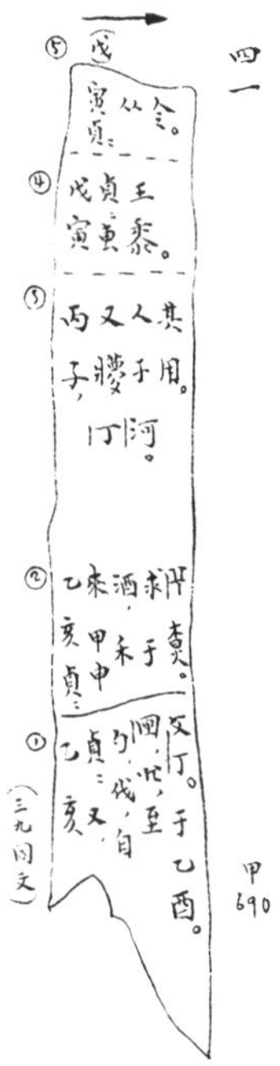

肆骨 41.2

肆骨 41.3：合 32212

肆骨 41.4：綴合①

肆骨 42.1

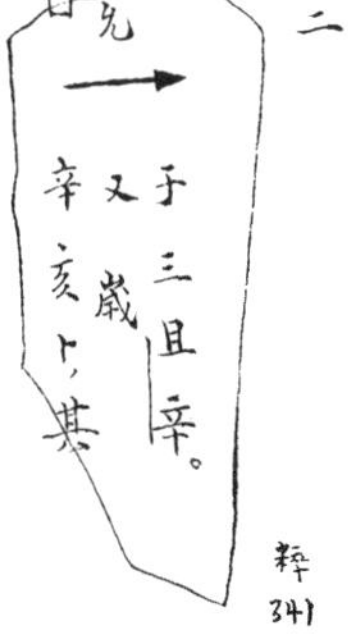

肆骨 42.2

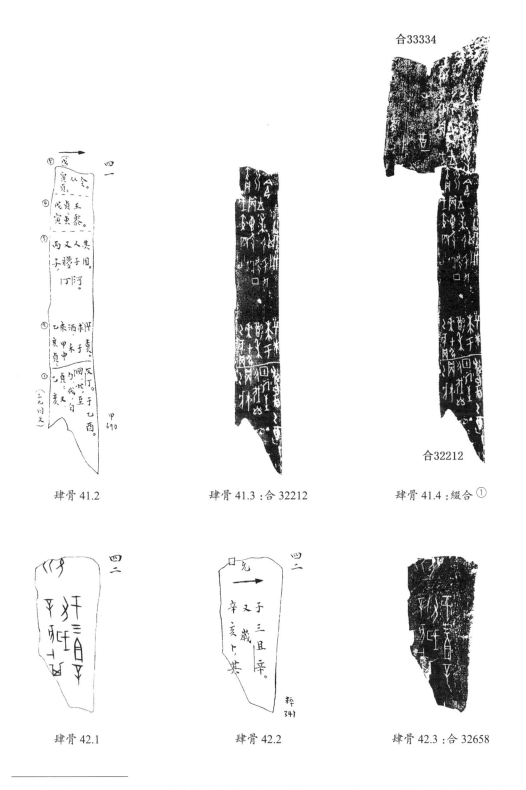

肆骨 42.3：合 32658

① 肆骨四一：即合 32212，現藏於史語所。綴合組爲合 32212+ 合 33334，見周忠兵：《歷組卜辭新綴三十例》第 21 組，《古文字研究》第 26 輯。

肆骨 43.1

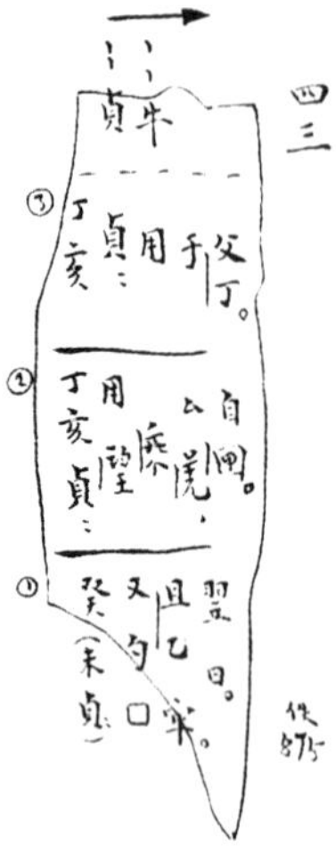

肆骨 43.2

肆骨 43.3 :合 32021

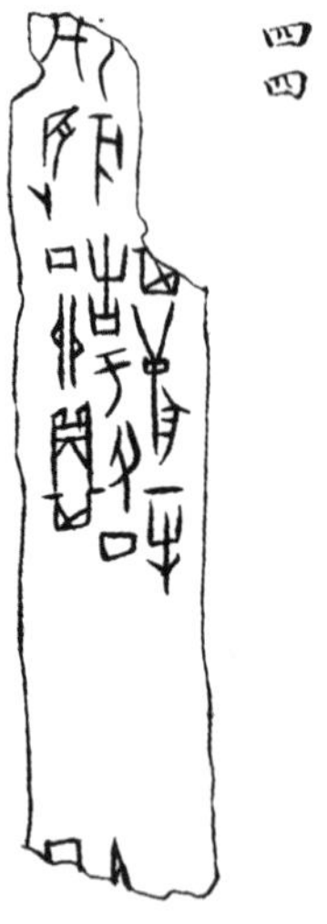

肆骨 44.1

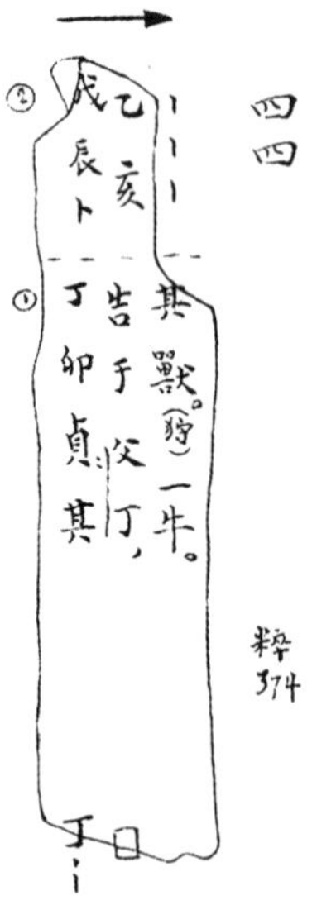

肆骨 44.2

肆骨 44.3 :合 32680

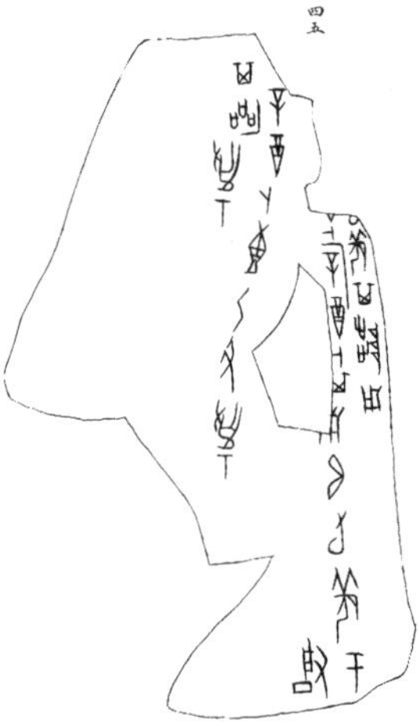

肆骨 45.1

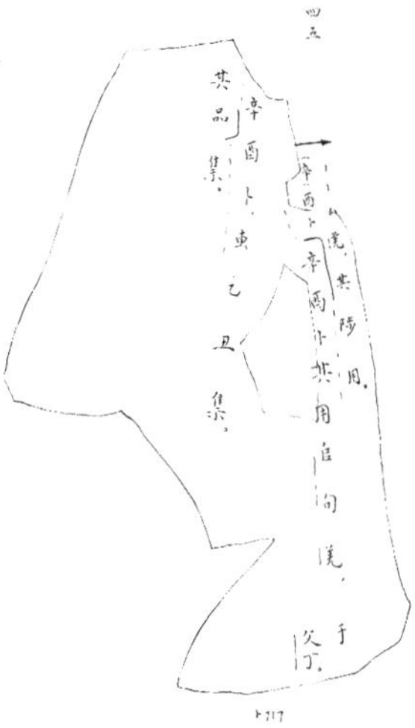

肆骨 45.2

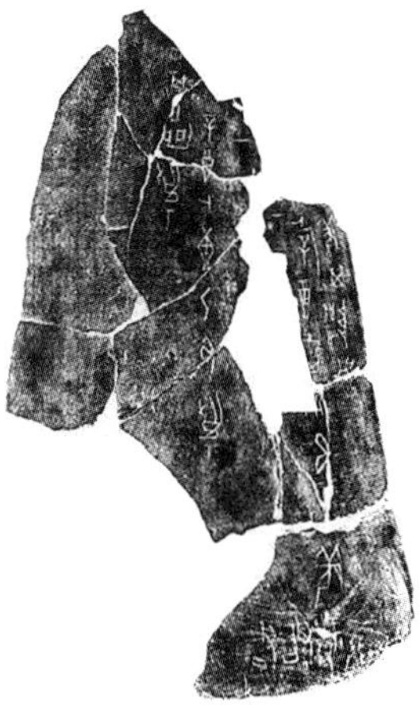

肆骨 45.3：合 32020①

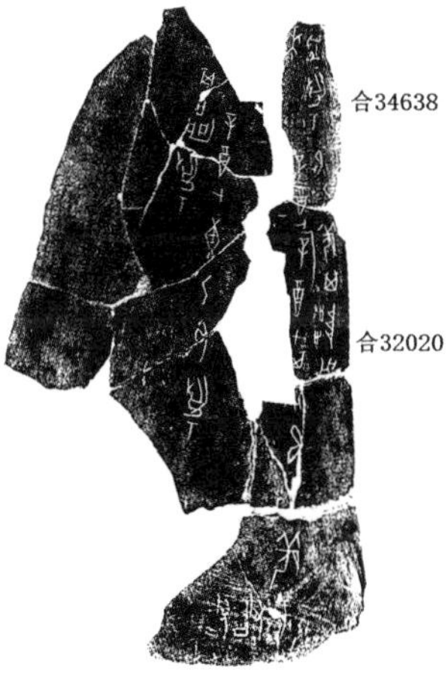

肆骨 45.4：綴合②

① 肆骨四五：即合 32020，現藏於南博。摹本漏摹上端的“卜”；下端的“啟”和“父丁”摹本各有缺漏。

② 肆骨四五的綴合組爲：合 32020+ 合 34638，見劉鳳華：《小屯村南系列甲骨綴二》，《鄭州大學學報》2006 年第 1 期；《彙編》第 622 則。

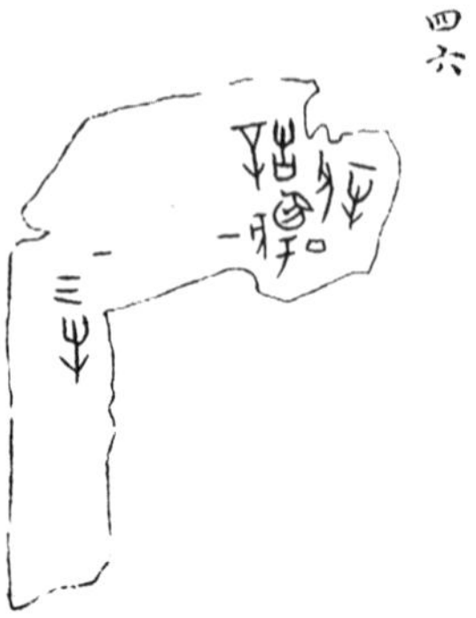

肆骨 46.1

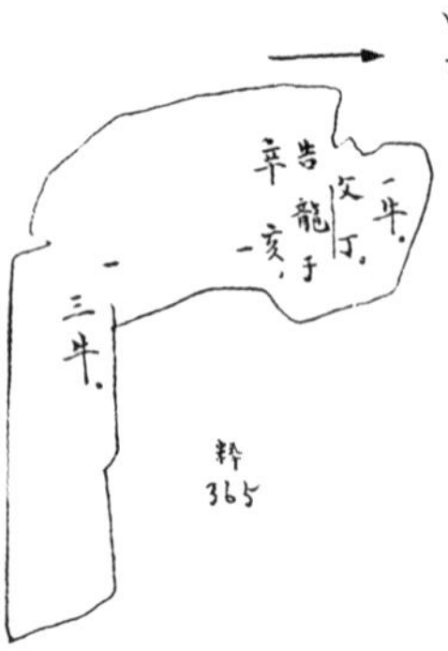

肆骨 46.2

肆骨 46.3：合 32679①

肆骨 47.1

肆骨 47.2

肆骨 47.3：合 33016

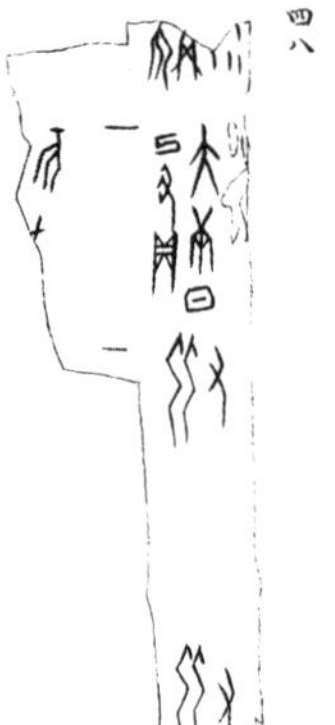

肆骨 48.1

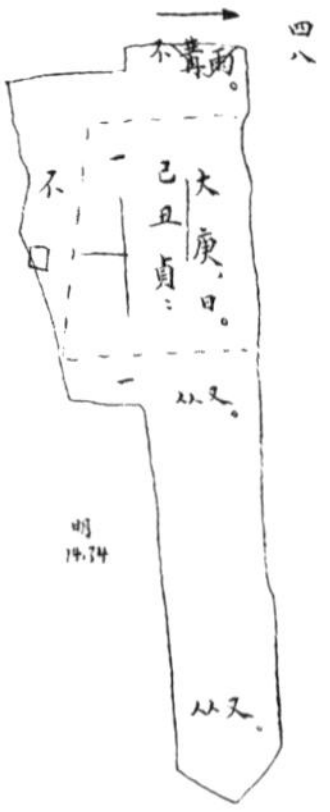

肆骨 48.2

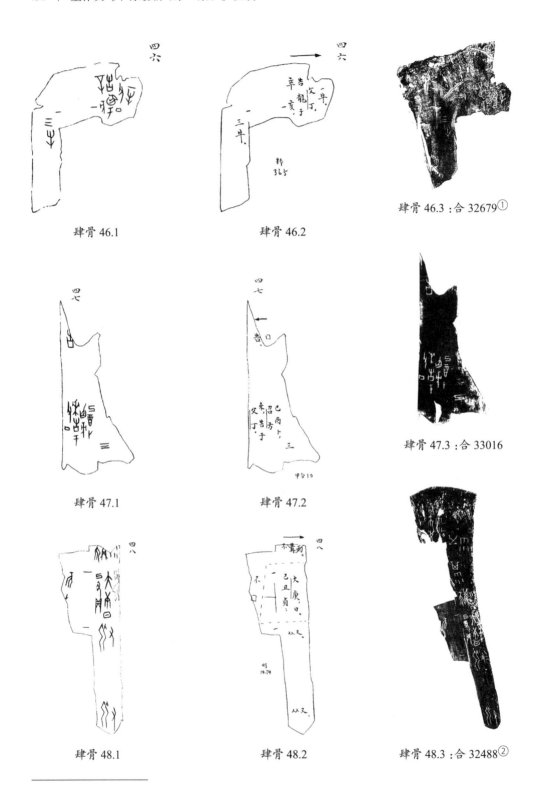

肆骨 48.3：合 32488②

① 肆骨四六：即合 32679，現藏於國圖，爲北圖 5446。摹本骨臼的骨形不全，《合集》爲全形圖。

② 肆骨四八：即合 32488（下），現藏於故宫。《合集》上部有綴合。

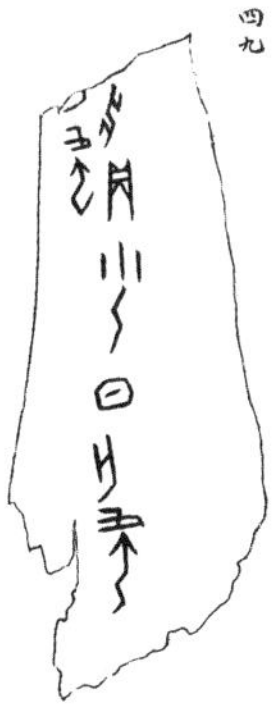

肆骨 49.1

肆骨 49.2

肆骨 49.3：合 32626

肆骨 49.4：合補 10460①

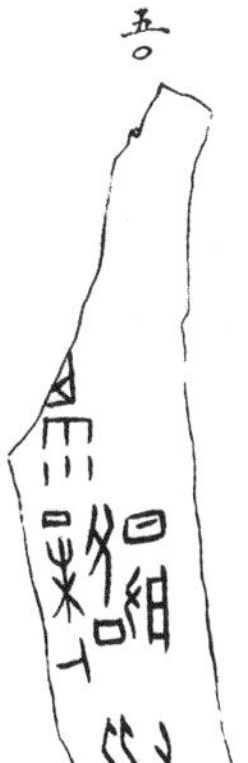

肆骨 50.1

肆骨 50.2

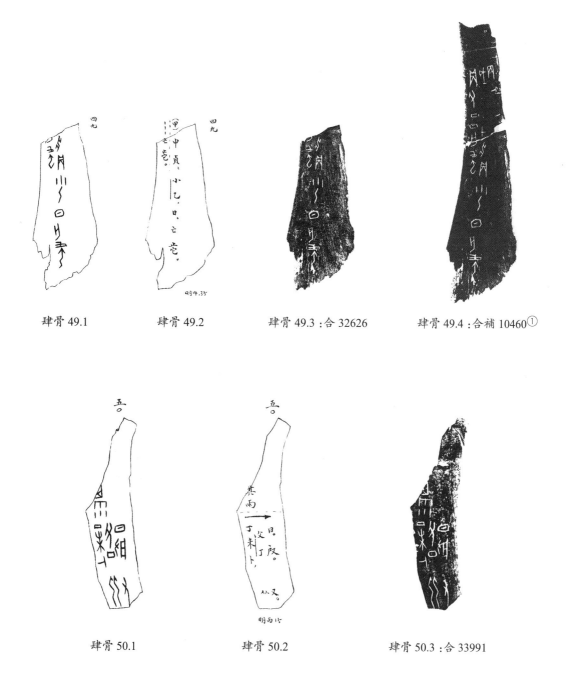

肆骨 50.3：合 33991

① 肆骨四九：即合 32626、合補 10460（下），現藏於故宮。合補 10460，即合 32626+ 合 32696。合補 10460 的綴合與董作賓的補釋“甲申”吻合。

肆骨 51.1

肆骨 51.2

肆骨 51.3：合 32429①

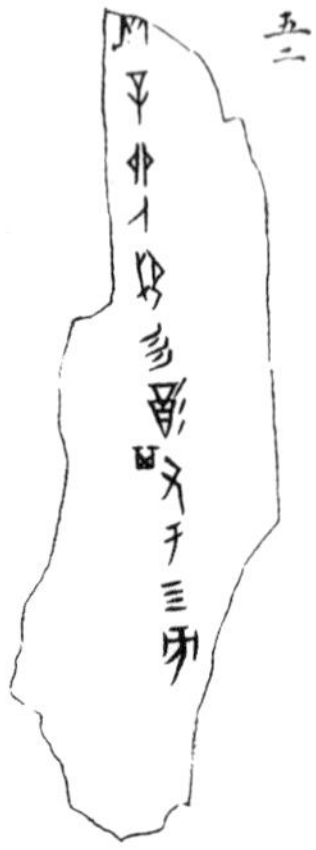

肆骨 52.1

肆骨 52.2

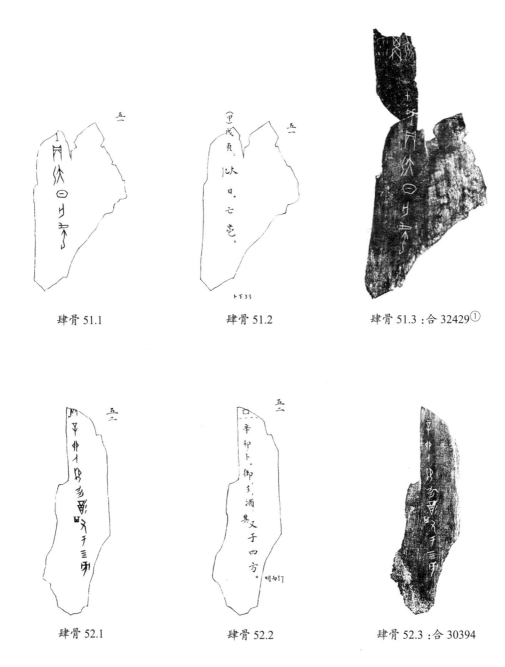

肆骨 52.3：合 30394

① 肆骨五一：即合 32429（下），現藏於故宮。合 32429 上部有綴合，與董作賓的補釋吻合。

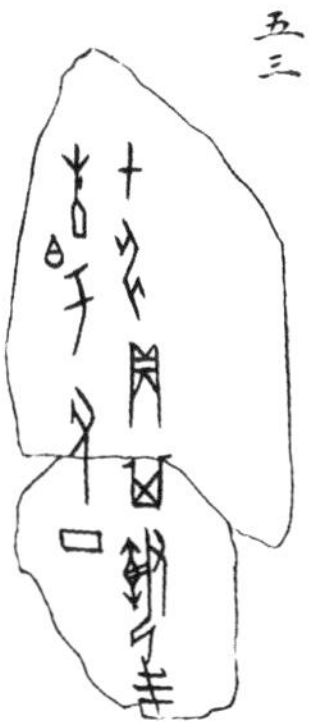

肆骨 53.1

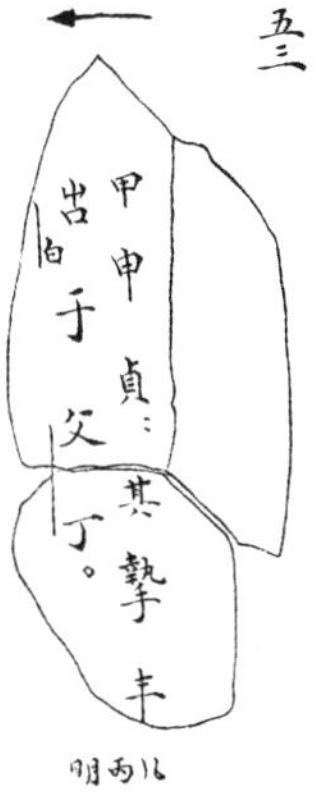

肆骨 53.2

肆骨 53.3 :合 32287

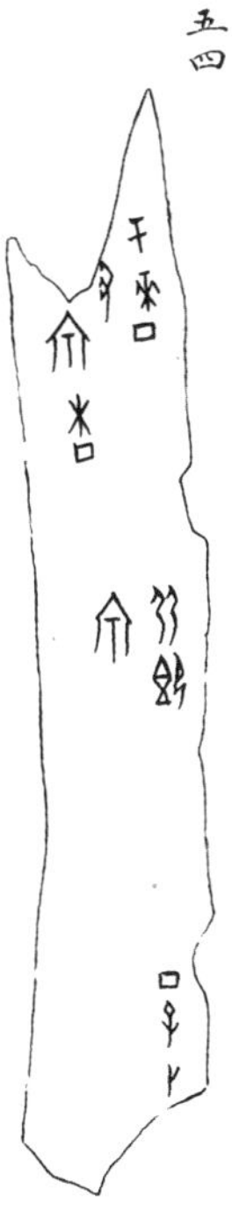

肆骨 54.1

肆骨 54.2

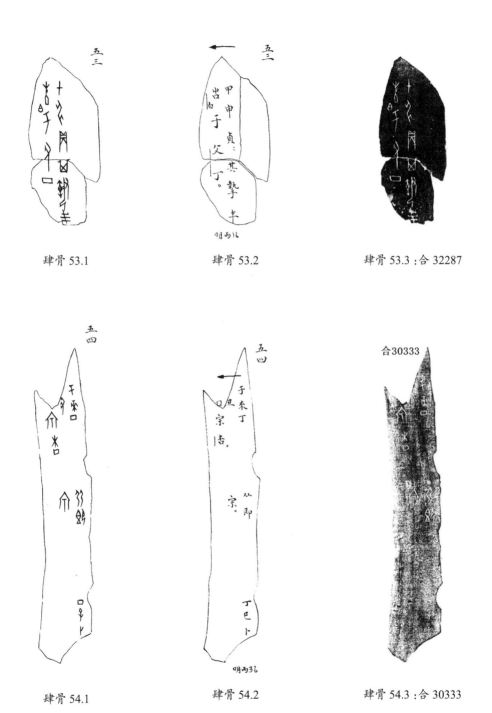

肆骨 54.3 :合 30333

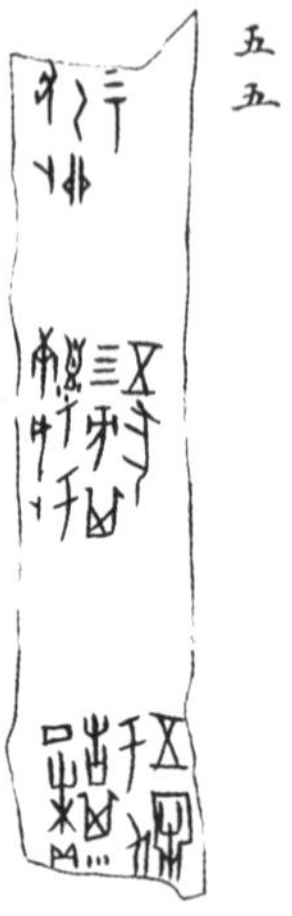

肆骨 55.1

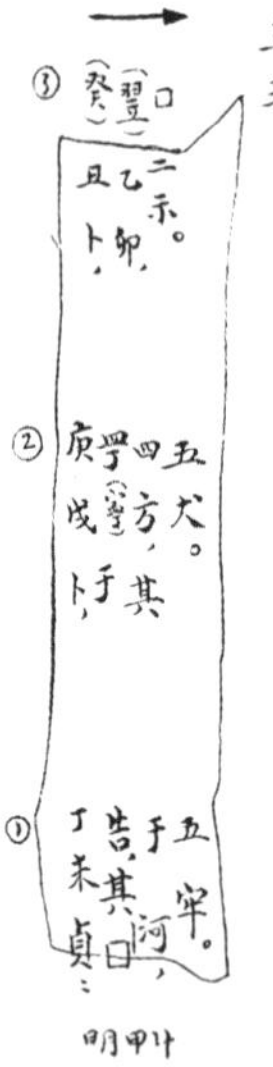

肆骨 55.2

肆骨 55.3：合 34144

肆骨 56.1

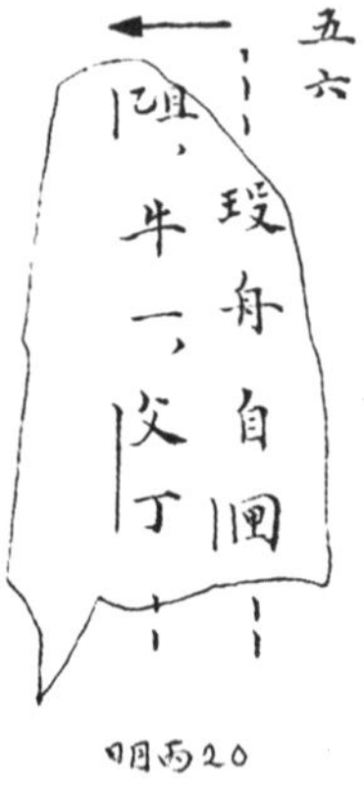

肆骨 56.2

肆骨 56.3：合 32389

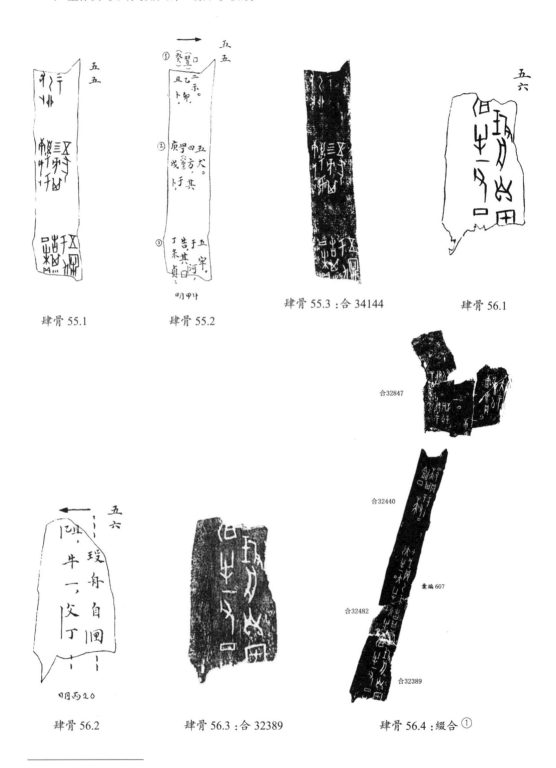

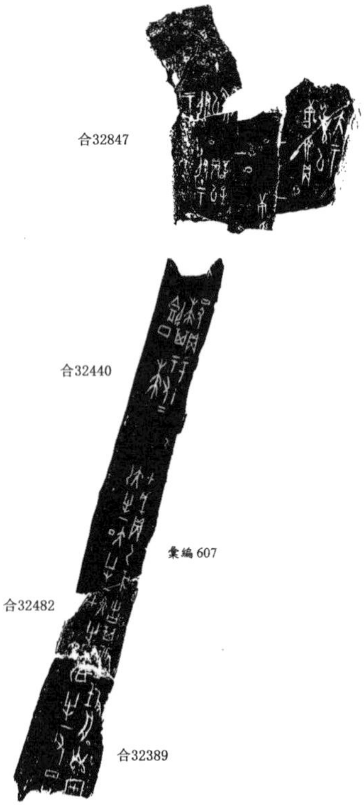

肆骨 56.4：綴合①

---

① 肆骨五六：即合 32389，現藏於故宫。綴合組爲：合 32847+〔合 32440+ 合 32482（劉源綴）+ 合 32389（周忠兵綴，綴彙 0607），見劉源：《歷組卜辭新綴兩組》，《故宫博物院院刊》2008 年第 4 期。又見《綴三》第 561 則。

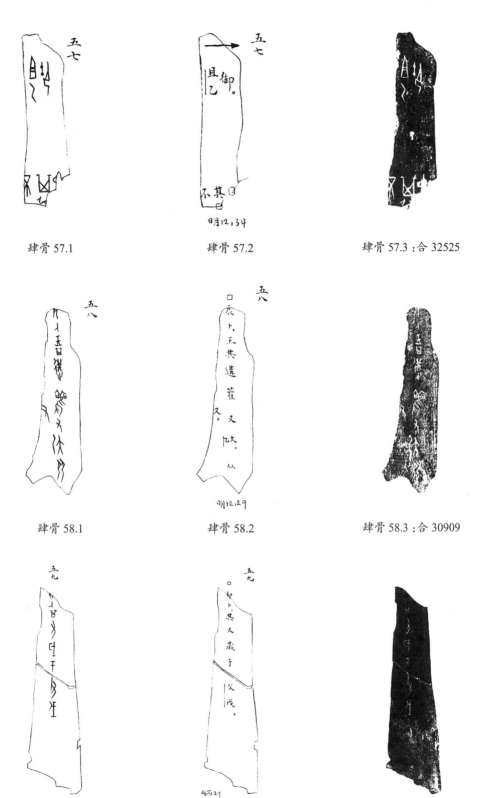

肆骨 57.1

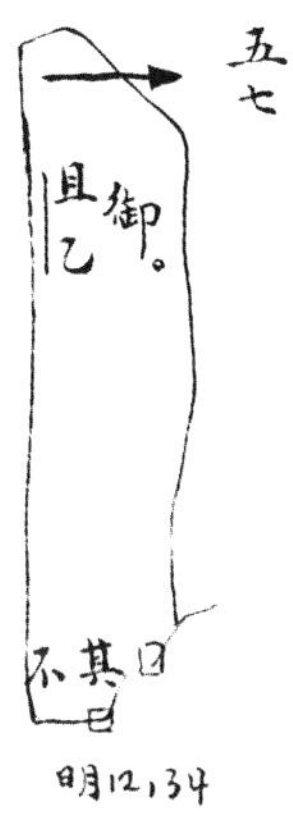

肆骨 57.2

肆骨 57.3 :合 32525

肆骨 58.1

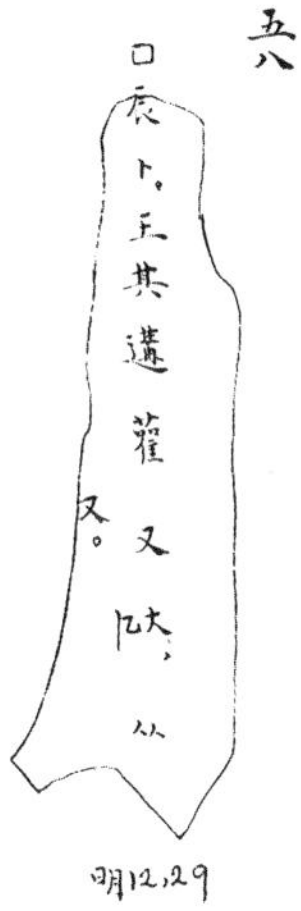

肆骨 58.2

肆骨 58.3 :合 30909

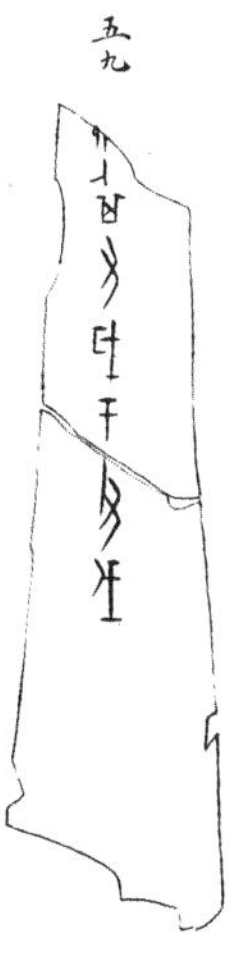

肆骨 59.1

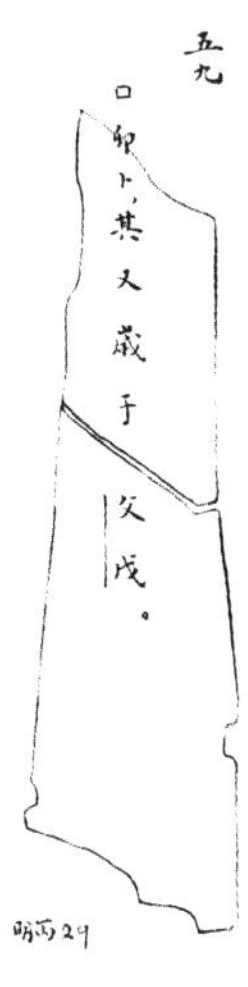

肆骨 59.2

肆骨 59.3 :合 27488

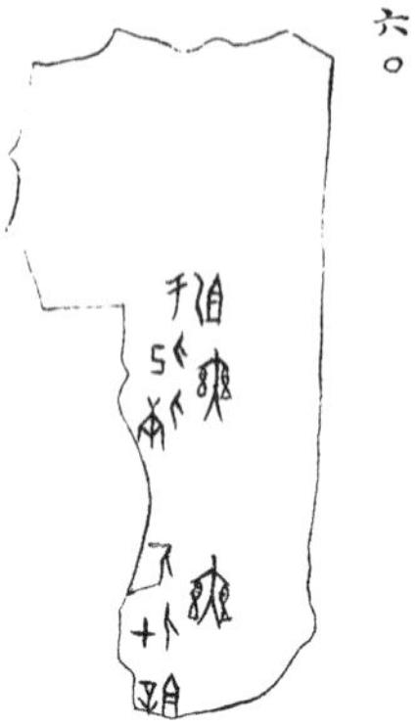
肆骨 60.1

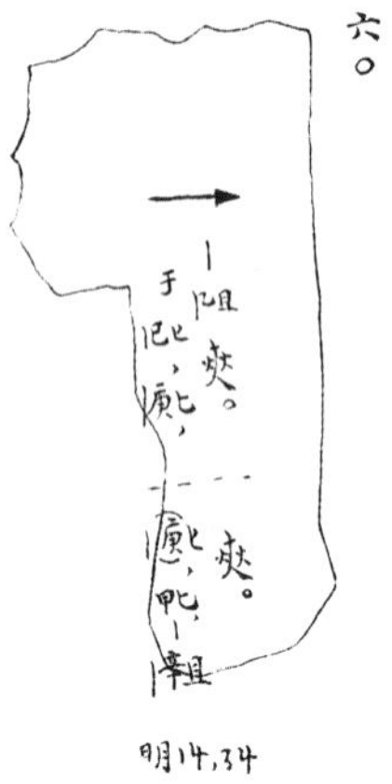
肆骨 60.2

肆骨 60.3 :合 27505

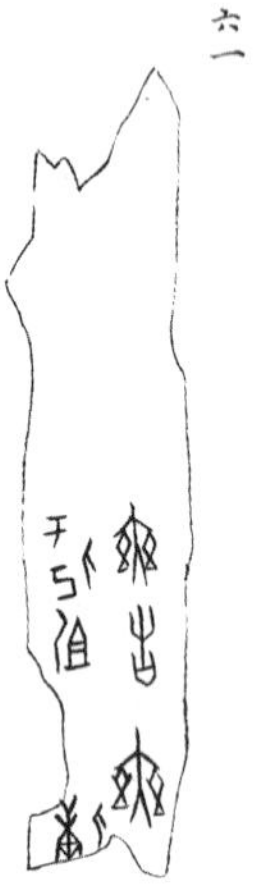
肆骨 61.1

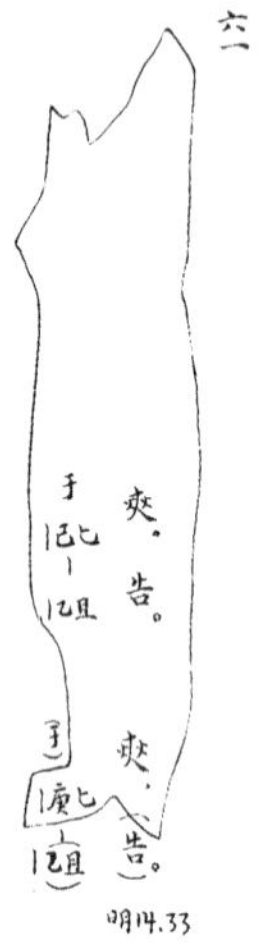
肆骨 61.2

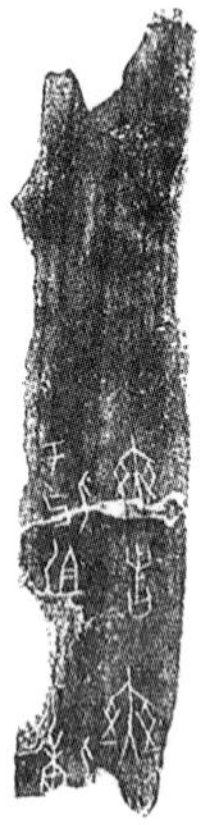
肆骨 61.3 :合 32744

肆骨 62.1

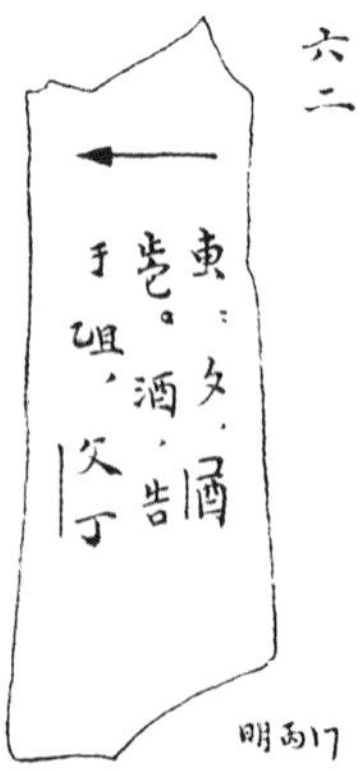
肆骨 62.2

肆骨 62.3 :合 32578

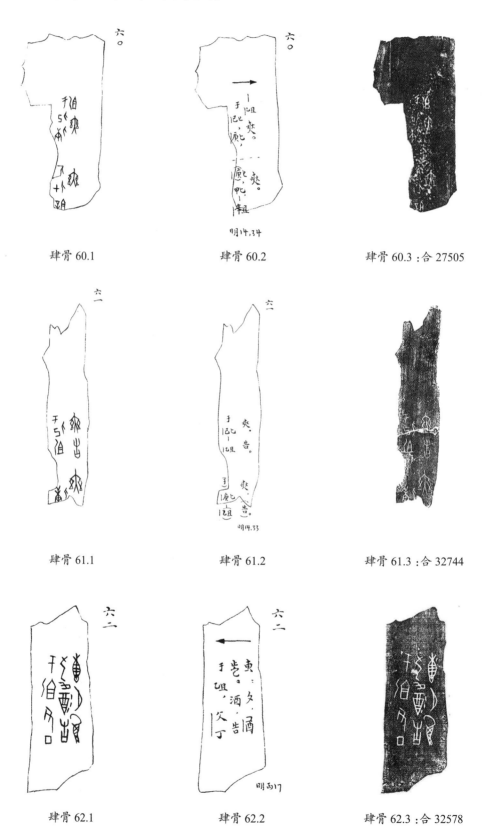

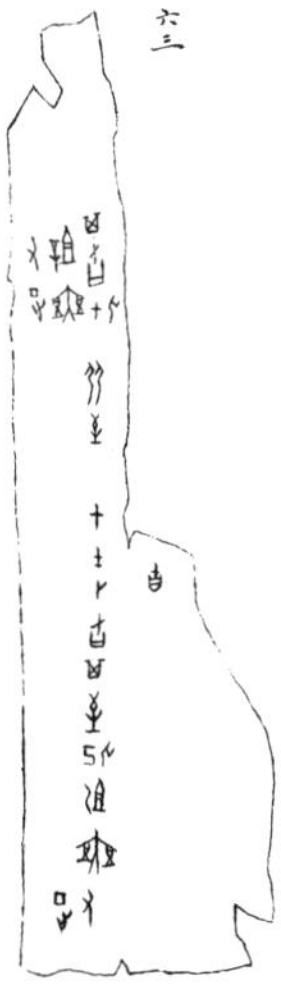

肆骨 63.1

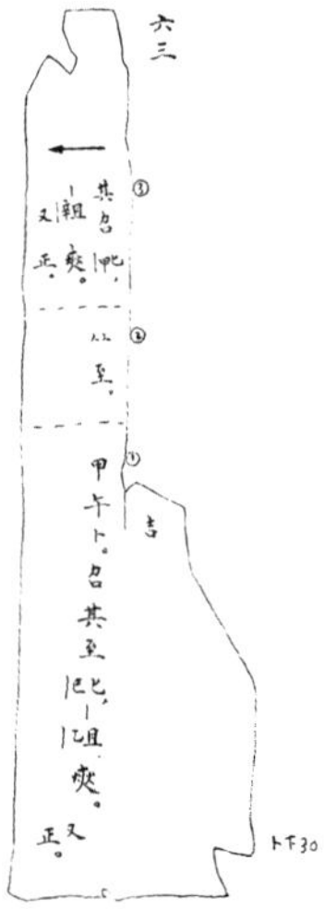

肆骨 63.2

肆骨 63.3：合 27503

肆骨 64.1

肆骨 64.2

肆骨 64.3：合 27655

肆骨 65.1

肆骨 65.2

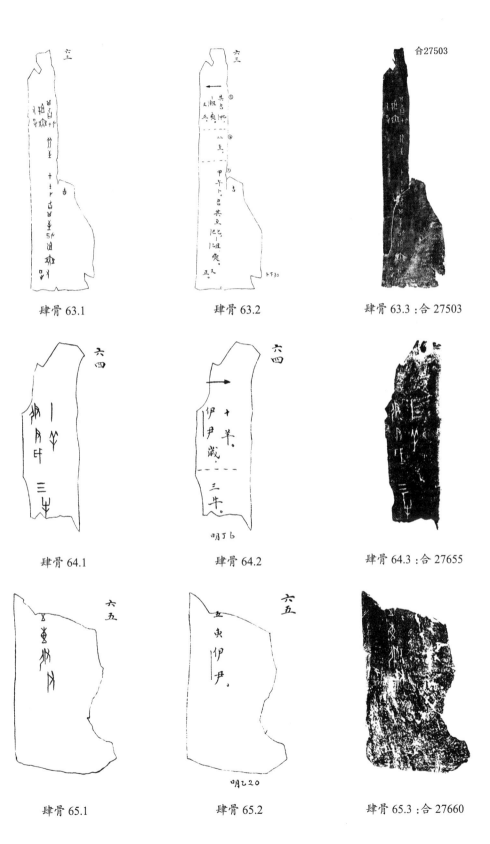

肆骨 65.3：合 27660

肆骨 66.1

肆骨 66.2

肆骨 66.3 :合 27341

肆骨 66.4 :綴合 ①

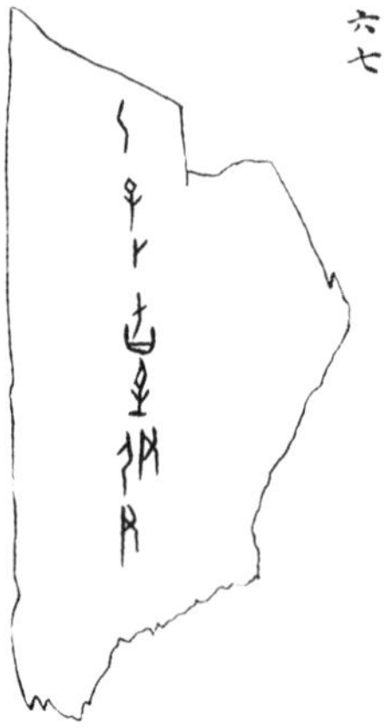

肆骨 67.1

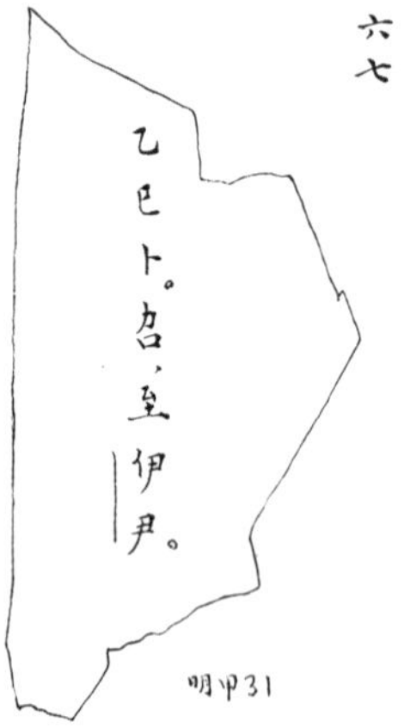

肆骨 67.2

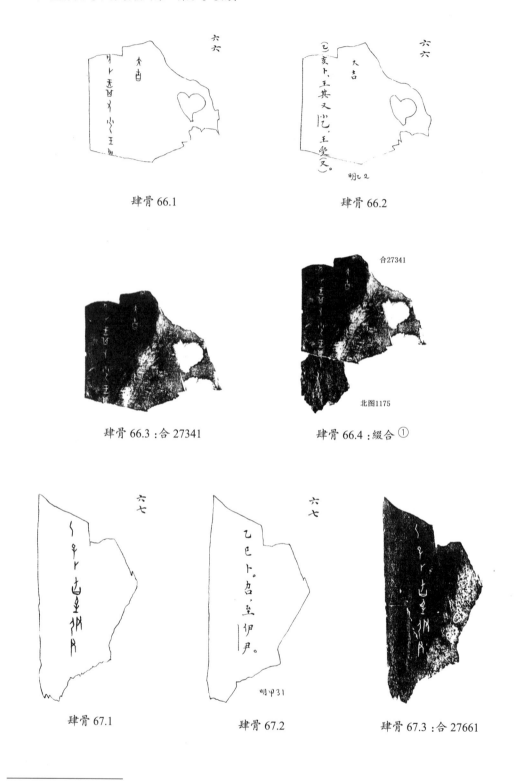

肆骨 67.3 :合 27661

① 肆骨六六的綴合組爲:合 27341+ 北圖 1175,見李愛輝:《甲骨拼合第 139、140 則》,先秦史研究室網站,2012.1.15;又見《拼三》第 683 則。綴合與董作賓的補釋吻合。

肆骨 68.1

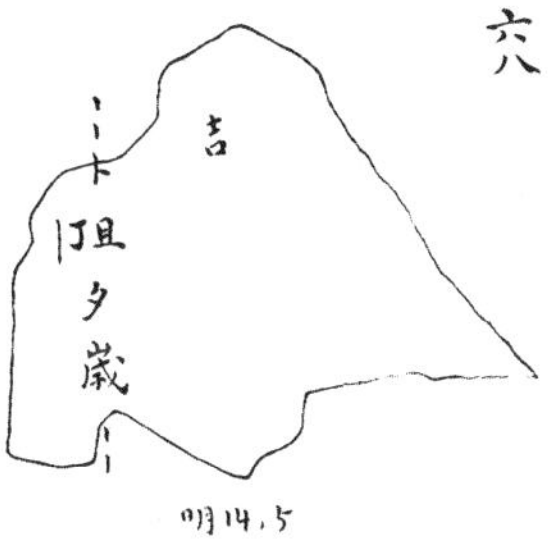

肆骨 68.2

肆骨 68.3：合 27271

肆骨 69.1

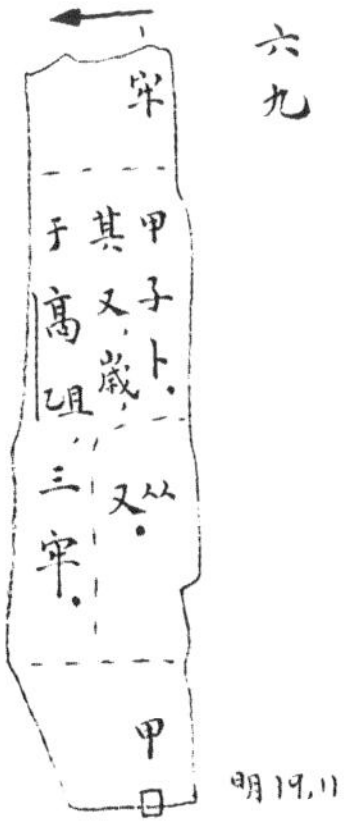

肆骨 69.2

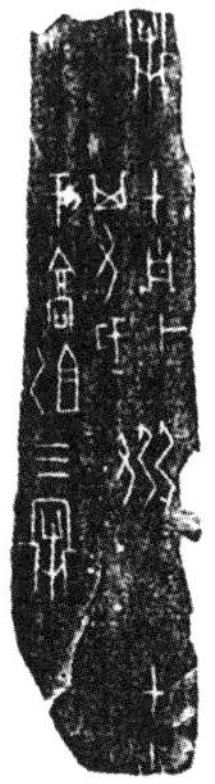

肆骨 69.3：合 32447

肆骨 68.4：綴合①

① 肆骨六八：即合 27271，現藏於故宫。綴合組爲合 27271+ 合補 9699（合 29519+ 合 29601），劉義峰於《綴》第 203 則上加綴合 27271，見《甲骨文與殷商史》（新一輯）。

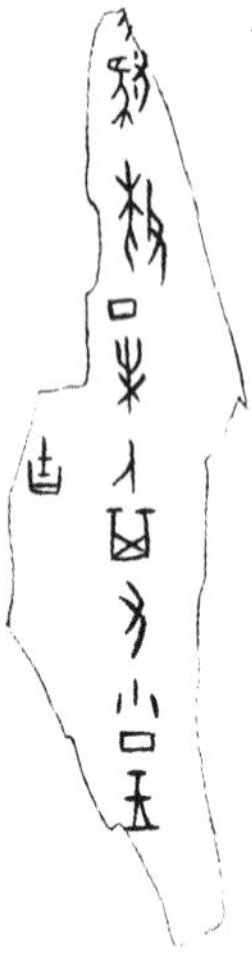

肆骨 70.1

肆骨 70.2

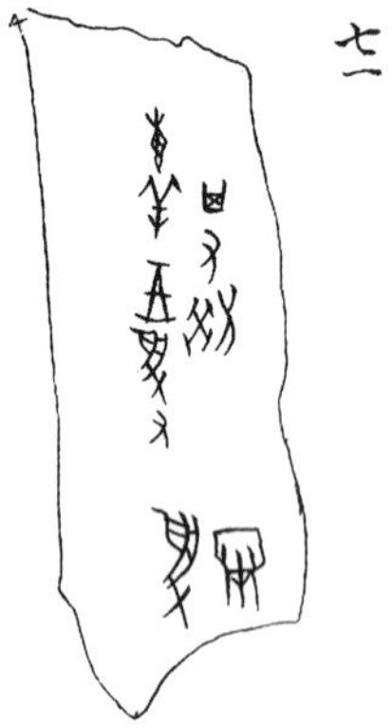

肆骨 71.1

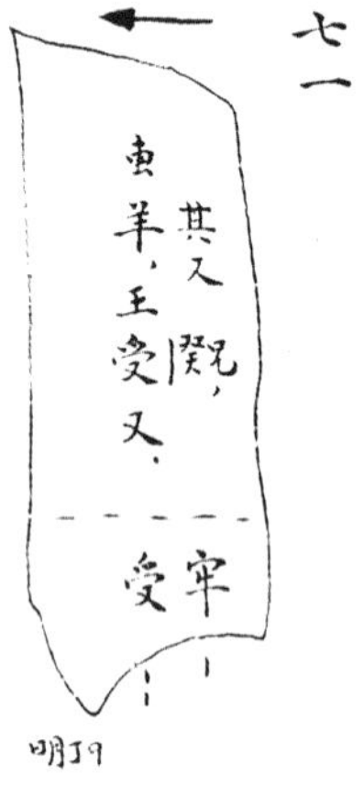

肆骨 71.2

肆骨 71.3：合 27634

肆骨 72.1

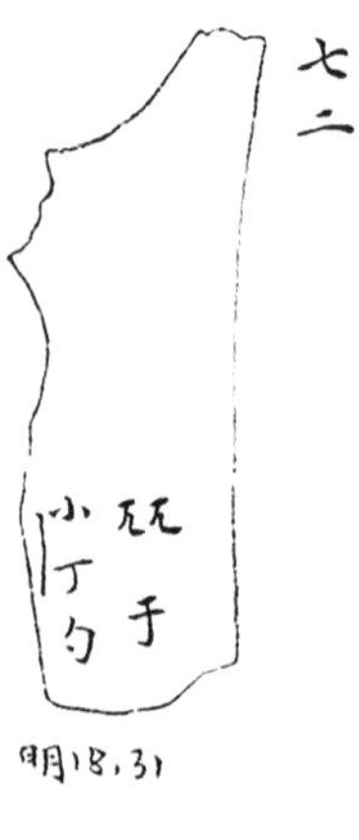

肆骨 72.2

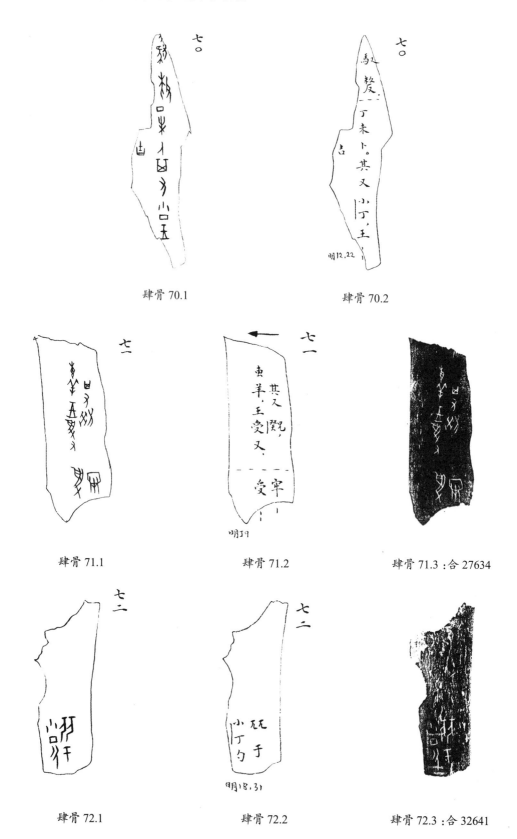

肆骨 72.3：合 32641

肆骨 73.1

肆骨 73.2

肆骨 73.3：合 32097

肆骨 74.1

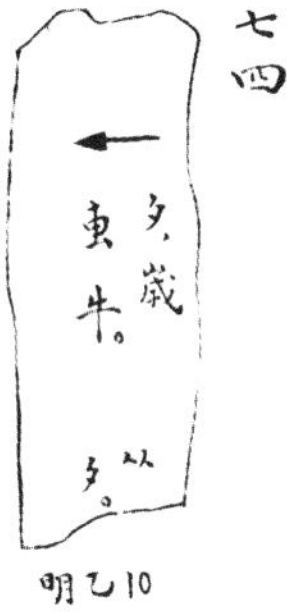

肆骨 74.2

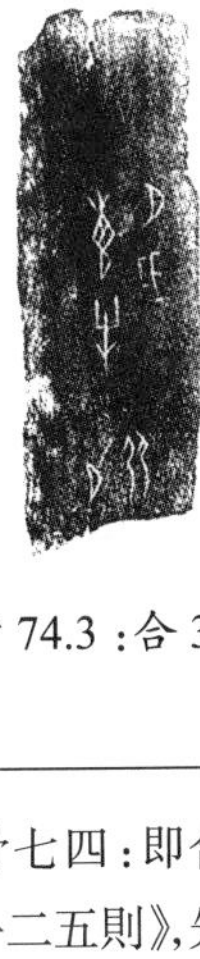

肆骨 74.3：合 30494

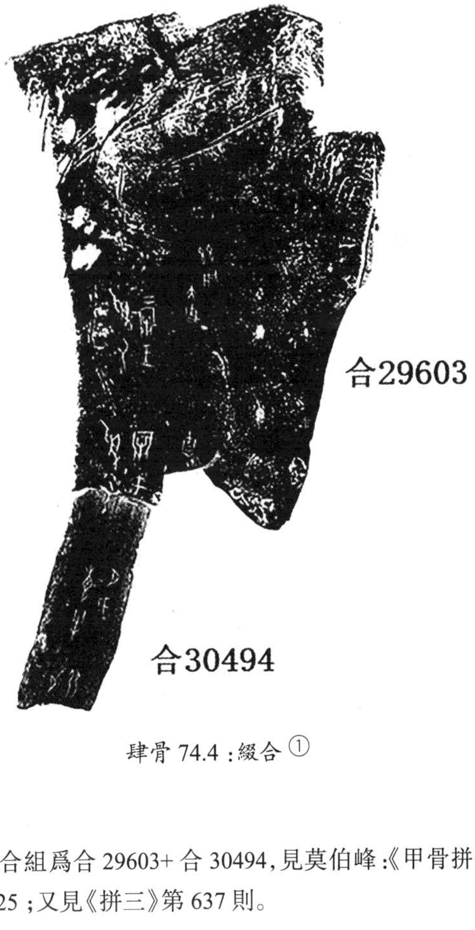

肆骨 74.4：綴合①

① 肆骨七四：即合 30494，現藏於故宫。綴合組爲合 29603+ 合 30494，見莫伯峰：《甲骨拼合第一二三——二五則》，先秦史研究室網站，2012.7.25；又見《拼三》第 637 則。

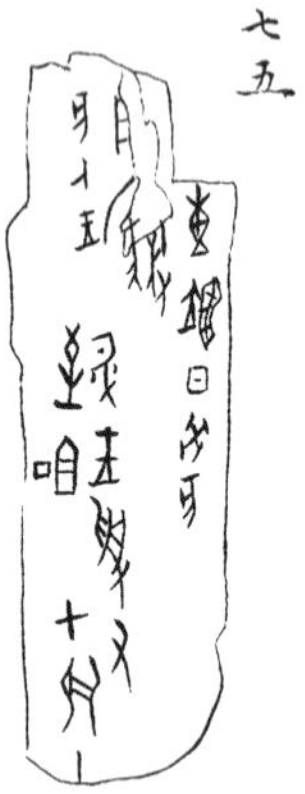

肆骨 75.1

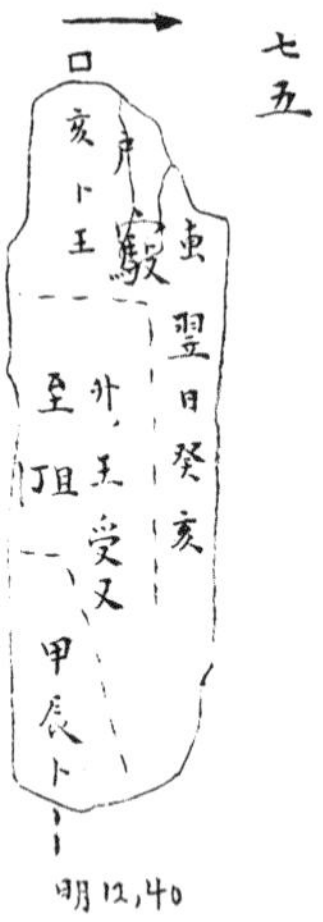

肆骨 75.2

肆骨 75.3 : 合 30349

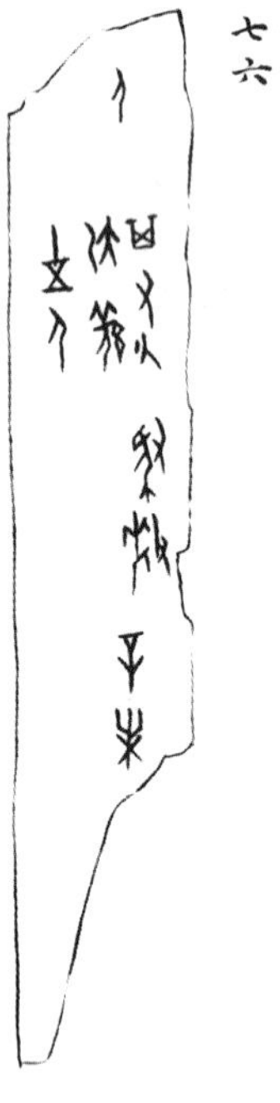

肆骨 76.1

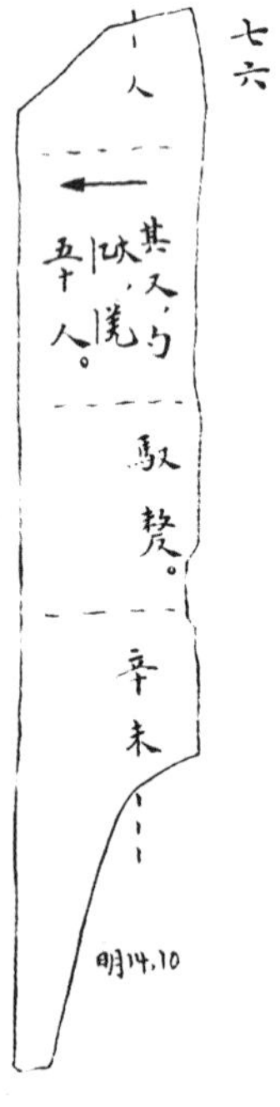

肆骨 76.2

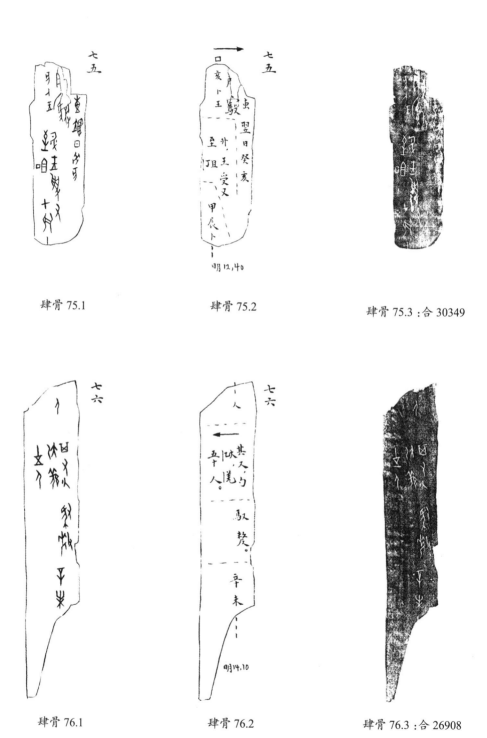

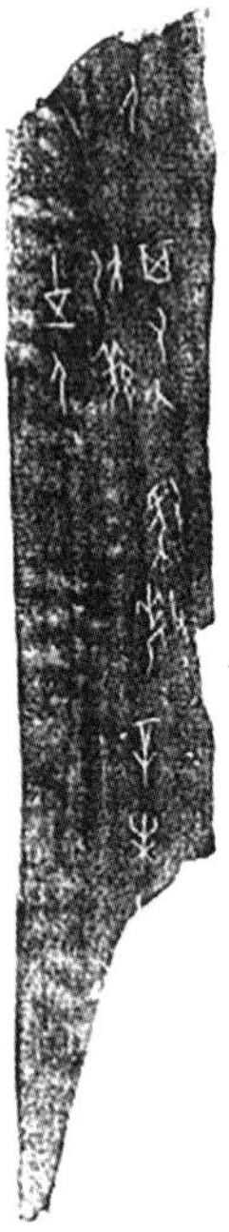

肆骨 76.3 : 合 26908

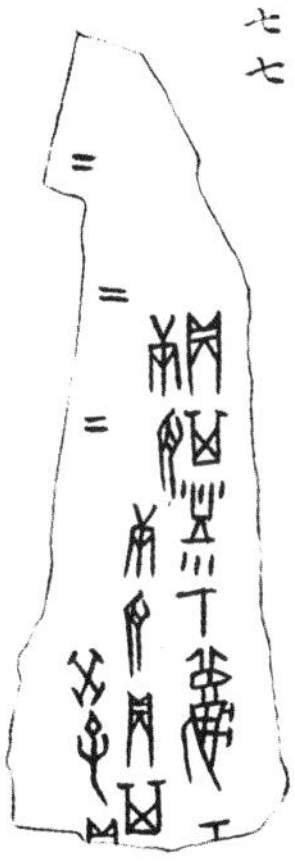

肆骨 77.1

肆骨 77.2

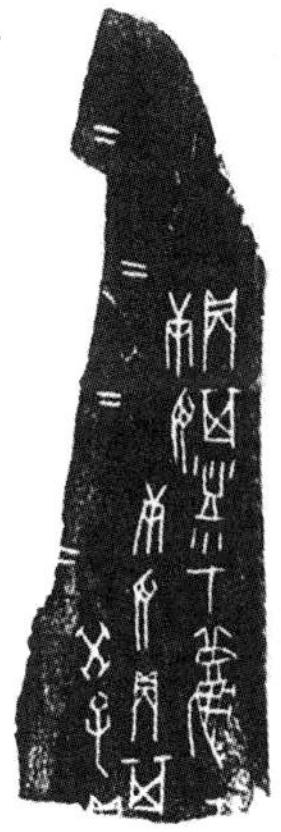

肆骨 77.3：合 33234

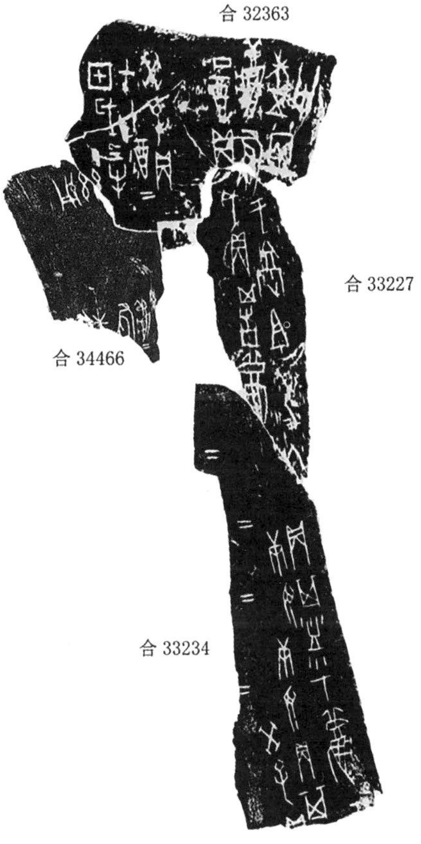

肆骨 77.4：綴合[①]

① 肆骨七七：即合 33234，現藏於故宫。綴合組爲合 33234+ 合 33227+ 合 32363+ 合 34466，見張軍濤：《殷墟甲骨新綴第 56 則（替换原第 56 則）》，先秦史研究室網站，2019.1.14。文下評論，綴合可商。

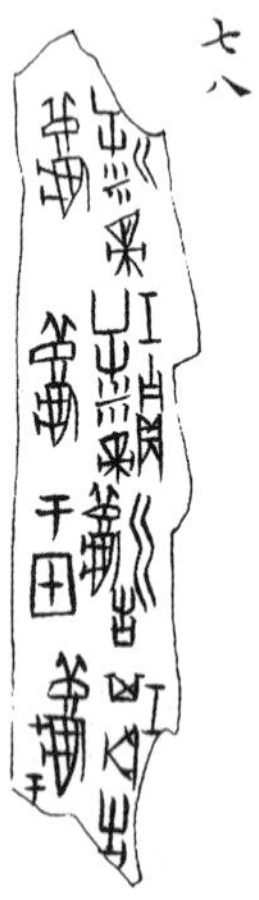

肆骨 78.1

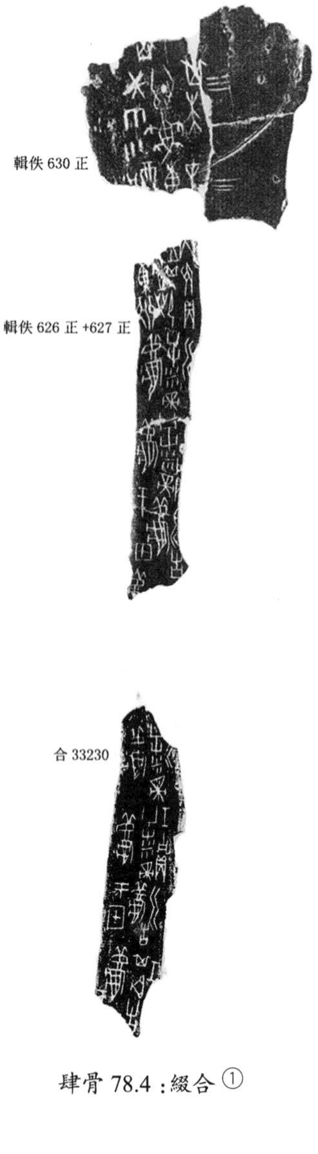

肆骨 78.2

肆骨 78.3：合 33230

肆骨 78.4：綴合①

---

①肆骨七八：即合 33230，現藏於故宫。綴合組爲輯佚 0630 正＋（輯佚 0626 正＋輯佚 0627 正）+合 33230，見張軍濤：《殷墟甲骨新綴第 36~44 則》，先秦史研究室網站，2019.1.3。

肆骨 79.1

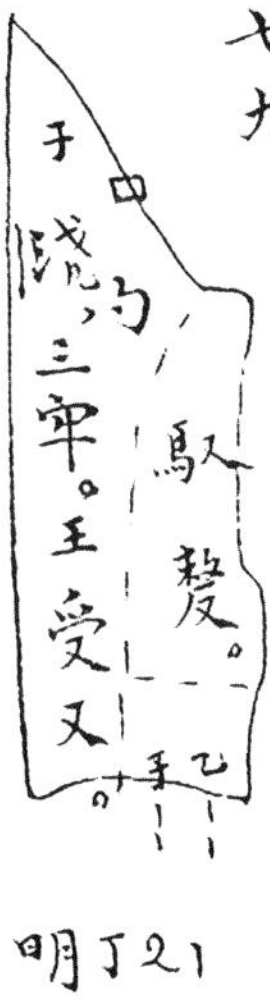

肆骨 79.2

肆骨 79.3 :合 30440

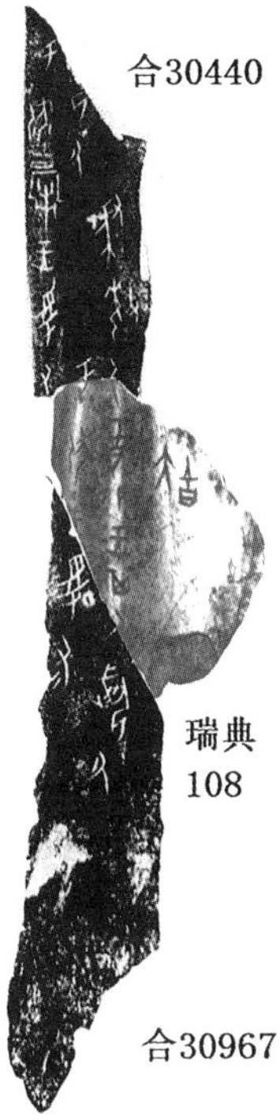

肆骨 79.4 :綴合 ①

肆骨 80.1

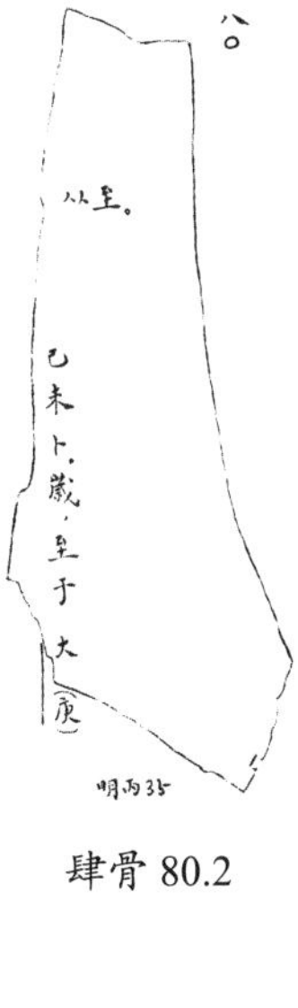

肆骨 80.2

肆骨 80.3 :合 34421

---

① 肆骨七九:即合 30440,現藏於故宫。綴合組爲合 30440+ 瑞典 108+ 合 30967(上博 17645.11),劉影《契合集》第 170 例上加綴合 30967,見《甲骨新綴第 172—175 組》,先秦史研究室網站,2013.12.5。又見《拼四》第 867 則。

肆骨 80.4：綴合①

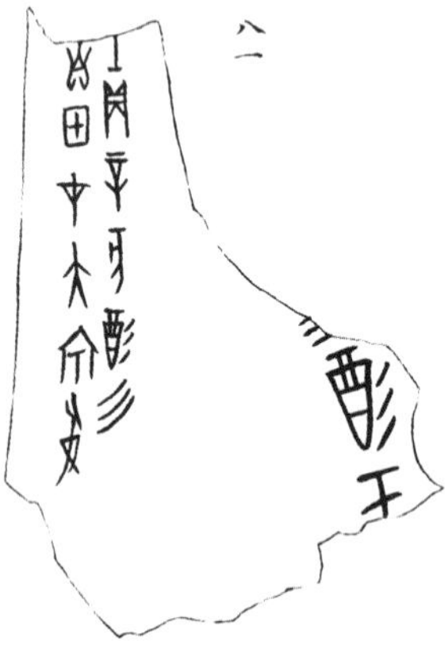

肆骨 81.1

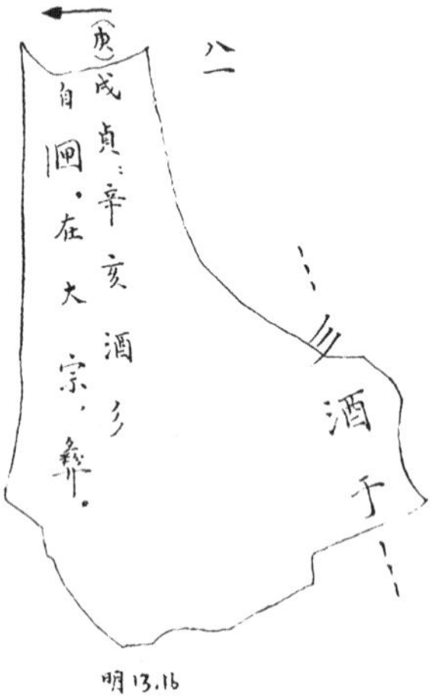

肆骨 81.2

肆骨 81.3：合 34044 正

肆骨 81.4：合 34044 反②

---

① 肆骨八〇：即合 34421，現藏於故宫。綴合組爲：合 34421+ 合補 10294，見《拼四》第 849 則。

② 肆骨八一：即合 34044 正，現藏於故宫。摹本缺反面，《合集》有正、反面。

肆骨 82.1

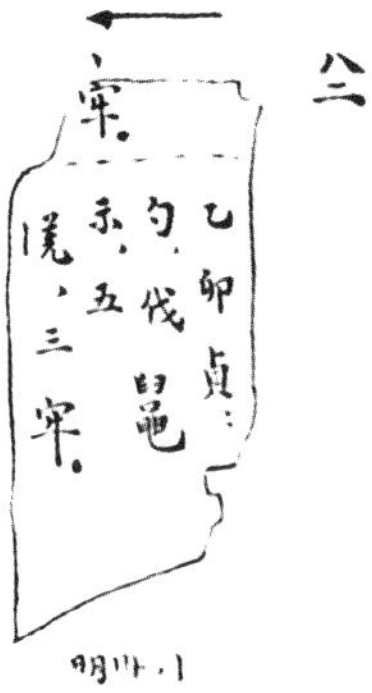

肆骨 82.2

肆骨 82.3 :合 32086

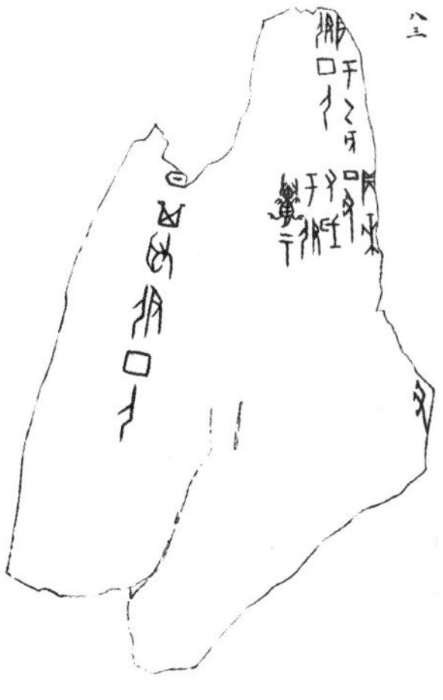

肆骨 83.1

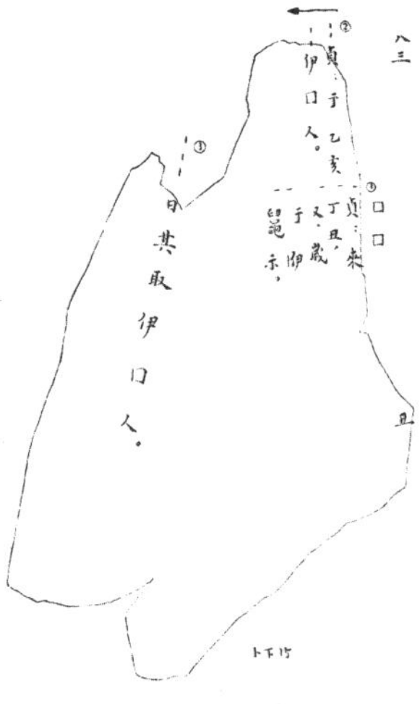

肆骨 83.2①

① 肆骨八三 :《合集》《合補》未收,現藏不詳。“今日其取伊丁人” 同文僅見合 32803 一例。

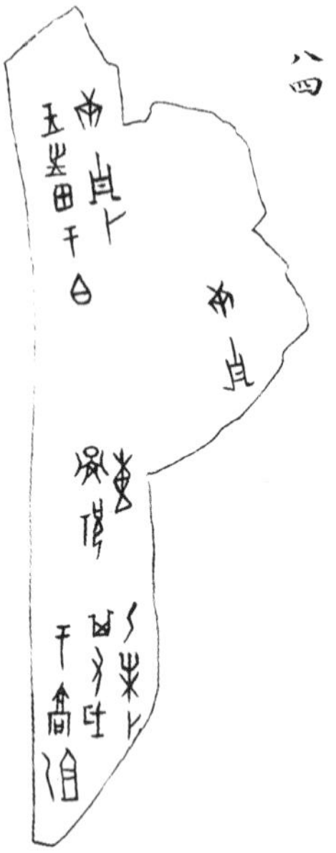

肆骨 84.1

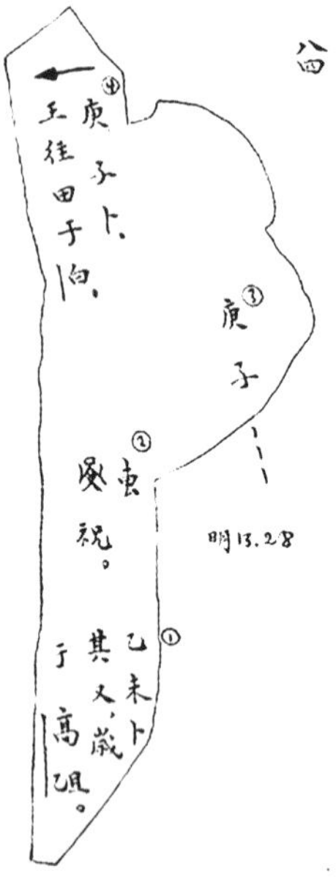

肆骨 84.2

肆骨 84.3：合 33425

肆骨 84.4：綴合①

① 肆骨八四的綴合組爲：合 33425+ 合 28843，劉義峰：《甲骨新綴一則》，先秦史研究室網站，2020.10.26。

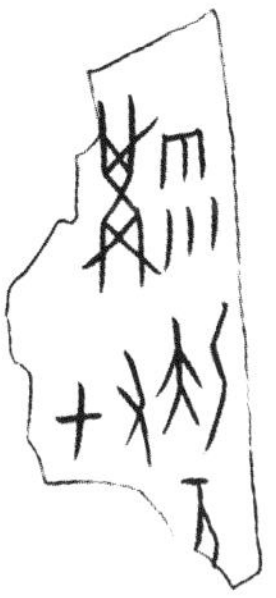

肆骨 85.1

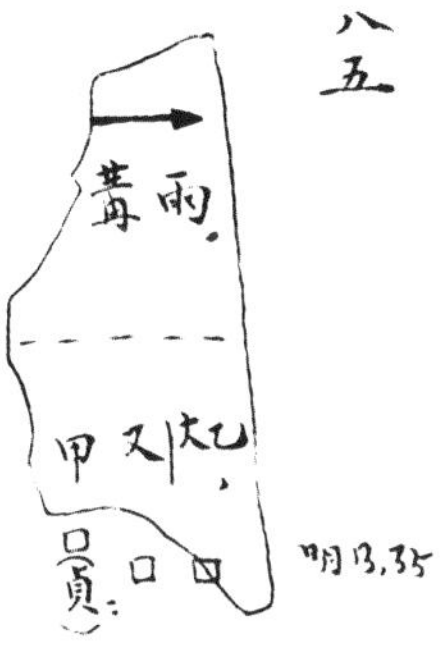

肆骨 85.2

肆骨 85.3：合 32407①

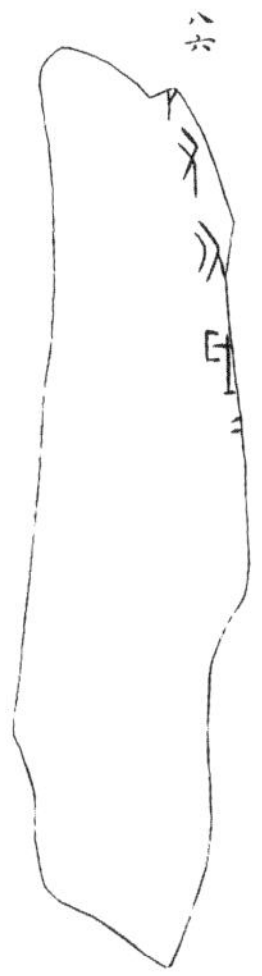

肆骨 86.1

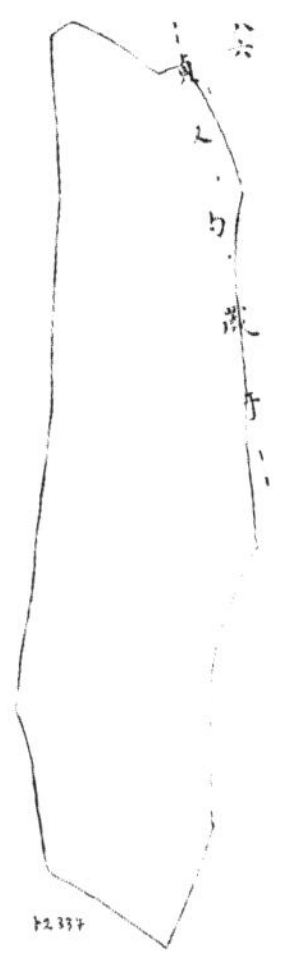

肆骨 86.2

肆骨 86.3：合 34304②

肆骨 87.1

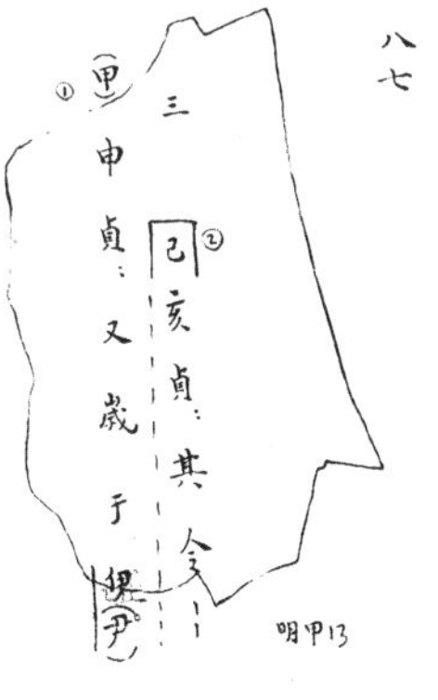

肆骨 87.2

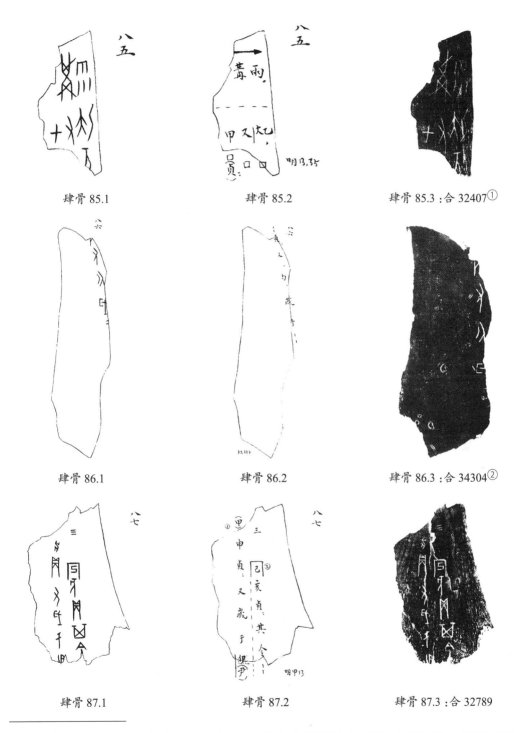

肆骨 87.3：合 32789

---

① 肆骨八五的綴合組爲：合 32218+ 合 32407，周忠兵：《歷組卜辭新綴三十例》，《古文字研究》第二十六輯，2006 年。

② 肆骨八六：即合 34304，現藏於南博。合 34304 下部不如摹本全。

肆骨 88.1

肆骨 88.2

肆骨 88.3：合 32409[1]

① 肆骨八八：即合 32409（上），現藏於故宮。《合集》在下端有綴合。

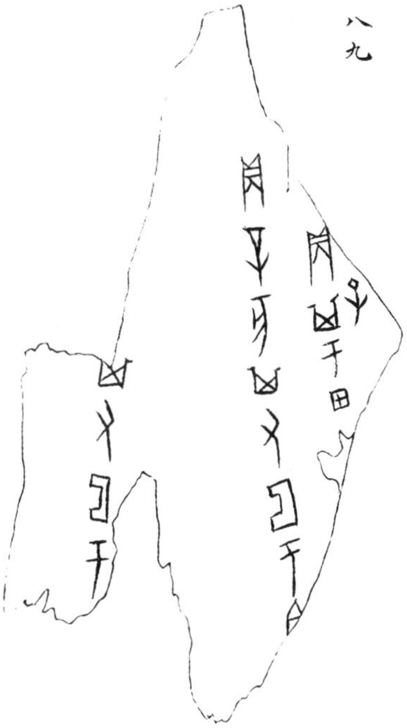

肆骨 89.1

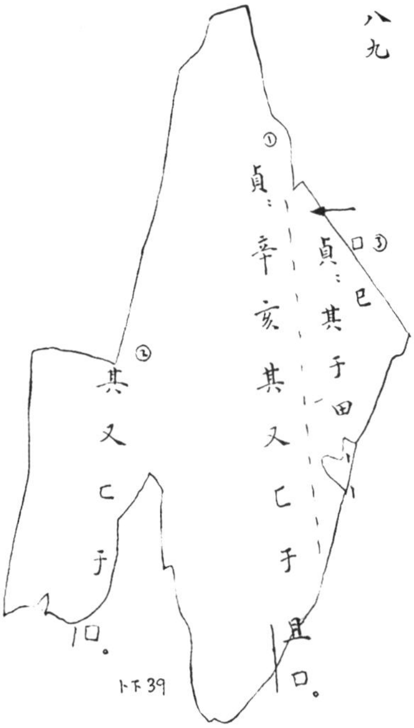

肆骨 89.2

肆骨 89.3：合 32378

肆骨 89.4：合補 10431[1]

---

① 肆骨八九：即合 32378、合補 10431（上），現藏於故宫。綴合組爲：合 32304+ 合 32378，即合補 10431。

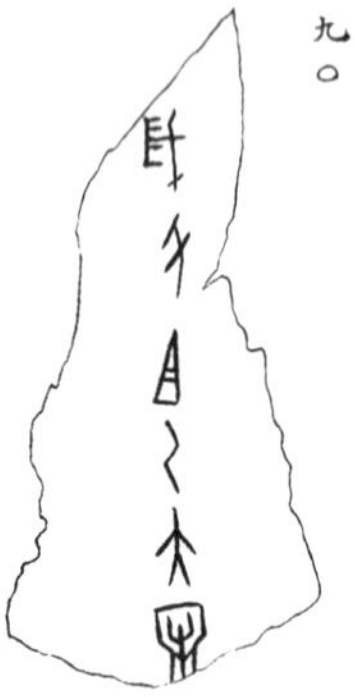

肆骨 90.1

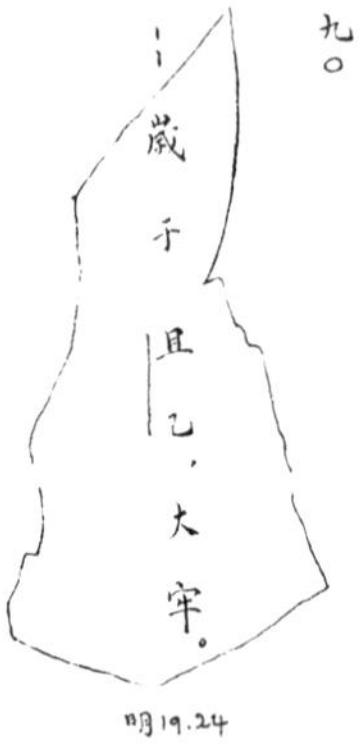

肆骨 90.2

肆骨 90.3：合 32530

肆骨 90.4：合補 10452①

肆骨 91.1

肆骨 91.2

---

① 肆骨九〇：即合 32530、合補 10452（下），現藏於故宮。綴合組爲合 32530+ 合 34307，即合補 10452。肆骨九〇與肆骨一〇四可綴合，即合補 10452。

肆骨 92.1

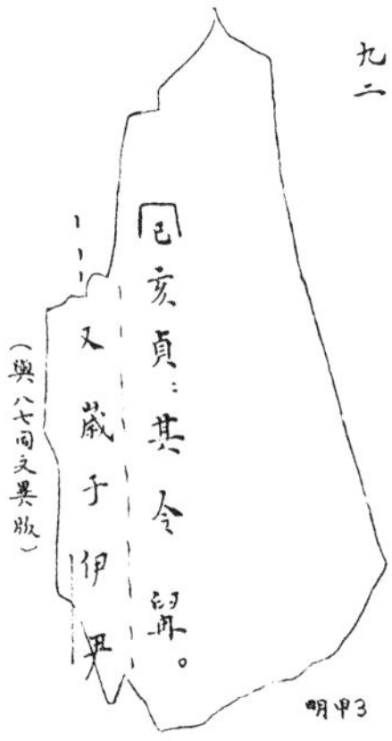

肆骨 92.2

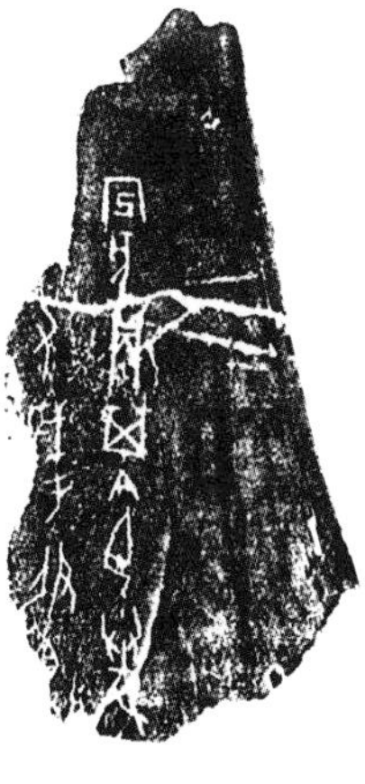

肆骨 92.3：合 32788

肆骨 91.3：合 32915①

肆骨 92.4：綴合②

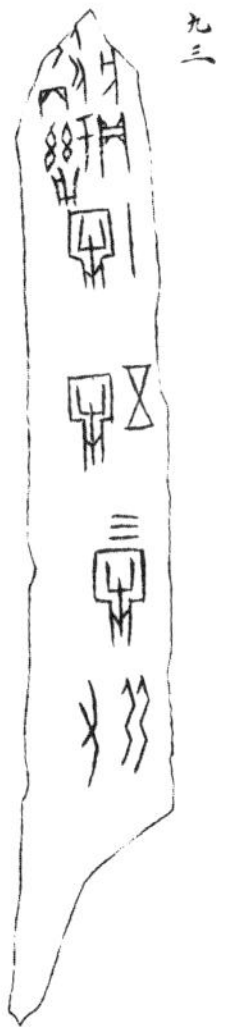

肆骨 93.1

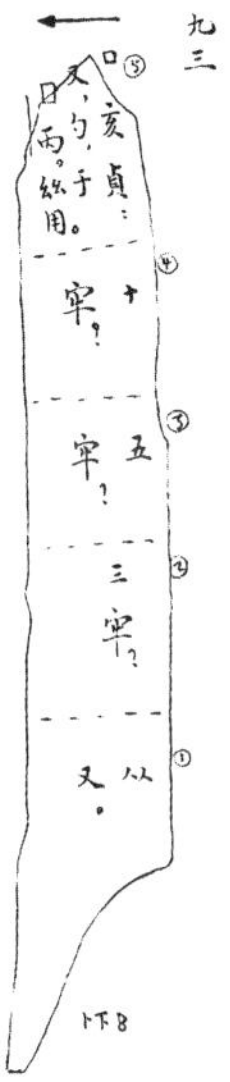

肆骨 93.2

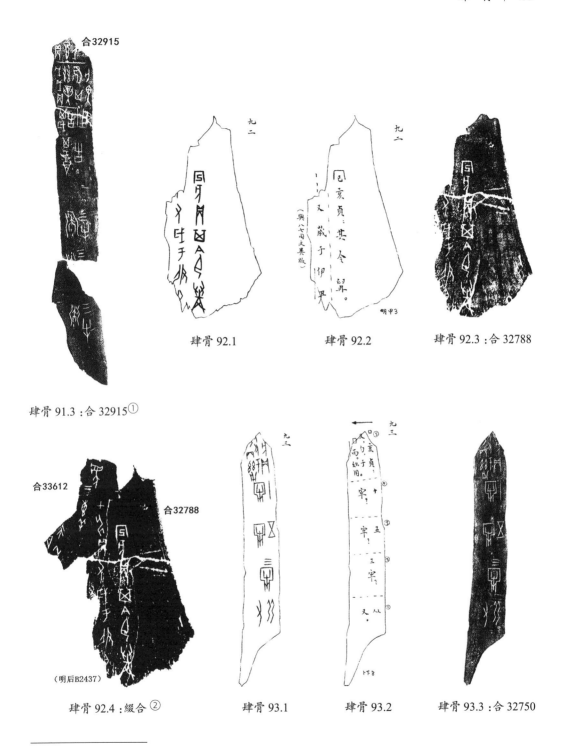

肆骨 93.3：合 32750

① 肆骨九一：即合 32915（上），現藏於國圖，爲北圖 5742。《合集》有綴合；蔡哲茂指出折痕不合，説見《〈綴續〉-〈甲骨文合集〉誤綴號碼表》，白玉峥：《簡論甲骨文合集》，189 頁。

② 肆骨九二：即合 32788，現藏於故宫。綴合組爲合 32788+ 合 33612，即明後 B2437，見《彙編》第 49 則。

肆骨 94.1

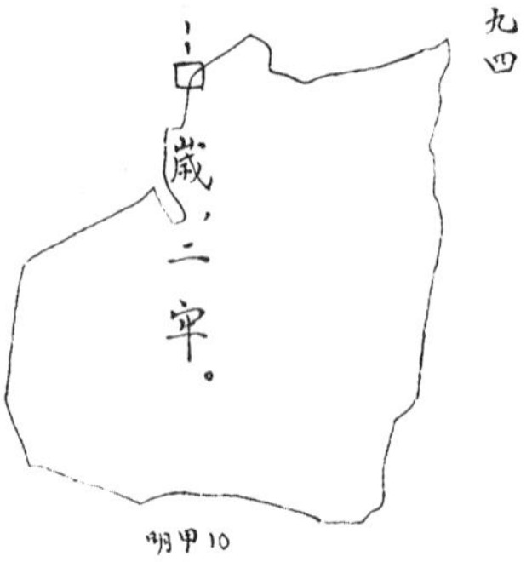

肆骨 94.2

肆骨 94.3：合 34424

肆骨 95.1

肆骨 95.2

肆骨 95.3：合 32464

肆骨 95.4：綴合①

① 肆骨九五：即合 32464，現藏於故宫。綴合組爲合 32464+ 屯南 2417，見周忠兵：《歷組卜辭新綴續》，《紀念殷墟 YH127 甲骨坑南京室内發掘 70 周年論文集》，文物出版社，2008 年 10 月，第 95—99 頁。又見《歷組卜辭新綴十一例》第八組，先秦史研究室網站，2008.12.26。

肆骨 96.1

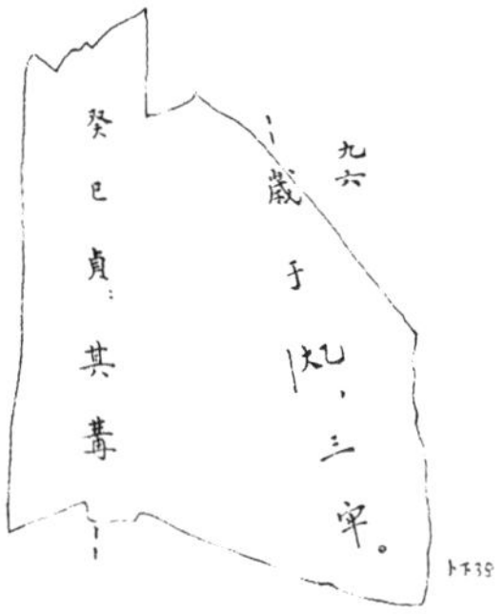

肆骨 96.2

肆骨 96.3 :合 32412

肆骨 97.1

肆骨 97.2

肆骨 98.1

肆骨 98.2

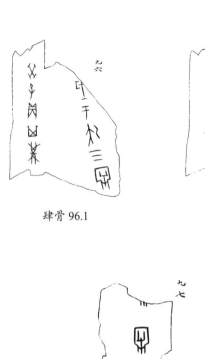

肆骨 98.3 :合 32521

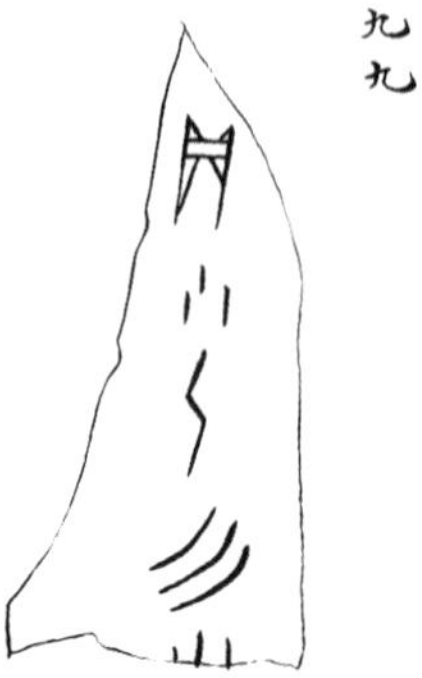

肆骨 99.1

肆骨 99.2

肆骨 99.3：合 32620

肆骨 100.1

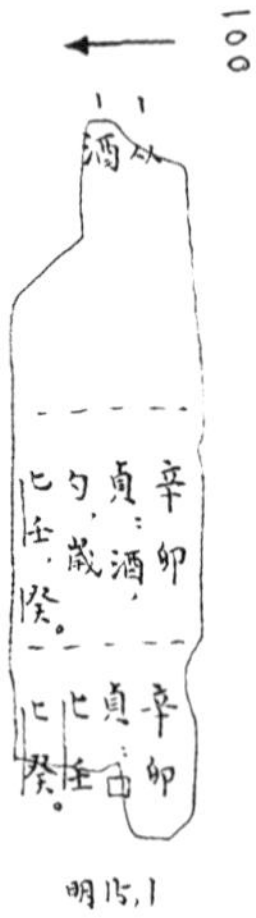

肆骨 100.2

肆骨 100.3：合 32751

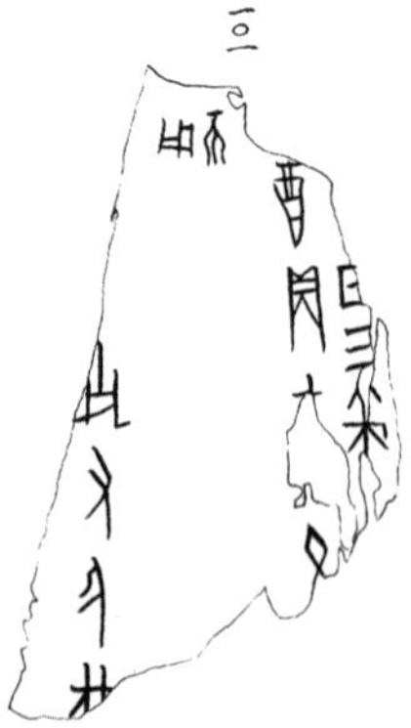

肆骨 101.1

肆骨 101.2

肆骨 101.3：合 32098

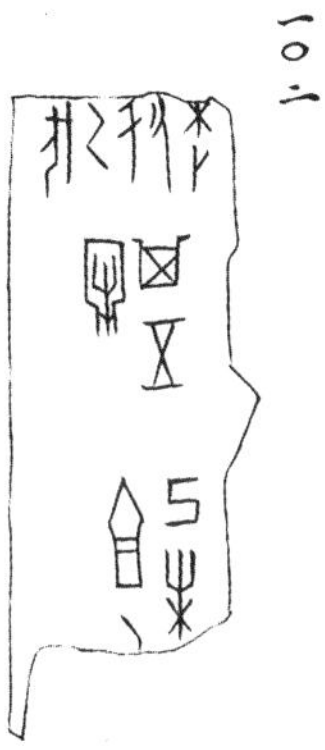

肆骨 102.1

肆骨 102.2

肆骨 102.3：合 32257

合 32257

合 34303

肆骨 102.4：綴合①

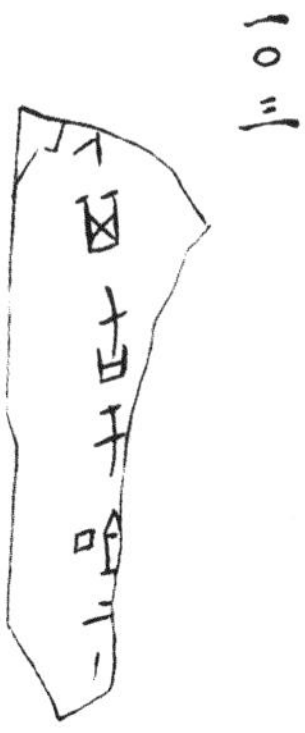

肆骨 103.1

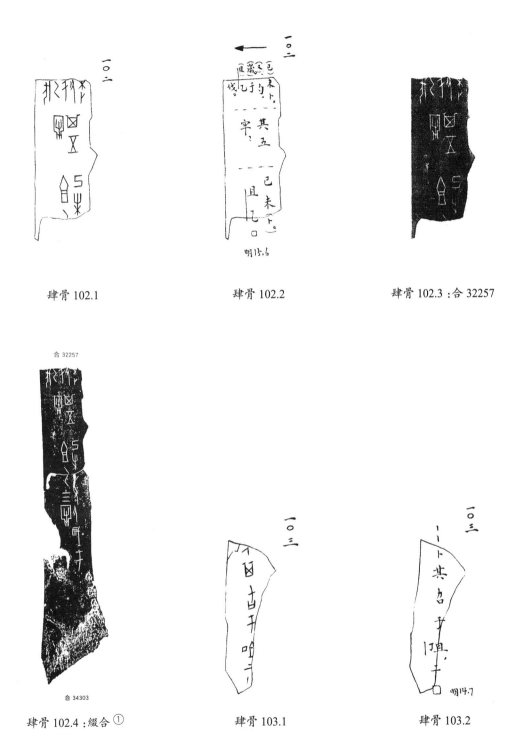

肆骨 103.2

① 肆骨一〇二：即合 32257，現藏於加安博。綴合組爲合 32257+ 合 34303，見《醉古集》第 290 組。

肆骨 103.3：合 30351

肆骨 103.4：綴合①

肆骨 104.1

肆骨 104.2

肆骨 104.3：合 34307

肆骨 104.4：合補 10452②

① 肆骨一〇三：即合 30351，現藏於故宫。綴合組爲合 30351+ 合 30734，見《拼一》第 236 則。

② 肆骨一〇四：即合 34307、合補 10452（上），現藏於故宫。綴合組爲合 32530+ 合 34307，即合補 10452。肆骨九〇與肆骨一〇四可綴合，即合補 10452。

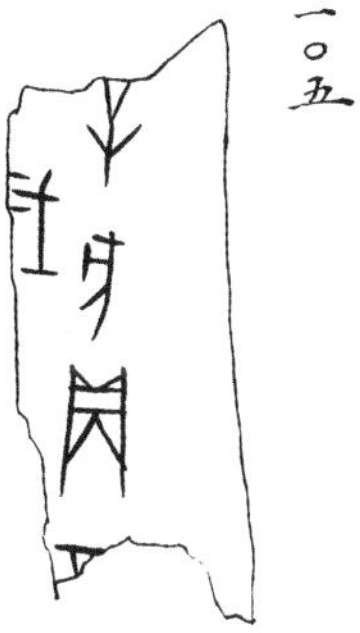

肆骨 105.1

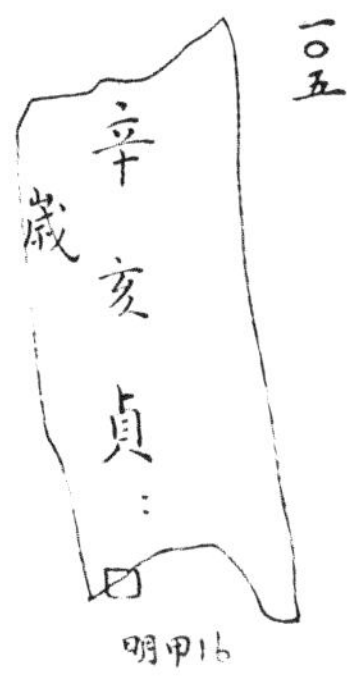

肆骨 105.2

肆骨 105.3：合 34434

肆骨 106.1

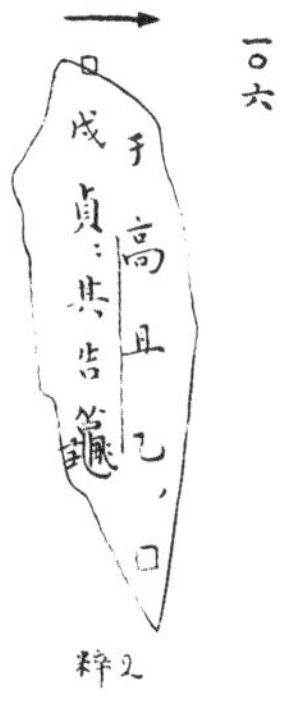

肆骨 106.2

肆骨 106.3：合 33227①

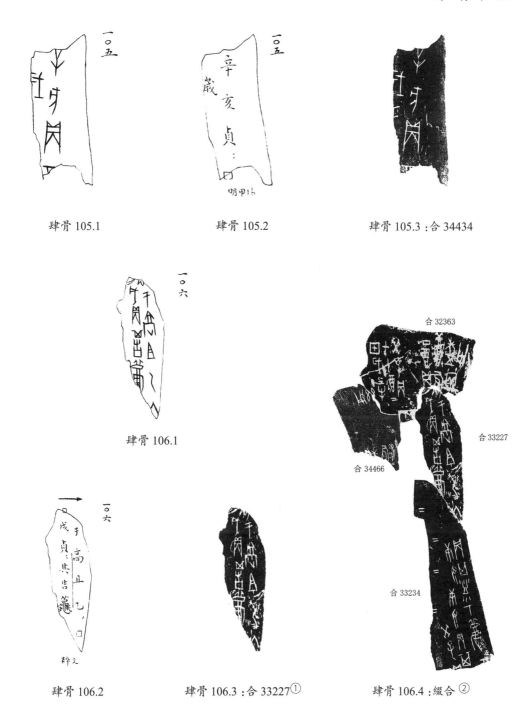

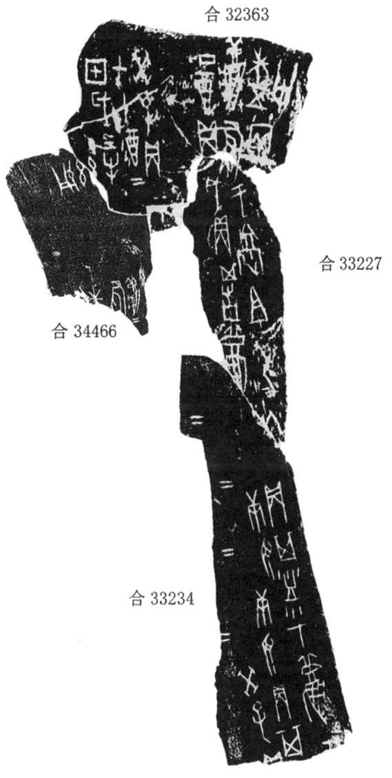

肆骨 106.4：綴合②

① 肆骨一〇六：即合 33227，現藏於國圖，爲北圖 5993。

② 肆骨一〇六的綴合組爲：合 33234+ 合 33227+ 合 32363+ 合 34466，見張軍濤：《殷墟甲骨新綴第 56 則（替换原第 56 則）》，先秦史研究室網站，2019.1.14。合 33227+ 合 32363 綴合似可商。參見文下評論，先秦史研究室網站，2019.1.14。

肆骨 107.1

肆骨 107.2

肆骨 107.3：合 28207①

肆骨 107.4：合補 10430②

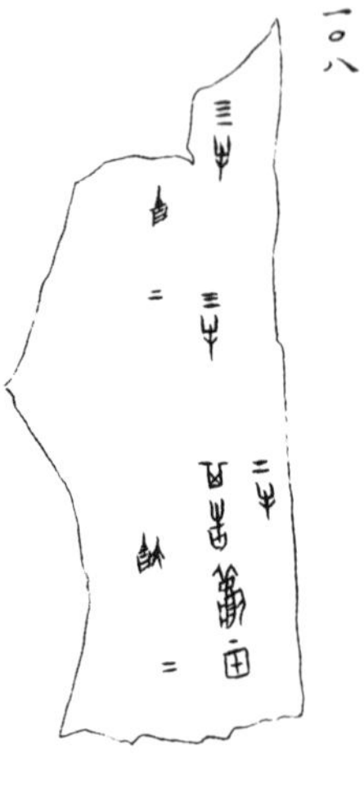

肆骨 108.1

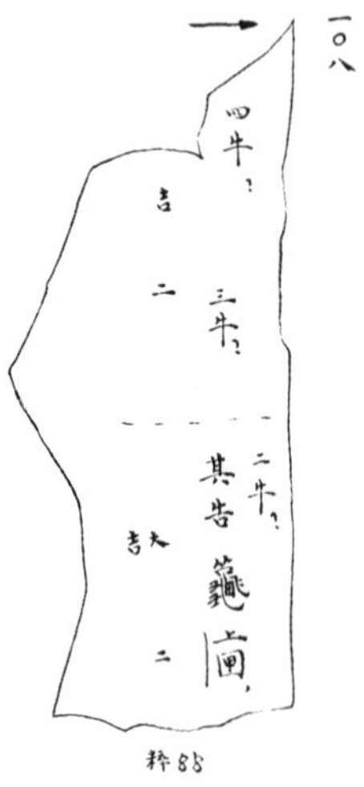

肆骨 108.2

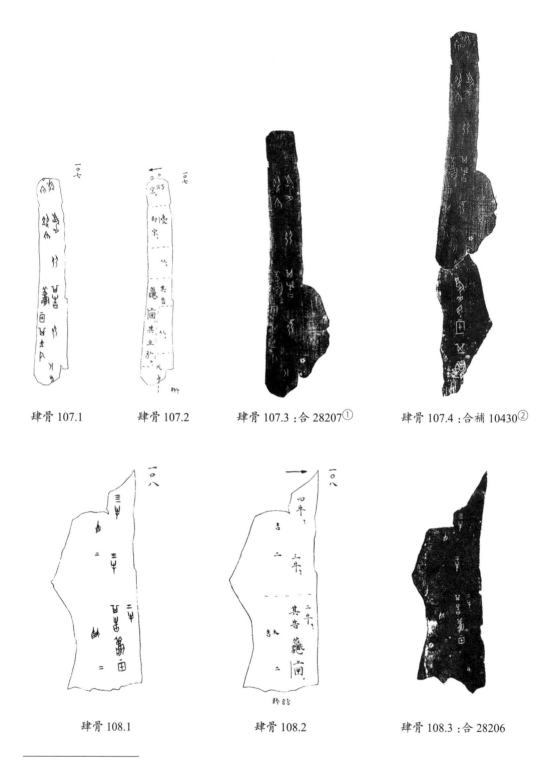

肆骨 108.3：合 28206

① 肆骨一〇七：即合 28207、合補 10430（上），現藏於國圖，爲北圖 5729，重見掇三 340。摹本右邊骨形不全，《合集》爲全形圖。

② 肆骨一〇七的綴合組爲：合 28207+ 合 34169，即合補 10430，見《彙編》第 19 則。

肆骨 109.1

肆骨 109.2

肆骨 109.3：合 34148

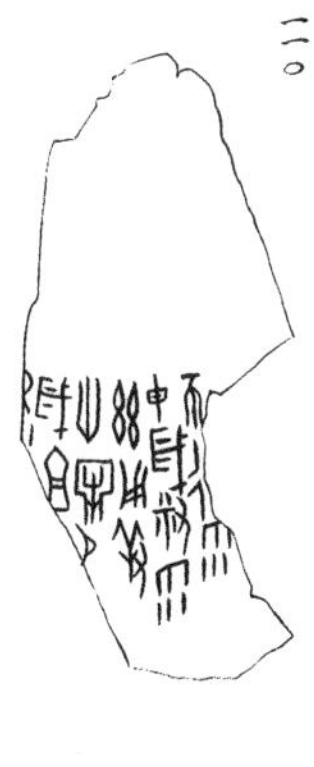

肆骨 110.1

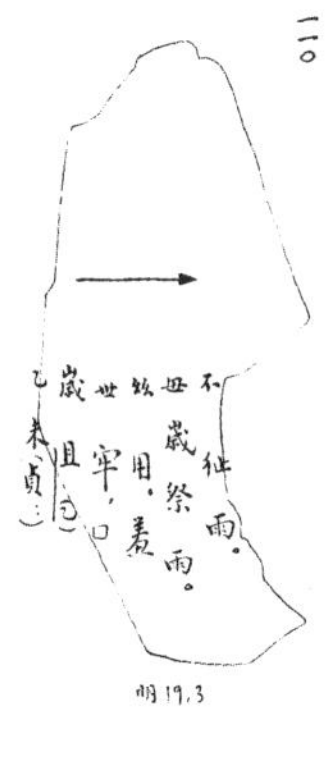

肆骨 110.2

肆骨 110.3：合 33986[1]

① 肆骨一一〇：即合 33986（右下），現藏於故宫。《合集》有綴合。摹文中“羞毌”，諸家釋字不同。有作“羞中”，其“中”字黄天樹釋爲“中日”二字合書，黄説見：《釋殷墟甲骨文中的“羞”字》，《古文字研究》第 25 輯，22 頁。陳年福《殷墟甲骨文摹釋全編釋文》即作“中日”二字。

肆骨 111.1

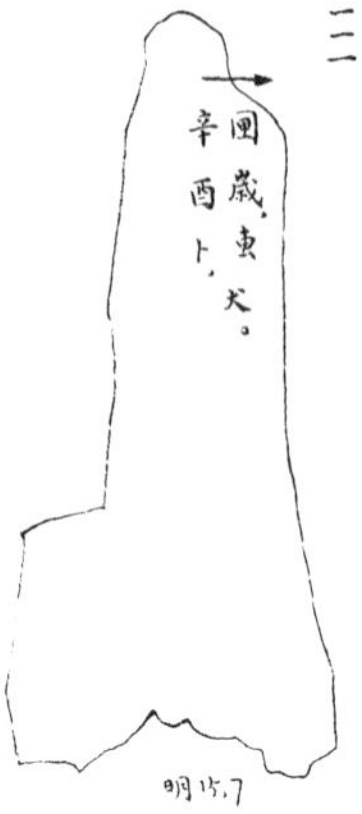

肆骨 111.2

肆骨 111.3 :合 32353

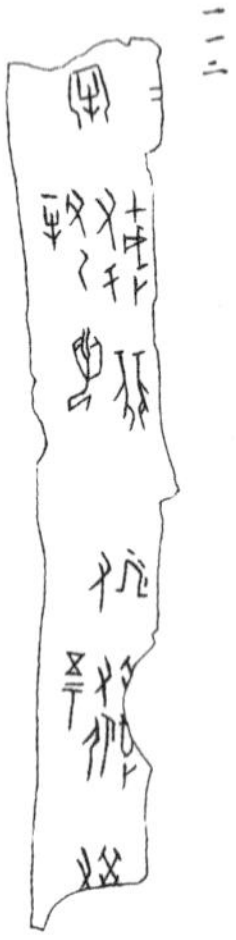

肆骨 112.1

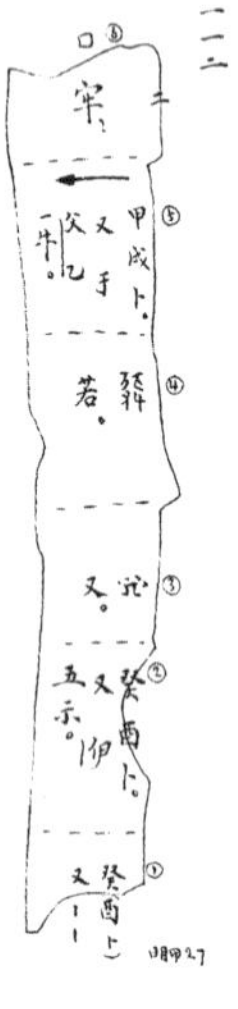

肆骨 112.2

肆骨 112.3 :合 32722

肆骨 113.1

肆骨 113.2

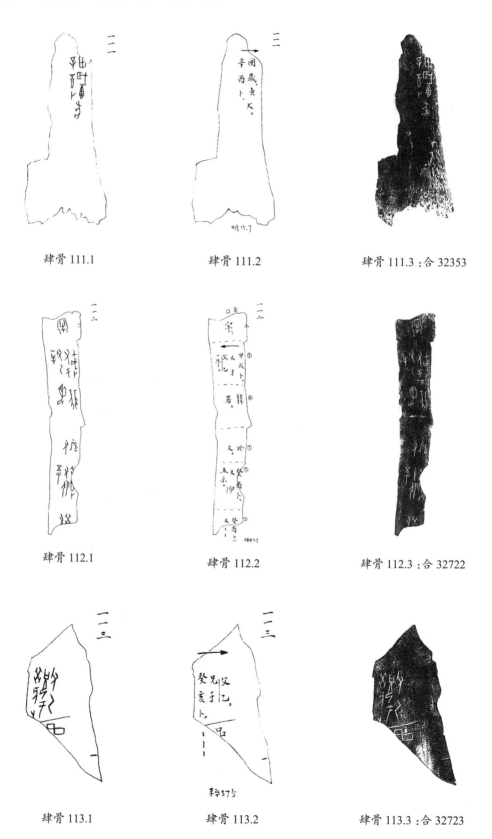

肆骨 113.3 :合 32723

肆骨 114.1

肆骨 114.2①

肆骨 115.1

肆骨 115.2

肆骨 115.3：合 32724

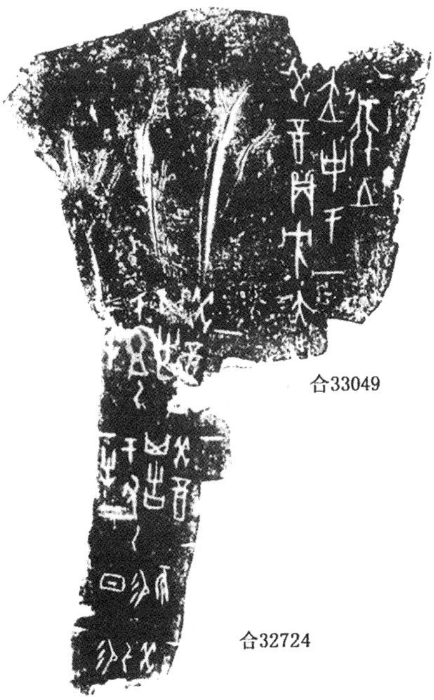

肆骨 115.4：綴合②

① 肆骨一一四：《合集》《合補》未收，現藏不詳。疑爲僞刻。

② 肆骨一一五：即合 32724。綴合組爲合 32724+ 合 33049，見周忠兵：《甲骨新綴十一例》第六組，《殷都學刊》，2007 年第 2 期。綴合與董作賓的補釋吻合。

肆骨 116.1

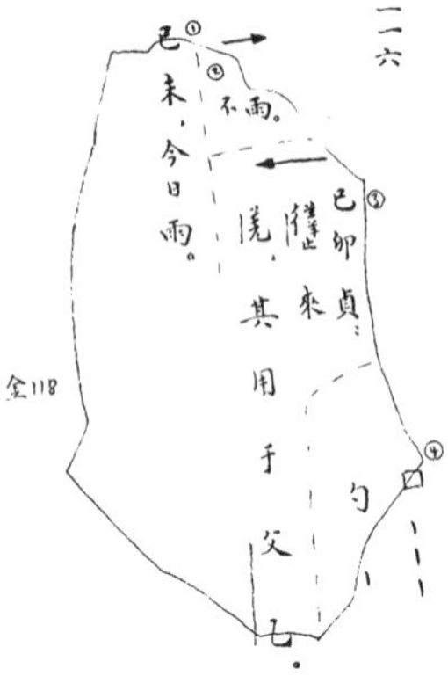

肆骨 116.2

肆骨 116.3：英藏 2411①

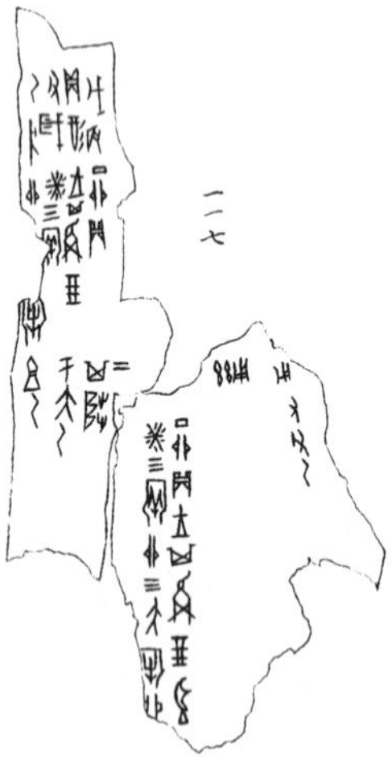

肆骨 117.1

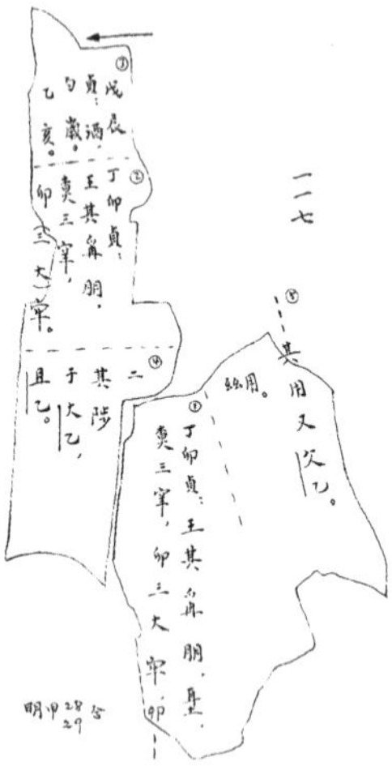

肆骨 117.2

肆骨 117.3：合 32420

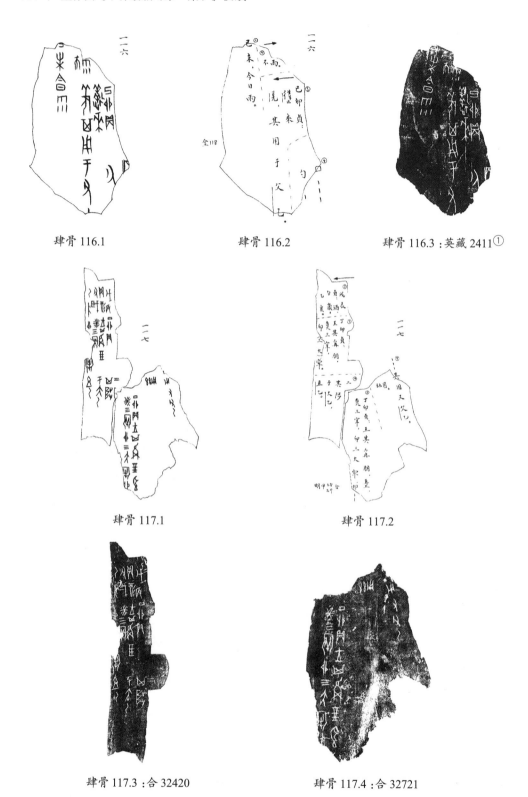

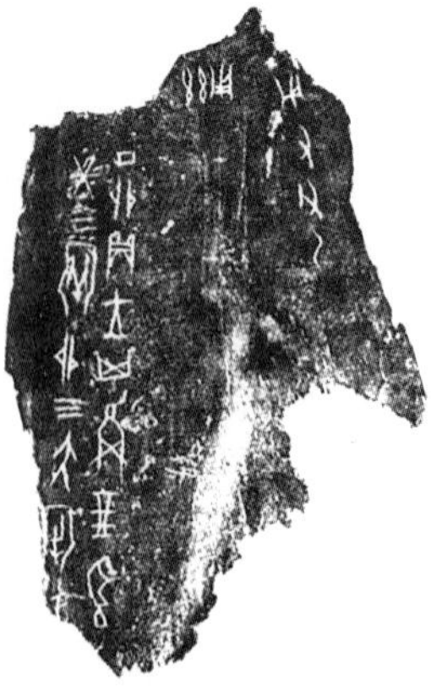

肆骨 117.4：合 32721

① 肆骨一一六：即合 41461 爲摹本，現藏於英劍大，爲英藏 2411。

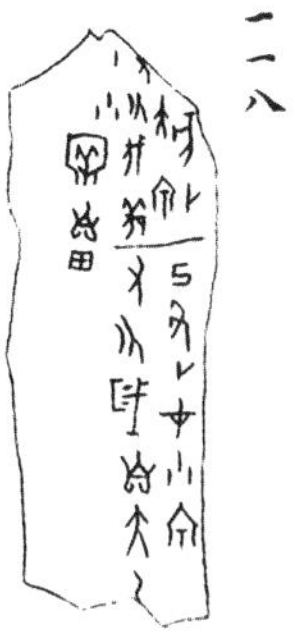

肆骨 118.1

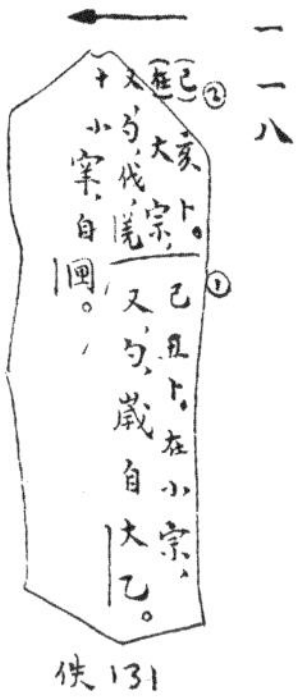

肆骨 118.2

肆骨 118.3：合 34047

肆骨 118.4：合補 10371①

肆骨 119.1

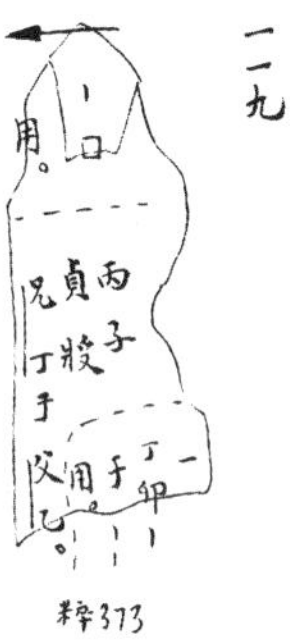

肆骨 119.2

肆骨 119.3：合 32731

肆骨 119.4：合補 10471②

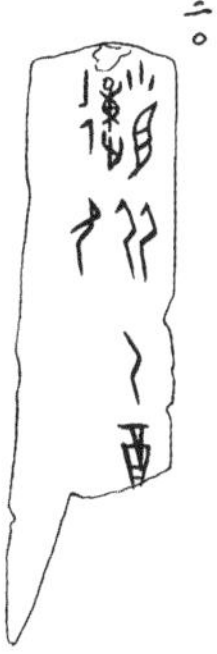

肆骨 120.1

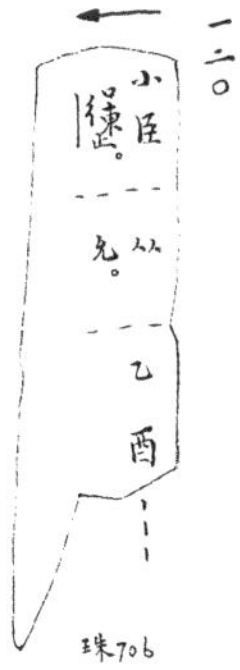

肆骨 120.2

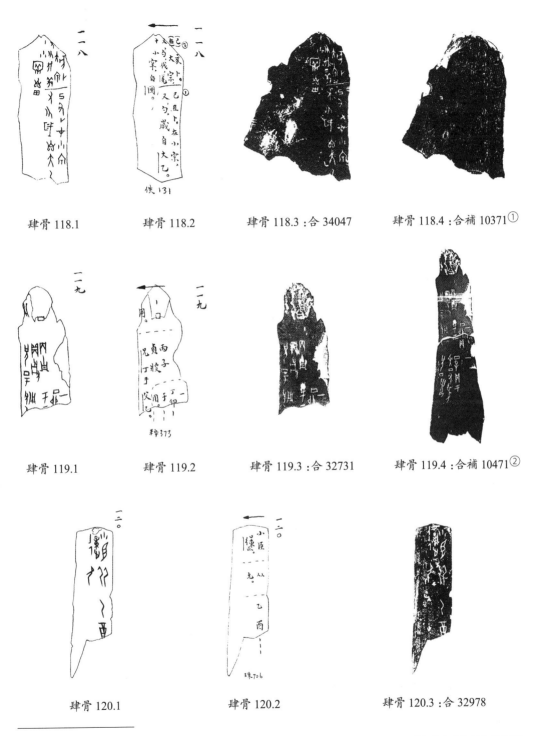

肆骨 120.3：合 32978

---

① 肆骨一一八：即合 34047、合補 10371。摹本僅有字部分，左邊骨形不全；《合集》《合補》爲全形圖，但合補 10371 不清晰。

② 肆骨一一九：即合 32731、合補 10471（上），現藏於國圖，爲北圖 6166。綴合組爲合 32731+ 合 32767，即合補 10471，見《彙編》第 91 則。

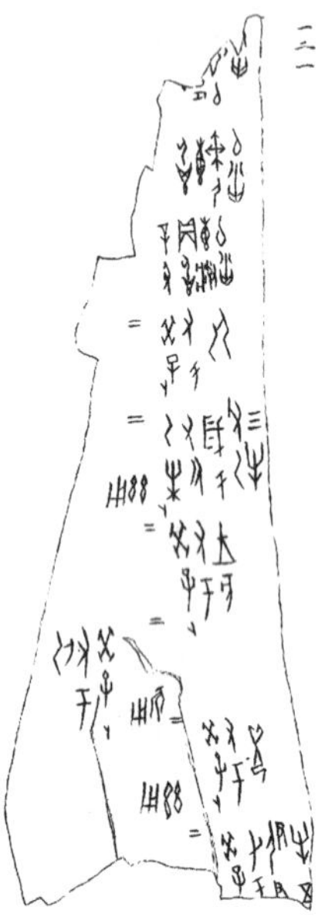

肆骨 121.1

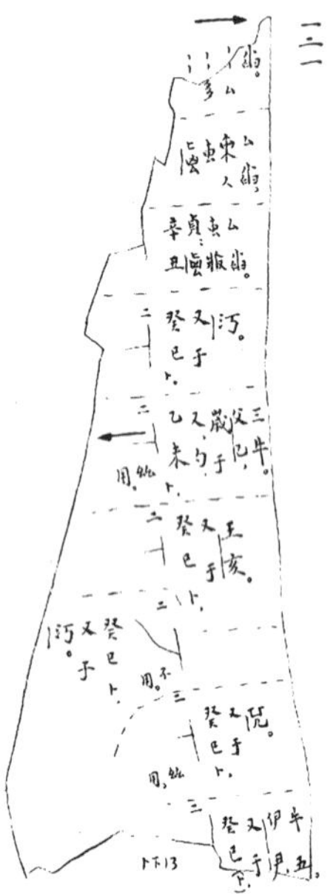

肆骨 121.2

肆骨 121.3：合 34240

肆骨 122.1

肆骨 122.2

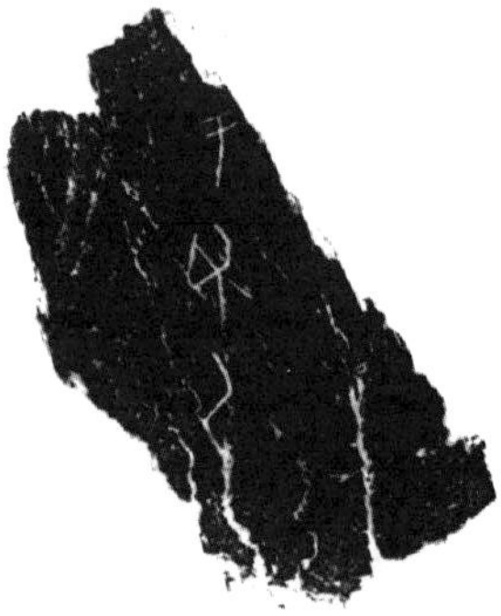

肆骨 122.3：合補 275

肆骨 123.1

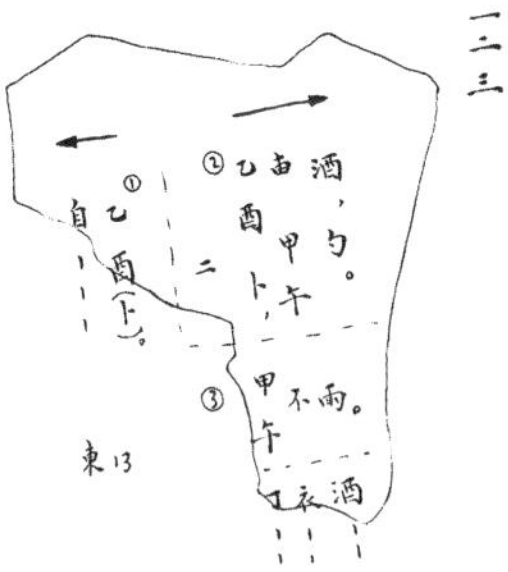

肆骨 123.2

肆骨 123.3：合 34516

肆骨 124.1

肆骨 124.2

肆骨 124.3：合 32632

肆骨 125.1

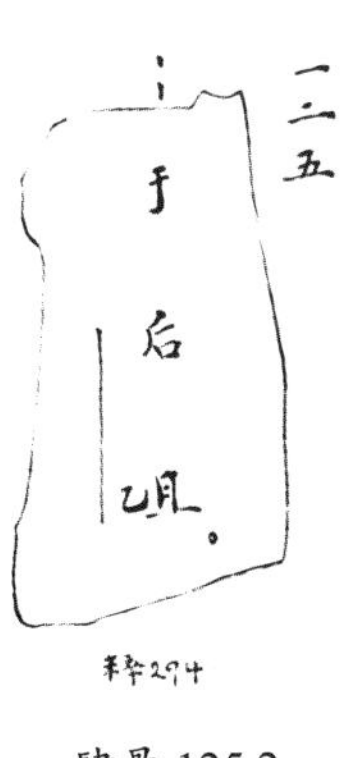

肆骨 125.2

肆骨 125.3：合 32636

肆骨 126.1

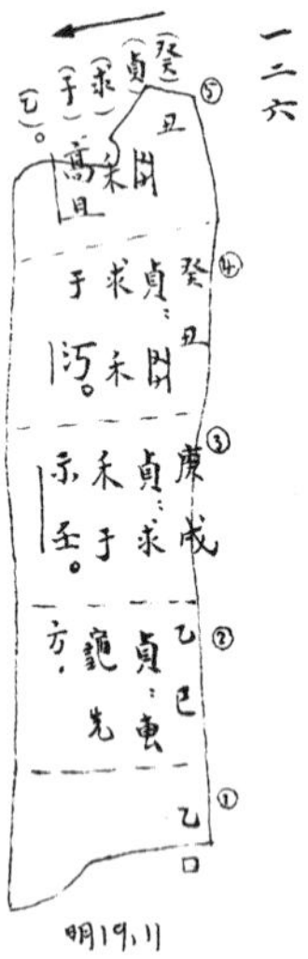

肆骨 126.2

肆骨 126.3：合 33286

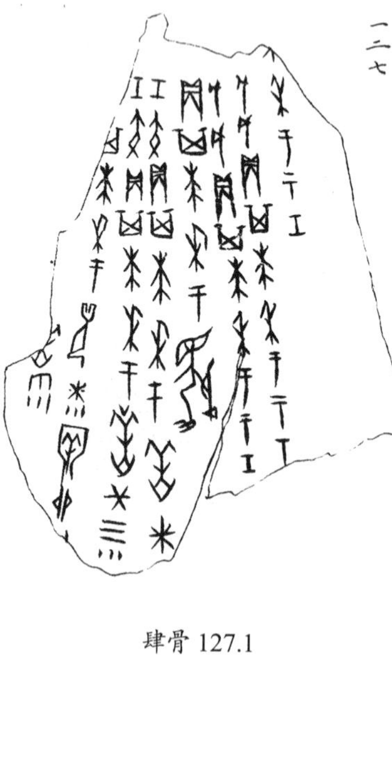

肆骨 127.1

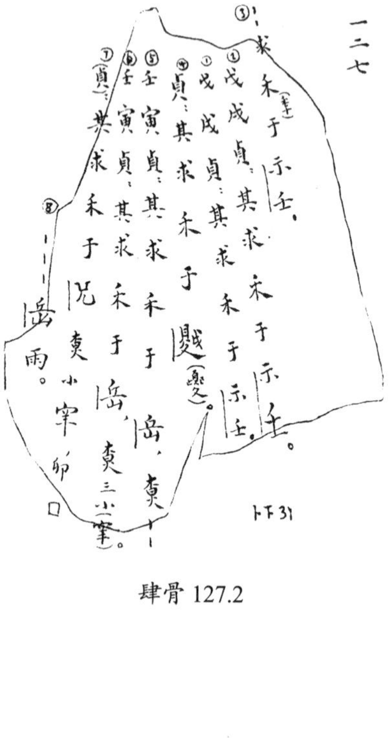

肆骨 127.2

肆骨 127.3：合 33293

肆骨 128.1

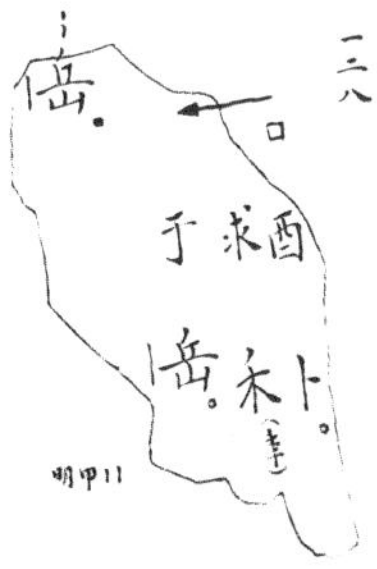

肆骨 128.2

肆骨 128.3：合 33289①

肆骨 128.4：綴合②

肆骨 129.1

肆骨 129.2

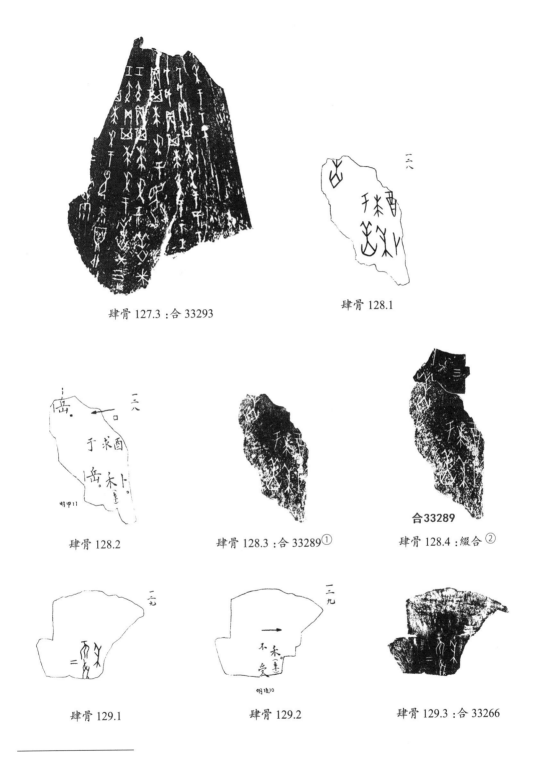

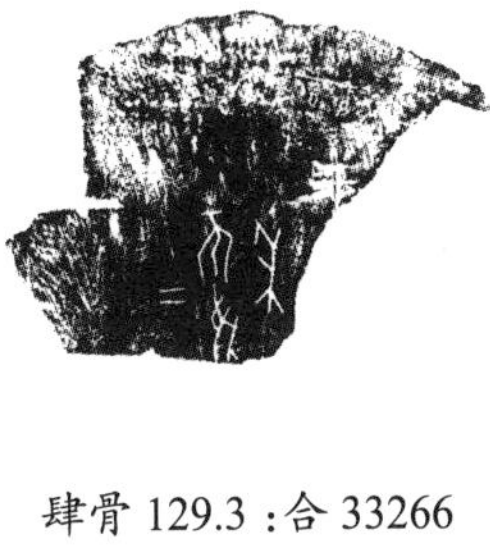

肆骨 129.3：合 33266

① 肆骨一二八：即合 33289，現藏於故宫。摹本將“貞”誤摹爲“卜”。

② 肆骨一二八的綴合組爲：合 33289+ 村中南 229，見劉影：《甲骨新綴第 129 組》，先秦史研究室網站，2012.8.18；又見《拼三》第 622 則。

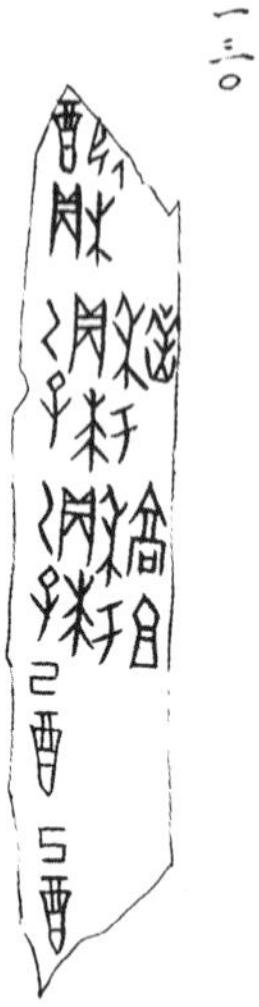

肆骨 130.1

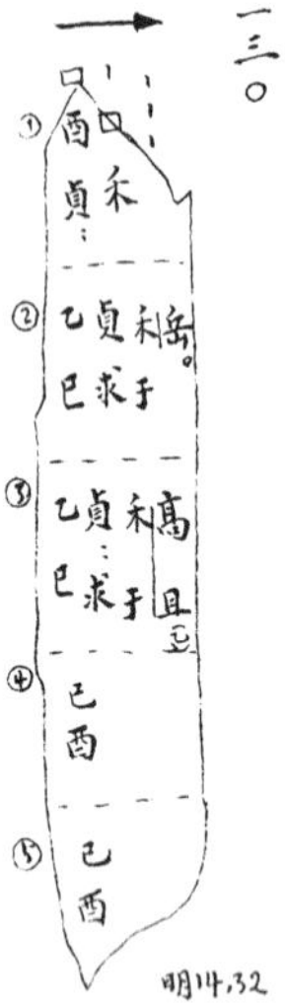

肆骨 130.2

肆骨 130.3：合 33298

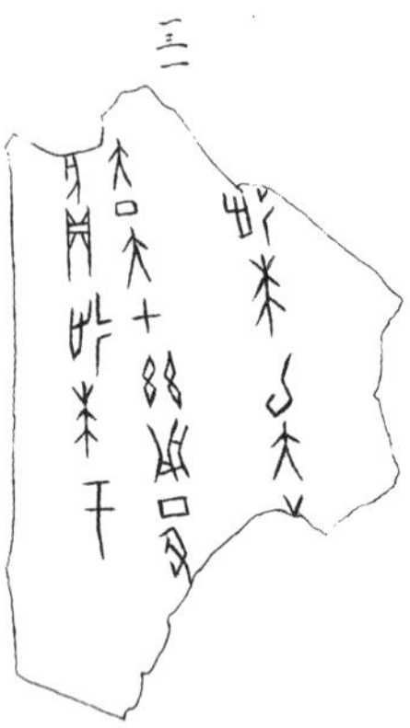

肆骨 131.1

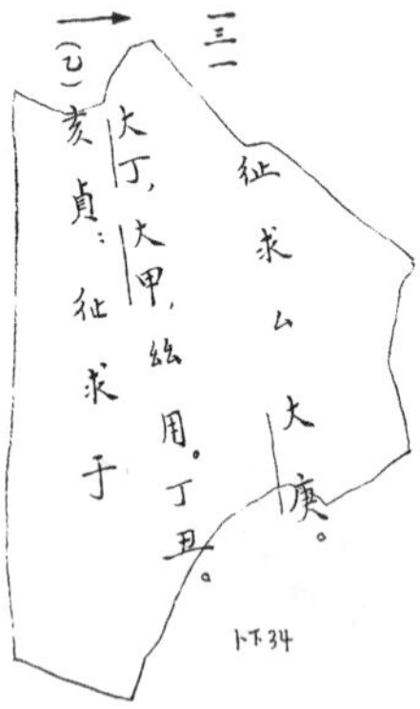

肆骨 131.2

肆骨 131.3：合 32468

肆骨 131.4：綴合①

---

① 肆骨一三一：即合 32468，現藏於故宫。綴合組爲合 32468+ 輯佚 629 正，見林宏明《契合集》第 41 組；又見《甲骨新綴七則》，《甲骨文與殷商史》（新二輯），上海古籍出版社，2011 年。綴合與董作賓的補釋吻合。

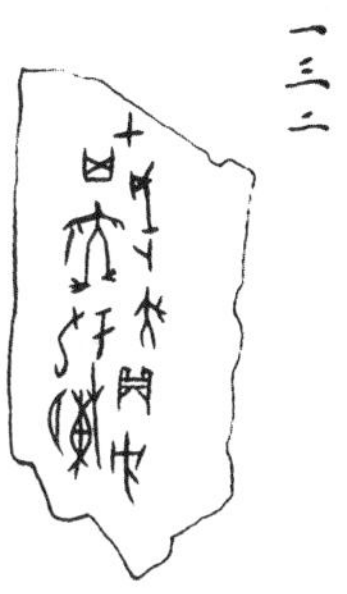

肆骨 132.1

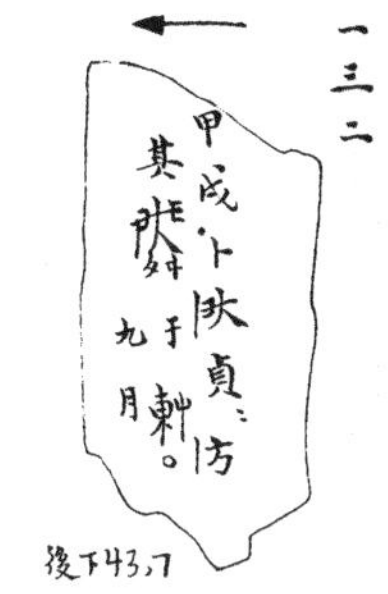

肆骨 132.2

肆骨 132.3：合 20619①

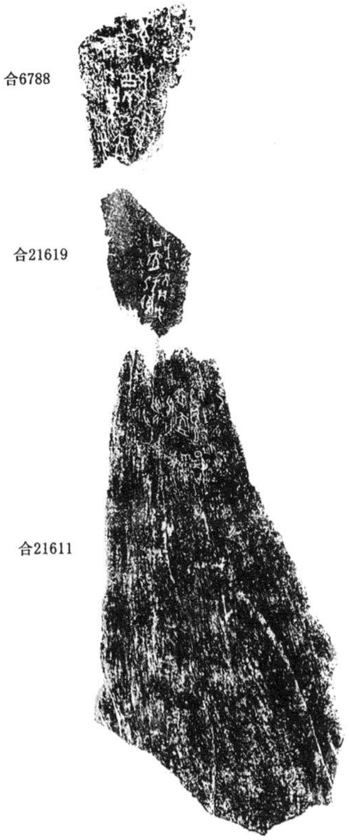

肆骨 132.4：綴合 ②

① 肆骨一三二：即合 20619，現藏於國圖，爲北圖 11235。摹本左邊骨形不全，《合集》爲全形圖。

② 肆骨一三二的綴合組爲：合 20611+ 合 20619+ 合 6788，見貝塚茂樹：《京都大學人文科學研究所藏甲骨文字》第三册第 3220 號考釋，第 741 頁，1959 年，其中粹 1178 標註有誤，應爲粹 1172。

肆骨 133.1

肆骨 133.2

肆骨 133.3：甲 2361①

肆骨 134.1

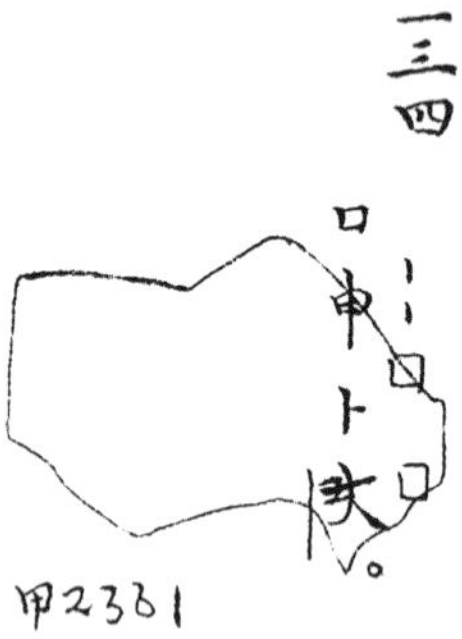

肆骨 134.2

肆骨 134.3：甲 2347

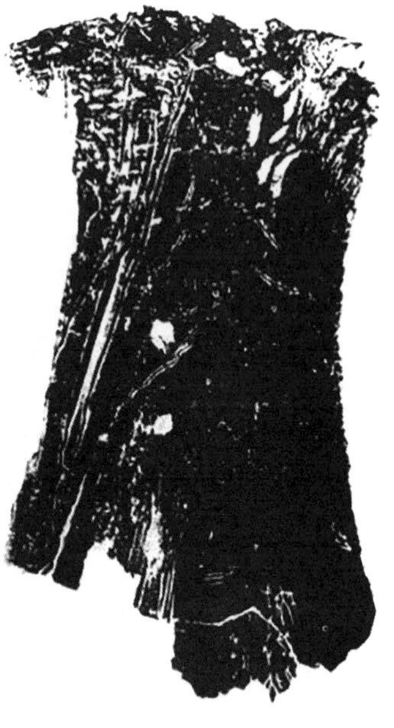

肆骨 134.4：合 20970②

① 肆骨一三三：《合集》《合補》未收，現藏於史語所，即甲 2361。肆骨一三三與一三四顛倒標註。

② 肆骨一三四：即合 20970（下），現藏於史語所。肆骨一三三與一三四顛倒標註。《合集》有綴合。

肆骨 135.1

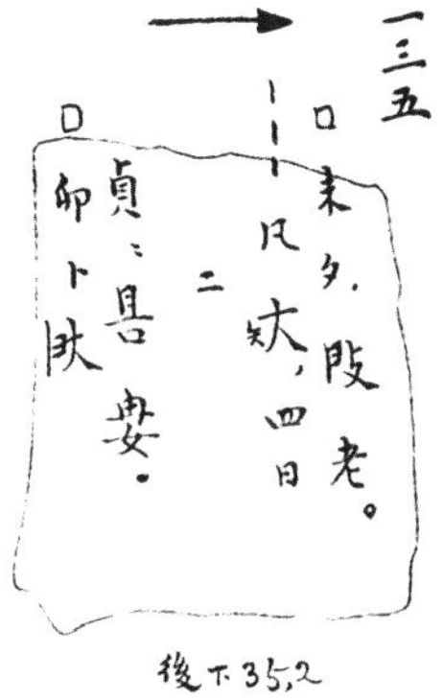

肆骨 135.2

肆骨 135.3：合 21054

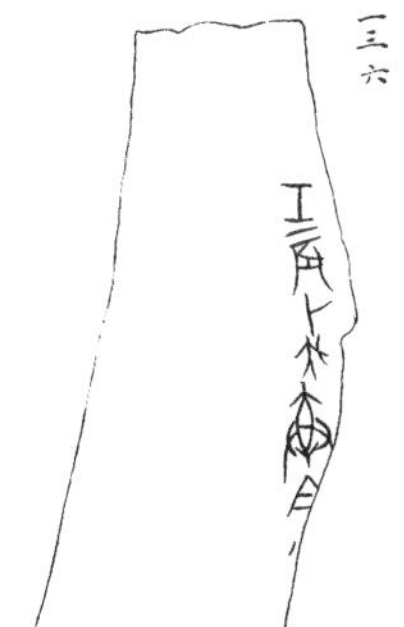

肆骨 136.1

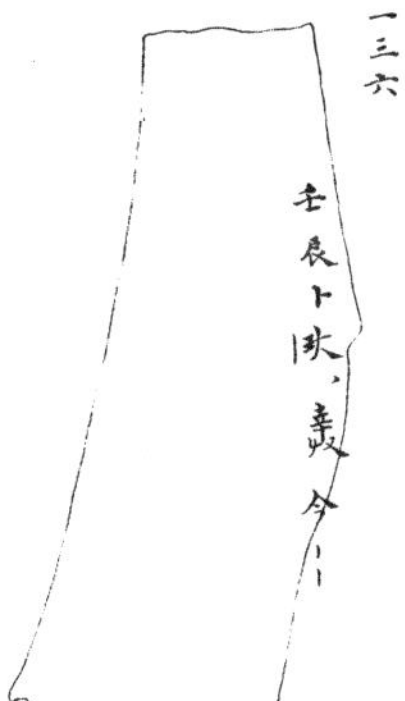

肆骨 136.2

肆骨 136.3：合 20464[1]

① 肆骨一三六：即合 20464（左下），現藏於史語所。肆骨一三六與肆骨一三七可綴合，即合 20464。

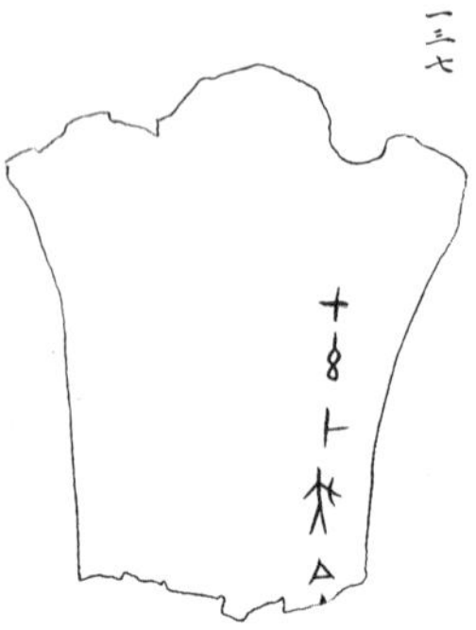

肆骨 137.1

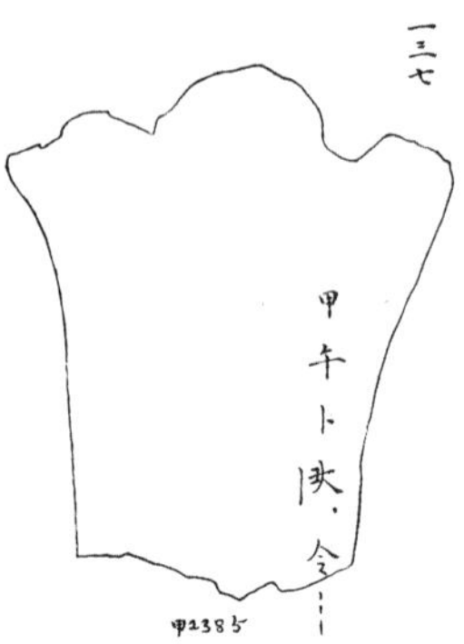

肆骨 137.2①

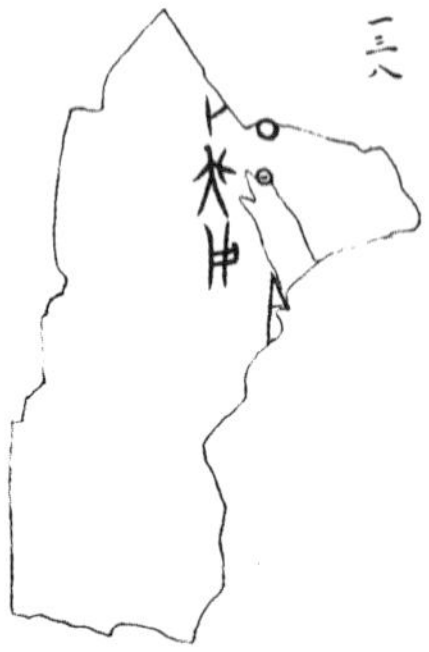

肆骨 138.1

肆骨 138.2

肆骨 138.3：甲釋 89②

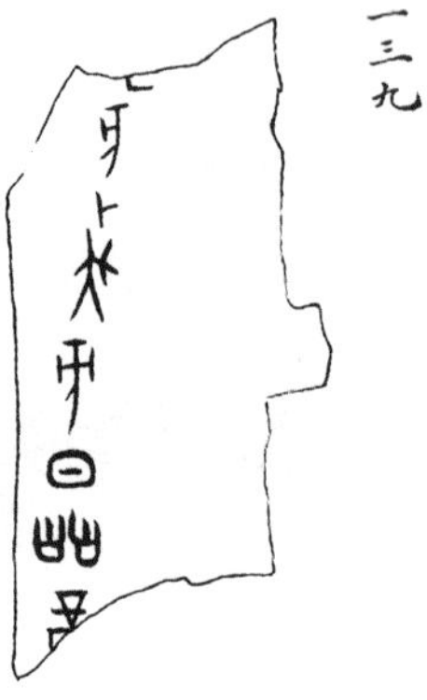

肆骨 139.1

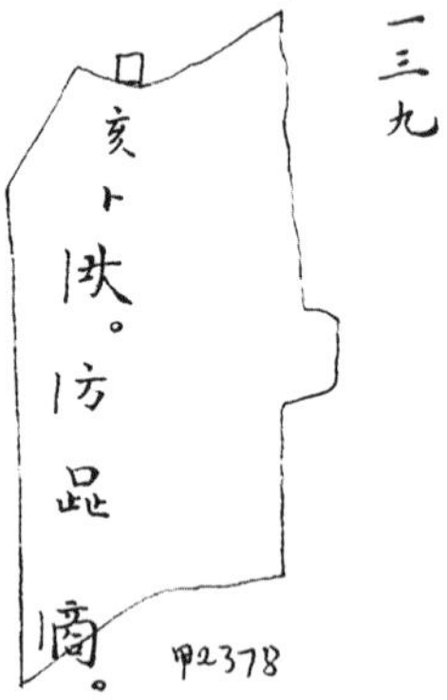

肆骨 139.2

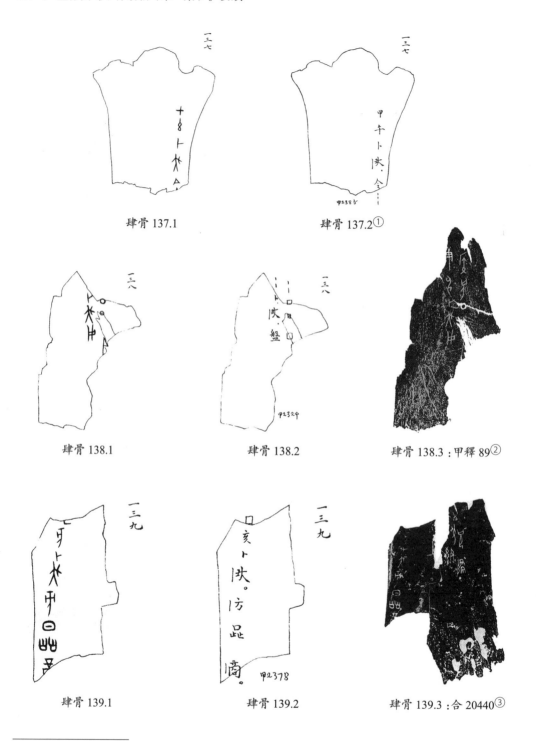

肆骨 139.3：合 20440③

① 肆骨一三七：即合 20464（上），現藏於史語所。肆骨一三六與肆骨一三七可綴合。

② 肆骨一三八：《合集》《合補》未收，現藏於史語所，即甲釋 89、甲 2293+ 甲 2324。甲釋 89 有綴合；摹本釋作“盤”應爲“用”。

③ 肆骨一三九：即合 20440（左），現藏於史語所。

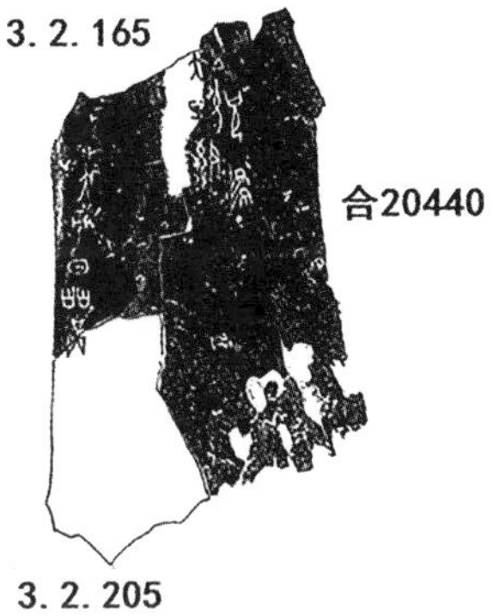

肆骨 139.4：綴合①

肆骨 140.1

肆骨 140.2

肆骨 140.3：合 20627

肆骨 141.1

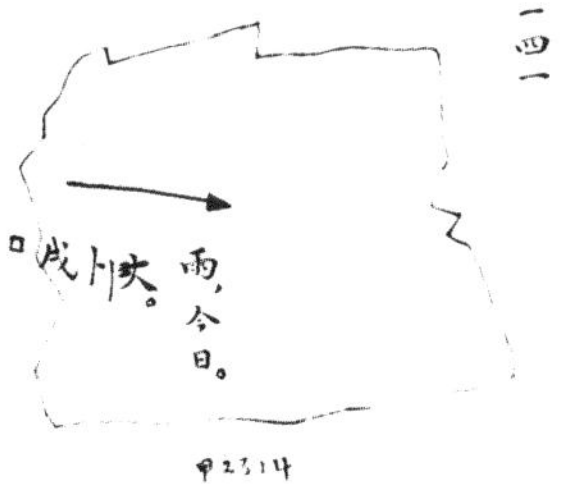

肆骨 141.2

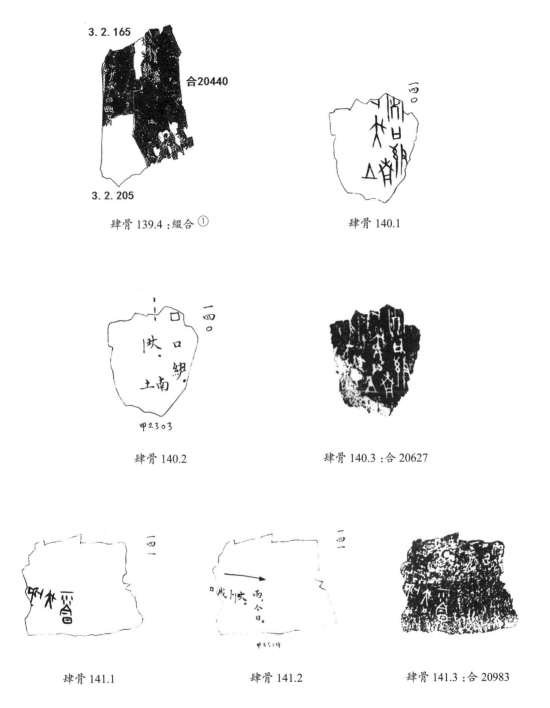

肆骨 141.3：合 20983

---

① 肆骨一三九的綴合組爲：合 20440+3.2.205（《甲編》未收）+3.2.165（《甲編》未收）。在《綴續》第 502 則基礎上，陳逸文加綴 3.2.165（《甲編》未收），《殷墟文字甲編新綴十二組》，《淡江中文學報》二十九期，2013 年；又見《〈甲編〉綴合 26 例》第 18 例，先秦史研究室網站，2014.3.6。

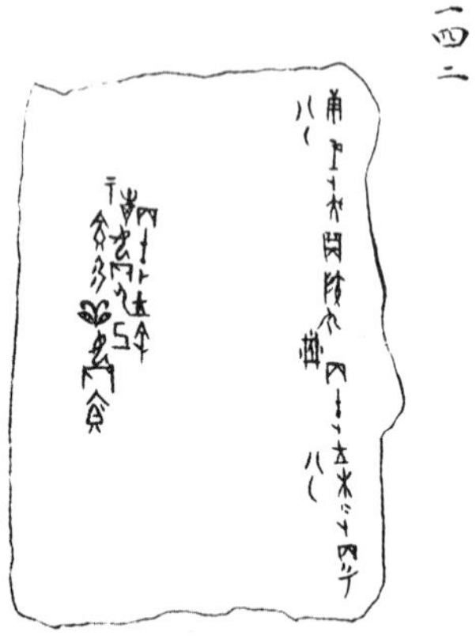

肆骨 142.1

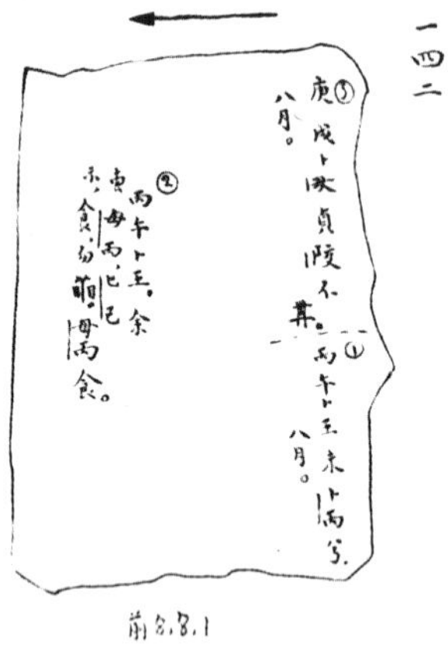

肆骨 142.2

肆骨 142.3：合 19891

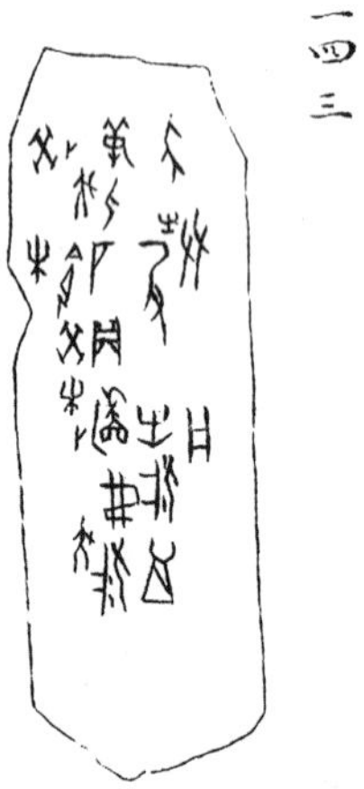

肆骨 143.1

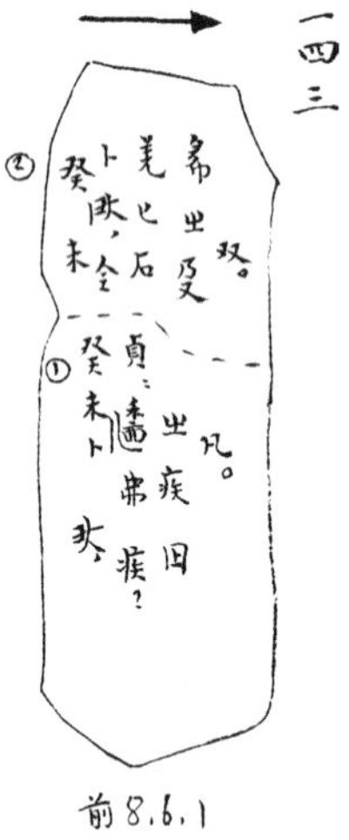

肆骨 143.2

肆骨 143.3：合 21050①

① 肆骨一四三：即合 21050，現藏不詳。摹本右邊骨形不全。

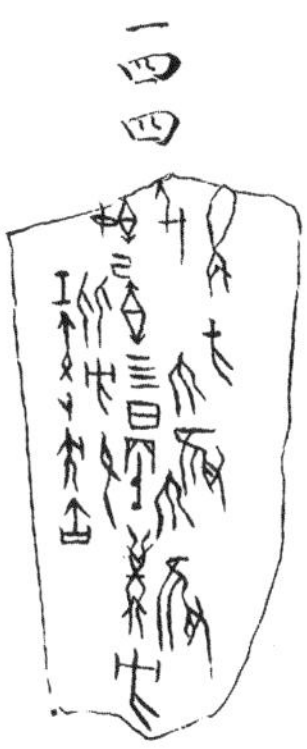

肆骨 144.1

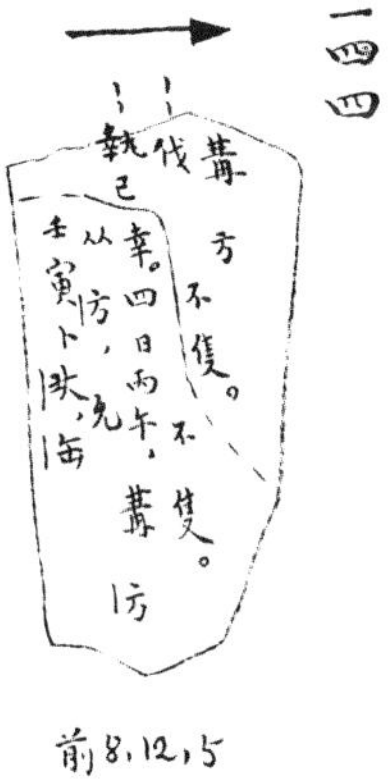

肆骨 144.2

肆骨 144.3：合 20449①

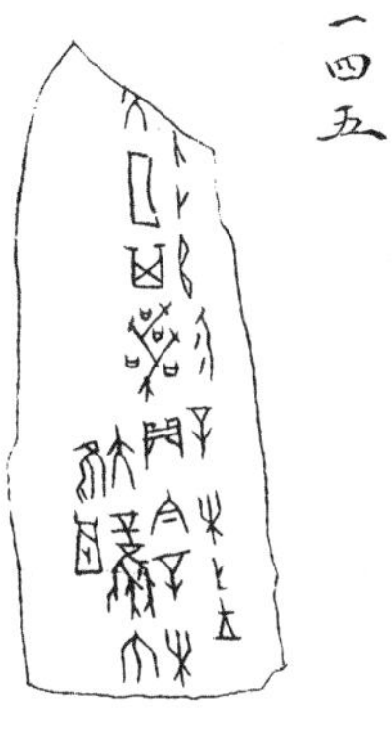

肆骨 145.1

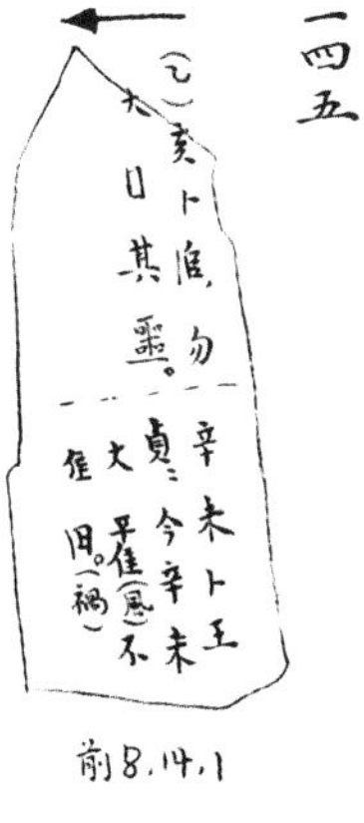

肆骨 145.2

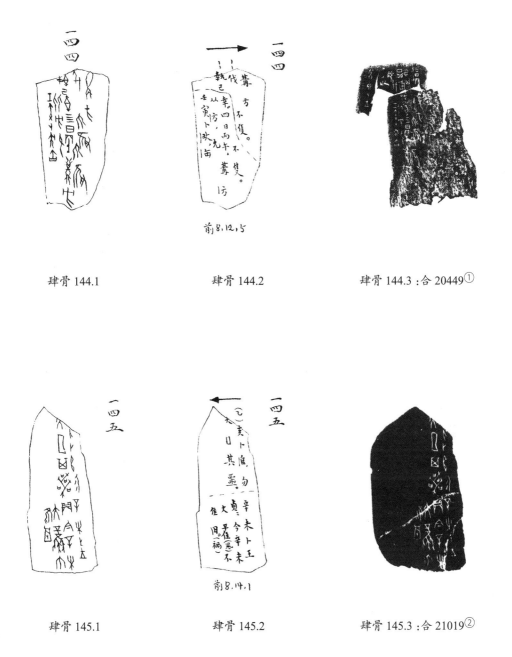

肆骨 145.3：合 21019②

① 肆骨一四四：即合 20449（下），現藏不詳，重見通 541。摹本右邊及下部的骨形不全；《合集》爲全形圖，且有綴合。

② 肆骨一四五：即合 21019，現藏於國圖，爲北圖 2165。摹本左邊骨形不全，《合集》爲全形圖。

肆骨 146.1

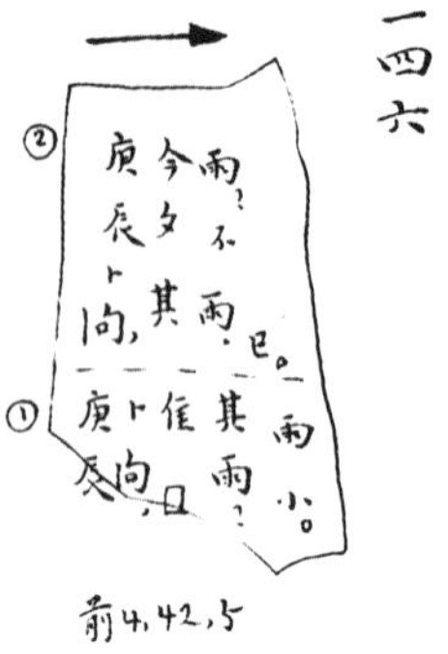

肆骨 146.2①

肆骨 146.3：合 20912

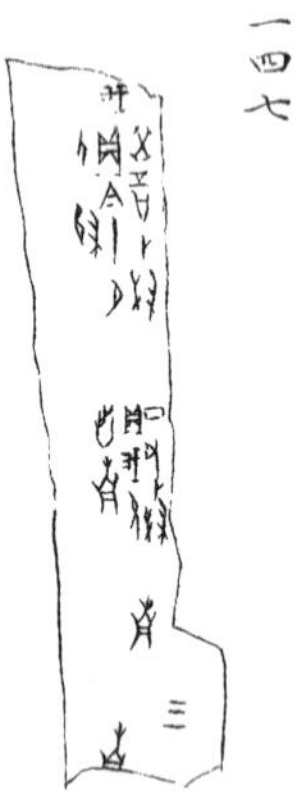

肆骨 147.1

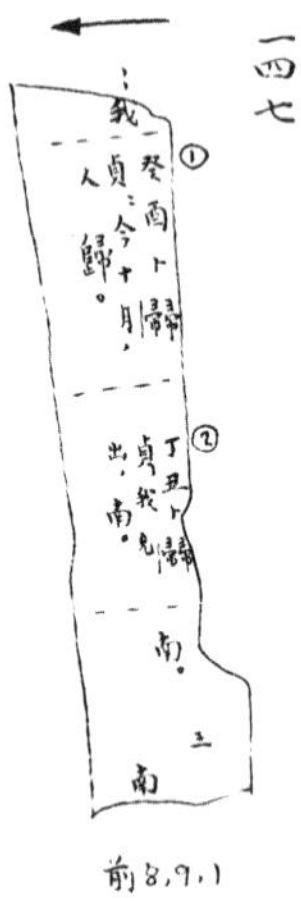

肆骨 147.2

肆骨 147.3：合 21647

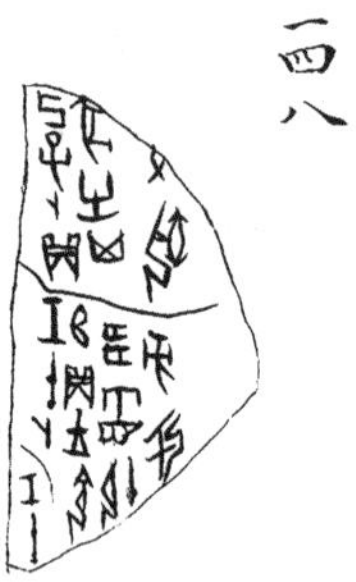

肆骨 148.1

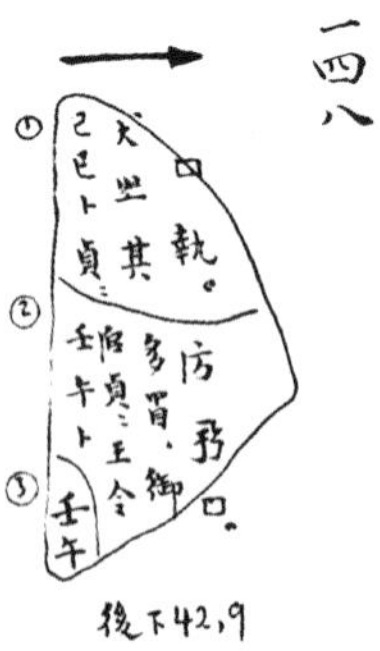

肆骨 148.2

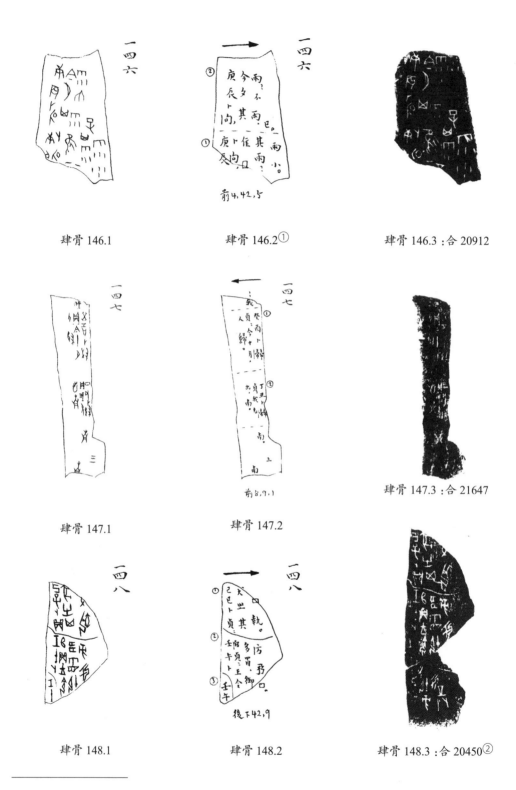

肆骨 148.3：合 20450②

① 肆骨一四六：即合 20912，現藏不詳。摹本中的“不雨”應爲“允雨”。

② 肆骨一四八：即合 20450（上），現藏不詳，《合集》有綴合。

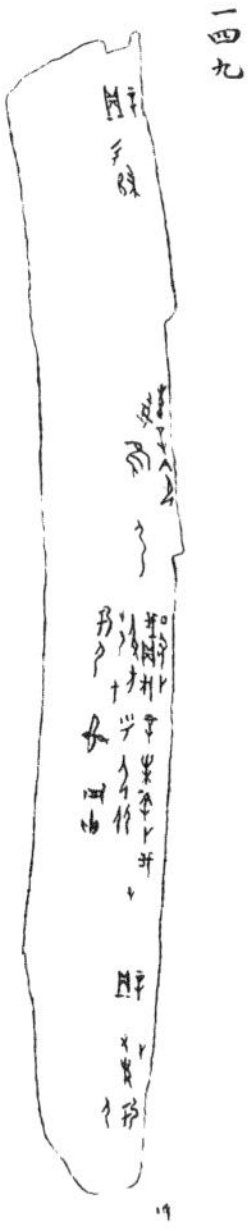

肆骨 149.1

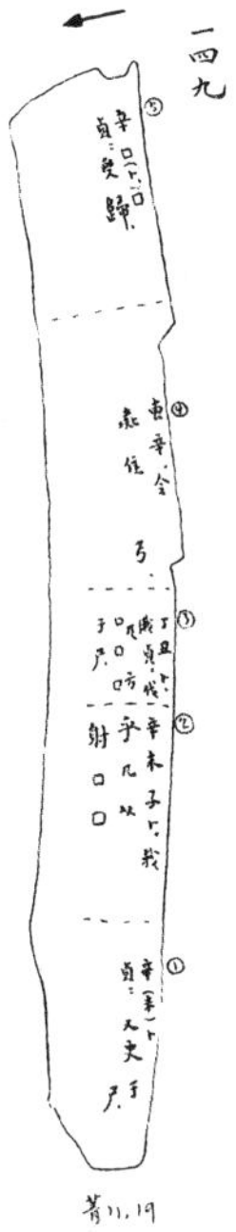

肆骨 149.2

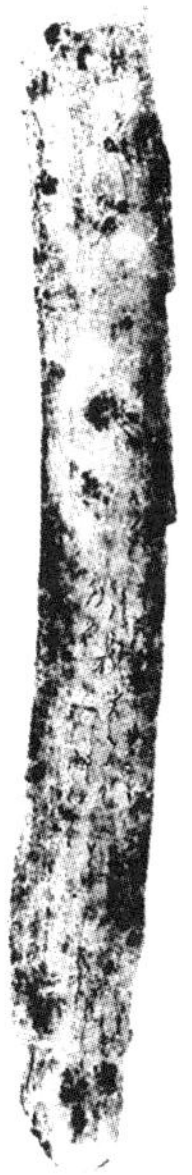

肆骨 149.3：合 21595[①]

肆骨 150.1

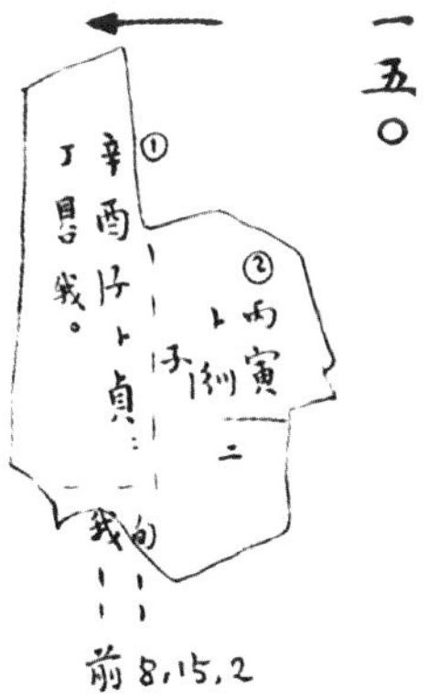

肆骨 150.2

肆骨 150.3：合 21580

① 肆骨一四九：即合 21595，現藏不詳，《合集》不清晰，非拓本。

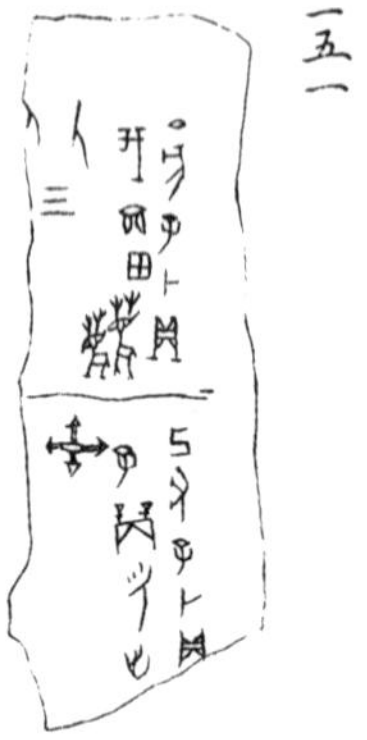

肆骨 151.1

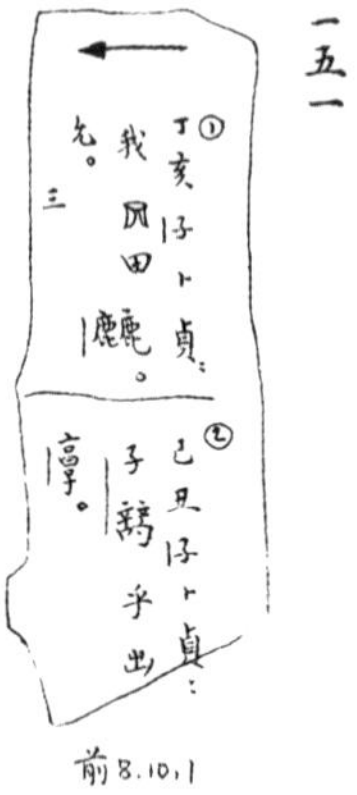

肆骨 151.2

肆骨 151.3：前 8.10.1①

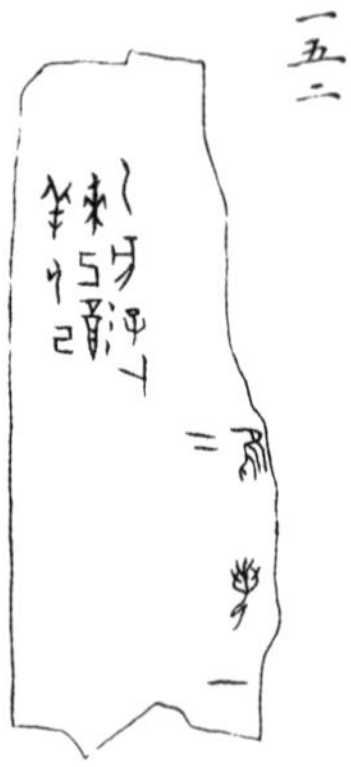

肆骨 152.1

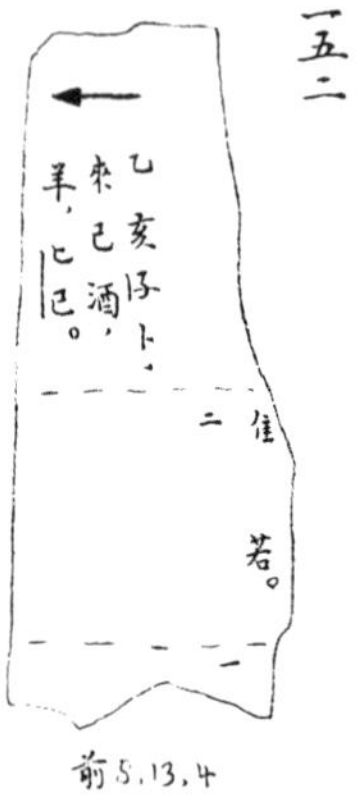

肆骨 152.2

肆骨 152.3：合 21547②

① 肆骨一五一：《合集》《合補》未收，現藏不詳，原即前 8.10.1。

② 肆骨一五二：即合 21547，現藏不詳。摹本左邊骨形不全，《合集》爲全形圖。

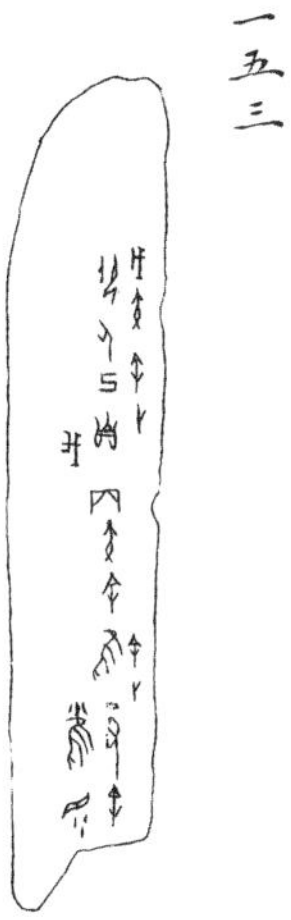

肆骨 153.1

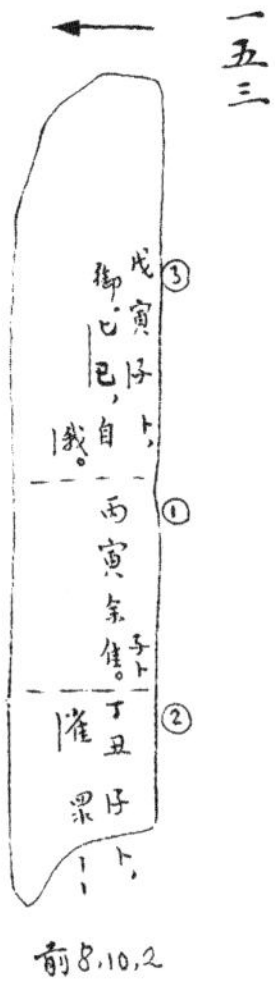

肆骨 153.2

肆骨 153.3：合 21549[①]

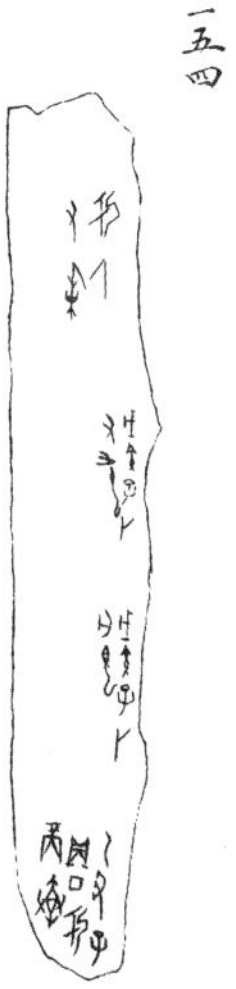

肆骨 154.1

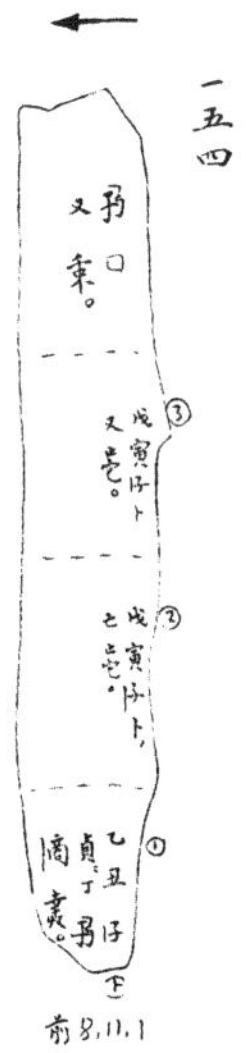

肆骨 154.2

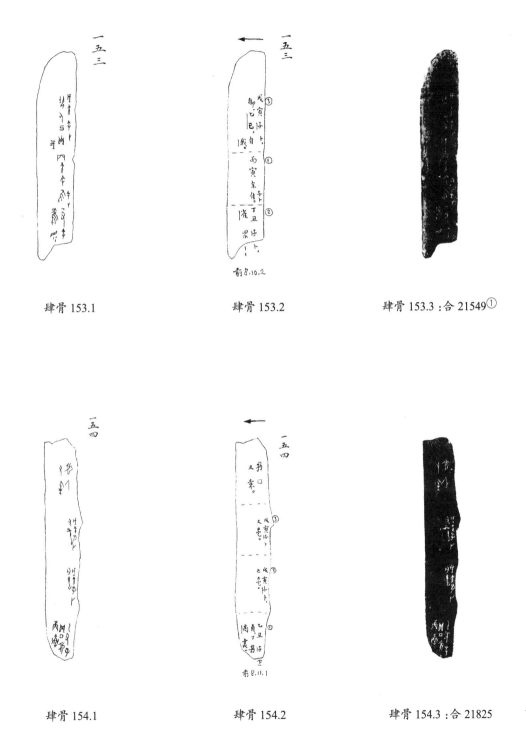

肆骨 154.3：合 21825

① 肆骨一五三：即合 21549，現藏不詳，《合集》拓本不清晰。

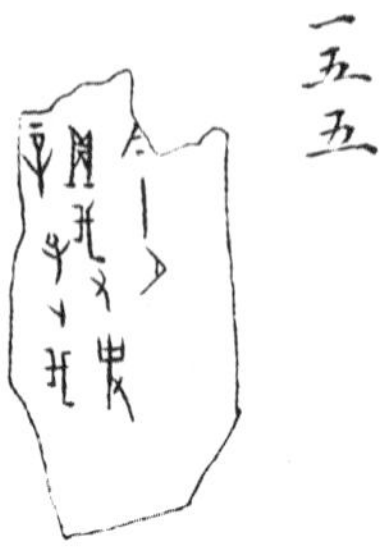

肆骨 155.1

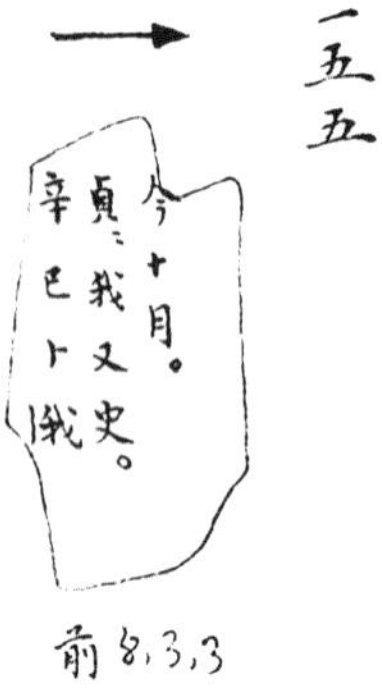

肆骨 155.2

肆骨 155.3：合 21663

肆骨 156.1

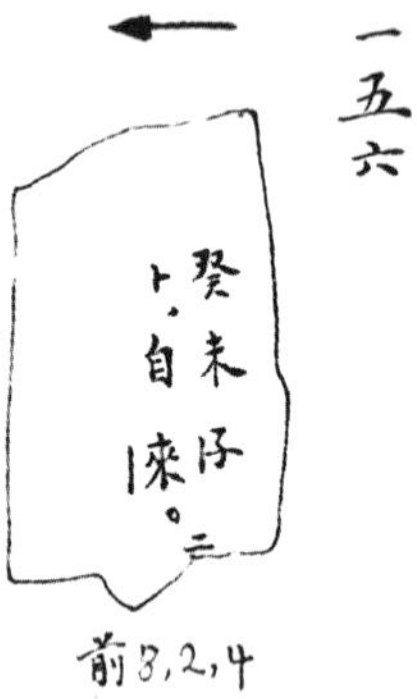

肆骨 156.2

肆骨 156.3：合 21738①

肆骨 157.1

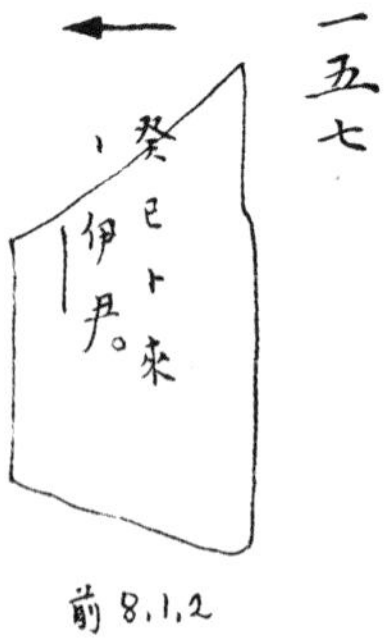

肆骨 157.2

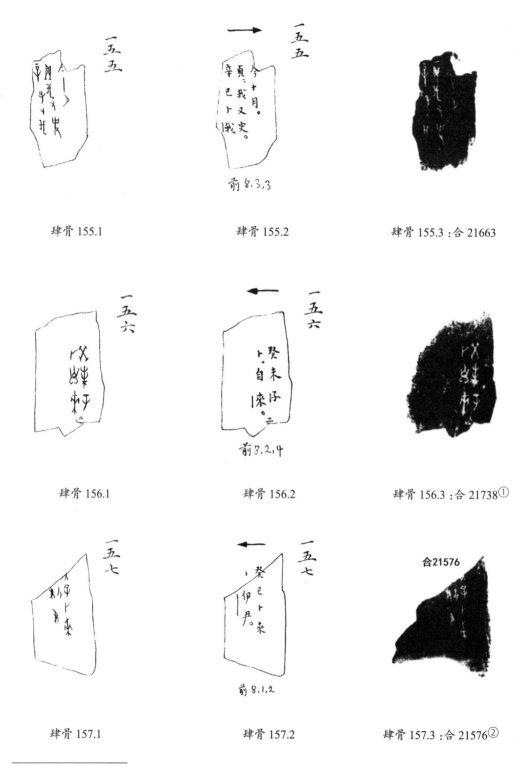

肆骨 157.3：合 21576②

---

① 肆骨一五六：即合 21738，現藏不詳。摹本左邊骨形不全，《合集》爲全形圖。

② 肆骨一五七：即合 21576，現藏不詳。摹本左邊骨形不全，《合集》爲全形圖。

肆骨 158.1

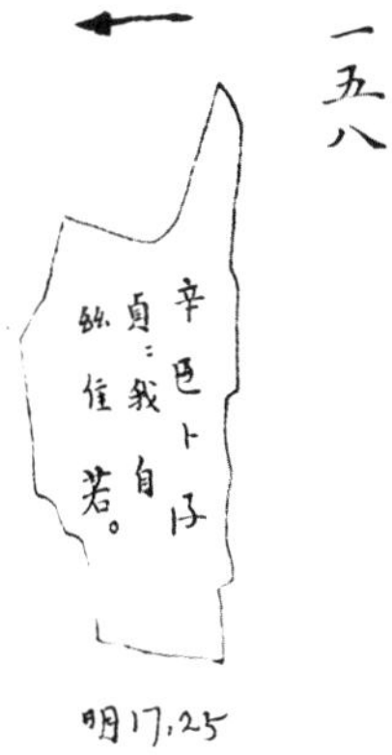

肆骨 158.2

肆骨 158.3 :合 21829

肆骨 159.1

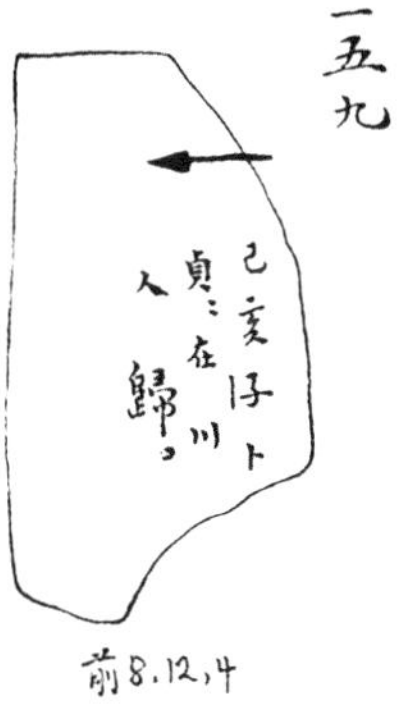

肆骨 159.2

肆骨 159.3 :前 8.12.4

肆骨 160.1

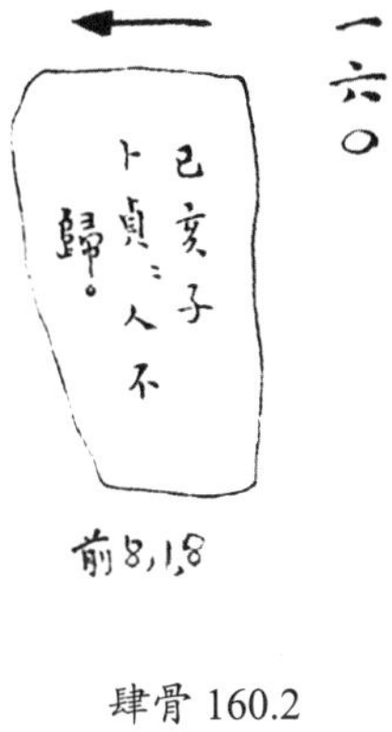

肆骨 160.2

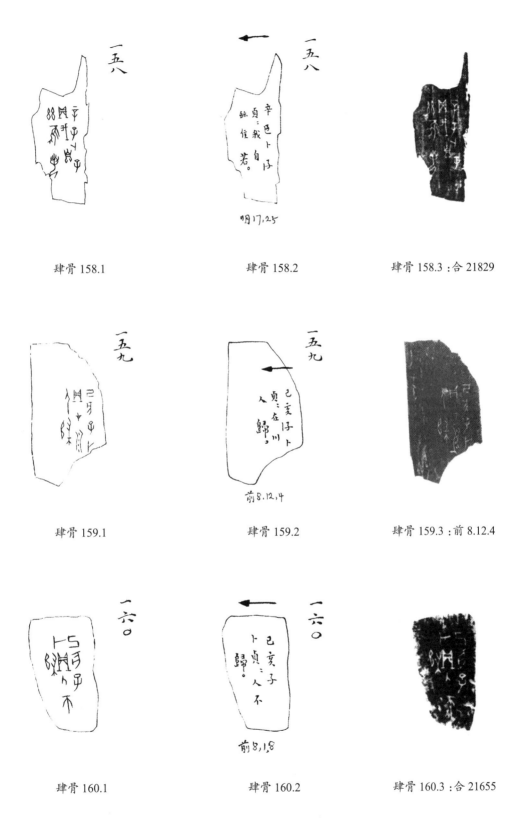

肆骨 160.3 :合 21655

肆骨 161.1

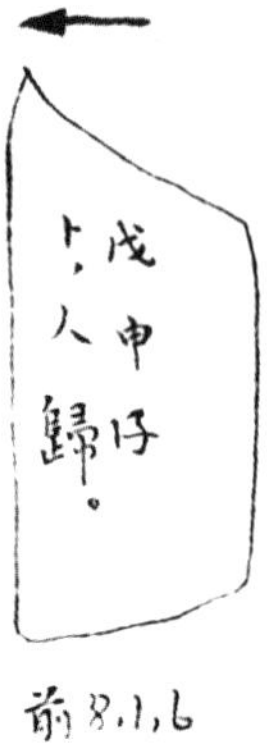

肆骨 161.2

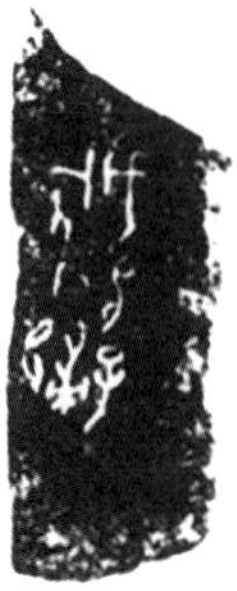

肆骨 161.3 :合 21644

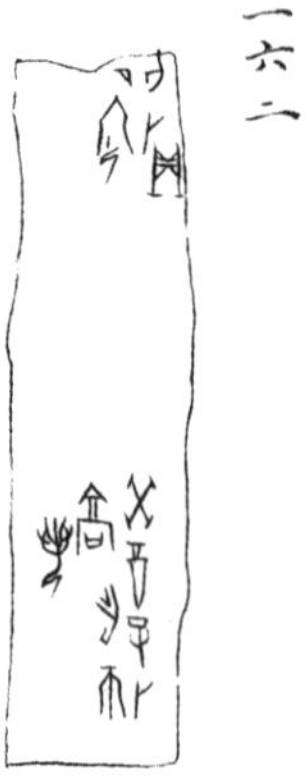

肆骨 162.1

肆骨 162.2

肆骨 162.3 :合 21826

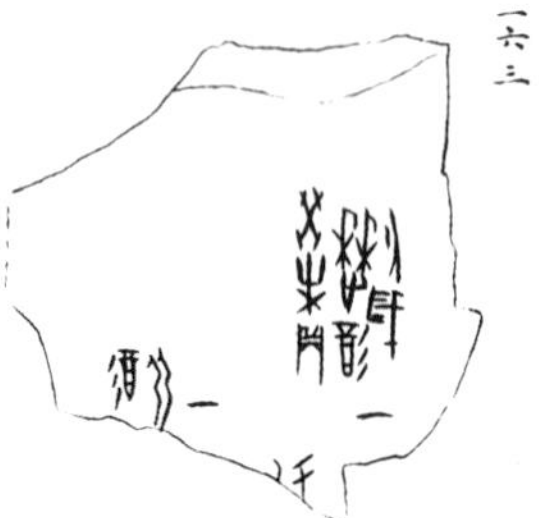

肆骨 163.1

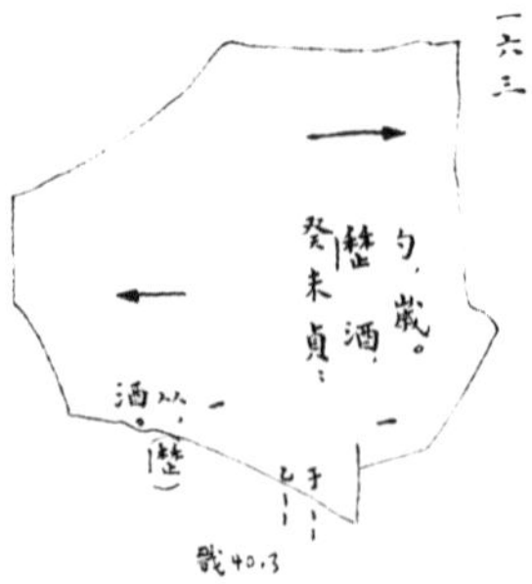

肆骨 163.2

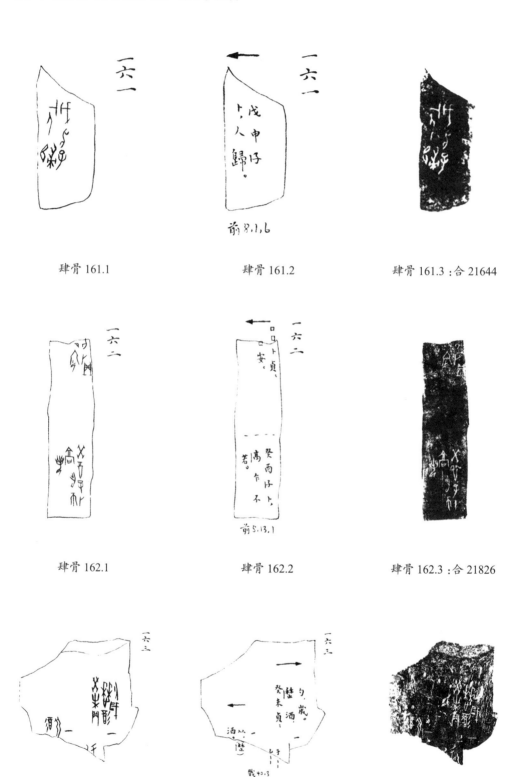

肆骨 163.3 :合 32818

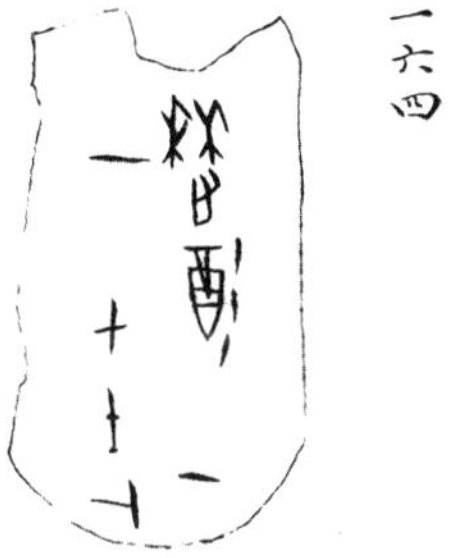

肆骨 164.1

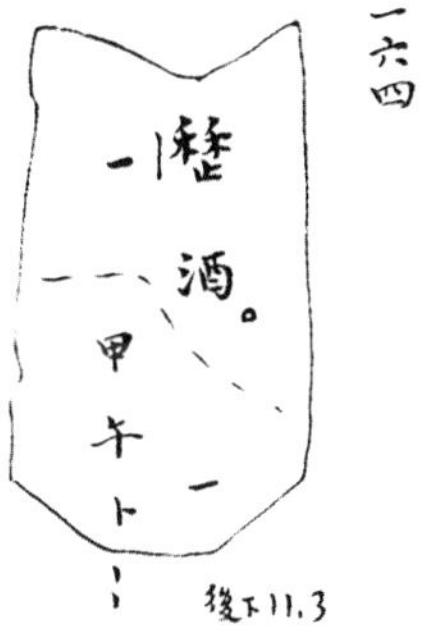

肆骨 164.2

肆骨 164.3：合 32819

肆骨 165.1

肆骨 165.2

肆骨 165.3：合 32826

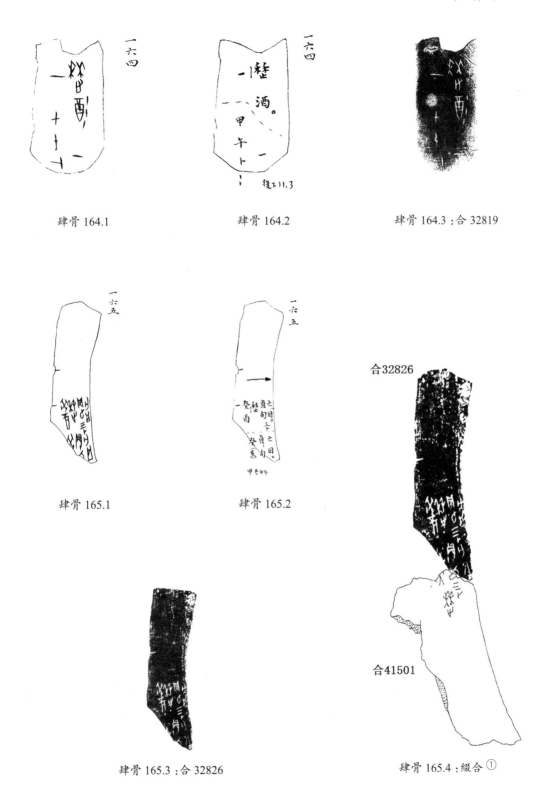

肆骨 165.4：綴合①

① 肆骨一六五：即合 32826，現藏於史語所。綴合組爲合 32826+ 合 41501，見《綴續》第 532 則。

肆骨 166.1

肆骨 166.2

肆骨 166.3：合 32825①

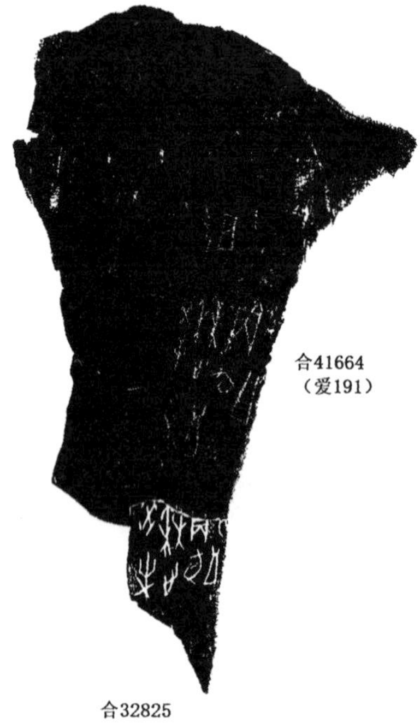

肆骨 166.4：綴合②

肆骨 167.1

肆骨 167.2

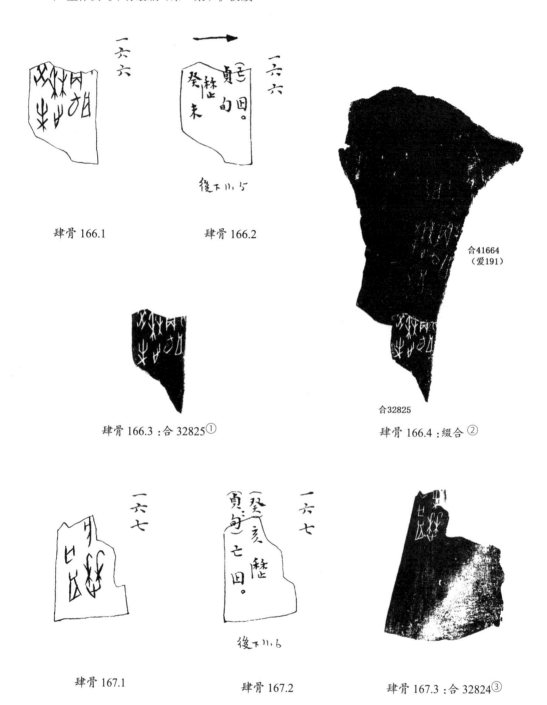

肆骨 167.3：合 32824③

---

① 肆骨一六六：即合 32825，現藏於國圖，爲北圖 15730。摹本下端骨形不全，《合集》爲全形圖。

② 肆骨一六六的綴合組爲：合 32825+ 合 41664，見林宏明：《甲骨新綴第 501—504 例》，先秦史研究室網站，2014.8.17。

③ 肆骨一六七：即合 32824，現藏於國圖，爲北圖 9901。摹本“亥”應爲“未”字。摹本僅有字部分，下端骨形不全；《合集》爲全形圖。

肆骨 168.1

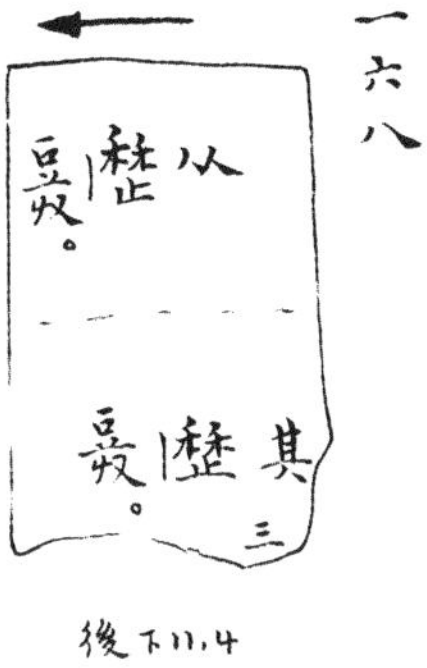

肆骨 168.2

肆骨 168.3：合 34599

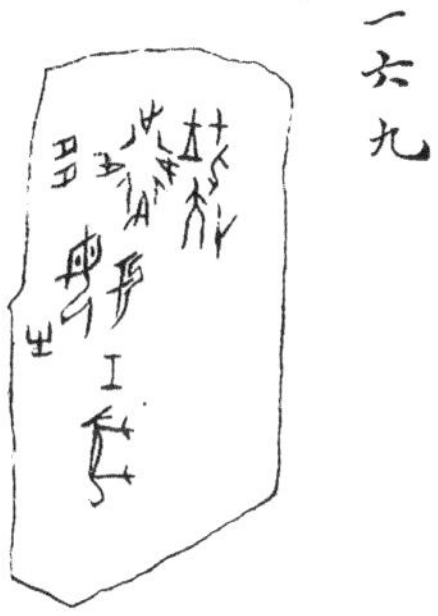

肆骨 169.1

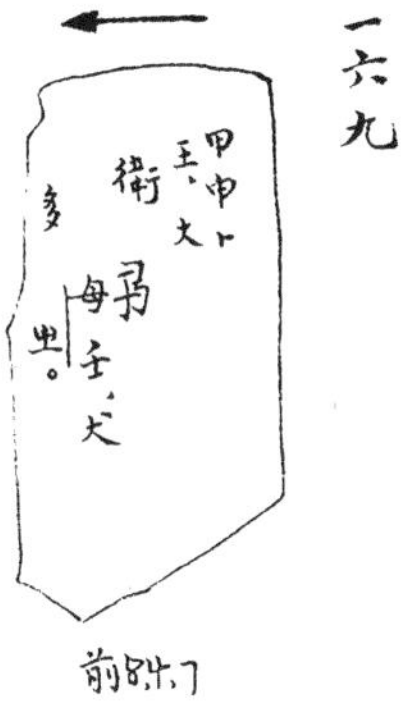

肆骨 169.2

肆骨 169.3：合 19971

肆骨 170.1

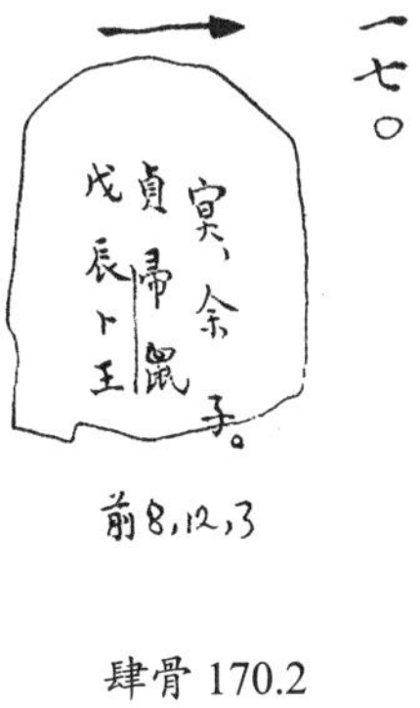

肆骨 170.2

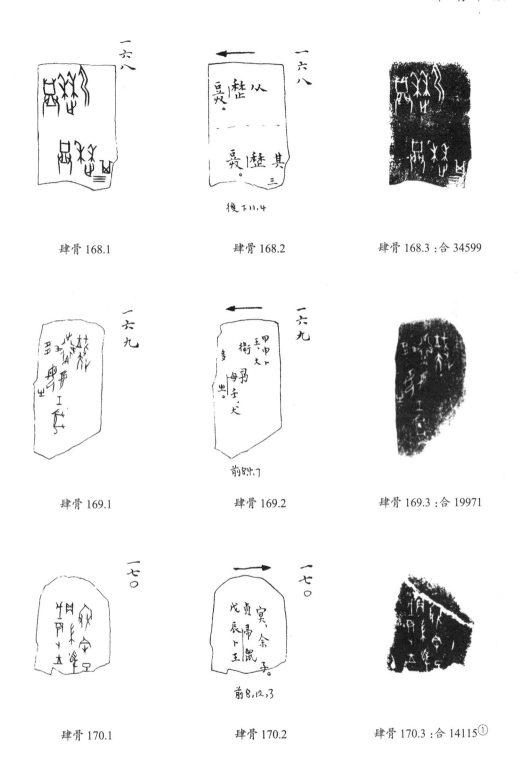

肆骨 170.3：合 14115[1]

---

① 肆骨一七〇：即合 14115，現藏不詳。摹本右邊骨形不全，《合集》爲全形圖。

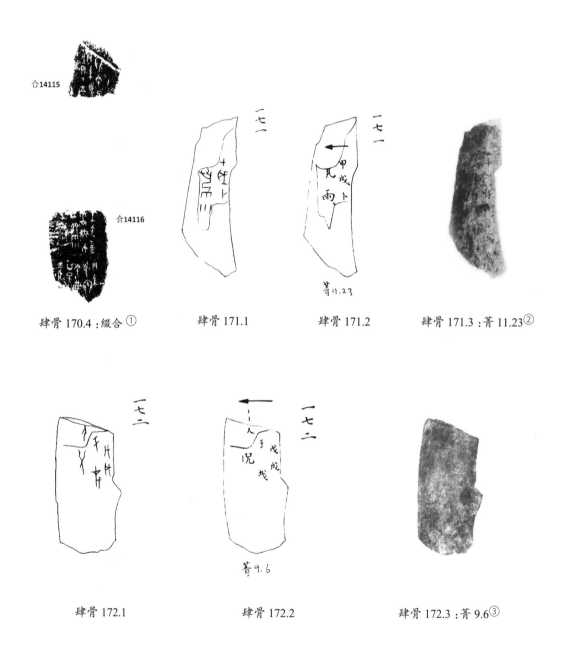

肆骨 170.4 :綴合①

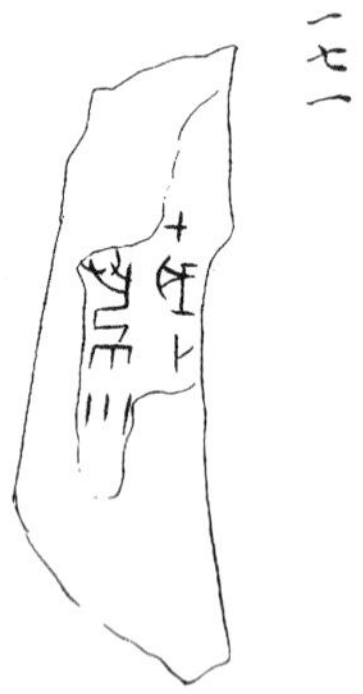

肆骨 171.1

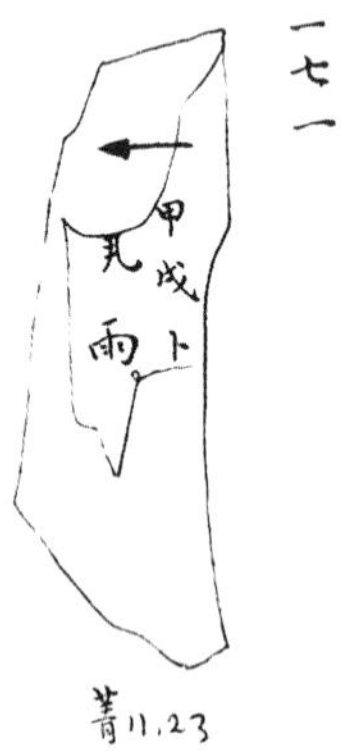

肆骨 171.2

肆骨 171.3 :菁 11.23②

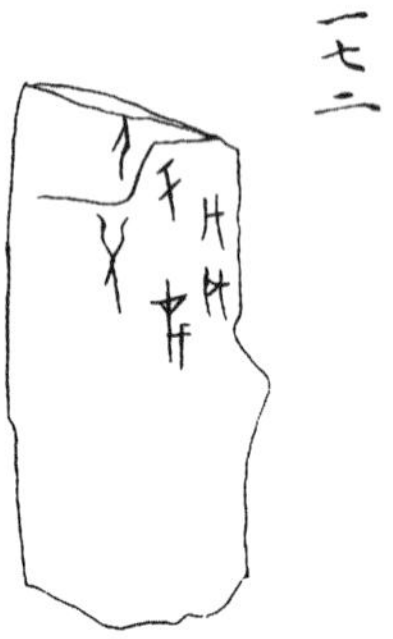

肆骨 172.1

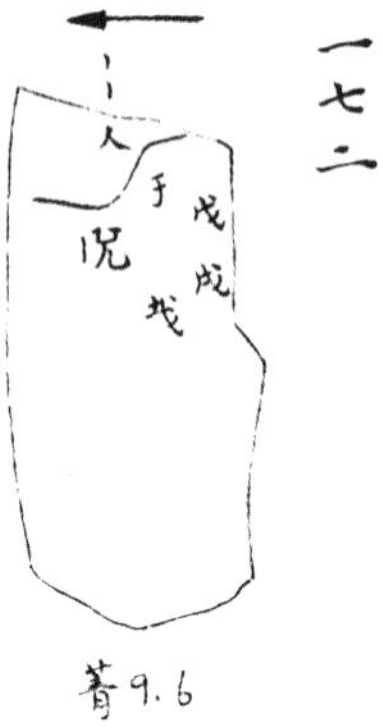

肆骨 172.2

肆骨 172.3 :菁 9.6③

---

① 肆骨一七〇的綴合組爲:合 14115+ 合 14116,見黄天樹:《甲骨綴合二例及其考釋》,《北方論叢》,2008 年第 6 期;又見《拼一》第 44 則。

② 肆骨一七一:《合集》《合補》未收,現藏不詳,原菁 11.23 不清晰,非拓片。

③ 肆骨一七二:《合集》《合補》未收,現藏不詳,原菁 9.6 不清晰,非拓片。

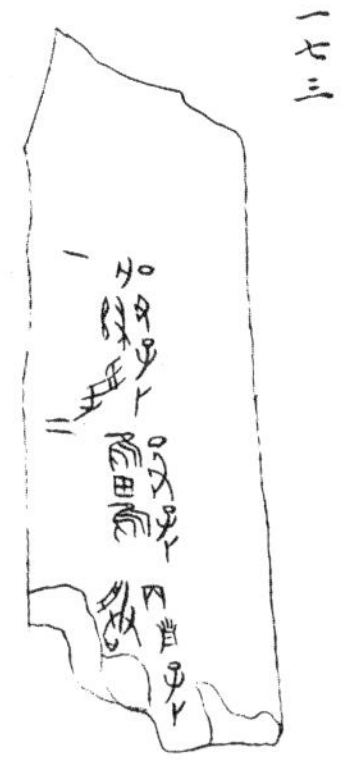

肆骨 173.1

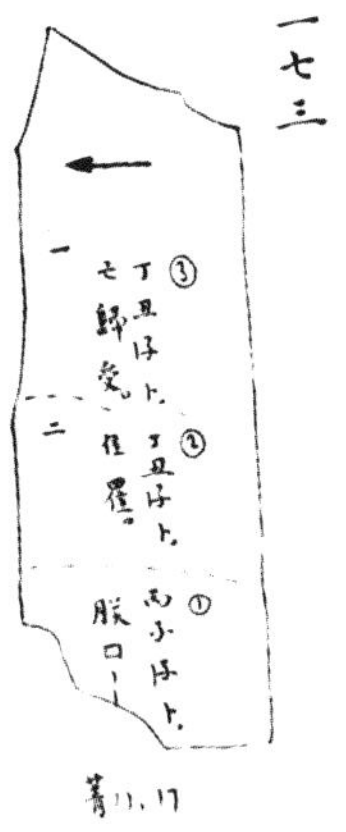

肆骨 173.2

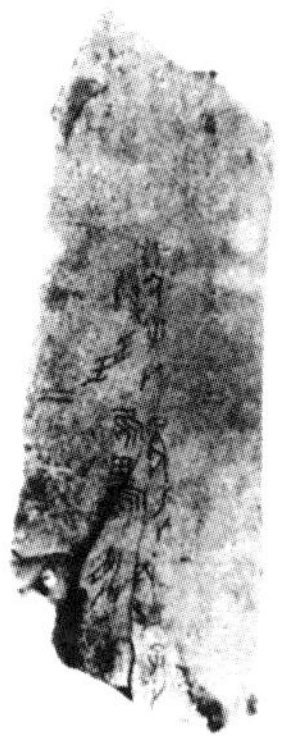

肆骨 173.3：合 21658①

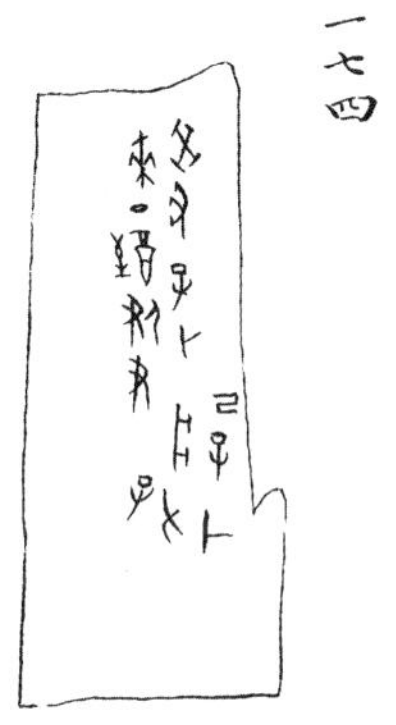

肆骨 174.1

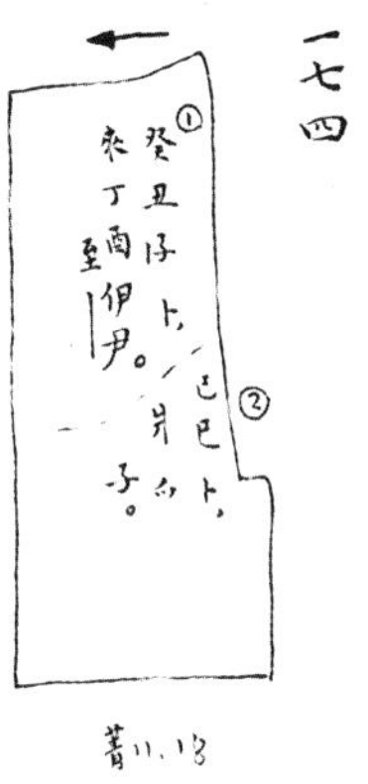

肆骨 174.2

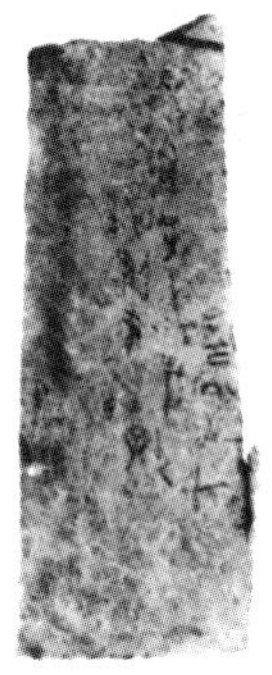

肆骨 174.3：合 21574②

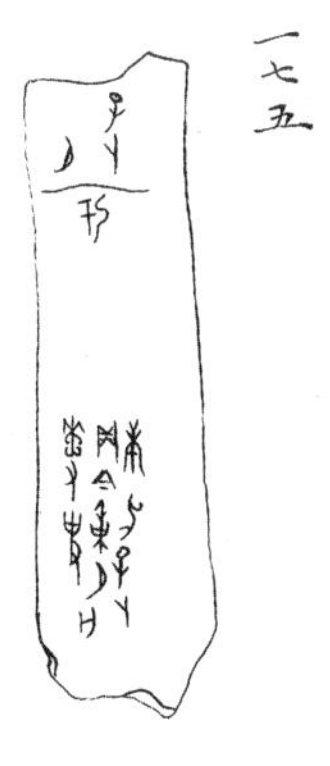

肆骨 175.1

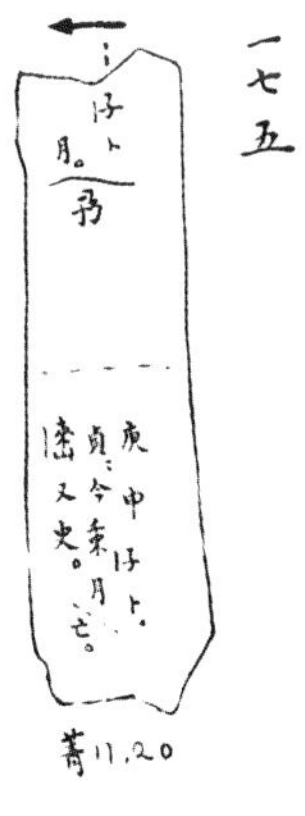

肆骨 175.2

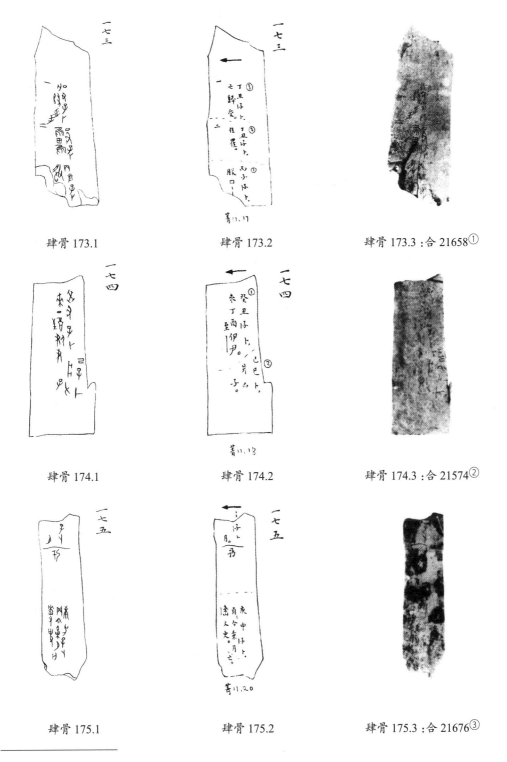

肆骨 175.3：合 21676③

---

① 肆骨一七三：即合 21658，現藏不詳，《合集》不清晰，非拓片。

② 肆骨一七四：即合 21574，現藏不詳，《合集》不清晰，非拓片。

③ 肆骨一七五：即合 21676，現藏不詳，《合集》不清晰，非拓片。

肆骨 176.1

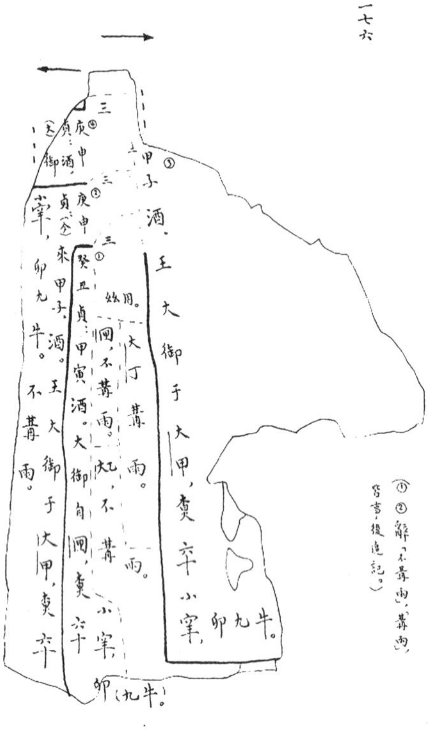

肆骨 176.2

肆骨 176.3.1：合 32329 正

肆骨 176.3.2：合 32329 反①

① 肆骨一七六：即合 32329 正，現藏於故宮。摹本缺反面，《合集》有正、反。

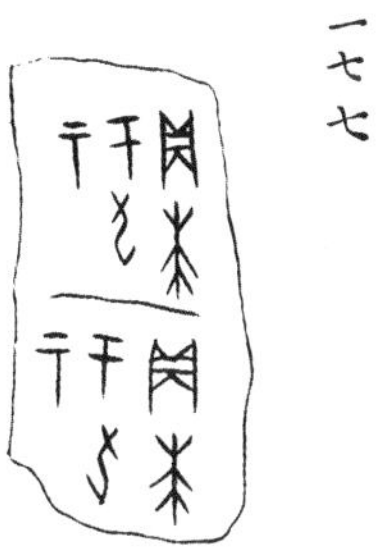

肆骨 177.1

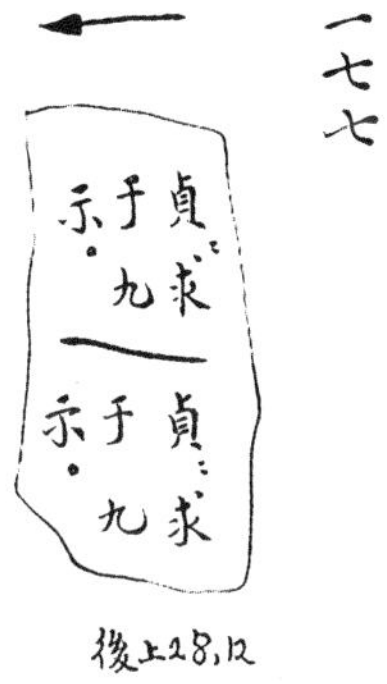

肆骨 177.2

肆骨 177.3：合 14875

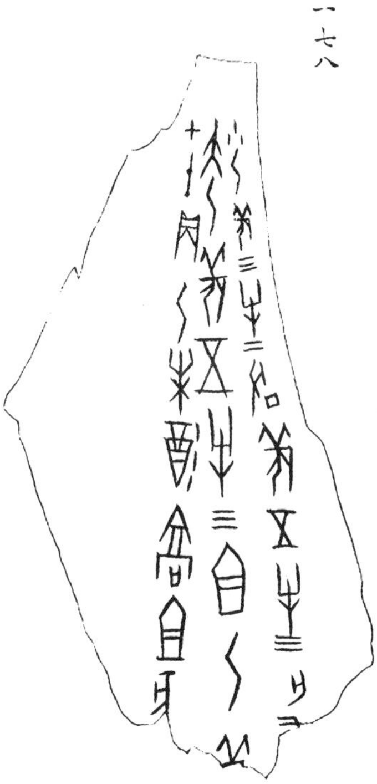

肆骨 178.1

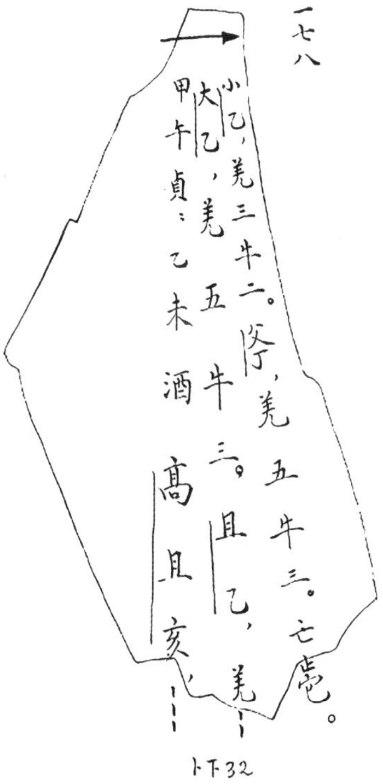

肆骨 178.2

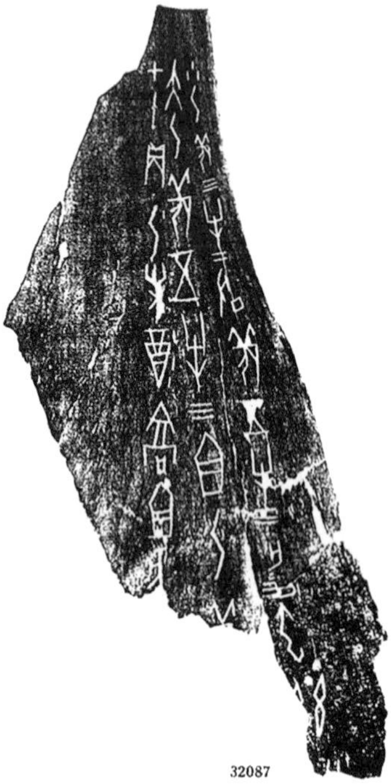

肆骨 178.3：合 32087①

肆骨 179.1

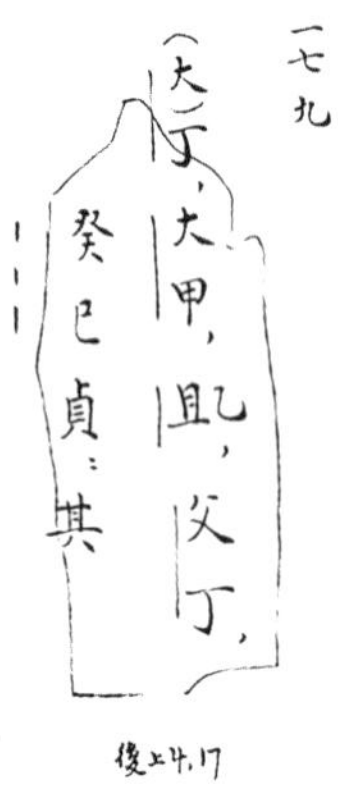

肆骨 179.2

肆骨 179.3：合 32469

肆骨 179.4：綴合②

---

① 肆骨一七八：即合 32087（上），現藏於故宫。《合集》有綴合。

② 肆骨一七九：即合 32469，現藏不詳。綴合組爲合 32326+ 合 32469，見林宏明：《甲骨新綴第 416 例》，先秦史研究室網站，2013.4.21。

肆骨 180.1

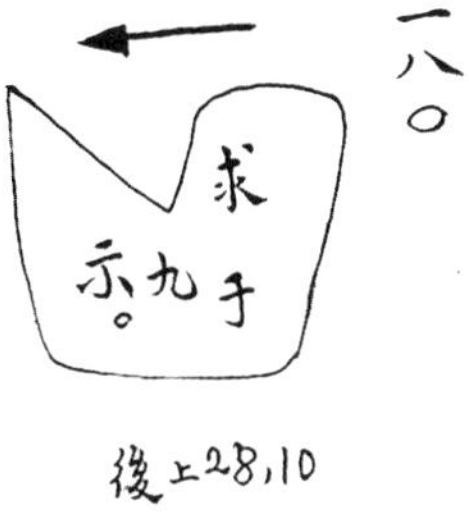

肆骨 180.2

肆骨 180.3：合 14877

肆骨 181.1

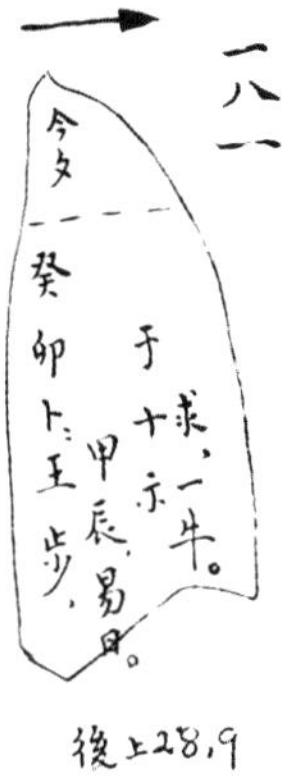

肆骨 181.2

肆骨 181.3：合 34114

肆骨 182.1

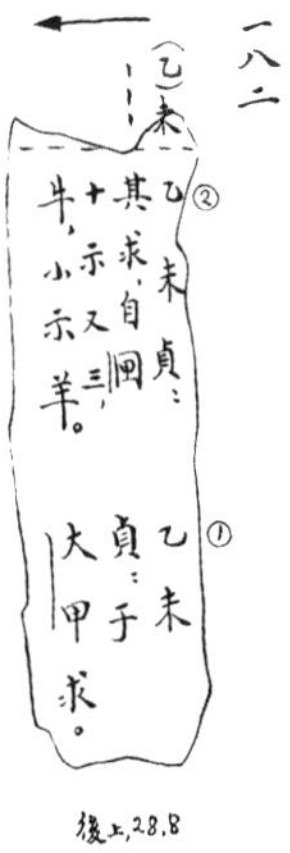

肆骨 182.2

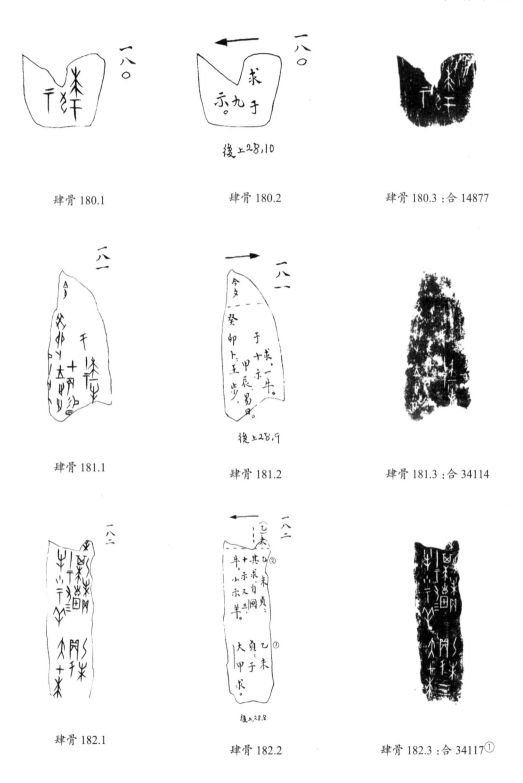

肆骨 182.3：合 34117①

① 肆骨一八二：即合 34117，現藏不詳。摹本漏摹下端的兆序“三”。

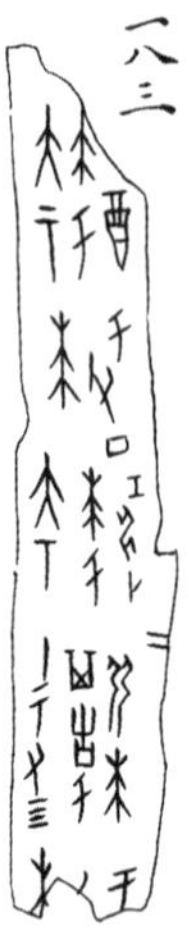

肆骨 183.1

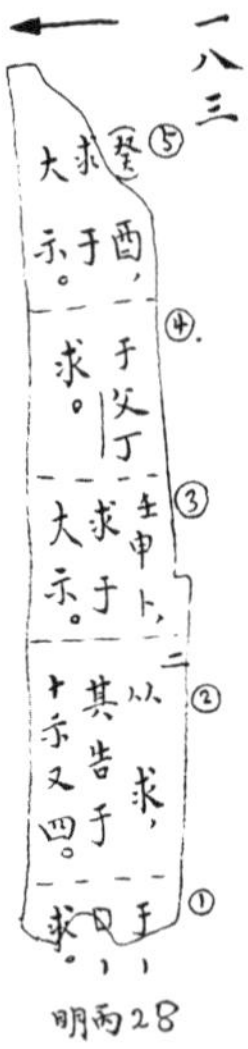

肆骨 183.2

肆骨 183.3：合 34092

肆骨 183.4：合補 10651①

① 肆骨一八三：即合 34092、合補 10651（上），現藏於故宫。綴合組爲：合 34091+ 合 34092，即合補 10651。

肆甲一—五六　　肆骨一——八三(考釋)

於此總説第四期卜辭。

余作甲骨文斷代研究,迄今十年,而第四期卜辭之鑒别,猶疑不能決者亦且十年。初余發掘殷墟,因村中出土物之特異,曾於《新獲卜辭寫本後記》① 中,揭舉“𢦏”字。繼於《斷代例》② 中,以村中出土甲骨爲三、四期物。然又時感不安。蓋余初以四期不著貞人爲特點,又覺稱謂、字體,每與一期相混,如父乙、母庚、兄丁,如干支字之寫法,皆是。其故仍因分理第一期卜辭,不能詳且盡也。全部整理甲骨,余雖抱此願而力有未逮,今編此册,乃初步功夫也。

四期卜辭,包括武乙、文丁兩世,前後不過十餘年(今定武乙四年,文丁十三年)。而十餘年間卜辭,則情形極爲複雜。武乙、文丁亦有可别者,在武乙稱康丁曰父丁,文丁稱武乙曰父乙。父丁易與二期混,父乙,易與一期混,則又須因書法、字形以别之,且兩世亦著貞人,惟不書貞字,故未發見耳。

今舉一標準片爲例:如肆骨一。

此版有父乙⑧,有王字作太④⑤⑥,甚類第一期武丁時物,背面大字亦類一期,然武丁世不惟無此書寫稚弱之史,無此□(未)、□(巳)、□(戌)、□(子)、□(酉)字之寫法,亦絶無大乙(稱唐,祖甲時始改稱大乙),父戊(武丁有兄戊)之稱謂也。此版既非第一期物,亦非五期帝辛時物,仍由父乙之稱謂而確定爲文丁時也。此版⑧辭有貞人□(作□)③,但省去貞字,知□乃文丁時之史也。稱□爲貞人,因其本人書辭,亦有不省貞字者,如肆甲二九:

> 甲申卜,□貞:㞢父乙一牛。用。八月。

即其例,其省去貞字者,亦可由此推知之。知□爲文丁時人,文丁時卜、貞,不並用(少數並用),凡卜下人名,與□同版者亦文丁時貞人,故知

> 旬(肆甲二三)與□同版

---

① 董作賓:《新獲卜辭寫本後記》,《安陽發掘報告》第 1 期,1929 年。

② 《斷代例》及後文的《斷代研究例》均爲董作賓著《甲骨文斷代研究例》的簡稱。

③ □作□,現學界多認□爲扶,屬於武丁早期的師組貞人。

　　自(肆甲二四)與同版

亦皆文丁時史也。① 肆甲四一有辭曰：

　　乙亥卜,自貞：王()曰：㞢(有)孕,㚤。"曰：㚤。

此王,即文丁矣。句亦曾仕于武乙之朝,肆甲四八：

　　庚戌()卜,句()㞢父辛。

父辛,乃廩辛也。由此推求,則肆骨二有史,同版有甲,虎甲即陽甲,祖甲以後之稱謂也。武丁時稱父甲。故知絶非武丁之辭,亦文丁之辭也。又有兄丁,有母庚,此兄丁乃文丁之兄,母庚乃文丁之母也。

以稱謂定時代,更由稱謂定貞人,無貞人者定其書法,字形,詞類,禮制,依此種種以求四期卜辭,未有不得者也。今就研究結果,略述於次。

一曰：四期書史之有多派也。

四期書法多種,可見其書史之衆。蓋承三期文風彫敝之餘,舊史多已死亡,新史派別分立,各不相謀,以人才缺乏之故,乃兼收並納之。此由書法之龐雜,可以推知者也。就本册所收,約略分之。有：

　　謹飭體,承三期之作風。似狄、宁、等史成熟作品(骨六一一〇、六三等)
　　豪放體(骨二七、一二六、一七六等)
　　瘦勁體(骨九三、一〇九、一一〇等)
　　肥圓體(骨一四一、一三九、一三八等)
　　稜方體(骨五、一七六、一七八等)
　　秀弱體(骨一四四)
　　細小體(骨一四二等)
　　幼稚體(骨一、二)

以上八體,審視影寫各版,已可見其各異,讀者多檢拓本,自能知之。此中大别,可分三派：

---

① 句、自現學界均認爲屬於武丁早期的師組貞人。

第一派，爲三期舊史。此派因襲三期舊法，書契尚能規整，遥承一期二期之作風者。此派作品不多。其代表作品：武乙時，骨六一一〇、一二一一四；文丁時，骨一一三、一一七。

第二派，爲新興之史。此派書契各逞其才，發展個性，有恣情豪放，肆意峭拔各體，皆不記貞人，爲其特點。其代表作品：武乙時，骨一五、一七、二四、一七九；文丁時，骨一二一。

第三派，復古之徒。此派於武丁舊史，有所師承，追慕武丁之盛世，以文藝復興之責自任者。亦記貞人，而多省貞字。其代表作品：武乙時，骨四五、九六、一七八、甲四八；文丁時，骨一、二、甲二九。

以上三派，武乙、文丁兩世皆有之，而第一派作品甚少，第二派則武乙之世爲多，第三派則文丁之世爲多也。

二曰：武乙之好田獵也。

在《斷代研究例》中，余曾舉武乙時卜田遊辭之特徵三：

卜田：慣用“王其田”，亡巛作“亡𢦏”。

卜游：慣用“于某亡𢦏”。

出土：皆在小屯村中。

由第一二次發掘材料中，理出田游之辭計六十五見：

卜田：一次發掘，八；二次發掘，三十四；共四十二見。

卜游：一次發掘，四；二次發掘，十九；共二十三見。

此乃村中出土物之一部分，其由村人自掘而爲劉晦之、明義士及其他收藏家所得之物，猶多未入統計中也。“𢦏”字之爲四期標準字，於三期五期不用此字證之。

三期：檢叁甲一、二、五、六諸卜田“亡巛”字，皆作≋，沿一二期，不用𢦏。

五期：檢伍骨一三、諸卜田“亡巛”字，皆作“𡿧”，不作“𢦏”。此例極多，本册尚未收耳。

因同出於村中四期物有稱謂可證，故決此“𢦏”字之用，爲四期卜辭，無可疑也。

四期有武乙、文丁二世，何以獨分此田獵於武乙？此亦讀者所當問。欲答此語，請先釋肆骨七一一辭。

原文：
釋文：其又兄癸，叀羊。王受又。（祐）

兄癸者康丁之子也。叁骨一〇辭曰：

叀母己眔子癸酒。叀兄辛眔子癸先。

《粹編》尚有一辭：

子癸歲，王室[illegible]。壬申卜：母戊歲，叀牡。叀牝。

郭沫若氏説“子癸爲康丁之子，在武乙則爲兄”，是也。並舉《後編》上七·一二，一辭：

原文：
釋文：𢦏兄癸，叀又（有）[illegible]。王受又。（祐）

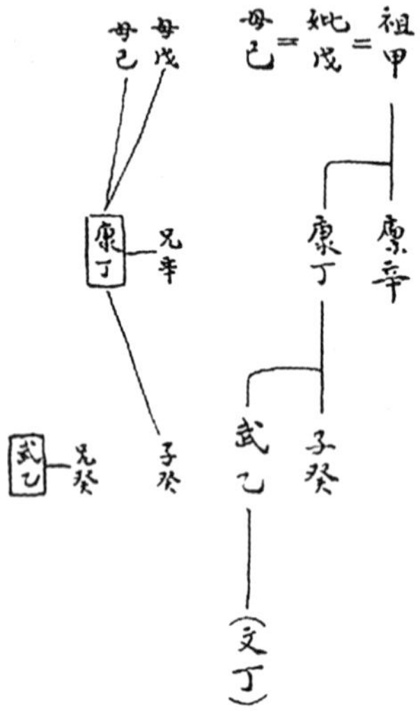

兄辛者康丁之稱康辛也。故母己亦當爲祖甲之配，特不見於五期之祭系耳。母戊即“祖甲奭妣戊”也。此六辭中之稱謂，更列表如次（右圖）。知兄癸之爲武乙時辭，此表已足以明之。四期王字有兩種寫法，一作玉，沿承二、三期之舊，一作太，復武丁時之古寫也。文丁時王字皆復古，武乙時則兩種寫法皆有，兄癸兩辭之王字作玉，即其堅證。知此，則武乙、文丁之别，王字之寫法，即一標準。

四期卜田辭，本册僅收入一版，即肆骨五，有三辭：

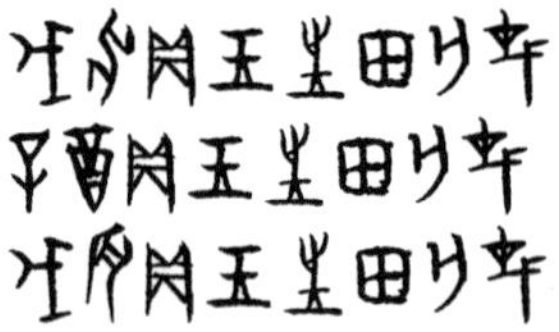

“戋”，四期之證也。“玉”，武乙之證也。四期卜田辭之王字，皆如此作，故不憚煩瑣，於此辨證之。

武乙之好田獵，見于《史記・殷本紀》：

> 武乙獵于河渭之間，暴雷，武乙震死。

是武乙之好田獵，田而遘大雨，觸電而死，古必有此傳説也。四期卜田每及“其遘大雨”（粹一〇〇六），“不冓雨”（粹一〇〇八），“其雨”（粹一〇一一），“不雨”（粹一〇〇九）等天氣之貞，而武乙竟以此殞其身，亦可謂“防不勝防”矣。

余主殷人以日干爲名，乃其忌日之説，今於武乙亦得一證，即武乙以乙日死也。殷人田獵有定日，五期皆然，今揭於此，讀者檢各期田狩之日，當自知之。其田狩與休息，在十日中爲固定者。

> 田狩之日：乙、丁、戊、辛、壬。
> 休息之日：甲、丙、己、庚、癸。

蓋乙田，丙息，丁、戊田，己、庚息，辛、壬田，癸、甲息，有田狩而休息者，未有休息日而田狩者。此律信守極嚴，終殷之世，未嘗有所更易也。武乙之死于“乙”，正田狩之日矣。

武乙之號，乃帝乙時所定，在文丁世則僅稱父乙。古者田獵所以練兵，尚武之精神寄焉，武乙之美謚，意在此與？

三曰：文丁之鋭意復古也。

復古派佔優勢於文丁之世，前已言之，史之所以復古，必其“上有好者”。文丁時，有父曰乙，有母曰庚，有兄曰丁，與武丁同，此文丁所以發思古之幽情與？於是以狄爲史，司卜貞之事，事事以武丁盛世爲師法。其大要有五：

1. 禮制。於此略述殷人祀典。五期祀典，可分兩大派：一爲武丁派，二爲祖甲派。武丁時規模宏大，遠祖如夒、亥，祭尚御、𡆥，旁及河、岳。祖甲則廢除雜祀，奉上甲爲始祖，以彡、翌、祭、壹、𠣞五種祀典爲主榦，上甲以上遠祖不祭也。上甲以下，大小宗及大宗之配偶，皆入祀典也。整齊劃一，井然有序。此其大别。廩辛康丁，猶疑二者之間而兼採之。四期武乙時已有復古之傾向，文丁繼之，崇拜武丁尤甚。故祭名御、𡆥，先祖夒、亥，皆復一期舊觀。河、岳之祀，亦並及之。檢本册所録各辭，已可概見。至五期帝乙、帝辛，又恢復祖甲之制矣。

2. 字形。由武丁至康丁，已百有餘年，字形變易，前後多有不同，今就干支字言之，干支日用之常字也，除不變者外，如

干支	一期	三期
戊		
辛		
巳		
酉		
戌		
亥		

等字，已略有變易。至於四期，則又變本加厲，而猶間存古體者，復古之史所爲也。表如下：

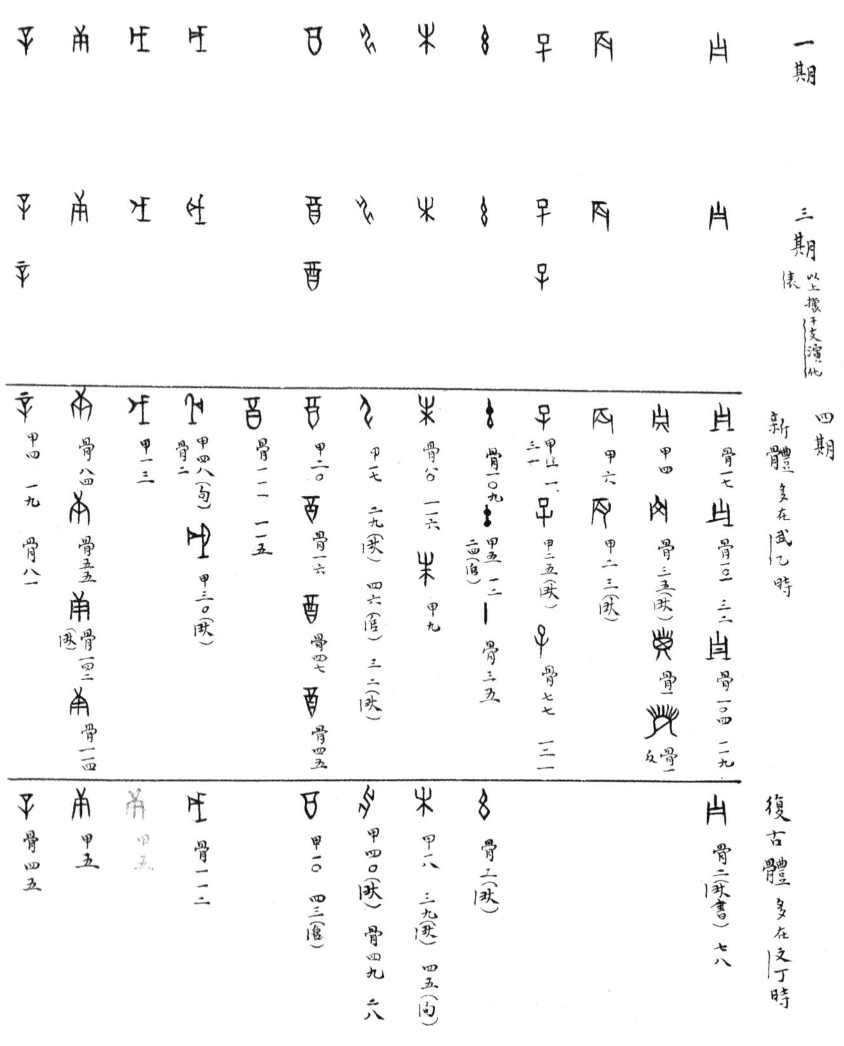

觀右(上)表,可見武乙文丁時古今體字之一斑。此時今體新字,已屬約定俗成,有積重難返之勢,雖如醉心於復古運動之史狄,亦每於不自覺中而寫出俗體之字,雖處處摹擬武丁時古體,而一段卜辭,仍不免有新體字之羼入,此武丁時之所無,一望而辨者也。

干支字外,最惹人注目者爲“王”字,此字首經祖甲改製,於頭上加一横畫,易“太”爲“王”。三期遵循不變。四期改回古寫,多作“太”形,而武乙卜貞田獵之史,猶沿俗書,仍書爲“王”,此又爲吾人留遺一分斷乙、丁兩世卜辭之標準也。

3. 追記占驗。一期史官,好以卜貞之後發生事端附會占驗而記之,所謂“幾日某干支,某事云云”,如壹骨一①③④⑥⑦,二①②④⑤⑥等,皆是。四期史狄亦喜仿爲之,如:

> 壬寅卜,狄:告从方幸。四日丙午(不自壬寅起算,自癸卯起算)𦰩方,不隻。骨一四四

又如:

> 乙卯卜,狄貞:昌□戉狄。四日(己)未(不自乙卯起算,自丙辰起算)夕攺,老。骨一三五

所追記之日數,皆將繫屬之卜日除外,此小異於第一期者。

4. 大骨大字。大骨版書契大字,俊偉壯麗,武丁時㱿、爭、賓、永諸人之傑作也。狄乃不自揣量,起而效之,如骨一、二,骨大字大矣,其如工力,氣魄之不逮何?取壹骨一至四而比較,一則臺閣堂皇之文,一則小學生之信筆塗鴉也,刻鵠類鶩,畫虎成犬,此之謂矣。

5. 月名。如改回“正月”爲“一月”,月上不加“在”字(骨一反,偶沿二期,加在字),月名合書,皆復一期之舊。此文丁時代復古而開倒車之一事也。殷人曆術,武丁時置閏於當閏之年之末,謂之“十三月”,其置閏也,必節氣月與太陰月,差至一個月,乃補一閏以整齊之,“十三月”之閏法,又必待至年終,故氣候與太陰月可差至四十餘日,將及半季,此其弊也。祖甲改訂歷術,置閏不待年終,在一年之内,何時節氣差至一月,何時置閏,使氣候之差異,在一個月内,而滿一個月,即閏以齊之,此進步之曆法也。祖甲以後無“十三月”,即以此。同時改“一月”爲“正月”,正,正也,合於天象節氣之正者也。月名加以“在”字,確定此一日所在之月也。今並此而復武丁之舊,是已不解祖甲改定

“正”“閏”之初旨矣。

以上所舉，乃其概要，詳審分析，須待材料輯全之後，非今日所能從事也。

又文丁之名亦有可説者：吾人須知武丁之名，自帝乙整訂祀典始定之，前乎此，則爲父丁（二期）爲毓（后）祖丁，（三、四期）爲祖丁也。文丁之稱文武丁、文武帝、文武宗，由帝辛定之，帝乙時稱父丁也。帝辛時已有武丁之稱，帝辛以文丁之崇拜武丁，復古情殷，而又有振刷文風之志，故以文武丁謚之，殆亦“小武丁”之意與？美之，所以刺之也。蓋乙、辛又皆崇拜祖甲，志趣各異耳。

吾人分别四期卜辭，自以稱謂、坑位、書法等爲重要標準。其可注意者尚有下列各事：

貞人：狄（骨一），句（甲四二），自（甲四一），我（甲五二），子（甲五四），彭（骨一四七），[illegible]（骨一五〇），[illegible]（骨一六三）

稱大乙不稱唐。（此于一期之别。甲三六，骨一、五一、五八、七六、八八、九六）

稱小乙或后祖乙。（此與一期之别沿自二期者。骨四九、六六、九九、二七、三四）

稱伊尹，一期作黄（衡）尹。（骨六四至六五、六七、九二、一二一、一七四）

月、夕、同作☽。（此爲一、二期月☽、夕☽，五期月☽夕☽之過渡期，月夕無别也。甲三、骨六八、七四、一四六、一四七）

好横行書寫。（甲三六、骨二、一二四）

好作界畫。（甲三六、三九、四一、四二）

文例左右行相雜。（甲三二）

好祭咸戊。（甲二八、三九、骨一）

好合祭先祖，或列舉或舉其示數。（骨三、四、一七七至一八三）

伍 甲

一

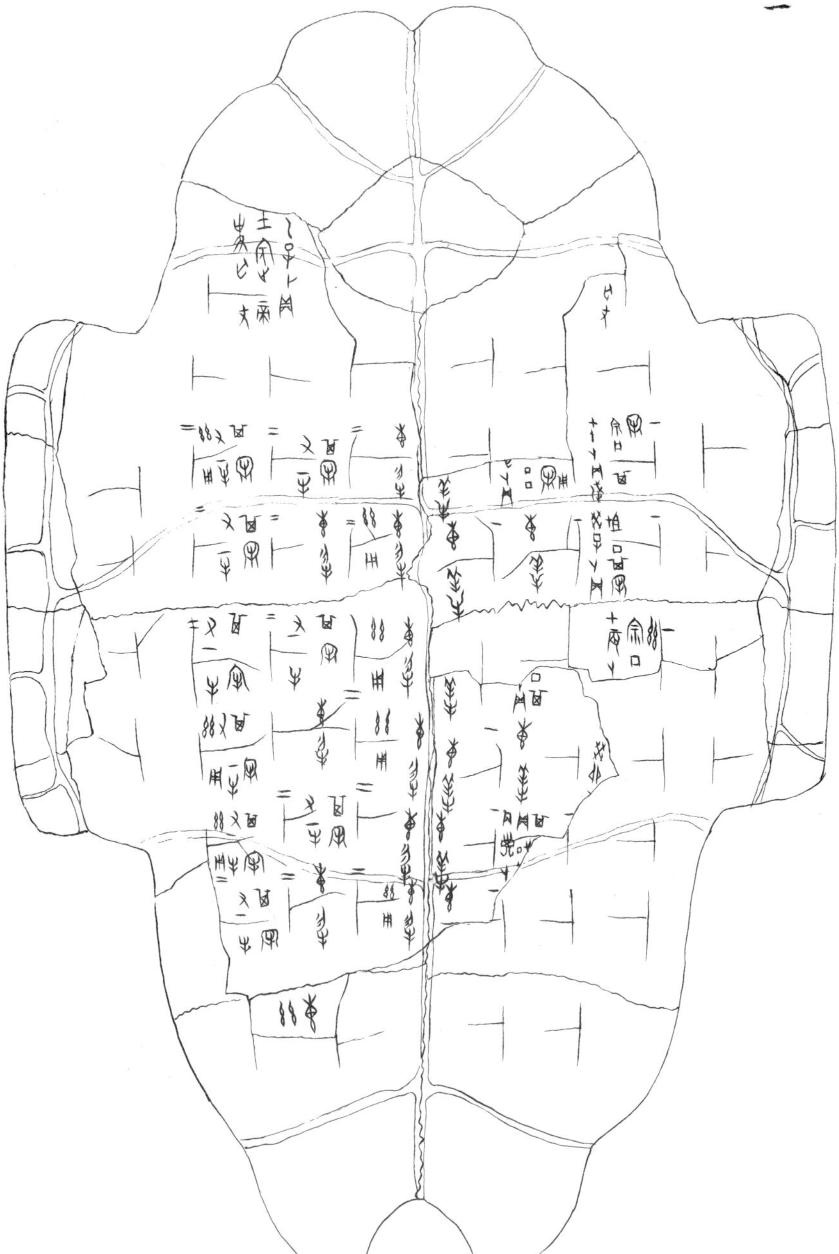

伍甲 1.1

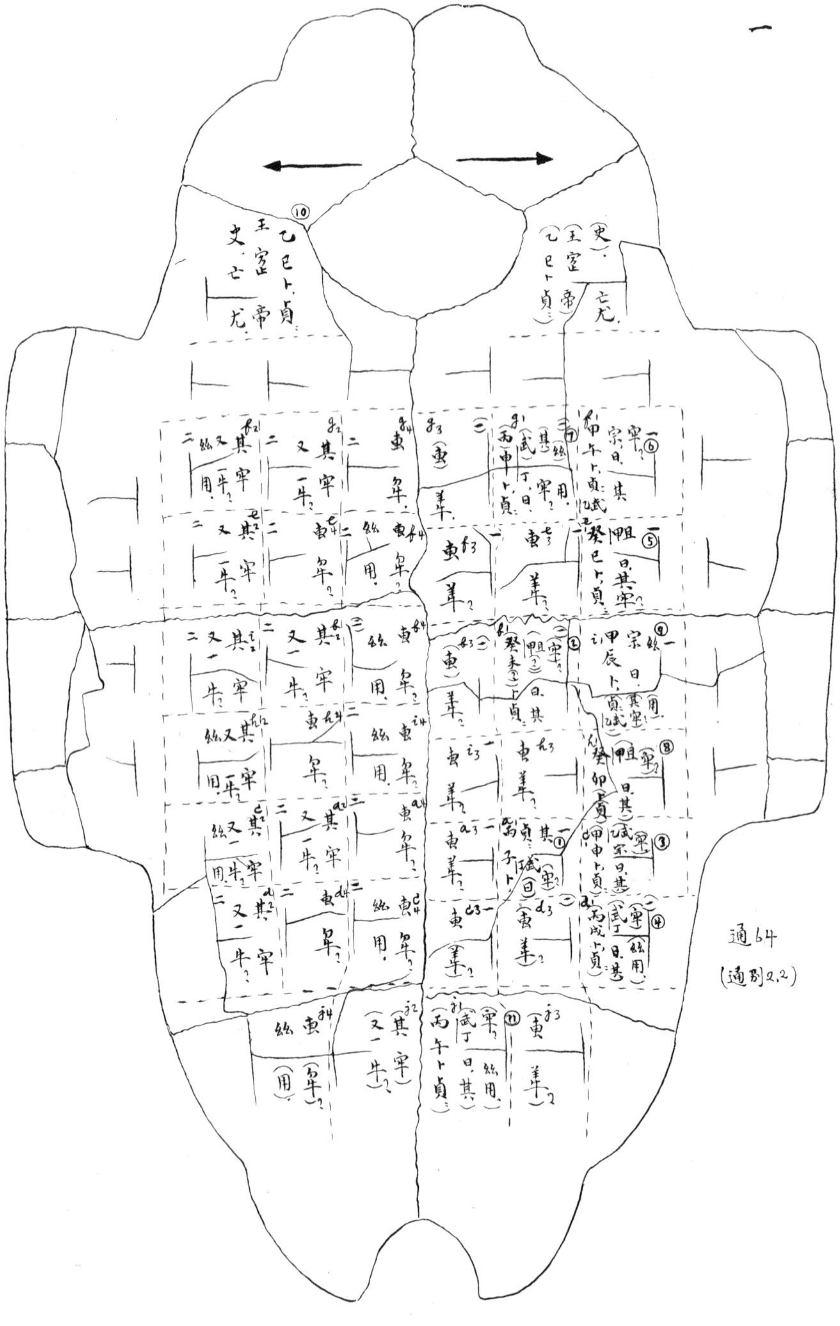

通64
(通别2.2)

伍甲 1.2

伍甲 1.3 :合 35931①

① 伍甲一:即合 35931,現藏於東大。合 35931 不清晰,非拓片。重見掇三 140。伍甲一可與伍甲五二(合 35950)綴合。

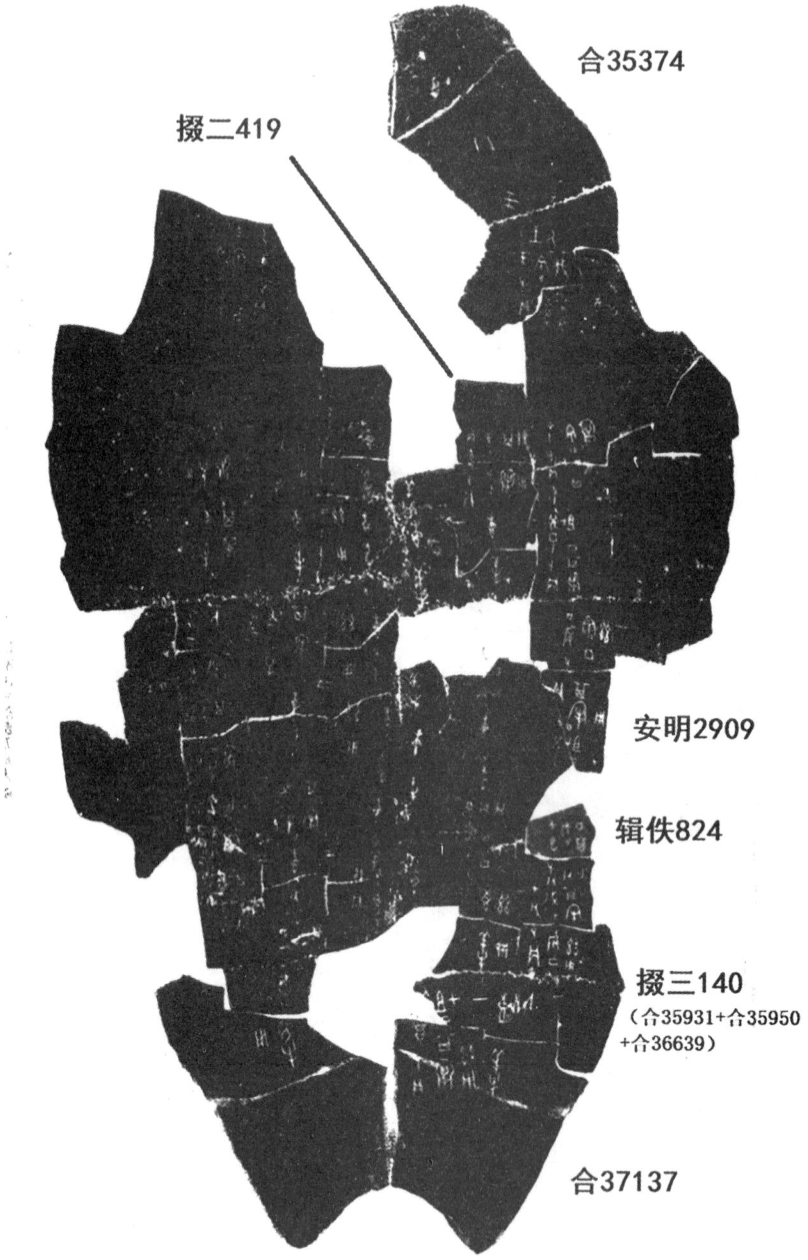

伍甲 1.4：綴合①

① 伍甲一的綴合組爲：掇三 140（合 35931+ 合 35950+ 合 36639）+ 掇二 419+ 合 37137+ 合 35374+ 安明 2909+ 輯佚 824，林宏明在前綴的基礎上又加綴輯佚 824，見《甲骨新綴第 445 例》，先秦史研究室網站，2014.1.8。綴合與董作賓補釋的下部分不一致。

伍甲一(考釋)

右(上)龜腹甲一版,日本河井氏藏。此類卜辭,舊不得其解,蓋在誤認口,囗諸形爲“丁”也。自斷代方法研究之,則第五期“日”字作“囗”,第三期即有作◇或□者(甲三九一五,本書叁甲一第⑦⑧辭),乃日字省去其中之一畫者,五期日祭之日字,皆用此減寫作“□”,頗與“丁”之作“□”者同,更由同類卜辭,知其舉行日祭①,每旬遇其日必卜之,六旬而遍,如日祭祖甲,必於癸日卜其用牲之數與色,癸酉卜,甲戌“日”祭,則下旬癸未卜甲申之“日”祭,次及甲午、甲辰、甲寅、甲子,六甲日皆遍,所謂日祭也。日祭在帝乙時,自武丁始,至父丁及母癸而止,帝辛因之,亦至文武丁而止,具詳後説。

此版殘右下方,殊可惜。然由此已可推知貞卜之次序及日祭卜法。日祭之五世:爲武丁、祖甲、康丁、武乙、文丁,皆大宗,并及文丁之配母癸。三丁各佔六旬,共十八旬而一週。其祖甲、武乙、母癸,皆隨武丁日祭舉行,此版是已。兹擬其日次並補苴如下:

甲戌旬	丙子卜武丁日祭(皆前一日卜,祭則次日)	癸未卜祖甲日祭	
甲申旬	甲申卜武乙日祭	丙戌卜武丁日祭	癸巳卜祖甲日祭
甲午旬	甲午卜武乙日祭	丙申卜武丁日祭	癸卯卜祖甲日祭
甲辰旬	甲辰卜武乙日祭	丙午卜武丁日祭	……

丙午以下,此版不能容,不備舉。此版無母癸之辭,亦從略。日祭之卜法,先卜用牲之數,在右方,曰“其牢”,即其用一牢中之牝牡二牛也。更於左方對稱處貞“其牢又一牛”,即一牢之外,再加一牛也。決其數,則註以“丝(兹)用”二字,亦有省略之者。次卜其二牛或三牛之毛色,於右卜“叀犅(騂)”於左卜“叀犁(犁)”,決其色,亦間註“丝用”字。一次卜日祭,必有四辭,本版補足之得四十辭,知所卜爲十次日祭矣。更分別之:

① 董氏將“囗”釋作“日”,據此認定五期卜辭有日祭。王國維、葉玉森、王襄、郭沫若等釋爲“丁”,吴其昌、楊樹達、陳夢家等釋“祊”。相關論文有常玉芝:《祊祭卜辭時代的再辨析》,見《商代周祭制度》附録,中國社會科學出版社,1987年9月;葛英會:《附論祊祭卜辭》,《殷都學刊》1999年第3期;王藴智、門藝:《關於黄組祊祭卜辭性質的考察——附祊祭甲骨綴合六例》,《鄭州大學學報(哲學社會科學版)》,2008年第3期。

（第一卜）貞問用一牢（一）	（第二卜）貞問一牢又一牛（二）	（第三卜）貞問用騂色牛（一）	（第四卜）貞問用犁色牛（二）
① a1 丙子卜，貞：武丁（日），其（牢）？ 一	a2 其牢又一牛？ 二	a3 叀羍？ 一	a4 叀羍？ 二
② b1（癸未）卜，貞：（祖甲）日，其（牢）？ （一）	b2 其牢又一牛？ 二	b3 叀羍？ （一）	b4 叀羍？ 丝用。（二）
③ c1（甲申卜，貞：武乙宗日，其牢）？	c2 其牢又一牛？ 丝用。	c3 叀（羍）？ 一	c4 叀羍？ 丝用。二
④ d1（丙戌卜，貞：武丁日，其牢？ 丝用。）（一）	d2 其牢又一牛？ 二	d3（叀羍？）（一）	d4 叀羍？ 二
⑤ e1 癸巳卜，貞：祖甲日，其牢？ 一	e2 其牢又一牛？ 二	e3 叀羍？ 一	e4 叀羍？ 二
⑥ f1 甲午卜，貞：武乙宗日，其牢？ 一	f2 其牢又一牛？ 二	f3 叀羍？ 一	f4 叀羍？ 丝用。二
⑦ g1（丙）申卜，貞：（武）丁日，（其）牢？ （丝）用。（一）	g2 其牢又一牛？ 二	g3 叀羍？ （一）	g4 叀羍？ 二
⑧ h1 癸卯（卜，貞：祖甲日，其牢？	h2 其牢又一牛？ 丝用。	h3 叀羍？	h4 叀羍？
⑨ i1 甲辰卜，（貞：武乙）宗日，（其牢？ ）丝（用）。 一	i2 其牢又一牛？ 二	i3 叀羍？ 一	i4 叀羍？ 丝用。
⑪ j1（丙午卜，貞：武丁日，其牢？ 丝用。）	j2（其牢又一牛？）	j3（叀羍？）	j4 叀（羍？ ）丝（用）。

⑩辭爲別種祀事，故不列入。所補②③④⑪ 四辭，不能確證其必爲某干支，日祭某祖，而其必佔此四辭部位，則可斷言也。此版於日祭相互關係極明瞭，故舉以爲例。

伍甲 2.1

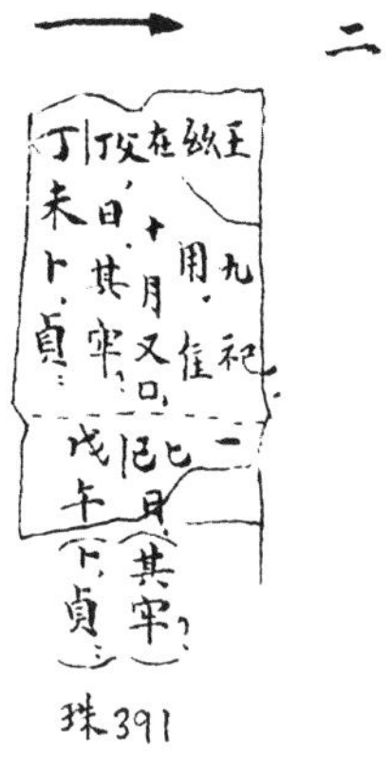

伍甲 2.2

伍甲 2.3：合 37853

伍甲 3.1

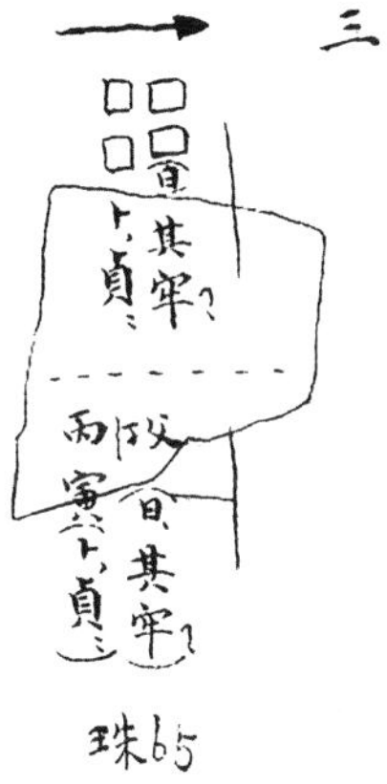

伍甲 3.2

伍甲 3.3：合 36132

伍甲 4.1

伍甲 4.2

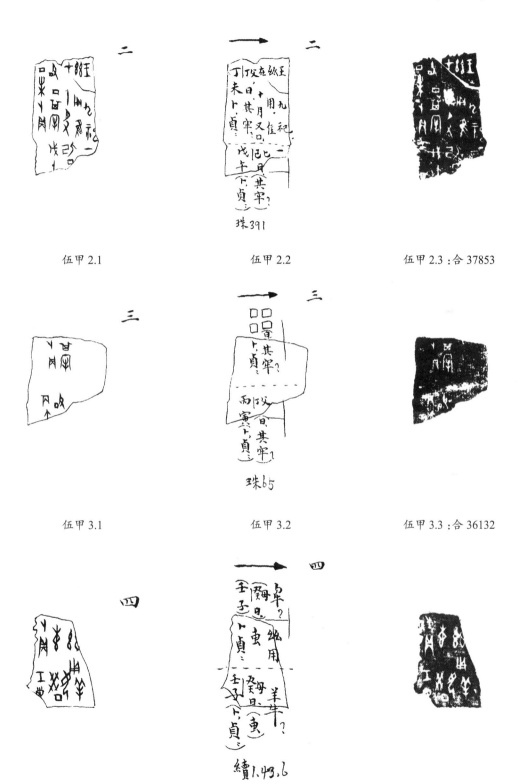

伍甲 4.3：合 36326

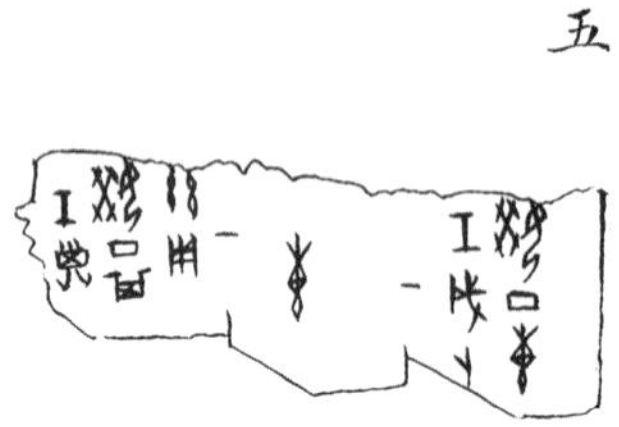

伍甲 5.1

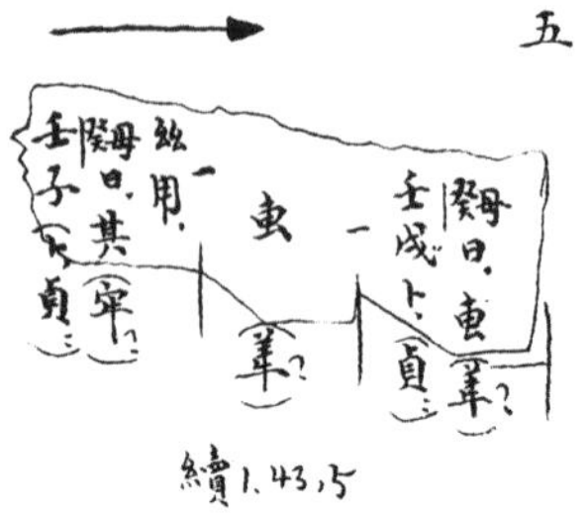

伍甲 5.2

伍甲 5.3：合 36325①

伍甲 5.4：綴合②

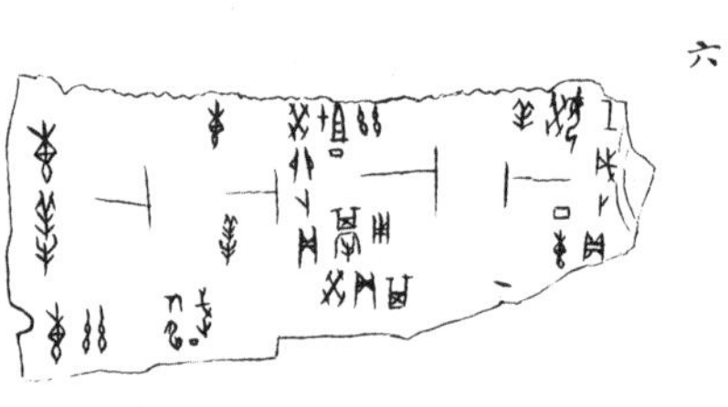

伍甲 6.1

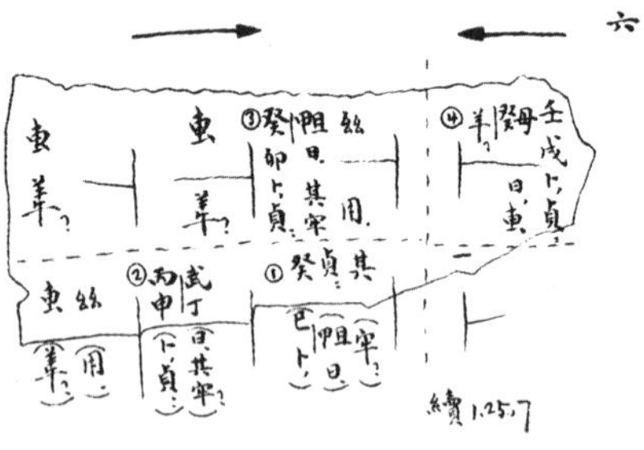

伍甲 6.2

① 伍甲五：即合 36325，現藏於津博。摹本右邊龜版不全，《合集》爲全形圖。

② 伍甲五的綴合組爲：合 36325+ 合 37356，見王蘊智、門藝：《關於黄組祊祭卜辭性質的考察——附祊祭甲骨綴合六例》，《鄭州大學學報》，2008 年第 3 期；《彙編》第 727 則。綴合與董作賓的補釋吻合。

伍甲 6.3：合 35935

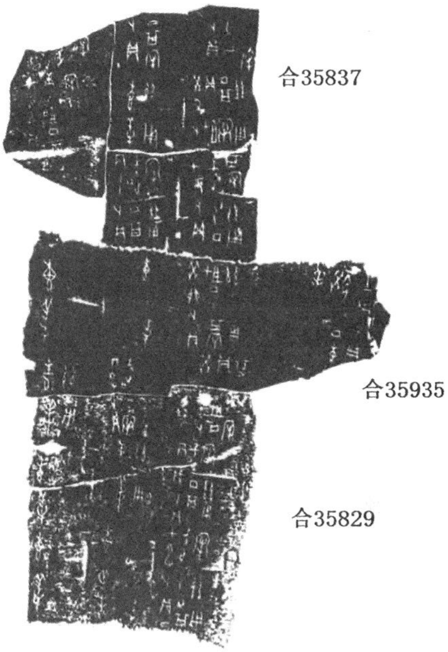

伍甲 6.4：綴合①

伍甲 7.1

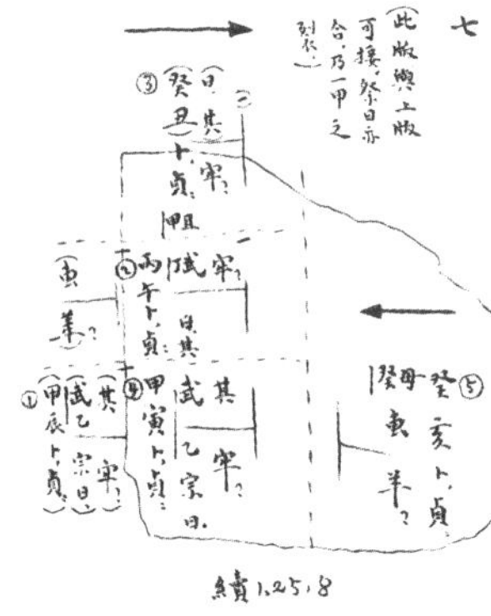

伍甲 7.2

伍甲 7.3：合 36090

---

① 伍甲六：即合 35935，現藏於津博。綴合組爲合 35829+ 合 35935+ 合 35837，見《綴》第 360 則。與伍甲二三（合 35829）、伍甲二四（合 35837 右）、伍甲一三四（合 35837 左）可綴合。王蘊智、門藝指出合 35837 左邊的綴合有問題，參《關於黄組祊祭卜辭性質的考察——附祊祭甲骨綴合六例》，《鄭州大學學報》，2008 年第 3 期。綴合與董作賓的補釋吻合。

伍甲 8.1

伍甲 8.2

伍甲 8.3：合 35914

伍甲 9.1

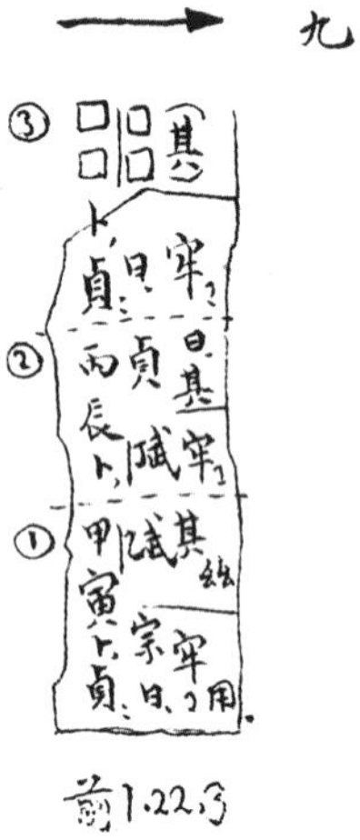

伍甲 9.2

伍甲 9.3：合 36091

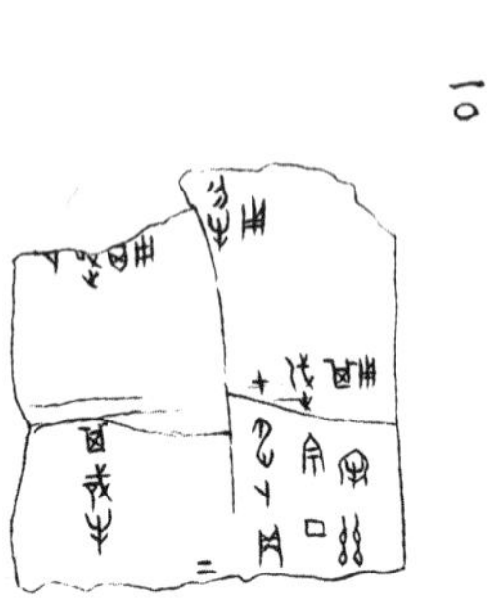

伍甲 10.1

伍甲 10.2

伍甲 10.3：合 36081

伍甲 11.1

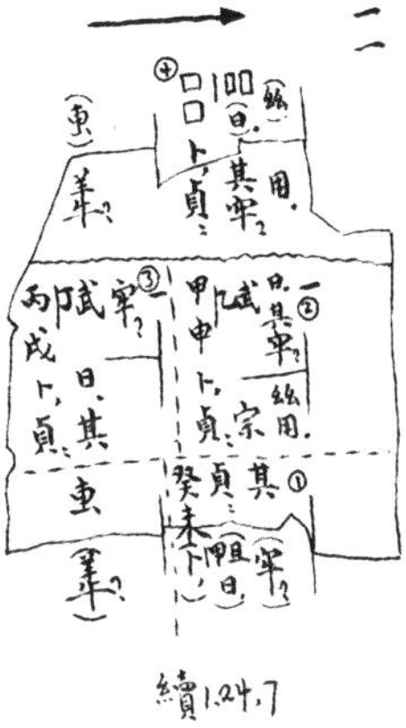

伍甲 11.2

伍甲 11.3：合 36082[①]

伍甲 12.1

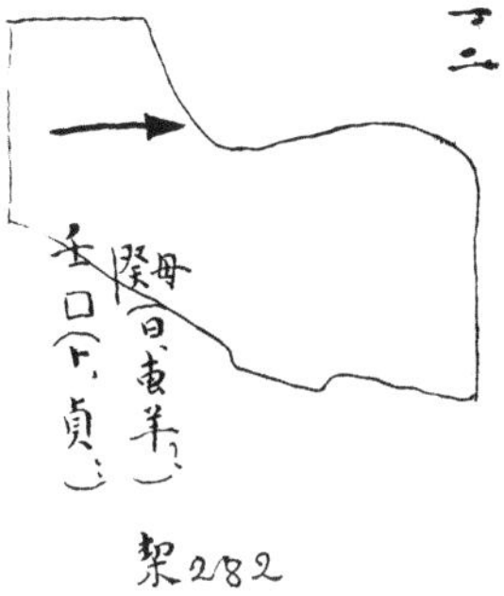

伍甲 12.2

伍甲 12.3：合 36336

伍甲 13.1

伍甲 13.2

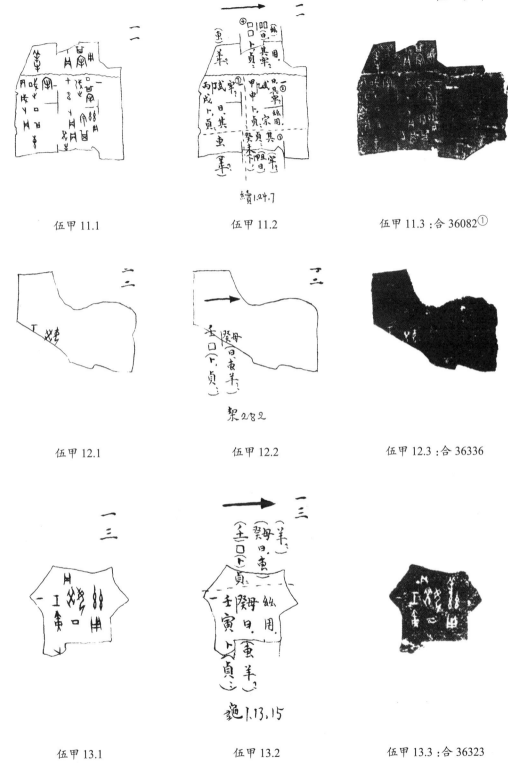

伍甲 13.3：合 36323

---

① 伍甲一一：即合 36082，現藏於津博。摹本右邊龜版不全，《合集》爲全形圖。

伍甲 14.1

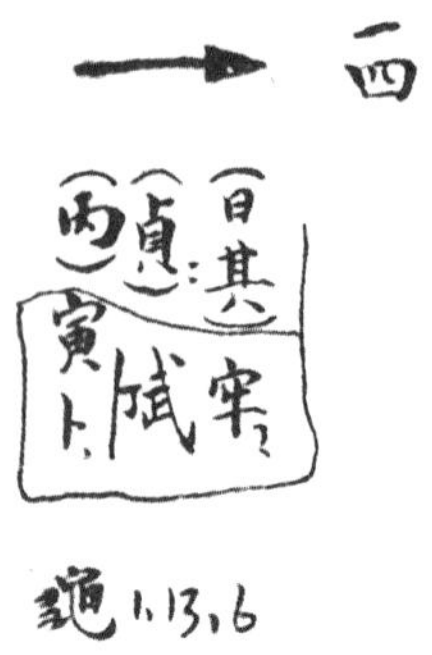

伍甲 14.2

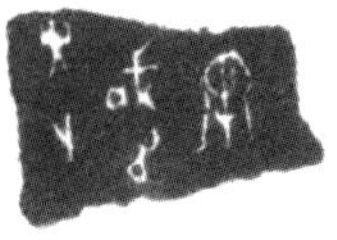

伍甲 14.3：合 35821

伍甲 15.1

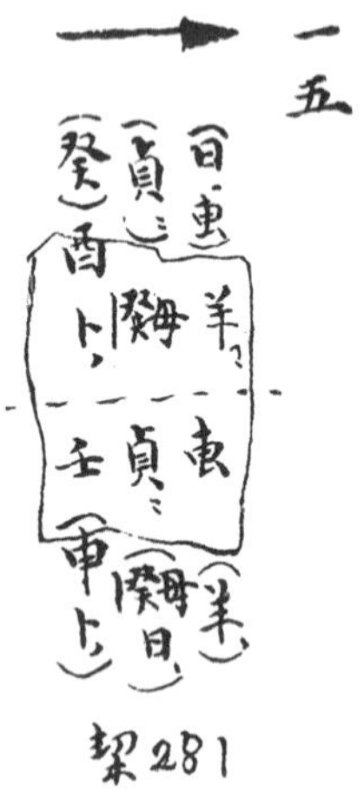

伍甲 15.2

伍甲 15.3：合 36340

伍甲 16.1

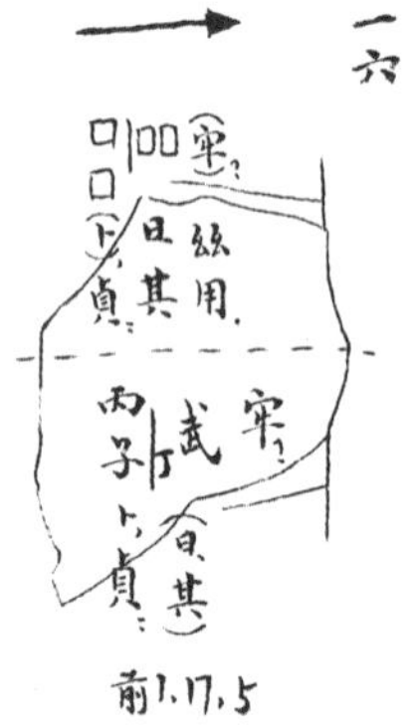

伍甲 16.2

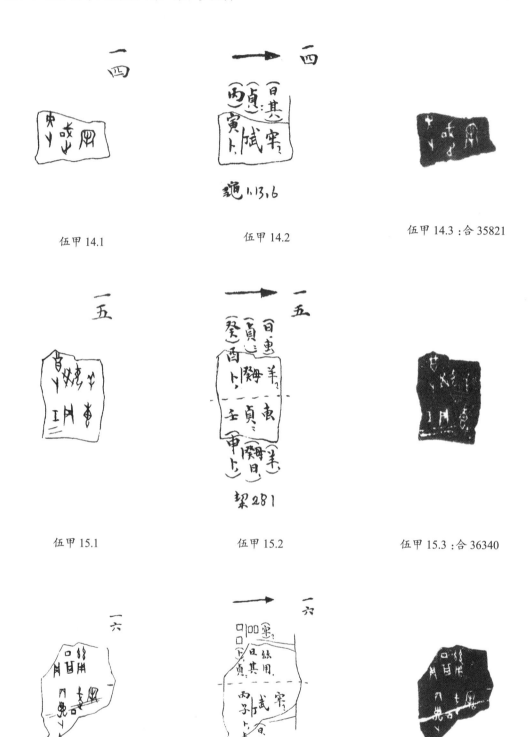

伍甲 16.3：合 35825

伍甲 17.1

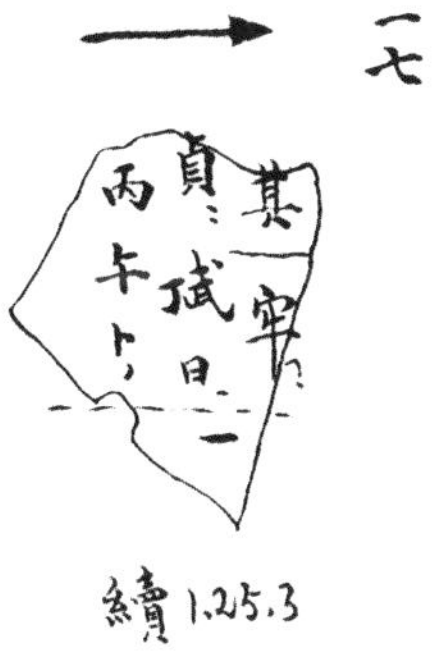

伍甲 17.2

伍甲 17.3：合 35838①

伍甲 18.1

伍甲 18.2

伍甲 18.3：合 35832

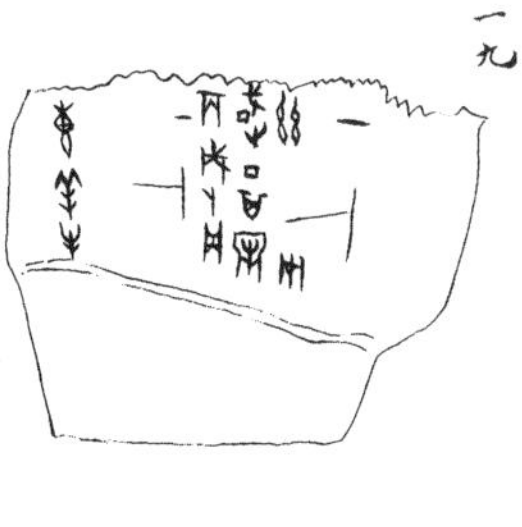

伍甲 19.1

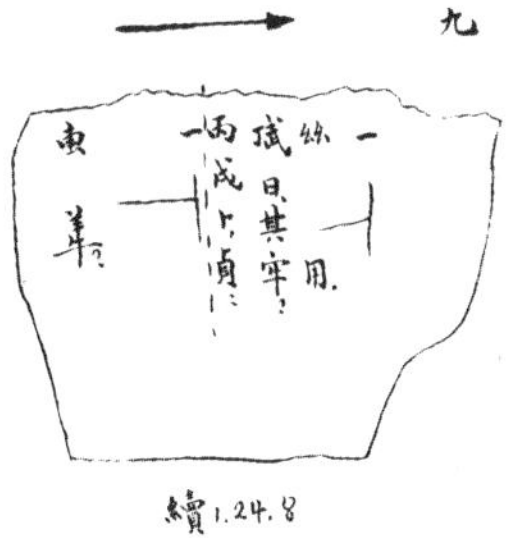

伍甲 19.2

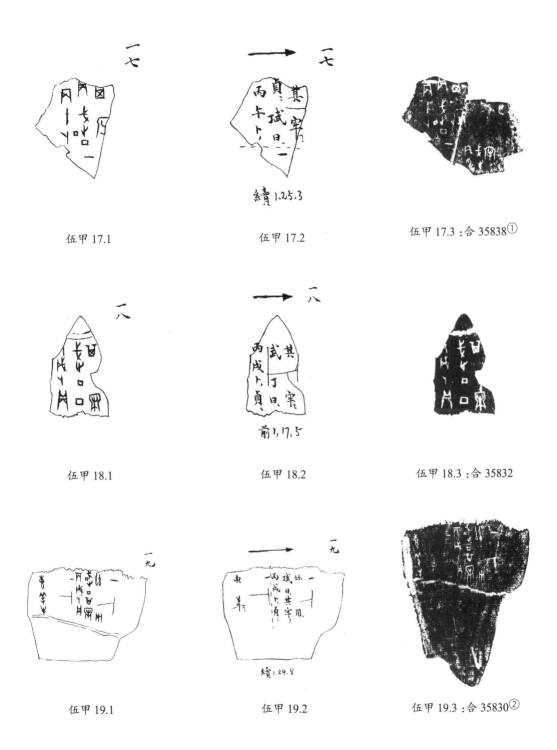

伍甲 19.3：合 35830②

① 伍甲一七：即合 35838（左），現藏於津博。《合集》有綴合。

② 伍甲一九：即合 35830，現藏於津博。摹本下端龜版不全，《合集》爲全形圖。

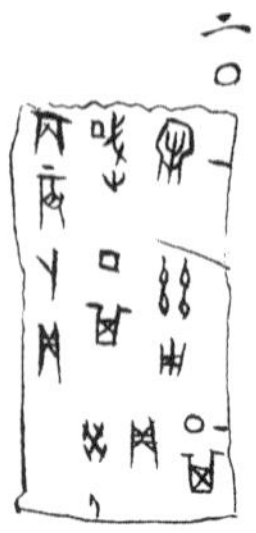

伍甲 20.1

伍甲 20.2

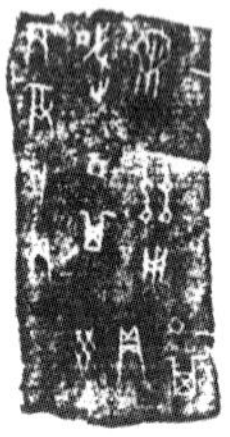

伍甲 20.3：合 35839

伍甲 20.4：綴合①

伍甲 21.1

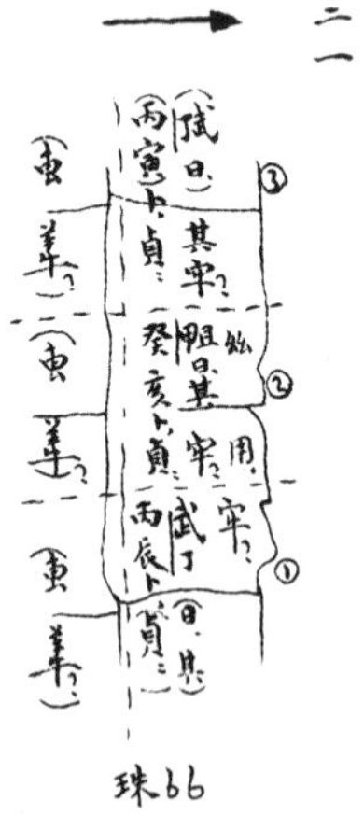

伍甲 21.2

伍甲 21.3：合 35944②

---

① 伍甲二〇：即合 35839，現藏於津博。綴合組爲合 35839+ 合補 10977+ 合 38749，見張宇衛：《甲骨綴合第七五～七六則》，先秦史研究室網站，2012.5.4；又見《綴興集》第 63 則。

② 伍甲二一：即合 35944，現藏於東大。與伍甲四八重。

伍甲 22.1

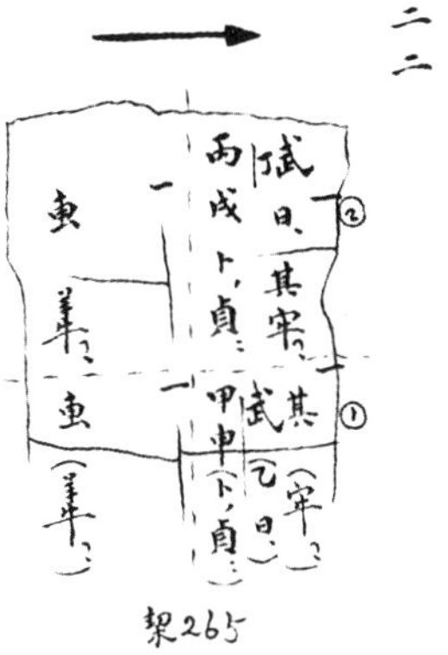

伍甲 22.2

伍甲 22.3：合 35831

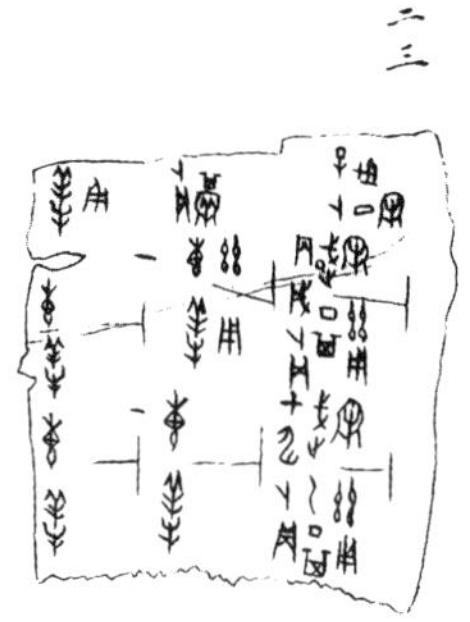

伍甲 23.1

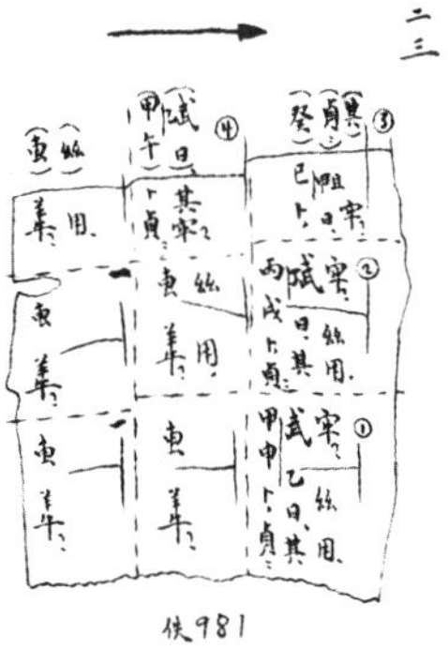

伍甲 23.2

伍甲 23.3：合 35829

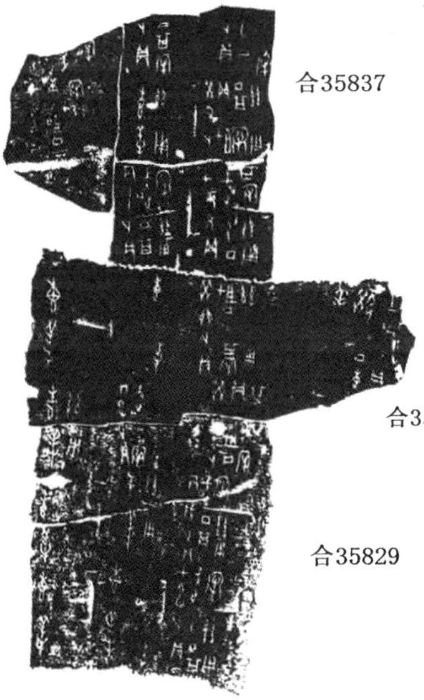

合35837

合35935

合35829

伍甲 23.4：綴合①

① 伍甲二三：即合 35829，爲商氏藏拓。綴合組爲合 35829+ 合 35935+ 合 35837，見《綴》第 360 則。與伍甲六（合 35935）、伍甲二四（合 35837 右）、伍甲一三四（合 35837 左）可綴合。王蘊智、門藝指出合 35837 左邊的綴合有問題，參《關於黄組祊祭卜辭性質的考察——附祊祭甲骨綴合六例》，《鄭州大學學報》，2008 年第 3 期。綴合與董作賓的補釋不一致。

伍甲 24.1

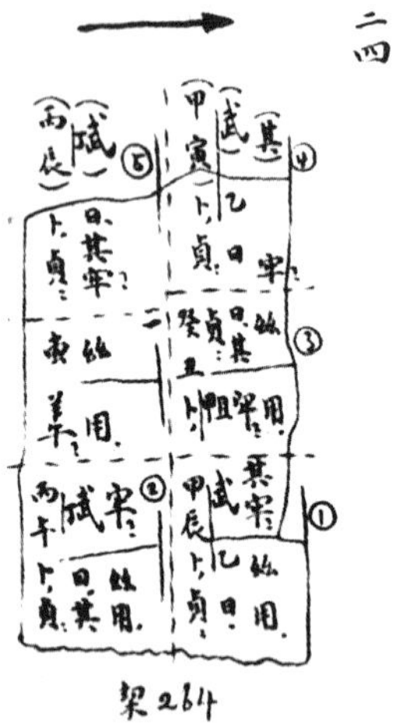

伍甲 24.2

伍甲 24.3：合 35837①

伍甲 25.1

伍甲 25.2

伍甲 25.3：合 35924

① 伍甲二四：即合 35837（右），現藏於北大，爲北珍 0656。摹本龜版不全，《合集》爲全形圖。與伍甲六（合 35935）、伍甲二三（合 35829）、伍甲一三四（合 35837 左）可綴合。綴合參見伍甲二三。

伍甲 26.1

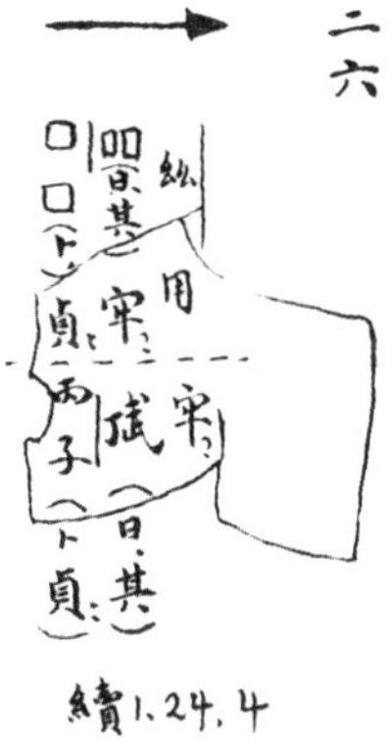

伍甲 26.2

伍甲 26.3：合 35826①

伍甲 26.4：綴合②

伍甲 27.1

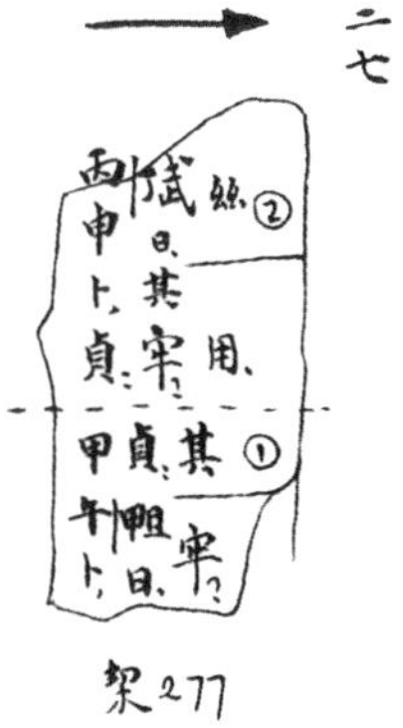

伍甲 27.2

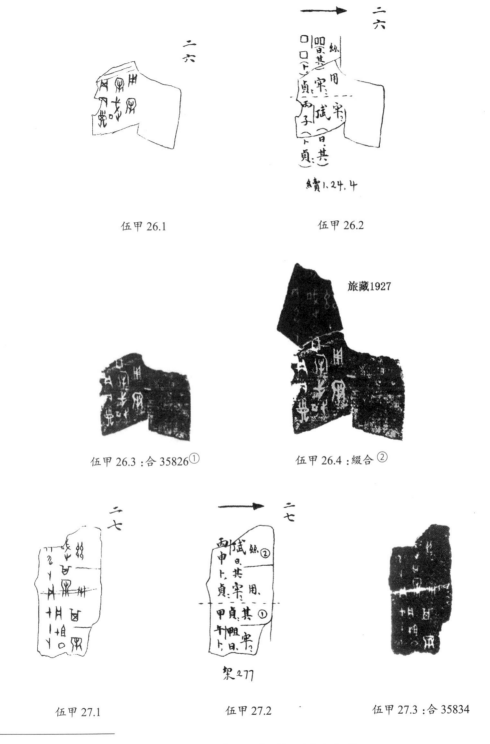

伍甲 27.3：合 35834

① 伍甲二六：即合 35826，現藏於津博。摹本漏摹“其”及兆序“一”。

② 伍甲二六的綴合組爲：合 35826+ 合 41729（旅藏 1927），見門藝：《黄組新綴第 115 組》，先秦史研究室網站，2014.10.21，又見《拼四》第 905 則。

伍甲 28.1

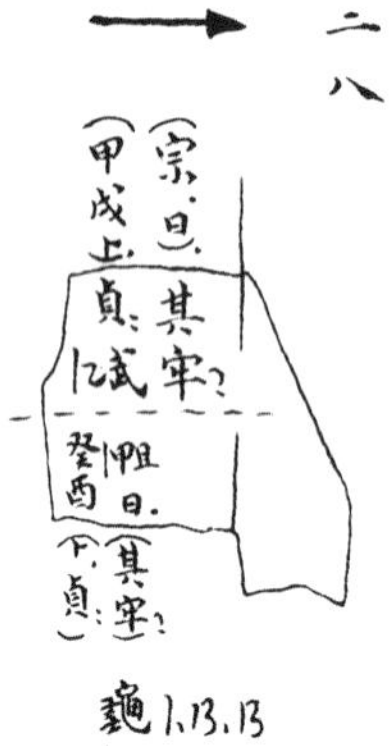

伍甲 28.2

伍甲 28.3：合 35921①

伍甲 29.1

伍甲 29.2

伍甲 29.3：合 35915②

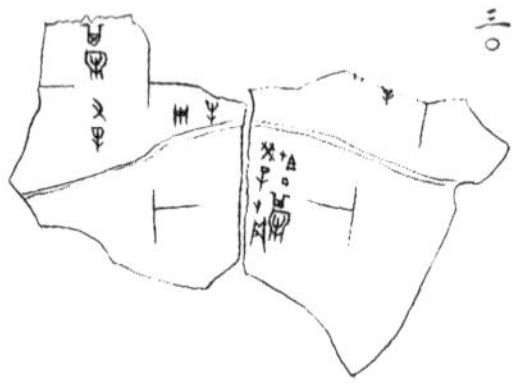

伍甲 30.1

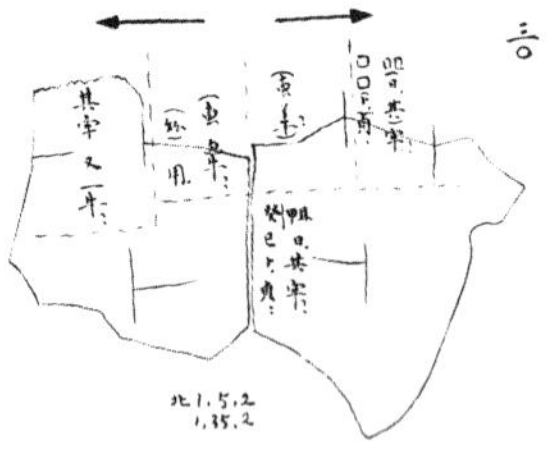

伍甲 30.2

伍甲 30.3：合 37205③

伍甲 30.4：合 35934④

---

① 伍甲二八：即合 35921，現藏不詳。摹本漏摹兆序“一”。

② 伍甲二九：即合 35915，現藏於北大，爲北珍 0658。摹本右邊龜版不全，《合集》爲全形圖。摹本漏摹兆序“一”。

③ 伍甲三〇(左)：即合 37205，現藏於北大，爲北珍 0722。

④ 伍甲三〇(右)：即合 35934、合 41722，現藏於北大，爲北珍 0680。合 35934 有綴合；合 41722 亦爲摹本，且將“癸巳”誤爲“丁巳”。

伍甲 31.1

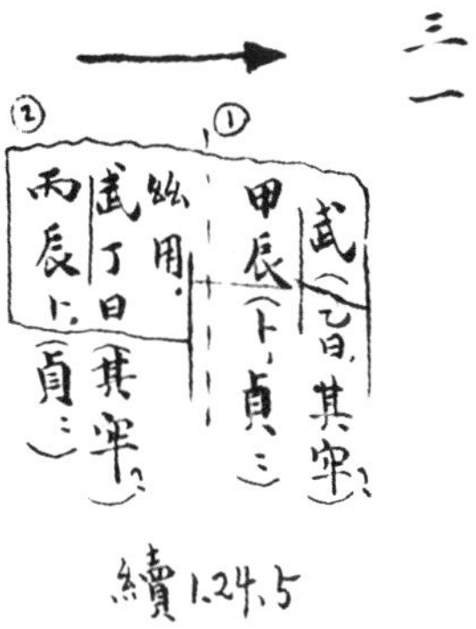

伍甲 31.2

伍甲 31.3：合 35842

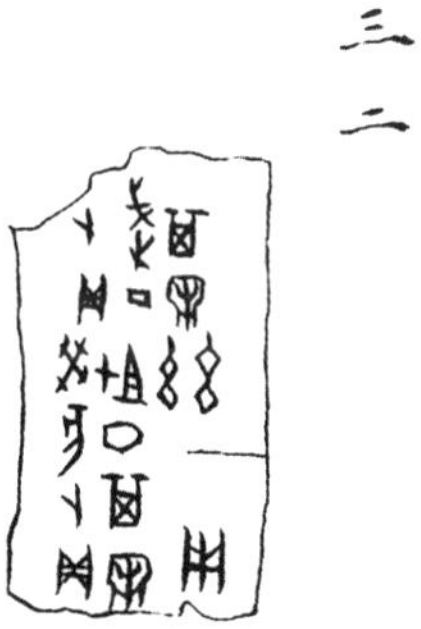

伍甲 32.1

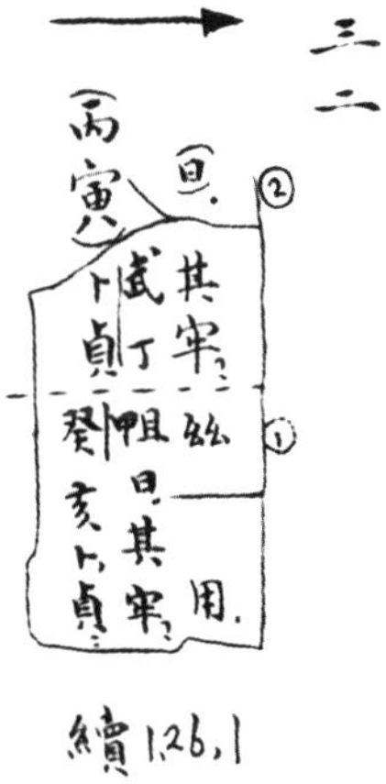

伍甲 32.2

伍甲 32.3：合 35943

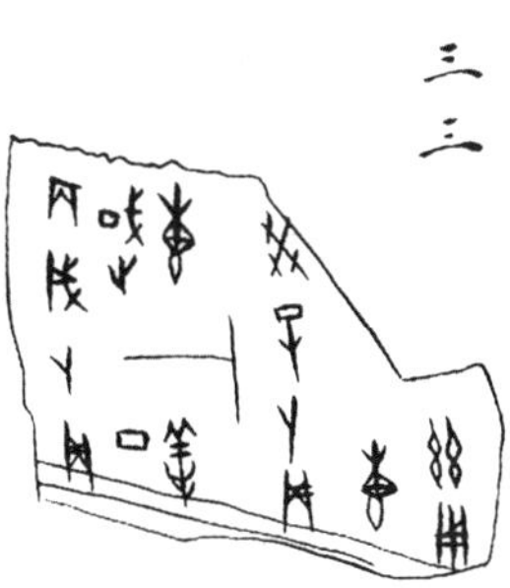

伍甲 33.1

伍甲 33.2

伍甲 33.3：合 35848

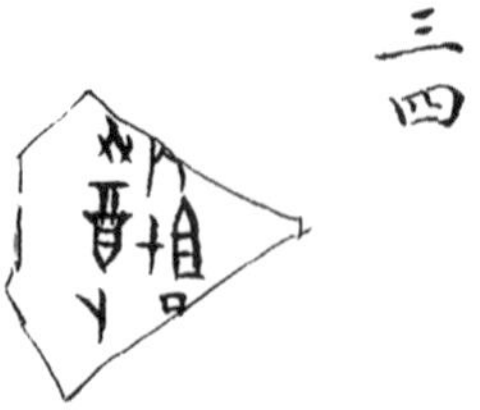

伍甲 34.1

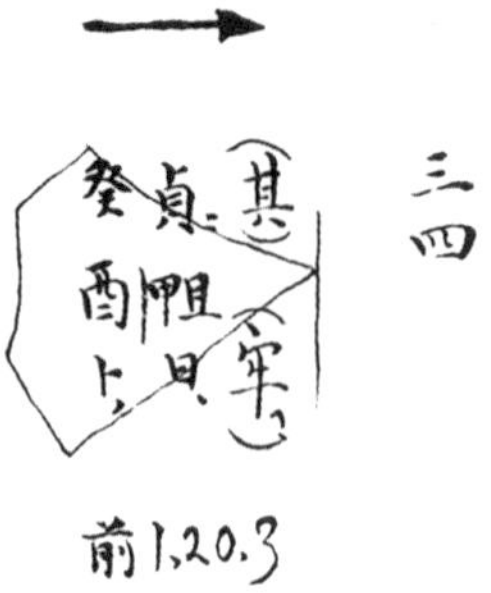

伍甲 34.2

伍甲 34.3：合 35923

伍甲 35.1

伍甲 35.2

伍甲 35.3：合 35932

伍甲 36.1

伍甲 36.2

伍甲 36.3：合 35840①

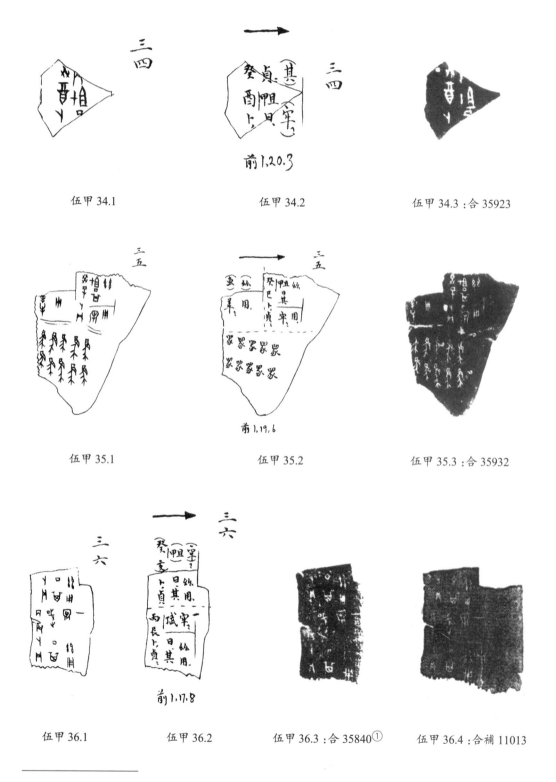

伍甲 36.4：合補 11013

① 伍甲三六：即合 35840、合補 11013（全），現藏不詳。摹本、《合集》的右邊龜版皆不全；合補 11013 爲全形圖。

伍甲 37.1

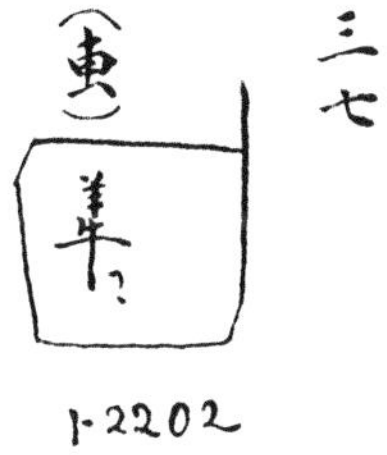

伍甲 37.2

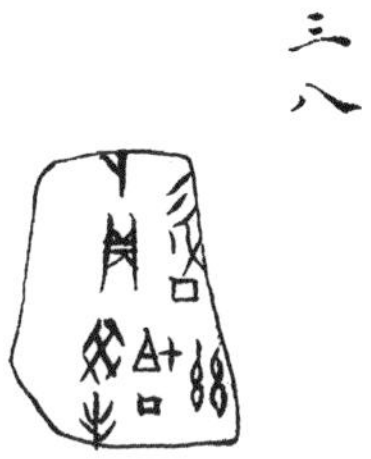

伍甲 38.1

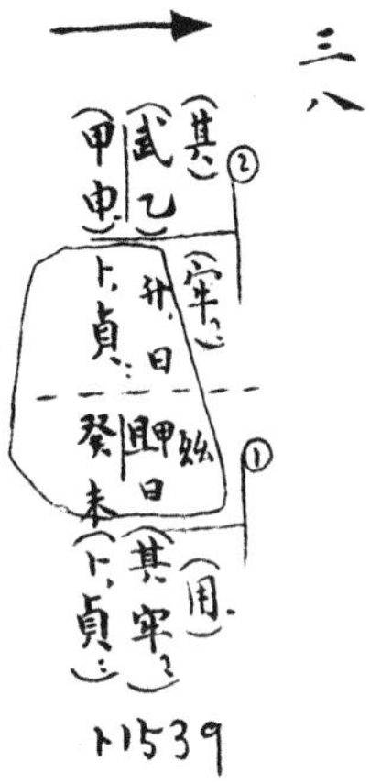

伍甲 38.2

伍甲 38.3：合 35928

伍甲 39.1

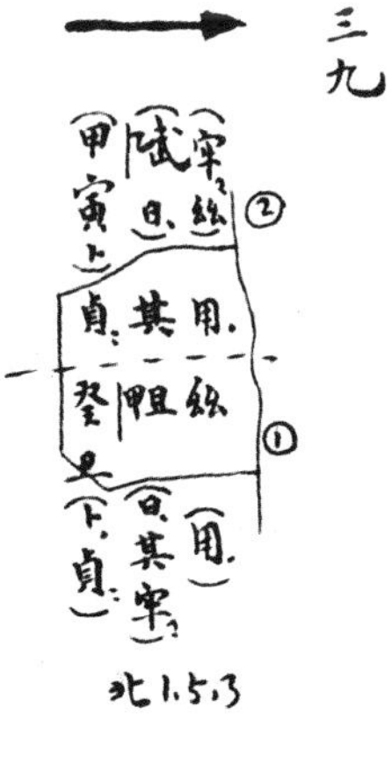

伍甲 39.2

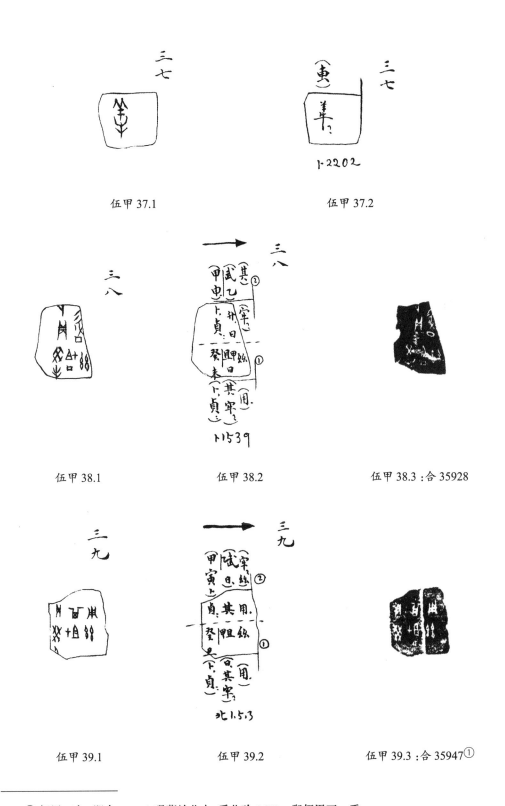

伍甲 39.3：合 35947①

---

① 伍甲三九：即合 35947，現藏於北大，爲北珍 0659。與伍甲五一重。

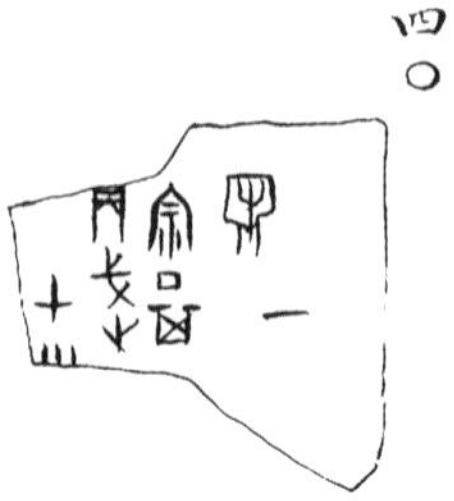

伍甲 40.1

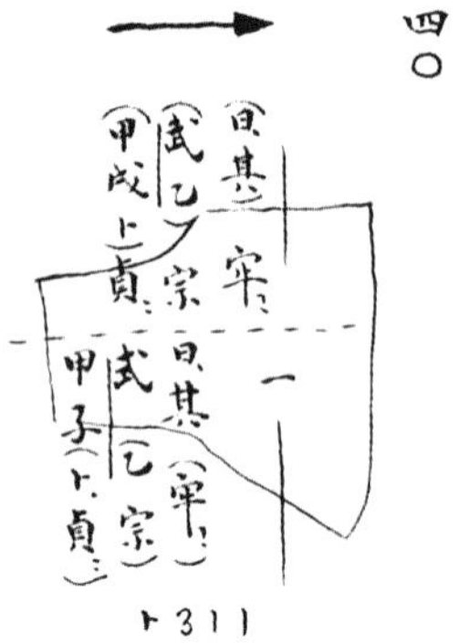

伍甲 40.2

伍甲 40.3：合 36041①

伍甲 41.1

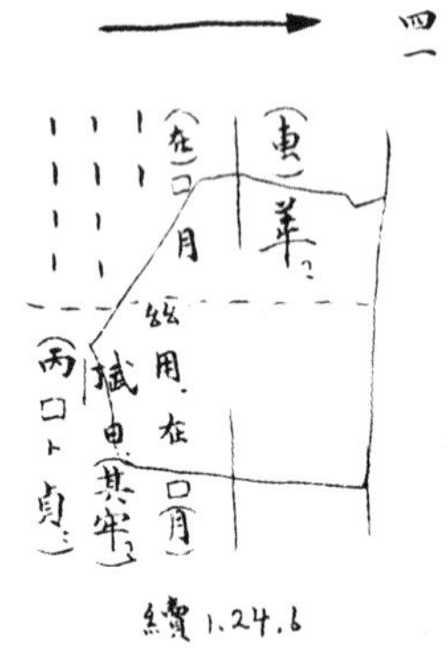

伍甲 41.2

伍甲 41.3：合 35850②

伍甲 42.1

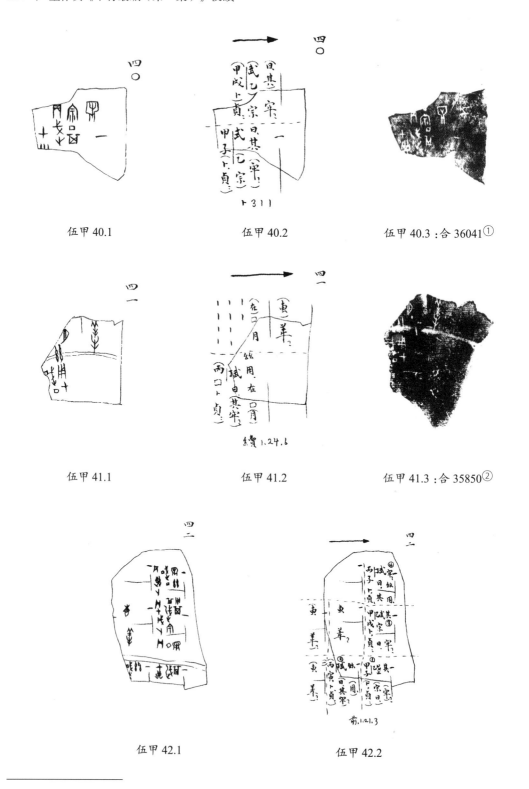

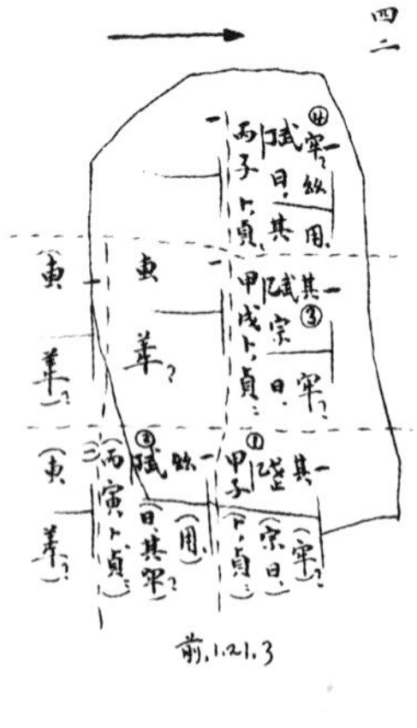

伍甲 42.2

① 伍甲四〇：即合 36041、合 41874，現藏於南博。合 41874 爲摹本。

② 伍甲四一：即合 35850，現藏於北大，爲北珍 0692。摹本下端龜版不全，《合集》爲全形圖。

伍甲 42.3：合 36078

伍甲 42.4：綴合①

伍甲 43.1

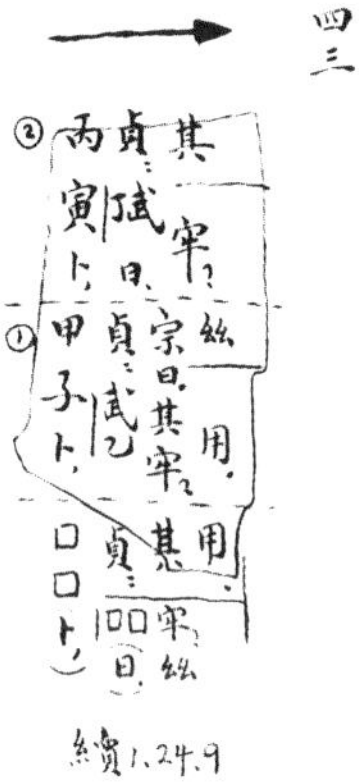

伍甲 43.2

伍甲 43.3：合 36076

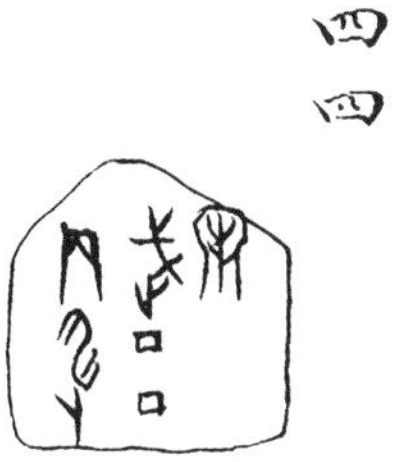

伍甲 44.1

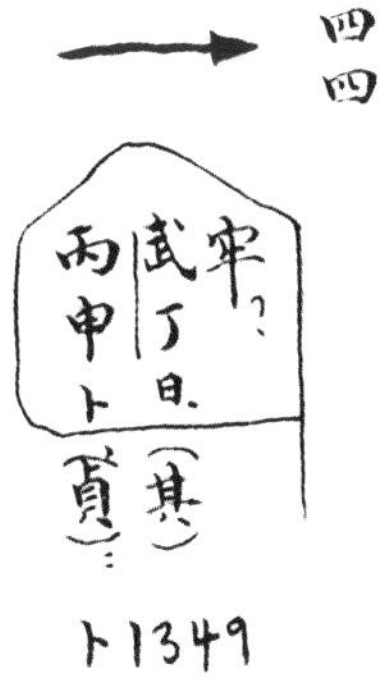

伍甲 44.2

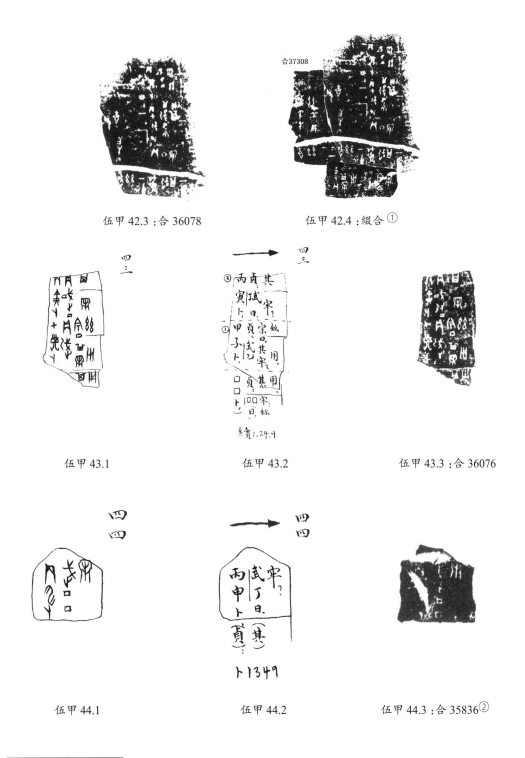

伍甲 44.3：合 35836②

① 伍甲四二：即合 36078，現藏不詳。綴合組爲合 36078+ 合 38235+ 合 37308，見《拼二》第 524 則。與伍甲一四九（合 38235）可綴合。綴合與董作賓的補釋吻合。

② 伍甲四四：即合 35836，現藏於南博。《合集》拓片不清晰。

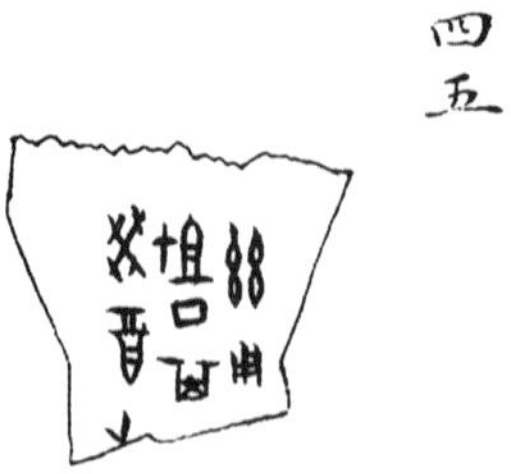

伍甲 45.1

伍甲 45.2

伍甲 45.3：合 35918

伍甲 46.1

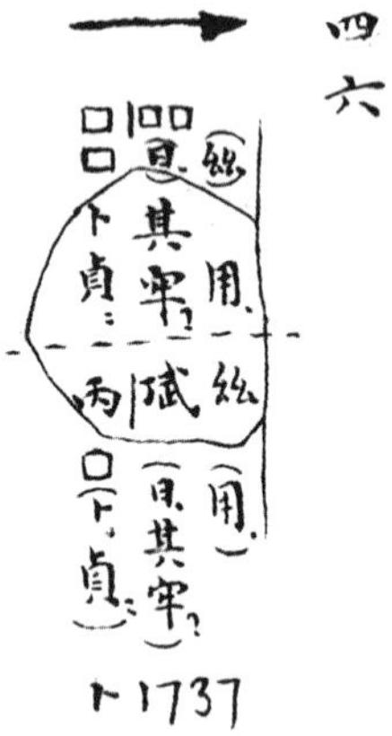

伍甲 46.2

伍甲 46.3：合 35845

伍甲 47.1

伍甲 47.2

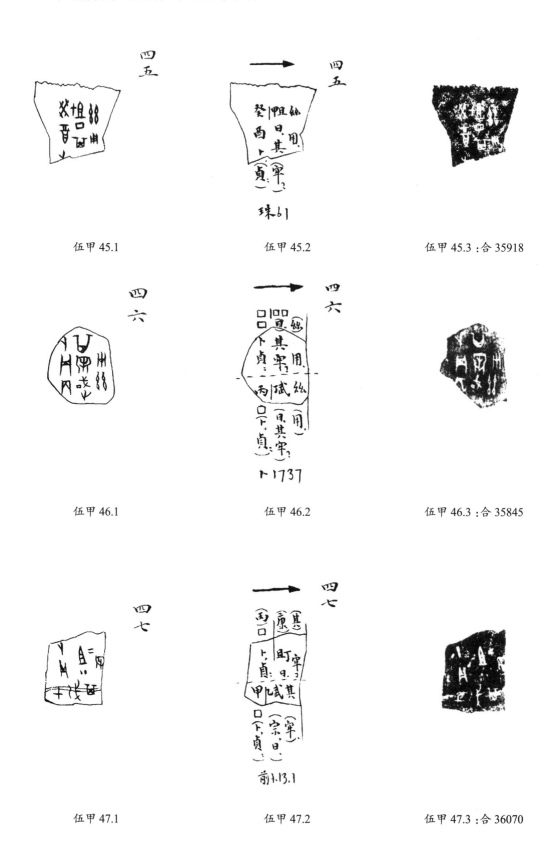

伍甲 47.3：合 36070

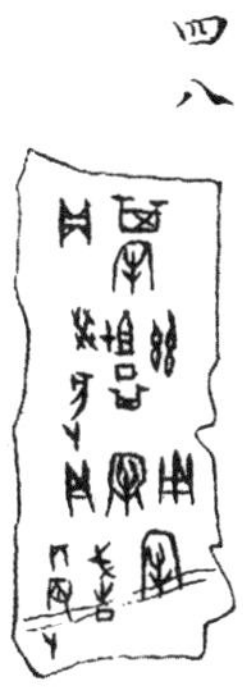

伍甲 48.1

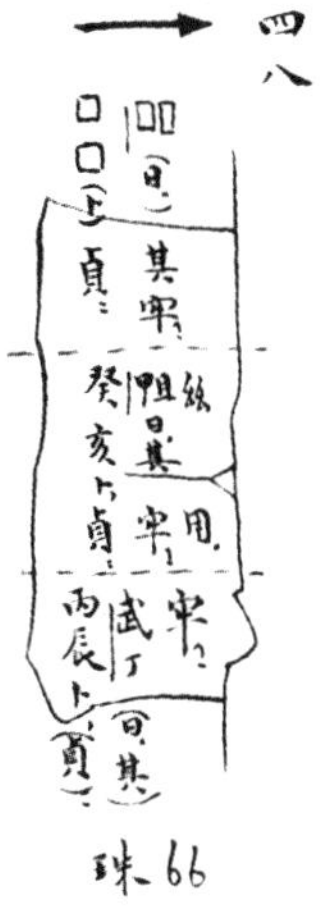

伍甲 48.2

伍甲 48.3：合 35944①

伍甲 49.1

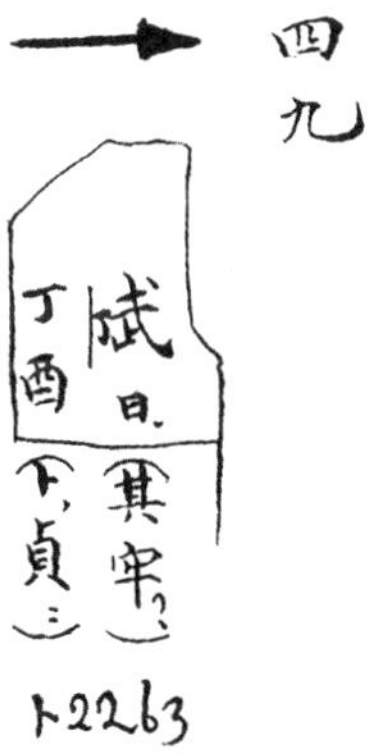

伍甲 49.2

伍甲 50.1

伍甲 50.2

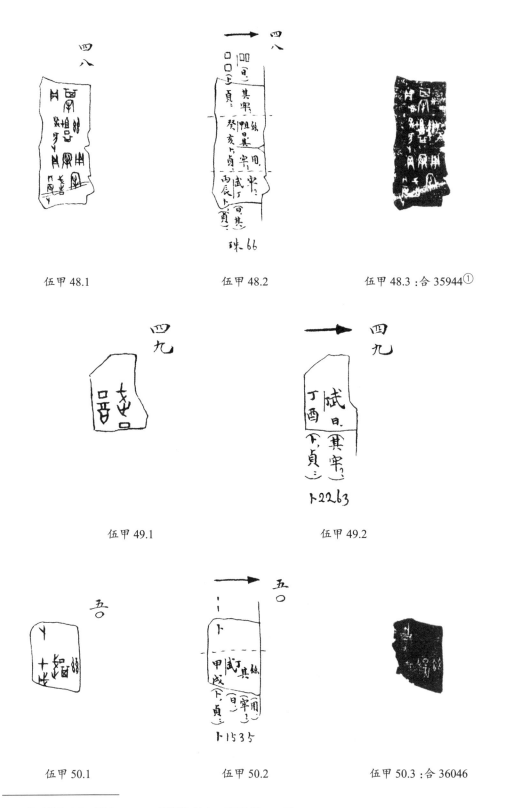

伍甲 50.3：合 36046

① 伍甲四八：即合 35944，現藏於東大。與伍甲二一重。

伍甲 51.1

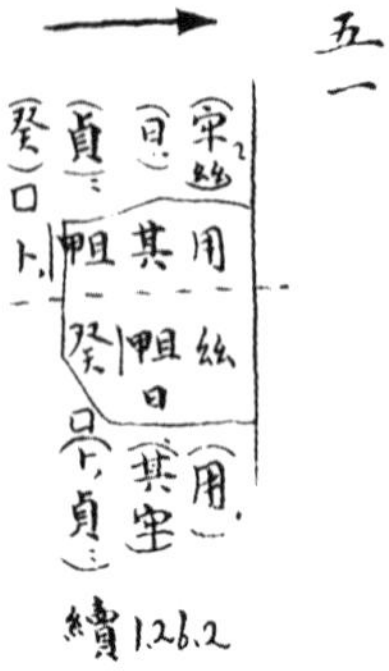

伍甲 51.2

伍甲 51.3：合 35947①

伍甲 52.1

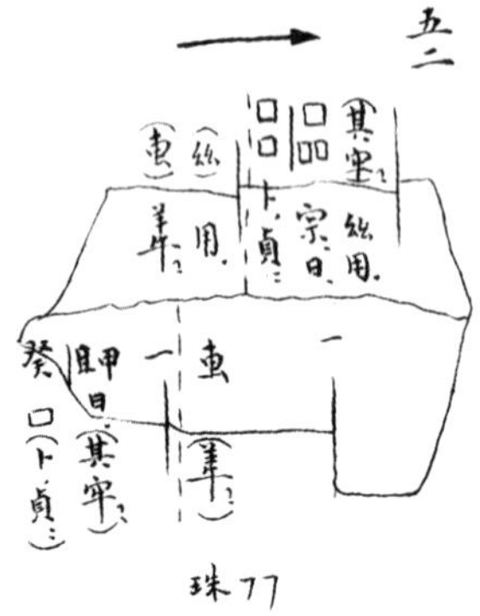

伍甲 52.2

伍甲 52.3：合 35950②

伍甲 53.1

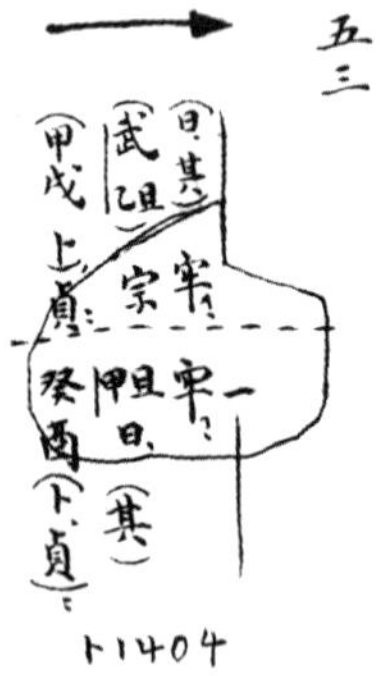

伍甲 53.2

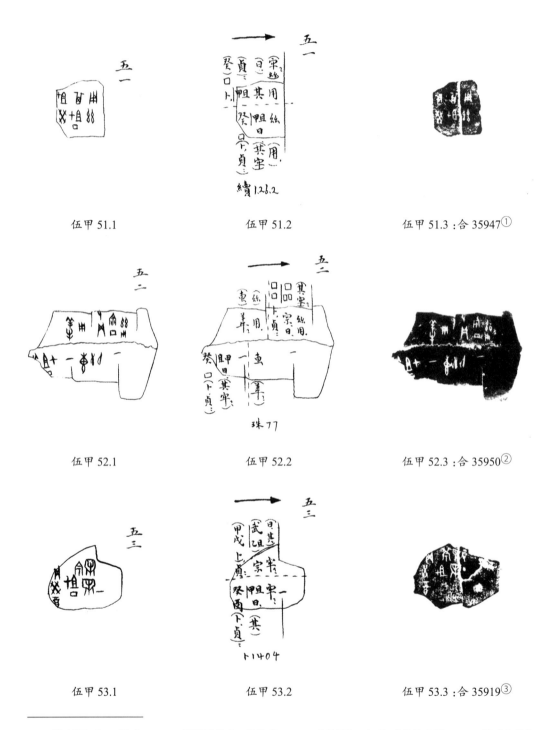

伍甲 53.3：合 35919③

① 伍甲五一：即合 35947，現藏於北大，爲北珍 0659。與伍甲三九重；《叢編》續 1.26.2，即《合集》來源中的續 1.26.2。推測摹本左上角“祖甲”爲誤摹，應爲“貞”。

② 伍甲五二：即合 35950，現藏於東大，重見掇三 140。伍甲五二可與伍甲一（合 35931）綴合，綴合圖參見伍甲一。

③ 伍甲五三：即合 35919，現藏於南博。摹本龜版更全，《合集》“牢”字上面的龜版有殘損。

伍甲 54.1

伍甲 54.2

伍甲 54.3：合 35927[①]

伍甲 55.1

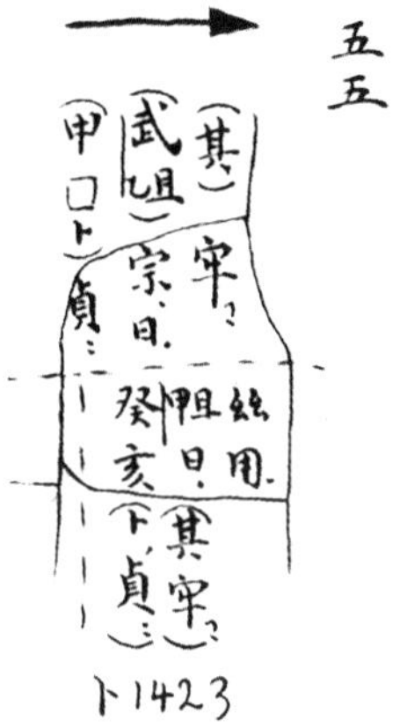

伍甲 55.2

伍甲 55.3：合 35945

伍甲 56.1

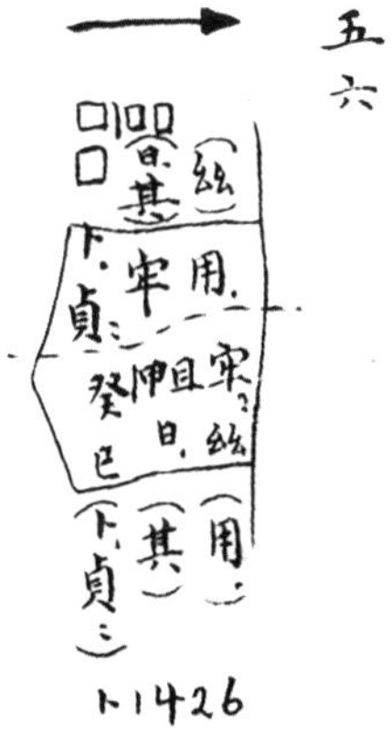

伍甲 56.2

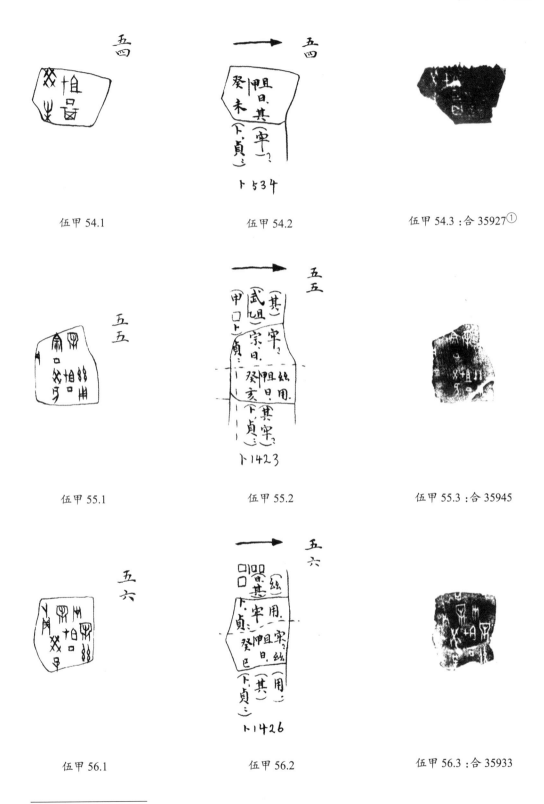

伍甲 56.3：合 35933

① 伍甲五四：即合 35927，現藏於南博。摹本龜版更全，《合集》拓片“未”字下龜版有殘損。

伍甲 57.1

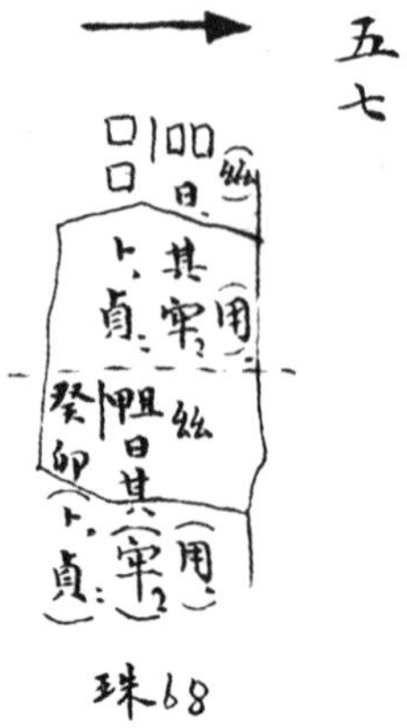

伍甲 57.2

伍甲 57.3：合 35938

伍甲 58.1

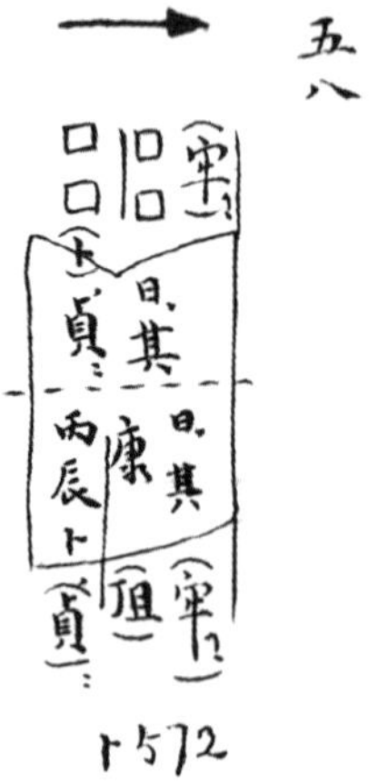

伍甲 58.2

伍甲 58.3：合 36015

伍甲 59.1

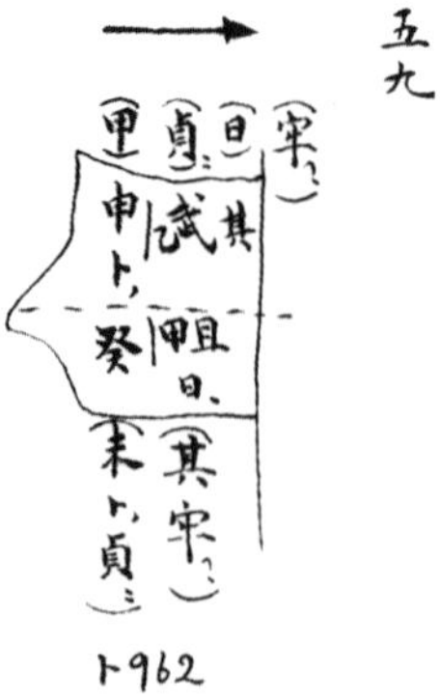

伍甲 59.2

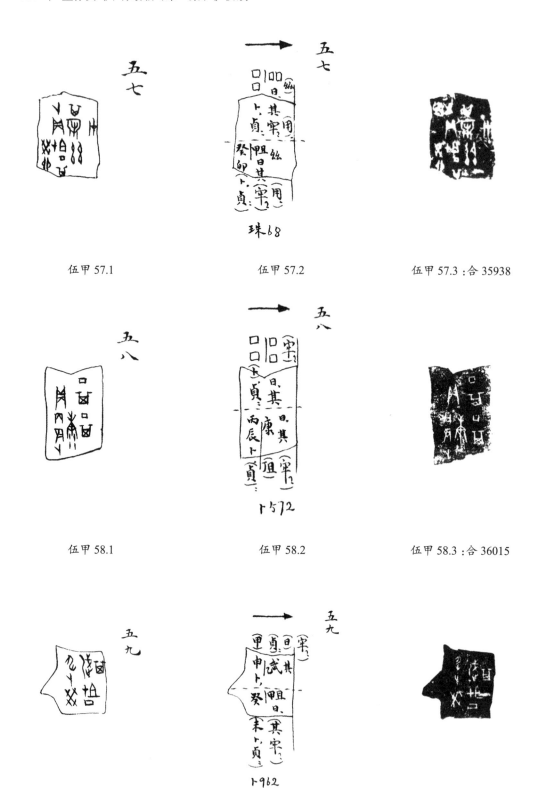

伍甲 59.3：合 36049

伍甲 60.1

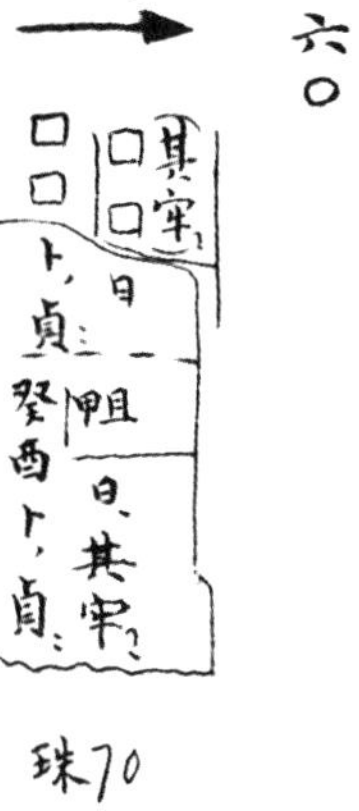

伍甲 60.2

伍甲 60.3 :合 35916

伍甲 61.1

伍甲 61.2

伍甲 61.3 :合 35917

伍甲 62.1

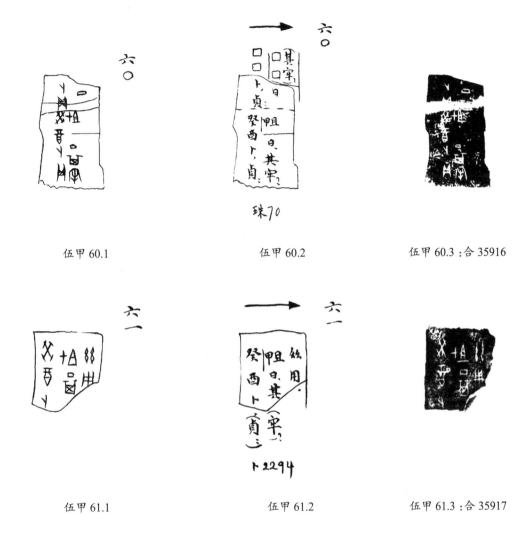

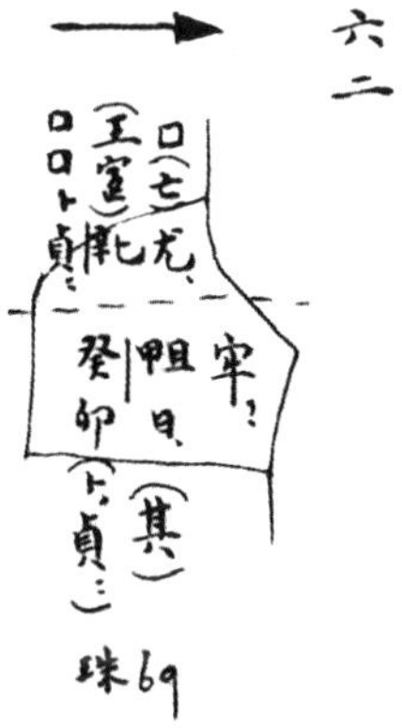

伍甲 62.2

伍甲 62.3：合 35940

伍甲 62.4：綴合①

伍甲 63.1

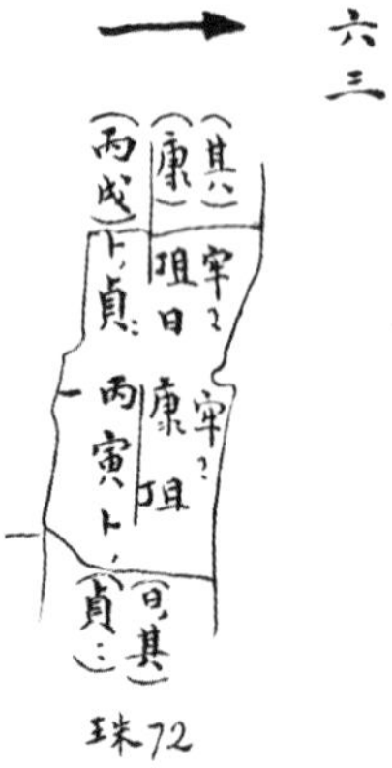

伍甲 63.2

伍甲 63.3：合 35967

伍甲 64.1

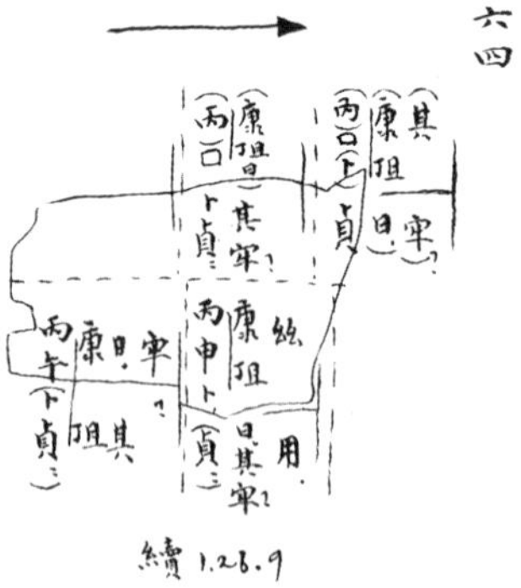

伍甲 64.2

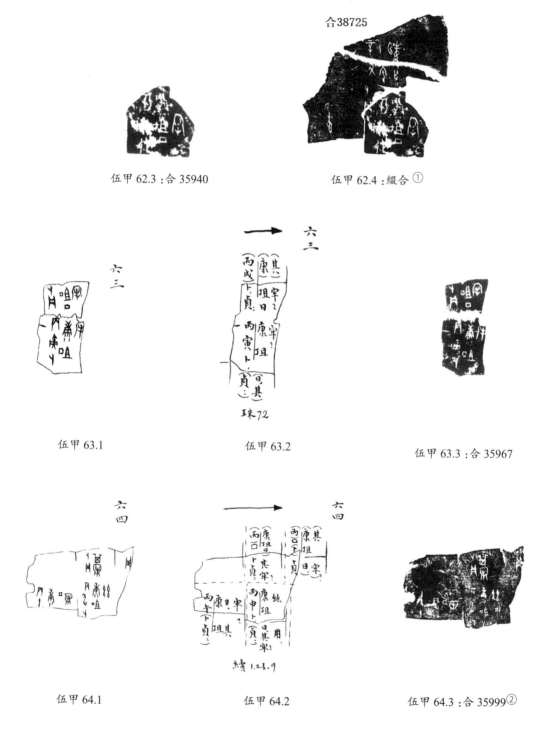

伍甲 64.3：合 35999②

---

① 伍甲六二：即合 35940，現藏於東大。綴合組爲合 35940+ 合 38725，見李愛輝：《甲骨拼合第 199 則》，先秦史研究室網站，2012.9.30；又見《拼三》第 742 則。

② 伍甲六四：即合 35999，現藏於北大，爲北珍 0663。與伍甲九七重。

伍甲 65.1

伍甲 65.2

伍甲 65.3：合 35990

伍甲 66.1

伍甲 66.2

伍甲 66.3：合 35984①

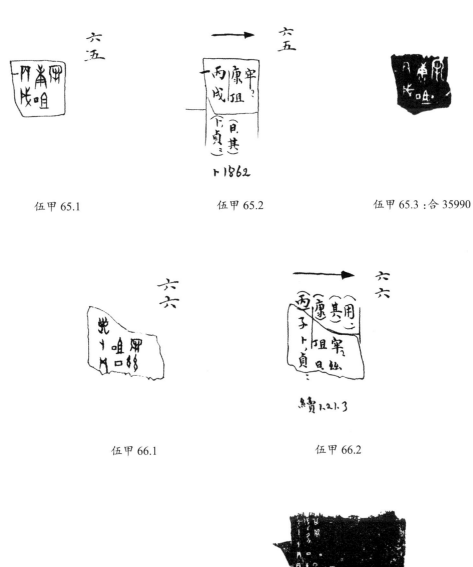

伍甲 66.4：綴合②

① 伍甲六六：即合 35984，現藏不詳。伍甲六六與伍甲八七（合 41739）可綴合。

② 伍甲六六的綴合組爲：合 35984+ 合 41739，見林宏明：《甲骨新綴第 283—284 則》，先秦史研究室網站，2011.11.12；林宏明：《契合集》第 284 組。綴合與董作賓的補釋吻合。

伍甲 67.1

伍甲 67.2

伍甲 67.3：合 35986

伍甲 68.1

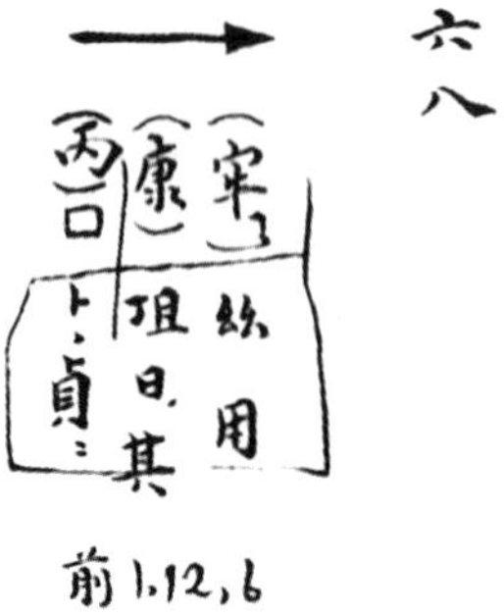

伍甲 68.2

伍甲 68.3：合 36022

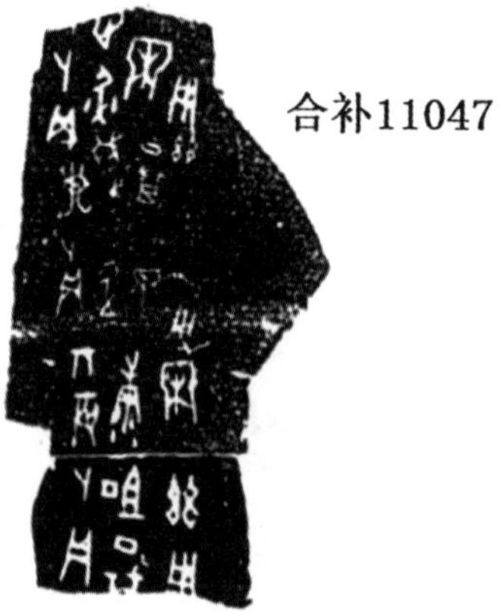

伍甲 68.4：綴合①

① 伍甲六八：即合 36022，現藏不詳。綴合組爲合 36022+ 合補 11047，見《彙編》725 則。綴合與董作賓的補釋吻合。

伍甲 69.1

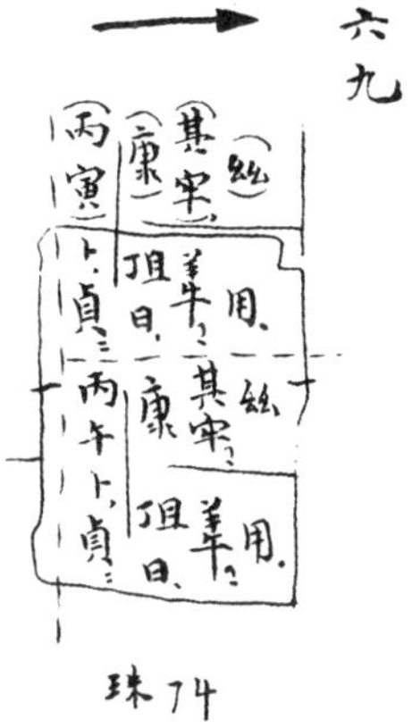

伍甲 69.2

伍甲 69.3：合 36004

伍甲 69.4：綴合①

伍甲 70.1

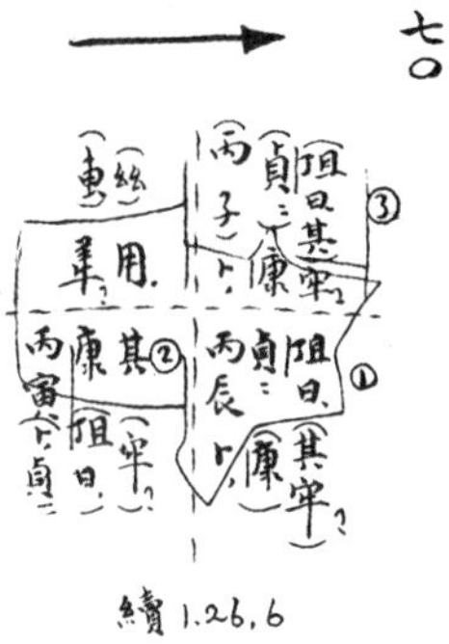

伍甲 70.2

伍甲 70.3：合 35973②

伍甲 70.4：綴合③

---

① 伍甲六九：即合 36004，現藏於東大。綴合組爲合 35989+ 合 36004，見方稚松：《甲骨綴合十組》，《北方論叢》2006 年第 3 期；《拼一》第 84 則。綴合與董作賓的補釋不一致，干支不符合。

② 伍甲七〇：即合 35973，現藏於津博。摹本漏摹“丙辰”上端的“卜”字。

③ 伍甲七〇的綴合組爲：合 35973+ 合 36021，見李愛輝：《清晰拓本在甲骨綴合中的重要意義—以新綴甲骨爲例》，《政大中文學報》（十九期）2013 年；又見《拼三》第 729 則。綴合與董作賓的補釋吻合。

伍甲 71.1

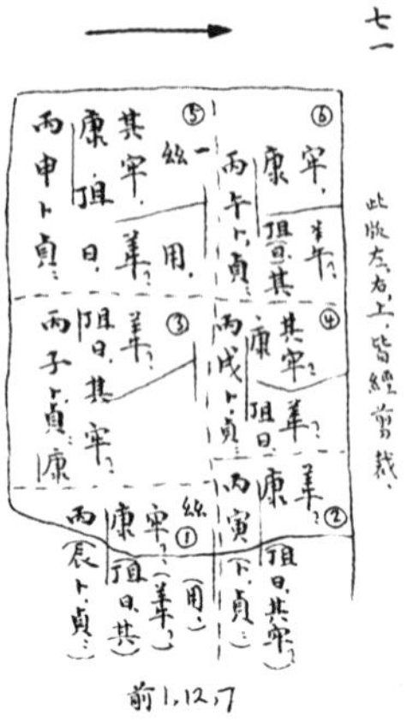

伍甲 71.2

伍甲 71.3：合 35975

伍甲 72.1

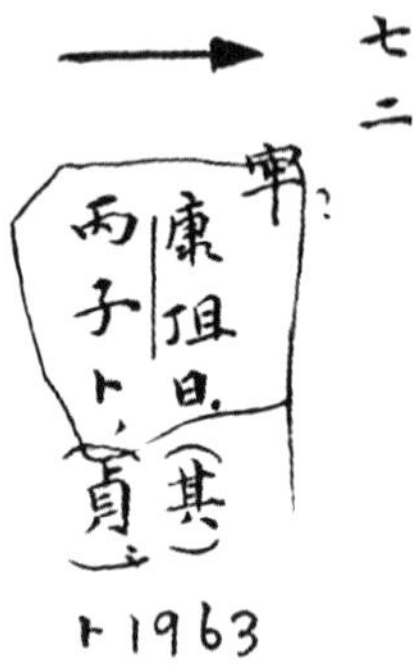

伍甲 72.2

伍甲 72.3：合 35978①

伍甲 73.1

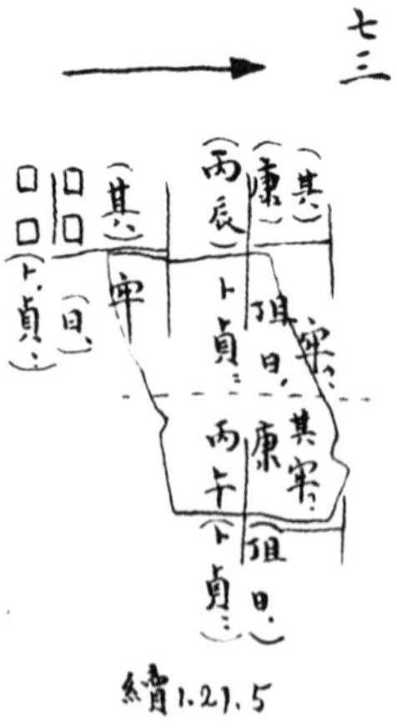

伍甲 73.2

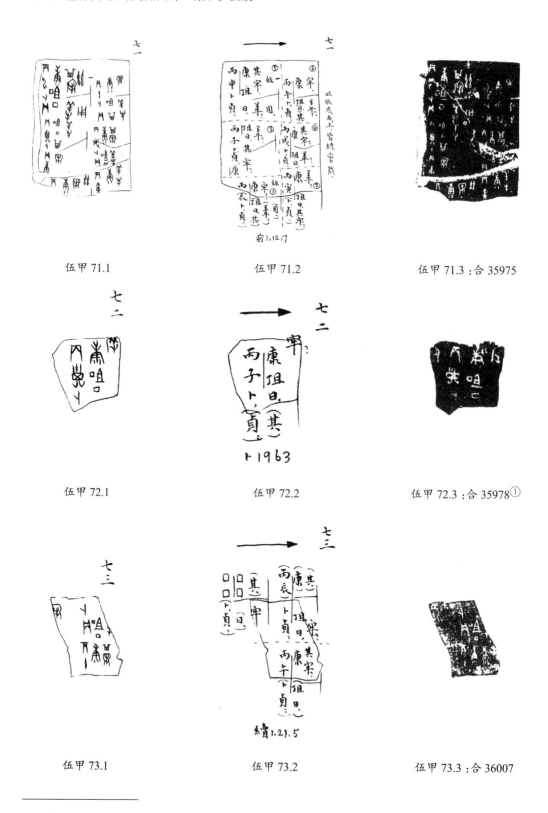

伍甲 73.3：合 36007

---

① 伍甲七二：即合 35978，現藏於南博。摹本漏摹“丙子”左邊的“牢”字。

伍甲 74.1

伍甲 74.2

伍甲 75.1

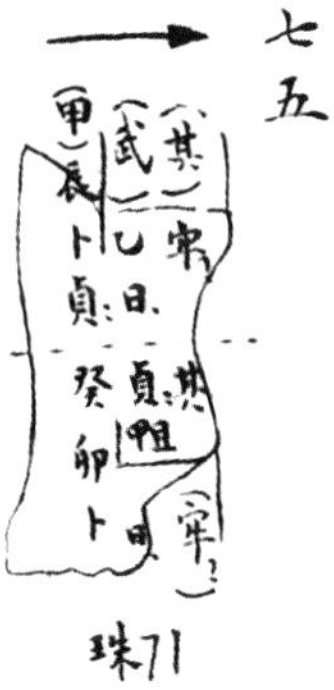

伍甲 75.2

伍甲 75.3：合 35939

伍甲 76.1

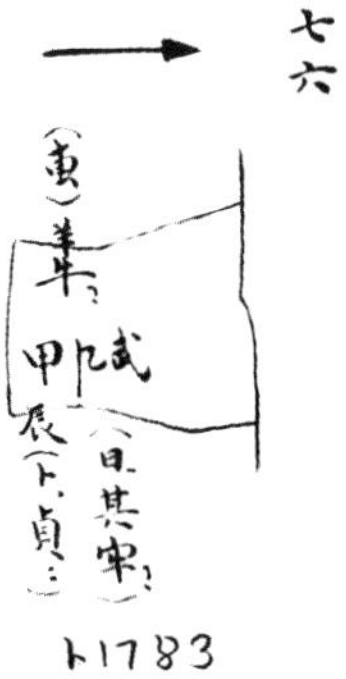

伍甲 76.2

伍甲 77.1

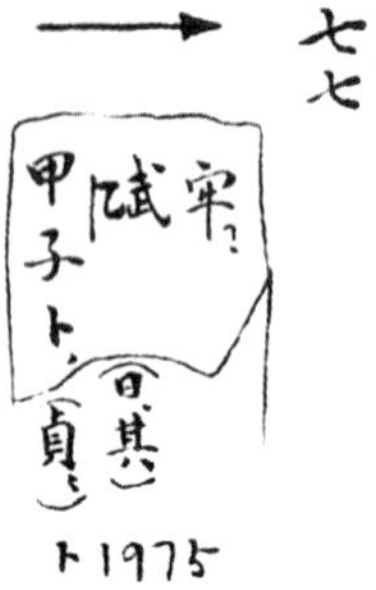
伍甲 77.2

伍甲 77.3：合 36038

伍甲 78.1

伍甲 78.2

伍甲 79.1

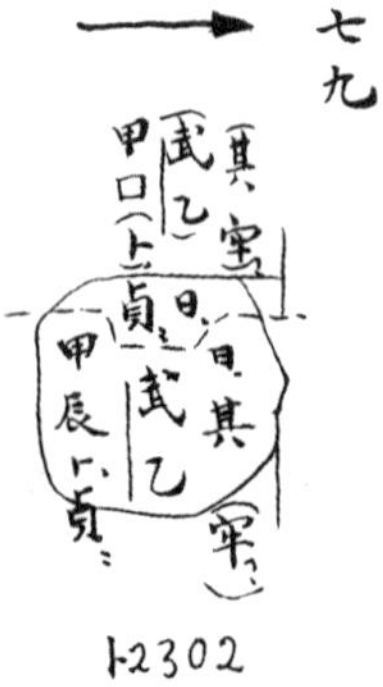
伍甲 79.2

伍甲 79.3：合 36064

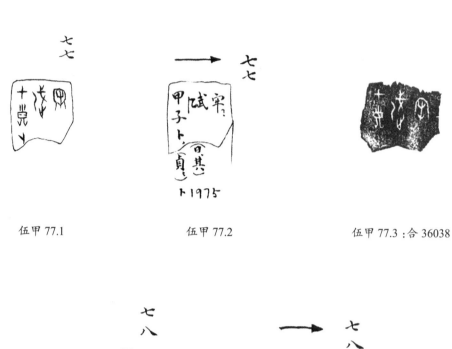

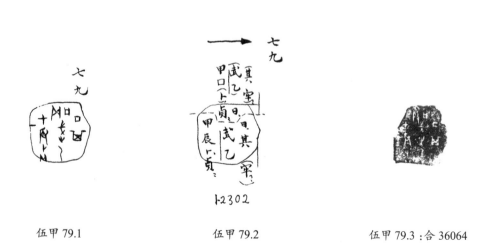

伍甲 80.1

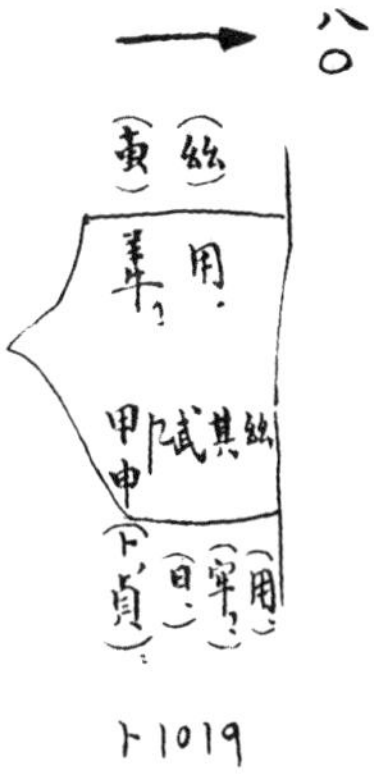

伍甲 80.2

伍甲 80.3：合 36050

伍甲 81.1

伍甲 81.2

伍甲 81.3：合 36069

伍甲 82.1

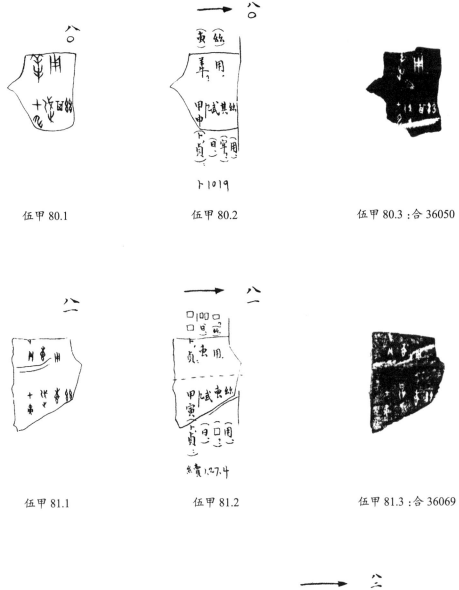

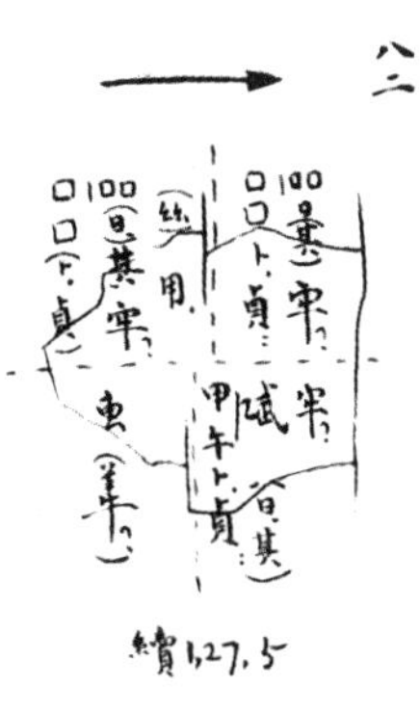

伍甲 82.2

伍甲 82.3：合 36052①

伍甲 82.4：綴合②

伍甲 83.1

伍甲 83.2

伍甲 83.3：合 35946

伍甲 84.1

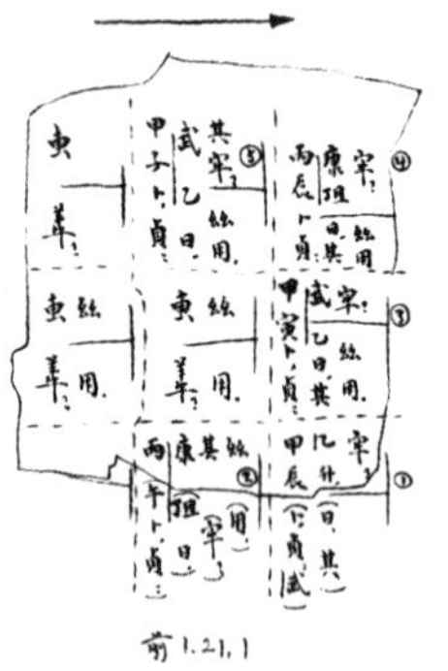

伍甲 84.2

伍甲 84.3：合 36013

---

① 伍甲八二：即合 36052，現藏於津博。摹本漏摹左上角“貞”字。

② 伍甲八二的綴合組爲：合 35983+ 合 36052，見《拼三》第 657 則。

伍甲 85.1

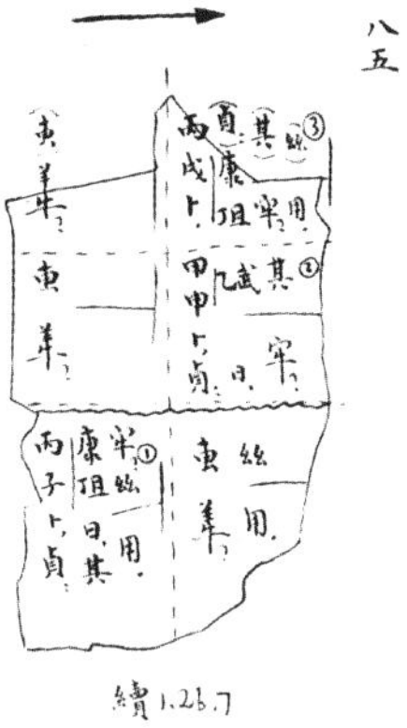

伍甲 85.2

伍甲 85.3：合 36106

伍甲 85.4：合 35976[1]

伍甲 86.1

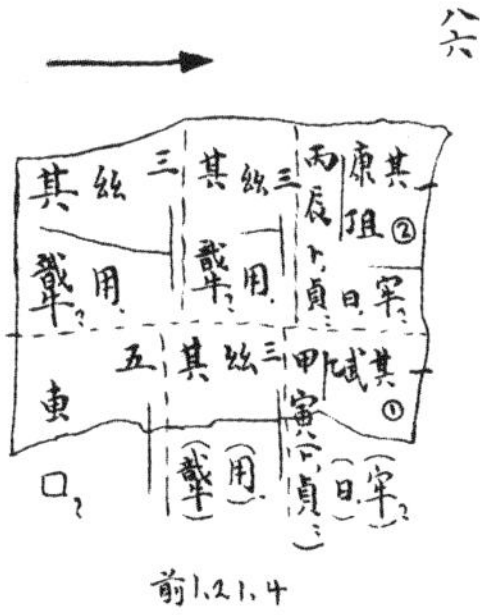

伍甲 86.2

伍甲 86.3：合 36002[2]

---

① 伍甲八五(下)：即合 35976，現藏於津博。摹本下部龜版不全，合 35976 爲全形圖。

② 伍甲八六：即合 36002（上），現藏不詳。與伍甲一一一可綴合，即合 36002。

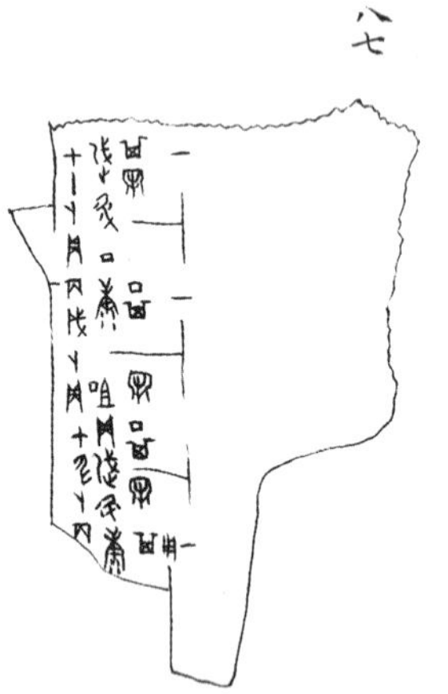

伍甲 87.1

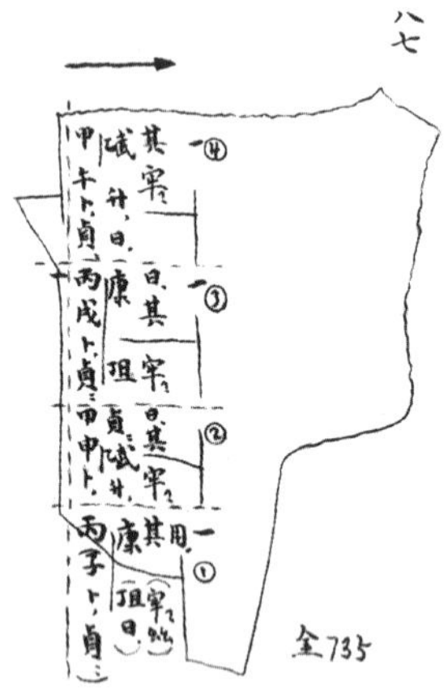

伍甲 87.2

伍甲 87.3：英藏 2514①

伍甲 87.4：綴合②

① 伍甲八七：即合 41739，亦摹本，現藏於英劍大，爲英藏 2514。伍甲八七與伍甲六六（合 35984）可綴合。

② 伍甲八七的綴合組爲：合 35984+ 合 41739，見林宏明：《甲骨新綴第 283—284 則》，先秦史研究室網站，2011.11.12；林宏明：《契合集》第 284 組。綴合與董作賓的補釋吻合。

伍甲 88.1

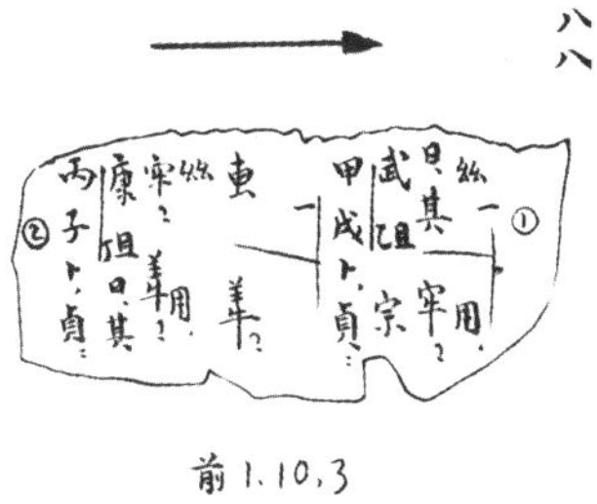

伍甲 88.2

伍甲 88.3：合 36080

伍甲 89.1

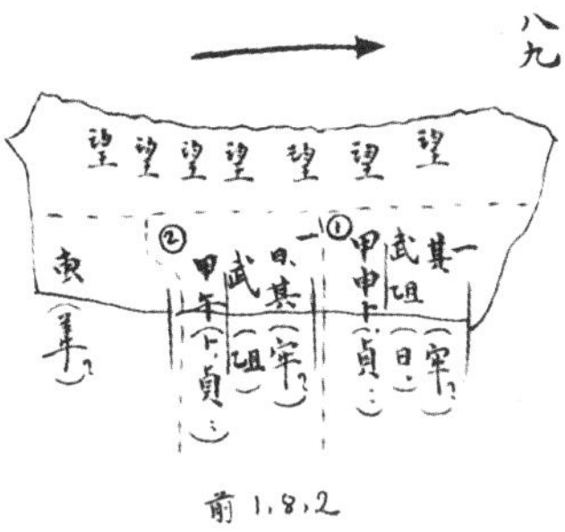

伍甲 89.2

伍甲 89.3：合 36058

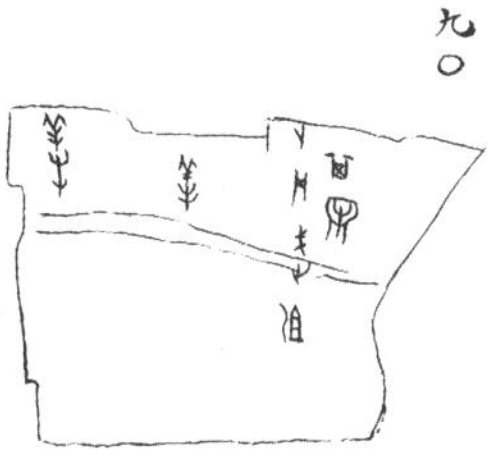

伍甲 90.1

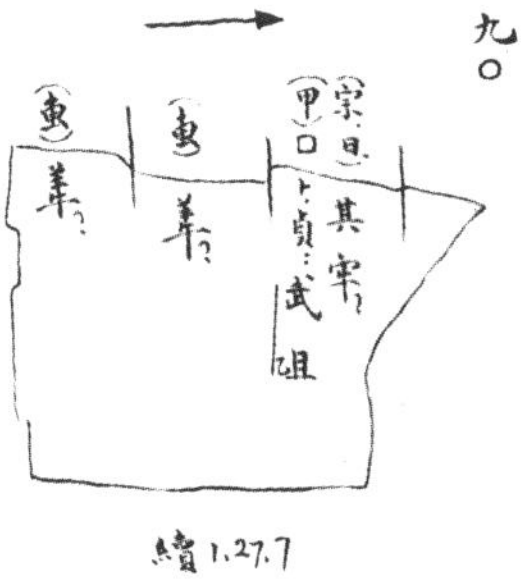

伍甲 90.2

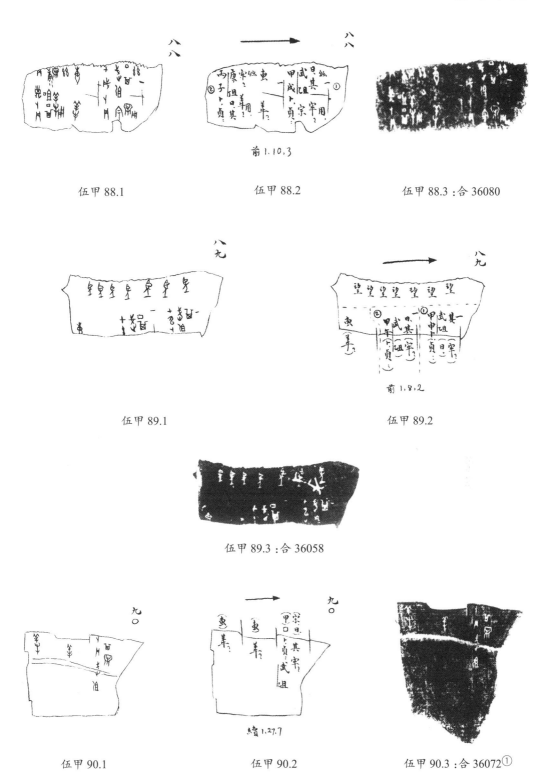

伍甲 90.3：合 36072①

① 伍甲九〇：即合 36072，現藏於津博。摹本下端龜版不全，《合集》爲全形圖。

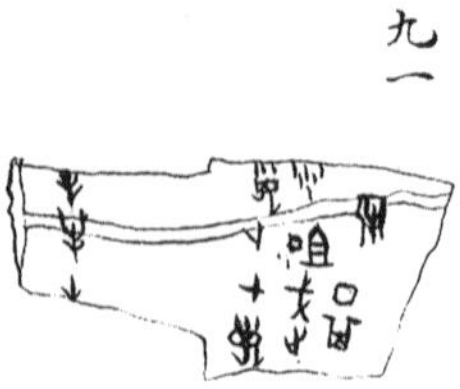

伍甲 91.1

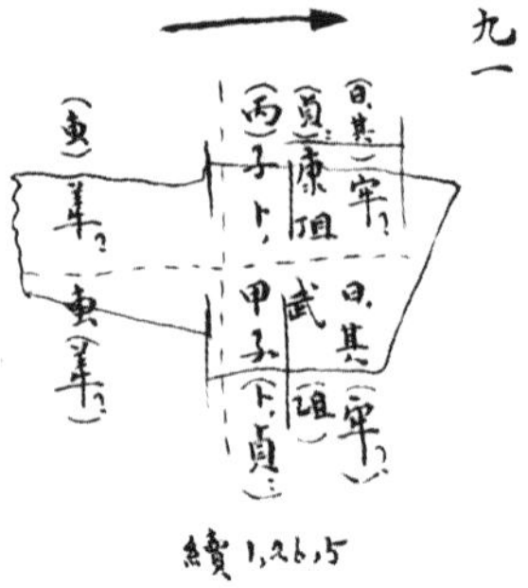

伍甲 91.2

伍甲 91.3：合 35971

伍甲 92.1

伍甲 92.2

伍甲 92.3：合 36109

伍甲 93.1

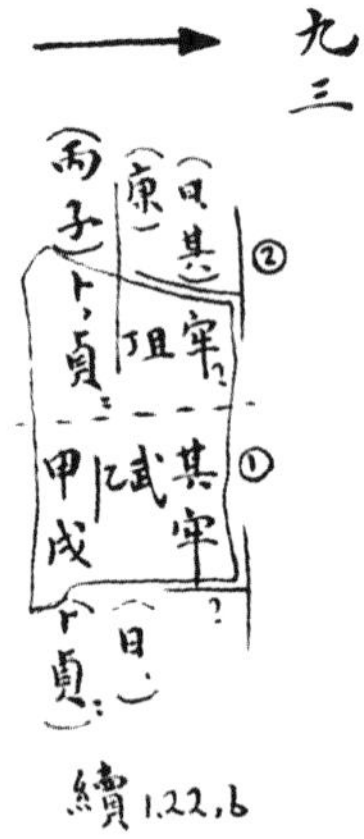

伍甲 93.2

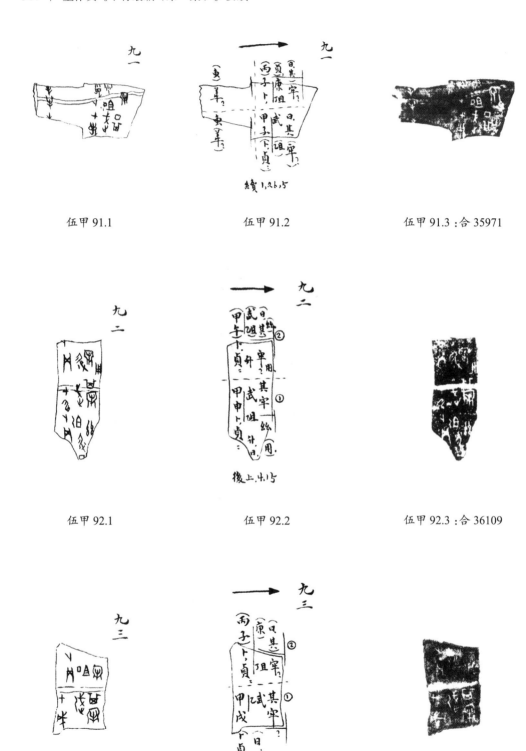

伍甲 93.3：合 36043

伍甲 94.1

伍甲 94.2

伍甲 94.3：合 35985

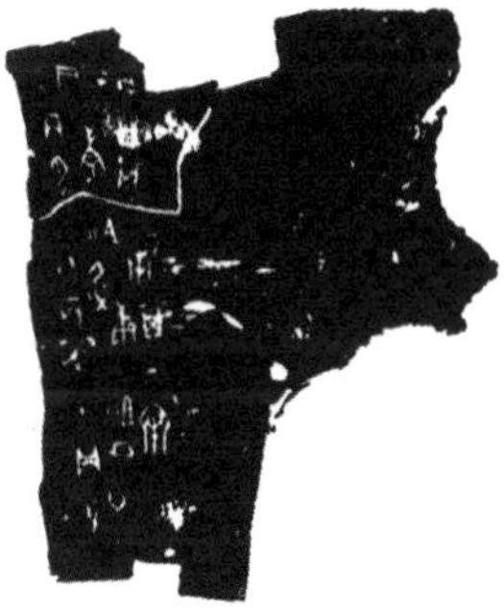

伍甲 94.4：合補 11054①

伍甲 95.1

伍甲 95.2

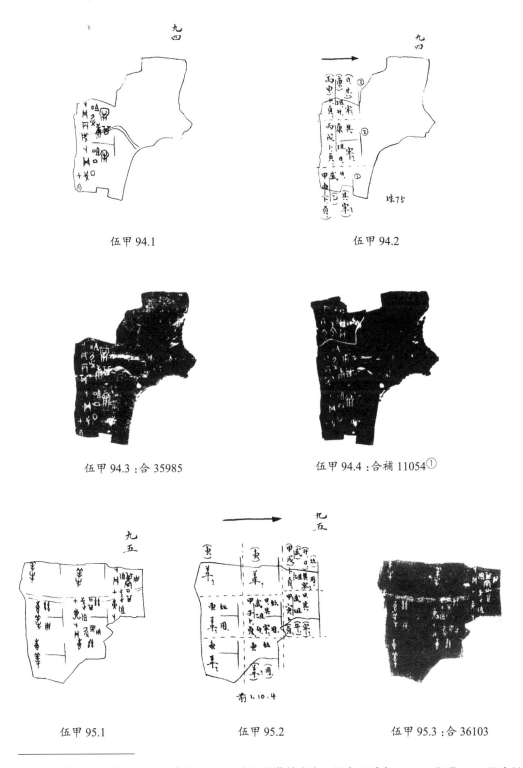

伍甲 95.3：合 36103

① 伍甲九四：即合 35985、合補 11054（右），現藏於東大。綴合組爲合 35985+ 安明 2911，即合補 11054；見《彙編》第 234 則。合補 11054 的綴合與董作賓的補釋吻合。

伍甲 96.1

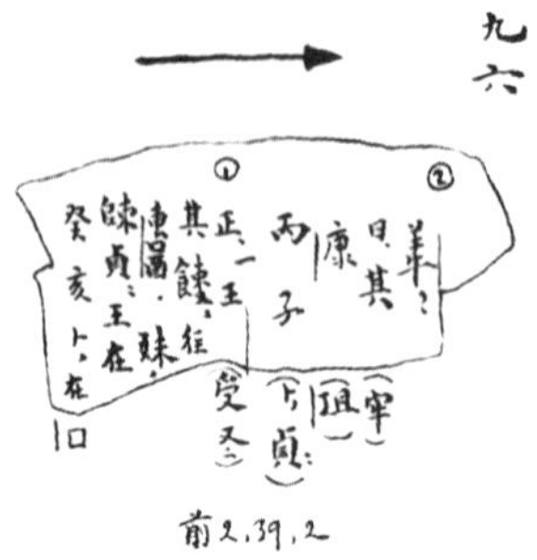

伍甲 96.2

伍甲 96.3：合 35982

伍甲 97.1

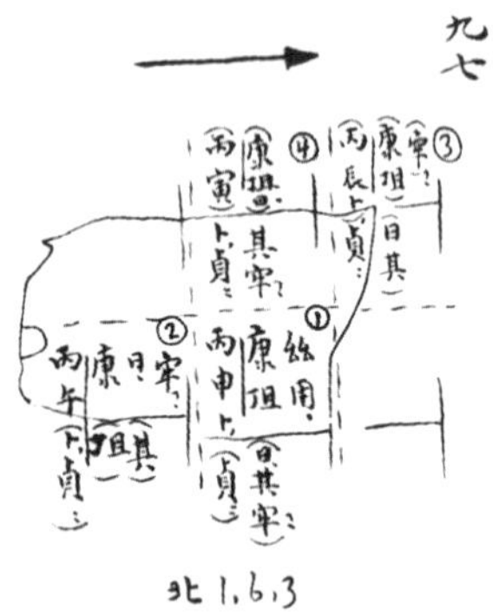

伍甲 97.2

伍甲 97.3：合 35999①

伍甲 98.1

伍甲 98.2

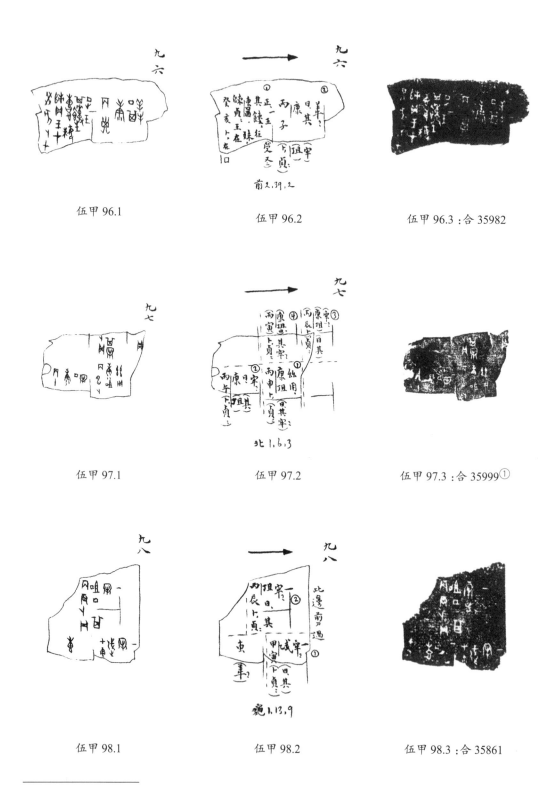

伍甲 98.3：合 35861

① 伍甲九七：即合 35999，現藏於北大，爲北珍 0663。與伍甲六四重。

伍甲 99.1

伍甲 99.2

伍甲 99.3 : 合 35972

伍甲 100.1

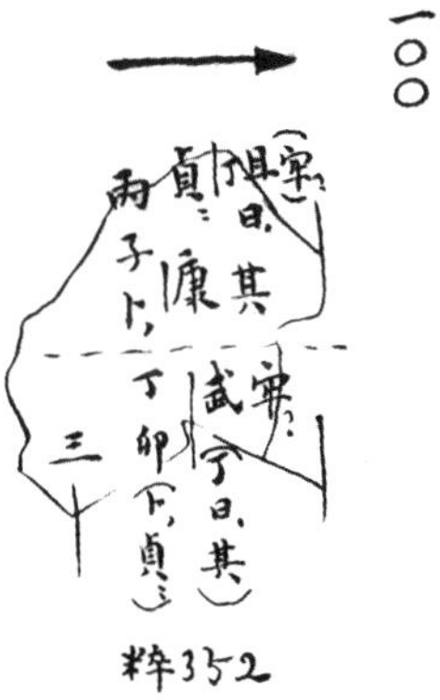

伍甲 100.2

伍甲 100.3 : 合 35979

伍甲 101.1

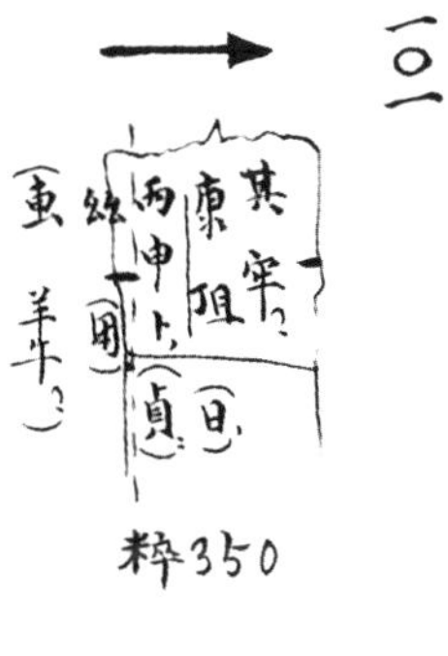

伍甲 101.2

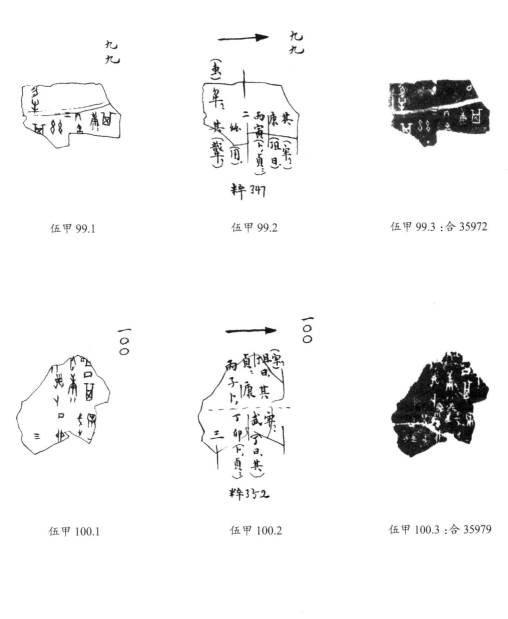

伍甲 101.3 : 合 35997

伍甲 102.1

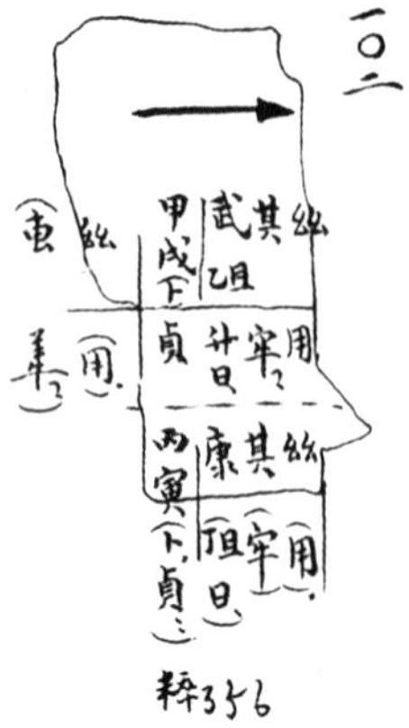

伍甲 102.2

伍甲 102.3：合 36105①

伍甲 103.1

伍甲 103.2

伍甲 103.3：合 36056

伍甲 104.1

伍甲 104.2

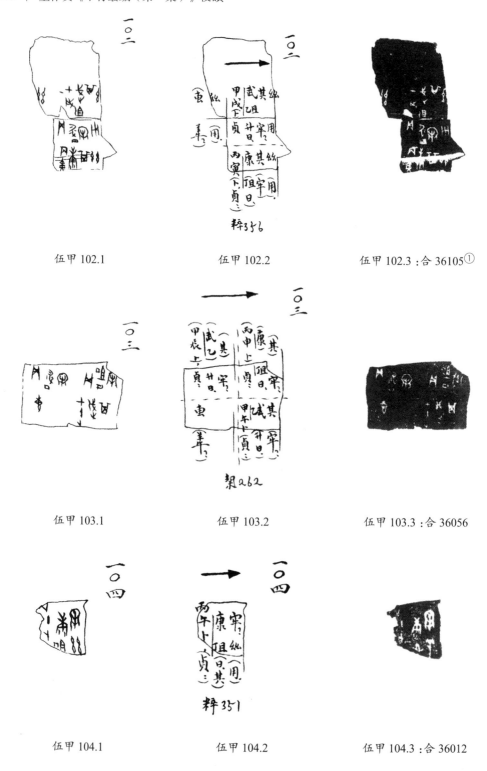

伍甲 104.3：合 36012

① 伍甲一〇二：即合 36105，現藏於國圖，爲北圖 7039。合 36105 由北圖 7039 與北圖 9048 拼合而成，經實物檢驗鑽鑿不合，綴合不成立。

伍甲 105.1

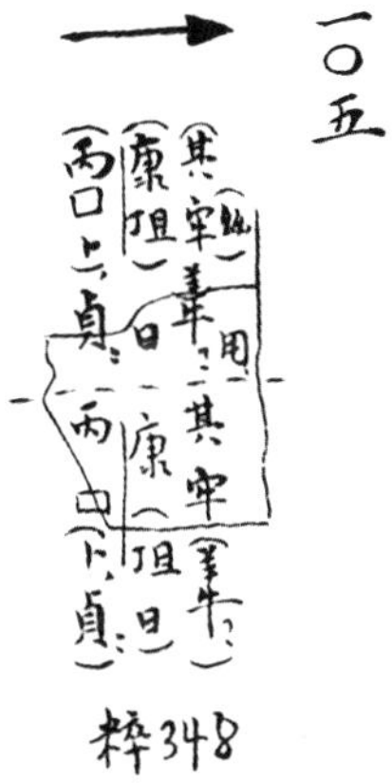

伍甲 105.2

伍甲 105.3：合 36018

伍甲 106.1

伍甲 106.2

伍甲 106.3：合 35977①

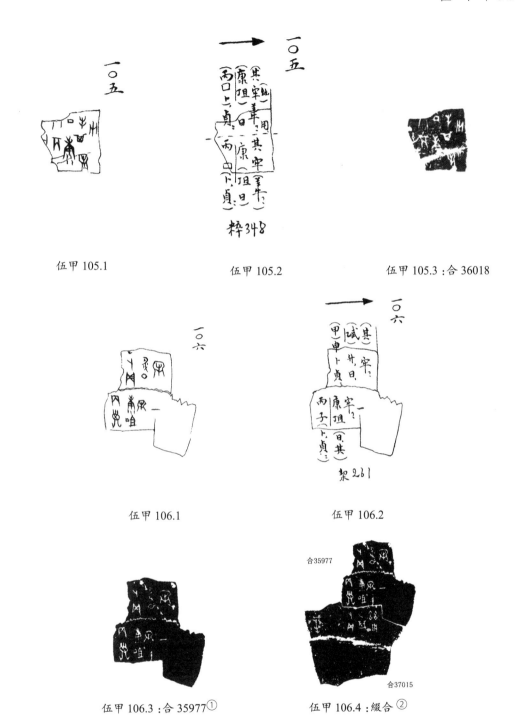

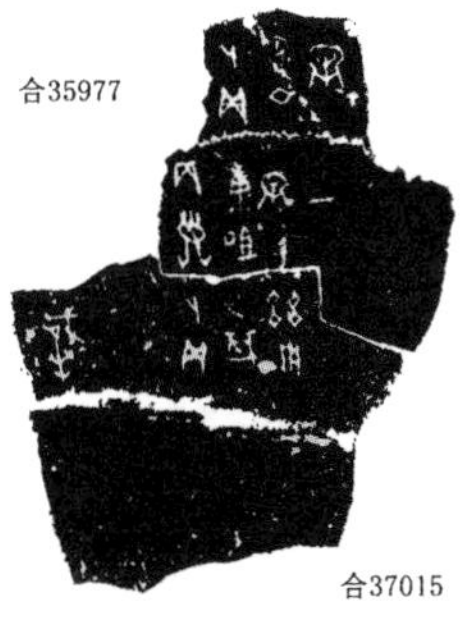

伍甲 106.4：綴合②

① 伍甲一〇六：即合 35977，現藏於北大，爲北珍 0662。伍甲一〇六與伍甲一六〇（合 37015）可綴合。

② 伍甲一〇六的綴合組爲：合 35977+ 合 37015，見蔣玉斌：《殷墟黄類卜辭新綴十組》第八組，《中國文字研究》2008 年第一輯（總第十輯）。綴合與董作賓的補釋吻合。

伍甲 107.1

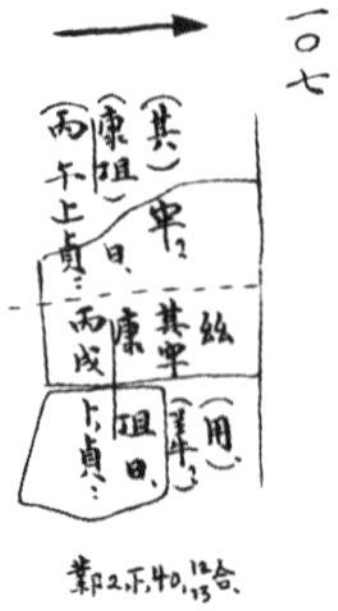

伍甲 107.2①

伍甲 107.3：合 35989

伍甲 107.4：綴合②

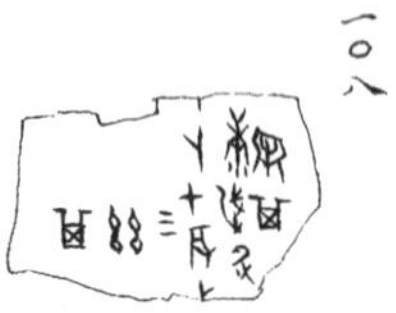

伍甲 108.1

伍甲 108.2

伍甲 108.3：合 36113

伍甲 109.1

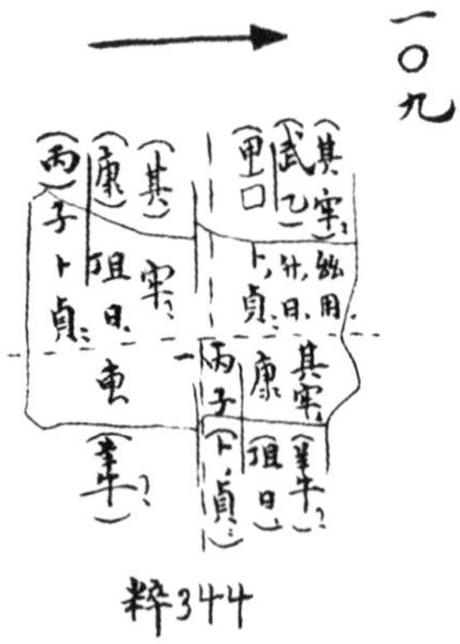

伍甲 109.2

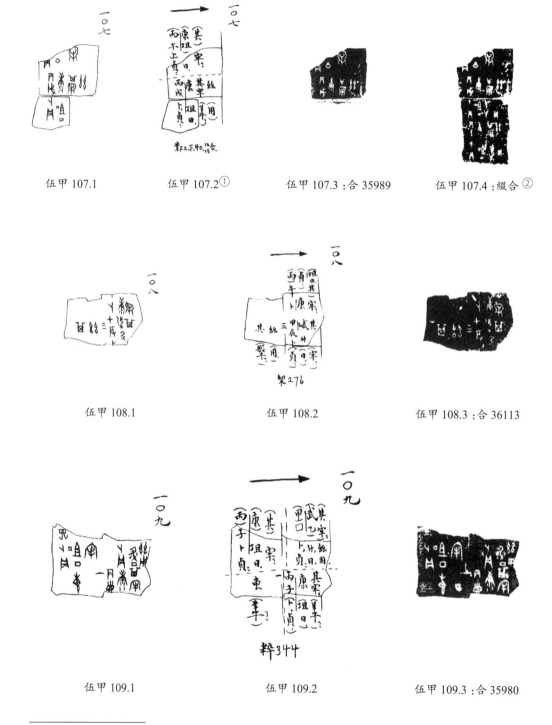

伍甲 109.3：合 35980

---

① 伍甲一〇七（下）：《合集》《合補》未收，現藏不詳。下部的鄴 2. 下 .40.12 不見著録。

② 伍甲一〇七（上）：即合 35989，現藏於國圖，爲北圖 2786。綴合組爲合 35989+ 合 36004，見方稚松：《甲骨綴合十組》，《北方論叢》2006 年第 3 期；《拼一》第 84 則。

伍甲 110.1

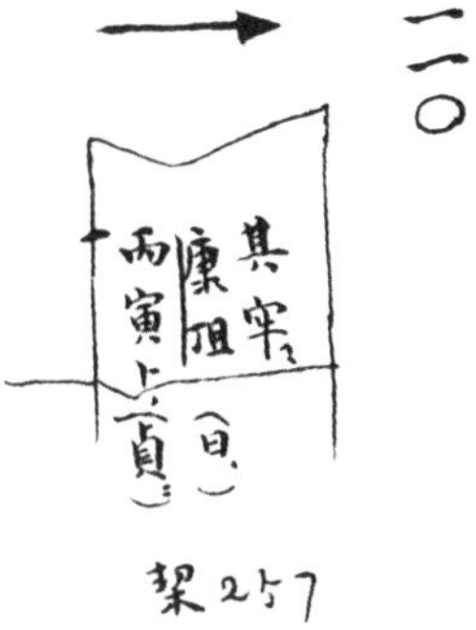

伍甲 110.2

伍甲 110.3：合 35968

伍甲 111.1

伍甲 111.2

伍甲 111.3：合 36002①

伍甲 112.1

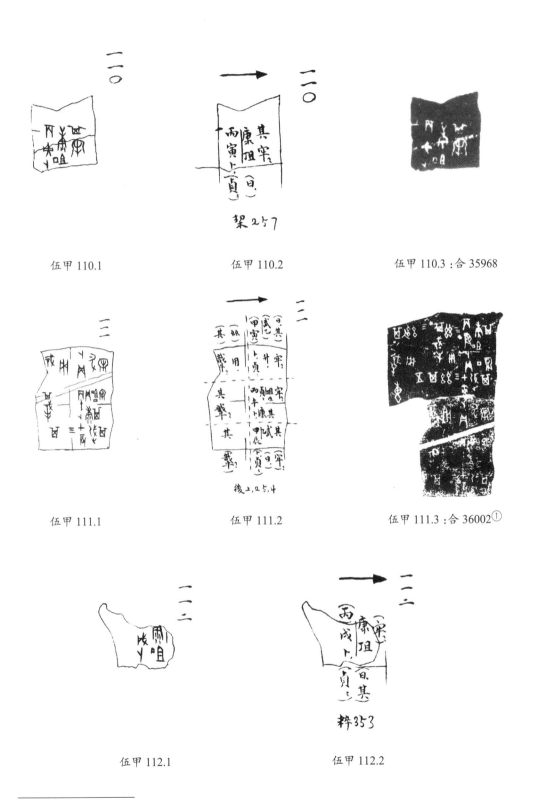

伍甲 112.2

---

① 伍甲一一一：即合 36002（下），現藏不詳。與伍甲八六綴合，即合 36002，與董作賓的補釋吻合。

伍甲 112.3 : 合 35992①

伍甲 112.4 : 綴合 ②

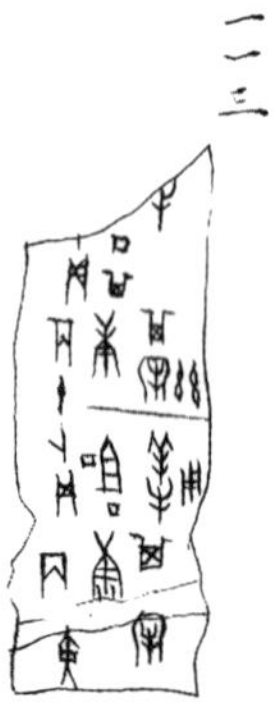

伍甲 113.1

伍甲 113.2

伍甲 113.3 : 合 36003

伍甲 114.1

伍甲 114.2

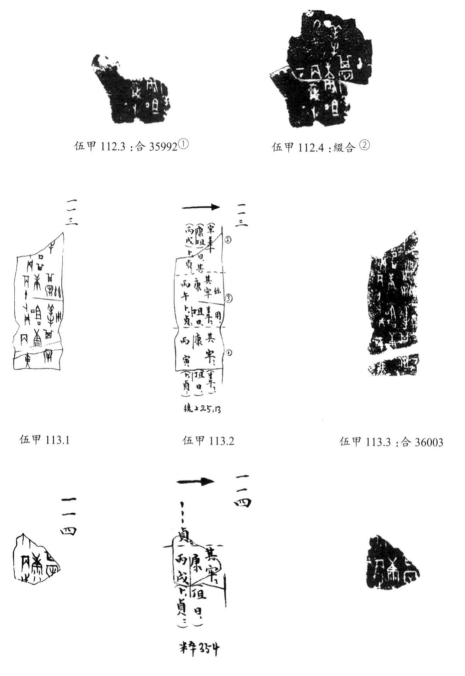

伍甲 114.3 : 合 35993

---

① 伍甲一一二：即合 35992，現藏於國圖，爲北圖 9368。

② 伍甲一一二的綴合組爲：合 35992+ 安明 2907，見張宇衛：《甲骨綴合第七五—七六則》，先秦史研究室網站，2012.5.4；又見《綴興集》第 62 則。綴合與董作賓的補釋吻合。

伍甲 115.1

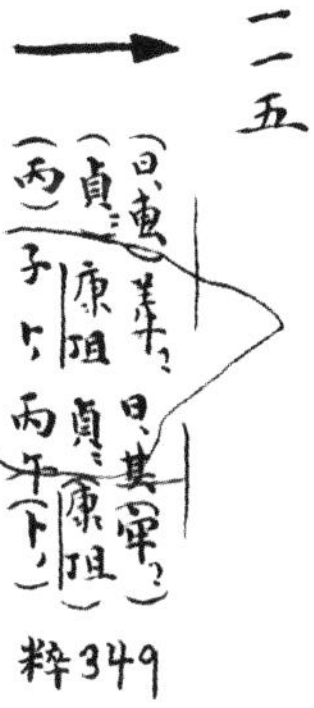

伍甲 115.2

伍甲 115.3 :合 35983

伍甲 115.4 :綴合①

伍甲 116.1

伍甲 116.2

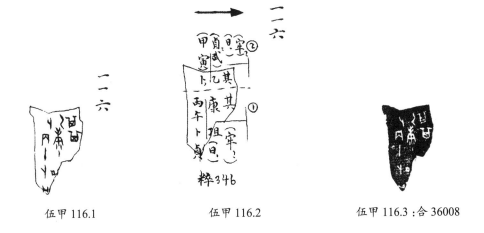

伍甲 116.3 :合 36008

① 伍甲一一五:即合 35983,現藏於國圖,爲北圖 8928,重見掇三 422。綴合組爲合 35983+ 合 36052,見李愛輝:《甲骨拼合第 111—116 則》,先秦史研究室網站,2011.9.9;又見《拼三》第 657 則。

伍甲 117.1

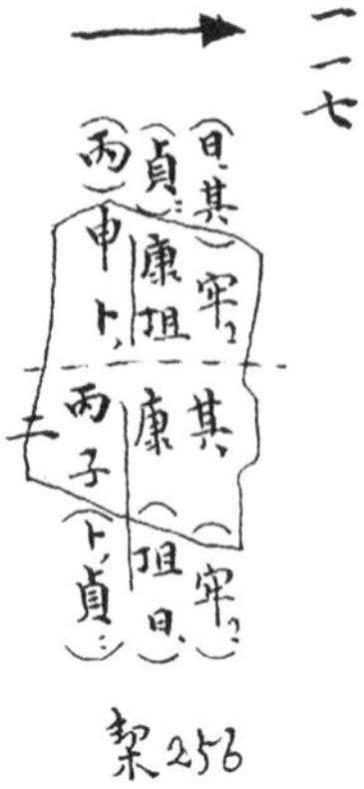

伍甲 117.2

伍甲 117.3：合 36001

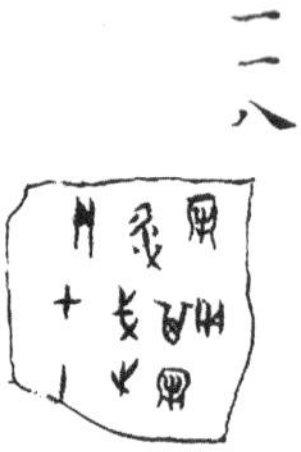

伍甲 118.1

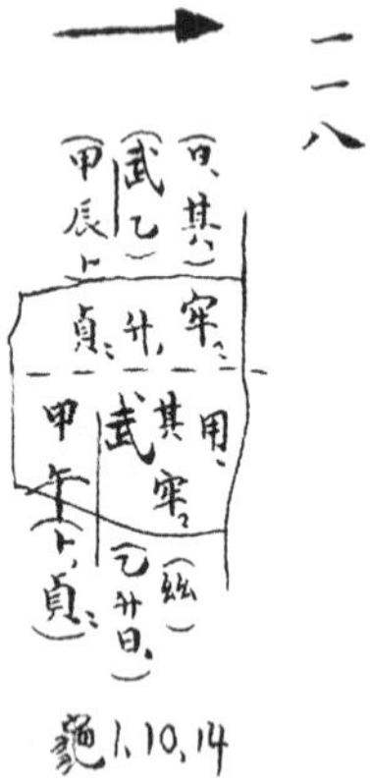

伍甲 118.2

伍甲 118.3：合 36055①

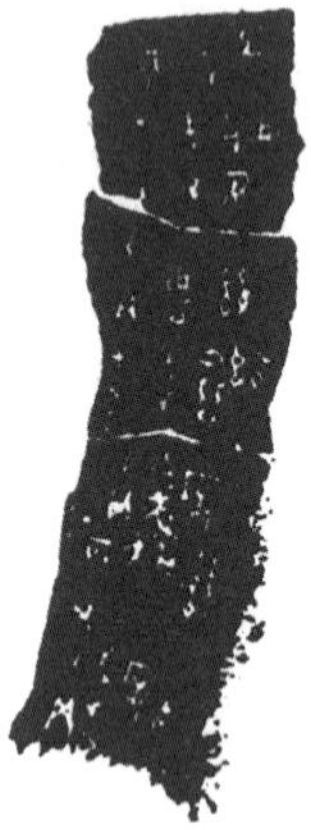

伍甲 118.4：合補 11070②

伍甲 119.1

伍甲 119.2

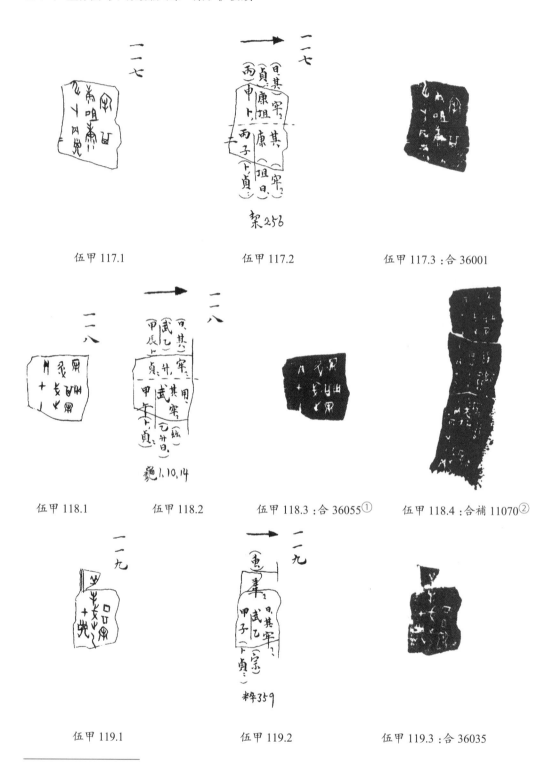

伍甲 119.3：合 36035

① 伍甲一一八：即合 36055、合補 11070（上），現藏不詳。與伍甲一二七（合 36051）、伍甲一三二下（合 36134）可綴合。綴合與董作賓的補釋吻合。

② 伍甲一一八的綴合組爲：合 36051+ 合 36055+ 合 36134，即合補 11070；見《彙編》第 392 則。

伍甲 120.1

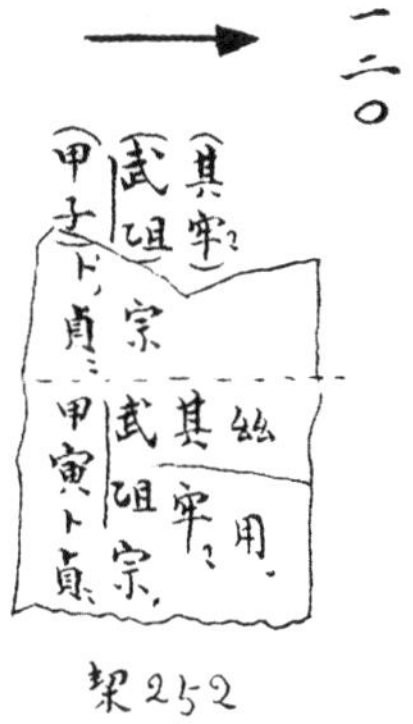

伍甲 120.2

伍甲 120.3 :合 36093

伍甲 121.1

伍甲 121.2

伍甲 121.3 :合 36043①

伍甲 122.1

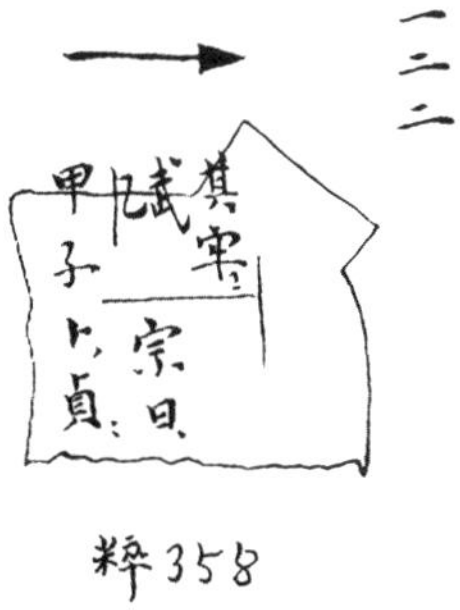

伍甲 122.2

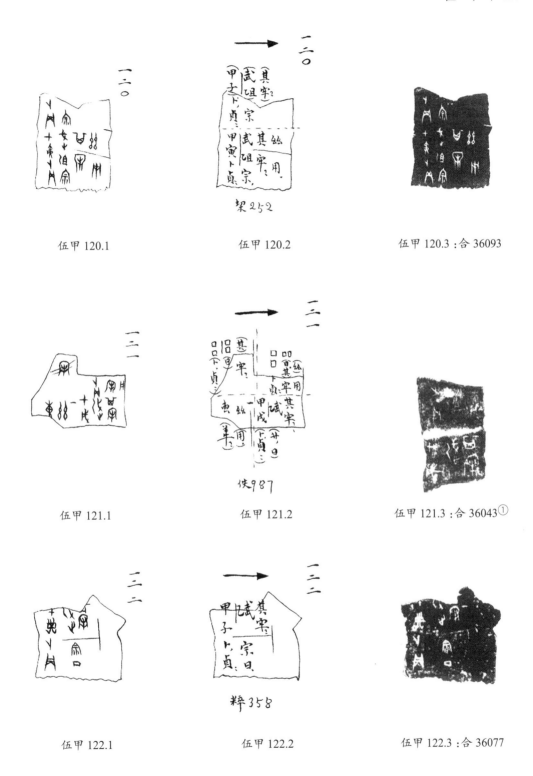

伍甲 122.3 :合 36077

① 伍甲一二一:《合集》《合補》未收,現藏不詳。摹本標註“佚 987” 爲誤植,與拓片不符。右半與合 36043 同文。

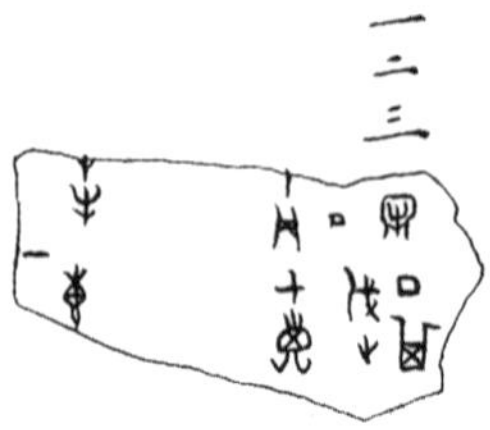

伍甲 123.1

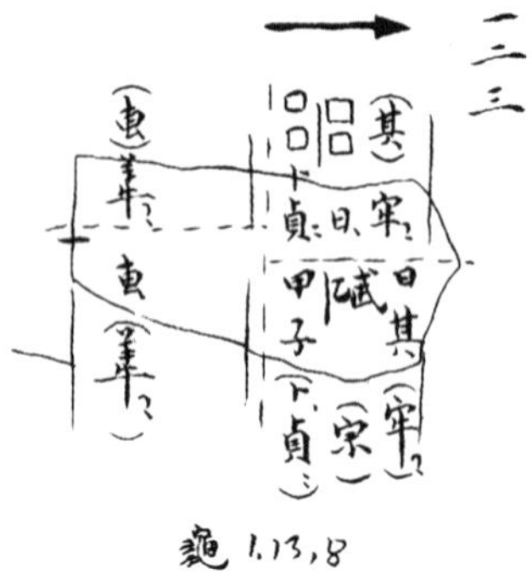

伍甲 123.2

伍甲 123.3：合 36102

伍甲 124.1

伍甲 124.2

伍甲 124.3：合 36060

伍甲 125.1

伍甲 125.2

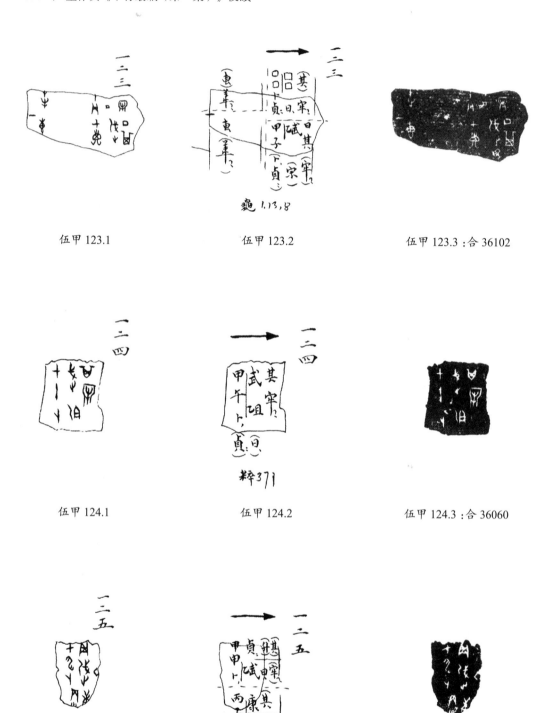

伍甲 125.3：合 36108

伍甲 126.1

伍甲 126.2

伍甲 126.3：合 36107①

伍甲 127.1

伍甲 127.2

伍甲 127.3：合 36051②

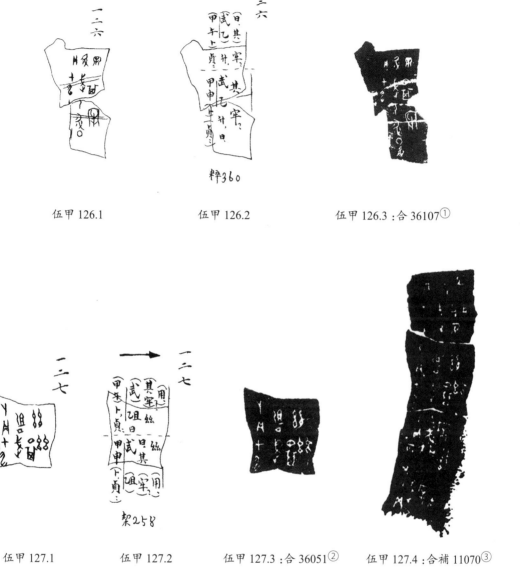

伍甲 127.4：合補 11070③

① 伍甲一二六：即合 36107，現藏於國圖，爲北圖 7198、北圖 7898。合 36107，即北圖 7198 與北圖 7898 拼合，經實物檢驗此版綴合不成立。

② 伍甲一二七的綴合組爲：合 36051+ 合 36055+ 合 36134，即合補 11070；見《彙編》第 392 則。

③ 伍甲一二七：即合 36051、合補 11070（中），現藏於北大，爲北珍 0669。與伍甲一一八（合 36055）、伍甲一三二下（合 36134）可綴合。綴合與董作賓的補釋吻合。

伍甲 128.1

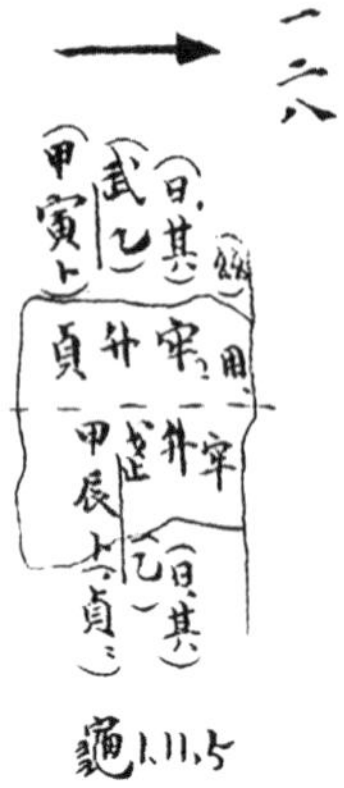

伍甲 128.2

伍甲 128.3 :合 36117

伍甲 129.1

伍甲 129.2

伍甲 129.3 :合 36151

伍甲 130.1

伍甲 130.2

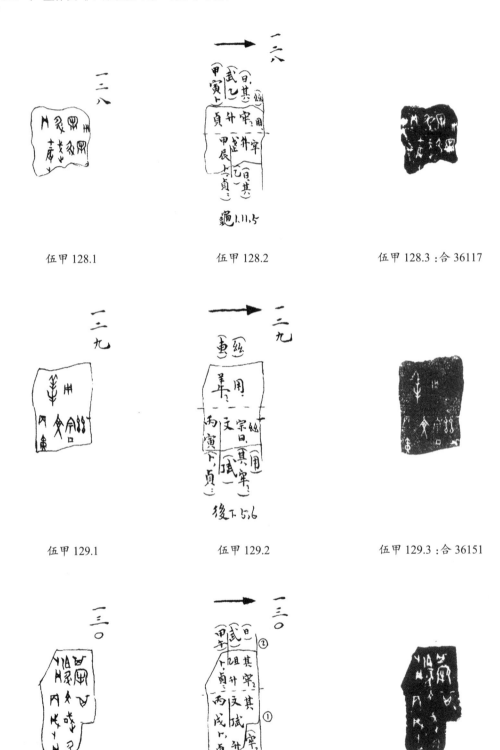

伍甲 130.3 :合 36165

伍甲 131.1

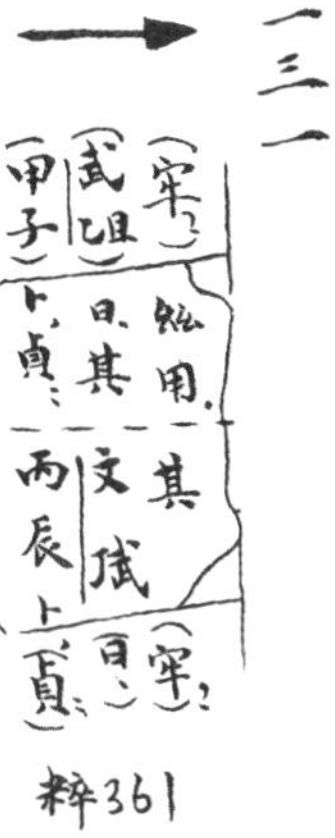

伍甲 131.2

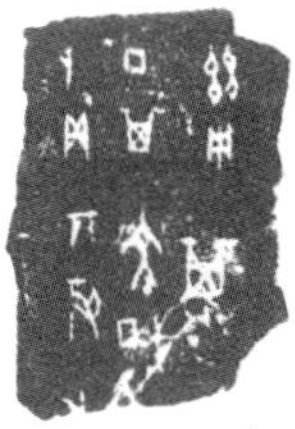

伍甲 131.3：合 36142

伍甲 132.1

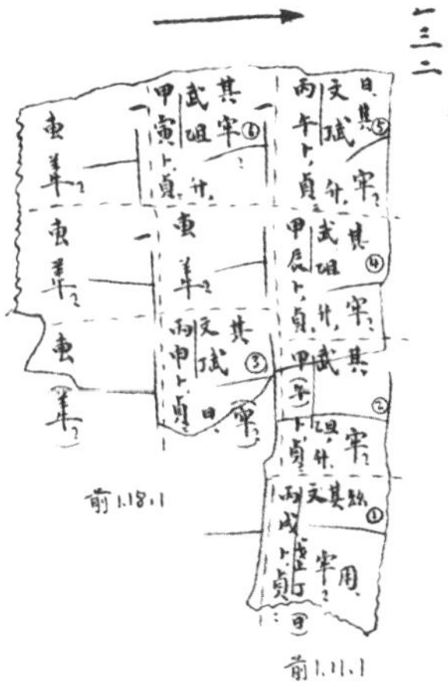

伍甲 132.2

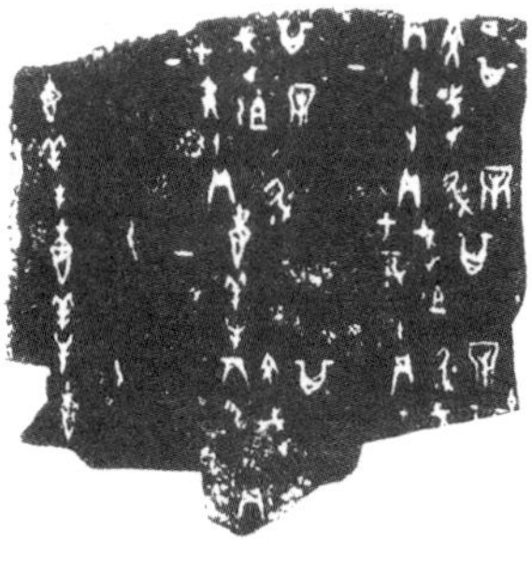

伍甲 132.3：合 36115

伍甲 132.4：合 36134

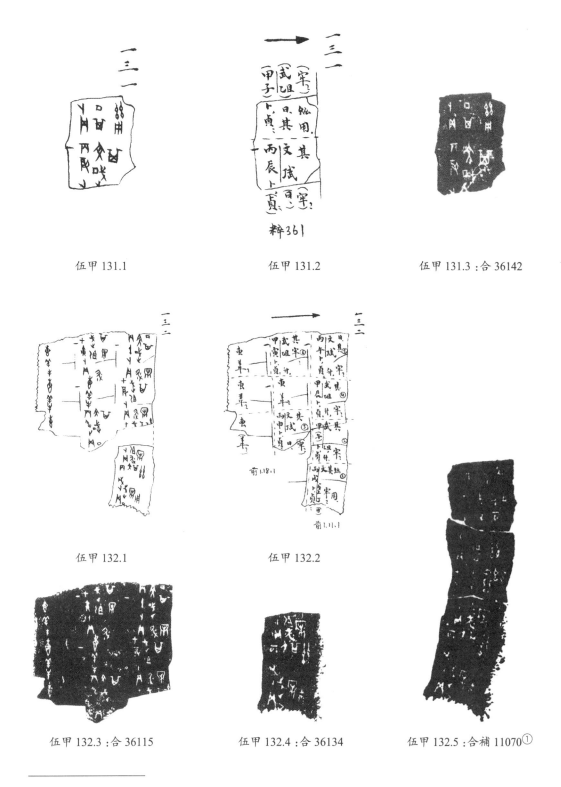

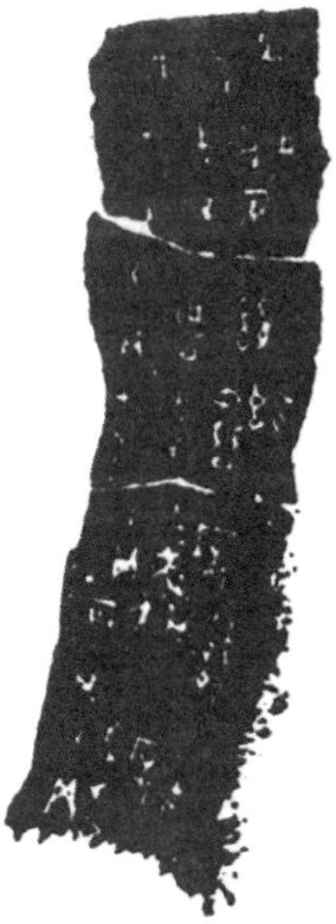

伍甲 132.5：合補 11070①

① 伍甲一三二（下）：即合 36134、合補 11070（下），現藏不詳。綴合組爲合 36051+ 合 36055+ 合 36134，即合補 11070。與伍甲一一八（合 36055）、伍甲一二七（合 36051）可綴合。

伍甲 133.1

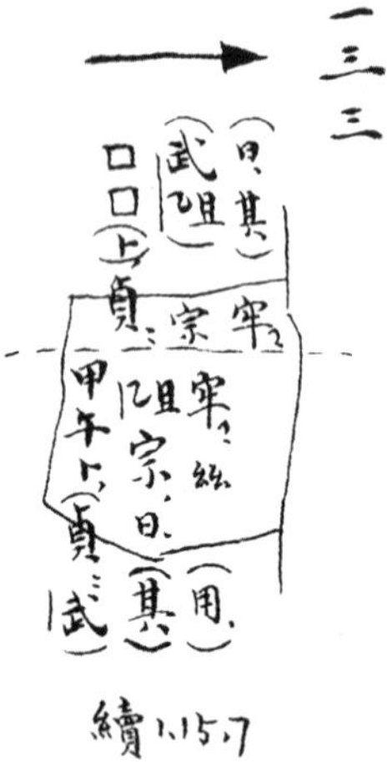

伍甲 133.2

伍甲 133.3:合 36086①

伍甲 134.1

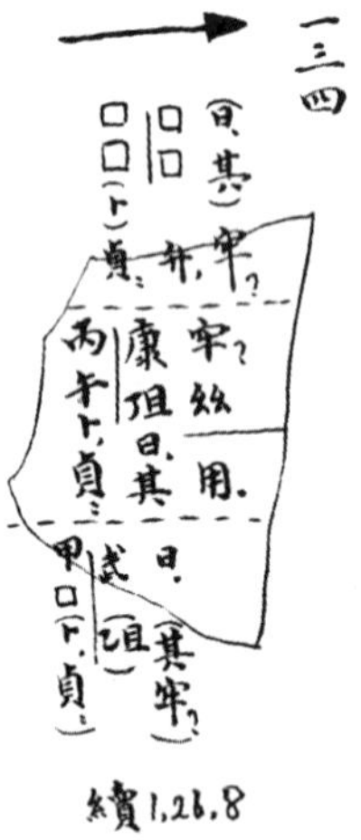

伍甲 134.2

伍甲 134.3:合 35837

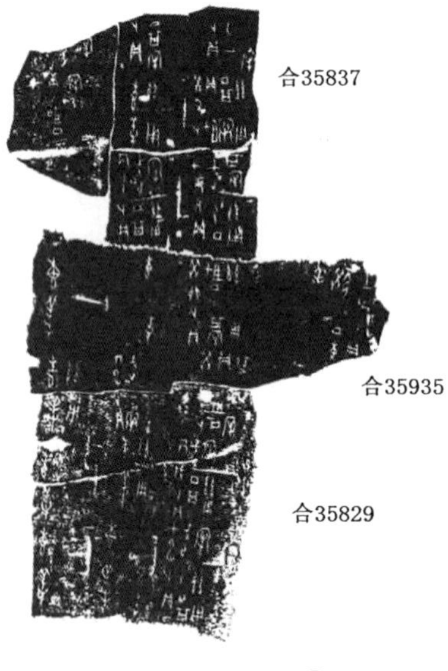

伍甲 134.4:綴合②

---

① 伍甲一三三:即合 36086,現藏不詳,《合集》不清晰。

② 伍甲一三四:即合 35837(左),現藏於北大,爲北珍 0656。綴合組爲合 35829+ 合 35935+ 合 35837,見《綴》第 360 則。與伍甲六(合 35935)、伍甲二三(合 35829)、伍甲二四(合 35837 左)可綴合。王蘊智、門藝指出合 35837 左邊的綴合有問題,參《關於黃組祊祭卜辭性質的考察——附祊祭甲骨綴合六例》,《鄭州大學學報》,2008 年第 3 期。

伍甲 135.1

伍甲 135.2

伍甲 135.3 : 合 35822

伍甲 136.1

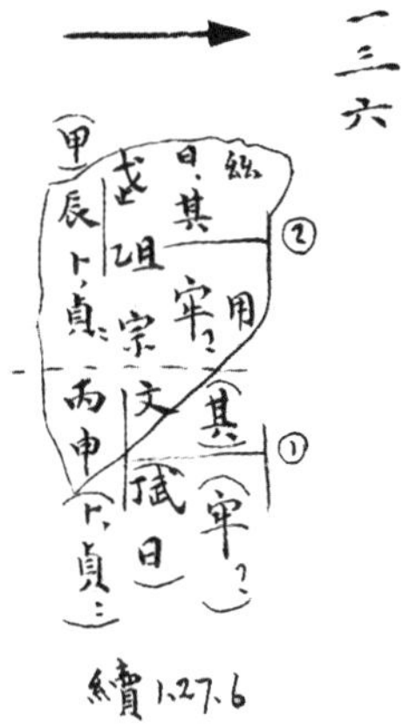

伍甲 136.2

伍甲 136.3 : 合 36088

伍甲 137.1

伍甲 137.2

伍甲 137.3 : 合 36157

伍甲 138.1

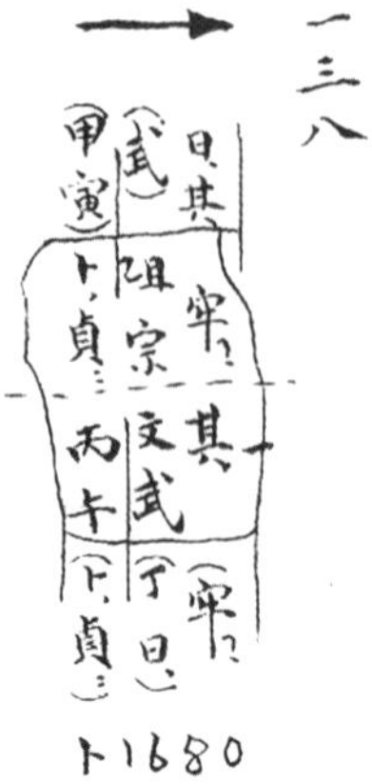

伍甲 138.2

伍甲 138.3：合 36098

伍甲 139.1

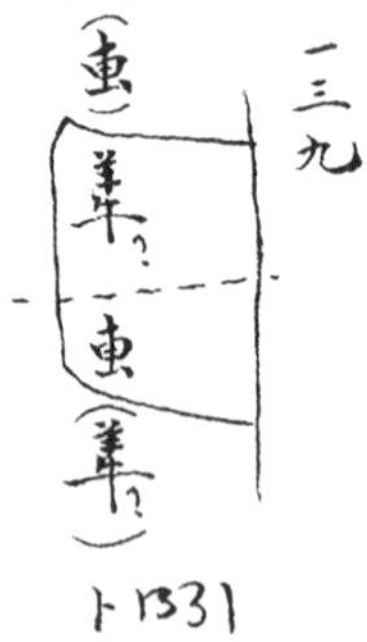

伍甲 139.2

伍甲 139.3：南博網 217①

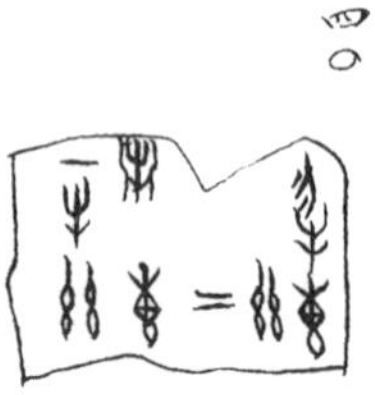

伍甲 140.1

伍甲 140.2

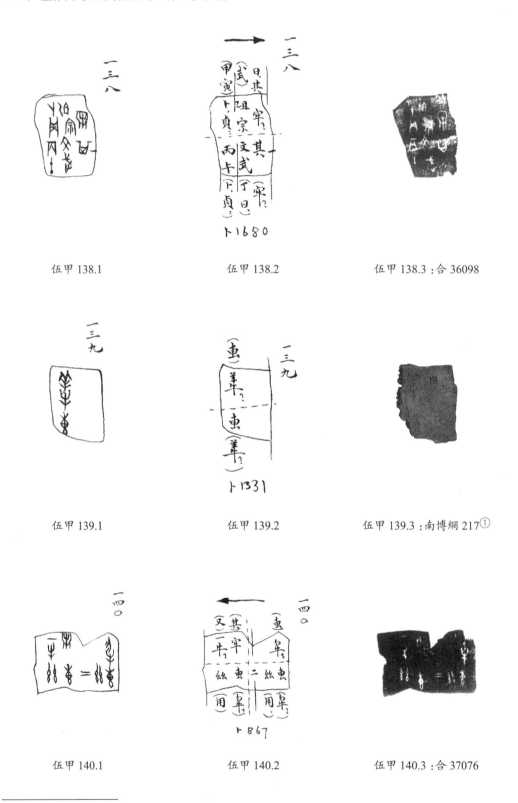

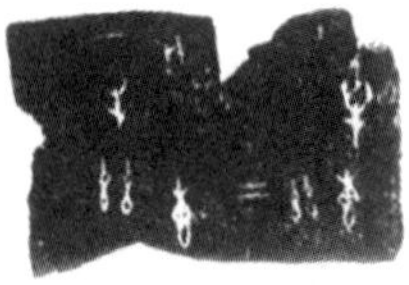

伍甲 140.3：合 37076

① 伍甲一三九：《合集》《合補》未收，現藏於南博，實物照片見南博網 217。摹本漏摹“用”字。

伍甲 141.1

伍甲 141.2

伍甲 141.3：合 37092

伍甲 142.1

伍甲 142.2

伍甲 143.1

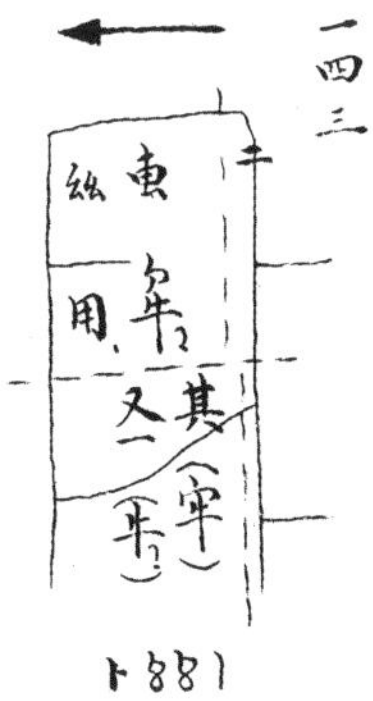

伍甲 143.2

伍甲 143.3：合 37049

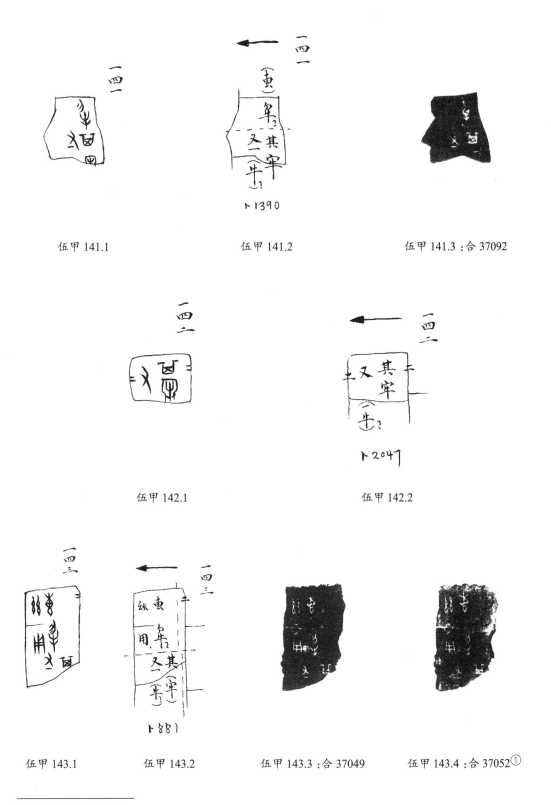

伍甲 143.4：合 37052[1]

---

① 伍甲一四三：即合 37049、合 37052，現藏於南博。合 37049 與合 37052 重。

伍甲 144.1

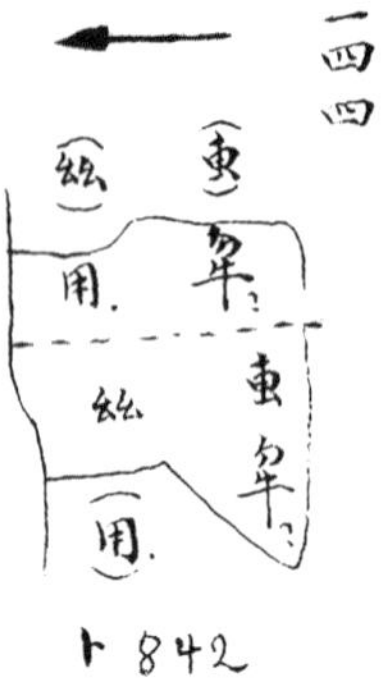

伍甲 144.2

伍甲 144.3：合 37119

伍甲 145.1

伍甲 145.2

伍甲 145.3：南博網 525①

伍甲 146.1

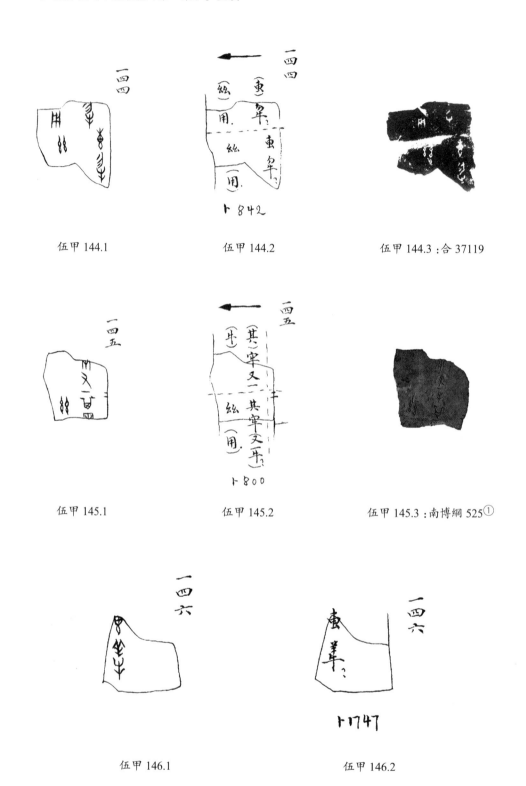

伍甲 146.2

① 伍甲一四五：《合集》《合補》未收，現藏於南博，實物照片見南博網 525。

伍甲 147.1

伍甲 147.2

伍甲 147.3：合 37135

伍甲 148.1

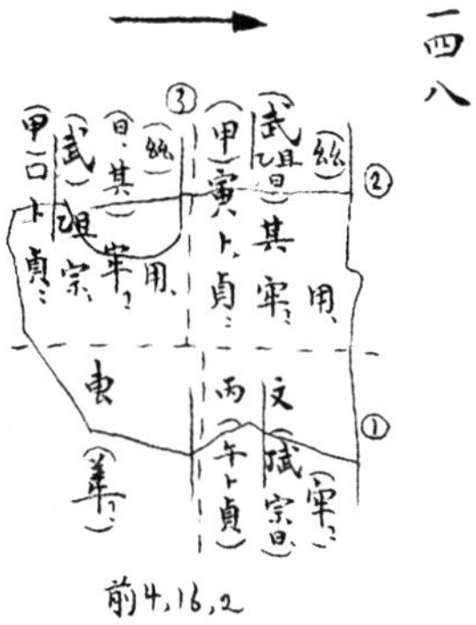

伍甲 148.2

伍甲 148.3：合 36100①

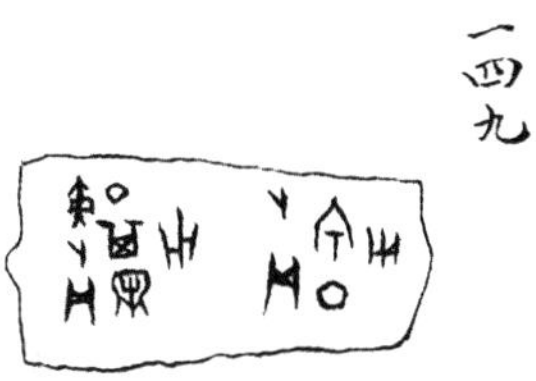

伍甲 149.1

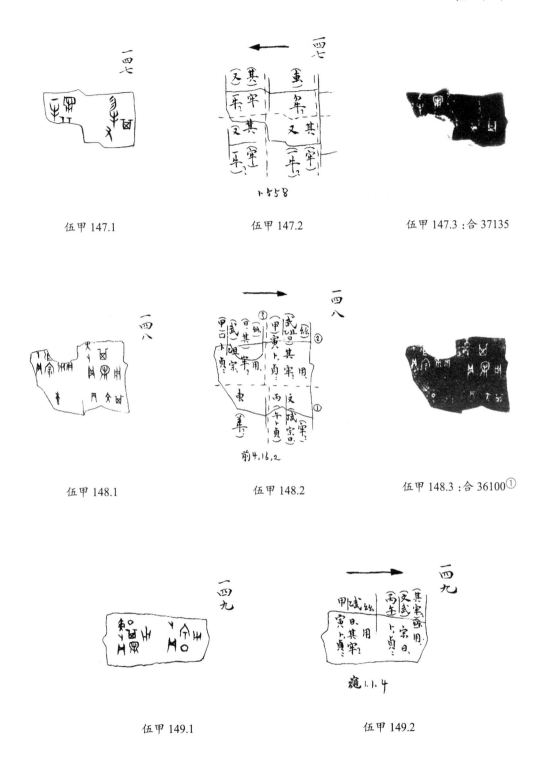

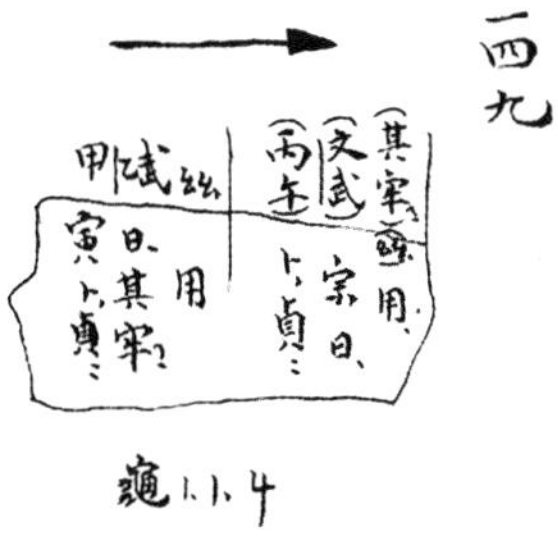

伍甲 149.2

① 伍甲一四八：即合 36100，現藏不詳。摹本釋文中漏右下角的“其”字。

伍甲 149.3：合 38235

伍甲 149.4：綴合 ①

伍甲 150.1

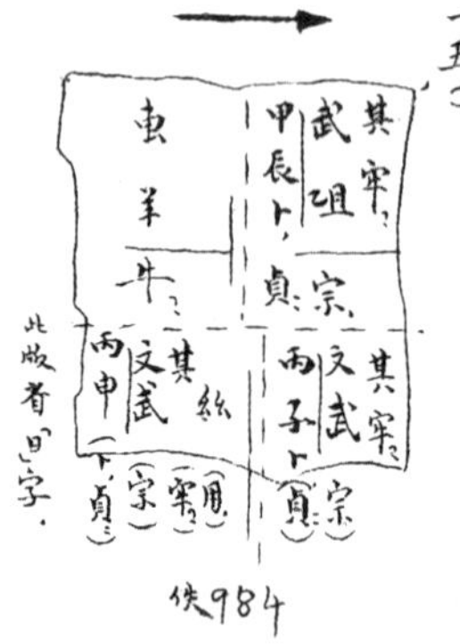

伍甲 150.2

伍甲 150.3：合 36089

伍甲 151.1

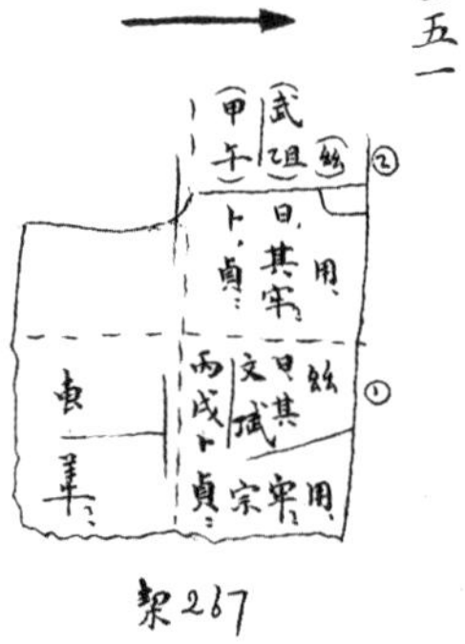

伍甲 151.2

伍甲 151.3：合 36153

---

① 伍甲一四九：即合 38235，現藏於東大。綴合組爲合 36078+ 合 38235+ 合 37308，見《拼二》第 524 則。摹本將“牢”字誤爲“用”字。與伍甲四二（合 36078）可綴合。綴合與董作賓的補釋不一致。

伍甲 152.1

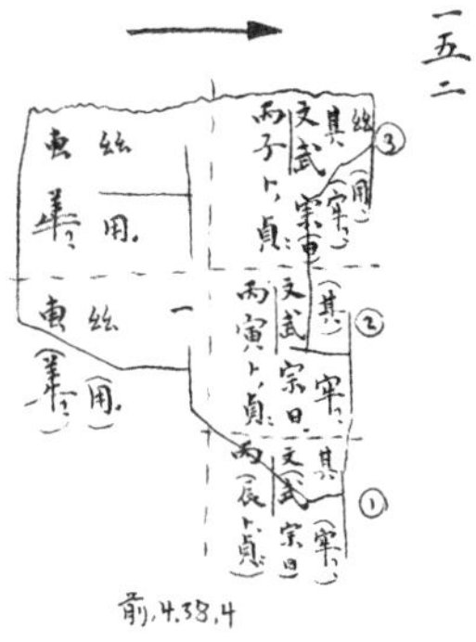

伍甲 152.2

伍甲 152.3：合 36149

伍甲 153.1

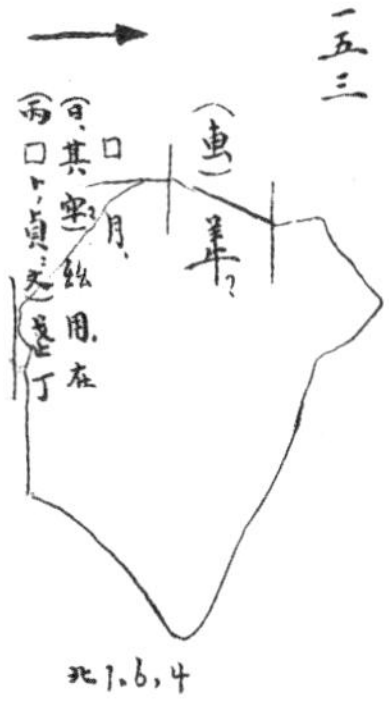

伍甲 153.2

伍甲 153.3：合 35850

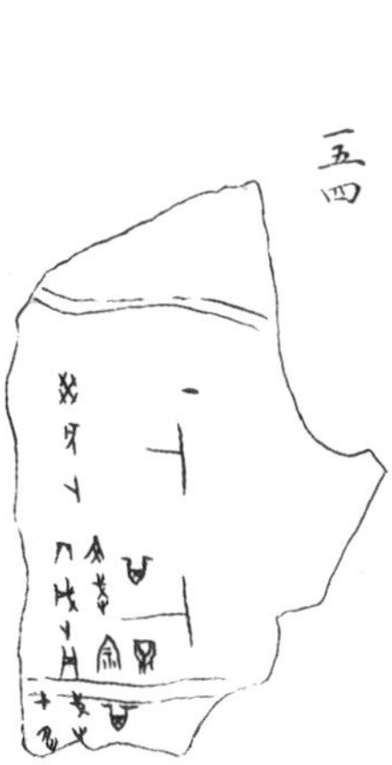

伍甲 154.1

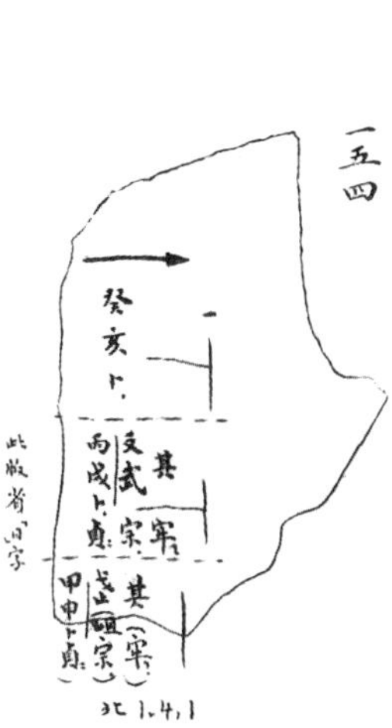

伍甲 154.2

伍甲 154.3：合 36156

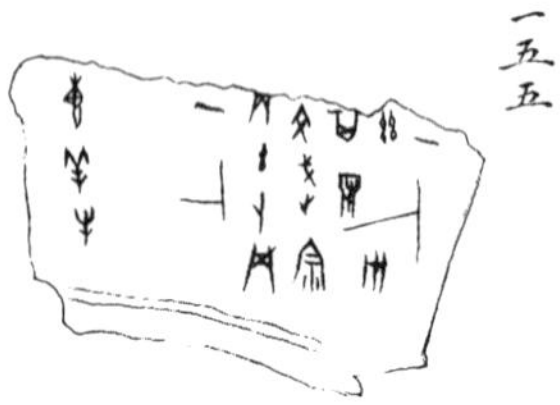

伍甲 155.1

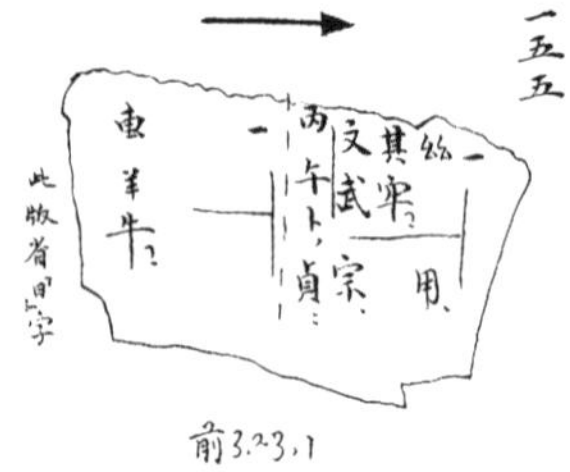

伍甲 155.2

伍甲 155.3：合 36158

伍甲 156.1

伍甲 156.2

伍甲 156.3：合 37132

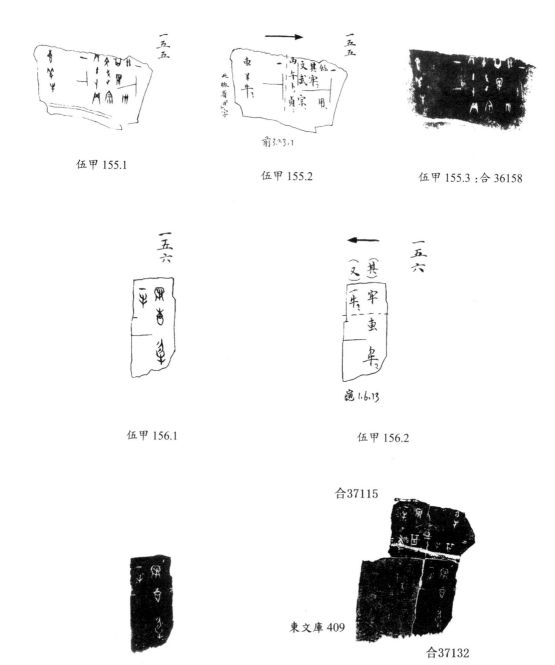

伍甲 156.4：綴合①

① 伍甲一五六：即合 37132，現藏不詳。綴合組爲：合 37115+ 東文 409+ 合 37132，見《拼三》第 661 則、《綴三》第 660 則。

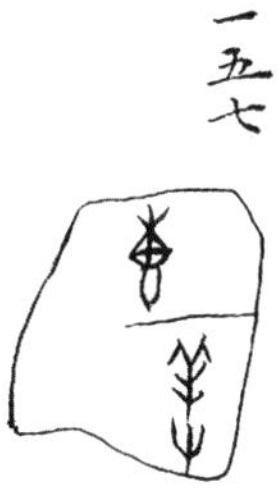
伍甲 157.1

伍甲 157.2

伍甲 158.1

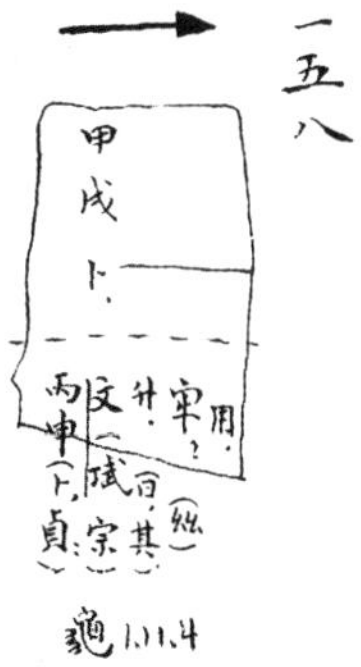
伍甲 158.2

伍甲 158.3 : 龜 1.11.4

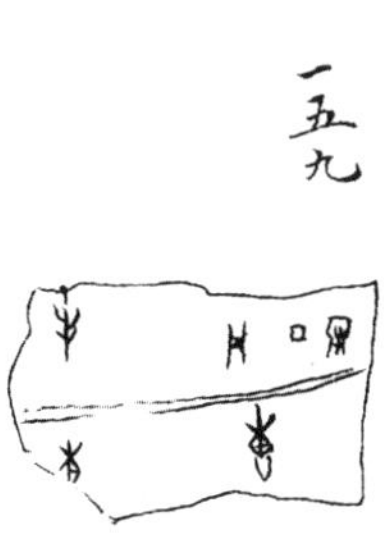
伍甲 159.1

伍甲 159.2

伍甲 159.3 : 北珍 0680

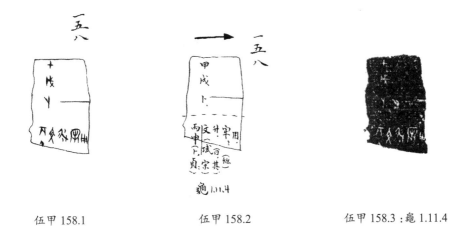

伍甲 160.1

伍甲 160.2

伍甲 160.3：合 37015①

伍甲 160.4：綴合②

① 伍甲一六〇：即合 37015，現藏於北大，爲北珍 0681。與伍甲一〇六（合 35977）可綴合。

② 伍甲一六〇的綴合組爲：合 37015+ 合 35977，蔣玉斌：《殷墟黄類卜辭新綴十組》第八組，《中國文字研究》第十輯，2008 年。

伍甲一—伍甲一六〇（考釋）①

自伍甲一至伍甲一六〇，皆卜日祭②之辭。其時代爲帝乙帝辛二世。

帝乙時重修祀典，復祖甲之舊規，卜祭之辭，多工整嚴肅，與前代卜辭迥有不同。其書契文字，小如蠅頭，筆畫細於毫髮，吾人在三千年後之今日，執淨雞狼毫而精心臨摹之，猶自愧不得其神情也。殷人于父不稱謚，祖乃稱謚，右（上）列一六〇版中，有稱父丁者（二、三），稱母癸者（四—八），皆帝乙時之確證。帝辛之世則改稱文武丁（一三〇、一三一、一三二、一三五），文武丁宗（一五一），或文武宗（一五二、一五四），而不祀母癸（帝辛當稱妣癸）。此其别也。又與母癸同版之辭，稱武乙曰“武乙宗”，是乃帝乙時物，則改稱武乙（八五），武祖乙（八九、九〇），武祖乙宗（八八）者，當爲帝辛時物矣。其餘如武丁，如祖甲，如康祖丁，乙、辛兩世稱謂全同，則不易劃分。

日祭之認識，遠在六年以前，在南京時摹《前》一．一二．七之片（七一），旁有小註云“此由丙辰至丙午，六旬中遇丁日即祭康祖丁而於先一日丙卜之，可知其爲日祭也。□舊釋丁，誤，蓋日之省寫。廿四，十，八。”當時無暇輯録研究之。近作《叢編》，細審《通纂别録》河井藏龜，得“日”祭之例，乃檢舊摹本著於篇。僅依類排比，爲之釋補，拼合功夫，猶未能做。如伍甲七、八，可粘對，乃腹甲之右上部，齒縫相接，編成後始發現之。今舉研究方法及結果如次。

一、文例。“日”祭卜辭行文之例，與一般腹甲辭例略同，即先下後上，先右後左，先外後内（有時或先内後外），至補填空隙之卜辭，則爲少數之例外。

二、接對。接對殘片，使復原龜，殆屬絶不可能。其故：1. 出土時，但取有字部分，無字部分，悉被捨棄。2. 拓印時，無字部分不拓全形。3. 編録者，將無字部分剪去。每一龜版，無字者佔大半，此大半不存，何從復原。又龜版卜兆繁密，殘破所由，全辭一組，中間必騎一兆紋，故辭之殘半者尤多。然正因其如此，吾輩研究之者，乃可以充量運用其匠心也。依腹甲之部位，日祭之順序，分剪比合，使復舊觀，是在讀者。

三、祭法。在理得祖甲時及帝乙帝辛時彡、翌、祭、壴、劦五種祀典之嚴密程序之後，吾人深感祀典之探索，有其重要之意味，而不容籠統淺忽視之。即此種“日”祭，所舉僅及五世，以帝乙時論，則爲其：父＝父丁（文丁，母癸附入）；祖＝武乙；曾祖＝康祖丁；高

① 此標題原著無，爲閲讀方便現擬。

② 董作賓所謂的日祭，現學界基本統一作祊祭。詳註見伍甲一（考釋）處脚註。

祖＝祖甲；五世祖＝武丁。

伍甲二下一辭有妣己日祭，戊午卜之，祭法相同，不詳爲某祖之配，且五世之中僅母癸日祭用羊，妣之日祭只此一見，尚待考。所謂“日”祭者，遇此五世之祖若父忌日必祭之，祭父丁、康祖丁、武丁，皆以丁日，丁日配合十二支，凡不同之丁有六，六丁日皆有日祭，而皆於前一日丙，卜其祭牲之數及毛色。亦有於丁日更卜之者，如伍甲二於丁未卜父丁日祭，伍甲四九於丁酉卜武丁日祭是，此或丙午、丙申未卜，而於丁補卜之。然三丁無同日卜祭者，當有次第，準彡翌等祭之例，先遠而後近，故其次當爲武丁、康丁、文丁。此三丁每人佔六旬，須十八旬而遍，遍則更重新舉行，故每年每人可祭二次，一次六祭，每年每人十二祭。母癸、武乙、祖甲，則與三丁同時舉行，先後次序，微有變易，而每人每年祭二次，一次六祭，則一也。帝辛時相沿不改，除母癸未見之外，亦祭此五世而不及帝乙。其大要如此。兹據所見材料，輯成乙、辛時代“日祭”格如下：

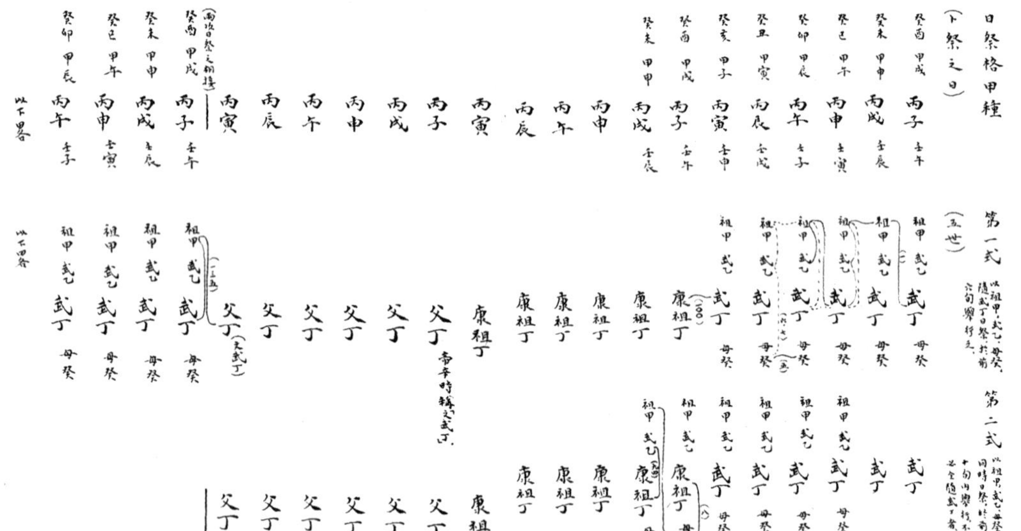

以上爲甲種，凡二式。其武丁日祭之起始，不必定是丙子，或爲其他丙日，故兩式皆可變易爲六式也。如五甲四二，甲子、甲戌武乙，丙寅、丙子武丁，爲前二式所不容，必武丁始祭於丙戌以後，始能容之。甲種有母癸之祭，定爲帝乙時，乙種則當爲帝辛時也。伍甲一三五，應列乙種，附此以見父丁、母癸之關係。

以上爲乙種,凡二式。日祭開始之旬,皆可變易,如伍甲七一康丁日祭爲丙辰至丙午之六旬,則武丁日祭亦當自丙辰始也。是爲第一式之改從丙辰始祭者。再有發現新辭,以此類推。

日祭一遍,歷時十八旬,接連舉行,循還無已,伍甲一三五一版文丁、武丁相接,可以説明之。伍甲一〇〇版,可證武丁日祭之後繼以康丁。文丁日祭,既在下次武丁祭日之前,必在此次康丁祭日之後,亦可推知。表中例證,舉原辭有聯系者,餘不一一。

本編伍骨六一版,有"昔乙卯,武(武乙)升、勺、(日)。癸亥其至于妣癸升、日"。此帝辛稱母癸之辭。説詳原片。

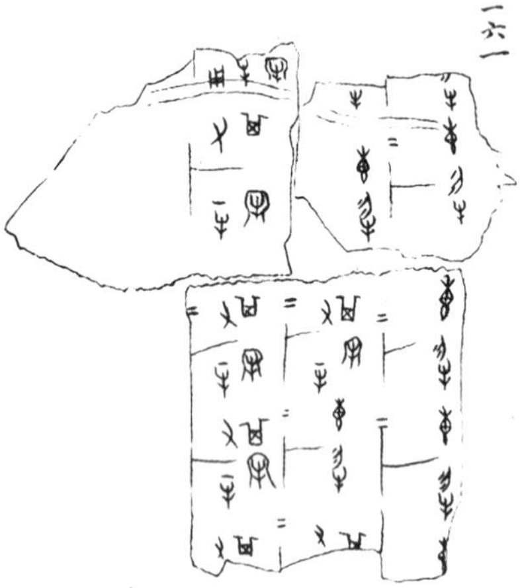

伍甲 161.1

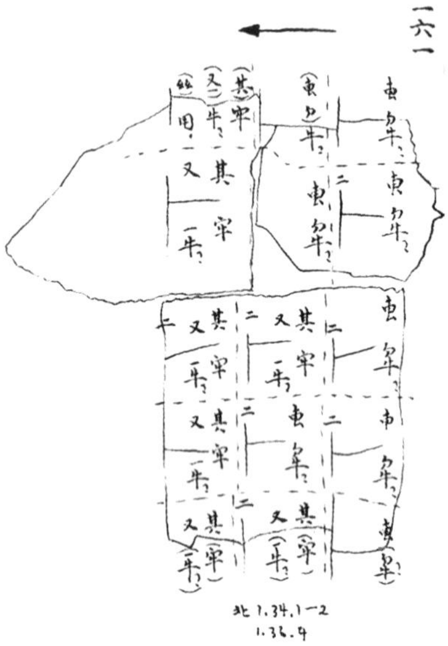

伍甲 161.2

伍甲 161.3:合 37197①

伍甲 161.4:合 37045②

伍甲 161.5:合 37038③

① 伍甲一六一(上左):即合 37197,現藏於北大,爲北珍 0718。

② 伍甲一六一(上右):即合 37045,現藏於北大,爲北珍 0731。合 37045 與摹本輪廓略有差異。

③ 伍甲一六一(下):即合 37038,現藏於北大,爲北珍 0715。

伍甲 162.1

伍甲 162.2

伍甲 162.3：合 37053

伍甲 162.4：合補 11418①

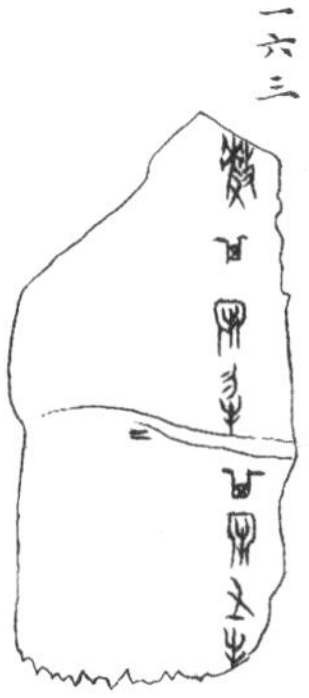

伍甲 163.1

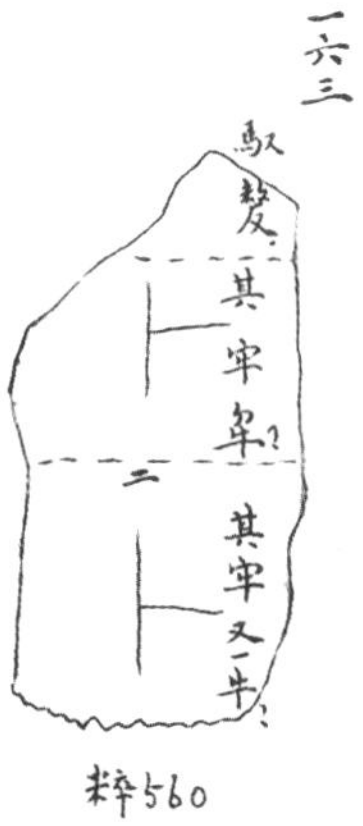

伍甲 163.2

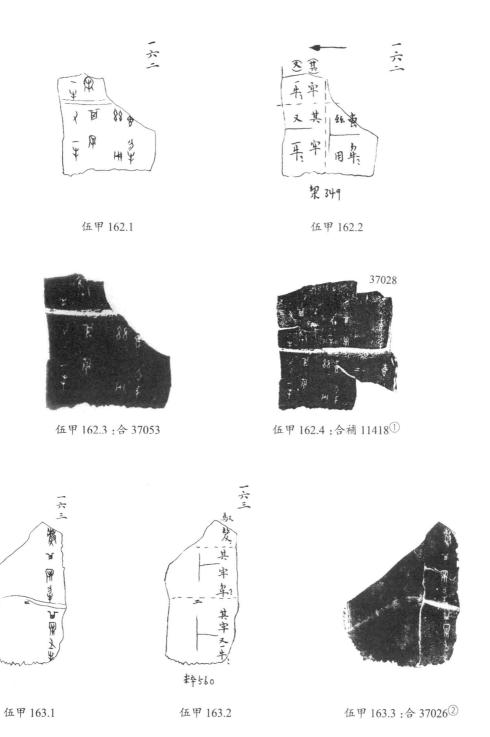

伍甲 163.3：合 37026②

① 伍甲一六二：即合 37053、合補 11418（下），現藏於北大，爲北珍 0720。綴合組爲合 37028+ 合 37053，即合補 11418，見《綴》第 235 則。

② 伍甲一六三：即合 37026，現藏於國圖，爲北圖 6753。摹本右邊龜版不全，《合集》爲全形圖。

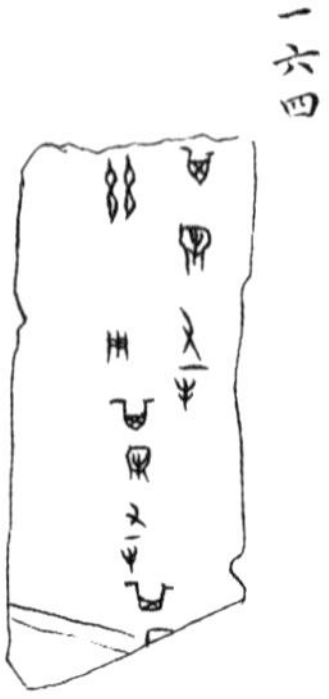

伍甲 164.1

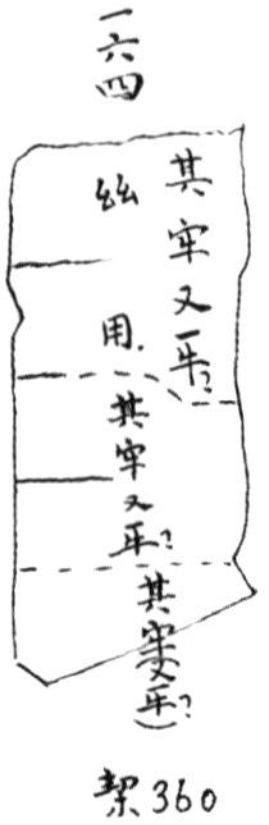

伍甲 164.2

伍甲 164.3 :合 37207

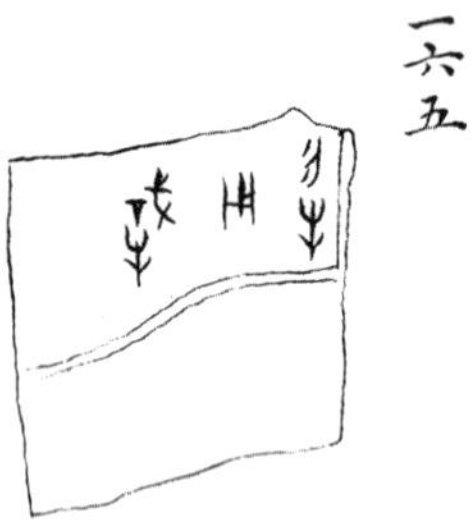

伍甲 165.1

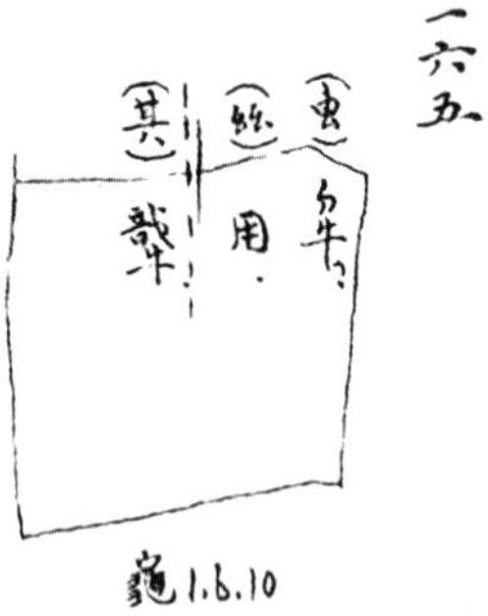

伍甲 165.2

伍甲 165.3 :合 37020①

伍甲 166.1

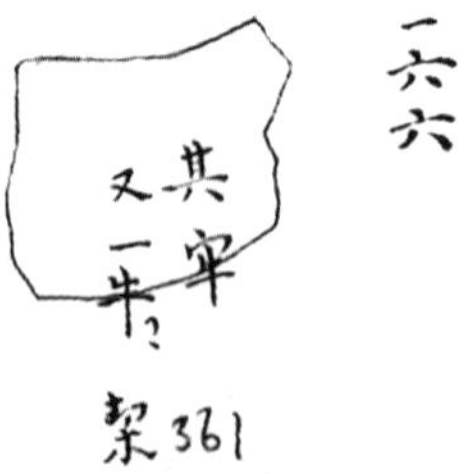

伍甲 166.2

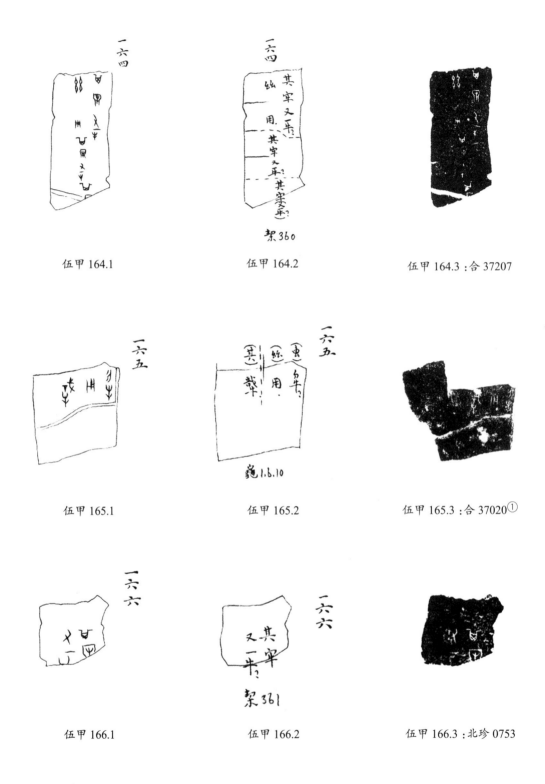

伍甲 166.3 :北珍 0753

① 伍甲一六五:即合 37020,現藏於東大。摹本左邊龜版不全,《合集》爲全形圖。

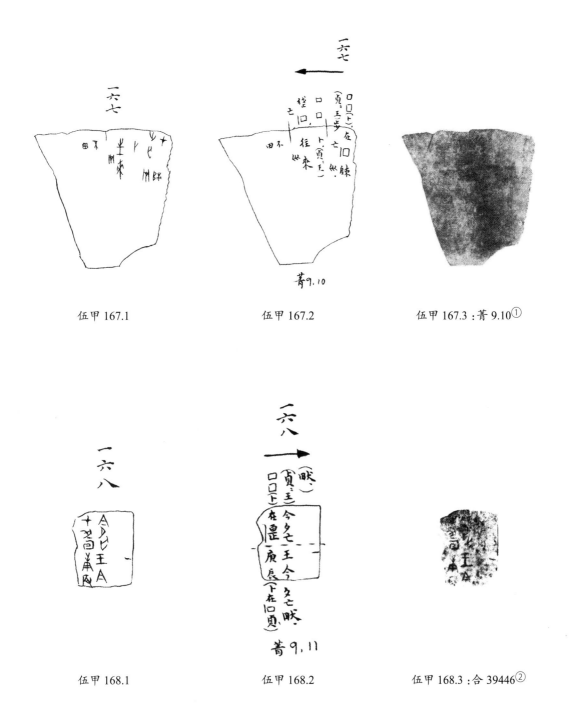

伍甲 167.1

伍甲 167.2

伍甲 167.3：菁 9.10①

伍甲 168.1

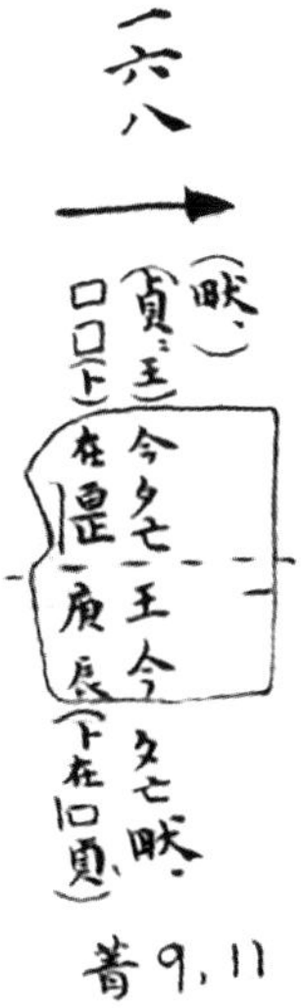

伍甲 168.2

伍甲 168.3：合 39446②

① 伍甲一六七：《合集》《合補》未收，現藏不詳，原菁 9.10 不清晰，非拓片。

② 伍甲一六八：即合 39446，現藏不詳，《合集》不清晰，非拓片。

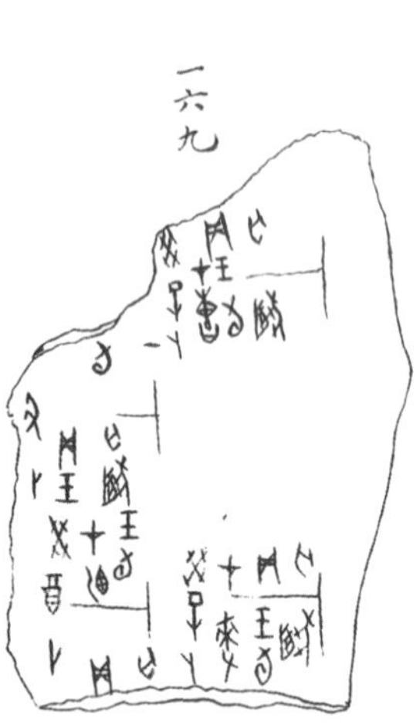

伍甲 169.1①

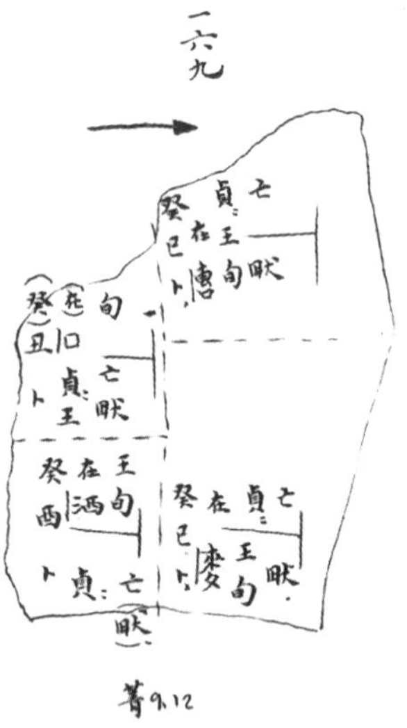

伍甲 169.2

伍甲 169.3：合 36612

伍甲 169.4：綴合②

① 伍甲一六九摹本，收入董作賓《殷曆譜》下編卷 8，“旬譜七”，第 8 頁；將後上 11.8（合 36612）與前 2.7.1（合 36810）實綴，《合集》未採用。

② 伍甲一六九：即合 36612，現藏不詳。《合集》不清晰，非拓片。綴合組爲合 36612+ 合 36798 遥綴 + 合 36951，遥綴見孫亞冰：《甲骨綴合五則》，《南方文物》2015 年第 3 期。殷德昭：《黄組甲骨綴合十則（附綴合修正二則及綴合建議二則）》，先秦史研究室網站，2016.12.15。

伍甲 170.1

伍甲 170.2

伍甲 170.3：合 37468①

伍甲 171.1

伍甲 171.2

伍甲 171.3：合 35744②

伍甲 172.1

伍甲 172.2

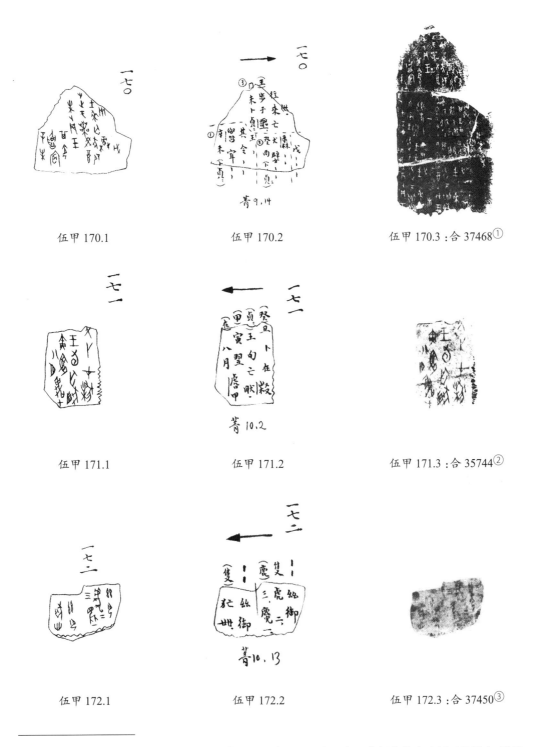

伍甲 172.3：合 37450③

① 伍甲一七〇：即合 37468（上），現藏不詳。合 37468 有綴合。蔡哲茂指出此版不能綴合，説見蔡哲茂：《〈甲骨綴合續集〉–〈甲骨文合集〉誤綴號碼表》。

② 甲一七一：即合 35744，現藏不詳，《合集》不清晰，非拓本。

③ 伍甲一七二：即合 37450，現藏不詳，《合集》不清晰，非拓本。

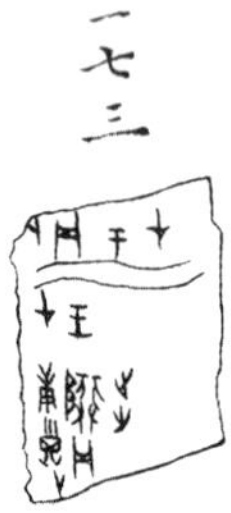

伍甲 173.1

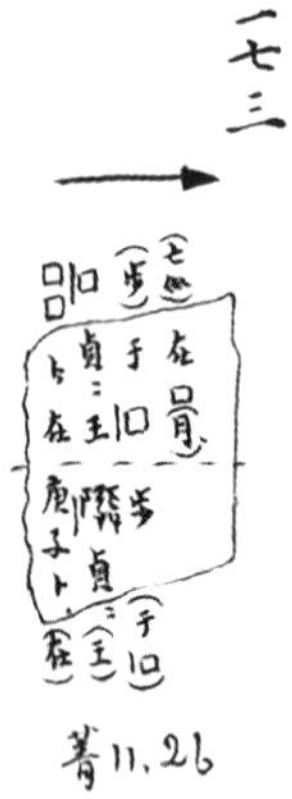

伍甲 173.2

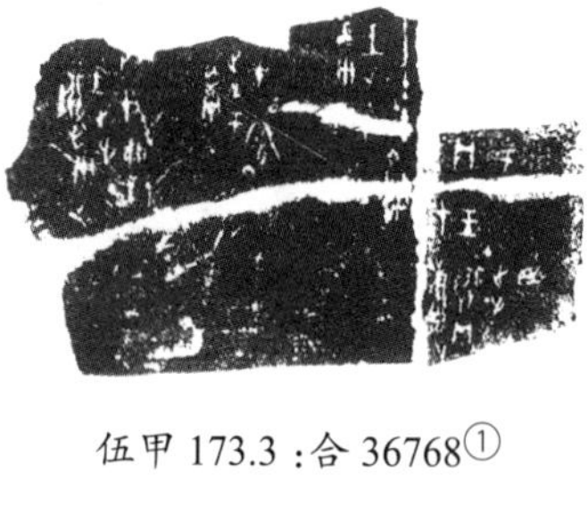

伍甲 173.3：合 36768①

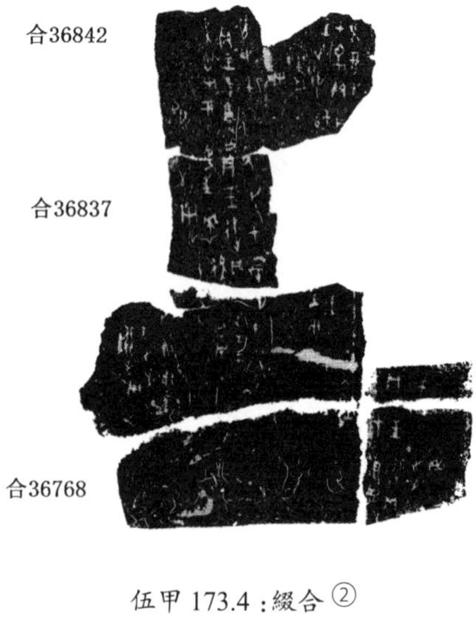

伍甲 173.4：綴合 ②

① 伍甲一七三：即合 36768（右），現藏不詳，《合集》有綴合。

② 伍甲一七三綴合組爲：合 36768+ 合 36842+ 合 36837，見《拼三》第 674 則。

一七四

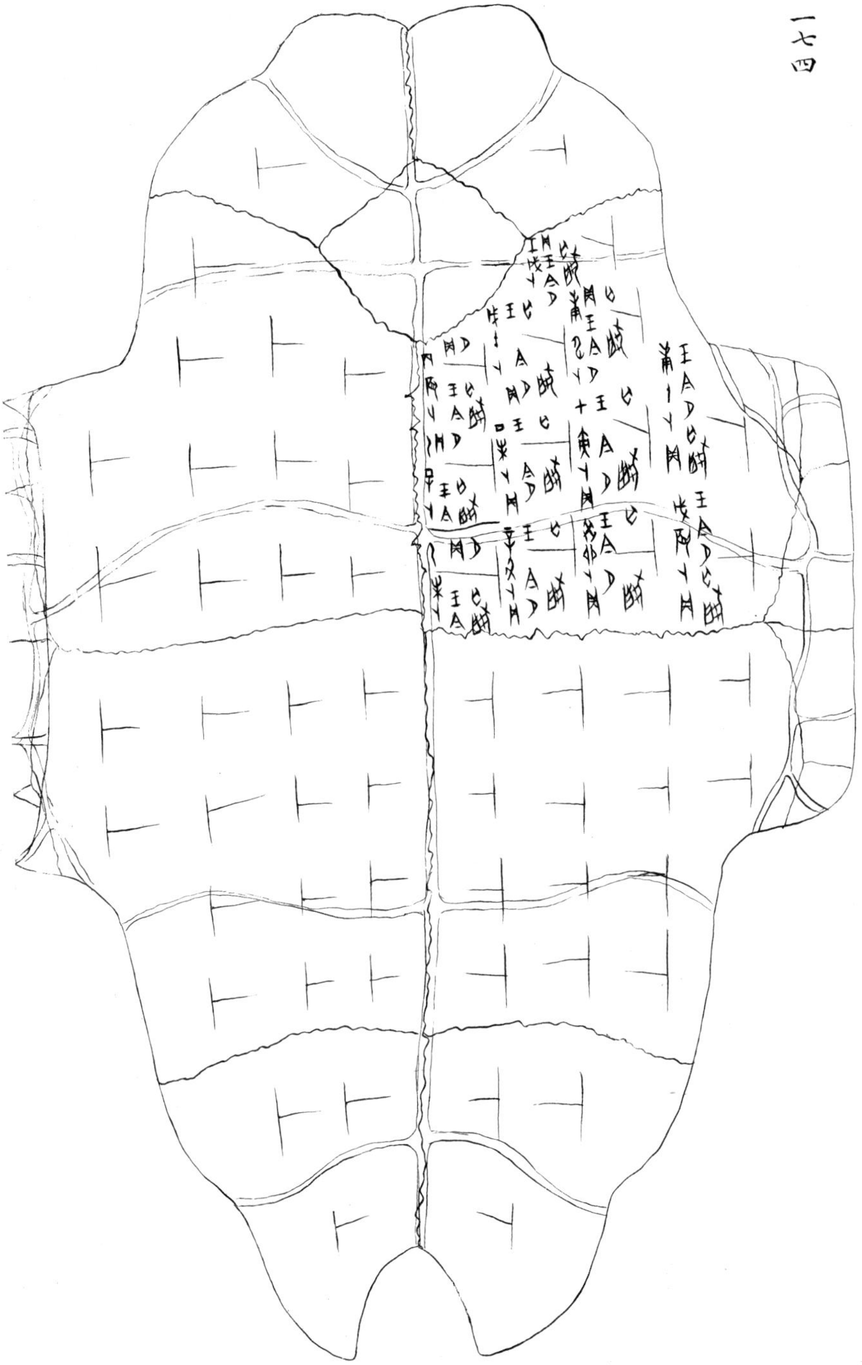

伍甲 174.1

一七四

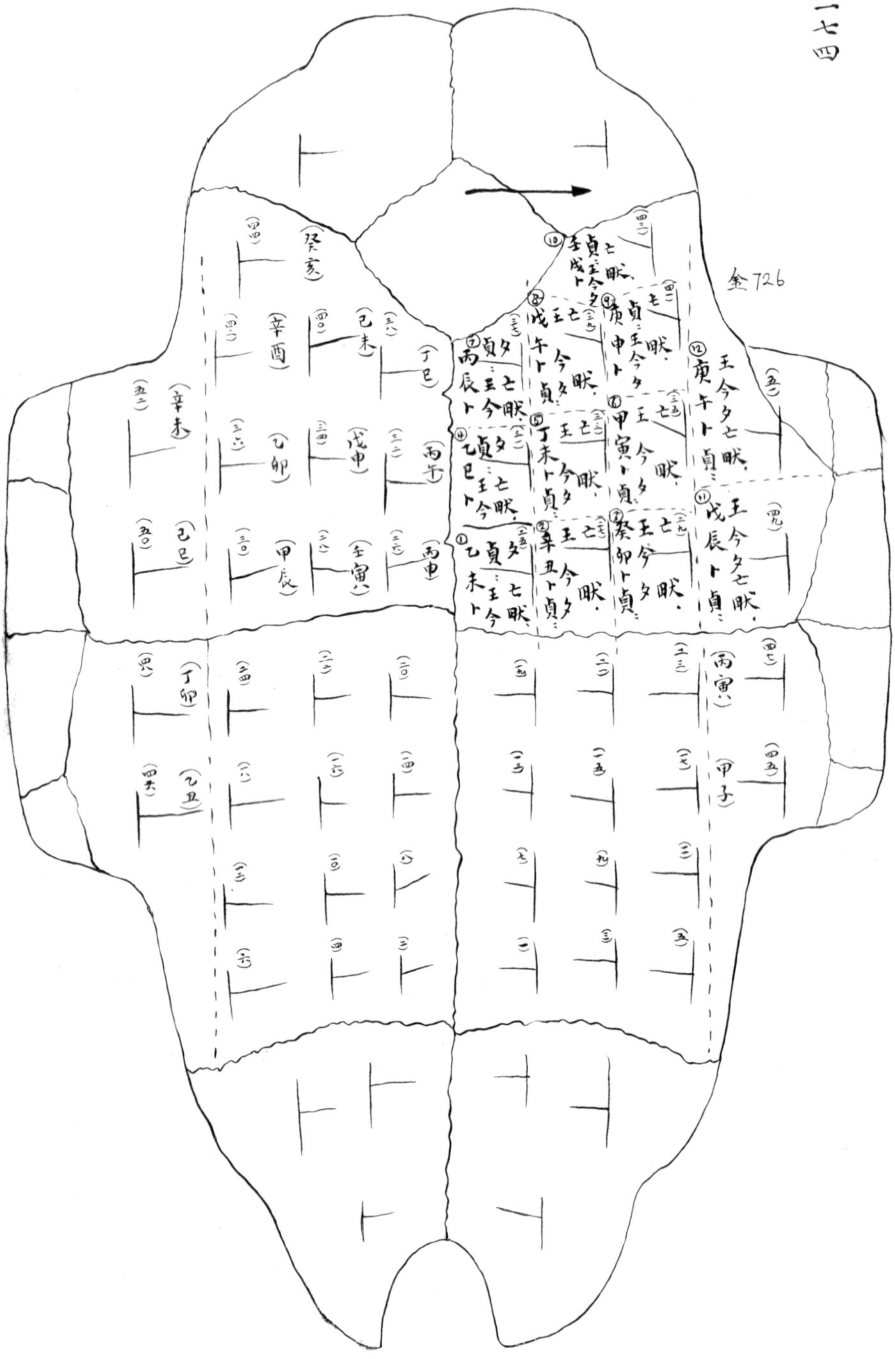

伍甲 174.2

伍甲 174.3 : 英藏 2615

伍甲 175.1

伍甲 175.2

伍甲 175.3：合 36057

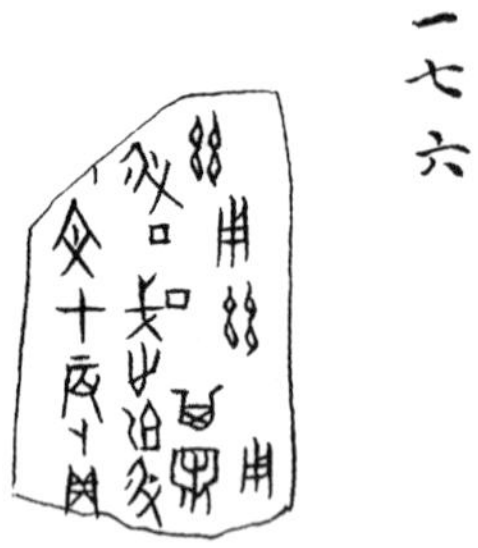

伍甲 176.1

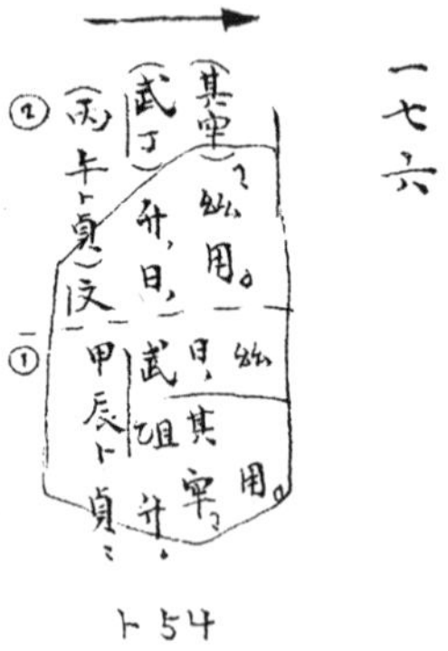

伍甲 176.2

伍甲 176.3：合 36116

伍甲 177.1

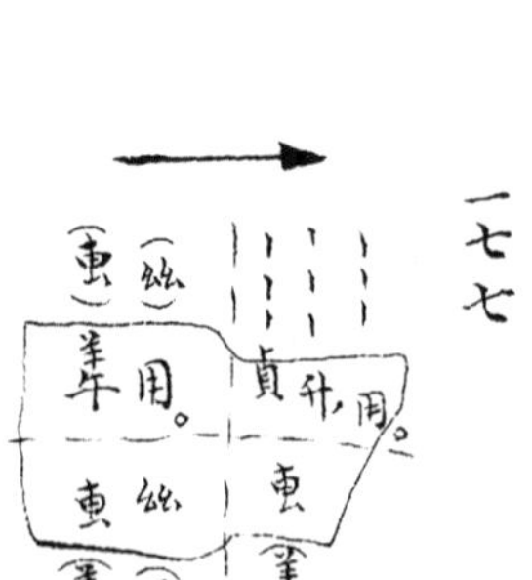

伍甲 177.2

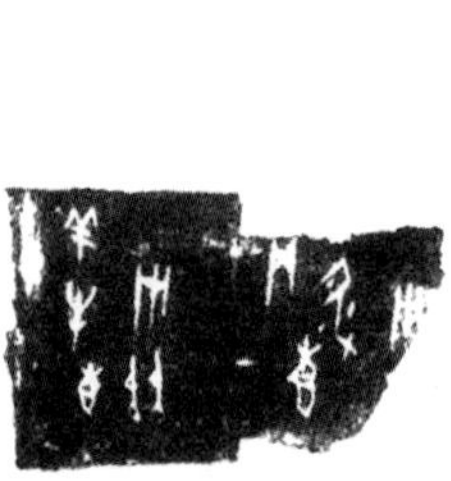

伍甲 177.3：合 38740

伍甲 178.1

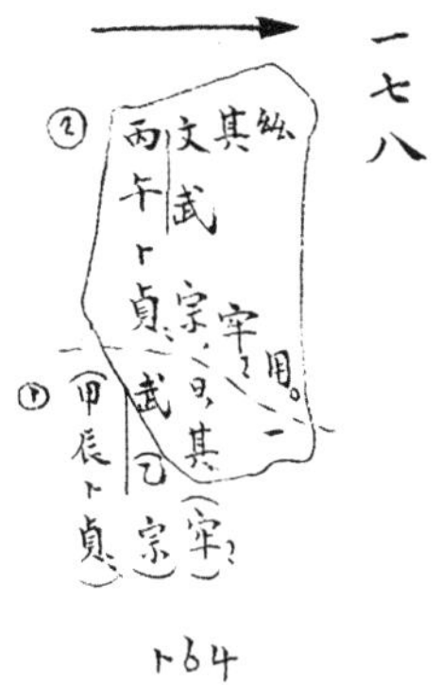

伍甲 178.2

伍甲 178.3 : 合 36159

伍甲 179.1

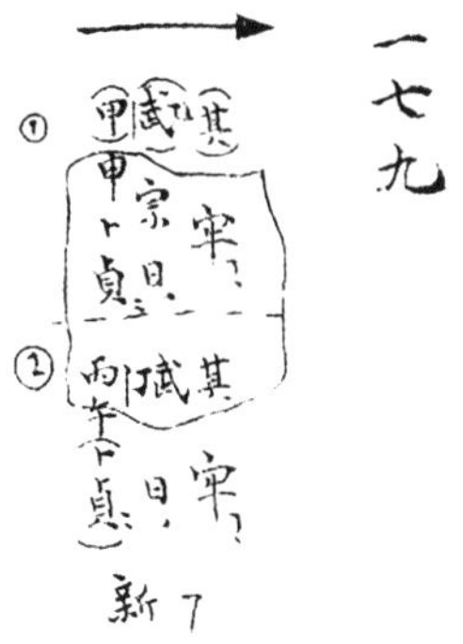

伍甲 179.2

伍甲 179.3 : 合 38233

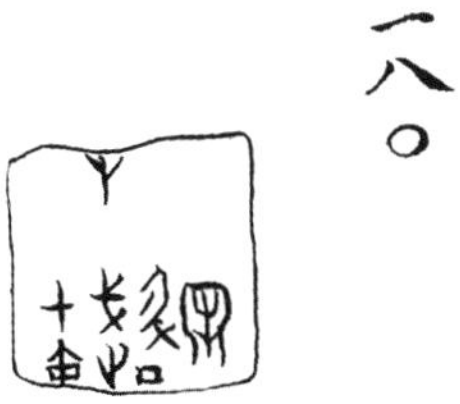

伍甲 180.1

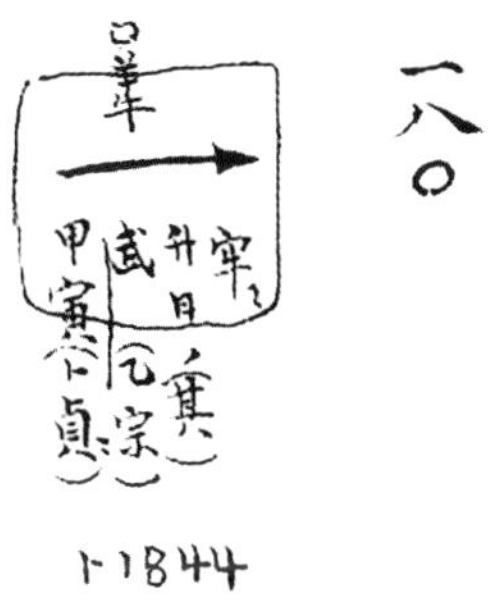

伍甲 180.2

伍甲 180.3 : 合 36118

伍甲 181.1

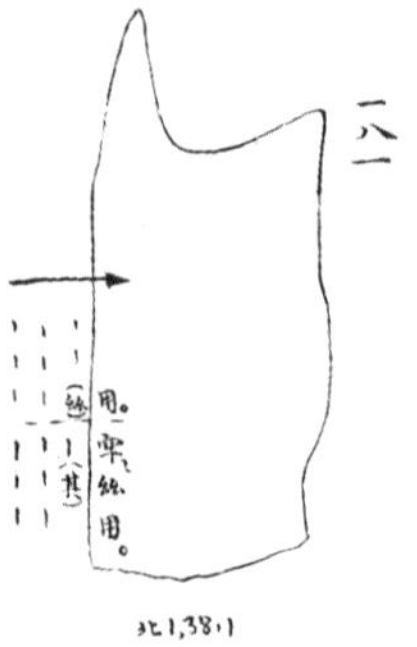
伍甲 181.2

伍甲 181.3：合 37280

伍甲 182.1

伍甲 182.2

伍甲 182.3：合 37334

伍甲 183.1

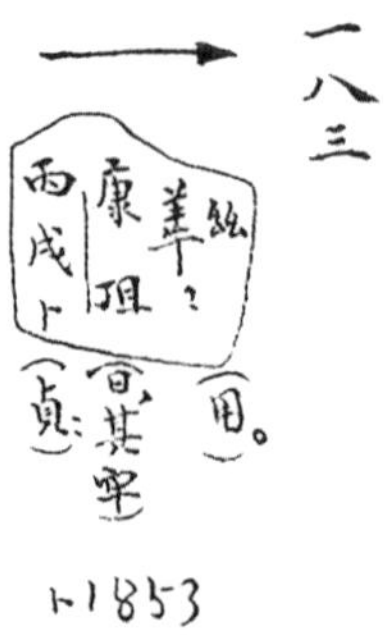
伍甲 183.2

伍甲 183.3：合 35988

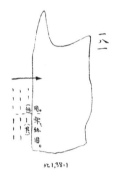

伍甲 184.1

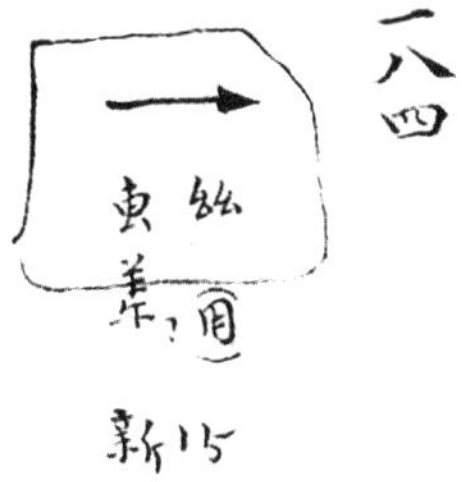

伍甲 184.2

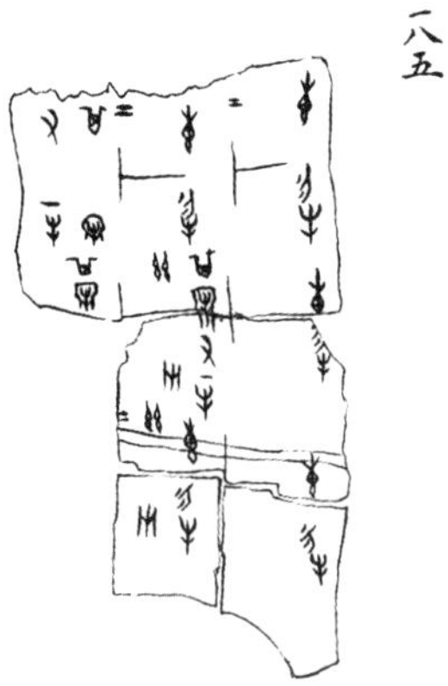

伍甲 185.1

伍甲 185.2

伍甲 185.3：合 37030①

伍甲 185.4：合 37037②

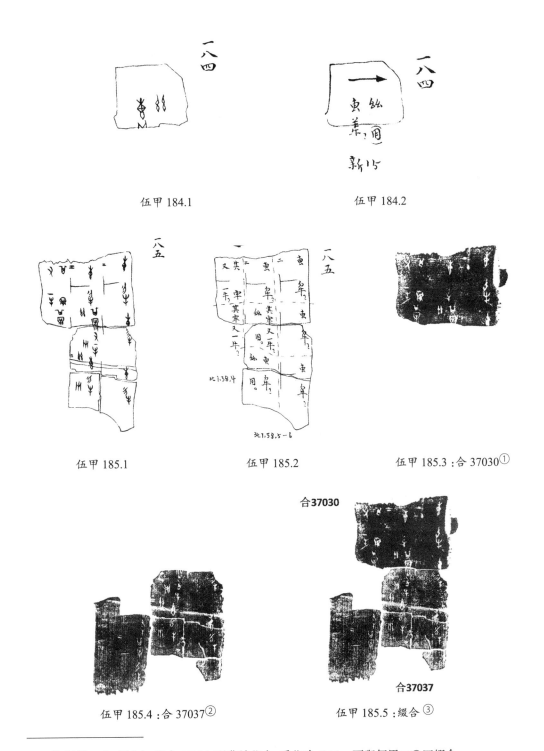

伍甲 185.5：綴合③

① 伍甲一八五(上)：即合 37030，現藏於北大，爲北珍 0721。可與伍甲二〇四綴合。

② 伍甲一八五(下)：即合 37037（右），現藏於北大，爲北珍 0716（右）。

③ 伍甲一八五的綴合組爲：合 37030（北珍 0721）+ 合 37037（北珍 0716），見李愛輝：《甲骨拼合第 476～480 則》，先秦史研究室網站，2019.8.27。

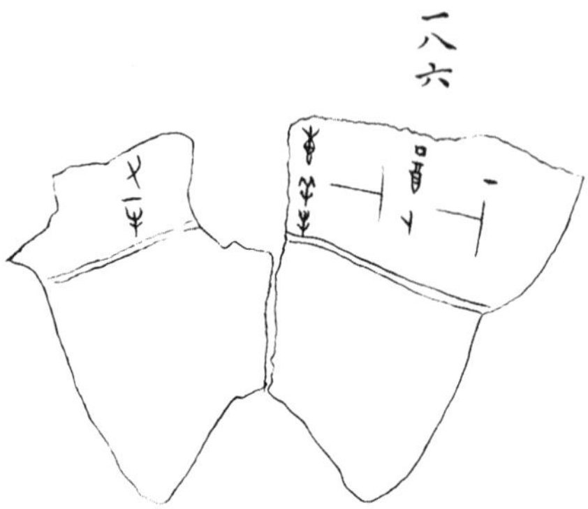

伍甲 186.1

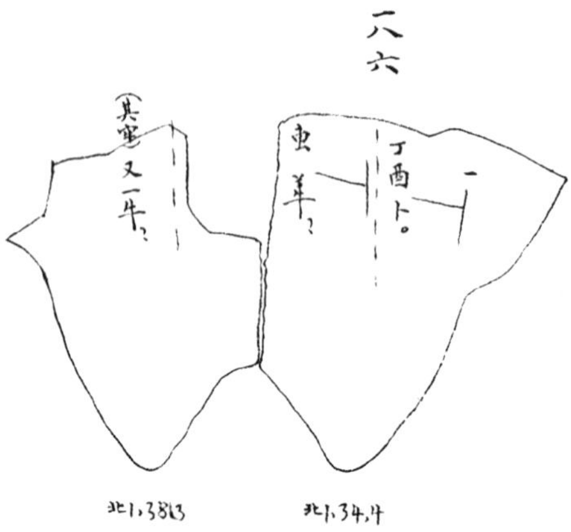

伍甲 186.2

伍甲 186.3：北珍 0694

伍甲 186.4：合 37350

伍甲 187.1

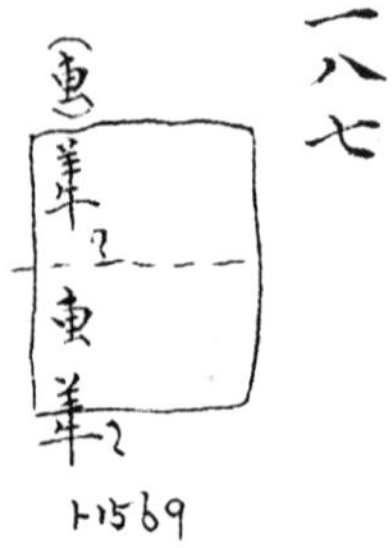

伍甲 187.2

伍甲 188.1

伍甲 188.2

伍甲 188.3：合 37346

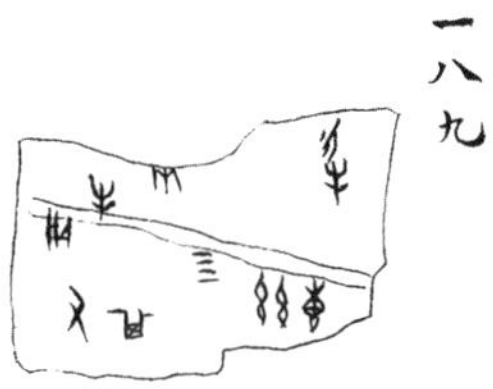

伍甲 189.1

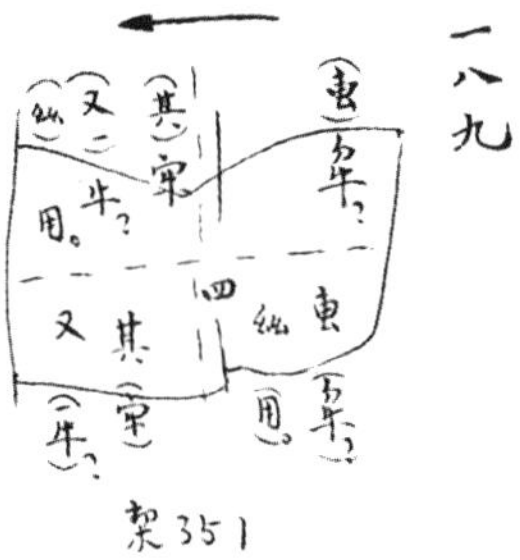

伍甲 189.2

伍甲 189.3：北珍 0725

伍甲 190.1

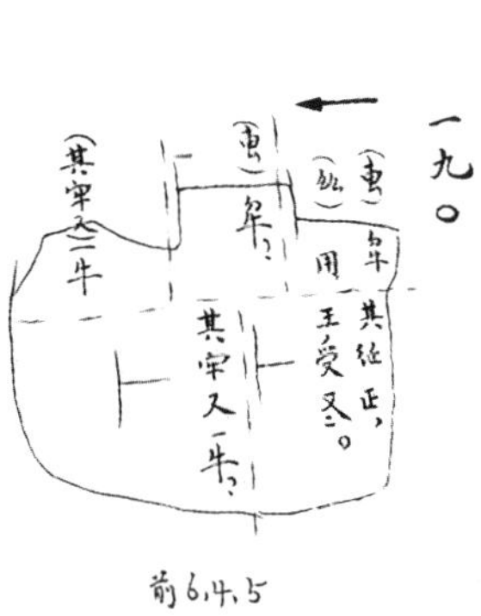

伍甲 190.2

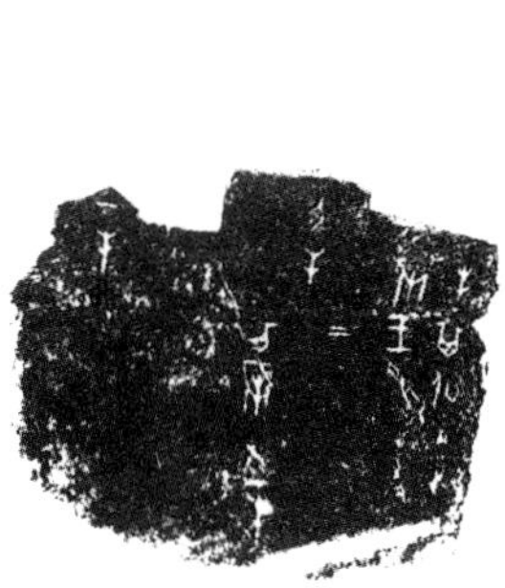

伍甲 190.3：合 36354

伍甲 191.1

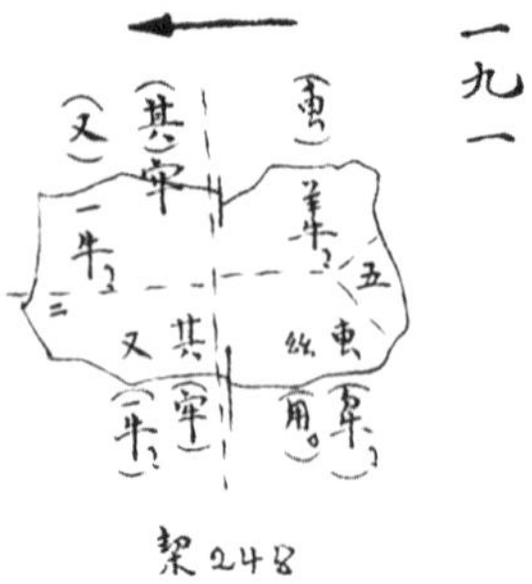

伍甲 191.2

伍甲 191.3：北珍 0695①

伍甲 192.1

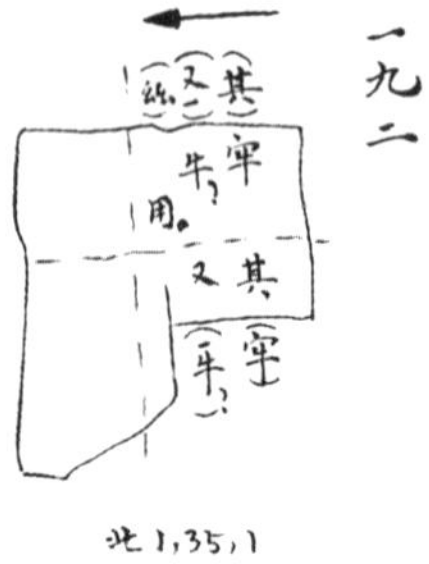

伍甲 192.2

伍甲 192.3：合 37211②

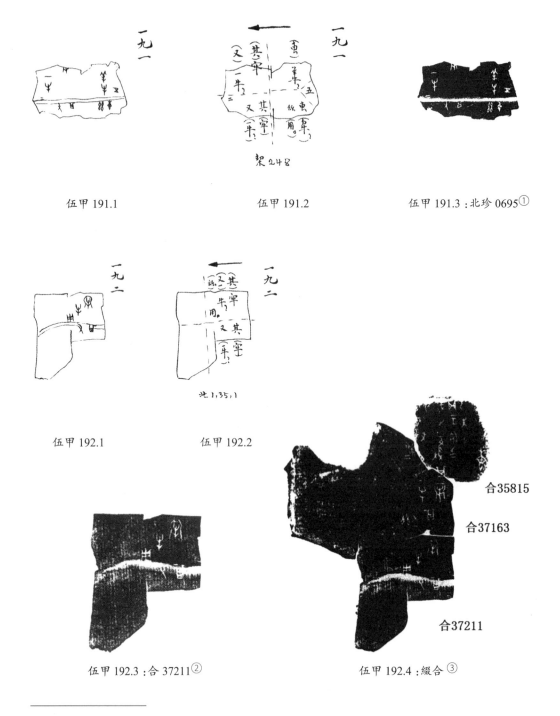

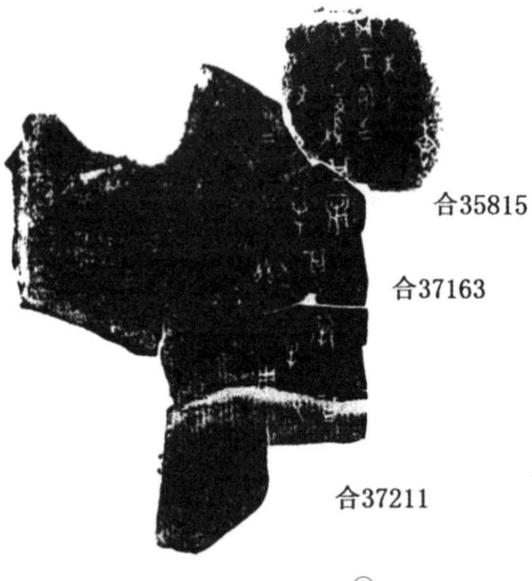

伍甲 192.4：綴合③

---

① 伍甲一九一：《合集》《合補》未收，現藏於北大，爲北珍 0695。

② 伍甲一九二：即合 37211，現藏於北大，爲北珍 0732。

③ 伍甲一九二的綴合組爲：合 35815+ 合補 11419【合 37163+ 合 37211】，見李愛輝：《清晰拓本在甲骨綴合中的重要意義——以新綴甲骨爲例》，《政大中文學報》（十九期）2013 年；又見《拼三》第 714 則。綴合與董作賓的補釋吻合。

伍甲 193.1

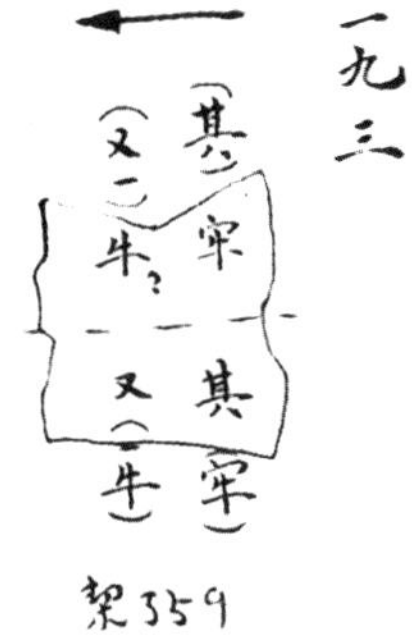

伍甲 193.2

伍甲 193.3：北珍 0755①

伍甲 194.1

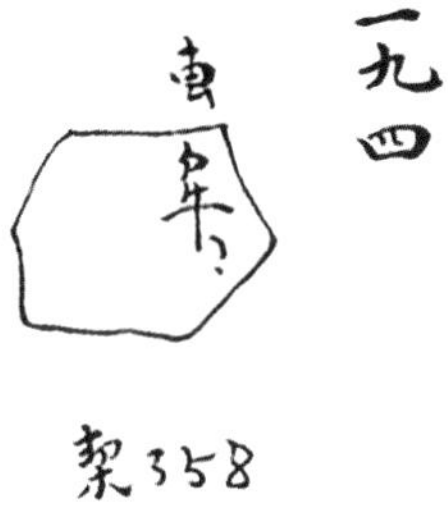

伍甲 194.2

伍甲 194.3：北珍 0752②

伍甲 195.1

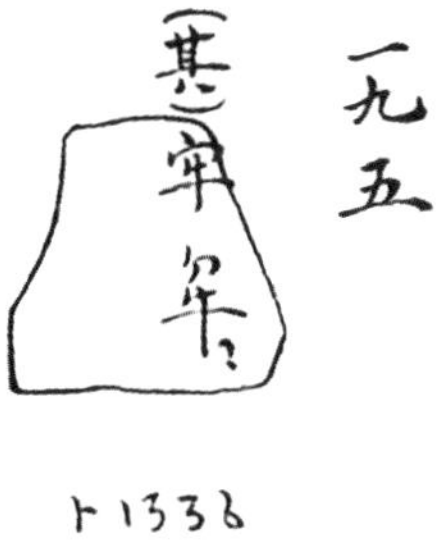

伍甲 195.2

伍甲 195.3：合 37094

① 伍甲一九三：《合集》《合補》未收，現藏於北大，爲北珍 0755。

② 伍甲一九四：《合集》《合補》未收，現藏於北大，爲北珍 0752。

伍甲 196.1

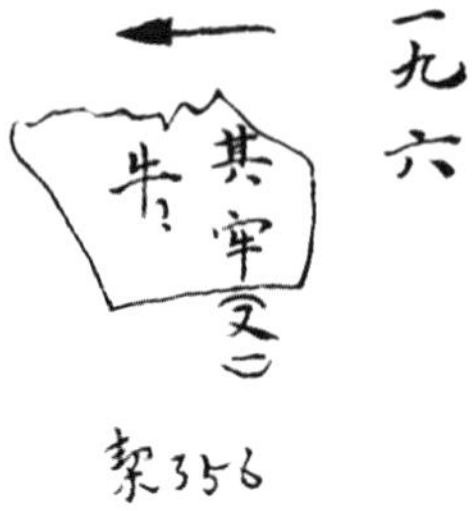

伍甲 196.2

伍甲 196.3：合 37262

伍甲 197.1

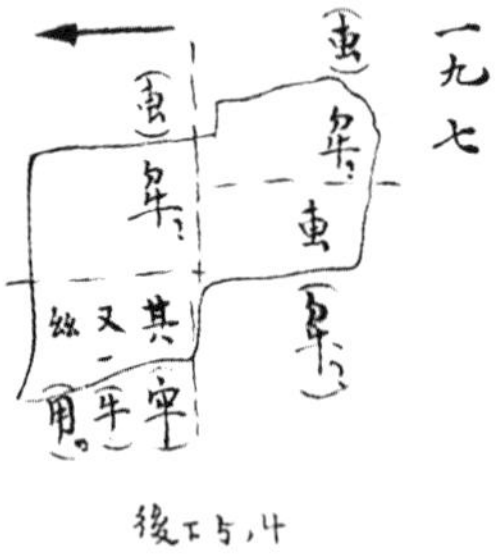

伍甲 197.2

伍甲 197.3：北珍 0727①

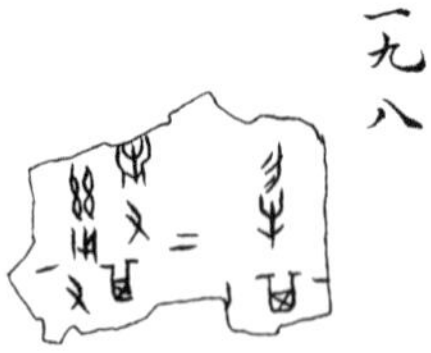

伍甲 198.1

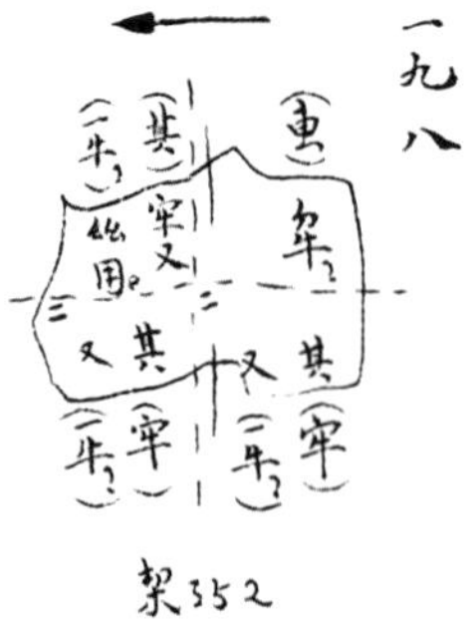

伍甲 198.2

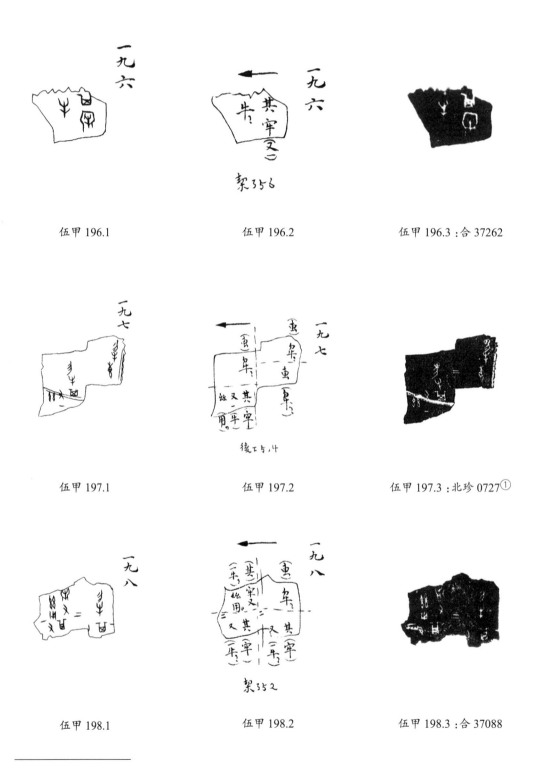

伍甲 198.3：合 37088

① 伍甲一九七：《合集》《合補》未收，爲藏於北大，即北珍 0727。摹本與原著録後下 5.4（合 37222）的拓本不符。

伍甲 199.1

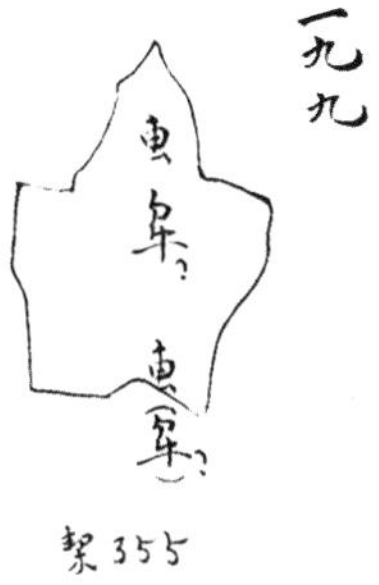
伍甲 199.2

伍甲 199.3 :合 37106

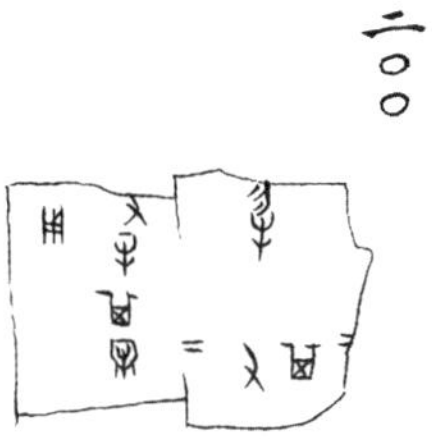
伍甲 200.1

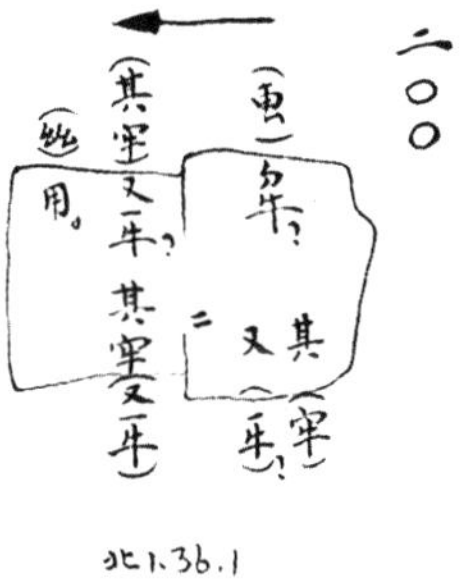
伍甲 200.2

伍甲 200.3 :合 37070

伍甲 201.1

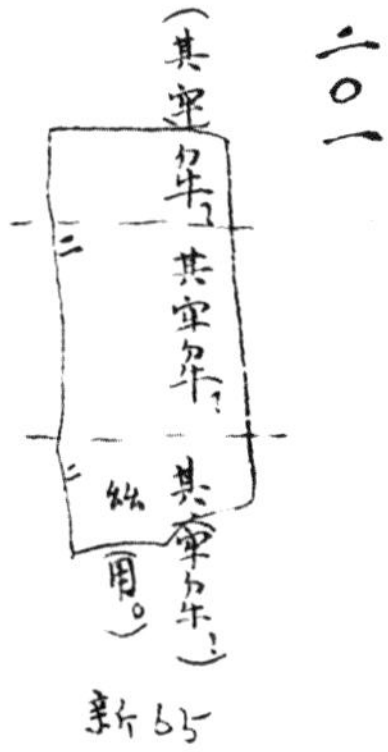
伍甲 201.2

伍甲 201.3 :合 37073

伍甲 202.1

伍甲 202.2

伍甲 202.3：北珍 0705

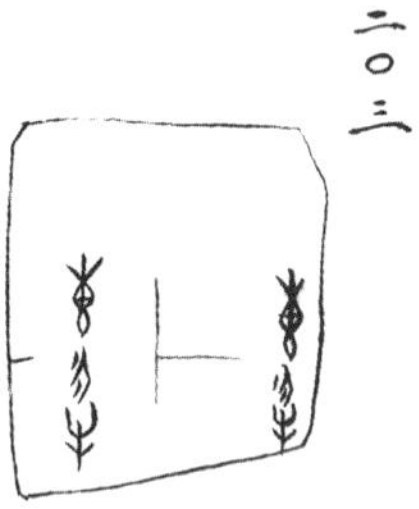

伍甲 203.1

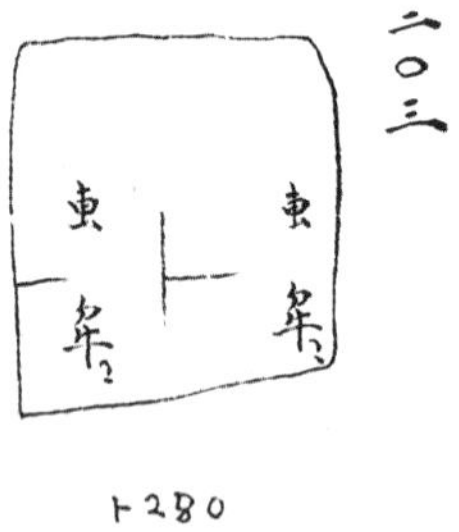

伍甲 203.2

伍甲 203.3：合 37108

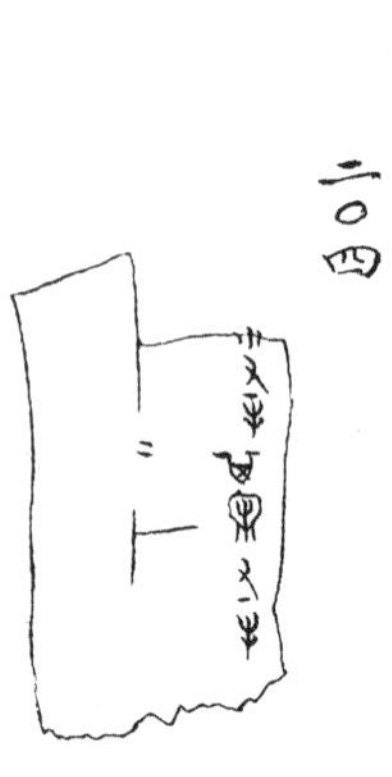

伍甲 204.1

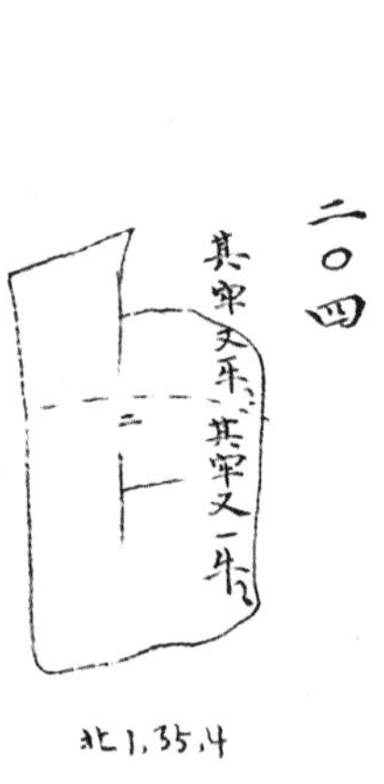

伍甲 204.2

伍甲 204.3：合 37037①

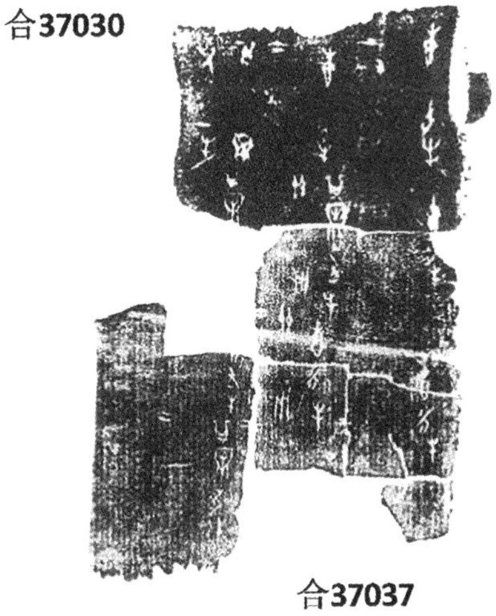

伍甲 204.4：綴合②

伍甲 205.1

伍甲 205.2

伍甲 205.3：合 37247③

① 伍甲二〇四：即合 37037（左），現藏於北大，爲北珍 0716（左）。與伍甲一八五可綴合，即合 37037。

② 伍甲二〇四的綴合組爲：合 37030（北珍 0721）+ 合 37037（北珍 0716），見李愛輝：《甲骨拼合第 476～480 則》，先秦史研究室網站，2019.8.27。

③ 伍甲二〇五：即合 37247，現藏於京人。合 37247 與摹本有差異，或爲同文。

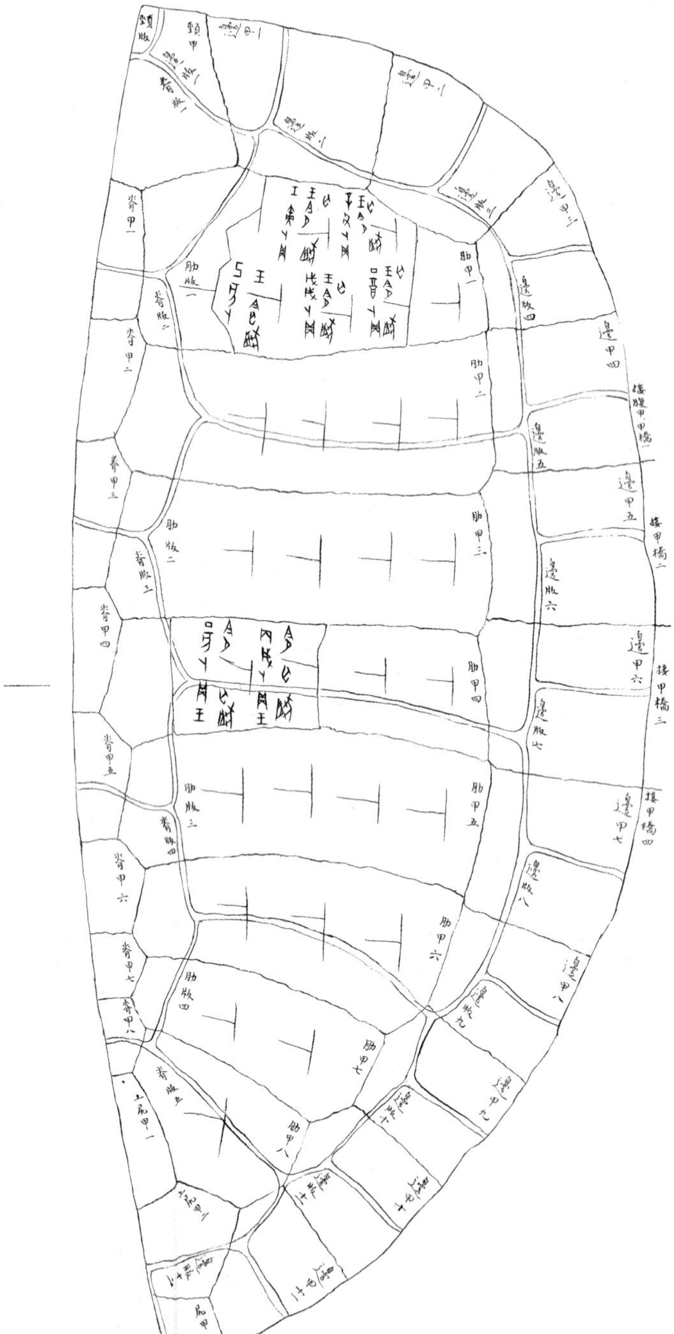

二〇六

標準甲（龜背甲 右半）

曲線：甲縫

雙線：角質盾版紋

伍甲 206.1

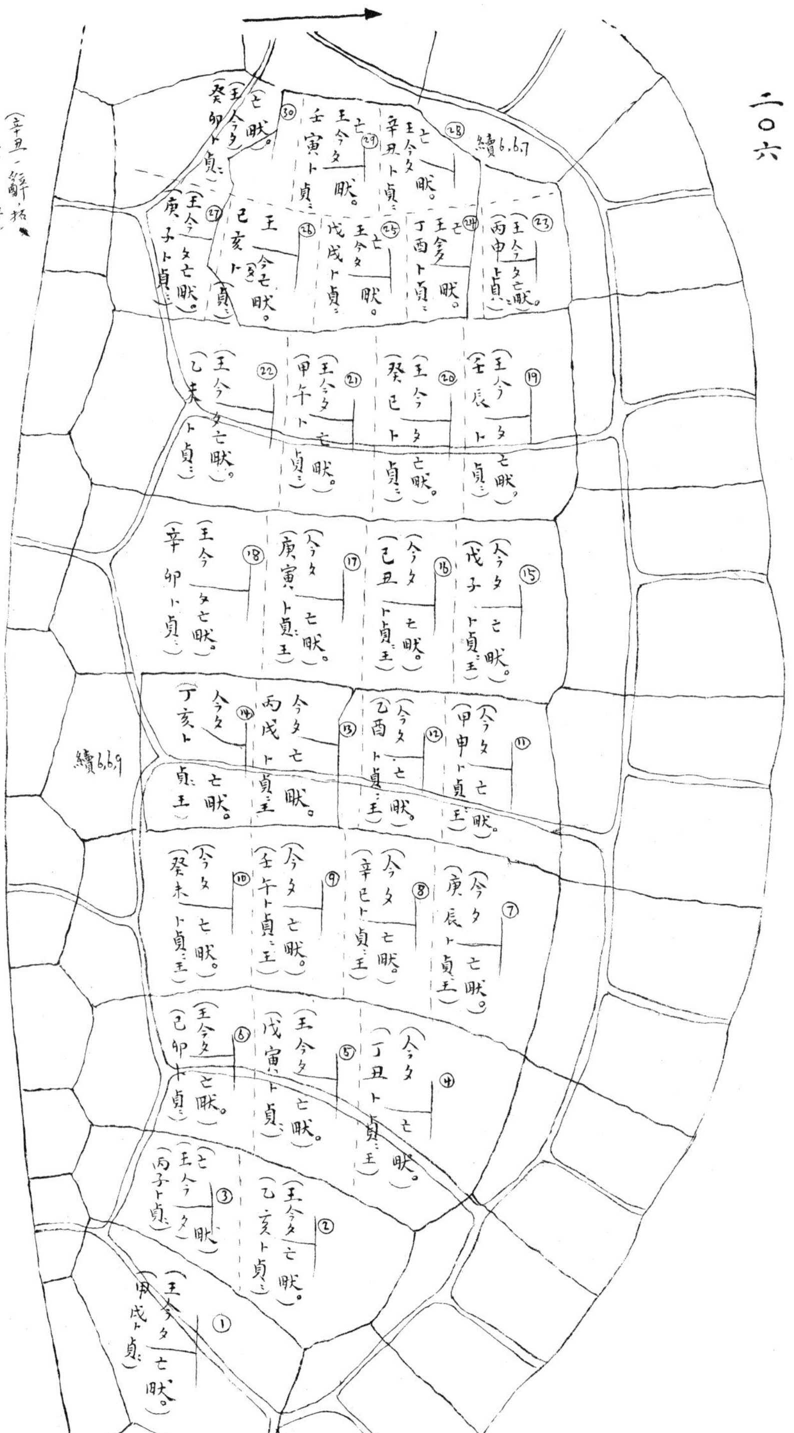

伍甲 206.2

伍甲 206.3：合 38866

伍甲 206.4：合 38837

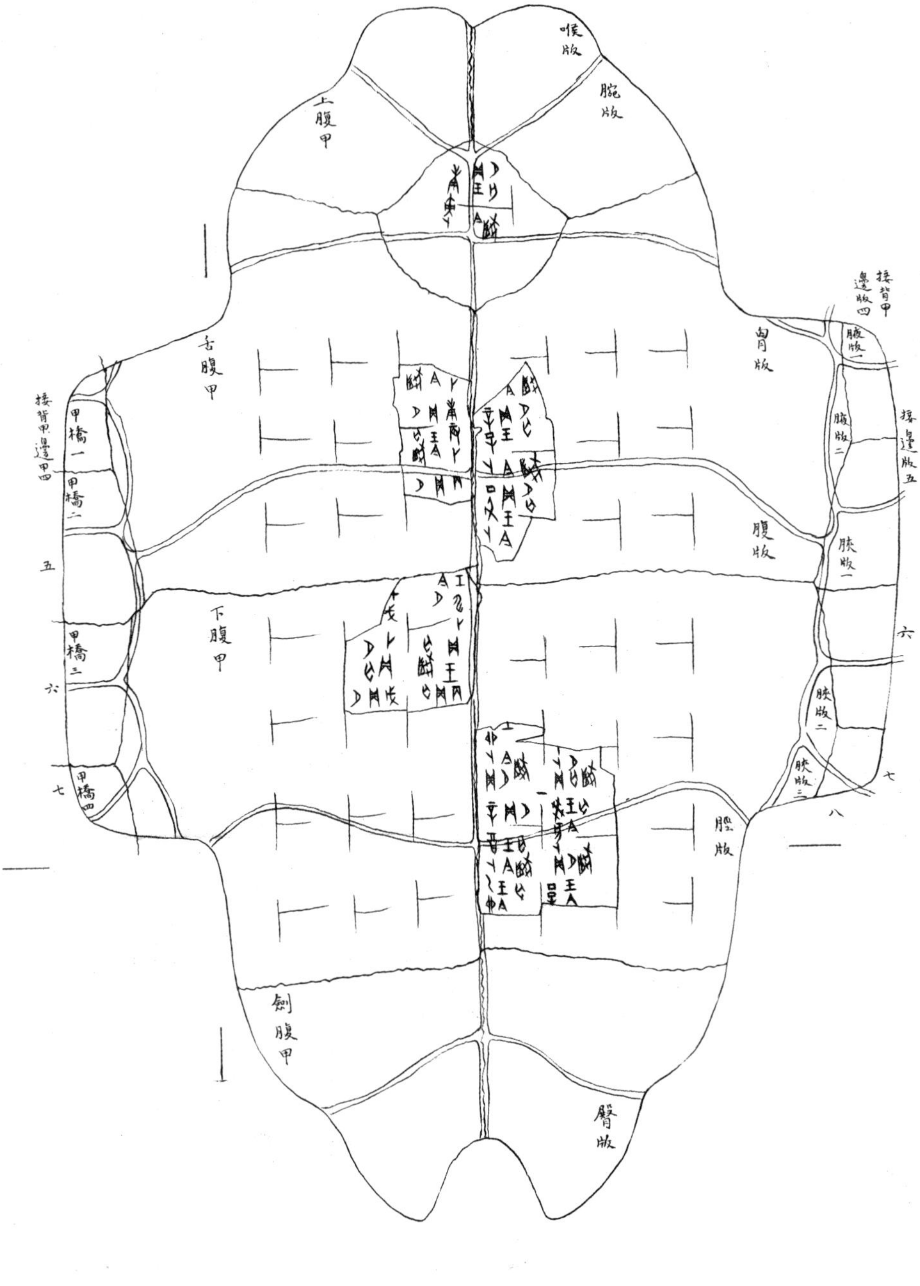

二〇七 標準甲（龜腹甲 全） 曲線：甲縫 雙線：角質盾版紋 左：甲 右：盾版

伍甲 207.1

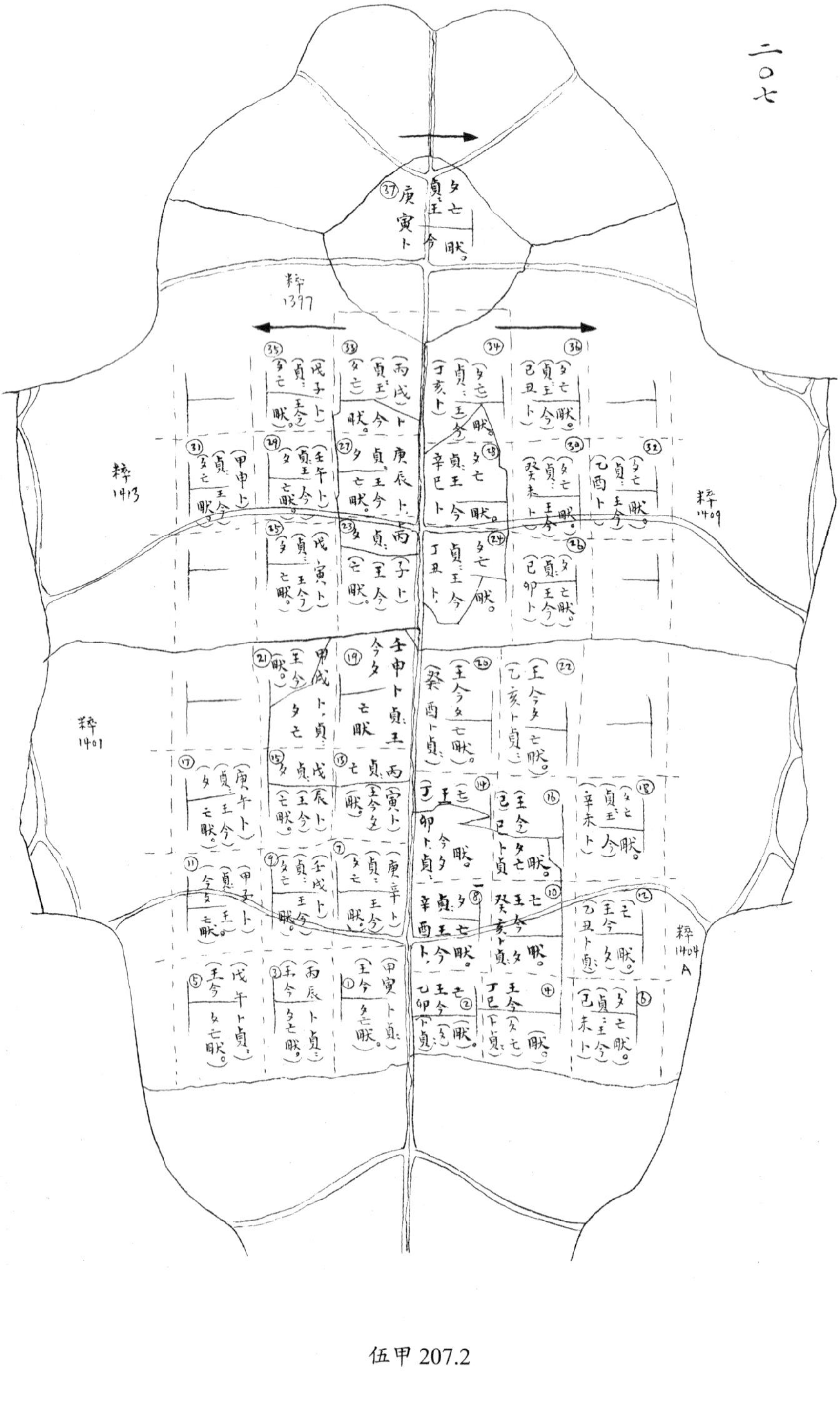

伍甲 207.2

伍甲 207.3 :合 38847①

伍甲 207.4 :合 38810②

伍甲 207.5 :合 38802③

伍甲 207.6 :合 38789④

伍甲 207.7 :合 38910⑤

伍甲 207.8 :綴合⑥

① 伍甲二〇七(首甲):即合 38847,現藏於國圖,爲北圖 14845。

② 伍甲二〇七(上腹甲左):即合 38810,現藏於國圖,爲北圖 14898。

③ 伍甲二〇七(上腹甲右):即合 38802,現藏於國圖,爲北圖 14953。

④ 伍甲二〇七(下腹甲左):即合 38789,現藏於國圖,爲北圖 14873。

⑤ 伍甲二〇七(下腹甲右):即合 38910,現藏於國圖,爲北圖 14846。摹本右邊不全形,合集 38910 爲全形圖。

⑥ 伍甲二〇七(下腹甲左)綴合組爲:合 38789+ 合補 12266+ 合補 12333+ 英藏 2617,見林宏明:《甲骨新綴第 213—215 例》,先秦史研究室網站,2011.4.26;又見《契合集》第 212 組。綴合與董作賓的補釋吻合。

伍 骨

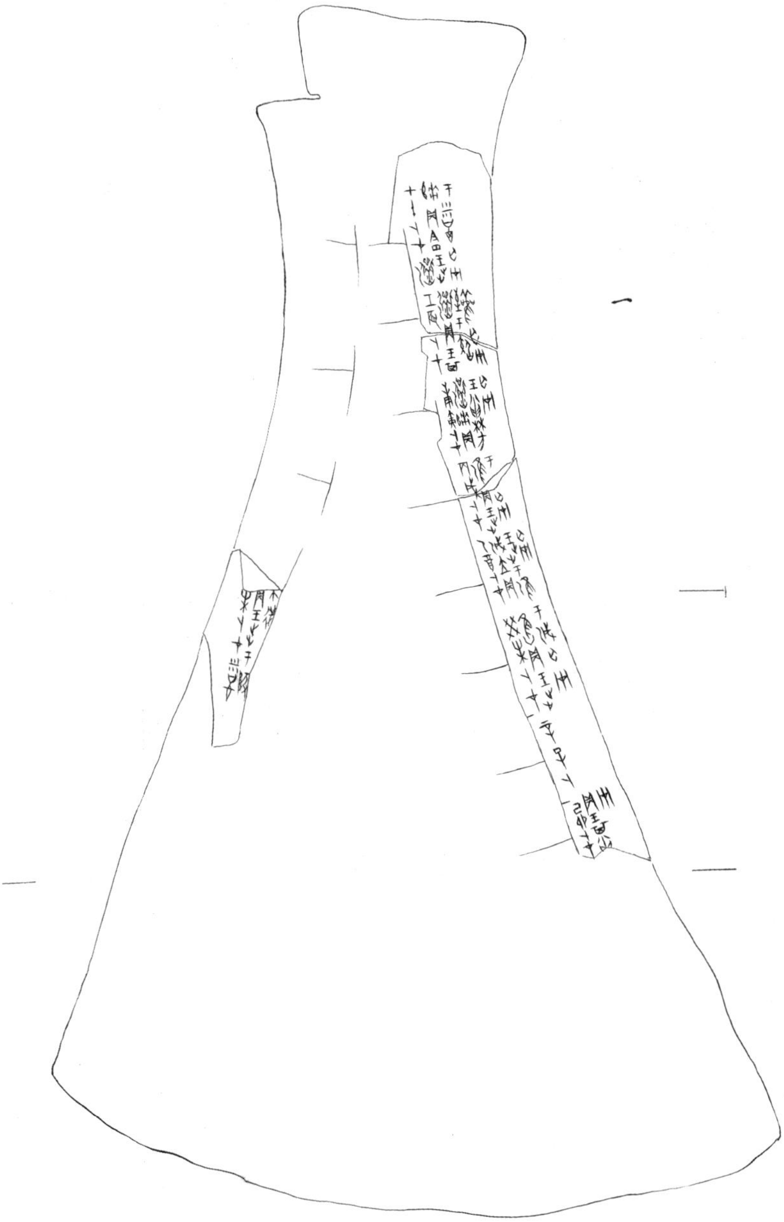

伍骨 1.1

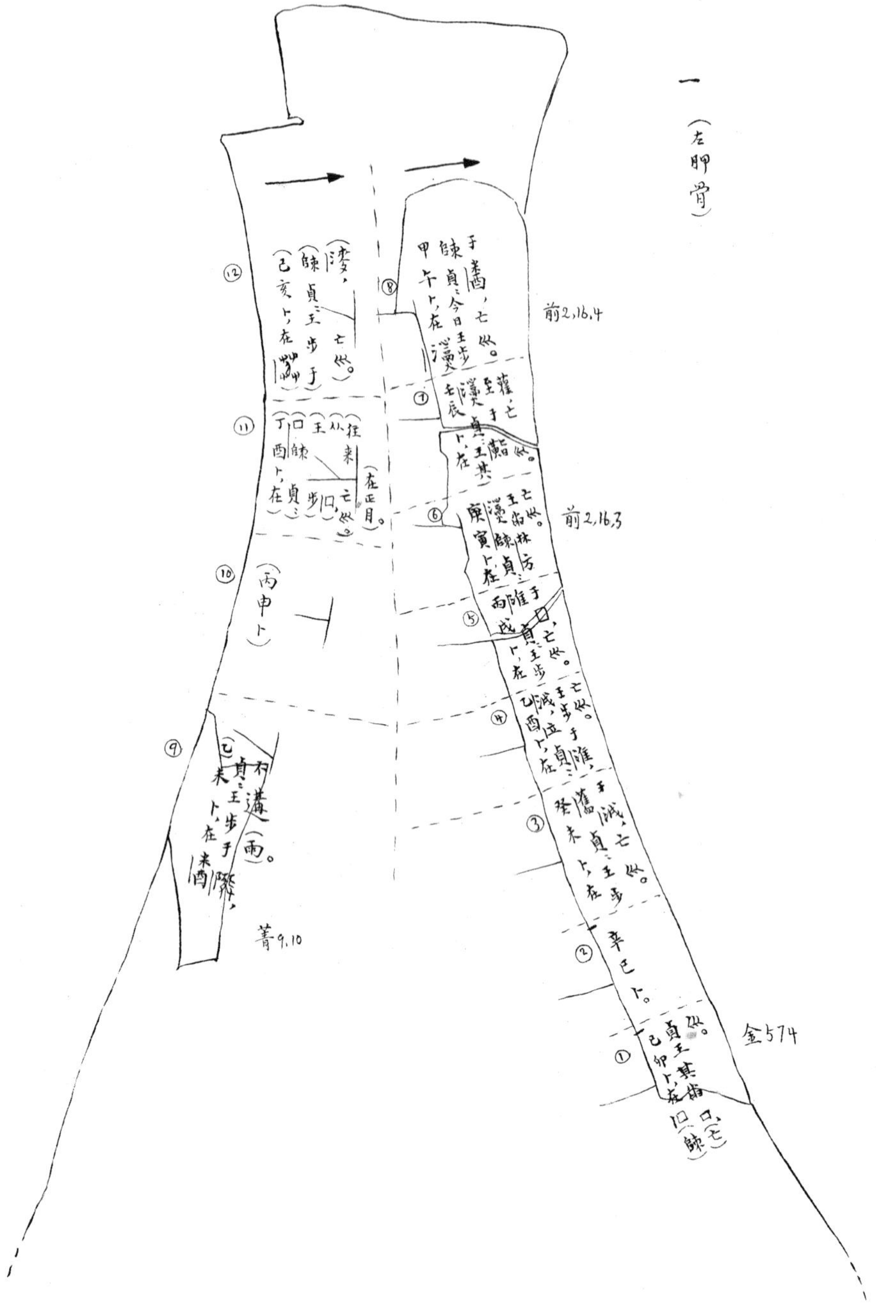

伍骨 1.2①

① 伍骨一的摹本，重見董作賓：《殷曆譜》下編卷 5，“閏譜五” 骨七，第 21 頁。

伍骨 1.3：合 36630①

伍骨 1.4：合 36968

伍骨 1.5：英藏 2564②

① 伍骨一（左）：即合 36630，現藏不詳。合 36630 來源爲菁 9.13，疑董作賓的原菁 9.10 有誤，抑或《菁華》之版本有異。

② 伍骨一（右下）：即合 41762，爲摹本，現藏英劍大，爲英藏 2564。

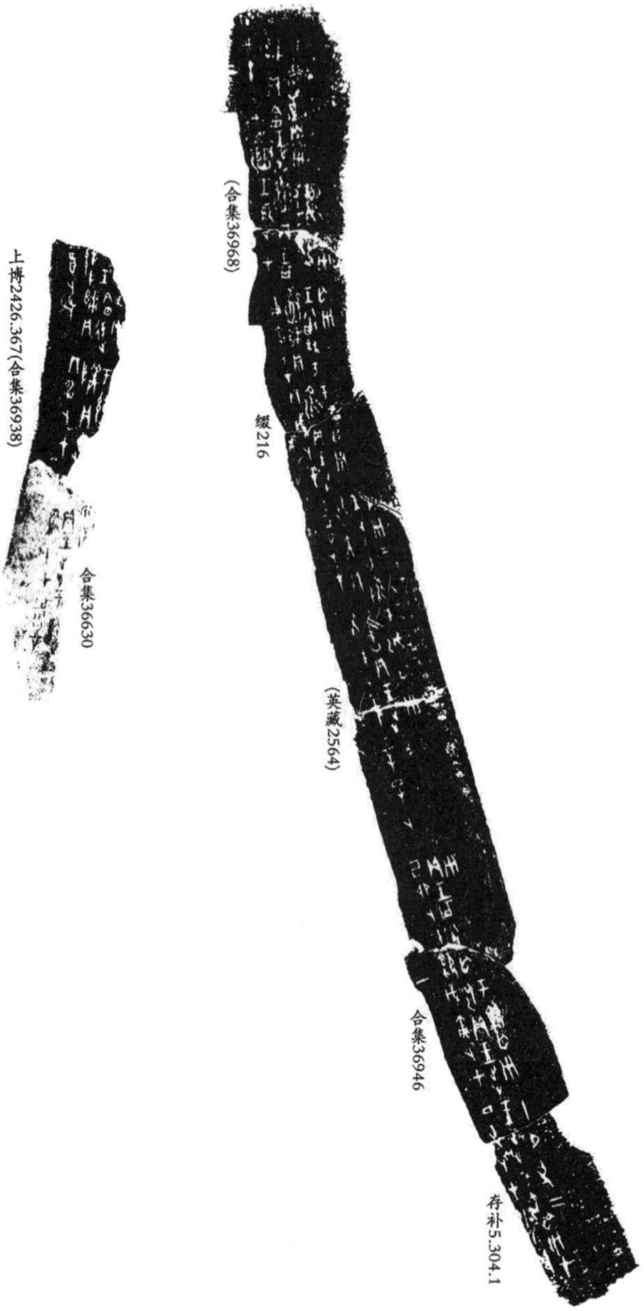

伍骨 1.6：綴合①

① 伍骨一的綴合組爲：存補 5.304.1+ 合 36968+ 合 41762（英藏 2564）+ 合 36946+……遥綴合 36630（菁 9.13）+ 上博 2426.367（合 36938），殷德昭在《彙編》第 271 則等基礎上加綴合 36946 和存補 5.304.1，見《黄組甲骨綴合十則（附綴合修正二則及綴合建議二則）》，先秦史研究室網站，2016.12.15。《彙編》第 271 則的綴合與董作賓的拼綴吻合。

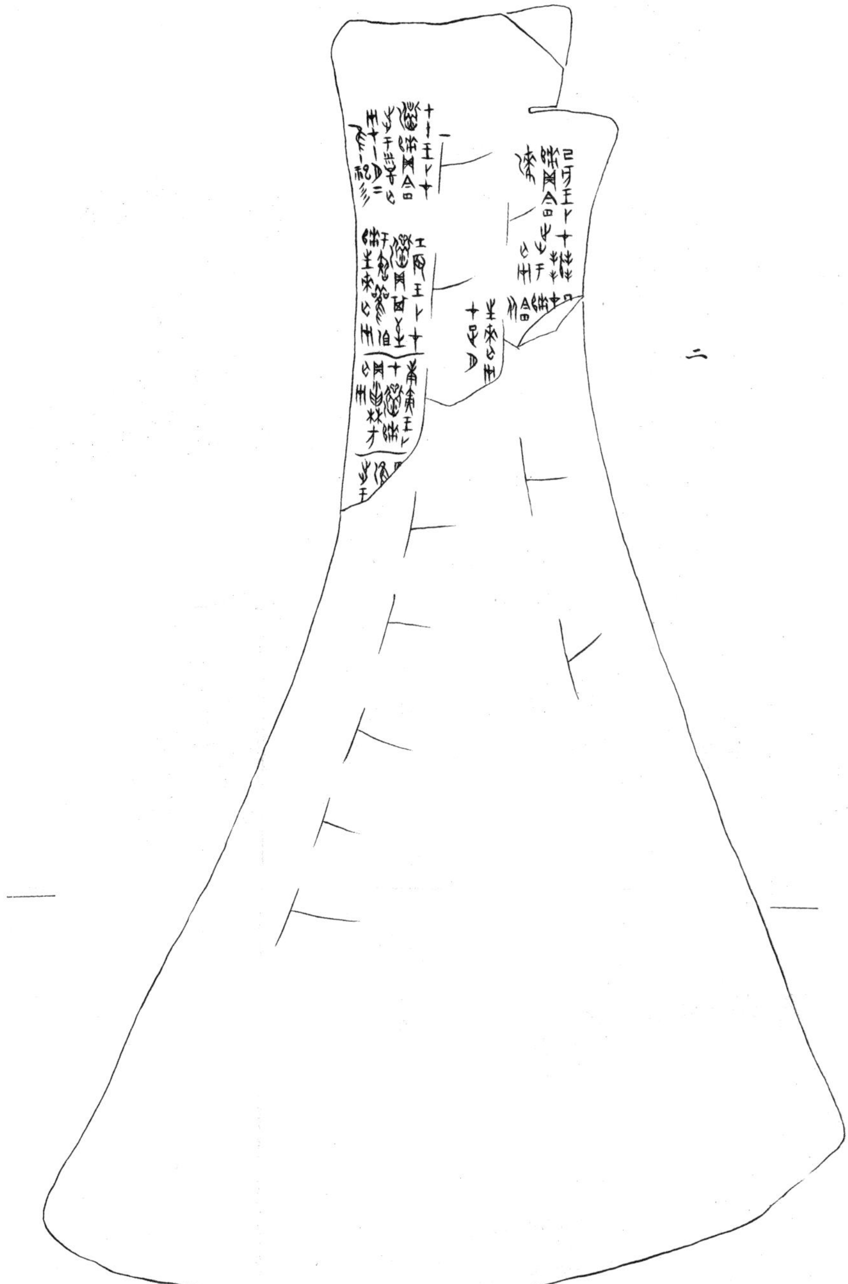

伍骨 2.1

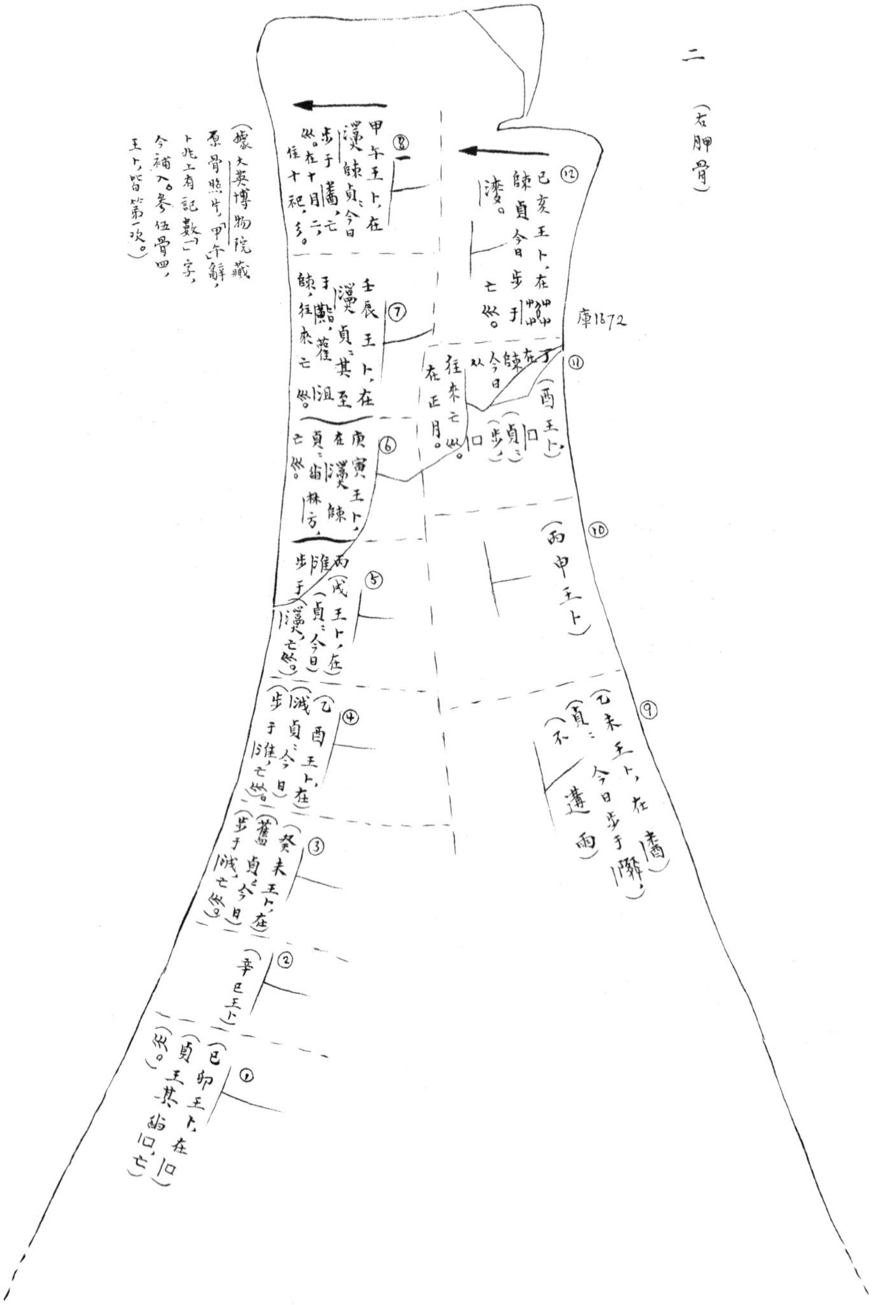

伍骨 2.2①

① 伍骨二摹本，重見於董作賓：《殷曆譜》下編卷 5，“閏譜五” 骨六，第 21 頁。

2563

伍骨 2.3：英藏 2563①

① 伍骨二：即合 41757 右、合 41780，均爲摹本，且合 41780 骨臼不全。現藏於英不圖，爲英藏 2563。

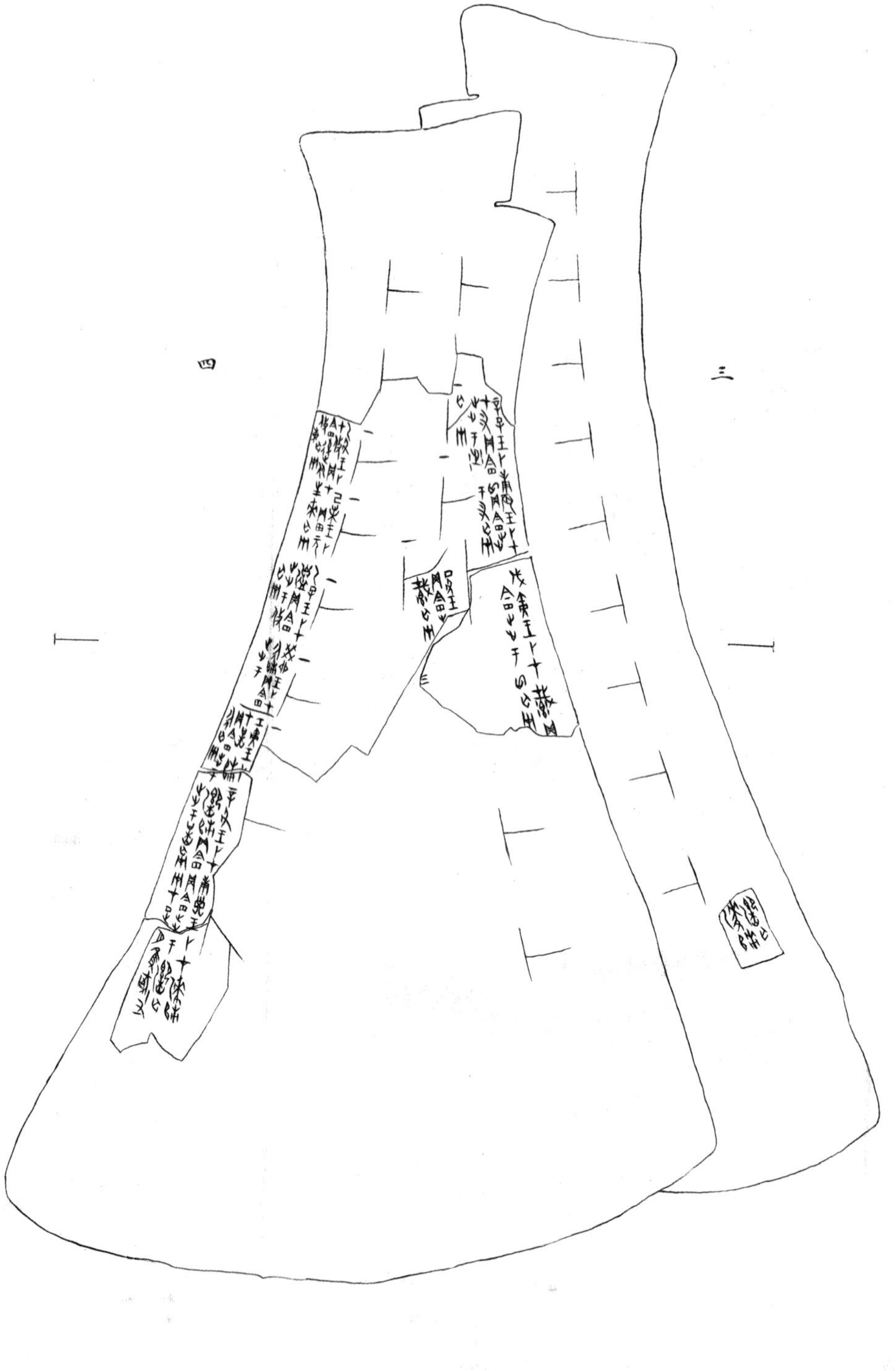

伍骨 3.1

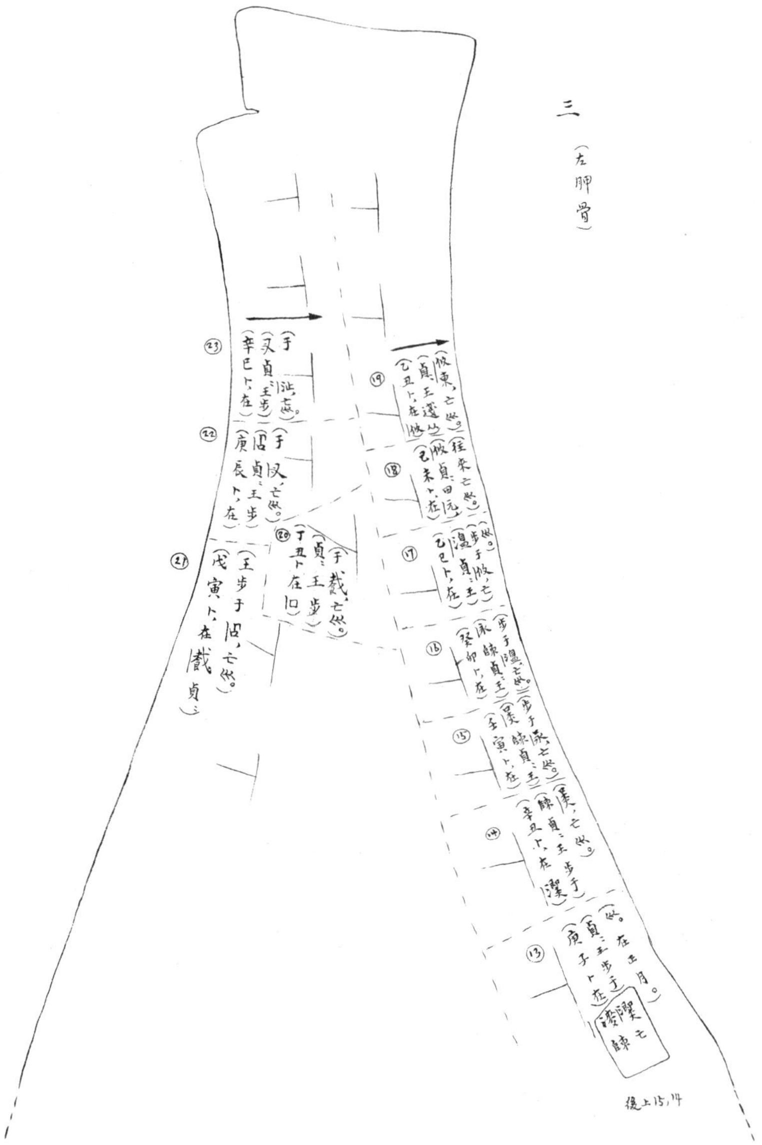

伍骨 3.2

伍骨 3.3：合 36912

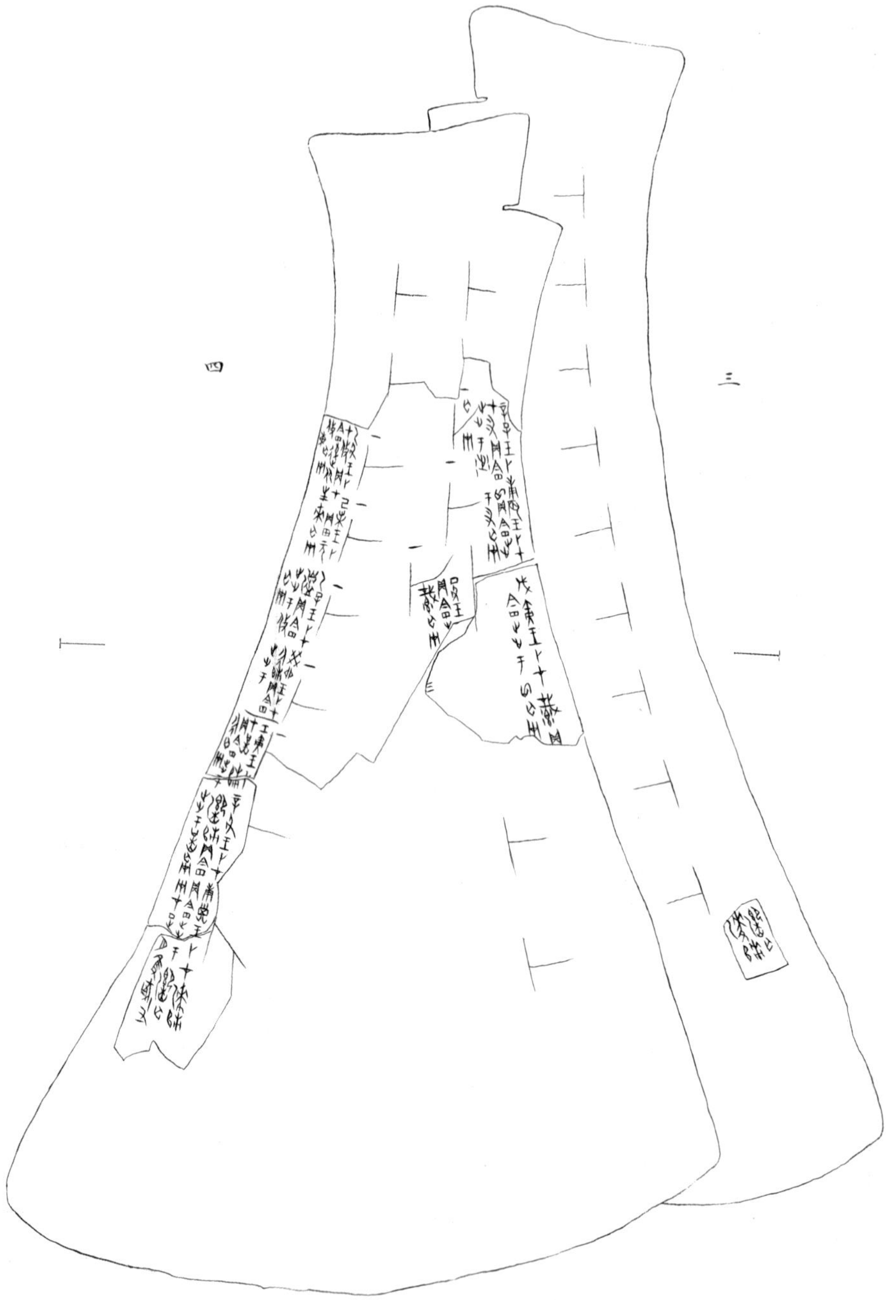

伍骨 4.1

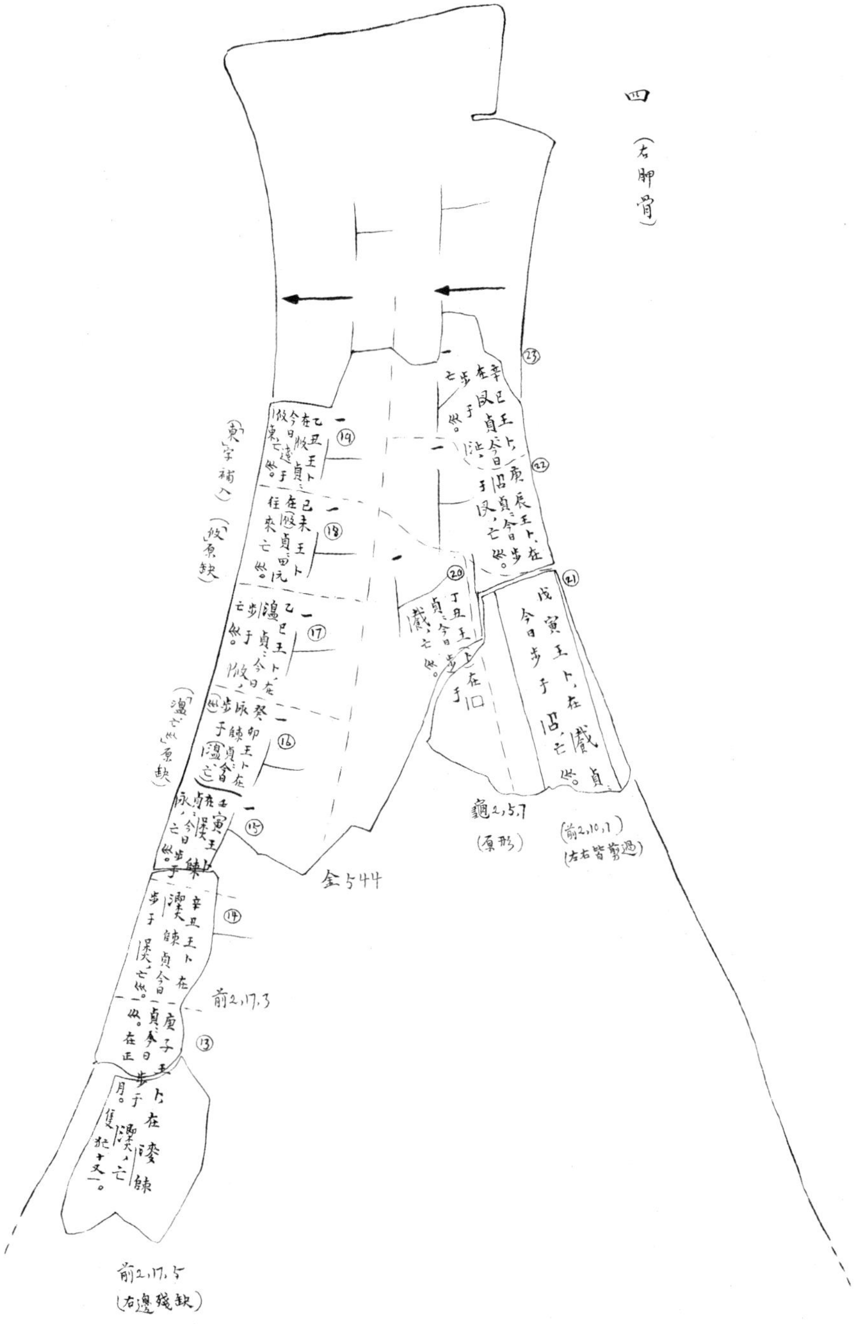

伍骨 4.2①

① 伍骨四摹本,重見於《殷曆譜》下編卷 9,日譜三。

伍骨 4.3：英藏 2562 正①

伍骨 4.4：英藏 2562 反

伍骨 4.5：合 37475

伍骨 4.6：合補 11141

① 伍骨四（上）：即合 41768，爲摹本，現藏於英劍大，爲英藏 2562 正。摹本缺反面，英藏 2562 有正、反。

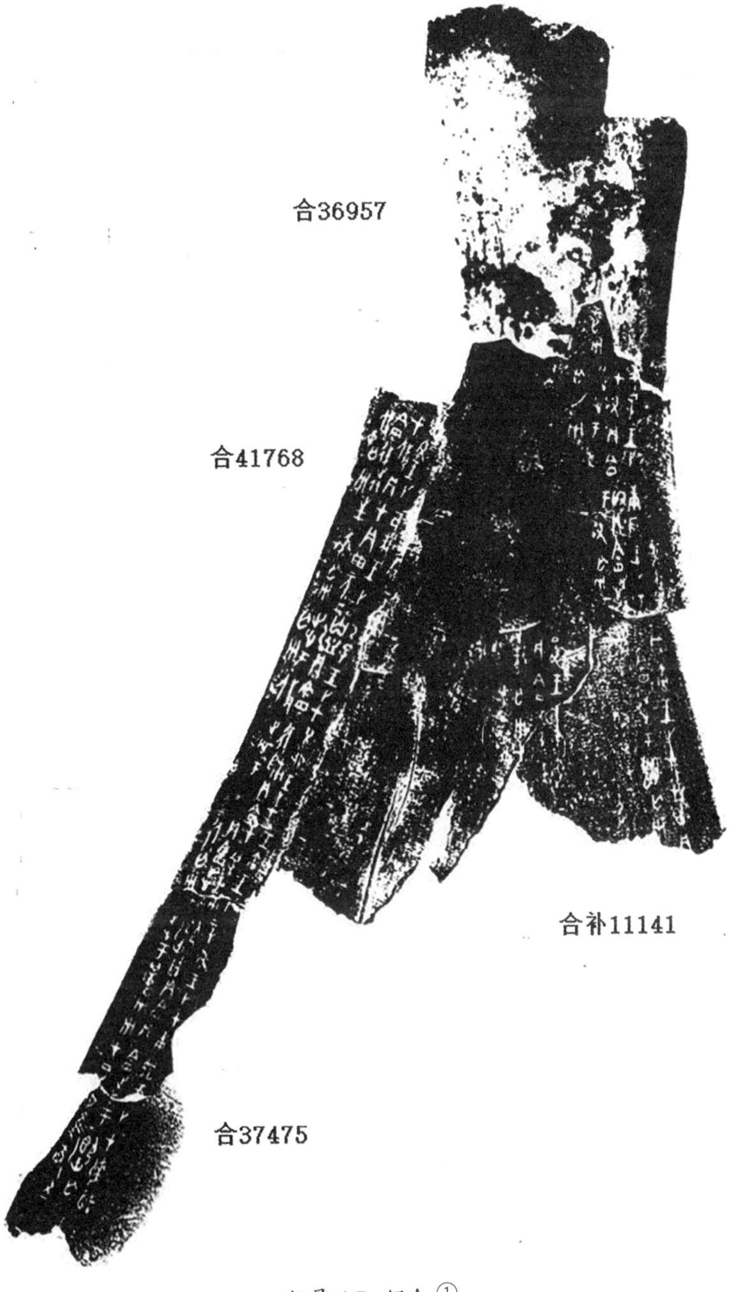

伍骨 4.7：綴合①

① 伍骨四的綴合組爲：合 36957+ 合 37475+ 合 41768（英藏 2562 正）+ 合補 11141，門藝綴，見《彙編》第 266 則。綴合與董作賓的拼綴吻合。

伍骨一、二、三、四（考釋）

右（上）四版，全文曾發表於《方法斂博士對於甲骨文字之貢獻》① 一文中，此其左右胛骨各二版之全形也。二、四爲右胛骨，皆王親卜貞者，卜之次序爲第一卜。一與三當史官所貞，一④有立，乃史之書名者，餘史爲誰，不可知矣。王乃帝辛，是四版，其正人方時行程中一組重要卜辭也。

四版合十殘片而成，釋文中全辭，多由對稱之版互補之。前文所録大小月有誤，玆據譜更列如次。卜辭録原有者，補足部分不録。

帝辛正人方日譜節鈔：

<table>
<tr><th colspan="2">殷曆譜</th><th>第一卜（右胛骨，王卜貞之辭）</th><th>第二卜（？）（左胛骨，史貞之辭）</th></tr>
<tr><td colspan="4">帝辛十祀（公元前一一六五年　丙申）</td></tr>
<tr><td rowspan="8">十二月小
（殷正）</td><td>戊辰一日
儒略周日一二九六二五五（一一六五年十二月廿五日②）</td><td></td><td></td></tr>
<tr><td>己卯十二日</td><td></td><td>①己卯卜，在□貞：王其𠂤□，亡𡿧。</td></tr>
<tr><td>辛巳十四日</td><td></td><td>②辛巳卜。</td></tr>
<tr><td>癸未十六日</td><td></td><td>③癸未卜，在舊貞：王步于泧，亡𡿧。</td></tr>
<tr><td>乙酉十八日</td><td></td><td>④乙酉卜，在泧，立貞：王步于淮，亡𡿧。</td></tr>
<tr><td>丙戌十九日
（一一六四年一月一日）</td><td>⑤丙（戌王卜，在）淮（貞：今日）步于（渼，亡𡿧。）</td><td>⑤丙戌卜，在淮，貞：王步于（渼），亡𡿧。</td></tr>
<tr><td>庚寅廿三日</td><td>⑥庚寅王卜，在渼𠂤東貞：𠂤林方，亡𡿧。</td><td>⑥庚寅卜，在渼𠂤東貞：王𠂤林方，亡𡿧。</td></tr>
<tr><td>壬辰廿五日</td><td>⑦壬辰王卜，在渼貞：其至于黃旨雚沮𠂤東，往來亡𡿧。</td><td>⑦壬辰卜，在渼貞：王其至于黃旨雚，亡𡿧。</td></tr>
</table>

① 董作賓：《方法斂博士對於甲骨文字之貢獻》，國立北平圖書館《圖書季刊》新第 2 卷第 3 期，1940 年。

② 按原文衍"六"字，應爲一一六五年。

續表

殷曆譜		第一卜(右胛骨,王卜貞之辭)	第二卜(？)(左胛骨,史貞之辭)
十二月小(殷正)	甲午廿七日	⑧甲午王卜,在𣶒𠂤柬貞:今日步于𠷎,亡𡿧。在十月(又)二,隹十祀。彡。(此“彡”字關係極大,爲甲午系彡上甲之日)	⑧甲午卜,在𣶒𠂤柬貞:今日王步于𠷎,亡𡿧。
	乙未廿八日		⑨(乙)未卜,在𠷎貞:王步于𨸏,不遘雨。
(以上,伍骨一)			
帝辛十一祀(公元前一一六四年　丁酉)			
正月大	丁酉一日 一二九六二八四 (一月十二日)	⑪丁(酉王卜,)在□𠂤柬(貞:)今日(徙),从□。往來亡𡿧。在正月。	
	己亥三日	⑫己亥王卜,在𦮑𠂤柬貞:今日步于𣻏,亡𡿧。	
	(以上伍骨二)		
	庚子四日	⑬庚子王卜,在𣻏𠂤柬貞:今日步于㶚,亡𡿧。在正月。隻狐十又一。	⑬庚子卜,在𣻏𠂤柬貞:王步于㶚,亡𡿧。
	(以上伍骨三)		
	辛丑五日	⑭辛丑王卜,在㶚𠂤柬貞:今日步于吳,亡𡿧。	
	壬寅六日	⑮壬寅王卜,在吳𠂤柬貞:今日步于永,亡𡿧。	
	癸卯七日	⑯癸卯王卜,在永𠂤柬貞:今日步于(溫,亡𡿧。)	

續表

殷曆譜		第一卜（右胛骨，王卜貞之辭）	第二卜（？）（左胛骨，史貞之辭）
正月大	乙巳九日	⑰ 乙巳王卜，在温貞：今日步于攸，亡巛。	
	己未廿三日	⑱ 己未王卜，在（攸）貞：田元，往來亡巛。	
	乙丑廿九日	⑲ 乙丑王卜，在攸貞：今日徃，从攸東，亡巛。	
二月小	丁卯一日 （一二九六三一四） （二月十一日）		
	丁丑十一日	⑳ 丁丑王卜貞：今日步于戠，亡巛。	
	戊寅十二日	㉑ 戊寅王卜，在戠貞：今日步于旨，亡巛。	
	庚辰十四日	㉒ 庚辰王卜，在旨貞：今日步于叉，亡巛。	
	辛巳十五日	㉓ 辛巳王卜，在叉貞：今日步于沚，亡巛。	
（以上伍骨四）			

以上爲帝辛正人方時兩閱月①行程中關於卜行止之版。尚有卜夕、卜旬可資印證之版，別詳《日譜》。以卜夕、卜旬之版參證之，知帝辛於十一祀正月己酉（十三日）至攸，二月戊寅（十二日）離去，前後在攸駐蹕一月之久，即他辭王卜貞所謂“余从攸侯喜正人方”也。

由四版，可見骨版刻辭先後，及左右行，在左右胛骨上之款式。讀者細審之，即知其異常規整也。

又右（上）表中⑥至⑧各辭，上爲王貞，下爲史貞，比較之，便可見語氣之不同。王所貞乃自己事，史則處處必稱“王”，其恭謹崇敬之情態，可以想見。

① 兩閱月：指度過或經歷兩個月。

伍骨 5.1

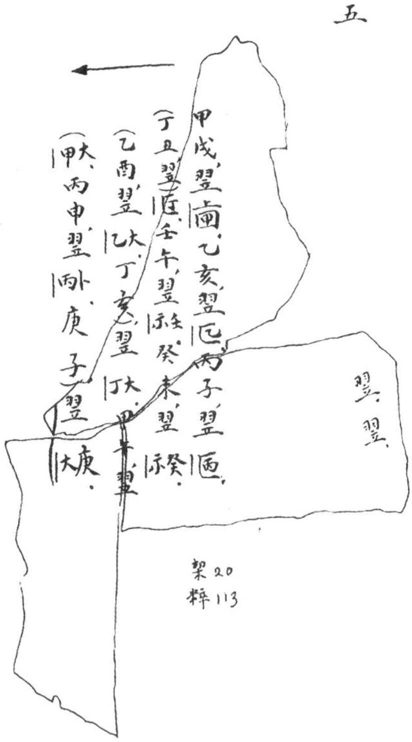

伍骨 5.2

合35406

伍骨 5.3：合 35406①

---

① 伍骨五：即合 35406。合 35406（上）現藏於北大，爲北珍 0471；合 35406（下）現藏於國圖，爲北圖 5601+ 北圖 17923，經實物檢驗綴合成立。摹本骨形不全，《合集》爲全形圖。

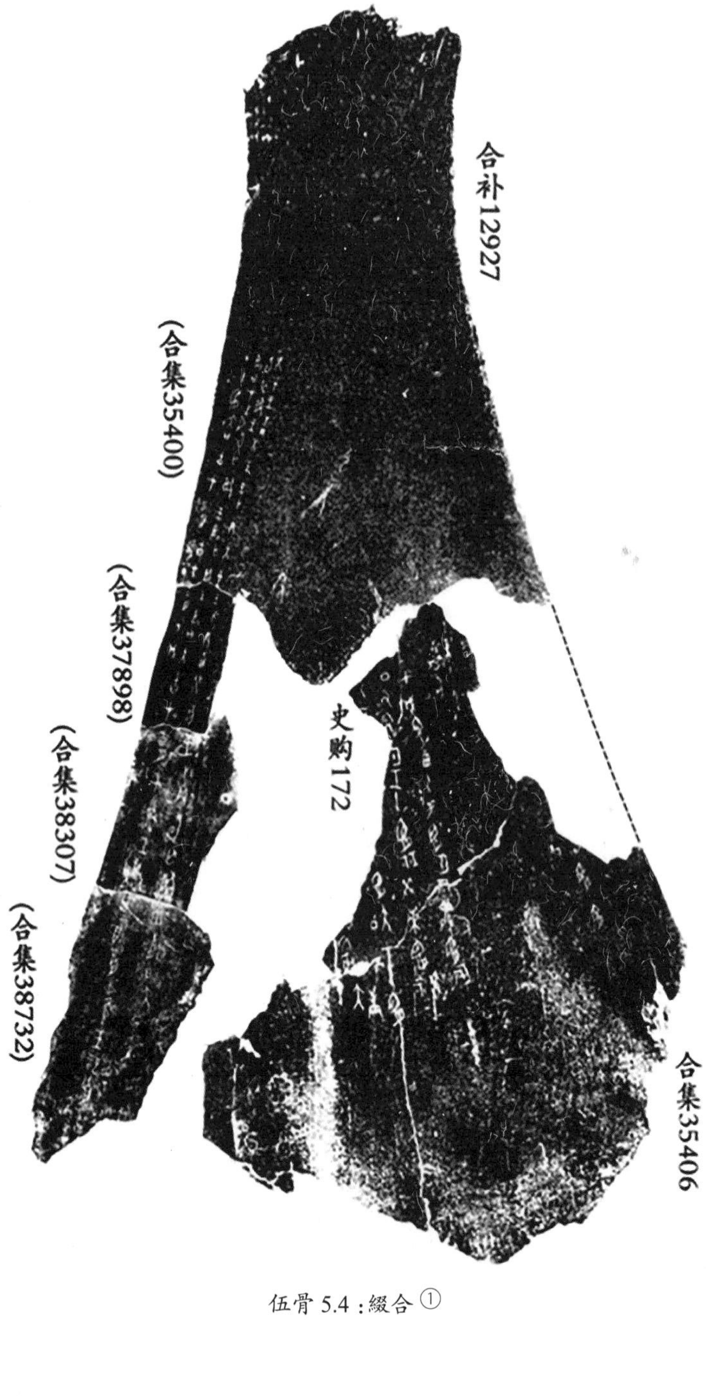

伍骨 5.4：綴合①

① 伍骨五的綴合組爲：合補 12927［合 38307+ 合 38732+ 合 37898+ 合 35400］+ 合 35406+ 史購 172，見殷德昭：《黄組甲骨綴合十則》第七則，先秦史研究室網站，2016.12.15。合 35406（粹 113 乙、丙），即北圖 5601+ 北圖 17923，經實物檢驗綴合成立。

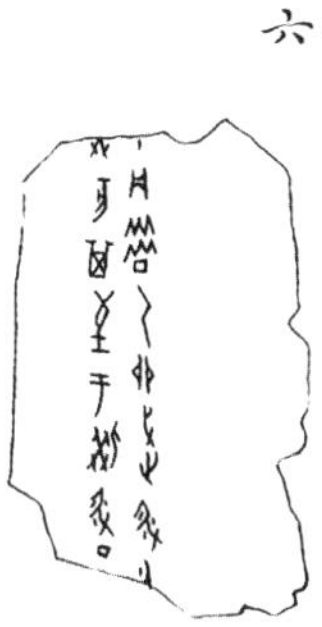

伍骨 6.1

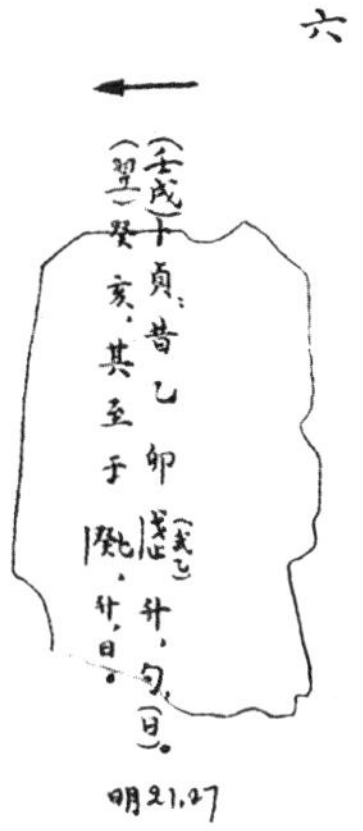

伍骨 6.2

伍骨 6.3 :合 36317

伍骨 7.1

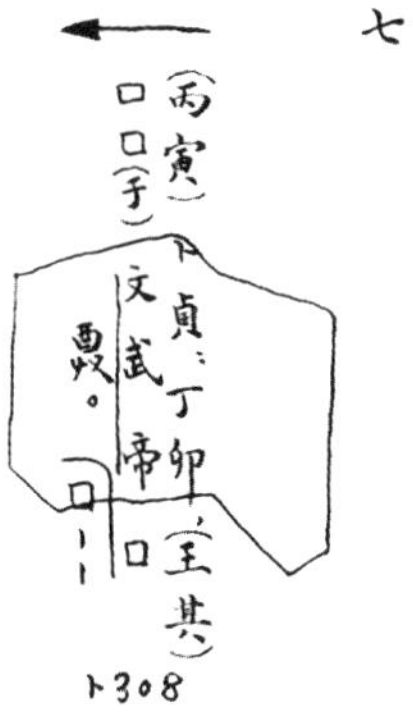

伍骨 7.2

伍骨 7.3 :合 36175

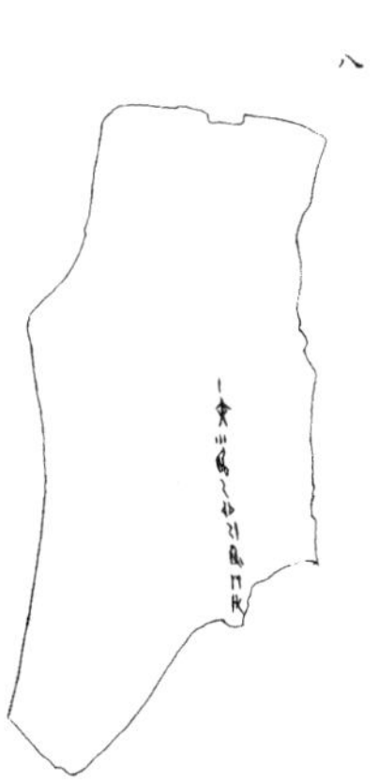

伍骨 8.1

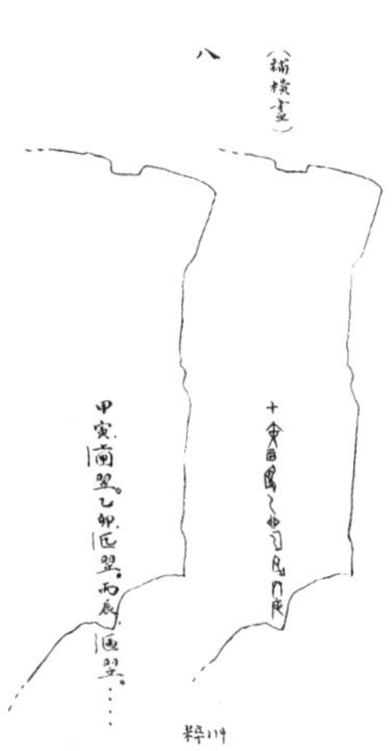

伍骨 8.2

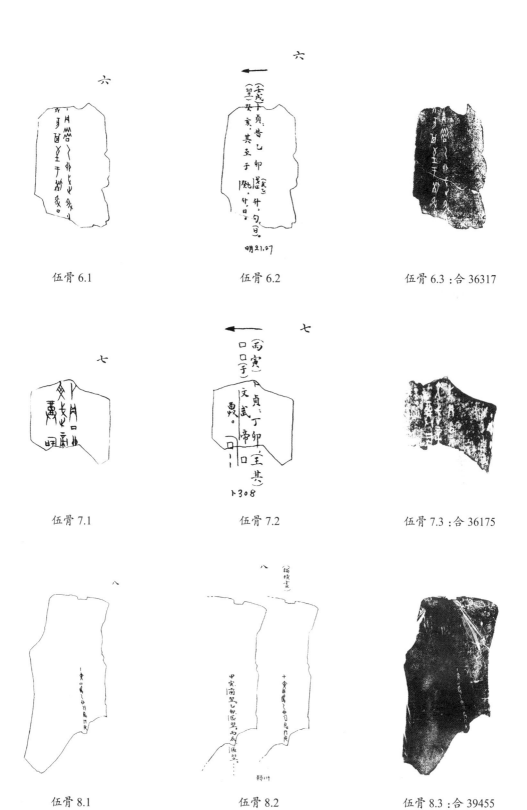

伍骨 8.3 :合 39455

伍骨 9.1

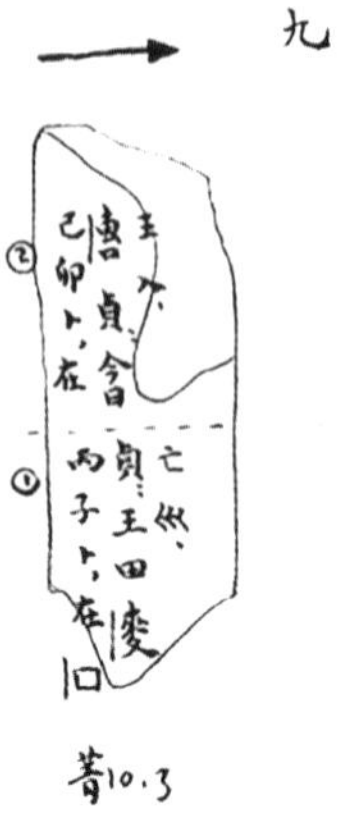

伍骨 9.2

伍骨 9.3：合 37788①

伍骨 10.1

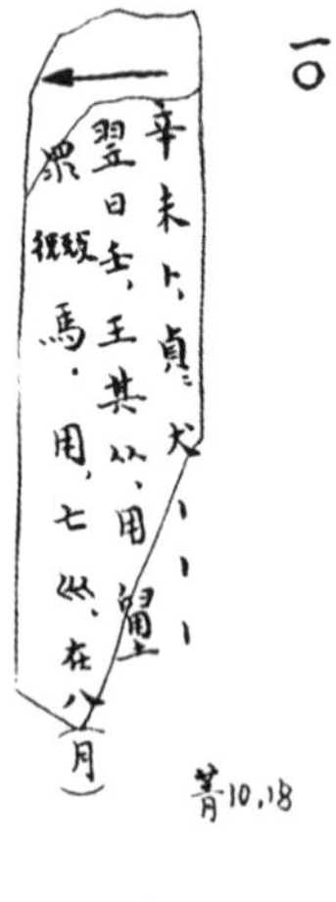

伍骨 10.2

伍骨 10.3：合 36988

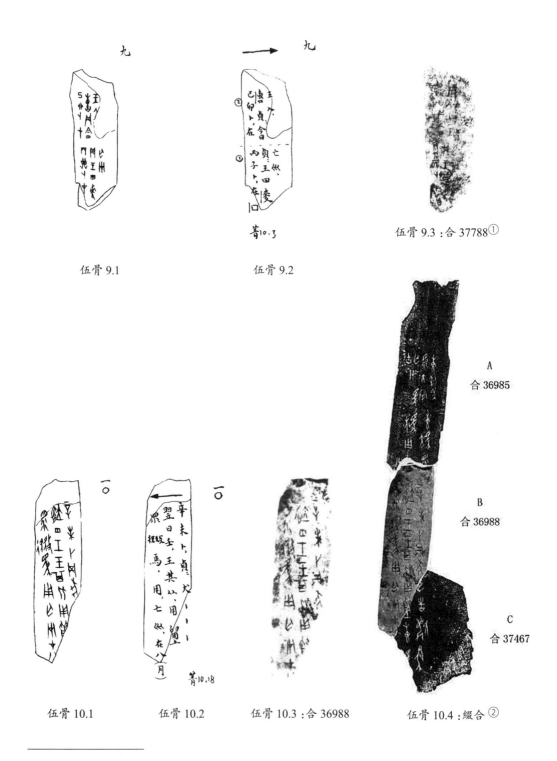

A 合 36985

B 合 36988

C 合 37467

伍骨 10.4：綴合②

① 伍骨九：即合 37788，現藏不詳，《合集》不清晰，非拓本。

② 伍骨一〇：即合 36988，《合集》不清晰，非拓本。綴合組爲合 36985+ 合 36988+ 合 37467，見蔣玉斌：《〈甲骨文合集〉綴合拾遺》第七十五—七十八組，先秦史研究室網站，2010.10.26。

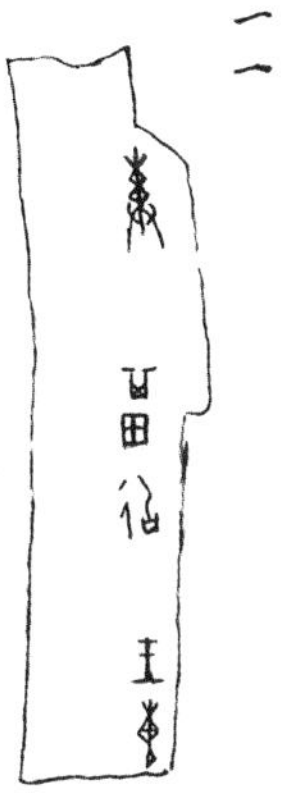

伍骨 11.1

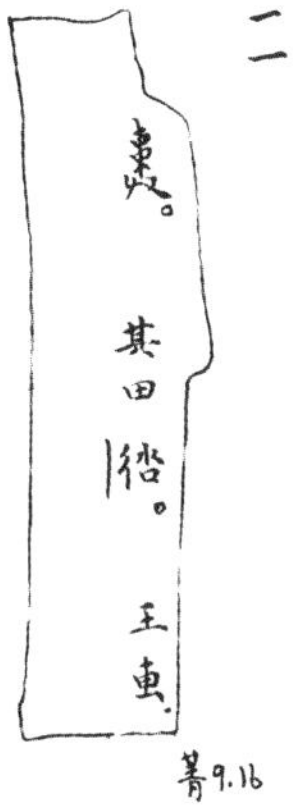

伍骨 11.2

伍骨 11.3：合 29284①

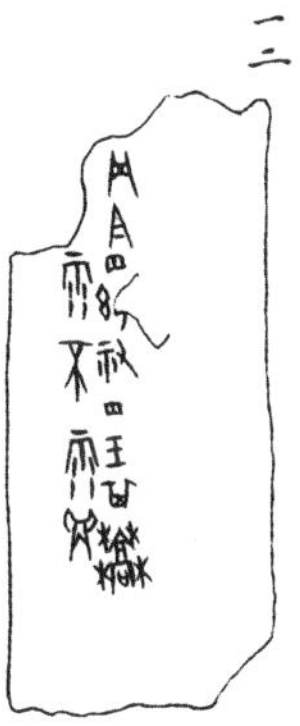

伍骨 12.1

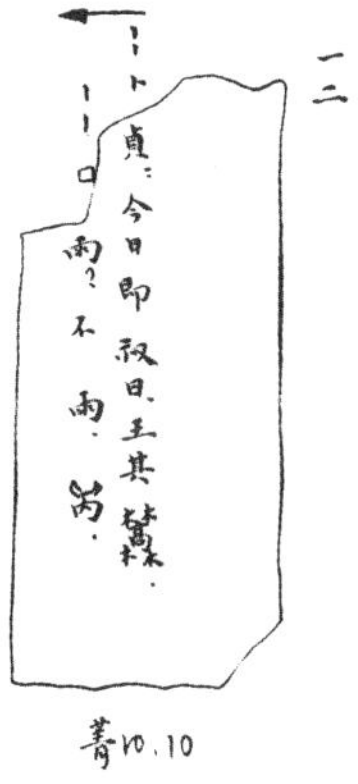

伍骨 12.2

伍骨 12.3：合 38152②

① 伍骨一一：即合 29284，現藏不詳，《合集》上端未拓全。

② 伍骨一二：即合 38152，現藏不詳，《合集》不清晰，非拓本。

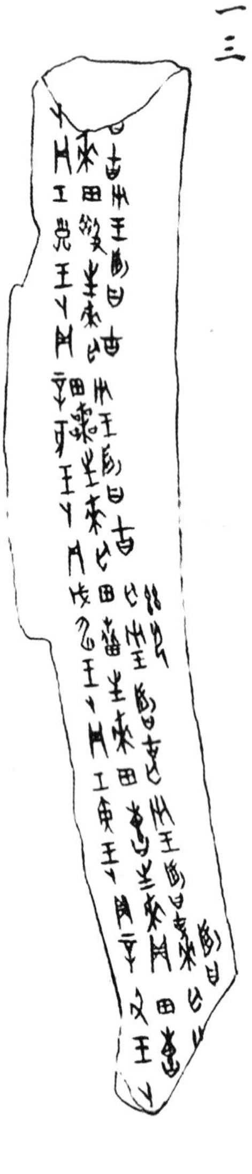

伍骨 13.1

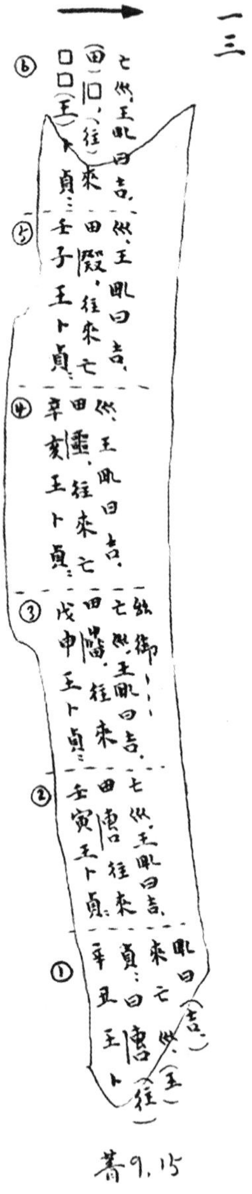

伍骨 13.2

伍骨 13.3：合 37661①

① 伍骨一三：即合 37661，現藏不詳，《合集》不清晰，非拓本。

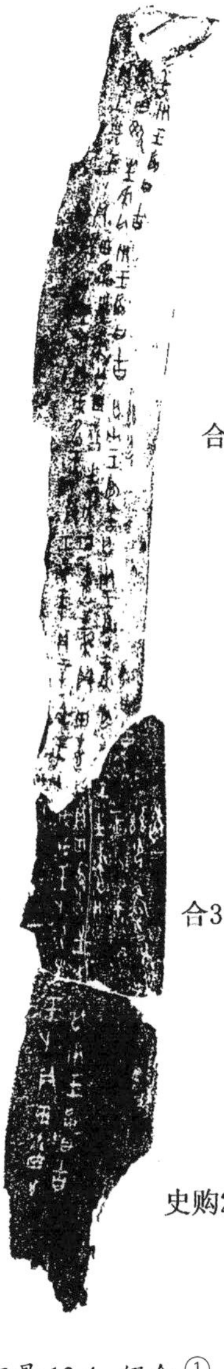

伍骨 13.4：綴合①

伍骨 14.1

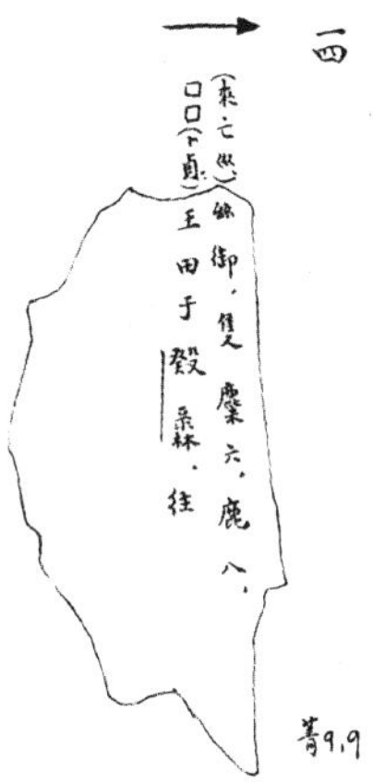

伍骨 14.2

伍骨 14.3：合 37461②

① 伍骨一三的綴合組爲：合 37776+ 合 37496+ 史購 279+ 合 37661，見《契合集》第 327 則、《綴興集》第 42 則。

② 伍骨一四：即合 37461，現藏不詳。摹本骨形較全；《合集》僅拓有字部分，未拓全形。

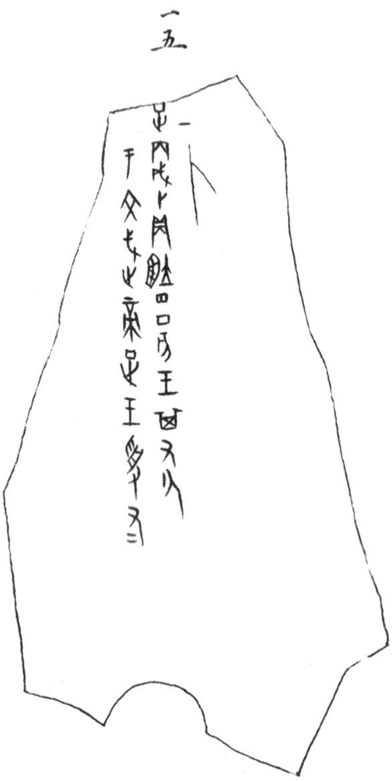

伍骨 15.1

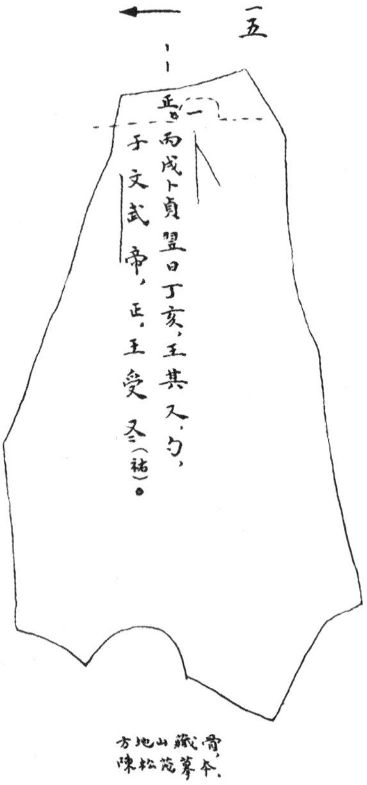

伍骨 15.2

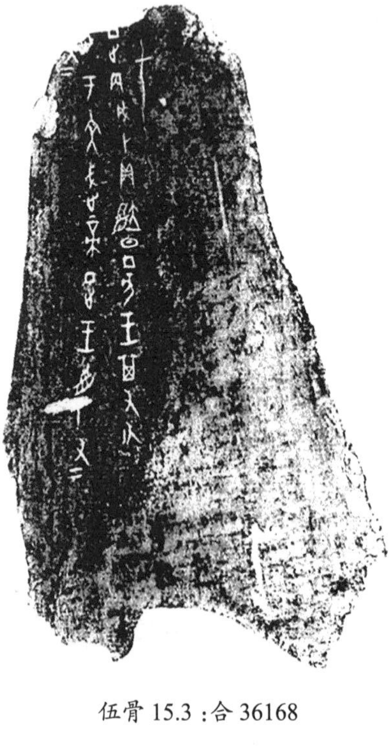

伍骨 15.3：合 36168

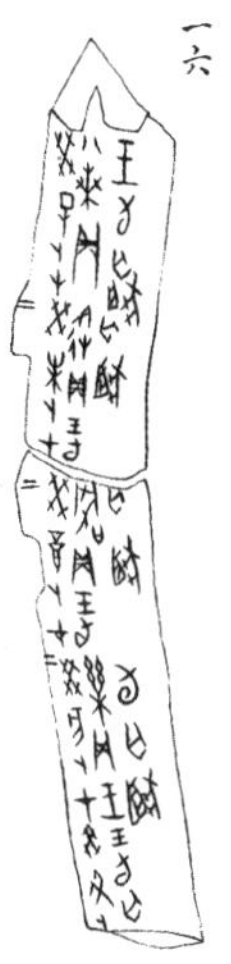

伍骨 16.1

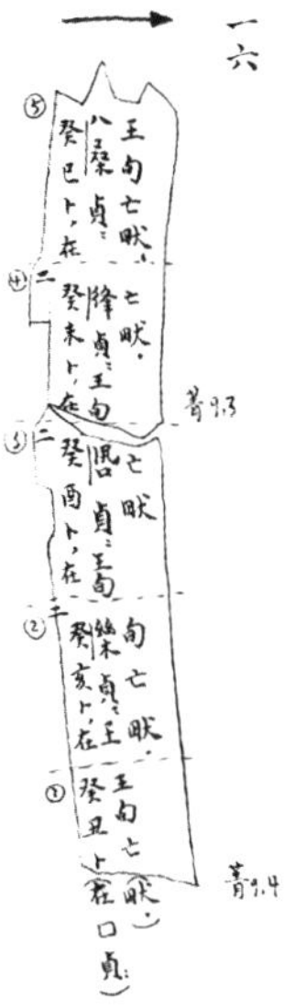

伍骨 16.2

伍骨 16.3：合 36916

伍骨 16.4：合 36905

伍骨 16.5：合補 12686①

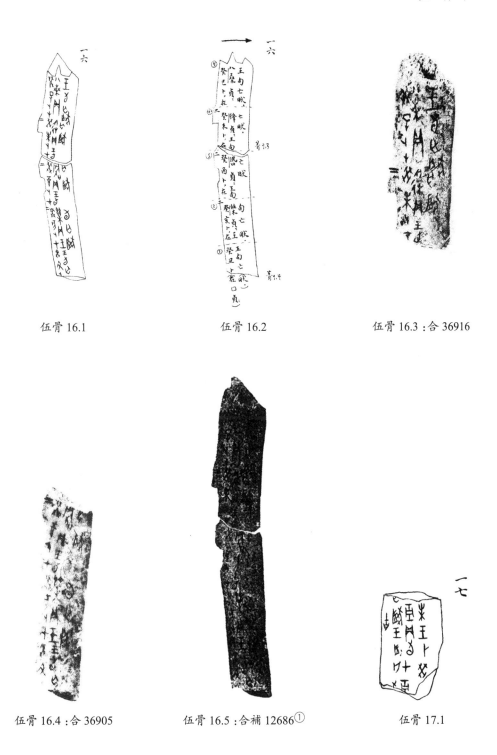

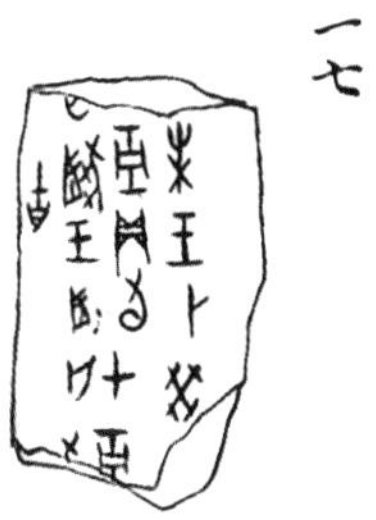

伍骨 17.1

① 伍骨一六（上）：即合 36916、合補 12686（上）；伍骨一六（下）即合 36905、合補 12686（下）。《合集》不清晰，非拓本。綴合組爲合 36905+ 合 36916，即合補 12686；見《彙編》第 203 則。合補 12686 綴合與董作賓的拼綴吻合。

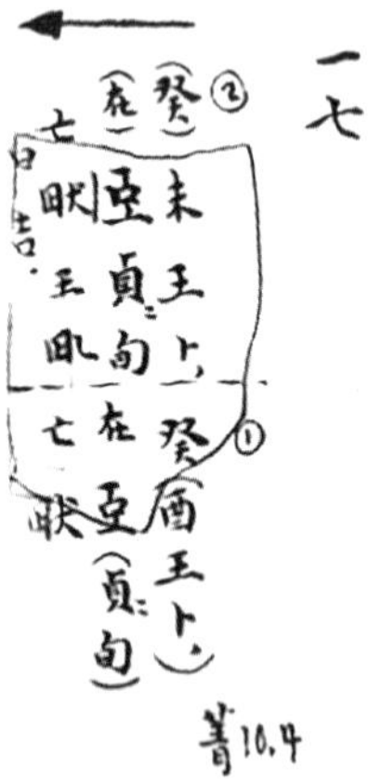

伍骨 17.2

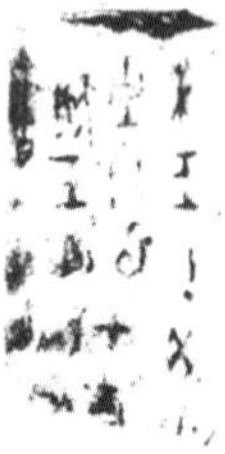

伍骨 17.3：合 36941①

伍骨 17.4：綴合②

伍骨 18.1

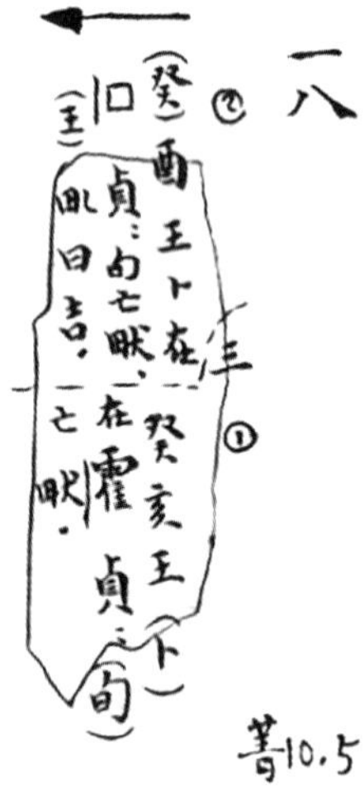

伍骨 18.2

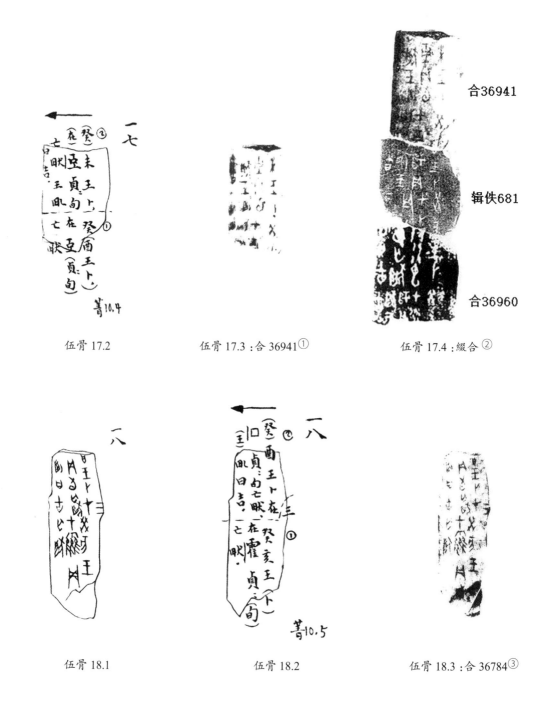

伍骨 18.3：合 36784③

① 伍骨一七：即合 36941，《合集》不清晰，非拓本。現藏不詳。

② 伍骨一七的綴合組爲：合 36941+ 合 36960+ 輯佚 681，見林宏明：《甲骨新綴 318 例》，先秦史研究室網站，2012.1.13；林宏明：《契合集》第 318 組。綴合與董作賓的補釋吻合。

③ 伍骨一八：即合 36784，現藏不詳，《合集》不清晰，非拓本。

伍骨五、八（考釋）

此兩版乃研究祭祀典禮之基本材料，余理出二期及五期祀典系統之出發點也。二期、五期於舉行彡、翌、祭、壴、劦五種祭祀之先，必有“工典”之禮，工字意義不甚瞭然，或當叚爲共，即供奉之義，典則其時先祖若先妣之譜牒，有日干，有祭法，有祖妣之名次者也。典、册，原爲簡編之形，其質竹木，今已毀滅，此殆自典册譜牒抄録之一部分，幸藉骨質而存，吾人乃得因之參稽卜祭之辭而推求其祭法之大系也。

翌爲五種祀典之一，此其甲戌系及甲寅系，尚有甲申、甲午、甲辰、甲子各系也。此爲其先祖翌祭之“典”，其先妣之“典”，遺文雖不可得，亦可由卜辭祖妣之祭日連貫，推而知之。兹揭兩系之全，如次表，作帝乙、帝辛時之祖妣譜牒觀可也。

“翌”譜（亦稱“翌日”）			
（1）甲戌系祭日	（2）甲寅系祭日	當祭之先祖	當祭之先妣
甲戌（甲戌旬第一）	甲寅（甲寅旬第一）	上甲（先祖自此始）	
乙亥	乙卯	匚乙	
丙子	丙辰（伍骨八殘文止此）	匚丙	
丁丑	丁巳	匚丁	
壬午	壬戌	示壬	
癸未	癸亥	示癸	
乙酉（甲申旬第二）	乙丑（甲子旬第二）	大乙	
丁亥	丁卯	大丁	
庚寅	庚午		示壬夾妣庚（先妣自此始）①
甲午（甲午旬第三）	甲戌（甲戌旬第三）	大甲	示癸夾妣甲
丙申	丙子	卜丙	大乙夾妣丙
戊戌	戊寅		大丁夾妣戊
庚子（伍骨五殘文止此）（“翌大庚”左旁有界畫）	庚辰	大庚	
辛丑	辛巳		大甲夾妣辛
壬寅	壬午		大庚夾妣壬
甲辰（甲辰旬第四）	甲申（甲申旬第四）	小甲	
戊申	戊子	大戊	
己酉	己丑	呂己	

① 夾爲舊隸定字，即奭字。

續表

"翌"譜(亦稱"翌日")			
(1)甲戌系祭日	(2)甲寅系祭日	當祭之先祖	當祭之先妣
壬子	壬辰		大戊奭妣壬
丁巳(甲寅旬第五)	丁酉(甲午旬第五)	中丁	
己未	己亥		中丁奭妣己
壬戌	壬寅	卜壬	
癸亥	癸卯		中丁奭妣癸
甲子(甲子旬第六)	甲辰(甲辰旬第六)	戔甲	
乙丑	乙巳	祖乙	
己巳	己酉		祖乙奭妣己
庚午	庚戌		祖辛奭妣庚
辛未	辛亥	祖辛	
甲戌(甲戌旬第七)	甲寅(甲寅旬第七)	羌甲	祖辛奭妣甲
丁丑	丁巳	祖丁	
庚辰	庚申	南庚	祖丁奭妣庚
辛巳	辛酉		祖丁奭妣辛
甲申(甲申旬第八)	甲子(甲子旬第八)	虎甲	
己丑	己巳		祖丁奭妣己
庚寅	庚午	般庚	
辛卯	辛未	小辛	
癸巳	癸酉		祖丁奭妣癸
乙未(甲午旬第九)	乙亥(甲戌旬第九)	小乙	
丁酉	丁丑	武丁	
己亥	己卯	祖己	
庚子	庚辰	祖庚	小乙奭妣庚
辛丑	辛巳		武丁奭妣辛
癸卯	癸未		武丁奭妣癸
甲辰(甲辰旬第十)	甲申(甲申旬第十)	祖甲	
丁未	丁亥	康丁	
戊申	戊子		武丁奭妣戊
乙卯(甲寅旬第十一)	乙未(甲午旬第十一)	武乙	
丁巳	丁酉	文丁(帝乙時稱父丁)(先祖至此止)	
戊午	戊戌		祖甲奭妣戊
辛酉	辛丑		康丁奭妣辛
戊辰(甲子旬第十二)	戊申(甲辰旬第十二)		武乙奭妣戊
癸酉	癸丑		文丁奭妣癸(帝乙時稱母癸)(先妣至此止)

此兩系翌祭,先祖自上甲始,至文丁止,前後需時十一旬,並先妣自妣庚(示壬奭)始,至妣癸(文丁奭)止,共需時十二旬,約當四閱月也。翌與彡,皆單獨舉行之;祭、壴、𣪘,連續重疊舉行之;別詳《殷曆譜》,此一例也。

大乙之名,自祖甲定之,祖庚及武丁之世,則皆稱唐。武丁之名,自帝乙定之,帝乙以前,則四期、三期多稱后祖丁(別於小乙之父祖丁也),二期稱父丁也。

"奭"字二、三、五期皆用之,其書寫多異體,其義當爲配偶。舊以祖妣合祭解之,誤也。如"武丁奭妣辛""武丁奭妣癸""妣戊",以今語釋之,猶言"武丁元配妣辛""武丁繼配妣癸""武丁繼配妣戊"也。辛、癸、戊之次,依祭日推知之。其譜牒中,凡先祖有兄弟行者,依其長幼之序;先妣有姊妹行者,依其嫡庶之別(亦元配,繼配之分);體例嚴明,不容少紊。其間有與史傳大異者,即外丙之祭,列於大甲之後,是外丙與大甲爲兄弟行,且不能即位於大甲以前。是《孟子》"外丙二年,仲壬四年",及《殷本紀》"太子太丁未立而卒,于是乃立太丁之弟外丙"之説,皆成問題矣。揭此待考。

在第二期祖甲時,翌祭之系統亦如此,惟先祖僅至祖庚(祖甲稱兄庚),先妣僅至武丁奭妣辛(祖甲稱母辛),祖妣九旬而遍祭。彡、祭、壴、𣪘皆然。五期實因二期之成規,續修祖妣譜牒而已。

祖甲時有卜祭附入卜旬一辭,舊多誤以其中妣甲爲羌甲之配偶,實則羌甲與妣甲,在一種祀典之下,同日而祭也。辭見《後編》上,第四葉,第一片①,摹釋如下(拓片爲校讀者補)。

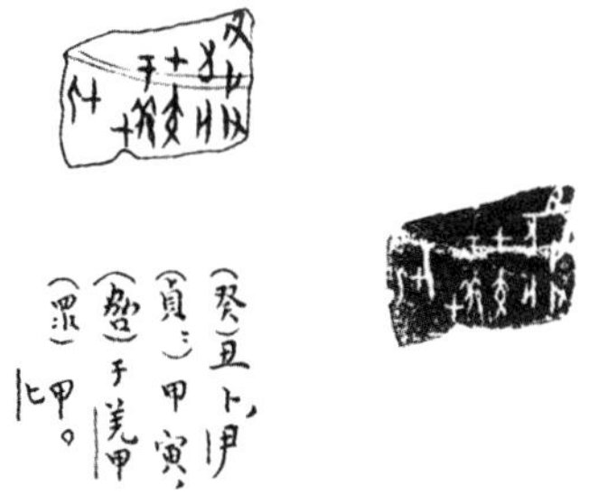

此於癸丑卜旬之後,記次日甲寅應祭之祖與妣,五種祭名適缺,姑補以"𣪘"祭,"眔"亦可爲"于",即"羌甲與妣甲"也。此"妣甲"乃"祖辛奭妣甲"之省文。檢前表甲寅系之祭日,在第七旬之甲寅日,翌祭羌甲,同日亦翌祭妣甲(祖辛奭),即可知在五種祀典

① 後上 4.1,即合 23027。

中，羌甲、妣甲，皆同日而祭，非妣甲爲羌甲配偶也。

又見於《佚存》五六六[①]，亦此類殘辭（拓片爲校讀者補）。

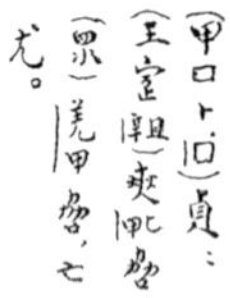

此爲甲日卜𣌭祭妣甲、羌甲之辭，妣甲上可容“祖辛奭”三字。由上兩片，足證妣甲、羌甲同日而祭之關係，否則誤以叔嫂爲夫婦，厚誣古人矣。

① 《佚存》五六六，即合23025。

伍骨六（考釋）

此片足爲帝辛時代之特徵，父丁、母癸之稱，乃帝乙之對文丁及其配偶也。至帝辛，不稱父丁而稱“文武丁”“文武宗”“文武帝”。龜甲卜辭，不見妣癸，故於日祭格乙種一二式未列入。今得此辭，知帝辛亦祭妣癸也。玆補昜如下表：

日祭格乙種	第一式之二：卜武丁日祭開始，自丙寅	
（卜祭之日）	（五世）	
癸亥　丙寅	祖甲　武丁	
癸酉　丙子	祖甲　武丁	
癸未　丙戌	祖甲　武丁	
癸巳　丙申	祖甲　武丁	
癸卯　丙午	祖甲　武丁	
癸丑　丙辰	祖甲　武丁	
甲子　丙寅	武乙　康祖丁	
甲戌　丙子	武乙　康祖丁	
甲申　丙戌	武乙　康祖丁	
甲午　丙申	武乙　康祖丁	
甲辰　丙午	武乙　康祖丁	
甲寅（乙卯）　丙辰	武乙　康祖丁	“（壬戌）卜貞：昔乙卯武（乙）升、勺（日）。 （翌）癸亥，其至于妣癸升、日。”
壬戌（癸亥）　丙寅	妣癸　文武丁	
壬申　丙子	妣癸　文武丁	
壬午　丙戌	妣癸　文武丁	
壬辰　丙申	妣癸　文武丁	
壬寅　丙午	妣癸　文武丁	
壬子　丙辰	妣癸　文武丁	

辭曰“昔乙卯”祭武乙、明武乙日祭，至乙卯而畢也。曰“癸亥其至于妣癸”，明妣癸日祭，當自癸亥起始也。三丁之日祭十八旬，配以甲、乙、癸之祖妣，如此排比，更爲整肅矣。（龜一．一三．一八有妣癸，亦帝辛時辭。）

伍骨七、一五（考釋）

兩辭皆稱“文武帝”，又皆以“丁”日卜祭（丙日卜丁日之祭），知即“文武丁”，亦即文丁，帝辛時之稱謂也。

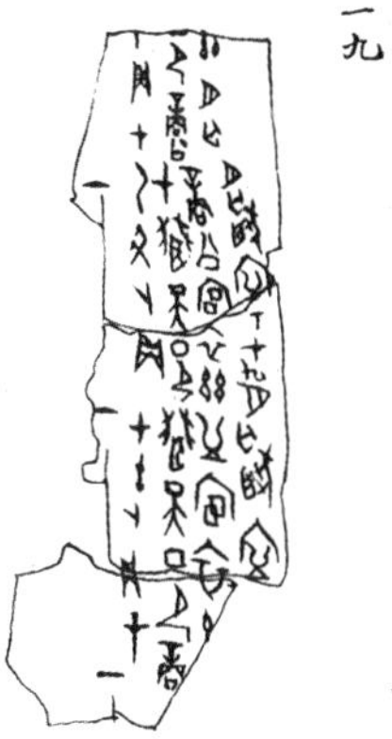

伍骨 19.1①

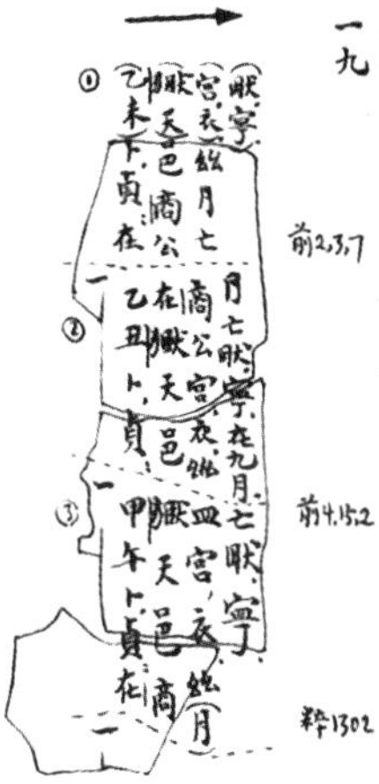

伍骨 19.2

伍骨 19.3：合 36542

伍骨 19.4：合補 11249②

① 伍骨一九摹本，重見於董作賓《殷曆譜》下編卷 7，“月譜” 第 2 頁；且伍骨二〇與伍骨一九復原爲同版。

② 伍骨一九：即合 36542、合補 11249（下）。綴合組爲合 36542+ 合 36543，即合補 11249，見《綴》第 256 則。合補 11249 的綴合與董作賓的拼綴、補釋吻合。

伍骨 20.1

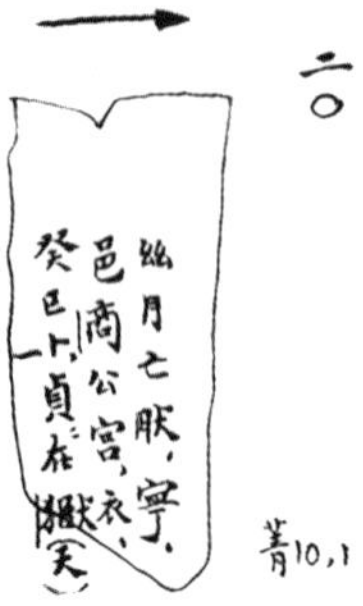

伍骨 20.2

伍骨 20.3：合 36540

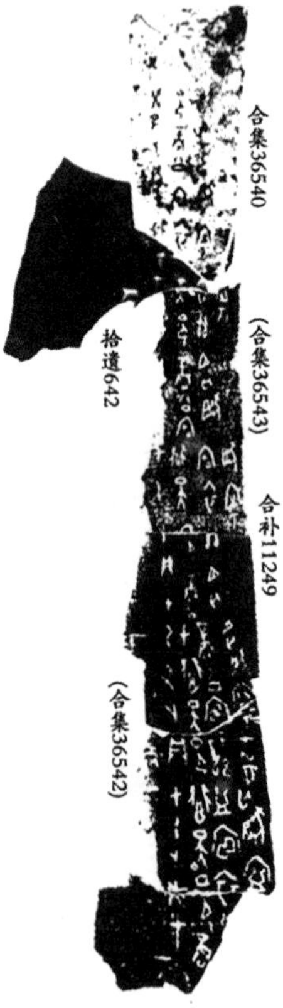

伍骨 20.4：綴合①

① 伍骨二〇：即合 36540,《合集》不清晰,非拓本。現藏不詳。綴合組爲合 36542+ 合 36543+ 殷遺 642+ 合 36540,見殷德昭：《黄組甲骨綴合十則(附綴合修正二則及綴合建議二則)》,先秦史研究室網站,2016.12.15。

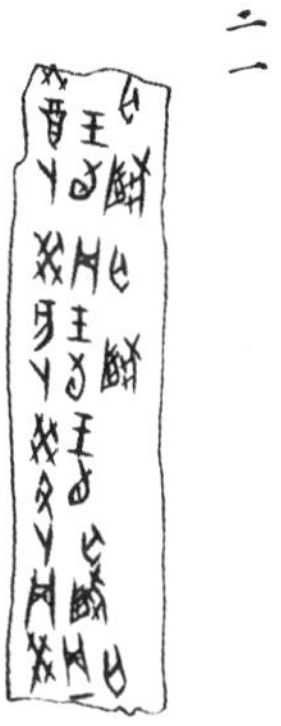

伍骨 21.1

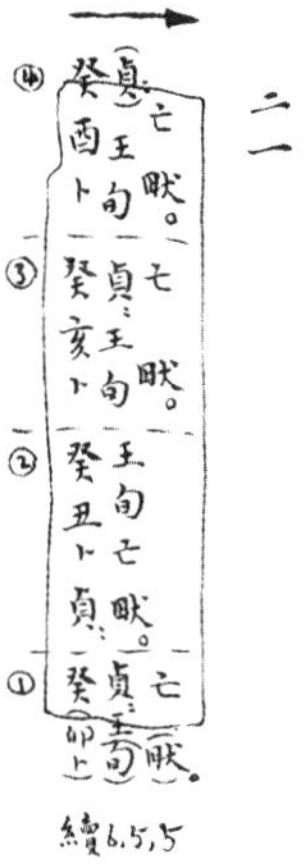

伍骨 21.2

伍骨 21.3：合 39169

伍骨 21.4：綴合①

① 伍骨二一：即合 39169，現藏不詳。綴合組爲合 39169+ 山本竟山 12，見蔡哲茂：《殷墟甲骨文字新綴五十一則》，《古籍整理研究學刊》2003 年第 4 期；又見《綴續》第 441 則。

伍骨 22.1

伍骨 22.2①

伍骨 22.3：合 36544

伍骨 22.4：英藏 2529②

伍骨 22.5：合 36547

伍骨 22.6：綴合③

① 伍骨二二摹本，重見於董作賓《殷曆譜》下編卷 7，“月譜”，第 2 頁。

② 伍骨二二（中）：即合 41758，爲摹本。現藏英劍大，爲英藏 2529。

③ 伍骨二二的綴合組爲：合補 11248【合 36541+ 合 41758（英藏 2529）】+ 合 36544+ 合 36547，見《彙編》第 399 則。綴合與董作賓的拼綴及補釋吻合。

伍骨 23.1

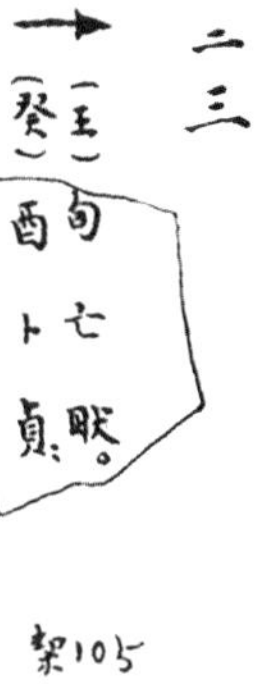

伍骨 23.2

伍骨 23.3 : 北珍 1391

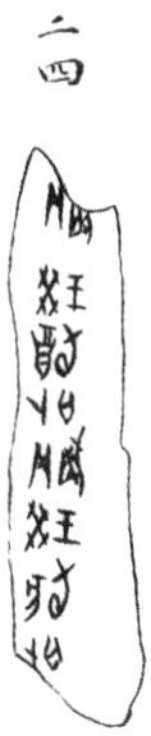

伍骨 24.1

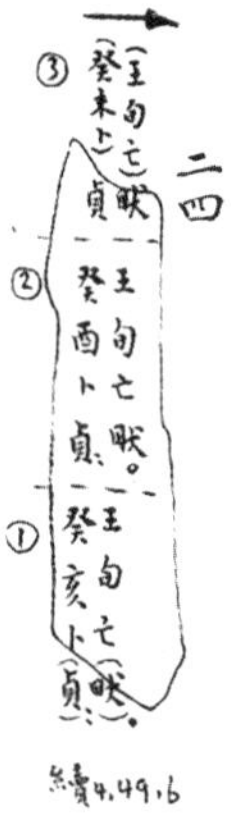

伍骨 24.2

伍骨 24.3 : 合 39312

伍骨 25.1

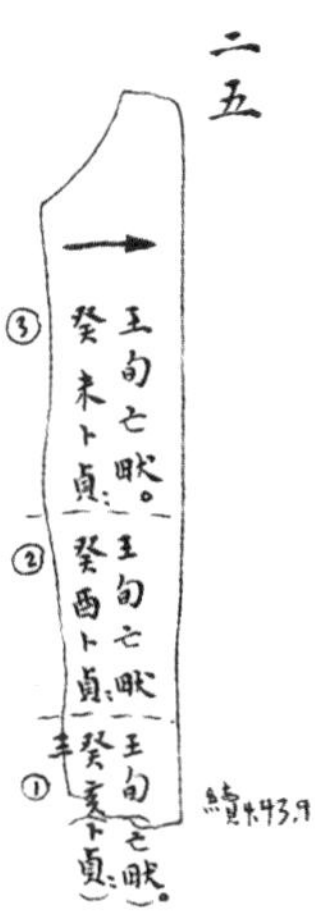

伍骨 25.2

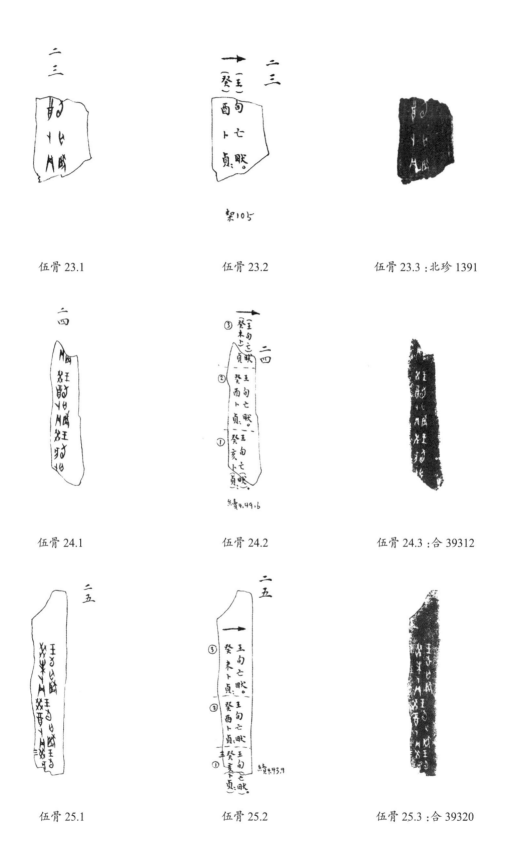

伍骨 25.3 : 合 39320

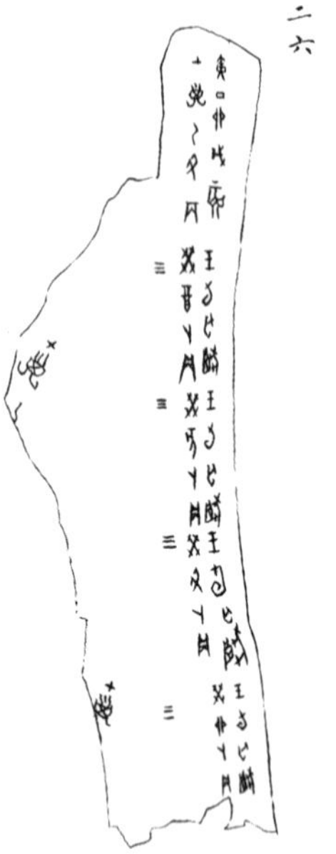

伍骨 26.1

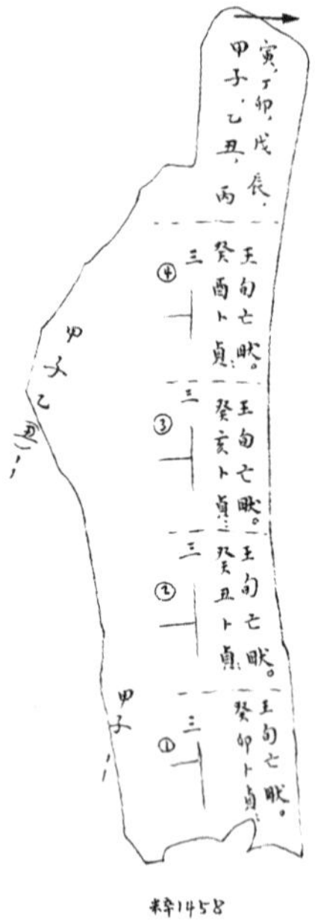

伍骨 26.2

伍骨 26.3：合 38109

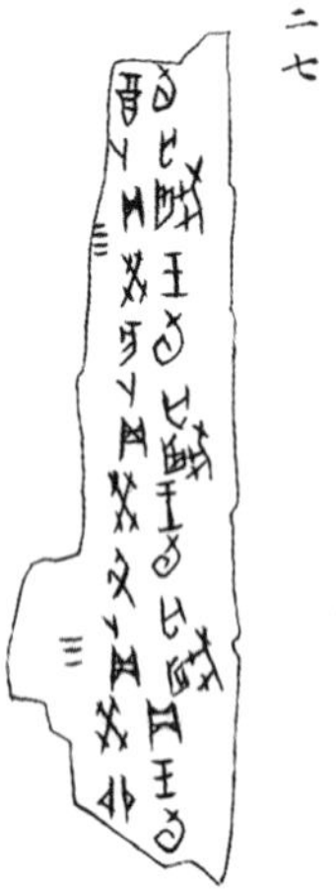

伍骨 27.1

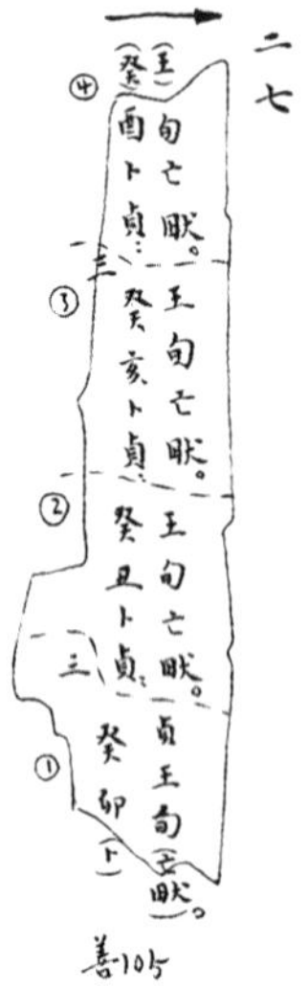

伍骨 27.2

伍骨 27.3：合 39157①

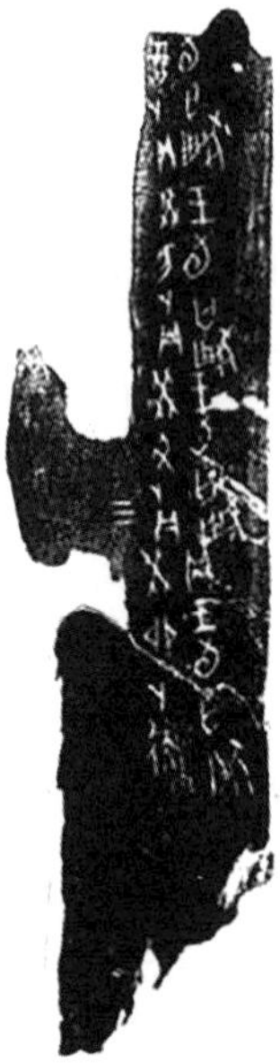

伍骨 27.4：綴合 ②

① 伍骨二七：即合 39157，現藏於國圖，爲北圖 15557。摹本左邊骨形不全，《合集》爲全形圖。《叢編》善 105 或爲善齋早期編號。

② 伍骨二七的綴合組爲：合 38962+ 合 39157，見張宇衛：《甲骨綴合第八一、八二則》，先秦史研究室網站 2012.5.19；又見《綴興集》第 68 則。

伍骨 28.1

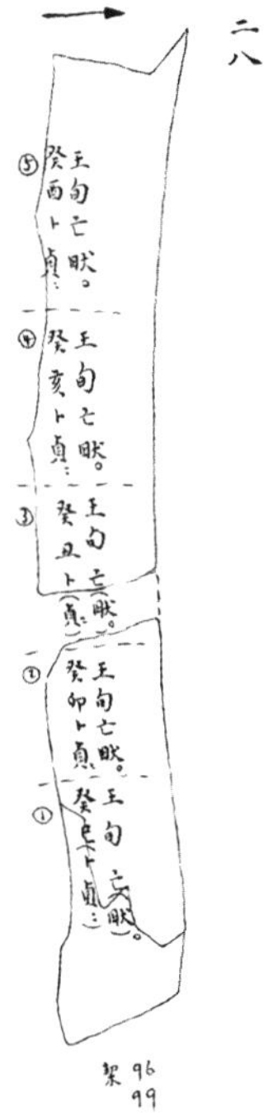

伍骨 28.2

伍骨 28.3 :合 39224

伍骨 28.4 :合 39105

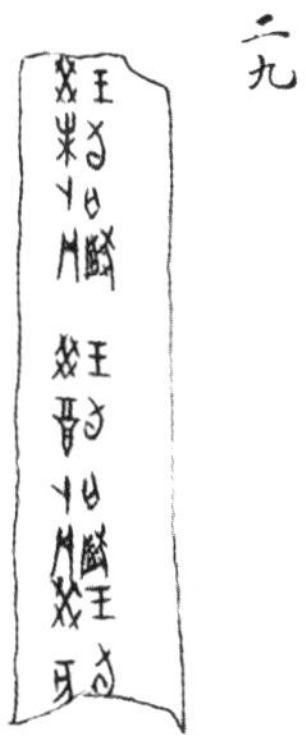

伍骨 29.1

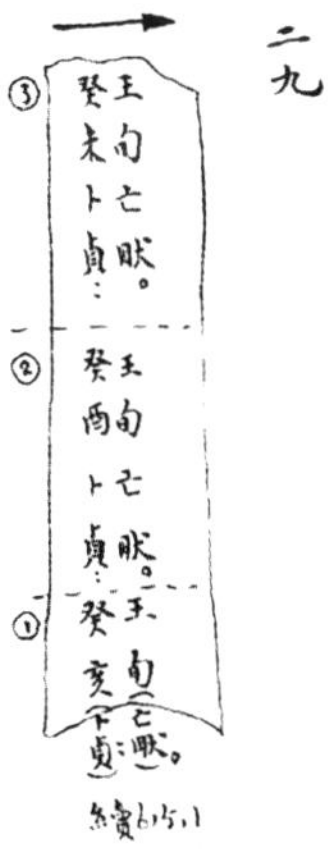

伍骨 29.2

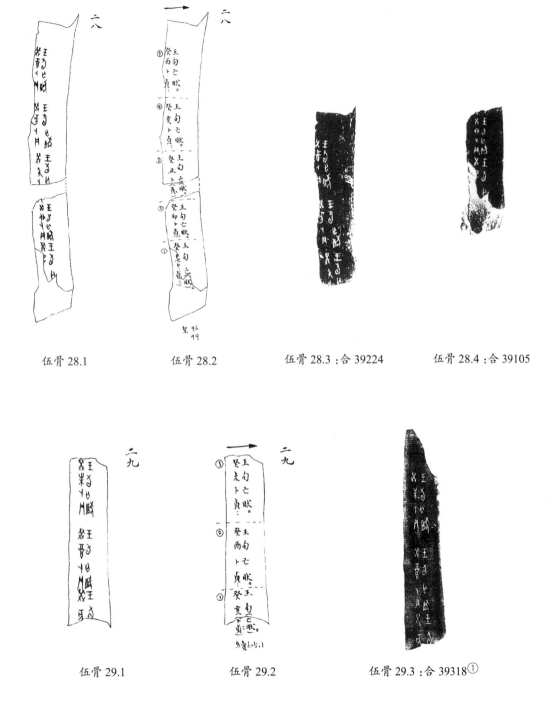

伍骨 29.3 :合 39318①

① 伍骨二九:即合 39318,現藏於北大,爲北珍 1339。摹本上端骨形不全,《合集》爲全形圖。

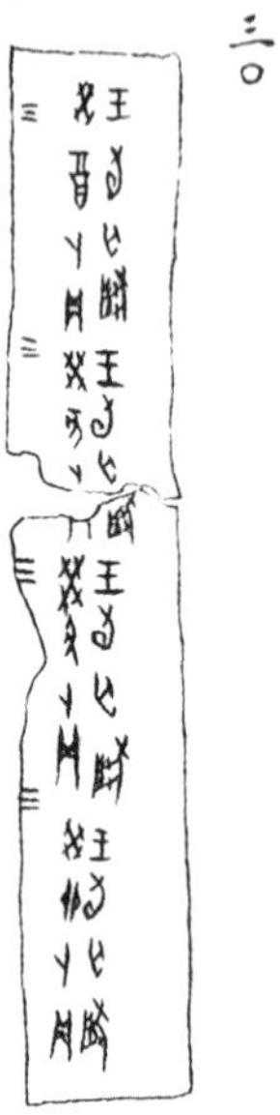

伍骨 30.1

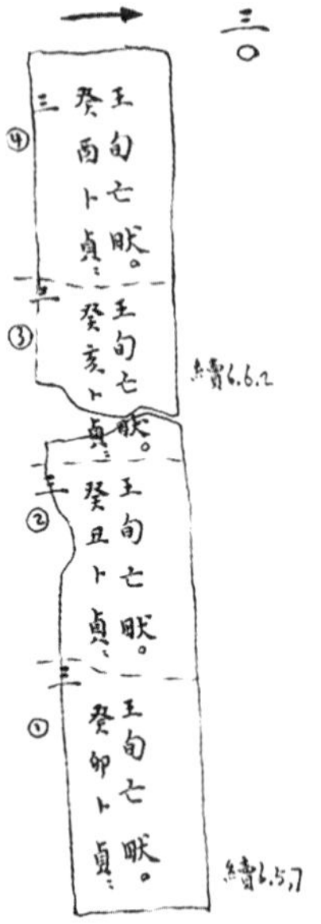

伍骨 30.2

伍骨 30.3：合 39317①

伍骨 30.4：合 39156②

伍骨 30.5：綴合③

① 伍骨三〇(上)：即合 39317，現藏於北大，爲北珍 1329。摹本左邊骨形不全，《合集》爲全形圖。

② 伍骨三〇(下)：即合 39156，現藏於北大，爲北珍 1340。摹本下端骨形不全，《合集》爲全形圖。

③ 伍骨三〇的綴合組爲：合 39156+ 合 39317，見《彙編》第 590 則。綴合與董作賓的拼綴吻合。

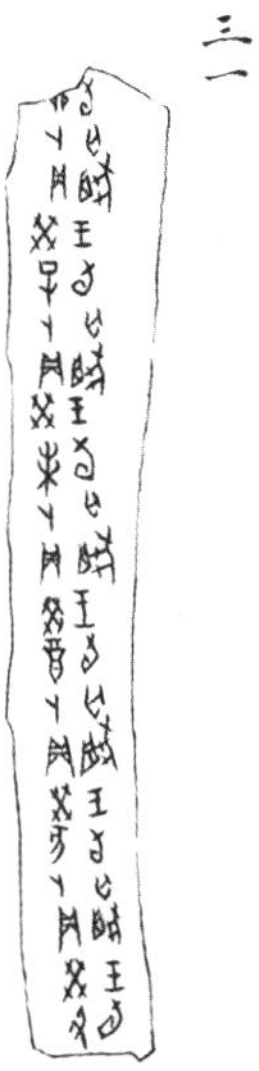

伍骨 31.1

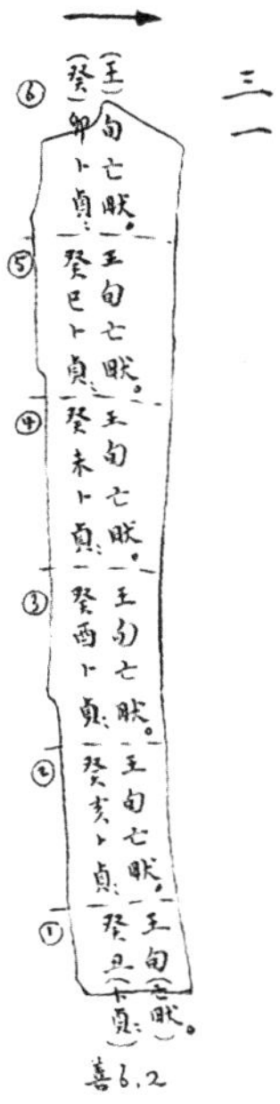

伍骨 31.2

伍骨 31.3：合 39252①

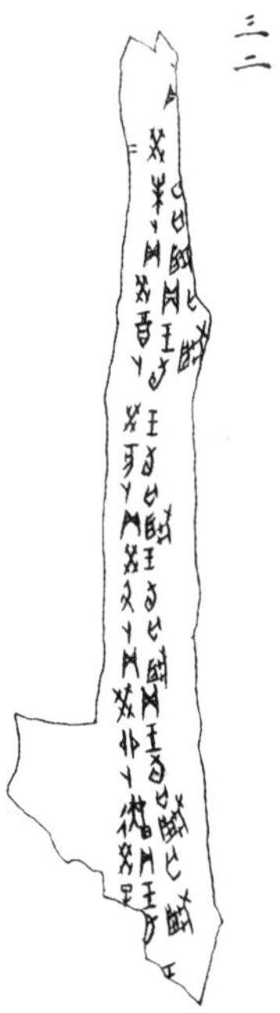

伍骨 32.1

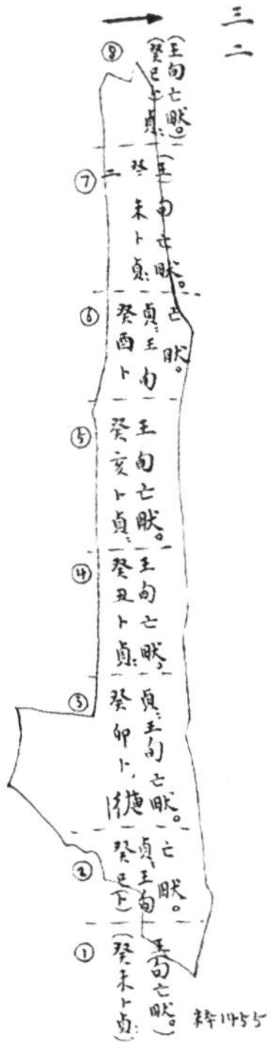

伍骨 32.2

① 伍骨三一：即合 39252，現藏於國圖，爲北圖 15439。摹本右邊骨形不全，《合集》爲全形圖；與伍骨四六重。

伍骨 32.3：合 38950①

伍骨 32.4：綴合②

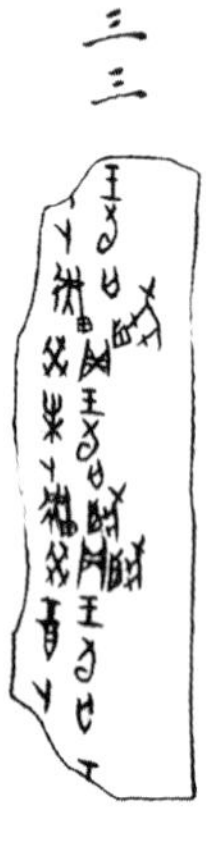

伍骨 33.1

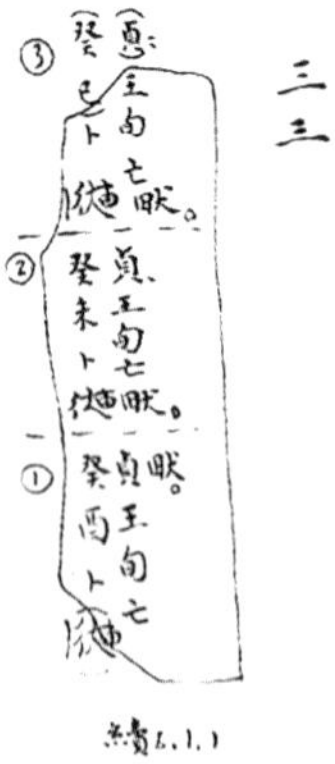

伍骨 33.2

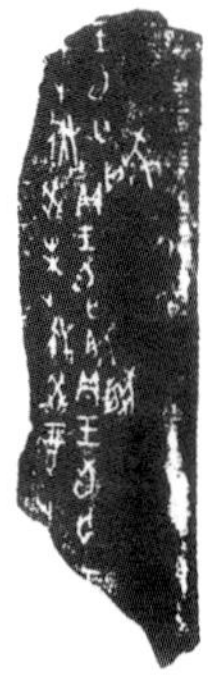

伍骨 33.3：合 38946

① 伍骨三二：即合 38950，現藏於國圖，爲北圖 15395。摹本漏摹下端的兆序“二”。

② 伍骨三二的綴合組爲：合 38950+ 合 39197，見《綴》第 351 則。綴合與董作賓的補釋吻合。

伍骨 34.1

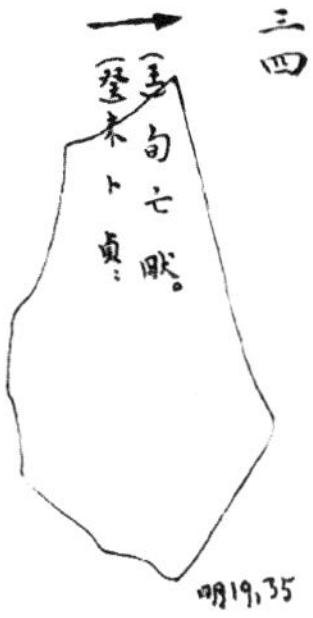

伍骨 34.2

伍骨 34.3 :合補 12726

伍骨 35.1

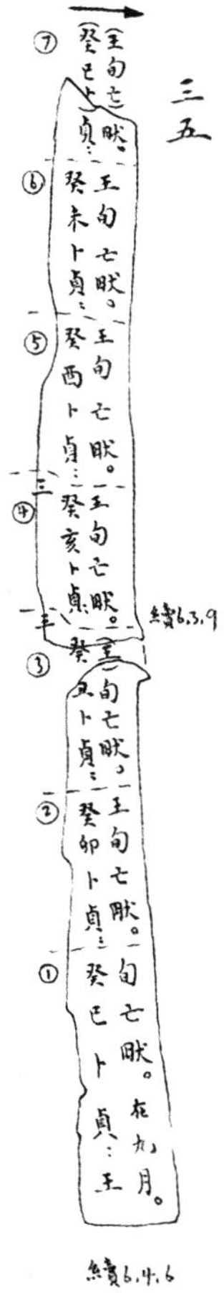

伍骨 35.2

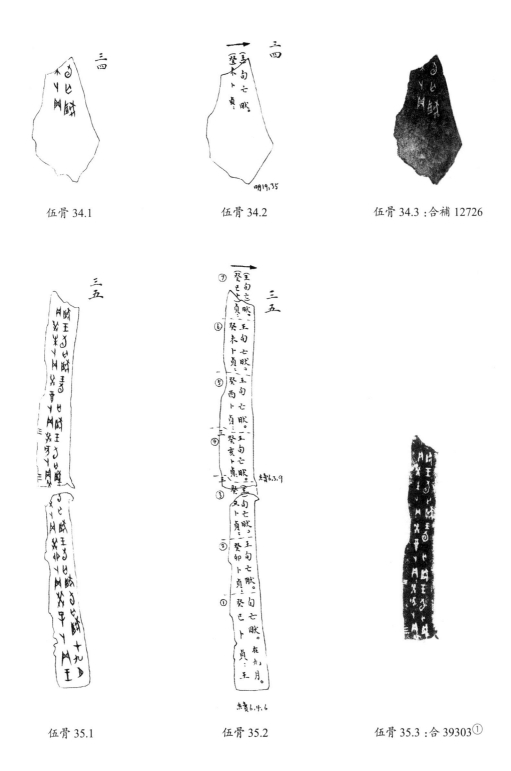

伍骨 35.3 :合 39303①

① 伍骨三五(上):即合 39303,現藏於津博。合集 39303 右側邊緣虛化,似骨形不全。

伍骨 35.4：合 36528 正①

伍骨 35.6：綴合②

伍骨 35.5：合 36528 反

① 伍骨三五(下)：即合 36528（正），現藏於津博。合集 36528 爲全形圖，有正、反面。摹本僅有字部分，左邊骨形不全，且缺反面。

② 綴合組爲合 39231+ 合 39303，見蔡哲茂：《殷墟甲骨文字新綴五十一則》，《古籍整理研究學刊》2003 年第 4 期；又見：《綴續》第 438 則。綴合與董作賓的拼綴不一致。

伍骨一九、二〇、二二(考釋)

卜辭中卜夕、卜旬,最常見。卜夕,於每日晚間舉行之,卜當夜之安寧與否也。卜旬,於每旬之末日舉行之,卜下一旬之吉凶禍福也。卜月,於每月一日舉行之,卜一月内之吉凶、禍福、安否也。卜月最少見,僅此三殘片,又爲一時期之物,蓋帝乙田游在外所作,一新例也。

卜月三片,又殘而爲七,分藏五家(羅振玉、劉體智、明義士、林泰輔、金璋諸氏)明義士氏曾復其形爲一胛骨之右邊,録其六(見所著《表較新舊版殷虚書契前編並記所得之新材料》[1]一文)。郭沫若氏又兑合善齋所藏一片(見《粹編》一三〇二),共爲七片。明氏原排之次第(參看附圖):

(七)	(六)	缺	(五)	(四)	(三)	(缺)	(二)	(一)
菁華 10.1(菁)	林 1.27.8(龜)		前 2.3.7	前 4.15.2	(未列)(粹 1302)	(無)	H621(金)	明 376

《菁》[2]《前》[3]《金》[4]原片皆有記卜兆次序之"一"字,明氏遺落。又明氏將(二)、(四)兩片密接,今發見善齋一片,是當分離,其下且有兩缺辭也。以每月一卜記之,則(二)、(三)之間,缺二辭。全部共缺四辭,並癸巳、壬戌、甲午、乙丑、辛□、□□、癸巳,此一骨邊共須有卜月之辭十一段,骨例每邊刻辭,少者六、七段,多者八、九段,十段以上則絶不能容之,是此七片,不能列爲一骨之一邊也。

兹依明氏法,補苴缺文,附圖如次,以見一骨右邊之不容。

---

①《表較新舊版殷虚書契前編並記所得之新材料》:明義士(James Mellon Menzies),《齊大季刊》第二期,1933年。

②《菁》:即《殷墟書契菁華》,羅振玉,1914年10月影印本,又重印本。

③《前》:即《殷墟書契》,羅振玉,1911年,國學叢刊三期三卷石印本。1913年影印本,1932年重印本,1970年藝文印書館重印本。

④《金》:即《金璋所藏甲骨卜辭》,方法斂摹、白瑞華校,1939年美國紐約影印本。

且如右之接兑排列法，其次序，在一骨之一邊，自當全部一致，先下後上，則其“卜月”之日，必在每月之一日乃至六日之間，證以每日初昏“卜夕”，每周（十日）癸日“卜旬”，卜有定時之例，不應參差錯亂如此。

今分爲三版讀之，如釋文，則由乙丑至甲午，由癸巳至壬戌，皆爲二十九日，恰足一小盡月之日數，於每月初吉（一日），卜衣祭之時，兼卜“兹月”之安寧，一如昏時“卜夕”，癸日“卜旬”，於例於理，皆甚暢通也。

卜月各辭，僅“乙丑”一辭有“在九月”之記録，今如以“九月小乙丑朔，十月大甲午朔”爲標準，在《殷曆譜》① 中，僅帝乙廿年有之，其月朔如由九月乙丑，前後推求，所佔時日，當爲廿年八月至廿一年六月，十一個月之間。其餘，在第五期帝乙帝辛時代之曆譜中，不二見也。

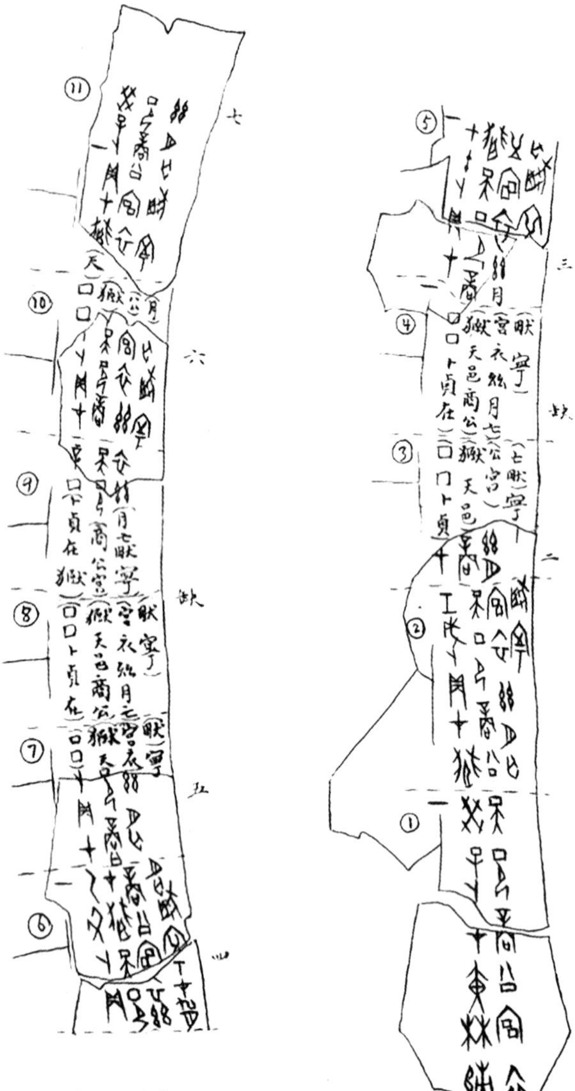

（接右半）

① 董作賓：《殷曆譜》，民國三十四年（1945）4 月中研院歷史語言研究所專刊，石印本，十四卷四册。又 1963 年藝文印書館再版；收入 1977 年 11 月藝文印書館出版的《董作賓先生全集》乙編第一、二册中。

《殷曆譜》		卜辭節録
帝乙廿祀(公元前一一九〇年　辛未)		
八月大	乙未 一日 (儒略周日一二八六九八二) (一一九〇年七月二十六日)	(乙未)……(在[illegible])……茲月亡(畎,寧。)
九月小	乙丑　一日	乙丑……在[illegible]……茲月亡畎,寧。在九月。
十月大	甲午　一日	甲午……在[illegible]……茲月亡畎,寧。(以上一九版)
十一月小	甲子　一日	
十二月大	癸巳　一日	癸巳……在[illegible]……茲月亡畎,寧。(以上二〇版)
帝乙廿一祀(公元前一一八九年　壬申)		
正月大	癸亥　一日 (周日一二八七一三〇) (一一九〇年十二月廿一日) 十二日甲戌(一一八九年一月一日)	
二月小	癸巳　一日	癸巳……在黄林…
三月大	壬戌　一日	壬戌……在[illegible]……茲月亡畎,寧。
四月小	壬辰　一日	
五月大	辛酉　一日	辛(酉)……(在[illegible])……茲(月亡畎,寧。)
六月小	辛卯　一日	(辛)卯……在([illegible])……茲(月)亡畎,寧。(以上二二版)

如右(上)之排列,正月爲頻大,則前後兩組先小後大之月朔,安插甚爲妥貼,所有之干支,即一殘餘之“辛”字,“卯”字筆畫,亦皆不落空,而骨邊刻辭,先下後上及先上後下,俱爲恒例,以後再有同版卜月之殘片出現,必更足證成此説也。

此類卜辭,爲時王田游在外之際,於該地之行在,即所稱“天邑商公宫”或“皿宫”者,舉行“衣”祭,祭之日,當月之一日(朔,初吉),故兼卜及“茲月亡畎,寧”也。此爲每月一日卜一月之安寧者,毫無疑問,五期夕字作[illegible],月字作[illegible],無例外,又有本片(一九)中“九月”之[illegible],更足證明之。故如右(上)之排次,而得六、七月朔之干支,安插妥當,實爲一最完善之解説也。

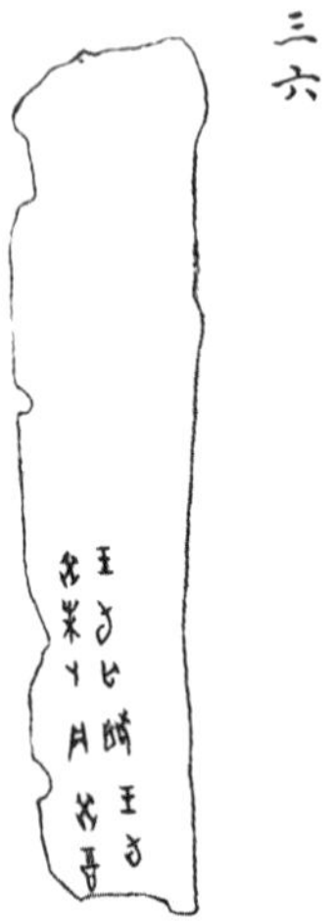

伍骨 36.1

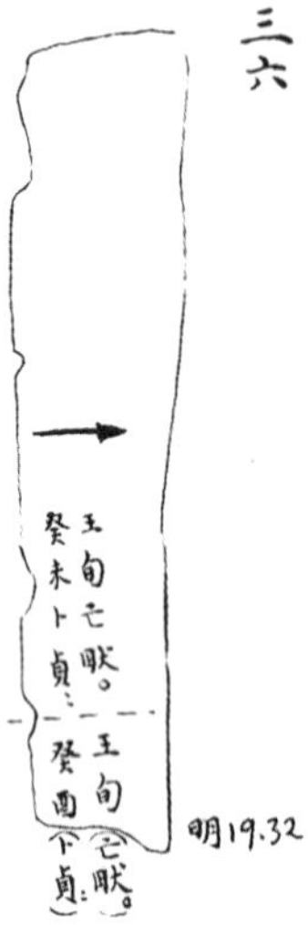

伍骨 36.2

伍骨 36.3：合 38978①

伍骨 36.4：綴合②

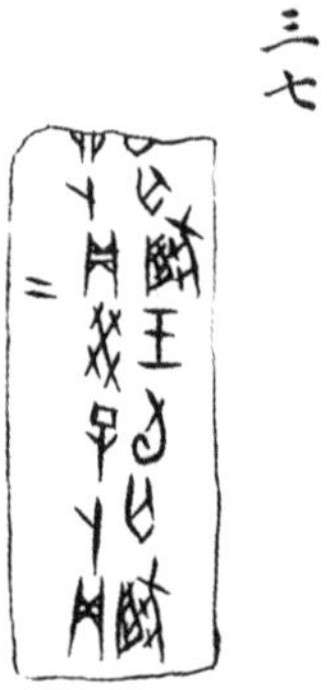

伍骨 37.1

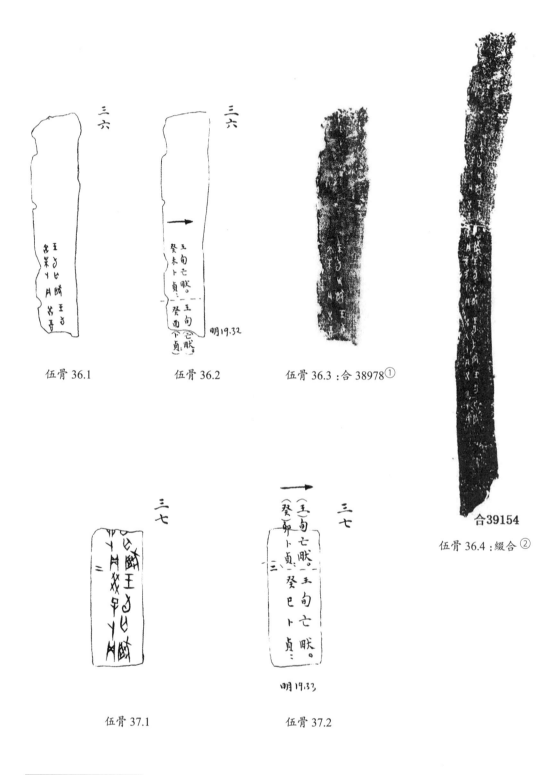

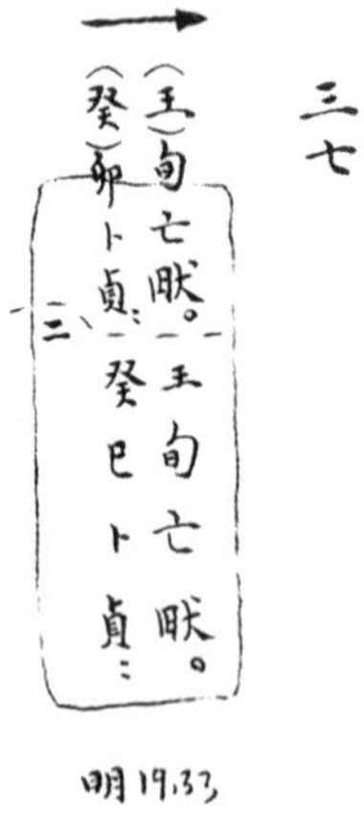

伍骨 37.2

① 伍骨三六：即合 38978，現藏於故宫。

② 伍骨三六的綴合組爲：合 38978+ 合 39154，見《彙編》第 670 則。綴合與董作賓的補釋吻合。

伍骨 37.3：合 39123①

伍骨 37.4：合補 12827②

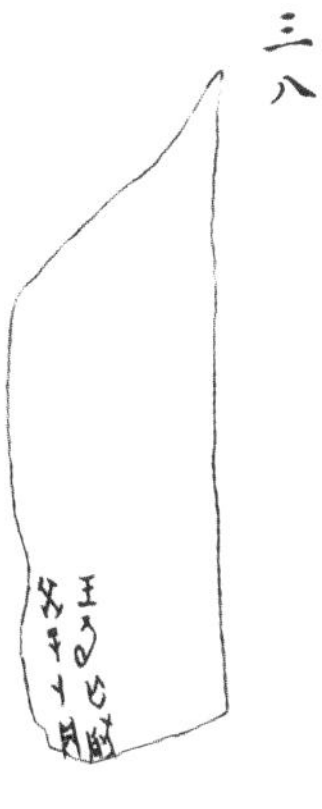

伍骨 38.1

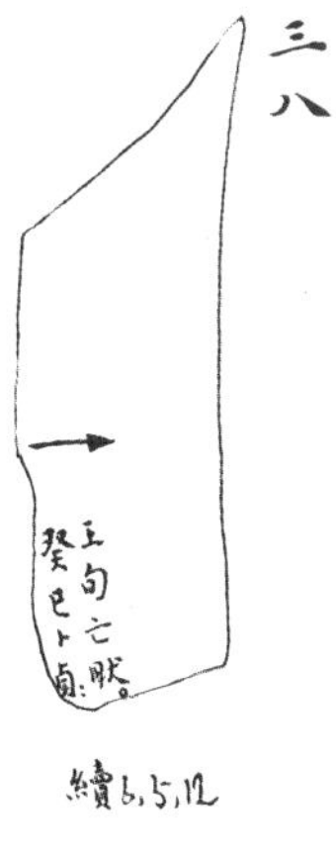

伍骨 38.2③

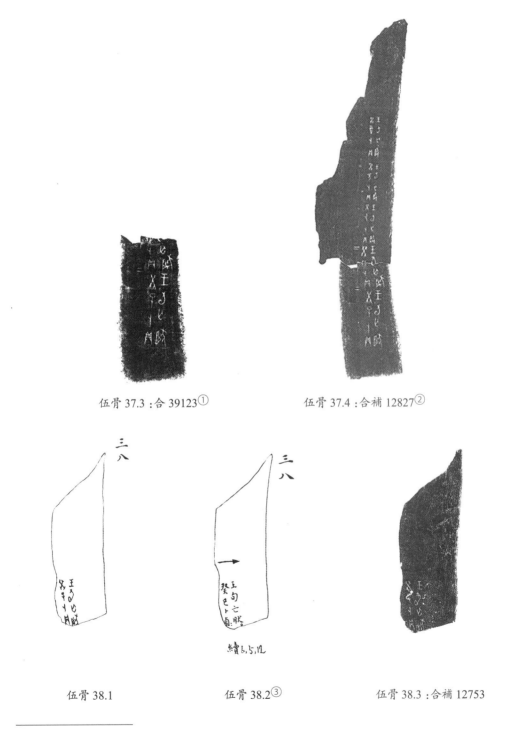

伍骨 38.3：合補 12753

① 伍骨三七：即合 39123、合補 12827（下），現藏於津博。摹本左邊骨形不全，合 39123 爲全形圖。

② 伍骨三七的綴合組爲：合 39123+ 合 39164，即合補 12827，見《綴》第 54 則。綴合與董作賓的補釋吻合。

③ 伍骨三八：摹本的標註爲誤植。續 6.5.12，即合 39123，非此摹本。

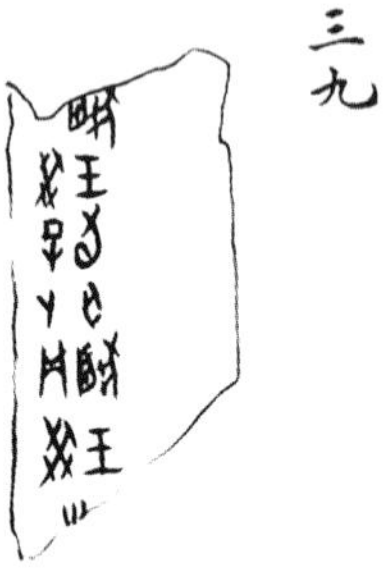

伍骨 39.1

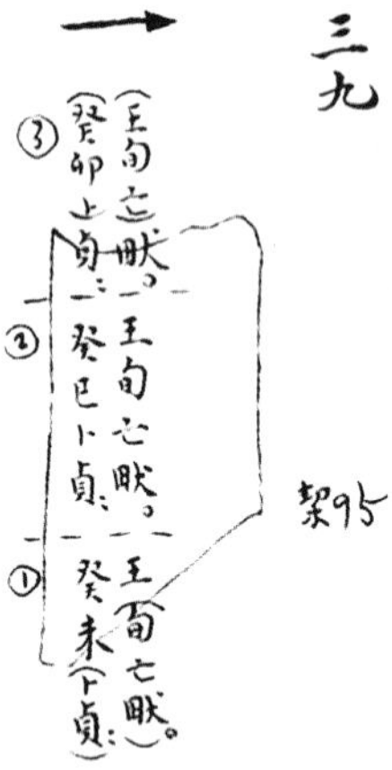

伍骨 39.2

伍骨 39.3：合 39075

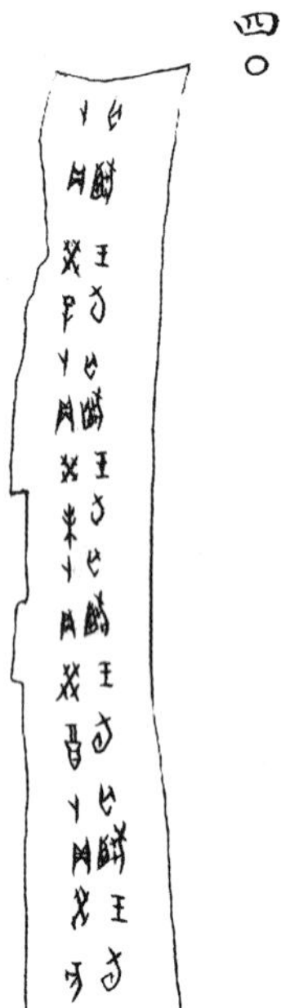

伍骨 40.1

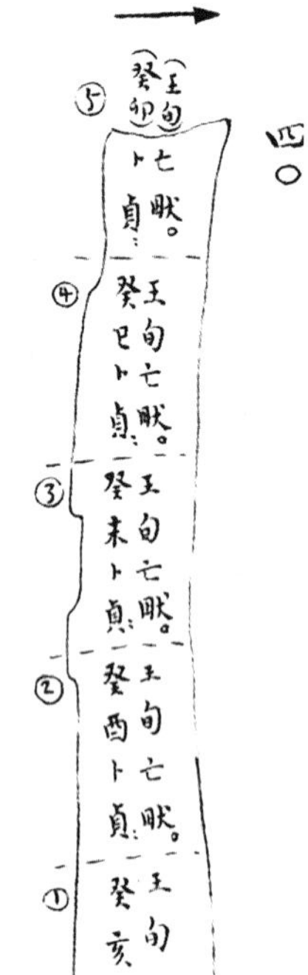

伍骨 40.2

伍骨 40.3：合 39319

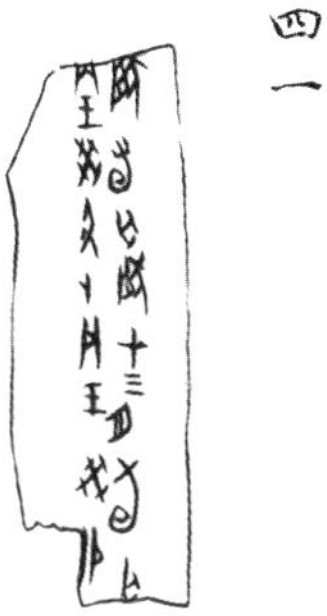

伍骨 41.1

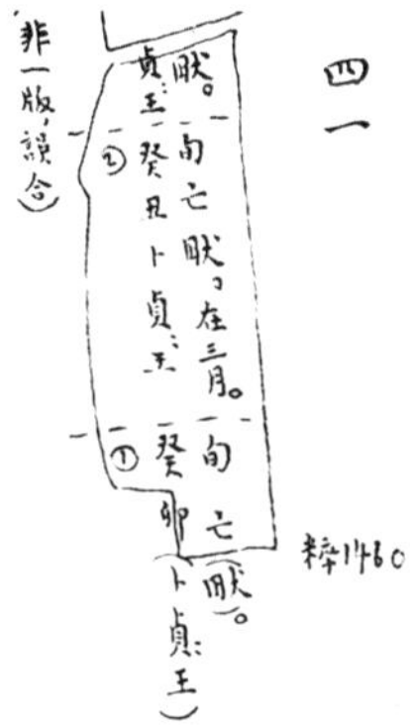

伍骨 41.2

伍骨 41.3：合 37894①

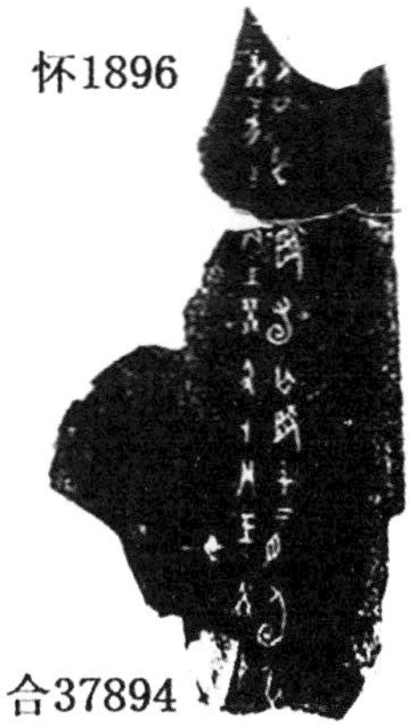

伍骨 41.4：綴合②

伍骨 42.1

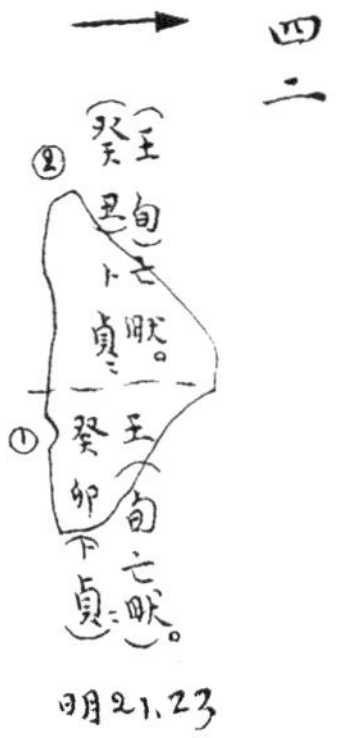

伍骨 42.2

---

① 伍骨四一：即合 37894，現藏於國圖，爲北圖 15668。摹本僅有字部分，左右兩邊骨形均不全，《合集》爲全形圖。

② 伍骨四一的綴合組爲：合 37894+ 懷 1896，見張宇衛：《黄組卜辭綴合十六則》，《臺大中文學報》（四十一期）2013 年；又見《綴興集》第 107 則。

伍骨 43.1

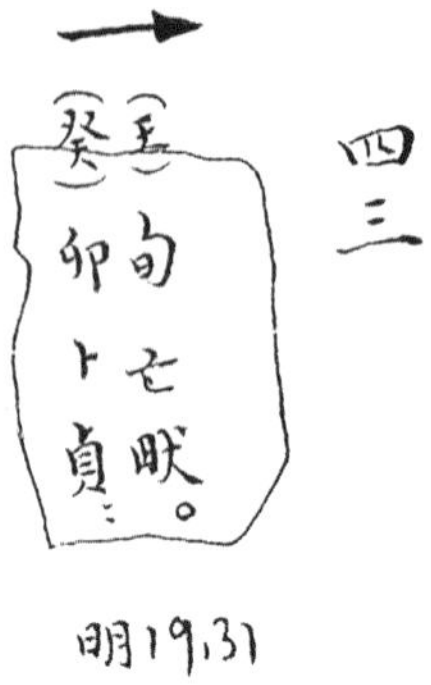

伍骨 43.2

伍骨 44.1

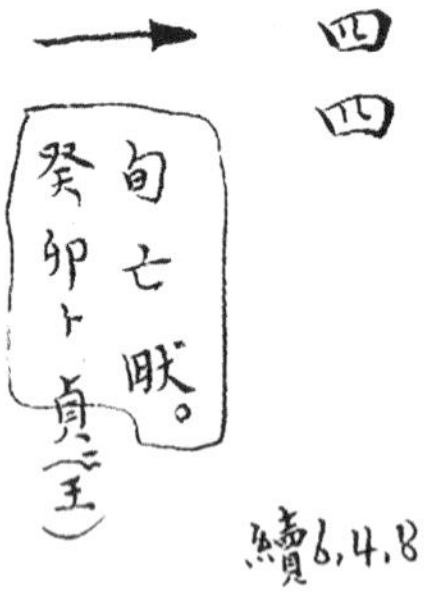

伍骨 44.2

伍骨 44.3：合 39160①

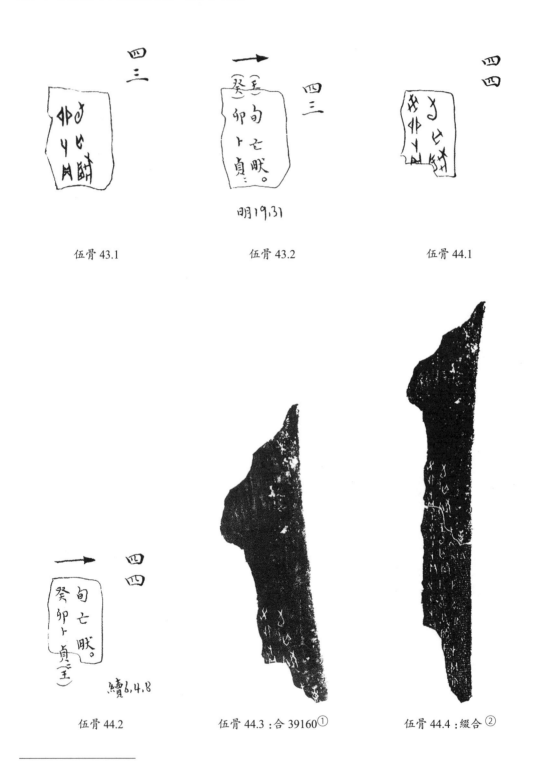

伍骨 44.4：綴合②

① 伍骨四四：即合 39160，現藏於上博，爲上博 17647.261。摹本上部骨形不全，下端有字漏摹；《合集》爲全形圖。

② 伍骨四四的綴合組爲：合 39160+ 合補 12826，見《綴續》第 392 則。

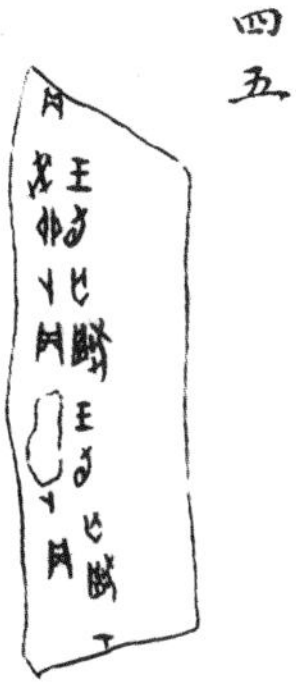

伍骨 45.1

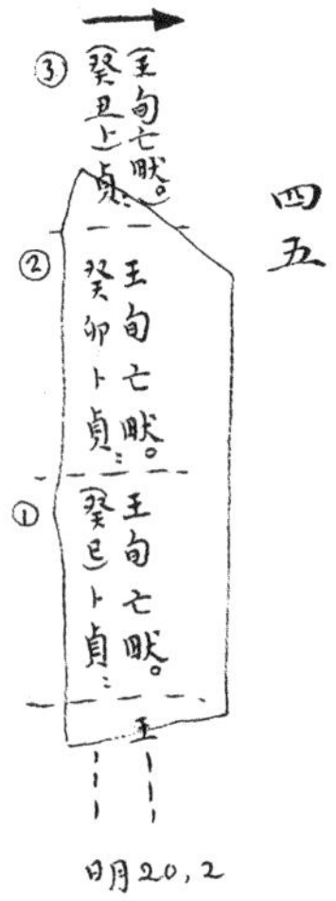

伍骨 45.2

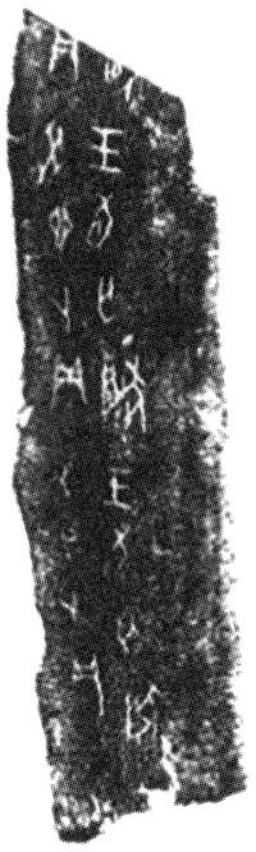

伍骨 45.3：合 39109

C：珍秦齋 14

B：合 39109

A：合 39243

伍骨 45.4：綴合①

---

① 伍骨四五的綴合組爲：合 39243+ 合 39109+ 珍秦齋 14，見張軍濤、王蘊智：《黃組卜旬甲骨新綴六則》，《殷都學刊》2019 年第 2 期。

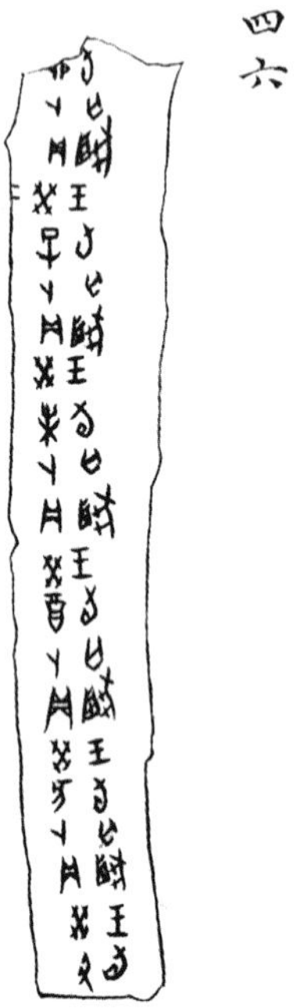

伍骨 46.1

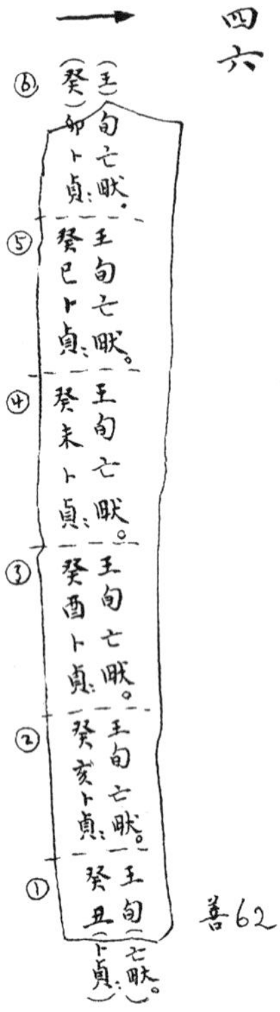

伍骨 46.2

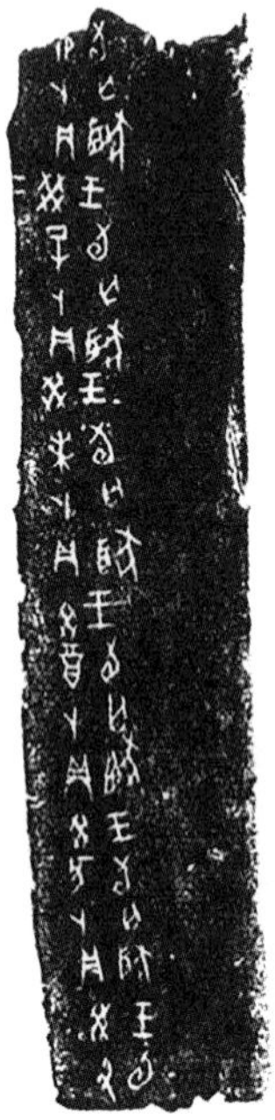

伍骨 46.3 :合 39252①

伍骨 47.1

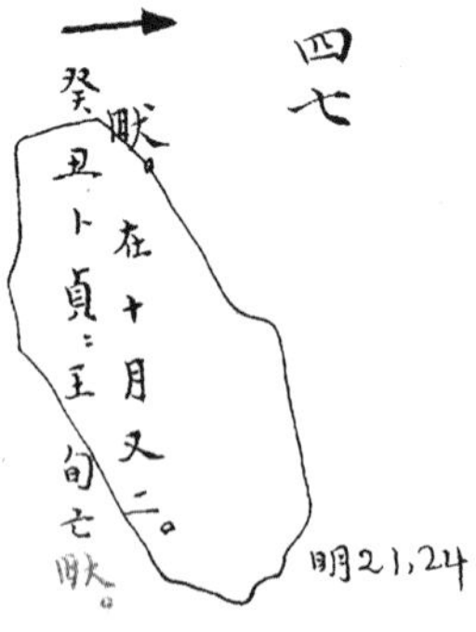

伍骨 47.2

① 伍骨四六:即合 39252,現藏於國圖,爲北圖 15439。與伍骨三一重。摹本右邊骨形不全,《合集》爲全形圖。

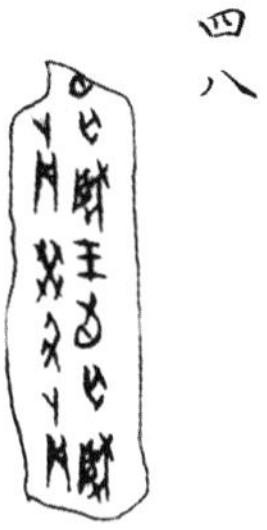

伍骨 48.1

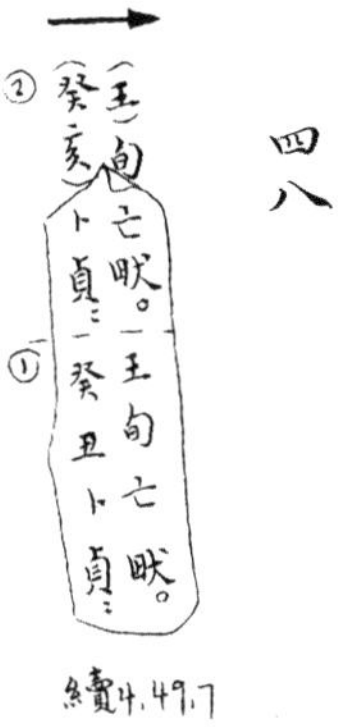

伍骨 48.2

伍骨 48.3：合 39226

伍骨 49.1

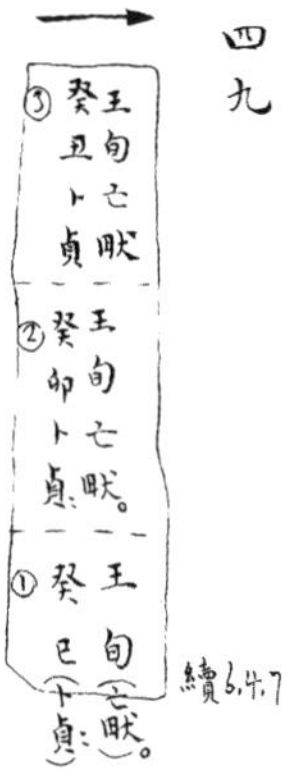

伍骨 49.2

伍骨 49.3：續 6.4.7

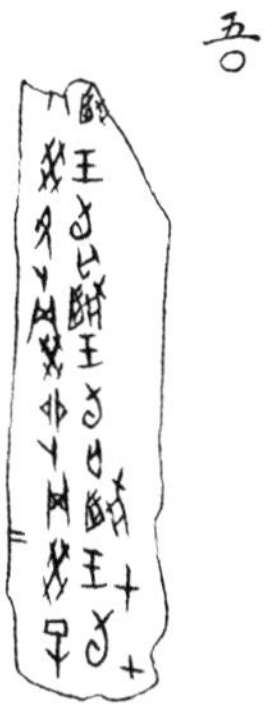

伍骨 50.1

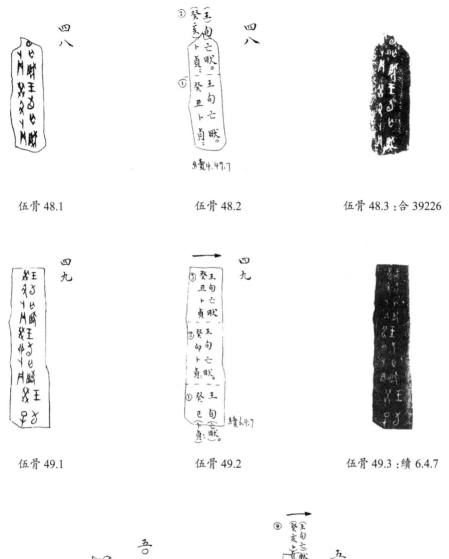

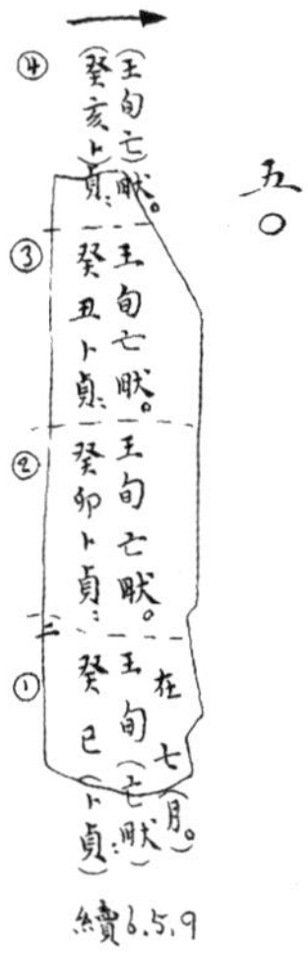

伍骨 50.2

伍骨 50.3：合 37933①

伍骨 50.4：綴合②

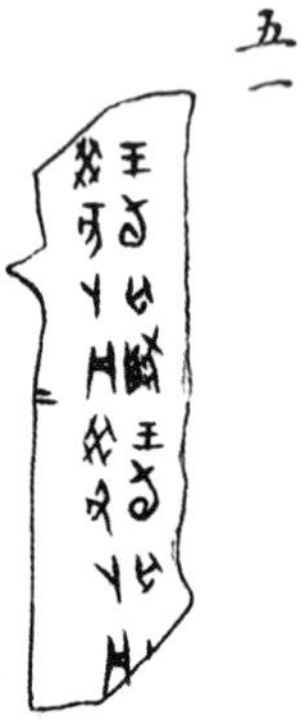

伍骨 51.1

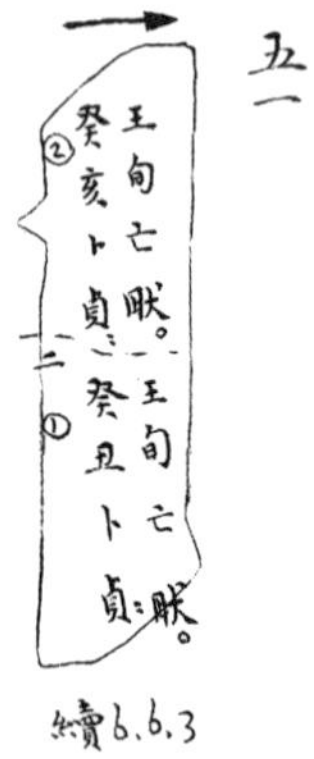

伍骨 51.2

伍骨 51.3：合 39119③

---

① 伍骨五〇：即合 37933，現藏於津博。摹本僅有字部分，左邊骨形不全，《合集》爲全形圖。此片有字郭沫若釋爲“沙”，金祥恒釋爲“土”，參《甲骨文字詁林》1187—1188 頁。

② 伍骨五〇的綴合組爲：合 37933+ 合 39278，見張宇衛：《胛骨綴合十五則》，《臺大中文學報》（三十九期）2012 年；又見先秦史研究室網站，2013.5.12；又見《綴興集》第 96 則。綴合與董作賓的補釋吻合。

③ 伍骨五一：即合 39119（上），現藏於津博。摹本左邊骨形不全，《合集》有綴合。

伍骨 52.1

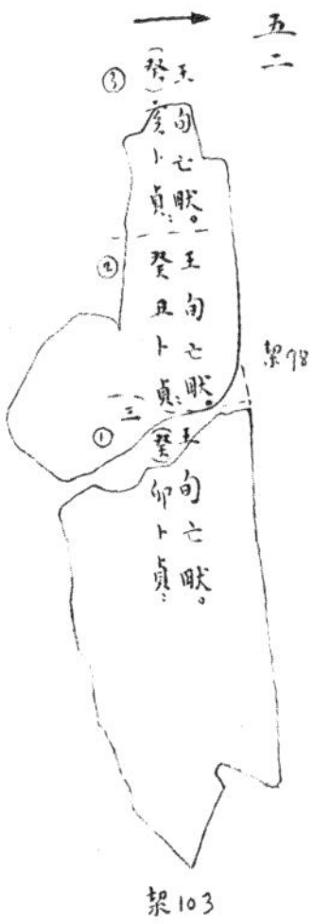

伍骨 52.2

伍骨 52.3：合 39248

伍骨 52.4：合 39194

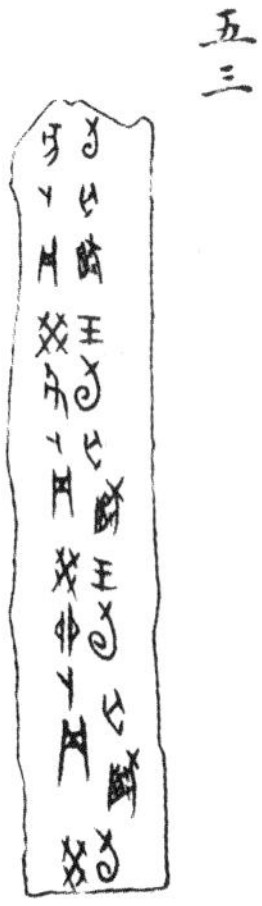

伍骨 53.1

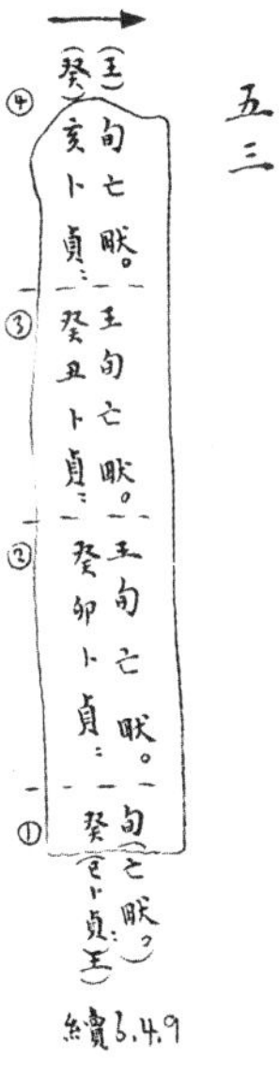

伍骨 53.2

伍骨 53.3：合 39199

合39199

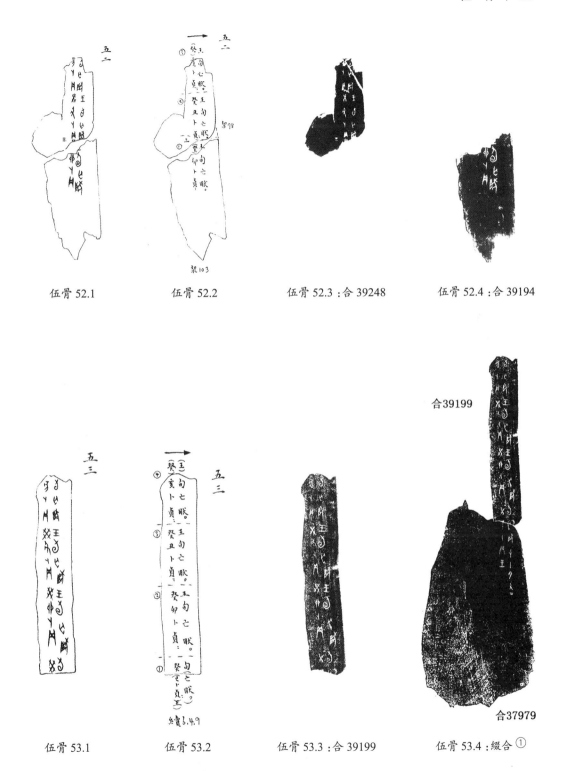

合37979

伍骨 53.4：綴合 ①

① 伍骨五三：即合 39199，現藏於津博。綴合組爲合 37979+ 合 39199，見《彙編》第 691 則。綴合與董作賓的補釋吻合。

伍骨 54.1

伍骨 54.2

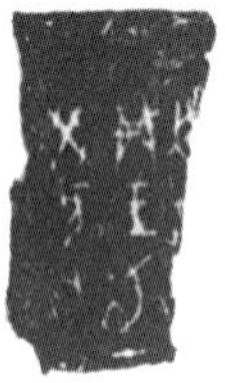

伍骨 54.3：續 6.4.5①

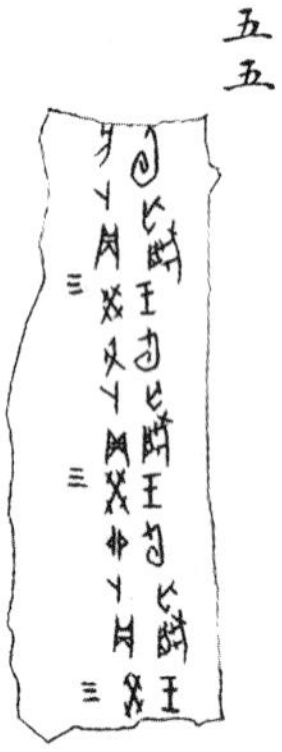

伍骨 55.1

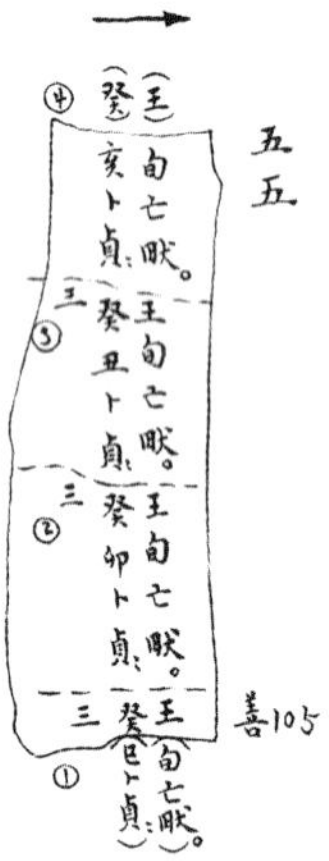

伍骨 55.2

伍骨 55.3：合 39198②

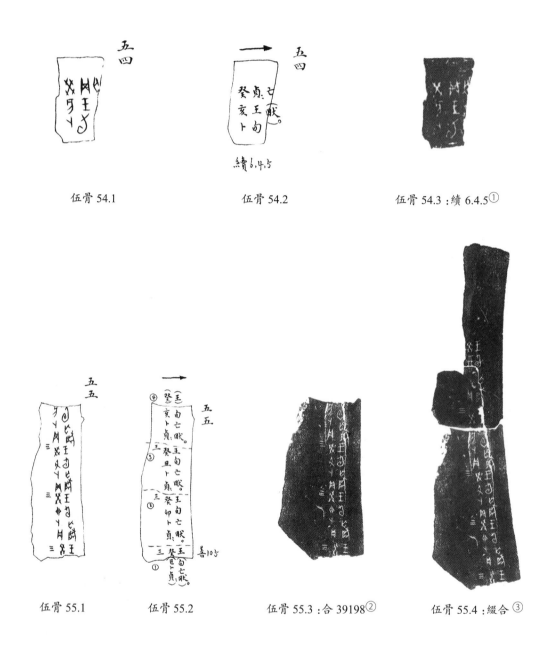

伍骨 55.4：綴合③

---

① 伍骨五四：《合集》《合補》未收，現藏不詳，原即續 6.4.5。

② 伍骨五五：即合 39198，現藏於國圖，爲北圖 15641。摹本僅有字部分，左邊骨形不全，《合集》爲全形圖。

③ 伍骨五五的綴合組爲：合 39198+ 合補 12890+ 旅藏 2123，見張宇衛：《甲骨綴合第一百卅五—一百四十則》，先秦史研究室網站，2014.10.30；又見《綴興集》第 154 則。合 39198+ 合補 12890，即北圖 15641+ 北圖 15594，經實物檢驗綴合成立。綴合與董作賓的補釋吻合。

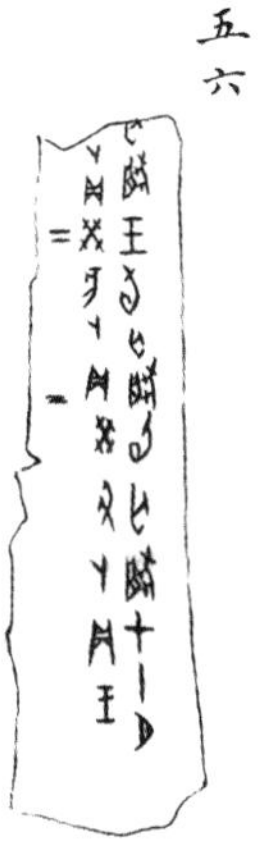

伍骨 56.1

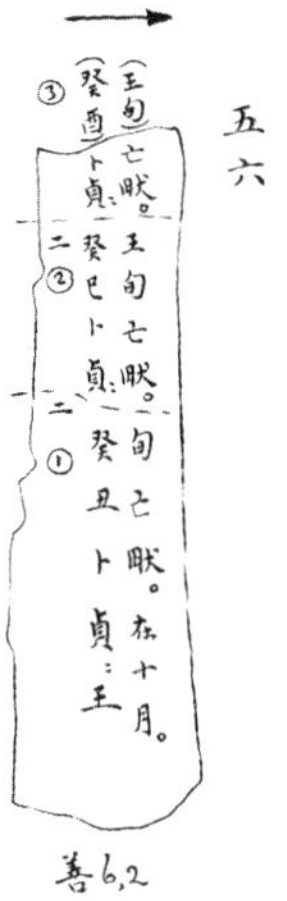

伍骨 56.2

伍骨 56.3：合 37959①

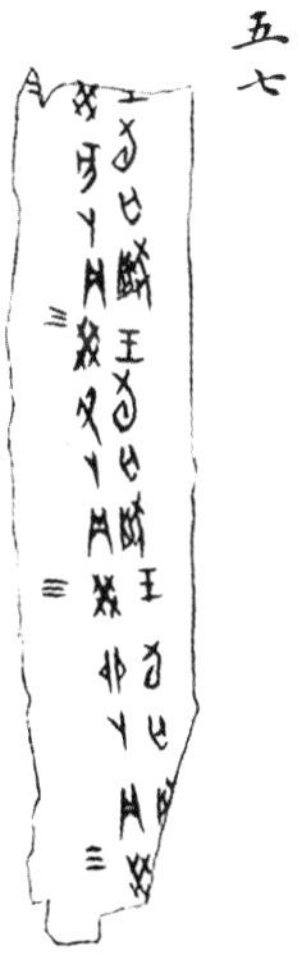

伍骨 57.1

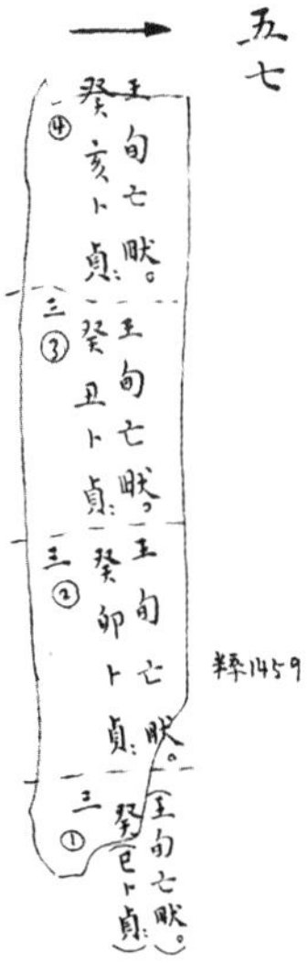

伍骨 57.2

伍骨 57.3：合 39200②

① 伍骨五六：即合 37959，現藏不詳。摹本僅有字部分，左邊骨形不全，《合集》爲全形圖。

② 伍骨五七：即合 39200，現藏於國圖，爲北圖 15403。摹本僅有字部分，左邊骨形不全，《合集》爲全形圖。

伍骨 58.1

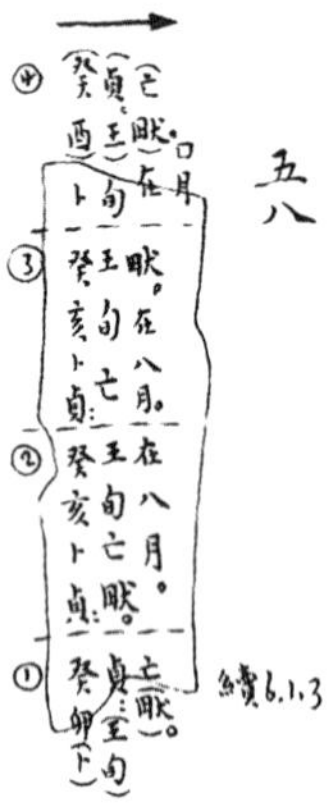

伍骨 58.2

伍骨 58.3：合 37939

伍骨 58.4：合補 12722①

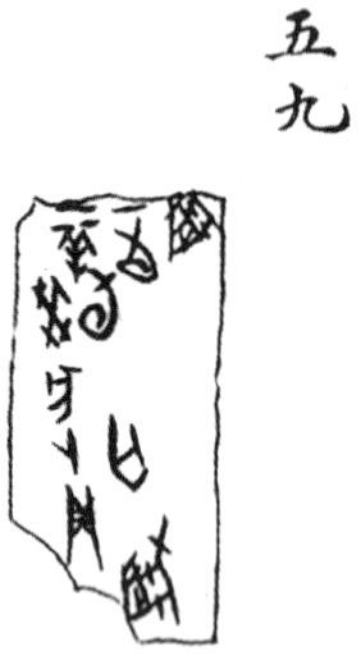

伍骨 59.1

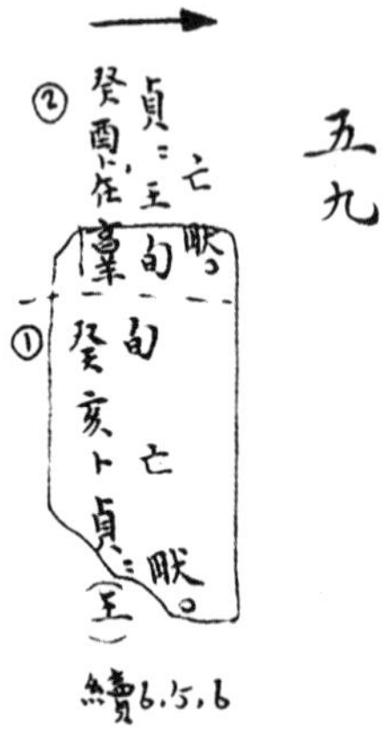

伍骨 59.2

伍骨 59.3：續 6.5.6②

① 伍骨五八：即合 37939、合補 12722（上），現藏於津博。綴合組爲合 37939+ 合 38454，即合補 12722；見《彙編》第 287 則。綴合與董作賓的補釋吻合。

② 伍骨五九：《合集》《合補》未收，現藏不詳，原即續 6.5.6。

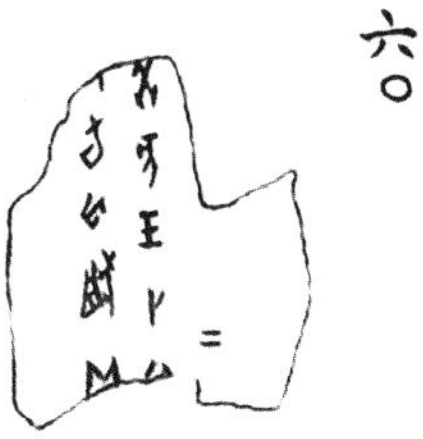

伍骨 60.1

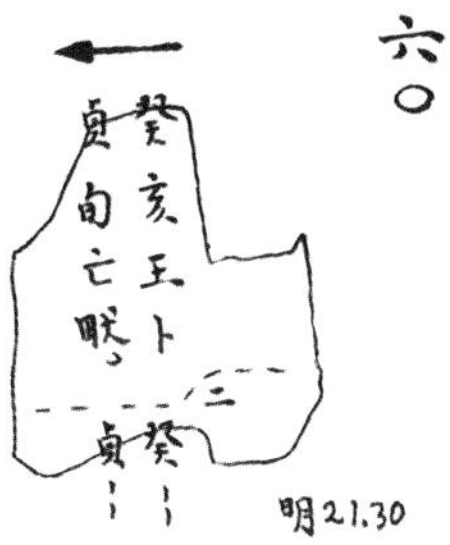

伍骨 60.2

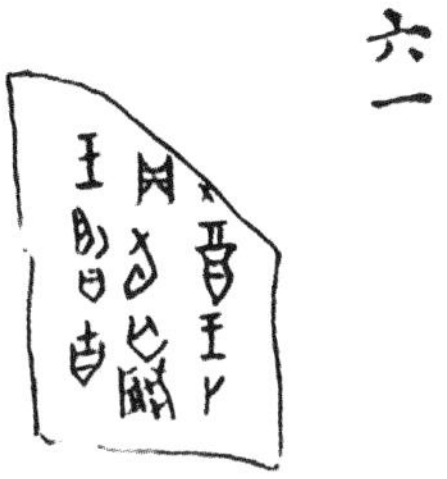

伍骨 61.1

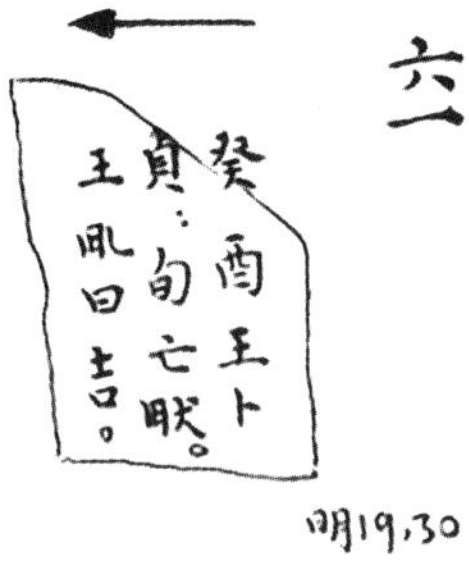

伍骨 61.2

伍骨 61.3：合 39341

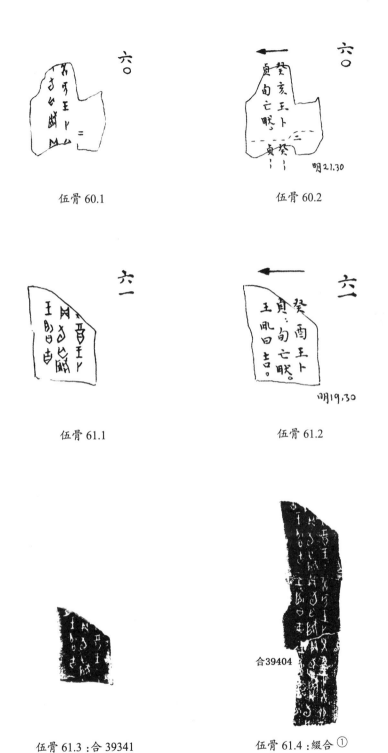

伍骨 61.4：綴合①

① 伍骨六一：即合 39341，現藏於故宫。綴合組爲合 39341+ 合 39404+ 北珍 1393，見林宏明：《甲骨新綴第 330 例》，先秦史研究室網站，2012.3.29；又見《契合集》第 330 組。

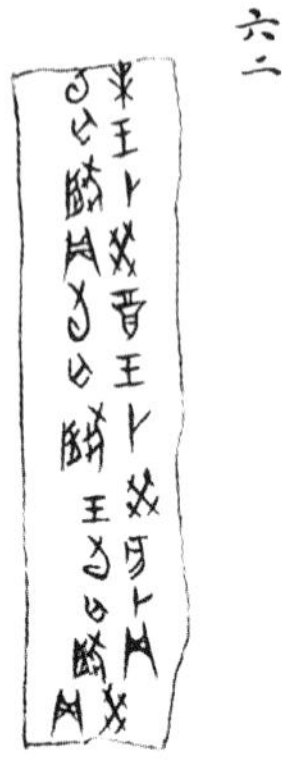

伍骨 62.1

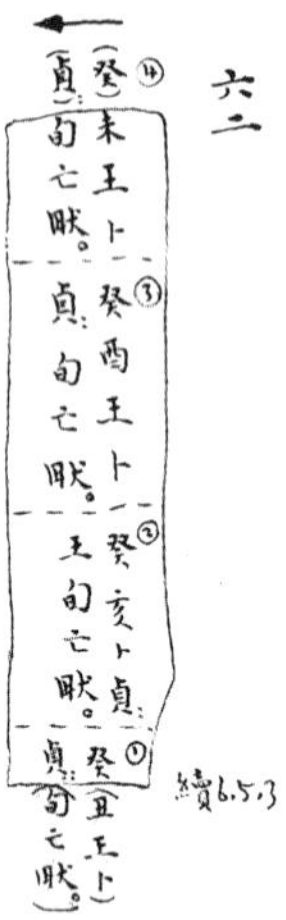

伍骨 62.2

伍骨 62.3：合 39263①

伍骨 62.4：綴合 ②

① 伍骨六二：即合 39263，現藏於北大，爲北珍 1349。

② 伍骨六二的綴合組爲：合 39263+ 北大國學門藏甲骨 1.11.1，見蔡哲茂：《甲骨綴合三十五則》，《古籍整理研究學刊》2002 年第 6 期；又見《綴續》第 461 則。綴合與董作賓的補釋吻合。

伍骨 63.1

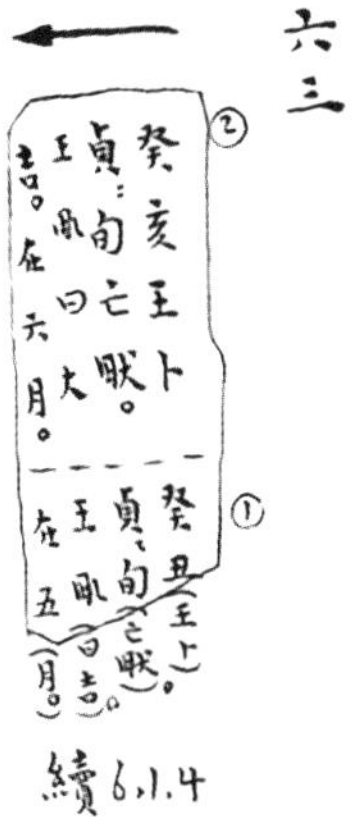

伍骨 63.2

伍骨 63.3 : 合 37917

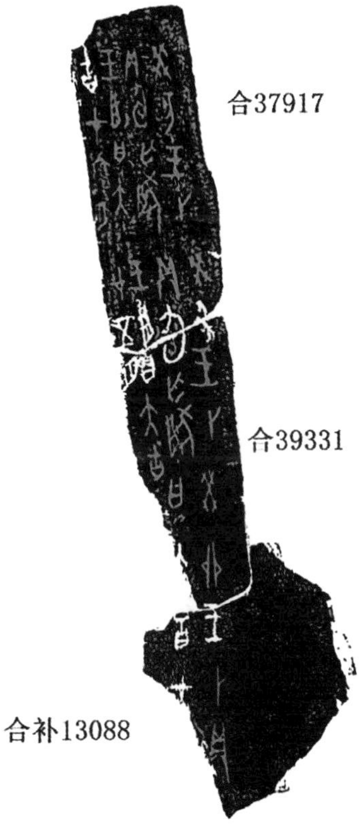

伍骨 63.4 : 綴合①

① 伍骨六三 : 即合 37917,現藏於津博。綴合組爲合 37917+ 合 39331+ 合補 13088,見張宇衛 :《胛骨綴合十五則》,《臺大中文學報》(三十九期)2012 年 ; 又見《綴興集》第 95 則。伍骨六三與伍骨八九(合 39331)可綴合。綴合與董作賓的補釋吻合。

伍骨 64.1

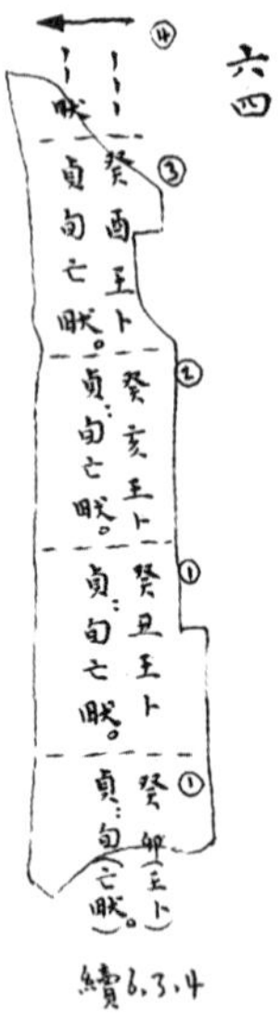

伍骨 64.2

伍骨 64.3：合 39147①

伍骨 64.4：綴合②

① 伍骨六四：即合 39147，現藏於津博。摹本右邊骨形不全，《合集》爲全形圖。伍骨六四與伍骨八六（合 39101）可綴合。

② 伍骨六四的綴合組爲：合 39101+ 合 39147，見劉影：《甲骨新綴第 91 組》，先秦史研究室網站，2010.12.1；《拼二》第 342 則。綴合與董作賓的補釋吻合。

伍骨 65.1

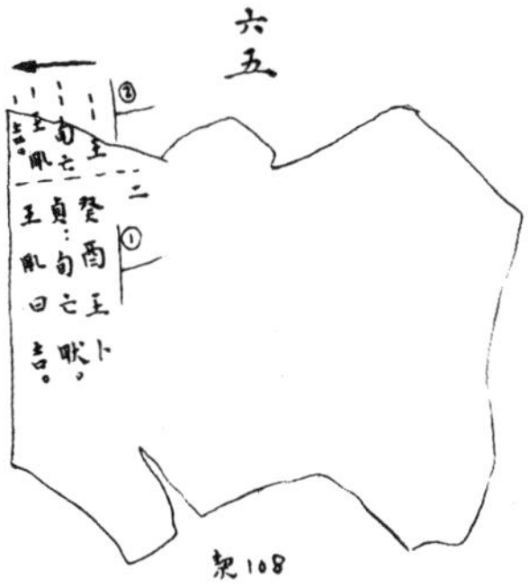

伍骨 65.2

伍骨 65.3：合 393442

伍骨 66.1

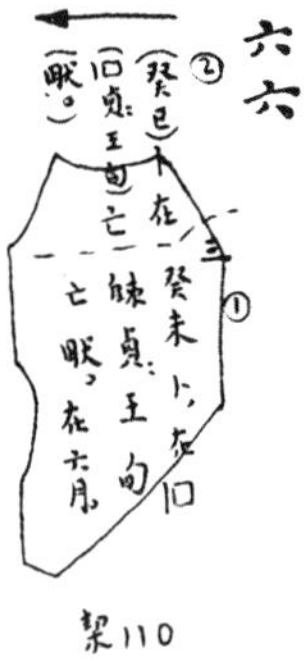

伍骨 66.2

伍骨 66.3：合 37919

伍骨 67.1

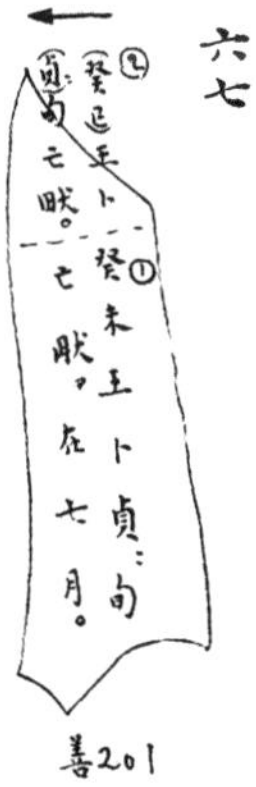

伍骨 67.2

伍骨 67.3：合 37932①

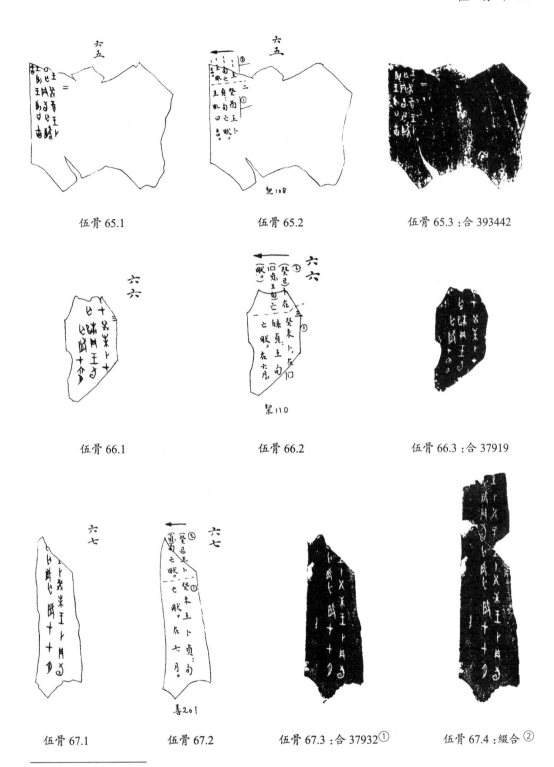

伍骨 67.4：綴合②

---

① 伍骨六七：即合 37932，現藏於國圖，爲北圖 15669。

② 伍骨六七的綴合組爲：合 37932+ 合補 12848（合補 12704），見《拼二》第 340 則。綴合與董作賓的補釋吻合。合 37932+ 合補 12848（合補 12704），即北圖 15669+ 北圖 16299，經實物檢驗綴合成立。

伍骨 68.1

伍骨 68.2

伍骨 68.3：合 37884

伍骨 68.4：綴合①

① 伍骨六八：即合 37884，現藏不詳。綴合組爲合補 12712（合 37884+ 合 37973）+ 合補 11471，見《彙編》第 277 則。綴合與董作賓的補釋吻合。

伍骨 69.1

伍骨 69.2

伍骨 69.3：合 37964①

伍骨 69.4：合 37969

伍骨 69.5：合 37953②

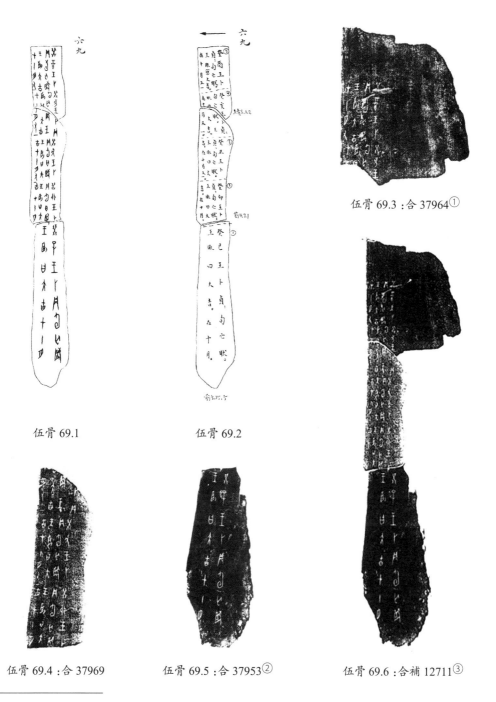

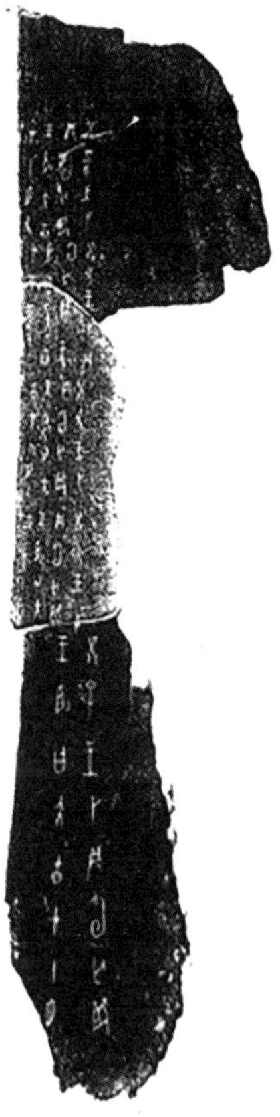

伍骨 69.6：合補 12711③

① 伍骨六九(上)：即合 37964、合補 12711（上），現藏於津博。摹本僅有字部分，右邊骨形不全，《合集》爲全形圖。

② 伍骨六九(下)：即合 37953、合補 12711(下)，現藏於山博。摹本右邊骨形不全，《合集》爲全形圖。

③ 伍骨六九的綴合組爲：合 37953+ 合 37964+ 合 37969，即合補 12711，見《綴》第 31 則。合補 12711 的綴合與董作賓的拼綴吻合。謝濟指出此版綴合位置需調整，《對綴合〈甲骨文合集〉的質疑》，《殷都學刊》，2001 年第 2 期。

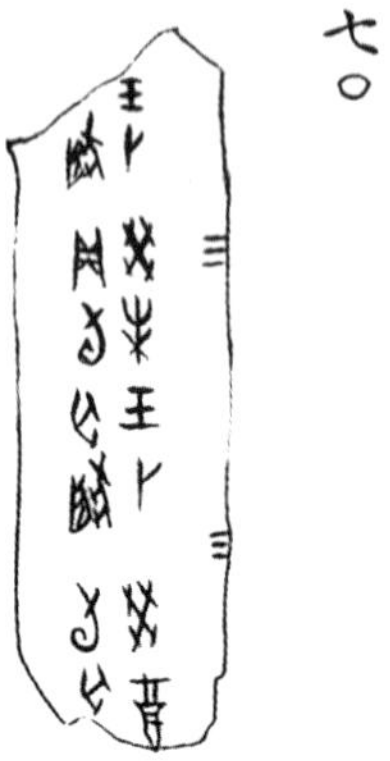

伍骨 70.1

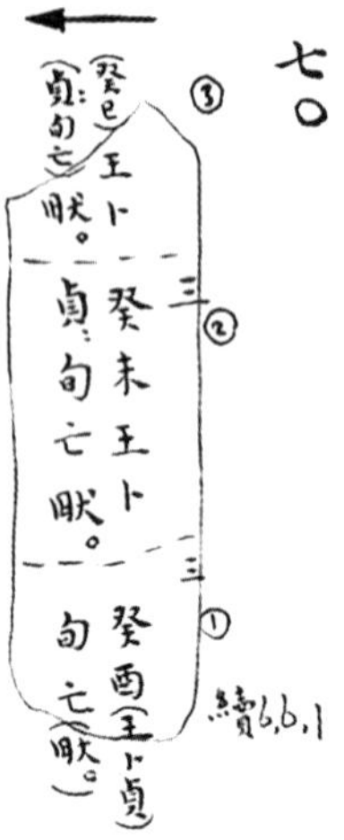

伍骨 70.2

伍骨 70.3 :合 39001

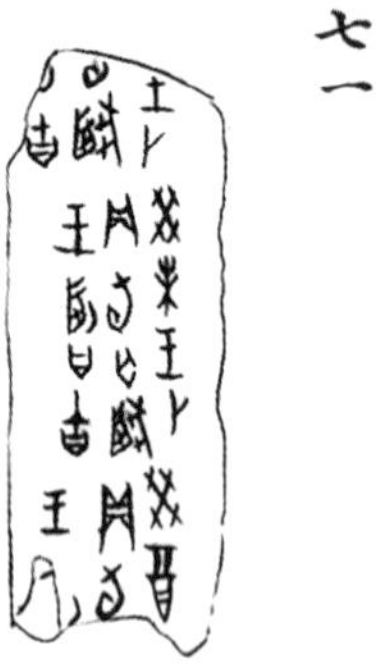

伍骨 71.1

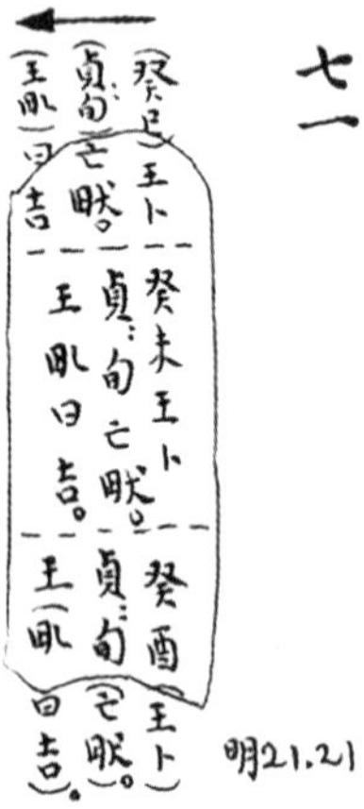

伍骨 71.2

伍骨 71.3 :合 39340

伍骨 72.1

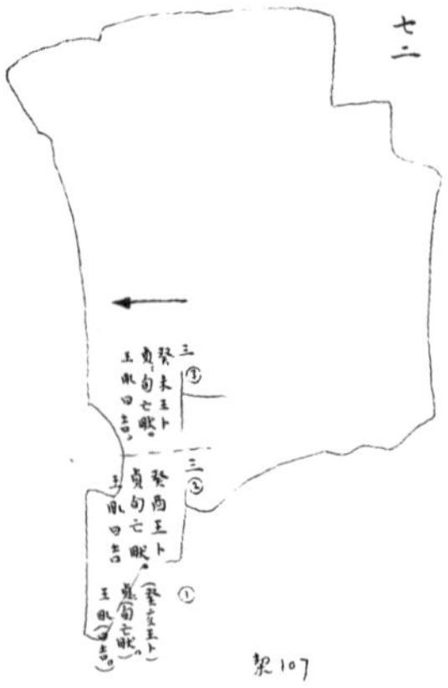

伍骨 72.2

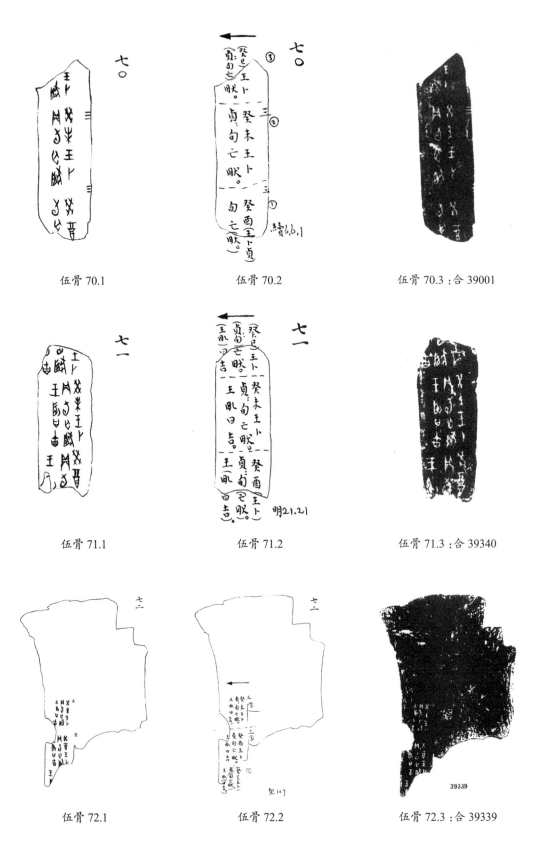

伍骨 72.3 :合 39339

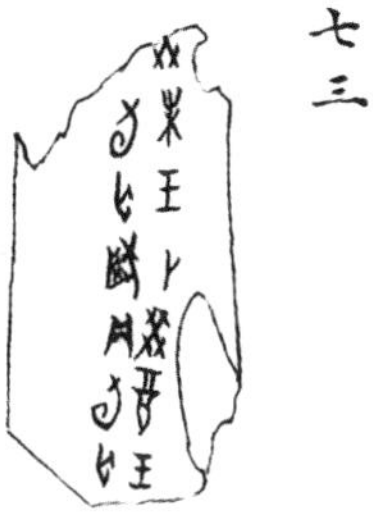

七三

伍骨 73.1

七三

〔癸〕未王卜
貞旬亡畎。
癸酉王〔下〕
貞：旬亡
畎。

明19.34

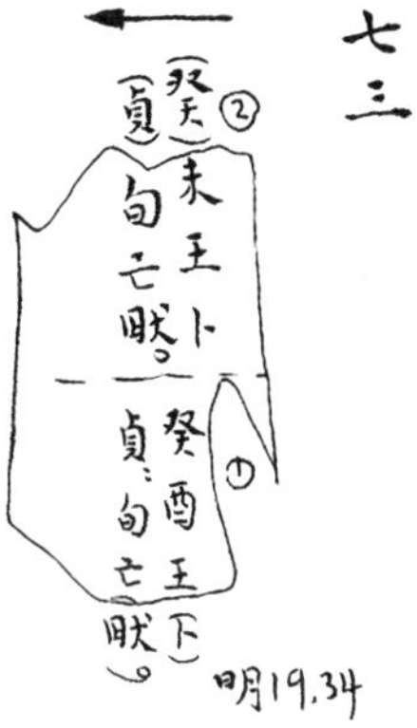

伍骨 73.2

伍骨 73.3：合 389972

七四

伍骨 74.1

七四

癸未王卜
貞：旬亡畎。
王占曰吉。
癸酉王卜
貞：旬亡畎。
王占曰
吉。

粹1461

伍骨 74.2

伍骨 74.3：合 39345

七五

伍骨 75.1

七五

〔癸〕巳王卜〔一〕
貞旬亡畎。
癸未〔王卜〕
貞：旬
〔亡畎。〕

明21.2B

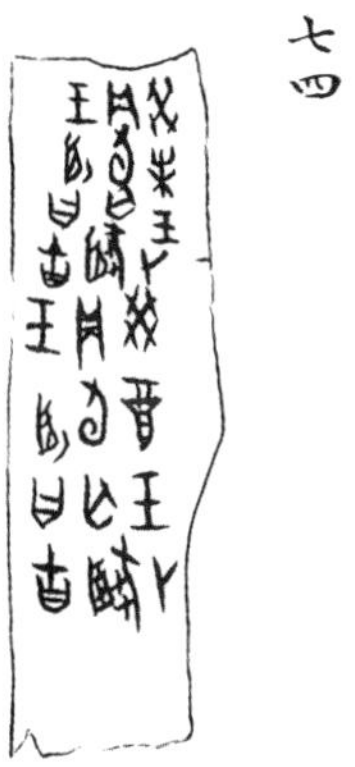

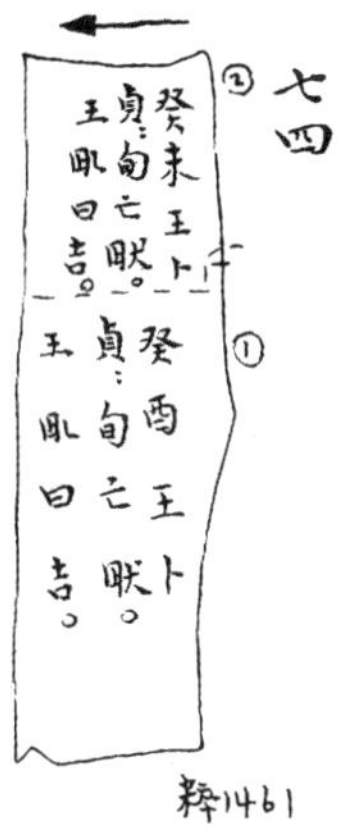

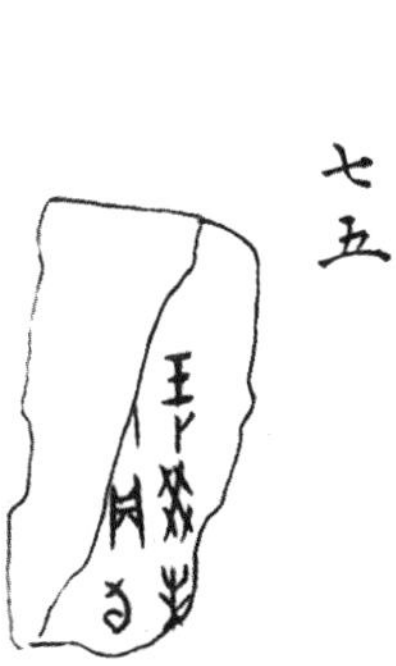

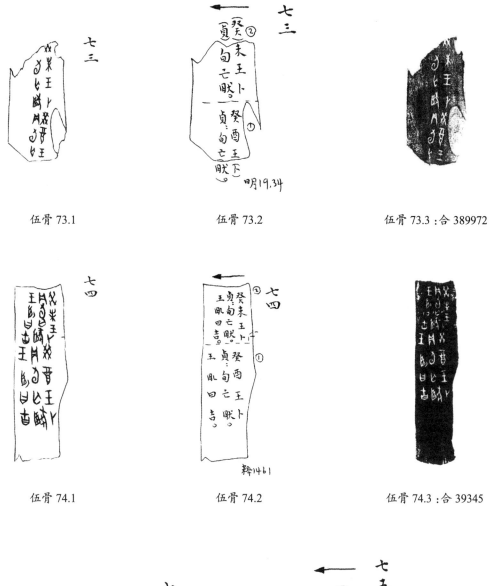

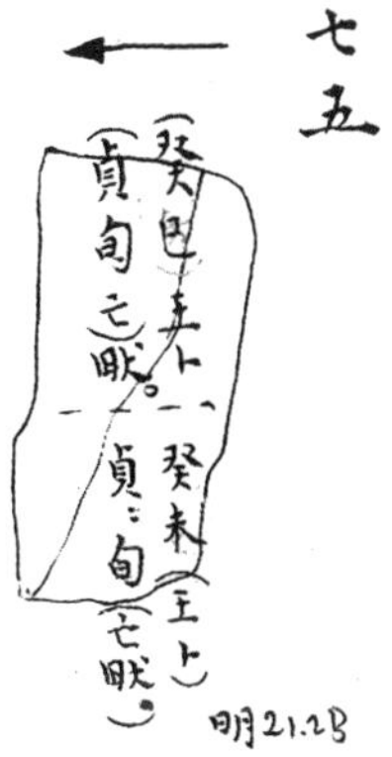

伍骨 75.2

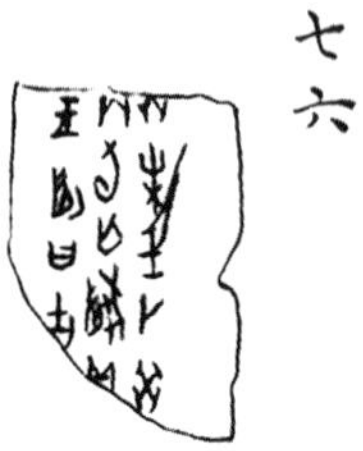

伍骨 76.1

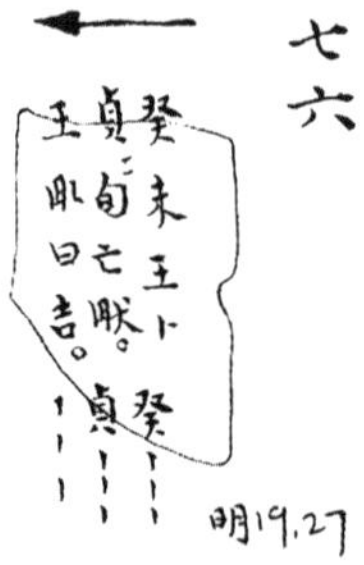

伍骨 76.2

伍骨 76.3：合 39362

伍骨 76.4：合補 12772①

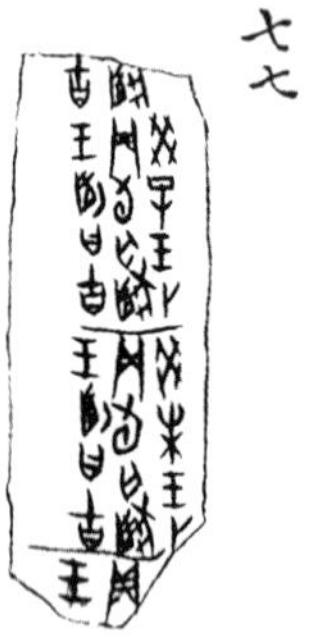

伍骨 77.1

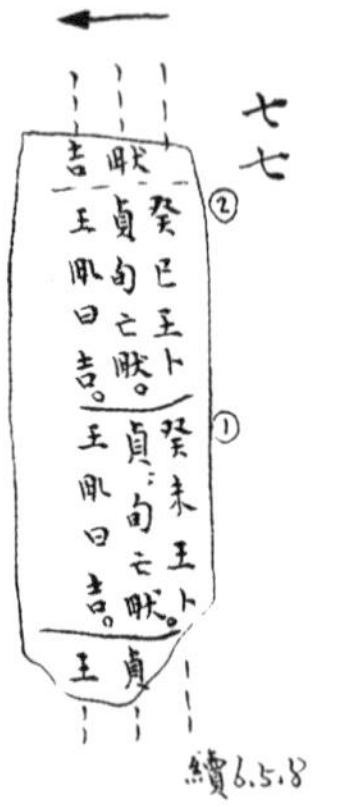

伍骨 77.2

伍骨 77.3：合 39349②

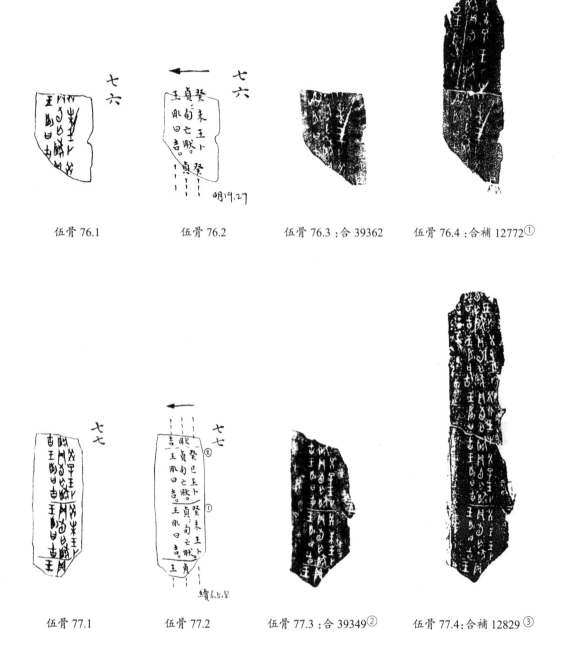

伍骨 77.4：合補 12829 ③

---

① 伍骨七六：即合 39362、合補 12772（下），現藏於故宫。綴合組爲合 39362+ 合 39368，即合補 12772，見《綴》第 276 則。

② 伍骨七七：即合 39349、合補 12829（下），現藏於廣東博。摹本右邊骨形不全，《合集》爲全形圖。

③ 伍骨七七的綴合組爲：合 39349+ 合 39385（續存上 2643），即合補 12829；《彙編》第 514 則。

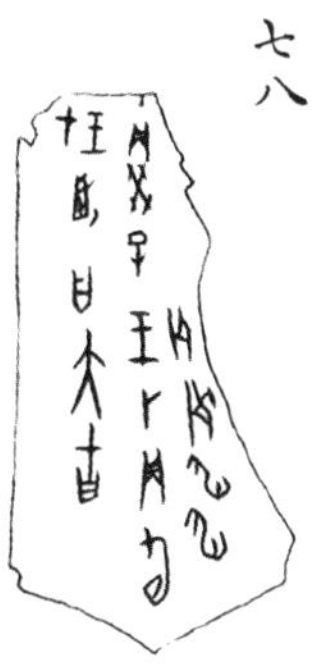

伍骨 78.1

伍骨 78.2

伍骨 78.3：合 39330

伍骨 78.4：綴合 ①

---

① 伍骨七八：即合 39330，現藏不詳。綴合組爲合補 12813【合 37892+ 合 37907】+ 合 39330，見張宇衛：《甲骨綴合第四五—四七則》，先秦史研究室網站，2012.3.5；又見《綴興集》第 37 則。

伍骨 79.1

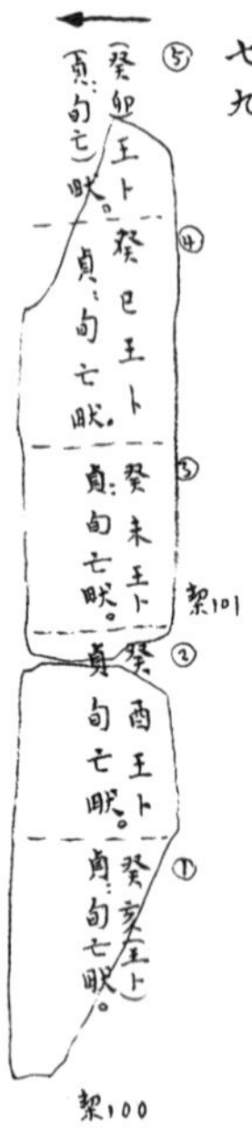

伍骨 79.2

伍骨 79.3：合 39078

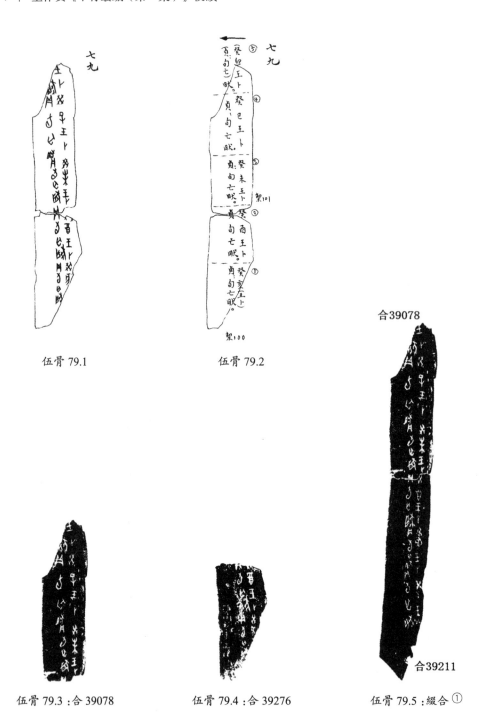

伍骨 79.4：合 39276

伍骨 79.5：綴合①

---

① 伍骨七九（上）：即合 39078，現藏於北大，爲北珍 1350。綴合組爲合 39078+ 合 39211，見《彙編》第 674 則。綴合與董作賓的拼綴不一致。

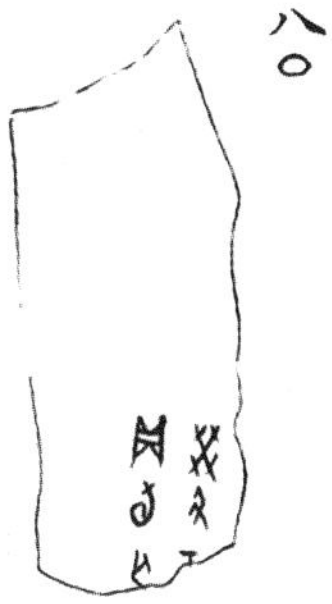

伍骨 80.1

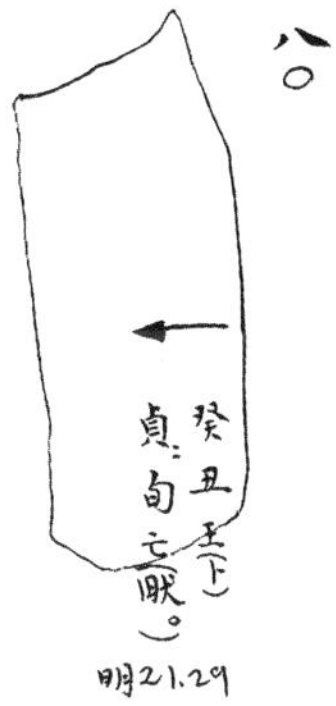

伍骨 80.2

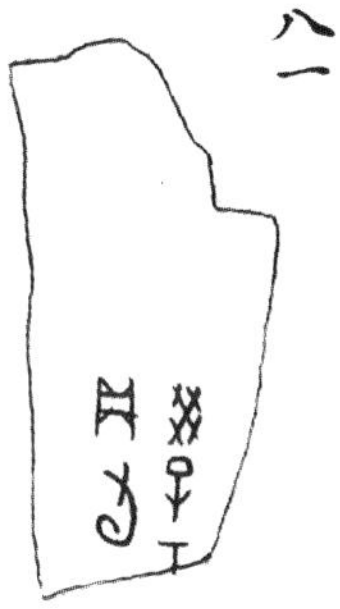

伍骨 81.1

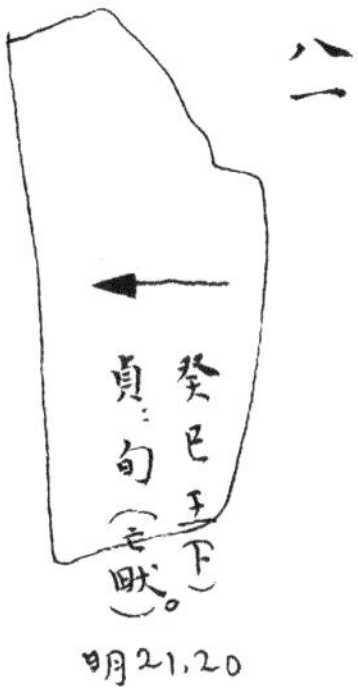

伍骨 81.2

伍骨 82.1

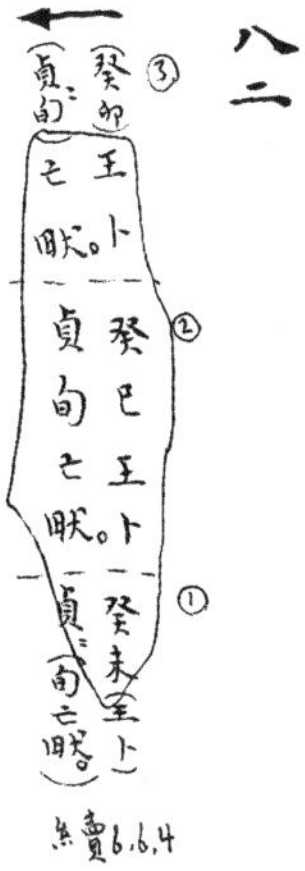

伍骨 82.2

伍骨 82.3 : 合 39093

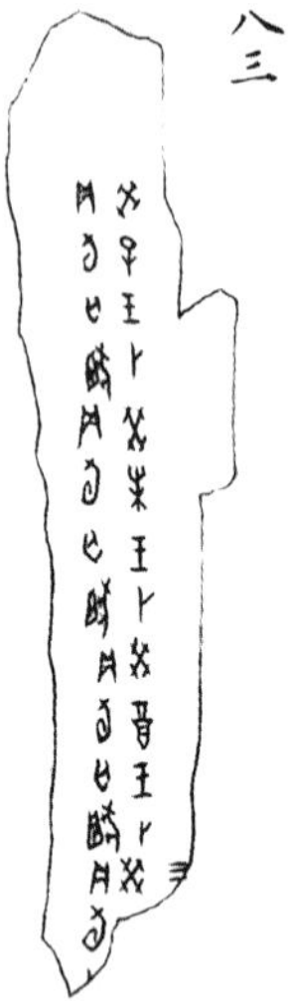

伍骨 83.1

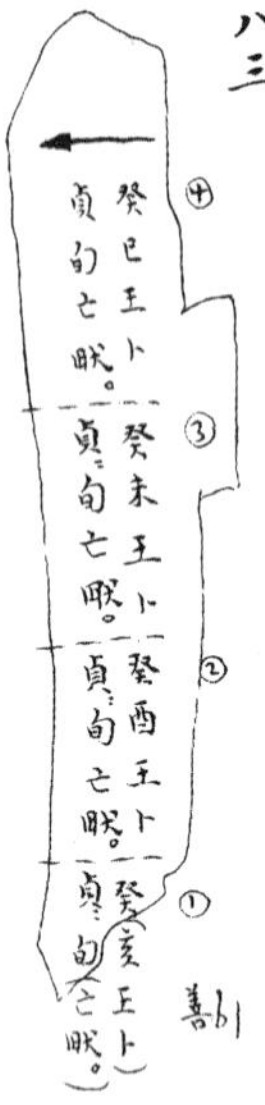

伍骨 83.2

伍骨 83.3：合 39265①

伍骨 83.4：綴合 ②

① 伍骨八三：即合 39265，現藏於國圖，爲北圖 15549。摹本漏摹三個兆序"三"。

② 伍骨八三的綴合組爲：合 39222+ 合 39265，見《彙編》第 697 則。綴合與董作賓的補釋吻合。

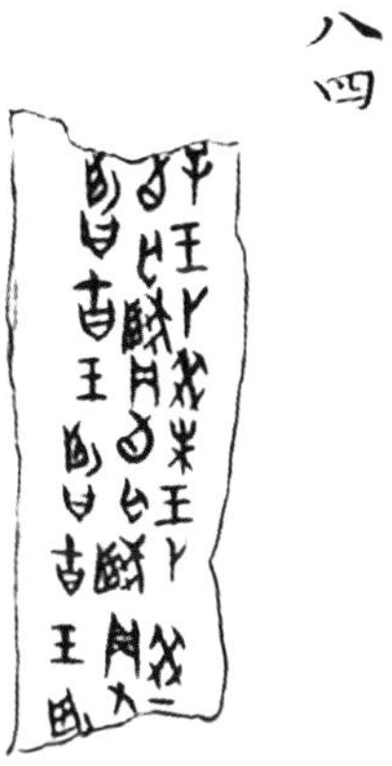

伍骨 84.1

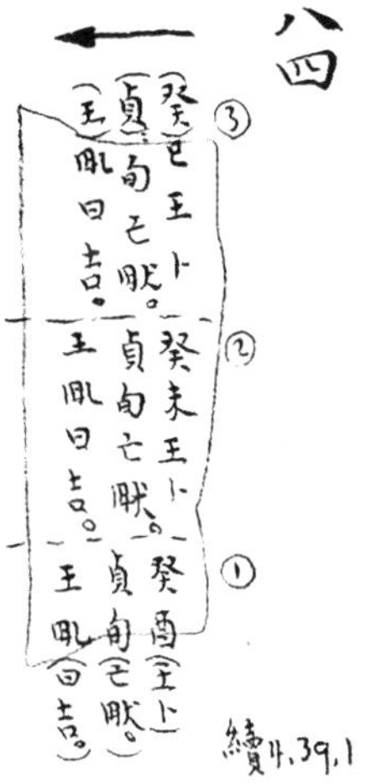

伍骨 84.2

伍骨 84.3：合 39354

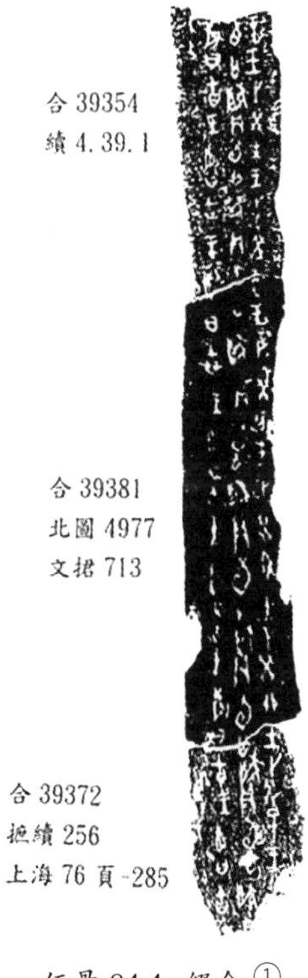

伍骨 84.4：綴合①

① 伍骨八四：即合 39354，現藏不詳。綴合組爲合 39354+ 合 39381+ 合 39372，見林宏明：《甲骨新綴第 139—140 例》，先秦史研究室網站，2010.12.2；又見《契合集》第 139 組。綴合與董作賓的補釋吻合。

伍骨 85.1

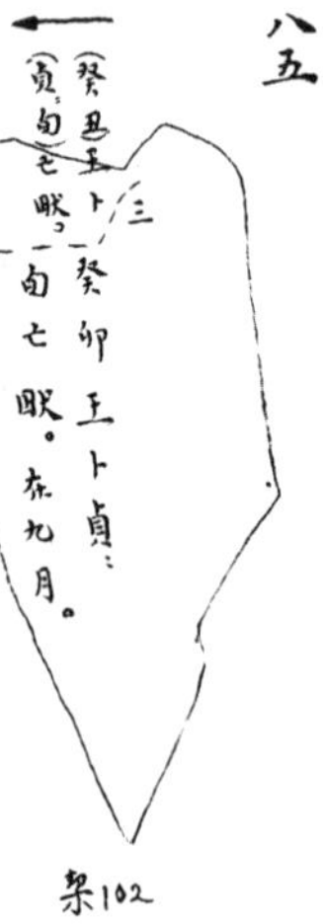

伍骨 85.2

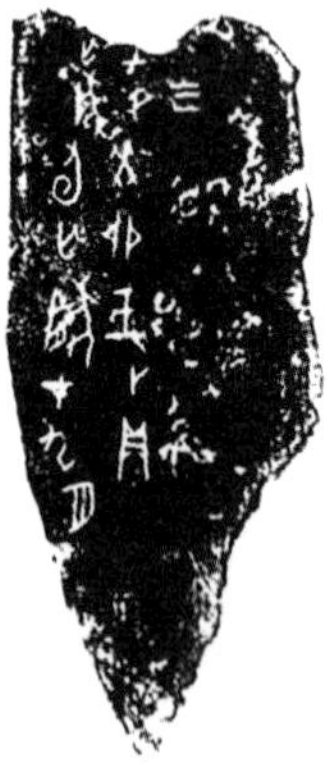

伍骨 85.3：合 37947

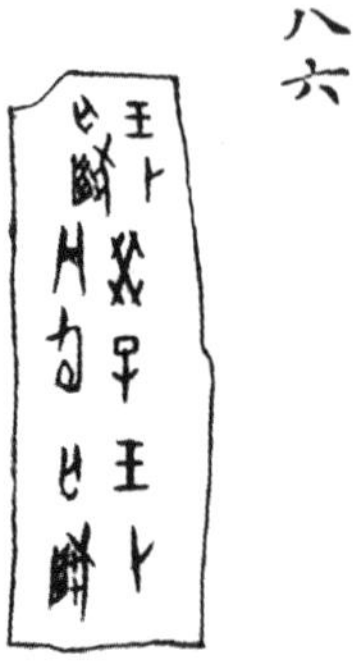

伍骨 86.1

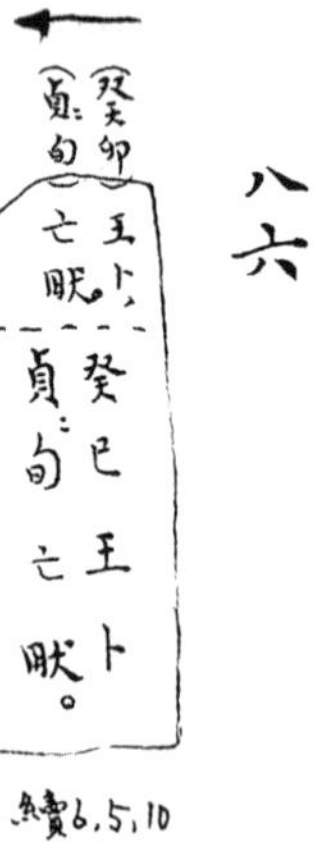

伍骨 86.2

伍骨 86.3：合 39103

伍骨 86.4：合 39101①

伍骨 86.5：綴合②

伍骨 86.6：綴合③

① 伍骨八六：即合 39103、合 39101（全），現藏於北大，爲北珍 1324。摹本及合 39103 僅有字部分，骨形不全；合 39101 爲全形圖。與伍骨六四（合 39147）可綴合。

② 伍骨八六的綴合組爲：合 39101+ 合 39147，見劉影：《甲骨新綴第 91 組》，先秦史研究室網站，2010.12.1；《拼二》第 342 則。

③ 伍骨八六的另一綴合組爲：合 39101+ 合補 12630+ 合補 12587，張宇衛認爲：合 39101+ 合 39147 綴合後，骨邊并不一致，且“旬”“禍”字體也不同，暫且存疑；見《甲骨綴合第一百零一則》，先秦史研究室網站，2013.8.10；又見《綴興集》第 110 則。兩組綴合正確與否，尚待驗證。

八七

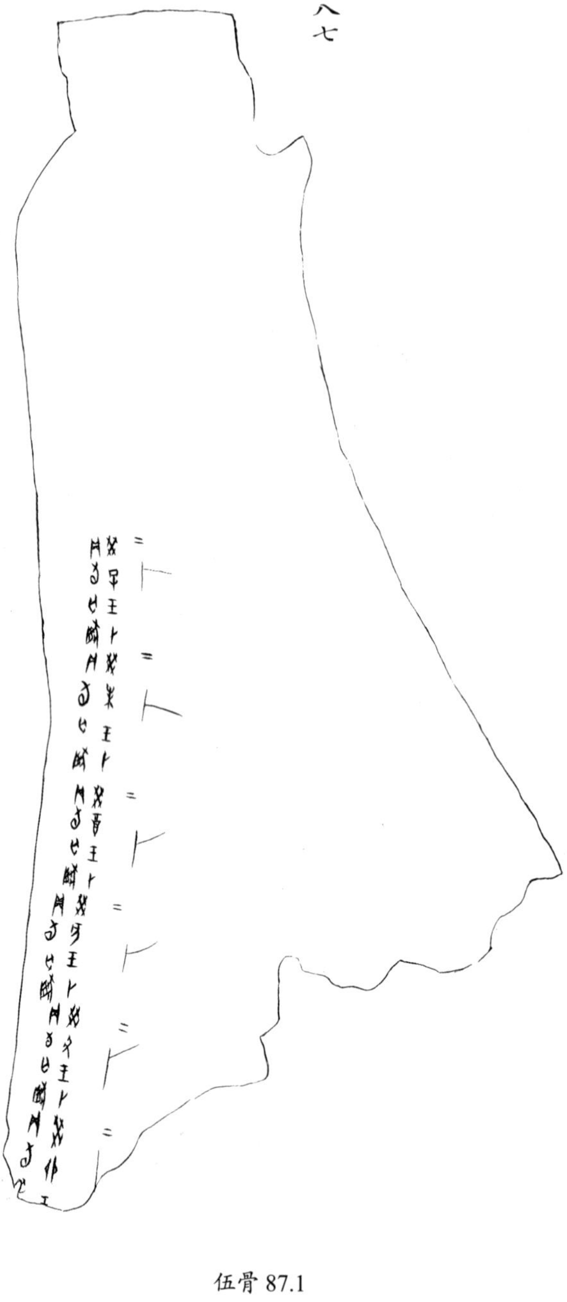

伍骨 87.1

八七

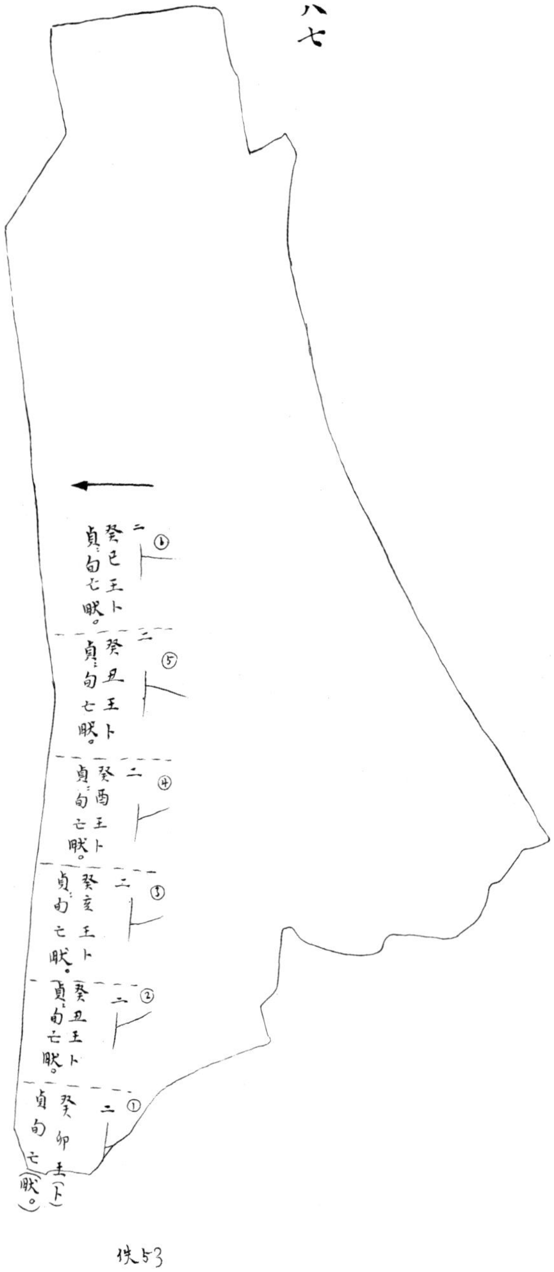
二 ⑥ 癸巳王卜貞旬亡畎。
二 ⑤ 癸丑王卜貞旬亡畎。
二 ④ 癸酉王卜貞旬亡畎。
二 ③ 癸亥王卜貞旬亡畎。
二 ② 癸丑王卜貞旬亡畎。
二 ① 癸卯王(卜)貞旬亡(畎)。

佚53

伍骨 87.2

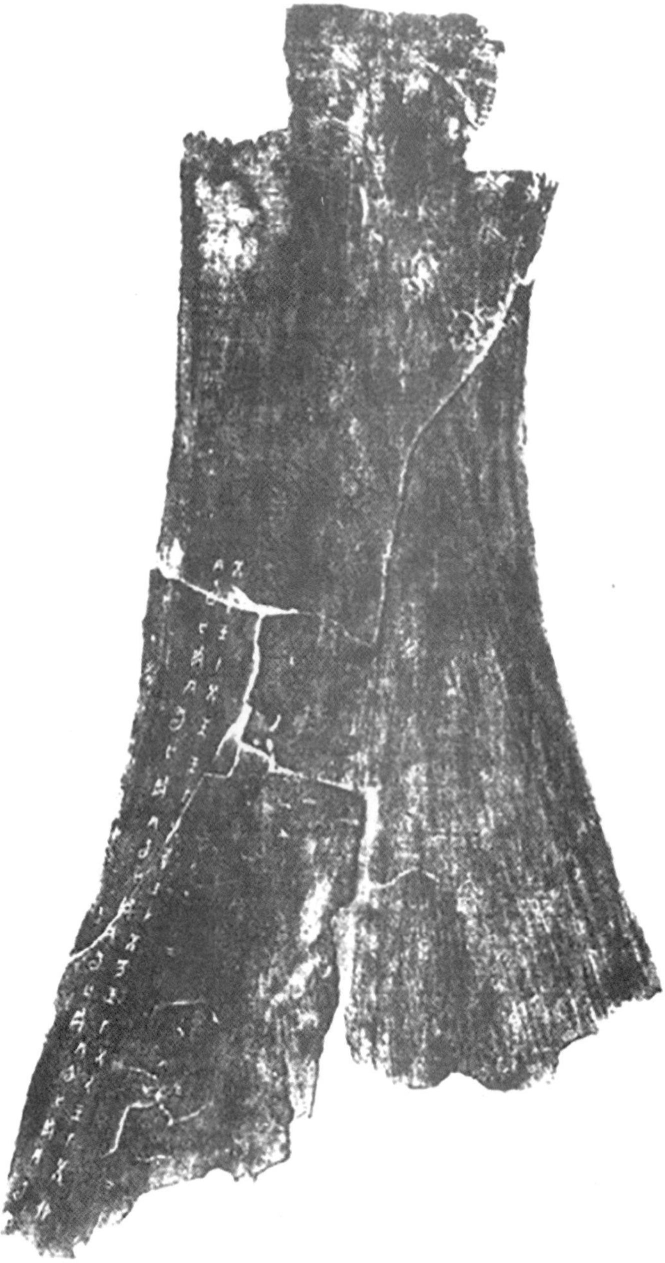

伍骨 87.3 ; 合 39145

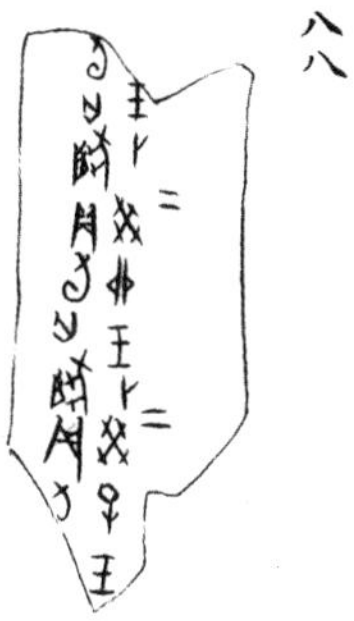

伍骨 88.1

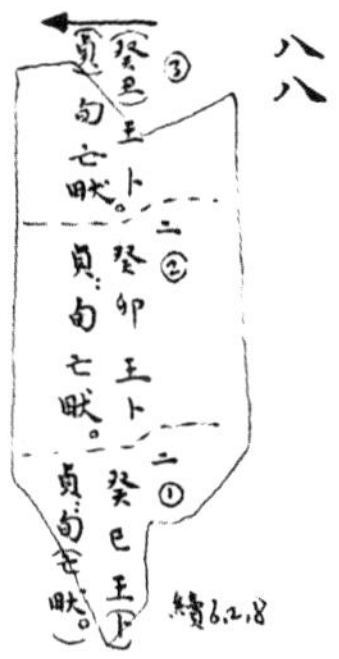

伍骨 88.2

伍骨 88.3：合 39110①

伍骨 89.1

伍骨 89.2

伍骨 89.3：合 39331

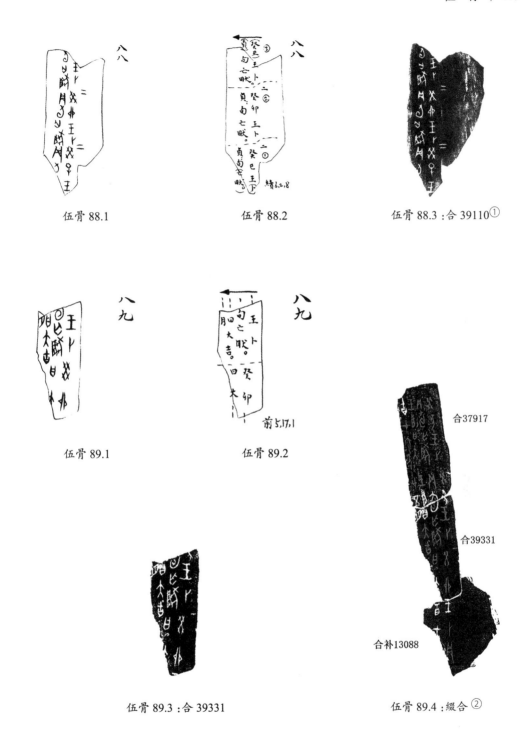

伍骨 89.4：綴合②

---

① 伍骨八八：即合 39110，現藏於北大，爲北珍 1328。摹本右邊骨形不全，《合集》爲全形圖。

② 伍骨八九：即合 39331，現藏於山博。綴合組爲合 37917+ 合 39331+ 合補 13088，見張宇衛：《胛骨綴合十五則》第九則，《臺大中文學報》（三十九期），2012 年。又見《綴興集》第 95 則。與伍骨六三（合 37917）可綴合。

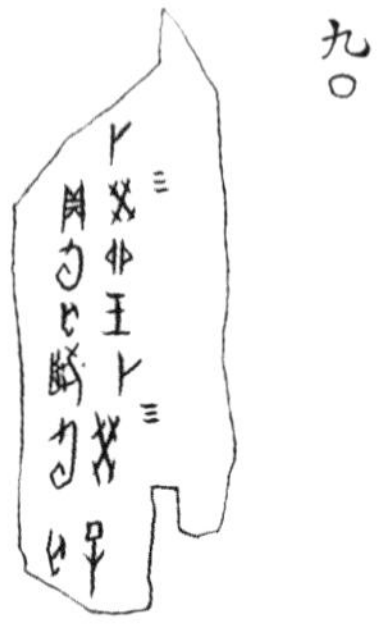

伍骨 90.1

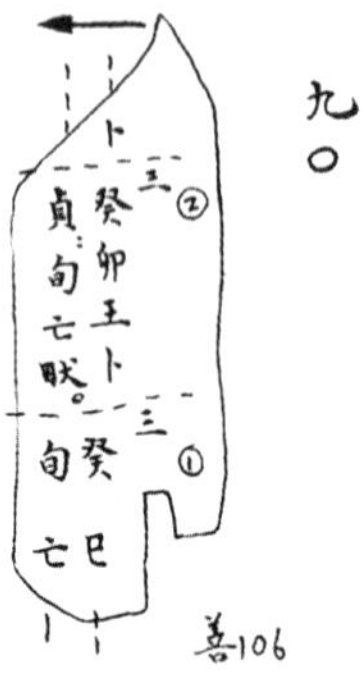

伍骨 90.2

伍骨 90.3：合 39111①

伍骨 90.4：綴合②

① 伍骨九〇：即合 39111，現藏於國圖，爲北圖 15427。摹本僅有字部分，右邊骨形不全，《合集》爲全形圖。

② 伍骨九〇的綴合組爲：合 39111+合 39223，見《彙編》第 704 則。合 39111+合 39223，即北圖 15427+北圖 15628，經實物檢驗綴合成立。

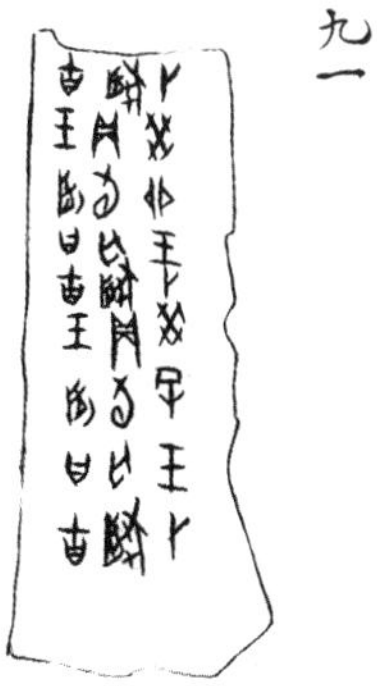

伍骨 91.1

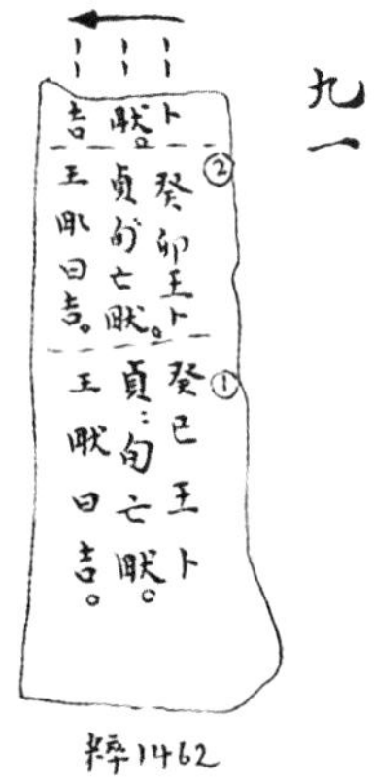

伍骨 91.2

伍骨 91.3：合 39365①

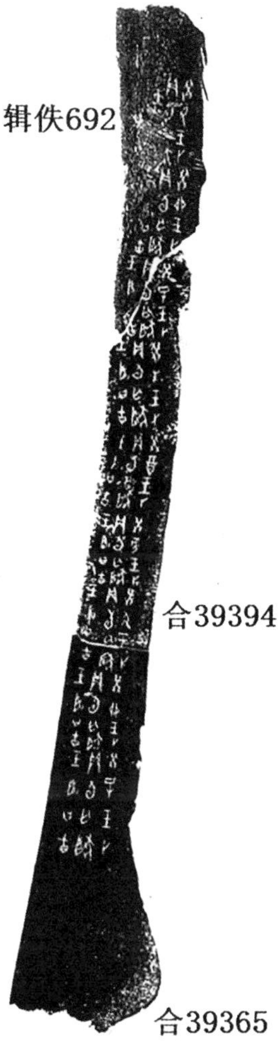

伍骨 91.4：綴合②

① 伍骨九一：即合 39365，現藏於國圖，爲北圖 15456。摹本下端骨形不全，《合集》爲全形圖。

② 伍骨九一綴合組爲：合 39365+ 合 39394+輯佚 692，門藝在《綴》第 206 則上加綴輯佚 692，見《〈殷墟甲骨輯佚〉綴合一例》，先秦史研究室網站，2008.12.17；又見《彙編》第 663 則。

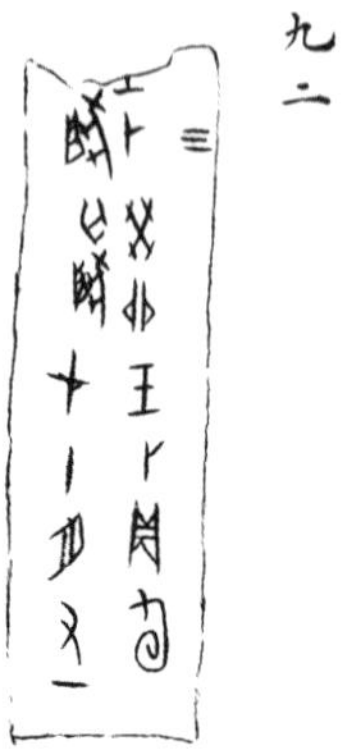

伍骨 92.1

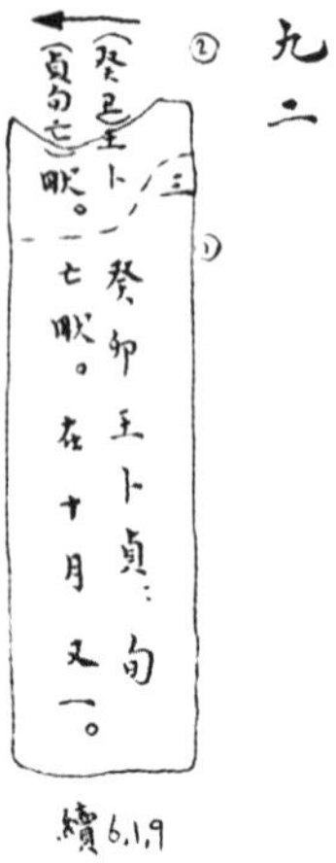

伍骨 92.2

伍骨 92.3：合 37965①

伍骨 92.4：綴合②

① 伍骨九二：即合 37965，現藏於津博。摹本右邊及下端骨形不全，《合集》爲全形圖。

② 伍骨九二的綴合組爲：合 37965+ 合 39255，見《彙編》第 458 則。綴合與董作賓的補釋吻合。

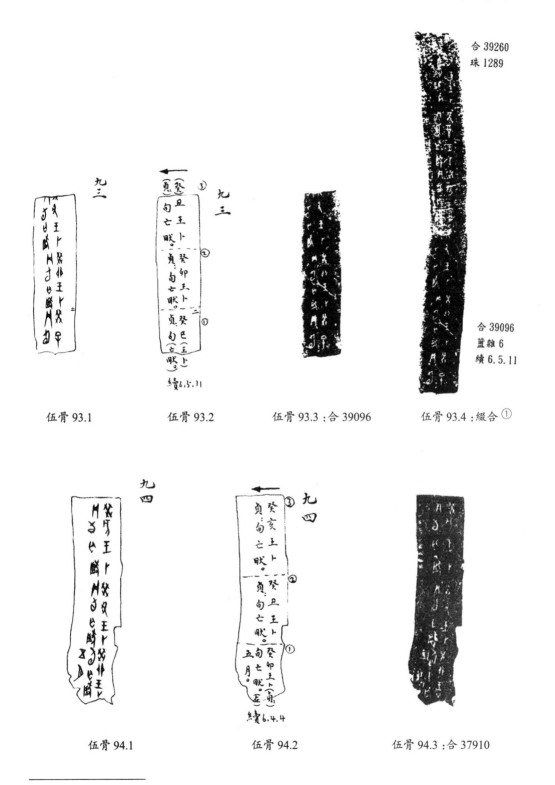

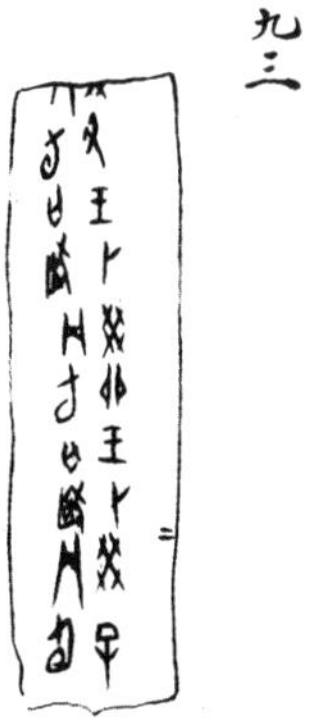
九三

伍骨 93.1

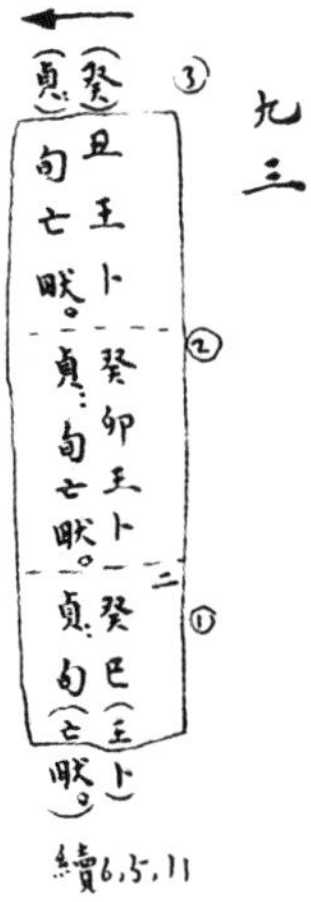

伍骨 93.2

伍骨 93.3：合 39096

合 39260
珠 1289
合 39096
簠雜 6
續 6.5.11

伍骨 93.4：綴合①

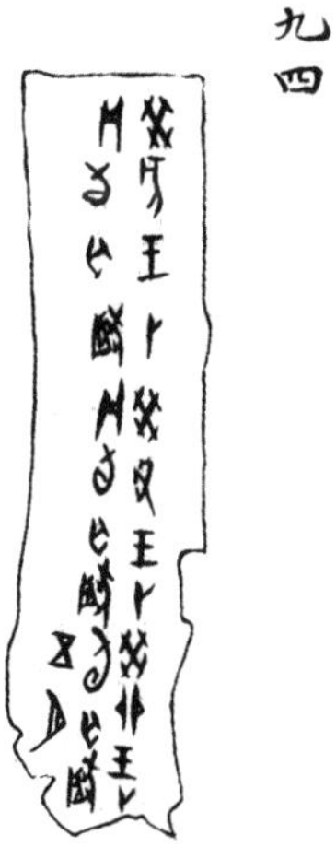
九四

伍骨 94.1

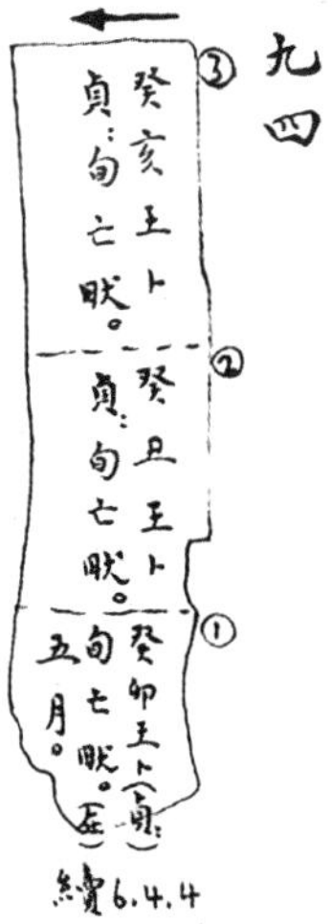

伍骨 94.2

伍骨 94.3：合 37910

① 伍骨九三：即合 39096，現藏於津博。綴合組爲合 39096+ 合 39260，見林宏明：《甲骨新綴第 135 例》，先秦史研究室網站，2010.12.1。綴合與董作賓的補釋吻合。

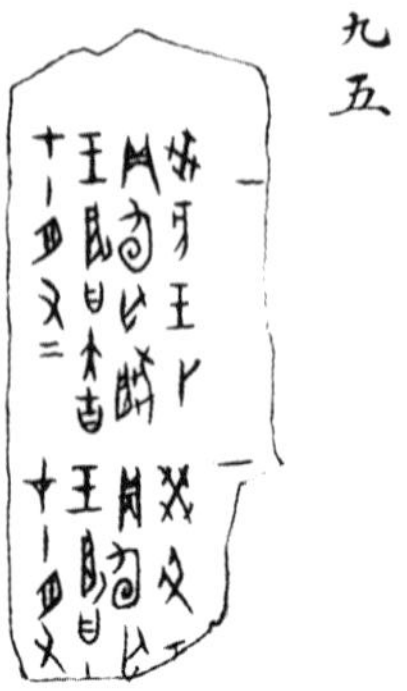

伍骨 95.1

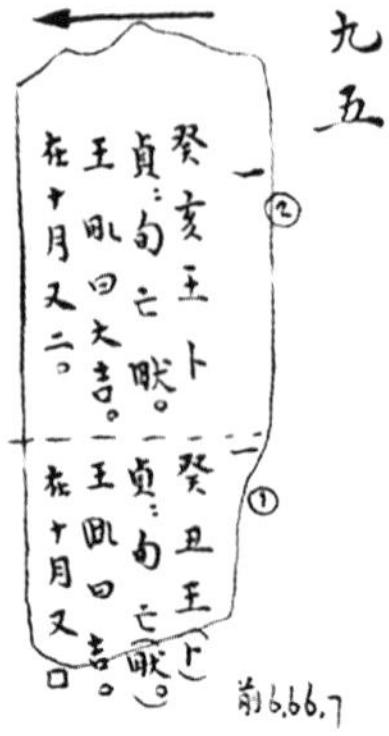

伍骨 95.2

伍骨 95.3：合 37975①

伍骨 96.1

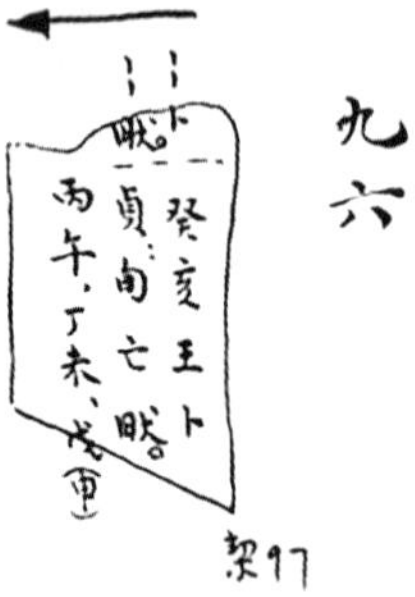

伍骨 96.2

伍骨 96.3：合 38113

伍骨 97.1

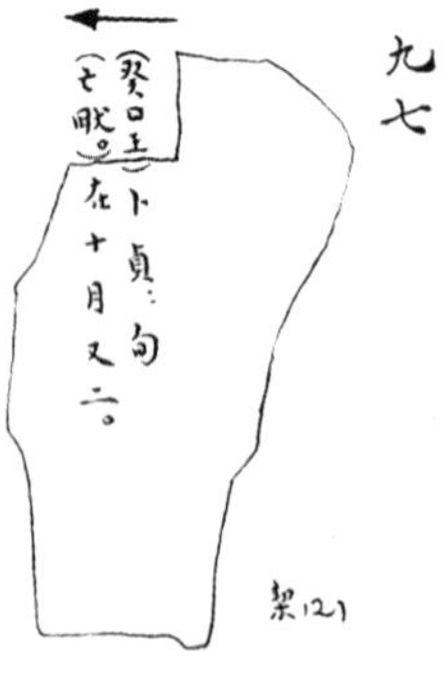

伍骨 97.2

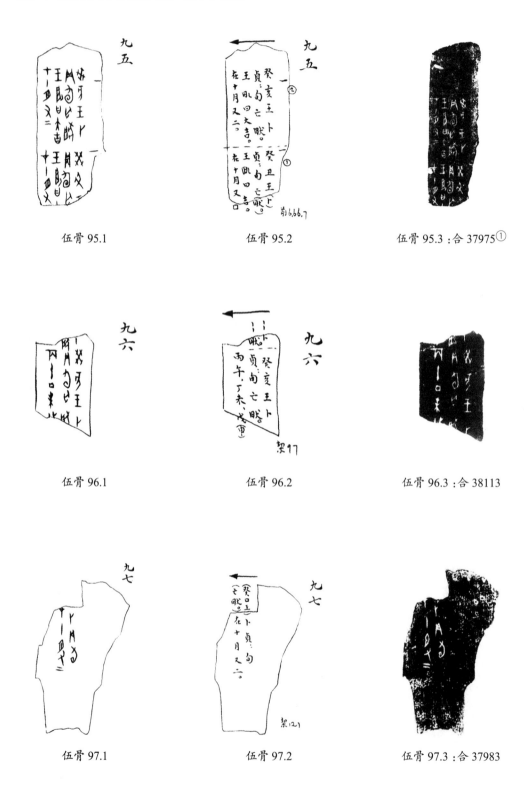

伍骨 97.3：合 37983

① 伍骨九五：即合 37975，現藏於山博。摹本上端骨形不全，《合集》爲全形圖。

伍骨 98.1

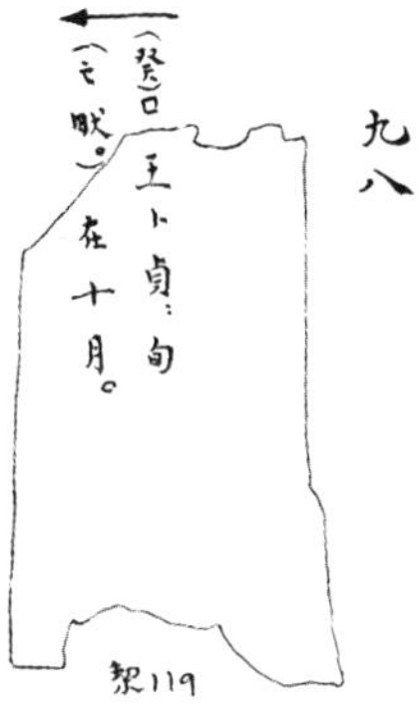

伍骨 98.2

伍骨 98.3：合 37957

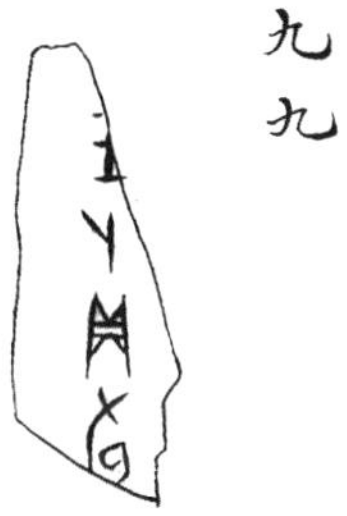

伍骨 99.1

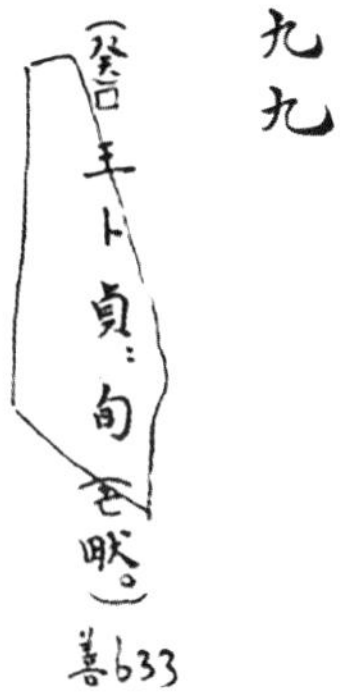

伍骨 99.2

伍骨 99.3：北圖 16333①

伍骨 100.1

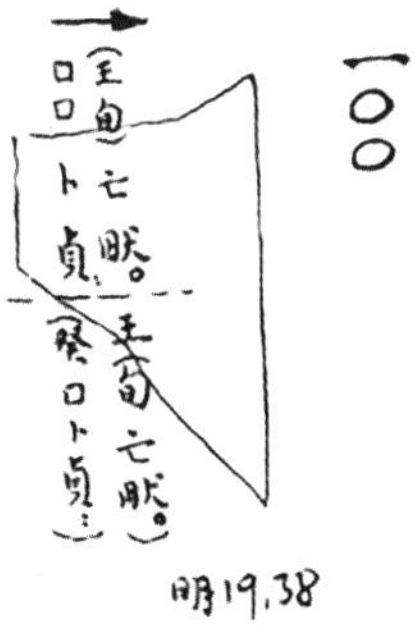

伍骨 100.2

伍骨 101.1

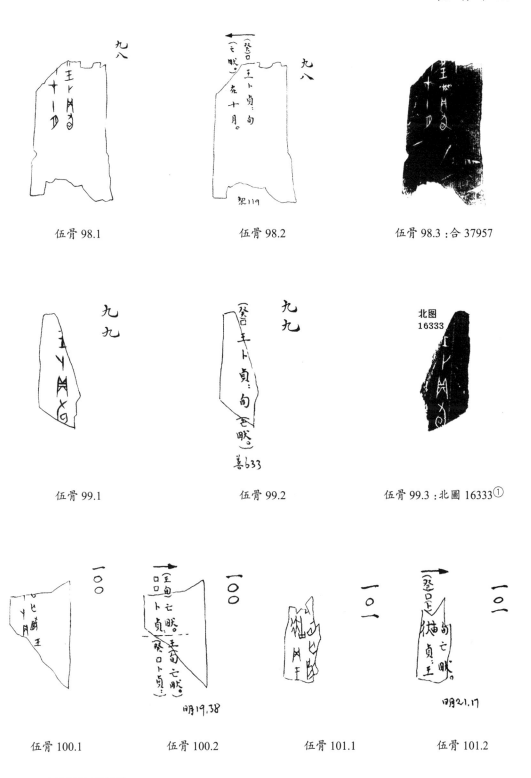

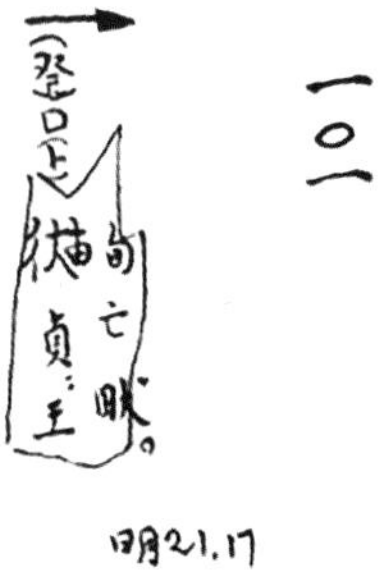

伍骨 101.2

① 伍骨九九：《合集》《合補》未收，現藏於國圖，爲北圖 16333（善 10931）。對比北圖 16333，摹本爲反嚮。

伍骨 102.1

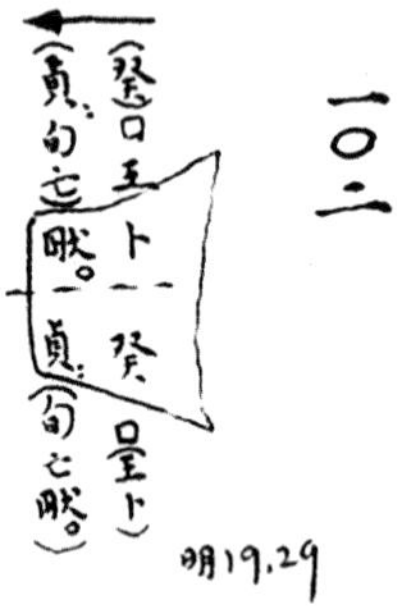

伍骨 102.2

伍骨 103.1

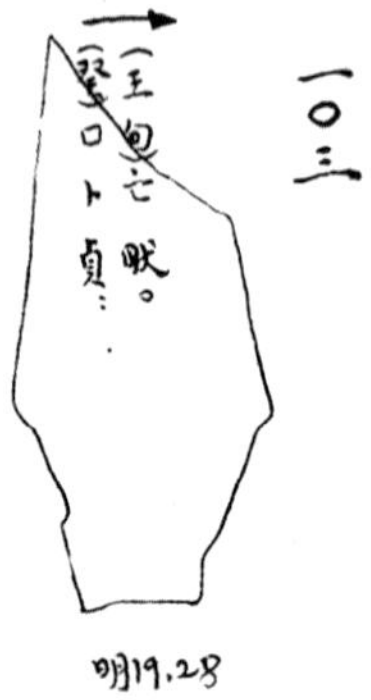

伍骨 103.2

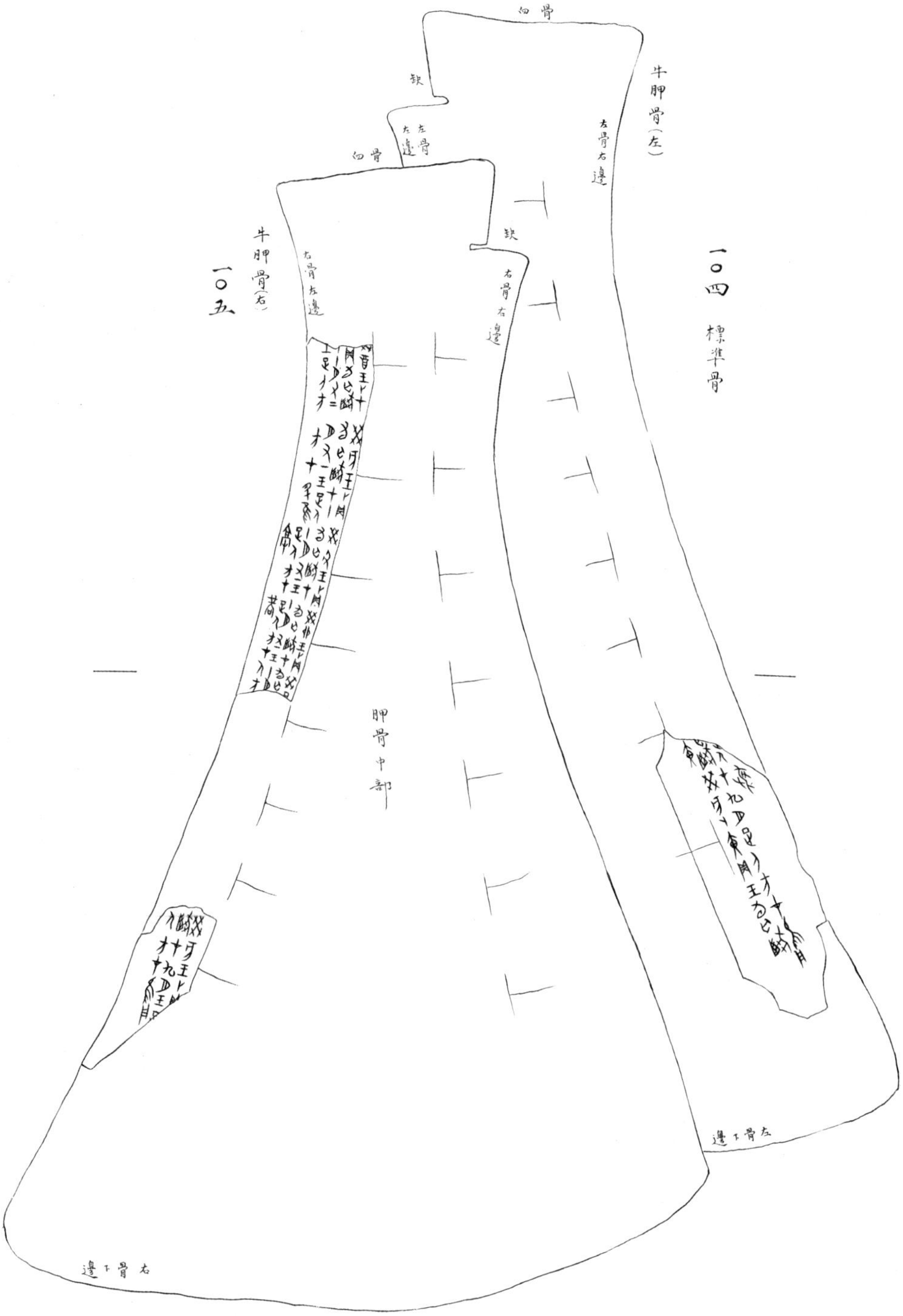

伍骨 104.1

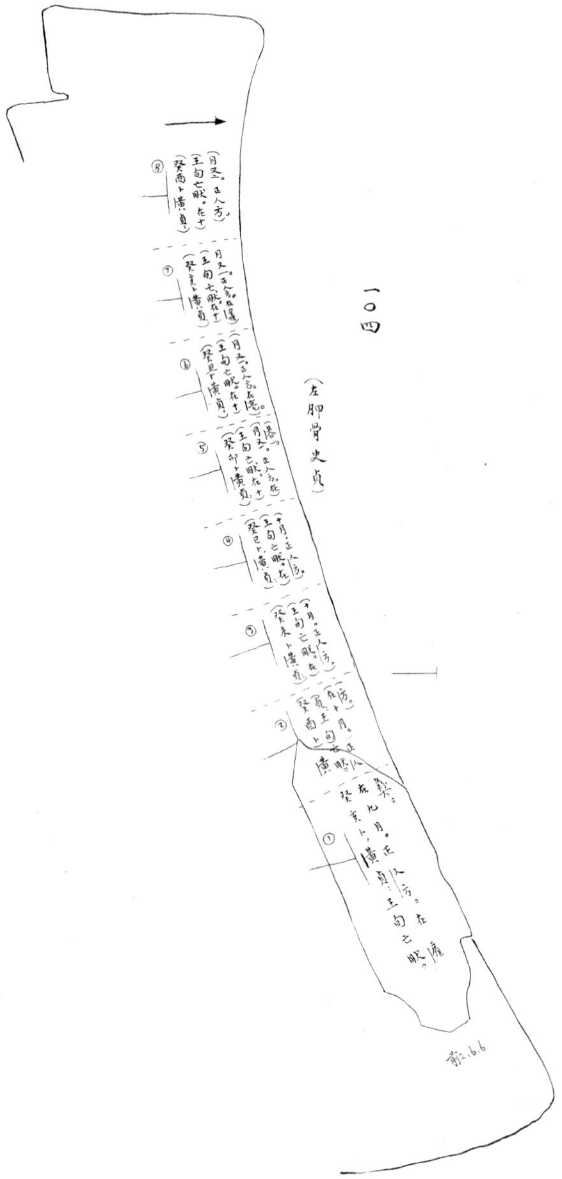

伍骨 104.2

伍骨 104.3：合 36487

伍骨 104.4：合補 11234[①]

① 伍骨一〇四：即合 36487、合補 11234（全），現藏不詳。合補 11234 比摹本、合 36487 骨形更全。

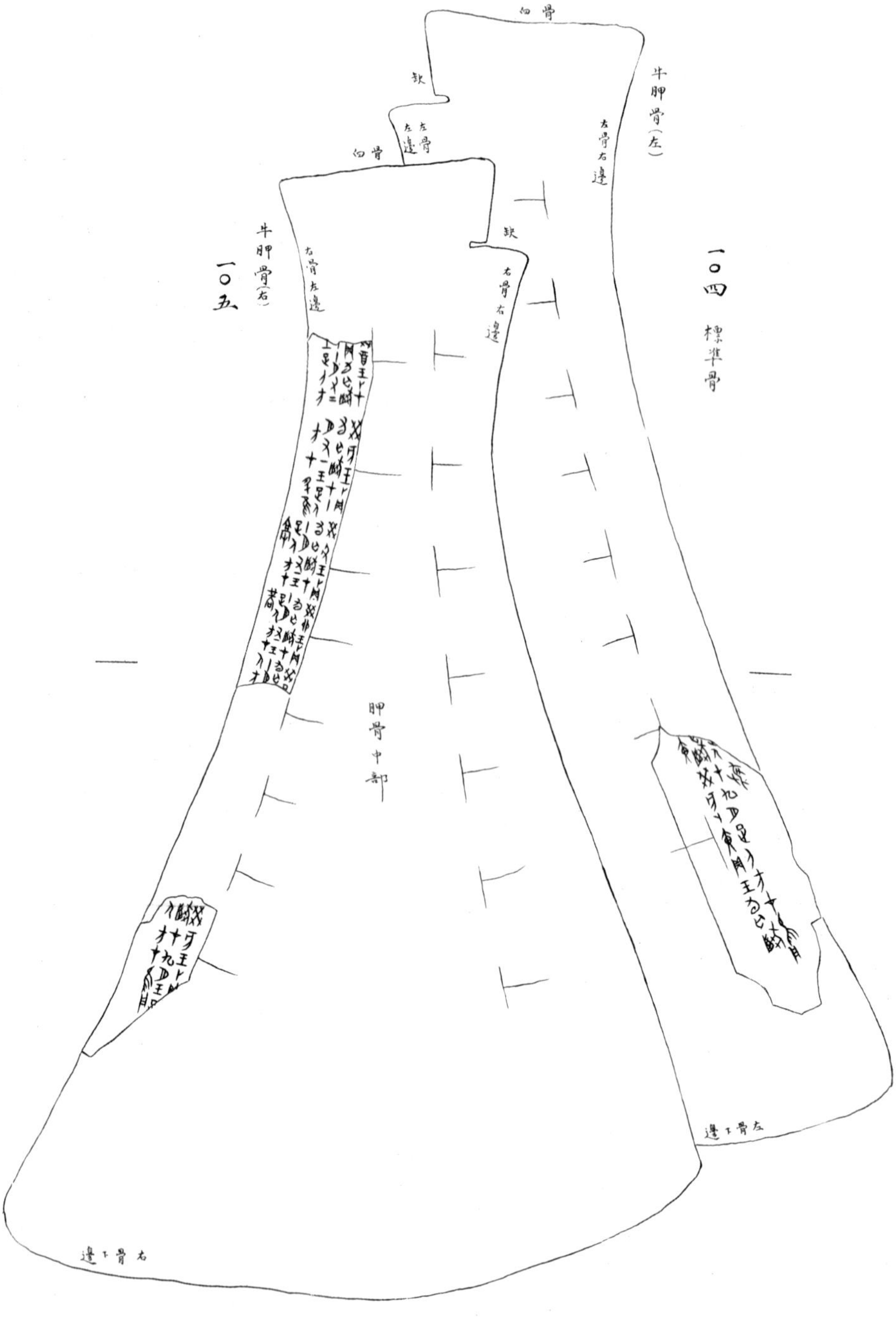
臼骨
缺
左骨左邊
臼骨
牛胛骨(左)
左骨右邊
一〇四
標準骨
缺
牛胛骨(右)
一〇五
右骨左邊
右骨右邊
胛骨中部
左骨下邊
右骨下邊

伍骨 105.1

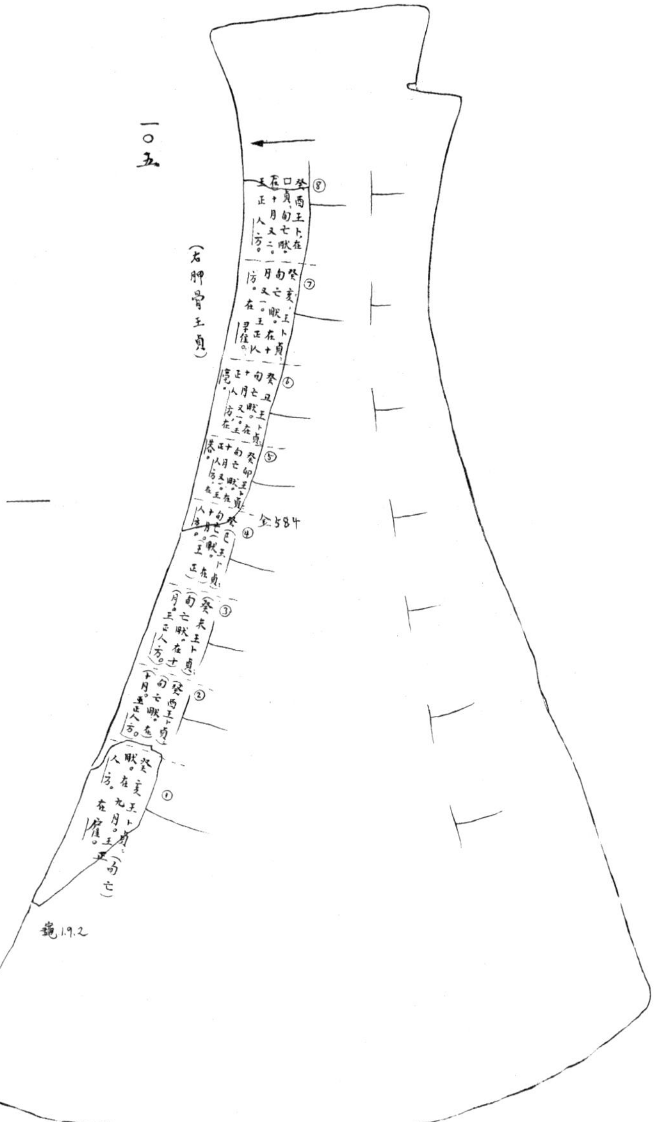

伍骨 105.2①

① 伍骨一〇五：摹本重見於《殷曆譜》下編卷 5，“閏譜五” 骨一。

伍骨 105.3：英藏 2524①

伍骨 105.4：合 41753

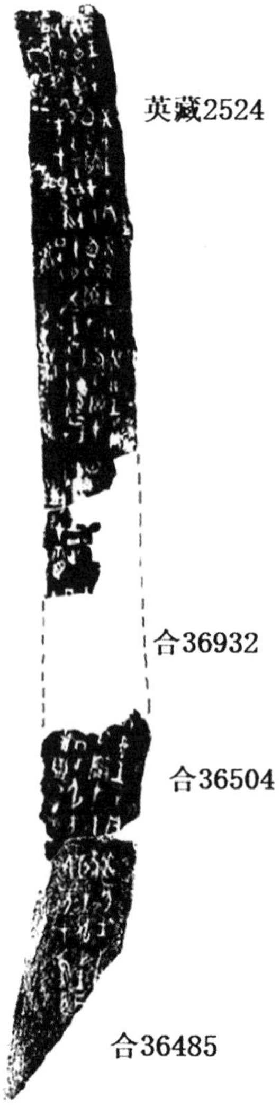

伍骨 105.5：綴合 ②

① 伍骨一〇五（上）：即合 41753，爲摹本，現藏於英劍大，爲英藏 2524。

② 伍骨一〇五的綴合組爲：合 36485+ 合 36504+ 合 36932+ 合 41753（英藏 2524），見殷德昭：《征人方卜辭新綴四則》，先秦史研究室網站，2013.1.16。綴合與董作賓的拼綴吻合。

下編　《甲骨叢編（第一集）》所收材料整理研究

《甲骨叢編(第一集)》校讀拾零

《甲骨叢編》是一部完成於 1941 年,對甲骨文整理與研究的著作,在董作賓的甲骨學研究體系中應佔有重要的地位,爲我們研究其學術歷史及甲骨學成就提供了新資料。時至今日,這部書稿仍具有極高的學術價值,值得深入的研讀。由於《甲骨叢編》所收甲骨材料均爲摹本,於是我們用甲骨拓片對稿本中著録的甲骨資料進行對讀。首先利用現代甲骨文資料庫,以《甲骨文合集》《甲骨文合集補編》爲主要參考,查找出《甲骨叢編》中收録的甲骨摹本所對應的拓片,然後將書稿中的摹本與拓片進行對比,同時廣泛地搜集與書稿中甲骨有關的最新綴合成果,並與書稿中涉及的相關釋文進行校讀。在重新整理書稿所收甲骨材料的過程中,我們對董作賓的甲骨整理的理念和方法等方面均有進一步認識,現就書稿在甲骨材料的編纂與整理等方面的相關問題予以歸納梳理。

一、關於《甲骨叢編》所收甲骨材料的數量問題

(一)《甲骨叢編》所收甲骨材料的數量,見於《甲骨叢編》第一集目所列。董作賓統計道:“本集共編録甲骨文字一〇〇五號,一百葉。”然而,我們將表中所列甲骨編號依次相加,實際總數爲 1003 號,而非 1005 號,詳見表一:

表一

分期	分類	編號	數量
壹	甲	一—三三	33
壹	骨	一—四五	45
貳	甲	一—一〇三	103
貳	骨	一—二三一	231
叁	甲	一—七	7
叁	骨	一—三三	33
肆	甲	一—五六	56
肆	骨	一—一八三	183
伍	甲	一—二〇七	207
伍	骨	一—一〇五	105
總計			1003

（二）經過梳理《甲骨叢編》著録的甲骨資料後，我們發現其中存在一些前後相互重合的現象，共有 5 組甲骨需校重，見下表：

表二

序號	叢編號	叢編原著録	合集、合補號	其他著録	重見號	備註
1	貳甲三五	河真 1.50	合 24015			貳甲三五中的河真 1.50 與貳骨一六五重。貳骨一六五摹本的下端與《合集》拓本略有差異。
	貳骨一六五	河例 2.8				
2	伍甲二一	珠 66	合 35944			伍甲二一與伍甲四八重。
	伍甲四八	珠 66				
3	伍甲三九	北 1.5.3	合 35947	歷拓 5844	北珍 0659	伍甲三九與伍甲五一重。伍甲五一摹本左上角的“祖甲”爲誤摹，應爲“貞”字。
	伍甲五一	續 1.26.2				
4	伍甲六四	續 1.26.9	合 35999	歷拓 5599	北珍 0663	伍甲六四與伍甲九七重。
	伍甲九七	北 1.6.3				
5	伍骨三一	善 6.2	合 39252	善 10036、續存上 2694（不全）	北圖 15439	伍甲三一與伍骨四六重。伍骨四六摹本的右邊骨形不全，《合集》爲全形圖。
	伍骨四六	善 62				

綜上，甲骨編號總計實際總數爲 1003 號，除去 5 組重片，故《甲骨叢編》所收甲骨材料的真實數量爲 998 號。

二、關於《甲骨叢編》與《甲骨文合集》等甲骨著録的比較

《甲骨叢編》是董作賓於 20 世紀 30 年代編著的一部將甲骨文字分期分類編纂的甲骨文資料彙編。由於當時拓本得來不易，所以書稿全部採用摹寫本；且預計編著成十集，將全部甲骨文之重要材料編録完竣。①《甲骨叢編》十集的巨著雖最終因戰亂未能

①《圖書季刊》（1944 年新第 5 卷，第 1 期）在“學術界消息”中報道“國立中央研究院董作賓氏之甲骨學研究工作”載：“該所研究員董作賓氏從事甲骨文字之研究有年，最有心得。兹探得其最近年度工作，撮要如次。……（甲）研究工作：……（三）甲骨叢編，此題爲甲骨文字材料之總結集。擬就現已出土之甲骨文字，無論已否著録，凡董氏所知見者，一一精摹，分别編纂考釋之，以時代爲綱，分爲：第一期盤庚至武丁，第二期祖庚祖甲，第三期廩辛康丁，第四期武乙文丁，第五期帝乙帝辛。每期更分甲骨二目，稱：‘一甲’‘一骨’乃至‘五甲’‘五骨’，共十目。各以數字編爲總號，如‘一甲一’，以至若干號。更就卜辭史實，以類相從，分别輯録。擬分集編纂，每集圖版一百葉，釋文考證共百餘葉，預計十集，即可將全部甲骨文之重要材料編録完竣。”

完竣,僅完成了第一集,却也能獨立成書。《甲骨文合集》則是自 1959 年啟動,至 1982 年中華書局才將 13 册出齊,歷經 20 餘載寒暑春秋,數代甲骨人嘔心瀝血,終於完成的一部甲骨學史上的集大成之作,其對於甲骨學研究的重要作用和極高地位舉世矚目。我們認爲客觀地分析和總結前人在甲骨文資料彙編方面的優缺點,有利於我們在今後的工作中揚長避短,更好地推進新時代對甲骨文資料的整理與研究。無論從材料來源、編排方法,還是從工作的深入、細緻、全面、系統等方面看,後起的《甲骨文合集》都遠遠超越了前人。但從搜集甲骨材料、編輯體系以及分期、分類等方面看,《甲骨叢編》與《甲骨文合集》均爲一脉相承。前後兩書均爲甲骨文資料的彙編,兩者具有很多相似之處,也各有長處和不足,主要體現在以下幾方面:

其一,兩書的編排體例大體一致。兩書都是按甲骨的材質分爲甲和骨(《甲骨文合集》雖未標明材質,但也以甲和骨相對集中編排);同類甲骨片的編排次序都是以字數多寡爲先後;甲骨分期均採用五期分法。《甲骨叢編》編著的目的就是爲了進一步檢驗甲骨的五期分法和十項斷代標準的可行性,是一次利用較成熟的方法和手段的研究實踐。當然,董作賓對甲骨的“五期”分法和“十項標準”有不完備之處,但大體可用,其重要價值和作用仍爲目前學術界所公認。《甲骨文合集》在董作賓的基礎上,對甲骨分期的處理更爲完善、科學。胡厚宣曾指出,《甲骨文合集》“暫時仍採用董作賓先生五期分類的學説。只是董先生認爲是第四期的所謂‘文武丁時代之謎’的卜辭,我們認爲應該屬於早期,但早到什麽時候,學術界仍有不同意見,所以我們把它們集中附在武丁期後邊,以供學者進行討論研究”。① 隨着甲骨學研究發展,針對董作賓甲骨分期的弊誤和籠統之處,不少學者經過認真的探索,使“五期”分法和“十項標準”等甲骨斷代相關的研究愈益得到補充和完善。因而,可以説董作賓對甲骨的分期分類的研究直接影響和指導了《甲骨叢編》及《甲骨文合集》等甲骨文資料彙編的編纂。

其二,在甲骨材料的收集方面,兩書都具有對存世甲骨材料的全覆蓋理念。《甲骨叢編》全十集的編纂目標是囊括所有存世的私家所藏甲骨材料,在“甲骨叢編采録材料簡明對照表”中列舉有:《鐵雲藏龜》《殷虚書契前編》《殷虚書契菁華》《殷虚書契後編》……《殷虚文字外編》(董作賓采輯拓本,待刊)、《北京大學藏甲骨刻辭》(劉復藏拓本)、《凡將齋藏甲骨文字》(馬衡,劉復藏拓本)、《雲南圖書館藏骨》(何敘甫采輯拓本)等,共有 37 部甲骨拓本資料,其中包括 33 部已出版和 4 部未刊拓本資料。而《甲

① 參見胡厚宣:《甲骨文合集》序,中華書局,1999 年。

骨文合集》的資料來源更爲廣泛，包括了自甲骨文發現以後八十多年來出版的幾乎全部著録書一百八十多部，以及大量國内甲骨實物的拓本和照片，其收集資料的廣泛性和豐富性堪稱是前無古人。然而，《甲骨叢編》在對甲骨材料的選取方面，却有優於《甲骨文合集》之處。那就是《甲骨叢編》是無差别地收録甲骨文資料，而《甲骨文合集》却是對甲骨文資料的選編。根據統計，在《甲骨叢編（第一集）》所收録的甲骨中有227例，在《甲骨文合集》與《甲骨文合集補編》中均未著録。由此，即可管窺到《甲骨叢編》對資料收集的理念較《甲骨文合集》更全，更符合現代學術對甲骨資料"求全"的需求。

其三，《甲骨叢編》中的甲骨摹本多數在《甲骨文合集》和《甲骨文合集補編》中有收録，但董作賓所收集到的甲骨資料較爲原始，部分摹寫本保留了甲骨片上更多更全的信息。雖然書稿中的摹本存在不少缺陷，諸如有的摹寫本存在個别字漏摹、誤摹，有的摹本遺漏有字的正面或反面，有的摹本骨形不全等問題，但這是由於早期甲骨拓本的時代局限，書稿中出現類似部分甲骨摹本缺陷的問題是不可避免的，經由後來的《甲骨文合集》與《甲骨文合集補編》的重新整理均可得以補全。但同時我們還發現了《甲骨叢編》摹本中保存了有一些較《甲骨文合集》與《甲骨文合集補編》更優的甲骨資料，粗略統計共有65例（圖版參見上編），詳見下表三：

表三

序號	叢編號	叢編原著録號	合集、合補號	重見號	備註
1	壹甲一七	菁11.1	合4403		《合集》不清晰，非拓本。
2	壹甲一八	菁11.2	合3075		《合集》非拓本。
3	壹甲一九	菁11.3	合4661		《合集》不清晰，非拓本。
4	壹甲二〇	菁11.4	合5346		《合集》非拓本。
5	壹甲二一	菁11.5	合11256		《合集》不清晰，非拓本。
6	壹甲二二	菁11.7	未收		菁11.7非拓本，模糊不清。
7	壹甲二三	菁11.6	合21435		《合集》不清晰，非拓本。
8	壹甲二四	菁11.8	合3412		《合集》非拓本，模糊不清；摹本文字有缺漏。
9	壹甲二五	菁11.9	合25639		《合集》不清晰，非拓本。
10	壹甲二六	菁11.10	合20090		《合集》非拓本。
11	壹甲二七	菁11.11	未收		菁11.11非拓本，模糊不清。
12	壹甲二八	菁11.12	未收		菁11.12非拓本，模糊不清。
13	壹甲二九	菁11.14	合30696		《合集》不清晰，非拓本。
14	壹甲三〇	菁11.15	合17930		《合集》不清晰，非拓本。
15	壹甲三一	菁11.16	未收		菁11.16非拓本，模糊不清。
16	壹甲三二	菁11.24	未收		菁11.24非拓本，模糊不清。
17	壹甲三三	菁11.25	合3450		《合集》不清晰，非拓本。

續表

序號	叢編號	叢編原著録號	合集、合補號	重見號	備註
18	壹骨四正、反	菁 7、菁 8	合 3297 正、反		《合集》不清晰，非拓本。
19	壹骨三一	菁 9.1	未收		菁 9.1 非拓本，模糊不清。
20	壹骨三二	菁 10.6	合 2710		《合集》非拓片，不清晰。
21	壹骨三三	菁 9.7	合 20838		《合集》非拓片，不清晰。
22	壹骨三五	菁 10.8	合 14250		《合集》非拓片，《合集》著拓號與摹本所注不同。
23	壹骨三六	菁 10.9	合 12236		《合集》非拓片，《合集》著拓號與摹本所注不同。
24	壹骨三七	菁 10.11	合 26870		《合集》非拓片。
25	壹骨三八	菁 10.12	合 24965		《合集》非拓片，《合集》著拓號與摹本所注不同。
26	貳骨一二	庫 1671	合 41068	英藏 2035	《合集》爲摹本，英藏拓片也不清晰。
27	貳骨一七	菁 9.2	合 23338		《合集》非拓本。
28	貳骨一八	菁 10.14	合 3178		《合集》非拓本。
29	貳骨一九	菁 10.15	合 23571、合補 7477（下）		《合集》《合補》均不清晰，非拓本。
30	貳骨二〇	菁 10.17	合 25163		《合集》非拓本。
31	肆甲五四	菁 11.22	未收		菁 11.22 非拓本。
32	肆甲五五	菁 11.13	合 20206		《合集》不清晰，非拓本。
33	肆甲五六	菁 11.21	未收		菁 11.21 非拓本。
34	肆骨一四九	菁 11.19	合 21595		《合集》不清晰，非拓本。
35	肆骨一七一	菁 11.23	未收		菁 11.23 不清晰，非拓片。
36	肆骨一七二	菁 9.6	未收		菁 9.6 不清晰，非拓片。
37	肆骨一七三	菁 11.17	合 21658		《合集》不清晰，非拓片。
38	肆骨一七四	菁 11.18	合 21574		《合集》不清晰，非拓片。
39	肆骨一七五	菁 11.20	合 21676		《合集》不清晰，非拓片。
40	伍甲一六七	菁 9.10	未收		菁 9.10 不清晰，非拓片。
41	伍甲一六八	菁 9.11	合 39446		《合集》不清晰，非拓片。
42	伍甲一六九	菁 9.12	合 36612		《合集》不清晰，非拓片。
43	伍甲一七一	菁 10.2	合 35744		《合集》不清晰，非拓本。
44	伍甲一七二	菁 10.13	合 37450		《合集》不清晰，非拓本。
45	伍骨二	庫 1672	合 41757、右［合 41780］	英藏 2563	合 41757 右［合 41780］亦摹本，且合 41780 不全。英藏 2563 字口亦不清晰。
46	伍骨九	菁 10.3	合 37788		《合集》不清晰，非拓本。
47	伍骨一〇	菁 10.18	合 36988		《合集》不清晰，非拓本。
48	伍骨一一	菁 9.16	合 29284		《合集》不清晰，非拓本。
49	伍骨一二	菁 10.10	合 38152		《合集》不清晰，非拓本。

續表

序號	叢編號	叢編原著録號	合集、合補號	重見號	備註
50	伍骨一三	菁 9.15	合 37661		《合集》不清晰，非拓本。
51	伍骨一六	菁 9.3	合 36916、合 36905、合補 12686		《合集》《合補》均不清晰，非拓本。
52	伍骨一七	菁 10.4	合 36941		《合集》不清晰，非拓本。
53	伍骨一八	菁 10.5	合 36784		《合集》不清晰，非拓本。
54	伍骨二〇	菁 10.1	合 36540		《合集》不清晰，非拓本。
55	貳甲三(右)	鐵 182.3	合 24146		合 24146 的下端被剪裁，不如摹本全，但合 24146 左上角比摹本全。
56	貳骨三〇	卜 97	合 23812		摹本優於合集，下部“乙”“貞”等字拓本不清晰。
57	肆甲四二	卜 1775	合 20498		《合集》拓片字口不清晰
58	肆骨八六	卜 2334	合 34304		合 34304 下部不如摹本全。
59	肆骨一五三	前 8.10.2	合 21549		《合集》拓本不字口清晰。
60	伍甲五三	卜 1404	合 35919		摹本龜版更全，《合集》“牢”字上面的龜版有殘損。
61	伍甲五四	卜 534	合 35927		摹本龜版更全，《合集》拓片“未”字下龜版有殘損。
62	伍甲一三三	續 1.15.7	合 36086		《合集》拓片不清晰。
63	伍骨一四	菁 9.9	合 37461		摹本骨形較全；《合集》僅拓有字部分，未拓全骨形。
64	肆甲二一	鄴 2 下 .35.7	合 20499		《合集》拓片不清晰。
65	伍甲四四	卜 1349	合 35836		《合集》拓片不清晰。

三、董作賓對殘片綴合、擬補復原與後人的相關綴合之間的比較

爲了便於比較，凡是董作賓在《甲骨叢編》編纂之前（1941 年）完成的綴合都歸入“舊綴”，其在《甲骨叢編》編纂中完成的綴合則歸入“新綴”。而在《甲骨叢編》著成（1941 年）之後由其他學者發表的綴合，我們暫且稱爲“後人的綴合”。用後人的相關綴合研究成果對《甲骨叢編》中所著録的綴合以及相關甲骨殘片的殘辭擬補作對比分析，有助於瞭解董作賓在《甲骨叢編》中有關甲骨綴合的具體情況。

在《甲骨叢編》著録的綴合中，由於採自前人（主要是郭沫若、曾毅公）以及採自董作賓舊綴的綴合組，其正誤判定基本已見分曉，因此董作賓在《甲骨叢編》中所作的新綴，正是本文需討論的重點。我們將比較後人的相關綴合與董作賓在《甲骨叢編》中的新綴是否一致，作爲判斷董作賓新作綴合是否準確的參考之一，並對導致董作賓某些殘

片綴合、擬補復原出現偏差的具體原因予以分析。

董作賓運用“殘片定位研究法”綴合甲骨殘片、擬補復原,這是他在甲骨文研究上的又一創新,也是本書稿的一大特色。郭沫若在《卜辭通纂》中曾嘗試一種方便甲骨辭例釋讀的新方式,即按原大將甲骨的輪廓摹出,在相應的位置作隸定,將可補的字補出,不可補的以□符號表示,各辭之間用虛線隔開。因爲卜辭中年、月、干支的綴合復原,對於排譜工作的重要性不下於新鮮的發現,所以董作賓特別重視對甲骨殘片的綴合與復原。他將郭氏的甲骨釋讀方式繼續發揚,依據甲骨文例規律的總結,在書稿中對大量的甲骨殘片做了綴合與擬補復原。通過用後人的甲骨綴合成果與董作賓在書稿中所作的綴合和擬補復原作對比後,我們可進一步印證董作賓對甲骨復原的參考價值。① 在書稿中董作賓對很多甲骨殘片做過復原及殘辭補全,其中有後人綴合研究的多達 80 例。通過對這 80 例的對讀,可見董作賓的甲骨殘辭擬補與後人的甲骨綴合相互吻合的共有 69 例(見表四),準確率高達 86%,這説明董作賓對於甲骨文例規律的研究和歸納的准確度很高。董作賓對甲骨殘片綴合時,又往往會對該版進行殘版定位復原,並參照他總結的卜辭文例之公例予以擬補;因而在書稿中,有的甲骨單片僅作殘辭擬補或定位復原;有的甲骨組單純爲實綴或遥綴關係;有的甲骨組則既有實綴和遥綴關係,又有殘辭擬補與復原等多種甲骨整理方法的綜合運用。爲了便於梳理董作賓在《甲骨叢編》中新作的實綴、遥綴以及殘辭擬補復原的具體情況,並進一步分析董作賓在書稿中對早期甲骨綴合復原的貢獻,我們下文擬從董作賓的殘片綴合、擬補復原與後人綴合是否一致的案例中,按實綴、遥綴、以及單片無綴合的甲骨殘辭擬補等角度分别舉例加以説明,並對其中的誤綴或殘辭擬補復原出現偏差的原因略作分析。

表四　後人的綴合與董作賓的復原、補釋相互吻合 69 例

序號	叢編號	序號	叢編號	序號	叢編號	序號	叢編號	序號	叢編號
1	壹甲四	15	貳骨二八	29	伍甲六六	43	伍骨一	57	伍骨五五
2	壹骨六	16	叁骨一	30	伍甲六八	44	伍骨四	58	伍骨五八
3	壹骨七	17	叁骨一三	31	伍甲七〇	45	伍骨一六	59	伍骨六二
4	壹骨一五	18	肆骨三六	32	伍甲八七	46	伍骨一七	60	伍骨六三
5	貳甲一四	19	肆骨四九	33	伍甲八六	47	伍骨一九	61	伍骨六四
6	貳甲二九	20	肆骨五一	34	伍甲九四	48	伍骨二二	62	伍骨六七
7	貳甲三〇	21	肆骨六六	35	伍甲一〇六	49	伍骨三〇	63	伍骨六八
8	貳甲三一	22	肆骨一一五	36	伍甲一一一	50	伍骨三二	64	伍骨六九

① 參見林宏明:《董作賓先生在甲骨綴合上的貢獻》,《古文字與古代史》第四輯,中研院历史語言研究所,2015 年,第 108—112 頁。

續表

序號	叢編號	序號	叢編號	序號	叢編號	序號	叢編號	序號	叢編號
9	貳甲三七	23	肆骨一三一	37	伍甲一一二	51	伍骨三五	65	伍骨八三
10	貳甲四四	24	伍甲五	38	伍甲一一八	52	伍骨三六	66	伍骨八四
11	貳甲四六	25	伍甲六	39	伍甲一二七	53	伍骨三七	67	伍骨九二
12	貳骨二	26	伍甲二〇	40	伍甲一八五	54	伍骨四五	68	伍骨九三
13	貳骨五	27	伍甲四二	41	伍甲一九二	55	伍骨五〇	69	伍骨一〇五
14	貳骨二七	28	伍甲五二	42	伍甲二〇七	56	伍骨五三		

(一)董作賓的殘片綴合、擬補復原與後人綴合一致者

在《甲骨叢編》中,由兩個以上甲骨編號組成的拼綴有51例,其中引自《殷虛書契續編》者有1例①,引自郭沫若綴合者3例②,引自《甲骨叕存》(1939)者有3例③,引自董作賓之前發表的論文或專著,包括《新獲卜辭寫本》1例④和《殷曆譜》者有9例⑤;餘下的34例皆是董作賓在編纂《甲骨叢編》時所作的"新綴"。

董作賓的新綴中,與後人綴合一致的共有10例。除貳骨二八屬於綴合組中的單片擬補復原與後人綴合一致,其餘9例董作賓的新實綴與後人的綴合可相互印證,即可證董作賓的新綴爲正確。在董作賓的新綴中,與後人綴合擬補一致的新遥綴有3例,即貳甲三、貳甲三七、貳骨二七。此外,董作賓運用"殘片定位研究法"對甲骨單片進行殘辭擬補,且與後人的綴合一致的有5例。爲了重點考察董作賓對甲骨文例研究以及其"殘片定位研究法"在甲骨綴合和擬補復原中的作用,下文我們將從實綴、遥綴和單片的殘辭擬補三方面舉例分析。

(1)新實綴與後人綴合一致例

董作賓在書稿中新作實綴9例,分别是貳甲二九(部分爲實綴,有擬補復原)、貳甲三〇(部分爲實綴,有擬補復原)、貳甲三一與貳甲三五(董作賓備註此兩組可實綴,有擬補復原)、貳甲四四(實綴,無擬補復原)、貳甲四六(實綴,無擬補復原)、叁骨一(單純殘版定位)、伍甲一八五(實綴,無擬補復原)、伍骨三〇(實綴,無擬補復原)、伍骨六九(實綴,無擬補復原)。此9例新實綴均與後人的綴合一致,可確定爲成立。其中董作賓用"定

① 伍甲八五,即續1.26.7。原爲一版,《合集》爲合36106、合35976;經實物檢驗綴合正確。

② 叁骨一三,通732;伍骨五,粹113;伍骨一六,通794。

③ 壹甲七,叕73,有誤;壹骨七,叕26;貳甲一,叕6。

④ 董作賓:《新獲卜辭寫本》,《安陽發掘報告》第1期,1929年。肆甲三六,即《寫本》336。

⑤ 9例分别爲:壹骨五、壹骨六、貳甲二、貳骨六、伍骨一、伍骨四、伍骨一九、伍骨二二、伍骨一〇五。

位研究法”對甲骨殘片作擬補復原，且實綴爲正確的綴合有 3 例，舉例如下：

例 1：貳甲二九

在貳甲二九中（圖 1），董作賓將河 669 與河 672 實綴，右尾甲的河 674 爲遥綴，並用“殘片定位研究法”復原擬補了整龜版的丁丑日“卜王”辭例。爲了便於讀者閲讀，董作賓將擬補的殘辭用括號標識，各條卜辭間用虚線作區分，並依占卜順序標上辭例的序號。

其中河 674，即合 24245、北珍 2252。北珍 2252 的下端有殘缺，而合 24245 更全。河 669+ 河 672，即合 24239；此組綴合不見於早期著録，《合集》未註其來源，推測此組綴合應爲《合集》編者所綴。因《合集》出版時間是在《甲骨叢編》著成之後，故可將貳

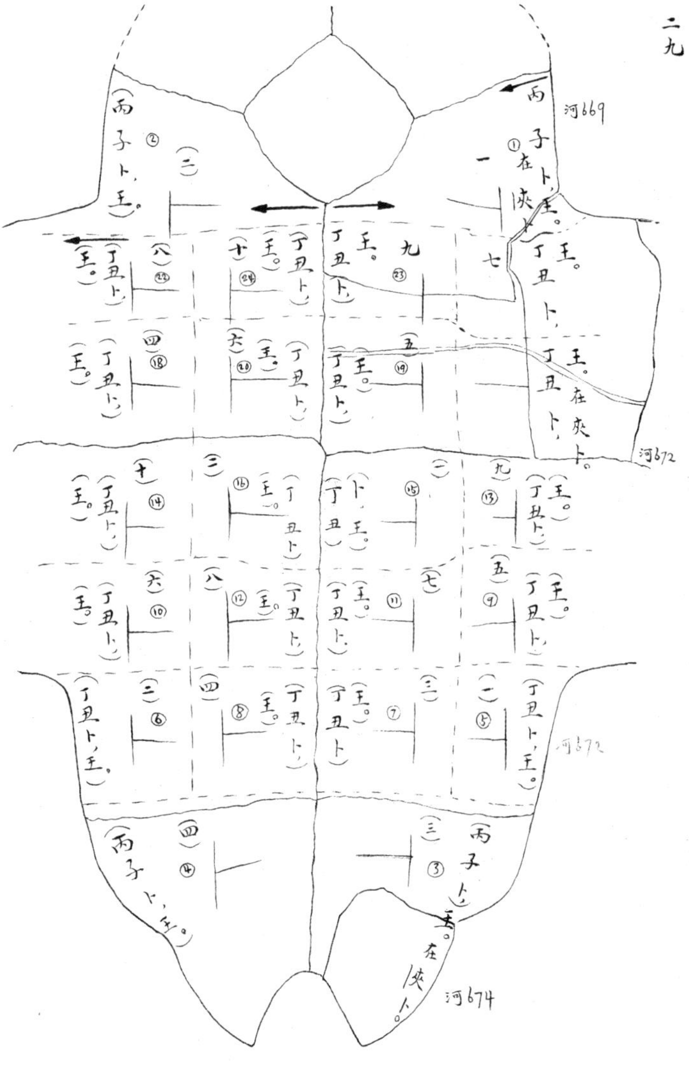

圖 1

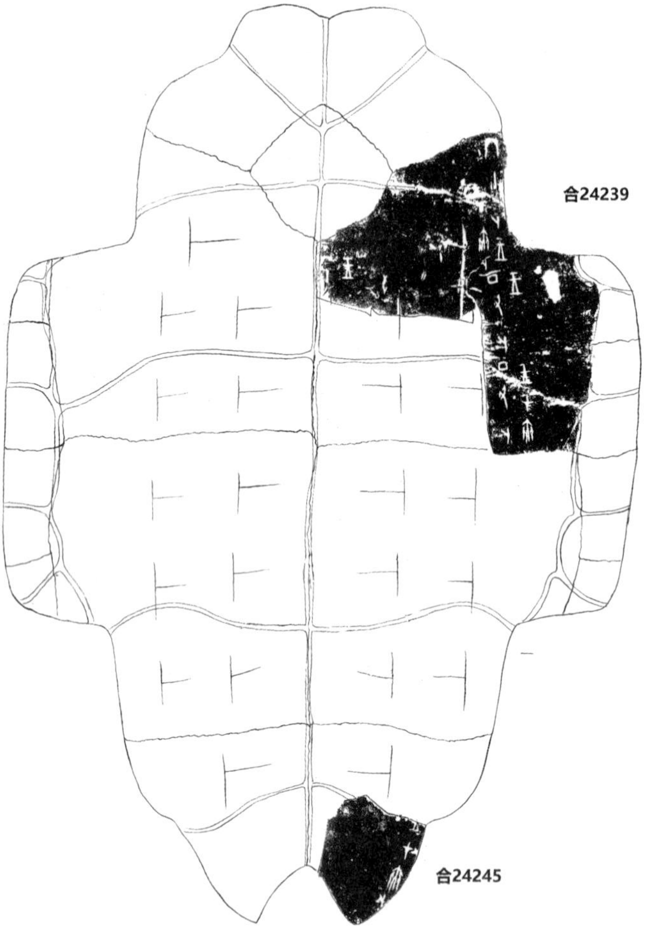

圖 2

甲二九視作董作賓的新綴。董作賓關於此殘版的定位，以及對整版丁丑日"卜王"辭例的擬補復原，可以指引後人繼續進行相關的綴合研究。參照貳甲二九的摹本，現用拓本還原拼綴，如圖 2。

例 2：貳甲三〇

在貳甲三〇中（圖 3），董作賓將河真 1.56 與河 216 實綴，將河真 1.27 遥綴，按"殘片定位研究法"復原擬補了半龜版的丁酉日"卜王"辭例，如圖 3。河真 1.27，即合 23985。河真 1.56，即運臺 1.0331 拓。河 216，即合 23983。近年，馬尚將合 23983 與運臺拓 1.0331 綴合[①]，恰與董作賓所綴合一致，且已由實物校驗爲正確。參照貳甲三〇的

① 馬尚：《臺灣歷史博物館所藏甲骨綴合五組》，先秦史研究室網站，2020.10.28。見"附記：第 2—5 組經李宗焜師實物檢驗，可以實綴。"

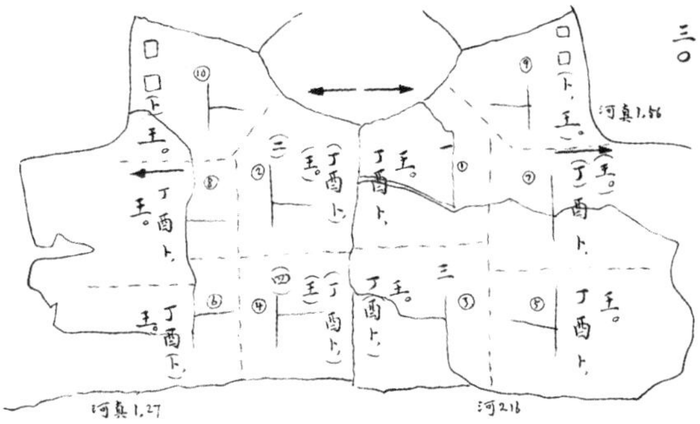

圖 3

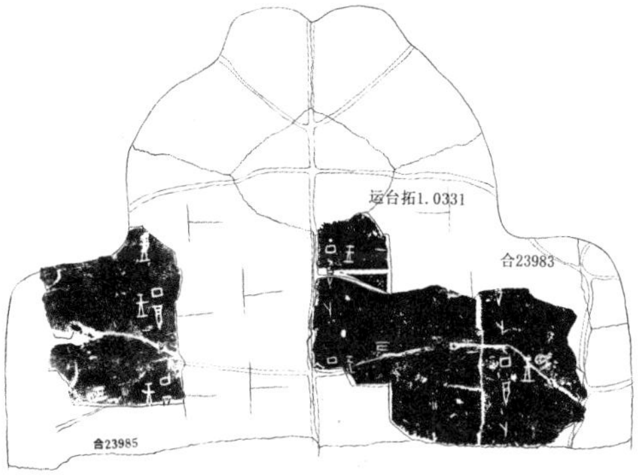

圖 4

摹本,可用拓本還原拼綴,如圖 4。

例 3 :貳甲三一與貳甲三五

貳甲三一爲河 197 的摹本,董作賓按“定位研究法”對半龜版進行了復原,並依“卜王”卜辭的文例對殘缺予以擬補,如圖 5。貳甲三五爲河真 1.50 與河真 1.59 遥綴而成,董作賓對貳甲三五也進行了半龜版復原與擬補,如圖 7。在《甲骨叢編》中,“河”“河真”等均爲《殷虚文字存真》① 的簡稱。由於《甲骨叢編》中著録的摹本是董作賓“十年來隨時影摹之片,書寫工具及興致不同,前後如出兩人之手”②。因此會出現同一著録書前後簡稱不同的現象。正是緣於此,導致他在所有的甲骨摹本圖版編排、定版之後,才發現貳甲三一與貳甲三五可組成綴合,遂在兩版摹本的右上角用小字加註:“與三五可合”“與三一版可再合組”。

其中河 197,即合 24014 ;河真 1.50,即合 24015 ;河真 1.59,《合集》未收録,見於運臺 1.0544。近年,張軍濤對此版有新綴合,即合 24014+ 真 1.59+ 懷特 1181③,如圖 6。此綴合正好與董作賓對貳甲三一、貳甲三五兩版的擬補及綴合完全吻合。綜上,可對貳甲三一與貳甲三五的綴合予以還原拼綴,如圖 8。

以上 3 例均爲按“殘片定位研究法”復原龜版,擬補“卜王”卜辭的典型示例。關于“卜王”卜辭,董作賓在《甲骨叢編》中有總結,詳見“上編”。由此可見,董作賓對此類卜辭的文例規律掌握得非常精準,其用“殘片定位研究法”復原的龜版也很準確,對後人進行繼續綴合研究有重要參考價值。

---

① 關葆謙:《殷虚文字存真》,1931 年 6 月。

②《甲骨叢編》“編輯凡例”第九條:“本編甲骨寫本,乃編者十年來隨時影摹之片,書寫工具及興致不同,故前後如出兩人之手。惟以忠實態度爲之,不敢忽略。如有謬誤,承讀者指正,尤所企盼。”

③ 張軍濤:《殷墟甲骨新綴第 165 則》,先秦史研究室網站,2020.10.5。

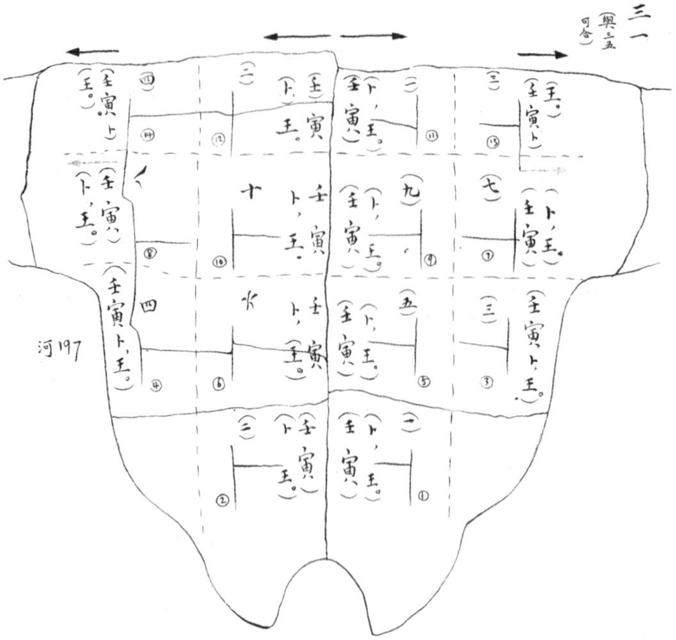

圖 5

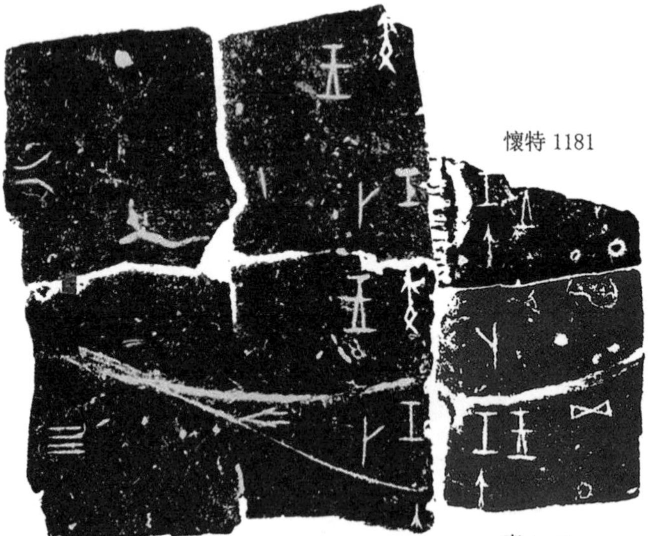

懷特 1181

合 24014
真 5.43
運台 1.0842
錄 197

真 1.59
運台 1.0544

圖 6

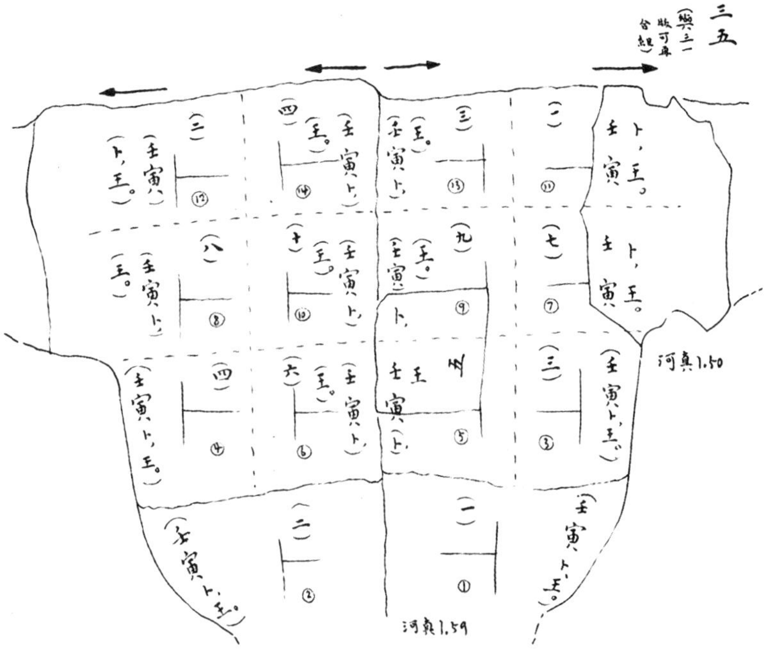
河真1.50
河真1.59

圖 7

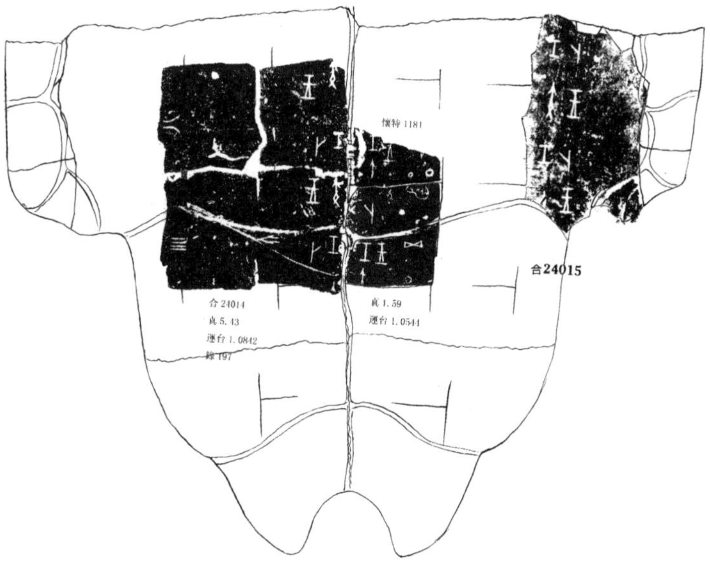
懷特 1181
合 24014
真 5.43
運台 1.0842
錄 197
真 1.59
運台 1.0544
合24015

圖 8

（2）新遥綴與後人綴合一致例

陳夢家曾指出："卜辭是零散的、殘缺的，所以需要復原的工作；……董作賓除了綴合以外還利用甲骨位置把實物相連接的試爲歸屬成某一整甲骨。"① 其中"利用甲骨位置把實物相連接的試爲歸屬成某一整甲骨"，實際是指董作賓利用"殘片定位研究法"作甲骨遥綴。遥綴是郭沫若創造的一種新的甲骨拼合法，在《卜辭通纂》中，打破常規，大膽採用聯繫方式，以卜辭文字内容爲依據，將斷痕不相連的甲骨遥綴在一起，爲甲骨綴合開闢了一條新路徑。但此種僅依據字體和内容進行遥綴的可靠性較差，出現的失誤也較多。董作賓則對郭沫若的遥綴方法有所改進，從而提高了遥綴的可信度。董作賓認爲甲骨綴合復原"須有兩事準備：一須辨别甲骨原版之部位，二是須明瞭卜辭分期之標準。能應用斷代方法，區别卜辭殘版，分列於五期，然後就龜甲殘片上之卜兆，盾紋，齒縫，區其爲腹甲或背甲之某一部分，牛胛骨之左右上下中邊，再以貞卜事類相聯貫，如卜旬、卜夕、祭祀、征伐、分類臚列，則原屬一版者，雖經打破分售，遠至於天涯，近在同書，一經綴合，無不俯拾即是，易如反掌。"② 於是他爲甲骨的綴合復原總結出了一套實用方法：在對甲骨時代分類的基礎上，依據甲骨形態的區分，以及按内容事類等加以縮小範圍，再利用分期分類法歸納出來的書契規律來作參考，極大地提高甲骨殘片綴合的準確率。"不惟可以密接之甲骨殘片，因分期分類之法，易於綴合，即不相密接而當在同版之卜辭殘片，亦可分在兩處，列之同版，此一辦法，治契學者多不敢相信，則以不明'分派'研究法之故。"③ 雖然遥綴比較容易犯錯，但是董作賓親手整理過大量出土甲骨實物，對甲骨各方面的知識掌握得比一般學者豐富且深入，因而他對自己的遥綴方法很自信，認爲只要全面地掌握了甲骨片的相關信息，一部分不能密接的甲骨也可以遥綴復原。筆者通過對董作賓在《甲骨叢編》中所作遥綴的梳理，對林文中關於"董作賓先生的遥綴具有參考價值"④ 的説法深表認同，尤其是董作賓那些基于"殘片定位研究法"所作的遥綴復原摹版，對學者將來繼續相關的甲骨綴合研究頗具引導意義，參考價值極高。

在董作賓新遥綴19例中，有3例遥綴與後人綴合一致，即貳甲三、貳甲三七、貳骨二七，可由此判斷遥綴爲成立。此3例均可視作董作賓運用"殘片定位研究法"對半龜版或骨版進行擬補、綴合復原且與後人的新綴合相互吻合的典型示例。

---

① 陳夢家：《殷虚卜辭綜述》，中華書局，1988年，53頁。

② 董作賓：《今日之甲骨學》，原載《金匱論古綜合刊》1955年第1期；收入《董作賓先生全集甲編》，藝文印書館，1977年，1087—1093頁。

③ 同上。

④ 林宏明：《董作賓先生在甲骨綴合上的貢獻》，106頁。

例 4：貳甲三

在貳甲三中，董作賓將鐵 115.3 與鐵 182.3 遥綴，並按“殘片定位法”復原半龜版，如圖 9。鐵 115.3，即合 24147；鐵 182.3，即合 24146。合 24146 是據前 5.18.1 爲底本，合 24146 拓本的左上角雖比鐵 182.3 要全，但其右側及下端被剪裁過，遠不如鐵 182.3 全形。

後嚴一萍將合 24147 與合 26770 綴合①。參照貳甲三的摹本，現將鐵 182.3 與合 24146 重新作“補合”，然後結合嚴一萍的綴合，將此版拼綴還原，如圖 10。此例表明，用後人的綴合還原貳甲三的遥綴，也恰能與董作賓的半龜版定位復原相吻合，再次表明董作賓用“殘片定位研究法”來做甲骨殘片遥綴的準確性極高。

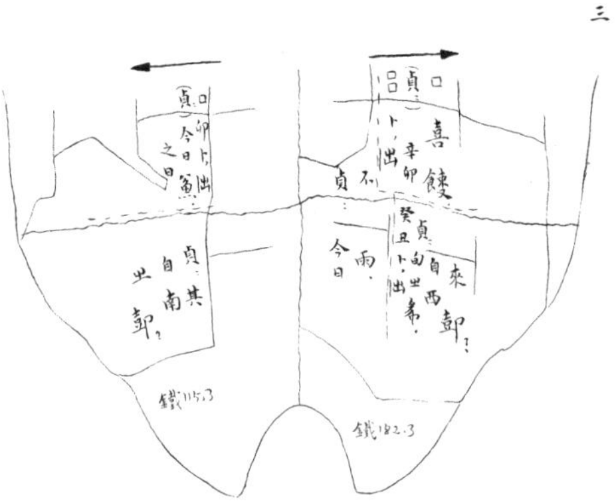

圖 9

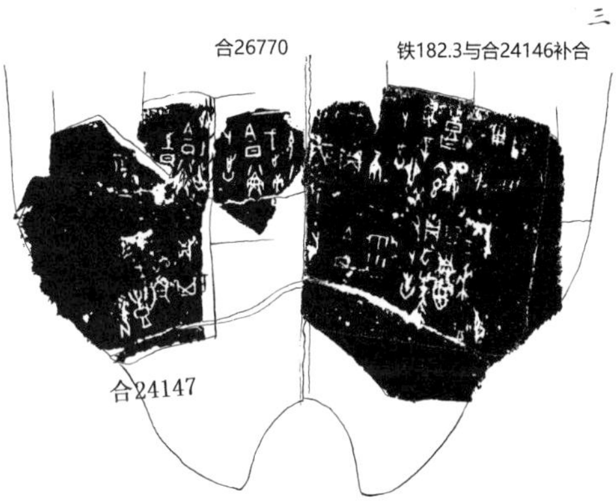

圖 10

例 5：貳甲三七

貳甲三七由河 246（真 1.23）、河 202、河真 1.22 三版遥綴，並依“卜王”卜辭的文例及“殘片定位研究法”擬補復原了半龜版（圖 11）。河 246（真 1.23），即合 23905、運臺 1.0743（拓、摹）；河 202，即合 23900、運臺 1.0194（拓、摹）；河真 1.22，即合 23910。針對右前甲的河 202（合 23900），後人有新綴合，即合 23900（録 202、真 2.44）+ 合 23909+ 運臺摹 1.0338②；新綴合已經實物檢驗爲正確。新綴合與董作賓的遥綴即殘辭擬補均吻合，現將拓片及後人的新綴合在貳甲三七摹本中還原，如圖 12。

① 合 24147+ 合 26770，參見蔡哲茂《甲骨綴合彙編》第 516 則。

② 合 23900+ 運臺 1.0338 爲李延彦綴合（《龜腹甲新綴第 69、70 則》，先秦史研究室網站，2011.5.8）；合 23909+ 合 23908 爲王紅綴合（《甲骨綴合二則》第一則，先秦史研究室網站，2012.5.25），張軍濤將兩者再拼合（《殷墟甲骨新綴第 141、142 則》，先秦史研究室網站，2020.6.30）。其中李宗焜用實物驗證，合 23908 爲誤綴。

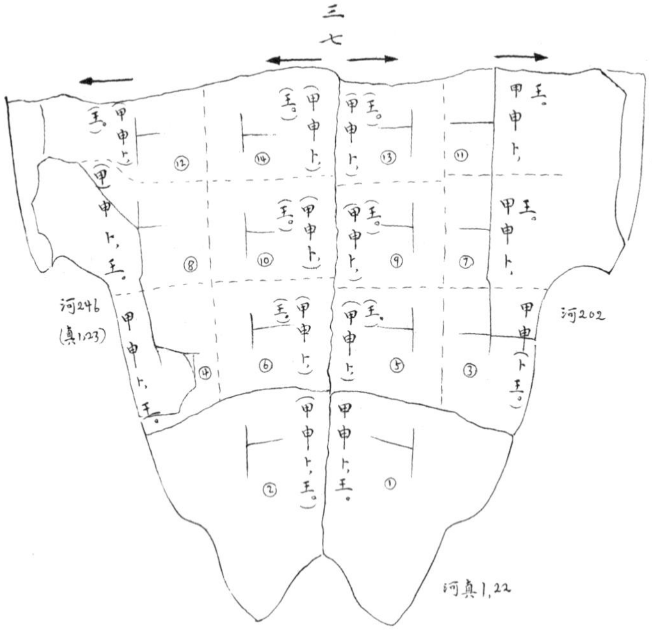
三
七
河246
(真1.23)
河202
河真1.22

圖 11

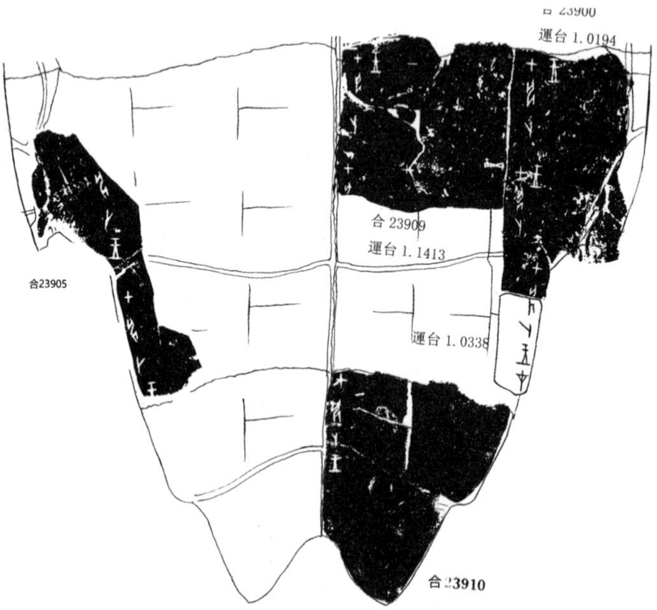
運台 1. 0194
合 23909
運台 1. 1413
合23905
運台 1. 0338
合23910

圖 12

例 6 :貳骨二七

在貳骨二七中,董作賓將河 243 與河 225 遥綴,並用“殘片定位研究法”對左胛骨進行整版復原和擬補,如圖 13。河 243,即合 23948 ;河 225,即合 24261。白玉峥《甲骨綴合録小》曾將合 23948 與合 24261 兩版遥綴①,但兩版甲骨的間距比貳骨二七摹本的間距要稍小;《合補》亦認同此組遥綴,將其著録爲合補 7242 甲、乙②。近年有人在合補 7242 甲、乙的上端又加綴了一版合補 8366③,如圖 14。雖然河 225 上並不見有“一”和“二”的兆序,但董作賓仍然僅憑河 243 上的兆序“七”和“八”,對胛骨進行了整版復原,從下至上將十次辛卯日“卜王”的占卜記録擬補完整;看似接近完美,實際占卜可能未必如此。筆者揣測,董作賓在此主要是想向讀者詳解如何運用“卜王”卜辭的文例規律,以及運用“殘片定位研究法”來做甲骨殘片遥綴的具體方法。

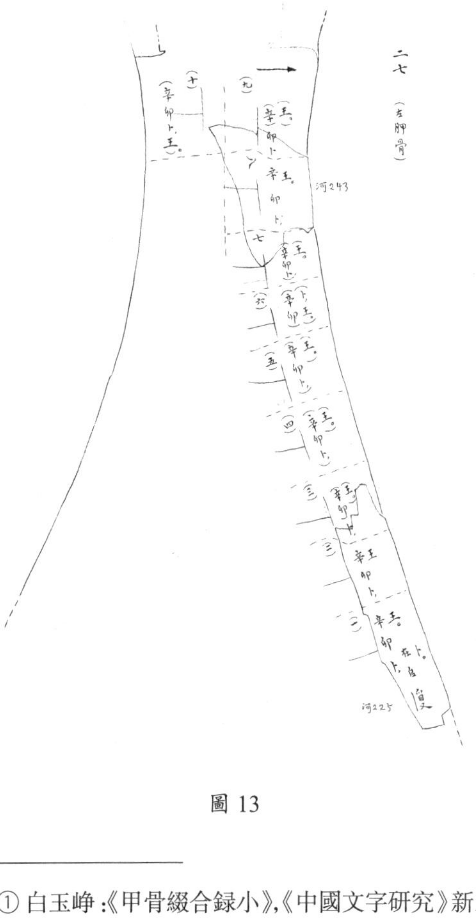

圖 13

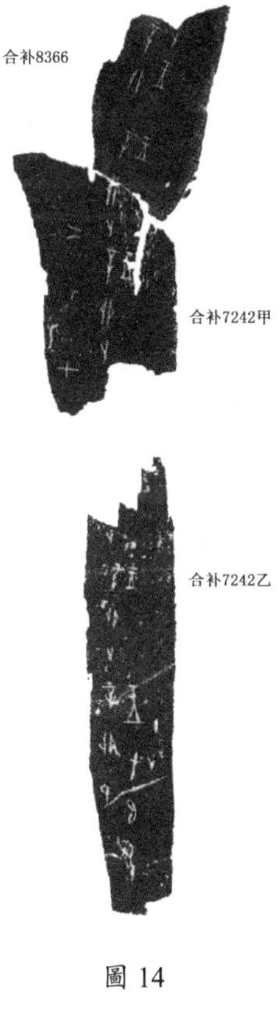

圖 14

① 白玉峥:《甲骨綴合録小》,《中國文字研究》新三期,1981 年 3 月。

② 合補 7242 甲、乙,選用著拓號爲白録一 .11。

③ 王紅:《出組卜王卜辭綴合八例》,《故宫博物院院刊》,2013 年第 3 期;又見《拼三》第 760 則。

（3）單片殘辭的擬補與後人綴合一致例

除去簡單的干支擬補，以及對常見辭例的殘辭補全的甲骨片之外，董作賓還運用"定位研究法"對單個殘片進行復原擬補，且與後人綴合一致的有 6 例：壹甲四、壹骨一五、貳骨二、貳骨五、貳骨二八、伍甲二〇七。其中伍甲二〇七摹本爲整龜復原，董作賓對左後甲，即合 38789 上部的殘辭擬補，與《契合集》第 212 組的綴合完全吻合，詳見下文的不一致例處；此將董作賓對單片殘辭的擬補與後人綴合一致有 5 例，例解如下。

例 7：壹甲四是據甲 2122 所作的摹本，除整龜復原外，還按"卜旬"卜辭文例對殘辭予以擬補，各條辭之間用括號及虛線以示區別，如圖 15。合 11546 是由甲 2122 和甲 2106 綴合而成，如圖 16，與壹甲四的殘辭擬補對比，可見位於合 11546 左腹甲的甲 2106 的卜辭與壹甲四中的擬補辭例絲毫不差；即便是林勝祥後來加綴的甲骨文集 3.0.1819①，其兆序"三"也與董作賓在壹甲四中的擬補文例一致，這佐證了董作賓對此版龜腹甲的殘辭擬補十分正確。

例 8：壹骨一五是鐵 185.1 的摹本，復原"骨首"骨版並進行卜辭擬補（圖 17）。由鐵 185.1（通 436）、鐵 68.3（合 17713）、鐵 233.3 倒（合補 4829 正）三版拼綴的合 17299（圖 18），其右側與董作賓對壹骨一五（鐵 185.1）的擬補完全吻合，此爲又一例，即《合集》等後人綴合與董作賓對甲骨單片復原擬補相一致者。

例 9：在貳骨二的摹本中（圖 19），粹 1358 又著録爲合 26220，甲骨現藏國家圖書館，即北圖 14626（善 9227）。此版蔡哲茂有綴合，即合 41255（艾米塔什 108）+ 合 26220②，如圖 20。蔡綴中的合 41255（艾米塔什 108）的卜辭與董作賓對粹 1358 下端辭例的擬補完全一致。

例 10：在貳骨五中（圖 21），董作賓據河 47 拓片作摹本，並作骨版復原與擬補。河 47，即合 26289。《合集材料來源表》指出合 26286 可與合 26289 綴合，但未予拼合，後見於合補 8011（圖 22）。《合集》《合補》刊行均在《甲骨叢編》成書之後，當歸爲後人綴合之列。合補 8011 下端的合 26286 卜辭内容與貳骨五中董作賓所作的復原擬補完全一致。

---

① 林勝祥綴合：合 11546+ 甲骨文集 3.0.1819；收入蔡哲茂《甲骨綴合彙編》第 904 則。

② 綴合組爲合 41255+ 合 26220，蔡哲茂：《甲骨綴合三集》第 733 組，又第 629 組重複著録，中研院歷史語言研究所，2022 年。

四（補充復原）

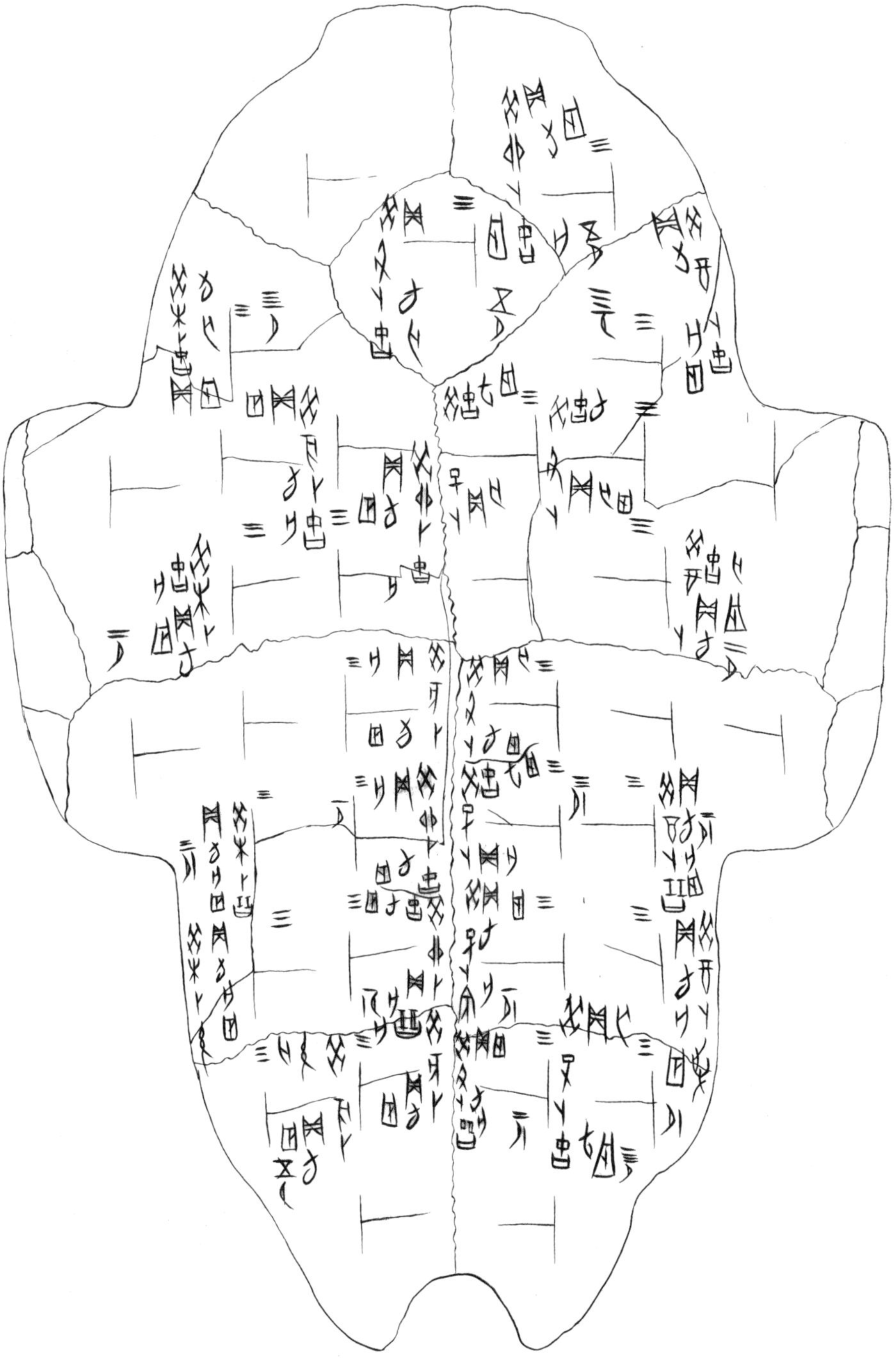

圖 15

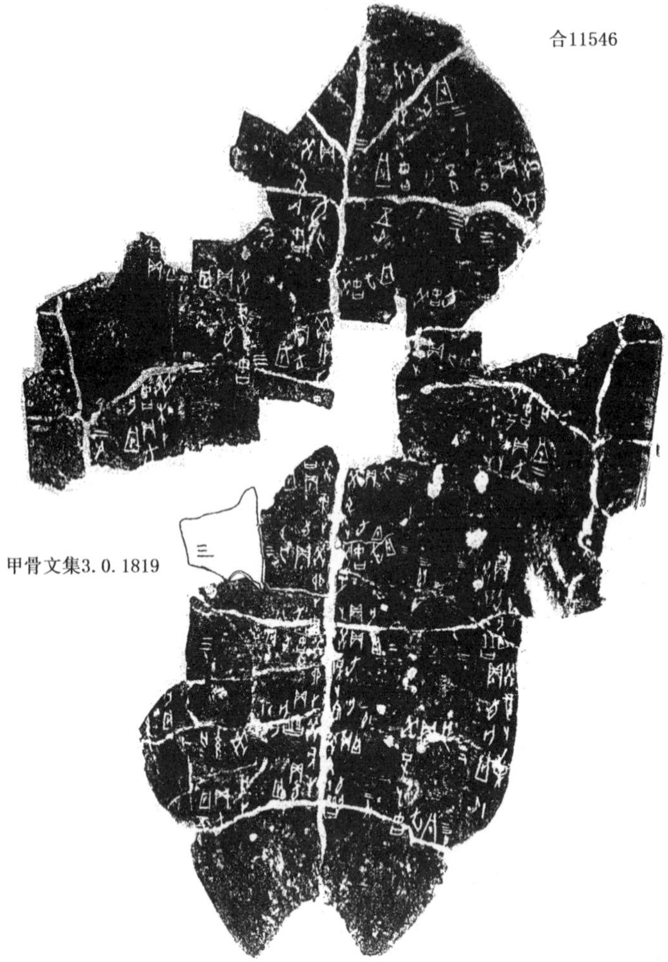

圖 16

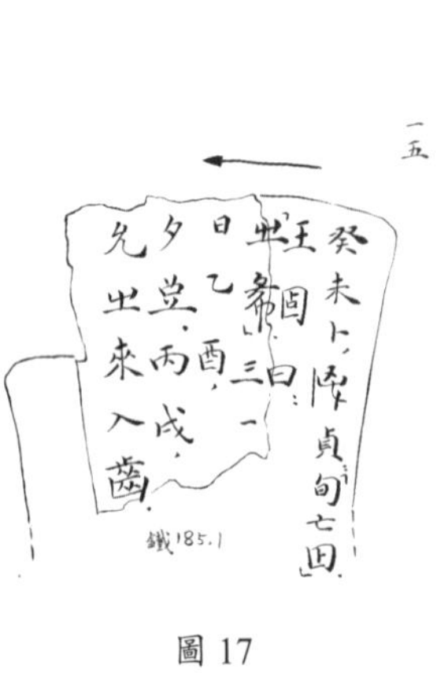

圖 17

圖 18

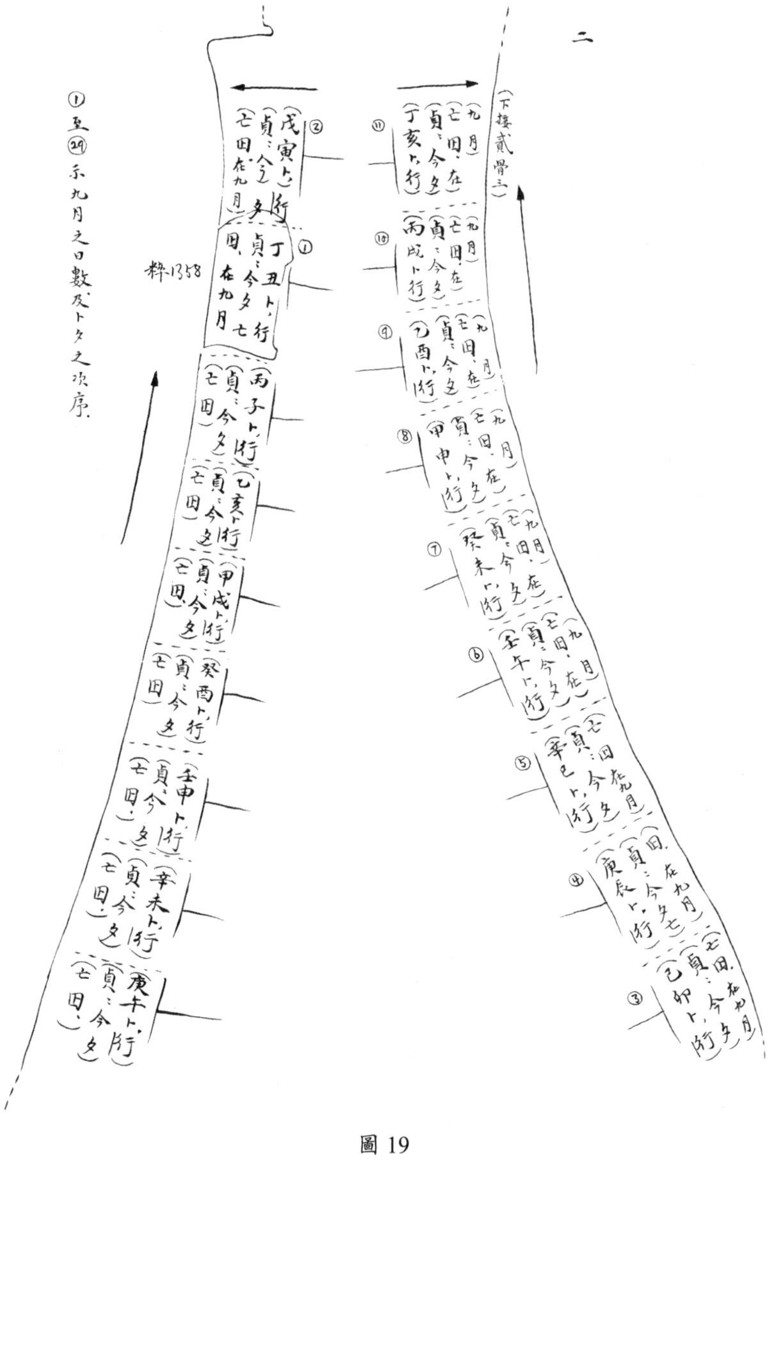

圖 19

26220

愛米塔什 108

圖 20

圖 21

8011

圖 22

在貳骨二、貳骨五中，董作賓按“定位研究法”，以及“卜夕”卜辭的文例規律進行整骨版的復原與擬補。擬補的辭例自下而上、按曆譜依次排列整齊。在商代實際的占卜活動中是否如此，尚不可知；顯然這又是董作賓在有意地向讀者展示“卜夕”卜辭的規律而作的兩版標準範例。

例 11：董作賓在貳骨二八中（圖 23），將河 177 與河 175 拼綴，按“定位研究法”復原了肩胛骨，並按“卜王”卜辭文例進行整胛骨版的擬補復原後，共有 10 條“卜王”卜辭。其中河 177，即合 23990；河 175，即合 23988（下）。合 23988 是由真 4.52 與真 4.55 綴合。合 23988 上部的綴合，恰與董作賓擬補的釋文一致。雖然貳骨二八中有單片擬補復原與後人綴合一致，但河 177 與河 175 的實綴却無相應後人綴合可參比，關於甲骨實物亦無更多的信息，因而此組實綴的正誤暫不確定。現用合 23988 與合 23990 的拓

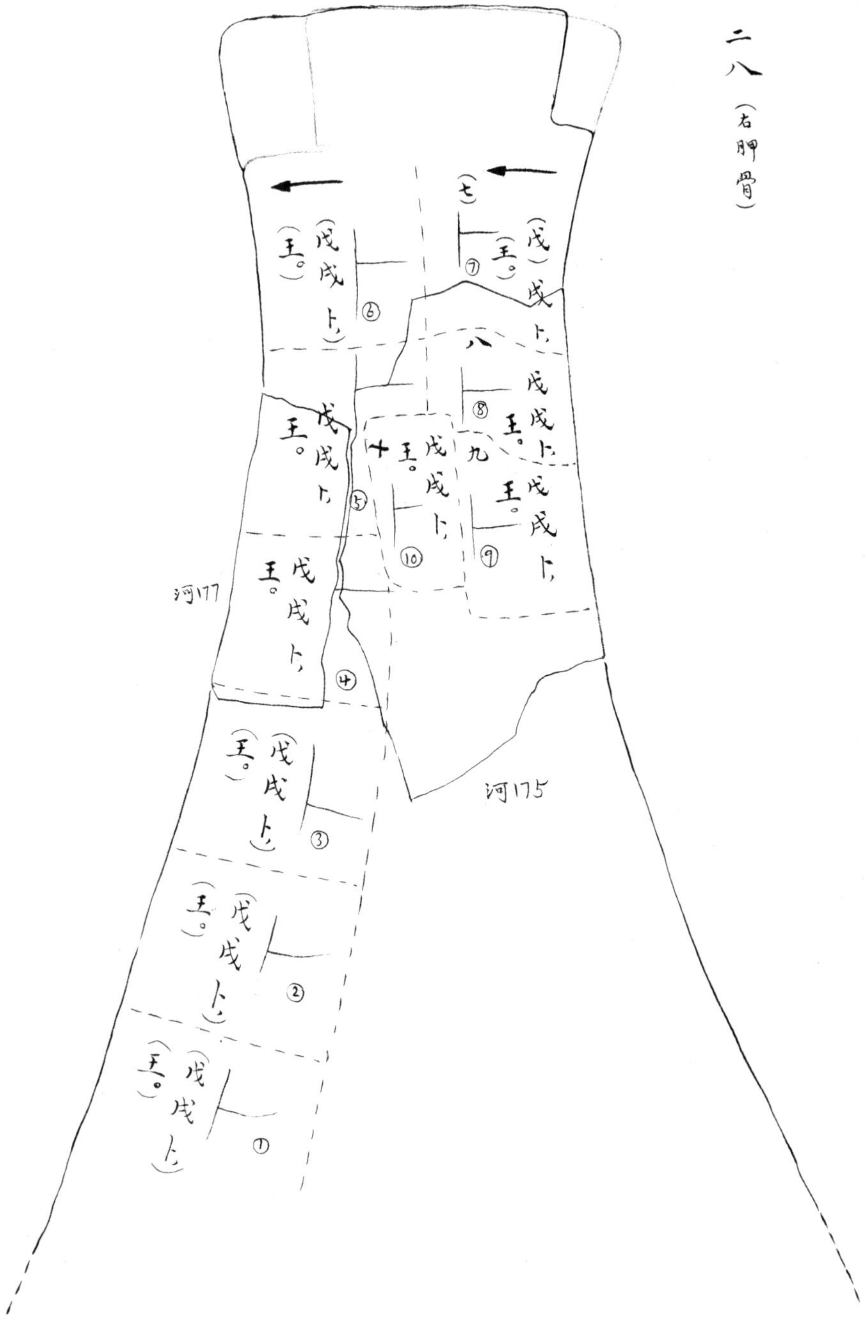

圖 23

片將貳骨二八的摹本拼綴還原,如圖 24。此兩版現藏於臺灣歷史博物館,故綴合組是否成立還有待實物進一步驗證。

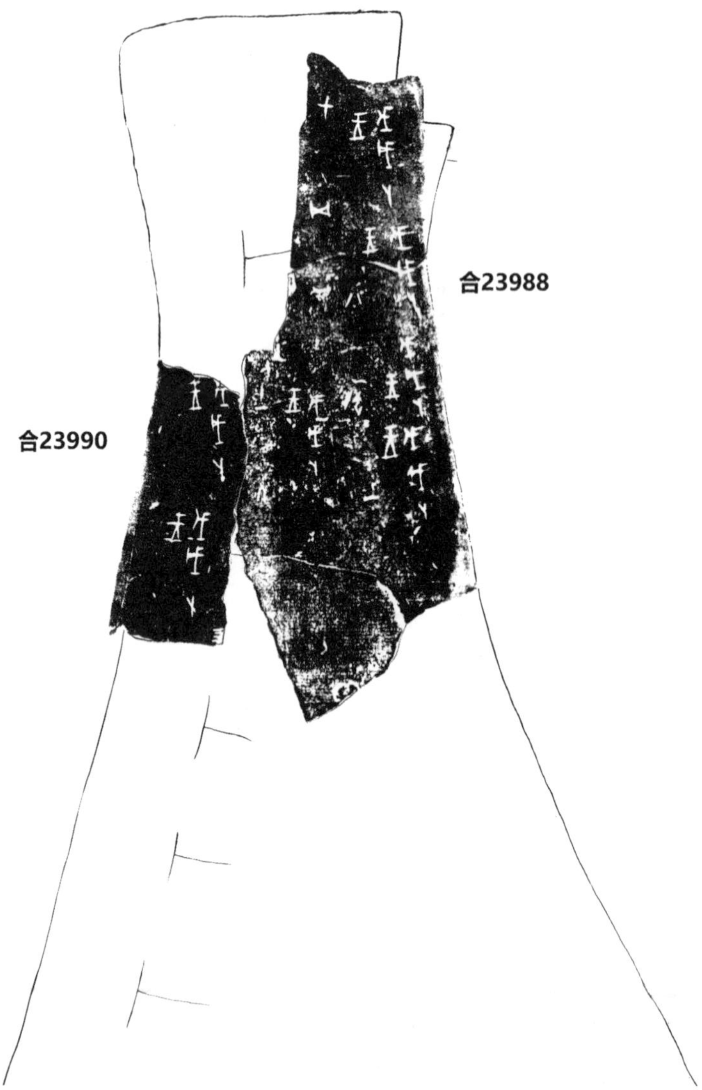

圖 24

（二）董作賓對甲骨殘片的殘辭擬補與後人綴合不一致者

董作賓對甲骨殘片的殘辭擬補、綴合復原與後人綴合不一致的實例中，細加分析，有多種情況。有部分是由於後人將董作賓的綴合片離析後組成新的正確綴合，由此可直接判定董作賓的殘辭擬補與綴合爲誤；也有一些是董作賓的擬補、綴合復原更爲可信，而後人的綴合爲不妥；另外有一些則暫無法斷定孰是孰非，還有待通過實物檢驗來判定。而造成董作賓對殘辭擬補、綴合復原出現失誤的原因也是多方面的，我們將在下面各例中展開具體分析。

（1）董作賓新綴確爲誤者

據復核梳理，發現後人綴合與董作賓綴合擬補不一致的實綴有4例，其中伍甲一〇七的實綴與後人綴合不一致，但正誤待定；另有3例實綴則確爲誤綴，即貳骨一六九、伍骨七九、伍甲二〇七。而由於後人將其中的遥綴片離析後組成新的正確綴合，可判定遥綴爲誤的有4例，即壹甲六、貳骨二四、貳骨二二七、伍骨三五。通過對比分析，我們發現，導致董作賓出現偏差的原因各有不同，具體如下：

例1：貳骨一六九（圖25）由河200與河226實綴。從早期的拓本看，兩版辭例内容均爲“癸卯卜，王”，且骨版均屬胛骨的殘骨邊，兩版有拼合在一起的可能。隨後嚴一萍在整理甲骨綴合時，將其收録爲《綴新》646；後又被《合補》著録爲《合補》7926（圖26），即嚴一萍和《合補》編纂者也都認同此綴合組。其實，在合24027（圖27）中，已經將真4.59+真4.80（録200）+真4.81（録226）三版綴合，並將河200與河226兩版的上下位置顛倒，在中間加綴了真4.59。真4.59與上下骨版的拼接碴口基本吻合，辭例也通順，可知合24027綴合無誤。由此可反證董作賓對貳骨一六九的拼合，以及《合補》7926均爲誤綴。究其原因，由於河200與河226兩版辭例均是單純的“癸卯卜，王”卜辭，無任何兆序或其他可參考殘片定位的信息；若無合24027在河200與河226兩版中間加綴真4.59的綴合組出現，一般不易斷定貳骨一六九爲誤綴。董作賓雖把兩版的位置放顛倒了，但他首先發現了這兩個甲骨殘片屬於同版，可以相互綴合，這一點是值得我們肯定的。

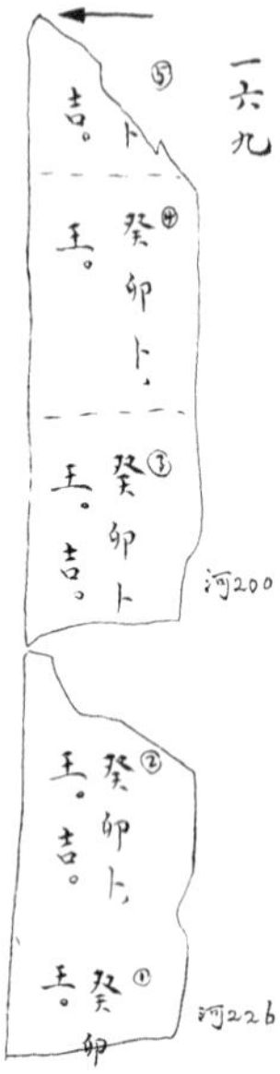

圖 25

圖 26

圖 27

例 2：伍骨七九(圖 28)由椝 101 與椝 100 上下兩版甲骨實綴。上部的椝 101，即合 39078；下部的椝 100，即合 39276。上下兩片均爲胛骨的骨邊殘片，卜辭文例是常見的“卜旬”辭，且從下至上的干支爲“癸亥、癸酉、癸未、癸巳”，時間次序很符合“卜旬”辭的規律，故董作賓將此兩版拼綴在一起。

關於上部的椝 101（合 39078），後人有更合適的綴合，即合 39078+ 合 39211①，見圖 29。後人的綴合將伍骨七九上部的椝 101（合 39078）與它版（合 39211）綴合；從綴合的圖版看，合 39078 與合 39211 綴合的碴口吻合，且辭例順暢，還可拼合“貞”字等都表明後人綴合可成立，由此則反證董作賓在伍骨七九中，將椝 100 與椝 101 兩版拼綴在一起應爲不妥。

以上的貳骨一六九、伍骨七九，由於後人將董作賓的綴合片離析後組成新的正確綴合，可判定董作賓的實綴爲誤。此兩例均爲骨邊條殘片，甲骨殘片的卜辭爲“卜王”和“卜旬”卜辭，文例均類同，是導致董作賓誤綴的主要原因。諸如此類，在董作賓的新遥

① 蔡哲茂：《甲骨綴合彙編》第 674 則，原爲門藝綴合。

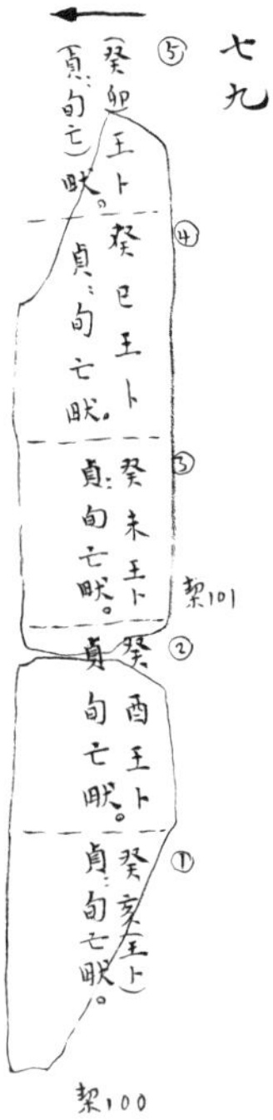

圖 28

合39078

合39211

圖 29

綴中，因後人將綴合片離析後組成新的正確綴合而發現董作賓的新遥綴爲誤的，還見於以下兩例遥綴中，如：

例 3：貳骨二四（圖 30），董作賓將河 198 與河 227 兩版遥綴。上部爲河 198，即合 23924；下部爲河 227，即合 23928。後人將貳骨二四上下兩版拆分後，又分别與其他甲骨片組成新的綴合。關於上部的河 198（合 23924），白玉峥有新綴合，即合 23924+ 合 23929+ 京 3695[①]，如圖 31；關於下部的河 227（合 23928），李延彦也有新綴合，即合 23928+ 合 23933[②]，如圖 32。

無論從甲骨片的拼接口吻合度，還是卜辭文例的通順度看，白玉峥和李延彦的新綴合組均很切合，此兩組綴合應無誤。由於貳骨二四中上下兩版分别與其他版綴合成立，由此也反證董作賓貳骨二四中的遥綴爲不妥。

---

① 綴合見《彙編》第 445 則。

② 李延彦：《殷墟卜骨新綴五則》，《漢字文化》，2013 年第 1 期；又見《甲骨拼合集》第 588 則。

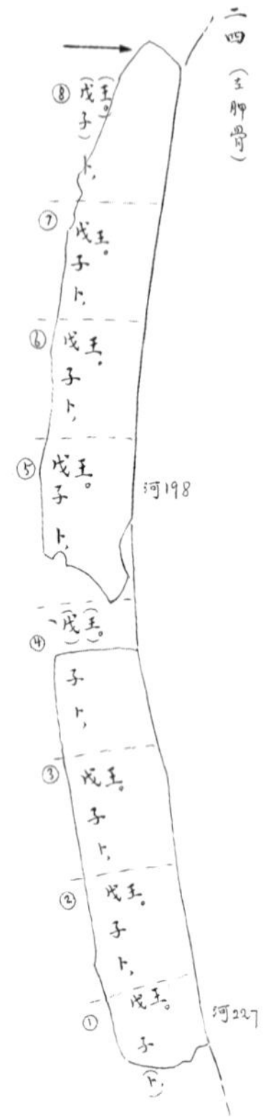

圖 30

圖 31

圖 32

例 4：貳骨二二七（圖 33）上部爲粹 1331，即合 24098；下部爲河 247，即合 24100。因兩版卜辭均爲“辛酉卜，王”，故董作賓將兩版遥綴，兩版之間用虛線連接。關於下部的合 24100（河 247），後人有新的綴合，即：合 24102+ 合 24100+ 合 24264①，如圖 34。在新綴組合中，合 24100 與合 24102 密綴，可拼合成上端的“酉”字，比董作賓在貳骨二二七中的遥綴更妥帖一些。這説明貳骨二二七中粹 1331 與河 247 遥綴爲不妥。

因早期拓本資料未拓全等因素，導致了董作賓出現殘片部位的誤判，此類現象有如下兩例：

例 5：在伍甲二〇七中，董作賓依據“殘片定位法”將粹 1397、粹 1413、粹 1409、粹 1401、粹 1404 五版龜甲遥綴，並復原爲一個完整的龜版，按照第五期的“卜夕”辭例對

① 王紅：《出組卜王卜辭綴合八例》，《故宫博物院院刊》，2013 年第 3 期；又見黄天樹：《甲骨拼合三集》第 759 則。

圖 33

圖 34

殘辭作了擬補(圖 35)。其中位於中甲的粹 1397,即合 38847（京 5440）;位於左前甲的粹 1413,即合 38810 ;位於右前甲的粹 1409,即合 38802（續存上 2400）;位於左後甲的粹 1401,即合 38789 ;位於右後甲的粹 1404（不全),即合 38910（全)。此五版均現藏國家圖書館,中甲爲北圖 14845（善 9443）,左前甲爲北圖 14898（善 9496）,右前甲爲北圖 14953（善 9551）,左後甲爲北圖 14873（善 9471）,右後甲爲北圖 14846（善 9444）。

關於左後甲粹 1401（合 38789、北圖 14873）,林宏明有新綴合,即合 38789（北圖 14873）+ 合補 12266（北圖 15086）+ 英藏 2617+ 合補 12333（北圖 22789）[①]。綴合後的辭例與董作賓對粹 1401（合 38789）上部的殘辭擬補完全吻合,這充分説明董作賓對該版龜腹甲的復原擬補的可靠性。

據對甲骨實物的觀察,筆者發現董作賓對其中兩版部位的判斷有誤。其一爲右前甲的粹 1409,由於粹 1409 原拓本的邊緣無法辨认出齒紋,導致董作賓誤將此版的部位定爲貼近中縫處。事實上,粹 1409 即北圖 14953（合 38789）的龜版左側並無齒紋,且左側的背面還殘留有半個鑽鑿,因此其部位不應是僅靠中縫處的部位,而應是稍向右平移的右前甲殘片。其二爲右後甲的粹 1404,由於原拓本的右邊不全、未拓出全形,而致董作賓誤將此版定位爲靠近中縫處。實際上,從合 38910 的拓本可見右側爲龜版的自

① 林宏明 :《甲骨新綴第 213—215 例》,先秦史研究室網站,2011.4.26 ;《契合集》第 212 組。

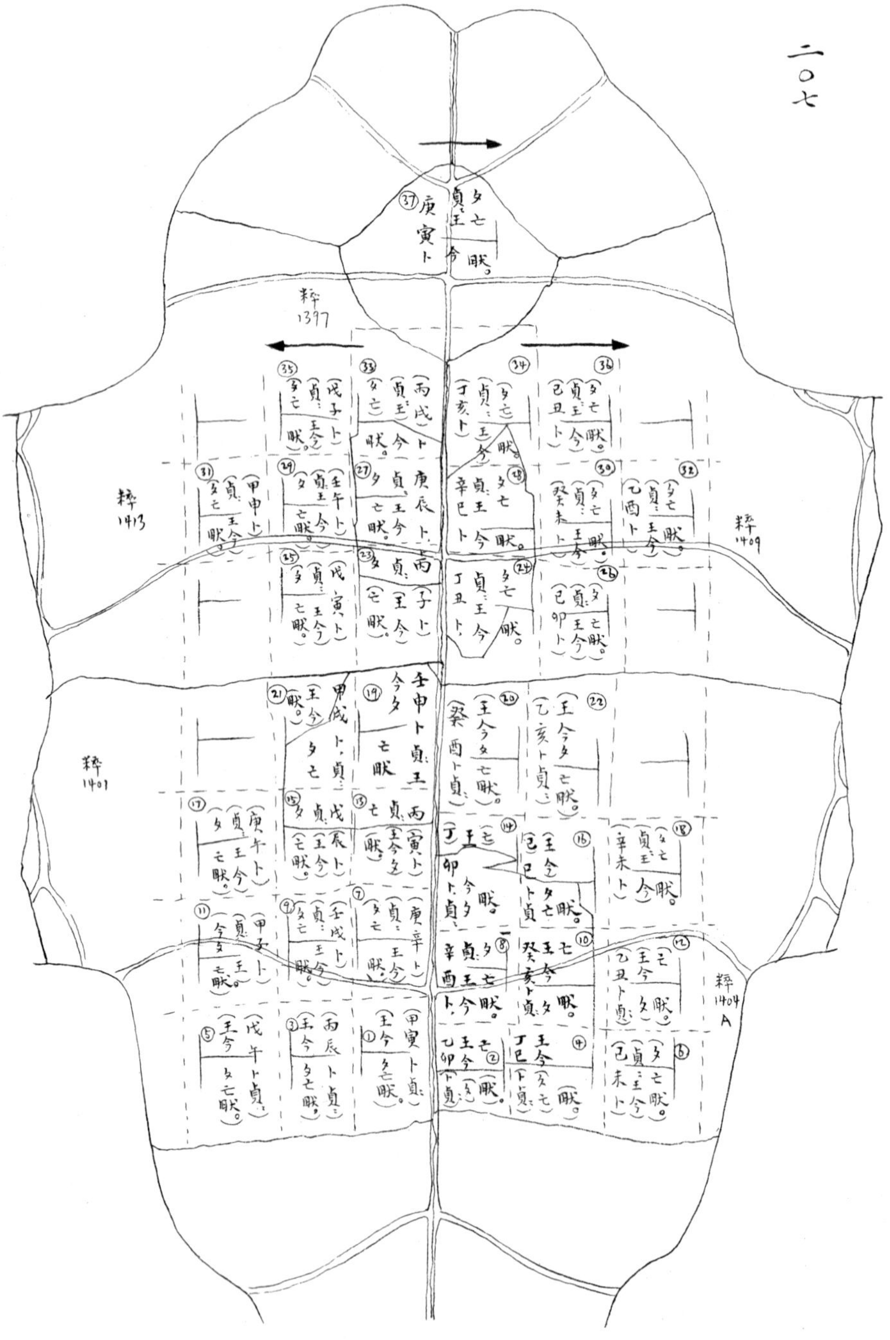

圖 35

然邊緣。而從龜甲實物看,北圖 14846（合 38910）的右側確爲龜版的自然邊緣,其部位應爲脛版右側,而非近中縫處。

綜上,可見董作賓對龜版中縫右側兩處的拼綴位置安排均爲不妥,這主要是由於早期舊拓本邊緣不全的弊端所致。我們用北圖拓片及林宏明的綴合圖對該版作復原拼綴,如圖 36,仍爲遥綴。

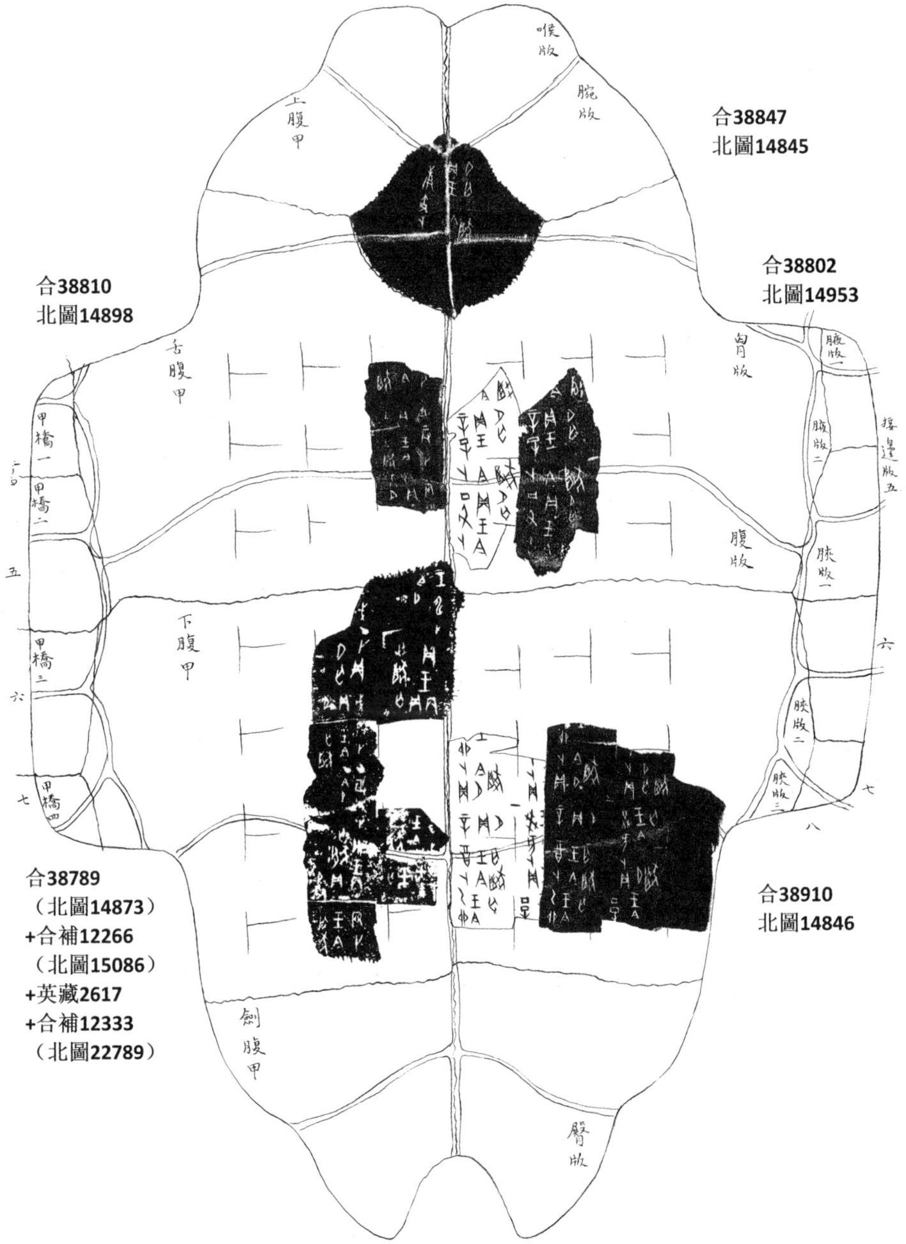

圖 36

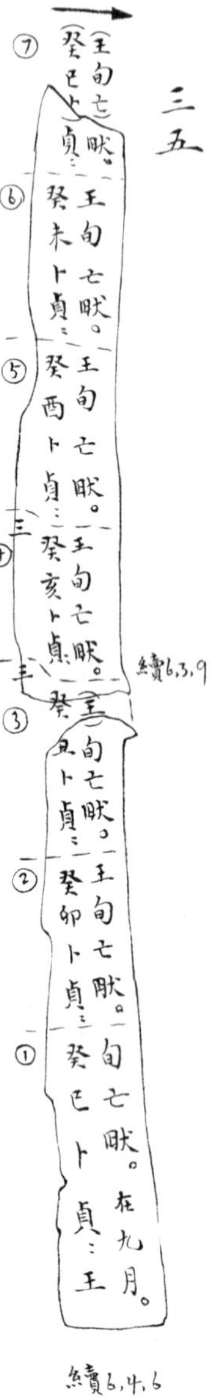

圖 37

圖 38

例 6：伍骨三五（圖 37），續 6.3.9 與續 6.4.6 遥綴。上部的續 6.4.6，即合 39303。下部的續 6.4.6，即合 36528①。其中續 6.4.6 是僅有字部分、左邊的骨形不全的拓本，且缺甲骨反面的拓本；而合 36528 爲全形圖，有正、反面（圖 39、圖 40）。

蔡哲茂將上部的續 6.4.6（合 39303）與他版（合 39231）綴合②，如圖 38。蔡綴可拼合“癸丑”中的“癸”字，此綴合應無誤。由此也證明董作賓在伍骨三五中將續 6.3.9 與續 6.4.6 兩版遥綴應爲不妥。

由以上各例的分析可見，董作賓新綴的失誤和偏差的出現，主要是受到當時甲骨資料匱乏的局限。比如董作賓對貳骨一六九、伍骨七九兩版實綴，以及貳骨二四、貳骨二二七兩版遥綴，單純從甲骨文例和骨形等因素來考量，其遥綴的可能性不能被完全否定。只有當後人將其中的綴合片與其他甲骨片實綴成功後，我們才能斷定這些綴合爲誤。而伍甲二〇七、伍骨三五則是由於董作賓所依據的早期拓本不全而誤判。由於董作賓當時只能依據早期的拓本資料製作摹

① 合 36528 是一版比較特殊的卜辭，其反面的釋文爲：“乙丑，王卜貞：今囚巫九𠧢，余作尊，𧦝告侯田，册𢦏方、羌方、羞方、轡方，余其比侯田甾戔四邦（丰、封）方。” 裘錫圭先生曾認爲黄組卜辭中有記載征伐“三丰方”（合 36530、合 36529）或“四丰方”（合 36528 反）之事。參見裘錫圭：《㺇伯卣的形制和銘文》，《保利藏金（續）——保利藝術博物館精品選》，嶺南美術出版社，2001 年。

② 蔡哲茂：《殷墟甲骨文字新綴五十一則》，《古籍整理研究學刊》2003 年第 4 期；又見《綴續》第 438 則。

圖 39

圖 40

本，得不到甲骨背面或拓本邊緣的更多更全面信息，容易導致他對甲骨殘片的部位判斷出現偏差。而今天我們之所以能輕鬆判斷一些早期綴合的正誤，一方面由於大量甲骨文資料已彙集，我們所能依據的拓本資料遠比董作賓當年要豐富很多倍；另一方面得益於新時代甲骨資料的重新整理，我們有甲骨文拓本、摹本、照片等資料的全方位加持。

上文列舉了因後人將綴合片離析後組成新的正確綴合，即可判斷董作賓的遥綴爲不妥的示例。而以下將要分析的壹甲六和壹骨一三的失誤，則是董作賓受到前人對殘辭擬補的誤導因素所致。

例 7：在壹甲六（圖 41）中，董作賓依據郭沫若《殘辭互足二例》[①] 第二例甲片的殘辭補足（如圖 42），將前 5.6.4（鐵 114.1）與珠 1368 兩版龜甲擬作遥綴。壹甲六上部的前 5.6.4（鐵 114.1），即合 11448；壹甲六下部爲珠 1368，即合 11447。後人對上下兩版甲骨又分别有綴合，李愛輝將合 11448 綴合爲：合 11448+ 合 17031+ 合 8250+ 合 11447+ 京 2489[②]，如圖 43；蔡哲茂則將合 11447 與合 11449 綴合，即合補 2811[③]，如圖 44。

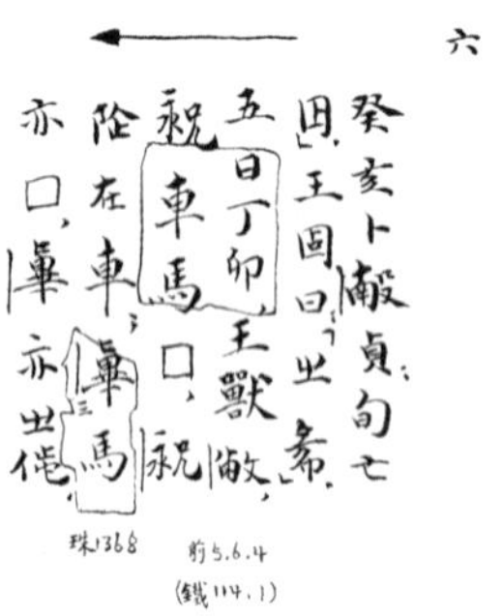

圖 41

圖 42

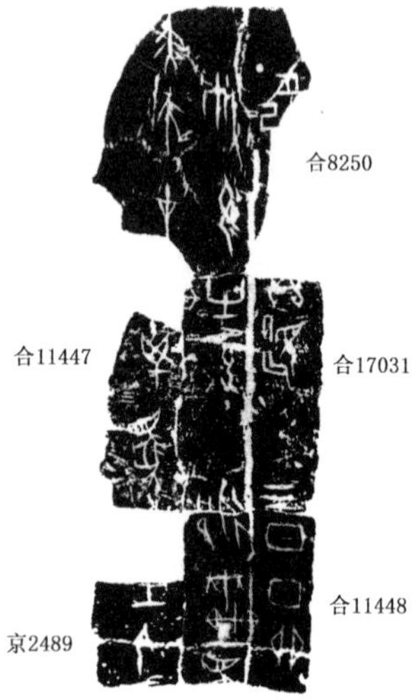

圖 43

① 郭沫若：《殘辭互足二例》，《古代銘刻彙考四種》，日本文求堂書店據手稿影印，1933 年。

② 黄天樹：《龜腹甲"王狩敝"綴合一則》，先秦史研究室網站，2017.6.28；又加綴合 11447+ 京 2849，見李愛輝：《甲骨拼合第 434—440 則》，第 434 則，先秦史研究室網站，2018.10.30。

③ 合補 2811，又見蔡哲茂《甲骨綴合集》第 346 則。

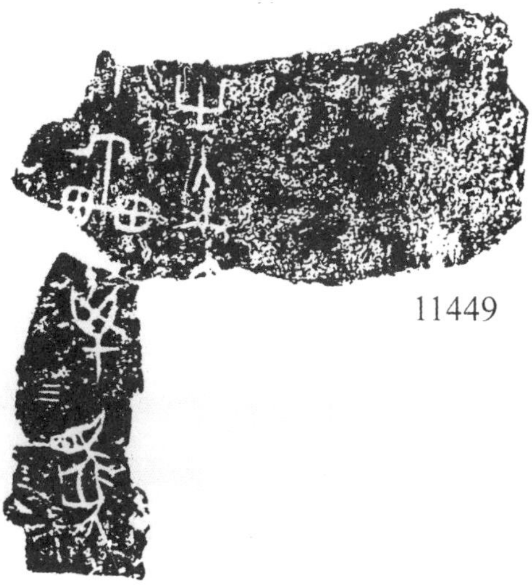

11449

圖 44

後人的兩組綴合將壹甲六的綴合片拆分，分別與其他版甲骨殘片進行了綴合。在李愛輝的綴合中，合 17031 與合 11448 爲密綴，綴合後卜辭爲“三日丁卯……祝車馬……”，反證了郭沫若在此處擬補的“五日丁卯”爲不妥。另外，在李愛輝的綴合中，合 11447 與合 11448 遥綴位置與壹甲六中兩版的遥綴位置也不同。從拓片的綴合圖版看，這組綴合組應能成立。

在合補 2811 的綴合中，合 11447 與合 11449 的拼接口不密合，也應視爲遥綴。從甲骨材質看，董作賓在書稿中又將合 11447（三井源右衛門舊藏）歸爲壹甲六，即認其爲龜甲；將合 11449（現藏於東京大學東洋文化研究所）歸爲壹骨一四，即認此版爲牛骨。若董作賓對甲骨材質的判斷無誤，則分别爲龜甲與牛骨的兩版絶不可能綴合，那麼合補 2811 綴合即爲誤綴。

在《甲骨叢編》中與郭沫若《殘辭互足二例》有關的著録，還有壹骨一三。

例 8：壹骨一三爲前 7.18.3 的摹本（圖 45），此版的殘辭擬補是董作賓參照郭沫若《殘辭互足二例》中第二例的丁片（圖 46）而著録。前 7.18.3 又見於合 7153 正面的中部（圖 47）。合 7153 由前 6.48.5+ 前 7.18.3+ 前 7.23.2 綴合而成，此綴合最早見於《表較》29①，後曾毅公收入《甲骨叕存》，即《叕》28，甲骨現藏山東博物館。

合 7153 由三個殘片組成，其卜辭與郭沫若、董作賓對前 7.18.3 的擬補卜辭有較大

① 《表較》，即明義士的《表較新舊版〈殷虚書契前編〉並記所得之新材料》（《齊大季刊》1933 年第 2 期），參見李愛輝：《讀〈甲骨叕存〉札記》（《甲骨文與殷商史》新十一輯，2021 年）。

一三

④癸亥卜，㱿貞：旬亡田。王固曰：业希。五日丁卯，
王歔歔兄凩，車馬口。凩陷在車，輩馬亦口，
輩亦出佚。
①王固曰：业希，其业來婡。八日庚口，允业
來婡自口。口口告曰啓。

前7.18.3

圖 45

癸亥卜㱿貞：旬亡田。王固曰：业希。五日丁卯，
王歔歔兄凩，車馬口。凩陷在車，輩馬亦口，
輩亦出佚。
王固曰业希，其业來鼓。八日庚午允业
來鼓自口。口口口告曰啓。

（前編七·一八·三）

丁.

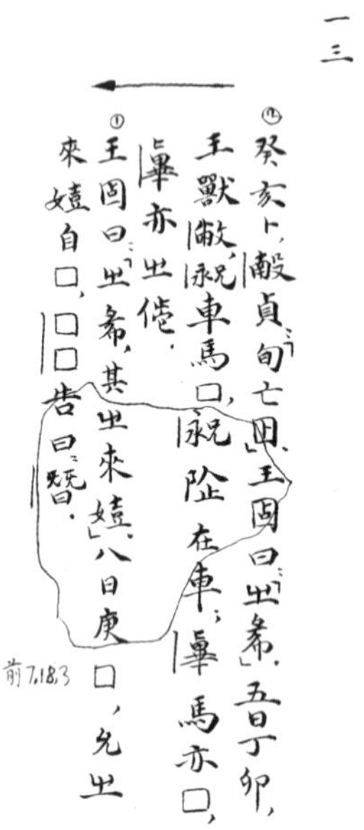

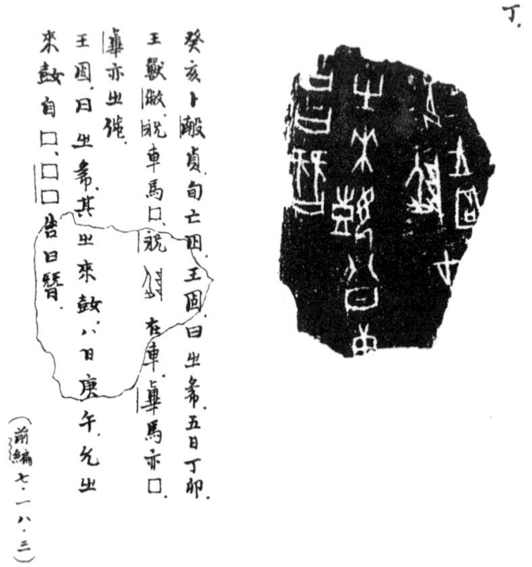

圖 46 圖 47

差異。在合 7153 中，前 6.48.5+ 前 7.18.3+ 前 7.23.2 之間的接口爲密合，且卜辭通順，綴合無誤，這表明郭、董二人對前 7.18.3 的殘辭擬補實爲不妥。

郭沫若很早就提出一種釋讀甲骨的新途徑——“殘辭互足”法，就是參照卜辭的占卜、契刻規律，以及“同文卜辭”來補足一些殘損嚴重、不能屬讀的卜辭，從而使殘缺的内容趨於完整，便於通讀、研究；但是殘辭補足也會偶爾出現失誤。因爲郭沫若當時所能見到的早期甲骨材料確實有限，所以那些據少量卜辭總結出來的占卜、契刻及文例的規律，也必然會不全面、欠準確。通過以上壹甲六、壹骨一三的殘辭擬補與後人綴合的比較，可見那些僅以某些殘字筆畫或個别詞語的相同，就定爲同文卜辭實有不足。殘辭互足與後人的綴合不一致，正好説明殘辭互足的確不易，尤其是在材料不全的情況下更是如此。此類因殘辭互足出現偏差的例子，在書稿的甲骨殘片擬補中還有其他案例。

（2）單片的殘辭擬補出現偏差例

對單個的甲骨殘片作殘辭互足的時候，董作賓也會偶有偏差。董作賓在《甲骨叢編》對甲骨殘片進行殘辭擬補的甲骨片中，除了上文已舉例的壹甲六和壹骨一三爲董作賓參照郭沫若《殘辭互足二例》而著録外，我們發現董作賓所作的單片殘辭擬補中，也有少量與後人的綴合存在不一致現象。

例 9：貳甲三二是由河 201 與河 221 遥綴（圖 48），依據殘片定位和壬辰日的“卜王”辭例擬補復原的半龜版。其中河 221，即合 23956；河 201，即 23955 上半。① 後嚴一萍將 23955 上半與合 24249 綴合②，從龜甲的部位和辭例看，此組綴合應無誤。現將拓片覆在貳甲三二摹本上重合，如圖 49。對比摹本與拓片復原圖，可見董作賓摹本在中甲右側擬補的是第九條“卜王”辭例：“壬辰卜，王。九”；而綴合後的合 24249 的卜辭爲：“壬辰卜，王。才（在）自哭卜。七”。不但兆序爲“七”，而且還有占卜地點記録。此則後人綴合與董作賓的殘辭擬補復原不一致的案例，反映了商代實際的甲骨占卜情況遠比董作賓通過殘片定位及文例推勘所總結的情況要複雜得多。

---

① 合 23955 由真 1.51（録 2180+ 真 3.61（録 201）綴合。蔡哲茂指出其誤綴，參見蔡哲茂：《〈甲骨綴合續集〉-〈甲骨文合集〉誤綴號碼表》。李宗焜則確認其誤綴，參見《拓片綴合的機會與風險——以河南博物館舊藏甲骨爲中心的檢視》，《甲骨文與殷商史》新十輯，2020 年。

②23955 上半 + 合 24249，收入《彙編》第 537 則。

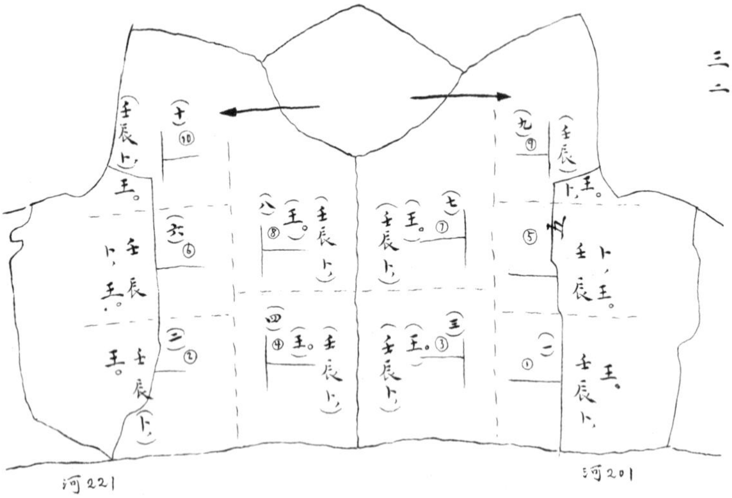

圖 48

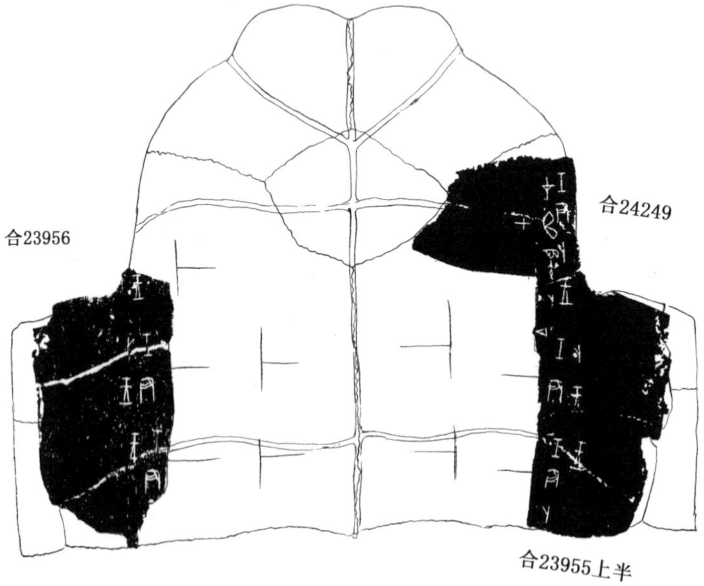

圖 49

例 10：壹甲一三是北 3.12.1 正反、續 4.30.8 的摹本，如圖 50，即合 7187 正反。何會對其有綴合，即合 7187 正 + 合 3037[①]，見圖 51。

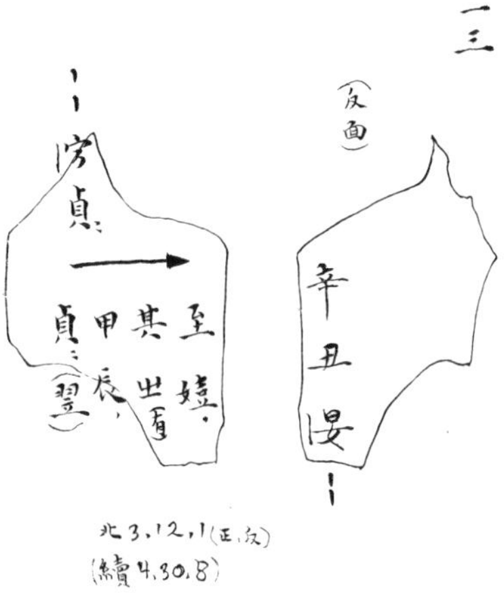

圖 50

圖 51

在壹甲一三中，董作賓將貞人擬補爲“賓”字；而合 7187 正與合 3037 綴合後實際爲“永”字。從綴合圖版上看，合 7187 正與合 3037 兩版的拼綴很密合；龜版形態也很吻合，該綴合組應能成立。從字體風格看，壹甲一三屬於武丁時期的典型賓組卜辭，董作賓依據僅殘存的一點筆畫將“貞人”擬補作“賓”，其實該殘存的筆畫能擬補的貞人有“賓”“永”等多種可能，不過董作賓只作了其中“賓”字的擬補示例，而未作“永”字的擬補。此爲殘辭互足與後人的綴合不吻合中的又一例，提示我們僅以某些殘字筆畫或個別詞語的相同，就按同文卜辭進行擬補的做法確實存在失誤的風險。

（3）正誤尚不確定例

在後人的綴合與董作賓的擬補、綴合復原不一致例中，上文所述對董作賓新作擬補、綴合復原的失誤進行了解析。另外還有一部分董作賓的殘辭擬補或後人的綴合，暫無法斷定各自的正誤，孰是孰非，還待以後通過實物檢驗來判定。具體如下：

例 11：伍甲一是董作賓依據通 64（通别 2.2）製作的摹本（圖 52）。通 64（通别 2.2）爲日本河井氏舊藏，又著録爲合 35931、掇三 140（大部分）。合 35931 非拓本，不太清晰；而掇三 140 爲拓本，較爲清晰。

---

① 何會：《龜腹甲新綴第二一—二五則》，第 21 則，先秦史研究室網站，2010.8.31；又見黄天樹：《甲骨拼合續集》第 441 則。

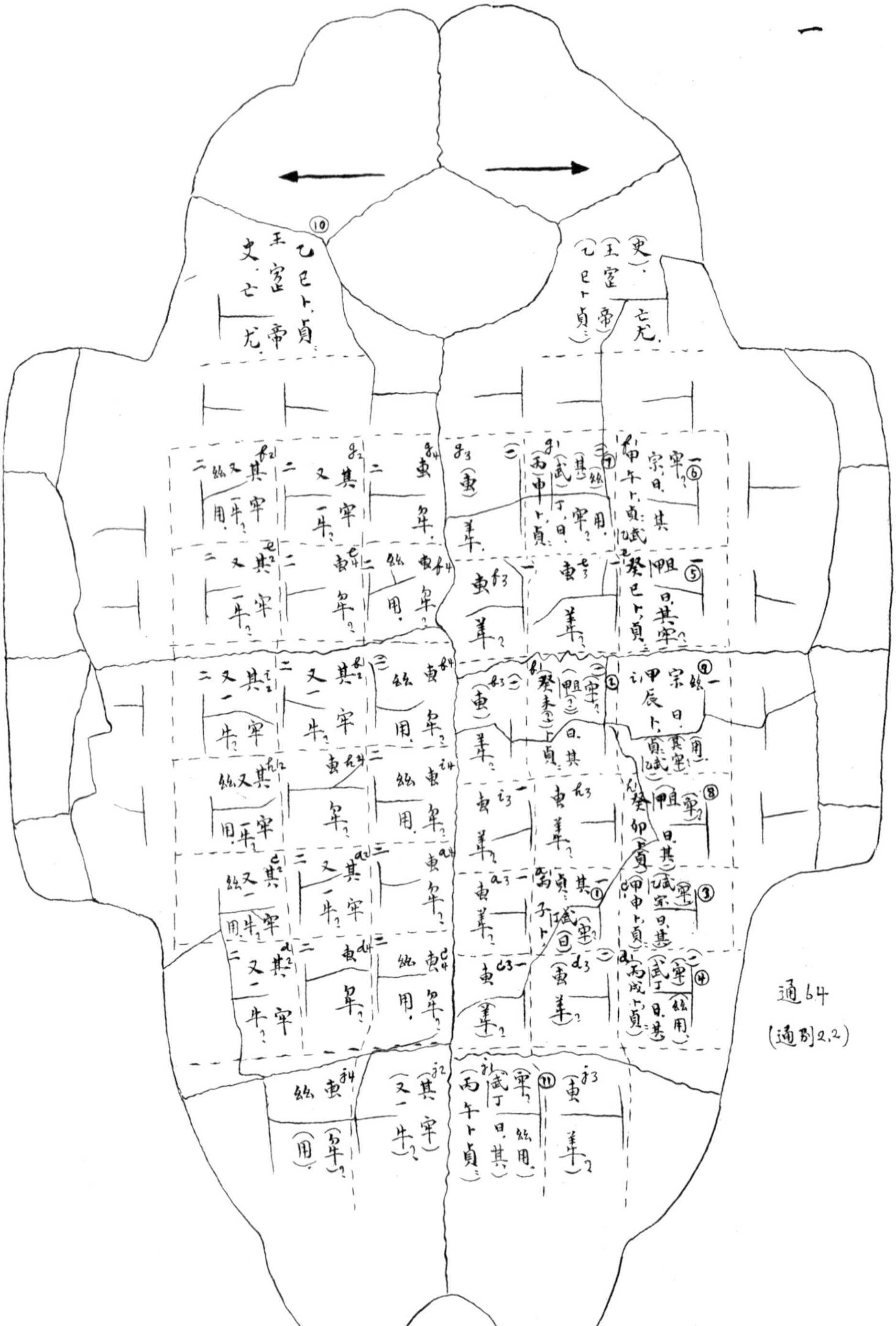

圖 52

董作賓將該版的“□”释作“日”，並据此认定五期卜辭有日祭，這是他對此類卜辭早期不恰當的認知。關於“□”字，王國維、葉玉森、王襄、郭沫若等都釋爲“丁”，吳其昌、楊樹達、陳夢家等則釋爲“祊”。現在學界已基本統一認識，董作賓認作“日祭”類的卜辭就是第五期典型的“祊祭”卜辭，① 其句型主要是“干支卜，貞祖先名祊其牢”；“干支卜，貞祖先名升祊其牢”；“干支卜，貞祖先名宗祊其牢”。這三種句型卜辭的卜祭日和先祖名的日干間具有相同的規律，即“卜祭日均比祖先的日干提前一天”②。因此，在我們遇到此類型的殘缺卜辭時，可以按殘辭互補法來補齊所缺之字。比如，當一版卜辭中的卜祭日干殘缺而王名日干存在時，據王名日干提前一日，即可補齊所缺卜祭日干。如果卜祭日干完整而王名日干殘缺時，則可將卜祭日干移後一日，將王名日干補齊。若將董作賓摹釋的“日其牢”改作“祊其牢”來解讀即可暢通無礙，這表明董作賓對此類卜辭文例規律的總結是準確的。從現有的甲骨著録看，祊祭卜辭約有 800 多片，全爲龜腹甲，但大多爲殘碎的小片，此通 64（合 35931、掇三 140）是最大的較完整版。董作賓在無其他完整龜版卜辭的參照下，按照占卜的一般規律對伍甲一的殘辭進行了接近理想型的全版復原補全；尤其是僅憑右前甲上端殘存的“亡尤”，就擬補了與左前甲一樣的卜辭：“乙巳卜，貞：王賓帝史亡尤。”由於目前尚無可參照的實物，事實是否如此，尚不確定。

關於通 64（合 35931），李愛輝有新的綴合，即掇三 140（合 35931+ 合 35950+ 合 36639）+ 掇二 419+ 合 37137+ 合 35374+ 安明 2909+ 輯佚 824③，如圖 53。對比伍甲一摹本與李愛輝的新綴圖版，可見綴合後的龜版大部分的卜辭文例都與董作賓的殘辭擬補能吻合，如掇二 419、安明 2909、輯佚 824 三處加綴的甲骨片卜辭内容與伍甲一摹本的補釋卜辭完全一致；但加綴在右首甲的合 35374 以及尾甲的合 37137，這兩處的卜辭與董作賓的補釋却不一致。細審新綴圖版，發現右首甲的合 35374 與其下的掇二 419、以及尾甲的合 37137 與其上的掇三 140 之間的拼接似乎不完全密合；結合董作賓對伍甲一摹本的復原擬補，我們認爲此兩處的加綴有必要再斟酌，當然董作賓對伍甲一的擬

① 相關論文有常玉芝：《祊祭卜辭時代的再辨析》，見《商代周祭制度》附録，中國社會科學出版社，1987 年；葛英會：《附論祊祭卜辭》，《殷都學刊》1999 年第 3 期；王蘊智、門藝：《關於黄組祊祭卜辭性質的考察——附祊祭甲骨綴合六例》，《鄭州大學學報（哲學社會科學版）》，2008 年第 3 期。

② 常玉芝：《説文武帝——兼論商末祭祀制度的變化》，《古文字研究》第四輯，中華書局，1980 年。

③ 李愛輝：《清晰拓本在甲骨綴合中的重要意義——以新綴甲骨爲例》，《政大中文學報》（十九期）2013 年；加綴安明 2909+ 輯佚 824，見林宏明：《甲骨新綴第 445 例》，先秦史研究室網站，2014.1.8。

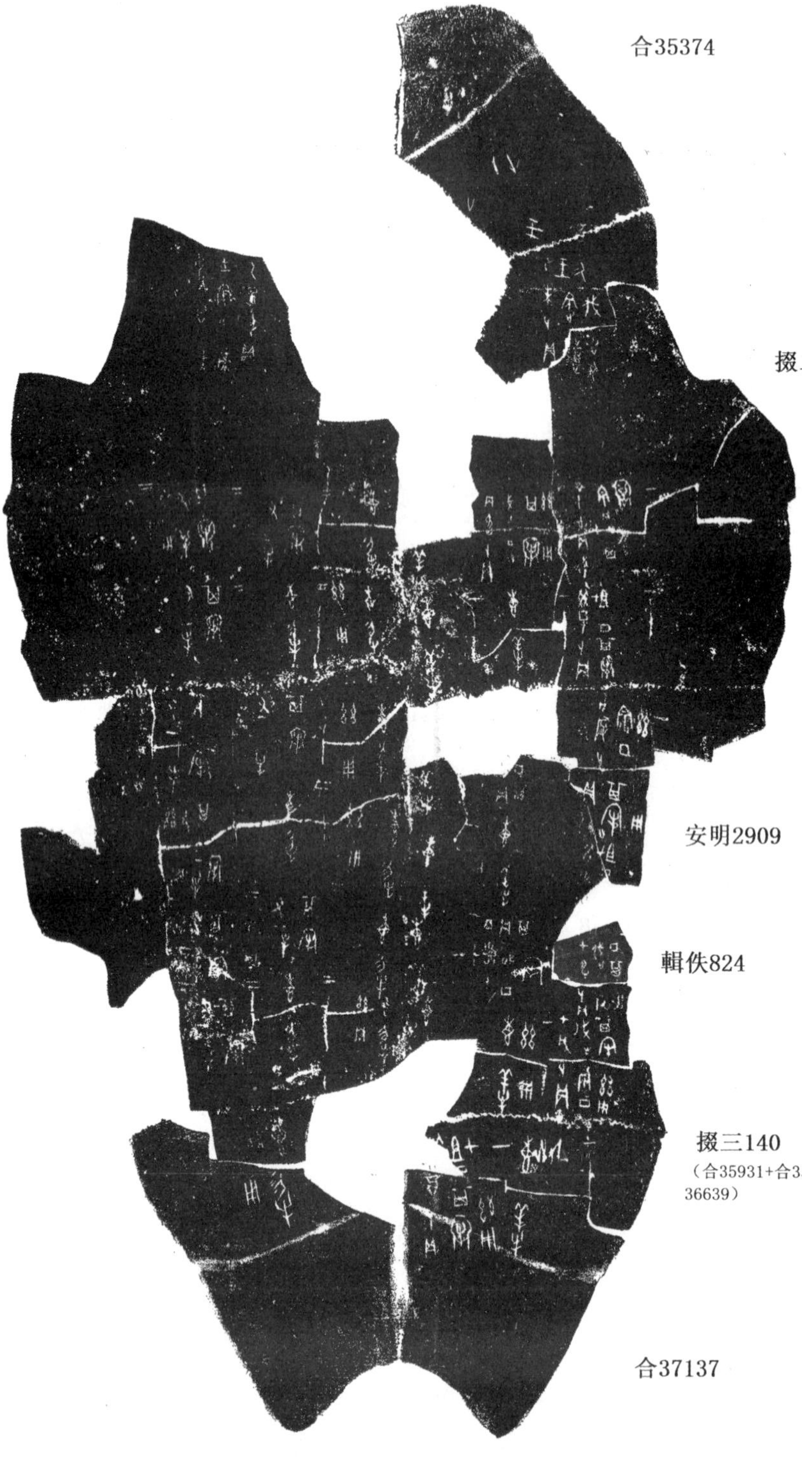
合35374
掇二419
安明2909
輯佚824
掇三140
（合35931+合35950+合36639）
合37137

圖 53

補與李愛輝的新綴孰是孰非,也期待甲骨實物的進一步檢驗。

例 12 :伍甲二三爲佚 981 的摹本,如圖 54。董作賓依據祊祭卜辭文例的規律,將摹本上端中間的殘辭擬補爲“甲午”和“武乙”。

佚 981,即合 35829 ;蔡哲茂有新綴合 :合 35829+ 合 35935+ 合 35837[①],如圖 55。有人已指出,蔡綴中位於上邊的合 35837 左側的綴合有問題[②]。這組綴合中,涉及董作賓殘辭擬補的部分是中間和下邊的兩版,即合 35829 與合 35935 之間的綴合。從拓片綴合圖看,合 35829 與合 35935 綴合的拼接口密合,綴合後的卜辭却爲“丙申”和“武丁”,與董作賓的擬補顯然不同。如果合 35829 與合 35935 綴合無誤,那麼董作賓對伍甲二三擬補的辭例,則爲不可靠。

例 13 :在伍甲一〇七(圖 56)中,董作賓將鄴二下 40.13 與鄴二下 40.12 拼綴,並作了相應的殘辭互補。伍甲一〇七上部的鄴二下 40.13,著録爲合 35989,現藏國家圖書館,即北圖 2786。伍甲一〇七下部的鄴二下 40.12,《合集》《合補》均未見收録。方稚松對合 35989 有新綴合,即合 35989(鄴二下 40.13、京 5051、北圖 2786)+ 合 36004(珠 74)[③],如圖 57。

又珠 74(合 36004),見於書稿的伍甲六九,如圖 58,屬於第五期典型的祊祭卜辭。按“祊祭”(即董作賓舊稱“日祭”)卜辭的規律,董作賓在伍甲六九上端將干支補釋爲“丙寅”;而方稚松將合 36004 與合 35989 綴合後,干支則爲“丙戌”。方稚松綴合後的干支與董作賓擬補的干支雖然不一致,但是“丙寅”“丙戌”兩個干支均符合對康祖丁祊祭的文例規律。

如果方稚松的綴合成立,則反證董作賓對伍甲六九的補釋不可信,且伍甲一〇七的拼合亦爲不妥。反之,就不能否定董作賓對伍甲六九所作的補釋,以及伍甲一〇七拼綴的正確性。僅從拓片綴合圖版看,方稚松的綴合成立與否尚無法斷定,還有待關於合 36004(珠 74,甲骨拓藏爲東京大學)更多的信息揭示,或甲骨實物的復核方可判定。

---

① 蔡哲茂:《甲骨綴合集》第 360 則。

② 王蘊智、門藝曾指出合 35837 左邊的綴合 :“除碴口似乎可以相合之外,無論是從文例還是盾紋上來看,均有問題。因爲該版‘甲辰’‘丙午’‘癸丑’是一旬之内的三日,無論如何也加不進去左邊一片殘存的甲日祊祭。”見王蘊智、門藝:《關於黄組祊祭卜辭性質的考察——附祊祭甲骨綴合六例》,《鄭州大學學報》,2008 年第 3 期,第 125 頁。

③ 方稚松:《甲骨綴合十組》,《北方論叢》2006 年第 3 期 ;又見《甲骨拼合集》第 84 則。

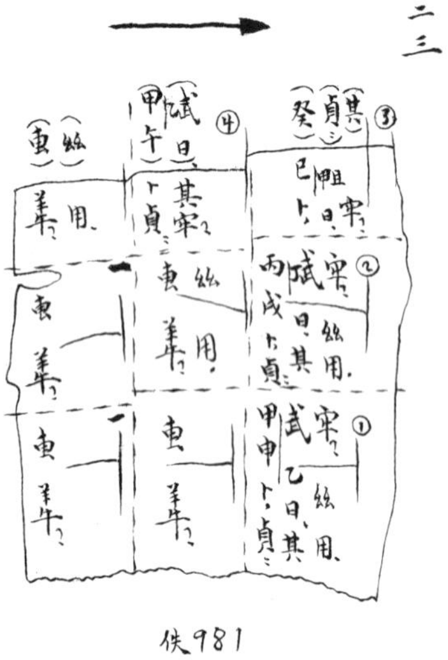

圖 54

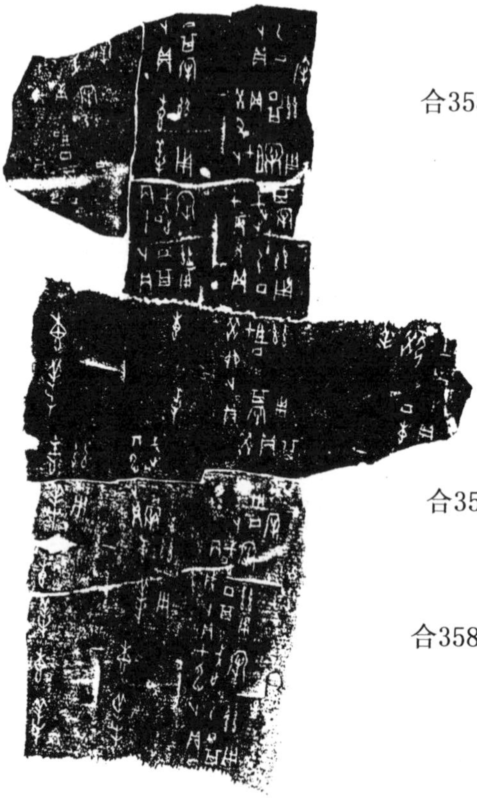

合35837

合35935

合35829

圖 55

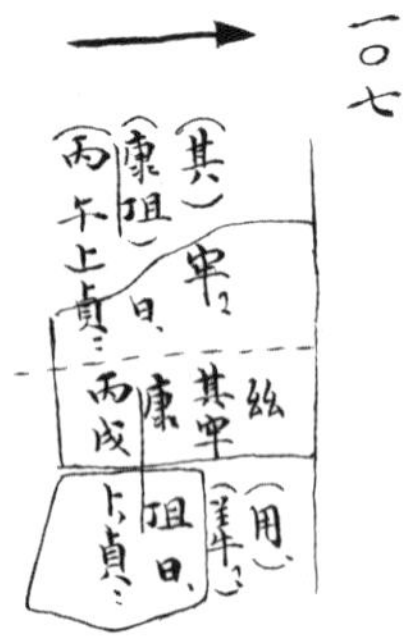

圖 56

合35989

合36004

圖 57

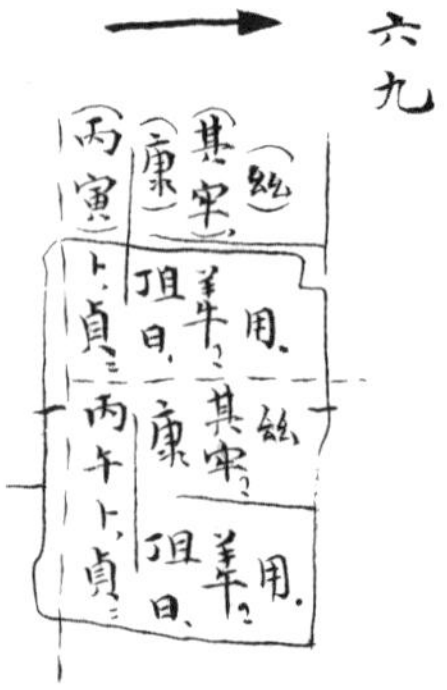

圖 58

例 14：伍甲一四九是龜 1.1.4 的摹本，屬於祊祭卜辭，如圖 59。按祊祭卜辭的規律，董作賓在伍甲一四九的上端作殘辭擬補後，卜辭爲：(1)“甲寅卜，貞：武乙日(祊)其牢，兹用。”(2)“丙午卜，貞：文武宗日(祊)其牢，兹用。”

龜 1.1.4，即合 38235；李愛輝有新綴合：合 36078+ 合 38235+ 合 37308[①]，如圖 60。合 38235 與合 36078、合 37308 綴合後，合 38235 的卜辭則補全爲：(1)“丙寅卜，貞：武丁祊其牢，兹用。一”；(2)“甲子卜，貞：武乙宗祊其牢。一”。新綴合的卜辭與董作賓擬補的卜辭雖不一致，但兩者的文例，均符合祊祭卜辭在先王日名的前一日舉行的規則。在新綴合中，合 36078 與合 37308 左右兩版拼合後，龜甲的盾紋連貫，且辭例通順，左右兩版的綴合應成立。若是下部的合 38235 與其上面的合 36078、合 37308 兩版拼綴也成立，則表明董作賓對該版的補釋不可信。孰是孰非，還須更多的甲骨信息揭示，或甲骨實物進一步復核來驗證。

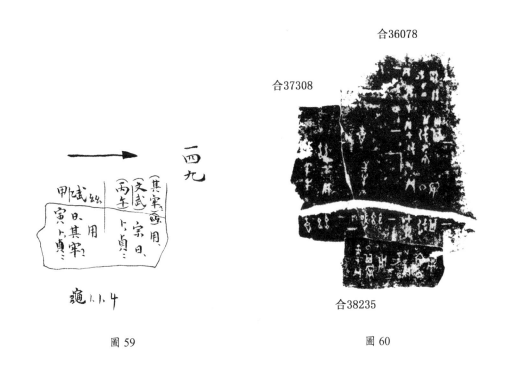

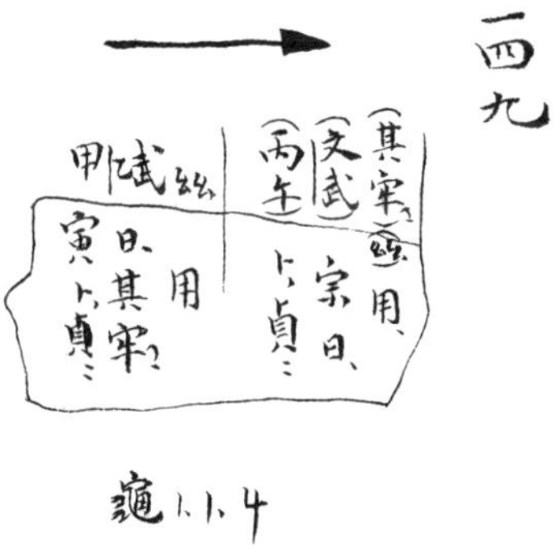

圖 59

圖 60

例 15：貳骨三是由粹 1360 甲、乙、丙與粹 1361 遥綴，按“卜夕”辭例和殘片定位進行整版胛骨的擬補復原，如圖 61。左側的粹 1360 甲、乙，即合 26245，甲骨實物即北圖

① 李愛輝：《甲骨拼合第 97 則》，先秦史研究室網站，2011.5.30。又見黄天樹：《甲骨拼合集》第 524 則。

14559+北圖14639，經檢驗綴合成立；粹1360丙，即合26242，爲北圖14674。右側的粹1361，即合26252，爲北圖14554+北圖14585，經甲骨實物檢驗綴合成立。

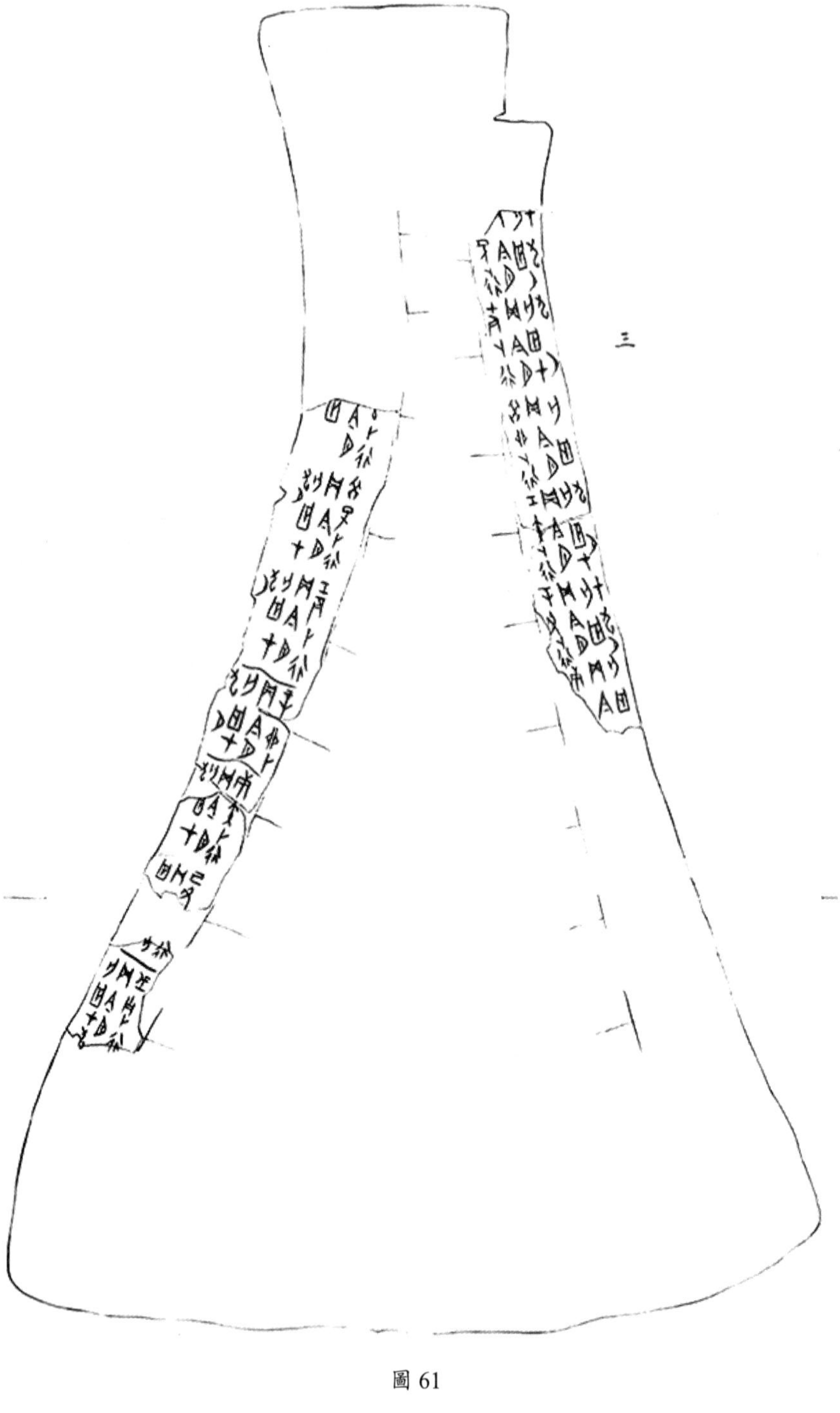

圖61

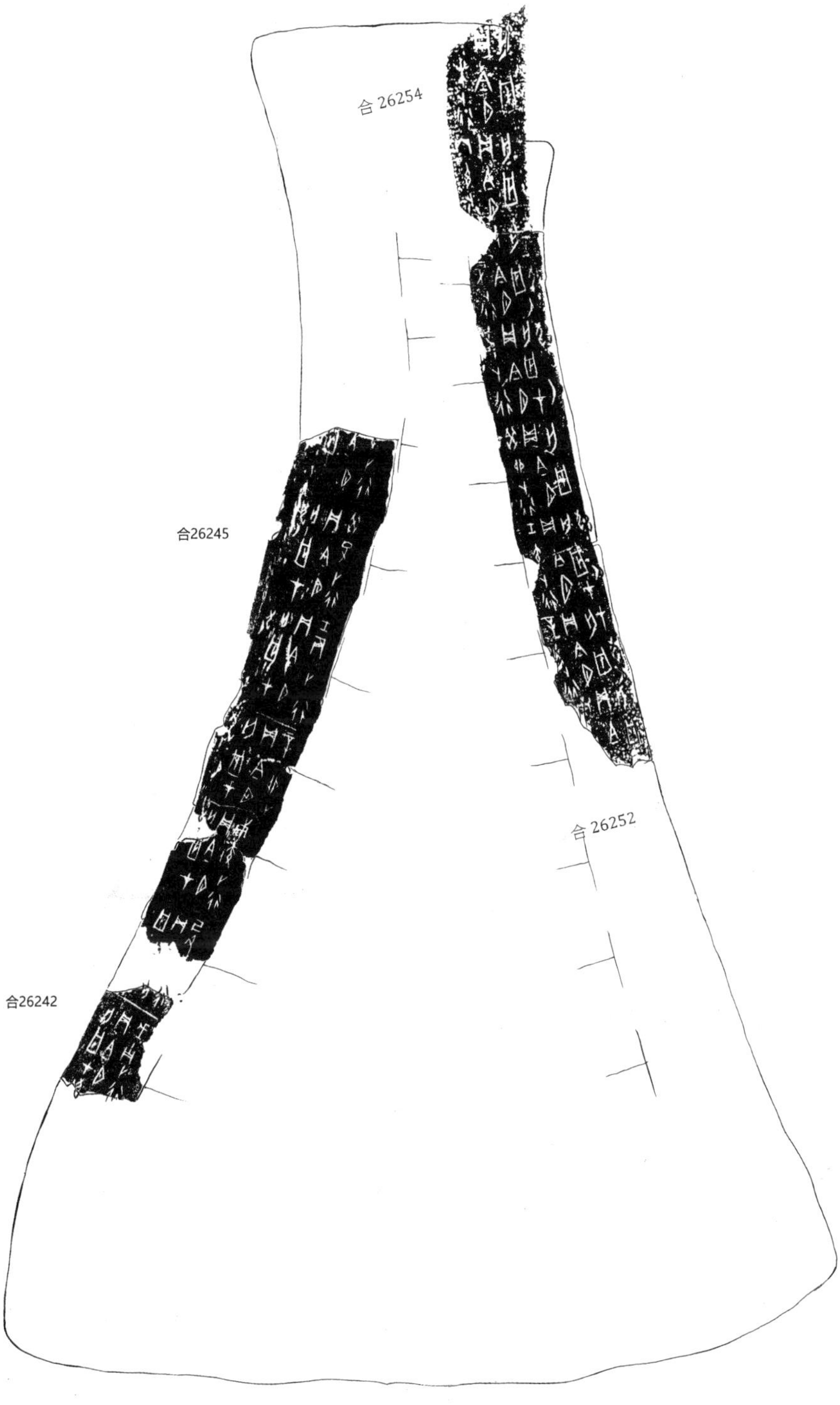

圖 62

關於胛骨右側的粹 1361（合 26252），後人又有新綴合，即合 26254（庫 1043）+ 合 26252；兩版綴合後可補足“貞”“亡”二字，且曆日時序相合①。新綴合的作者推測本組爲臼角在左的牛胛骨，正好與董作賓摹本所示相反。②我們用拓片圖對貳骨三的摹本綴合進行還原，發現董作賓對右側遥綴骨版的定位有偏差。若按董作賓對胛骨右側的粹 1361（合 26252）的定位還原，如圖 62，則合 26254（庫 1043）的位置顯然有偏差，應當再向下移動。此例説明，甲骨殘片的擬補、綴合除了依據殘片定位外，還需依據字體、事類、貞人、卜兆、文例等多種因素綜合考慮，否則容易出現偏差。

（三）董作賓認爲可拼綴而無後人綴合者

在《甲骨叢編》著録的甲骨綴合中，還有 12 例是董作賓認爲可拼綴，而至今無後人有相關綴合研究。其中有實綴 6 例，遥綴 6 例。

（1）無後人綴合比較的實綴 6 例

在此 6 例實綴中，通過拓片和甲骨實物、照片等資料的考察，可確認爲實綴成立的有 3 例：伍甲八五（由實物驗證爲實綴成立），伍甲三〇、伍甲一八六（由拓片和甲骨照片的考察，判斷爲實綴成立）。通過甲骨的實物和照片，確認實綴爲誤綴的有 2 例，即肆骨一一七、伍甲一六一。另有 1 例（貳骨一七一）由於拓本資料不全，其實綴是否成立，尚無法判斷。具體分析如下：

例 1：伍甲八五是續 1.26.7 的摹本。由於續 1.26.7 的原拓本不太清晰，且下部的龜版未拓全，因此董作賓所作的摹本也是下部龜版不全（圖 63）。後因甲骨流散的緣故，致使續 1.26.7 一分爲二。續 1.26.7 的上部，即合 36106。續 1.26.7 的下部，即合 35976，爲全形圖。《合集來源表》已校出兩片重見於續 1.26.7，却未做拼綴。此兩版龜甲現藏於天津博物館，已經張夏老師用實物核驗，此組綴合成立。現將合 36106 與合 35976 兩版的拓片復原拼綴，如圖 64。

例 2：伍甲三〇，由北 1.35.2 與北 1.5.2 組成實綴（圖 65）。北 1.35.2，即合 37205；甲骨現藏北京大學，即北珍 0722。北 1.5.2，即合 35934（下）；甲骨現藏北京大學，即北珍 0680（下）。位於伍甲三〇下部的北 1.5.2，又重見於合 41722。合 41722 爲摹本，其標註爲南師 2.232，且將“癸巳”誤摹成“丁巳”。另外合 35934 的來源爲历拓 5654，即

① 張宇衛：《甲骨綴合第三七—三九則》，先秦史研究室網站，2012.2.21；又見《綴興集》第 27 則。

② 關於左右肩胛骨的辨識，後人正好與董作賓的標識相反（參見黄天樹：《關於卜骨的左右問題》，《甲骨拼合集》附録二，學苑出版社，2010 年）。

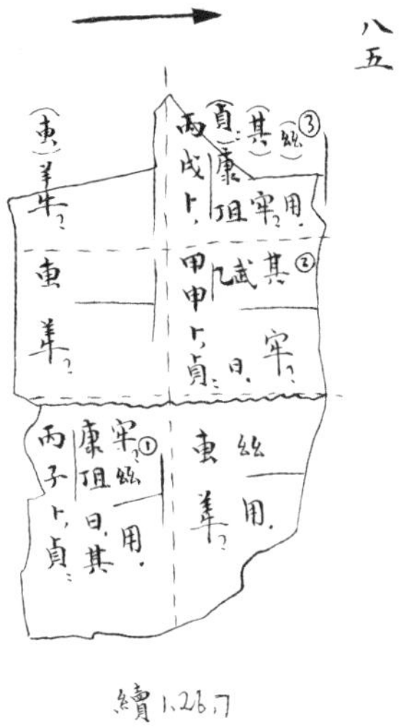

圖 63

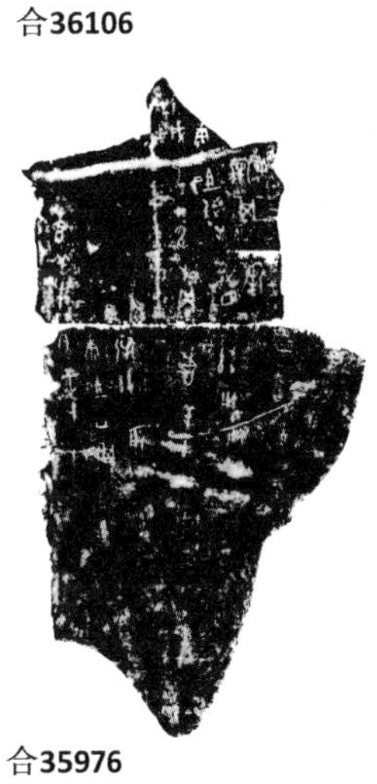

圖 64

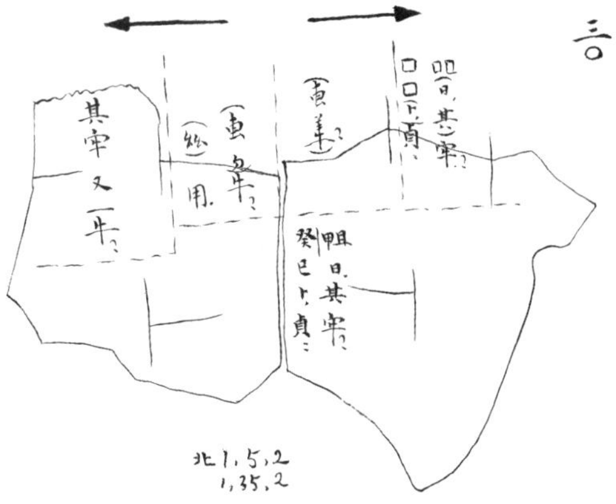

圖 65

《合集》編纂時依據甲骨實物重新做的拓本，其上端已經綴合，如北珍 0680 甲骨實物。參照伍甲三〇的摹本，用拓片及照片作復原拼綴，如圖 66、圖 67；從拓片和照片圖看綴合應能成立。此兩版龜甲實物現藏於北京大學，期待進一步的實物驗證。

例 3：在伍甲一八六中（圖 68），董作賓將北 1.34.4 與北 1.38.3 左右兩版尾甲予以實綴。北 1.34.4，即合 37350，現藏於北京大學，即北珍 0693；北 1.38.3，《合集》未著録，現藏於北京大學，即北珍 0694。

參照伍甲一八六的摹本，用拓片及照片作復原拼綴，如圖 69、圖 70。兩版從拓片和照片圖看應能成立，仍期待實物進一步的驗證。

圖 66

圖 67

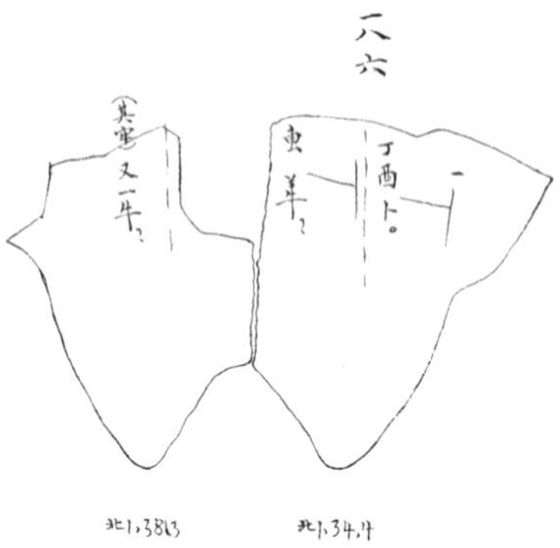

圖 68

圖 69

圖 70

例 4：在肆骨一一七中，明甲 28，即合 32420；明甲 29，即合 32721，見圖 71。兩版卜辭均有“丁卯貞，王其爯玉”以及“尞祭”等内容，鑒於殘骨版的相對部位和書契的字體風格等因素，董作賓認爲明甲 28 與明甲 29 兩版可實綴在一起。此兩版甲骨現藏於故宫博物院，委託楊楊老師請庫房老師核驗實物，校驗結果是合 32420 與合 32721 兩版的斷口拼接不能吻合，且背面鑽鑿不合，故兩版直接拼綴不能成立。

雖然上下兩版甲骨不能實綴，但是有遥綴的可能，如圖 72。因此，我們應該肯定董作賓認爲兩版可拼綴的判斷；他依據拓片誤判可作實綴，是由不能獲得更多的甲骨信息所致。

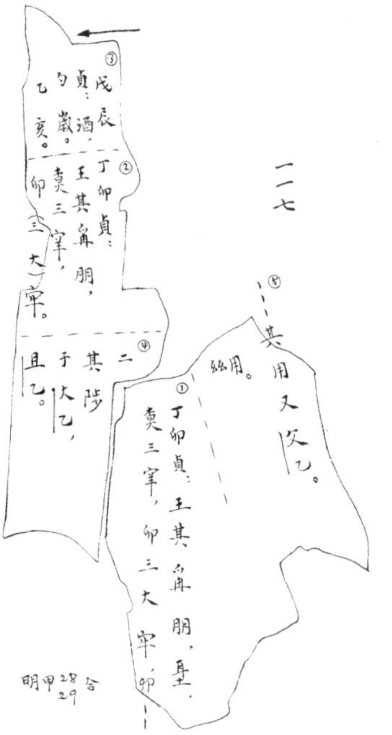

圖 71

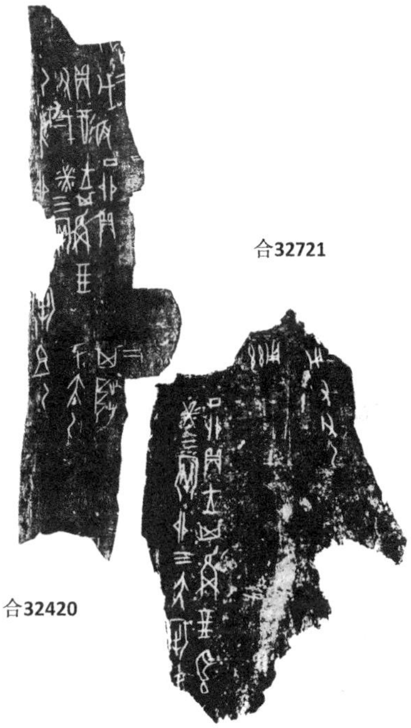

圖 72

例 5：伍甲一六一，由北 1.36.4、北 1.34.1、北 1.34.2 三版拼綴而成（圖 73）。其中北 1.36.4，即合 37197；北 1.34.1，即合 37045；北 1.34.2，即合 37038。此三版龜甲現均藏於北京大學，分别爲北珍 0718、北珍 0731、北珍 0715。在伍甲一六一的摹本拼綴中，雖然上右的北 1.34.1 與其他兩版並不能密合，但是卜辭文例均爲“其牢又一牛”，且字體風格也相似，故此董作賓將三版拼綴。由於董作賓製作摹本綴合時，所依據者均爲早期的拓本著録，而因某些早期拓本資料不全的局限，致使一些綴合例出現偏差實屬在所難免。今天我們得益於甲骨材料的重新精細整理，有高清的甲骨實物照片可參照研究。經北珍 0718、北珍 0731、北珍 0715 的實物照片考察後（圖 74），我們發現此三版龜甲的斷邊和齒紋實不能密合，可斷定此組實綴爲不成立。

例 6：貳骨一七一，由卜 214、卜 789、卜 1179 三版綴合（圖 75）。其中卜 214，即合 24028，而卜 789、卜 1179 兩版不見於其他著録（圖 76）。由於目前只見摹本著録，尚未找到對應的拓本及實物等參考信息，故該組摹本實綴是否成立，尚無法判斷。

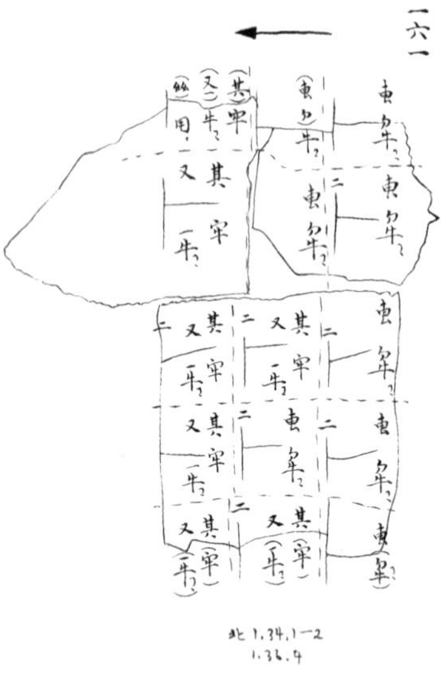

圖 73

圖 74

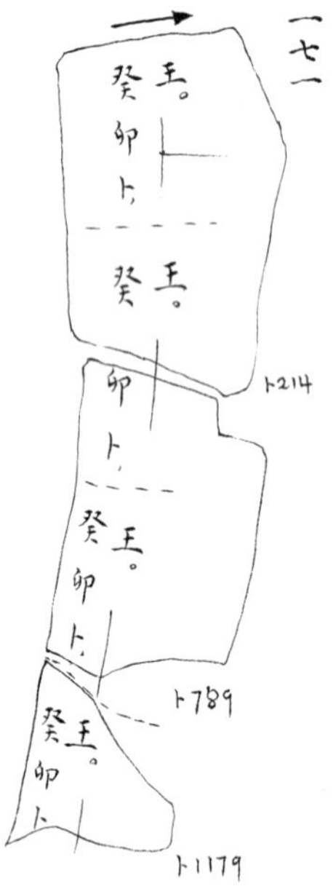

圖 75

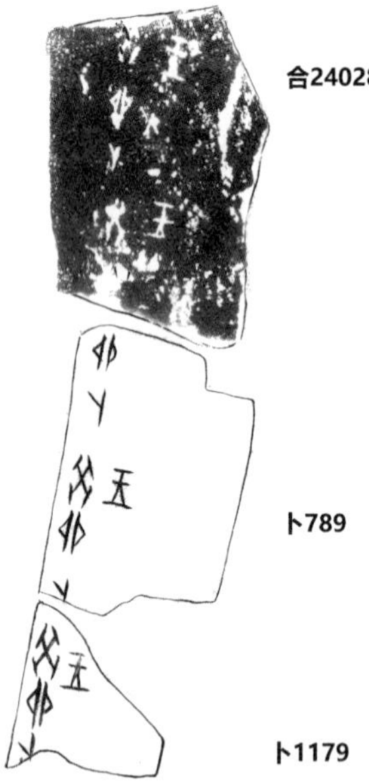

圖 76

（2）無後人綴合比較的遥綴 6 例

董作賓在書稿中有許多新作的遥綴例，雖然有少量因後人將遥綴離析爲其他正確綴合，從而確判遥綴不妥；但是董作賓基於“殘片定位研究法”所作的遥綴正確的也不少，而且絶大部分的遥綴目前尚無法斷定其正誤。這些尚無法確論的遥綴，我們認爲不能輕易就否定它們的價值。董作賓的遥綴其實提供了一些綴合可行性的方向，仍有指引大家繼續進行綴合研究探索的參考價值。在《甲骨叢編》中，董作賓認爲甲骨殘片可遥綴，而至今無後人相關綴合的有 6 例。現用拓片和甲骨照片等資料還原拼綴此 6 例遥綴圖，以供大家參考和利用。

例 1：伍甲一三二由前 1.18.1 與前 1.11.1 上下兩版遥綴。前 1.18.1，即合 36115；前 1.11.1，即合 36134、合補 11070（下）。雖然合補 11070 對伍甲三二的遥綴單片有綴合，但是關於伍甲一三二的遥綴關係尚無人研究，因而合補 11070 與伍甲一三二之間就無法比較是否一致的問題，此例仍屬於董作賓有拼綴而無後人綴合研究的一例。

合補 11070 是由 A：合 36051，B：合 36055，C：合 36134 三版拼綴而成，三版之間文例順暢，拼綴應可成立。由於合補 11070 的 A：合 36051 與伍甲一三二遥綴的上版，即合 36115 之間仍有文例殘缺，因此伍甲一三二的上版前 1.18.1（合 36115）與合補 11070 仍爲遥綴，如圖 77。

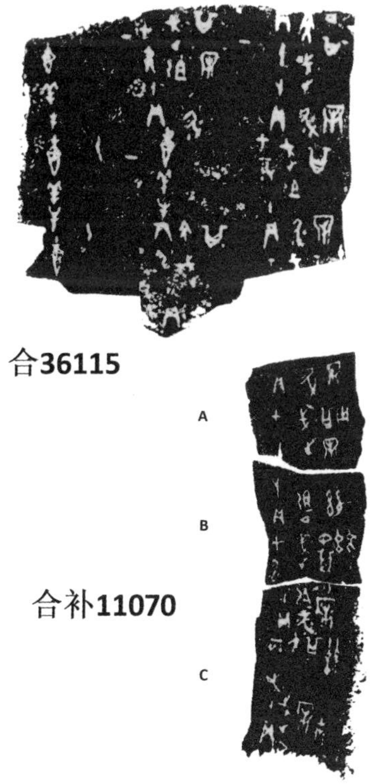

圖 77

例 2 :貳甲三六,如圖 78。

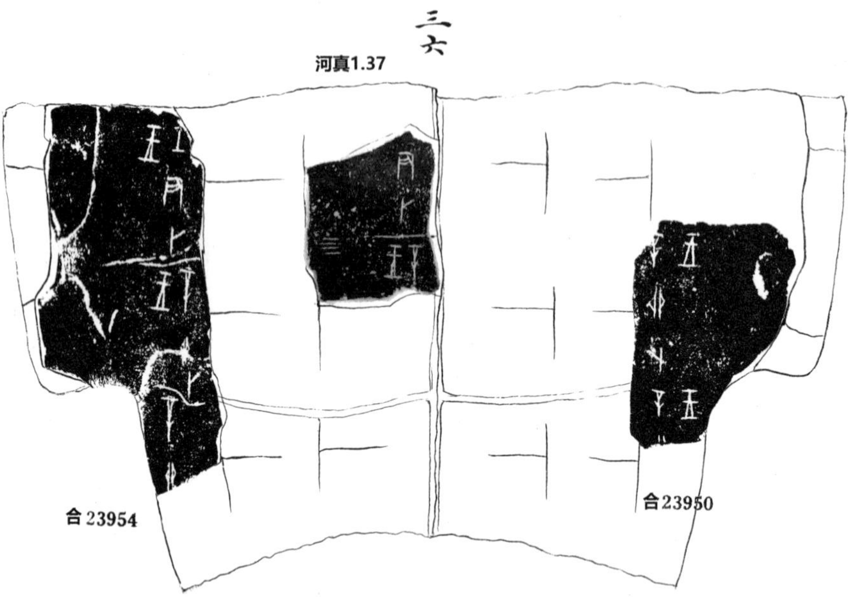

圖 78

例 3 :貳骨一,如圖 79。

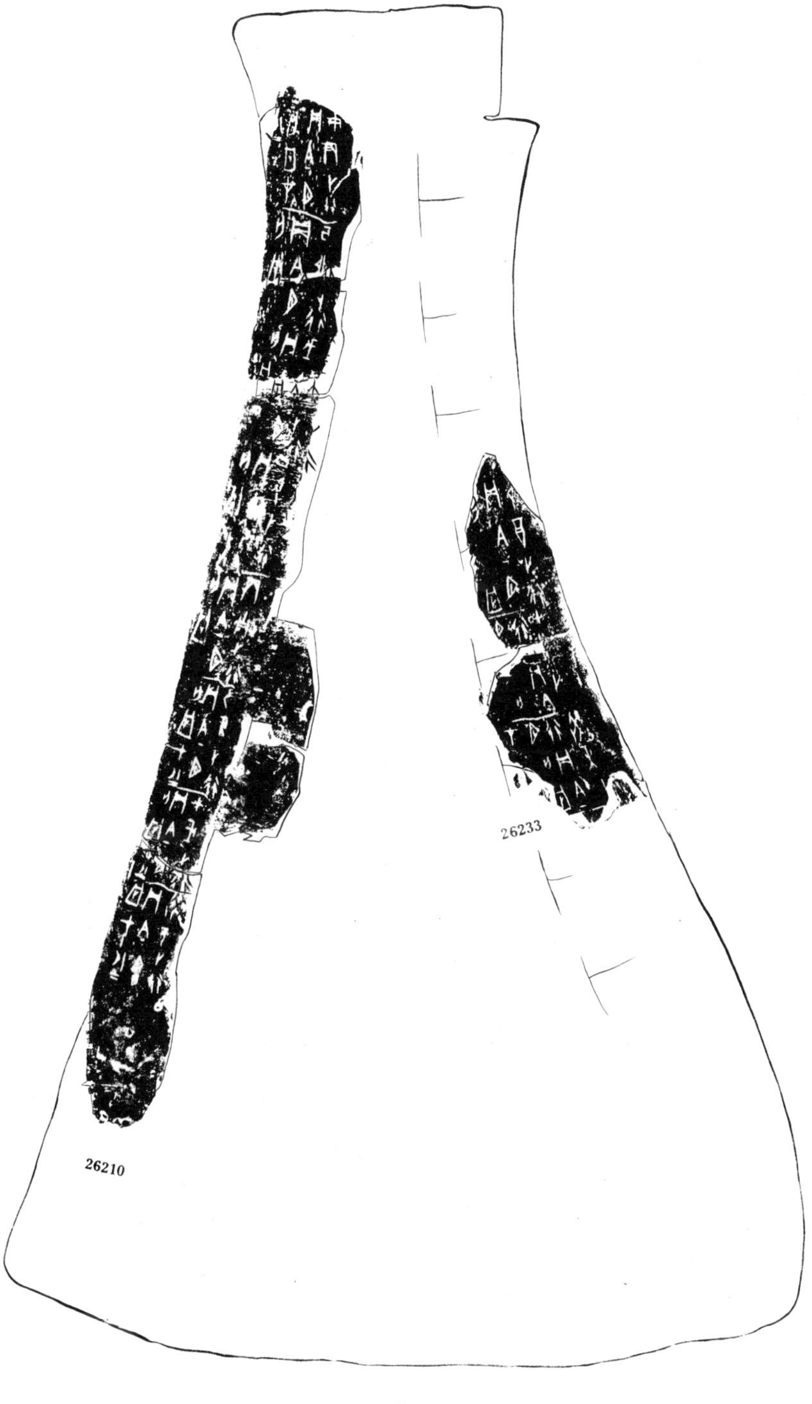

圖 79

例 4：伍甲二〇六，如圖 80。

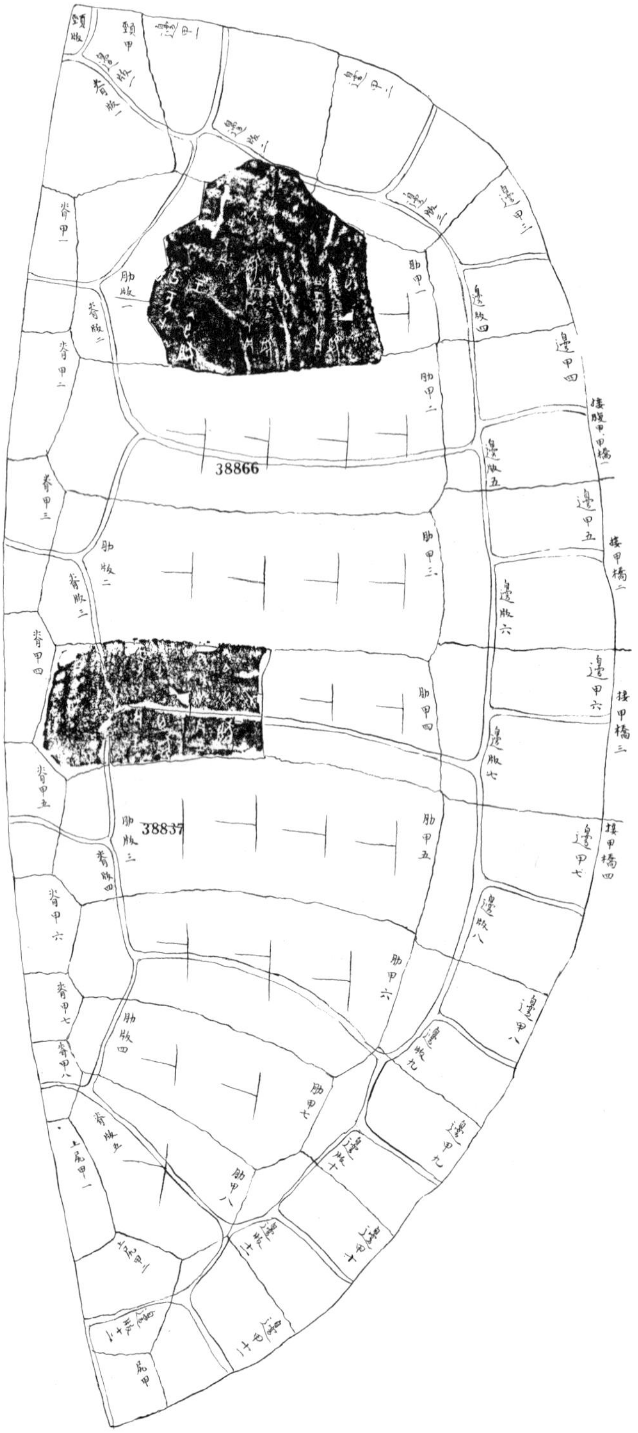

圖 80

例 5 :伍骨二八,如圖 81、82。

圖 81

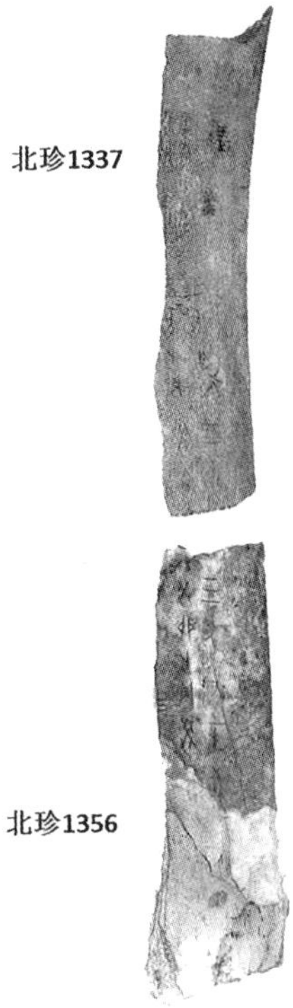

圖 82

例 6 :伍骨五二,如圖 83、84。

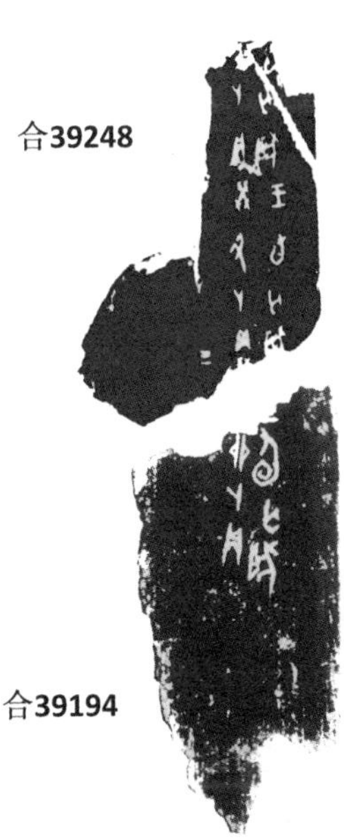

圖 83

圖 84

以上用後人的綴合研究成果與董作賓對甲骨殘片的補釋與拼合諸例作對比分析，由此可以清楚地看出，董作賓對甲骨殘片的補釋與拼合絶大部分都是正確的，當然其中也存在小部分的失誤。導致誤綴和擬補出現偏差的原因是多方面的。早期的拓本資料中諸如缺失甲骨背面以及甲骨的邊緣未能拓全等現象，是導致董作賓對甲骨殘片的部位判斷出現偏差的一部分因素。另外殘辭補足和綴合偶爾出現誤判，則主要是受當時所能見到的早期甲骨材料較少的局限，故依據有限的卜辭總結出來的個別占卜、契刻及文例的規律容易出現偏差。我們如今能輕鬆斷定其綴合與殘辭擬補的正誤，主要是依賴現代甲骨資料的極大豐富與重新整理，能便捷地利用甲骨文拓本、摹本、照片等全方位的資料來進行研究。董作賓新作的遥綴，除少量經後人新綴的佐證能明確判定爲誤外，絶大部分的遥綴目前尚無法確定。這些尚無法確定的遥綴也具有一定的參考價值，尤其是董作賓用“殘片定位研究法”復原的遥綴，爲今後的綴合提供了一些可行性的方案，指引大家繼續進行綴合研究的探索。

董作賓在甲骨綴合方面的成績到底有多大，過去大家比較模糊。在《甲骨文合集》出版之前的甲骨綴合研究中，除了王國維的第一版綴合外，大多數人都認爲曾毅公、李學勤、郭若愚、張秉權等在甲骨綴合方面的貢獻較大，而極少有人提到董作賓在甲骨綴合上的貢獻。近年林宏明通過對董作賓研究成果的梳理，指出董作賓綴合正確的成果很可觀，而且他所提出來的綴合方法和經驗，涵蓋面很廣，他對綴合的材料及甲骨文例的掌握，較同時代的甲骨學者精熟。① 現在，我們通過對《甲骨叢編》書稿的整理，也爲證明董作賓在甲骨綴合方面的突出成績提供了一些素材。

《甲骨叢編》中的甲骨復原與綴合對甲骨學研究與發展具有極大的價值。董作賓在書稿中按文例的規律和“殘片定位研究法”對很多甲骨殘片進行了整版復原與擬補，爲便於讀者閱覽，還將擬補的殘辭加上括號標識，各條卜辭間用虛綫作區分，並依占卜順序標上辭例的序號。這種堪稱教科書式的標準示例，正是董作賓編纂該書的主要目的："編中拼合復原之版，僅舉其例，乃余偶一爲之者，全部理董，尚未遑爲之也。古詩云：‘鴛鴦繡手從君看，不把金針度與人。’余則不然，本編所揭斷代研究各例，余之鴛鴦繡手；而斷代之標準，甲骨之公式，實爲余之金針。材料豐盈，方法具在，讀者其有意乎？”董作賓殷切地想要將他關於甲骨整理和研究的方法都展示並傳授給後來者。書稿中關於甲骨復原與綴合的研究，值得後人繼續進行探討和研究。

---

① 林宏明：《董作賓先生在甲骨綴合上的貢獻》，《古文字與古代史》第四輯，中研院歷史語言研究所，2015 年，第 87—123 頁。

《甲骨叢編》所收甲骨材料的著録及綴合對照表①

序號	原版頁碼	叢編號	叢編原著録	原骨拓藏	合集、合補號	合集、合補所引舊著録	綴合組	綴合者	重見號	校註
1	1	壹甲一	甲 2124	史語所	合 339	甲 2124、通別一 1.1				
2	2	壹甲二	甲 2121	史語所	合 9560	通別一 1.2、甲 2121	合 9560+ 甲骨文集 3.0.1817+ 甲骨文集 3.0.1823	林勝祥		
3	2	壹甲三	甲 2123	清華	合 557（上）	鄴初下 36.1、歷拓 2958、佚 389+ 甲 2092+ 甲 2094+ 甲 2095+ 甲 2096+ 甲 2097+ 甲 2099+ 甲 2100+ 甲 2123	合 420+ 合 557+ 甲骨文集 3.0.1814+ 合 4184+ 合補 4470（甲 2105）+ 合 16081	林勝祥、林宏明、李愛輝、秦鴻雁		合 420+ 合 4184+ 合 16081，即北圖 19771+ 北圖 28112+ 北圖 24703；實物驗證，綴合成立。
4	3	壹甲四	甲 2122	史語所	合 11546	甲 2106+ 甲 2122	合 11546+ 甲骨文集 3.0.1819	林勝祥		合 11546 的綴合與董作賓的補釋吻合。
5	3	壹甲五	甲 3056+ 甲 3058	史語所	合 6064 正、反	甲釋 166（正）167（反）、甲 3056+ 甲 3058（正）+ 甲 3057+ 甲 3059（反）				摹本缺反面，《合集》有正、反。

① 表中所引綴合組截止於 2024 年 4 月。

續表

序號	原版頁碼	叢編號	叢編原著録	原骨拓藏	合集、合補號	合集、合補所引舊著録	綴合組	綴合者	重見號	校註
6	4	壹甲六（上）	前 5.6.4（鐵 114.1）	歷博	合 11448	鐵 114.1、前 5.6.4、歷博拓 51	合 11448+ 合 17031+ 合 8250+ 合 11447+ 京 2489	黄天樹、李愛輝		綴合與董作賓的原摹本拼綴不一致。
7	4	壹甲六（下）	珠 1368	三井舊藏	合 11447、合補 2811	珠 1368、龜 1.7.11（不全）	合 11447+ 合 11449，即合補 2811	蔡哲茂		合 11447（壹甲六）爲龜甲，合 11449（壹骨一四）爲牛骨；則合補 2811 綴合不成立。
8	4	壹甲七	前 6.11.5+ 前 6.11.6	吉博	合 10970 正	前 6.11.5+ 前 6.11.6（正）、前 6.11.5（正）+ 吉博 121（反）；叕 73	合 10970 正左半 + 輯佚 3+ 明後 341a，合 10970 反 + 明後 341b// 合 10970 正右半 + 合 10620 正	孫亞冰、林宏明、蔣玉斌		摹本缺反面，《合集》有正反。叕 73 有誤。
9	4	壹甲八	前 6.11.4	不詳	未收					
10	4	壹甲九	前 3.24.4	不詳	合 10168	前 3.24.4、通 371	合 10168+ 合 14157+ 合 14158	李愛輝		
11	4	壹甲一〇	鐵 159.3	不詳	合 10169	續存上 480、鐵 159.3			上博 17645.68 清晰	
12	4	壹甲一一	庫 528	英蘇博	合 39949	庫 528			英藏 646 正、反	合 39949 爲摹本。
13	4	壹甲一二	鐵 172.4	不詳	合 8553、合補 1772	鐵 172.4				合補 1772 較合 8553 清晰。
14	4	壹甲一三	北 3.12.1 正、反，續 4.0.8	北大	合 7187 正、反	續 4.30.8（正）、歷拓 5761 正反、南師 2.11（正）2.12（反）	合 7187 正 + 合 3037	何會	北珍 2049	綴合與董作賓的補釋不一致，董作賓補釋“賓”，綴合後爲“永”。

續表

序號	原版頁碼	叢編號	叢編原著録	原骨拓藏	合集、合補號	合集、合補所引舊著録	綴合組	綴合者	重見號	校註
15	5	壹甲一四	粹 1179	國圖	合 7092、合補 5073（下）	粹 1179、善 15578、京 1176	合補 5073（合 7092+ 合 7118）+ 合 16950（契 593）	蔡哲茂、蔣玉斌	北圖 20978	合補 5073，即北圖 5328+ 北圖 20978；實物檢驗，綴合成立。
16	5	壹甲一五	庫 690	英蘇博	合 39948	庫 690			英藏 1848	
17	5	壹甲一六	菁 9.8	不詳	合 6717、合補 2298（右）	菁 9.8	合 6717+ 前 6.35.4，即合補 2298	曾毅公		合補 2298 爲遥綴。
18	5	壹甲一七	菁 11.1	不詳	合 4403	菁 11.1				《合集》不清晰，非拓本。
19	5	壹甲一八	菁 11.2	不詳	合 3075	菁 11.2				《合集》非拓本。
20	5	壹甲一九	菁 11.3	不詳	合 4661	菁 11.3				《合集》不清晰，非拓本。
21	5	壹甲二〇	菁 11.4	不詳	合 5346	菁 11.4				《合集》非拓本。
22	5	壹甲二一	菁 11.5	不詳	合 11256	菁 11.5				《合集》不清晰，非拓本。
23	5	壹甲二二	菁 11.7	不詳	未收					菁 11.7 非拓本，模糊不清。
24	5	壹甲二三	菁 11.6	不詳	合 21435	菁 11.6				《合集》不清晰，非拓本。
25	5	壹甲二四	菁 11.8	不詳	合 3412	菁 11.8				《合集》非拓本，模糊不清；摹本文字有缺漏。

續表

序號	原版頁碼	叢編號	叢編原著録	原骨拓藏	合集、合補號	合集、合補所引舊著録	綴合組	綴合者	重見號	校註
26	5	壹甲二五	菁 11.9	不詳	合 25639	菁 11.9				《合集》不清晰，非拓本。
27	5	壹甲二六	菁 11.10	不詳	合 20090	菁 11.10				《合集》非拓本。
28	5	壹甲二七	菁 11.11	不詳	未收					菁 11.11 非拓本，模糊不清。
29	5	壹甲二八	菁 11.12	不詳	未收					菁 11.12 非拓本，模糊不清。
30	5	壹甲二九	菁 11.14	不詳	合 30696	菁 11.14				《合集》不清晰，非拓本。
31	5	壹甲三〇	菁 11.15	不詳	合 17930	菁 11.15				《合集》不清晰，非拓本。
32	5	壹甲三一	菁 11.16	不詳	未收					菁 11.16 非拓本，模糊不清。
33	5	壹甲三二	菁 11.24	不詳	未收					菁 11.24 非拓本，模糊不清。
34	5	壹甲三三	菁 11.25	不詳	合 3450	菁 11.25				《合集》不清晰，非拓本。
35	5	壹骨一正、反	菁 1、菁 4	歷博	合 10405 正、反	通 735（正，縮小，不全）426（反，縮小）、菁 3.1（正，不全）4.1（反，不全）			國甲 56= 中法 10	
36	7	壹骨二正、反	菁 2、菁 6	歷博	合 6057 正、反	菁 1.1（正）2.1（反）			國甲 35= 中法 22、掇三 2	

續表

序號	原版頁碼	叢編號	叢編原著録	原骨拓藏	合集、合補號	合集、合補所引舊著録	綴合組	綴合者	重見號	校註
37	9	壹骨三正、反	菁3、菁5	歷博	合137正、反	菁5.1（正）6.1（反）、通430（縮小）（正）513（縮小）（反）、歷博拓片179正反	合137正＋合16890正＋合7990正	蕭良瓊	中法26	
38	11	壹骨四正、反	菁7、菁8	遼博	合3297正、反	菁7.1（正）8.1（反）				《合集》不清晰，非拓本。
39	13	壹骨五（上）	甲2935	史語所	合4249	甲2935	合2763+合3524+合4249+合14288+合18684+合18799	林宏明、李愛輝		與《殷曆譜》下編卷9“日譜一”的骨首綴合不同。
40	13	壹骨五（下）	庫1516	英不圖	合39720、合補3029丙	庫1516	合補3029［合3723+合39720］	董作賓	英藏1186	合39720爲摹本。
41	14	壹骨六（上）	外87	不詳	合3723、合補3029甲	南師2.105、外87	合補3029［合3723+合39720］	董作賓	《殷曆譜》下編卷9“日譜一”第23、24頁	
42	14	壹骨六（左下）	甲2915+甲2913	史語所	合3524	甲2913+甲2915	合2763+合3524+合4249+合14288+合18684+合18799	林宏明、李愛輝		李愛輝綴合與董作賓的摹本的補釋、拼綴吻合。

續表

序號	原版頁碼	叢編號	叢編原著録	原骨拓藏	合集、合補號	合集、合補所引舊著録	綴合組	綴合者	重見號	校註
43	14	壹骨六（右下）	甲 2911 正、甲 2912 反	史語所	合 2763 正、反	甲 2911（正） 甲 2912（反）	合 2763+ 合 3524+ 合 4249+ 合 14288+ 合 18684+ 合 18799	林宏明、李愛輝		摹本缺反面,《合集》有正、反。
44	15	壹骨七正、反	續 4.33.1（徵地 58）+ 續 3.40.2（徵田 122）+ 徵地 31；徵雜 68+ 徵雜 60+ 續 5.5.1（徵地 3）	津博	合 584 正甲、反甲	簠 拓 774+809 正甲 +810 反乙 + 龜 1.21.1 反乙	合 584 正甲 + 合 9498 正 + 合 7143 正 + 東大 571b+ 合補 5597；合 584 反甲 + 合 9498 反 + 合 7143 反 + 東大 571a	李愛輝	叕 26 正、反；《殷曆譜》下編卷 9“日譜一附圖 26 面、背”第 23、24 頁。	壹骨七正、反的殘辭擬補與《殷曆譜》中的擬補略有不同,表明其對《殷曆譜》摹本有修訂。合補 5597 與東大 571b 之間“王”字所占空間與其左側“王”字空間相比,較小,合補 5597 加綴似可商;綴合與董作賓的補釋吻合。
45	16	壹骨八正、反	珠 1182	不詳	合 6063 正、反,合補 1760 正、反	前 7.4.2+［前 7.14.1（龜 1.19.12，珠 1182 上）+7.8.2（龜 2.19.15）］（正反）、叕 27 正反	合 3139+ 北珍 1715+ 合補 1760 正(合 6063 正 + 東大 388a 正)；合補 1760 反(合 6063+ 東大 388b 上左）	李愛輝、松丸道雄		合 6063、合補 1760 各有綴合；合補 1760 反較合 6063 反更全。
46	17	壹骨九正、反	佚 386 正、反	清華	合 367 正、反	佚 386 正、反；鄴初下 24.2（正）24.3（反）				

續表

序號	原版頁碼	叢編號	叢編原著録	原骨拓藏	合集、合補號	合集、合補所引舊著録	綴合組	綴合者	重見號	校註
47	18	壹骨一〇正、反	續 5.32.1 正、續 5.8.1 反	津博	合 13362 正、反	續 5.32.1（正）5.8.1（反，不全）；簠拓 737（正）738（反）				
48	18	壹骨一一正、反	佚 60（北 3.13.4）、佚 61（北 3.13.4 反）	北大	合 6060 正、反	南師 2.84（正）2.85（反）			北珍 0791	摹本反面比合 6060 反面全、比北珍 0791 的正、反均全。
49	18	壹骨一二	前 7.5.3	不詳	合 11446	前 7.5.3				
50	18	壹骨一三	前 7.18.3	山博	合 7153 正（中部）	前 7.18.3（正）	合 7153 正 + 上博 2426.179	李愛輝		合 7153 已綴合，與董作賓補釋差異較大。合 7153 反有遥綴，參見《綴續》第 512 則，但與此版無關。
51	18	壹骨一四	珠 290	東大	合 11449、合補 2811	珠 290	合 11447+ 合 11449，即合補 2811	蔡哲茂		董作賓將壹甲六（合 11447）分爲龜甲，壹骨一四（合 11449）爲牛骨；則合補 2811 綴合不成立。
52	18	壹骨一五	鐵 185.1	不詳	合 17299（左）	鐵 185.1（通 436）+ 鐵 68.3+ 鐵 233.3 倒	鐵 185.1+ 合 17713+ 合補 4829 正，即合 17299	董作賓		合 17299 由鐵 185.1+ 合 17713+ 合補 4829（正）三版綴合。合 17299 綴合，與董作賓補釋一致。
53	18	壹骨一六正、反	金 594	英不圖	合 40204 正、反	後下 5.12			英藏 885 正、反	

續表

序號	原版頁碼	叢編號	叢編原著録	原骨拓藏	合集、合補號	合集、合補所引舊著録	綴合組	綴合者	重見號	校註
54	19	壹骨一七正、反	庫 1595	英不圖	合 40610 正、反	庫 1595 正、反			英藏 886 正、反	
55	19	壹骨一八	粹 1137	國圖	合 4041 反	粹 1137 甲 . 乙，善 6558 正、反			北圖 11956	摹本只有反面，且骨形不全；《合集》有正、反，均爲全形圖。
56	19	壹骨一九	續 4.33.2	津博，本所	合 6668 正（下）	簠拓 846+ 歷拓 57 正、反				摹本爲合 6668 下部。合 6668（上）爲中歷 609。
57	19	壹骨二〇	續 4.32.5	津博	合 6093 反	簠徵 23+（正）簠人 111+（反）+47（續 3.3.1）（正）簠典 103（續 4.32.5）（反）	合 6093 正 + 京人 878a（合補 1584 正）+ 京人 898；合 6093 反 + 京人 878b（合補 1584 反）	林宏明		摹本缺正面，且骨形不全；《合集》正、反，均爲全形圖。
58	19	壹骨二一	前 7.2.4	山博	合 199	歷拓 7099、前 7.2.4（不全）				摹本骨形不全，《合集》爲全形圖。
59	19	壹骨二二	續 5.3.4	津博	合 7156 反	簠拓 575 正 576 反、續 5.3.4（反）	合 7156 正 + 合 9841+ 合 16910 正；合 7156 反 + 合 16910 反	劉影		摹本只有反面，缺正面；合 7156 有正、反。
60	19	壹骨二三	鐵 178.1	上博	合 7093	續 4.31.4、戩 35.12，通 549，鐵 178.1			上博 17647.321 清晰	
61	19	壹骨二四	庫 1775	英不圖	合 39945	庫 1775			英藏 649	

續表

序號	原版頁碼	叢編號	叢編原著録	原骨拓藏	合集、合補號	合集、合補所引舊著録	綴合組	綴合者	重見號	校註
62	19	壹骨二五	金 660	英劍大	合 39947	金 660			英藏 635 正、反	摹本缺反面，英藏拓本雖有正、反，但骨形已不如摹本全。
63	19	壹骨二六正、反	粹 1336	國圖	合 7159 正、反	粹 1136 甲．乙；善 19883 正、反	合 7159 正、反＋合 17697 正、反＋合補 4838 正、反	李延彦	北圖 25283	合 7159 正、反＋合 17697 正、反＋合補 4838 正、反，即北圖 15644+北圖 25283+北圖 25675；實物驗證，綴合成立。
64	20	壹骨二七正、反	粹 1130	國圖	合 4518 正、反	粹 1130 甲．乙；善 6073			北圖 19930	摹本骨形不全，《合集》爲全形圖。
65	20	壹骨二八	金 563	英不圖	未收				英藏 479 正、反	摹本爲英藏 479 反，缺正面。
66	20	壹骨二九	前 7.31.2	遼博	合 1075 正（右）	遼博甲 3 正、反				與壹骨四一可綴合，即合 1075。摹本爲合 1075 正面右半，且僅有字部分、骨形不全；合 1075 有正、反，均爲全形綴合圖。
67	20	壹骨三〇	續 1.13.5	故宫	合 6167	續 1.13.5				摹本上端有文字漏摹。
68	20	壹骨三一	菁 9.1	不詳	未收					菁 9.1 非拓本，模糊不清。
69	20	壹骨三二	菁 10.6	不詳	合 2710	菁 10.6				《合集》非拓片，不清晰。

續表

序號	原版頁碼	叢編號	叢編原著録	原骨拓藏	合集、合補號	合集、合補所引舊著録	綴合組	綴合者	重見號	校註
70	20	壹骨三三	菁 9.7	不詳	合 20838	菁 9.7				《合集》非拓片，不清晰。
71	20	壹骨三四	菁 10.7	山博	合 9784	菁 10.8、歷拓 7243				《合集》著拓號與摹本標註不同。
72	20	壹骨三五	菁 10.8	不詳	合 14250	菁 10.9				《合集》非拓片，《合集》著拓號與摹本標註不同。
73	20	壹骨三六	菁 10.9	不詳	合 12236	菁 10.7				《合集》非拓片，《合集》著拓號與摹本標註不同。
74	20	壹骨三七	菁 10.11	不詳	合 26870	菁 10.11				《合集》非拓片。
75	20	壹骨三八	菁 10.12	不詳	合 24965	菁 10.13				《合集》非拓片，《合集》著拓號與摹本標註不同。
76	21	壹骨三九正、反	甲 2255、甲 2256	史語所	合 16939 正、反	甲 2255（正）、甲 2256（反）				
77	21	壹骨四〇	前 7.42.2	旅博	合 8884	前 7.42.2			旅藏 298 不全	
78	21	壹骨四一	前 7.40.2	遼博	合 1075 正（左）	遼博甲 3 正、反				與壹骨二九可綴合，即合 1075。摹本爲合 1075 正左半，摹本缺反面。《合集》有正、反，均爲全形圖。
79	21	壹骨四二正、反	甲 3339、甲 3340	史語所	合 10229 正、反	甲 3339（正）、甲 3340（反）			合 17492（臼）	合 17492 爲此版臼面，《合集》誤分，摹本見董作賓：《殷墟出土一塊"武丁逐豕"骨版的研究》，《甲骨文獻集成》11 册 396 頁。

續表

序號	原版頁碼	叢編號	叢編原著録	原骨拓藏	合集、合補號	合集、合補所引舊著録	綴合組	綴合者	重見號	校註
80	21	壹骨四三正、反	外 141、外 144	青博	合 13925 正、反	外 141（正）、外 144（反）				
81	22	壹骨四四	滇 1	日本姬街道資料館	合 6091	京 1229			日本姬街道資料館藏骨（《上海博物館藏甲骨文字》最後一版）	
82	22	壹骨四五正、反	滇 3、滇 4 背面	旅博	合 12899 正、反	京 476（正）、京 477（反）			旅藏 578	
83	23	貳甲一	河 268、粹 176、粹 307	臺歷博、國圖	合 22723、合補 6963（右）	真 1.2+ 粹 176+ 録 268	合補 6963（合 22723 + 合 25274）+ 旅藏 1434+ 合補 7796	曾毅公、彭裕商、程爍	叕 6（右）	合補 6963 的綴合與董作賓的補釋不一致。
84	24	貳甲二（上）	庫 1183	美卡博	合 23036	庫 1183、美 189			卡 137	
85	24	貳甲二（下）	庫 1204	美卡博	合 23141	庫 1204、美 209			卡 140	
86	24	貳甲三（左）	鐵 115.3	不詳	合 24147	鐵 115.3	合 24147+ 合 26770	嚴一萍		
87	24	貳甲三（右）	鐵 182.3	不詳	合 24146	鐵 182.3、前 5.18.1（不全）				合 24146 下端圖版被剪裁，不及摹本全，但合 24146 左上角比摹本全。

續表

序號	原版頁碼	叢編號	叢編原著録	原骨拓藏	合集、合補號	合集、合補所引舊著録	綴合組	綴合者	重見號	校註
88	24	貳甲四	庫 1213	美卡博	未收				卡 107	
89	24	貳甲五	庫 1305	美卡博	合 24153	庫 1305、美 308			卡 109	摹本漏摹左上角“丑”字;《合集》拓片較模糊。
90	24	貳甲六	前 3.16.2（背）	不詳	合 24713	前 3.16.2、通 379				
91	24	貳甲七	庫 1185（背）	美卡博	合 24175	庫 1185、美 191				
92	24	貳甲八	金 125（背）	英不圖	未收				英藏 2034	
93	24	貳甲九	庫 1292（背）	美卡博	合 24171	庫 1292、美 295			卡 287	
94	24	貳甲一〇	庫 1254（背）	美卡博	合 24168	庫 1254、美 257			卡 286	
95	24	貳甲一一	粹 1295（後上 30.4）	國圖	合 24186	後上 30.4、南坊 2.109 粹 1295			北圖 9042	
96	24	貳甲一二	卜 1240	南博	未收				南博網 76	
97	25	貳甲一三	七 W.24	不詳	未收					
98	25	貳甲一四	前 5.40.6	不詳	合 24199	前 5.40.6	合 24199+ 合 24753	劉影		綴合與董作賓的補釋吻合。若此組綴合成立,則合 24199 應歸爲骨,而非甲。

續表

序號	原版頁碼	叢編號	叢編原著録	原骨拓藏	合集、合補號	合集、合補所引舊著録	綴合組	綴合者	重見號	校註
99	25	貳甲一五	後上 30.3（背）	國圖	合 24158	後上 30.3、善 19941、南坊 2.111			北圖 25341	
100	25	貳甲一六	前 5.40.7（背）	不詳	合 24208	前 5.40.7				
101	25	貳甲一七	卜 839（背）	南博	未收				南博網 486	
102	25	貳甲一八	卜 1369	南博	未收				南博網 191	
103	25	貳甲一九	卜 1761	不詳	未收					
104	25	貳甲二〇	卜 605	南博	合 24203	虚 605				
105	25	貳甲二一	卜 1377	南博	未收				南博網 198	
106	25	貳甲二二	前 5.41.1（背）	不詳	合 24214	前 5.41.1				
107	25	貳甲二三	卜 1270	南博	未收				南博網 41	
108	25	貳甲二四	庫 1368（背）	美卡博	合 24191	庫 1368、美 373				
109	25	貳甲二五	契 688	北大	合 24212	契 688			北珍 2048	
110	25	貳甲二六	前 5.41.2	不詳	合 24197	前 5.41.2				

續表

序號	原版頁碼	叢編號	叢編原著録	原骨拓藏	合集、合補號	合集、合補所引舊著録	綴合組	綴合者	重見號	校註
111	25	貳甲二七	庫 1255	美卡博	合 24210	庫 1255、美 258				
112	25	貳甲二八	卜 1307	南博	合 24169	虚 1307、南博拓 1213				
113	25	貳甲二九（上）	河 669+ 河 672	臺歷博	合 24239	真 2.63（録 672）+ 真 2.66（録 669）			運臺 1.0377 摹、運臺 1.0379 拓	《合集》與董作賓補釋一致。
114	25	貳甲二九（下）	河 674	臺歷博	合 24245	真 2.65、録 674			北珍 2252	北珍 2252 下端殘缺，合 24245 更全。
115	26	貳甲三〇（左）	河真 1.27	臺歷博	合 23985	真 1.27			運臺 1.0513（拓、摹）	
116	26	貳甲三〇（右）	河真 1.56+ 河 216	臺歷博	合 23983	真 2.48（録 216）	合 23983+ 運臺拓 1.0331	馬尚	運臺 1.0519 摹、1.0520 拓	摹本左上角比合 23983 全，合 23983 的“丁”“王”“一”三字已不見。綴合與董作賓補釋一致；已實物校驗正確。
117	26	貳甲三一	河 197（與三五可合）	臺歷博	合 24014	真 5.43、録 197	合 24014+ 真 1.59+ 懷特 1181	張軍濤	運臺 1.0842（拓、摹）	綴合與董作賓補釋一致。
118	27	貳甲三二（左）	河 221	臺歷博	合 23956	真 2.29、録 221			運臺 1.0152（拓、摹）	
119	27	貳甲三二（右）	河 201	臺歷博	合 23955 上半	録 218、真 1.51+ 真 3.61（録 201）	合 23955 上半 + 合 24249	嚴一萍	運臺 1.0056（拓、摹）	

續表

序號	原版頁碼	叢編號	叢編原著録	原骨拓藏	合集、合補號	合集、合補所引舊著録	綴合組	綴合者	重見號	校註
120	27	貳甲三三	河 241（真 1.48）	臺歷博	合 23844	録 241、真 1.48				
121	28	貳甲三四	河 188	臺歷博	合 23883	録 188				
122	28	貳甲三五（上）	河真 1.50	臺歷博	合 24015	真 1.50				河真 1.50 與貳骨一六五重。
123	28	貳甲三五（下）	河真 1.59	不詳	未收					
124	29	貳甲三六（左）	河真 1.29	臺歷博	合 23954	真 1.29				
125	29	貳甲三六（右）	河真 1.37	不詳	未收					
126	29	貳甲三七（左）	河 246（真 1.23）	臺歷博	合 23905	真 1.23			運 臺 1.0743（拓、摹）	
127	29	貳甲三七（右）	河 202	臺歷博	合 23900	真 2.44、録 202	合 23900+ 運 臺 摹 1.338+ 合 23909	李延彦、張軍濤	運 臺 1.0194（拓、摹）	綴合與董作賓補釋一致。
128	29	貳甲三七（下）	河真 1.22	臺歷博	合 23910	真 1.22				

續表

序號	原版頁碼	叢編號	叢編原著録	原骨拓藏	合集、合補號	合集、合補所引舊著録	綴合組	綴合者	重見號	校註
129	30	貳甲三八	河真 1.51	臺歷博	合 24013	真 1.52			運臺 1.0706（拓、摹）	
130	30	貳甲三九	河 217（真 1.47）	臺歷博	合 23923	真 1.47、録 217				
131	30	貳甲四〇	河真 1.25	臺歷博	合 23809	真 1.25			運臺 1.0395（拓、摹）	
132	30	貳甲四一	河真 1.21	不詳	未收					
133	30	貳甲四二	河真 1.53	不詳	未收					
134	30	貳甲四三	河真 1.54	不詳	未收					
135	30	貳甲四四	河真 1.24+河真 1.20	臺歷博	合 23814、合補 8390	真 1.20、河真 1.24	合 23814+真 1.24，即合補 8390	曾毅公	運臺 1.0515（拓、摹）	合 23814 爲摹本上部。合補 8390 與董作賓的拼綴吻合。
136	30	貳甲四五	河真 1.55	不詳	未收					
137	30	貳甲四六	河 240+233	臺歷博	合 23828	真 1.45（録 233）+真 5.44（録 240）			運臺 1.0953（拓、摹）	合集與董作賓的拼綴吻合。
138	30	貳甲四七	河 196	臺歷博	合 23827	真 2.47 録 196	合 23827+運臺摹 1.0517	馬尚	運臺 1.0537（拓、摹）	合 23827+運臺摹 1.0517，已實物校驗正確。
139	30	貳甲四八	河 208	臺歷博	合 23825	真 1.46			運臺 1.0198（拓、摹）	

續表

序號	原版頁碼	叢編號	叢編原著録	原骨拓藏	合集、合補號	合集、合補所引舊著録	綴合組	綴合者	重見號	校註
140	30	貳甲四九	河 205	不詳	合補 8520	録 205				
141	31	貳甲五〇	河 214	臺歷博	合 23850	真 5.46、録 214			運臺 1.0339（拓、摹）	
142	31	貳甲五一	河 209	不詳	未收				録 209	
143	31	貳甲五二	河真 1.26	不詳	未收					
144	31	貳甲五三	河 662	不詳	合補 7239	録 662				
145	31	貳甲五四	河真 1.31	不詳	未收					
146	31	貳甲五五	河 670	臺歷博	合 24240	真 2.64、録 670				
147	31	貳甲五六	河 207	臺歷博	合 23880	真 3.60、録 207			運臺 1.0220（拓、摹）	
148	31	貳甲五七	戩 50.7	上博	合 23889	戩 50.7、續 6.27.10（不全）			上博 17647.384	
149	31	貳甲五八	河 671	臺歷博	合 24242	真 2.67、録 671			運臺 1.2653（拓、摹）	
150	31	貳甲五九	河真 1.43	臺歷博	合 23907	真 1.43			運臺 1.0533（拓、摹）	
151	31	貳甲六〇	戩 49.12	不詳	未收					

續表

序號	原版頁碼	叢編號	叢編原著録	原骨拓藏	合集、合補號	合集、合補所引舊著録	綴合組	綴合者	重見號	校註
152	31	貳甲六一	河真 1.36	不詳	未收					
153	31	貳甲六二	真 1.58	不詳	未收					
154	31	貳甲六三	真 1.49	臺歷博	合 23950	真 1.49				
155	31	貳甲六四	真 1.60	臺歷博	合補 8553	真 1.60				
156	31	貳甲六五	河 218（真 1.52）	臺歷博	合 23955（下）	録 218、真 1.51+ 真 3.61（録 201）			運臺 1.0056（拓、摹）	蔡哲茂指出合 23955 不能綴合(《甲骨綴合續集》–《〈甲骨文合集〉誤綴號碼表》)。
157	31	貳甲六六	河 181	臺歷博	合 23963	真 6、録 181				
158	31	貳甲六七	卜 621	南博	未收				南博網 738	
159	31	貳甲六八	真 1.42	臺歷博	合 23967	真 1.42、録 223				
160	31	貳甲六九	河 237	臺歷博	合 23969	真 2.61、録 237				
161	31	貳甲七〇	真 1.34	不詳	合補 8548	真 1.34				
162	31	貳甲七一	真 1.33	不詳	未收					

續表

序號	原版頁碼	叢編號	叢編原著録	原骨拓藏	合集、合補號	合集、合補所引舊著録	綴合組	綴合者	重見號	校註
163	31	貳甲七二	卜 794	南博	未收				南博網 509	
164	32	貳甲七三	真 1.30	不詳	合補 8459	真 1.30				
165	32	貳甲七四	真 1.44	臺歷博	合 24048	真 1.44、録 210			運 臺 1.0199（拓、摹）	
166	32	貳甲七五	河真 1.28	臺歷博	合 24060	真 1.28	合 24060+ 懷 特 1193+ 真 1.57	王紅、張軍濤	運 臺 1.0304（拓、摹）	摹本誤“己”爲“丁”。
167	32	貳甲七六	真 1.32	不詳	未收					
168	32	貳甲七七	真 1.64	臺歷博	合 24053	真 1.64、録 215				
169	32	貳甲七八	真 1.57	不詳	合補 8569	真 1.57				
170	32	貳甲七九	河 248	不詳	未收				録 248	
171	32	貳甲八〇	河 203	臺歷博	合 24068	真 3.29、録 203			運 臺 1.0228（拓、摹）	
172	32	貳甲八一	河真 1.63	臺歷博	合 24069	真 1.63			運 臺 1.0190（拓、摹）	
173	32	貳甲八二	河 199	不詳	未收				録 199	

續表

序號	原版頁碼	叢編號	叢編原著録	原骨拓藏	合集、合補號	合集、合補所引舊著録	綴合組	綴合者	重見號	校註
174	32	貳甲八三	河例 1.9（河南博物館藏卜辭，見《卜王釋例》引）	臺歷博	合 24090	真 3.22			運 臺 1.0488（拓、摹）	
175	32	貳甲八四	河真 1.35	不詳	未收					
176	32	貳甲八五	河 192	臺歷博	合 24104	真 2.62、録 192			運 臺 1.0170（拓、摹）	
177	32	貳甲八六	卜 743	南博	未收				南博綱 595	
178	32	貳甲八七	卜 748	南博	未收				南博綱 599	
179	32	貳甲八八	河真 1.39	不詳	合補 8492	真 1.39			運 臺 1.0511 拓	
180	32	貳甲八九	河 717	臺歷博	合 24342	真 4.88、録 717			運 臺 3.0051 拓	
181	32	貳甲九〇	卜 233	不詳	未收					
182	32	貳甲九一	卜 217	不詳	未收					
183	33	貳甲九二	河例 1.8	臺歷博	合 24043	真 2.20				摹本漏“四”字。
184	33	貳甲九三	河例 1.14	不詳	未收					

續表

序號	原版頁碼	叢編號	叢編原著録	原骨拓藏	合集、合補號	合集、合補所引舊著録	綴合組	綴合者	重見號	校註
185	33	貳甲九四	河例 1.13	不詳	未收					
186	33	貳甲九五	卜 636	南博	未收				南博網 693	
187	33	貳甲九六	河真 1.41	不詳	未收					
188	33	貳甲九七	河真 1.61	不詳	未收					
189	33	貳甲九八	河真 1.62	不詳	未收					
190	33	貳甲九九	河真 1.38	不詳	未收					
191	33	貳甲一〇〇	卜 178	不詳	未收					
192	33	貳甲一〇一	河例 1.11	不詳	未收					
193	33	貳甲一〇二	卜 89	不詳	未收					
194	33	貳甲一〇三	卜 190	不詳	未收					
195	33	貳骨一（左）	河 36	臺歷博	合 26210	録 36				
196	33	貳骨一（右）	河 30	臺歷博	合 26233	録 30				

續表

序號	原版頁碼	叢編號	叢編原著録	原骨拓藏	合集、合補號	合集、合補所引舊著録	綴合組	綴合者	重見號	校註
197	34	貳骨二	粹 1358	國圖	合 26220	粹 1358、善 9227	合 41255（愛博 3、艾米塔什 108）+ 合 26220	蔡哲茂	北圖 14626	綴合與董作賓的補釋吻合。
198	34	貳骨三（左上）	粹 1360 甲 . 乙	國圖	合 26245	粹 1360 甲 . 乙、善 9178+ 善 9240			北圖 14559+ 北圖 14639	合 26245，即北圖 14559+ 北圖 14639；實物檢驗，綴合成立。
199	34	貳骨三（左下）	粹 1360 丙	國圖	合 26242	京 3496、善 9160、粹 1360 丙			北圖 14674	
200	34	貳骨三（右）	粹 1361	國圖	合 26252	粹 1361 甲 . 乙、善 9153+ 善 9186	合 26254（庫 1043）+ 合 26252	張宇衛	北圖 14554+ 北圖 14585	合 26252（粹 1361 甲 . 乙），即北圖 14554+ 北圖 14585；實物檢驗，綴合成立。
201	35	貳骨四	河 42	臺歷博	合 26308	録 42				
202	36	貳骨五	河 47	臺歷博	合 26289、合補 8011（上）	真 8.43、録 47	合 26286+ 合 26289，即合補 8011	彭裕商		合補 8011 與董作賓的補釋吻合。
203	36	貳骨六	河 44+ 河 50+ 河 55	臺歷博	合 26293、合補 8126 甲、乙	真 8.45+ 真 4.40、歷拓 12081			《殷曆譜》下編卷 6“朔譜三五”圖（五）	合 26293，即河 55+ 河 44；合補 8126 甲與董作賓的摹本拼綴基本吻合，區别在於河 44 的位置不同。
204	36	貳骨七	後下 24.2	不詳	合 10186	後下 24.2				摹本骨形比《合集》更全，《合集》拓片邊緣虚化。
205	36	貳骨八	後下 18.1	國圖	合 10195	後下 18.1（不全）、善 348、京 2300（不全）			北圖 5751	摹本骨形不全，合 10195 爲全形圖。

續表

序號	原版頁碼	叢編號	叢編原著録	原骨拓藏	合集、合補號	合集、合補所引舊著録	綴合組	綴合者	重見號	校註
206	36	貳骨九	契 29	北大	合 25370	契 29				
207	37	貳骨一〇	明 11.11	不詳	未收					
208	37	貳骨一一	明 12.1	故宫	合 24189	南明 386				
209	37	貳骨一二	庫 1671	英不圖	合 41068	庫 1671			英藏 2035	《合集》爲摹本，英藏拓片不及摹本清晰。
210	37	貳骨一三	續 6.8.9	上博	合 24165	戩 26.12、歷拓 9390、續 6.8.9（不全）			上博 17647.226	
211	37	貳骨一四	卜 596	南博	合 24206	虚 596、南博拓 1113				
212	37	貳骨一五	續 6.8.10	上博	合 24177	戩 26.11、歷拓 9389、續 6.8.10（不全）			上博 17647.207	摹本下端骨形不全，《合集》爲全形圖。
213	37	貳骨一六	善 107	國圖	合 7171（反）	善 12			北圖 5415	摹本爲合 7171 反，且骨形不全；合 7171 有正、反，均全形圖。原著録善編號與北圖的現善編號不同，應爲善齋早期拓本編（下同）。
214	37	貳骨一七	菁 9.2	不詳	合 23338	菁 9.2				《合集》非拓本。
215	37	貳骨一八	菁 10.14	不詳	合 3178	菁 10.14				《合集》非拓本。
216	37	貳骨一九	菁 10.15	不詳	合 23571、合補 7477（下）	菁 10.15	合 23571+合 24957，即合補 7477	蔡哲茂		《合集》非拓本；合補 7477 有綴合。

續表

序號	原版頁碼	叢編號	叢編原著録	原骨拓藏	合集、合補號	合集、合補所引舊著録	綴合組	綴合者	重見號	校註
217	37	貳骨二〇	菁 10.17	不詳	合 25163	菁 10.17				《合集》非拓本。
218	37	貳骨二一	粹 1326	國圖	合 24352	粹 1326、善 14400			北圖 19799	
219	38	貳骨二二（上）	粹 1328	國圖	未收				北圖 19818	
220	38	貳骨二二（下）	珠 948	不詳	未收					珠 948 爲全本，包含粹 1328。
221	39	貳骨二三	河 178	臺歷博	合 24665	録 178				
222	40	貳骨二四（上）	河 198	臺歷博	合 23924	真 4.61、録 198	合 23924+ 合 23929+ 京 3695	白玉峥		綴合與董作賓的拼綴不一致。
223	40	貳骨二四（下）	河 227	臺歷博	合 23928	真 4.60、録 227	合 23928+ 合 23933	李延彦		綴合與董作賓的拼綴不一致。
224	41	貳骨二五	河 179	臺歷博	合 23959	録 179				
225	42	貳骨二六	粹 1332	國圖	合 24346	粹 1332、善 4455、京 3483			北圖 9856	摹本右邊的骨形不全，《合集》爲全形圖。
226	43	貳骨二七（上）	河 243	臺歷博	合 23948、合補 7242 甲	真 8.67、録 243、歷拓 11978	合補 7242 甲、乙 + 合補 8366	王紅		合補 7242 甲，即合 23948；合補 7242 乙，即合 24261。合補 7242 與董作賓的拼綴吻合。

續表

序號	原版頁碼	叢編號	叢編原著録	原骨拓藏	合集、合補號	合集、合補所引舊著録	綴合組	綴合者	重見號	校註
227	43	貳骨二七（下）	河 225		合 24261、合補 7242 乙	真 8.81、録 225	合補 7242 甲、乙+合補 8366	王紅	運臺 3.0078 拓	
228	43	貳骨二八（左）	河 177	臺歷博	合 23990	真 8.53、録 177			運臺 3.0079 拓	
229	43	貳骨二八（右）	河 175	臺歷博	合 23988（下）	真 4.52+真 4.55、録 175				合 23988 有綴合，與董作賓的補釋一致。
230	44	貳骨二九	河 235	臺歷博	合 23810	真 4.77、歷拓 11966、録 235				
231	44	貳骨三〇	卜 97	南博	合 23812	虛 97、南博拓 1226				摹本優於《合集》，下部“乙”“貞”等字拓本不清晰。
232	44	貳骨三一	河 204	臺歷博	合 23808	録 204			運臺 1.1023（拓、摹）	
233	44	貳骨三二	卜 245	不詳	未收					
234	44	貳骨三三	河例 1.7	不詳	未收					
235	44	貳骨三四	河 194	臺歷博	合 23815	真 8.60、録 194	合 23815+合 24333	嚴一萍		摹本漏上端的“卜”字。
236	44	貳骨三五	河 184	臺歷博	合 23818	録 184				
237	44	貳骨三六	粹 1208	國圖	合 24303	粹 1208、善 20277、京 3644	合補 8319+合 24303	王蘊智、張怡	北圖 25677	合補 8319+合 24303，即北圖 19954+北圖 25677；實物檢驗，綴合成立。

續表

序號	原版頁碼	叢編號	叢編原著録	原骨拓藏	合集、合補號	合集、合補所引舊著録	綴合組	綴合者	重見號	校註
238	45	貳骨三七	河 189	臺歷博	合 23819	真 4.62、歷拓 11969、録 189				
239	45	貳骨三八	卜 1033	不詳	未收					
240	45	貳骨三九	戩 49.14	上博	合 23826、合補 8387（上）	戩 49.14、歷拓 9637、續 6.29.2（不全）	合 23826+ 合 23830，即合補 8387	蔡哲茂	上博 17647.370	
241	45	貳骨四〇	河 185	臺歷博	合 23822	録 185				
242	45	貳骨四一	卜 1037	不詳	未收					
243	45	貳骨四二	卜 79	不詳	未收					
244	45	貳骨四三	戩 50.2	上博	合 23841	戩 50.2、歷拓 9641、續 6.27.8（不全）			上博 17647.365	
245	45	貳骨四四	卜 389	南博	合 26081	虚 389、南博拓 1256				
246	45	貳骨四五	卜 1038	不詳	未收					
247	45	貳骨四六	河例 2.6	不詳	未收					
248	45	貳骨四七	卜 432	不詳	未收					
249	45	貳骨四八	卜 1044	不詳	未收					

續表

序號	原版頁碼	叢編號	叢編原著録	原骨拓藏	合集、合補號	合集、合補所引舊著録	綴合組	綴合者	重見號	校註
250	45	貳骨四九	河例 1.11	不詳	未收					
251	45	貳骨五〇	卜 786	南博	未收				南博網 568	
252	45	貳骨五一	卜 480	南博	未收				南博網 839	實爲龜甲。
253	45	貳骨五二	卜 1045	不詳	未收					
254	45	貳骨五三	卜 1047	南博	合 23848	虛 74、南博 1276	合 23848+ 合補 8455+ 合補 8543	莫伯峰		
255	45	貳骨五四	卜 47	南博	合 23853	虛 1047、南博 1278				
256	45	貳骨五五	戩 50.5	上博	合 23845	戩 50.5、歷拓 9644、續 6.28.8（不全）	合 23845+ 合補 8371+ 外 414+ 東大 1234	莫伯峰、林宏明	上博 17647.366	
257	45	貳骨五六	河例 1.7	不詳	未收					
258	45	貳骨五七	卜 212	南博	合 26082	虛 212、南博拓 1289				
259	45	貳骨五八	卜 201	南博	合 23855	虛 201、南博拓 1288				
260	45	貳骨五九	卜 551	南博	未收				南博網 737	貳骨五九與貳甲六〇的舊著録顛倒，係標註誤植。
261	45	貳骨六〇	卜 537	南博	未收				南博網 787	實爲龜甲。

續表

序號	原版頁碼	叢編號	叢編原著録	原骨拓藏	合集、合補號	合集、合補所引舊著録	綴合組	綴合者	重見號	校註
262	46	貳骨六一	卜 88	南博	合 23860	虛 88、南博拓 1307				
263	46	貳骨六二	河 220	臺歷博	合 23858	真 8.58、歷拓 11999、録 220				
264	46	貳骨六三	卜 732	南博	未收				南博網 587	此版董作賓疑爲龜甲，註："此似腹甲尾左，摹本不可辨。"確爲龜甲。
265	46	貳骨六四	河例 1.20	不詳	未收					
266	46	貳骨六五	卜 90	不詳	未收					
267	46	貳骨六六	卜 1070	南博	未收				南博網 156	實爲龜甲。
268	46	貳骨六七	卜 767	南博	未收				南博網 549	實爲龜甲。
269	46	貳骨六八	河 180	臺歷博	合 24339、合補 8384（乙）	録 180、真 8.5	合 24339+河南拓 2815+河南拓 2955	李宗焜		合 24339（録 180、真 8.51）+合 23861（甲 2900）+合 24661（録 116），即合補 8384。李宗焜指出所有綴上甲 2900 的做法都是錯的（《拓片綴合的機會與風險——以河南博物館舊藏甲骨爲中心的檢視》）。

續表

序號	原版頁碼	叢編號	叢編原著録	原骨拓藏	合集、合補號	合集、合補所引舊著録	綴合組	綴合者	重見號	校註
270	46	貳骨六九	河 561	臺歷博	合 24341 中部	真 4.21+ 録 420+ 録 421+ 録 493+ 録 561	合 25799（合 24341 部分）+ 山東 825			合 24341 已綴合；蔡哲茂指出録 493 折痕不合，不可綴上(《甲骨綴合續集》–《〈甲骨文合集〉誤綴號碼表》)。
271	46	貳骨七〇	河 682	臺歷博	合 24340	真 8.88、録 682				
272	46	貳骨七一	河例 1.14	臺歷博	合 23863	真 2.27				
273	46	貳骨七二	卜 1068	南博	未收				南博網 154	實爲龜甲。
274	46	貳骨七三	卜 1075	南博	未收				南博網 161	實爲龜甲。
275	46	貳骨七四	卜 43	南博	合 23872	虛 43、南博 1258				
276	46	貳骨七五	河例 1.15	臺歷博	合 23868	真 3.20				
277	46	貳骨七六	河例 1.8	不詳	未收					
278	46	貳骨七七	河 673	臺歷博	合 24241	録 673、真 4.78				

續表

序號	原版頁碼	叢編號	叢編原著録	原骨拓藏	合集、合補號	合集、合補所引舊著録	綴合組	綴合者	重見號	校註
279	46	貳骨七八	戩 50.3	上博	合 23873	戩 50.3（不全）、歷拓 9642、續 6.28.7（不全）	合 23873+ 合補 8445 // 合 23873+ 合 24243	蔡哲茂、張怡	上博 17647.739	合補 8445 邊緣虛化似未拓全，《綴續》第 365 則的圖版不密合；而合 24243（北珍 1211）與合 23873 拼綴也不密合，故此兩組綴合正確與否，尚待檢驗。
280	47	貳骨七九	河 191	河南博	合 23874	真 8.62、録 191、歷拓 11953				
281	47	貳骨八〇	卜 282	不詳	未收					
282	47	貳骨八一	卜 739	南博	合 23877	虚 739、南博拓 1266				此版董作賓疑爲龜甲，註“此似腹甲後左足乂”。確爲龜甲。
283	47	貳骨八二	卜 791	南博	未收				南博網 506	此版董作賓疑爲龜甲，註“破裂方形似龜甲”。確爲龜甲。
284	47	貳骨八三	卜 792	不詳	未收					
285	47	貳骨八四	河例 2.7	不詳	未收					
286	47	貳骨八五	卜 1089	南博	未收				南博網 175	實爲龜甲。
287	47	貳骨八六	卜 248	南博	合 23882	虛 248、南博拓 1265				

續表

序號	原版頁碼	叢編號	叢編原著録	原骨拓藏	合集、合補號	合集、合補所引舊著録	綴合組	綴合者	重見號	校註
288	47	貳骨八七	卜 1097	南博	未收				南博網 119	實爲龜甲。
289	47	貳骨八八	卜 1098	南博	未收				南博網 120	實爲龜甲。
290	47	貳骨八九	卜 796	南博	未收				南博網 511	實爲龜甲。
291	47	貳骨九〇	卜 616	南博	未收				南博網 733	實爲龜甲。
292	47	貳骨九一	卜 1099	南博	未收				南博網 121	
293	47	貳骨九二	河 195	臺歷博	合 23895	真 8.65、録 195				摹本漏摹兆序“一”“二”。
294	47	貳骨九三	卜 42	南博	合 23904	虚 42、南博 1229				
295	47	貳骨九四	卜 747	南博	合 23898	虚 747、南博拓 1309				此版董作賓疑爲龜甲，註“似腹甲左足乂”。確爲龜甲。
296	47	貳骨九五	卜 162	南博	合 23899	虚 162、南博拓 1245				
297	47	貳骨九六	河例 1.20	臺歷博	合 23901	真 2.45	合 23901+ 合 23902	蔡哲茂	運臺 1.0475（拓、摹）	《綴》第 282 則的原圖，將合 23901 與合 23902 的標註顛倒。
298	47	貳骨九七	河例 1.13	臺歷博	合 23914	真 2.26				

續表

序號	原版頁碼	叢編號	叢編原著録	原骨拓藏	合集、合補號	合集、合補所引舊著録	綴合組	綴合者	重見號	校註
299	47	貳骨九八	河例 2.1	臺歷博	合 23911	真 2.46			運臺 1.0545（拓、摹）	合 23911 與摹本有差異，或爲同文卜辭。
300	47	貳骨九九	河例 2.3	不詳	未收					
301	48	貳骨一〇〇	卜 186	不詳	未收					
302	48	貳骨一〇一	河例 2.4	不詳	未收					
303	48	貳骨一〇二	河例 1.13	不詳	未收					
304	48	貳骨一〇三	卜 136	南博	合 23919	虛 136、南博 1259				
305	48	貳骨一〇四	卜 1117	南博	未收				南博網 136	實爲龜甲。
306	48	貳骨一〇五	卜 1118	南博	未收				南博網 137	實爲龜甲。
307	48	貳骨一〇六	戩 49.15	上博	合 23922	戩 49.15、歷拓 9640、續 6.28.9	合 24271+合 23922+上博 17645.8	張怡、蔡哲茂	上博 17647.369	
308	48	貳骨一〇七	戩 50.1	不詳	未收					
309	48	貳骨一〇八	粹 1211	國圖	合 24336	善 4424、粹 1211、京 3640			北圖 9826	摹本骨形不全,《合集》爲全形圖。
310	48	貳骨一〇九	河例 1.14	臺歷博	合 23934	真 2.28				摹本漏摹下端的“己丑”二字。

續表

序號	原版頁碼	叢編號	叢編原著録	原骨拓藏	合集、合補號	合集、合補所引舊著録	綴合組	綴合者	重見號	校註
311	48	貳骨一一〇	卜 403	不詳	未收					
312	48	貳骨一一一	卜 206	南博	合 23938	虛 206、南博拓 1268				摹本漏摹上端的“王”字；右下角骨形不全。
313	48	貳骨一一二	河 186	臺歷博	合 23942	真 8.66、録 186				摹本漏摹兆序“九”。
314	48	貳骨一一三	卜 781	南博	未收				南博網 563	實爲龜甲。
315	48	貳骨一一四	卜 1128	不詳	未收					
316	48	貳骨一一五	卜 80	不詳	未收					
317	48	貳骨一一六	卜 415	不詳	未收					
318	48	貳骨一一七	河 236	臺歷博	合 23946	真 8.50、歷拓 11979、録 236				
319	48	貳骨一一八	河例 1.14	臺歷博	合 23951	真 3.26			運臺 1.0456（拓、摹）	
320	48	貳骨一一九	卜 265	不詳	未收					
321	48	貳骨一二〇	戬 50.6	不詳	未收					
322	48	貳骨一二一	河例 2.6	不詳	未收					

續表

序號	原版頁碼	叢編號	叢編原著録	原骨拓藏	合集、合補號	合集、合補所引舊著録	綴合組	綴合者	重見號	校註
323	49	貳骨一二二	卜 183	不詳	未收					
324	49	貳骨一二三	卜 565	不詳	未收					
325	49	貳骨一二四	卜 1137	不詳	未收					
326	49	貳骨一二五	卜 1138	不詳	未收					
327	49	貳骨一二六	卜 1136	不詳	未收					
328	49	貳骨一二七	粹 1327	國圖	合 23958	粹 1327、善 15228			北圖 20628	
329	49	貳骨一二八	粹 1330	國圖	合 24237（上）	善 14399、録 720、真 4.79+ 粹 1330（不全）			北圖 19800	摹本左邊骨形不全，左側註“此一邊未拓全”；《合集》有綴合，爲全形圖。
330	49	貳骨一二九	卜 94	不詳	未收					
331	49	貳骨一三〇	卜 346	南博	合 742	虚 346、南博拓 1469				摹本右上角的“在”應爲“于”。
332	49	貳骨一三一	卜 1134	不詳	未收					
333	49	貳骨一三二	卜 761	南博	合 23966	虚 761、南博拓 1979				
334	49	貳骨一三三	河例 2.8	臺歷博	合 23967	真 1.42、録 223				摹本漏下端“甲午”二字。

續表

序號	原版頁碼	叢編號	叢編原著録	原骨拓藏	合集、合補號	合集、合補所引舊著録	綴合組	綴合者	重見號	校註
335	49	貳骨一三四	卜 147	南博	合 23973	虚 147、南博拓 1231				合 23973 與摹本的右側上、下角有差異，或爲骨版有殘損。
336	49	貳骨一三五	卜 194	不詳	未收					
337	49	貳骨一三六	卜 81	不詳	未收					
338	49	貳骨一三七	河例 1.15	不詳	未收					
339	49	貳骨一三八	河例 2.3	不詳	未收					
340	49	貳骨一三九	卜 784	南博	未收				南博網 566	實爲龜甲。
341	49	貳骨一四〇	卜 1151	不詳	未收					
342	49	貳骨一四一	卜 1154	南博	合 26086	虚 1154、南博拓 1395				
343	49	貳骨一四二	卜 216	南博	合 23978	虚 216、南博 1248				
344	49	貳骨一四三	卜 124	不詳	未收					
345	49	貳骨一四四	河例 2.4	不詳	未收					
346	50	貳骨一四五	善 88	國圖	合 23506	粹 324、善 378			北圖 5781	摹本骨形不全，且左側漏摹“叀牛”二字。

續表

序號	原版頁碼	叢編號	叢編原著録	原骨拓藏	合集、合補號	合集、合補所引舊著録	綴合組	綴合者	重見號	校註
347	50	貳骨一四六	河 222	臺歷博	合 23995（上）	真 4.47+ 真 4.48、録 222				《合集》有綴合。
348	50	貳骨一四七	河 219	臺歷博	合 23987	真 4.74、録 219、歷拓 11961				
349	50	貳骨一四八	河 249	臺歷博	合 23992	真 4.68、録 249				
350	50	貳骨一四九	河例 1.17	不詳	未收					
351	50	貳骨一五〇	河例 1.11	不詳	未收					
352	50	貳骨一五一	卜 771	南博	未收				南博網 553	
353	50	貳骨一五二	河 239	臺歷博	合 24002	真 8.54、録 239	合 24001+ 合 24002	王蘊智、張怡		
354	50	貳骨一五三	河 228	臺歷博	合 24000	真 4.66、録 228				摹本漏摹左上角“五”字。
355	50	貳骨一五四	河例 1.15	不詳	未收					
356	50	貳骨一五五	河例 2.5	不詳	未收					
357	50	貳骨一五六	卜 40	不詳	未收					
358	50	貳骨一五七	卜 1167	不詳	未收					

續表

序號	原版頁碼	叢編號	叢編原著録	原骨拓藏	合集、合補號	合集、合補所引舊著録	綴合組	綴合者	重見號	校註
359	50	貳骨一五八	河 187	臺歷博	合 24012	録 187				
360	50	貳骨一五九	卜 795	南博	未收				南博網 510	實爲龜甲。
361	50	貳骨一六〇	河 244	臺歷博	合 24010、合補 8457	録 244				
362	50	貳骨一六一	卜 1177	不詳	未收					
363	50	貳骨一六二	卜 38	南博	合 24023	虚 38、南博拓 1304				摹本“在十二月”的“十”字似衍文。
364	50	貳骨一六三	河例 1.19	臺歷博	合 24016	真 3.28				摹本漏摹兆序“二”。
365	50	貳骨一六四	卜 13	南博	合 23413	虚 13、南博拓 228				
366	50	貳骨一六五	河例 2.8	臺歷博	合 24015	真 1.50				摹本與《合集》拓本下端略有差異；與貳甲三五中的河真 1.50 重。
367	50	貳骨一六六	河 234	臺歷博	合 24021	真 8.63、録 234、歷拓 11985				
368	50	貳骨一六七	卜 1175	不詳	未收					
369	51	貳骨一六八	河 238	臺歷博	合 24024、合補 8476	真 8.64、録 238	合 24024+河南 3023+河南 3038+合 24300（上博 54788.14）（摹本綴合）	馬尚		

續表

序號	原版頁碼	叢編號	叢編原著録	原骨拓藏	合集、合補號	合集、合補所引舊著録	綴合組	綴合者	重見號	校註
370	51	貳骨一六九	河 200+ 河 226	臺歷博	合補 7926、合 24027（上、下）	真 4.59+ 真 4.80（録 200）+ 真 4.81（録 226）			運臺 3.0551	合 24027 有綴合，且與摹本及合補 7926 的上下兩片的拼綴位置不同。
371	51	貳骨一七〇	卜 467	南博	未收				南博網 826	實爲龜甲。
372	51	貳骨一七一（上）	卜 214	南博	合 24028	虚 214、南博 1316				
373	51	貳骨一七一（中）	卜 789	不詳	未收					
374	51	貳骨一七一（下）	卜 1179	不詳	未收					
375	51	貳骨一七二	卜 189	不詳	未收					
376	51	貳骨一七三	河例 1.10	不詳	未收					
377	51	貳骨一七四	河 231	臺歷博	合 24032	真 4.72、録 231				
378	51	貳骨一七五	卜 746	南博	合 24035	虚 746、南博拓 1312				摹本右邊骨形不全，《合集》爲全形圖。
379	51	貳骨一七六	戩 50.8	上博	合 24034	戩 50.8（不全）歷拓 9647			上博 17647.740	摹本漏摹兆序“二”“二”“三”。

續表

序號	原版頁碼	叢編號	叢編原著録	原骨拓藏	合集、合補號	合集、合補所引舊著録	綴合組	綴合者	重見號	校註
380	51	貳骨一七七	卜 134	南博	合 24037	虛 134、南博 1234				
381	51	貳骨一七八	卜 375	不詳	未收					
382	51	貳骨一七九	卜 1183	南博	未收				南博網 84	實爲龜甲。
383	51	貳骨一八〇	卜 1185	南博	未收				南博網 86	實爲龜甲。
384	51	貳骨一八一	卜 1184	南博	未收				南博網 85	實爲龜甲。
385	51	貳骨一八二	卜 880	不詳	未收					
386	51	貳骨一八三	卜 526	南博	未收				南博網 814	實爲龜甲。
387	51	貳骨一八四	河例 2.1	臺歷博	合 24048	真 1.44、録 210			運臺 1.0199（拓、摹）	摹本漏摹下端的“乙”字。
388	51	貳骨一八五	戩 49.13	上博	合 24046	歷拓 9638、戩 49.13（不全）			上博 17647.741	摹本因所據“拓本經剪裁”而骨形不全，合 24046 爲全形圖。
389	51	貳骨一八六	河 176	臺歷博	合 24045	真 8.52、録 176				
390	51	貳骨一八七	卜 300	不詳	未收					
391	51	貳骨一八八	卜 1192	南博	未收				南博網 93	實爲龜甲。

續表

序號	原版頁碼	叢編號	叢編原著録	原骨拓藏	合集、合補號	合集、合補所引舊著録	綴合組	綴合者	重見號	校註
392	51	貳骨一八九	卜 887	不詳	未收					
393	51	貳骨一九〇	卜 1202	南博	未收				南博網 103	
394	51	貳骨一九一	河 212	臺歷博	合 24057	録 212、真 4.75、歷拓 11963	合 24057+ 懷特 1295	王紅		
395	52	貳骨一九二	卜 1206	南博	未收				南博網 107	實爲龜甲。
396	52	貳骨一九三	河例 2.5	臺歷博	合 24061	真 2.50			運臺 1.0565（拓、摹）	摹本與合 24061 骨形略有差異，或爲同文例。
397	52	貳骨一九四	卜 184	不詳	未收					
398	52	貳骨一九五	卜 1209	南博	未收				南博網 110	實爲龜甲。
399	52	貳骨一九六	粹 1329	國圖	合 24063 正（上）	粹 1329 甲．乙、善 14404 正反 + 善 14960			北圖 19804	摹本骨形不全，僅有字部分；摹本缺反面。《合集》有正、反，且已綴合。合 24063，即北圖 19804+ 北圖 20360
400	52	貳骨一九七	河例 1.19.3	不詳	未收					
401	52	貳骨一九八	卜 417	不詳	未收					
402	52	貳骨一九九	卜 1214	南博	未收				南博網 51	

續表

序號	原版頁碼	叢編號	叢編原著録	原骨拓藏	合集、合補號	合集、合補所引舊著録	綴合組	綴合者	重見號	校註
403	52	貳骨二〇〇	卜 292	不詳	未收					
404	52	貳骨二〇一	卜 1217	南博	未收				南博網 54	實爲龜甲。
405	52	貳骨二〇二	卜 1221	南博	未收				南博網 58	實爲龜甲。
406	52	貳骨二〇三	卜 594	南博	未收				南博網 711	實爲龜甲。
407	52	貳骨二〇四	卜 1225	南博	未收				南博網 62	實爲龜甲。
408	52	貳骨二〇五	戩 49.10	上博	合 24074	戩 49.10、歷拓 9634、續 6.28.2（不全）				
409	52	貳骨二〇六	卜 1223	南博	未收				南博網 60	實爲龜甲。
410	52	貳骨二〇七	卜 1228	南博	未收				南博網 65	實爲龜甲。
411	52	貳骨二〇八	卜 93	南博	合 24075	虚 93、南博 1253				
412	52	貳骨二〇九	河例 2.7	不詳	未收					
413	52	貳骨二一〇	河例 2.2	不詳	未收					
414	52	貳骨二一一	卜 1234	不詳	未收					

續表

序號	原版頁碼	叢編號	叢編原著録	原骨拓藏	合集、合補號	合集、合補所引舊著録	綴合組	綴合者	重見號	校註
415	52	貳骨二一二	卜 1233	南博	未收				南博網 70	實爲龜甲。
416	52	貳骨二一三	卜 1238	南博	未收				南博網 74	實爲龜甲。
417	52	貳骨二一四	河例 2.3	不詳	未收					
418	52	貳骨二一五	河 224	臺歷博	合 24083	真 8.49（不全）、録 224				
419	52	貳骨二一六	河例 2.5	不詳	未收					
420	52	貳骨二一七	河例 1.15	不詳	未收					
421	52	貳骨二一八	戩 50.4	上博	合 24079	戩 50.4（不全）、歷拓 9643、續 6.28.5（不全）			上博 17647.443、朱孔 50.4	
422	52	貳骨二一九	卜 1245	南博	未收				南博網 81	實爲龜甲。
423	52	貳骨二二〇	粹 1210	國圖	合 24298	粹 1210、善 4595、京 3645			北圖 9996	
424	53	貳骨二二一	卜 1248	南博	未收				南博網 20	實爲龜甲。
425	53	貳骨二二二	卜 1249	南博	未收				南博網 21	實爲龜甲。
426	53	貳骨二二三	卜 1247	南博	未收				南博網 19	實爲龜甲。

續表

序號	原版頁碼	叢編號	叢編原著録	原骨拓藏	合集、合補號	合集、合補所引舊著録	綴合組	綴合者	重見號	校註
427	53	貳骨二二四	卜 231	南博	合 24097	虛 231、南博拓 775				
428	53	貳骨二二五	卜 196	不詳	未收					
429	53	貳骨二二六	河例 2.4	國圖	未收					
430	53	貳骨二二七（上）	粹 1331	國圖	合 24098	粹 1331、善 14418			北圖 19817	
431	53	貳骨二二七（下）	河 247	臺歷博	合 24100	録 247	合 24102+ 合 24100+ 合 24264	王紅		綴合與董作賓的拼綴不一致。
432	53	貳骨二二八	河例 1.16	臺歷博	合 24108	真 2.31				
433	53	貳骨二二九	河例 2.8	不詳	未收					
434	53	貳骨二三〇	卜 173	不詳	未收					
435	53	貳骨二三一	河 174	臺歷博	合 24109	真 4.73、録 174、歷拓 11960				
436	53	叁甲一	甲 3915	史語所	合 30757	甲 3915				
437	54	叁甲二	甲 3916	史語所	合 30439	甲 3916				

續表

序號	原版頁碼	叢編號	叢編原著録	原骨拓藏	合集、合補號	合集、合補所引舊著録	綴合組	綴合者	重見號	校註
438	55	叁甲三	甲 3917	史語所	合 31549	甲 3917				
439	56	叁甲四	甲 3913	史語所	合 28011	甲 3913				
440	57	叁甲五	甲 3914	史語所	合 27146	甲 3914				
441	58	叁甲六	甲 3918	史語所	合 27459	甲 3918				
442	58	叁甲七	甲 3919	史語所	合 29084	甲 3919				
443	59	叁骨一（上）	卜乙 .32	故宫	合 28278、合補 8748（上）	南明 631、歷拓 4882	合 28276+ 合 28278，即合補 8748			合補 8748 的綴合與董作賓的拼綴吻合。
444	59	叁骨一（下）	卜下 20	故宫	合 28276、合補 8748（下）	南明 606	合 28276+ 合 28278，即合補 8748			合補 8748 的綴合與董作賓的拼綴吻合。
445	60	叁骨二	佚 166	大原	合 27453	大原 9、佚 166（不全）				摹本不全形，僅有字部分；合 27453 爲全形圖。
446	60	叁骨三	甲 801	史語所	合 27461	甲 801				
447	60	叁骨四	卜下 22	故宫	合 27254	南明 428、歷拓 5257				
448	60	叁骨五	粹 472	國圖	合 30692	後下 39.16、善 483、粹 472、南坊 2.187			北圖 5886	

續表

序號	原版頁碼	叢編號	叢編原著録	原骨拓藏	合集、合補號	合集、合補所引舊著録	綴合組	綴合者	重見號	校註
449	60	叁骨六	甲 3627	史語所	合 27460	甲 3629				董作賓註:"此爲牛肋骨,未經製作,無卜兆、鑽、灼,乃卜於他骨記辭於此者。僅此一見。"
450	61	叁骨七	甲 636	史語所	合 27340	甲 636				
451	61	叁骨八	佚 167(珠 635)	白川	合 30937、合補 10392	珠 635、佚 167(不全)				合補 10392 骨形較合 30937 全。
452	61	叁骨九	卜下 19	故宫	合 29700	南明 726、歷拓 5401				
453	61	叁骨一〇	粹 340	國圖	合 27633	粹 340、善 162			北圖 5565	摹本骨臼上部骨形不全;合 27633 爲全形圖。
454	61	叁骨一一	粹 342	國圖	合 27622	粹 342、善 56			北圖 5459	
455	61	叁骨一二	明乙 31	故宫	合 27317	南明 599、歷拓 5332				
456	61	叁骨一三	菁 9.5、10.16	不詳	合 28196、合補 9264(上)	菁 9.5+ 菁 10.16、通 732	合 28195+ 合 28196,即合補 9264	郭沫若		合補與董作賓的拼綴吻合。
457	61	叁骨一四	明 13.8	故宫	合 27471	南明 608、歷拓 5342				
458	61	叁骨一五	卜下 23	故宫	合 27529、合補 8742(右)	南明 670、歷拓 5370、明後 2256	合 27529+ 合 31157,即合補 8742	許進雄		

續表

序號	原版頁碼	叢編號	叢編原著録	原骨拓藏	合集、合補號	合集、合補所引舊著録	綴合組	綴合者	重見號	校註
459	62	叁骨一六	粹 234	國圖	合 27200	粹 234、善 916			北圖 6319	
460	62	叁骨一七	甲 2198	史語所	合 27215	甲 2198	合補 9630（甲 2084）+ 合 27215（甲 2198）	張軍濤		
461	62	叁骨一八	甲 2771	史語所	合 38224	甲 2771				
462	62	叁骨一九	佚 217	何遂舊藏	合 30325	佚 217、通别一 3.4			國甲 198= 中法 137	
463	62	叁骨二〇	粹 161	國圖	合補 10439	粹 161、歷藏 1284			北圖 6687	
464	62	叁骨二一	粹 145	國圖	合 27099	粹 145、善 505			北圖 5908	摹本下端骨形不全。
465	62	叁骨二二	粹 146	國圖	合 27110	粹 146、善 729			北圖 6132	蔡哲茂指出此片僞，應抄自合 27111（《〈甲骨文合集〉辨僞舉例》，《漢學研究》24 卷第 1 期）；或不僞（胡輝平《國家圖書館藏甲骨整理劄記》，《文獻》2005 年第 4 期）。
466	62	叁骨二三	甲 2401	史語所	合 38227	甲 2401				
467	62	叁骨二四	明丁 16	故宫	合 30429	南明 484、歷拓 5271	合 30402+ 合 30429	林宏明		與叁骨三五（合 30402）可綴合，見《醉古集》第 244 組。

續表

序號	原版頁碼	叢編號	叢編原著録	原骨拓藏	合集、合補號	合集、合補所引舊著録	綴合組	綴合者	重見號	校註
468	62	叁骨二五	明丁 15	故宫	合 30688	南明 455、歷拓 5259				
469	62	叁骨二六	卜下 28	故宫	合 27137	南明 549、歷拓 5295				
470	62	叁骨二七	明丁 18	故宫	合 30685	南明 454、歷拓 5272	合 30685+ 合 41535（英藏 2288）	莫伯峰		
471	62	叁骨二八	明丁 3	故宫	合 27931	南明 445、歷拓 5238				
472	63	叁骨二九	明丁 14	故宫	合 28244	南明 425、歷拓 5252				
473	63	叁骨三〇	明乙 4	故宫	合 28260	南明 456、歷拓 5263				
474	63	叁骨三一	明丁 12	故宫	合 28258	南明 424、歷拓 5279				
475	63	叁骨三二	明乙 16	故宫	合 28289	南明 462、歷拓 5085				
476	63	叁骨三三	明 14.30	故宫	合 28267	南明 427、歷拓 5242				
477	63	叁骨三四	明甲 38	故宫	合 34270	南明 420、歷拓 5056				
478	63	叁骨三五	明 12.31	故宫	合 30402	南明 483、歷拓 5264	合 30402+ 合 30429	林宏明		與叁骨二四(合 30429)可綴合,見《醉古集》第 244 組。

續表

序號	原版頁碼	叢編號	叢編原著録	原骨拓藏	合集、合補號	合集、合補所引舊著録	綴合組	綴合者	重見號	校註
479	63	肆甲一	鄴2下.36.2	國圖	合20436	鄴二下36.2、京2987	合20436+合20438+乙358	宋雅萍	北圖2652	
480	63	肆甲二	鄴2下.35.12	北師大	合20421	鄴二下35.12、歷拓1385	合20412（乙106）+合20421+合20773+乙8508	宋雅萍		
481	63	肆甲三	鄴2下.36.7	不詳	合20115	鄴二下36.7、南坊4.97				
482	63	肆甲四	鄴2下.35.9	北師大	合20760	鄴二下35.9、鄴三下34.12、京2911				
483	63	肆甲五	鄴2下.37.5	北大	合20470	鄴二下37.2、北大2號23、京2916				
484	63	肆甲六	鄴2下.36.4	國圖	合19781	鄴二下36.4、京2922（不全）			北圖5189	
485	63	肆甲七	鄴2下.35.4	不詳	合11845	鄴二下35.4、京2912	合11845+合20957	宋雅萍		
486	63	肆甲八	鄴2下.35.5	北師大	合21470	鄴二下35.5、存補2.89.1、京3040	合21470+合21868	宋雅萍		
487	63	肆甲九	鄴2下.35.13	北大藏拓	合20952	鄴二下35.13	合20437+合20952+合20918	宋雅萍		
488	63	肆甲一〇	鄴2下.36.1	國圖	合20904	鄴二下36.1、京338、北大1號16			北圖4541	
489	63	肆甲一一	鄴2下.35.6	北師大	合20424	鄴二下35.6、歷拓1383、京2986				

續表

序號	原版頁碼	叢編號	叢編原著録	原骨拓藏	合集、合補號	合集、合補所引舊著録	綴合組	綴合者	重見號	校註
490	63	肆甲一二	鄴2下.35.1	不詳	未收					
491	64	肆甲一三	鄴2下.35.8	北師大	合20819	鄴二下35.8、歷拓1381、鄴三下34.4、京3033				
492	64	肆甲一四	鄴2下.36.9	不詳	合20858	鄴二下36.9				摹本釋文不確，摹文中“卜來”應爲“嚣”。
493	64	肆甲一五	鄴2下.36.5	國圖	合10980、合補6659（上）	鄴二下36.5、京3000	合補6659（合10980+合21043）+合20834（乙8531）	裘錫圭、蔣玉斌	北圖2948	諸家釋文中“丘”字當爲“其”字誤。肆甲一五與肆甲二二可綴合。合補6659（合10980+合21043），即北圖2567+北圖2948；實物檢驗，綴合成立。
494	64	肆甲一六	鄴2下.36.6	國圖	合21330	鄴二下36.6、京3065			北圖2941	
495	64	肆甲一七	鄴2下.36.8	國圖	合21348	鄴二下36.8、京2967	合20114+合21348+合21350+合21356+京2969	宋雅萍、蔣玉斌	北圖4531	摹本反向，釋文摹本不反。合20114+合21348，即北圖2685+北圖4531；實物檢驗，綴合成立。
496	64	肆甲一八	鄴2下.35.11	北師大	合21343	鄴二下35.11、京2968、鄴三下34.16	合20140+合21343	宋雅萍		
497	64	肆甲一九	鄴2下.35.3	不詳	合20868	鄴二下35.3、京3064				

續表

序號	原版頁碼	叢編號	叢編原著録	原骨拓藏	合集、合補號	合集、合補所引舊著録	綴合組	綴合者	重見號	校註
498	64	肆甲二〇	鄴 2 下 .35.2	北師大	合 20609	鄴二下 35.2、歷拓 1387、鄴三下 35.9、京 3008				
499	64	肆甲二一	鄴 2 下 .35.7	不詳	合 20499	鄴二下 35.7	合 20499+ 合 20474（乙 10）+ 合 20473（乙 398）	紀帥		《合集》拓片不清晰。
500	64	肆甲二二	鄴 2 下 .37.8	國圖	合 21043、合補 6659（下）	鄴二下 37.7、京 3007	合補 6659（合 10980+ 合 21043）+ 合 20834	裘錫圭、蔣玉斌	北圖 2567	肆甲一五與肆甲二二可綴合。合補 6659，即北圖 2567+ 北圖 2948；實物檢驗，綴合成立。
501	64	肆甲二三	後下 24.11	不詳	合 20230	鐵 252.3、後下 24.10				摹本上部骨形不全，《合集》拓片全形。
502	64	肆甲二四	佚 9	上博	合 21114	佚 9、考精 14、上博 25			上博 9435.3	
503	64	肆甲二五	甲 454	史語所	合 20110	甲 454				
504	64	肆甲二六	甲 249	史語所	合 21106	甲 249				
505	64	肆甲二七	甲 210	史語所	合 21187	甲 210+ 甲 228、甲釋 7	合 21187+B.1.0.0520	陳逸文		
506	64	肆甲二八	甲 264	史語所	合 20098（下）、合補 6570（左下）	善 14356（粹 425）+ 甲 264	合 20098（善 14356+ 甲 264）+ 合 20100，即合補 6570	蔡哲茂		肆甲二八與肆甲三九綴合，即合 20098；合補 6570 又有綴合。

續表

序號	原版頁碼	叢編號	叢編原著録	原骨拓藏	合集、合補號	合集、合補所引舊著録	綴合組	綴合者	重見號	校註
507	64	肆甲二九	佚 599	商氏藏拓	合 19928	佚 599				
508	64	肆甲三〇	甲 955	史語所	合 20460	甲 955	合 20460+ 合 20973	劉影		
509	64	肆甲三一	加 483	史語所	合 20066、合補 6732（下）	甲 3483	合 20066+ 合 22456，即合補 6732	嚴一萍		合補 6732 有綴合。
510	64	肆甲三二	佚 777	商氏藏拓	合 20477	佚 777			上博 17645.210	
511	64	肆甲三三	甲 234	史語所	合補 5790、合 19817（左上）	甲釋 5、甲 196+ 甲 234+ 甲 235+ 甲 248+ 甲 254、綴新 16				與肆甲三六、肆甲三七綴合，仍小於合 19817。
512	64	肆甲三四	甲 280	史語所	合 20053	甲 280				
513	64	肆甲三五	甲 207	史語所	合 20268	甲 207				
514	64	肆甲三六	甲 248	史語所	合 19817（左下）	甲釋 5、甲 196+ 甲 234+ 甲 235+ 甲 248+ 甲 254			《寫本》336	與肆甲三三、肆甲三六綴合，仍小於合 19817。“此版材料來源爲《甲釋》，可《甲釋》只有四版綴合，且其中有綴合位置需調整。”（林宏明：《董作賓先生在甲骨綴合上的貢獻》，《古文字與古代史》第四輯，95 頁註 21）。

續表

序號	原版頁碼	叢編號	叢編原著録	原骨拓藏	合集、合補號	合集、合補所引舊著録	綴合組	綴合者	重見號	校註
515	64	肆甲三七	新 302	史語所	合 19817（左上）	甲釋 5、甲 196+甲 234+甲 235+甲 248+甲 254				同上。
516	64	肆甲三八	甲 281	史語所	合 20126	甲 281				
517	64	肆甲三九	甲 2407	國圖	合 20098（上）、合補 6570（上）	善 14356（粹 425）+甲 264	合 20098（善 14356+甲 264）+合 20100，即合補 6570	蔡哲茂	北圖 19756	肆甲二八與肆甲三九綴合，即合 20098；合補 6570 又有綴合。此版標註“甲 2407”有誤，實爲北圖 19756（善 14356）。
518	65	肆甲四〇	前 8.2.7	不詳	合 20133	前 8.2.7				
519	65	肆甲四一	佚 586	史語所	合 21071	佚 586、南無 205（不全）	合 19965+合 21071	李愛輝		
520	65	肆甲四二	卜 1775	南博	合 20498	虛 1775、歷拓 8250				《合集》拓片字口不清晰
521	65	肆甲四三	零 56	浙文會	合 20408（上）	鐵零 56+82（續存下 304）、歷拓 11465、續存下 329	合 20408+合 20420	李愛輝		肆甲四三與肆甲四六綴合，即合 20408。
522	65	肆甲四四	善 548	國圖	合 20428、合補 6624	京 2982、善 19641			北圖 25041	
523	65	肆甲四五	柏 10	山博	合 19992	柏 10、歷拓 8071				

續表

序號	原版頁碼	叢編號	叢編原著録	原骨拓藏	合集、合補號	合集、合補所引舊著録	綴合組	綴合者	重見號	校註
524	65	肆甲四六	零 82	浙文會	合 20408（下）	鐵零 56+82（續存下 304）、續存下 329、歷拓 11465	合 20408+ 合 20420	李愛輝		肆甲四三與肆甲四六綴合，即合 20408。
525	65	肆甲四七	庫 1931	英不圖	合 40846	庫 1931			英藏 1821	摹本漏摹兆序“一”。
526	65	肆甲四八	甲 488	史語所	合 19920	甲 488				
527	65	肆甲四九	甲 9.6.449？	史語所	合 9374	甲 232				
528	65	肆甲五〇	甲 449	史語所	合 9367	甲 449				
529	65	肆甲五一	前 8.5.8	山博	合 21587	前 8.5.8、歷拓 6880				摹本骨形不全，《合集》爲全形圖。
530	65	肆甲五二	卜 2049	南博	合 21598	虚 2049、南博拓 1129				
531	65	肆甲五三	甲 185	史語所	合 19924	甲 185				
532	65	肆甲五四	菁 11.22	不詳	未收					菁 11.22 非拓本。
533	65	肆甲五五	菁 11.13	不詳	合 20206	菁 11.13				《合集》不清晰，非拓本。
534	65	肆甲五六	菁 11.21	不詳	未收					菁 11.21 非拓本。

續表

序號	原版頁碼	叢編號	叢編原著録	原骨拓藏	合集、合補號	合集、合補所引舊著録	綴合組	綴合者	重見號	校註
535	65	肆骨一正、反	甲 2907（正）、甲 2908（反）	史語所	合 19946 正、反	甲 2907（正）、甲 2908（反）				
536	67	肆骨二	甲 2356	史語所	合 19907（下）	甲 2348+ 甲 2356				《合集》上部有綴合。
537	68	肆骨三	粹 112	國圖	合 32384	後上 8.14+ 戬 1.10（續 1.5.8）（不全）、續 1.5.8+ 後上 8.14+ 拓本、通 276+277（不全），粹 112 甲、乙、丙			北圖 6006= 粹 112 丙	
538	68	肆骨四	佚 986	師大附	合 32385、合補 10436（左）	佚 986、甲釋 87、甲 2282+ 佚 256	合補 10436（合 32385+ 合 35277）+ 甲 2283+ 合 22484	裘錫圭、陳逸文		
539	69	肆骨五	滇 2	旅博（殘）	合 33417	佚 988、京 3814，續存下 807				
540	70	肆骨六	甲 495	史語所	合 32657、合補 10458（下）	甲 495	合 32657+ 合 32604，即合補 10458	《殷虚文字綴合》		
541	70	肆骨七	粹 331	國圖	合 27335	粹 331、善 762			北圖 6165	摹本僅有字部分，左邊骨形不全；合 27335 爲全形圖。
542	70	肆骨八	甲 413	史語所	合 32689	甲 413				

續表

序號	原版頁碼	叢編號	叢編原著録	原骨拓藏	合集、合補號	合集、合補所引舊著録	綴合組	綴合者	重見號	校註
543	70	肆骨九	粹 330	國圖	合 32654	粹 330、善 451			北圖 5854	
544	70	肆骨一〇	明 14.29	故宫	合 27334	南明 605、歷拓 5343				
545	70	肆骨一一	明丙 4	故宫	合 32670	南明 618、歷拓 4969				
546	70	肆骨一二	明丙 29	故宫	合 32390	南明 515、歷拓 5284				
547	70	肆骨一三	甲 729	史語所	合 32655	甲 729				
548	70	肆骨一四	甲 840	史語所	合 32718	甲 840				
549	71	肆骨一五	卜下 4	故宫	合 33033	南明 617、歷拓 4683（1）				
550	71	肆骨一六	明丙 31	故宫	合 32683	南明 619、歷拓 4939				
551	71	肆骨一七	卜下 3	故宫	合 34397、合 32235（左）、合補 10682（左）、合補 10417（左）	南明 625+安明 2350	合 32076+合 32235，即合補 10417	彭裕商、許進雄		合 32235 與合補 10682 重，相對摹本均有綴合；合補 10417 又有加綴。
552	71	肆骨一八	明丙 12	故宫	合 32430	南明 547、歷拓 4864				

續表

序號	原版頁碼	叢編號	叢編原著録	原骨拓藏	合集、合補號	合集、合補所引舊著録	綴合組	綴合者	重見號	校註
553	71	肆骨一九	粹 370	國圖	合 32485	粹 370、善 810			北圖 6213	
554	71	肆骨二〇	明丙 13	故宫	合 32025	南明 626、歷拓 4938+4948				
555	71	肆骨二一	粹 413	國圖	合 34615	善 742	合 34104+合 34615	林宏明	北圖 6145	原註粹 413 誤植，應爲粹 431。合 34104+合 34615，即北圖 1382+北圖 6145；實物檢驗，綴合成立。
556	71	肆骨二二	粹 422	歷拓	合 34616	粹 422、善 98			北圖 5500	摹本僅有字部分，上部骨形不全；《合集》爲全形圖。合 34615、合 34616、合 34617 來源表的著拓號相互顛倒。
557	71	肆骨二三	明丙 22	故宫	合 34614	南明 685、歷拓 5028				
558	71	肆骨二四	卜下 2	故宫	合 32224	南明 620、歷拓 4858				
559	71	肆骨二五	明丙 19	故宫	合 32844	南明 624、歷拓 5009				
560	71	肆骨二六	珠 634	白川	合 32672	佚 175（不全）、珠 634				
561	71	肆骨二七	粹 297	國圖	合 32630	粹 297、善 6			北圖 5410	摹本上端和左邊的骨形不全，《合集》爲全形圖。
562	72	肆骨二八	粹 188	國圖	合 32480	粹 188、善 8895			北圖 14291	摹本右上角骨形不全，《合集》爲全形圖。

續表

序號	原版頁碼	叢編號	叢編原著録	原骨拓藏	合集、合補號	合集、合補所引舊著録	綴合組	綴合者	重見號	校註
563	72	肆骨二九	粹 189	國圖	合 32219	粹 189、善 1411			北圖 6814	
564	72	肆骨三〇	粹 364	國圖	合 32701	粹 364、善 97、京 4071			北圖 5502	
565	72	肆骨三一	佚 140	北大	合 32115	續 1.4.5（不全）、歷拓 5532、佚 140（不全）	合 32115+合 32511	林宏明	北珍 0462	
566	72	肆骨三二	明 14.31	故宫	合 33012	南明 521、歷拓 5043				
567	72	肆骨三三	粹 237	國圖	合 32113（下）	粹 237、善 176			北圖 5580	《合集》有綴合。
568	72	肆骨三四	佚 415	本所	合 32517	佚 415、鄴初下 30.4、續存上 1804、歷拓 766			中歷 1555	摹本漏摹“乙”字。
569	72	肆骨三五	粹 363	國圖	合 32692	粹 363、善 44			北圖 5447	摹本左右均骨形不全，《合集》爲全形圖。
570	72	肆骨三六（上）	明 19.21	故宫	合 32896（上）、合補 10484（中）	南明 499	合 32896+合 33192，即合補 10484	蔡哲茂		合 32896、合補 10484 的綴合，與董作賓的拼綴吻合。
571	72	肆骨三六（下）	粹 506	國圖	合 32896（下）、合補 10484（下）	粹 506、善 1377	合 32896+合 33192，即合補 10484	蔡哲茂	北圖 6780	合 32896、合補 10484 的綴合與董作賓的拼綴吻合。
572	72	肆骨三七	明丙 18	故宫	合 32690	南明 623、歷拓 4933				

續表

序號	原版頁碼	叢編號	叢編原著録	原骨拓藏	合集、合補號	合集、合補所引舊著録	綴合組	綴合者	重見號	校註
573	72	肆骨三八	明丙 38	故宫	合 27485	南明 628、歷拓 5348				
574	72	肆骨三九	粹 99	國圖	合 32211	粹 99、善 936	合 32211+ 合 33224 遥綴	林宏明	北圖 6339	
575	72	肆骨四〇	粹 366	國圖	合 33050	粹 366、善 212	合 33095（合補 10526）+ 合 33050	周忠兵	北圖 5615	摹本骨形不全,《合集》爲全形圖。此片有字郭沫若釋爲“沙”,金祥恒釋爲“土”,具體參《甲骨文字詁林》1187—1188頁。 合 33095（合補 10526）+ 合 33050，即北圖 5615+ 北圖 9986；實物檢驗,綴合成立。
576	72	肆骨四一	甲 690	史語所	合 32212	甲 690	合 32212+ 合 33334	周忠兵、蔡哲茂		
577	72	肆骨四二	粹 341	國圖	合 32658	粹 341、善 8972			北圖 14371	
578	72	肆骨四三	佚 575	商氏藏拓	合 32021	佚 875				
579	72	肆骨四四	粹 374	國圖	合 32680	粹 374、善 384			北圖 5787	
580	73	肆骨四五	卜 717	南博	合 32020	虚 717	合 32020+ 合 34638	劉風華		摹本漏摹上端的“卜”；下端的“啟”和“父丁”摹本各有缺漏。

續表

序號	原版頁碼	叢編號	叢編原著録	原骨拓藏	合集、合補號	合集、合補所引舊著録	綴合組	綴合者	重見號	校註
581	73	肆骨四六	粹 365	國圖	合 32679	粹 365、善 43			北圖 5446	摹本骨臼的骨形不全,《合集》爲全形圖。
582	73	肆骨四七	甲 810	史語所	合 33016	甲 810				
583	73	肆骨四八	明 14.34	故宫	合 32488(下)	南明 552+ 安明 2483				《合集》上部有綴合。
584	73	肆骨四九	明 14.35	故宫	合 32626、合補 10460(下)	南明 595、歷拓 4868	合 32626+ 合 32696,即合補 10460	許進雄		合補 10460 綴合,與董作賓的補釋“甲申”吻合。
585	73	肆骨五〇	明丙 15	故宫	合 33991	南明 417、歷拓 4968				
586	73	肆骨五一	卜下 33	故宫	合 32429(下)	南明 541+ 安明 2496、歷拓 4997				合 32429 上部有綴合,與董作賓的補釋吻合。
587	73	肆骨五二	明丙 37	故宫	合 30394	南明 681、歷拓 5382				
588	73	肆骨五三	明丙 16	故宫	合 32287	南明 621、歷拓 4966				
589	73	肆骨五四	明丙 36	故宫	合 30333	南明 724、歷拓 5404				
590	74	肆骨五五	明甲 4	故宫	合 34144	南明 487、歷拓 5275				
591	74	肆骨五六	明丙 20	故宫	合 32389	南明 528、歷拓 4947	合 32847+［合 32440+ 合 32482+ 合 32389	劉源、周忠兵		

續表

序號	原版頁碼	叢編號	叢編原著録	原骨拓藏	合集、合補號	合集、合補所引舊著録	綴合組	綴合者	重見號	校註
592	74	肆骨五七	明 12.34	故宫	合 32525	南明 558、歷拓 4972				
593	74	肆骨五八	明 12.29	故宫	合 30909	南明 543、歷拓 5300				
594	74	肆骨五九	明丙 29	故宫	合 27488	南明 627、歷拓 5357				
595	74	肆骨六〇	明 14.34	故宫	合 27505	南明 661、歷拓 5358				
596	74	肆骨六一	明 14.33	故宫	合 32744	南明 660、歷拓 5378				
597	74	肆骨六二	明丙 17	故宫	合 32578	南明 556				
598	74	肆骨六三	卜下 30	故宫	合 27503	南明 659、歷拓 5369				
599	74	肆骨六四	明丁 6	故宫	合 27655	南明 505、歷拓 4962				
600	74	肆骨六五	明乙 20	故宫	合 27660	南明 506、歷拓 5265				
601	74	肆骨六六	明乙 2	故宫	合 27341	南明 596、歷拓 5330	合 27341+ 北圖 1175	李愛輝		綴合與董作賓的補釋吻合。
602	74	肆骨六七	明甲 31	故宫	合 27661	南明 500、歷拓 5294				
603	74	肆骨六八	明 14.5	故宫	合 27271	南明 580、歷拓 5325	合 27271+ 合補 9699（合 29519+ 合 29601）	蔡哲茂、劉義峰		

續表

序號	原版頁碼	叢編號	叢編原著録	原骨拓藏	合集、合補號	合集、合補所引舊著録	綴合組	綴合者	重見號	校註
604	74	肆骨六九	明 19.11	故宫	合 32447	南明 535、歷拓 5298				
605	74	肆骨七〇	明 12.22	不詳	未收					
606	74	肆骨七一	明丁 9	故宫	合 27634	南明 644、歷拓 5350				
607	74	肆骨七二	明 18.31	故宫	合 32641	南明 600、歷拓 5349				
608	75	肆骨七三	明 18.36	故宫	合 32097	南明 511、歷拓 5007				
609	75	肆骨七四	明乙 10	故宫	合 30494	南明 706、歷拓 5147	合 29603+ 合 30494	莫伯峰		
610	75	肆骨七五	明 12.40	故宫	合 30349	南明 581、歷拓 5316				
611	75	肆骨七六	明 14.10	故宫	合 26908	南明 538、歷拓 5473				
612	75	肆骨七七	明 15.10	故宫	合 33234	南明 469、歷拓 5040	合 33234+ 合 33227+ 合 32363+ 合 34466	張軍濤		
613	75	肆骨七八	明 18.34	故宫	合 33230	南明 467、歷拓 5025	輯佚 630 正 +（輯佚 626 正 + 輯佚 627 正）+ 合 33230	張軍濤		
614	75	肆骨七九	明丁 21	故宫	合 30440	南明 488、歷拓 5302	合 30440+ 瑞典 108+ 合 30967（上博 17645.11）	林宏明、劉影		

續表

序號	原版頁碼	叢編號	叢編原著録	原骨拓藏	合集、合補號	合集、合補所引舊著録	綴合組	綴合者	重見號	校註
615	75	肆骨八〇	明丙 35	故宫	合 34421	南明 652、歷拓 5366	合 34421+ 合補 10294	劉影		
616	75	肆骨八一	明 13.16	故宫	合 34044 正	南明 523（正）、歷拓 4920 正反				摹本缺反面，《合集》有正、反面。
617	75	肆骨八二	明 14.10	故宫	合 32086	南明 495、歷拓 5029				
618	75	肆骨八三	卜下 15	不詳	未收					“今日取伊丁人”同文僅見合 32803 一例。
619	75	肆骨八四	明 13.28	故宫	合 33425	南明 534、歷拓 5304	合 28843+ 合 33425	劉義峰		
620	75	肆骨八五	明 13.35	故宫	合 32407	南明 436、歷拓 4891	合 32218+ 合 32407（摹本綴合）	周忠兵		
621	75	肆骨八六	卜 2334	南博	合 34304					合 34304 下部不如摹本全。
622	76	肆骨八七	明甲 13	故宫	合 32789	南明 501、歷拓 4922				
623	76	肆骨八八	卜下 37	故宫	合 32409（上）	南明 437+ 南明 546、歷拓 4861+5303				《合集》有綴合。
624	76	肆骨八九	卜下 39	故宫	合 32378、合補 10431（上）	南明 475、歷拓 4995+4999	合 32304+ 合 32378，即合補 10431			
625	76	肆骨九〇	明 19.24	故宫	合 32530、合補 10452（下）	南明 557、歷拓 4990	合 32530+ 合 34307，即合補 10452			肆骨九〇與肆骨一〇四可綴合，即合補 10452。

續表

序號	原版頁碼	叢編號	叢編原著録	原骨拓藏	合集、合補號	合集、合補所引舊著録	綴合組	綴合者	重見號	校註
626	76	肆骨九一	卜下 10	國圖	合 32915（上）	粹 587+南明 418、善 340、京 4182			北圖 5742	《合集》有綴合。蔡哲茂指出折痕不合(《甲骨文綴合續集》–《〈甲骨文合集〉誤綴號碼表》；白玉峥:《簡論甲骨文合集》,189 頁。
627	76	肆骨九二	明甲 3	故宫	合 32788	南明 502、歷拓 4987	合 32788+合 33612，即明後 B2437	許進雄		
628	76	肆骨九三	卜下 8	故宫	合 32750	南明 663、歷拓 4955				
629	76	肆骨九四	明甲 10	故宫	合 34424	南明 716、歷拓 5399				
630	76	肆骨九五	明 15.9	故宫	合 32464	南明 435、歷拓 5041	合 32464+屯南 2417	周忠兵		
631	76	肆骨九六	卜下 38	故宫	合 32412	南明 545、歷拓 4991				
632	77	肆骨九七	明甲 12	不詳	未收					
633	77	肆骨九八	明 13.36	故宫	合 32521	南明 564、歷拓 5011				
634	77	肆骨九九	明 13.37	故宫	合 32620	南明 597、歷拓 5335				
635	77	肆骨一〇〇	明 15.10	故宫	合 32751	南明 678、歷拓 5052				

續表

序號	原版頁碼	叢編號	叢編原著録	原骨拓藏	合集、合補號	合集、合補所引舊著録	綴合組	綴合者	重見號	校註
636	77	肆骨一〇一	明 12.36	故宫	合 32098	南明 688、歷拓 5393				
637	77	肆骨一〇二	明 15.6	加安博	合 32257	安明 2393	合 32257+ 合 34303	林宏明		
638	77	肆骨一〇三	明 14.7	故宫	合 30351	南明 583、歷拓 5321	合 30351+ 合 30734	莫伯峰		
639	77	肆骨一〇四	明 19.1	故宫	合 34307、合補 10452（上）	南明 687、歷拓 4996	合 32530+ 合 34307，即合補 10452			肆骨九〇與肆骨一〇四可綴合，即合補 10452。
640	77	肆骨一〇五	明甲 16	故宫	合 34434	南明 686、歷拓 4960				
641	77	肆骨一〇六	粹 2	國圖	合 33227	粹 2、善 590	合 33234（南明 469、歷拓 5040）+ 合 33227+ 合 32363+ 合 34466	周忠兵、張軍濤	北圖 5993	合 33227+ 合 32363，綴合可商。
642	77	肆骨一〇七	粹 4	國圖	合 28207、合補 10430（上）	粹 4、善 326	合 28207+ 合 34169，即合補 10430	許進雄	北圖 5729、掇三 340	摹本右邊骨形不全，《合集》爲全形圖。
643	77	肆骨一〇八	粹 88	國圖	合 28206	粹 88、善 788			北圖 6191	
644	77	肆骨一〇九	粹 12	國圖	合 34148	粹 12、善 253			北圖 5656	

續表

序號	原版頁碼	叢編號	叢編原著録	原骨拓藏	合集、合補號	合集、合補所引舊著録	綴合組	綴合者	重見號	校註
645	77	肆骨一一〇	明 19.3	故宫	合 33986（右下）	安明 438+ 安明 2528				《合集》有綴合。摹文中“羞册”，諸家釋字不同。有作“羞中”，其“中”字黄天樹釋爲“中日”二字合書(《釋殷墟甲骨文中的“羞”字》,《古文字研究》第 25 輯)。陳年福《殷墟甲骨文摹釋全編釋文》即作“中日”二字。
646	77	肆骨一一一	明 15.7	故宫	合 32353	南明 512、歷拓 5070				
647	78	肆骨一一二	明甲 27	故宫	合 32722	南明 507、歷拓 4953				
648	78	肆骨一一三	粹 375	國圖	合 32723	善 8953、粹 375			北圖 14352	
649	78	肆骨一一四	卜下 14	不詳	未收					疑僞刻。
650	78	肆骨一一五	佚 214	何遂舊藏	合 32724	通别一 3.5、佚 214	合 32724+ 合 33049	周忠兵	國甲 91= 中法 47	綴合與董作賓的補釋吻合。
651	78	肆骨一一六	金 118	英劍大	合 41461	金 118			英藏 2411	
652	78	肆骨一一七（左）	明甲 28	故宫	合 32420	南明 537、歷拓 4959				

續表

序號	原版頁碼	叢編號	叢編原著録	原骨拓藏	合集、合補號	合集、合補所引舊著録	綴合組	綴合者	重見號	校註
653	78	肆骨一一七（右）	明甲 29	故宫	合 32721	南明 614、歷拓 4683				
654	78	肆骨一一八	佚 131	白川	合 34047、合補 10371	珠 631、佚 131（不全）				摹本僅有字部分，左邊骨形不全；《合集》《合補》爲全形圖，但合補 10471 不清晰。
655	78	肆骨一一九	粹 373	國圖	合 32731、合補 10471（上）	粹 373、善 763	合 32731+ 合 32767，即合補 10471	許進雄	北圖 6166	
656	78	肆骨一二〇	珠 706	大原	合 32978	珠 706，大原 36，考精 7				
657	78	肆骨一二一	卜下 13	故宫	合 34240	南明 479、歷拓 4854				
658	78	肆骨一二二	明甲 30	不詳	合補 275	歷拓 5006				
659	78	肆骨一二三	東 13	本所	合 34516	七 X14、南師 2.192 不全、歷拓 701 不全			中歷 1561	
660	78	肆骨一二四	甲 414	史語所	合 32632	甲 414				
661	78	肆骨一二五	粹 294	國圖	合 32636	粹 294、善 423、京 4031（不全）			北圖 5826	
662	79	肆骨一二六	明 19.11	故宫	合 33286	南明 453、歷拓 4973				

續表

序號	原版頁碼	叢編號	叢編原著録	原骨拓藏	合集、合補號	合集、合補所引舊著録	綴合組	綴合者	重見號	校註
663	79	肆骨一二七	卜下 31	故宫	合 33293	南明 448、歷拓 5037				
664	79	肆骨一二八	明甲 11	故宫	合 33289	南明 450、歷拓 4886	合 33289+ 村中南 229	劉影		摹本將“貞”誤摹爲“卜”。
665	79	肆骨一二九	明 18.10	故宫	合 33266	南明 465、歷拓 5267				
666	79	肆骨一三〇	明 14.32	故宫	合 33298	南明 451、歷拓 5077				
667	79	肆骨一三一	卜下 34	故宫	合 32468	南明 550、歷拓 4992	合 32468+ 輯佚 629 正	林宏明		綴合與董作賓的補釋吻合。
668	79	肆骨一三二	後下 43.7	國圖	合 20619	後下 43.7、粹 1172、善 5834	合 20611+ 合 20619+ 合 6788	貝塚茂樹	北圖 11235	摹本左邊骨形不全,《合集》爲全形圖。
669	79	肆骨一三三	甲 2347	史語所	未收				甲 2361	肆骨一三三與一三四顛倒標註。
670	79	肆骨一三四	甲 2361	史語所	合 20970（下）	甲 2345+ 甲 2347、甲釋 91				肆骨一三三與一三四顛倒標註。《合集》有綴合。
671	79	肆骨一三五	後下 35.2	國圖	合 21054	後下 35.2（不全）			北圖 2242	
672	79	肆骨一三六	甲 2380	史語所	合 20464（左下）	甲 2380+ 甲 2385+ 甲 2387、甲釋 98				與肆骨一三七可綴合,即合 20464。
673	79	肆骨一三七	甲 2385	史語所	合 20464（上）	甲 2380+ 甲 2385+ 甲 2387、甲釋 99				與肆骨一三六可綴合,即合 20464。
674	79	肆骨一三八	甲 2324	史語所	未收				甲釋 89、甲 2293+ 甲 2324	甲釋 89 有綴合;摹本釋作“盤”應爲“用”。

續表

序號	原版頁碼	叢編號	叢編原著録	原骨拓藏	合集、合補號	合集、合補所引舊著録	綴合組	綴合者	重見號	校註
675	79	肆骨一三九	甲 2378	史語所	合 20440（左）	甲 2378+ 甲 2383	合 20440+3.2.205（甲編未收）+3.2.165（甲編未收）	蔡哲茂、陳逸文		《合集》有綴合。
676	79	肆骨一四〇	甲 2303	史語所	合 20627	甲 2303				
677	80	肆骨一四一	甲 2314	史語所	合 20983	甲 2314				
678	80	肆骨一四二	前 8.8.1	不詳	合 19891	前 8.8.1				
679	80	肆骨一四三	前 8.6.1	不詳	合 21050	前 8.6.1				摹本右邊骨形不全。
680	80	肆骨一四四	前 8.12.5	不詳	合 20449（下）	前 5.39.2+ 前 8.12.5			通 541	摹本右邊及下部的骨形不全；《合集》爲全形圖，且有綴合。
681	80	肆骨一四五	前 8.14.1	國圖	合 21019	前 8.14.1、通 402			北圖 2165	摹本左邊骨形不全，《合集》爲全形圖。
682	80	肆骨一四六	前 4.42.5	不詳	合 20912	前 4.42.5				摹本中的“不雨”應爲“允雨”。
683	80	肆骨一四七	前 8.9.1	不詳	合 21647	前 8.9.1				
684	80	肆骨一四八	後下 42.9	不詳	合 20450（上）	後下 41.16+ 後下 42.9				《合集》有綴合。
685	80	肆骨一四九	菁 11.19	不詳	合 21595	菁 11.19				《合集》圖版不清晰，非拓本。

續表

序號	原版頁碼	叢編號	叢編原著録	原骨拓藏	合集、合補號	合集、合補所引舊著録	綴合組	綴合者	重見號	校註
686	80	肆骨一五〇	前 8.15.2	不詳	合 21580	前 8.15.2（不全）、龜 2.10.7			東大 960 正	
687	80	肆骨一五一	前 8.10.1	不詳	未收					
688	80	肆骨一五二	前 8.13.4	不詳	合 21547	前 8.13.4				摹本左邊骨形不全,《合集》爲全形圖。
689	80	肆骨一五三	前 8.10.2	不詳	合 21549	前 8.10.2				《合集》拓本,字口清晰。
690	80	肆骨一五四	前 8.11.1	不詳	合 21825	前 8.11.1				
691	80	肆骨一五五	前 8.3.3	不詳	合 21663	前 8.3.3				
692	80	肆骨一五六	前 8.2.4	不詳	合 21738	前 8.2.4				摹本左邊骨形不全,《合集》爲全形圖。
693	80	肆骨一五七	前 8.1.2	不詳	合 21576	前 8.1.2				摹本左邊骨形不全,《合集》爲全形圖。
694	80	肆骨一五八	明 17.25	故宫	合 21829	南明 228、歷拓 5192				
695	80	肆骨一五九	前 8.12.4	不詳	未收					
696	80	肆骨一六〇	前 8.1.8	不詳	合 21655	前 8.1.8				
697	80	肆骨一六一	前 8.1.6	史語所	合 21644	前 8.1.6				

續表

序號	原版頁碼	叢編號	叢編原著録	原骨拓藏	合集、合補號	合集、合補所引舊著録	綴合組	綴合者	重見號	校註
698	80	肆骨一六二	前 8.13.1	不詳	合 21826	前 8.13.1、［前 8.2.2（不全）］				
699	81	肆骨一六三	戩 40.3	上博	合 32818	戩 40.3、歷拓 9533、續 2.7.7（不全）			上博 17647.694	
700	81	肆骨一六四	後下 11.3	不詳	合 32819	後下 11.3				
701	81	肆骨一六五	甲 544	史語所	合 32826	甲 544	合 32826+ 合 41501	蔡哲茂		
702	81	肆骨一六六	後下 11.5	國圖	合 32825	後下 11.5（不全）、善 10328、京 4710（不全）	合 32825+ 合 41664（愛 191）	林宏明	北圖 15730	摹本下端骨形不全,《合集》爲全形圖。
703	81	肆骨一六七	後下 11.6	國圖	合 32824	後下 11.6（不全）、南坊 2.200、善 4500			北圖 9901	摹本“亥”應爲“未”字。摹本僅有字部分,下端骨形不全;《合集》爲全形圖。
704	81	肆骨一六八	後下 11.4	不詳	合 34599	後下 11.4				
705	81	肆骨一六九	前 8.4.7	不詳	合 19971	前 8.4.7				
706	81	肆骨一七〇	前 8.12.3	不詳	合 14115	前 8.12.3	合 14115+ 合 14116	黄天樹		摹本右邊骨形不全,《合集》爲全形圖。
707	81	肆骨一七一	菁 11.23	不詳	未收					不清晰,非拓片。
708	81	肆骨一七二	菁 9.6	不詳	未收					不清晰,非拓片。

續表

序號	原版頁碼	叢編號	叢編原著録	原骨拓藏	合集、合補號	合集、合補所引舊著録	綴合組	綴合者	重見號	校註
709	81	肆骨一七三	菁 11.17	不詳	合 21658	菁 11.17				《合集》不清晰,非拓片。
710	81	肆骨一七四	菁 11.18	不詳	合 21574	菁 11.18				《合集》不清晰,非拓片。
711	81	肆骨一七五	菁 11.20	不詳	合 21676	菁 11.20				《合集》不清晰,非拓片。
712	81	肆骨一七六	卜下 41	故宫	合 32329 正	南明 432(正)、歷拓 4679 正反				摹本缺反面,《合集》有正、反。
713	82	肆骨一七七	後下 28.12	不詳	合 14875	後上 28.12				
714	82	肆骨一七八	卜下 32	故宫	合 32087(上)	南明 477、歷拓 4681+安明 2452				《合集》有綴合。
715	82	肆骨一七九	後上 4.17	不詳	合 32469	後上 4.17、通 169	合 32326+合 32469	林宏明		
716	82	肆骨一八〇	後上 28.10	不詳	合 14877	後上 28.10				
717	82	肆骨一八一	後上 28.9	不詳	合 34114	後上 28.9				
718	82	肆骨一八二	後上 28.8	不詳	合 34117	後上 28.8、通 225				摹本漏摹下端的兆序“三”。
719	82	肆骨一八三	明丙 28	故宫	合 34092、合補 10651(上)	南明 655、歷拓 4977	合 34091+合 34092，即合補 10651	許進雄		

續表

序號	原版頁碼	叢編號	叢編原著録	原骨拓藏	合集、合補號	合集、合補所引舊著録	綴合組	綴合者	重見號	校註
720	82	伍甲一	通 64（通別 2.2）	東大	合 35931	通 64、通別二 2.1	掇三 140（合 35931+合 35950+合 36639）+掇二 419+合 37137+合 35374+安明 2909+輯佚 824	李愛輝、張宇衛、林宏明、	掇三 140	可與伍甲五二（合 35950）綴合。合 35931 不清晰，非拓片。綴合與董作賓補釋的下部不一致。
721	83	伍甲二	珠 391	書博	合 37853	珠 391、河南隊（午 1）164—5				
722	83	伍甲三	珠 65	東大	合 36132	珠 65				
723	83	伍甲四	續 1.43.6	津博	合 36326	簠帝 242、簠拓 272				
724	83	伍甲五	續 1.43.5	津博	合 36325	簠帝 241、簠拓 271、續 1.43.5（不全）	合 36325+合 37356	門藝		摹本右邊龜版不全，《合集》爲全形圖。綴合與董作賓的補釋吻合。
725	83	伍甲六	續 1.25.7	津博	合 35935	簠拓 215、簠帝 102+（110+240）（續 1.25.7）	合 35829+合 35935+合 35837	蔡哲茂		與伍甲二三（合 35829）、伍甲二四（合 35837 右）、伍甲一三四（合 35837 左）可綴合。有人指出合 35837 左邊的綴合有問題（《關於黄組祊祭卜辭性質的考察——附祊祭甲骨綴合六例》）。綴合與董作賓的補釋吻合。
726	83	伍甲七	續 1.25.8	津博	合 36090	簠帝 114+134+239、簠拓 209、續 1.25.8				
727	83	伍甲八	前 1.31.3	不詳	合 35914	前 1.31.3				

續表

序號	原版頁碼	叢編號	叢編原著録	原骨拓藏	合集、合補號	合集、合補所引舊著録	綴合組	綴合者	重見號	校註
728	83	伍甲九	前 1.22.3	不詳	合 36091	前 1.22.3、通 49				
729	83	伍甲一〇	續 1.27.1	津博	合 36081	簠拓 233、簠帝 132+簠典 85（續 1.27.1）				
730	83	伍甲一一	續 1.24.7	津博	合 36082	簠帝 93+133、續 1.24.7、簠拓 208				摹本右邊龜版不全,《合集》爲全形圖。
731	83	伍甲一二	契 282	北大	合 36336	契 282			北珍 0679	
732	83	伍甲一三	龜 1.13.15	不詳	合 36323	龜 1.13.15				
733	83	伍甲一四	龜 1.13.6	不詳	合 35821	龜 1.13.6				
734	83	伍甲一五	契 281	北大	合 36340	契 281			北珍 0678	
735	83	伍甲一六	前 1.17.5	不詳	合 35825	前 1.17.5				
736	83	伍甲一七	續 1.25.3	津博	合 35838（左）	簠帝 94、簠拓 204、續 1.25.3（不全）				《合集》有綴合。
737	83	伍甲一八	前 1.17.5	不詳	合 35832	前 1.17.3、通 77				
738	83	伍甲一九	續 1.24.8	津博	合 35830	簠帝 92（不全）、簠拓 207、續 1.24.8（不全）				摹本下端龜版不全,《合集》爲全形圖。
739	83	伍甲二〇	續 1.25.1	津博	合 35839	簠帝 91、簠拓 203、續 1.25.1	合 35839+合補 10977+合 38749	張宇衛		

續表

序號	原版頁碼	叢編號	叢編原著録	原骨拓藏	合集、合補號	合集、合補所引舊著録	綴合組	綴合者	重見號	校註
740	83	伍甲二一	珠 66	東大	合 35944	珠 66				與伍甲四八重。
741	83	伍甲二二	契 265	北大	合 35831	契 265			北珍 0655	
742	83	伍甲二三	佚 981	商氏藏拓	合 35829	佚 981	合 35829+ 合 35935+ 合 35837	蔡哲茂		與伍甲六（合 35935）、伍甲二四（合 35837 右）、伍甲一三四（合 35837 左）可綴合。有人指出合 35837 左邊的綴合有問題（《關於黄組祊祭卜辭性質的考察——附祊祭甲骨綴合六例》）。綴合與董作賓的補釋不一致。
743	83	伍甲二四	契 264	北大	合 35837（右）	簠帝 118（不全）+ 契 264、簠拓 223+ 歷拓 6265、續 1.26.8	合 35829+ 合 35935+ 合 35837		北珍 0656	摹本龜版不全，《合集》爲全形圖。與伍甲六（合 35935）、伍甲二三（合 35829）、伍甲一三四（合 35837 左）可綴合。有人指出合 35837 左邊的綴合有問題（《關於黄組祊祭卜辭性質的考察——附祊祭甲骨綴合六例》）。
744	84	伍甲二五	前 1.20.6	本所藏拓	合 35924	前 1.20.6、慶甲 1.14				
745	84	伍甲二六	續 1.24.4	津博	合 35826	簠帝 97、簠拓 200、續 1.24.4	合 35826+ 合 41729（旅藏 1927）	門藝		摹本漏摹“其”及兆序“一”。

續表

序號	原版頁碼	叢編號	叢編原著録	原骨拓藏	合集、合補號	合集、合補所引舊著録	綴合組	綴合者	重見號	校註
746	84	伍甲二七	契 277	北大	合 35834	契 277			北珍 0657	
747	84	伍甲二八	龜 1.13.13	不詳	合 35921	龜 1.13.13				摹本漏摹兆序“一”。
748	84	伍甲二九	續 1.23.4	北大	合 35915	續 1.26.4、歷拓 5509			北珍 0658	摹本右邊龜版不全,《合集》爲全形圖。摹本漏摹兆序“一”。
749	84	伍甲三〇(左)	北 1.35.2	北大	合 37205	歷拓 5643(續 2.17.2(不全)			北珍 0722	
750	84	伍甲三〇(右)	北 1.5.2	北大	合 35934、合 41722	歷拓 5654、南師 2.232			北珍 0680	合 35934 有綴合圖;合 41722 爲摹本,且將“癸巳”誤爲“丁巳”。
751	84	伍甲三一	續 1.24.5	津博	合 35842	簠帝 98、簠拓 202、續 1.24.5				
752	84	伍甲三二	續 1.26.1	津博	合 35943	簠帝 103+111(續 1.26.1)、簠拓 211				
753	84	伍甲三三	續 1.25.5	不詳	合 35848	後上 25.5				
754	84	伍甲三四	前 1.20.3	不詳	合 35923	前 1.20.3				
755	84	伍甲三五	前 1.19.6	不詳	合 35932	前 1.19.6、通 68				

續表

序號	原版頁碼	叢編號	叢編原著録	原骨拓藏	合集、合補號	合集、合補所引舊著録	綴合組	綴合者	重見號	校註
756	84	伍甲三六	前 1.17.8	不詳	合 35840、合補 11013（全）	前 1.17.6				摹本、《合集》的右邊龜版皆不全；合補 11013 爲全形圖。
757	84	伍甲三七	卜 2202	不詳	未收					
758	84	伍甲三八	卜 1539	南博	合 35928	虛 1539、南博 187				
759	84	伍甲三九	北 1.5.3	北大	合 35947	續 1.26.2、歷拓 5844			北珍 0659	與伍甲五一重。
760	84	伍甲四〇	卜 311	南博	合 36041、合 41874	虛 371				合 41874 爲摹本。
761	84	伍甲四一	續 1.24.6	北大	合 35850	續 1.24.6（不全）、歷拓 5513			北珍 0692	摹本下端龜版不全，《合集》爲全形圖。
762	84	伍甲四二	前 1.21.3	不詳	合 36078	前 1.21.3、通 78	合 36078+ 合 38235+ 合 37308	門藝、李愛輝		與伍甲一四九（合 38235）可綴合。綴合與董作賓的補釋吻合。
763	84	伍甲四三	續 1.24.9	津博	合 36076	簠 帝 96+131、簠 拓 205、續 1.24.9				
764	84	伍甲四四	卜 1349	南博	合 35836	虛 1349、南博拓 153				《合集》拓片不清晰。
765	84	伍甲四五	珠 61	東大	合 35918	珠 67				
766	84	伍甲四六	卜 1737	南博	合 35845	虛 1737、南博 155				

續表

序號	原版頁碼	叢編號	叢編原著録	原骨拓藏	合集、合補號	合集、合補所引舊著録	綴合組	綴合者	重見號	校註
767	84	伍甲四七	前 1.13.1	不詳	合 36070	前 1.13.1				
768	84	伍甲四八	珠 66	東大	合 35944	珠 66				與伍甲二一重。
769	84	伍甲四九	卜 2263	不詳	未收					
770	84	伍甲五〇	卜 1535	南博	合 36046	虚 1535、南博 157				
771	84	伍甲五一	續 1.26.2	北大	合 35947	續 1.26.2、歷拓 5844			北珍 0659	與伍甲三九重;《叢編》續 1.26.2, 即《合集》來源中的續 1.26.2。推測摹本左上角“祖甲”爲誤摹,應爲“貞”。
772	84	伍甲五二	珠 77	東大	合 35950	珠 77	掇三 140(合 35931+合 35950+合 36639)+掇二 419+合 37137+合 35374+安明 2909+輯佚 824	李愛輝、張宇衛、林宏明、	掇三 140	可與伍甲一(合 35931)綴合。綴合與董作賓的補釋吻合。
773	84	伍甲五三	卜 1404	南博	合 35919	虚 1404、南博 188				摹本龜版更全,合集“牢”字上面的龜版有殘損。
774	84	伍甲五四	卜 534	南博	合 35927	虚 534、南博拓 191				摹本龜版更全,《合集》拓片“未”字下龜版有殘損。

續表

序號	原版頁碼	叢編號	叢編原著録	原骨拓藏	合集、合補號	合集、合補所引舊著録	綴合組	綴合者	重見號	校註
775	85	伍甲五五	卜 1423	南博	合 35945	虛 1423、南博 149				
776	85	伍甲五六	卜 1426	南博	合 35933	虛 1426、南博拓 185				
777	85	伍甲五七	珠 68	東大	合 35938	珠 68				
778	85	伍甲五八	卜 512	南博	合 36015	虛 1572、南博 195				
779	85	伍甲五九	卜 962	南博	合 36049	虛 962、南博拓 192				
780	85	伍甲六〇	珠 70	東大	合 35916	珠 70				
781	85	伍甲六一	卜 2294	南博	合 35917	虛 2294、南博 190				
782	85	伍甲六二	珠 69	東大	合 35940	珠 69	合 35940+ 合 38725	李愛輝		
783	85	伍甲六三	珠 72	東大	合 35967	珠 72				
784	85	伍甲六四	續 1.26.9	北大	合 35999	續 1.26.9、歷拓 5599			北珍 0663	與伍甲九七重。
785	85	伍甲六五	卜 1862	南博	合 35990	虛 1862、南博 197				
786	85	伍甲六六	續 1.21.3	不詳	合 35984	續 1.21.3	合 35984+ 合 41739	林宏明		與伍甲八七(合 41739)可綴合。綴合與董作賓的補釋吻合。

續表

序號	原版頁碼	叢編號	叢編原著録	原骨拓藏	合集、合補號	合集、合補所引舊著録	綴合組	綴合者	重見號	校註
787	85	伍甲六七	前 1.12.8	不詳	合 35986	前 1.12.8、通 52				
788	85	伍甲六八	前 1.12.6	不詳	合 36022	前 1.12.6	合 36022+ 合補 11047	門藝		綴合與董作賓的補釋吻合。
789	85	伍甲六九	珠 74	東大	合 36004	珠 74	合 35989+ 合 36004	方稚松		綴合與董作賓的補釋不一致,干支不符合。
790	85	伍甲七〇	續 1.26.6	津博	合 35973	簠帝 121、簠拓 222、續 1.26.6	合 35973+ 合 36021	李愛輝		摹本漏摹“丙辰”上端的“卜”字。綴合與董作賓的補釋吻合。
791	85	伍甲七一	前 1.12.7	不詳	合 35975	前 1.12.7、通 54				
792	85	伍甲七二	卜 1963	南博	合 35978	虛 1963、南博 196				摹本漏摹“丙子”左邊的“牢”字。
793	85	伍甲七三	續 1.21.5	不詳	合 36007	續 1.21.5				
794	85	伍甲七四	卜 2315	不詳	未收					
795	85	伍甲七五	珠 71	東大	合 35939	珠 71				
796	85	伍甲七六	卜 1783	不詳	未收					
797	85	伍甲七七	卜 1975	南博	合 36038	虛 1975				
798	85	伍甲七八	卜 2104	不詳	未收					

續表

序號	原版頁碼	叢編號	叢編原著録	原骨拓藏	合集、合補號	合集、合補所引舊著録	綴合組	綴合者	重見號	校註
799	85	伍甲七九	卜 2302	南博	合 36064	南博 84				
800	85	伍甲八〇	卜 1019	南博	合 36050	虚 1019、南博拓 204				
801	85	伍甲八一	續 1.27.4	津博	合 36069	簠帝 129、簠拓 226、續 1.27.4				
802	85	伍甲八二	續 1.27.5	津博	合 36052	簠帝 130、簠拓 232、續 1.27.5	合 35983+ 合 36052	李愛輝		摹本漏摹左上角“貞”字。
803	85	伍甲八三	珠 73	東大	合 35946	珠 73				
804	85	伍甲八四	前 1.21.1	不詳	合 36013	前 1.21.1、通 55				
805	86	伍甲八五（上）	續 1.26.7（上）	津博	合 36106	簠帝 125（簠拓 221(不全)、續 1.26.7）				《合集》未拼合。
806	86	伍甲八五（下）	續 1.26.7（下）	津博	合 35976	簠帝 119、簠拓 218、續 1.26.7				摹本下部龜版不全，合 35976 爲全形圖。
807	86	伍甲八六	前 1.21.4	不詳	合 36002（上）	前 1.21.4+ 後 上 25.4、通 53				與伍甲一一一可綴合，即合 36002；與董作賓補釋一致。
808	86	伍甲八七	金 735	英劍大	合 41739	金 735	合 35984+ 合 41739	林宏明	英藏 2514	與伍甲六六(合 35984)可綴合。綴合與董作賓的補釋吻合。

續表

序號	原版頁碼	叢編號	叢編原著録	原骨拓藏	合集、合補號	合集、合補所引舊著録	綴合組	綴合者	重見號	校註
809	86	伍甲八八	前 1.10.3	不詳	合 36080	前 1.10.3、通 48				
810	86	伍甲八九	前 1.8.2	不詳	合 36058	前 1.18.2				
811	86	伍甲九〇	續 1.27.7	津博	合 36072	簠帝 136、簠拓 229、續 1.27.7				摹本下端龜版不全,《合集》爲全形圖。
812	86	伍甲九一	續 1.26.5	津博	合 35971	簠 帝 100+120(續 1.26.5)、簠拓 220				
813	86	伍甲九二	後上 4.15	不詳	合 36109	後上 4.15				
814	86	伍甲九三	續 1.22.6	津博	合 36043	簠 帝 74+128(續 1.22.6)、簠拓 228				
815	86	伍甲九四	珠 75	東大	合 35985、合補 11054(右)	珠 75	合 35985+ 安明 2911,即合補 11054	持井康孝		合補 11054 有綴合,與董作賓的補釋吻合。
816	86	伍甲九五	前 1.10.4	不詳	合 36103	前 1.10.4、通 51				
817	86	伍甲九六	前 2.39.2	不詳	合 35982	前 2.39.2、通 783				
818	86	伍甲九七	北 1.6.3	北大	合 35999	續 1.26.9、歷拓 5599			北珍 0663	與伍甲六四重。
819	86	伍甲九八	龜 1.13.9	不詳	合 35861	龜 1.13.9				
820	86	伍甲九九	粹 347	國圖	合 35972	粹 347、善 2200、京 5054			北圖 7602	

續表

序號	原版頁碼	叢編號	叢編原著録	原骨拓藏	合集、合補號	合集、合補所引舊著録	綴合組	綴合者	重見號	校註
821	86	伍甲一〇〇	粹 352	國圖	合 35979	粹 352、善 3792			北圖 9193	
822	86	伍甲一〇一	粹 350	國圖	合 35997	粹 350、善 2137			北圖 7539	
823	86	伍甲一〇二	粹 356	國圖	合 36105	粹 356 甲．乙、京 5062、善 1636+ 善 3647			北圖 7039	合 36105 由北圖 7039 與北圖 9048 拼合而成；實物檢驗，鑽鑿不合，綴合不成立。
824	86	伍甲一〇三	契 262	北大	合 36056	契 262			北珍 0667	
825	86	伍甲一〇四	粹 351	國圖	合 36012	粹 351、善 2605			北圖 8007	
826	86	伍甲一〇五	粹 348	國圖	合 36018	粹 348、善 3169			北圖 8571	
827	86	伍甲一〇六	契 261	北大	合 35977	契 261	合 35977+ 合 37015	蔣玉斌	北珍 0662	與伍甲一六〇（合 37015）可綴合。綴合與董作賓的補釋吻合。
828	86	伍甲一〇七（上）	鄴 2. 下 .40.13	國圖	合 35989	鄴二下 40.13、京 5051	合 35989+ 合 36004	方稚松	北圖 2786	
829	86	伍甲一〇七（下）	鄴 2. 下 .40.12	不詳	未收					
830	86	伍甲一〇八	契 276	北大	合 36113	契 276			北珍 0668	

續表

序號	原版頁碼	叢編號	叢編原著録	原骨拓藏	合集、合補號	合集、合補所引舊著録	綴合組	綴合者	重見號	校註
831	86	伍甲一〇九	粹 343	國圖	合 35980	粹 344、善 2080、京 5032			北圖 7482	
832	86	伍甲一一〇	契 257	北大	合 35968	契 257			北珍 0665	
833	86	伍甲一一一	後上 2.5.4	不詳	合 36002（下）	前 1.21.4+ 後上 25.4、通 53				與伍甲八六綴合，即合 36002，與董作賓的補釋吻合。
834	87	伍甲一一二	粹 353	國圖	合 35992	京 5049、善 3967、粹 353	合 35992+ 安明 2907	張宇衛	北圖 9368	綴合與董作賓的補釋吻合。
835	87	伍甲一一三	後上 25.13	不詳	合 36003	後上 25.13				
836	87	伍甲一一四	粹 354	國圖	合 35993	粹 354、善 4218			北圖 9619	
837	87	伍甲一一五	粹 349	國圖	合 35983	京 5050、粹 349、善 3527	合 35983+ 合 36052	李愛輝	掇三 422、北圖 8928	
838	87	伍甲一一六	粹 346	國圖	合 36008	粹 346、善 2690、掇三 421			北圖 8092	
839	87	伍甲一一七	契 256	北大	合 36001	契 256			北珍遺失 14	
840	87	伍甲一一八	龜 1.10.14	不詳	合 36055、合補 11070（上）	龜 1.10.14	合 36051+ 合 36055+ 合 36134，即合補 11070	曾毅公		與伍甲一二七（合 36051）、伍甲一三二下（合 36134）可綴合。綴合與董作賓的補釋吻合。
841	87	伍甲一一九	粹 359	國圖	合 36035	粹 359、善 1698			掇三 425、北圖 7101	

續表

序號	原版頁碼	叢編號	叢編原著録	原骨拓藏	合集、合補號	合集、合補所引舊著録	綴合組	綴合者	重見號	校註
842	87	伍甲一二〇	契 252	北大	合 36093	契 252			北珍 0670	
843	87	伍甲一二一	佚 987	不詳	未收					右半與合 36043 同文。摹本與原著録佚 987 的拓片不符。
844	87	伍甲一二二	粹 358	國圖	合 36077	粹 358、善 3385			北圖 8787	
845	87	伍甲一二三	龜 1.13.8	不詳	合 36102	龜 1.13.8				
846	87	伍甲一二四	粹 371	國圖	合 36060	粹 371、善 2114、京 5060			北圖 7516	
847	87	伍甲一二五	粹 357	國圖	合 36108	粹 357、善 2440、京 5055			北圖 7842	
848	87	伍甲一二六	粹 360	國圖	合 36107	粹 360 甲．乙、善 1795+ 善 2496			北圖 7198、北圖 7898	合 36107，即北圖 7198+ 北圖 7898；實物檢驗，此綴合不成立。
849	87	伍甲一二七	契 258	北大	合 36051、合補 11070（中）	契 258	合 36051+ 合 36055+ 合 36134，即合補 11070	曾毅公	北珍 0669	與伍甲一一八（合 36055）、伍甲一三二下（合 36134）可綴合。綴合與董作賓的補釋吻合。
850	87	伍甲一二八	通 1.11.5	不詳	合 36117	龜 1.11.5				
851	87	伍甲一二九	後下 5.6	不詳	合 36151	後下 5.6				
852	87	伍甲一三〇	龜 1.10.13	不詳	合 36165	龜 1.10.13				

續表

序號	原版頁碼	叢編號	叢編原著録	原骨拓藏	合集、合補號	合集、合補所引舊著録	綴合組	綴合者	重見號	校註
853	87	伍甲一三一	粹 361	國圖	合 36142	粹 361、善 3591、京 5063			北圖 8992	
854	87	伍甲一三二（上）	前 1.18.1	不詳	合 36115	前 1.18.1（通 37）				
855	87	伍甲一三二（下）	前 1.11.1	不詳	合 36134、合補 11070（下）	前 1.11.1	合 36051+合 36055+合 36134，即合補 11070	曾毅公		與伍甲一一八（合 36055）、伍甲一二七（合 36051）可綴合。
856	87	伍甲一三三	續 1.15.7	不詳	合 36086	續 1.15.7				《合集》不清晰。
857	87	伍甲一三四	續 1.26.8	津博，北大	合 35837（左）	簠拓 223+歷拓 6265、簠帝 118（不全）+契 264、續 1.26.8	合 35829+合 35935+合 35837	蔡哲茂	北珍 0656	與伍甲六（合 35935）、伍甲二三（合 35829）、伍甲二四（合 35837 左）可綴合。有人指出合 35837 左邊的綴合有問題（《關於黄組祊祭卜辭性質的考察——附祊祭甲骨綴合六例》）。
858	87	伍甲一三五	續 1.24.10	津博	合 35822	簠帝 95+（113+139+簠典 77）（續 1.24.10）、簠拓 206				
859	87	伍甲一三六	續 1.27.6	津博	合 36088	續 1.27.6、簠帝 135、簠拓 172				

續表

序號	原版頁碼	叢編號	叢編原著録	原骨拓藏	合集、合補號	合集、合補所引舊著録	綴合組	綴合者	重見號	校註
860	87	伍甲一三七	珠 76	東大	合 36157	龜 2.25.4（不全）、珠 76				
861	87	伍甲一三八	卜 1680	南博	合 36098	虛 1680、南博 207				
862	87	伍甲一三九	卜 1331	南博	未收				南博網 217	摹本漏摹“用”字。
863	87	伍甲一四〇	卜 867	南博	合 37076	虛 867、南博拓 770				
864	87	伍甲一四一	卜 1390	南博	合 37092	虛 1390、南博拓 785				
865	87	伍甲一四二	卜 2047	不詳	未收					
866	87	伍甲一四三	卜 881	南博	合 37049、合 37052	虛 831、南博拓 773				合 37049 與合 37052 重。
867	87	伍甲一四四	卜 842	南博	合 37119	虛 842、南博拓 772				
868	87	伍甲一四五	卜 800	南博	未收				南博網 525	
869	87	伍甲一四六	卜 1747	不詳	未收					
870	87	伍甲一四七	卜 558	南博	合 37135	虛 558、南博拓 777				
871	88	伍甲一四八	前 4.16.2	不詳	合 36100	前 4.16.2				摹本釋文中漏右下角的“其”字。

續表

序號	原版頁碼	叢編號	叢編原著録	原骨拓藏	合集、合補號	合集、合補所引舊著録	綴合組	綴合者	重見號	校註
872	88	伍甲一四九	龜 1.1.4	東大	合 38235	龜 1.1.5、龜卜 54	合 36078+ 合 38235+ 合 37308	門藝、李愛輝		摹本將“牢”字誤爲“用”字。與伍甲四二(合 36078)可綴合。綴合與董作賓的補釋不一致。
873	88	伍甲一五〇	佚 984	商氏藏拓	合 36089	佚 984				
874	88	伍甲一五一	契 267	本所	合 36153	契 267、歷拓 6236			北珍 0674	
875	88	伍甲一五二	契 4.38.4	山博	合 36149	前 4.38.4、歷拓 6691				
876	88	伍甲一五三	北 1.6.4	北大	合 35850	續 1.24.6（不全）、历拓 5513			北珍 0692	
877	88	伍甲一五四	北 1.4.1	北大	合 36156	佚 861、歷拓 5521、續 6.7.4（不全）			北珍 0675	
878	88	伍甲一五五	前 3.23.1	不詳	合 36158	前 3.23.1				
879	88	伍甲一五六	龜 1.6.13	不詳	合 37132	龜 1.6.13	合 37115+ 東文 409+ 合 37132	蔡哲茂、李愛輝		
880	88	伍甲一五七	卜 1506	不詳	未收					
881	88	伍甲一五八	龜 1.11.4	不詳	未收					
882	88	伍甲一五九	契 353	北大	未收				北珍 0689	

續表

序號	原版頁碼	叢編號	叢編原著録	原骨拓藏	合集、合補號	合集、合補所引舊著録	綴合組	綴合者	重見號	校註
883	88	伍甲一六〇	契 346	北大	合 37015	契 346	合 37015+ 合 35977	蔣玉斌	北珍 0681	與伍甲一〇六（合 35977）可綴合。
884	88	伍甲一六一（上右）	北 1.34.1	北大	合 37045	續 2.23.7			北珍 0731	合 37045 與摹本輪廓略有差異。
885	88	伍甲一六一（下）	北 1.34.2	北大	合 37038	續 2.16.5			北珍 0715	
886	88	伍甲一六一（上左）	北 1.36.4	北大	合 37197	續 2.18.4（不全）、歷拓 5642			北珍 0718	
887	88	伍甲一六二	契 349	北大	合 37053、合補 11418（下）	契 349	合 37028+ 合 37053，即合補 11418	蔡哲茂	北珍 0720	
888	88	伍甲一六三	粹 560	國圖	合 37026	粹 560、善 1350、京 5237（不全）			北圖 6753	摹本右邊龜版不全，《合集》爲全形圖。
889	88	伍甲一六四	契 360	北大	合 37207	契 360			北珍 0723	
890	88	伍甲一六五	龜 1.6.10	東大	合 37020	龜 1.6.10（不全）、珠 1108、龜卜 50				摹本左邊龜版不全，《合集》爲全形圖。
891	88	伍甲一六六	契 361	北大	未收				北珍 0753	
892	88	伍甲一六七	菁 9.10	不詳	未收					菁 9.10 不清晰，非拓片。

續表

序號	原版頁碼	叢編號	叢編原著録	原骨拓藏	合集、合補號	合集、合補所引舊著録	綴合組	綴合者	重見號	校註
893	88	伍甲一六八	菁 9.11	不詳	合 39446	菁 9.11				《合集》不清晰，非拓片。
894	88	伍甲一六九	菁 9.12	不詳	合 36612	菁 9.12	合 36612+ 合 36798 遥綴 + 合 36951	孫亞冰、殷德昭		合 36612 不清晰，非拓片。
895	88	伍甲一七〇	菁 9.14	不詳	合 37468（上）	前 2.23.1+ 後上 12.1（菁 9.14，通 615）				合 37468 有綴合。蔡哲茂指出此版不能綴合（《甲骨綴合續集》-《甲骨文合集》誤綴號碼表）。
896	88	伍甲一七一	菁 10.2	不詳	合 35744	菁 10.2、通 116				《合集》不清晰，非拓本。
897	88	伍甲一七二	菁 10.13	不詳	合 37450	菁 10.12				《合集》不清晰，非拓本。
898	88	伍甲一七三	菁 11.26	不詳	合 36768（右）	菁 11.26+ 龜 2.1.9、後上 11.14	合 36768+ 合 36842+ 合 36837	李愛輝		《合集》有綴合。
899	89	伍甲一七四	金 726	英劍大	合 41901	金 726			英藏 2615	
900	89	伍甲一七五	新 46	史語所	合 36057	甲 34				
901	89	伍甲一七六	卜 54	南博	合 36116	虚 54、南博拓 205				
902	89	伍甲一七七	新 5	史語所	合 38740	甲 2				
903	89	伍甲一七八	卜 64	南博	合 36159	虚 64、南博拓 209				

續表

序號	原版頁碼	叢編號	叢編原著録	原骨拓藏	合集、合補號	合集、合補所引舊著録	綴合組	綴合者	重見號	校註
904	89	伍甲一七九	新 7	史語所	合 38233	甲 8				
905	89	伍甲一八〇	卜 1844	南博	合 36118	虛 1844、南博 156				
906	89	伍甲一八一	北 1.38.1	北大	合 37280	歷拓 5640			北珍 0717	
907	89	伍甲一八二	新 126	史語所	合 37334	甲 112				
908	89	伍甲一八三	卜 1853	南博	合 35988	虛 1853、南博 194				
909	89	伍甲一八四	新 15	不詳	未收					
910	89	伍甲一八五（上）	北 1.38.4	北大	合 37030	續 2.17.3、歷拓 5651	合 37030（北珍 0721）+ 合 37037（北珍 0716）	李愛輝	北珍 0721	綴合與董作賓補釋一致。
911	89	伍甲一八五（下）	北 1.38.5-6	北大	合 37037（右）	續 2.25.3（不全）	合 37030（北珍 0721）+ 合 37037（北珍 0716）	李愛輝	北珍 0716	與伍甲二〇四可綴合，即合 37037。
912	89	伍甲一八六（左）	北 1.38.3	北大	未收				北珍 0694	
913	89	伍甲一八六（右）	北 1.34.4	北大	合 37350	南師 2.247			北珍 0693	

續表

序號	原版頁碼	叢編號	叢編原著録	原骨拓藏	合集、合補號	合集、合補所引舊著録	綴合組	綴合者	重見號	校註
914	90	伍甲一八七	卜 1569	不詳	未收					
915	90	伍甲一八八	契 364	北大	合 37346	契 364			北珍 0707	
916	90	伍甲一八九	契 351	北大	未收				北珍 0725	
917	90	伍甲一九〇	前 6.4.5	山博	合 36354	前 6.4.5、歷拓 6383 補合				
918	90	伍甲一九一	契 248	北大	未收				北珍 0695	
919	90	伍甲一九二	北 1.35.1	北大	合 37211	續 2.26.10（不全）、歷拓 5644	合 35815+ 合補 11419【合 37163 + 合 37211】	李愛輝	北珍 0732	綴合與董作賓的補釋吻合。
920	90	伍甲一九三	契 359	北大	未收				北珍 0755	
921	90	伍甲一九四	契 358	北大	未收				北珍 0752	
922	90	伍甲一九五	卜 1336	南博	合 37094	虚 1336、南博拓 786				
923	90	伍甲一九六	契 356	北大	合 37262	契 356			北珍 0741	
924	90	伍甲一九七	後下 5.4	北大	未收				北珍 0727	摹本與原著録後下 5.4（合 37222）的拓本不符。

續表

序號	原版頁碼	叢編號	叢編原著録	原骨拓藏	合集、合補號	合集、合補所引舊著録	綴合組	綴合者	重見號	校註
925	90	伍甲一九八	契 352	北大	合 37088	契 352			北珍 0736	
926	90	伍甲一九九	契 355	北大	合 37106	契 355			北珍 0742	
927	90	伍甲二〇〇	北 1.36.1	北大	合 37070	續 2.26.9			北珍 0724	
928	90	伍甲二〇一	新 65	史語所	合 37073	甲 58				
929	90	伍甲二〇二	契 385	不詳	未收				北珍 0705	
930	90	伍甲二〇三	卜 280	南博	合 37108	虛 280、南博拓 774				
931	90	伍甲二〇四	北 1.35.4	北大	合 37037（左）		合 37030（北珍 0721）+ 合 37037（北珍 0716）	李愛輝	北珍 0716（左）	與伍甲一八五可綴合，即合 37037。
932	90	伍甲二〇五	契 350	京人	合 37247	京人 2710				合 37247 與摹本有差異，或爲同文。
933	90	伍甲二〇六（上）	續 6.6.7	津博	合 38866	續 6.6.7、簠拓 919				董註：辛丑一辭拓本幾不可辨。
934	90	伍甲二〇六（下）	續 6.6.9	津博	合 38837	續 6.6.9（不全）、簠拓 915				

續表

序號	原版頁碼	叢編號	叢編原著録	原骨拓藏	合集、合補號	合集、合補所引舊著録	綴合組	綴合者	重見號	校註
935	91	伍甲二〇七（首甲）	粹 1397	國圖	合 38847	粹 1397、善 9443、京 5440			北圖 14845	
936	91	伍甲二〇七（上腹甲左）	粹 1413	國圖	合 38810	粹 1413、善 9496			北圖 14898	
937	91	伍甲二〇七（上腹甲右）	粹 1409	國圖	合 38802	粹 1409、善 9551、續存上 2400			北圖 14953	
938	91	伍甲二〇七（下腹甲左）	粹 1401	國圖	合 38789	粹 1401、善 9471	合 38789+合補 12266+合補 12333+英藏 2617	林宏明	北圖 14873	綴合與董作賓的補釋吻合。
939	91	伍甲二〇七（下腹甲右）	粹 1404	國圖	合 38910	粹 1404 甲、善 9444			北圖 14846	摹本右邊不全形，合 38910 爲全形圖。
940	92	伍骨一（左）	菁 9.10	不詳	合 36630	菁 9.13	存補 5.304.1+合 36968+合 41762（英藏 2564）+合 36946+……遥綴合 36630（菁 9.13）+上博 2426.367（合 36938）	董作賓、殷德昭	《殷曆譜》下編卷 5 "閏譜五"骨七	合 36630（菁 9.13），疑董作賓的原菁 9.10 有誤，抑或《菁華》之版本有異。

續表

序號	原版頁碼	叢編號	叢編原著録	原骨拓藏	合集、合補號	合集、合補所引舊著録	綴合組	綴合者	重見號	校註
941	92	伍骨一（右上）	前 2.16.3+前 2.16.4	不詳	合 36968	前 2.16.3+前 2.16.4、通 586	存補 5.304.1+合 36968+合 41762（英藏 2564）+合 36946+……遥綴合 36630（菁 9.13）+上博 2426.367（合 36938）	董作賓、殷德昭		《彙編》第 271 則的綴合與董作賓的拼綴吻合。
942	92	伍骨一（右下）	金 574	英劍大	合 41762	金 574	存補 5.304.1+合 36968+合 41762（英藏 2564）+合 36946+……遥綴合 36630（菁 9.13）+上博 2426.367（合 36938）	董作賓、殷德昭	英藏 2564	《彙編》第 271 則的綴合與董作賓的拼綴吻合。
943	93	伍骨二	庫 1672	英不圖	合 41757、右［合 41780］	庫 1672、［庫 1655］			英藏 2563	合 41757 右［合 41780］亦摹本，且合 41780 不全。
944	94	伍骨三	後上 15.14	不詳	合 36912	後上 15.14				
945	94	伍骨四（上）	金 544	英劍大	合 41768	金 544	合 36957+合 37475+合 41768（英藏 2562 正）+合補 11141	董作賓	英藏 2562 正	摹本缺反面，英藏 2562 有正、反。後人綴合與董作賓的拼綴吻合。

續表

序號	原版頁碼	叢編號	叢編原著録	原骨拓藏	合集、合補號	合集、合補所引舊著録	綴合組	綴合者	重見號	校註
946	94	伍骨四（左下）	前 2.17.3、前 2.17.5（右邊殘缺）	不詳	合 37475	前 2.17.3+2.17.5、通 585	合 36957+ 合 37475+ 合 41768（英藏 2562 正）+ 合補 11141	董作賓	《殷曆譜》下編卷 9、日譜三	綴合與董作賓的拼綴吻合。
947	94	伍骨四（右下）	龜 2.5.7、前 2.10.7（左右皆剪過）		合補 11141		合 36957+ 合 37475+ 合 41768（英藏 2562 正）+ 合補 11141	董作賓		綴合與董作賓的拼綴吻合。
948	95	伍骨五	契 20、粹 113	北大、國圖	合 35406	粹 113 甲（契 20）+ 粹 113 乙、丙、叕 55	合補 12927［合 38307+ 合 38732+ 合 37898+ 合 35400］+ 合 35406+ 史購 172	常玉芝、殷德昭	北珍 0471、北圖 5601+ 北圖 17923	摹本骨形不全,《合集》爲全形圖。粹 113 乙、丙，即北圖 5601+ 北圖 17923；實物檢驗，綴合成立。
949	95	伍骨六	明 21.27	故宫	合 36317	南明 785、歷拓 5437				
950	95	伍骨七	卜 308	南博	合 36175	虚 308、南博拓 208				
951	95	伍骨八	粹 114	國圖	合 39455	粹 114、善 10998、16400			北圖 16400	
952	95	伍骨九	菁 10.3	不詳	合 37788	菁 10.3				《合集》不清晰，非拓本。
953	96	伍骨一〇	菁 10.18	不詳	合 36988	菁 10.18	合 36985+ 合 36988+ 合 37467	蔣玉斌		《合集》不清晰，非拓本。
954	96	伍骨一一	菁 9.16	不詳	合 29284	菁 9.16、後上 14.11				《合集》上端未拓全。
955	96	伍骨一二	菁 10.10	不詳	合 38152	菁 10.10				《合集》不清晰，非拓本。

續表

序號	原版頁碼	叢編號	叢編原著録	原骨拓藏	合集、合補號	合集、合補所引舊著録	綴合組	綴合者	重見號	校註
956	96	伍骨一三	菁 9.15	不詳	合 37661	菁 9.15	合 37776+ 合 37496+ 史購 279+ 合 37661	門藝、林宏明、張宇衛		《合集》不清晰，非拓本。
957	96	伍骨一四	菁 9.9	不詳	合 37461	菁 9.9、後上 15.7（不全），通 721（不全）				摹本骨形較全；《合集》僅拓有字部分，未拓全形。
958	96	伍骨一五	方地山藏骨、陳松茂摹本	津博	合 36168	歷拓 10320				
959	96	伍骨一六（上）	菁 9.3	不詳	合 36916、合補 12686（上）	菁 9.4、通 794（上）	合 36905+ 合 36916，即合補 12686	郭沫若	叕 62	《合集》不清晰，非拓本。合補 12686 綴合與董作賓的拼綴吻合。
960	96	伍骨一六（下）	菁 9.4	不詳	合 36905、合補 12686（下）	菁 9.3、通 794（下）	合 36905+ 合 36916，即合補 12686	郭沫若		《合集》不清晰，非拓本。合補 12686 綴合與董作賓的拼綴吻合。
961	96	伍骨一七	菁 10.4	不詳	合 36941	菁 10.4	合 36941+ 合 36960+ 輯佚 681	孫亞冰、林宏明		《合集》不清晰，非拓本。綴合與董作賓的補釋吻合。
962	96	伍骨一八	菁 10.5	不詳	合 36784	菁 10.5				《合集》不清晰，非拓本。
963	96	伍骨一九	前 2.3.7+ 前 4.15.2+ 粹 1302	不詳	合 36542、合補 11249（下）	前 2.3.7+ 前 4.15.2（通 755，續 5.13.6）+ 粹 1302	合補 11249（合 36542+ 合 36543）+ 殷遺 642+ 合 36540	蔡哲茂、殷德昭	叕 56（中）；《殷曆譜》下編卷 7，“月譜”第 2 頁	合補 11249 的綴合與董作賓的拼綴、補釋吻合。

續表

序號	原版頁碼	叢編號	叢編原著録	原骨拓藏	合集、合補號	合集、合補所引舊著録	綴合組	綴合者	重見號	校註
964	96	伍骨二〇	菁 10.1	不詳	合 36540	菁 10.1、通 753	合補 11249（合 36542+合 36543）+殷遺 642+合 36540	蔡哲茂、殷德昭		《合集》不清晰，非拓本。
965	96	伍骨二一	續 6.5.5	不詳	合 39169	續 6.5.5	合 39169+山本竟山 12	蔡哲茂		
966	96	伍骨二二（上）	龜 1.27.8	不詳	合 36544	通 754、龜 1.27.8	合補 11248【合 36541+合 41758（英藏 2529）】+合 36544+合 36547	曾毅公	叕 56（下）；《殷曆譜》下編卷 7，“月譜”第 2 頁	綴合與董作賓的拼綴及補釋吻合。
967	96	伍骨二二（中）	金 621	英劍大	合 41758	金 621	合補 11248【合 36541+合 41758（英藏 2529）】+合 36544+合 36547	曾毅公	英藏 2529	綴合與董作賓的拼綴及補釋吻合。
968	96	伍骨二二（下）	明 376	南博	合 36547	虚 376、南博拓 866	合補 11248【合 36541+合 41758（英藏 2529）】+合 36544+合 36547	曾毅公		綴合與董作賓的拼綴及補釋吻合。
969	96	伍骨二三	契 105	不詳	未收				北珍 1391	
970	96	伍骨二四	續 4.49.6	不詳	合 39312	續 4.49.6				

續表

序號	原版頁碼	叢編號	叢編原著録	原骨拓藏	合集、合補號	合集、合補所引舊著録	綴合組	綴合者	重見號	校註
971	96	伍骨二五	續 4.43.9	不詳	合 39320	續 4.43.9				
972	96	伍骨二六	粹 1458	國圖	合 38109	粹 1458、善 9975			北圖 15377	
973	96	伍骨二七	善 105	國圖	合 39157	續存上 2659（不全）、善 10155	合 38962（合補 12939）+ 合 39157	張宇衛	北圖 15557	摹本左邊骨形不全，《合集》爲全形圖。《叢編》的善 105 或爲善齋早期編號。
974	97	伍骨二八（上）	契 96	北大	合 39224	契 96			北珍 1337	
975	97	伍骨二八（下）	契 99	北大	合 39105	契 99			北珍 1356	
976	97	伍骨二九	續 6.5.1	北大	合 39318	續 6.5.1（不全）、歷拓 5665			北珍 1339	摹本上端骨形不全，《合集》爲全形圖。
977	97	伍骨三〇（上）	續 6.6.2	北大	合 39317	續 6.6.2	合 39156+ 合 39317	白玉峥	北珍 1329	摹本左邊骨形不全，《合集》爲全形圖。綴合與董作賓的拼綴吻合。
978	97	伍骨三〇（下）	續 6.5.7	北大	合 39156	續 6.5.7、歷拓 5664	合 39156+ 合 39317	白玉峥	北珍 1340	摹本下端骨形不全，《合集》爲全形圖。綴合與董作賓的拼綴吻合。
979	97	伍骨三一	善 6.2	國圖	合 39252	善 10036、續存上 2694（不全）			北圖 15439	與伍骨四六重；摹本右邊骨形不全，《合集》爲全形圖。

續表

序號	原版頁碼	叢編號	叢編原著録	原骨拓藏	合集、合補號	合集、合補所引舊著録	綴合組	綴合者	重見號	校註
980	97	伍骨三二	粹 1455	國圖	合 38950	粹 1455、善 9993	合 38950+ 合 39197	蔡哲茂	北圖 15395	摹本漏摹下端的兆序“二”。綴合與董作賓的補釋吻合。
981	97	伍骨三三	續 6.1.1	津博	合 38946	簠貞 27、簠拓 882、續 6.1.1（不全）				
982	97	伍骨三四	明 19.35	不詳	合補 12726	文捃 3628				
983	97	伍骨三五（上）	續 6.3.9	津博	合 39303	簠雜 7、續 6.3.9	合 39231+ 合 39303	蔡哲茂		合集 39303 右側邊緣虛化，似爲不全形圖。綴合與董作賓的拼綴不一致。
984	97	伍骨三五（下）	續 6.4.6	津博	合 36528（正）	簠雜 2（正）、簠文 84（反）；續 6.4.6（正，不全）、續 3.13.1；簠拓 904（正）、簠拓 905（反，不全）				摹本僅有字部分，左邊骨形不全，且缺反面；合 36528 爲全形圖，有正、反面。
985	97	伍骨三六	明 19.32	故宫	合 38978	南明 812、歷拓 5444	合 38978+ 合 39154	門藝		綴合與董作賓的補釋吻合。
986	97	伍骨三七	明 19.33	津博	合 39123、合補 12827（下）	簠雜 1、簠拓 897、續 6.5.12（不全）	合 39123+ 合 39164，即合補 12827	蔡哲茂		摹本左邊骨形不全，合 39123 爲全形圖。綴合與董作賓的補釋吻合。
987	97	伍骨三八	續 6.5.12	不詳	合補 12753	文捃 3630				摹本的標註爲誤植。續 6.5.12，即合 39123，與摹本不符。
988	97	伍骨三九	契 95	北大	合 39075	契 95			北珍 1387	

續表

序號	原版頁碼	叢編號	叢編原著録	原骨拓藏	合集、合補號	合集、合補所引舊著録	綴合組	綴合者	重見號	校註
989	97	伍骨四〇	善 62	國圖	合 39319	善 10061、續存上 2691（不全）			北圖 15463	董註：伍骨四〇與四一非一版，誤合。《叢編》善齋編號與北圖現藏號不同，或爲早期拓本。
990	97	伍骨四一	粹 1460	國圖	合 37894	粹 1460、善 10266	合 37894+ 懷 1896	張宇衛	北圖 15668	摹本僅有字部分，左右兩邊骨形均不全，《合集》爲全形圖。
991	97	伍骨四二	明 21.23	不詳	未收					
992	97	伍骨四三	明 19.31	不詳	未收					
993	97	伍骨四四	續 6.4.8	上博	合 39160	戬 31.3、續 6.4.8（不全）、歷拓 9427	合 39160+ 合補 12826	蔡哲茂	上博 17647.261	摹本上部骨形不全，下端有字漏摹；《合集》爲全形圖。
994	97	伍骨四五	明 20.2	故宫	合 39109	南明 810、歷拓 5450	合 39243+ 合 39109+ 珍秦齋 14	張軍濤		
995	97	伍骨四六	善 62	國圖	合 39252	續存上 2694（不全）、善 10036			北圖 15439	與伍骨三一重。摹本右邊骨形不全，《合集》爲全形圖。
996	97	伍骨四七	明 21.24	不詳	未收					
997	97	伍骨四八	續 4.49.7	旅博	合 39226	續 4.49.7			旅 2121	

續表

序號	原版頁碼	叢編號	叢編原著録	原骨拓藏	合集、合補號	合集、合補所引舊著録	綴合組	綴合者	重見號	校註
998	98	伍骨四九	續 6.4.7	不詳	未收					
999	98	伍骨五〇	續 6.5.9	津博	合 37933	筒雜 22、簠拓 911、續 6.5.9（不全）	合 37933+ 合 39278	張宇衛		摹本僅有字部分，左邊骨形不全，《合集》爲全形圖。此片有字郭沫若釋爲“沙”，金祥恒釋爲“土”（參《甲骨文字詁林》1187—1188 頁）。綴合與董作賓的補釋吻合。
1000	98	伍骨五一	續 6.6.3	津博	合 39119（上）	簠雜 10、簠拓 890、續 6.6.3（不全）				摹本左邊骨形不全，《合集》有綴合。
1001	98	伍骨五二（上）	契 98	北大	合 39248	契 98			北珍 1333	
1002	97	伍骨五二（下）	契 103	北大	合 39194	契 103			北珍 1326	
1003	98	伍骨五三	續 6.4.9	津博	合 39199	簠雜 12、簠拓 889、續 6.4.9	合 37979+ 合 39199	門藝		綴合與董作賓的補釋吻合。
1004	98	伍骨五四	續 6.4.5	不詳	未收					

續表

序號	原版頁碼	叢編號	叢編原著録	原骨拓藏	合集、合補號	合集、合補所引舊著録	綴合組	綴合者	重見號	校註
1005	98	伍骨五五	善 105	國圖	合 39198	善 10239、續存上 2655（不全）	合 39198+ 合補 12890+ 旅藏 2123	張宇衛	北圖 15641	摹本僅有字部分，左邊骨形不全，《合集》爲全形圖。合 39198+ 合補 12890，即北圖 15641+ 北圖 15594；實物校驗，綴合成立。綴合與董作賓的補釋吻合。
1006	98	伍骨五六	善 6.2	不詳	合 37959	續存上 2650				摹本僅有字部分，左邊骨形不全，《合集》爲全形圖。
1007	98	伍骨五七	粹 1459	國圖	合 39200	粹 1459、善 10001			北圖 15403	摹本僅有字部分，左邊骨形不全，《合集》爲全形圖。
1008	98	伍骨五八	續 6.1.3	津博	合 37939、合補 12722（上）	簠雜 23、簠拓 910、續 6.1.3	合 37939+ 合 38454，即合補 12722	常玉芝		綴合與董作賓的補釋吻合。
1009	98	伍骨五九	續 6.5.6	不詳	未收					
1010	98	伍骨六〇	明 21.30	不詳	未收					
1011	98	伍骨六一	明 19.30	故宫	合 39341	南明 820、歷拓 5456	合 39341+ 合 39404+ 北珍 1393	白玉峥、林宏明		

續表

序號	原版頁碼	叢編號	叢編原著録	原骨拓藏	合集、合補號	合集、合補所引舊著録	綴合組	綴合者	重見號	校註
1012	98	伍骨六二	續 6.5.3	北大	合 39263	續 6.5.3、歷拓 5686	合 39263+ 北大國學門藏甲骨 1.11.1	蔡哲茂	北珍 1349	綴合與董作賓的補釋吻合。
1013	98	伍骨六三	續 6.1.4	津博	合 37917	續 6.1.4、簠拓 908	合 37917+ 合 39331+ 合補 13088	蔡哲茂、張宇衛、林宏明		與伍骨八九(合 39331)可綴合。綴合與董作賓的補釋吻合。
1014	98	伍骨六四	續 6.3.4	津博	合 39147	簠雜 14、簠拓 888、續 6.3.4(不全)	合 39101+ 合 39147	劉影		摹本右邊骨形不全,《合集》爲全形圖。與伍骨八六(合 39101)可綴合。綴合與董作賓的補釋吻合。
1015	98	伍骨六五	契 108	北大	合 39344	契 108			北珍 1313	
1016	98	伍骨六六	契 110	北大	合 37919	契 110			北珍 1380	
1017	98	伍骨六七	善 201	國圖	合 37932	續存上 2593(不全)、善 10267	合 37932+ 合補 12848(合補 12704)	劉影	北圖 15669	綴合與董作賓的補釋吻合。合 37932+ 合補 12848(合補 12704),即北圖 15669+ 北圖 16299;實物校驗,綴合成立。
1018	98	伍骨六八	續 4.39.11	不詳	合 37884	續 4.39.11	合補 12712(合 37884+ 合 37973)+ 合補 11471	常玉芝		綴合與董作賓的補釋吻合。

續表

序號	原版頁碼	叢編號	叢編原著録	原骨拓藏	合集、合補號	合集、合補所引舊著録	綴合組	綴合者	重見號	校註
1019	98	伍骨六九（上）	續 6.1.2	津博	合 37964、合補 12711（上）	續 6.1.2（不全）	合 37953+合 37964+合 37969，即合補 12711	常玉芝、蔡哲茂		摹本僅有字部分，右邊骨形不全，《合集》爲全形圖。合補 12711 綴合與董作賓的拼綴吻合，但圖版位置需調整。
1020	98	伍骨六九（中）	前 4.7.1	吉博	合 37969、補 12711（中）	前 4.7.1	合 37953+合 37964+合 37969，即合補 12711	常玉芝、蔡哲茂		合補 12711 綴合與董作賓的拼綴吻合。
1021	98	伍骨六九（下）	前 5.15.5	山博	合 37953、合補 12711（下）	歷拓 6410、前 5.15.5（不全）	合 37953+合 37964+合 37969，即合補 12711	常玉芝、蔡哲茂		摹本右邊骨形不全，《合集》爲全形圖。合補 12711 綴合與董作賓的拼綴吻合。
1022	99	伍骨七〇	續 6.6.1	不詳	合 39001	續 6.6.1				
1023	99	伍骨七一	明 21.21	故宫	合 39340	南明 809、歷拓 5448				
1024	99	伍骨七二	契 107	北大	合 39339	契 107			北珍 1315	
1025	99	伍骨七三	明 19.34	故宫	合 38997	南明 811、歷拓 5451				
1026	99	伍骨七四	粹 1461	國圖	合 39345	粹 1461、善 10115			北圖 15517	
1027	99	伍骨七五	明 21.28	不詳	未收					

續表

序號	原版頁碼	叢編號	叢編原著録	原骨拓藏	合集、合補號	合集、合補所引舊著録	綴合組	綴合者	重見號	校註
1028	99	伍骨七六	明 19.27	故宫	合 39362、合補 12772（下）	南明 814、歷拓 5468	合 39362+ 合 39368，即合補 12772	蔡哲茂		
1029	99	伍骨七七	續 6.5.8	廣東博	合 39349、合補 12829（下）	續 6.5.8（不全）、續存上 2683、頌拓 90、天 10	合 39349+ 合 39385（續存上 2643），即合補 12829	嚴一萍		摹本右邊骨形不全，《合集》爲全形圖。
1030	99	伍骨七八	前 5.16.3	不詳	合 39330	前 5.16.3	合補 12813【合 37892+ 合 37907】+ 合 39330	蔡哲茂、張宇衛		
1031	99	伍骨七九（上）	契 101	北大	合 39078	契 101	合 39078+ 合 39211	門藝	北珍 1350	綴合與董作賓的拼綴不一致。
1032	99	伍骨七九（下）	契 100	北大	合 39276	契 100			北珍 1374	
1033	99	伍骨八〇	明 21.29	不詳	未收					
1034	99	伍骨八一	明 21.20	不詳	未收					
1035	99	伍骨八二	續 6.6.4	不詳	合 39093	續 6.6.4				

續表

序號	原版頁碼	叢編號	叢編原著録	原骨拓藏	合集、合補號	合集、合補所引舊著録	綴合組	綴合者	重見號	校註
1036	99	伍骨八三	善 61	國圖	合 39265	續存上 2656、善 10147	合 39222+ 合 39265	門藝	北圖 15549	摹本漏摹三個兆序“三”。綴合與董作賓的補釋吻合。
1037	99	伍骨八四	續 4.39.1	不詳	合 39354	續 4.39.1	合 39354+ 合 39381+ 合 39372	林宏明		綴合與董作賓的補釋吻合。
1038	99	伍骨八五	契 102	北大	合 37947	契 102			北珍 1323	
1039	99	伍骨八六	續 6.5.10	北大	合 39103、合 39101（全）	歷拓 5690	合 39101+ 合 39147// 合 39101+ 合補 12630+ 合補 12587	張宇衛	北珍 1324	摹本及合 39103 僅有字部分，骨形不全；合 39101 爲全形圖。與伍骨六四（合 39147）可綴合。兩組綴合正確與否，尚待驗證。
1040	99	伍骨八七	佚 53	津博	合 39145	佚 53、簠雜 3、歷拓 10174				
1041	100	伍骨八八	續 6.2.8	北大	合 39110	續 6.2.8（不全）、歷拓 5698			北珍 1328	摹本右邊骨形不全，《合集》爲全形圖。
1042	100	伍骨八九	前 5.17.1	山博	合 39331	前 5.17.1、歷拓 6823	合 37917+ 合 39331+ 合補 13088	蔡哲茂、張宇衛、林宏明		與伍骨六三（合 37917）可綴合。
1043	100	伍骨九〇	善 106	國圖	合 39111	續存上 2626（不全）、善 10025	合 39111+ 合 39223	門藝	北圖 15427	摹本僅有字部分，右邊骨形不全，《合集》爲全形圖。合 39111+ 合 39223，即北圖 15427+ 北圖 15628；實物校驗，綴合成立。

續表

序號	原版頁碼	叢編號	叢編原著録	原骨拓藏	合集、合補號	合集、合補所引舊著録	綴合組	綴合者	重見號	校註
1044	100	伍骨九一	粹 1462	國圖	合 39365	粹 1462、續存上 2641（不全）、善 10054	合 39365+ 合 39394+ 輯佚 692	蔡哲茂、門藝	北圖 15456	摹本下端骨形不全,《合集》爲全形圖。
1045	100	伍骨九二	續 6.1.9	津博	合 37965	簠雜 20、簠拓 902	合 37965+ 合 39255	白玉峥		摹本右邊骨形不全,《合集》爲全形圖。綴合與董作賓的補釋吻合。
1046	100	伍骨九三	續 6.5.11	津博	合 39096	續 6.5.11、簠雜 6	合 39096+ 合 39260	林宏明		綴合與董作賓的補釋吻合。
1047	100	伍骨九四	續 6.4.4	不詳	合 37910	續 6.4.4				
1048	100	伍骨九五	前 6.66.7	山博	合 37975	前 6.66.7（不全）、歷拓 6761				摹本上端骨形不全,《合集》爲全形圖。
1049	100	伍骨九六	契 97	北大	合 38113	契 97			北珍 1390	
1050	100	伍骨九七	契 121	北大	合 37983	契 121			北珍 1332	
1051	100	伍骨九八	契 119	北大	合 37957	契 119			北珍 1327	
1052	100	伍骨九九	善 633	國圖	未收				北圖 16333、善 10931	現藏國圖,即北圖 16333（善 10931）。對比甲骨實物,摹本爲反向。
1053	100	伍骨一〇〇	明 19.38	不詳	未收					
1054	100	伍骨一〇一	明 21.17	不詳	未收					

續表

序號	原版頁碼	叢編號	叢編原著録	原骨拓藏	合集、合補號	合集、合補所引舊著録	綴合組	綴合者	重見號	校註
1055	100	伍骨一〇二	明 19.29	不詳	未收					
1056	100	伍骨一〇三	明 19.28	不詳	未收					
1057	100	伍骨一〇四	前 2.6.6	不詳	合 36487、合補 11234（全）	通 570、前 2.6.6				合補 11234 比摹本、合 36487 骨形更全。
1058	100	伍骨一〇五（上）	金 584	英劍大	合 41753	金 584	合 36485+ 合 36504+ 合 36932+ 合 41753	殷德昭	英藏 2524	後人綴合與董作賓的拼綴吻合。
1059	100	伍骨一〇五（下）	龜 1.9.2	不詳	合 36485	龜 1.9.12、通 569	合 36485+ 合 36504+ 合 36932+ 合 41753	殷德昭	《殷曆譜》下編卷 5，“閏譜五”骨一	後人綴合與董作賓的拼綴吻合。

附録一　引用甲骨著録書繁簡稱對照表

鐵	劉鶚：《鐵雲藏龜》，1903年，抱殘守缺齋石印本，又1931年蟫隱廬石印本，合《鐵雲藏龜之餘》，1959年藝文印書館重印本。
前	羅振玉：《殷虚書契》，1911年，《國學叢刊》三期三卷石印本。1932年重印本，1970年藝文印書館重印本。又入《殷虚書契五种》，2015年，中華書局。
菁	羅振玉《殷虚書契菁華》，1914年，影印本，又重印本。又入《殷虚書契五种》，2015年，中華書局。
後	羅振玉：《殷虚書契後編》，1916年，影印本，又《藝術叢編》第一集本，又重印本，又1970年藝文印書館重印本。又入《殷虚書契五种》，2015年，中華書局。
虚	明義士：《殷虚卜辭》，1917年，上海別發洋行石印本。
戩	姬佛陀：《戩壽堂所藏殷虚文字》，1917年，《藝術叢編》第三集石印本，又與《戩壽堂所藏殷虚文字考釋》合單行本。
龜	林泰輔：《龜甲獸骨文字》，1921年，日本商周遺文會影印本，又北京富晉書社翻印本。
簠	王襄：《簠室殷契徵文》，1925年，天津博物院石印本。
真	關百益：《殷虚文字存真》，1931年，河南省博物館。
契	容庚、瞿潤緡：《殷契卜辭》，1933年，哈佛燕京學社石印本。又2000年，北京圖書館出版社版。
通	郭沫若：《卜辭通纂》，1933年，日本東京文求堂石印本。又入《郭沫若全集·考古編》第二卷，1983年科學出版社。
續	羅振玉：《殷虚書契續編》，1933年，影印本，又1970年藝文印書館重印本。又入《殷虚書契五种》，2015年，中華書局版。
佚	商承祚：《殷契佚存》，1933年，金陵大學中國文化研究所影印本。
鄴初下	黄濬：《鄴中片羽初集(下)》，1935年，北京尊古齋影印本。
庫	方法斂、白瑞華：《庫方二氏所藏甲骨卜辭》，1935年，商務印書館。
柏	明義士：《柏根氏舊藏甲骨文字》，1935年，《齊大季刊》67期，又齊魯大學國學研究所。
粹	郭沫若：《殷契粹編》，1937年，日本東京文求堂石印本，1976年，日本東京三一書房重印本。又1965年，中國科學院考古學研究所《考古學專刊》甲種第十二號，科學出版社。收入《郭沫若全集·考古編》第三卷，2002年，科學出版社。
鄴二下	黄濬：《鄴中片羽二集(下)》，1937年，北京尊古齋影印本。
録	孫海波：《甲骨文録》，1938年，河南通志館，又1958年藝文印書館重印本。
七	方法斂、白瑞華：《甲骨卜辭七集》，1938年，美國紐約影印本。
天	唐蘭：《天壤閣甲骨文存》，1939年，北京輔仁大學。又入《唐蘭全集》，2015年，上海古籍出版社。
鐵零	李旦丘：《鐵雲藏龜零拾》，1939年，上海中法出版委員會。
珠	金祖同：《殷契遺珠》，1939年，上海中法出版委員會，又1974年藝文印書館重印本。

續表

金	方法斂、白瑞華:《金璋所藏甲骨卜辭》,1939年,美國紐約影印本。
鄴三下	黄濬:《鄴中片羽三集(下)》,1942年,北京尊古齋影印本。
龜卜	金祖同:《龜卜》,1948年,上海温知書店。
甲	董作賓:《殷虚文字甲編》,1948年,商務印書館。
乙	董作賓:《殷虚文字乙編》,1948年10月上輯,1949年3月中輯,商務印書館,1953年12月下輯,中研院歷史語言研究所,1956年3月,科學出版社重印(下輯)。
寧	胡厚宣:《戰後寧滬新獲甲骨集》,1951年,北京來薰閣。
掇二	郭若愚:《殷契拾掇二編》,1953年,上海出版公司。又入《殷契拾掇》,2005年,上海古籍出版社。
京	胡厚宣:《戰後京津新獲甲骨集》,1954年,群聯出版社。
續存	胡厚宣:《甲骨續存》,1955年,群聯出版社。
外	董作賓:《殷虚文字外編》,1956年,藝文印書館。
京人	貝琢茂樹:《京都大學人文科學研究所藏甲骨文字》,1959年,京都大學人文科學研究所。
甲釋	屈萬里:《殷虚文字甲編考釋》,1961年,中研院歷史語言研究所。
安明	許進雄:《明義士收藏甲骨文集》,1972年,加拿大皇家安大略博物館。
明後	許進雄:《殷虚卜辭後編》,1972年,藝文印書館。
綴新	嚴一萍:《甲骨綴合新編》,1975年,藝文印書館。
美	周鴻祥:《美國所藏甲骨録》,1976年,美國加利福尼亞大學。
合/合集	郭沫若:《甲骨文合集》,1979—1983年,中華書局。
懷特	許進雄:《懷特氏等收藏甲骨文集》,1979年,加拿大皇家安大略博物館。
屯南	中國社科院考古所:《小屯南地甲骨》,1980年,中華書局。
英藏	李學勤、齊文心、艾蘭:《英國所藏甲骨集》,1985年,中華書局。
合補	彭邦炯、謝濟、馬季凡:《甲骨文合集補編》,1999年,語文出版社。
綴	蔡哲茂:《甲骨綴合集》,1999年,樂學書局。
中法	史樹青:《中國歷史博物館藏法書大觀》,2001年,上海教育出版社。
運臺	閻振興:《河南運臺古物甲骨文專集》,2001年,金樽企業有限公司。
綴續	蔡哲茂:《甲骨綴合續集》,2004年,文津出版社。
國甲	中國國家博物館:《中國國家博物館館藏文物研究叢書·甲骨卷》,2007年,上海古籍出版社。
輯佚	焦智勤、段振美等:《殷墟甲骨輯佚》,2008年,文物出版社。
北珍	李鍾淑、葛英會:《北京大學珍藏甲骨文字》,2008年,上海古籍出版社。
上博	濮茅左:《上海博物館藏甲骨文字》,2009年,上海辭書出版社。
拼一至拼五	黄天樹:《甲骨拼合集》《甲骨拼合續集》《甲骨拼合三集》《甲骨拼合四集》《甲骨拼合五集》,2010—2019年,學苑出版社。
醉古集	林宏明:《醉古集——甲骨的綴合與研究》,2011年,萬卷樓圖書股份有限公司。
彙編	蔡哲茂:《甲骨綴合彙編》,2011年,花木蘭文化出版社。
村中南	中國社會科學院考古研究所:《殷墟小屯村中村南甲骨》,2012年,雲南人民出版社。
旅	宋鎮豪、郭富純:《旅順博物館所藏甲骨》,2014年,上海古籍出版社。
卡	周忠兵:《卡内基博物館所藏甲骨研究》,2015年,上海人民出版社。
綴興集	張宇衛:《綴興集——甲骨綴合與校釋》,2020年,萬卷樓圖書股份有限公司。
綴三	蔡哲茂:《甲骨綴合三集》,2022年,中研院歷史語言研究所。

附録二　拓本和現藏簡稱

白川	白川一郎
北大	北京大學
北師大	北京師範大學
北圖	北京圖書館,現名中國國家圖書館
本所	中國社會科學院歷史研究所(現名中國歷史研究院古代史研究所)藏甲骨
大原	大原美術館
東大	東京大學教養學部博物館
簠拓	簠室甲骨拓本(王襄)
故宫	故宫博物院
河南博	河南博物院
吉博	吉林省博物院
津博	天津歷史博物館,現名天津博物館
京人	京都大學人文科學研究所
歷博	中國歷史博物館,現名中國國家博物館
歷藏	中國社會科學院歷史研究所(現名中國歷史研究院古代史研究所)藏拓, 多爲善齋甲骨拓本
歷拓	中國社會科學院歷史研究所(現名中國歷史研究院古代史研究所)藏拓本
遼博	遼寧省博物館
旅博	旅順博物館
美卡博	美國卡内基博物館
南博	南京博物院
南博網	南京博物院網站
青博	青島市博物館
清華	清華大學
容庚	容庚藏甲骨
三井	三井源右衛門
善	善齋甲骨拓本(劉體智)
商氏藏拓	商承祚藏甲骨拓本
上博	上海博物館
史語所	中研院歷史語言研究所
書博	書道博物館
臺歷博	臺灣歷史博物館

續表

文捃	《甲骨文捃》(曾毅公)
英不圖	英國不列顛圖書館,即大英圖書館
英劍大	英國劍橋大學
英蘇博	英國蘇格蘭博物館
浙文會	浙江省文物管理委員會,現爲浙江省文物考古研究所